U0937183

世 界 文 明 史

(上 卷)

〔美〕 菲利普 · 李 · 拉尔夫　罗伯特 · E. 勒纳
斯坦迪什 · 米查姆　爱德华 · 伯恩斯 著

赵丰 等译

商務印書館
创于1897 The Commercial Press

Philip Lee Ralph, Robert E. Lerner

Standish Meacham, Edward McNall Burns

WORLD CIVILIZATIONS

Their History and Their Culture

Vol. I.

8th edition

W. W. Norton &Company, Inc. ,1991

据 W. W. 诺顿出版公司 1991 年第八版翻译

目　录

第二编　古典时代的世界

第三编　中世纪时代的世界

第四编　近代早期的世界

前　言

爱德华·麦克诺尔·伯恩斯在以前的一版中曾评述道:“在现代人中,世界是由欧洲和美国构成的观念早就过时了。自然,西方文化主要产生于欧洲。但它从来就不是绝对排他的。它的最初的根基在西南亚和北非。此外,印度的影响,最终还有中国的种种影响,也起了作用。西方从印度和远东获得了零、指南针、火药、丝绸、棉花的知识,还有为数众多的宗教和哲学概念。”

在现代最初的几百年间,得益于它们在科学技术方面史无前例的进步,欧洲各国把其影响扩及整个地球,对亚洲和非洲人民产生了革命性影响。这些大陆的大片大片地区成为西方的附庸,但本世纪开始出现了逆转的趋势。欧洲人和北美人长期保持的政治和经济优势,由于自然资源的衰竭、两次世界大战的毁灭性的影响以及两个超级大国为争夺世界霸权而进行的徒劳的竞争,因而受到了侵蚀。而今,随着亚洲各大国乃至小国狂热地进入经济发展和技术进步的大潮,西方不再能决定它们的命运,同时也不能把自己与世界其余地区分开。以往十年最后几年的标志就是由来已久的欧洲和美国权力结构的解体;这是一种令未来国际政治进程变得模糊不清的意外发展,但在同时为消除国家之间导致分裂的意识形态藩篱提供了可能。

在通往文明的进程中所有民族彼此互惠;他们在政治、经济和文化方面越来越互相依赖;另外,他们负有共同的责任来确保人类和所有其他生物的生存；凡此种种，均使传统的偏狭课程失去效用。教育的范围必须扩大，以让学生对他们置身其中的世界有更深刻、更现实的印象。再没有别的地区能比美国更为迫切的了，因为美国是在相对孤立的背景下于20世纪上升到领导地位的，因为在一个日益复杂的世界中领导的必要条件正在变化。要想成功地应对现时的复杂性，就必须考察它们的根源，而这些根源扩大到许多方面。大约十年以前，亚洲研究学会会长提醒学会会员："正如亚洲成为我们未来的一部分，它也成为我们过去的一部分。……现在需要的是痛苦的反思，因为我们主张中国和印度历史在课程表中不是一种附加上的东西，而是必需的。"同样的警告也适用于拉丁美洲、非洲以及其他太久太久不为人熟悉的地区的历史。在把世界各有组织的共同体分开的差异之上架设桥梁的尝试，必须不仅建立在对这些共同体独特性的认可上，而且建立在对铸造它们的历史力量的理解上。用已故加拿大史学家赫伯特·诺曼的话来说，"历史是一门使整个世界亲近起来的学科，是让个人遐想、针对全人类的学科"。

本书试图扼要考察人类自远古至今追求文明的历程。各重要地区或国家均有所涉及。欧洲、北美、中美和南美、英联邦、中东、东南亚、非洲、印度、中国和日本均得到适当重视。很明显，本书不可能详述它们的历史。本书的一贯目的就是让学生既了解到各主要人类社会和文化的独特成就，又了解其局限，并让学生关心当代问题。政治事件被认为是重要的，但政治史的事实以与文化、社会和经济运动相关的方式显现出来。本书作者们认为工业革命在重要性上不亚于拿破仑战争。他们相信，了解佛陀、孔子、牛顿、达尔文和爱因斯坦，比能够历数法兰西诸王更具有重要意义。与此较宽广的历史观念相应，与古斯塔夫·阿道尔夫和威灵顿公爵的军事成就相比，本书把更多的篇幅留给了约翰·洛克、卡尔·马克思、约翰·斯图尔特·穆勒、圣雄甘地、毛泽东和莱奥波德·桑戈尔的学说。如果说这种叙述方法背后隐含有某种哲学倾向的话，那么它源于这样一种认识，迄今人类的进步大多产生于智力的进步和对人权的尊重，其中含有未来更加美好这一主要希望。

《世界文明史》第一版出版于1955年，第二版在1958年，第四版在1969年，第五版在1974年，第六版在1982年，第七版在1986年出版。每一版都全部收入了爱德华·麦克诺尔·伯恩斯的《西方文明史》，非西方部分例外，它们在本书中得到较充分的介绍。《世界文明史》第六、七、八版分别收入了由西北大学的罗伯特·E. 勒纳和得克萨斯大学（在奥斯丁）的斯坦迪什·米查姆修订的《西方文明史》第九、十、十一版。在保留伯恩斯的独特优点的同时，《世界文明史》的各位作者在利用当代学术成果的基础上，把重点扩大到今日学生最为关心的领域上，包括古今人类社会中的居住条件、妇女的地位和少数民族的处境。组织方针和解释方案都加以修正，课程的进展已要求采取这类步骤。在最近几版中，这导致对有关中世纪时期、近代早期、19世纪和20世纪初的西方世界的材料作重大重新加工。第八版引人注目的特征有：在第一部分中收入了古人类学者在最早的人类共同体方面激动人心的最新发现，从发展的角度对美索不达米亚作新的考察，考虑完全重写希伯来史，强调他们对后世思想和行为影响之巨大；另外，在第七部分，对二战以来欧洲各社会内部的复杂变化和国际关系作了审慎的分析。

本版自始至终都体现了大量变化。与它之前的三个版次一样，本版具体得益于纽约大学的理查德·赫尔教授的贡献。赫尔教授扩充了第十一、十七、二十一、三十、三十三和三十八章等有关非洲的部分，使之与当前条件相适应。他对非洲大陆的各个民族、主要文明及其现状作了简明而有裨益的叙述。

自《世界文明史》第七版开始，拉丁美洲诸社会得到更完备的描述，这一工作在第八版中进一步深化，包括根据近期的考古发现对新大陆最早的文明作重新解释。第八版还对南亚文明及印度次大陆诸国作了彻底修订。为了更深入地理解关键性论题，第5章及第十一、十六、二十一、三十一章的有关段落得到审慎的重新考察、重新组织和扩充。现行的学术成就被吸收进去，以对现当代中国和中国共产主义革命变化中的特性提供全新的看法。课本下溯至1990年8月开始的中东危机，着重于东欧和苏联发生的大变动。第四十一和四十二章分析了米哈伊尔·戈尔巴乔夫逆转苏维埃内外政策的本质，变化中的国际权力关系，当代的挑动战端和维持和平问题，意识形态的削弱，第三世界显著的问题，科学技术的社会和文化影响，以及生态的挑战。

与原文修订相应，地图和插图也受到认真对待。本版补充了八幅新地图，并对其余地图作了必要的修改。在总共约1,100幅插图中，有25%是新版增添的，它们采自美洲、亚洲和欧洲众多的档案。本书是最早使用彩图的，本版依然包括远远多于同类著作的彩图。在本版中，文字之外伴随有一个得到彻底修订的Study Guide，和一个全新的Instructor's Manuel，附有详细的章节提纲、简答和短论问题，以及大量的带有注解的图片指南。① 另加的教育辅助包括幻灯图片和计算机处理的测验条目档案。

在准备本版过程中，作者们得到许多人的帮助，他们提出了种种建议。这些人其中不仅有各个学科的专家，而且有使用本课本的师生。特别感谢的有洛雷塔·史密斯（西北大学）、卡尔·佩特里（西北大学）、阿里勒纳·沃林斯基（圣迭戈台地学院）、西摩·沙因贝格（加利福尼亚州立大学，在富勒顿）、威廉·哈里斯（哥伦比亚大

① 这些附件单独成册，中译本没有收入。——译者

学）、理查德·萨勒（芝加哥大学）、詹姆斯·斯坦利（摩迪圣经学院）、斯蒂芬·诺布尔（摩迪圣经学院）、理查德·T. 诺兰（马塔图克社区学院）、斯蒂芬·费罗诺和帕特里夏·B. 埃伯雷（伊利诺伊大学）、A. N. 加尔佩恩（匹兹堡大学）、马丁·卡茨（艾伯塔大学）、罗纳德·托比（伊利诺伊大学）、格特·文德尔伯恩（德国罗斯托克大学）、斯蒂芬·F. 戴尔（俄亥俄州立大学）、詹姆斯·J. 希恩（斯坦福大学）、艾伦·文德尔伯恩（奥本大学）、詹姆斯·博伊登（得克萨斯大学）、彼得·海斯（西北大学）、乔治·罗布（西北大学）和迪埃纳·科普兰。

如同在第五、六、七版那样，W. W. 诺顿公司的罗伯特·E. 基欧是位认真负责的编辑、不可缺少的顾问和忠实的合作者。他为此所作的不倦的热心的工作大大有助于修订的完成。照片研究者德波拉·马尔穆德在确保难以把握的插图方面极有办法，版面设计师本·加米特用密切相关的插图装饰了文献。最后但并非最不重要的一点，我十分感谢我的妻子路易丝·康克林·拉尔夫，她就风格提出了建设性意见并打印了手稿。

菲利普·李·拉尔夫

第一编　历史的黎明

1　我们人类的历史开始于约200万年前的非洲。最近进行的田野研究表明,最早的"类人"动物是一种直立行走、脑容量大的灵长目动物;距今约200万年前,他们在非洲大草原寻食谋生。40万年之后,类人动物从非洲向其他地区迁徙;在其后125万年间,这些动物——分布区域遍及东半球——学会了用火的方法,具备了借助语言互相交流的能力。在人类演化的整个链条中,随后出现的是"尼安德特"人;再后,在大约4万年前,出现了从解剖学上看严格意义的现代人。这些最早的人移居到了美洲和澳洲,并在西欧洞穴穴壁上绘出了精美绝伦的壁画。大约一万年前人类在西亚发明了农业,这在人类生存方式方面引起了翻天覆地的变化,因为有了农业,人类不再漫游无定,而是定居在村落里。定居生活"迅速"(其间经过了大约5000年)导致文明的产生——政治机构、文字、艺术和科学是一方面,战争、社会不平等和压迫是另一方面。公元前3200年左右,最早的西方文明产生于美索不达米亚。其后直到约公元前600年之前,除东亚文明和美洲文明之外,人类最卓越的文明系由美索不达米亚人、埃及人、希伯来人、米诺斯人和迈锡尼人所创造的文明。

2

如果我们把“类人”动物和人类在地球上生存的时间跨度总共视为一小时，那么在生态上与我们相像的人类在地球上存在的时间只是此一小时的最后一分钟。借助于一个钟表表面来说，最早的类人动物（Homo habilis）出现于此“小时”的开端，即200万年前。直立人（Homo erectus）出现于“12分钟”之后（即160万年前），直到还剩“9分钟”此小时就结束时（30万年前）才结束。在最后的“9分钟”中，原始智人（Homo sapiens）在前5分钟（30万到12.5万年前）居主导地位，尼安德特人占了其后3分钟（12.5万到4万年前），只有最后一分钟才属于解剖学意义上的现代人。

第一章　最早的开端

3　人类的特出之处在哪里？首先，人类不论什么时候都用后腿直立行走；对哺乳动物而言，这是一个极不寻常的行走方式。另外，人类的头颅也有一些非凡特征，尤其是脑容量非常大。……我们的上肢不再起佐助行走之职，具有非常高的操作技巧。这一技巧部分上是手的解剖结构造成的，但最关键的因素自然在于大脑的机能。……人类的双手和大脑的最明显的成果是技术。世上再无别的动物能像人类那样广博、自如地控制世界。白蚁能够建造结构精致的巢丘并在穴内创造它们自己的“空调”环境。但是白蚁却不能选择建造一个教堂。人类的特出之处就在于他们具有随自己的心愿做事的能力。

——理查德·E.利基:《人类的形成》

一、历史的本质

历史不只是战争和条约

凯瑟琳·莫兰是简·奥斯汀[1]的小说《诺桑觉寺》的女主人公，她抱怨历史“告诉我的都是些令人烦恼、让人厌倦的东西。教皇和国王之争，战争和鼠疫，充斥历史的每一页；男人均一无所用，妇女几乎根本没有一席之地，真是令人烦透了。”尽管简·奥斯汀的这位女主人公是在1800年左右说这话的，但她可以把上述抱怨原封不动地搬到前不久，因为直到20世纪很长一段时期，多数历史学

[1] 简·奥斯汀(1775—1817)是英国女作家，一生中共发表了六部小说，其中最著名的是《傲慢与偏见》(1813年)、《爱玛》等。《诺桑觉寺》是一部嘲讽时尚的作品，出版于作者死后第二年。——译者

家仍认为历史不过是“昔日的政治活动”——以及一份枯燥无味的已往政治活动的年表。历史的内涵主要限于战争和条约，政治家的个性和手腕、统治者的律令条文。但是，尽管这些内容非常重要，它们绝非历史的全部。尤其是在最近数十年来，历史学家逐渐认识到，历史是人类昔日在各个领域的活动——不只是政治发展，而且包括社会、经济和思想的发展。不论男人还是女人，不论统治
者还是被统治者，不论穷人还是富人，都是历史的组成部分。男男 4
女女们所创造并反过来塑造了他们的生活的社会制度和经济制度——家庭和社会阶层；庄园制和城市生活；资本主义和工业主义等——也是如此。另外，思想态度，不仅有知识者的思想态度，而且包括那些其生平实际上从未被“经典著作”触及的普通人的思想态度，都是历史学家所关心的内容。而至关重要的是，历史包括对事件发生的原因及人类组织和思想模式的探究——探究推动人类从事其伟大使命的力量以及人类成败的原因。

新的史学方法

在扩大他们的研究领域的同时，史学家还用新的方法和工具武装自己，以更好地研究历史。他们不再像过去的史学家那样苦苦钻研古老的编年史和文献档案，来弄清胖子查理 887 年 7 月 1 日到底是在英格尔海姆还是在卢斯特瑙。为了引入统计学证据，他们学习计算机学家的方法。为了阐明生活费用上涨的影响，他们研究经济学。为了推导出婚姻类型或评估战争和瘟疫对整个人口的影响，他们掌握了人口统计学家的本领。为了考查穴居或现代城市化现象，他们变成了考古学家，研究化石遗存、陶片或现代城市景观。为了理解活动于往昔的男男女女的行事动机，他们借鉴了社会心理学家和文化人类学家的见解。为了说明那些没有或极少留下文字记录的人的生活和思想，他们寻找其他文化遗存，诸如民谣、民间传说和墓碑。

证据有限与有根据地重建过去的追求

自然,无论多么富于才智,历史学家都不能创造证据。近乎不可胜数的已往事件无法回溯,因为它们未留下任何痕迹就消逝了;其他许多事件虽为人所知,但说到顶也是不完备的。因而,关于过去“情况如何”的某些至关重要的问题,要么无法解答,要么只能根据非常受限制的推断作答。由于其他种种原因,有关动机和原因的问题可能不会有确定的答案。由于单个个人经常不怎么清楚自己行事的动机,因而,认为有人能完全确定别人的动机是什么实属胆大妄为。至于像战争、经济增长趋势或艺术风格变化之类集体发展的原因,它们实在太复杂了,难以科学地予以解答。但不管怎样,我们掌握的证据越多,就越接近于真实地再现过去,越能对过去发生的事作出解释。此外,对出于历史分析目标而搜集和解释各种资料中所遇到的困难不应以悲观的态度视之,应当把这些困难视为激发知识的挑战。

5 **对历史的看法**

我们到底是应该沉溺于过去,为一个或另一个失去的时代振臂而呼,还是设法了解我们是何以达到现今状况的?显然,这两个极端都不能令人满意,因为留恋过去几乎无一例外地导致曲解,而且不管怎样是没有益处的,而在同时,极端的“现代意识”同样会导致曲解,况且断定我们现今所做的一切均高出前人一筹不管怎样是愚蠢的。因此,看来最好是既不尊崇过去,也不抱着高人一等的态度贬低过去。与此相反,许多历史学家试图了解特定时期的人是如何努力解决他们遇到的问题并以与他们特定环境和发展阶段相宜的方式卓有成效地生活的。作为一种选择,其他史学家寻求的是时间的变迁,而不认为有一种通往最理想的现实世界的渐进性发展存在。这些史学家认为(但愿他们的看法是正确的),辨清变化的模式和机制将能使我们更好地了解现在,更有可能为应对未来制订出稳健的策略。

二、走出非洲

古人类学因东非化石发现而发生变革

对人类历史最早阶段的研究，即人们所说的古人类学或人类化石学，由于在东非的一系列重大化石发现，在20世纪下半期发生了革命性变化。在这些发现问世之前，古人类学家推定人类起源于东南亚，现在他们则知道人类的起源地是非洲，在此之前他们以为最早的类人动物发源于约100万年前，现在他们则把这一数字翻了一倍。

利基家族的功劳

最激动人心的东非化石发现有多次是由英国一个著名的古人类学家之家即利基家族完成的；没有该家族的开创之功，也许不会有其他发现。路易斯·利基(1903—1972年)是英国一位赴肯尼亚传教士的儿子，他在早年就决心在东非寻找早期人类化石遗存，这在当时被多数专家视为蛮干。(利基是位喜爱独来独往而不爱与人合作的人，他直到去世前不久仍令许多观察家惊奇：为了对初民祖先谋生的方式有直接感受，他不带任何武器就悄悄接近非洲野生动物。)1931年，利基在坦桑尼亚(当时是坦噶尼喀)发现了原始手斧，确信自己寻找化石的路子走对了；这些手斧是由生活在大约100万年前的一个早期人类种属制造的。由于身兼其他种种职务，再加资金缺乏，利基在其后四分之一多个世纪里在化石寻找方面进展甚微。随后，在1959年，一个巨大的突破出现了，但这不是利基本人而是由他的妻子和合作者玛丽·利基完成的。那年，玛丽在坦桑尼亚一个遗址进行细细搜寻过程中，发现了一些看上去像 6
是人类的牙齿和头盖骨碎片；她把所有碎片拼凑在一起并进行年

代测定，结果竟发现这是一个近乎完整的头盖骨，属于一个生活在180万年前大致与人相似的动物。由于玛丽发现的这一头骨下颌和牙齿很大，报界很快就把他称为“核桃夹子人”。

“核桃夹子人”其实并不是人，而是一种直立行走的高级猿类。路易斯和玛丽·利基自己也认识到这一点，因而就想弄清楚在附近能否找到更近似于人的动物化石；仅仅过了两年，他们的长子乔纳森就提供了一种确凿无疑的答案：他发现了一个生活在180万年以前、脑容量比“核桃夹子人”大得多的灵长目动物头骨遗存。路易斯·利基认出这些是一个与“核桃夹子人”不同的种类的化石，该种属显然是现代人类的直系祖先；因此他把它归入“人”类范畴而不是“猿”类范畴，称之为“能人”（Homo habilis），即“有才能的人”。

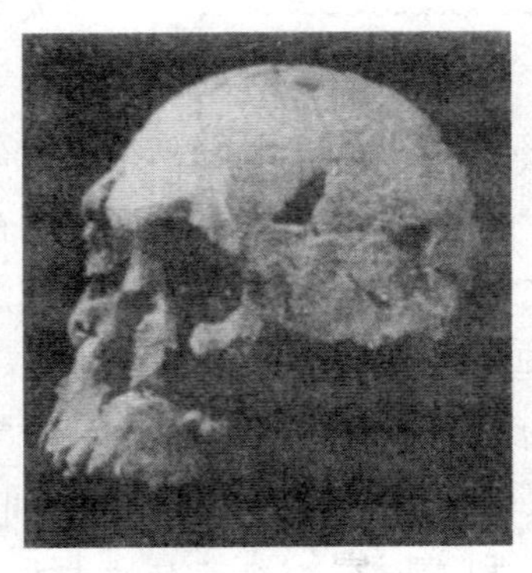

能人头盖骨。发现于非洲，年代在180万年前。

20世纪70和80年代在东非接二连三地有新发现

一旦人们清楚东非诸遗址是找到人类起源证据的最佳场所，其他惊人的发现以令人瞠目的快速度随之迅速产生。1972年，利基夫妇的次子理查德（利基家族中现今最著名的古人类学家）率领的一支队伍在肯尼亚发现了一个属于能人的头盖骨碎片，这一头盖骨比其兄长发现的那个头骨更加完整，也更加古老：比前者要早20万年。1974年，美国人康纳德·约翰逊率领的考古队在埃塞俄比亚发现了一个生活在325万年以前的直立行走的类人猿的整个骨架的百分之四十。（在宿营地清理该类人猿骨架时，收录机中正有人演唱甲壳虫乐队的歌曲“带着钻石的露西在空中”，约翰逊灵机一动，把这一动物命名为“露西”。）一年以后，约翰逊及其考古队发现了至少属于 13 个与“露西”同时代的类人猿的大量骨骼；又过了一年，玛丽·利基在坦桑尼亚发现了一个 375 万年前在那儿行走的直立类人猿的足迹。在本书撰写过程中，惊人的发现仍在不断 7
涌现：1984 年，理查德·利基所率考古队在肯尼亚发现了一个生活在 160 万年前的人类祖先的骨架；这一骨架十分完整，假如它是智人的骨架，那么几乎可以用它在医学学校上解剖课。

自然，发现头骨和骨架是一回事，解释这些物证是另一回事。毫不令人惊奇的是，在人类起源问题上仍有许多不确定因素和争论，同时，随着更好的论点的提出和新的物证的发现，人类起源学说在不断得到修正。但不管怎样，最近 20 年间提出的两个基本论点现在仍是无可置疑的。其一，导向现代人的进化链与包括所有现存类人猿在内的链条之间的第一次“分裂”与人们一度认为的脑容量大无关，而是与两足行走（bipedality）或直立行走有关。“露西”和约翰逊小组发现的与露西类似的其他直立类人猿化石证明了这一点，因为它们的臂骨和腿骨表明它们直立行走，其头骨则表明它们的脑容量不大，比黑猩猩的脑容量实际上多不了多少。具有本质意义的脑容量增大出现在“露西”之后 125 万年的化石上，由此看来，直立行走无疑出现得最早。

“露西”这一证据还表明，两足行走的好处并未马上表现在把双手解放出来制作和使用工具上，因为只有在脑容量增大之后这一便利才能显出威力。现在看来情况可能是，在生存斗争中直立类人猿较其他猿类占有优越，因为它们可以抓取食物，拿着食物疾行，随后在隐秘处食用。由于它们是在白天时这么做的，因而它们还要流更多的汗，这就是为什么最好地残存下来的直立猿类是些皮毛较少的猿。其实，一些古人类学家现在认为，脑容量大首先成为一种生物学上的优势,因为脑容量大可以更好地调解直立类人猿的体温。因而,由于有利的喂食而在遗传方面向直立行走的转化是下述事实的绝妙说明:“自然之母”在设计人类进化时并非高瞻远瞩:把手解放出来固然可以导致工具制造,但这种情况在一二百万年后才开始出现。

直立行走和有利的喂食

恰如近来非洲的化石发现所表明的那样,“自然之母”也是草率的,因为她创造了许多像露西那样的不再存在的动物。这以另一种方式说明了有关人类进化的现已得到公认的第二个基本论点,即向人类进化的第二次遗传学“分裂”确实与脑容量有关。能人是现知向现代人进化的最早种属,它们早在200万年前就存在了,并有一个比像核桃夹子人那样的同时代直立类人猿大百分之五十左右的脑容量。毋庸置疑,正是这种大脑使得能人在10到20万年的时间内取代了直立类人猿,因为它使得它们能够使用工具。不
8 言而喻,能人的工具极其简陋——兽骨,树木的枝干,最精致的无非是边缘经过打磨而变得锋利的石片。看来,这类工具与其说是用于狩猎,不如说有助于人类始祖挖掘块茎、砍伐植物、砸碎坚果和割去腐肉,从而增加他们的食物供应。但是,借助工具采集食物不仅使人类始祖得到更多和更丰富多样的食品供应,而且是人类向文明门槛迈进的第一步,因为它需要迄今在灵长目动物中尚不知晓的某种程度的集团协作。

三、由能人到智人

直立人

除了制造工具的能力外,我们对能人的活动知之甚少,他们看来在160万年前在非洲融入了在进化链中属于其后继者的直立人之中。不过我们对直立人的

了解比对能人要多得多。直立人活动于大约160万年前到约30万年前,是最早自非洲外移并开始居住在地球各地的种属;另外,最早进行集体狩猎并学会用火方法的也是直立人。直立人还很善于适应他所生存的不同环境,因而他们存在的时间比我们现代人类即智人迄今所生存的时间要多五倍以上。

直立人体型更大,智力更发达

从体质的角度看,直立人与其前辈能人的区别非常大。能人的身高大概与俾格米人不相上下,直立人则与大多数现代人身材相当。理查德·利基小组1984年时发现的近乎完整的骨架是位年龄约为12岁的直立人男孩的骨架。从他已有大约5.5英尺高推断,成年时他可能会长到6英尺;确实,如利基所观察的那样,这个男孩十分健壮,"可以成为"史前大学代表队的"一名优秀的橄榄球运动员"。如果有机会,从其智力考虑,这位直立人男孩也会完成一种相当复杂的进攻性打法。直立人的脑容量比能人平均要多百分之四十,而且某一化石证据表明,直立人大脑的形状已朝着我们现代人的大脑的方向发生变化。

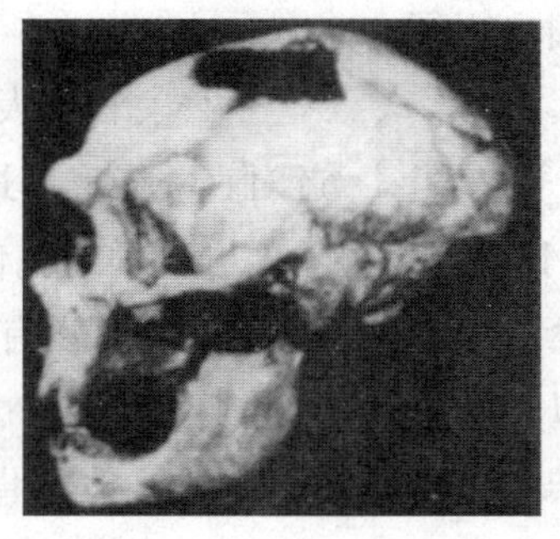

直立人头盖骨。年代在100万年前。

直立人的智力使他们可以自非洲移入欧洲和亚洲远东地区,并在迁移过程中适应了各种各样的气候条件。直立人分布的例子是所谓爪哇人和北京人,他们在大约公元前50万年就到了他们由以得名的地区。在1926至1930年间,考古学家在北京西南25英里的一个洞穴中发现了属于40多位北京人的骨架碎片。其后在

9 同一地点的发掘发现了一些标本，但年代晚在 20 万年以后，在解剖学上与前者有重大不同：牙和上下颚变小，脑容量大增，多至百分之二十，表明人们的饮食习惯有所改变，智力有所提高。1949 年中华人民共和国成立以来所进行的如火如荼的考古研究表明，亚洲东部大片地区仍由 50 万年前首次到达这里的人种居住着。证据虽仍不完备，但表明早在公元前 65000 年智人就可能已在中国出现了。

智力和适应性

显然，直立人最重要的单项发明是语言的应用：最近对直立人喉部进行的复原（完成于 1982 年）表明，直立人可以发出我们现代人可以发出的大多数声音；此外，尽管语言没有留下任何直接的化石遗存，但几乎可以肯定，直立人的工具是按一种只有通过语言才能长久存在的复杂的规则体系制造的。他们肯定知道如何在猎捕大型野兽、加工并分配从这些活动中获得的食物中进行合作。这类合作中最为突出的一点，就是在食物采集和食物加工过程中确立了互利性的男性和女性地位。最后，至少到了 40 万年前，直立人学会了使用火。他们是否学会了生火是个难以确定的问题，但他们已肯定可以控制火以取暖、驱逐对自己有威胁的野兽，也许还可以用火烹煮食物。直立人用火的证据在彼此相隔遥远的中国和西班牙都有所发现，这表明他们已具有足够的智力独立发明某些提高生活水平的基本手段。

由直立人向智人过渡

大约 30 万年前，直立人逐渐开始进化为智人——确实，这一进化过程十分缓慢，以致从现存遗物中很难分清前者何时结束，后者何时发端。
10 可以肯定的是，从解剖学的观点看，在数十万年间体质的变化在颈部以上最为明显，因为尽管直立人的体格健壮得堪与橄榄球运动员相媲美，但他们的前额仍像猿类那样呈斜坡状，其脑壳容积平均约为我们现代人脑壳容积的七成。古人类学家倾向于同意,在直立人和完完全全的现代人种之间有两个过渡性的智人阶段——原始智人,生活在约 30 万到 12.5 万年前,以及“尼安德特人”,生活在 12.5 万年前到约 4 万年前。

尼安德特人阶段

由于在欧洲和近代有众多考古发现(“尼安德特人”骨骼最初是在 1856 年于德国尼安德河的尼安德特谷地发现的,故名),因而我们对尼安德特人这一智人过渡阶段有着远比对先于他们的任何种类的早期人类都要多得多的了解。最需要强调的也许是,尽管“尼安德特”经常被用作原始和愚蠢的同义词,尽管一部有关尼安德特人的好莱坞电影描述那时用“uggah-muggah”的方式交流,但在遗传学方面尼安德特人与现代人区别很小,类似于现代人各种族之间的区别。换言之,尽管尼安德特人的胸围比我们现代人要宽,其颅骨形状与现代人有些不同,但是,假如让一位男性尼安德特人穿上西方的公司制服站在华尔街或麦迪逊大道上,你不会感到有什么不协调。

工具制造与打猎

尼安德特人具有相当高超的制造工具技术,而且善于打猎。在他们之前类人动物往往依赖一两种可作各种用途的工具/武器,尼安德特人则发明了大约 60 种不同的专门工具,包括刀、凿、钻孔器和矛头。这些工具大多是用石头制成的,但他们还用骨头制造比较精致的工具,为此在操作时需要非常谨慎。此外,他们用树枝或骨头营建蔽身场所,或者,就便利用现成的洞穴栖身,并在洞内砌建庞大的石火炉。尼安德特人的狩猎活动十分成功,以致一些群体把自己限制在只捕猎一种猎物上,比如熊或鹿,而不是见到能猎的动物就捕杀。有些人类学家推断说,这些群体之所以具有这种狩猎习惯,主要是由于礼仪方面的考虑——可能尼安德特人以为他们是在尊重他们所喜爱的动物的魂灵。不论尼安德人是不是通晓礼仪的狩猎者，他们中的有些人确实是现知最早花费一些时间集体从事某种物质生存需要之外的活动的人。一些尼安德特人确实以与众不同的尊敬方式埋葬死者，以食物和用品陪葬，其意显然是想帮助死者在来世的旅行。

现代人和迁移

尼安德特人种是如何进化为完全现代的人种的，这是一个令专家头痛的问题，因为这一过程在或多或
11 少不长的时间跨度内发生在东半球各地。（在尼安德特人居住在欧洲和西亚的大致同时，与尼安德特人相像的人种居住在非洲和东亚。）指出这一点也就足够了：在4万年前和3万年前之间，尼安德特人消失了，在东半球上居住的是在解剖学上与我们酷似的人。① 与此同时，这些新进化而成的人种移入了西半球；当时西伯利亚和阿拉斯加之间尚有陆桥相连，因此移入西半球不需要用船。由于澳大利亚在3万年前就已为人拓殖（方式不明），这样整个地球就像今天这样或多或少有人居住了。

四、早期人类艺术和早期人类遗存

早期人类艺术：洞穴壁画

除拓殖美洲外，现代人完成的最早的业绩之一是创造了整个人类艺术史上某些最令人叹服的绘画，此即完成于3万年前到1.2万年前之间的法国南部和西班牙北部的著名洞穴壁

---

① 现在一般不再把这一解剖学上最早的现代人称作“克罗马努人”。既然“尼安德特人”是一生物学的分类，因此与尼安德特类型相合的一切骨架都可称为尼安德特类型，不论它们是在什么地方被人发现的。假如我们仅仅因为这种类型的某些遗存是在法国南部的克罗马努洞穴附近发现的就必须把所有生态学上的现代人称为“克罗马努人”，那么我们就不得不把乔治·华盛顿和阿尔伯特·爱因斯坦也称作“克罗马努人”。

画，承认这一点无论如何是激动人心的。在至今已发现的 200 多个洞穴中（其中最著名的是法国南部的拉斯科岩洞和西班牙的阿尔塔米拉岩洞），现知最早的艺术家创作了描绘腾跃的动物——骏犎、公牛、马、矮种马以及牡鹿——的激动人心的壁画。这一洞穴艺术强调的无疑是运动。几乎所有的壁画描绘的都是骄傲的兽类在奔驰、在跳跃、在反刍，或者面对猎人作殊死拼斗。

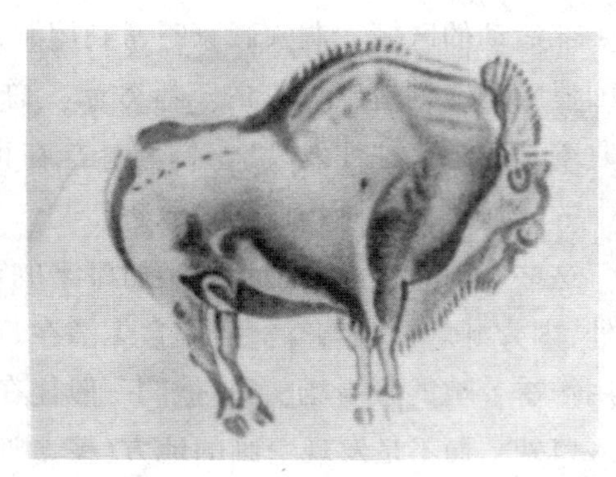

洞穴壁画，由智人中的一位代表创作，
出自西班牙阿尔塔米拉洞穴。

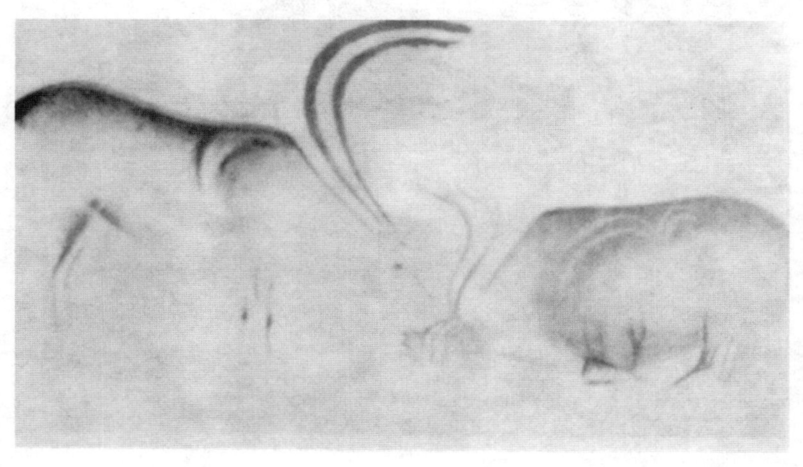

法国一洞窟窟壁上的驯鹿形象。

给人以动的感觉的独创性方法是加绘一些线条以显示动物的四肢或头部运动的区域。洞穴画家时常利用洞穴墙壁表面的自然隆起和凹痕成功地创造出惊人的三维效果。总的说来，今日有幸亲睹洞穴壁画的游客往往发现，它们和悬挂在世界最著名的艺术博物馆中的任何著名绘画一样引人遐想。

这些史前奇迹意图何在？美所带来的审美快感之说必须排除在外，因为洞穴壁画的绘制者通常生活在户外，而当他们真的把洞穴用作季节性的蔽身场所时，他们一般住在洞穴里别的地方（通常在入口处），而不是发现壁画的地方（壁画通常在洞穴的最黑暗、最难接近的区域）。另外，有不少证据表明，绘制壁画的人在壁画完
12 成后对它们大多漠不关心，因为有许多壁画是绘在更早的壁画上面的。

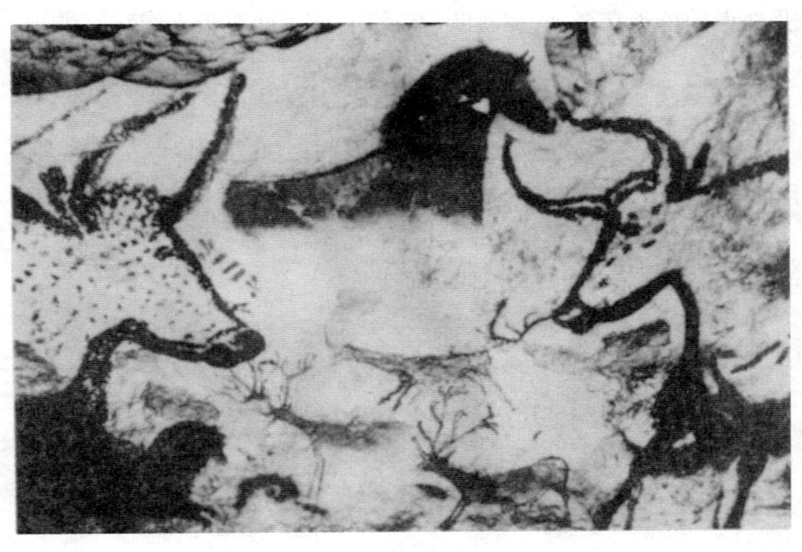

法国拉斯科旧石器时代洞穴壁画。

对洞穴绘画的极端解释

把最极端的解释——纯粹的审美快感——排除在外，一些学者提出了另外一种解释，认为洞穴绘画是人类关系的深奥微妙的象征性表现。根据这一学说，洞穴画家是早期的社会哲学家，试图通过以象征手法把它们描绘出来进行解释以应付其社会结构的需求。在此条件下，洞穴骙犎并非真的指骙犎，而是指“女性”，马并非指马，而是指“男性”，聚集在大型动物身旁的小型动物形象则用来表示次要人物聚集在领袖人物周围。毋庸置言，由于没有文字记录，这种假说既无法得到证实，也无法被否定，但看来有些牵强附会。例如，骙犎身上并无十分明显的女性特征（其实，某些符号解释者则把骙犎看成“男性”，把马看作“女性”），而最重要的是，我们不理解为什么洞穴画家在打算描写人类现实的人时不绘人而绘动物。

把简单化和复杂化这两种极端解释都排除在外，我们认为，把洞穴艺术视为进行交感巫术的尝试是现有各种说法中最有说服力的一种。交感巫术建立在下述信仰上：模仿一种期望得到的结果就会出现那种结果。就洞穴艺术而言，史前画家在描绘骙犎被箭刺穿肋腹时，描绘这种场面本身就意味着确保箭真地刺穿骙犎，这在道理上是清楚的。有人对交感巫术说提出异议，认为现知所有
洞穴壁画中只有大约百分之十描绘杀戮场面。但是，由于几乎所 13
有洞穴绘画所描写的都是猎兽，因而可以这样答复上述异议：描绘大量腾跃的猎兽就意味着确保猎人会真的发现猎兽遍地都是，不可胜数。此外还有一个佐证：考古学家在绘有壁画的某些洞穴区中发现了举行祭仪活动的迹象。由此我们也许可以得出结论：在绘画的同时可能念咒语并举行祭典仪式，也可能所有这些巫术活动都是在狩猎进行过程中举行的。

劳动专门化和区分

最后还有一种推断,洞穴画家并不是狩猎者。尽管此绝非一个不争的事实,但可以肯定,产生了洞穴绘画的早期人类狩猎社会已达到了大规模的专业分工和社会分层的阶段。例如,严格从技术观点来看,洞穴绘画只可能由专业人士才能完成,因为这不仅需要用碳棒绘出黑色线条,用黏土似的矿砂(赭石)团绘出黄色、红色和棕褐色,而且需要把泥土色料同油脂掺合在一起(就像后来生产蛋黄颜料那样)并用羽毛或欧洲蕨作"画笔"。与此同时,同一社会中的手工艺人在制作工具方面发展出超常的技能,不仅用石、骨制造工具,而且用多叉鹿角和象牙制作工具。举例来说,在古代人类各种工具中,他们新增加了鱼钩、鱼叉、弓、箭及缝合兽皮的针等。

在3万前到1.2万年前之间,由于在狩猎宝库新增了一些巧
14 妙的新技巧,狩猎活动也可能要求人进行专门训练。尤其是,此时的猎人学会了用短矛和箭射落飞鸟,用鱼钩和鱼叉捕鱼,并通过研究猎兽与生俱有的运动学会了惊散兽群以及设陷阱捕捉它们。由于他们主要依赖猎兽为生,他们随着猎兽的活动迁移居住地;而且,某些证据表明,他们并不是把有能力捕到的动物捕尽杀绝,而是遵循禁猎原则。不管怎样,年代在同一时期的考古遗址中屡屡见到的大批炭化的骨骼证实,大批猎兽被杀掉,随后被人在公共筵席上烧烤,这证明我们现在谈论的这些人不仅知道如何绘画和狩猎,而且知道如何分享食物。

五、食物生产的起源

大约1.2万年前(即公元前10000年),由于一个简单的原因,狩猎筵席出现的次数愈加稀少,甚或根本没有了。这个原因就是兽群正在消失。3.5万年前至1.2万年前这段时期是一"冰期":

“冰期”及其对狩猎社会的影响

在欧洲和亚洲西部的地中海地区，夏季时白天的气温平均为华氏 60 度(摄氏 30 度)左右，冬季时为华氏 30 度(摄氏零下 1 度)。与此相应，耐寒的猎兽种类(诸如驯鹿、麋、野猪、欧洲野牛和各种山羊)在山丘和谷地自在地爬行。但是最后一批冰川向北方消退，这类动物也随之北移。有些人可能跟着猎兽移向北方，其他人则留在原地，在较短的时间内创造了一个与过去迥异的世界。

自食物采集经济向食物生产经济过渡

尤其是，在冰期结束后的 3000 到 4000 年内，生活在亚洲西部的人完成了人类有史以来最重要的革命之一：由靠**采集食物**生存过渡到靠**生产食物**生存。① 在近 200 万年 15
的时间里，类人动物和人类都靠采集或采集结合狩猎获得生存资料。这种生存方式意味着这些人不可能在一个地方呆太长时间，因为他们吃光了沿途的植物食物供应后就必须不停移

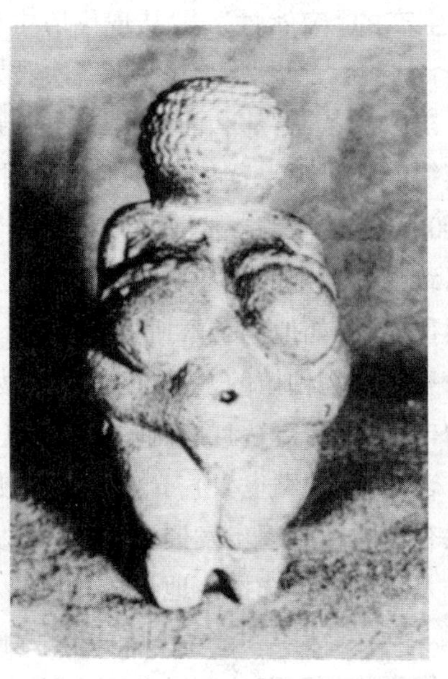

丰乳肥臀的“威伦多夫的维纳斯”雕像。它制作于公元前 15000 年至 10000 年间，出自维也纳。

① 本书前几版把此称为“新石器革命”。现在其所以不再用该词，是因为它易于使人误解，好像食物生产的发明主要是石器工具制造技术的进步造成的。

动；如果他们是狩猎者，他们不得不随兽群的迁移而迁移。但是“突然”（相对其他漫长的发展而言），很多人开始驯化动物及栽培作物，因此“突然”定居下来。随着这一转变的完成，村落建立起来，贸易产生，定居地区的人口开始飞速增长。随后，村落开始演变为城市之时，文明产生了。严格按字面意义讲，“其后历史开始了”，因为人类历史——与史前史相对——确实随着文明和文字记录的出现而发端。

进展到食物生产的“突然性”

说某些人突如其来地成为食物生产者，自然只是就最广泛的年代学情况而言。从现代历史变迁的观点看，现代几十年就发生一次技术革命，几十年或几年就发生一次政治革命，那么西亚由食物采集向食物生产的转变是一个极其缓慢的过程。这一演变不仅历时约3000到4000年（自公元前10000年左右到公元前7000/6000年左右），而且变化极其迟缓，以致身处其中的人甚至自己不知道发生了什么事。补充这一句也很重要；假如他们了解所发生的事，他们几乎可以肯定不会赞同由采集到作物种植的基础性变化，因为冰期靠采集、狩猎为生的人食物丰足，生活舒适且有闲暇，而食物生产在早期所能提供的食物却贫乏得多（种类也少），日常劳动也更辛苦。不过，向食物生产的进化有其内在的逐步发展逻辑，在一步接一步的发展过程中没有给个人留下多少选择余地。

人类如何变成食物生产者

人类变为食物生产者的过程大致如下。（随着研究的深入，有关细节肯定需要修正。）大约公元前10000年，较大型猎兽群大多离开了西亚。不过沿海地区的居民并未受到饥馑的威胁；与此相反，由于冰川融化，海平面上升，大批鱼、甲壳类动物和水鸟到了刚刚形成的海湾和沼泽地，为这些居民带来了丰富

食物。对今以色列的卡尔迈勒山附近地区和杰里科遗址——两地
离地中海都不太远——进行的发掘证明,公元前 10000 年左右到 16
9000 年间,该地区野生动植物资源丰厚,人们就像在伊甸园那样,轻轻松松就可捕到鱼、水禽并在树旁捡拾到果子养活自己,以致以一种前所未见的方式长期居住下来。不过就人口趋势而言,卡尔迈勒山和杰里科的富足付出了代价。现在流动性狩猎民族的出生率都不高,史前人类的情况估计也是这样。这方面的一个现成例子是,一位妇女在迁徙时能抱一个孩子,但难以抱俩;大自然就这样找到了限制游牧民族出生率的办法,使之每三四年才能生一个孩子。(实际的生物机制可能不同;经常性不孕可能源于经常性迁移,或者人哺乳时间太长——可能因母亲抱孩子时间太长而致——会推迟生育。)然而,一旦人们在伊甸园般的环境里定居下来,其生殖率就开始增大,最后,几百年过后,物产丰富的沿海地区人满为患。

动物的驯化

与此相应,古人类学家推断,约公元前 9000 年,亚洲西部的剩余人口开始迁移到野生动物和植物食物不那么丰足的内地,在那里他们不得不重新过上采集狩猎者的游牧生活方式。可以肯定的是,在公元前 9000 年到 8000 年间,生活在伊朗的一些人迈出了朝向食物生产的现知最早的一步:驯化动物,此处是绵羊和山羊。这不过相当于采取一种小规模保险政策。过分依赖某种特定的食物资源,一旦那种食物资源情况不佳就会挨饿。为了防止这一局面,有些人捕捉活的动物,逐步饲养它们,这样在急需时就可杀之食肉。拥有少量绵羊或山羊并未改变最先驯化它们的人们的流动生活习惯(带着驯化过的山羊迁移比带着婴孩还要容易)。不过,这无疑使他们习惯了能动地控制周围环境的举动。

植物食物及人对环境的控制

生产植物食物随之出现。冰川消退之后，野生小麦和野生大麦开始在西亚腹地零零散散的丘陵地区生长出来。习惯于采集各种植物种子的采集狩猎者在公元前9000至前8000年之间很高兴地把兴趣转到小麦和大麦身上，因为在这些植物成熟时，采集者只需花费三个星期的时间就可收获大量种子，随后去从事其他行当。种种考古发现表明，我们所谈论的这些人发明了燧石镰刀以加快收割速度，发明了臼碾碎种子，以及——这对未来发展最为重要——贮藏窖保存谷物或面粉。换言之，这些人不仅开始特别注意收获野生谷物，而且把收获物贮存起来以供不时之需。在这方面，人们又一次在控制环境，而不是仅仅在适应环境。

游牧采集狩猎者越来越依赖谷物

17 这些人仍然是游牧民，极可能会满足于永远采集谷物和其他食物。但是，由于谷物易于储存，某些谷物采集集团可能逐渐地越来越依赖谷物。此况下，他们也会反过来受到年成不好或因过度收割导致地力逐步衰竭的影响。加之他们愈加重视让野生作物生长茂盛，可能会注意到，如果把与作物相克的植物(草)除掉，谷物就生长得茂盛些；如果土质疏松，落下的种子就更易生根，长势也好些；如果他们自己把某些种子洒在土质较疏松的地段，情况就更好些。就我们自己的现代生活方式的起源而言，从事这些活动的人是些比哥伦布或哥白尼还要有影响的发现者和探险家，不过从他们自己的观点看，他们只不过是对其方兴未艾的采集狩猎生活方式略作调整而已。

定居植物食物生产，或农业

不过，在不知不觉中，他们“上了瘾”，以定居生活取代了游牧生活。他们已畜养小型猎畜作为“保险措施”，在某一时刻必定立下决心，在季节性游牧循环中，在到达某一地区时，某些地块已种上谷物可作依赖，同样是合情合理的。而且那时他们可能已了解到，按季节种植作物比收获现成的作物更有好处，他们的畜群可在收割后的茬地上吃得饱饱的，而且他们在同一块地上一年可种植不止一季作物。与此同时，他们可能变得越来越惯于贮藏谷物，感到越来越没有理由迁离他们的田地和库房。就这样，定居植物食物生产或者说**农业**出现了。

定居农业成为主导性人类生存方式

有关完全定居的农业的最早的考古 18
证据见于安纳托利亚最东部（今土耳其）、叙利亚、伊拉克、伊朗，年代在公元前7500年到前6500年左右。到了公元前6000年，农业在整个西亚地区都成为主导性生存方式。确切地讲，农业并不是唯一的生存手段。饲养牲畜就是农业的一种补充，而到了公元前6000年，所饲养的牲畜既包括绵羊、山羊，也包括牛和猪。进而言之，务农的人在同时仍在进行某种狩猎和采集活动。（甚至在今日，多数农场主仍盼着时不时地用枪打猎，多数农场主的妻子仍盼着采集野生浆果或蘑菇。）不过到公元前6000年，农业不仅在西亚成为主导性的人类生存方式，而且在不久之后就征服了全世界。公元前5000年左右，农业独立地在中国至少三个地点和美洲一两个地点出现，并从那里在远东和西半球传播开来。到约公元前5000年，农业自西亚传播到欧洲东南部（巴尔干半岛），由那里传播到欧洲大陆的各个地区，并在公元前3500年左右传播到欧洲的天然界限斯堪的纳维亚半岛。自此以后，“琥珀色的谷浪”一直在欧洲——从外延上看，还有美洲——起着中心作用。

六、村落、贸易和战争的产生

村落、贸易、战争和文明的出现

下面我们将集中考察西亚自食物采集转变到食物生产之后的发展情况。在该地区,向文明加速迈进的下一个步骤就是村落的出现、远距离贸易的兴起和血腥战争的产生。自约公元前6500年到约公元前3500/3000年一些村落逐渐变为城市之前,村落构成西亚地区最先进的人类组织。村落组织无可避免地引起远距离贸易,同样也无可避免地引发战争。毋庸置疑,战争与饥荒、疾病一直是危及人类生存的大敌,至少自农业村落产生以来是如此。不过在古代,战争的发育促进了经济和社会复杂化的加强,因而仍须把它视为导致文明产生的一个步骤。

早期村落陶器。该浅形碗出自西亚一村落遗址,
年代在公元前5000年左右。

社会组织和功能的进步

西亚由游荡无定的群体向村落乃至城市之社会组织方面的进步,就其本质而言是在功能上由采集食物向生产食物乃至从事以稳定的食物供应为先决条件的各种活动的进步。在每一个发展阶段,从典型意义上讲,社会组织都比过去变大了,不过我们也不能因此认为村落总是大于群落,总是小于城市。更确切地说,尽管典型的村落有居民 1000 人左右,但在西亚所谓“村落时代”的最早期,有些村 19
落只有 200 名居民,比群落的平均规模还要小;而在村落时代的极盛期,一些村落拥有的居民在 5000 人以上,规模比随后出现的典型的城市还要大。

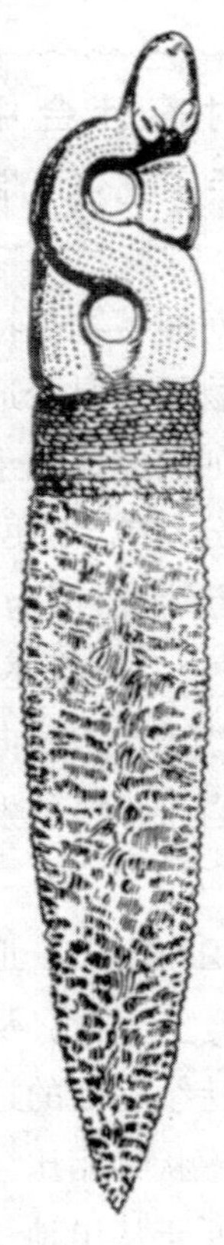

燧石短剑。发现于安纳托利亚,制作于公元前7000年左右。剑柄为骨制,上刻精致图案。

村落以定居和农业人口占多数为基础

因此,比较明智的做法是把规模置于考虑之外并坚决主张,倘若一个居民点的大部分居民没有定居下来,或者居住点中比例不小的强壮居民没有从事田间劳作,那么该居民点就不能看作是村落。自然,由于村落的农业劳动者总是寻求获得更高的劳动效率,生活得更舒适,因而,随着时间的推移,手工业开始发挥空前显著的作用,其地位仅次于农业。在一开始,所有村民都从事某种新手艺,但是随着某些手艺的技术变得更加复杂,专门的技术人员随之产生,他们逐渐成为专职的艺匠,不再从事农业劳动。不过,直到西亚村落时代临近结束时,此类专职手工艺匠依然非常少见,可能至多占成年人口的百分之一。

村落社会中的手工艺：(1)制陶

村落中最重要的手工艺包括制陶业、编织业、工具制造业和武器制造业。在这些手工艺中，制陶和编织业是转向定居生活带来的直接后果。人类一旦定居下来，就显然开始对储藏物品特别感兴趣；同样非常明显的是，他们不再需要担心贮物器皿是否适于迁移。因而，人类在很早很早之前可能就已知道如何制作黏土罐，不过他们并不想劳神去制作它们，因为黏土罐十分易碎，不便携带着迁移。然而村落出现以后，人们马上就制造罐状容器，因为他们发现它们是储存谷物及其他食物的理想用具。此外，黏土罐还可用于取水、存放水：有了陶器，人们可以在家中储存饮用水。这向着享受迈出了一步，其重要性或许可以与现代室内自来水管的发明相媲美。

(2)编织

编织业起初可能也是产生于人们对适用器物的追求，因为人们学会编织篮筐看来在学会织布之前。从考古记录看，柳条筐在人类定居后不久就出现了。在持续不断的迁移过程中，这种筐确实显得十分笨重、不结实，但与罐状物相比，它们更适于贮存某些物品，由于比罐类轻便，因而更便于从田地里运回收获的庄稼。人们在广泛掌握编织的原理后，就可轻而易举地把它运用到织布上，只要驯化后的绵羊可用来生产羊毛。有了羊毛织物，村落居民也就获得了比兽皮更可靠、更便于使用的衣料。（只是在公元前3000年左右埃及人培育出亚麻这种适于充当制造亚麻布的原料之后，人类才开始利用植物纤维织布。）

(3)工具和武器

与制陶和编织相对，制造工具和武器对村庄时代的人来说并不是什么新鲜事，但村民确实学会了如何用新材料制造工具和武器。随着农业的发展，人们比以往任何时候都更需要更锋利、更经久耐用的工具，比如说，早期村民希望得到最锋利的镰刀、最耐用的犁具。而且，虽然武器越来越少地用于狩猎，但在战争中使用得越来越多。一开始，希望得到利刃的亚洲村落居民认识到，利用某些岩石可以打制出较之其他岩石更锋利的刃口，因而只要有可能就使用这些岩石。随后，他们注意到有些“岩石”延展性能尤其突出，因而可用以制成锋利的尖头，在磨钝时也可使之重新锋利起来。自然，这种具有延展功能的“岩石”根本不是岩石，而是自然界天然存在小块铜。在公元前 6500 年至前 4500 年之间，这种铜块比较少见，因而只能用来制作器物的尖头及诸如饰针之类的极小型的用具。但在后来，可能出于偶然，有人把一块具有延展性的石块丢进了陶窑，结果发现某些“岩石”（矿石）在高温下会 21
分化出黄铜。不论这个人是谁，他或她发明了冶炼术；在其后近千年时间里，冶炼出来的铜在西亚被用来制作各种各样的容器、工具和武器。

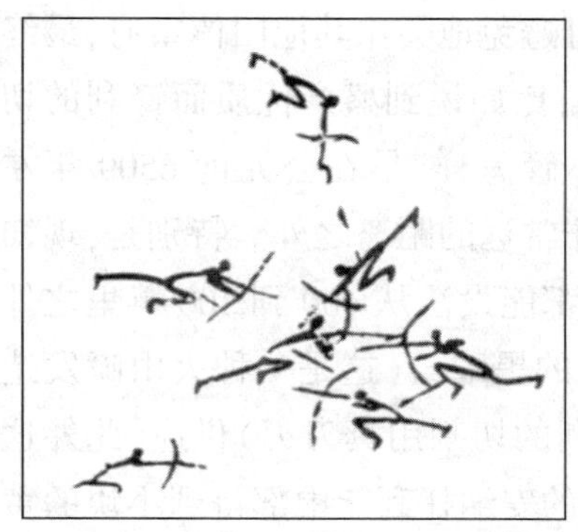

早期战争场面。左图是西班牙的一个洞穴壁画，右图是瑞典的一个岩刻画。创作的具体年代不清，但几乎可以肯定均在定居农业出现之后。

远距离贸易产生于剩余产品

提到越来越多地利用不同的岩石和铜,必然要引出贸易这一话题,因为早期村落居民希望得到的坚硬岩石并非见于西亚各地,不得不由外地长距离运来。即便说有,采集狩猎者也很少进行远距离贸易,因为无力支付所需费用——换句话说,他们生产不出剩余产品。这些人由一地迁移到另一地,尽量少带随身用品,因而根本不可能生产出剩余产品。另一方面,村民们是天生的贮存者,在开始贮存粮食后不久,他们逐步认识到生产并贮存超出自己需要的东西,即可藉以抵御饥馑,也可提供东西进行实物交换。

尽管我们永远无法弄清相关的具体步骤,但看来建立在血亲集团关系上的短途赠礼和交换先于更具有商业形式的远距离贸易。譬如,生活在富裕村落中的一个血亲集团可能送给邻村挨饿的亲戚一些粮食,把它们仅仅作为礼物,或者换回一两件工具;可以想象得到,住在不同村落的亲属之间正常的送礼或者交换可能是作为承认家族纽带的礼仪性手段产生的。不过,随着交换和财富积累的继续进行,某些团体不可避免地会比其他团体富有,最终有财力派出商队进行远距离贸易,比如说到盛产优质而锋利的切割用石的地方换回这种石料。不管怎样,早在公元前6500年左右,西亚贸易就无疑已经扩展到非常远的距离之外。特别是,现知存在于伊朗和伊拉克的所有村落都能设法从400到500英里之外的今亚美尼亚地区产地得到稳定的黑曜石(这是一种火山喷发造成的玻璃状物,特别适于制造锋利的切割用具刀刃)供应,此外这些村落还从两倍于上述距离之外的安纳托利亚中部得到小块的黄铜。因此,岩石、金属、食物、编织物、兽皮和小装饰品等物品的交易空前繁荣;到村落时代结束时,人们既通过陆路,也通过船只由水路运输货物。

然而贸易并非获得物品的唯一手段,因为成功的劫掠可以更好地满足人们的欲望。没有人能够说清人类战争开始于何时,但越来越多的专家对下述说法,即侵略行为在生物学上是“编入”我们之中的一种“程序”表示怀疑。毋宁说,从严格的生物学意义讲,人类似乎既不偏向和平,也不偏向战争,而在转向定居农业之前,游荡不定的群落是爱好和平的。至至少少有一点是肯定的,冰河时代的任何洞穴壁画都没有描绘过人与人交战的场面,现知最早 22
的表现战争的绘画与定居的村落生活同时出现。更引人注目的一个事实是,现知西亚最早的村落有许多都是带有防御设施的村落。显然,不论人类在过去时情况如何,自定居村落产生以来,其未来将是战争和杀戮。

村落生活与战争的关连

由于一些显而易见的原因,定居生活会引起持续不断的战争。游荡不定的群落的成员在狩猎和采集活动中需要互相合作,同时他们甚至很难见到其他群落的成员。假设一个群落偶然与另一个群落相遇,双方没有什么理由兵戎相见,因为获胜了也得不到什么或根本得不到战利品。与此相对,在村落里有战利品,同时受到攻击的村民会倾向于列队应战,而不是夹起尾巴匆忙逃窜;他们不仅要保护自己的财产,而且要保住自己历尽艰辛开垦出来并耕作的田地。地方性的战争可能是在由漫游生活至定居生活的过渡时期开始的,当时一些漫游群落变成了劫掠群落。此后,在众多村落出现之时,为了获得更多的财产和财富,一个居民点一定会动手攻打另一个居民点。

战争促进了技术和贸易的发展

具有讽刺意味的是,战端的开启促进了技术和贸易的进步。不论是出于防御还是出于进攻方面的考虑,西亚的早期村民们在武器设计和制造方面取得了重大技术进步,在短剑、战斧、长矛、投石器及钉头槌制造方面进行了尝试。进而言之，地方性的村落“军备竞赛”可能是促进冶金术进步的最重要因素，因为铜制矛尖和短剑比石制矛尖和短剑更锋利，而用青铜即铜锡合金——青铜制造在公元前 3500 年至前 3000 年时得到完善——制造的各种武器都比铜制武器强得多。由于金属必须通过
23 贸易来取得，因而参与军备竞赛的村民被迫提高生产效率，以生产出剩余产品来换取金属。就这样，对最好的武器的寻求即便造成了死亡和毁灭，却促进了经济生活的发展。

七、文明的诞生

城市与村落的区别

西亚史前史上最后一个重大发展是城市的出现。这一现象可追溯到约公元前 3500 年到 3200 年这段时期。由于一些村落是在大约五百年的时间里不知不觉地转变为城市的，因而根据城市何以在村落发展的末期产生来描述城市与村落的区别就比较容易了。与村落不同，城市里居住着各种各样职业的人士。早期城市里都有农民居住，因为城市周围的田地与其他田地一样需要有人耕种。此外，城市里还居住着少量工匠和商人，因为城市是在一些手工技艺变得非常专门化、贸易也正成为一种专门行当的时候成型的。但是城市里的显要人物是职业武士、行政官员和祭司，他们的存在确实决定了城市和村落的差异。

城市对村落；统治者对被统治者

概括说来，城市就是为了剥削村落而存在的。城市的第一流居民自己自然不会这样看问题。由于他们是职业武士、行政官员和祭司，因而他们会说他们的天职是通过军事手段保卫这片地区、通过出色的管理提高该地的生产力以及通过

祈祷求得上帝的佑护。但是,既然这些人都不参加田间劳动,因而离开农业劳动者生产的剩余产品,他们肯定活不下去。换句话说,城市里居主要地位的居民是其社会的**统治者**,城市的其他居民和附属村落的村民是**被统治者**。

美索不达米亚城市:人口压力的产物

毫无疑问,西亚最早的城市产生于美索不达米亚或称两河流域,即位于今伊拉克的处于底格里斯河和幼发拉底河之间的地区。实际上,人们可以肯定,城市兴起的终极原因是人口压力。前面我们已经谈到,定居人口的繁殖能力比漫游无定者要高得多。的确,一旦西亚居民精于定居农业,食物产量就开始出现惊人的增长,人口也是如此。按照一个保守的估计,伊朗西部丘陵地带的人口在公元前 8000 年至前 4000 年之间增加了 50 倍。在达到一定程度后,过量的人口为了生存必须迁移到新的地区,这在早期农业生产者中尤其如此。由于对作物轮作制或施肥技术一无所知,他们会逐渐耗尽地力。在西亚,这
一时刻在公元前 4000 年来到了,当时伊朗和伊拉克的过剩人口开 24
始大批移入先前无人居住的底格里斯河和幼发拉底河河谷地带。

美索不达米亚建立政府和实行强制的趋势

农业要想获得成功,必须具备两个条件:肥力,以及水分。西亚最早的农业聚居地位于原先生长野生谷物的丘陵地区。这些地区的土地并不是特别肥沃,但至少足以应付作物种植刚开始时的需要,而且那里确实从降雨中获得充足的水分。另一方面,美索不达米亚谷地极其肥沃,但在一年的很长时间里十分缺乏水分,以致如果不引入人工灌溉系统,就不可能进行农业生产。然而,兴建和维持灌溉系统却需要一定程度的规划以及人类社会至那时为止从无先例的繁重而协调一致的劳动。此处所谈的灌溉系统最初见于公元前 4000 年至前 3000 年

这一千年间。要建成这种灌溉系统，就要由底格里斯河和幼发拉底河这两条大河开挖主运河和沟渠，通过这些交叉分布的河渠把河水引到干旱的土地。这种工程从来没有完结的时候，因为运河和渠道时常淤塞，必须不断加以疏浚。修建及维修河渠的活计要求组织大量人员，筹集食品供他们食用，大量制作罐盆作为他们的餐具，诸如此类，不一而足。因此，显然需要规划人员决定如何劳动、何时劳动、在何处劳动，需要监督人员去指导和强制劳工，同时需要总督去安排、监控监督人员。与此相应，在这种情况下，社会分化成了统治者和被统治者。

尚武精神加强了政府力量

人口压力迫使人们去修建灌溉系统。公元前4000到前3200年之间，这种压力在美索不达米亚造成了建立政府和实行强制的趋向，而这一趋向又因尚武精神的高涨而得到加强。一些人是何以设法成长为统治者的呢？无疑，主要解释在于暴力，最精于战事者在社会中最为强大。在我们所谈论的这一千年，军事权力会导致行政权力，并经由一个持续不断的螺旋式上升过程导致更强大的军事权力：金属武器固然优于石制武器，但比石制武器昂贵得多，因而只有那些通过征服和剥削他人获得财富的人才有力量得到金属武器，并借助于它们征服并剥削更多的人。尤其值得指出的是，美索不达米亚本身不产金属，也无任何金属矿石，但在那里发现了大量年代在公元前3500年到前3000年的金属武器；显然，美索不达米亚的武士—统治者正变得愈加占居支配地位，地位愈加牢固。

祭司成为统治精英的一员

假如说占有支配地位的武士需要训练有素的行政官员协助他们管理和监督地方灌溉工程，那么单单这两个阶层在核心地点的联手就可以创造出城市。但实际上还产生了一个专职祭司阶层，该集团与前两个集团合力创建了城市。毋庸赘言，宗教并非美索不达米亚的发明。早在数万年前，对超自然力量的信仰在尼安德特人中和冰河时代的洞穴居民中必定就已存在了：尼安德特人在埋葬死者时用食物陪葬，洞穴居民的艺术显然意味着施展魔法。美索不达米亚的创新之处是专职祭司阶层——附着于举行典礼活动的中心即神庙的人——的出现，他们靠其他人的农业劳动的支持来从事诵念咒语、主持典仪活动。

对祭司等级产生之因的解释

对祭司等级何以首先在美索不达米亚兴起的原因人们作出一些推测，但看来有可能的是，到了公元前3500年左右，经济需求和社会复杂化都已达到非常高的程度，以致人们真的需要祭司。游移不定的群落在维持社会凝聚力方面没有困难，因为没有或很少有值得争斗的私有财产，因为职业责任大致等同，也因为群落规模不大——通常不超过500人——足以使群体成员通过互相亲近感到他们心连心。但是这种情形在村落里开始变化。在村落里，共同劳动、共同分享劳动成果仍然居主导地位，但随着时间的推移，尤其是随着贸易的发展，财产不平等现象越来越突出；而且，当村落人口由数百增加到数千时，村民们很难互相认识，也就是说，很难做到直呼其名。来自外部的攻击可能为村民提供了充足的社会凝聚力基础，使之免于发生剧烈争斗，但在美索不达米亚灌溉工程充满压力的开始阶段，仍需要更高程度的凝聚力。基于这一公认的推测性的看法，宗教鼓舞大群的人忠诚于一种共同的事业，鼓舞他们怀着是在为地方诸神效劳的信念努力工作。这种规模的宗教奉献要求祭司宣讲信仰并在给人深刻印象的神庙中主 26
持精巧的典仪。

城市是文明的表征

探讨城市的起源实际上与探讨文明的起源是一样的。文明可定义为人类组织的这样一个阶段，其时行政机构、社会机构和经济机构已发展到足以处理(不论如何不完善)一个复杂社会中与秩序、安全和效能有关的问题。公元前3200年左右，美索不达米亚“已变成文明社会”。也就是说，该地区至少已有五座城市，它们的居民中都包括武士—统治者、行政官员和祭司，它们都拥有一些雄伟的神庙，此外也都以拥有精致的私人住宅、公共作坊、公共储藏设施和大型集市而夸耀。初步的档案保存方法正在为人们所掌握，文字也正在形成过程中。随着文字的出现，西方文明史开始了；随着文字的出现，我们可以开始叙述一个以诠释文字证据和考古发掘到的器物为基础的历史。

精选书目

Binford, Lewis, *In Pursuit of the Past: Decoding the Archaeological Record*, London, 1983. 世界最有影响的考古学家之一奉献了这一可读性极强而又独具特色的著作，它叙述了考古学家是如何科学地分析器物以描绘已往的社会行为和变化过程。

De Waal Malefijt, Annemarie, *Religion and Culture: An Introduction to Anthropology of Religion*, New York, 1968. 该直截了当的叙述评介了现代主要社会理论家的思想，以理解史前和早期宗教并找出宗教习惯和宗教信仰的渊源。

Fagan, Brian, *Archaeology: A Brief Introduction*, 2nd ed., Boston, 1983. 界定了“考古学”一词的意义并介绍了考古学的某些基本方法。简明扼要。

——, *People of the Earth*, 5th ed., Boston, 1986. 考察了自最早的人类到印加人所有没有文字记载的文化，极其易懂。

Harlan, Jack, J. M. Dewet, Ann Stemler, eds., *Origins of African Plant Domestication*, The Hague, 1976.

Harris, Marvin, *Cannibals and Kings: The Origins of Cultures*, New York, 1977. 对原始社会的产生作唯物主义解释，把它视为环境和经济决定因素相互作用的过程。

Lamberg-Karlovsky, C. C. and J. Sabloff, *Ancient Civilizations: The Near East and Mesoamerica*, Menlo Park, Calif., 1979. 清楚地探讨了最早的邦国如何形成以及随着时代的发展最早的文明如何变得愈加复杂。

Leakey, Richard E., *The Making of Mankind*, New York, 1981. 英国广播公司精彩电视系列节目的配套读物,插图极精。利基描述了有关最早的人类进化的最新发现(包括他自己的发现),有力地论证了他的人类并非天生具有侵略性的信念。

Leroi-Gourhan, André, *The Art of Prehistoric Man in Western Europe*, London, 1968. 本书对洞穴艺术所作的象征性解释引起争论,但材料丰富详尽,配有大量精美的彩色照片。

Mauss, Marcel, *The Gift: Forms and Exchange in Archaic Societies*, New York, 1967. 本书最初写于 1927 年,对个人之间和集团之间社会交互作用的性质提供了持久的观点。

Pfeiffer, John, *The Emergence of Humankind*, 4th ed., New York, 1985. 对古人类学所包括的整个领域作了最新评述,对该领域的某些最棘手的问题和争论作了冷静的分析。

Phillips, Patricia, *The Prehistory of Europe*, Bloomington, Ind., 1980. 主要是一部参考书,重在提供资料而非学说,但对了解由尼安德人向解剖学上的现代人的演化具有重要意义。

Phillipson, David W., *African Archeology*, Cambridge, 1984. 全面而可靠地考察了非洲大陆自原人出现到文字记录产生的历史。

Sandars, Nancy K., *Prehistoric Art in Europe*, rev. ed., Baltimsre, 1985. 简要考察了欧洲史前艺术,与 Leroi-Gourhan 相对,重点在于早期艺术的技术而不是其所谓的象征意义。

Wertime, Theodore A., James D. Muhly, eds., *The Coming of the Age of Iron*, New Haven, 1980.

大事年表(一)　古代东方和西方的文明

	政治	经济	文化	宗教	
公元前3000年	苏美尔城市在美索不达米亚的霸权,约前3200—约前2340 埃及古朴时期,约前3100—约前2770 埃及古王国,约前2770—约前2200 印度河谷地文明,约前3200—约前1600 阿卡德帝国在美索不达米亚的统治,约前2334—约前2200 苏美尔人的复兴,约前2200—约前2000 埃及中王国,约前2050—前1786	埃及和美索不达米亚灌溉和大规模农作的发展,约前3500—约前2500 埃及和克里特扩大的贸易,约前2000	美索不达米亚太阴历,约前3200 苏美尔楔形文字,约前3200 苏美尔神庙建筑,约前3200—约前2000 埃及象形文字,约前3100 埃及兴建第一座金字塔,约前2770 印度河谷地文字的发展,约前2500 埃及太阳历,约前2000 古巴比伦数学的进步,约前2000—约前1800 克里特的米塔斯艺术,约前2000—约前1500 《吉尔伽美什》史诗,约前1900	美索不达米亚人格化宗教的发展,约前3000—约前2000 米诺斯的母神崇拜,约前2000	公元前3000年
前2000年	美索不达米亚古巴比伦帝国,约前2000—约前1600 克诺索斯领导下米诺斯文明的盛期,约前2000—约前1500 中国商朝,约前1766—前1027 希腊大陆的迈锡尼文明,约前1600—约前1200	马引入西亚,约前2000	《汉谟拉比法典》,约前1790 中国表意文字的发展,约前1700	美索不达米亚个人宗教的发展,约前2000—约前1600 埃及人对个人不死的信念,约前1800	前2000年

	小亚的赫梯帝国，约前1600—约前1200 埃及新王国，约前1560—前1087 喀西特人推翻巴比伦人，约前1550		埃及神庙建筑，约前1580—约前1090	埃赫那吞的宗教革命，约前1375	
前1500年	迈锡尼人在克里特的统治，约前1500—约前1400 克诺索斯的毁灭和迈锡尼文明的终结，约前1400 特洛伊战争，约前1250 希伯来人占领迦南，约前1200—约前1025 希腊迈锡尼文明的崩溃，约前1200—约前1100		腓尼基人字母表的发展，约前1400 埃赫那吞统治下埃及的自然主义艺术，约前1375 铁的使用在整个西亚越来越多，约前1300—约前1100	摩西把希伯来人团结起来崇奉耶和华，约前1250	前1500年
前1000年	中国周朝，前1100—前256 扫罗、大卫和所罗门统治下希伯来统一君主制，约前1025—前933 以色列王国，前933—前722 犹太王国，前933—前586 中国分封制，前800—前250 亚述帝国的盛期，约前750—前612 新巴比伦帝国，前612—前539 尼布甲尼撒征服耶路撒冷，前586 波斯帝国，前559—前330 波斯征服巴比伦，前539		印度的吠陀，约前1200—约前800 印度的《奥义书》，约前800—前600 新巴比伦人的天文观察和档案保存，约前750—约前400 申命法典，约前600 希伯来《诗篇》，约前450	希伯来人的先知革命，约前750—约前600	前1000年
前500年	波斯征服埃及，前525		《约伯书》，约前400	佛教在印度的发展，约前450—约前300	前500年

第二章　美索不达米亚文明

31 在学生时代，我了解了文字中隐含的宝藏。我解决了没有明确解决办法的数学倒数和乘积问题。我阅读了晦涩不明的苏美尔铭文和难懂的阿卡德铭文。随后我在射箭和驾驭马车方面进步很快，并掌握了王家礼仪。

亚述国王亚述巴尼帕尔，约公元前 650 年

“历史的第一章”

历史发端于苏美尔。现代人对人类生活前 35000 年的了解完全依靠考古记录，因为在距今 5000 年稍多一点的时间之前，人类虽留下了许多遗物，但未有只言片语。然而，公元前 3200 年左右，在美索不达米亚一个叫做苏美尔的地区，人们发明了文字。有了文字，就可把言语记录下来，当代学者也可藉此了解古代男男女女的所作所为；从这个意义上讲，“历史开始了”。

丰富多彩的成就

显然，仅仅文字的发明一项就足以使古代美索不达米亚人在曾推动人类向前发展的各最有创造力、最有影响的民族中占有重要一席。但令人惊异的是，大致说来在公元前 3200 年至前 500 年这段时间里生活在美索不达米亚的居民对人类所作的贡献远不止文字的发明一项。我们时常忽略是谁发明了轮子，但轮子确实有人发明了，这个发明者就是公元前 3000 年左右生活在美索不达米亚的人。必定有人发明了历法，必定有人发明了数学中的乘除法，这些人也是古代美索不达米亚人。除取得这些发明外，美索不达米亚人还是学识渊博的思想家，在人类思想史上处于非常领先的地位，以致

他们在神学、法学、天文学和叙事文学方面的种种创新均成为日后该地区思想和艺术表现发展的基础。的确，古代美索不达米亚人也有些不美的特质；譬如，他们的统治者通常是些残忍的穷兵黩武者，其艺术往往显得生硬、狂热。但不管怎样，美索不达米亚人以其丰功伟绩和文献撰写的“历史的第一章”无疑是人类历史上最 32
重要的篇章之一。

一、古代苏美尔：最早的城市

“苏美尔时代”

公元前3500到前3200年间，美索不达米亚即两河（底格里斯河和幼发拉底河之间）地区的社会和文化生活建立在城市基础上，成了地球上第一片文明开化之地。我们可以把公元前3200年直到公元前2000年这段时期称为“苏美尔人时代”，因为美索不达米亚最先进的地区是位于其最南部的苏美尔地区。苏美尔是片沼泽地带，面积与美国马萨诸塞州大致相当。在苏美尔时代的前

苏美尔人人物立像，高约1英尺，用雪花石膏做成，外面涂以沥青。它制作于公元前3000年左右。

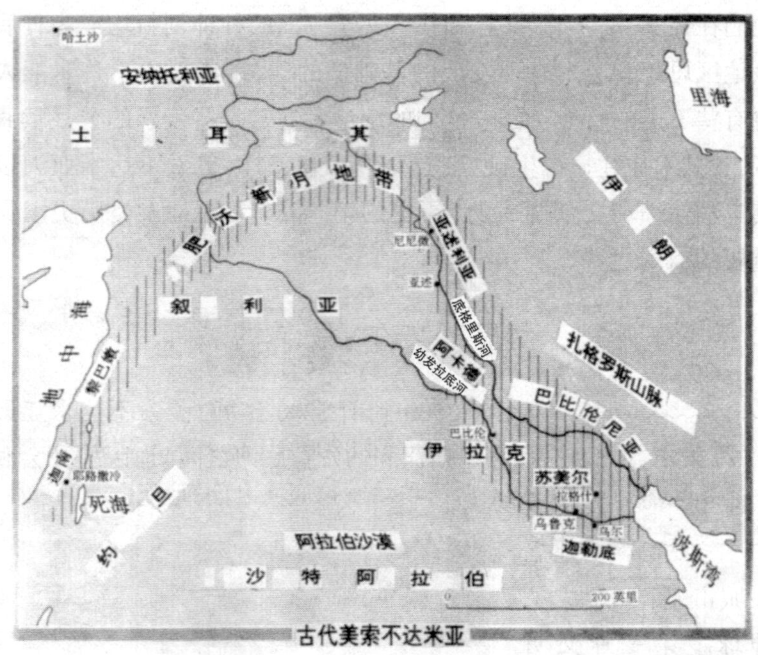

古代美索不达米亚

萨尔贡青铜头像。

九百年间，苏美尔没有出现统一的政权，而是由众多独立的城邦点缀其间，其中最重要的有乌鲁克、乌尔和拉格什等。随后，到了公元前2320年左右，整个苏美尔地区都
33 被来自处于美索不达米亚正北部的阿卡德的一位强大武士所征服。这位武士的真名实姓已无从知晓，但我们知道他冠以“萨尔贡”（意为“真正的国王”）的头衔，与他同时代的人则称他为“伟大的萨尔贡”。美索不达米亚年代记称他在取得34场战斗的胜利后控制了苏美

尔;最后他胜利地进军到“下海”(波斯湾),在那儿用海水清洗他的武器,以示战争结束。在其后近200年的时间里,伟大的萨尔贡创建的王朝统治着由阿卡德和苏美尔组成的一个帝国。不过到了公元前2130年左右,苏美尔重新获得了独立,实现了“复兴”。“复兴”一直延续到公元前2000年左右,其间该地区大多由住在乌尔的国王统治着。

苏美尔的成就主要受到其气候和地理的影响。尽管两河流域非常肥沃,但灌溉不可或缺,因为这里一年中有近8个月不下雨,春天里降下的暴雨来得太晚,赶不上浇灌在4月份就要收割的主要作物。(苏美尔地区夏天时不是生长季节,因为那时温度高达华氏125度,可把土地烤焦。)如前所述,灌溉工程是项集体事业,需要精心策划和专断的领导,而这反过来导致社会分层、职业专门化和城市的出现。美索不达米亚南部完全缺乏诸如石料、矿物之类的天然资源,甚至连树木也没有,这一事实使苏美尔的处境进一步受到制约。这就意味着居住在苏美尔的人被

亲密的一对。出自尼普尔城,年代在公元前2500年左右。雕像人物有着一双大大的眼睛,几何形的头发和胡须,这是苏美尔人像的典型特征。这对人物亲密无间,不拘礼节,与后文所选古埃及的夫妻雕像形成鲜明对比。

迫严重依赖对外贸易,同时十分注意运用一切手段改变这种经济不平衡,以使之对他们有利。换言之,苏美尔人必须征服自然,而不是过着丰足舒适的生活。

苏美尔人的饰以牛首的匣式里拉琴。这是古代中东常见的一种乐器。图中木琴外覆黄金和青金石,制作于公元前2700年左右。人们用双手在垂直位演奏。

苏美尔人最值得注意的发明之一,就是车辆运输,它发明于苏美尔时代初始之际(公元前3200年左右)。从比较的观点可以看出这一发明是何等地先进:直到公元前1700年左右埃及人才知道车辆运输;西半球的居民在欧洲人引入轮子之前根本不知道此为何物(秘鲁孩童的有轮玩具除外)。第一个把一个绕轴旋转的圆环形装置用于运输目的的苏美尔人可能是受陶轮的启发突发此想的,因为早在公元前4000年左右的伊朗轮子就已用于制陶业了,并在大约五百年后由伊朗传入苏美尔。把制陶业的轮制原理扩而应用于运输,其发展过程十分不明:至少到了公元前2700年,埃及人就知道了陶轮,但他们直到一千年以后才把它用于运输,而且即使那时他们也是在与美索不达米亚人的接触中学会车轮运输的,或许并非他们"独立发明了车轮"。因此,这位为了制造一种更好的运输工具最先把轮子附加在橇板上的不知名姓的苏美尔人,可以当之无愧地跻身于人类各个时代最伟大的技术天才之列。

车辆运输

苏美尔最早的有轮运输工具是两轮战车和四轮 34
货车。它们都是由牛牵引的（直到大约公元前2000—前1700年之间东方入侵者将马引入西亚之后，西亚人才知道马），都是安装在没有轮辐的实心轮上：把两三块厚木板拼成圆形，用饰纽或撑柱把它们固定在一起。牛拉战车显然移动不太快，不过它们看来促成了方阵作战方式的一个进步，因为残存至今、年代在公元前2600年左右的一些图画描绘了它们践踏敌人的场面。用于运货的货车更不看重速度，它们必定在众多灌溉工程和城市建设工程中帮了苏美尔人很大的忙。

太阴历

除车轮外，苏美尔人还发明了太阴（月）历，这也是人类早期最重要的发明之一。在像美索不达米亚那样极其恶劣的气候条件下，知道播种和收获的准确时间，是绝对必不可少的；因而，有必要找到某种标明时日行程以确定周而复始的农作周期的可靠途径。做到这一点的最简单的办法，就是利用月亮的盈亏循环。既然月亮由最初的蛾眉月运行到下一次最初的蛾眉月共需要29天半的时间，人们就可以考虑把这样一个循环视为一个基本的计时单位（我们把它称为一个月），然后累计这些计时单位的数目，直到季节也完成了一个循环。就这样苏美尔人得出结论，在月亮运行了12个这样的计时单位（6个是29天，6个是30天）后，一“年”就过去了，重又到了开始播种的时候。不幸的是，他们不知道“一年”实际上是地球绕太阳绕转一周的时间，月亮的12次循环或12个月比一个太阳年少11天。九百年后苏美尔了解到，每隔几年他们就要在其年历上另加一个闰月，这样才可准确地预测到季节的循环。苏美尔人的太阴推算法是通向我
们现在理解的精确的预测性的科学（测度自然以掌握其“运行规 35
律”）的现知最早的一步。现代犹太历和伊斯兰历法（回历）都以犹

苏美尔人的战车。图片反映年代在公元前 2600 年左右,是现知最早的有轮车辆。由图中可知,轮子是由木板拼成圆形、再用饰纽或撑柱固定在一起的。由此也可以看出在有文献记载的历史的初期,军事目的刺激了技术的革新,至今亦然。

太人和穆斯林自古代美索不达米亚承袭而来的月亮运行周期为基础,这一事实证明,如果不断把短少的天数补增上去,那么太阴历本身实际上也是可以使用的。

文字的发明

与车轮和历法一起并称苏美尔人留给后世西方文明的三大珍贵礼品的是文字的发明。称文字是“发明出来”的,多少易于让人产生误解,因为苏美尔文字是逐步产生的,正如我们现在所知,其间由借助图形表达某种观念到文字(尽管尚不是字母文字)的出现经过了一千年的演化过程(约公元前 3500 年至约前 2500 年)。公元前 3500 年左右,苏美尔人开始刻图像于石或镌印于黏土,以此作为拥有某物的标志:一幅图画可能表示一个人的绰号〔例如用一块岩石表示“铁石心肠”(Rocky)〕,或者他的住所(例如用一棵树表示一幢房屋)。大约五百年以后,由图形向文字的演化速度大大加快。到了那时,苏美尔神庙的管理人员使用许多规范化的简图,把它们结合起来保

早期图画文字。上图:美索不达米亚页岩雕刻品,年代在公元前3400年左右,描绘的是两个人进行交易的情景,四周图案表示他们交易的物品。下图:苏美尔人泥版文书,年代在公元前3000年左右。在这里,标准化的图案开始代表抽象含义。

存神庙的财产档案和商业交易档案。尽管这一时期的书写文字仍具有象形文字特征,但已超越了以图画表示人及具体事物的阶段,发展到了用图画表示抽象事物:一只碗表示食物(任何种类均可),一个人头加一只碗则表示吃的概念。又过了五百年,成熟的文字全面取代了旧有文字,因为到那时最初的图画已变得非常系统化,以致人们不再把它们视为图画,而须视之为纯粹的符号;这些符号有许多已不再表示特定的词，而成为与其他同类符号结合在一起就可形成字词的音节符号。

楔形文字

36 公元前2500年左右，苏美尔地区的这种文字体系达到了充分发展的阶段。这种文字被称作“楔形文字”，因为它是由用芦苇做成的带有三角形笔尖的笔在湿泥板上刻划而成的楔形符号组成的。楔形符号共有500种左右，其中有许多具有多重含义（其“准确含义”只能根据上下文来确定），这就使得楔形文字体系比后来的字母文字体系要难以掌握得多。尽管如此，在两千年间楔形文字一直是美索不达米亚唯一的文字体系；到了公元前500年左右，这种文字甚至成了西亚大部分地区通用的商业交往媒介。

从苏美尔时代残存下来、在近代被发掘出来的楔形文字文献都是抄写在泥版上的。这些泥版中，大约90%是商业和行政记录，其余的10%大致可以归入文学的范畴——明确说来，包括对话、谚语、赞美诗和神话传说的残篇。苏美尔人的对话采用这样的形式：两个角色在辩论中站在对立的一方互相驳辩——夏天对冬天，斧头对犁子，或者农夫对牧人。由于双方均有许多可以立足的根据，因而辩论通常没有输赢；倒不如说，这种形式主要是为教学目的设计的，旨在帮助神庙学校的学生对某一论题有尽可能多的了解。另一方面，残存至今的苏美尔谚语则提供了明确的观点。一则令人着迷的苏美尔处世格言这样讲：“仆人呆的地方，必有争吵相伴；理发师呆的地方，必有毁谤传出”；由此可知，多嘴多舌的理发匠在人类文明的黎明时期就已臭名远扬了。

苏美尔宗教的演变

苏美尔泥版中所残存的赞美诗和神话传说（后
世的美索不达米亚人所抄录的苏美尔文献可作补
充）表明，在苏美尔时代有关神灵的说法经历了一个
37 稳步发展的过程。为简便起见，我们可注意两个主

要阶段:由视神灵为自然的一部分转变为把神灵想象为像常人那样行事,随后是由赋予神灵以常人的属性转变为把神灵想象为像无所不能的主宰那样行事。最古老的证据表明,苏美尔人最初崇拜的是脱离肉体的自然力量。一位“神”是使谷物得以生长的力量,一位神是产生上升的元气的力量,另一位神是使食物储存于仓库中而不腐的力。然而,在公元前第三千纪这一千年间(公元前3000年至前2000年),苏美尔人更易于根据人格化的类似来解释自然现象。因而酷热的夏季逐渐被看成繁殖神一年一度的“死亡”,收获入仓则被看成繁殖神与仓储女神的“婚姻结合”。不论这些神是自然力量,还是人格化的存在,苏美尔人崇拜他们的目的都是指望他们带来丰足并防止自然灾害。但是到了第三千纪末期,在伟大的萨尔贡征服苏美尔后,苏美尔人的某些人格化的神祇不可避免地担当某种政治功能。一些神祇被视为城市的保护神,另一些神祇被视为各个领域(诸如天、地或冥界)的主宰,而其中的一个神

古代巴比伦马杜克神庙及其庙塔模型。这是美索不达米亚宗教建筑最典型的形式。

恩利尔则被视为所有这些主宰的主宰。这就朝着神性合一和神灵万能进一步迈进了。

居高临下的庙塔

不论苏美尔人把神祇看作是什么,在公元前3200年到前2000年之间,神庙一直是苏美尔社会中令人敬畏的力量。完全是为了增加神庙的高度,神庙建造在高大的平台之上,因而比城市和苏美尔平坦的地平线都要高。由于没有石料和木材,苏美尔神庙都是用晒干的泥板和泥砖建成的,建筑式样大多呈所谓庙塔(ziggurat)状,这是一种梯状的塔楼,顶上是一神龛。典型的苏美尔神庙规模庞大,兴建工作十分繁重;据现代估计,建成这样一个神庙,需要1500名劳力每人每天不停地工作十个小时,累积要干五年。(此外,这种泥—砖结构的大型建筑需要不断地进行大规模的修缮,因而建筑工作几乎没有停的时候。)不过,这种工程主要是由志愿者轮流着完成的,在他们看来,这是对庇护他们终生的神灵的奉献。

神庙学校

苏美尔祭司并不住在神庙本身之中,而是住在构成神庙管区一部分的毗邻神庙的建筑里。神庙管区里还居住着神庙管理人员、工匠和奴隶。由于祭司和管理人员(这两个词往往意义相同)需要学习楔形文字,因而庙区内附设有学校,教授楔形文字和祭司等级需要掌握的其他知
38 识。苏美尔的这些学校是现知人类文明史上最早的学校。

神庙的作用非常广泛

神庙共同体往往在城市以外拥有大片地产,因为没有这些农田提供的收入,就无法维系神庙庞大的事业。神庙共同体通常也从事商业贸易,把在庙区内制造或贮存在那里的货物出售给庙区所在的城市的买主,或用船运到很远的地方出售。因而神庙实际上是“国中之国”。另外,在萨尔贡时代之前,神庙往往就是“邦国”,因为苏美尔诸城的祭司经常就是城市的统治者。在苏美尔各

城市摆脱萨尔贡王朝的统治重获独立之后，世俗国王一般取代祭司成了城市的主宰，但即便那时国王及其家庭仍会与主要祭司的家庭联姻。

苏美尔的社会结构

除祭司、国王和著名武士（他们可能是祭司及/或国王家庭的成员）外，苏美尔社会中还存在着三个阶层：神庙共同体中的“专门人员”，自由农民和奴隶。专门人员包括神庙管理人员、商人和工匠，他们的生活按理很富裕，但要无条件地依从祭司。自由农民看来拥有的是最差的田地，为了生存往往不得不向神庙告债。至于奴隶，我们所知甚少，因为文字记录几乎不注意他们的存在，但实际上可以肯定，他们的生活十分悲惨。

二、古巴比伦的发展

苏美尔的经济缺陷：盐碱化

尽管苏美尔人在驾驭其外在环境方面取得了令人吃惊的成就，但他们却未注意到生态问题，以致他们的土地因盐份的不断增加而逐步 39
退化，这一过程在技术上称为盐碱化。由邻近的河流里引水灌溉苏美尔地区干旱的土地固然带来了水分，但也带来了盐：水分蒸发掉了，盐却留在土壤之中。以年为单位观察，这样积存在土壤中的盐无足轻重，但以世纪为单位观察，土壤的肥力会因此受到影响。研读现存至今的泥版文书可以发现，早在公元前2350年，苏美尔各地区耕地的产量就有所下降。阿卡德的萨尔贡之所以能够征服整个苏美尔地区，原因可能就在这里。此时苏美尔尚非十分软弱，因而在两个世纪后推翻了阿卡德人的统治；但到了公元前2000年左右，苏美尔开始陷入万劫不复的经济灾难之中。由于不再能生产出剩余产品，苏美尔各城无力供养祭司、管理人员和军队；慢慢地，苏美尔失去了它在美索不达米亚的主导地位，由更靠北的地区取而代之。

逐渐过渡到古巴比伦的统治

在美索不达米亚历史上，苏美尔时代之后出现的是古巴比伦时代（约公元前2000年到约1600年）。应当强调指出的是，把公元前2000年定为古巴比伦时代的起始年代实属武断，因为该年未发生任何标志着由一个时代转变到另一个时代的重大事件。实际上，不仅由苏美尔在美索不达米亚的支配地位过渡到古巴比伦的支配地位是逐渐发生的，而且即便在公元前1770年左右古巴比伦时代的极盛时期，其文化与其前驱苏美尔文化并无重大区别。如果说苏美尔人和古巴比伦人之间有什么明显的不同，那只有两个标准：地理和语言。如上所述，苏美尔时代美索不达米亚最繁荣、文化上最先进的城市都位于该地区的最南端；另一方面，在其后的400年间，文明的重心却北移到了阿卡德，而且在相当长的时间里以新建的巴比伦城为中心。此外，在古巴比伦时代执美索不达米亚之牛耳的各民族讲的是属于闪族语系的语言。

闪语各民族的到来

闪族语系的各个民族（今天有阿拉伯人、以色列人和埃塞俄比亚人）都把阿拉伯半岛视为其发源地。至于闪族部落到底为何或者在什么时间进入美索不达米亚，我们尚不知晓。我们知道的是，伟大的萨尔贡及其军队都是闪族人，因而在公元前第三千纪末叶苏美尔就已受过闪族人的统治一段时间了。就此而言，公元前2130年至2000年左右苏美尔的复兴只是一段插曲而已，因为即便在那时其他闪族部落仍在往美索不达米亚渗透，并蚕食了苏美尔和阿卡德的小片土地。最终，这些部落中成就最大的是阿摩利特人，他们在公元前2000年左右进入美索不达米亚，在阿卡德各地区定居下

来。两个半世纪之后，阿摩利特人征服了 40
苏美尔全境，他们所说的闪族方言也取代苏美尔语成了美索不达米亚口头和书面语言。不过，同样这些阿摩利特人却吸取了苏美尔文化遗产的所有其他方面。

由于阿摩利特人把阿卡德的巴比伦定为其帝国的首都，因而他们往往被称为巴比伦人，或者为别于一千多年以后统治美索不达米亚的迦勒底人，更多地被称为古

汉谟拉比法典。法典残存在一个八英尺高的玄武岩圆柱上。柱的上端描述的是汉谟拉比向正义之神(右面坐者)表示敬意。其下楔文铭文即为法典文献。

巴比伦人。古巴比伦帝国的缔造者是汉谟拉比(公元前1792—1750年)[①],他也无疑是阿摩利特人最伟大的统治者。在他登基之际,阿摩利特人仍不过是美索不达米亚南部几个互相争斗的势力之一,但到了公元前1763年,汉谟拉比就征服了整个苏美尔;到了公元前1755年,他征服了美索不达米亚其余地区,并向北扩张到叙利亚边境地区。随着取得的胜利越来越多,汉谟拉比自称"苏美尔和阿卡德之王",随后又自称"天下四方之王"。尽管他如此自夸,他的帝国却很短命(汉谟拉比统治之后美索不达米亚的政治事件将在下节中叙述),但他为自己选定的另一个头衔"正义之君"却道出了他名声久存的缘由,因为汉谟拉比颁布了现存人类历史上最早的有条理的法律文集。

汉谟拉比:巴比伦国王和立法者

"汉谟拉比法典"

"汉谟拉比法典"刻在一个石碑上,共包括282则条文。学者们公认,法典是建立在苏美尔立法原则基础上的,其中糅和了闪族人的新发明,但他们对什么原则属于苏美尔人、什么原则属于闪族人说法各异,因而我们最好是把它们都简单地归结到最有名的记载"美索不达米亚法系"的文献之列。在考虑汉谟拉比法典的主要前提之前我们必须指出,法典缺乏"法律面前人人平等"的现代观念。在汉谟拉比法典中,奴隶毫无权利可言,稍有过

① 此处及以后各处,凡紧跟在一个统治者后面的时间均指各统治者在位的时间。

失即受到断肢的可怕惩罚。此外，法典中提到了两个法律阶层：一是“人”，显然意指贵族；另是所有其他既非“人”亦非奴隶的人，他们的法律待遇很差，但拥有某些法律权利。与“人”侵犯“人”相比，“人”侵犯了地位低于他们而非奴隶的人受到的惩罚要轻一些，而“人”伤害了奴隶与他损坏了奴隶主的财产所受处罚相同。

美索不达米亚法系的实用特性

汉谟拉比法典建立在两个最著名的原则基础上，此即“以眼还眼、以牙还牙”和“让买方小心提防”。猛一看来这两个原则都很原始。在规定对确定的伤害行为进行赔偿时（“倘人毁他人之目，则毁其目”；“倘人断他人之骨，则断其骨”），法典从不考虑最初的伤害是否纯属意外，而是残酷无情地坚持让人受到皮肉之苦和受辱。“让买方小心提防”原则不那么残酷无情，但看上去不像是法律。为什么国家应在一部法 41
典里宣布卖方行诈不会受到惩处呢？如果我们认识到汉谟拉比法典所追求的目标与现代法系不同，那么就可更清楚地领悟这部法典。美索不达米亚人颁布法律主要是为了制止争斗。因而他们以为——这决非毫无理由——一个总想采取暴力手段的人，如果记住不论他怎样加害于人，都会受到法律同样的处罚，那么他也许会不再施暴。另外，他们也清楚地认识到，惩罚只有迅捷无情才能收到威慑效果；这一观点使得他们必然对无实质意义的动机问题不予考虑，因为调查犯罪细节和犯罪动机要花费时间，况且，如果罪犯知道如何保护自卫，那么这就会使真正蓄意的犯罪有可能逃脱法律的惩罚。至于“让买方小心提防”原则，同样也是为了制止争斗，因为买方知道自己没有权利，如果他去取闹，马上就会受到惩罚。

正义概念和社会福利

在叙述了美索不达米亚法律体系的这些实际范围之后，还必须补充一点：汉谟拉比法典并非对正义观念完全不关心。尽管实行严格的报复措施，但法典并非完全缺乏正义概念，因为“以眼还眼、以牙还牙”总比“以头还眼”或“以眼还指甲”要公正些。其次，汉谟拉比法典的某些条文中深深体现了抽象的种族原则。例如，既然美索不达米亚人认为儿女应当孝敬父母，因而法典第195条规定：“倘若儿子打其父亲，则应切去其手”。最后，法典偶或要求国家提供福利，而不是一味地审判、惩罚。法典第23条最充分地说明了法典的“福利国家”色彩。该条规定，一个人若遭到抢劫而又未能找到抢劫者，“则抢劫行为发生地所在的城市……应当赔偿他所受到的财产损失”。我们在上面已提到，汉谟拉比确实以“正义之君”名垂后世，而且按照他所处的时代看，他完全做到了这一点；此外，尽管西方有关正义的各个概念是在后来才大大发展起来的，但汉谟拉比法典中所隐含的多数原则成为未来诸多发展的出发点。

古巴比伦文学：《吉尔伽美什》史诗

在古巴比伦文明中，与汉谟拉比的法典一样享有不朽声誉的是叫做《吉尔伽美什》的史诗。就像法典那样，这一作品也是苏美尔—巴比伦的混合体。史诗的主角吉尔伽美什是一位真实存在的历史人物——公元前2600年左右当政的一位苏美尔国王。他的卓伟功业大大激发了当时人的想象力，以致他们就开始传颂有关他的传奇故事。经过苏美尔人几个世纪的口头相传，吉尔伽美什故事变得愈发神奇，以致最后几乎完全成了虚构。由于这些传说故事十分引人，公元前第三千纪晚期，征服苏美尔的历代闪族人都把它们译成自己的方言。现存《吉尔伽美什》史诗是这一演化过程后期的产物。公元前1900年左右，一位闪族说书人把有关吉尔伽美什的四五个传说故事汇编成一部结构松散的"史诗"。我们现在知道的了不起的诗歌就是这部史诗。

《吉尔伽美什》史诗在古代西亚流传甚广,记述了大洪水传说。本图残片刻有史诗第 11 部分,出自亚述巴尼帕尔的尼尼微图书馆。

《吉尔伽美什》的世俗特性

《吉尔伽美什》史诗最引人注目的特征在于诗的十足的力度和惊人的世俗性,因为它所记载的完全是一位人类英雄在一个受到不可避免的死亡法则支配的世界上的冒险经历和热望。在经历艰苦的战斗和爱情遭遇之后,吉尔伽美什向一对老年夫妇寻求永生的秘密。这对老夫妇在上帝决定发洪水毁灭整个人类时躲在一条方舟中而幸免于难。他们告诉吉尔伽美什永生是不可能得到的,不过他们告诉他了一种至少可使他恢复失去的青春的植物的方位。吉尔伽美什历尽艰辛从海底搞到了这种植物,但不幸的是,由于未加防备,在吉尔伽美什熟睡之际,一条蛇把它吞吃了。(据该史诗的说法,这就是蛇通过蜕皮每年获得一次新生的原因。)因而这位渴求永生的英雄不得不承认,他应及时行乐,不要担心明天会发生什么事:“吉尔伽美什,你将漂向何方?/你所追求的永生,永远无法得到,/因为上帝造人之际,就让死亡与人相伴。/……吉尔伽美什,穿上新衣,沐浴首身去吧。/凝望挽着你手的儿女,/愉悦怀中娇妻。/人应关心的,唯有这些事。”

古巴比伦文化中的个人宗教

尽管有这些世俗性的教诲,但若认为古巴比伦文化是完全不信宗教的,那就错了。因为所有古巴比伦人(包括《吉尔伽美什》史诗)都认为神祇对人类具有无限的支配权。实际上,既然神庙在古巴比伦城市中像在苏美尔城中那样突出显赫,那么宗教显然也同样具有权威。此外,残存至今的祈祷文表明,古巴比伦人已经达到了迄至那时从无先例的宗教信仰阶段:**个人宗教**。尽管苏美尔诸神“产生于自然”,起着比最有势力的统治者还要大的作用,但他们仍然是各城市或各国家的神,而不是单个人可以向他们私下祈求的神。随后,到了古巴比伦时代,除了照管人类集体事务的“政治性的神”,可以说还有照管单个人日常事务的其他神祇,人们应该向这些主管个人成功和赦免罪过的神进行祈祷。举例来说,一个古巴比伦人可以这样请求一位女神:“我,一位受到苦难折磨的仆人,向您乞求。/噢,我的圣母,看看我;接受我的祈祷吧。”个人宗教在古巴比伦人中的出现对研究其后宗教发展史的学者特别具有意义,因为个人祈求上帝及宗教内省行为是犹太—基督教传统的两个基本特征。此外,单个古巴比伦人狂热地向个人神祇

祈祷,这一事实之所以引人注意,还在于它说明在一个在其他方面 43
正热心推行一体化的社会中,古巴比伦文化还容忍一定程度的个人主义存在。

数学

古巴比伦文化的最后一个引人注目的成就是在一个与上述两方面迥异的领域即数学方面取得的。由于美索不达米亚有关数学的知识的最早的记录都是古巴比伦时代留下的,因而难以确定古巴比伦的数学成就在多大程度上受惠于苏美尔人。不过这些记录所显示出的算术和代数概念十分先进,必定是以苏美尔成就为基础的。虽然如此,公元前 1800 年左右,古巴比伦神庙的书吏使用了乘法和除法表,以及计算平方根、立方根、倒数和指数的表格。这些成就十分引人注目,因而,即便只有一份古巴比伦数学表格留传下来,那么我们仍然可以得出结论:古巴比伦人是古代最有成就的数学家。(古希腊人虽精于几何学,但在数学方面并非如此。)我们现代生活中一个基本的东西就是从先前的古巴比伦数学中肇源的,即一天分为两个 12 小时,每一小时分为 60 分钟,每一分钟分为 60 秒。停下来仔细考虑考虑,十进制可能更为便当,但古巴比伦人以十二进制为基础进行计数(显然是因为他们把月亮的 12 个循环周期定为一年这种最基本的计算方法),而从那时以来西方的所有文明都继承了古巴比伦人的"十二进制"的计时方法。

三、喀西特人和赫梯人插曲

汉谟拉比建立的帝国在他死后只维系了一个半世纪之久,其间古巴比伦人一直面临着地方暴动和外部入侵的威胁,直到公元前 1300 年左右第二个全美索不达米亚范围的帝国兴起之后这种混乱局面才告结束。古巴比伦衰落的一个原因可能是早先毁灭了苏美尔的土地盐碱化过程。然而,这不一定是主要原因,因为尽管盐碱化在一定程度上损害了古巴比伦经济,但其影响却不像早先苏美尔时代那么显著,其原因有三:(1)古巴比伦人已经知道运用排水技术来减少盐份的积累;(2)古巴比伦人种植的主要作物由小麦转变成了大麦,大麦比小麦更能适应盐碱性土壤;(3)古巴比伦人已经知道如何保存田地的肥力,方法是采用逐年轮耕制,让一些地块空闲着。因而,汉谟拉比的一些继承人缺乏治国之才,再加上
44 在军事方面缺乏判断力,没能适应新的作战技术,看来是古巴比伦迅速衰亡的主要原因。

轻型车战的影响

公元前16世纪,古巴比伦帝国的敌人们所使用的新的作战方法,主要是用战车发动快攻:他们的战车用马而不是用牛牵拉,车轮有了轮辐而不是用系在一起的木板做成的实心轮。最早使轻型车战发挥出最大效力的是喀西特人和赫梯人,这两个民族是在公元前第三千纪末叶由里海以东的大草原来到西亚的,均非闪族人。在汉谟拉比在位之际,喀西特人在美索不达米亚的一些地区和平地定居下来,但不久他们就开始与古巴比伦人刀兵相向,并用武力占领了美索不达米亚更多的地区。到公元前1600年时,这一过程几近完成,但予古巴比伦帝国以最后一击的并不是喀西特人,因为汉谟拉比的继承者仍占据着巴比伦城本身。最后灭亡古巴比伦帝国的是赫梯人,他们在公元前1595年从北方发动闪电般进攻,摧毁了巴比伦城,从而消灭了古巴比伦帝国的最后残余。

喀西特人统治下美索不达米亚的“黑暗时代”

在灭亡古巴比伦帝国之后,赫梯人又像来时那样迅速退回北方,把美索不达米亚这一权力真空留归喀西特人;但是,显然由于他们缺乏有力的领导,再加上缺乏政治上的或文化上的认同感,喀西特人未能充分利

用这一天赐良机。结果,美索不达米亚进入了长达三个世纪之久的"黑暗时代",其间南方(阿卡德和苏美尔)的大部分地区处在喀西特人的统治之下,北方则由互相争斗的闪族和非闪族部落分而治之。这一时期之所以看上去"黑暗",是因为当时既没有政治上的统一,在文化或思想方面也没有任何进步。喀西特人满足于使用苏美尔人的楔形文字、采用苏美尔人/巴比伦人的行政管理技巧,甚至满足于崇奉苏美尔人/巴比伦人的神祇,未曾作出任何值得注意的创新;他们在美索不达米亚北方的那些四分五裂的邻居们也未对文明史作出任何值得注意的贡献。

赫梯帝国

自然,史学家的兴趣集中在了赫梯人身上。赫梯人发源于中亚大草原,操印欧语(印欧语系包括印度语、波斯语、希腊语、拉丁语及现今拉丁语系、斯拉夫语系和日耳曼语系的各种语言)。到了公元前 1600 年,他们占领了安纳托利亚(今土耳其)的大部分地区,并在其后 200 年间沿地中海东岸向南扩展其帝国的疆土,征服了叙利亚和黎巴嫩。公元前 1595 年摧毁巴比伦之后,他们当即决定不直接对美索不达米亚实行统治,以免过分延伸其联络线。(《圣经》准确地指出,赫梯人把其统治扩展"到了大河即幼发拉底河"〔《约书亚记》,1:4〕。)
公元前 1450 年左右至前 1300 年间,赫梯帝国的疆域扩展到了顶
点,经济上也达到了极盛时期,但到了公元前 13 世纪,它就不得不 45
忙于防御分别来自埃及和美索不达米亚北部的入侵。公元前 1286 年,赫梯人阻止住了埃及人对叙利亚的猛攻;而在同一世纪晚些时候,他们仍有能力抵挡住由美索不达米亚北部的讲闪语亚述人的一次次进攻。但是战争损耗太大,最终把他们拖垮了。公元前 1185 年前后数年,来自西方海上(曾短期出现于西亚的"海上民族"的真正起源地至今尚未确定)的持续不断的进攻浪潮最终导致赫梯势力的倾覆。

有关赫梯人的种种误解

尽管《圣经》经常提到赫梯人，但总是一带而过（例如，巴特什巴的丈夫是“赫梯人乌利亚”）。1907年，赫梯人在安纳托利亚的首都哈土沙城（意为“赫梯人之城”）被发掘出来，一共发掘出2万块泥版。在此之前，我们对赫梯人实际上一无所知。1915年，一位名叫贝德日赫·赫罗兹尼①的捷克学者破译了这些泥版文书的语言，宣布它属于印欧语系，学者们自此对赫梯人大感兴趣。但不幸的是，这种学术研究具有某种种族偏见或者消息闭塞，因而使人们对赫梯人产生了某些错误的观念，下述观点就是一例：赫梯人是伟大的，因为他们是印欧语系人。这一观点错在两个方面，首先是因为它认定所有赫梯人都属于某一讲印欧语的种族，其次是因为它认定印欧语系种族的所有成员都具有较高的智力。由中亚迁移到安纳托利亚时，赫梯人可能是讲印欧语系语言的一个纯质的部落，但一旦其成员定居下来，他们就与当地居民彻底融合在一起，而其过去可能具有的所谓“种族的纯粹性”也就完全丧失了。（在美索不达米亚定居下来的各闪族部落情况也可能如此。）不管怎样，生物学证明，种族与智力的高下并无必然的联系。有关赫梯人的另一个荒诞的说法是，赫梯人之所以能够长时期地取得成功，是因为他们独占了一个秘密武器，即制铁术，并在好几个世纪里一
46 直费尽心机地保守着这一秘密而不让外人知晓。尽管看起来有些奇怪，这一观点是因为把一份没有旁证的赫梯文献解释错造成的。真实情况是，赫梯人在公元前14世纪时确实开始制造和使用铁，但是他们同时代的其他民族也是如此；就现在所了解到的情况看，铁制武器的使用并未使任何西亚民族在相对任何别的民族时处于

---

① 赫罗兹尼（1879年5月6日—1952年12月18日），捷克考古学家和东方学家。他对赫梯文字的释读开辟了研究古代近东史的一条重要途径。——译者

赫梯雕刻。该浅浮雕或许是古代世界最具象征性的雕塑。

优势地位。

赫梯力量的根源

假如赫梯人并不是最聪明或者装备最精良的，那么又该如何解释他们的力量呢？答案部分地在于他们可以支配的资源上，因为与美索不达米亚相比，安纳托利亚金属矿石十分丰富，尤其是铜、铁和银矿石资源。住在富产这些金属矿石的地方的赫梯人可以用这些未经加工的矿石换取对自己有用的东西，也比其他民族更有条件进行冶金术实验，因而他们先是在青铜制造、继而在制铁方面胜过其他民族。尽管制铁并未赋予赫梯人任何独占的军事优势，但它确实给他们带来了财富，因为铁在和平时期如同在战争时期一样有用（在制造或加固农用工具方面尤为有用），同时还因为在制铁业最早的阶段（大致从公元前1400年到前1200年）任何铁制品均具有显

赫的价值。与此相应,赫梯人因铁制品贸易而致富,倘若他们定居
在其他地区,这是根本不可能的。谈到这里时我们应补充下述事
实,即他们创建了一套高效率的行政体制,其中“大王”在理论上具
有至高无上的统治地位,但实际上又赋予地区性代理人以很大的
权力。除其冶金术及其法律外,赫梯人并无特别的创新;他们采用
47 了美索不达米亚人发明的楔形文字,其艺术相沿成规,同时看上去
没有独立的文学。不过,由于拥有充足的财富和卓越的行政技巧,
赫梯人得以较长时间里维护了他们的帝国,保持了自己的民族特
性,这在西亚走马灯似的各民族和王国中是独具特色的。

四、亚述人的霸权

亚述霸权的演化

重新回到叙述美索不达米亚历史进程上,我们发现继喀西特人的“黑暗时代”出现的是亚述帝国时期(公元前1300年左右—公元前612年)。亚述人是闪族语系人种的一支,公元前3000年左右就已在美索不达米亚最北部的底格里斯河河畔定居下来,在此建立了一个以亚述城为中心的小国。由于底格里斯河地区的北部是丘陵地带,气候比美索不达米亚南部温和,无需灌溉,因而该国从未受到过盐碱化的威胁。不过公元前13世纪之前,亚述人在历史上未留下任何值得书写的东西。进入公元前13世纪后,他们掌握了车战技术,开始征服毗邻的城市,情况有所改变。到了公元前1250年左右,他们成为整个美索不达米亚北部地区的主人,其后不久,他们又着手征服统治苏美尔和阿卡德的喀西特人。由于喀西特王国奄奄一息,亚述人未费吹灰之力就完成了征服。公元前1225年,亚述统治者图库尔蒂-尼努尔塔攻占了巴比伦并命其书记官这样记载:“我掳获了巴比伦国王,用脚踩在他高傲的脖子上,就像踩在

亚述人的一个雪花石膏壁雕(公元前 8 世纪),描绘了一位米底人牵着两匹马作为对萨尔贡二世的贡物的情景。该浮雕出自豪尔萨巴德(今沙鲁金)王宫。

王家侍从(公元前 9 世纪亚述浅浮雕细部)

脚凳上那样。……就这样我成了整个苏美尔和阿卡德的主人，以下海为国界。”

辛那赫里布统治时期亚述人成为西亚的主人

亚述人对苏美尔和阿卡德的直接统治仅仅持续了八年，因为他们无力维持占领一个其居民对他们十分憎恨的地区所需的高昂花费。不过，在图库尔蒂-尼努尔塔践踏其敌人之后，亚述人确实维持住了对美索不达米亚南部长达六个世纪的间接统治，保住了自己在该地区的商业利益，并确保没有一个政治势力可以与他们抗衡，向他们提出挑战。公元前900年后不久，亚述人开始向其他方向扩张，其意图显然是为了控制自然资源并靠近商路。公元前9世纪上半期，他们征服了叙利亚并扩展到地中海沿岸；公元前840年左右，他们兼并了安纳托利亚东南部。亚述人内部出现的暂时的政治分裂使他们未能即刻进一步扩张，但100年后他们再次开始扩张势力；到了辛那赫里布统治时期(公元前705—前681年)，征服活动达到了顶点，此时亚述人几乎成了西亚所有有人居住地区的主人。

48 **尼尼微的华丽**

辛那赫里布的统治淋漓尽致地展现了亚述人辉煌的一面和令人恐怖的一面。为了纪念他的军事胜利，辛那赫里布在底格里斯河上游沿岸建造了一座华丽的新都城尼尼微。远远看去，美索不达米亚历史上从未有过如此华丽的城市。尼尼微城城墙周长7.5英里，城内有许多壮观的神庙和一座至少包括71个房间的王宫。城墙外有果园和动物园，内有辛那赫里布命令从遥远的地方运来的许多稀有树木和珍禽异兽。由于不满意当地供水的质量，这位强大的国王亲自督建了一项不同寻常的工程，通过沟槽和引水管从50英里以外的地方引来新鲜的山泉。为纪念这一工程的竣工，亚述人在水渠的源头勒石纪念，上绘诸神之像，像旁刻文记述了辛那赫里布的所有军事业绩。

亚述文化的派生特性

辛那赫里布的王宫中有些房间是收藏了大量泥版文书的图书馆，这些泥版记录了各种实际知识和宗教学问。这一学识出自美索不达米亚南部，因为亚述人在涉及精神生活时完全得益于古代苏美尔人和古巴比伦人。为了得到他们可以得到的各种有利于其行政管理和贸易的实际知识，同时由于他们心甘情愿地崇奉古巴比伦的所有神祇，亚述人早在公元前 1225 年他们劫掠巴比伦城时就从该城运走楔文泥版。因此，当辛那赫里布的有学问的继承人亚述巴尼帕尔(公元前 668—前 627 年)完成尼尼微图书馆的收藏时，该图书馆所收藏的实际上是所有可以得到的苏美尔和古巴比伦学问和文学典籍。

亚述人的“残暴政策”

公元前 7 世纪时游历尼尼微的人因而会得出结论，亚述帝国的统治阶级不仅强大有力，而且精通技术，在某些方面非常有教养。不过，他也会从 49
大量的证据中看到历史上被认为是亚述人最独特特征的“残暴政策”。公正地说，在辛那赫里布之前，与任何其他民族相比，残暴政策并非亚述文化的独有特征。尽管残暴政策意味着一个文化残酷无情地看重蛮野的刚毅(男子汉气概)品德，但是正是亚述人而非美索不达米亚任一别的民族，一度接受了一位女王的统治。这位女王叫萨穆拉马特(希腊人和后来的欧洲人称之为塞米拉米斯)，而她的统治(公元前 810—前 805 年)在其他民族看来确实太非同寻常了，以致这竟成了传说的主题。

艺术及政策中的野蛮性

然而，自辛那赫里布当政开始，亚述人在艺术作品和实际政策两方面都开始显现出其异乎寻常的野蛮特性。在装饰尼尼微的各类浮雕中，他们称颂的是战争和杀戮。他们最喜爱的是猎狮场

这一垂死的母狮被认为是亚述最精美的雕刻作品之一。母狮虽因中箭而局部瘫痪,但仍用前面两肢竭力撑起身体,昂首向前。

面:画面表现的是人们以最勇敢因而也是最冷酷的精神捕猎腾空而起的狮子,同时对受伤后做垂死挣扎的野兽尤其关注。与此同时,亚述人也同样毫不留情地杀戮人类自身。辛那赫里布的军事业绩之一是在公元前689年镇压了巴比伦反对亚述霸权的反叛。一俟反叛被平息,辛那赫里布就命令士兵大肆抢劫,彻底摧毁了巴比伦城;为此他在铭文中自诩:"我比洪水淹灌还要彻底地毁掉了巴比伦。……我用湍急的水流夷平了该城,使之俨然一片草地。"

亚述地区豪尔萨巴德城堡复原图。该城堡形成于萨尔贡二世统治时期（公元前722—前705年）。复原图由查尔斯·奥特曼绘制。

高压政府

亚述人在军事征伐中采取残暴政策主要是为了造成一种震慑效果，令其敌人因恐惧而卑躬屈膝。这一目的无疑达到了，但亚述人因此也成为迄至那时各西亚征服者中最遭人恨的民族。由于被征服民族对亚述人的憎恨往往胜过对亚述人的畏惧，因而在整个公元前7世纪，反抗亚述统治的起义此起彼伏，而且反抗运动的中心往往就是巴比伦地区。尽管辛那赫里布在公元前689年主持摧毁了巴比伦，但他的儿子为了炫耀自己重新修建了巴比伦城。到了公元前650年，该城再度成为美索不达米亚南部反叛的中心。为了平息动荡不安的局面，辛那赫里布的孙子亚述巴尼帕尔在该年围困巴比伦并在公元前648年迫使巴比伦人投降，再次对巴比伦进行肆无忌惮的蹂躏。正如亚述巴尼帕尔在有关这一史无前例的有条不紊的大屠杀的最无人道的记述之一中所宣称的那样，“我扯掉了许多密谋反对我的人的舌头，然后把他们杀掉了。其他人则被我用当地神祇的雕像砸死了。……然后我把他们的尸体切成碎块喂了狗、猪、兀鹫和天上的各种飞鸟。”

巴比伦人—米底人的报复

人们也许会认为南部美索不达米亚人在这
50 次大屠杀之后很长一段时期内都保持臣服，但实际上他们继续在寻找一切机会来摆脱亚述人的枷锁。公元前 614 年，这种机会终于来了：新近在美索不达米亚正东方的伊朗巩固了自己的势力的一个印欧语系部落米底人与巴比伦联合起来反抗亚述人。经过两年的战斗，他们终于摧毁了亚述帝国：公元前 612 年，尼尼微被巴比伦—米底联军攻克，随后被夷为平地；与巴比伦不同，该城从此再也未能复兴。所有被亚述征服的民族的喜悦心情充分反映在《旧约 · 那鸿书》中：“祸哉！这流人血的城。……鞭声响亮，车轮滚滚，马匹踢跳，车辆奔腾，马兵争先，刀剑发光，枪矛闪烁，被杀的甚多，尸首成了大堆，尸骸无数，人碰着而跌倒。……尼尼微荒凉了，有谁为你悲伤呢？”①

五、新巴比伦的复兴

新巴比伦人—迦勒底人

在南部美索不达米亚人反抗亚述人统治的整个一个世纪中，参加反抗事业中最为有名的一个民族是称作迦勒底人的一个讲闪语的民族，正是他们和米底人一起夷平了尼尼微的。由于米底人

① 译文据中文本《新旧约全书》，中国基督教协会印发，南京爱德印刷有限公司 1989 年印刷，第 851 页。另：本书所引圣经文字，据特别注明者外，均据上述圣经版本。——译者

只是把其公元前612年的胜利当作入侵安纳托利亚的一个跳板，那么美索不达米亚就留归迦勒底人支配了。迦勒底人定都在巴比伦城，因而史学家通常称之为新巴比伦人。新巴比伦人最著名的统治者是尼布甲尼撒，他征服了耶路撒冷，把大批犹太人解运到巴比伦，并使他的帝国成了西亚最强大的势力。尼布甲尼撒死后不久，新巴比伦人可能就受到一个来自伊朗的印欧语系民族即波斯人的挑战，后者与米底人结成紧密的同盟并最终与米底人交融在一起，以致史学家中流传着这样一个笑话："一个人说的米底人就是另一个人说的波斯人。"公元前539年，尼布甲尼撒的继承者之一伯沙撒未能理解"粉墙上指书"的含义(《但以理书》5)①，而当他醒悟过来时，波斯人已以迅雷不及掩耳之势涌入美索不达米亚，巴比伦未及抵抗即已沦陷。

尼布甲尼撒的巴比伦城

关于巴比伦城，我们现在了解最多的就是新巴比伦人时期的巴比伦城，这部分上是因为20世纪初期的考古发掘使人们对它较为熟悉，部分上是由于现存的希腊旅行家对其亲眼所见的巴比伦的描述。在这一时期，巴比伦城仅规模一项就令人惊奇，因为它占地达2,100英亩，大于辛那赫里布兴建的尼尼微(占地1,850英亩)，更不用提典型的苏美尔城市了(占地135英亩)。(西欧最大的城市之一巴黎直到20世纪初期开始受到现代"城市无计划扩展"支配之时，大约仍只有两个巴比伦那么大。)更令人吃惊的是巴比伦城的色彩，因为新巴比伦人学会了用色彩明快的上釉的砖建造他们的主要纪念物。这方面最为著名的例子是因其富丽堂皇而

① 据《圣经》记载，一日，伯沙撒王与众臣欢宴，以尼布甲尼撒从耶路撒冷殿中所掠金银器皿为酒具，席间忽有人的指头显出，在王宫与灯台相对的粉墙上写字。据被掳犹太智者但以理的解释，这一异象是神显灵，数算新巴比伦的王日即将完毕。——译者

51 被古希腊人称为“世界七大奇迹”之一的巴比伦城墙，它是由尼布甲尼撒主持兴建的。城墙以亮丽的蓝色为底色，由白、黄两色组成的狮子、公牛和龙的图案散布在城墙各处，同时它们由上到下一层一层地排列在“伊什塔尔门”（该门因是奉献给女神伊什塔尔的而得名）上，昂首阔步，栩栩如生。1902 年在巴比伦城废墟进行发掘的德国考古学家是古代以来最早看到这一奇观的人士；乍见到此，他们必定像发现太平洋那样目瞪口呆。假如说尼布甲尼撒仅仅建设了巴比伦城墙，那也足以确保他的历史上最伟大的建设者之一的地位。不仅如此，他还主持兴建了古代世界的另一个奇迹：巴比伦“空中花园”。这一伟大事业极为非同寻常，以致有关巴比伦空

伊什塔尔门复原图。该门高约 50 英尺，游客在柏林的近东博物馆可以见到这一令人目瞪口呆的精品的复制品。

中花园的真实情况淹没在传说之中难以查寻。显然，尼布甲尼撒确实建造了自幼发拉底河向外的花园的逐阶上升的平台，每一阶平台上都栽有奇木异草。不过那种他这样做是为了取悦他的妻子的说法也许只是传说而已。据说他的妻子是位来自伊朗的米底公主，她对南部美索不达米亚的平坦单调心生厌腻，渴念家乡起伏不定的山峦。

除建筑成就外，新巴比伦人在文化方面所取得的最大成就是在天文学领域。如前所述，在最早的苏美尔时代，美索不达米亚各民族为了预测季节的循环就已观测到月亮的运行周期。二千年过后，美索不达米亚人仍在细心地研究夜空，但现在他们把注意力集中在天体和星宿的运动上，因为他们开始相信他们信奉的一些神祇就住在上天，而通过观测和预测天体和星宿的运动就可预测出哪位神正在掌权以及这对人间事务的影响。新巴比伦人把这种天穹研究发展到了极致，他们认出了五个“游移不定的星星”（我们可 52
以称之为行星），并把它们同五位不同神祇的权力对应起来。（如果说这听起来很荒唐，那么我们记住，我们仍用五位罗马神的名字称呼前五个行星——水星（Mercury，墨丘利神）、金星（Venus，维纳斯女神）、火星（Mars，战神玛尔斯）、木星（Jupiter，主神朱庇特）和土星（Saturn，农神）——因为希腊人和罗马人承袭了这一体系。）新巴比伦人还进一步得出结论：当某一特定的行星出现在夜空中的某一位置或与另一行星非常接近时，它的运行就预示着战争或饥馑，亦或一个民族战胜了另一个民族。这些体系发展到顶点，就产生了我们所说的**占星术**，不过新巴比伦人的占星术所关心的只是预测诸如洪水、饥馑和民族命运之类的广大无边的事件，而不是个人的命运。（希腊人和罗马人对此作了进一步发展，根据一个人出生时天空的图形为他算命，不过他们仍然把所有的星占家称作Chaldaei〔迦勒底人，转指星占家〕，因为星占术发源于迦勒底人或新巴比伦人之中。)

观测和解释宇宙的种种努力

今天人们把各种星占术都称为迷信,但在当时看来,新巴比伦人对上天事件和人间事务之间关连的寻求是科学的。换句话讲,对人类而言,相信自己能够观测并解释宇宙、因而知道如何从中获益,比因面对不可知的神秘现象整日担惊受怕而畏畏缩缩,要科学一些。此外,在这种信念的支撑下,新巴比伦人对各种天象的观察比先前的任何古代民族都要精密,同时他们把其观测结果极其细致地记录下来,以致后来其他民族尤其是希腊的天文学家可以利用它们并加以补充。最值得注意的是,自公元前747年开始,迦勒底人的宫廷天文学家以月为单位记了“日志”,记录了各种星体运动和日月食现象,同时也记录了诸如价格变动、河水水位的升降、风暴及气温趋势之类的人间事务。这一记录一直维持到公元前400年左右希腊科学家开始了解新巴比伦种种成就之时,它们成了希腊罗马世界天文学的直接起点。

六、美索不达米亚的遗产

巴比伦被世人忘却

巴比伦空中花园一去不复返了。尽管公元前539年波斯人占领巴比伦时该城没有受到损坏,但波斯征服标志着美索不达米亚文明的终结,因为美索不达米亚当地各民族和王朝从此再也未能统治本地区。随着希腊人取代波斯人,罗马人取代希腊人,阿拉伯人取代罗马人,楔形文字逐渐停止了使用,外来艺术和建筑风格传了进来,旧有的城市化为废墟,取而代之的是新兴的城市。(巴比伦衰微之后幼发拉底河—底格里斯河地区兴起的最宏伟的城市是巴格
53 达,它是由阿拉伯人兴建的。)基督诞生二个世纪之后,巴比伦被完

全遗弃,被附近的流沙和迁徙不定的河流深埋在地下,以致无人知道它的确切位置。直到公元1900年后不久,考古学家才重新把它发掘出来。

对希伯来人的影响

不过美索不达米亚的遗产却通过各种不同的途径传留后世。一种途径是希伯来人的《圣经》。由于最早的希伯来人在移居巴勒斯坦之前就居住在美索不达米亚某一地区,再加他们讲的语言与古巴比伦人的语言密切相关,因而,《圣经》最早的几章往往提到美索不达米亚。据《创世记》的记载,"世上英雄之首宁录王统治着巴别(巴比伦)、以力(乌鲁克)和亚甲(阿卡德)",亚伯拉罕自"迦勒底人的乌尔"来到巴勒斯坦;"他们拿砖当石头,又拿石漆当灰泥"建造的塔顶通天"巴别"塔(巴比伦塔)(《创世记》第11章第1—9行),肯定指的是古巴比伦的庙塔。《吉尔伽美什》史诗中谈到的洪水故事与《创世记》中的挪亚方舟故事十分相像:不仅得救的都是一对夫妇,所依赖的都是一只方舟,而且在洪水之中都是用放飞鸟儿的办法试探洪水情况,一旦鸟儿不再飞回方舟,就都知道洪水在消退;这一相像进一步证明了希伯来人与美索不达米亚人之间的联系。更值得注意的依然是下述事实,希伯来人的基本的宗教观念与美索不达米亚人的宗教观念不无关连。这并不是说希伯来人的神学不是独创的。恰恰相反,希伯来人是古代世界最有独创性的宗教思想家。不过《旧约》在神学方面有系统的阐述是从古代美索不达米亚人的母体中产生的,希伯来人所作的特定的创新可能恰恰是对其美索不达米亚先驱思想的改编。到了辛那赫里布和尼布甲尼撒时期,由于亚述人和巴比伦人不停地进攻他们,希伯来人开始憎恨他们,其先知对他们作了种种痛骂。这种痛骂后来深深影响了基督教徒,以致直至今日"巴比伦"一词仍然是"罪恶"的代名词(例如:"好莱坞巴比伦")。但是辱骂不应掩盖希伯来人与他们的密切关系和从他们那儿得到的好处。

技术和思想遗产

另外,美索不达米亚在技术和思想方面也留下了一些遗产。如前所述,古代苏美尔最早把轮子用于交通运输,现知最早的文字产生在那里,古巴比伦人在诸如平方根和立方根之类的数学函数方面居领先地位。早期美索不达米亚的所有这些发明是否都以传播方式传给了其他民族,亦或某些成就(尤其是文字)是其他地区独立发明出来的,对此学者们尚难得出定论。但不管情况属于哪一种,今日欧洲和美国认为理所当然的种种现代措施都是由美索不达米亚的种种发明一步一步地发展而成的。同样,我们现在习惯上认为理所当然的许多东西是以美索不达米亚的法学和自然科学为根基的。我们四周形象化的世界看上去与古代美索不达米亚的形象化的世界完全不同,这是因为我们后来几乎未从美索不达米亚艺术
54 和建筑中借鉴过任何东西;不过在技术和思想的基本方面,我们从五千年前这一由泥滩之地中奋力获得了权力和荣耀的天才民族中受益良多。

精选书目

Cambridge Ancient History (3rd ed. ,vols. I—II),Cambridge, 1971—1975.

Frankfort, H. , *The Art and Architecture of the Ancient Orient*, rev. ed. , Baltimore, 1970.

Gurney, O. R. ,*The Hittites*, rev. ed. ,Baltimore, 1980. 英文权威综述。

Jacobsen, T. , *The Treasures of Darkness: A History of Mesopotamian Religion*, New Haven, 1976.

Kramer, S. N. , *Sumerian Mythology*, New York, 1961. 提出了一种与 T. Jacobsen 不同的看法。

——,*The Sumerians: Their History, Culture and Character*, Chicago, 1963. 有关苏美尔文明的最佳综合性著作。

Lloyd, Seton, *The Archaeology of Mesopotamia*, rev. ed. , London, 1984. 专业性强,但叙述清楚,插图较佳。

——, *Foundations in the Dust*, rev. ed. , London, 1980. 描述了美索不达米亚考古的发展和成就。

Macqueen, J. G. , *The Hittites and Their Contempories in Asia Minor*, rev. ed. , London, 1986. 条分缕析的报道。

Neugebaner, Otto, *The Exact Sciences in Antiquity*, 2nd ed. , New York, 1969. 包括对美索不达米亚数学成就的基本描述。

Oates, Joan, *Babylon*, rev. ed. , London, 1986. 叙述性著作,插图丰富,集中叙述自萨尔贡到波斯人和希腊人的阿卡德。

Oppenheim, A. Leo, *Ancient Mesopotamia*, 2nd ed. , Chicago, 1977. 集中叙述巴比伦文化和亚述文化。

Saggs, H. W. F. , *The Encounter with the Divine in Mesopotamia and Israel*, London, 1978.

Woolley, Sir Leonard, and P. R. C. Moorey, *Ur"of the Chaldees"*, London, 1982. 对 1922 至 1934 年间 Woolley 在乌尔的发掘情况的修订叙述。

原始资料

Epic of Gilgamesh, tr. N. K. Sandars, Baltimore, 1960.

Grayson, A. K. , and D. B. Redford, *Papyrus and Tablet*, Englewood Cliffs, N. J. , 1973.

Kramer, S. N. , *History Begins at Sumer*, 3rd ed. , Philadelphia, 1981.

Pritchard, James B. , *Ancient Near Eastern Texts Relating to the Old Testament*, 3rd ed. , Princeton, 1969.

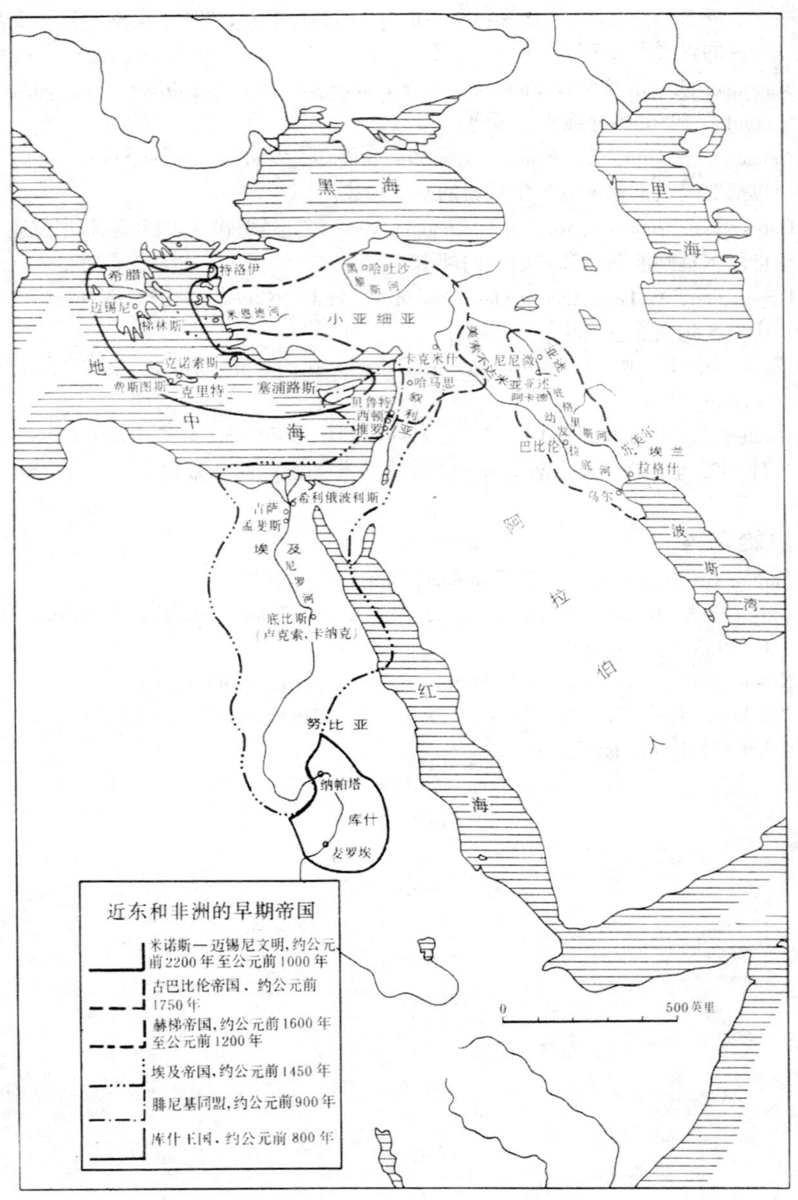
黑海
里海
希腊
迈锡尼
梯林斯
特洛伊
哈吐沙
米恩德河
小亚细亚
克诺索斯
费斯图斯
克里特
塞浦路斯
地
中
海
卡克米什
哈马思
叙利亚
贝鲁特
西顿
推罗
美索不达米亚
尼尼微
亚述
阿卡德
底格里斯河
幼发拉底河
巴比伦
苏美尔
埃兰
拉格什
乌尔
波斯湾
阿拉伯人
希利俄波利斯
吉萨
孟斐斯
埃及
尼罗河
底比斯
(卢克索、卡纳克)
红海
努比亚
纳帕塔
库什
麦罗埃
0
500英里
近东和非洲的早期帝国
米诺斯—迈锡尼文明，约公元前2200年至公元前1000年
古巴比伦帝国、约公元前1750年
赫梯帝国，约公元前1600年至公元前1200年
埃及帝国，约公元前1450年
腓尼基同盟，约公元前900年
库什王国，约公元前800年

第三章　埃及文明

您在冥府缔造了尼罗河， 55
如您所愿，
您使之成为埃及人的生息之地。
您为自己塑造了他们，
您是所有人的主宰……

——法老埃赫那吞统治时期献给阿吞神的颂歌

埃及与美索不达米亚相比

蜂拥进入博物馆参观著名的埃及艺术宝藏的大群大群的现代人仍然被这一人类历史上最古老、最令人神往的文明之一的魅力所吸引。埃及文明几乎与公元前第四千纪兴起于美索不达米亚的文明同样古老，与后者形成了非常引人的对比：较之美索不达米亚的动荡和紧张，埃及文明以稳定和宁静为特征。埃及人不仅在其古代历史的很长时期里享有和平，而且现存埃及雕刻和绘画中的人物看上去往往在微笑着，就像夏天度假时那样在阳光下怡然自得。

埃及与美索不达米亚之间环境基础的不同

环境因素是形成上述显著不同的主要原因。由于美索不达米亚气候恶劣，再加底格里斯河和幼发拉底河泛滥无定，美索不达米亚无法把自然视为可以依赖的繁衍生息的因素。另外，由于美索不达米亚是片开阔的平原，周围没有可以依仗的屏障来阻止外族入侵，因而其居民必须时时保持军事警惕。埃及文明却以能够使人类可靠地繁衍生息的尼罗河为中心。尼罗河流域土地肥沃,给人类提供了大量农业财富;不仅如此,尼罗河年复一年地在夏季数月定期泛滥,并总是在不误作物茁壮成长的季节退潮。因而,埃及人感到大自然是可以预测的和宽厚仁慈的。此外,由于尼罗河谷地受到沙漠和红海的环抱,埃及相
56 对说来不易受到外族入侵的威胁。埃及人表示旅行的词有两个,一为 khed,意思是“到下游去”,一为 khent,意思是“到上游去”,这一事实充分显示了尼罗河在古代埃及生活中所处的中心地位。从各方面来说,希腊历史学家希罗多德确实有理由把埃及称为“尼罗河的赠礼”。

一、法老统治下的政治史

埃及发达的文明的根基

埃及古代史通常被划分为六个时期:古朴时期(约公元前 3100 到约前 2770 年),古王国时期(约公元前 2770 至约前 2200 年),第一中间期(约公元前 2200 至约前 2050 年),中王国时期(约公元前 2050 至前 1786 年),第二中间期(约公元前 1786 至约前 1560 年),以及新王国时期(约公元前 1560 至前 1087 年)。甚至在古朴时代开始之前,埃及人就已采取了一些重要步骤,向着文明的创立大大迈进。最为重要的是,他们已经开始从事定居农耕;除石器工具外,他们学会了使用铜制工具;公元前 3100 年前不久,他们有了一种叫做“象形文字”(hieroglyphic,原为希腊语,意思是“祭司雕刻的图形”)的文字体系。至于是埃及人独自发明了这种文字,亦或这种思想源自美索不达米亚,专家们尚未达成一致意见。前一种说法的最有力的根据是象形文字体系与美索不达米亚的楔形文字大相径庭。不过象形文字产生得太突然,表明埃及的

一些行政管理人员—祭司决心在他们所了解的外国先例的基础上创造出一种文字记录体系。不论情况如何，文字确实大大增加了行政管理的效能，同时显然是埃及古代政治史上最重大的事件，即南北埃及的统一的先决条件。

纳尔迈调色板。该石刻制作于公元前3100年左右，表现的是一位据认为是纳尔迈的南方武士—统治者征服北方的情景。图中鹰隼可能代表荷鲁斯神，他对武力统一埃及之举呈赞许姿态。

埃及的统一及由此而来的古朴时期的开端，发生在公元前3100年左右。在那时之前，统治着上埃及(或埃及南部)和下埃及(或埃及北部)的是各独立的权力，但统一对埃及的未来至关重要，因为为了对灌溉工程进行集中管理，为了确保尼罗河全线航运的畅通，必须有一个单一个的政府。据传统说法，完成埃及统一之功的是一位来自南方的武士，他叫纳尔迈，是第一位法老(国王)，把北至地中海(尼罗河)三角洲的整个埃及都置于自己的控制之下。(埃及统治者并不把自己的统治者叫作“法老”，“法老”一词是《圣经》中的用法。)统一过程比这可能还要缓慢，但在公元前3100年左右之后的大约四百年间，两个统治王朝无疑相继支配着一个统一的埃及。

57 **左塞和古王国的创建**

到了公元前2770年左右,埃及历史上这两个最早的王朝被强大的左塞的统治所取代;左塞[①]是第三王朝的第一位国王及古王国的创建者。虽然人们无从详细了解古王国时期的政治制度与古朴时期的区别所在,但可以肯定,左塞的统治标志着一个国家权力空前加强和王室专制的时代的开端,而这方面的最好证据就是左塞主持兴建了第一座金字塔。在左塞及其主要的继承人的统治下,古王国法老的权力实际上没有限制。法老被视为太阳神的后代;为了保持王室血统的纯洁,他习惯于娶其姊妹中的一位为妻。宗教生活和政治生活之间没有区分。法老的主要臣属是祭司,而他本人是祭司之长。

58 **古王国的非军事特性**

古王国政府建立在一项和平政策上。在这方面它在古代诸邦国中实际上是独一无二的。法老没有常备军,也没有任何可以叫作国家民兵的东西。每个地区有自己的民兵,但他们听从文职官员的指挥,应召服役时一般都是在公共工程中出力。在受到外部入侵威胁时,法老就把各个地区的民兵团体召集在一起,由其一位文职下属指挥他们。除此之外,这位政府首脑没有任何供自己支配的军事力量。古王国时期的埃及人在多数情况下满足于去干自己的事,不去打扰别的民族。他们持这种态度的原因,在于埃及四周有屏障相护,在于其肥沃的土地永不衰竭,在于他们的国家是合作要求的产物,而不是以开拓疆土为基础。

---

① 左塞(Zoser,或作 Djoser),希腊文作 Tosorthros,在位年代说法不一,一般认为是约公元前2686至约前2613年。大英百科说他是第三王朝第二代国王。左塞在孟菲斯附近修建了第一个石砌金字塔群,是为埃及带来第一次文化大繁荣的国王。——译者

迈塞里努斯与王后(约公元前2525年)。耸起的胸部和臀部理想化地描述了这对至尊夫妻的人性,但雕塑的立方体感和自得的神态表明他们无可怀疑地具有神性。请注意这一雕像与前文所选古代两河流域一对雕像的区别。

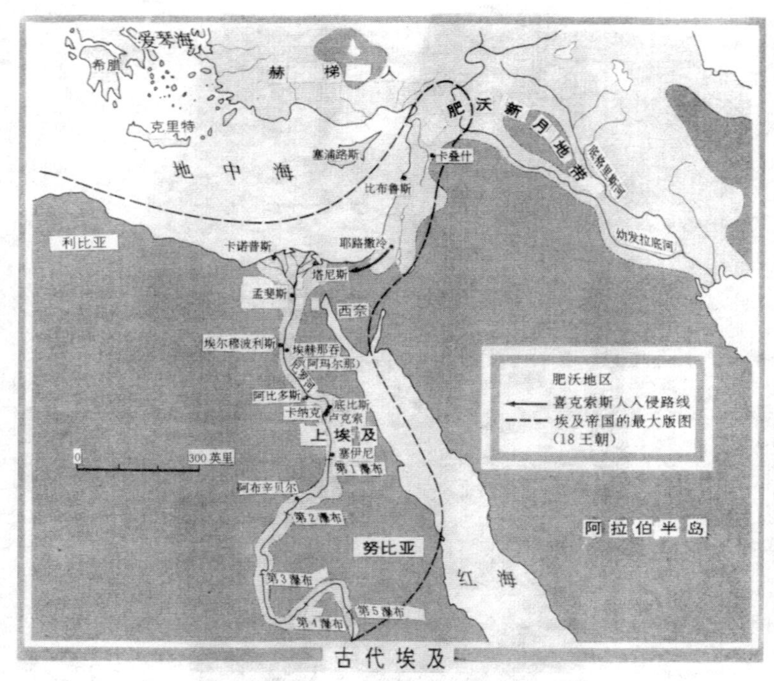

古代埃及

古王国的结束

经过几百年的和平和相对繁荣之后，随着第六王朝的倾覆，古王国时期于公元前 2200 年左右走到了尽头。这里有几方面的原因。由于法老在诸如建造金字塔之类的宏大工程上花费甚巨，以致政府财政枯竭。此外，自然灾害导致粮食减产，整个埃及的繁荣都受到了不利影响，这可谓雪上加霜。与此同时，各省贵族僭取了越来越多的权力，以致中央权威名存实亡。其后出现的时代被称作第一中间期，斯时无政府状态占了上风。贵族们建立了他们自己的互相争斗的诸侯国，而埃及内部盗匪的横行和沙漠各部落的入侵，使政治混乱状态进一步恶化。第十一王朝兴起后，第一中间期方告结束。公元前 2050 年左右，该王朝以底比斯(上埃及)为根据地，恢复了中央集权统治。从此开始了埃及历史上又一个伟大时期,即被叫做中王国的时期。

中王国

在其统治的大部分时期里,与古王国相比,中王国政府对社会更为负责。尽管第十一王朝尚无法遏止贵族势力,但公元前1990年左右随之出现的第十二王朝(一直存在到公元前1786年)通过与中间阶层结盟建立起了强有力的统治,这一中间阶层包括官员、商人、工匠和农民。这一联盟遏止了贵族势力,为史无前例的繁荣奠定了基础。在第十二王朝统治期间,社会正义有所发展,文化成就果实累累。造福于全埃及人的公共工程,比如大型排灌设施,取代了没有实际意义的金字塔建筑。另外,宗教也大众化了,一般百姓也可望得到他们过去不敢企及的灵魂拯救。现在宗教看重的是合宜的道德行为,而不是建立在财富基础上的礼仪。由于上述种种原因,第十二王朝统治时期通常被视为埃及的古典时代或黄金时代。

喜克索斯人的入侵

然而,此后不久,埃及就进入了第二中间期。这又是一个内部混乱不堪、外部敌人入侵的时
代,共持续了两百多年,始于公元前1786年,终 59
于公元前1560年左右。那一时代留下的文献不多,但它们看来表明,内部秩序的混乱是贵族反叛的结果。法老再次沦落到无能为力的地步,第十二王朝取得的社会进步大多被毁灭。公元前1750年左右,埃及受到喜克索斯人(意为“来自异域的统治者”)的入侵,这是一个源于西亚的混合游牧部落。喜克索斯人的战斗力通常被归功于他们拥有的马匹和战车。不过埃及人的内部不和无疑使他们取胜更为容易。他们的统治对埃及历史有着深远的影响。一方面,他们向埃及人引入了新的作战方法;另一方面,埃及人面对异族暴政普遍产生了怨言,这

就使他们能够忘掉他们之间的纷争，为了抗敌这一共同事业团结起来。

公元前17世纪末，南(上)埃及的统治者掀起了反对喜克索斯人的运动，最终所有埃及人都加入进来。到了公元前1560年左右，没有被杀掉或沦为奴隶的最后一批异族征服者被逐出埃及。取得这场胜利的英雄是雅赫摩斯，他后来建立了第十八王朝，确立了一种比以往任何王朝的统治都要牢固得多的统治。伴随着反对喜克索斯人的斗争，爱国精神高涨，对地方的忠诚减弱了，贵族势力随之受到削弱。

雅赫摩斯登基之后的这一时期被称为新王国时期，也有人称之为帝国时期。它始自公元前1560年左右，终于公元前1087年，历经三个王朝即第十八、十九和二十王朝的统治。和平与孤立主义不再是国家的主导性政策；全国各地洋溢着一种向外扩张的帝国主义精神，因为反喜克索斯人战争的胜利所引起的阵前之勇提
60 高了人们获得更多的胜利的兴趣。此外，为了驱逐入侵者，一个庞大的战争机器建立起来了；对法老来讲，这是一个弥足珍贵的工具，实在不能弃置不用。

帝国的失败

雅赫摩斯的直接继承者在进行扩张方面所采取的最早的几个步骤，是大规模地入侵巴勒斯坦，并宣称自己对叙利亚拥有主权。这些新的法老依靠古代最强大的军队之一迅速消灭了叙利亚的所有抵抗，最终使自己成为自幼发拉底河到尼罗河南部这一广袤地区的主人。但是他们从未能使被征服的民族归化为忠诚的臣民，这一缺陷成了叙利亚范围广泛的大暴动的导火线。尽管他们的继承人平定了起义并设法暂时维持了帝国的完整，但最终的灾难是无法避免的。吞并新土却不能成功地加以管理。由于腐败加剧，财富流入埃及反而削弱了埃及的国力；被征服民族持续不断的暴动最终耗尽了国

力而无望复兴。到了公元前 12 世纪,多数被征服的省份已永久丧失了。

帝国的行政管理

新王国或帝国的行政管理与古王国时期相似,但专制程度进一步提高。军事势力现在成了法老统治的根基。职业军队随时被用来震慑臣民。先前的贵族现在大多成了王廷的大臣或国王绝对统治下王室官僚政治机构中的一员。

最后一位伟大法老

最后一位伟大法老是拉美西斯三世,其在位年代是公元前 1182 至前 1151 年。承袭他的王位的是长长一列无足轻重的人物,他们继承了他的名号,却没有继承他的能力。到了公元前 12 世纪末叶,埃及成了新的蛮族入侵的牺牲品。大约在同一时期,埃及人看来丧失了其大部分创造才能。各阶层人士现在所关心的主要就是通过魔法求得长生。随着祭司势力的不断增强,埃及衰落过程进一步加剧;这些祭司僭夺了王室的特权,主宰了法老敕令的颁布。

埃及独立的终结

自公元前 10 世纪中叶到公元前 8 世纪末,一个由利比亚蛮族建立的王朝执掌了政权。其后,一批努比亚人自上埃及以东的沙漠地区窜犯埃及并进行短暂的统治。公元前 671 年,亚述人征服了埃及,但他们的统治仅仅维系了八年。亚述人的统治垮台后,埃及人重新获得了独立,其传统的思想、信仰、习俗得到复兴。不过,这笃定要遭受腰斩,因为公元前 525 年波斯侵略者经过酣战击败了埃及守军。从此之后,埃及成了波斯帝国的一部分,随后又受到希腊人和罗马人的统治。

61

二、埃及的宗教

早期宗教的演化

宗教在古代埃及人的生活中起着很重要的作用,无论政治、文学、建筑、艺术还是日常事务的处理都留下了它的印记。埃及宗教的演化经历了各个阶段:由简单的多神崇拜到现知最早的一神崇拜形式,随后又回到多神崇拜。起初每个城市或地区看来都有地方性神祇,他们是地区的保护神或自然力量的化身。国家的统一不仅引起领土的联合,而且引起神祇的趋同。所有的地区保护神都合并为伟大的太阳神赖(Re)。在中王国时期底比斯统治者的统治下,这一神被称作阿蒙或阿蒙—赖,因为底比斯的主神名叫阿蒙。作为植物生长之自然力化身的神祇合并为一个叫奥西里斯的神,他也是尼罗河河神。此后,这两位统治着宇宙的强大力量即阿蒙神和奥西里斯神互争最高统治权。如下文所示,其他神祇虽也得到认可,但显然处于从属地位。

太阳崇拜

在古王国时期,体现在赖神崇拜之上的太阳崇拜是主要的信仰体系。它起着国家宗教的作用,主要作用是赋予国家和总体意义上的人民以永生。法老是这一信念在人世间活生生的代表;神的统治通过他的统治得以维持。但是赖神不只是一位保护神。他还是正义、公正和真理之神,维护着宇宙间的道德秩序。他不向作为单个人的人民赐以精神上的恩典,甚或物质上的报偿。除非他们的利益与国家的利益恰相吻合,否则太阳崇拜并不是针对普通大众的宗教。

如上所述,奥西里斯崇拜开始时是作为一个自然宗教出现的。此神是植物生长及尼罗河所具有的赐予生命之力的象征。

奥西里斯的经历表现在详尽发挥的传说中。按照教义,在遥远的过去他是一位宽厚仁慈的统治者,把农业和其他有用的技术交给了其子民,并为他们颁布了法律。后来,他被他那恶毒的兄弟塞特背信弃义地杀害了,其遗体也被砍成了碎块。他的妻子伊茜斯——她也是他的姐妹——出去寻找他的碎尸,把它们拼接在一起,结果奇迹般地使他恢复了生命。这位复活的神重新获得了他的王国,继续进行宽厚仁慈的统治,但一段时间后他最终下到冥府,当了死者的判官。后来他的儿子荷鲁斯杀死了塞特,为他报了仇。

奥西里斯传说的意义

这一传说最初似乎不过是个自然神话。 62
奥西里斯的死亡和复活象征着尼罗河在夏季时的干涸和春天时洪水的泛滥。但是奥西里斯传说逐渐具有了更深刻的含义。上面所提到的神祇所具有的人类品质——奥西里斯对其臣民慈父般的关怀,他妻子对他的忠心之情及儿子的爱——感染了普通埃及人的心;他们现在从诸神的生活中可以看到他们自己的苦难和成功的影子。不过更为重要的是,奥西里斯的死亡和复活逐渐被看成传达了个人长生不死之可能的消息。既然神战胜了死亡,那么敬神的人也会承袭永生。最后,荷鲁斯对塞特的胜利看来预示着善终将战胜恶。

伊西斯、奥西里斯和荷鲁斯神

埃及人有关死后生活的思想

埃及人有关死后生活的思想在中王国后期得到了充分发展。由于他们相信死后生活,因而他们精心准备以防其现世肉体毁灭。不仅他们的遗体被制成了木乃伊,而且有钱人捐赠大量物品以供应其木乃伊食物和其他日常必需品。不过,随着宗教发展到成熟阶段,人们采纳了不像过去那样天真的来世观念。现在人们相信,死者要接受奥西里斯根据其生前所作所为所作出的审判。通过审判这一关的人就进入了一个肉体愉悦的王国。他们可在莲花盛开的沼泽里捕猎鹅和鹌鹑,从无失手的时候。他们也可在生长着取之不竭的甘美多汁的水果的果园中修建房屋。他们可在百合湖中荡舟,在波光粼粼的水池里洗浴,并会见到吟唱不已的鸟儿栖息其间的成荫的树林。但是,那些其心脏显示出他们过着邪恶生活的人无法通过奥西里斯的审判,遭到彻底的毁灭。

丧葬纸草。本图描绘 21 王朝一位公主的心脏正当着奥西里斯神的面放在称上衡量。称的另一端是生命和真理的象征物。

伦理综合体

大致在中王国即将结束之际,埃及宗教发展到了顶峰。到了这一时期,太阳崇拜和奥西里斯祭完全融为一体,所保留下来的是两者最好的特

征。阿蒙是生命之神及本世美好事物的捍卫者,他的职司几乎与 63
充当死者判官和赋予永生者的奥西里斯的作用同样重要。而今宗教已非常清楚地成为一个伦理性的宗教。人们一再公开表达行善的愿望,因为这种行为是伟大的太阳神所喜爱的。

埃及帝国灭亡之后不久,埃及宗教的地位开始下降。它在伦理方面的重要性大都消失了,迷信和魔法大行其道。造成这种现象的主要原因看来是,驱逐喜克索斯人的残酷战争助长了非理性的态度,与此相关,也就降低了知识的价值。其结果就是祭司的势力增加,他们利用大众的畏惧心理为自己谋取好处。他们首创了出售具有魔法的符咒之举,这些符咒据说具有防止死者的心脏显现他或她的真实特性的作用。他们还出售表白书,据说它们具有帮助死者进入天国的作用。

阿吞的宗教

宗教沦落为一种魔法措施体系,这一现象最终引起了一场大的宗教动乱。这一运动的领导人是法老阿蒙霍捷普四世,他于公元前 1375 年左右登基,死于或者被暗杀于 15 年之后。他试图匡正最臭名昭彰的弊端,但没有结果。于是他下决心完全摧毁这个制度。他把祭司从神庙里赶走,把传统神祇的名字从公共纪念物上面铲除,并倡导崇拜一个他称之为阿吞的新神;"阿吞"是古代指述有形的太阳的说法。他把自己的名字阿蒙霍捷普("阿蒙所倚")改为埃赫那吞,意为"阿吞满意"。他妻子涅菲尔提提改名为涅菲尔–涅夫鲁–阿吞,意为"阿吞的美人是美丽的"。为了实现其一切从头开始的愿望,他建了一个新都阿玛尔纳,把它奉献给他崇拜的新神阿吞。

比这些有形的变化更为重要的是这位厉行改革的法老所阐述的那套新教义。他首先宣讲的是一种有保留的一神崇拜。阿吞和埃赫那吞本人是现存仅有的神。正如在他之前没有任何神祇那

埃赫那吞、王后涅菲尔提提及其子女。那吞神在此被描绘为一个光盘。

样，阿吞没有人类或动物的形状，而是被想象为赋予生命、温暖的太阳光束。他是万物的缔造者，因而不只是埃及的神，而且是全宇宙的神。埃赫那吞自视是阿吞神的继承者和共同统治者；在法老及其妻子崇拜阿吞的同时，其他人应该崇拜埃赫那吞，把他视为一位活生生的神。除了这一重要的限定，埃赫那吞最大限度地恢复了埃及宗教的
64 伦理特性，他坚称阿吞神是世界道德秩序的缔造者，由他报偿心灵纯洁、诚实之人。他把这一新神想象为一切有益的事物的支持者和宽厚仁慈地关照着他所创造的所有生灵的天父。这样一些概念，诸如上帝的独一性、公正和仁慈，直到六百年以后希伯来先知的时代才又重新为人提出。

尽管埃赫那吞不遗余力地推行其宗教革命，但结果仍然失败了。因为普通群众仍然尊崇旧有的神祇，阿吞宗教未能获得太多信徒。对普通群众来说，这一新教太令人不习惯了，同时缺少更古的崇拜方式的那种最大的吸引力：对死后生活的允诺。此外，埃赫那吞之后的那些法老与阿蒙神的祭司结成了同盟，同时恢复了旧有的崇拜方式。埃赫那吞的后继者，即我们称之为“图特王”的那位法老，把他的名字图坦哈吞改成了图坦哈蒙，放弃了阿玛尔纳，重新定都底比斯；在他的领导下，旧有的一切做法都得了恢复。他自己的葬礼就充分表明旧有的礼仪和死后生活信念大行其道。而后，埃及宗教的特征就是越来越讲究仪式和越来越相信魔力。祭司出售据说可愚弄神祇超度灵魂的表白书和符咒：因而就连奥西

里斯祭也失去了其道德特性。

三、埃及人的知识成就

埃及文字的特性

除其丰富多彩的宗教思想外，埃及人在知识方面所取得的最大成就就在于其文字体系和某些实用科学。上文已经提到，埃及的文字即象形文字是在美索不达米亚的楔形文字出现之后才出现的，此时埃及人可能已经对楔形文字有所了解。因而，此处值得考虑的不是其文字思想，而是其独特性。具体说来，早在古王国时期，埃及象形文字就以三种书写符号为基础：象形，音节，以及字母。前两种已是楔形文字的组成部分，后一种却是一个极其重要的发明。假如埃及人采取措施把其字母符号——24 个音符，每一个代表人类语声的辅音——与非字母符号区分开来，在其文字交流中只使用字母符号，那么他们就会发明一种完全现代的文字体系。遗憾的是，保守性阻碍了埃及人，以致第一种单一的字母体系要等到公元前 1400 年左右由地中海东岸的一支闪族语系人即腓尼基人去发明。腓尼基人的字母表反过来又成了希伯来人、阿拉伯人、希腊人和罗马人的字母表的范本。但不论如何，由于腓尼基人明 65
显是从埃及人处借来用单一符号表示单音的思想的，又由于他们的许多字母是以埃及人的字母为原型的，因而我们有理由认为，西方世界至今仍在使用的每一个字母都发源于古埃及人的字母体系。

纸莎草的重要性

天幸有了纸莎草这种在尼罗河三角洲地带遍地都是的植物（纸莎草在下埃及十分丰产，以致在象形文字中纸莎草的图形符号表示“下埃及”），埃及人有了一种廉价的可用以书写的廉价原料。把这种草压平晒干，其斜条就可用来记录象形文字，然后可把它们卷成筒状储存起来或传送出去。与在泥板上书写相比，在纸莎草上书写的好处在于纸草卷使用起来方便些，分量也轻得多：因而它们不仅成了埃及的通用书写材料，而且通过埃及人的传播为古希腊和罗马的各个文明采用。（罗马帝国能够用泥版文书建立其庞大的管理体系吗？这值得怀疑。）

埃及的文学形式

可能因为撰文写字太过容易，所以埃及人尝试了多种文学形式。中王国时期的埃及人被许多文学史家视为短篇故事之父。在那一时期，人们撰写了多种多样的短篇叙事文：残存至今的一个公元前19世纪的纸莎草卷记载了一个有关船只失事的水手的令人难以置信的故事；时代稍晚一些的一个记述文描写了一个人因尼罗河中河马的嘶鸣而无法入睡的境况；另外，古埃及一个难以置信的淫秽故事说的是一位淫荡的女人对男主人公说："来吧，我们共尽床第之欢，对你是有好处的！"埃及文学的另一个极端是箴言集，它们与《旧约·箴言》相类似，向人宣讲实用的智慧，告诫人们要节制、公正。最后，现存至今

狮身女神塞赫麦特雕像。据认为她是医师的保护神。

的至少还有一部类似政治论文的作品，即《一位善言农民的请求》，撰写于约公元前 2050 年。在这一作品中，作者提出了他理想中的统治者的形象：为了其臣民的福祉，宽厚仁慈，公正无偏。尽管没有一部埃及文学作品堪与美索不达米亚的《吉尔伽美什》史诗、希伯来《圣经》的部分篇章亦或希腊的《伊利亚特》和《奥德赛》相媲美，具有经久不衰的文学成就，但不管怎样埃及的作品有其引人入胜的特征。

埃及科学的实用性：(1) 天文学和历法

至于科学，埃及人最感兴趣的是那些与实用目的密切相关的领域——天文学、医学及数学。在天文学领域，埃及人的最大成就是找到了避免太阴历不准确的缺陷的方法。前文已经谈到，古代美索不达米亚各个民族仍局限于根据月亮运行的周期确定季节和年份的更替。与此相对，到公元前 2000 年左右，埃及人就注意到，天空中最亮的那颗星即天狼星在每年一度与太阳成一直线时就会在早晨升起。他们根据这一观测 66
结果制定了一个历法，把“元旦”定在太狼星与太阳成一直线之日，以此预报尼罗河开始泛滥的日期；这一历法是尤利乌斯·恺撒的历法问世之前古代世界最好的历法。实际上，就连恺撒的历法也是以埃及历法为根基的。

(2) 医学和以自然为根据的疾病观

古代埃及人在医学方面的独到之处在于他们认为疾病是自然因素而不是超自然因素造成的，因而医师可以对疾病作出准确的疹断，并对症下药。诊断的方法包括号脉和听心跳。至于治疗方面的学问，从现存纸莎草文献来看，有些处置可以预料是可靠的，有些则不可靠。例如，埃及医生在开处方时把蓖麻油用作导泻药，但又用掼鸵鸟蛋外掺龟壳和龟棘治疗内溃疡。至于健康以及卫生方面，他们开的治疗汗脚的处方是：

"取田中的乌雅杜植物及沟渠中的鳗,在油中加热,敷之于双脚。"人们很容易对这种处方嗤之以鼻,但在另一方面,埃及人试图借助自然手段减轻痛苦和增强体质,是值得人们尊敬的;更何况,埃及人的某些治病方法经希腊人传到欧洲后,至今仍在使用。

(3)数学和测量

在数学领域,埃及人在测量方法方面成就卓著。举例来说,他们最早把圆分成360度,首先注意到所有圆的圆周率(即现在所说的 π)都是一样的。此外,他们还发明了计算三角形的面积及金字塔、圆柱体和半球的体积的方法。这类成就显然与我们下文将要看到的埃及人雄伟的建筑工程密切相关。

四、光彩夺目的埃及艺术

金字塔

埃及所有直观纪念物中最为著名的自然是金字塔——它们建于有文字记载的时代刚刚开始之际,充当法老的陵墓,是些极其纯朴的庞大建筑。金字塔质朴无华的美固然令人赞叹不已,其建筑情况同样令人称奇。最早的金字塔是法老左塞的阶梯金字塔;它兴建于公元前2770年左右,此前人们从未建过,甚至也从未尝试修建如此大规模的建筑物。在同时代的苏美尔完全用泥砖造房、更前一些的埃及人也不过是用几吨重的石灰岩兴建其大型建筑物时,突然之间,在左塞的主要建筑师伊姆霍特普的督导下,上百万吨石灰岩被开采出来并在没有有轮运输工具的情况下运出,一个压一个严实合缝地被砌成一个高达200英尺的建筑,这岂能不令人称奇!然而这只不过是个
67 开端而已。此后不久,在从公元前2700年左右到公元前2600年左右这100年间,总共约有2,500万吨石灰岩被从山崖上开采出

吉萨的大金字塔和狮身人面像（约公元前2650年）。

罗塞达石碑(公元前 195 年)。该石碑用三种文字形式——象形文字(顶部)、圣书体(中部)和希腊文(下部)——记述了同一敕令。1799 年被一法国人发现,在释读象形文字中起了至关重要的作用。

来,修整、拖运、垒砌,一系列金字塔耸立起来。它们是各种金字塔中最出名、最美丽的。这些精品中的精品无疑当推胡夫法老(希腊人称之为齐阿普斯)的金字塔,它高达 482 英尺,坡面呈“完美的”52 度角,致使塔高与塔底周长之比等于圆周率 π。希腊人在列举世界七大奇迹时,毫不犹豫地把“齐阿普斯”的金字塔放在第一位。

多年夏季的作业

看到保存至今的大金字塔,人们心中不由得升腾起许多疑问,比如金字塔是如何修建的,修建的目的何在。按照保守的估计,修建一座金字塔大约需要 7 万名劳力。这些劳动力几乎可以肯定是季节性参加修建工作。每年夏季几个月是尼罗河泛滥的季节;此时农民无事或没什么事可做,因而可以受雇从事大型建筑工程而不误农时。但是只靠一个夏天是建不成金字塔的。反过来,近来人们得出结论,修建金字塔的劳工必须一个夏季接一个夏季地干下去,修完一个接着修建另一个,而不管在位的法老是否已经死去,因为只有这样才能说明为何能在一个世纪的时间里把2,500万吨石块变成一些巨大的金字塔。是故，对成千上万的人来说，冒着埃及夏季的酷热开采和拖运石灰岩，是他们一年一度、无望停止的生活方式。

劳工的动力：宗教心理和集团活力

那么7万名劳工为何能忍受这一切呢？肉 68
体的强制肯定不是答案，因为此时埃及尚不知奴隶制（除少数战俘外）为何物；此外，如不借助任何特别的武器，为数很少的统治者就能迫使几万名臣民违心地劳作，实在难以想象。宗教心理和集团活力却似乎可以对此作出最好的解释。修建金字塔的埃及劳工显然相信，他们的法老是活着的神，他们告别尘世后只有通过适当的安葬才能进入永生之境。因此，左塞的阶梯金字塔的字面意义就是“通往天堂的阶梯”，而后来的金字塔不过是同样的升入天堂观念的直角形状的体现。那些在酷热的沙地中挥汗如雨地修建这些巨大的陵墓的劳工相信，他们自己的福祉与其神—统治者的福祉有着分解不开的联系；如果法老顺遂地进入永生之境，那么世间的众生就会繁茂兴旺。另外，协作劳动必定赋予单个苦力一种令人振作的亲近感和团体成就感。见于金字塔石块上的一些标记，诸如“充满活力的小组”、“耐久小组”等，看来证明了这一点。在一年大部分时间里相对闭塞的农民必定会发现，在当时最受尊敬、最受赞扬的工程中参加集体劳动，是件值得骄傲并可获得精神上的报偿的事，这样受苦流汗看来也几乎是件令人高兴的事。

埃及的国家领导人最终承认修建金字塔是劳民伤财之举。在 69
中王国时期，由于对个人得救的关心成了主要的宗教倾向，神庙在此时及此后取代金字塔成了埃及主要的建筑形式。最著名的埃及神庙是新王国时期兴建的卡尔纳克和卢克索的神庙。它们许多巨大的、雕饰众多的圆柱仍在那里默默地矗立着，向人昭示着埃及人卓越的建筑天才。埃及神庙以规模庞大为特征。卡尔纳克神庙长约1,300英尺,占地超过人类历史上任何宗教建筑。仅其中央大厅几乎就可包容欧洲任何一座大教堂。该神庙使用的圆柱大得惊人。最大的一根圆柱高达70英尺,直径在20英尺以上。据估计,每个圆柱的顶部可站立100人。

埃及的雕刻和绘画主要是作为建筑的附属物而存在的。雕刻的特点在于制约着雕刻风格和意义的陈规。法老的雕像一般都很庞大。新王国时期创作的那些法老雕像高度在75到90英尺之间。它们中的一些着色饰彩以增加吸引力,眼睛里往往镶嵌有水晶。人物雕像几乎都很刻板,双臂交叉抱在胸前,或者固定在身体两侧,双目正视前方。雕像面部通常略带微笑,别的则没有任何表情。它们在解剖学上通常有些失真:大腿的自然长度被增大,肩臂的宽度被过分强调,或者各个手指长度相等。我们熟知的一个雕塑非写实特性的例子是斯芬克斯。斯芬克斯在埃及有上千座,其中最著名的是吉萨的大斯芬克斯像。它所代表的是法老面狮子身。其寓意可能是表达法老具有狮子的勇敢、强健特点的观念。浮雕人像与自然更不相合。它们的头部是侧面像,眼睛却完全正视;躯干是正面像,双腿却是侧面像。

埃及雕刻的意义

埃及雕刻的寓意不难领悟。法老雕像规模庞大,其意图无疑是想象征他们的权力和他们所代表的国家的权力。具有重要意义的是,随着帝国疆土的扩张和政治愈加专制,雕像的规模越来越大。刻板和无表情的成规意在表现国家生活的恒久和稳定。帝国的支柱不会因命运的无常变化而松散动荡,相反将依然固定沉着。与此相应,其首要人物的雕像绝不能显示出焦虑、恐惧或洋洋得意,而要在各个时代都经久不变地镇静。同样,解剖学上的失真或许可解释为表达某种民族抱负的尝试。

涅菲尔提提。此半身肖像完成于埃赫那吞位于阿玛尔那的画室。

埃赫那吞的艺术革命

埃及艺术 70
发展主流的一个引人的例外是埃赫那吞统治时期的艺术创作。这位法老试图打破古代埃及宗教的所有表现形式,包括其艺术成规,因而主持进行了一场艺术革命。他所保护的新艺术风格是写实风格,因为他倡导的新宗教视自然为阿吞神的亲手所为。与此相连,法老本人及其王后涅菲尔提提的半身雕像抛弃了先前的

捕鱼和捕猎野禽(壁画,底比斯,十八王朝)。图画中的女性看上去大都属于富有家庭,而由其所穿简朴的服装和在画中形象很小来看男人可能是些奴隶。

夸张的面无表情和失真,有了较现实的刻画。现存的涅菲尔提提半身像表现出他有些滑稽而令人难忘的女性特征,是人类艺术史上的不朽杰作之一。由于同样的原因,在埃赫那吞的庇护下,绘图也成了一种具有高度表现力的艺术形式。从动的方面看,这一时期的壁画尤其展现了人们的心灵体验。它们抓住了公牛在沼泽中跳跃、受到惊吓的牡鹿急速逃窜以及鸭子在池塘中自在地嬉戏等一瞬间的动作。但是正如埃赫那吞的宗教改革未能持久那样,他统治时期较为写实的艺术也只能是昙花一现。

五、社会和经济生活

埃及社会的主要阶层

在埃及历史的大部分时期,居民被分为五个阶层:王族;祭司;贵族;包括书记员、商人、工匠和富裕农民在内的中等阶级;以及构成人口绝大多数的农夫。在新王国时期又出现了一个第六阶层,即职业士兵,他们的地位紧随贵族之后。另外,由于这一时期俘虏了成千名奴隶,他们一度构成第七阶层。奴隶受到其他各阶层的歧视,被迫在政府采石场和神庙地产上劳动。不过,他们逐渐被允许当兵,甚而成为法老的私人侍从。随着这些发展,他们不再构成一个单独的阶层。社会各阶层的地位随着时间的推移有所改变。在古王国时期,法老的臣民中贵族和祭司地位最显要。在中王国时期,平民阶层出现了。商人、工匠和农民从政府手中获得种种特许。尤其引人注目的是,商人和工匠在这一时期居主导地位。帝国的建立及相伴产生的政府职能的扩大,导致主要由官吏构成的新贵族得势。随着巫术和仪式主义的发展,祭司也获得了更大权力。

穷人和富人间的鸿沟

埃及上等阶层与下等阶层之间生活水平的差距比今日的欧美社会可能还要大。富有的贵族住在与芬芳的花园和绿茵茵的小树林相连的豪华别 71
墅中。他们的食物种类繁多,应有尽有,包括多种肉类、家禽、饼类、水果、葡萄酒和糖果。他们的餐具用雪花石膏和金银做成,身佩昂贵的织品和珍稀的珠宝。与此相反,穷人生活悲惨。城镇中的劳动者住在拥挤不堪的地区,简陋的房屋由泥土一砖砌成,仅有的家具是长凳、箱子和少数粗糙的陶罐。大庄园上的农民住处稍为宽松些,但生活比城镇贫民好不到什么地方去。

埃及妇女

尽管一夫多妻是得到允许的,但社会的基本单位通常仍是一夫一妻制家庭。就连法老也有一位正妻,虽然他可以拥有后宫妃妾。然而纳妾是受到社会尊重的制度。不过与古代世界大多数社会相比,埃及妇女并未完全成为男性的附属品。妻子没有与世隔绝;妇女既可拥有财产,也可继承财产,而且可以经商。此外,埃及人还允许妇女继承王位:第十二王朝时有女王索贝克诺芙鲁,第十八王朝时有女王哈脱舍普苏。

农业、贸易和工业

埃及的经济制度主要以农业为基础。农业种类繁多,高度发达,田地生产优良的小麦、大麦、稷、蔬菜、水果、亚麻和棉花。从理论上讲,土地属于法老所有,但在较早的时期他就把大部分土地分授给了其臣民,这样田地实际上在很大程度上为私人所有。公元前 2000
年左右以后,商贸稳步发展,成为最重要的经济部门之一。埃及与 72
克里特岛和地中海东岸各地区之间的商贸往来非常兴盛。埃及控制的利比亚金矿是一重要财源。主要出口产品包括黄金、小麦、亚麻织物,进口产品主要限于白银、象牙和木材。制造业的重要性不亚于贸易。早在公元前 3000 年,就有大量人口从事手工业。后来工厂建立起来,一爿厂雇有20位或更多的工人,同时出现了某种程度的分工。主要工业部门有造船业及陶器、玻璃器具和纺织品制造业。

交易手段的发展

从其历史初期开始,埃及人就在交易手段方面有所进步。他们了解会计学和簿记的要素。他们的商人开列订货单和收据。他们发明了财产契约、书面合同和遗嘱。虽然他们没有铸币制度,但他们以一定重量的铜圈或金圈为交换媒介,这实际上是现知人类文明史上最早的货币。不过农民和城镇贫民进行的简单交易无疑以物物交换为基础。

经济集体主义

埃及经济制度首先具有集体性质。人民的精力从一开始就被纳入社会化的轨道之中。个人利益和社会利益被认为等同如一。整个民族的生产活动都围绕着庞大的国家事业进行,政府更一直是最大的劳动力雇
73 佣者。但这种集体主义并不是包罗万象的,个人独创性仍有很大的发挥余地。商人经营自己的交易;许多工匠有自己的铺子;随着时间的推移,越来越多的农民成为独立农场主。政府继续经营采石场和矿山,继续修建金字塔和神庙,继续耕种王室地产。

六、埃及人的成就

和平与自给自足

公元前500年左右,一群希腊人访问尼罗河谷地,据说一位显贵的埃及祭司这样告诉他们:“你们希腊人永远长不大;你们中间没有一位老人。”这话的含义自然是讲,生活在一个延续了2,500年之久的文明中的人们把希腊人仅仅视为无足轻重的人:希腊人刚刚开始有自己的思想时,埃及已进入了其第二十六王朝。从今日的观

点看，相对未受扰乱的悠久的埃及文明仍值得尊重。显然，古代埃及人找到了一种与自然和谐、彼此之间合作的方法，使自己能够和平、自给自足地生存绵亘数千年之久。公元前332年征服了埃及的希腊人比埃及人要敢干和有创造性得多，但他们也将连绵不断的动乱引入了直到那时仍以稳定为特征的埃及世界。

埃及的独特之处

古代埃及的成功配方与尼罗河的定期泛滥密切相关，成功地移植他处恐非易事。因而，除了一些具体的成就，诸如太阳历或立方体的计算，只讲它对后世思想或历史的影响无法对埃及人的成就作出最充分的估价。倒不如说，埃及人的生活方式、思想、雕刻、绘画和建筑模式就其自己起见是迷人的。为了其中的一些东西，我们希望自己能够回到远古时代，一睹涅菲尔提提的芳容，聆听图特国王的祭司们吟唱超时间的颂歌，或者在金字塔缓缓上升之际荡舟百合花盛开的尼罗河。在历史之旭日刚刚露出天际之时，埃及文明就已如日中天；对这一文明怀有一种敬畏的心情，是可以理解的。

七、库什文明

埃及的辉煌在很大程度上是以其南部边界以外地区的人力和物质资源为基础的。一个接一个的埃及王朝从现今叫做苏丹共和国的地区大量引入劳动力和士兵，以及珍石异木以制作珠宝首饰和精美家具。这些肤色较黑的邻居对埃及的贡献，在见于埃及法 74
老陵墓艺术品上的蚀刻图案中有生动反映。

库什王国的基础

这些具有黑人特征的南方人长期以来被神秘地掩盖起来，但是通过近来的考古发现，人们开始对他们的源起有所了解。我们现在可以比较肯定地指出，至少自公元前2200年起，生活在撒哈拉南部生态恶化地区的靠食物生产为生的新石器群体，向非洲较肥沃的地区分散。一些人迁徙到了尼罗河下游，与地中海种和亚洲种的民族合在一起奠定了所谓埃及新王国的基础。其他人往南漫游到了尼罗河上游一个后来被埃及人称作"库什"的地区。到了公元前1500年，这些黑肤色的库什人与前王朝时代埃及有着明显的文化姻亲关系，建立了自己的王国。确实，这一库什王国成了非洲第一个高度发达、基本上由黑人创建的文明。其充满活力的居民与埃及贸易往来非常活跃，并从埃及文化借来了大量东西。在四个世纪的时间内，库什王国在纳帕塔的首都(恰在第四瀑布之南)成了宗拜埃及神祇阿蒙—赖的一个主要中心。

库什入侵埃及

在其国王克什台的统治下，库什人开始利用埃及社会结构衰微的时机。公元前750年左右，克什台的军队一举侵入上埃及的首都、圣城底比斯。克什台的儿子彼安基进一步占领了孟菲斯，并把库什人的统治扩展到下埃及。在控制整个埃及之后，彼安基戴上了法老王冠，建立了埃及第二十五王朝。

麦罗埃：黑非洲第一个工业城市

库什人对埃及的统治昙花一现。他们的治国才干无法与公元前670年闯入埃及的铁器时代的亚述人相抗衡。库什人沿着尼罗河上游较远的一段迅速退回到其早先的故土。他们在麦罗埃建立了一个新的根据地；麦罗埃位于今喀土穆以北大约120英里，处在阿特巴拉河和青尼罗河之间肥沃的
75 牧草地上。他们可能从亚述人那里了解到了冶铁技艺，因为麦罗埃成了古代冶铁业的重要中心，而且是撒哈拉以南第一座黑人工业城市。

埃及坟墓艺术。埃及艺术中经常表现其南方的邻居。

库什人对地中海文明的影响

库什人给众多地中海文明留下了难以消除的痕迹。到了公元前5世纪,他们的形象出现在自地中海东部的塞浦路斯到意大利半岛的古代伊达拉里亚的花瓶、壁画和塑像上。他们被描绘成运动员、跳舞者、宫廷侍从和战士,形象各异。在埃市集市上很活跃的希腊人把库什人称为"埃塞俄比亚人",意思是"黑脸的人"。

库什文明的盛期:公元前250年—公元200年

公元前332年,埃及被亚历山大大帝征服,成了希腊人统治下的一个王国。此后,借道希腊化的埃及,库什人与地中海文明的接触增多了。库什人与希腊人和希腊化的埃及人之间贸易兴隆,这给库什带来了繁荣,库什人也得以形成独特的建筑传统和艺术传统。无与伦比的石制金字塔越过尼罗河在麦罗埃有着很大影响;而饰以雕刻的几何图案的麦罗埃陶器足以与当时古代世界最精美的陶制器皿相媲美。公元前250年至公元200年之间,库什达到了极盛。到了公元200年,麦罗埃象形文字甚至开始取代埃及象形文字成为书面语言。

库什的衰亡

朝向非洲之外世界的这一库什门户在公元13年到公元3世纪埃及处于罗马人的统治之下这一段时期里开得更大了。此后,尼罗河流域贸易迅速衰落,库什文明也是如此。在几百年间,尼罗河的几个变化莫测、充满危险的瀑布使库什免遭来自北方的入侵,并使库什居民得以仅仅选择吸收埃及、希腊和罗马文化中他们认为有益的东西。但是随着尼罗河流域联系的减弱,库什在经济上受到损失,易于受到来自西方的沙漠渗入者的攻击。这一缺陷就使得东南方新兴王国阿克苏姆的军队轻而易举地在4世纪中叶推翻了麦罗埃。

古代跨越撒哈拉的联系

引人入胜的传说称，麦罗埃王室家族迁移到了西非，对新的政治和文化制度的成长作出了贡献。尽管西非人早在古典古代就与北非和尼罗河建立了跨越撒哈拉沙漠的联系，他们在经济上和政治上却比较落后。至少自公元前130年开始，西非人向北方供应黄金、奴隶、珍奇石料及用于角斗场的野生动物。一条古代的车道自北非沿岸布匿人的居住地经费赞地区的绿洲抵达乍得盆地。库什逃难者可能是沿着一条更为古老的经费赞连接尼罗河和尼日尔河的小道到达西非的。令人扼腕的是，中部尼罗河谷地成了一条死胡同，而不是通往南方的走廊。确实，尼罗河流域丰富的文化向南传播到东非和赤道非洲的相对说来少而又少。

八、埃塞俄比亚的基督教王国 76

悠久的阿克苏姆王国

与陆围的库什全然不同，位于其东南方的阿克苏姆可以从经由红海与托勒密时代的埃及的快节奏的贸易中获得好处。阿克苏姆各海港成立了自内地指定运往地中海世界、波斯湾、印度和更远地区的货物的集散地。埃及的希腊经纪人向阿克苏姆人提供了在地中海的一扇窗户，阿拉伯经纪人则向他们显示了东方的市场和文化。

阿克苏姆人

阿克苏姆人是非洲人和闪族语系的阿拉伯人以和平方式交融的产物。自公元前1000年起，后者就小股小股地移居到高低不平的埃塞俄比亚高原。通婚带来了文化的丰富；文化的丰富充分反映在巨大的宗教方尖碑上，它们用单块石头切凿而成，其精确程度令人难以置信。由于引进了耕犁及石阶地和灌溉技术，农业生产力也大大提高了。

皈依基督教和隐修制度的兴起

公元4世纪中叶,伊扎纳国王皈依基督教,并把它定为国教。基督教成了一种把阿克苏姆各个部族联合成一个文化及政治统一体、组建一个称为埃塞俄比亚的中央集权王国的有力工具。到了10世纪,信奉基督教的埃塞俄比亚消灭了阿克苏姆王国的最后一点残余。隐修院在埃塞俄比亚扎下根来,成了学问和文化传播的不可缺少的中心。埃塞俄比亚僧侣把《圣经》译成了当地语言吉兹语。随着时间的推移,由于相继继位的皇帝都赐给它们大量地产,隐修院在经济上势力强大。作为一种生活方式,隐修制度很快传播到邻居的努比亚诸王国,而此比隐修制度兴起于信奉基督教的西欧要早。

以多山的、几乎无法接近的高原为中心的埃塞俄比亚成了一
77 座天然的城堡。它的居民生活在相对与世隔绝的状态中,塑造了一个十分稳定的君主政治及一种独特的基督教文化。作为世界上最稳定和最悠久的文明之一,埃塞俄比亚本质上在同样悠久而受人尊重的制度和同一王族的统治下,一直存在到20世纪。

精选书目

Aldred, Cyril, *Akhenaton, Pharaoh of Eyypt: A New Study*, London, 1968. 英文权威著作。

——, *The Egptians*, rev. ed., London, 1984. 对埃及政治史及文化成就作了简明而可靠的综述。

Bibby, Geoffrey, *Four Thousand Years Ago*, Baltimore, 1961. 从古代世界其他地方同时代事件的观点看公元前2000年到1000年埃及的发展。

Breasted, James H., *History of Egypt*, New York, 1912. 尽管在过度宣称埃及的独创性和影响方面现在看来过时了,但美国第一位伟大的埃及学家的这部著作仍是一部经典之作。

Butzer, Karl W., and L. G. Freeman, eds., *Hydraulic Civilization in Egypt*, Chicago, 1976. 对作为一个生态系统的尼罗河谷地作了审慎分析。

Cambridge Ancient History (3rd ed., vols. I—II), Cambridge, 1971—1975.

Cottrell, Leonard, *Life under the Pharaohs*, New York, 1960. 对帝国时期埃及的生活作了令人着迷的再创造。

Emery, Walter, *Archaic Egypt*, Baltimore, 1961. 对最早的这段时期作了引起争论的叙述。

Frankfort, Henri, *Ancient Egyptian Religion: An Interpretation*, New York, 1948. 一本有见解、深刻的专著。

Hayes, William C., *The Scepter of Egypt*, 2 vols, New York, 1953—1959. 特别参考纽约大都会博物馆的埃及藏品写成。

Mendelssohn, Kurt, *The Riddle of the Pyramids*, London, 1974. 对金字塔的修建方法作了清晰的叙述,并对金字塔兴建的原因作了服人的解释。

Mertz, B., *Temples, Tombs and Hieroglyphs*, rev. ed., New York, 1978. 借助考古发现作了引人的探讨。

Mokhtar, G., ed., *UNESCO General History of Africa*, II: Ancient Civilizations of Africa, London, 1981.

Redford, Donald B., *Akhenaten: The Heretic King*, Princeton, 1984. 对最新学术成果作了评述,对有争议的法老持比 Aldred 要消极的看法。

Smith, W. S., *The Art and Architecture of Ancient Egypt*, rev. ed., Baltimore, 1965.

Steindorff, G., and K. C. Seele, When Egypt Ruled the East, rev. ed., Chicago, 1963. 帝国的政治史。

Trigger, B. G., et al., *Ancient Egypt: A Social History*, London, 1983. 埃及学现代趋向之指南;激动人心的研究,平淡的行文。

Wilson, John A., *The Burden of Egypt*. Chicago, 1951. (普通本书名为 The Culture of Ancient Egynt.)如果学生只想读一本关于这方面的书,此书无疑是最佳候选。才气横溢,名家典范。

原始资料

Grayson, A. Kirk, and D. B. Redford, *Papyrus and Tablet*, Englewood Cliffs, N. J., 1973. 最佳简明史料集。

Lichtheim, M., *Ancient Egyptian Literature*, 3 vols., Berkeley, 1973—1980. 代表著作的权威选本,其中许多非常有趣。

Pritchard, James B., ed, *The Ancient Near East: An Anthology of Texts and Pictures*, Princeton, 1965. 既包括美索不达米亚,也包括埃及。

第四章　希伯来文明和早期希腊文明

79 我是耶和华、你的上帝，
　曾将你从埃及地为奴之家领出来。
除了我以外，你不可有别的神……
不可妄称耶和华你上帝的名。

——《申命记》5:6—11

阿伽门农从睡梦中醒来……套上松软簇新的衫衣，裹上硕大的披蓬；系紧舒适的条鞋在闪亮的脚面。……然后他拿起永不败坏的王杖，祖传的宝物。

——荷马，《伊利亚特》①

希伯来文明的重要性

与美索不达米亚和埃及地域广阔、兵力强大的大帝国相比，希伯来人和早期希腊人的文明相形见绌，不过它们也值得充分重视。希伯来人在历史上具有的异乎寻常的重要性是无可置疑的，因为他们虽然在政治上微不足道，但在思想、生活方面对现代世界的影响大于西亚任何其他民族。至于古代希腊诸文明（下面我们将要看到，有两个希腊文明），它们的优雅、老练以及作为欧洲最早的文明的地位，都令人难以忘怀。

① 译文据陈中梅的译本，《伊利亚特》，花城出版社 1994 年 8 月第 1 版第 26 页。另请参考傅东华的译本，人民文学出版社 1958 年版第 22 页。——译者

一、希伯来人的开端

希伯来人的迁徙

希伯来人是闪族语系的一支，他们现知最早出现于美索不达米亚，因为据《圣经》记载，希伯来人的先祖亚伯拉罕家族就起源于苏美尔。由于希伯来人是一游牧民族，因而其后他们的准确踪迹难以查清就不令人奇怪了。指出这一点也就够了，大致 80
在公元前1900年至1500年之间，他们逐渐由美索不达米亚迁入叙利亚（当时叫作迦南），随后迁入埃及。就在这几百年间，有一个自称是亚伯拉罕的孙子雅各的后裔的希伯来部落开始用雅各的别名称呼自己为“以色列人”。（据《创世纪》的记载，在雅各与一位天使角斗了整整一个通宵之后，他得到了“以色列”〈Israel〉这一称号，意为“神的勇士”。[①]）在旅居埃及的大约300年间，适逢新王国诸法老正试图创建一个埃及帝国并寻找空前多的奴隶来维持国内经济的运转，希伯来人受到了种种奴役。正是在那时，在公元前1250年左右，希伯来人终于找到了一位领袖即英勇的摩西，他率领他们摆脱了埃及的束缚，离开埃及到了西奈半岛（这是位于埃及和迦南之间的一片沙漠地带），并说服他们崇奉雅赫维神，该神的名字后来被写作耶和华。也正是在那时，所有希伯来人都成了以色列人，因为他们在摩西的劝说下相信，耶和华是亚伯拉罕、以撒和雅各的神，结果以色列的神也就成了他们全都崇奉的神。

---

① 详见《旧约·创世纪》第32章24—29行。天使说：“你的名不要再叫雅各，要叫以色列，因为你与神与人较力，都得了胜。”——译者

为迦南而斗争

希伯来人在西奈沙漠地带游荡了大约一代人时间,其后他们决定迁回比这里富饶得多的迦南之地;相对于干旱的西奈荒漠而言,迦南确实太过富饶了,在他们看来是片"流着牛奶和蜜"的地方。不过这次迁徙并非简单的搬迁和定居,因为迦南已经为另一个讲闪族语系语言的迦南人占领了,后者不愿与希伯来人共享他们的土地。因而希伯来人不得不诉诸武力,而事实证明这一历程进展迟缓且布满艰辛,决非一句名诗所描绘的那样"约书亚进军耶利哥,城墙纷纷塌陷"。摩西的继承者约书亚确实夺取了迦南的一些地区,但收获并不太大,因为游牧的以色列人装备较差,无法用围城战术攻克迦南防御坚固的城池。此外,约书亚死后,以色列各部重又各自为政,无法采取统一的军事行动,因而攻城略地工作进展更小。结果,经过一个世纪的征战,以色列人所获得的只是迦南的一些丘陵地带和为数不多的土地较不肥沃的河谷。更糟糕的是,正是在那一时期前后,以色列不仅要抵御企图夺回失地的迦南人来保护自己,而且要抗击外来强大势力的入侵。

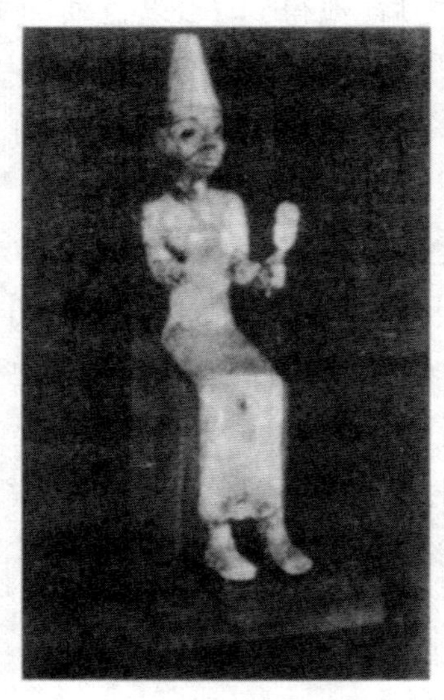

迦南人的一个神祇。据认为这是风暴和生育之神巴尔的塑像,发现于巴勒斯坦北部公元前3世纪的一个神庙中。

这一入侵势力是一非闪族的腓力斯丁人。他们来自小亚细亚,在公元前1050年左右迅速征服了迦南大片地区,以致该地区作为替代以"巴勒斯坦"一名著称,其意义实际上就是"腓力斯丁人的国度”。面对灭种的威胁，希伯来人现在强化了夺取迦南的努力。如果说过去他们保留了一种部落组织形式，在有必要时由各部落推选出来的智者（“士师”）会同解决争端，那么现在，为了应对腓力斯丁人的挑战，显然需要建立一种更紧密的、“全国性的” 81
政治体制。于是，在公元前 1025 年前后，一位名叫撒母耳的部落士师以其人格力量赢得了以色列各部落的拥戴，他从所有以色列人中挑选出了一位国王扫罗，他后来使希伯来人成了一个统一的民族。

二、政治抱负和一再受挫的记录

扫罗王的统治

尽管扫罗王的统治标志着希伯来民族统一的开端，但统治本身对希伯来人和扫罗自己来说都是不幸的。《旧约》的记述对此只隐隐约约地揭示了少数原因。当扫罗王开始专断地行使王权之后不久，他显然触犯了撒母耳。撒母耳想继续在幕后掌握实权，因而他开始转过来支持一位名叫大卫的精力旺盛的青年武士。大卫巧妙地运用各种手段，把民众对扫罗的支持争取到了自己一边。他发起了进攻腓力斯丁人的战役，一再击败后者。（他只不过用了一个弹弓，就战胜了腓力斯丁勇士“歌利亚”。）与此相反，扫罗的军队却经常受挫。最后，身负重伤的扫罗王自杀身亡，从而结束了这场与大卫的争斗。这大约是公元前 1005 年的事——与千福年这一容易记住的标识非常接近。

专制君主大卫

扫罗入土之后，大卫成为国王，从此开始了希伯来政治史上最辉煌的时期——至少到现代是这样。他毫不留情地向腓力斯丁人发起进攻，把他们的地盘缩减到南方沿海狭窄的一条。他迫使迦南人承认他的统治，其结果就是在以后数代中迦南人丧失了独立的民族特性，与希伯来人完全融为一体。随着这一团体过程的进行，希伯来人越来越放弃游牧生活而从事农耕或城市的各种职业。一旦大卫王完全确立了其专制君主地位，他就征发部分臣民服劳役，进行人口调查，以此为征税的基础，随后实际上开始征税，他的最终目标是把耶路撒冷建成一个华丽的都城和宗教中心，不过尽管他在这方面取得了一些进展，他却未待工程完成就去世了。

所罗门、耶路撒冷和圣殿

继承大卫王位的是他的儿子所罗门，其在位年代是公元前 973 年至公元前 933 年，是统一的希伯来君主国的三位国王中的最后一位。所罗门决心完成其父兴建耶路撒冷的未竟之业。这样做的目的(其父亲的遗愿)有二。其一，以色列人要想在西亚诸伟大民族中找到自己的一席之地，就必须有一座可以显示
82 他们的强大的富丽堂皇的首都。其二，他们也应该有一座宏伟的圣殿来重申其全民宗教信仰。直到那时，“约柜”(Ark of the Covenant)——该词指的是存放所谓耶和华在西奈山与摩西订立约法时所赐的两块石板的柜子——在以色列人飘移无定的日子里一直被带在身边，放置在“圣所”(tabernacle)之中；所谓圣所，其实不过是个活动帐篷罢了。如果说过去在帐篷里供奉高贵的神龛勉强还可满足一个游牧民族的需要，那么它无法满足一个定居的农业居民的需要。反过来，约柜这一代表以色列与耶和华特别关系的物证，必须放在一个强大的首都，恰如其分地置放在一座宏伟的庙堂的最深处。由于这些原因，所罗门不遗余力地建造首都，尤其是建造后来成为希伯来民族生活和宗教生活的中心纪念物的圣殿。从长远看来，这一政策对犹太人能够生存下去起了很大作用，因为所罗门确实建成了一座宏伟的圣殿，这座神殿后来在以色列面临民族灭绝和文化灭绝危险时成为鼓舞人心的象征。但从短期

来看，所罗门国王的这一奢华的建筑工程引起了麻烦，因为巴勒斯坦缺乏可充当基本建筑材料的天然资源，更不必说装饰这些工程所需的黄金宝石了。尽管广列名目大肆征税，所罗门仍发现自己无法支付建筑欠款，此时他先是把土地割让给他的主要供货人（北方）邻国腓尼基，随后征发希伯来人到腓尼基的森林和矿山服劳役。

北方的敌视和分离

毫不奇怪，这种专断行为激起了所罗门许多臣民尤其是北方臣民的激烈反抗。这些北方人眼见自己的孩子被强迫送往腓尼基服役，同时他们对兴建耶路撒冷的各工程不那么感兴趣，因为耶路撒冷位于希伯来王国较靠南的地方。（与南方人相比，北方人对排他性的耶和华崇拜不那么狂热，这也是他们对个人作出牺牲以换取建造 83
圣所所需要的黄金不那么热心的原因。）所罗门在世之际，北方臣民仍然服从他，但他的死亡却成了公开反叛的信号。北方人不愿向所罗门的儿子罗伯安纳税，他们迅速从统一的希伯来国家中分离出来并建立了自己的王国。

以色列和犹太王国的脆弱及其命运

北方王国后来被称为以色列王国，定都撒马利亚；南方剩余的地区组成了犹太王国，定都耶路撒冷。即便是作为一个统一的国家，希伯来王国也不是特别强大，现在一分为二，国力更虚弱得可怜。主要是由于运气好和邻国的克制而不是其内 84
在活力，以色列王国设法维持了两个世纪（通常是靠纳贡），直到公元前 722 年被亚述人消灭。由于亚述人执行一种夷平被征服民族所有重要建筑并把其人口分散到各地的政策，以色列王国从此湮没无闻。至于犹太王国，它之所以能够侥幸躲过亚述人的洗劫，部分原因在于它太不重要了；不过在公元前 586 年，犹太国被尼布甲尼撒统率的巴比伦人征服，耶路撒冷遭到劫掠和焚毁，其重要公民

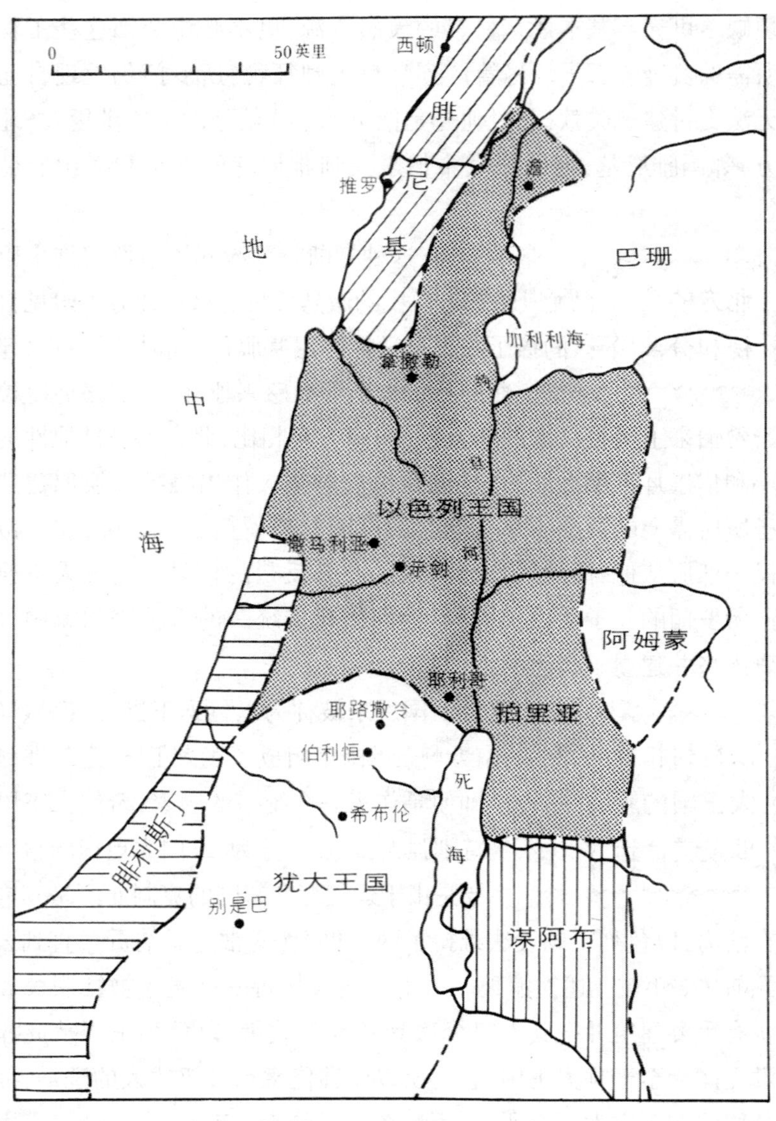

所罗门王死后的巴勒斯坦

被遣送巴比伦。在此后半个多世纪的时间里，Judeans（犹太人）——史学家通常称之为Jews（犹太人）——过着“巴比伦之囚”的生活，担心自己再也见不到故土。

巴勒斯坦：自波斯统治到罗马征服

后来事态的发展证明，他们错了，因为公元前539年征服巴比伦之后，波斯王居鲁士宽宏大度地允许犹太人重返巴勒斯坦，在波斯人的督管下建立起半独立的统治。这些重归故里的人不失时机地重建了耶路撒冷圣殿（公元前520至516年完成）。他们的后嗣在波斯人的督管下过着或多或少和平的生活，直到公元前332年巴勒斯坦被希腊人亚历山大大帝征服。亚历山大大帝不久之后即去世，其后，犹太人又处在一个个讲希腊语的霸主的统治之下。公元前168年，这些霸主中的一位安条克·厄庇法内斯试图通过亵渎圣殿、禁止在圣殿举行各种朝圣活动等方法摧毁犹太人的信仰，但这种残忍政策引起了由令人鼓舞的斗士马加比领导的暴动。经过20年的斗争，巴勒斯坦的犹太人最终在本土的马加比王朝的统治下赢得了政治独立。不过这种局面只维持到公元前63年，是年罗马将军庞培趁马加比王朝的内乱把巴勒斯坦置于罗马的保护之下。犹太人不满于罗马人的统治，就在公元66年举起义旗，誓死再现昔日对安条克的胜利。不过这一次他们面对的是古代最强大的帝国，结果丧失了所拥有的一切。公元70年，罗马皇帝提图斯残酷镇压了犹太起义，夷平了圣殿，以致它从此再也未能重建起来。此后巴勒斯坦完全被罗马帝国吞并，犹太人也逐渐流落到广阔的罗马帝国的其他各地。自那时直到20世纪，“散居各地”（diaspora），或者犹太人在许多世纪里离开巴勒斯坦散居到一个又一个国家，成为他们的主要生存方式。

亚伯拉罕以其子献祭(镶嵌画)。在希伯来艺术中,由于有关戒律禁止崇拜偶像,人物形象非常罕见。该画出自贝斯阿尔发犹太会堂的铺面路,描绘了亚伯拉罕准备以其子以撒献祭的情景。

三、希伯来宗教的发展

希伯来宗教的演化

即使在大卫王统治时期，古代希伯来人不过是一个二流政治势力，而在所罗门统治之后，他们连这
点也达不到了。因而，如果不是由于他们在另一不 85
同的领域即宗教领域所取得的巨大成就，本书也许只会对他们一带而过而无必要大书特书了。今日的犹太教即犹太人的宗教是信仰、习俗和礼拜仪式首尾一贯的整体，所有这些都能在犹太人的《圣经》（基督徒称之为《旧约》）的章节中找到。然而研究历史的人必须认识到，犹太教并非一蹴而就的，而是摩西时期至马加比时期之间所发生的长期演变的结果。

全民族独尊一神的阶段

我们可以把希伯来宗教的发展分成四个阶段。第一阶段是希伯来人与西亚所有其他同时代民族一样崇奉多神的时代，对此学者们只能根据推测得知。随后进入了全民族独尊一神即一神崇拜的阶段，它于公元前1250年左右因摩西而发端，一直持续到公元前750年左右。一神崇拜意味着只尊崇一位神，但并不否认还有其他神祇。在摩西的影响之下，以色列人民选定了一位神作为其民族之神，这位神祇的名字写作Yhwh（雅赫维），但可能读作或者拼作Yahweh（耶和华）。希伯来人同意，除耶和华外不再崇奉别的任何神，因为摩西坚持“以色列啊，你要听，耶和华我们神是独一的神”（《申命记》6：4）。

耶和华的人格化特征

在全民族独尊一神的阶段，耶和华是位非常特别的人物。他几乎完全被拟人化了。他具有人的形体，具有人的情感品质。他时常任性妄为，性格也有些暴躁——在作出正确的裁定的同时也会

作出不好的和忿激的裁定。有时他会像惩罚真正的罪犯那样毫不
犹豫地惩罚无意中犯罪的人。具体一点说,据传耶和华击打乌撒
至死,仅仅是因为在把约柜运往耶路撒冷途中伸手扶住约柜想把
86 它弄稳(《历代志上》,13:9—10)。耶和华并不是无所不能的,因为
他的权力仅限于希伯来占有的地域之内。不管怎样,希伯来对后
世西方思想的某些最重要的贡献是在这一时期首先系统表述出来
的。正是在这一时期,希伯来人逐渐相信上帝并非内在于自然,而
是外在于自然,而人类作为自然的一部分,通过神意成为自然的主
宰。这一"超越宇宙"(transcendent)的神学意味着,人类可以逐步
地以纯粹理念的、抽象的术语理解上帝,同时可以认为人类具有随
意改变自然的能力。

道德戒律、典仪和禁忌

在一神崇拜时期,希伯来人是通过赞同道德戒律、典仪和禁忌的结合来服事并尊崇耶和华的。尽管我们无法肯定在巴比伦之囚之前《十诫》的准确形式——《十诫》在公元前7世纪以来即为人所知——是否存在,但巴比伦人无疑严格遵守着一些神圣的戒律,其中包括某些伦理原则,诸如有关杀戮、通奸、作伪证及觊觎"邻人之物"等行为的禁令。此外,他们严格遵守礼仪方面的要求,诸如庆宴,献祭,以及礼仪方面的禁忌,诸如第七天禁止作工及用母羊之奶煮幼羊。尽管道德规范在希伯来社区之内可能得到严格遵守,但在涉及外族人时未必总是适用。因而,即便就凶杀而言,希伯来人也不比亚述人更不乐意杀戮平民。在约书亚征服迦南各地区之后,"那些城邑所有的财物和牲畜,以色列人都取为自己的掠夺物,惟有一切人口都用刀击杀,直到杀尽。凡有气息的没有留下一个……"(《约书亚记》11:14)。以色列人对这种野蛮政策并无怀疑,因为他们深信这是主本人的旨意——耶和华确实授意迦南人进行抵抗,这样就可找到理由杀掉他们,"因为耶和华的

意思是要使他们心里刚硬，来与以色列人争战，好叫他们尽被杀灭”（《约书亚记》11：12）。

死海文书。死海文书发现于希尔拜库兰附近洞穴中，包含了希伯来文圣经本。抄本与今文版没有重大区别，但年代在公元前2世纪，是现存最早的圣经文献。

先知革命

与这种模糊不清的伦理观和神授正义的观念相比，希伯来宗教发展第三阶段的思想可谓一场革命；实际上这一阶段习惯上即被称为先知革命（prophetic revolution）。导致这一宗教思想革命的“先知”生活在希伯来民族的存亡受到亚述人和巴比伦人的威胁及流亡巴比伦的时期，即言从公元前750年左右到公元前550年左右。尽管“先知”一词逐渐意指能够预测未来的某人，但其最初的意思更接近于“布道者”（这一点在此处非常重要）——更准确地说，指某一有紧
迫消息要宣布的人，他以为他是在神的启示下获得这一消息的。87
希伯来最初的先知是阿摩司和荷西，他们在公元前722年以色列

王国灭亡前不久“预言”(即布道和告诫)了它的灭亡;以赛亚和耶利米,他们在公元前586年犹太覆灭之前即预言了它的覆灭;以及以西结和第二个以赛亚[①],他们预言到“巴比伦洪水”的到来。这些先知先是预告大灾难将降临到亵渎上帝和行为不端的人头上,随后宣告上帝的惩罚是公正的。他们宣告的消息彼此非常接近,因而有理由他们形成了一个单一的、首尾一贯的宗教思想团体。

先知的教义

先知教义的核心由三个基本信条组成:(1)十足的一神论——耶和华是宇宙的主宰;他甚至利用希伯来人之外的其他民族来实现他的目的;其他诸神都是伪神;(2)耶和华是独一无二的正义之神;他只行善事,世上的一切恶都源自人类而非源自他;(3)由于耶和华是公正的,他对其以色列子民的道德行为比其他方面更加看重;他不太关心典仪和祭祀,更要求他的子民“学习行善,寻求公平,解救受欺压的,给孤儿伸冤,为寡妇辨曲”(《以赛亚书》,1:17)。在大卫王之后,以色列人与迦南人融合在一起,过着定居农业生活;此时一些以色列人竟回复到向迦南人的繁殖之神献祭,希望这一做法能确保他们获得好年成;其他依然完全忠于耶和华的以色列人则空前关注礼拜仪式以示忠诚。先知阿摩司以势不两立的态度向上述做法展开斗争;他借助传达耶和华振聋发聩的警告对先知革命作了总结,昭示了人类文化发展史上一个划时代时刻的到来:

我厌恶你们的节期,
　也不喜悦你们的严肃会。
你们虽然向我献燔祭和素祭,

① 多数《旧约》权威认为《以赛亚书》是三位不同的作者写成的。他们把第一部分归于以赛亚,把第二部分(第40到55章)归于“第二个以赛亚”;最后一部分则是某人在回归耶路撒冷之后写成的。

我却不悦纳，
也不顾你们用肥畜献的
平安祭。
要使你们歌唱的声音远离我，
因为我不听你们弹琴的响声。
惟愿公平如大水滚滚，
使公义如江河滔滔。

——《阿摩司书》5：21—24

杜拉欧罗普斯犹太会堂壁画(公元3世纪)。画面描绘了希伯来人最早的大祭司、摩西的哥哥亚伦。

后放逐阶段

犹太教形成的最后一个阶段是犹太人自巴比 88
伦返回巴勒斯坦之后的四个世纪；因而它被称为后放逐(post-exilic)阶段。后放逐阶段宗教思想家的主要贡献是一组**末世论**信条，即论及“最后的事物”或世界末日来临之际将会发生的事的文献。在波斯人和希腊人直接或间接的影响下，在马加比起义期间，巴勒斯坦的犹太思想家开始空前关注他们这个狭小的、在政治上软弱的民族在神的世界宏图中应起什么作用这一问题，同时因此开始寄望于弥赛亚和千福年。换言之，他们逐渐相信，上帝会马上派来一位救世主或"弥赛亚"（意为"天意选定的人"），他不仅会使犹太人强大起来，而且在末日来临之前和平、公正的千福年期间把耶和华崇拜传遍全世界。起初他们以为这一千福年的和平王国会在"今世"（this-worldly）出现——即人们能够亲眼目睹并享受它，或用第三位以赛亚的话来说，"田地怎样使百谷发芽，……主耶和华必照样使公义和赞美在万民中发出"（《以赛亚书》61：11）。但是时间一天天逝去，这一会像"田地使百谷发芽"一样自然而然地出现的千福年王国在有些人看来更加虚无缥缈了，因此在他们看来成功的希望只能寄于来世成了不可避免的事实。《旧约·但以理书》对来世末世论有着最完整的记述；该书的作者不是一位可能生活在尼布甲尼撒时代的名叫但以理的人，而是某人借但以理之名在马加比起义期间写成的。据这位预言家的看法，弥赛亚（他称之为"人子"）将"驾着天云而来"，"他的权柄是永远的，不能废去"（《但以理书》7：13—14）。
89 与这一来世观密不可分是这样一种信念，即弥赛亚将主持"最后的审判"；换种别的说法，在超自然手段的作用下，死者将复活，接受弥赛亚对其生活质量的审判，恶男恶女将遭到永远受罪的处罚，"圣人"则将继续服侍"在天上地下施行神迹奇事"的"永不败坏"的王国（《但以理书》7：26—28）。

期待弥赛亚的到来

犹太人的弥赛亚期望显然对耶稣的活动有影响。耶稣是位犹太人，被追随他的犹太人和非犹太人视为弥赛亚，后来以基督徒知名。（有关基督教从犹太教中分离出去的详细情况，见本书第十章）。那些否认耶稣是弥赛亚的人继续企盼着弥赛亚的到来。有些人认为像《但以理书》所说的那样驾着天云而来，但多数人希望他是一位能够壮大以色列民族并重建圣殿的救世主。这两种希冀弥赛亚奇迹般地到来的想法都促动犹太人维持他们的其他各种信仰，即使在被迫远离圣地、居住在数千里之外之际，依然如此。这在很大程度上说明了一个真正的犹太奇迹——一个在其他方面都不重要的民族面对骇人的逆境忍耐至今，以其种种成就极大地丰富了世界。

四、希伯来人的律法和文学

希伯来文化：局限与成就

古希伯来人不是伟大的科学家、建筑师或艺术家。据目前所知，就连所罗门的圣殿实际上也算不上希伯来人的一个建筑成就，因为工程中最有挑战性的建筑任务看来是请腓尼基石匠和艺匠完成的。由于希伯来教规禁止雕制任何“偶像”，也不可“仿制”任何“上天、下地和地底下水中万物的形象”（《出埃及记》20：4），因而犹太人中既无雕刻，也无绘画。反过来，正是在律法和文学领域古代希伯来文化找到了最可贵的表现。

希伯来律法：申命法典

希伯来律法的主要宝库是申命法典，它是圣经《申命记》的核心。尽管它部分上以与古巴比伦人的法律思想有亲缘关系的远古传统为基础，现存状态中的申命法典无疑产生于先知革命之时。一般说来，它的条款比古巴比伦人的汉谟拉比法典的有关规定要利他些，公正些。谈到利他，这不仅责成人们对穷人和外邦人宽大为怀，而且规定沦为奴隶的希伯来人在服役六年后应获得自由，应给予他们一些食品以让他们重新生活下去，同时要求每七年一次减免债务人所欠的债务。法律的公正体现在下述原则上：儿女不必为父亲的罪过负有责任，法官在任何情况下均不得接 90

受馈赠。总之,申命法典提倡的是所谓“完全公正”的严格理想,因为耶和华要求太高,只有“完全公正”地生活,希伯来人才能自视值得承袭这一想望之乡。

希伯来文学

总的看来,希伯来人的文学是西亚各古代文明中最为出色的。现存希伯来文学作品均见于《旧约》和《伪经》(由于其宗教权威性值得怀疑而未被认可为经书的古希伯来著作)。除诸如《士师记》第五章“底波拉之歌”之类少数片断外,《旧约》实际上并不像人们通常认为的那样古老。学者们现在认为,《旧约》是经多次汇集和修订而成,其中新作与旧作掺杂在一起,一般被归功于古代的一位作者——例如摩西。但是如此多的修订中最早的一次不会早于公元前850年。《旧约》各卷大都形成于更晚的时候,惟《历代志》部分章节例外。尽管大量赞美诗是献给大卫王的,但其中许多首谈的是巴比伦之囚时期的事,同时可以肯定,《诗篇》从总的看来是经几个世纪的汇集才完成的。

《旧约》在文学上的优点

倘若说《旧约》一些部分包含一长串名字或秘密的宗教禁忌,那么其余的部分,无论是人物传记还是战争记述、感恩祈祷、战歌、先知的劝勉、爱情诗,亦或对话,都富于韵律,引人想象,感情强烈。任何语言的任何作品都很少有像第23首颂歌那样具有朴素的美的:“耶和华是我的牧者,我必不致缺乏。他使我躺卧在
91 青草地上,领我在可安歇的水边。他使我的灵魂苏醒……”;或者像《以赛亚书》中所描绘的和平景象:“他们要将刀打成犁头,把枪打成镰刀;这国不举刀攻击那国,他们也不再学习战争。”

《雅歌》

《圣经》中的《雅歌》无疑可置身于世界最优美的爱情诗之列。虽然一代代读者试图找出其中象征性的超俗含义(而且现代许多评论家告诉我们,我们可以对

我们喜爱的任何诗文自由地作出解释），但《雅歌》作为一部完全世俗的婚庆诗歌集产生于公元前5世纪左右。新郎称颂新娘为“鸽子”（“我的佳偶，你甚美丽！你甚美丽！你的眼好像鸽子眼”〔《雅歌》1：15〕），新娘则称新郎为“王”。他们在果园和葡萄园中沉醉在对两人互怜互爱和共享爱情生活的憧憬之中：“起来，我的爱卿！快来，我的佳丽！看严冬已过，时雨止息，且已过去；田间的花卉已露……葡萄树已开花放香；……我的爱卿，你多么美丽，你的双眼有如鸽眼……你的牙齿像一群剪毛后洗洁上来的母绵羊……我的爱人到自己的花园，到香花畦去了，好在花园中牧羊，采取百合花，我属于我的爱人，我的爱人属于我。”①

《约伯记》

希伯来文学的另一个与此完全不同的成就是作于公元前500至300年间某一时期的《约伯记》。这一作品在形式上是一部描写人与命运之间悲剧性斗争的戏剧。它的中心论题是恶：何以善者吃亏，恶人兴盛。《约伯记》是一古老的故事，很可能系改编古巴比伦一内容相近的作品而成。但希伯来人赋予这一故事更深刻的对哲学可能性的认识。故事的主人公约伯是位有德之人，“敬畏神，远离恶事”，他突然遭到一连串灾难的袭击：他的财产遭到抢劫，孩子被杀，他自己也受到疾病的困扰。起初他不以苦乐为意，听从命运的安排；得福必然要受祸。然而随着痛苦的加剧，他完全绝望了。他诅咒他出生的那一天，称颂死亡，“在那里，恶人止息搅扰，困乏人得享安息”。

其后就是约伯和他的朋友就恶的涵义进行的冗长的辩论。后者认为，所有苦难都是对罪过的一种惩罚，忏悔者将得到宽恕，且性格会坚强起来。但是约伯对其中的任何论点都不感到满意。他

---

① 此处译文参据《圣经诗歌全集》，田志康、康之鸣、李福芝选编，学苑出版社1990年版，第324—328页。——译者

在希望与绝望两种思想的折磨下痛苦至极，力求从各个角度重新审查这一问题。他甚至考虑到这样一种可能性：死亡也许并不是结束，今生受祸，来世也许会得福。不过失望情绪再次占了上风，他断定上帝是位无所不能的神，性之所来或狂怒之下，就会毫不留情地把一切都毁掉。最后，在极端苦闷之中，他恳求这位全能的主现身，显示其奇妙的作为。耶和华从旋风中回答了约伯的要求；他历数了自己开天辟地、创造万物的宏伟功绩。约伯认识到自己是卑贱的，而耶和华的伟大是述说不尽的，因此“我厌恶自己，在尘土
92 和炉灰中懊悔”。故事的最后并未给出解决个人受难问题的良方。耶和华既未允诺在来世中予以补偿，也未花费任何气力去驳斥约伯的悲观情绪。人类必须从这样的哲学反思中求得慰藉：宇宙比人类伟大、上帝所寻求的宏伟目标实在是不能用人类的公正和善行标准加以限制的。

如果说抒情性的《雅歌》与悲剧性的《约伯记》迥然相异，那么极其老于世故的《传道书》与上述两者也有天壤之别。这一作品的作者传说是所罗门，但写作年代肯定不早于公元前 3 世纪，其中包含了《圣经》中某些最重要、最有力的语录。不过本书的信条与见于希伯来圣经其余各部分的崇高和预设相抵触，因为《传道书》的作者是位无神论者和唯物论者。在他看来，人类死后如同牲畜死后一样没有来世，而人类历史不过是代代相沿的过程。万物都是周期循环的，任何成就都不是持久的，因为“日头出来，日头落下，急归所出之地……日光之下，并无新事”。处于这种无意义重复之顶端，在人间事务的领域中，居支配地位的是隐蔽的命运而不是功过，因为“快跑的未必能赢，力战的未必得胜……明哲的未必得赀财，灵巧的未必得喜悦。所临到众人的，是在乎当时的机会”。鉴于这些情况，作者提出要以顺其自然的态度对待生活，行事有节制，“不要行义过分，也不要过于自送智慧……不要行恶过分，也不

要为人愚昧,何必不到期而死呢?”就其消极的观点看出人意料的是,他也“赞颂行乐”,理由是“人在日光之下莫强如吃、喝、快乐”。

这样一段鼓吹“不要行义过分”的文字何以混入希伯来《圣 93
经》,至今仍不清楚,不过不能过分强调这是例外。因而,我们与其以《传道书》来结束对希伯来文学的概述,倒不如最好指出,希伯来《圣经》的最后一卷《玛拉基书》,无论就其预言——末世学的神示——还是就其富有活力的肯定性的表达而言,都是以一种非常独特的按语结尾的。在这里它借耶和华之口这样说:“但向你们敬畏我名的人,必有公义的日头出现,其光线有医治之能……你们必践踏恶人……看哪,耶和华大而可畏之日未到以前,我必差遣先知以利亚到你们那里去。”

五、希伯来影响的重要性

希伯来遗产

在过去的两千年间,西方生活方式的历史受到了希伯来传统的深刻影响;这部分上是因为犹太人的种种活动,部分上是因为犹太教是基督教藉以产生的母体。(从下文第九章我们可以看到,世界第三大宗教伊斯兰教也来源于犹太教和基督教。)实际上,今日西方所有的教徒都是一神论者——信仰方面摩西和希伯来先知的后裔。此外,希伯来“超越宇宙的神学”赋予西方人一种自信,使他们相信他们是自然的主人,在砍伐树木或改变河道时不必因害怕触怒树神或水神而犹豫不决。无论是在其宗教译本还是在世俗改编本中,这种世界观肯定对西方技术的发端贡献巨大。希伯来伦理,尤其是由伟大的希伯来先知所塑造的希伯来伦理,在本质上依然是所有有知识的人所珍爱的:“爱邻如己”(《利未记》,19∶18)这句话比任何释义讲得都好。当“豺狼必与绵羊羔同居,豹子与山羊羔同卧,少壮狮子与牛犊并肥育同群”(《以塞亚书》,11∶6)之际,对世界和平共处的幻象,只能是我们都知道应当立即落实的幻象,如不其然,对任何人来说,任何传统都没有任何意义。

六、米诺斯文明和迈锡尼文明

长期被人遗忘的文明

在1870年之前,没有一个人会想到在雅典之前上千年在希腊爱琴海及其岛屿竟已兴盛过两个伟大的文明。研读希腊史诗即荷马的《伊利亚特》的人自然知道,一位强大的希腊国王阿伽门农据说曾率领全希腊人赢得了“特洛伊战争”的胜利,而这场战争发生在公元前8世纪《伊利亚特》成文定型之前很久。不过他们只是简单地推定史诗的整个情节都是虚构的。然而今天的史学家可以肯定,希腊历史——因而也就是欧洲历史——早在苏格拉底在雅典
94 的市集上讨论真理的性质问题之前一千多年就开始了。

谢里曼的发现

人们之所以有所突破,对这些古希腊文明有了某些了解,是考古学史中最著名的“传奇故事大成功”的结果。19世纪中叶,德国商人海因里希·谢里曼自青少年时代起就被《伊利亚特》的叙述所吸引,决心一旦有了足够的资金,就去证实他的第六感觉,即《伊利亚特》大体上是真实可靠的。很幸运,谢里曼在商业冒险中积聚到了一笔财富;于是他当即洗手不干,转而把时间和金钱都用在研究阿伽门农上。尽管他没有受过专门的考古学或学术训练,但他在1870年开始在小亚细亚西部一个他确信是特洛伊的遗址进行发掘,结果极其令人惊奇的是,不久他就发现了九座不同的古城的某些部分,而这些古城都是建在前一座古城的废墟上的。谢里曼认定第二座古城就
95 是《伊利亚特》描述的特洛伊,不过现在学者们认为特洛伊可能是

早期爱琴海世界

第七座城。初战告捷,谢里曼精神大振,1876 年开始在希腊进行发掘,结果你瞧,他竟又找到了黄金——这一次在象征意义上和实际上都是如此。因为他现了一座藏有大量黄金的陵墓遗址。由于 1876 年时谢里曼是在希腊一个叫作迈锡尼(拼作 Myséeknee)的被遗弃的遗址发掘的,因而他认为自己是完全正确的,因为《伊利亚特》称迈锡尼是阿伽门农的住所并把它叫作“富有黄金的迈锡尼”。令人悲哀的是,谢里曼的发掘对研究遥远的古代并非完全有益,因为他热情过高,对科学的程序置之不顾,结果在发掘时毁掉了证据,对细致的档案保存也不重视。不过说真的,他的种种发现非常激动人心,非常重要,它们本身几乎就是一部传奇。

亚瑟·伊文思及米诺斯的世界

一旦谢里曼向人证明一般被视为传奇的史诗里含有某些真实性,其他人就迅速汇入进来,丰富了他的发现。在这方面谢里曼最重要的继承人是英国人亚瑟·伊文思。1899年,就像谢里曼寻找阿伽门农那样,伊文思开始寻找“米诺斯”——这意味着伊文思开始在希腊克里特进行发掘,因为传说称克里特岛上的克诺索斯城是一个强大帝国的首都,而此帝国的统治者名叫米诺斯。传说再一次被证明含有某些重要史实,因为伊文思不仅找到了同样丰富的遗物,而且发掘到比谢里曼(事实上更美丽)的东西。尽管伊文思的功业(这使他获得了爵士爵位)是在谢里曼之后完成的,但他在克诺索斯发现的文明比谢里曼发现的希腊文明年代要早。因而,我们首先应探究“米诺斯的世界”,然后再考察它是如何汇入“阿伽门农的世界”的。

米诺斯文明的兴盛

96 “米诺斯文明”是现代学者用传说中克里特的统治者米诺斯为之定名的。它最早的踪迹可追溯到公元前2000年左右。米诺斯人在定居克里特之前源于何方,至今仍是一个谜,不过在公元前2000年左右他们已开始建造城市并创造了一种独特的文字形式(线形文字A)。自约公元前2000年到1500年这五百年,米诺斯文明处于其鼎盛时期,克诺索斯与其说是帝国的中心,倒不如说是克里特岛几个繁荣的城市之一,它们和睦相处,以致感觉不到有建筑防护墙的必要。只有间隙发生的地震才打乱了米诺斯人安宁的生活。这些自然灾害造成了很大破坏,但每次灾祸后他们都着手重建城市,往往设法建成比刚刚被毁的城市更为壮观的新城。在克诺索斯,亚瑟·伊文思爵士不仅发现了美丽的石制品和绘画,而且发现了现知人类最早的抽水马桶。后来,人们在米诺斯时期的另一个遗址卡托—扎克罗斯发现了一座庞大的宫殿,内有 250 个房间、一个游泳池和木条镶花地板。

迈锡尼文明的起源

就在米诺斯文明在克里特兴盛之际,其潜在的对手正在希腊大陆积聚力量。公元前 2200 年左右,讲最早形式的希腊语的印欧语系民族侵入希腊半岛,并在公元前 1600 年左右开始组建小型城市。最初是由于贸易联系,这些民族的文化发展逐渐受到米诺斯人的克里特的影响。希腊因素与米诺斯因素的交融产生了一个被称为"迈锡尼文明"的文明,它得名于约公元前 1600 至 1200 年希腊居主导地位的城市迈锡尼。公元前 1500 年左右以后,在爱琴海世界(爱琴海是地中海的一部分,处于希腊和小亚细亚之间)居主导地位的正是这一文明,它甚至在克里特也居优势地位。

线形文字 B

20 世纪最伟大的学术成就之一大大改变了我们对公元前 1500 年至公元前 1400 年这一百年克里特和希腊历史的理解。人们一度认为,希腊在这整个百年间仍是辉煌的克里特文明的一块半野蛮的经济殖民地,公元前 1500 至 1400 年间克里特内部的变化应归因于一个"新王朝"的兴起。人们知道,同样的线形文字(称为"线形文字 B")的众多实例在克里特和希腊大陆都有所发现,但人们只是简单地推 97
定这种文字发源于克里特,由克里特传播到希腊。但是 1952 年,一位才华横溢的英国年轻人迈克尔·文特里斯成功地释读了线形文字 B,并向人表明它表达的是希腊语的一种早期形式。文特里斯的发现表明在米诺斯时期后期大陆人统治了克里特而不是相反，这大大改变了前古典时期的希腊史研究。

迈锡尼人的兴衰

学者们现在同意，公元前1500年之后不久，迈锡尼人取代米诺斯人成为爱琴海世界的统治者，尽管他们无法完全弄清这是如何发展的。这或者是由于克里特岛发生了一场大地震，大大削弱了该地的力量，致使大陆人乘虚而入控制了该岛，或者是由于迈锡尼人已经变得非常强大，有力量迅速征服克里特。不论情况如何，在约公元前1500至1400年间，迈锡尼人对克里特一段时期的繁荣和艺术成就负有责任。然而在公元前1400年左右，又一股希腊入侵者越海到了克里特，毁灭了克诺索斯，彻底结束了迈锡尼文明。这一入侵为何具有如此大的毁灭力，至今尚不清楚，不过希腊大陆在以后二百年间成了爱琴地区的主导力量，没有敌手可与之抗衡。公元前1250年左右，迈锡尼人与小亚细亚西部的特洛伊人进行了战争并取得了胜利，但他们自己现在也濒临灭亡。在公元前1200至1100年这一百年间，迈锡尼臣属于多里安人——多里安人是一拥有铁制武器的野蛮的北希腊人。（铁制武器在一开始也许不比迈锡尼人使用的青铜武器优越太多，但是由于西亚和东欧铁矿比青铜所需的铜和锡分布要广，因而铁制武器更为便宜，可为更多的战士所拥有）。由于多里安人除其武器外在各方面都不开化，因而他们取得支配地位就开始了希腊历史的一个黑暗时代，它一直持续

出自克诺索斯的一块线文B泥版。

到约公元前800年。

难以区分早期米诺斯和迈锡尼特征

从前面的叙述可以看到,米诺斯文明和迈锡尼文明密切相关;就连最伟大的专家也难以确定前者何时结束,后者何以开始。下述事实使问题更加复杂,即在克里特发现的早于线形文字B且仅见于克里特的两种文字形式至今尚未破读出来。(任何想象谢里曼、伊文思或文特里斯那样出名的都可把破读米诺斯的文字作为奋斗目标。)与此相应,讨论公元前1500年左右之前的迈锡尼文明完全要依靠有形的和考古的证据,许多问题只能靠推测。不过这种证据确实表明,米诺斯文明是人类早期史中最发达的文明之一。

作为经济管理者的米诺斯国王

米诺斯统治者并不是像亚述国王那样
喜怒无常的军阀。他看来确实拥有一支庞
大的海军,但它并不是用于战争,而是用于
维持贸易。实际上,国王是该国主要企业 98
家。位于他王宫附近的手工工场生产大量陶器、纺织品和金属制品。虽然私人企业显然未在禁止之列,但它们要纳重税。不管怎样,仍有一些私有工场,尤其是在较小的城镇,而农业在很大程度上也为私人所有。

用官僚制君主政治一词来描述米诺斯国家可能是最为恰当的了。各个主要城市及其周围地区的统治者看来都是专制君主,而在米诺斯历史临近结束之时(具体时间难以说定),克诺索斯的统治者似乎控制了整个地区。专制君主借助于一个庞大的行政管理阶层进行统治。书吏控制着经济生活的各个方面;他们垄断了学问。所有农业生产和制造业都受到严密的监督,其目的是为国王搜括财富、征收税赋。对外贸易看来也受到了国家的严密监督;远航叙利亚和埃及港口的米诺斯大商船很有可能也为君主所有,至少要向他交纳重税，并受到官僚管理部门的严密监视。

尽管受到如此严密的监督，几乎各个阶层的米诺斯人都过着相当幸福的生活。虽然统治者与平民百姓之间有着巨大的社会和经济区别，但平民百姓之间显然没有什么财富和地位的分等。即便说奴隶制确实存在，那么它肯定不占重要地位。城市最贫穷地区的住房也建造得非常坚固宽敞，通常有六到八个房间，但不清楚有多少个家庭住在里面。妇女看来与男子享有平等地位。不论阶级高低、职业如何，她们都可以参加公共活动。在这一方面米诺斯人在古代世界中是独具一格的。克里特有女斗牛士，甚而有女拳斗手。上层社会的妇女把很多时间用在追求时尚和其他消闲活动上。

"巴黎女郎"(壁画)，出自克诺索斯，年代在公元前1500—1450年间。

爱好体育和游戏

克里特本地人喜爱各种游戏和运动。跳舞、赛跑和拳击对人都很有吸引力。米诺斯人是最早用石料建造剧场的，那里的队列行进和音乐吸引了大量观众。

米诺斯宗教的母权制性质

米诺斯人的宗教因其母权制居主导地位而在古代世界很出名。主神是位女神而不是男神，她是整个宇宙——无论大地还是天空、海洋——的主宰。最初看来受到崇拜的根本没有一位男性神祇,后来出现了一位男神,他与伟大的女神相关,是她的儿子和配偶。不管怎样,在米诺斯人眼里,这一男神从未具有任何独立重要地位。尽管母神既被视为善之源,也被视为恶之源,但即便她的邪恶的 99
能力也不恐怖可怕:虽然她带来了风暴并沿途制造死亡,但这样做是为了使大自然充实起来。恰如死亡是生的前提一样。世间众生要为女神及其圣兽诸如公牛、蛇等作出牺牲。与整个信仰体系的女性取向相应,主持典仪的是女祭司而不是男祭司。

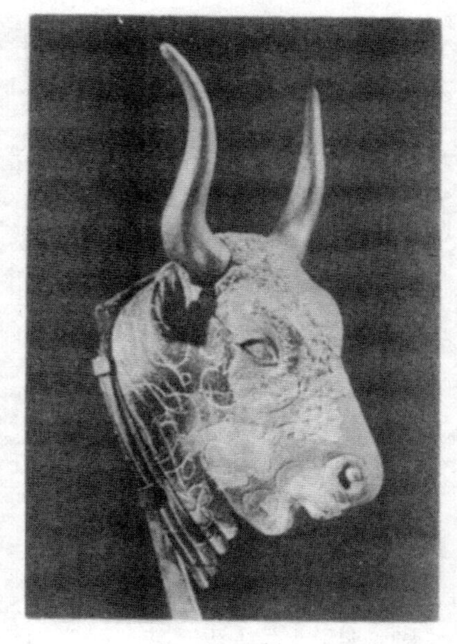

绿泥石牛首角状杯,出自扎克罗斯宫,
年代在公元前1500—1450年。

作为发明家和工程师的米诺斯人

由于我们尚未破读早期克里特的文字,我们无法弄清米诺斯人是否有文学,尽管这是不太可能的,因为线形文字B中尚无记载。科学成就问题较易解决,因为我们可以以物质遗存作指导。克里特岛上的种种考古发现证明,米诺斯人是天才的发明家和工程师。他们建造了大约11英尺宽的壮观的石道。现代卫生工程的几乎所有基本原则都已为克诺索斯王宫的设计者所掌握,结果克里特的王室早在公元前17世纪就享受到了舒适和便利，诸如室内自来水，这是就连公元 17 世纪的法兰西和英格兰的君王也未能用上的。

渔夫。湿壁画，年代在公元前 1500 年左右，出自提拉。

米诺斯绘画之精美

如果说有哪一种成就最能显示米诺斯文明的生命力，这就是他们的绘画天才。除了在其后一千年间发展起来的古典时代希腊人及罗马人的艺术成就，古代世界没有一种艺术可
100 与之相媲美。米诺斯绘画的独特特征是精美、浑然天成和写实风格。它不是用来称颂傲慢的统治阶层的抱负或者宣讲某一宗教教义，而是用来表现单个人面对米诺斯世界的美的喜悦心情。米诺斯绘画大都是壁画，偶或也有彩绘浮雕。克里特王宫的壁画无疑是古代世界存留下来的最佳作品，展现出表现戏剧特征和格调优美和谐的天赋以及捕捉千变万化的自然的才干。米诺斯艺术是如此精致、优美，以致一位法国人在克诺索斯发掘到一件壁画的残

部,看到一位长着一头卷发、双目生辉、有着一个性感的嘴唇的动人魂魄的妇女肖像时,情不自禁地大吓起来:“呀,她活脱脱是位巴黎女郎!”。

毫不令人惊奇的是,对一个追求风雅的民族来说,米诺斯人具有的艺术专长由绘画扩展到雕塑,甚而扩展到日常家什方面。米诺斯雕塑最引人注意的方面也许在于其规模总是按比例缩小。人们从米诺斯遗物中看不到相当于巨大的美索不达米亚国王重击其矮小的敌人那样的雕像,也看不到相当于向其崇拜者蛇神状走来的埃及法老巨像,因为古代米诺斯人不愿意依靠尺寸创造惊人的效果。反过来,米诺斯的人物雕像总是比真人要小;他们靠天然自成和雅致来引发观众的想象力。与此类似,雕琢的宝石、金器、青铜器和陶器,乃至最不起眼的瓦器都一无例外地加工精细,有时滑稽幽默。

米诺斯文明与迈锡尼文明的相似之处

与米诺斯文明相比,迈锡尼文明看上去更为好战,不像前者那样优雅,不过最新的学术研究告诫我们谨防夸大这些区别。如同在克里特岛那样,在希腊大陆,文明的中心也是城市——迈锡尼时期的主要城市包括迈锡尼城本身、皮洛斯和梯林斯。每一城市及其周围地区都由一个叫作 wanax 的国王统治着。如同在克里特那样,迈锡尼国家也是官僚制君主政治。由于线形文字 B 文书释读的成功,我们对君主政治的运转情况有了一些了解。这些文书都是高度官僚化的管理机构的记录。见于皮洛斯的线文 B 文书展现了国王臣属的经济生活最细小的细节:封地的准确面积;某人拥有的烹饪器具的数目;以及给另一位人的两头公牛起的名字(“格劳西”和“布莱基”)。这类详尽的清单表明,这是一个高度集权的国家,它对其公民的经济活动具有最高的控制。

迈锡尼与米诺斯社会模式的不同

尽管米诺斯人和迈锡尼人的官僚制君主政治差别不大,但这两个相关的文明之间至少存在着几个显著的区别。其一是迈锡尼肯定存在着奴隶制。另外迈锡尼社会更适应战争。由于迈锡尼各城市之间战端频仍,因而它们都建在山丘
101 顶部,防御严密。迈锡尼人的生活比克里特人要粗鄙、野蛮;与此相应,迈锡尼国王为自己建造了外观美丽的陵墓,其中埋葬着他们最好的嵌有花样的青铜短剑和其他象征权力和财富的东西。

另外,与米诺斯相比,迈锡尼艺术也确实不那么高雅。在优美温雅方面迈锡尼人无疑根本无法与米诺斯人相提并论。不过,公元前 1500 至 1400 年之间在克诺索斯制作的迈锡尼艺术品与更早的米诺斯艺术品相比,虽然在构图上较为呆板,更加对称,但两者绝非完全不同。此外,米诺斯的克诺索斯的“巴黎女郎”与见于迈锡尼的梯林斯的公元前 1300 年左右的一个描绘女子行列的壁画在风格上非常相似。我们也不应认为迈锡尼艺术的所有最好的方面都只是对米诺斯人成就的低级模仿:制作华美、精致的迈锡尼嵌有花样的青铜短剑在克里特各地从无先例。

米诺斯和迈锡尼文明的影响

米诺斯文明和迈锡尼文明的重要性主要不能根据它们对后世的影响来加以评估。除迈锡尼人外,米诺斯文化对其他民族几乎没有影响,随后在约公元前 1400 年之后被毁,几乎踪迹全无。迈锡尼留下的遗迹稍多一些,但仍为数不太多。后世希腊人保留了一些迈锡尼的男女神祇,比如宙斯、赫拉、赫耳墨斯和波塞冬,但完全改变了他们在宗教万神殿中的地位。另外,后世希腊人可能从迈锡尼文化中承袭了对体育的爱好及其度量衡制度,但其间的关连似待弄清。荷马无疑记得迈锡尼人对特洛伊成功的围困,但同样重要的是应认识到荷马忘掉了多少:荷马(实

际上有作品传流至今的一些不同的作家用的都是这一名字)在公元前8世纪创作时完全忘掉了我们从线形文字B文书中了解到的迈锡尼官僚君主政治的整个类型。迈锡尼人和后世希腊人之间的这一中断也许不无好处。一些史学家坚称,专制的迈锡尼被多里安人毁灭是后世更自由、更开明的希腊观点产生的不可缺少的一步。

米诺斯和迈锡尼文明的重要性

尽管米诺斯文明和迈锡尼文明对后世影响甚微,但由于至少四个理由它们仍然值得注意。首先,它们是欧洲最早的文明。在米诺斯种种成就产生之前,所有的文明都出现在更靠东的地方,但在米诺斯之后欧洲将历经一个又一个令人难以忘怀文明的发展过程。其次,尽管他们没有产生直接影响,但在某些方面米诺斯人和迈锡尼人看来预示了后来欧洲的一些价值观和成就。固然,米诺斯和迈锡尼的政治组织与许多亚洲国家的政治组织相类似,但米诺斯艺术看来尤其与亚洲国家的艺术大相径庭,而具有较多的后世欧洲风格的特征。再次,米诺斯文明在较低程度上还有迈锡尼文明,因其世俗的和进步的观点而具有重要意义。这表现在爱琴海地区的居民热衷于舒适和丰饶、热爱娱乐活动、津津于生活并勇于实验。最后,古亚述、古巴比伦乃至古代埃及都是亡于"刀兵"之中的,而古代克里特却是在不设城防的城市里享受欢乐庆典时咽下最后一口气的。

精选书目

Albright, W. F., *From the Stone Age to Christianity*, New York, 1957. 着重于希伯来一神教的发展。

Anderson, Bernard, *Understanding the Old Testament*, 4th ed., Englewood Cliffs, N. J., 1986.

Baron, Salo W., *A Social and Religious History of the Jews*, rev. ed., 18 vols.,

New York, 1952 - 1980. 这是一部现代经典之作,几乎所有有关犹太史的著作都以 Baron 的著作为起点。

Blegen, C. W., *Troy and the Trojans*, New York, 1963. 最为可靠的考古评价。

Bright, John, *A History of Israel*, 3rd ed., Philadelphia, 1981. 一部典范之作。

Chadwick, John, *The Decipherment of Linear B*, 2nd ed., New York, 1968. 作者是米歇尔·文特里斯的合作研究者,本书对文特里斯的杰出著作作了最易懂的叙述。

——, *The Mycenaean World*, New York, 1976. 根据线文 B 文献对社会情况作了生动记述。

Finley, M. I., *Early Greece: The Bronze and Archaic Ages*, New York, 1970. 涵盖两个不同时代的一部出色的概括性著作。

Hermann, Siegfried, *A History of Israel in Old Testament Times*, London, 1975. 打破传统信念,富有挑战性。

Higgins, Reynold, *Minoan and Mycenaean Art*, rev. ed., London, 1981.

Hood, Sinclair, *The Minoans*, London, 1971.

Kaufmann, Yehezkel, *The Religion of Israel*, New York, 1972. 强调希伯来宗教成就的非凡性。

MacDonald, William A., *Progress into the Past: The Rediscovery of Mycenaean Civilization*, New York, 1967.

Mc Cullough, W. S., *The History and Literature of the Palestinian Jews from Cyrus to Herod*, 550 *B. C. to* 4 *B. C.*, Toronto, 1976.

Orlinsky, H. M., *Ancient Israel*, 2nd ed., Ithaca, N. Y., 1960. 对古代希伯来史作了恰如其分的简述。

Schürer, E., *The History of the Jewish People in the Age of Jesus Christ* (*175 B. C.—A. D. 1*35), rev. ed., 3 vols., Edinburgh, 1973 - 1983. 这是一部 19 世纪无可替代的著作的新版。

Starr, C. G., *The Origins of Greek Civilization*, New York, 1961.

Vaux, Roland de, *Ancient Israel: Its Life and Institutions*, New York, 1962. 在考古资料方面尤具价值。

Vermeule, Emily, *Greece in the Bronze, Age*, Chicago, 1964. 有关这一课题的最佳著作。

第五章　古代印度文明

印度教采纳一种特定的概念作为全人类的准则，但对上帝的概 103
念不辨真伪。它承认这样一个明显的事实，即人类是在不同的层次和不同的发展方向上追寻着神的目标，并对追寻的每一阶段寄予同情。

——S. 拉达克里希南：《印度的人生观》

印度的民族

印度次大陆（包括巴基斯坦和孟加拉）面积略大于半个美国，人口近乎美国的三倍。印度不仅面积广大，人口稠密，而且还有许多不同层次的文化，不同的宗教信仰，不同的语言和不同的经济条件，其历史极其复杂。印度人操五六种不同类型的语言。居民成分包括所有三大不同人种——黑人，黄人和白人——且组合和比例各不相同。与非洲俾格米人有种族关系的矮黑人是最早的人类之一，现已在印度消失，但在东部的安达曼群岛仍可发现。与此形成鲜明对照的是北部和西北部浅肤色的地中海人，他们是约 3500 年以前入侵该地区的印度-雅利安人的后裔。在南印度分布最广的是著名的达罗毗荼人，但由于这一称呼适用于所有达罗毗荼语系的人，所以它不再用来特指某一种族。另一类型的人，因其与广布在东南亚各地、东及澳大利亚的原始民族有种族关系，被称为澳大利亚人种，他们可能比达罗毗荼人更古老。蒙古人种主要分布在北部和东北边境地区。在西部沿海地区可发现阿尔卑斯山区的类型，有的还稍有日耳曼人特征（眼睛呈灰色或蓝色）。因此通常把印度土著称为“有色人种”或“棕色人种”的提法是错误的。实

际上他们肤色各异,但显然白种人早已存在,特别是在印度北部地
104 区。即使是现在,也可在旁遮普和西北边境看到一些身材高大型的地中海白种人的典型代表。他们已与含有阿尔卑斯山型、澳大利亚人种、蒙古人种和矮黑人特点的民族非常接近。多少世纪以来,尽管有历史上种姓制度的无情隔离,印度仍是一个人类的熔炉。

105 **印度的地理**

印度在地理上可分为两大部分。南部的三角地带或半岛部分,被称为德干,完全属热带范围。北部或大陆部分,亦呈三角形,与墨西哥和美国纬度相当,气温包括热带的酷热和北部高山的严寒。德干北部是个半山区,森林茂密,是一些原始山区部落的栖息地,他们的祖先是由于较开化社会的扩张而被挤入荒蛮之地的。被称为西高止山的山区沿西海岸展开,但半岛的大部分地区是个缓坡高原。印度北半部被称为印度斯坦,北部以高耸的喜马拉雅山脉为界,南部从低矮的文迪亚山与德干高原相隔。印度斯坦大部分地区是平原,面积约为法国、德国和意大利面积的总和,有印度河和恒河这些大水系流经。这些河流发源于喜马拉雅山脉或以外地区,有雪水和冰川提供水源。印度河和布拉马普特拉河均发源于西藏,取相反方向绕山而流,然后向南进入印度,将高原生土带到平原沉积下来。水流平缓的恒河比印度河较少泛滥,最能造福人类。作为"母亲河",它长期以来一直是印度人的圣河。无怪乎它的中央谷地是世界上人口最稠密的地区之一,那里土地肥沃,砾石全无。恒河口周围是一片可怕的丛林,一片沙漠将印度河下游谷地与恒河及其支流分隔开;然而从整体上看,印度河-恒河地区仍是大自然的慷慨赐赠。印度文明的几个最有影响力的中心就座落在这里。

季风的影响

对印度来说，气候因素极端重要，因旱季和雨季截然不同。在通常情况下，每年的六月，饱含阿拉伯海和印度洋水汽的季风向东北方向横扫次大陆，带来大量但不均衡的降水。德干西海岸，喜马拉雅山下的恒河平原，尤其是东北角(现在孟加拉和西孟加拉)，洪水常泛滥成灾。印度河-恒河水系为灌溉提供了充足的水源，但南印度半岛几乎都是靠降雨来灌溉其肥沃的土地的。由旱季引起的反复发生的饥荒给印度历史打上了烙印。

一、印度文明的基础

印度最早的文明

印度西北部是与美索不达米亚和尼罗河
谷文明同时代的伟大的古代文明地区。许 106
多世纪以来，它被人类遗忘了。它的存在和文明程度通过20世纪20年代的考古发掘而展现在世人面前。在公元前三千纪达到其顶峰的印度河谷文明，与后来的印度文明有许多不同。它的兴衰原因仍是个谜，但70年代的发掘提供了令人信服的证据，即印度河谷地文明是土生土长的，是由早在公元前第六千纪就定居于这一地区的能制造工具，生产食物的人创造的。

早期印度农业社会的文化

在北俾路支斯坦(现巴基斯坦)的一个500英亩遗址上的一个农业村落的发掘工作揭示了几个相连续的、处于不同水平的食物生产文化，它大约经过了三千年才进入成熟的印度河谷文明时期。早在公元前4000年，这些村庄就开始生产轮制陶器，有了动物种类多样的畜牧业，并种植包括棉花在内的多种庄稼。他们的彩陶以及赤陶人物和动物塑像展现了很高的艺术技巧。俾路支的产品远销包括伊朗和阿富汗在内的广大地区。

摩亨佐—达罗和哈拉帕的发掘

印度河谷文明(约公元前 3200—1600 年)面积近 50 万平方公里,从阿拉伯海岸起,北经印度河水系直抵阿富汗北部的阿穆达利亚(乌浒河)。尽管该文明的基础是农业,但其本质是城市文明,它是一个功利主义的、讲究享受的都市社会,与外界有大规模贸易。与美索不达米亚的交往在公元前 2300—2000 年间特别活跃。在已发掘的约 70 个中心城市中,摩亨佐–达罗和哈拉帕是两个主要遗址,前者距海岸约 300 英里,后者座落于由河上溯至 400 英里的旁遮普。据估计两个城市各有 35,000 以上的人口,并且在住房式样上鲜明地反映了各阶级不同的财富拥有量和不同的社会地位。两城市都是城堡式的,有坚固的砖结构,展示了与雄心和智慧相应的设计能力。甚至有些三层的坚固的房屋,配有带下水道的浴室,排污管铺设在主要街道下面。摩亨佐—达罗建有 900 平方英尺的公共浴池,周围用不透水的砖砌成并配有美丽的装饰。哈拉帕的一个巨大的粮仓由一个升起的平台作基础,以防止所存储的各种谷物被洪水淹没。驯养的动物有有隆肉的牛(瘤牛)和没有隆肉的牛、水牛、山羊、猪、驴和家禽。只有少部分印度河谷文明的文物被重新找回,大部分都不可复得,因为水平面已上升数百年了。但所获证据足够说明,这一文明在其顶峰时期,是高度发达,可与埃及和美索不达米亚媲美。

107 印度河谷文明时期正是印度的青铜时代。赏心悦目的带有金银饰物的铜和青铜器皿已被发现。手工技术是专门化的,其水平极高。虽然印度河谷居民没留下威仪堂堂的纪念碑,但他们在个人饰物,动物和人物优雅自然的造型上展示了手工艺才能。一些象征被采纳,其中包括卐字符,它成为以后印度艺术的基本装饰图形。在哈拉帕发现了两件石刻的男子躯干造型,它们完美地符合解剖规律,比起一千年后古希腊的雕刻来,更具有生气。

在摩亨佐–达罗进行的发掘出土了神母塑像(左)和可能具有宗教意义的圆筒印章(右)。印上刻有文字,本质上是一种象形文字,这种文字至今尚未破译。中间的铜器物出自北印度,制作于约公元前1000年,可能是用于猎捕动物的武器。

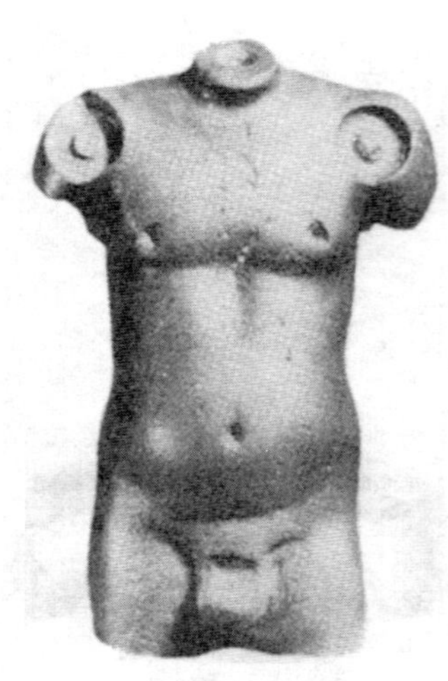

出自哈拉帕的男子裸体躯干雕像，完成于约公元前2300—1750年。这一高3.5英寸的雕像令人联想
108 到后来印度在解剖上具有现实主义特点和风格的雕刻品。

一批在美学上有深远意义但却是为日常生活而设计的物品，包括方形和长方形的石印，已发现2,000多件。每一个印——大概是用于个人签字标志，正如美索不达米亚的圆筒印章——都刻上一个动物和一行简短的文字，它提供了迄今所发现的唯一的书写证据。印度河谷文书有约270个象形文字或字母，与任何别的体系的文字明显无关。遗憾的是，由于这种文书至今仍没破解，所以还不能断言使用它们的人与智慧的生活有关。

关于早期印度河谷居民们的众多宗教信仰和实践问题是需要推测的，但无疑它们为印度宗教遗产提供了持久的因素。已发现的雕刻和造型表明了生殖崇拜的突出地位。男性生殖器象征，一个母亲女神，一个男性神祇，一株圣树，一头公牛，这些都是圣物。一个出现在三个印上、头上有角的雄性形象被认为是印度教广为人知的湿婆神的原型。

印度河谷文明在公元前第二千纪的上半期衰败了，似乎在公元前1600年左右就已终结。其原因仍在争论中。一个重要的干扰因素大概是一系列的洪水和地震，它使印度河水改道并淹没了人口稠密的地区。与此同时，印度西北部遭到半开化部落的入侵，那些武士摧毁了城市并占领了土地。然而，人们不再相信，印度河谷文明是突然崩解的，或只是野蛮人入侵造成衰败的这种说法。入侵者带来了新印度文明的种子，但也与被征服的居民融合，吸收并延续了土著文化的许多因素。

入侵与印度早期文明衰落的巧合并不是世界上的一个孤立事件。公元前2000年稍后,还有一些环境因素——可能是中亚和西亚草原的不断减少——包括游牧民族的大量迁移,也突现出来。移民主要定居在亚洲南部和西部(例如约公元前1,600年赫梯对安纳托利亚的占领),但这种人口流动所产生的文化效应比区域的物质效应深远得多。虽然移民部落社会较为原始并缺乏文字体系,但他们的口语却很发达,大有替代所遇居民口语的趋势。现代术语"印欧语"是特指从印度斯坦到欧洲西部和北部边界线这一广大地区的一种占压倒优势的语族。它包括古希腊语和拉丁语,也包括现代欧洲语言——希腊语、罗曼语、斯拉夫语,克尔特语和日耳曼语(主要的例外有匈牙利语、芬兰语和爱沙尼亚语)。

在公元前两千纪上半期的大移民中,两个关系密切的部族从俄罗斯西部草原向东南方向移动,一支进入伊朗高原,另一支穿越兴都库什山脉进入印度西北部。这两部分人都自称是"雅利安"(Arya,"贵族"之意),地理和政治名词"伊朗"即由此而来,这一词的一些印度变种也从此而来。严格来说,雅利安这一名称只适用于伊朗人(波斯人)和次大陆的印度——雅利安人,虽然它常常被宽泛地用于整个印欧语族。用它来称呼任何欧洲民族或种族是不适当的。

早期印度—雅利安人的经济和社会

早期印度—雅利安人拥有一个单一但 109
规模巨大的畜牧经济。他们驯养的动物有:绵羊,山羊,拉战车和赛车的马,他们还是牛的热心饲养者。虽然当时不崇拜牛,但牛颇受欢迎,被当作货币。仅仅耕种一些谷物才需用小公牛牵引的木犁来帮助。所有的常见手工工艺,包括金属冶炼业在内,都已存在。包括声乐和由长笛、乐鼓、钗钹、琵琶或竖琴组成的器乐在内的音乐,是人们喜闻乐见的娱乐形式,舞蹈亦然。投骰子赌博是全民性的消遣形式,举国上下几乎为之迷狂。早期印度—雅利安社会与其他半野蛮的、好战的民族非常相似,如荷马笔下的《伊利亚特》,盎格鲁撒克逊人的《贝奥武甫》和北欧、爱尔兰人的英雄传奇。社会基本单位是父系家庭,一夫多妻现象甚为罕见。妇女虽不像在后来的印度教社会受到种种限制,备受屈辱,但这时已处于从属的地位。

政治和法律机构

法律和政治机构在早期印度—雅利安社会中已有雏形。每个部落都有头人或国王(罗阇),其作用是在战场上指挥战士作战。在有些部落,罗阇是由武士大会选举产生的,这与贵族共和国更相像,而不像专制君主制。由于缺少可从中获利致富的人口稠密的大城市,罗阇的权力欲求受到限制。他管辖内的村庄自理其内部事务,只将部分产品送给罗阇以换取“保护”。对犯罪的控制和处罚形式与一千年后入侵罗马帝国的那些日耳曼部落颇为相
110 似。受害者或他的家庭应主动控告罪犯。对受害者的补偿通常是向原告支付款项,在谋杀案中,款项应支付给被害者家庭。与此并行的另外一种日耳曼司法制度是偶尔运用神裁法,用火或水去决定犯罪与否。盗窃行为仍是人们普遍抱怨的对象,特别是偷牛行为,尽管这种罪行被人唾弃并遭到特别的谴责。一个破产的债务人——通常在赌博中太粗心——可能被判为债权人的奴隶。

早期雅利安人的宗教

在印度悠久的历史中,在文明的每一阶段,宗教都是个主要因素。早期雅利安人相对简单的宗教与早期希腊、罗马、挪威和日耳曼社会的宗教有可比性。雅利安人的神祇——天神(deva),或“发光者”——是大自然威力或这些力量的拟人化。他们没有神像或庙宇,拜神主要靠奉献牺牲。谷物和牛奶被神圣化,动物肉在祭坛

中烧烤(敬神者自食这些肉)。最佳的奉献是苏摩,这是一种用山区植物发酵而成的制幻饮料。神灵被看作是巨大的有威力的动物,他们具有人类的特征,但只要喝了苏摩就会长生不老,而且,总的来看,他们还会造福人类。据认为他们会对人类所给予的尊敬和礼物报以谢意。渐渐地,这样一个观念深入人心,即如果神圣的仪式受到永恒精确的引导,他们将会强迫神来服从他们。

神灵名录

神灵的名册非常大并有增加的趋势。虽然一些神祇与别的印欧民族神祇相同,但他们却没有希腊或挪威神祇那样鲜明的个性。雅利安人和后来的印度教徒万神殿趋向于复杂化和专门化。底尤斯是光明天之主,相当于希腊的宙斯(虽然重要性低一些)。在包容一切事务的能力方面,伐楼那代表着上苍或天国,它掌握着整个宇宙。他被称为阿修罗,这个称呼表明他与波斯的最高神阿胡拉·玛兹达有很密切的关系。至少有五个不同的神被视为太阳。密陀罗是其中之一,与波斯的密特拉同出一源,但该神在印度并不像在波斯和西方显赫。苏利耶是太阳的金轮,普善代表着太阳帮助植物和动物生长的力量,毗湿奴是这个迅速移动的天体的人格化体现,三大步就跨越天空。

因陀罗

整个吠陀时代神祇中最受崇拜的是因陀罗,他最初的意义并不明朗。据传他曾通过杀死一个作恶多端的大毒蛇而造福人类。该蛇是个旱魔,它死后被阻断的水又释放出来,浇灌大地。而且,据说因陀罗发现了光,为太阳开辟了一条道路,创造了闪电。他的主要荣誉是以一个勇武的战士和战神的身份获得的。他为雅利安人宰杀了恶魔和“黑皮肤”的
敌人。据传因陀罗特别喜好苏摩,饮后热血沸腾,渴望战斗,又传 111
这种烈性饮料他一口能饮三湖,同时能吃下 300 头水牛肉。苏摩这种圣液也被神化,正如圣火阿耆尼一样。阿耆尼既是神,也是众

神之口,或是将食物带给天堂诸神的仆役。

向更复杂的雅利安社会演进

原始的雅利安宗教——与多姿多彩的自然神话相结合,且从本质上说是机械的和契约式的结合——随着时间的流逝缓慢但明显地改变了。一些神祇开始很显赫,后来重要性下降或干脆消失了,而另外一些神祇,也许是受雅利安人之前的居民崇拜的,却进入了万神殿。更有意义的变化是充满活力的智力活动的结果,它是由相互竞争的阶级因争夺权威的压力而激发的,下一部分将讨论这一问题。宗教的不断成熟与由从游牧、畜牧经济向定居的农业社会,最终成为人口众多的中心城市的转变中,社会复杂性的增加相一致。雅利安部落逐渐由印度西北部基地向东,推进到恒河谷地,通过刀耕火种,在恒河北岸开出农田。约公元前800年左右,雅利安武士由于获得铁制兵器而提高了战斗力,他们是有名的好战者,战斗常在他们内部和非雅利安邻居间展开。在公元前第一千纪的最初几个世纪里,他们征服了恒河东部地区,并开始向德干渗透。与此同时,部落和部落联盟转变成了有一定规模的王国,设有固定的法庭,行政官员亦分等级。

雅利安社会的四个等级

雅利安人的社会结构,最初是个简单的家庭首领的联盟,他们集牧人和武士的功能于一身,后来逐渐出现分层并且复杂起来。早期的一个传统对社会规定了神圣的区分,社会被总的分为称为瓦尔纳(字面意义为"遮盖",但特指每一阶层所特有的颜色)的四大等级。这些分别是婆罗门(僧侣),刹帝利(武士),吠舍(牧人、工匠、商人)和首陀罗(仆人、体力劳动者)。最后一个被命名的不仅被认为是卑劣的,而且,从根本上讲,不具备雅利安社会完整的成员资格。首陀罗也许是一个土著部落的名称——达萨(dasa,"黑皮肤的人")之一,他们在雅利安人的进攻面前据守着设防城市,后来被迫沦为奴隶。在雅利安人的社会中,奴隶所起作用甚微,但却是一种类似农奴制的较早的依附类型。然而,不可接触所体现的极端的隔绝状态与屈辱是后雅利安时代的现象。尽管有不许通婚的禁忌,但大批的“黑皮肤”土著人可能被同化进雅利安社会,不仅首陀罗如此,而且武士、甚至僧侣亦然。虽然家家都寻求被高级的三个瓦尔纳之一认同——否则将被迫地被安排在地位最低的 112
瓦尔纳中——但四个等级的理论是一个人为的概念,与社会结构的渐进几乎无关。经济的进步带来财富的增加,并导致权力的集中,各集团为寻求统治地位的竞争加剧了——婆罗门和刹帝利之间的竞争最为激烈。公元前 3 世纪后婆罗门在全印度被认可,显赫一时。在这一等级制的另一端,据称是首陀罗后裔的家庭在印度的一些地区变得富有而有影响。即使有首陀罗国王也不足为奇。

种姓制度

不仅理论上的四大等级,而且种姓制度成了形成印度社会的主要因素。种姓很难界定;任何严格的定义都有例外。它的本质是确有或据称有血缘关系的一批家庭,用严格的用以控制个人行为的规矩在内部实行统治,大家分担集体义务,保护成员不受伤害或侮辱。它的起源仍不清楚;它历经了数千年的变化;最终成了极坚固的战壕,以防被根除。血缘群集在每一个人类社会中都是重要的,但印度在密切保持血缘族群方面是独一无二的,它是印度全部社会结构的关键组成部分,它历经了文明程度的全面变化,而且还历经了政权形式的变化。

种姓制度的发展

虽然印度—雅利安社会不以种姓为纽带,但种姓的根源可追溯到这一时代,甚至可以追溯到更早的印度河谷文化。种族优越感无疑是社会不平等和社会隔离学说形成的一个因素,而这正是种姓制的基本原则。首陀罗地位的下降反映了征服者对与土著混血而导致雅利安血脉失纯的恐惧。经济专门化和劳动分工也在种姓制的形成中起了部分作用,但仅仅是部分的和不稳的作用。婆罗门,按定义为僧侣和学者,可自由地从事多种职业,只避开被认为是本质污浊的职业。婆罗门又分为许多种姓,仅仅是其中一小部分人才真正从事僧侣业。然而种姓又确与不同的手工业、商业或服务业相一致,他们的作用和在社会等级中的地位因地区而异。种姓起源的背景极为不同,其中有背离原有宗教信仰或改宗的,有与异种人混血的,或迁徙他乡的等。种姓数字庞大,总计有 3,000 以上。印度北部称种姓为阇提——字义为“种类”——反映了这样一个信念,即这一制度是自然秩序的一部分,是神圣教义认可的,并且要从宗教义务的标准来接受它。通常是,在一个特定地区,每一个种姓都崇拜一个特别的神祇或一批神祇,并且种姓等级秩序和他们声称的内在纯洁或不纯洁程度与众神的等级相一致。虽然其组成和排列各不相同,但种姓制度具体体现了一个现实的等级观念,它在宇宙秩序和人类社会方面都适用。

种姓对个人的限制

113 随着种姓制度的发展,它将如此的限制强加于个人——当与西方平等和自由观念形成鲜明对比时——这似乎是不可忍受得了。婚姻是个典型,虽有直接血缘关系上的禁忌,但它仍被限制在种姓之内。只有本种姓或更高种姓的人准备的食物才可食用。职业、服饰样式、社会交往的范围等都被规定好了。种姓制度加剧了妇女的依附地位。在某些条件下,一个男子可以与低种姓的女子通婚;但对一个妇女而言,照此行事绝不会被接受。一个种姓的社会地位可能会升高,而个人却不能脱离他的种姓或在种姓内部提高地位,尽管他可以打破清规戒律,堕入低级种姓。

种姓制度的有益功能

虽然种姓制度有其缺点,但在展现这根深蒂固的社会制度的负面之余,它也在印度社会中起了些正面作用。如果它说否认个人的独立,它就得向他提供保护(并不总是可行)以免受到外界伤害。它管理它自己的成员。种姓间劳动和服务分工的清晰界线使得社会能够完成自己必做的工作而将混乱程度降至最低。社会分隔从来不是绝对的。不同种姓的代表齐集村议会,在

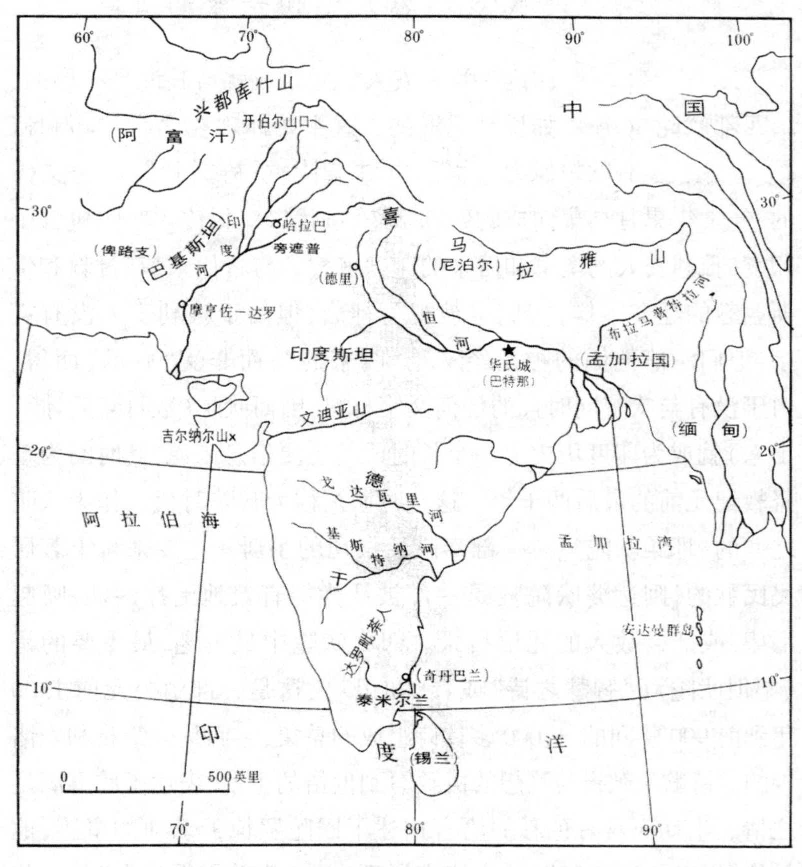

古印度约公元前500年

那里处理地方事务。除最低种姓(和不可接触者)外,所有种姓都参加宗教仪式和庆典。种姓手段使入侵者易于同化进印度社会。次大陆成功的入侵者们——发现他们既不能赶走种姓也不能阻止它渗入他们自己的社会。最后,由于种姓制建立在最基本的制度——家庭基础上——它为印度文化和宗教遗产的持久性做出了贡献。

二、吠陀时代对思想文化和宗教的贡献

四部吠陀

印度—雅利安人的主要成就与其说是有形的,还不如说是无形的。这主要体现在语言技巧和诗歌想像力方面。以赞美诗、祈祷文和咒语为文体的,经常年累月结集而成的四部吠陀,世代口口相传。吠陀包含了印度-雅利安人的圣书和后来的印度宗教。与希伯来、基督教和伊斯兰教的经文一样,它们也被视为神启,但由于雅利安人没有文字,他们深信他们的神圣经文是“听来的”,而非受“启示”而得。由于没有与吠陀同时代的任何文字材料,因而吠陀(数百年后才写出来)就成为印度历史上一个长时段的主要信息来源,其时间为基督教纪元前的最后两千年。这一时期被称为吠陀时代。作为吠陀之一的《耶柔吠陀》,是一部奉献给祭司的手册。主要来自土著居
114 民民歌的《阿达婆吠陀》,是一部被认为能有效地治疗疾病、唤起渴望,或摧毁敌人的咒语目录。四部吠陀中最古老、最重要的是《梨俱吠陀》(“智慧之诗”或者“知识”),这是一部由公元前1500年到前900年间的,1,000多首诗组成的总集,它们是献给雅利安诸神的。诗歌从敬畏与冥想的极致写到世俗的生活,表达了欣喜满足之情。生动而富有色彩的语言描述了因陀罗惊天动地的事迹,他是位“劈开大山之腹”,让水流奔涌而出的“舞动雷霆的人”。一首

优美而率真的圣诗祈求黑天女神的保佑,因为她的光辉能"驱走黑暗"。一首略欠崇高的诗描述了一个赌博者对其不幸之掷的悲叹,"一掷过高",这使其妻将他逐出门户,并令其岳母憎恨他。上佳的作品反映了诗歌对生活的高度感受。

印度的史诗:《摩诃婆罗多》

印度人已创作令人激动的史诗,用以纪念他们早期的历史,描写"英雄时代"个人的勇武和血腥的搏斗。大约与古希腊的荷马史诗出现的同时,雅利安的吟游诗人也在用两部伟大史诗歌颂印度的英雄时代,它们是《摩诃婆罗多》和《罗摩衍那》。它们的最后形成比吠陀晚了几个世纪,反映了同样广泛的社会和文化背景。《摩诃婆罗多》是两大史诗中较长和较早的一部,比《伊利亚特》和《奥德赛》之和的七倍还长。一个关于俱卢王国皇

《摩诃婆罗多》中的景象。这一 18 世纪的棉织花毯用彩色丝线和银线绣成,表现出《摩诃婆罗多》对印度文化的长久影响。

家两个支派相互斗争的很一般的故事,情节却复杂零乱,充满了令人兴奋和诡异的插曲。它包含了一个罕见的一妻多夫制的例子(一位公主答应嫁给四位贵族武士兄弟,他们在一次新娘争夺战中赢得了她的芳心),也包括一个在一次骰子赌博中一掷失去王国的例子。一场真实的战斗在约公元前1400年发生于德里附近,这给故事带来了高潮。据说从希腊、中国和全印各地来的国王加入了战斗,战斗持续了18天,所有参战者均阵亡。在克里希那神的帮助下,五位幸存的兄弟光复了自己的王国。在数年的和平统治后,他们弃世绝尘,带着他们的共同妻子,一同登上喜马拉雅山巅,进入神的城池。

《罗摩衍那》

《罗摩衍那》故事的发生地在俱卢王国的东部,该诗反映了有关德干的一些知识。它讲述了罗摩王子和他的美丽妻子悉达的历险故事。悉达由于苛毒的继母所设的圈套而遭放逐,被锡兰的魔王抓走,最后罗摩在忠实的盟友猴将军哈努曼的帮助下,救回悉达。一个阴谋使悉达陷入不平静的生活。由于被怀疑在被监禁期间她的贞洁遭到沾污,她企图自焚,但火神阿耆尼拒绝伤害她,她的纯洁由此得
115 到证明。与《摩诃婆罗多》相比,《罗摩衍那》缺乏生动的现实主义和突出的人物个性,但构思更具艺术性,诗篇中有许多优美的描写。与更长的史诗形成鲜明对比

哈努曼青铜像,完成于11世纪。哈努曼是《罗摩衍那》中罗摩的猴将军和忠实的盟友。由于他的无私行为,他被赋予半神性地位。

的是，它在传统上只有一个作者——蚁蛭仙人。史诗起源于军事传奇，又加入了新奇材料，它反映了社会的道德水平不断完善和提高的变化过程。《罗摩衍那》被看作是理想男人和女人的典范，但对女性的规定却不令人满意。可能是在基督教纪元后的一个增补中叙述到，悉达由于不能消除对她人格的冤污，又重返森林，在那里为大地母亲吞没。（这一情节一直被认为是进入农业社会的寓言：悉达一词意指“犁沟”）。《摩诃婆罗多》最终定形于公元前400年至公元200年间，非常像一部早期印度神话和历史的百科全书。僧侣在皇家祭祀圣仪上的吟唱表演，使之获得了宗教意义。最终是史诗，而不是吠陀，成为普通民众的圣经，部分原因是婆罗门严格地将吠陀研究限于高级种姓内，而史诗的吟诵却是任何人都能聆听的。

《拉瓦纳·罗摩和罗什曼纳》。18世纪印度的这幅画描绘了《罗摩衍那》的一个情节。史诗主人公罗摩与其弟罗什曼纳携手作战，力斗抢走了罗摩之妻悉达的锡兰魔王拉瓦纳。

梵文：史诗语言

史诗的语言是梵文，它源于吠陀但有别于吠陀。在吸收了许多不同的方言的情况下，梵文被当成最高贵的语言，并且成为学者

的标志,正如拉丁语在欧洲人发展民族语言的同时变成欧洲古典
116 语言一样。一些语言学家认为梵文是最具灵活性的语言,与所有印欧语言的良好语义都有联系。与西方(罗马)字母的任意排列形成鲜明对比的是,梵文字母的排列具有逻辑性,且覆盖了广泛的音阶,代表了 14 个独立元音和 35 个辅音。公元前 4 世纪的语言学天才帕尼尼,通过设计一个 4000 多条规则的语法来使梵文固定下来。作为 19 世纪前唯一科学的语法,帕尼尼的工作堪称是所有古代文明中最伟大的成果之一。

口传传统的必要性

在一个习惯于不间断地作备忘录的时代,人们也许会发现那些不立文字而能保留数百年的大量散文和诗歌的可信度不高。随着印度河各地文稿被遗弃,约在公元前 1500 年左右,文字在印度消失。现存最早的石刻碑文可追溯到公元前 3 世纪,但这些已完成的文字已达到了高度的发展阶段(参见下文边码第 128 页)。

仪式和祭司阶层的优势

吠陀时代的宗教经历了由简单向复杂的发展,包含了信仰和实践的几个发展阶段,并在微妙的哲学沉思中达到顶峰。作为雅利安宗教崇拜的一个中心内容,对神的奉献很快就被解释成为放之四海皆准的宇宙法则。神的永恒存在据信取决于他所收到的供奉,否则宇宙将回到混沌状态。使仪式比神灵本身更具威力,
117 这种假说明显地提高了人类祭司在圣仪中的重要性。僧侣的优势地位明显地反映在《梵书》中,这是由公元前 800 到 600 年间的一系列散文手册组成,附着于吠陀中。这些经文不仅在至高无上的宗教权威上,而且还特别在社会、法律和经济特权上与婆罗门要求相一致。然而,婆罗门的要求不仅受到其他社会阶级竞争的挑战,这种挑战特别来自那些声称是刹帝利阶层的人,而且也受到对牺牲奉献效果不断增长的怀疑和另辟完成宗教途径的挑战。按照印度宗

教已有的突出传统和大概起源于印度河谷文明的传统，个人可通过遁世和有利于生命的苦行和冥想仪式来寻求圣境。这种作为最高形式牺牲的自我牺牲此时在晚期吠陀"原始人赞歌"中表达出来。这个创世神话把宇宙的起源归因于一个伟大存在的牺牲，他献出了他的部分肢体来创造人类、其他生物以及地球和天体。与犹太教和其他文明宗教一样，初始的观念是个暴力行动，后来的解释是寓言式的，并赋予精神意义。

地方崇拜和传统所形成的印度宗教

印度宗教在智慧上不断增进的同时，也一直在吸收地方性的神灵崇拜和传统。给牛以神圣动物的荣誉和禁止杀害它们——这是早期雅利安人所不知的——也许代表了源于印度河谷文明的一个主题的复兴，在这个文明中，公牛显然是个受崇拜之物。再生和灵魂迁移的训条在公元前7世纪开始替代雅利安人关于正义的灵魂起程去"世界之父们"那里，非正义灵魂被发配到"泥土之屋"的观念。对伐楼拿的崇拜侧重于道德行为而不是仪式的特点。最初作为雅利安人的一个天神，伐楼那被提升为宇宙帝国和道德秩序的守卫者。他被认为是无处不在的，憎恨谎言，不愿接受人们为抵消过错而奉献的牺牲，正如巴比伦神祇或希伯来耶和华一样，给崇拜者灌输了恐惧和颤栗。

对知识的渴求：《奥义书》

虽然观点不同，但对知识的渴望仍是印度宗教进化的动力，正如他们今天的所作所为，也正如对什么是知识的内涵，通过怎样的途径去达到它的争论一样。遁入荒野的苦行者希望通过单独的沉思冥想来使他的洞察力敏锐起来。知识是一些宗派疯狂行为的公开目的。对知识的追求在《奥义书》里得到了最崇高的表达，这篇以散文和诗歌写成哲学论文构成了吠陀

的终篇。以师生(这一用语意味着“坐得近些”)对话形式整理出的《奥义书》,对现实的本质和人在宇宙中的位置都做了研究性探
118 讨。尽管特点不同、性质不同,这些著作仍透出天才的抽象推理能力。这已在西方和东方的知识界赢得赞誉。《奥义书》的作者鄙视惯常的小聪明和敷衍马虎的仪式,像希腊人苏格拉底一样,坚信真正的知识不仅是智慧的力量,而且还充满了善。他们教导说,邪恶是无知之果,而对智慧的追求则是对最善的追求,对知识的获取会得到力量和美德的双倍赠予。思想流派的冲突可追溯至《奥义书》,但他们提出的主要教诲可归纳为一元论的唯心主义。它的原则是:(1)世界灵魂的最高真实或绝对存在;(2)物质世界的暂时与虚幻特点;(3)单个灵魂的轮回圈;(4)通过与绝对存在的天一合一而摆脱轮回,达到宁静的可能性。罪恶与痛苦被解释为是物质存在的附属物。“物质存在”在概念上成了一个矛盾物,因为物质被当作是虚幻的(maya,幻),或更确切地说,被当作是遮掩真实的一块帷幕,这个真实就是灵魂或精神。因此假如灵魂能穿透这帷幕而达到真理,它将从不和谐的痛苦中得到解脱。根据这一哲学,肉体死亡并不能提供一条解脱的途径,因为灵魂向另一肉体的迁移又将把它带回到虚幻的感官世界,即转世。

转世说与种姓制度

转世说得到了广泛的认可,加强了种姓制度。低种姓成员被鼓励去相信,一旦他们此生能努力尽自己的义务,他们将在来生中生于更高的社会阶层;一旦他们违反规矩,他们将在来生中坠入更低的等级,也可能成为动物或昆虫。据信行为能产生出好的或坏的恶果,但报应来的较迟。这种胡萝卜加大棒的达摩说(忠实于自己的既定角色)和羯磨说(作为行为结果的功绩或劣绩)起到了强化种姓规定的作用。

通过与绝对存在的合一达到宁静

《奥义书》的哲学家们在接受了羯摩说的同时,对单调的轮回圈中向上攀升的可能性兴趣不大。他们追求的是不生任何羯磨——"不黑也不白"——因而与轮回分离的宁静状态,以此摆脱感官世界对他们的桎梏。离开了轮回,自由的灵魂将达到涅槃(nirvana),这不是进入天堂,而是与无所不在的宇宙灵魂或绝对存在梵天(Brahman)的合一①。

《奥义书》的乐观的唯心主义

从表面上看,《奥义书》坚定的唯心主 119
义也许是以不可救药的悲观绝望态度表现出来,因为它否定与人类经历直接有关的这个世界。然而,从本意上看,它对人类价值和命运的预言是积极的乐观的。它坚持自我(单个灵魂)实质上是梵天(充满宇宙的理性原则)的一个碎片,它从那里分离出去,又渴望回归那里。所以,每一个人无论是多么卑下的猥琐,都是宇宙伟大庄严的合法继承者。这一学说将严密的逻辑推理和热情的神秘主义呼唤结合在一起。

公元前6世纪的宗教改革

公元前6世纪是一个宗教改革和创新的世纪,它主要由上层阶级的代表发起,打破了婆罗门教的传统。这次宗教运动的最持久的成果是佛教和耆那教,它们都成了特点鲜明的宗教。今日耆那教徒的总数约近200万人,主要分布在印度南部和西部。佛教在印度社会和文化方面产生了数世纪的深远影响后,在其诞

① 梵天作为无所不在的宇宙灵魂或绝对存在的概念是由更早的对无所不在的魔奇力量的信仰提炼演化而来。Brahma(Brahman的阳性形式)体现了赋予这一概念一个可以崇奉的神祇的形象。作为一个祭司等级的称号,brahman(婆罗门)是该词的另一衍生形式。"涅槃"一词虽未在《奥义书》中出现,但成为表示精神解脱的常用术语。它的字面意思是"熄灭"。

生地基本消失,但在亚洲其他国家却扮演了与基督教在西方一样的角色,而且还成为今日世界的主要信仰之一。

乔达摩:佛教的创始人

乔达摩(约公元前563—483年)的生活鲜为人知,弟子们称他为佛陀("觉悟的人"),他以这一名称为世人所知。他是现今尼泊尔境内喜马拉雅山坡上一个小部落的首领之子。据传说,在经历了养尊处优的生活之后,当他面对疾病与死亡的时候,他深为震惊,并为此而痛苦。他发现他不能在忍受那种优裕的生活了。在29岁那年,一个深夜,他深情地看了一眼妻子和襁褓中的儿子,剪去头发,把珠宝和华服还给了父亲,就离开了宫殿。在追随婆罗门学习了六年哲学后,他并不感到满意,并且后来六年的极端苦行也使他绝望。一天他沮丧地坐在一棵大树下——这棵树后来被称为菩提树(觉悟之树)。在这里一个崭新的发现或刹那间的顿悟使他洞悉了罪恶和痛苦的秘密。从此以后,他摆脱了疑虑,但他没有沉湎于享受自己的心灵的宁静,而是决心引导众生走上这条觉悟之路。后来的40年,他走遍恒河各地,依靠施舍过活,向集结在他身边的信徒布道,直至圆寂为止,享年80岁。

乔达摩的教义

乔达摩的学说,正如其弟子所领悟和详尽阐述的,相对明朗清晰。从乔达多学说的内容及其对弟子的影响两方面看,乔达摩的独一无二的人格把睿智和强烈的献身精神与对日常生活问题的富有同情
120 心的理解结合到了一起。像苏格拉底和孔子一样,他是个能够激励人的导师。他的基本教义包括一个基于哲学上唯物主义的道德规范和一个否认自我真实性的人类心理学理论。与《奥义书》的绝对唯心主义截然相反,他教导说只有物质是永恒存在的,否认灵魂的真实性。由于他认为物质是一种变化的状态,他否认"绝对存在"或任何一成不变的普遍法则,而倾向于无休止的变化。既使是

神灵也受到兴衰规律的制约;宇宙是变化的,绝对不是静止的。

佛教的心理学原则

佛陀的哲学原理是他的形而上学唯物主义的逻辑结果。既然没有灵魂,没有永恒实体,也就不可能有独特的个性。对自我来说,引起误解的仅仅是个性,它是暂时凑合在一起的一束品性(感觉和意识),如同一个轮子的辐条安装在车辙周围一样。奇怪的是,乔达摩的学说在否定灵魂存在的同时,至少如后来所能解释的那样,却保留着羯磨的学说,认为一个人的行为会影响到另一个尚未出生的人的生存条件——正如一盏将熄灭的灯能够点燃另一盏灯的火焰一样。

乔达摩的无我论

乔达摩的学说看起来是否定性的和令人消极的,但却是有意为人带来安慰和鼓励的。他坚信痛苦的根源是欲望;所追求的目标不

佛陀的象征。左:印度教神祇向佛陀表示敬意,佛陀在图中被表现为加冕的“法轮”。该浮雕出自马图拉,完成于公元前2世纪。右:公元前一世纪桑奇的门柱雕刻,描绘了对佛陀在树下感悟的菩提树的崇拜。

可能达到,因为对客体的追求是短暂和虚幻的。由于自我的概念是虚妄的,所以所有欲望中最令人有挫折感的是对自我满足和自我提高的渴望。在乔达摩看来,通往内心宁静和真正幸福的道路是将个人的能量外放,使之脱离自我。个人主义者追求的是阴影;利他主义者才可能找到光明。大公无私不仅展现的是一个抽象的概念,而且它还是个提供有益服务、避免伤害他人的积极规定。有
121 关佛陀生活的传奇不可计数,其中之一说他曾步行到剑拔弩张的敌对阵前劝说他们放弃战斗,制止了一场战争。

佛教和印度教

虽然乔达摩从与《奥义书》唯心主义哲学家截然相反的方向去探讨人类的困境,但目标是相近的:即通过放弃自我而从短暂的经验世界的纠缠中解脱出来。他通过说服而不是压服的方式,要求弟子们尊重婆罗门和其他真理追求者。在不放弃种姓的情况下,他欢迎来自社会各阶层的追随者。佛教极具特色,但基本上仍是它所由生的那个智慧环境的产物。它被称为“印度教的新教”。

佛教的禁欲生活

乔达摩圆寂后的数世纪里,他发起的运动逐渐有了一个有组织宗教的特征。印度佛教徒变成了有组织纪律的僧侣。入围的候选人需经一长时期培训,在之后的见习期里,削发剃度,着黄色法衣,发愿过清贫与纯洁的生活。与基督教僧侣形成鲜明对比的是,他不需要发愿服从,因成员资格是个自由选择的事情。按惯例,比丘们在雨季的三个月里留在寺中,乔达摩曾在那里专心向弟子布道;年内其余时间,他们云游行乞,穿行于村庄之间,以钵中所得施舍为生。接受比丘的布道并对其供养的俗界男女被认为是皈依了这一信仰并有权从中获益。虽然佛教徒没有采纳婆罗门教圣仪,但崇拜圣地,特别是丛林或单独的树林。他们筑起土岗以保存佛陀或受人尊敬的比丘和苦行者的骨灰。纪念柱被竖立起来,但在基

督教纪元前却没有寺庙建筑。公元前200年到公元200年由佛教徒所留下的足迹远远超过其他学派,这一事实证实了佛教的广泛普及。

小乘教派

佛教创立约五百年后,分裂为两大派。一为希纳衍那,即“小乘”,因强调个人得救的本性的目标而得其名,它声称勤奋的人历经三世后可获得涅槃。希纳衍那派保留了许多可能是乔达摩的原始教义,其中包括对灵魂的否定。至少从理论上讲,它把创始者是当作人来尊敬的,尽管有祷文、鲜花和香奉献给他。公元前3世纪,小乘佛教传入锡兰,后远播至缅甸、暹罗、柬埔寨和老挝,成为这些地区的统治宗教。

佛陀的面孔。随着佛教在公元前1世纪传到亚洲众多地区,佛陀的肖像开始取代象征,诸如法轮。这三个面像分别出自犍陀罗(左)、泰国(中)和柬埔寨,展现出佛陀的不同形象。

大乘教派

在印度,小乘教派迅速让位给摩诃衍那或“大乘”派。这一派比竞争对手有更大的雄心,其目标 122
是拯救整个人类。在多重神学理论的滋养下,摩诃衍那派具有了某些超自然宗教的特征,这包括对佛陀和相关神祇的崇拜。与小乘佛教一样,大乘佛教也有菩萨概念,但解释却不尽相同。在小乘教派传统里,菩萨是佛陀连续不断的化身,而在大乘教派中,菩萨成了候选佛的代表,他是个已获觉悟,但仍选择留驻世间以渡他人的人,他承诺:“因众生故,愿负苦难而普度之。”作为本质上是乐观主义的学说,大乘教导说人人皆为菩萨,最终将修成正果。它具体表现在几个基本功德上:仁爱,慈悲,快乐和宁静。大乘在印度内外广为传播的同时,也吸收了不少地方宗教和传统的因素。例如在西藏,它与一种巫术融合,使之明显地与原初形态不同。但在几个世纪中,摩诃衍那佛教在印度不仅成为对所有阶级开放的道德水准很高的宗教,而且也为文化和智慧的进步作出了巨大贡献。它激发了哲学思考,也创作了大量优美而感人至深的文学作品。

大雄:耆那教的创始人

耆那教(源于 Jina,“征服者”)崛起于佛教同时代,并在某些方面与之平行发展。它的创始人据信生活于公元前 540 年至公元前 468 年之间,以大雄之称而闻名于弟子间。与乔达摩一样,他也是寡头武士阶级中的一员。他与传统宗教彻底决裂,抛弃旧教的神祇与经典,这也与佛教创始人相同。但乔达摩持一种激进的唯物主义,而大雄——尽管认为物质世界是真实的——却
123 坚信它充满了无数的灵魂,他们不仅寄居于生命体上,而且还寄居在无生命的物质上。

大雄的教义

然而,他的形而上学前提也许是以非常规的方式出现的,大雄的学说反映了他那一时代在宗教界中流行的突出主题。他拒绝了有一个世界灵魂的概念,教导说受物质羁绊的单个灵魂是受束缚的,这种束缚通过由羯磨作用带来的连续转世而恒久存在。因为每个行为都产生羯磨,而羯磨又加重了锁链。唯一的解脱之路是彻底避免行动。大乘佛教把涅槃看作是有积极意义的实在——它征服了死亡并超

越了思维和因果关系——而在大雄的哲学中，涅槃却是个绝对消极的状态。他把物质和精神这两个概念的对立推向了极端，提出了一个极端苦行主义的方法，其最高理想是自我饿毙——大雄称这才是功德圆满。

耆那教的特征

虽然耆那教宣称无神论，但最终却与佛教一样，有了祈祷文，圣典和神圣的存在，越发像个宗教。大雄虽然没被神化，但却受到崇拜，出现了许多关于他生平的传奇故事，就像关于佛陀的传奇一样。耆那教徒有了自己的僧侣制度，它由和尚和与之有关的俗家团体组成。在基督教纪元的第一个世纪，教内发生分裂，这是由于拒绝一个叫“天衣”的热心团体随意着装所致。尽管有苦行僧的特点，许多耆那教徒却可自由地从事文学创作，中世纪时，其中的一人还成了杰出的梵文诗人。在耆那教信仰中占突出地位的是戒杀，或不伤害生命。给人印象至深的不杀生戒条不仅适用于动物，甚至还适用于昆虫，戒杀对支撑和平主义理想的道德也做出了贡献。同时，由于戒杀不许从事农业，耆那教徒转而以贸易和放贷为生。具有讽刺意味的是，这场建立在摒弃所有实物基础上的运动，最终却产生了印度社会最富有的一些成员。

哲学推测

吠陀时代宗教思想的演进激发了智力活动，其领域涉及现在科学研究的范围。一首晚期吠陀的“创世颂诗”探索了神话、传统和感官经验以外的，当“虚无亦非”的时间。印度的宇宙论，尽管披着自然神话的外衣，但显然很精妙。它包含着一个宇宙永恒显隐的概念，一个非人格化的最高神（大梵天）每个白天都从他自己的存在中创造宇宙，在夜晚又将其重新吸收回自己的存在中。沉思冥想可极大地延长时间，每个宇宙“梵天日”相当于四万亿个地球年。早期印度人对自
然和宇宙起源的思考与公元前 6 世纪希腊的爱奥尼亚自然主义学 124

派的思考相类似。物质的原子论和多重宇宙的概念被人接受。

科学成就

敏锐的哲学思考在更为实用的领域里结出了科学果实。医学在吠陀时代达到很高水平。不仅有了许多特效的药物，解剖学也得到发展，还能做许多精细的手术。有关人体解剖学的知识非常广博，而且还开始了胚胎学研究。医学科学和外科职业非常受人敬重，直到由于害怕受不洁人员的接触污染而被禁止为止。尽管占星家们把怪诞的前提作为研究的基础，但却获得了天文学的宝贵知识，并且他们还暂时接受了地球是绕其轴心旋转，太阳的生降现象皆由此来的观点。最辉煌的科学成就来自数学领域。印度人能计算非常庞大的数字，而且还懂得如何开平方根和立方根。在运用十进制之外，他们又发明了极为重要的零数原理，这一原理最终被世界其他地区所采纳。现今广泛应用的"阿拉伯数字"系由印度人所创。印度人在几何学方面的进步不如希腊人，但在代数方面却是遥遥领先。

三、最早的印度帝国

亚历山大大帝对印度河谷地的征服

公元前 4 世纪，恒河东部谷地出现了摩揭陀王国。两个世纪前乔答摩曾在此向弟子布道。这里成了北印度绝大多数国家和部族走向统一的斗争中心。政治统一的需要和达成统一的手段在印度无力阻止外敌入侵的问题上展现出来。作为约公元前 500 年波斯国王大流士一世征服的一个结果，印度河谷地成了波斯帝国的一个省（管辖地），每年需交黄金年贡和提供雇佣兵。在著名的马其顿征服者亚历山大大帝推翻了波斯帝国之后，他挥师东进，穿越兴都库什山进入印度河上游（公元前 327—326 年）。他虽然在印度呆了不到两年，但却横扫了旁遮普的大部分地区,与地方罗阇们进行战斗和谈判,并在该地区设置了马其顿官员。尽管亚历山大的入侵第一次为印度历史提供了可考日期,但它在印度人心目中却几乎没留下印象,甚至当时的记载也没提及他的名字。然而,这次入侵加强了印度人与希腊语世界的文化交流,而且更为直接的是,它开辟了在印度建立一个强大国家的道路。

孔雀王朝的兴起

公元前 323 年亚历山大死后,出现了反叛和混 125
乱的局面,一个名叫旃陀罗笈多·孔雀的印度冒险家乘机建立了一个王朝。旃陀罗笈多运用希腊人的战术,获益甚多,他领导了把马其顿官员驱逐出印度的运动。然后,他率军攻打当时印度斯坦最强大的摩揭陀王国。他击败并杀死了摩揭陀国王,自立为王,定都华氏城(今巴特那)。该城宏伟壮丽,雄居恒河南岸,长达八英里。当塞琉古(亚历山大在叙利亚和波斯的继承者)试图收复印度失地时,旃陀罗笈多给予他迎头痛击并迫使他放弃了俾路支斯坦和部分阿富汗的土地。旃陀罗笈多将他的政权扩大到北印度的大部分地区,建立了印度历史上的第一个帝国。虽然他的孔雀王朝持续不到一个半世纪,但它在历史上却占有突出地位。

旃陀罗笈多的家长式统治

作为一个统治者,旃陀罗笈多·孔雀与早期的雅利安罗阇大不相同。不仅是由于他的王国人口稠密而又富庶,而且还因为他的统治令人惊奇地有一些现代国家的特征。通过职能繁多的官僚机构,政府对社会生活和社会活动施行家长式管理,在经济领域尤其如此。政府控制了矿山,森林、珍珠采集业,甚至控制了制盐用的平底锅。政府开办了农场,船厂和兵工厂,雇佣贫穷的妇女进行纺织。除民事机构外,旃陀罗笈多还建立了强大的军事力量,号称有 60 万步兵,3 万骑兵和 9,000 头战象。政府财政收入的主要来源是土地税，占总收成的四分之一和一半之间。

旃陀罗笈多：铁腕而老练的管理

旃陀罗笈多的统治是有效而严厉的，他取消了因违反上谕而受严惩的种种界定。死刑有时以施毒药来执行，对死刑的判决不受任何限制。拥有大量的间谍、情报员和秘密警察是早期印度君王体制的典型特征，但孔雀皇帝似乎将其发展到完美的艺术境地。谍报人员从婆罗门、占星家、失去种姓的人，娼妓等所有的社会阶层中招募，他们领命去收集公众舆论，监察官员，侦破罪案或阴谋案，并把情报汇总，将中央情报局和联邦调查局的职能合为一体。孔雀王朝严酷的统治和技巧的高超由《政事论》给予了阐述，这是一个五百年后定形的有关政体的条约集，但它的形成应归功于旃陀罗笈多的宰相。这部常常用来与马基雅弗利《君主论》相对比的书，要求统治者做一个意志坚强、精力充沛、敢作敢为并有高度警惕性的人，以防下属的阴谋活动。它还断定两个邻国永远是敌人，建议统治者与其邻国的更远邻国——他的敌人的天然敌人结盟。

126 **主要改进**

除了给印度广大地区带来稳定，旃陀罗笈多还在兴建和改善公共水利工程及建设道路上广受赞誉，其中有一条连接首都与西北边陲的皇家大道，长度为 1,200 英里。尽管他有间谍网的护卫，但仍为可能发生的暗杀而担忧，以致每晚都更换寝宫。据传统说法，在经过 22 年的军事统治后，旃陀罗笈多退位，以一个耆那教僧人的身份了此余生。

阿育王：信奉佛教的征服者

孔雀王朝最伟大的人物、所有文明史中最杰出的统治者之一是旃陀罗笈多的孙子、皇室中佛教的赞助者阿育王，其仁政持续 41 年（公元前 273—232 年）。阿育王是在其父和祖父的战争传统中开始自卫的生涯的，但在经血腥征战击败并吞并了奥里萨正南方的敌对王国后，他的政府的特点迅速改变。这场胜利——决定性的，但却是通过付出大规模屠杀的代价而取得的——显然给征服者和他潜在的反对者双方留下了至深的印象。阿育王对因他的军队而引起的灾难公开表示悲哀，并宣布了他放弃暴力的决定，但同时又宣称他的决定必须像一个合法的君主那样被接受和遵守。经过成功的外交努力，他使次大陆上大多数未被征服的国家归顺，那时他的统治北达阿富汗和克什米尔，南抵德干南部的迈索尔。至此，几乎整个印度都置于一个中央政府的管辖之下，这在历史上还是第一次。

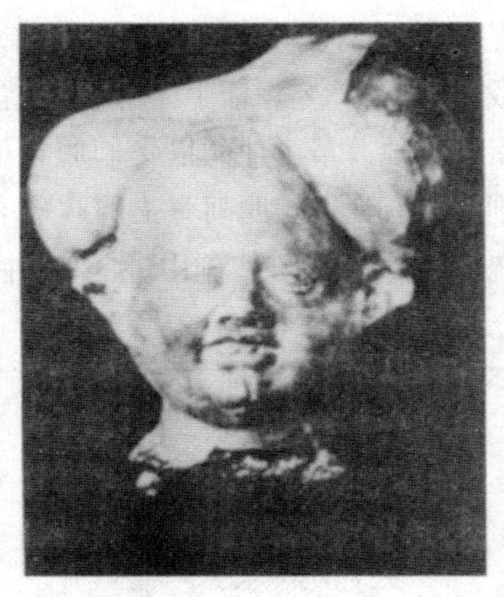

面带笑容的男孩。一位欢笑男性的赤陶头部，出自华氏城。这是孔雀王朝时期现实主义雕塑的一个例证。

然而阿育王的征服在他自己看来对其统治并不那么重要。由于受 127
佛教教义的吸引，他先是成了俗家弟子，后来可能正式起誓，加入僧人阶层，但没放弃王位。他试图以自己的个人生活来树立一个恪守佛教信条的榜样，并将佛教教义用于帝国政务。因此，他几乎是唯一的将宗教理想注入治国之道的例子，但他却不是神权统治者。

阿育王的仁政

我们无法知晓阿育王的良好愿望是怎样贯彻实施的。他特别致力于为旅行者建造休息的
房屋，沿途栽种树木，挖掘水井，修建供水处，以 128
供行人和牲畜歇脚之用，还改善医治病人的设备。他向王国各地

派遣专员以询察民众疾苦，向他们传教，并汇报百姓心智进步的情况。遵照佛教禁杀生的戒律，阿育王放弃了田猎（代之以“虔诚之巡”或朝圣），在皇室生活中逐渐减少肉食，直至——按照他的诏谕——素食。他改革了他的祖父们施行的严刑峻法，但没彻底废除死刑。没有证据表明阿育王的政府有任何民主倾向。他沿袭专制统治的传统，但在实施中讲良心，讲仁慈。阿育王虽然极虔诚地支

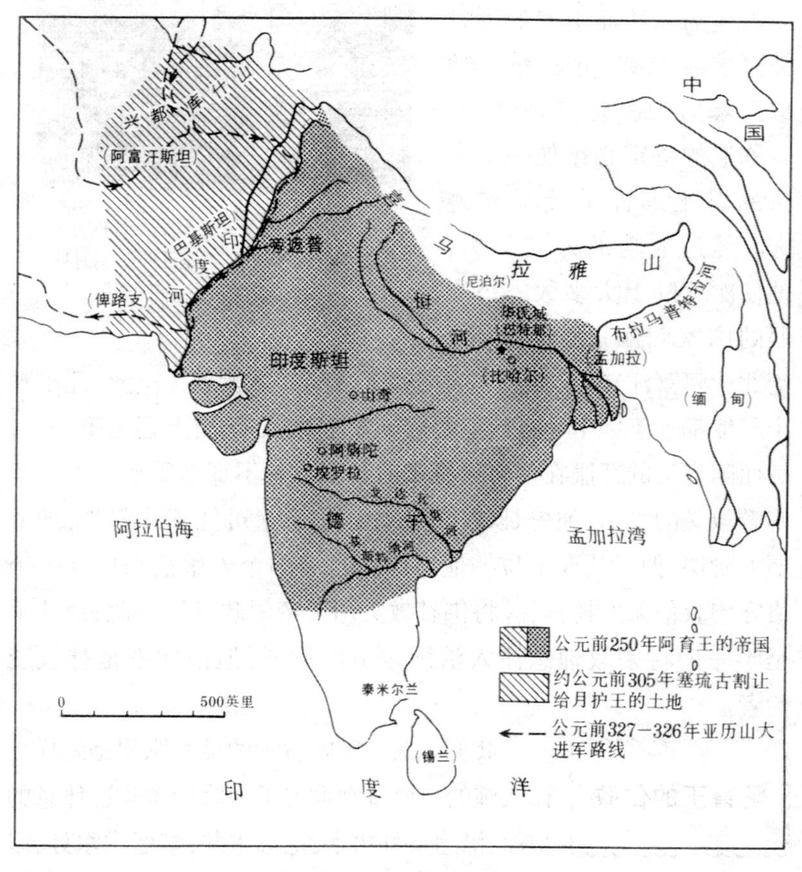

公元前 250 年阿育王的帝国

持佛教,但他把宗教容忍当作国策,并主张印度各派的婆罗门都应受到尊重。

赞助佛教

阿育王在其执政的长时期中对佛教的赞助显著地促进了佛教的发展。他派传教士去锡兰,缅甸,克什米尔,尼泊尔,而且显然向西,甚至到了马其顿,叙利亚和埃及。国王本人的儿子是被派往锡兰的传教士。公元前250年,佛教僧人在阿育王的首都华氏城举行大集会,议定了具有权威性的基本经文。这次"华氏城大会"确立了佛教经典,特别是小乘教派的经典。佛经是印度最古老的书面文献,即它们是首批撰写的作品。然而,虽然这些经文在公元前250年就被决定,但它们并没有全部书写下来,直到公元前80年,锡兰才出现写本。

阿育王雕柱

阿育王建了大量的灵冢,其中一些灵冢被后
来数百年间的佛教徒建成了精美的纪念塔。这 129
个虔诚的帝王还将佛教经文刻在石头上和30根巨大高耸的有波斯君王风格的石柱上。这些石柱,如今依旧耸立的只有十根。它们以其美丽的抛光表面和一些柱头的饰雕而闻名遐迩。这些石刻经文——对道德行为的劝诫——正如前文提到的,是印度有史以来最早的、保存完好的书写例证。经文的绝大部分用所谓的婆罗门体制成,该体是古典梵文和现代印第文的前身。一些石柱的顶部刻有动物形象。一匹引人注目的栩栩如生的马和头公牛的形象与古印度河谷文明时期石印的风格相同,它说明那一时代的艺术传统经受住了雅利安人征服造成的冲击,并在一千年后重放光彩。

阿育王的不同凡响的行政体系并不比他的寿命维持得长久。他的继任者们似乎平庸无能,既无改革热情,也没组织才能。公元前184年,末代孔雀王被一个野心勃勃婆罗门、军队的指挥官所暗杀。弑君者将自己的家族押上了王座。孔雀王朝在灭亡500年后,阿育王政府时期的那种实力才又出现。

精选书目

Basham, A. L. ,*The Wonder That Was India:A Survey of the Culture of the Indian Sub-Continent before the Coming of the Muslims*, rev. ed. ,New York,1963,一部皇皇巨著,带有插图。

Brown, W. N. ,*The United States and India*, *Pakistan*,*Bangladesh*, Cambridge, Mass. , 1972. 一部出色的概括介绍著作。

Cambridge History of India, *Supplementary Volume*:Wheeler, Mortimer, *The Indus Civilization*,3d ed. ,Cambridge, 1968.

Conze, Edward, *Buddhist Thought in India*, London, 1962.

Coomaraswamy, A. K. ,*History of Indian and Indonesian Art*, New York, 1927.

Eliot Charles, *Hinduism and Buddhism:An Historical Sketch*,3 vols. ,New York, 1954. 一部典范之作。

Garratt, G. T. ,ed. ,*The Legacy of India*, Oxford, 1937.

Hutton, J. S. ,*Caste in India*, 3rd ed. ,Oxford, 1961.

Kabir, Humayun, *The Indian Heritage*, New York, 1955.

Kramrisch, Stella, *The Art of India:Traditions of Indian Sculpture*, *Painting*,*and Architecture*, New York, 1954. 图片令人称羡,带有简介。

Kulke, H. , and D. Rothermund, *A History of India*, Totowa. N. J. , 1986. 主要是政治史,学术性强。

Masefield, Peter, *Divine Revelation in Pali Buddhism*, London, 1986. 力辩佛陀的教导比人们传统上认为的更具精英味道和保守。

Moore, C. A. ed. ,*The Indian Mind:Essentials of Indian Philosophy and Culture*, Honolulu, 1967.

Piggott, Stuart, *Prehistoric India*, Baltimore, 1950.

Prabhavananda, Swami, and F. Manchester, *The Upanishads*, *Breath of the Eternal*, New York, 1957.

Prebish, C. S. , ed. , *Buddhism: A Modern Perspective*, University Park, Pa. , 1975. 一部有益的叙述。

Raju, P. T. , *Structural Depths of Indian Thought*, Albany, N. Y. , 1985. 提供了挑战性的解释和比较。

Rawlinson, H. G. ,*India, a Short Cultural History*, rev. ed. ,New York, 1952. 一部出色的解释性研究之作。

——,*A Concise History of the Indian People*, 2d ed. ,New York, 1950.

Rowland, Benjamin, *The Art and Architecture of India: Buddhist Hindu, Jain*, Baltimore, 1953. 开卷有益,与众不同。

Snellgrove, David, *Indo-Tibetan Buddhism: Indian Buddhists and Their Tibetan Successors*, 2 vols. ,Boston, 1987.

Spear, Percival, *India: A Modern History*, Ann Arbor, 1961.

Staal, Fritz, *Agni: The Vedic Ritual of the Fire Altar*, Berkeley, 1983. 介绍1973年举行的古代仪式公开表演。

Wheeler, Mortimer, *Civilizations of the Indus Valley and Beyond*, London,1966.

Wolpert, Stanley, *A New History of India*, New York, 1977. 概括性著作,开卷有益,文字生动。

Zimmer, Heinrich, *Philosophies of India*, (ed. Joseph Campbeil), Princeton,1969.

原始资料

de Bary, W. T. , ed. , *Sources of Indian Tradition*, "Brahmanism"; "Jainism and Buddhism"; "Hinduism," New York, 1958.

Edgerton, Franklin, *The Beginnings of Indian Philosophy*, Cambridge, Mass. , 1965. Carefully selected examples with a valuable introduction.

Hamilton, C. H. , ed. , *Buddhism, a Religion of Infinite Compassion*, New York, 1952.

Mueller, Max, tr. ,*The Upanishads*, 2 vols.

Narayan, R. K. ,*Gods, Demons and Others*, London, 1964. Fine translation of ancient Indian stories.

The *Ramayana* and the *Mahabharata*.

第六章　古代中国文明

131 天下君王至于贤人众矣，当时则荣，没时则焉。孔子布衣，传十余世，学者宗之。自天子王侯，中国言六艺者折中于夫子，可谓至贤者矣！

引自司马迁（公元前145—约85年）《史记》

中国文明长期存在的原因

印度境内印度河流域的文明大约繁荣了一千年之后，中国才开始出现高度的文明。然而，当这个远东文化一经出现，它就一直延续——其间并非没有变化和间断，但其主要特征不变——到我们今天的20世纪。华夏文明的形成，尽管较埃及、美索不达米亚或印度河流域的晚得多，但仍然是现存最古老的文明之一。而且，它以保持着高度统一性的人种为基础。在整个文明的演变中，尽管政权巨变并有外族入侵，中华民族自新石器时代以来却基本上保持着同一个种族。与近东、地中海盆地、欧洲等地不同，中华大地上产生了一种起源独特、历史悠久的文明。这并不意味着中华民族与外界完全独立，或者说没有得益于同外界的联系。他们防御并抗击邻邦的侵略，建立起横跨亚洲大部的强大政权，但是当他们把自己的意志强加给被武力征服的民族时，认识到应该同化这些民族，并使其接受优秀华夏文化的熏陶。

一、形成时期

132

中国早期人种:北京人

在讨论文字产生以前的文化时,已经提及中国是最早的人种之一(所谓北京人)的发源地。北京人的遗骸是1926—1930年间在北京西南约25英里处周口店的一个山洞中发现的,共有40多个孤立的残片,当时存放在一个仓库中,可惜在二次世界大战中遗失了。人类学家推测北京人的生活年代距今至少有50万年,或许与最古老人种之一的爪哇人时代相同。当然,北京人的文化确实相当原始,但有迹象表明他们已使用石器和骨器,知道火的使用和埋葬死者。考古研究——第二次世界大战时中止,1949年人民共和国成立后又继续——已经建立了关于中国早期人类的宝贵的信息档案。最近,在首次发现北京人骨骼的遗址上,发掘出同一人种的样品,但是比首次出现的北京人晚20万年。研究最近发现的遗物,揭示出北京人在这20万年间进化的特征:牙齿和颚骨缩小,大脑的容量随之增加20,表明人的智能随着饮食习惯的改善而增长。与以前的观点相反,现在认为旧石器时代的中国大部分地域上,不断出现新的人种和亚种。大约在5万年前出现了“人类”。有人认为一个晚期的旧石器时代文化——其遗物还没有完全发掘和分类——的人种就是蒙古人。

新石器时代

中国的新石器时代可以确定为从公元前6世纪开始。现已发现三个新石器时代文化的证据,其一是以黄河流域周围广袤的高原为中心,其二位于长江下游和淮河流域,其三是东南沿海地区,包括台湾岛。它们都是由农业村落发展而成的,小米是北方的主要农作物,长江地区种植水稻,东南地区种植块根和块茎作物,各个地区都因农作物的不同而产生特定的陶器类型。

黄土高原，中国文明的摇篮

关于新石器时代文化是何时何地发展到文明的高度，是以金属工具的使用、城市的出现、文字的诞生还是以有效的政治组织的形成为特征，学术界仍有争论。上文提到的三个地区中的头一个——半干旱的北方平原——被认为是中国文明的摇篮。一位当代的学者坚决主张：与水源充足的尼罗河和底格里斯河—幼发拉底河流域的居民不同，中国人首先是作为旱地耕作者出现的，他们直到公元前 6 世纪才有灌溉设施。靠近黄河中游的
133 高原上覆盖着一种称之为黄土的土壤，它是由颗粒细小的肥土和尘埃组成的，被亚洲中部高原的西北风吹来沉积在黄河流域和东北沿海地区。由于这种土壤的黄色而产生了诸如黄河和黄海这类的地理名词，这种土壤较为松软，使用原始的掘地棒就可以轻松地耕作，而且在草木丛生的地方也不受影响。早期居民选择黄河或其支流附近的地势较高的地方从事耕作，以避免洪水祸患。但是，他们不得不依赖那些只需极少量的雨水就能生长的植物。在新石器时代，中国北方的主要农作物有粟、麻和桑（为了养蚕）。出乎意料的是北方平原的沼泽地中也种植水稻，那是从它的发源地南方的长江流域传入的。然而，从中国诸多的新石器时代聚落的研究中不难发现，耕作技术在不同地域间相互传播是很可能的。总而言之，不同地域间的接触会有效地促进同源文明的发展和传播。

青铜时代和商朝的开始

中国的考古发现不仅使人们对文字产生前的时期，而且对历史时期早期的情况有所了解。这些发现证明，青铜时代——通常与最古老的文明相联系——大约从公元前 2000 年在中国的某些地方开始出现。中国北方的青铜时代遗物的发掘，提供了研究商

王朝的实物证据,按照惯例商朝是中国的第二个统治王朝(约公元前1766—1123年)。学者们曾长期认为商(或殷)朝几乎是纯粹 134
的传说,但现在已经被确定,并且有当时的工艺品作为令人信服的证据。虽然准确的年代还没有测定,但商代的文明在公元前1400年已相当繁荣。对出土文物的研究,特别是对刻辞的非常重要的释读,使我们有可能勾画出中国历史形成时期的相当完整的画面。

商代的文明

商文化建立在新石器时代农业聚落文化的基础之上。商朝大概是由一位军事酋长通过征服其他部落而建立的,而且居民没有出现大规模的人口迁徙。商代文明的独特之处包括城市的防御性结构、马拉战车的使用、高水平的青铜冶炼技术、精致的书写方式以及社会组成中贵族、匠人、农民的显著分层,其中农民有义务服劳役和兵役。商王朝实际上只控制着中国的一小部分——黄河流域中部附近的平原——但它的影响远远超过了这一区域。商朝的人民与其他地域(包括长江流域以南地区)的人民有着贸易往来,同时,又不得不防御西面和北面游牧部族的侵扰。商朝最后的首都位于河南省的北端,在黄河以北大约80英里处(现今的安阳)。

商朝的经济:农业

尽管汉族在发展中同游牧民族蒙古极其相似,但根本上还是一个农业民族。农业是商民族的主要生活来源,谷物是主要农作物;除了种植小米以外,还种植小麦和大麦。狩猎和放牧是肉食来源。当时饲养的动物很多,不仅有狗、猪、山羊、绵羊、牛、马和鸡,还有水牛和猴,可能还有象。狗肉和猪肉一样是大众化的食物。

商代的居所

商民族修建的房屋显示出适应环境的智慧,这一地区新石器时代的居民通常住在挖空黄土而成的穴洞中。商代的农村居民很明显也是穴居的,但城市居民则在地面上修建较舒适的房屋。长方形的房基用夯土夯实,房基上修建一座人字形屋顶的建筑,用檩条支撑着房顶的屋脊,两边用较短的椽子支撑起房檐。房子的顶上用茅草覆盖,外墙用土夯筑。这种房屋的设计样式,竟然同欧洲式样的房屋颇为接近,而同蒙古的帐篷或埃及与美索不达米亚的泥砖房屋相去甚远,并且这种房屋样式自古至今一直为汉族沿用。

135 考古学家们发现商代工艺品的标本呈现出高度的技巧和多种技能。尽管商代的工匠对金属并不陌生,但仍然制作了大量的石器——刀、斧及至盘碟——和骨器、蚌器、角器。生产出很多镶绿松石的骨器和精雕细刻的象牙器。玛瑙贝被当成珍宝,或许也用作货币。弓箭是狩猎和战斗中强有力的武器。竹箭装上羽毛,顶端带有青铜或骨质的箭镞。弓是复合式或反射式的,用角料将两个单独的木质弓臂连成一体,其弓力据说是有名的英国大弓的两倍。制作精美的双驾马车,还装上带有辐条的车轮,也许只是贵族专有的财产。盔甲用皮革制成,有时衬以木条来加固。王室成员显然爱好音乐,他们使用的乐器有鼓、石磬和带有五个指孔的骨制小空管。

商民族的雕刻和雕塑惊人地表现出他们的艺术才华。商代的金属工艺品确实是名扬天下,尤其是带有复杂纹饰的华丽的青铜铸件。青铜器物包括武器和车马器,然而给人印象最深的是那些宗教和礼仪用器——鼎、簋、爵和奇形怪状的面具。制作这些器物采用了高超的技术,一位研究古代中国文化的卓越的美国专家断言,它比意大利文艺复兴鼎盛时期的青铜雕塑技术还要完美。

正如上文所述,这个古代文明已有一个文字体系。当时已发明了毛笔和用烟灰做的墨。书写材料有丝帛和木材,书籍很有可能就是以窄长的竹简为书页用皮条缀连而成的。值得庆幸的是兽骨、角、龟甲和陶器上保存了大量的刻辞的文字。这些是商王和卜师们在占卜过程中使用过的,因而被称为"卜骨"。占卜过程中,首先向神灵提出一个问题,然后烧烤一块劈开的牛骨或龟甲,直至烧裂,最后研究裂纹的形状以确定来自神灵世界的回答。大部分卜骨没有刻辞,但是,大约有百分之十的甲骨由于某些不明的原因,在占卜仪式之后把问题刻在上面。刻辞虽然简略,但对它们的仔细研究已经揭示出商代社会及其活动的许多方面。

尽管商代的象形符号是远东发现的最早的文字,但不是原始的文字。它们经历了一个较长的演变过程,只是早期的情形可能除了陶器上的一些神秘的雕刻外,没有留下什么踪迹。中国书面 136
语言在整个文字形成过程中所运用的全部原则,在商代几乎都有所体现。商代文字——与古代和现代汉语一样,每一个字表示一个完整的词义——不仅有象形文字,而且也有表意文字,表意文字的含义是用结合不同的符号或概念的方式来表达(太阳和月亮结合在一起表示明亮或光明,太阳从树后升起表示东方)。表音的原则当时也已应用。一个已经有了一种意义的字可以用作另一个同音异义的词。为了避免混淆,就在同一个字的表意符号旁加一个表音符号。这就无怪乎商代使用的文字比后世的少,尽管从卜辞中收集的文字可能只是其中的一部分。从商代的记录中已经辨认的字大约有 3,000 个;而书面语言的用字总数竟比这个数字的 15 倍还多。

关于商代的政治和社会制度,可以利用的确切资料很少。君王除军事活动外,或许还监督公共工程并占据宗教圣职的要位。他由一个有文化的卜师阶级协助,这些卜师作为占星术家,主持占卜仪式并掌管历法。因为商代的历法是太阴历,为使之与太阳历协调一致,需要经常调整。从卜骨上得到的一些证据表明,商代的卜师在数学和天文学上已取得了相当的成就。早在公元前 14 世纪他们就记录了食相,或许已经掌握了十进制计数。

有关商民族的宗教习惯已有了丰富的材料。他们崇拜很多自然物体和力量——土地、河流、风,甚至是方向,他们在庙堂中向这些神灵献祭。祭品通常是燔祭牲胙,也可以是一种粟做的酒或发酵饮料。尽管商代在某些方面拥有高度的文明,但仍然有令人毛骨悚然的事实,如同几个拉丁美洲的部落,他们实行大规模的人牲。很明显,作为牺牲的人常常是战场上抓来的俘虏,有时也派出袭击队去捕获外族人作为祭祀中的人牲。最重要的神灵好像主要与降雨、收成和战争有关,称为上帝,这个名称一直沿用到后世。没有证据表明商代的宗教在本质上说是精神的或伦理的;而是如同苏美尔人和巴比伦人的宗教一样,其目的是祈求人类的繁荣昌盛。君王并不像埃及的法老那样是一个神,但是他去世以后便成为一个崇拜偶像,对去世的君王和王后的神灵都要举行祭祀。王
137 室成员的陵墓是及其奢侈的。先挖掘一个带有台阶和墓道的大墓坑,墓底建一木椁室。在尸体周围放置华丽的陈设,包括有纹饰的青铜器和陶器,大理石雕像,以及盛饰的器物和宝石饰物。举行葬仪之后,整个墓坑都用夯土填实。

值得注意的是典型的中国式的祖先崇拜制度,至少在宫廷内部已经确立。人们相信祖先的神灵有力量来帮助或祸害他们的后裔,而神灵们又依赖活着的继承人献祭食物来获取滋养。还有一种习惯,就是即使地位卑下的人也要用值钱的东西为死者陪葬。用卜骨占卜——这种习惯留下了这么多有价值的刻辞——是祖先崇拜和相信神灵力量这类迷信的一种副产品。

商代社会是见之于历史文献的东亚最早的真正意义上的文明。此外,它还为独特的中国文化类型奠定了基础并提供了素材,这种文化类型表现为农业、手工业的方法,艺术和建筑的形式,着重于以家庭作为社会的基本单元,宗教观念和文字体系。大约在

公元前1027年,[①]商朝的都城被攻破,商王朝覆灭,而新的统治者保持了基本的制度,促进了文化的发展,并以他们自己的族名 138
(周)命名中国历史上统治时间最长的王朝。

二、周朝:中国的古典时期

(约公元前1027—249年)

周朝的起源

当印度吠陀时期的文明仍处在其早期阶段时,中国黄河流域的商朝已被周朝所代替。然而,周朝统治者夺取政权并不像印度雅利安人入侵印度那样给社会和生活带来了显著的变化。周民族位于商王朝的疆界以西,与商民族是同一人种,拥有与商民族类似的文化,他们相互之间也曾有过相当多的接触。商朝的崩溃可能是内部权力斗争的结果,而与野蛮人征服不怎么相像。[②] 周文化在商文化的基础上不受干扰地继续向前发展,最终形成了华夏文明的模式,而且流传至今。

周代君主为确立其合法性所作的努力

这一新王朝竭尽全力地使人民相信它是合法的继承者,而不是篡位者。它的发言人声称商朝的最后一位国王既无能又淫逸,所以神要借助周人除掉他。他们断言"天命"已由商朝转移到周朝。没有证据能够说明商王犯有被指控的那些过失,但是,即使这个指控是莫须有,也表示征服者宁愿使他们的政权适合于认可的惯例,而不愿意与过去决裂。

---

① 学者们对准确年代意见不一。估计年代在公元前1122到1018年之间。

② 张光直,《古代中国的考古》,第3版,第383页。张光直认为,传统意义上的三代——夏、商、周——实际上是并存并互相关联的三个国家,在公元前第二千纪政治统治权由一国传至另一国。张光直,《商代文明》,第347—348页。

青铜钟。制作于西周后期（约公元前1221—1122年）。

而那种把政权当作上天的委任而不是绝对的且不能让与的权力的观念——尽管有可能是周人为了宣传的目的而发明的——也就成了中国政治史上的一个持久的观念。

周朝的政体

周代早期的君主把他们的都城建立在渭河流域现在的西安（陕西省）附近，他们在那里早已建立了政权。国王拥有大量的常规军队，用于镇压叛乱（包括商朝残余势力的一次）和扩充自己的势力，疆域的南端抵达长江流域的中部。周王直接统治着都城周围的地域，而对外围地区则通过委任官员来实行间接统治，授予官员们在管辖区内几乎是至高无上的权力。周代的行政制度与大约二千年之后在欧洲发展起来的封建主义制度大致相似。各行政区的官员，原本是王室的成员或称职的将
139 军，是君王的诸侯，但又是大地主，拥有很大的军权和司法权，他们逐渐把自己的地位由委任的官员转变为世袭的统治者。尽管周王朝在最初的二三个世纪内拥有强大的实力，足以清除野心太大的官员，保持其至高至尊的权威，但是，周朝的封建主义——

如同后来欧洲的封建主义——也包含着危及中央政权的各种因素。

公元前8世纪,统治王朝的实力已衰落到不能有效地保卫其西部边陲以抵抗野蛮人的入侵。公元前771年,一位微不足道的君王即周幽王几乎重复了不公正地加在商朝最后一位国王身上的那些罪恶,王朝的命运降到了最低点。幽王过分地取悦其宠妃的行为尤其令诸侯们怒不可遏。当他在野蛮部族和一位受辱诸侯的 140
联合进攻下点燃烽火以求援助时,诸侯们拒不奉召。最后幽王被杀,他的宫殿遭到了洗劫。周王朝本该就此告终,但是,诸侯们感到不如拥立王子为名义上的周王,而把各自领地上的实际权力掌握在自己手里更为有利。这一事件标志着"西周"时期的终结。王室政权的所在地东迁到大约100英里远的较为安全的地方(现在的洛阳附近),随后的一段时期(公元前771—约前250年)被称为"东周"。

东周王朝的情况

在东周王朝的五百年中,中国深受诸侯混战、政权分裂之苦。周王实际上统治的土地比某些强大的世袭诸侯小得多。就王朝作为一个整体来说,周王的权力在伦理上是至高无上的(他是法定的"天子"),而实际上只限于宗教的和礼仪的职能以及裁定各诸侯国有关继承的先后和权利的争端。尽管如此,但是,把东周时期描述成封建时代仍不准确。世袭贵族们真正享有社会声望、财富和权力,取得不同等级的爵位,大致相当于欧洲的公爵、侯爵、伯爵、子爵和男爵等称号。他们成了领主和贵族,拥有由他们自己负责守护的采邑,由他们土地上生活的农民的劳动来供养。这些武士贵族不仅在他们的领地上招募军队和聚敛税收,而且还执行司法。大部分的法律来自习惯,但对罪犯处以严厉的刑罚,包括罚金、刖刑和死刑。不过,封建政体不能取得全部支配地位的 141

因素有很多。首先,大部分贵族未能获得他们自己的产业,对大领主心怀嫉妒。较小的贵族,一般都受过较好的教育而又常常怀才不遇,组成了一个中间阶级,他们不能适应一个封建化的社会。更重要的是在整个周朝的八百年中,城镇的发展和贸易的增加使商人(包括一部分贵族)取得了经济上的重要地位。此外,较大诸侯国的君主在他们的领地内成功地推行中央集权的纲领。他们采用以农业为基础的正规税收制度,发展自己的行政官僚政治,任用训练有素的官员,大量聘用较小的贵族,以抵消贵族们的盘踞地位。尽管这个时期的中国在整体上处于涣散状态,但在政治艺术方面却积累了有用的经验,并在重新统一国家的大业中得到应用。

边界的扩展

尽管东周时期的中国分裂成许多诸侯国,疆界变化不定,战乱频繁,但是,少数几个大国,特别是位于北方、西方和南方边境的四个诸侯国是举足轻重的。常常是某个诸侯国在一个时期内被认为是首领,其国君被称为“霸主”,带头组织力量保卫整个周王朝,甚至带头征集税收。中国文明的界线,则随边境诸侯国国君的侵略野心而扩展,山东半岛,以及远到现今上海和杭州的沿海地区,富饶的长江流域,都划入中国的版图。总面积远远超过了过去的商王国,比包括了中国在大部分历史时期所拥有的 18 行省的一半还多。满洲的南部,已为诸侯国占据,同时它们在黄河的南、北都筑起了土城墙——著名的万里长城的雏形——以抵御蒙古的游牧民族。

周朝的文化进步

在周朝的八百或九百年间,尽管内部屡有冲突,而文化的发展却几乎是持续不断的。这一时期被认为是中国文明的古典时期,它的贡献对于后来的整个远东历史都是非常重要的。如前文所述,周朝的文化是建立在他们前辈打下的基础上的。周朝的手工业技术改进了,铁的冶炼已经开始,尽管铁并没有完全代替青铜。当时,大多数人口都生活在农村,但也有一些大城镇,商人阶级获得了重要的地位。贸易决不限于在当地进行。随着驴子,特别是骆驼的引进(或许不早于公元前3世纪),人们得以利用商队穿越中 142
亚商贸之路,以运输谷物、食盐、丝绸和其他日用品。公元前5世纪末,青铜铸币开始进入流通。古老的丝绸业开始壮大,有几种栽培植物的纤维也用于制造纺织品。

贵族政治社会的阶级划分

周代社会具有明显的贵族政治的性质。据说当时的人们根据各自社会地位的不同分为五个阶层,这就是,一、士(学者);二、农;三、工(艺匠);四、商;五、兵,总括起来还有乞丐、盗贼和土匪。① 这种阶层划分中值得注意的方面是颇为看重人的智能,反对以使用暴力和不劳而获地占用他人财物,而且事实上等级的划分更注重个人的才干和能力而不是出身的贵贱。五个阶层等级从来没有实现或真正受到重视,但这是一种倾向于削弱中国顽固制度的理想。尽管在大土地所有主和占人口绝大多数的农民之间存在着巨大的鸿沟,中国的社会从来没有像印度那样按种姓等级制度来区分;当文明变得更为复杂时,贵族阶级由于不同的利益和状况,不再能保持完全一致的秩序。因为贵族的人数越来越多,他们中的很多人变得只拥有很少地产或没有地产。这些人被迫依附于有权势的贵族以谋求行政职务,从事商贸,甚至接受卑微的工作,因而动摇了世袭贵族制度生来优越的假象。遗憾的是,我们对地位较低阶层的情况所知甚少。很显然,在周代末年以前有相当多的农民变成了土地所有者。而其余的(实际上是奴隶,多数平民是

① 中国古代有一个著名的谚语:"好铁不铸钉,好人不当兵。"

农奴)依附于土地而没有合法的土地所有权,被迫向地主交纳很大一部分的劳动果实。

宗教仪式和商代

宗教信仰和商代基本相同,从本地的幽灵和权力有限的自然神到诸如天和地那样神通广大的神,众多的神灵都受到崇拜。尽管有使用被杀者的耳朵或脑袋作为牺牲的记录,但以人为牺牲的习惯已逐渐消失。人们用动物、农产品和酒作为祭品。考古学家在黄河北面发掘了一个大约30平方英尺的深坑,发现了“车葬”的遗迹。坑内发现12辆车套了72匹马,还有八条颈上系铃的狗,这些畜生
143 很明显都是活埋的。虽然宗教仪式上并不一定要有祈祷,但有时还是把祈祷文写好与供品一起焚化。从周代开始出现一位至高无上的神,称为“天”。这个神虽然另有来源,但和较早的上帝相似,实际上就是一回事。天主要不是被看成一个人格化的神,而被看作集中地体现了神的最高权力,代表普遍的道德法则或一种潜在的超人的无穷力量。君王据认为是出于“天命”进行统治的,他被称为“天子”,然而,这并不意味着他就是神。对作为农业神后稷的崇拜,最终增补为对崇拜者幸福相关的具体地点的崇拜。每一个村落都有自己的社,大土地领主有一个代表他的领地的社,君王的社稷则代表全中国的土地。最重要的仪式就是在这些社稷或祖庙中举行的。

中国宗教的特点

当时在中国人之间和在印度人之间都没有明确的宗教制度,没有固定的教义,也没有教堂。然而与印度社会不同,中国的祭司没有形成一个凌驾于其他团体之上的圣职阶级。中国的祭司和古代希腊的祭司一样,只不过是仪式中的助理。家长才是责无旁贷的宗教执事,其中当然也包括君王,他的祖先神灵是特别可畏的,君王还要向崇高的河神、地神、天神献祭。对于大多数人来说,宗教

不是一种包括带有伤感情绪和强调子女孝顺的社会职能的家庭事务，就是一种国家大事，由有关当局主持，旨在保佑百姓的安宁。对最崇高神灵的祭祀通常只由最高级的官员主持，地位较低的神则由低级官员祭祀，依此类推，直至一般人以木桌的形式祭祀自己的祖先。他们相信祖先的神灵能够使家庭兴旺，而任何礼仪上的疏忽都会招致灾祸。在传统的礼仪之外，日常生活也由于混进了民间传说和迷信思想而变得复杂了，这些民间传说和迷信很难归入宗教信仰的范畴，但具有强有力的影响，这包括相信巫术，相信吉兆和凶兆，相信占卜和通过巫师传达的神灵的音信，还相信妖魔鬼怪不可冒犯。“饿鬼”被认为是特别危险的，因为他们全家灭绝而得不到祭祀。尽管人们深信灵魂的存在比肉体更长久，但是几乎没有来世报应的概念。人们认为，游魂的厄运莫过于被剥夺了祭祀品的供养。

周代的文字记录

周代最重要的贡献是在文献和哲学方面。已
经高度进步的商代文字体系，在较少改动的情况下 144
继续沿用着。显然中国人在当时已认识到文字记录在处理公共或私人事务中都是必不可少的。他们有时把重要的交易用长铭文记录在青铜器上，但是，更多的是用毛笔写在木简或丝帛上。用薄片竹简编成的书籍大量出现。尽管只有少数人有文化，但这一定是一个相当大的少数，包括封建贵族和商人。西欧封建时代的文字几乎只限于牧师使用，与此相反，周代的贵族精通文献，而且保存了有关他们的财产、隶属，有时甚至是个人活动的全部记录。除君王之外，每个封建国家的诸侯都保存档案，把家族的光荣传统继承下去，也用来帮助解决与对立的诸侯之间的争端。即使在古代，中国人对于年代学的重要性和记事的真实性也与印度人抱有截然相反的态度（尽管这并不意味着中国的文献是完全正确或没有荒诞的因素）。一个年轻的贵族或诸侯在他受教育的过程中,他的教师会提醒他后代人将读到他执政时的历史,所以他要谨慎行事。诸侯们经常被授以历史的教训,“劝善诫恶”,与现代相比在这方面的努力显然并无更好的结果。

周代的文献

在周代大量的文献中,现存的可靠的却很少(除了不朽的青铜器铭文之外)。然而,其中有一些的年代早于公元前600年。《易经》可能是最古老的著作,它是用阳爻和阴爻按不同的排列组合形成的卦象的汇集,并附以卦辞。卦象与以前商代的卜骨一样是用于占卜的。因此,这本书不过是一本巫师的手册,但最终被奉为一部神秘和玄妙的智慧之作。[①]《尚书》(不太确切地称为《书经》)则很不相同,它是号称由西周早期开始的官方文件、公告和讲话的汇集。《仪礼》是用来教育低级贵族的有关礼仪举止、社交礼节以及为成人职责义务准备的著作。最有趣味的是《诗经》,这是一本大约300首
145 诗的选集,包容了广泛的主题和格调。有一些是宗教诗,在性质上是配合祭祀仪式的祷词或赞美诗,其余的有歌颂英雄的功勋,还有一些是抒情性质的,表露一位免职官员的悲痛,一个士兵的乡思,对自然美景的赞赏和青年情侣的沮丧和热恋。这些诗歌无论在数量上和深度上都不能与印度的《吠陀》相比,但是它们的词句是优美的,并且生动地显示出中国人朴实的性格以及他们对生活事务怀有浓厚的兴趣和乐观的态度——至少在贵族中是如此。总的说来,这些诗既不是哲理的也不是唯灵论的,只有少数使人联想到希伯来先知的改革热情。

哲 学

从周代著作的范畴和种类来看,现存的书籍是相当令人失望的。但是,这个不足由于哲学领域的成就而得到充分的补偿,这个成就在公元前6至3世纪之

① 相反的观点见H.威廉,《变:易经八讲》,1960年版。威廉把这一经典视为人类有能力掌握自己的命运的一个明证。

间达到了辉煌的顶点。由于一些无法解释的原因——或许仅仅因为巧合——古代世界的三个相隔很远的地区,大约都在同一时期开展着高度的哲学活动。当希腊人正在探讨物质世界的性质、印度思想家正在思考灵魂和神的关系时,中国的圣人正试图去发现人类生活的基础和贤明政治的根本原则。中国的思想家对自然科学和玄学都没有多少兴趣,他们探寻物质世界的基本原则,并非为了绝对的真理,而是用来说明人类生存的问题。他们力图提出稳定社会和安抚人心的原则。这个智力活动的领导者大都来自低级贵族,他们是一群喜欢辩论的学者,但是对执政也有兴趣,有时他们也担任行政职务,或指导那些希望得到这类职务的学生。这是一个思想活跃、百家争鸣的时期。这种追求知识的激情和辩论——人类思想史上最富于成果的时期之一——所产生的结果,就是出现了四大哲学流派,其中最重要的是儒家和道家。

孔子(约公元前551—479年)是整个历史上最有影响的人物之一,而从他所希望完成的事业的志向来看,他主要是一个失败者。他毕生鼓吹改良而未获采纳;然而,他在中国及其影响所及的其他地方的思想和政治制度上留下了不可磨灭的印记,他是鲁国(今山东省)人,据说是一位有身份的兵卒孔某的晚年之子(英文中的Confucius是孔夫子这个拉丁文音译)。他的家庭或许是低级贵族,有身份但很贫困。大约在他仅仅21岁时,就开始非正式地教授一群青年朋友,这些人被他那活跃的思想和对传统形式与习惯 146
的早熟学识所吸引。尽管他的声誉迅速传播,但他的经历不怎么为人所知。他成年时很可能曾短期在鲁国任职。他用十多年的时间周游列国直到年老,拒绝为那些趋炎附势的奉承者任职,但一直希望能有诸侯给他一个实施其理想的机会,以便掀起一个可以席卷全国的改良运动。尽管孔子受到他的一小帮弟子的尊敬,有些弟子还做了官,但他始终也没有得到过遂心的任职。最后,他回到了家乡，沮丧地死去，终年72岁。

作为教育家的孔子

孔子作为一个政治家是失意的，但作为一个教育家作出了真正的贡献。他和弟子们的问答记录(《论语》)——即使不是在夫子生前写下的，但总的来说是可信的——使人感到这是一种敢于向一切挑战的活跃而无拘无束的思想。孔子像与之同时的释迦牟尼和大体与之同时的苏格拉底一样，笃信知识是幸福和成功的关键。他也相信几乎所有的人都能得到知识，不过，非有不懈的努力不可。他坚决主张他的弟子们应该独立思考，他说，如果他已经说明了一件事物的一隅，那么弟子们应该能想到其他的三隅，他还经常针砭他们的骄矜。他不是苦行主义者，但也不赞成纵情享受，他激励朋友们要不断奋进。虽然他也有恼怒和粗暴的时候，但是他的品格无疑是高尚的，他不因失意而愤世嫉俗。他说，他遗憾的不是自己遭到误解，而是没有充分理解他的人。

孔子的学说

孔子的信条在于利生民、安社稷。他尊重宗教仪式，把它当作已经确立的习俗的一部分，但拒绝谈论宗教和神怪的问题。比如，他说："未知生，焉知死?""未能事人，焉能事鬼?"对于物质世界和人的本性他是乐观的，他认为人性本善，但是，他相信人的价值只有对其才能的发展加以正确的指导方能得到体现。因此，他强调礼节和遵守祭祀仪式——他认为这有助于自我约束——尽管他实际上关心真诚和才智更甚于外表。由于封建竞争的灾难给了他深刻的印象，孔子
147 鼓吹恢复王国的中央权力，不过要与合理的权力分配相结合。他设想理想的国家是一种仁慈的家长式统治，统治者不仅治理百姓，而且要树立行为的榜样，让百姓效仿。他不赞成平等，更不赞成民主，他想使统治者在执政中选择高标准的官员来建立天才的贵族统治。整个国家的兴旺应该依靠每一个村庄的康乐，而普通百姓

与上层的官员们共同努力就能国泰民安。

孔子的政治和伦理哲学

因此,孔子的学说包含着一种政治的哲学,它把国家当作自然机构,可以由人们加以调节,以致力于提高普遍幸福和充分发展个性。国家为百姓而存在,而不是百姓为国家而存在。在伦理方面,他强调互谅互惠,培养同情心和合作精神,这些都必须从家庭开始,然后逐渐扩大到更广泛的交际范围。他重视中国人传统的五种主要的人际关系:(1)君臣,(2)父子,(3)兄弟,(4)夫妇,(5)朋友。这些关系可以无限扩展,甚至不受中国国界的限制。这种思想的必然结果可以概括为一句名言:“四海之内皆兄弟也”。孔子强调一个人必须是其交往范围内高尚的人,然后才能为天下人着想。孔子竭力主张恢复一种理想的秩序,他并不认为这是自己的创见而归之于古人,但实际上这种秩序从未有过。他无意中提出了可以在将来为人们利用的指导原则。

孟子和荀子

除了它的创始人之外,儒家学派最有才能的鼓吹者是孟子,他的生活年代大约晚于孔子一个世纪(约公元前373—288年)。孟子和他的导师一样,肯定人性生来就是善的,而且需要榜样的引导来发展它。他把政治主要看作是道德事业,他比孔子更强调百姓的物质条件应该改善。他要求政府主动缩小普通民众的差距,提高他们的生活水准。或许从孔子时代起政治的混乱有增无减,他直率地批评当时的统治者。他说,只有得到百姓默许的仁慈政府,才能保有“天命”,他还为百姓有权废黜腐败或专横的君主而辩护。荀子(约公元前300—237年)通常被当作一位儒家,尽管他的学说与孟子根
本相反。孔子和孟子都以人性本善为出发点,而荀子则认为人性 148
本恶。但是,他和较早的儒家一样,相信正规的教育和严格的纪律能够使人变好。他竭力强调遵守礼仪、正规的经典教育和等级森

严的社会秩序。尽管他对人性持有忧虑的观点,却远不是一个完全的悲观主义者。他建议国家以强有力的措施进行改革,而且与孟子一样,赞同对经济活动实行管理。

老子和道家

道家哲学学派在很多方面都与儒家相对立。传说道家的创始人是老子(“老圣人”),他是公元前6世纪的一个虚幻的人物。关于他的生平事迹所知甚少,有的学者不相信他是一位历史人物。传说他曾在周的都城担任掌管档案的官职,直到他对世事感到厌倦,遂西行出关去西部山中寻求清净,他应关令尹之请,以其哲言写成一本小册子,此后不知所终。但是,道家原理《道德经》(关于自然法则和德行的经典)的真正作者不能确指,而此书的写成也许不早于公元前3世纪。此书不仅文字简略,而且文义晦涩,似是而非,还可能含有讥讽之意。它那简练而隐晦的文风,看来很像是故意针对儒家侈谈学识、百般规劝和喋喋解释的一服解毒剂。总的说来,道家的著作颂扬道(有时具有宇宙力量、“无垠”或神的意思)而贬低人的力量。其精神是浪漫的、神秘的、反理智的。它不但称赞道的尽善尽美,而且把原始生活理想化,认为没有文明的艺术、生活于极乐
149 的无知之中,用结绳记事而不用文字,人类会过得更好。它断言,财富造成贪婪,法令产生罪犯。试图用说教、礼制和繁杂的规章来改善社会是不会有效的;德说的愈多,做的就愈少。“言者不知;知者不言”。一个人呆在家里比出门能学到更多的东西;智者坐而沉思而不是四处奔波,试图改良世道。

道家的政治和伦理哲学

作为一种政治哲学,道家鼓吹无为而治。老子与孔子不同,他认为政治干预是罪恶的渊薮,如果让百姓任其自然,天命将与大自然以及彼此之间和谐相处。然而,老子的理想并不是纯粹的无政府主义。他和孔子一样,认为需要有一位贤明仁慈(尽管主要是

被动的)的统治者,还主张为政者唯一的目的就是促进人们的幸福。或许他的思想也反映了农村对妄自尊大的贵族和迅速发展起来的城镇手工业界二者之间的对抗。老子的学说中有息事宁人和不因受害而报复的教义("有德司契,无德司彻");主张人与人之间以慈爱为上("天将救之,以慈卫之");提倡平均主义("天之道损有余而补不足")。在晚周时期,道家学派出现了几个有才智的思想家,在中国哲学传统的形成中起了一定的作用。然而,和儒家学说不同,道家学说最终变为宗教体系,有道士、寺观、礼仪和情感 150
因素。道家之所以成为中国著名的宗教之一与《道德经》中阐述的原理并没有什么关系。

墨翟

第三个政治和伦理哲学学派是和墨翟(或墨子)联系在一起的。墨翟据说生活在公元前5世纪中叶。他是一个很有创见的人,可能出身于农民家庭,对被蹂躏者寄予同情,对奢侈和浪费怀有反感。他的思想的突出特点是把功利主义——认为每一件事物都应按其实用性来评价——和从宗教信仰中得到启示的彻底理想主义结合在一起。他谴责儒家所重视的繁文缛节,包括传统的三年守丧规矩,他认为这些会带来不必要的花费。他不赞成体育、娱乐甚至音乐,因为这些都是非生产性的,要消耗可以用于有效劳动的精力。在他看来,迫切的需要是增加食物和基本日用品的供给,以增进健康,延年益寿和繁衍人口。而这样一个纲领要求普通百姓和官员双方都努力工作。他对进攻性战争的强烈谴责也是出于功利主义。

利他主义和功利主义

墨翟的伦理学在中国的哲学学派中是最大胆的。他宣扬全人类的普遍和无偏见的兼爱,以此来代替儒家以忠于家庭为起点而扩大为无所不忠的思想体系,认为只有消灭了"自己"和"别人"之间的区别,才能有令人满意的社会。他应用功利主义的原则论证说，通过培养人与人之间的同情心和互相帮助，个人既可以保证他自己的利益，又对他人的安全作出贡献。但是，既然他的兼爱学说把利他主义和个人利益连接起来，这就需要高度的纪律和高尚的品格，因此，往往有人把它与基督教的伦理学相比较。墨翟认为，国家和其他人世间的机构一样，都是由神的意志建立的，统治者的责任就是执行天意，而所谓天意，据他解释就是提高公共福利。虽然墨家学派曾成为一时的显学，吸引了很多信徒，实际上在周朝灭亡之后它就消失了——儒家的敌视是一部分原因——直到近代，功利主义哲学家的学说几乎无人问津了。

法家学派

第四个哲学学派被称为“法家”，它和墨翟的大胆的理想主义、孔子的乐观的人道主义都迥然不同。法家学派形成于一个动荡的时期，经历了周朝的最后崩溃和秦国的胜利，它反映了荀子的人性本恶的观点，强调纲纪主张。同时，法家受道家的影响而轻视学识、知识界和传统的伦理观，他们宁愿要一个简单的农业社会而不要变动的、复杂的、经济上多元化的社会。但是，与道家不同，他们并不赞扬天道和任何超自然的力量，而且完全否定无为而治。他们更是固执的现实主义者，甚或是愤世嫉俗者而不是神秘主义者。他们断言，人的天性是绝顶自私而且不可改变，处置的方法就是使之完全地绝对地服从统治者。他们认为，百姓的行为只能由认真制定的奖惩办法，由一部基本上是惩罚性的、不是出自习惯和天性而是出自统治者意志的法典来加以控制。在中国政治思想方面的所有学派中，法家是最不调和的极权主义者。尽管法家的原理只是在短暂的秦朝被系统地采用，但对后来的王朝也产生了持续的影响——多少被
151 对立的儒家传统所调和——在现代中国的极权主义统治中或许还有不少的回响。

战国时期

从公元前5世纪中期开始，国内局势变得更加混乱，一个称之为“战国”的血腥时期拉开了序幕。诸侯国国君之间相互倾轧，为践踏礼仪和认识准则的行为而斗争，争夺霸主地位。有几个诸侯国国君甚至担任以前为周王室王子保留的“霸主”（王），在公元前4至3世纪，位于渭河流域西部边陲的秦国在众诸侯国中占据优势。秦国的统治者不仅具有侵略野心，他们还把自己的领地发展成为中国实际上的政治中心。在吞并了渭河流域南部（现今四川省）的肥沃平原后，修建了沿用至今的杰出的灌溉系统。或许秦国的国民中混入和吸收了一些野蛮部族的成员，但是他们与其对手一样保持住了华夏文化。尽管其他诸侯国结成联盟来抗击秦国，但是强大的秦国采用冷酷无情、大肆掠杀和背信弃义的手段，兼并了一个又一个地区。最后，在公元前256年，秦国占据了周朝的最后一块领地，灭了周王朝。在其后35年内，秦王把中国的全部领土兼并到自己的控制之下，为了表示胜利的喜悦，他登基称帝。尽管秦朝的统治时间不长，但在中国消除了封建残余。秦王建立的高度集权的政府未能持久，但封建体制从未再现过。

周朝的重要意义

尽管周朝在后期的几个世纪中充满了斗争和动荡，受阻于腐朽的封建残余，但是，它毕竟奠定了生产性社会的物质基础，学术方面也发展到一个高峰。丰富多彩、范围广泛的著作纷纷涌现。哲学家们以其成熟的方式千方百计地解决个人和集体行为的基本问题。讲学是一种荣誉职业，学者被认为是治理政务中不可缺少的人才。一个正在形成的传统——虽然还很弱小——是治理政务需要有道义的职责和特权，只要执政者顺乎“天意”，他们的做法是被容许的。此外，中国人已经认为他们自己正在形成一个独特的社会，这不仅仅是一个政治联盟，而是“中国”——与边远的“野蛮”地区不同的文明中心。他们已经同很多非华夏部族混合，并且把其中的一部分同化了，而重要的是他们的文明同“野蛮”地区的区别不是基于种族或民族。他们的优越感使他们骄傲自大，但也使他们在抵御侵略和其他灾难时能够坚韧不拔。

精选书目

Blunden, C., and M. Elvin, *Cultural Atlas of China*, New York, 1983. 现存有关中国的最有价值著作之一。

Chang Kwang-chih, *Early Chinese Civilization: Anthropological Perspectives*, Cambridge, Mass., 1972. 有关商、周文明的发人深思之作。

——, *Shang Civilization*, New Haven, 1980.

——, *The Archaeology of Ancient China*, 3d ed., New Haven, 1977. 迄今为止的最佳叙述之作。

Creel, H. G., *The Birth of China*, New York, 1937. 对商文明考古发现情况作了引人的记述，并对中国古代基本文化模式作了精彩介绍。

——, *Chinese Thought from Confucius to Mao Tse-tung*, Chicago, 1953.

——, *Confucius and the Chinese Way*, New York, 1960.

——, *The Origins of Statecraft in China*, Vol. I: *The Western Chou Empire*, Chicago, 1970. 一部有价值之作。

Eberhard, Wolfram, *A History of China*, 4th ed., Berkeley, 1977.

Elvin, Mark, *The Pattern of the Chinese Past*, Stanford, 1975.

Fairbank, J. K., E. O. Reischauer, and A. M. Craig, *East Asia: Tradition and Transformation*, rev, ed., Boston, 1978. 一部巨作的缩编版。

Fitzgerald, C. P., *China, a Short Cultural History*, 3d ed., New York, 1961. 在观点上往往独出心裁。

Fung Yu-lan, *A History of Chinese Philosphy*, I: *The Period of the Philosophers* 〔to about too B. C.〕; II: *The Period of Classical Learning* 〔to 20th century〕, tr. Derk Bodde, Princeton, 1983.

Girardot, N. J., *Myth and Meaning in Eary Taoism: The Theme of Chaos* (*huntun*), Berkeley, 1983.

Ho Ping-ti, *The Cradle of the East: An Enquiry into the Indigenous Origins of Techniques and Ideas of Neolithic and Early Historic China*, 5000—1000 *B. C.*, Chicago, 1976.

Hucker, C. O., *China's Imperial Past: An Intndvction to Chinese History and*

Culture, Stanford,1975. 极其清晰,范围广泛,可读性强。

——,*China to* 1850: *A Short Hvtory*, Stanfor,1978.

Keightley, D. N. ,*Sources of Shang History*: *The Orcle Bone Inscriptions of Bronze Age China*, Berkeley, 1978. 综合了过去学者的研究成果。

——,ed. , *The Origins of Chinese Civilization*, Berkeley, 1983. 这是一部论文集,由 17 位学者供稿。

Goodrich, L. C. ,*Short History. of the Chinese People*, 3d ed. ,New York, 1959. 篇幅不大而开卷有益,实现了书名所要达到的目标。

Harrison, J. A. , *The Chinese Empire*: *A Short History of China from Neolithic Times to the End of the Eiohteenth Century*, New York, 1972. 一部优秀的综合性著作。

Hsu, Cho-Yun, *Anclent China in Transition*:*An Analysis of Social Mobility*,722—222 B.C. ,Stanford, 1965.

King. F. H. ,*Farmers of Forty Centuries*, *or Permanent Agriculture in China*,*Korea and Japan*,Emmaus, Pa. ,1948. 一部经典性叙述。

Moore, C. A. , ed. , *The Chinese Mind*: *Essentials of Chinese Philosophy and Culture*, Honolulu, 1967.

Munro, D. J. ,*The Concept of Man in Early China*, Stanford,1975.

Ronan, C. A. ,ed. ,*The Shorter Science and Civilization in China*,I, New York, 1978;II,1981. 缩编李约瑟皇皇巨著前四卷而成。

Schwartz, Benjamin, *The World of Thought in Ancient China*, Cambridge,Mass. , 1985.

Treistman, Judith, *The Prehistory of China*:*An Archaeological Exploration*,Garden City, N. Y. ,1972.

Watson,Burton, *Early Chinese Literature*, New York, 1962.

Wheatley, Paul, *The Pivot of the Four Quarters*: *A Preliminary Enquiry into the Origins of the Character of the Ancient Chinese City*, Chicago, 1971.

Wilhelm, Hellmut, *Change*:*Eight Lectures on the I Ching*, tr. C. F. Baynes, New York, 1960(Princeton,1973).

原始资料

de Bary, W. T. ,ed, *Sources of Chinese Tradition*,"The Classical Period," New York, 1960.

Chai Ch'u, and Winberg Chai, *A Treasury of Chinese Literature*, New York,1961.

Chan Wing-tsit, ed. and tr. ,*A Source Book in Chinese Philosophy*, Princeton,

1963.追溯中国自儒教到共产主义的哲学史。

Soothill, W. E. ,tr. ,*The Analects of Confucius*, Yokohama, 1910.

Waley, Arthur, ed. and tr. ,*The Book of Songs*, London, 1937.

——,*The Way and Its Power*, London, 1934.

——,*Three Ways of Thought in Ancient China*, London, 1939.

Watson, Burton, tr. ,*Mo Tzu:Basic Writings*, New York, 1967.

Wilhelm, Richard, and C. F. Baynes, trs. ,*The I Ching, or Book of Changes*. Princeton, 1967.

第二编　古典时代的世界

约公元前600年后，一度辉煌强大的美索不达米亚和埃及文 155
明在古典希腊罗马文明的辉映下黯然失色，并为后者所主宰。“古
典”(classical)一词源自拉丁文classicus，意为“第一流的”，通常用
于指述约公元前600年至公元前300年间在希腊兴盛的文明和约
公元前300年至公元300年间以罗马为中心盛极一时的文明。
(在希腊和意大利，在“古典”文明之前和之后，还有其他种种文
明，但它们在后人眼中不是“第一流的”。)虽然古典罗马文明在古
典希腊文明丧失其独立本性之时逐渐显出端倪，但“罗马”没有直
接取代“希腊”。反过来，在年代上处于希腊文明盛期与罗马文明
盛期之间的是希腊化文明时期。希腊化文明是希腊因素与西亚因
素的混合体。它在地域上以公元前323年亚历山大大帝完成的征
服为基础，包括整个希腊、整个埃及以及直至印度边界的大半个亚
洲，并自公元前323年至基督诞生前不久一直保有其与众不同的
特性。使这三个文明与此前各个文明不同的显著特征是其世俗
性。宗教再也不像在古代美索不达米亚和埃及那样如此吸引人们
的注意力，耗费如此多的人力财富。此时国政在大得多的程度上 156
独立于祭司之外，追求知识的行为在很大程度上不受有组织的信仰
体系的主宰。此外，人类自由的理想和强调个人福祉的现象取代了

底格里斯河、幼发拉底河和尼罗河的专制主义和集体主义。只是在罗马文明发展的后期，专制主义才开始重申自己的权威。大致在那一时期，一种新的宗教即基督教也开始重新塑造生活在地中海世界的居民的生活。

远东的发展历程与西欧的变化相比有同有异。印度教文明在公元第一千纪达到了全盛，这是印度的古典时代，以雕塑、建筑、绘画和文学方面不朽成就为标志。在中国，一位强有力的统治者结束了诸侯混战局面，一统天下，建立了为后世历代王朝沿用的中央集权政治体制。汉朝统治下的中华帝国在威势和持久影响方面可与同时代的罗马帝国相媲美。同时，正如罗马帝国衰落引发了一个混乱时期，公元 220 年汉朝覆灭后中国也进入了持续约四百年的蛮族入侵和动荡不安时期。然而，分裂局面在中国结束得比在欧洲要早；一个强大的政府重建时，它在本质上代表了回归古代传统的模式。在唐代(618—907 年)，中华帝国的版图扩展到了最大规模，一个灿烂的文化兴盛一时。此外，在城市发展和商业联系方面，中国在这一时期要领先欧洲一大步。日本居民虽然起步较晚，但在中国政治和文化的刺激下，在国家建设方面取得了迅速进展。在中非和西非，高超的冶铁工艺的传入促进了工农业的进步。

东方宗教的发展在某种程度上与西方基督教的传播并行。在印度，印度教和婆罗门等级的主导地位受到了乔答摩·佛陀的伦理和非神学体系的挑战。佛教也传到了中国和日本，成为整整三百年间文化活力的重要刺激因素。

大事年表(二)　古典时代的世界

政　治	哲学和科学	
希腊史上的黑暗时代,前1500—前800		公元前800年
中国分封制,约前800—前250		
希腊城邦的开端,约前800		
罗马城建立,约前750		
	米利都的泰勒斯,约前640—前546	
希腊僭主时代,约前650—约前500	毕达哥拉斯,约前582—约前507	
雅典梭伦改革,前594	孔子,约前551—前479	
	老子,约前550	
雅典克利斯提尼改革,前508		前500年
罗马共和国建立,约前500	普罗泰戈拉,约前490—约前420	
希波战争,前490—前479	苏格拉底,前469—前399	
提洛同盟,前479—前404		
雅典民主制的完善,前461—前429	希波克拉底,前460—约前377	
罗马十二表法,约前450	德谟克利特,约前460—约前362	
伯罗奔尼撒战争,前431—前404	诡辩派,约前450—约前400	
	柏拉图,前427—前347	
马其顿征服希腊,前338	亚里士多德,前384—前322	前400年
亚历山大大帝的征服,前334—前323	孟子,约前373—前288	
亚历山大帝国的分裂	伊壁鸠鲁,前342—前270	
	斯多噶派芝诺,约前320—约前250	
	欧几里得,约前323—前285	
	阿里斯塔库斯,前310—前230	
印度阿育王的统治,约前273—前232	阿基米德,约前287—前212	前300年
布匿战争,前264—前146	埃拉托斯特涅斯,约前276—约前195	
中国秦朝,前221—前207	赫罗菲鲁斯,约前220—约前150	
兴修万里长城,约前220	波里比阿,约前205—前118	
中国汉朝,公元前206—公元220	怀疑论派,约前200—约前100	前200年
格拉古改革,前133—前121	斯多噶学说引入罗马,约前140	
日本国家的开端,约前100	西塞罗,前106—前43	公元前100
尤利乌斯·恺撒的独裁,40—44	卢克莱修,前98—前55	
奥古斯都·恺撒的元首制,公元前27—公元14	塞内加,公元前34—公元65	公元100
“五贤帝”,96—180	马库斯·奥勒利乌斯,121—180	

	盖伦,130—约200	200
罗马大法学家完成罗马法律体系,约200	普罗提努斯,约204—270	
罗马帝国内战,235—284		
戴克里先,284—305		
君士坦丁一世,306—337		300
狄奥多西一世,379—395		
西哥特人洗劫罗马,410		400
西非王国加纳,约450		
西罗马帝国末代皇帝被废黜,476		
意大利东哥特人国王西奥多里克,493—526	博提乌斯,约480—524	
查士丁尼,527—565		500
罗马法《大全》,约550		

古典时代的世界(续)

	经济	宗教	文学艺术
	印度种姓制度的兴起,前1000—前500		印度《吠陀》,前1800—前1200
公元前800			《奥义书》,前800—前600
	希腊土地财富的集中,约前750—约前600	琐罗亚斯德在波斯创立琐罗亚斯德教,约前625	《伊里亚特》和《奥德赛》,约前750
	希腊海外扩张约前750—约前600		多里亚建筑风格,约前650—约前500
	吕底亚人发明铸币,约前600		埃斯库罗斯前525—前546
		佛陀,约563—483	菲迪亚斯,约前500—约前432
前500	波斯人的御道,约前500	俄耳甫斯和依洛西斯神秘崇拜,约前500—约前100	
	中国使用铁,约前500		爱奥尼亚建筑风格,约前500—约前400
			索福克勒斯,前496—前406
			希罗多德约前484—约前420
			欧里庇得斯,前480—前406
			修昔底德,约前471—约前400
			巴台农神庙,约前460
			阿里斯托芬,约前448—约前380

前400	中国铸币的发展,约前400		科林斯式建筑风格,约前400—约前300
			普拉克西特勒斯,约前370—约前310
前300	希腊化时代国际贸易和大城市的发展,约公元前300—公元100	密特拉教的产生,约前300	印度史诗,约公元前400—公元前200
	撒哈拉以南非洲使用铁,前200	罗马的东方神秘崇拜,约前250—前200	
	罗马奴隶制的发展,小农的衰落,约前250—前100		
前100	中国造纸术,约100	罗马密特拉教的传播,公元前27—公元270	维吉尔,前70—前19
	罗马奴隶制的衰落,约120—约476		贺拉斯,前65—前8
	罗马农奴制的发展,约200—500	基督殉难,约公元30	李维,公元前59—公元17
	罗马经济急剧萎缩,约200—约500	圣保罗的传教工作,约35—约67	奥维德,约公元前43—公元17
公元100	非洲班图语族人的扩张,200—900		塔西佗,约公元55—约117
			罗马大竞技场,约公元80
		中国佛教的发展,200—500	
200		罗马帝国开始对基督徒宽容,311	罗马万神殿,约120
			罗马人像雕塑的盛期,约120—约250
300		圣奥古斯丁,354—430	印度文化的古典时代,约300—800
		基督教成为罗马官方宗教,380	日本采用中国的文字体系,约405
400			
500	中国玻璃制造和火药、指南针的发明,约500	本笃会的隐修制,约520	
		佛教在日本的传播,约552	

第七章　希腊文明

159 我们热爱美好的事物，而不因此而奢靡；我们热爱智慧，却不因此意志薄弱。富有，我们并不以此夸耀私己，而以之服务公益；贫穷，我们并不以之为耻，尽管我们认为不去克服贫穷是可耻的。我们相信一个人应像关心个人事务一样关心公共事务，因为我们认为一个不关心政治的人不但是无趣的，也是没用的。

——伯里克利：《葬礼演说》，论雅典的理想

那么，任何自然状态的特征是它的至善和极乐。这对于人就是理智的生活，因为正是理智生活使人成其为人。

——亚里士多德：《尼科马可伦理学》

希腊文明的特征

在古代世界的所有民族中，其文化最鲜明地反映西方社会精神的范例是希腊人。这些民族中没有一个如此强烈地专注于自由，如此坚定地信仰人类成就的崇高。希腊人将人类赞颂为宇宙中最了不起的创造物，他们拒不屈从于祭司或暴君的指令。他们的态度基本是世俗的和理性主义的；他们高扬自由探索的精神，使知识高于信仰。主要地是由于这些原因，他们的文化发展到古代世界所注定要达到的最高阶段。

一、希腊的黑暗时代

黑暗时代

迈锡尼文明的衰落是希腊世界的一次重大的灾变。它开创了通常为历史学家称为黑暗时代的这一时期，从公元前1000年持续到公元前800年。文字

记载除偶有保存外,均已不见,文化又回复到比几个世纪所知晓的更为原初的形态。到这一时期结 160
束时,爱琴海诸岛开始出现一些经过装饰的陶器和设计精巧的金属器物,但基本说来这个时期是一个漫长的黑夜。除了这一时期末文字的进展外,知识方面的成就局限于民谣和短篇叙事诗,它们在吟游诗人从一个村庄向另一个村庄漫游途中加以吟唱和润色。公元前九世纪,这些材料大部分由一个或更多诗人汇编成一种大部头的史诗本末。尽管并非这部本末的所有诗篇都传至我们,但最重要的两部,《伊利亚特》和《奥德赛》,即所谓的荷马史诗,却给我们提供了有关黑暗时代众多习俗和制度的丰富资料。

青铜雕像。制作于公元前750年左右,可能代表阿波罗。

政治制度

黑暗时代的政治制度极为原始。每一个小农村公社都独立于外部控制,但政治权力如此地虚弱,以至于说国家差不多全然不存在也并不为过。巴赛勒斯或统治者只不过是部落首领。他不能创制法律,实施法律,也不能行使审判。他得不到任何一种报酬,必须像其他公民一样出于生计而耕种自己的农田。实际上,他仅有的职能在军事和祭祀方面。他在战时统领军队,并奉献牺牲,使神祇有利于公社。尽管每一小公社都有自己的贵族议事会和战士大会,这些实体作为政府机关没有一个具有明确的成员或地位。几乎毫无例外地,习俗取代了法律,司法行政是私人性的。甚至蓄意杀人犯也仅受被害者的家属处罚。确实有时争端要交付统治者处置,但在这类情况下,他只不过充当仲裁者,而不是审判者。事实上,这时的希腊人的政治意识发展得很不充分,他们甚至毫无作为一种必不可少的维护社会秩序的机构的政府概念。在伊萨卡的统治者奥德赛缺席的二十年中,没有摄政者代替他统治,也没举行过一期贵族议事会和战士大会。似乎没有一个人意识到,即使在这么长的一个时期中,政府的完全中止也是一种事关紧要的问题。

社会生活和经济生活

波塞冬或宙斯青铜雕像,出自阿尔泰米松,制作于公元前 460—450 年左右。该像显示出男性的尊严。

社会和经济生活的模式十分简朴。尽管史诗中所描写的社会一般情况是贵族化的,但严格的阶级分化却不存在。体力劳动并不被蔑视为下贱之事,显然没有无所事事的富人。有依附劳动者存在,他们在贵族的土地上劳作,并作为忠诚的战士为贵族服役。奴隶主要是妇女,用来作奴役,加工羊毛,或作妾。她们多为俘虏,但她们似乎并未受到虐待。农业和畜牧业是自由人的基本职业。除了少数诸如马车制造者、刀剑匠、金匠和陶工之类的熟练工匠以外,没有任何劳动分工。就绝大多数情况而言,每个家庭都自制工具,自缝其衣,自产其粮。这
161 时的希腊人远非一个商业民族,甚至在他们的语言也绝无“商人”一词,因为以物易物是他们唯一的交换方式。

黑暗时代的宗教概念

对黑暗时代的希腊人而言,宗教指的主要是这样一种制度:(1)用这样一种方式解释物质世界,以消除令人恐惧的神秘,从而给人一种与之密切相关的感觉;(2)说明那种占据着人性的暴

烈情绪；(3)获得切实的利益，诸如好运、长寿、技艺高超和丰产等等。希腊人并不期待他们的宗教会把他们从罪恶中拯救出来，或者会赐予他们神圣的福祉。正如他们所想到的，虔诚既不是行为问题，也不是信仰问题。因此，他们的宗教没有戒律、教条，也没有圣礼。所有的人都可以自由自在地随其所愿去信仰，按其选择去生活，而不必恐惧神的谴责。

阿芙洛狄蒂(罗马人称之为维纳斯)。它表现该女神由海中升起情景，是展现女性身体自然美的最早的希腊艺术品之一。

神祇的人类品质

众所周知，早期希腊宗教的神不过是大写的人而已。倘若希腊人要在他们所统辖的世界里舒适自在的话，的确必须应该如此。绝大多数东方的神祇是遥不可及、无所不能的东西，它们总是唤起恐惧感而不是安全感。希腊人所想要的未必是力量非凡的神祇，而是那种可与之在平等的条件下讨价还价的神祇。因而，神祇被赋予与人类相类似的属性——具有人的体魄，具有人的弱点和需求。早期希腊人想象出各种神性，如彼此频繁地争吵，自由地混杂于凡人之中，甚至偶尔与人间妇女生育子女。神祇不同于人类的唯一之处在于他们长生不死这个事实。他们并非居住在天空或星球上，而是居住在希腊北部的一座山峰奥林匹克山的顶 162
峰上。

早期希腊宗教是多神教,没有一位神祇被提高到大大高于其他神祇的地位。天神和霹雳的主宰宙斯,有时被看做众神与人类之父,他所受到的关注往往不及海神波塞冬、爱神阿芙洛狄蒂或被看做多才多艺的智慧与战争之神和工匠的保护神的雅典娜。为了说明灾难,所有的神灵都被相信既能行善也能作恶。

男子负牛犊献祭图。该真人大小的雕刻完成于公元前570年左右。

对死后生活的漠不关心

黑暗时代的希腊人对他们死后如何几乎全然漠不关心。然而,他们确实设想过,他们在其躯体死亡之后,幽灵或幻影会残存一段时间。除少数例外,所有人都去往同一归宿——到哈得斯的地下冥府中去。那儿既非天堂亦非地狱:没有人因善行而受到奖赏,也没人因罪恶受到惩罚。每一个幽灵似乎继续过着其人类肉身在地上曾过的同样生活。荷马史诗中偶尔也提到过另两个地方,极乐天堂和地狱王国;乍看起来,这似乎与来世赏罚的观念相矛盾。但享受极乐天堂的安逸舒适的少数人并没有做什么值得赐福的事情:他们只不过是为神祇选中所宠爱的人。地狱王国实际上并非死者的归宿,而是反叛的神祇的囚所。

早期希腊宗教的礼拜主要由献祭构成。然而,祭品不是用以赎罪,而主要是为了取悦神祇使其赐福于人。换言之,宗教活动是

褐纹双耳细颈罐：阿基里斯与埃阿斯对弈图。制作年代：公元前 540—530 年。

外在的和机械的，与巫术相差不远。内心的敬畏、谦卑和纯洁并非其本质。礼拜只是适当地献祭，进而作最好的期待。就这样的宗教而言，无需精心制定的成规。甚至连一个专业祭司都不必要。既然毫不神秘也无圣礼，每个人都和其他人一样能够到处履行这些简单的仪式。希腊的神庙既不是教堂也不是宗教集会的场所，在这里不举行任何宗教仪式。它只不过是一个神龛，神祇偶尔会光顾此处，用作临时栖所。

如上所示，黑暗时代希腊人的道德与他们的宗教只有非常含糊的联系。尽管神祇确实总是倾向于支持正义，但他们并不认为他们有责任反对邪恶，并使正义占上风。在给予人们奖励时，他们似乎更多地受到他们的兴致和对供奉祭品的谢忱的左右，而不是出于道德品质的考虑。他们所惩罚的唯一罪行就是作伪誓和过分 163
的言行不一。史诗中所颂扬过的所有美德几乎都是那些使一个人成为更优秀的战士的东西——勇敢、自制、爱国、智慧（就狡诈意义而论）、爱朋友、恨敌人。没有基督教意义上的那种做错了事情要忏悔或赎罪的罪孽感。

希腊社会理想

黑暗时代终期，希腊人已经开始走上他们在以后几个世纪所遵循的社会理想之路了。他们是乐观主义者，坚信生命出于其自身的缘故值得一活，能够认识到追求死亡作为快乐的解脱是不合情理的。他们是为自我的实现而奋斗的利己主义者。结果，他们拒斥肉体苦修，反对有损生命各种形式的克己行为。他们能够认识到谦恭和打了左脸再把右脸凑上去毫不值得。最后，他们是人本主义者，他们崇尚有限和自然，而不崇拜来世和超凡脱俗。出于这个原因，他们拒不赋予他们的神祇令人畏惧的品质，也不捏造任何人类是堕落和罪孽的造物的观念。

二、城邦的演进

城邦的起源和性质

大约公元前800年，主要建立在部落或氏族组织基础上的农村公社，开始让位给更大的政治单位。随着贸易的增进，城市围绕着市场和防御工事发展起来，成为整个公社的政府所在地。于是，城邦这种由希腊人所发展起来的最负盛名的政治社会组织出现了。实例在希腊世界几乎随处可见：大陆上的雅典、底比斯和麦加拉；伯罗奔尼撒的斯巴达和科林斯；小亚细亚沿岸的米利都；爱琴海诸岛上的米太林和萨莫斯。它们在地域和人口上大不相同。斯巴达面积在3,000平方英里以上，雅典也有1,060平方英里，它们是最大的城邦；其他城邦则平均不足100平方英里。在其势力的鼎盛时期，雅典和斯巴达的各自人口均为约400,000，近似于它们绝大多数邻国的人数的三倍。

城邦之间的嬗变

更为重要地是,希腊诸城邦在文化演进中广泛地变化着。从公元前800年到公元前500年,通称为古风时期,伯罗奔尼撒的科林斯是文学和艺术发展的领袖。在公元前7世纪,斯巴达超过了它的许多竞争对手。超群出众的当属小亚细亚沿岸和爱琴海诸岛讲希腊语的诸城市。其中最出色的当属米利都,那里,辉煌的哲学和科学之花早在公元前6世纪就已经吐蕊了。雅典至少要落后一百年。 164

政治演进

除了少数例外,希腊诸城邦经历了相同的政治演进道路。它们从君主制开始其历史。在公元前8世纪,它们转变为寡头制。大约一百年之后,一般说来,绝大多数的寡头制又为独裁者所推翻,希腊人称这些独裁者为“僭主”,意谓没有合法权利的僭取权力者,而不论其暴虐与否。最后,在公元前6和5世纪,民主制建立起来,有时也称荣誉政制,即政府基于财产资格行使政治权利。第一个变化的发生是由于地产的集中。随着大地产所有者经济力量的日渐壮大,他们决定从今通称为国王的统治者手中夺取政治权力,将其赋予通常由他们控制的议事会。最终,他们完全废弃了王政。继之是一个经济变革和政治动乱的动乱时期。

希腊扩张的结果

这些发展不仅影响着希腊自身,也影响着地中海世界的其他许多地区。因为与其相伴、继之而起的是一场大规模的海外扩张。主要的原因是土地的日益稀缺。希腊人迅速熟悉了气候和土壤与祖国相同,但人口稀少的许多地区。在扩张运动中最积极的母邦当属科林斯、卡尔西斯和米利都。它们的公民沿着爱琴海沿岸,甚至在意大利和西西里都建立了殖民地。在意大利和西西里最著名的有他林敦(今塔兰托)和叙拉古。他们还在埃及沿岸和远在东方的巴比

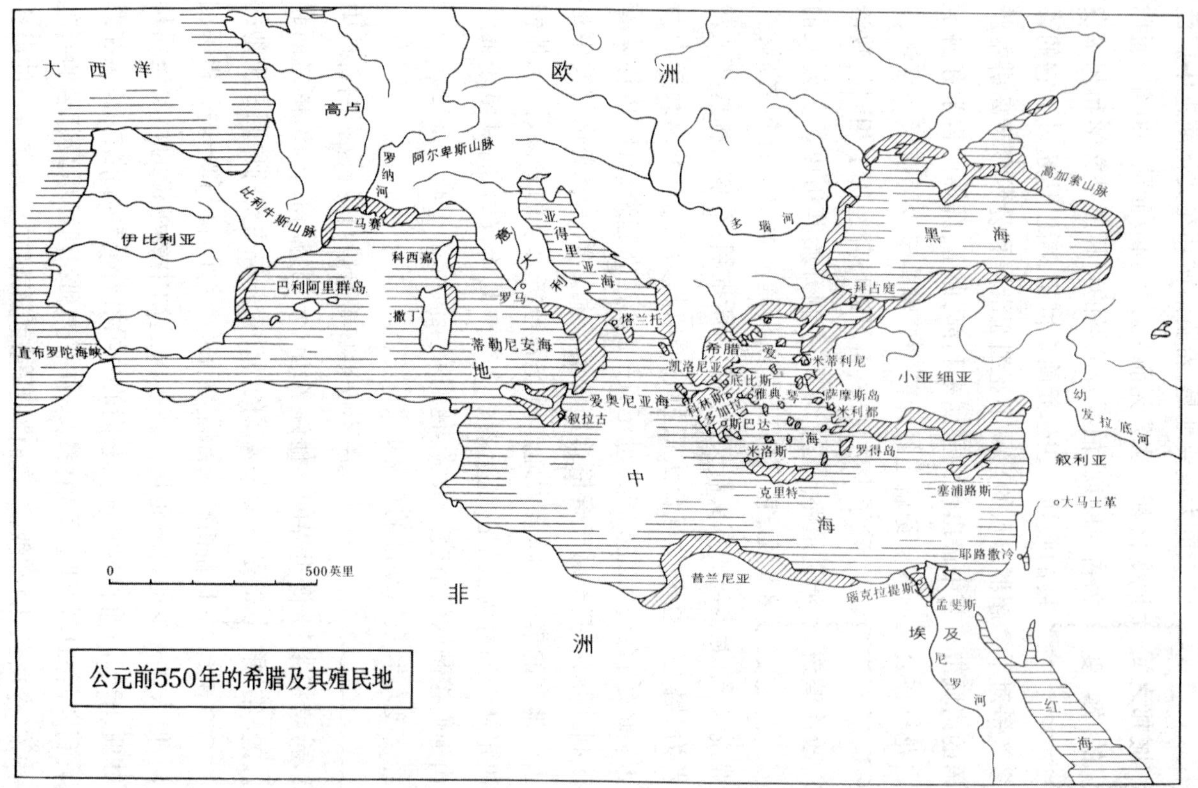

公元前550年的希腊及其殖民地

伦建立了贸易中心。这种扩张运动的结果是重大的。商业和手工业成为主导行业,城市人口上升。商人和手工业者与破产农民联合起来,攻击占有土地的寡头。激烈的阶级冲突之后自然会产生独裁。野心勃勃的煽动家放任无休止的愿望并允诺救民于水火,以此吸引足够的民众,支持他们无视政制和法律僭取权力。然而,对僭主统治的不满与平民的经济力量和政治意识的增长,最终导致了民主制或荣誉政体的建立。

遗憾的是,篇幅不允许我们对每一城邦的政治逐一加以分析。除了帖撒利和伯罗奔尼撒的较为落后的地区外,所有城邦的内部发展与上述说明相类似,这个断言是可靠的,尽管无疑存在着各地条件造成的微小差异。斯巴达和雅典这两个最重要的希腊城邦值得详细研究。

三、斯巴达的军营生活 165

斯巴达的独特发展

斯巴达①的历史是城邦政治演进的一大例外。尽管斯巴达的公民与绝大多数其他希腊人有着相同的起源,但它没有沿着民主统治的方向取得任何进展。相反,其政府逐渐演进为一种更近似于现代精英专政的形式。文化上在公元前 6 世纪以后也停滞不前。原因部分地应归于其隔绝状态。东北和西面为群山围绕以及缺乏良港,使斯巴达人几乎没有机会从在外部世界的发展中获益。此外,没有兴起一个中产阶级,支援大众争取自由的斗争。

① 斯巴达是被称作拉哥尼亚或拉栖第梦这个地区的主要城市,有时也用这些名字或此或彼指称其国家。其人民也常常被称作拉哥尼亚人或拉栖第梦人。(现今的形容词“laconic”就因古代斯巴达人吝惜字句的名声而得来。)

斯巴达的征服欲

然而，主要的解释还是要从它的黩武精神中找出。斯巴达人最初是作为入侵军队进入伯罗奔尼撒东部的多利安人。尽管到公元前 9 世纪末他们已经统治了拉哥尼亚的所有地区，但他们并不知足。太格托斯山脉以西是肥沃的美西尼亚平原。斯巴达人决定征服它。冒险获得成功，美西尼亚的领土被兼并入拉哥尼亚。约公元前 640 年，美西尼亚人获得阿哥斯的支持，发动起义。随之进行了一场殊死的战争，拉哥尼亚自身也受到侵略，只是阿哥斯统帅之死和脾气火爆的诗人提尔泰奥斯的爱国主义鼓动，才挽救了斯巴达人的命运。这一次胜利者没有错失良机。他们没收了美西尼亚人的土地，杀掉或放逐了他们的首领，把平民大众变为农奴或称希洛人。此后，斯巴达的对外政策是防御性的。美西尼亚战争之后，斯巴达人担心继续对外战争会给希洛人提供造反的机会；结果，斯巴达致力于保持他们的既得领土。

斯巴达黩武精神的后果

斯巴达生活的所有特点，差不多都是与美西尼亚人进行战争的结果。在征掠他们的敌人时，他们不知不觉地束缚了自己，因为他们以后几世纪的历史是在极度恐惧中度过的。这种恐惧感解释了他们的保守主义，解释了他们对变革的顽固反对，惟恐革新会导致这套制度致命的衰落。他们的地方主义也可归咎于同样原因。由于担心危险观念传入国内的前景，他们阻止出外旅行，严禁同外部世界的贸易。维持公民阶级对人口众多的农奴绝对至尊的
166 必要性，需要铁的纪律和严格的个人服从；因此，斯巴达的集体主义扩展到社会和经济生活的每个方面。最后，斯巴达文化上的落后大部分出于压抑的氛围，这种氛围是征服美西尼亚人并对他们进行残酷镇压的激烈斗争不可避免的产物。

斯巴达的政府

斯巴达的宪法规定政府要保留黑暗时代古老制度的形式。但是,代表各个高贵等级家族的是两个国王,而不是一个国王。斯巴达的国王只有极少的权力,主要是军事和祭司性质的。政府的第二个部门是议事会,由两位国王和二十八位六十岁以上的贵族组成。这个机构监督行政工作,为公民大会准备提案,而且还作为最高民事审判法庭。第三个政府机构是公民大会,由所有成年男性公民组成,它对议事会的议案表示同意或反对,并选举国王以外的所有公职人员。但在斯巴达宪法之下的最高权力被赋予一个被称做监察院的五人委员会。监察院实际上就是政府。他们主持议事会和公民大会,掌管教育制度和财产分配,监察公民生活,可以对所有立法行使否决权。他们还有权决定新生婴儿的命运,在议事会之前提出起诉,甚至在宗教征兆显示不祥时废黜国王。由监察官支配的政府因此实际上是寡头政体。

斯巴达的等级制度

斯巴达的全体居民划分成三个主要的阶级。居统治地位的成分是斯巴达人,即最初的征服者的后人。尽管斯巴达人从未超过居民总数的二十分之一,但他们却独享政治特权。按等级序列接下来是皮里阿西人,即“边民”。这个阶级的起源尚不明确,但有可能由那些曾一度是斯巴达的盟友或自愿屈从斯巴达统治的人民组成。做为统治阶级和希洛人之间的缓冲居民,庇里阿西人被许可进行贸易活动和从事手工业生产,以作酬谢。等级的最底层是希洛人,即农奴,他们被束缚于土地上。

庇里阿西人和希洛人

在这些阶级之中,只有庇里阿西人享有足够程度安逸和自由。尽管希洛人的经济景况的确不能被描写为极度悲惨,因为他们在其主人的地产上所生产的东西,他们可以给自己留用相当部分,

但是,他们的人身遭受如此低劣的待遇,他们不断地被凌辱,也不断地反抗。为了警戒反叛,年轻的斯巴达人有时被伪装送往希洛
167 人中生活,他们像秘密警察一样活动,有想杀谁就杀谁的权力。双方的残酷行为可以轻易地想像出。

为国家利益实行的训练

出生于斯巴达阶级中的那些人,注定一生大部分时间处于一种受人尊敬的奴役状态。他们被迫服从最严格的训练,牺牲个人利益,同一台大机器中的齿轮差不了多少。斯巴达的婴儿一出生便受到耐性观察,那些潜质差的被扔到山里,因无人照管而死去。斯巴达男性的教育几乎完全限于七岁开始的军事训练,并辅以严酷的鞭笞,锻炼男孩的战争能力。从 20 岁到 60 岁,男子几乎把所有时间都交付为国服役上。尽管婚姻实际上是强制性的,但几乎没有家庭生活:年轻男子必须住在营房里,30 岁以后他们仍须在军事食堂中吃饭。丈夫要在新婚之夜通过武力表演将妻子带走。由于他们几乎看不清她们,有时会发生这种情况,男人“已经同他的妻子有了孩子,却不曾在白日见过她的面”[1]生育壮健的后代是妇女的主要义务,但母亲必须接受这个事实,即孩子实际上是国家的财产。斯巴达人是否对这些苦修和剥夺有所怨言,是值得怀疑的。作为统治阶级,他们对其地位的自豪感或许会在心中补偿这种严格的训练和对特权的否定。

经济管理

斯巴达的经济组织几乎只是为了军事效率和公民阶级的至高无上的目的而设计的。最好的土地为国家所有,最初被分成均等的份地,分给斯巴达阶级,作为不可让渡的地产。后来这些所有地也和较次的土地

---

① 普鲁塔克:“莱库古传”,《希腊罗马名人传》,I,81。

一样，被允许出售和交换，结果一些公民比其他公民富有起来。从事所有耕种土地工作的希洛人，也为国家所有，随土地分配给他们的主人。他们的主人被禁止解放他们或把他们卖往国外。希洛人的劳动供养了整个公民阶级，他们的成员不得与任何农业以外的经济事业有关。斯巴达国家的最低限度的工商业都只留给庇里阿西人。正如斯巴达政府是令人压抑的，斯巴达的经济也是停滞不前的。

四、雅典的成功与悲剧

雅典人所享有的优势

雅典是在与斯巴达所盛行的条件相当不同
的条件下开始自己历史的。雅典所在的阿提卡
地区，从不是武装入侵或对立民族之间激烈冲突 168
的舞台。结果，没有军事等级将其统治强加给被征服的民族。此外，除了农业资源，阿提卡还有充足的矿藏和出色的港湾，这些使雅典有可能发展出繁荣的贸易和城市文化，而不是像斯巴达那样继续维持一个农业占优势的国家。

雅典从君主制到寡头制

直到公元前 8 世纪中期，雅典还像其他希腊国家一样，有一个君主制的政府形式。在接下来的那个世纪里，贵族议事会或称战神山议事会，逐渐剥夺了国王的权力。向少数人统治的转变，既是财富日益集中的原因，也是其结果。大约在这个时候，葡萄和橄榄栽培技术的引进，致使农业发展为一项大的事业。既然葡萄园和橄榄树园需要大量时间才能盈利，只有那些资源雄厚的农民才能维持这项事业。他们的贫困潦倒的邻居却迅速陷入债务之中，特别因为现时谷物是以灾难性的价格进口的。小农没有选择，只有抵押土地和身家性命。徒然期盼有一天会找到逃避的办法。最

后，当抵押无法收回时，这个阶级大多数人变成农奴；无土地可抵押的那些人则卖为奴隶。

阿提卡褐纹陶瓶：阿基里斯杀死亚马逊女王(制作于约公元前530年)

革命的威胁和梭伦改革

现在民怨沸腾。农民们要求政府解放的事业，为城市中等阶级所利用。最后，公元前594年，所有派别一致推举贵族梭伦为执政官，赋予实行改革的绝对权力。梭伦颁布的措施既规定了政治方面的也规定了经济方面的调整。前者包括：(1)建立一个新的议事会，四百人会议，中等阶级有资格成为其成员；(2)使下等阶级具有在公民大会中参政的资格，从而给予他们公民权；(3)组建最高刑事法庭，面向所有公民，通过普选投票选出。经济改革于贫苦农民最有利，取消了现存的抵

褐纹装饰瓶：妇女织布图，雅典，公元前6世纪

押契约，禁止今后再有债务奴的存在，限制任何个人可以拥有的土地数量。

僭主的产生

尽管这些改革意义重大，但并未能减缓不满情绪。贵族因丧失了某些特权而忿忿不平。中等阶级和下等阶级，因为仍然不能担任官职，因为战神山会议的权力原封不动，而十分不满。继之而来的混乱和幻灭，在公元前 546 年为雅典的第一位僭主庇西特拉图的成功铺平了道路。尽管他赞助文化，减少贵族的权力，提高雅典人均生活水平，是个仁德的专制君主，但继承他的儿子希庇阿斯，却是一位凶恶的压迫者。

克利斯梯尼改革

公元前 510 年，希庇亚斯的僭主统治为斯巴
169 达支持的一伙贵族推翻。派系冲突又持续了两年，直至一位开明的贵族克利斯梯尼得到大众的支持，消灭了他的对手。他曾允诺向大众让步，作为对他们支持的回报，于是，他以破竹之势进行了政府改革，从此，他以雅典民主之父而著称于世。克利斯梯尼授予当时定居该国的所有自由男子充分权力，由此，扩大了雅典的公民人数。他建立了一个新的议事会，使其成为政府主要机构，具有为公民大会准备提案的权力，并兼有管辖行政管理之责。这个机构的成员通过抽签选出。任何一个年满三十的公民都有当选资格。克利斯梯尼还扩大了公民大会的权力，赋予它讨论、通过或否决议事会提案的权力，赋予它宣战、拨款和对退休官员的会计审查的权力。最后，克利斯梯尼创制了陶片放逐法，依据此法，任何一个被认为对国家有危害的公民，都可以被体面地放逐十年。陶片放逐法是为了排除那些被怀疑有独裁野心的人而设置，但其后果却是排除了那些特殊人物。

雅典民主的全盛

雅典民主制在伯里克利时代(公元前 461—429 年)达到全盛。在这个时期,公民大会除了批准或否决贵族议事会提案的权力,又获得立法权。
在这个时代,十将军委员会上升到大体上可与英 170
国内阁相媲美的地位。将军们由公民大会选出,任期一年,并且可以无限期地再度当选。伯里克利位居首席将军或十将军委员会主席之位达许多年之久。将军们不单是军队首脑,而且还是国家的主要司法和行政官员。他们尽管行使巨大的权力,却不能成为僭主,因为他们的政策要受公民大会审核,而且在一年任期终了时他们会被轻易地撤职,也会因渎职行为受到指控。最后,在伯里克利时代,雅典的司法系统臻于完善。不再仅有一个就执政官判决听取上诉的最高法庭,而且还形成一批处理各种案件的民众法庭。每年年初,都要通过抽签在全国各地挑选出 6,000 名公民。以这些公民组成从 201 人到 1,001 人规模不等的各个陪审团,受理特别的案件。这些陪审团每一个都组成一个法庭,有权通过多数票决定案件所涉及的每个问题。尽管有一名执政官主持法庭,但他没有任何法官的特权;陪审团自身就是法官,其判决不得上诉。

伯里克利半身像。罗马复制品。

雅典民主与现代民主的比较

雅典民主在许多方面不同于民主的现代形式。首先，它完全排除了妇女。进一步来说，它也没有扩及到全部居民，仅仅局限于公民阶级。在克利斯梯尼时代，公民包括了居民的大多数或许是个事实，因为他将公民权授予了定居的外国侨民，但在伯里克利时代，公民显然是少数人。然而，在这一范围内，或许有理由说，雅典民主比其现代形式运用得更充分。除十将军外所有官吏均通过抽签选出，所有公职的任期均限定一年，甚至在司法审判中也无条件地服从多数统治的原则，堪称信赖公民政治能力的楷模，对此少有现代国家乐于接受。就其是直接的而非代议制的这一事实而论，雅典民主也不同于当代的理想。既然雅典人对被少数声名显赫的人统治不感兴趣，由所有男性公民组成的公民大会就差不多每周都开会对所有重大决定进行投票表决。

希波战争及其后果

在雅典扩张最甚也最富创造力的那个世纪，雅典进行了两次重大的战争。第一次是与波斯帝国的斗争，当时波斯帝国已取代巴比伦王国成为西亚最有势力的大国。波斯对小亚细亚讲希腊语的各城市的统治，使雅典人十分愤怒，他们支持这些城市争取自由的斗争。(这些城市与雅典共有同一希腊语方言——爱奥尼亚语——这一事实使雅典人感到与他们有特殊的亲缘关系。)波斯人派出一支强大的军队和舰队，攻打希腊人，进行报复。尽管全希腊
171 都处于被征服的危险中，但雅典负起抵抗侵略者的重任。战争始于公元前 490 年，中间穿插着数次停战，一直持续到公元前 479 年，这次战争通常被视为世界历史上最重大的战争之一。希腊人在诸如马拉松(公元前 490 年)和温泉关(公元前 480 年)之类的战役中所取得的史诗性的胜利，结束了波斯征服的威胁，使希腊的自

由理想免遭波斯专制的摧残。

雅典帝国主义与伯罗奔尼撒战争

另一场大战是与斯巴达进行的伯罗奔尼撒战争,其结果则截然不同。它不再是雅典通往权势之途的又一座里程碑,反而以悲剧告终。这场战争的原因引起研究文明衰落的学者的兴趣。最首要的原因当属雅典帝国主义的成长。公元前478年,雅典联合大量希腊国家组成以提洛同盟著称的攻守同盟。尽管希腊不再同波斯作战,但大部分希腊人担心波斯人会卷土重来,故同盟年复年年地维持着。随着时间的推移,雅典逐渐将同盟变成发展自己利益的海上帝国。它为了自己的目的动用了公共金库中的一些资金。它试图其他成员国全部降至臣属的地位,每当它们当中哪一个反叛时,它便以武力加以镇压,将其看得好像是一个被征服国,接管其海军,强迫其纳贡。如此专横的手段引起斯巴达人的猜忌,他们担心雅典的霸权不久就会扩及全希腊。

伯罗奔尼撒战争的其他原因

第二个重要原因可以从雅典和斯巴达之间社会和文化的差别中得出。雅典是民主制的、进步的、城市的、帝国主义的以及文化艺术繁荣的国家。而斯巴达则是贵族制的、保守的、农村的、地方性的以文化落后的国家。凡是如此尖锐对立的制度并存的地方,冲突必定要发生。雅典人与斯巴达人的敌意已有一段时间了。前者蔑视后者没有教养。斯巴达人则指责希腊人企图控制伯罗奔尼撒北部各国并鼓动希洛人造反。经济因素在引发冲突的过程也起着重大作用。雅典企图控制科林斯湾这条与西西里和南意大利进行贸易的主要通道。这使雅典成为斯巴达的同盟国科林斯的死敌。

雅典的失败

战争爆发于公元前 431 年,持续到公元前 404 年,对雅典是一场可怕的大灾难。雅典的贸易被摧毁,民主制度被颠覆,居民也因一场恶性瘟疫大批地死亡。最糟糕的是军事失利后接踵而来的道德堕落。背信弃义、贪污腐化、残酷无情等是冲突最后几年之中当务之急的弊病。有一次雅典人甚至将米洛斯岛的所
172 有男性居民全部屠杀,将妇女和孩子变成奴隶,因为没有比拒不放弃中立立场更大的罪恶了。最后,除萨摩斯外,所有盟国都叛离雅典,雅典的供给也被切断,雅典要么投降,要么饿死,此外别无选择。强加于雅典人的条件十分苛刻:拆毁防御工

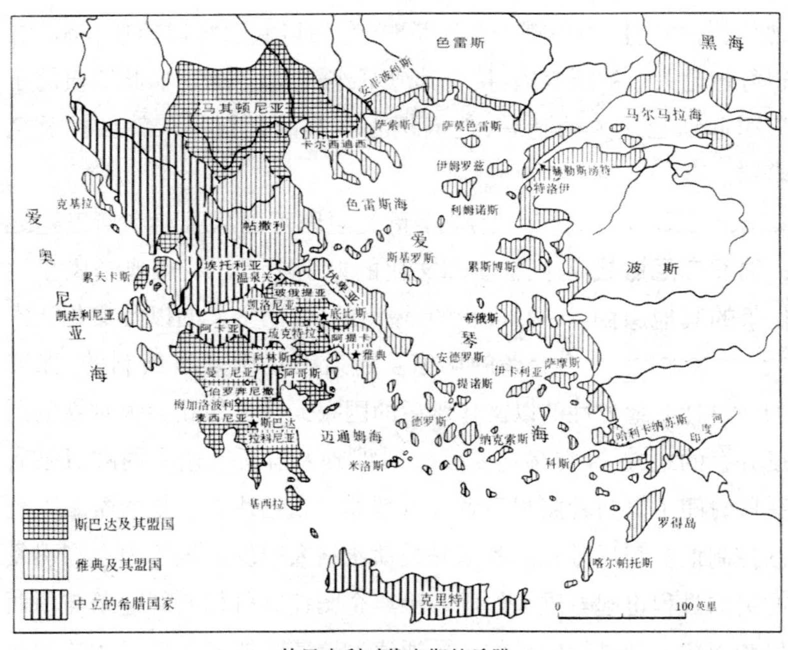

伯里克利时代末期的希腊

事,交出全部境外领地和事实上的全部海军,投降斯巴达,成为其属国。

城邦之间持续的冲突和混乱

比结束了雅典的政治霸权更糟糕的是,伯罗奔尼撒战争的后果导致了全希腊的政治灾难。胜利之后,斯巴达僭取了全希腊的霸权,斯巴达所支持的贵族政制在希腊的几个国家中取代了民主政制。然而,在公元前404和公元前371年期间,日益明确地,斯巴达缺乏继续巩固他们对整个希腊加以控制的愿望和政府制度。结果,几个希腊城市内部发生倾轧,反斯巴达的民主派兴起,反对斯巴达支持的贵族派;雅典和底比斯等民主派掌握权力的城市,也企图从斯巴达手中夺取希腊的霸权。底比斯通过在琉克特拉战役对斯巴达军队的胜 173
利,达到了这个目的,然而,底比斯不久便证明它不比斯巴达更有能力牢固地统治希腊。结果,从公元前371到公元前338年,希腊各城市间多次变换的同盟,导致了没完没了的战争,并把交战者带到筋疲力尽的地步。尽管希腊文化的光彩几乎未曾黯淡过(所有希腊哲学家中最伟大的柏拉图和亚里士多德,就从大约公元前390年到公元前330年卓有成就地达到他们的鼎盛期),但从军事和政治视角看,希腊的所有主要城市都已变得力量衰竭、孤立无助。

五、希腊的思想和文化

希腊哲学的本质

在哲学领域中,希腊人试图寻求有关宇宙的性质、真理的问题以及人生的意义和目的等一切问题的答案。以往哲学大多是有关他们结论有效性的争论,这个事实证实了他们成就之重要性。

米利都学派学说

希腊哲学起源于公元前 6 世纪所谓米利都学派的著作中,这个学派的成员是米利都城的本地人。他们的哲学基本上是科学的和唯物主义的。他们所关注的主要问题,是发现物理世界的性质。他们相信,万物皆可还原为原初的实体,这种实体是世界、星球、动物、植物和人类的本原,一切最终均返归这种实体。该学派的创始人泰勒斯发现万物均含有湿气,就认为原初的实体是水。阿那克西曼德坚持认为,这种实体不可能是任何诸如水、火之类的特殊物体,而是某种"不生不灭"的东西。他称这种实体为"无限"。第三位米利都学派成员是阿那克西美尼,他宣称宇宙的原始物质是空气。空气稀薄时便形成火;空气凝聚时就依次形成风、蒸气、水、土和石头。尽管米利都学派哲学表面上质朴,但它有着重大的意义,因为它打破了希腊人关于世界起源的神话信仰而代之以纯粹的理性解释。

毕达哥拉斯学派

公元前 6 世纪末以前,希腊哲学发生一场向形而上学的转变;它不再仅仅为物质世界的问题所占据,而将注意力转向存在的性质、真理的意义、神在万物体系中的位置等玄奥问题。首先表
174 现出这种新倾向的是毕达哥拉斯学派,他们在很大程度上以宗教思维方式解释哲学。他们的领袖毕达哥拉斯从希腊迁徙到南意大利,于公元前 530 年在那里的克罗顿建立了一个宗教团体,除此之外,关于他们人们知之甚少。毕达哥拉斯和他的追随者主张思辨生活是最高的善,为达到此境界,个人就必须清除邪恶的肉欲。他们力主万物的本质不是物质的实体而是抽象的原则——数。他们的重要意义在于他们提出精神与物质、协调与不协调、

善与恶之间的明显区别,这使他们成为希腊思想中二元论的创始人。

有关宇宙本质的争论再起

毕达哥拉斯学派的活动的结果,就是激化了有关宇宙本质的争论。他们的一个同时代人巴曼尼德斯力主稳定和恒久是万物的真正本质;变化和歧异只不过是感官上的错觉。与此针锋相对的是赫拉克利特的主张,他认为恒久是错觉,而变化才是唯一真实的。他坚持认为,宇宙处在不断流动的状况下;因此,“人不能两次踏进同一条河流之中”。创造与毁灭,生命与死亡,不过是同一影像的正反两面。换言之,赫拉克利特相信我们所见、所闻和所感的万物都是真实存在的。演进和永恒变化是宇宙的法则。今天在这里的树和石头明天就不在了;不存在恒常不变的基本实体。

原子论者

原子论者提供了宇宙基本特征问题的一种答案。对原子理论发展做出重要贡献的哲学家当属德谟克里特,他于公元前5世纪后半叶生活于色雷斯沿岸的阿夫季拉。顾名思义,原子论者主张宇宙的基本要素是数量无限、不能毁灭和不可再分的原子。尽管这些原子在大小和形状上各不相同,但它们在构造上完全相同。由于所固有的运动,它们永远在按不同的排列方式结合、分离和再结合。宇宙中每个单独的物体或有机物因而都是原子偶然集合的产物。人和树的唯一区别就是构成他们的原子的数量和排列方式的不同。这种哲学反映了早期希腊思想中唯物主义倾向的最后结果。德谟克利特否定了灵魂不灭和精神世界的存在。或许令某些人感到奇怪,他是一位道德上的唯心主义者,断言“善不仅意味着不去作恶,也意味着不愿去作恶”。

诡辩家发起的知识革命

大约在公元前5世纪中期,希腊开始了一场知识革命。它与雅典民主的高峰期相伴。公民权势的上升、个人主义的成长和解决实际问题的要求,导致了对旧的思维方式的反动。结果一些希腊哲学家放弃了对物质世界的研究,转而思考与个人关系更密
175 切的题目。新知识倾向的倡导者首推诡辩家。这个词原义为"智者",但后来逐渐被用在贬损那些使用似是而非推理的人的意义上。既然我们有关诡辩家的知识绝大部分来自其最严厉的批评者柏拉图,他们通常被视为全部希腊文化精华的敌人。现代研究已经否定了这种十分极端的结论,然而也承认这个学派的一些学者的确缺乏社会责任感,而且肆无忌惮地"做了错事硬装好人"。

普罗泰戈拉的学说

普罗泰戈拉是一个重要的诡辩家,他是阿夫季拉本地人,主要在雅典讲学。他的著名格言"人是万物的尺度",概括了诡辩学派哲学的要义。因此,他认为善、真、义、美均是相对人的需要和兴趣而言的。不存在绝对真理或正确和公平的永恒标准。既然感觉是知识的唯一源泉,既定的时间和空间就只能有特定有效的真理。道德也同样因人而异,因为天国并没有颁布绝对不变的是非标准去适应所有情况。

后期诡辩家的极端教义

后期的一些诡辩家远远超越了普罗泰戈拉的教义。暗含在普罗泰戈拉教义中的个人主义被色雷希马库斯曲解为,一切法律和习惯不过是精明强干者出于他们利益对他们意志的表达,因而这个聪明人是"极不公正者",他凌驾于法律之上,只顾满足自己的愿望。(也应提出,人只是在男性意义,才是这个学派和其他所有涉及个人的希腊哲学的根本中心。)

诡辩家有价值的贡献

然而,诡辩家,甚至那些最极端分子,他们的学说中也有许多令人称道之处。有些诡辩家谴责奴隶制和希腊人的排外性。有些则是自由、民权与实用、进步观点的斗士。或许最重要的是,诡辩家拓宽了哲学的领域,使其不仅包括物理学和形而上学,还包括伦理学和政治学。正如罗马时代的西塞罗所言,他们“把哲学从天国带到人间”。

对诡辩家的反动

诡辩家的相对主义、怀疑主义和个人主义不可避免地激起强烈的反对。在较保守的希腊人看来,这些教义似乎会直接导致无神论和无政府主义。如果没有终极真理,如果善和正义只是相对个人的一时兴致,那么不仅宗教、道德、国家,而且连社会自身也无法再维持下去。这种看法的结果是一种新哲学运动的发展,这种哲学是建立在真理是实在的和绝对标准确实存在这个理论基础上。这个运动的领袖或许是思想史最著名的三个人物——苏格拉底、柏拉图和亚里士多德。

苏格拉底

苏格拉底于公元前 469 年生于雅典,家系卑 176
微;其父为雕刻师,其母为助产士。他如何受到教育,无人知晓;但他肯定通晓早期希腊思想家的主张。人们对他在市场上啰啰嗦嗦的印象,纯系无稽之谈。他之所以成为一名哲学家,就他自己而言,主要是由于他与诡辩家主张的论战。公元前 399 年,他受控“腐化青年,传入新神”,被判处死刑。这一不公正判决的真正原因是雅典在伯罗奔尼撒战争中的悲剧性结局。雅典公民为忿懑所压,转而攻击苏格拉底与贵族派沆瀣一气,攻击他批判大众信仰。也有证据表明,他毁谤民主制,力主除有知识的贵族制外,无一名副其实的政府。

苏格拉底。按柏拉图的说法,苏格拉底相貌像山羊,但谈吐像神。

苏格拉底的哲学

由于苏格拉底本人没写任何东西,历史学家难以决定其学说的确切范围。通常在人们看来,他基本上可以说是一位伦理学教师,而对抽象哲学毫无兴趣。然而,柏拉图的某些篇章却提出,柏拉图的抽象的理念学说可能基本上源于苏格拉底。无论如何,有理由确信,苏格拉底相信有一种确定的普遍有效的知识,人类如果寻求正确的方法就能掌握它。这种方法存在于见解的交流与分析、暂时定义的提出与检验之中,直至最终从中提取出人人认同的真理实质为止。苏格拉底论证道,以相同的模式,人们能够发现独立于人类欲望之外的正确和公平的恒久原则。而且他还相信,这种理性的行为原则的发现,将要使不至错误地引导到德行生活得以
177 证明,因为他不承认任何懂得善的人会选择恶。

柏 拉 图

柏拉图

苏格拉底最著名的学生当属柏拉图,他于约公元前 429 年生于雅典,是贵族之子。他在 20 岁时加入苏格拉底的圈子,直至他的老师悲剧性的死亡,他一直都是其中一员。不同于他的导师,他是一

位多产作家。他的最著名的作品是一些对话,诸如:《申辩篇》、《斐多篇》、《斐德罗篇》、《会饮篇》和《理想国》。当他忙于完成《法律篇》时,他突然去世,享年八十一岁。

柏拉图的理念哲学

柏拉图的目的与苏格拉底相似,虽则相对更宽泛些:(1)反对将实在看做无规则的不断变化的理论,而代之以将宇宙看做基本上是精神的和有目的的解释;(2)驳斥诡辩家的相对主义和怀疑主义的学说;(3)为伦理学提供牢固的基础。为了实现这些目标,他发展了他的理念学说。他承认相对性和变化是物质事物世界,也就是我们用感官所察觉的世界的特征。存在着一个更高的精神王国,它由永恒的形式或理念构成,只有精神才能想象到。然而,这些东西并非是精神创造的纯粹抽象物,而是精神方面的事物。每一事物都是某些特殊种类的对象和地球上各种对象之间关系的范型。这样就有了人、树、形象、颜色、比例、美和公正的理念。其中最高级的是善的理念,它是宇宙的主动原因和导向性的意图。我们通过感官所察觉的万物只是最高的实在,即理念的不完美的摹本。

柏拉图的伦理和宗教哲学

柏拉图的伦理和宗教哲学与他的理念学说密切相关。像苏格拉底一样,他相信真正的美德的基础在知识之中。但是,来源自感官的知识是有限的和可变的;因此,真正的美德必定在于对永恒的善和公正理念的理性领悟。由于将物质降格至较低的地位,他赋予他的伦理学一种禁欲主义的味道。他将身体视为精神的障碍,认为只有人性的理性部分才是高贵的和美好的。然而,与其较后的追随者相比,他并未要求全然否定欲望和情感,但他极力主张它们应该严格地服从理智。柏拉图从未将神的概念完全搞清楚,但他肯定将宇宙设想为本质上是精神的,为理性的意图所支配。他既否定唯物主义也否定机械论。关于灵魂,他认为不仅是不朽的,而且还自始至终是先存的。

作为一位政治哲学家的柏拉图

作为一位政治哲学家,柏拉图为建立一个国家的理想所激发,这个国家将不受个人和阶级的干扰和利己主义的影响。他所希
178 望达到的目标既不是民主,也不是自由,而是和谐与效率。于是,他在《理想国》提出一个社会计划,将全体居民分为三个主要的阶级,以对应灵魂的功能。最低的阶级代表欲望功能,包括农民、工匠和商人。第二阶级代表活跃的成份或意志,由军人组成。最高的阶级代表理性的功能,由有理智的贵族构成。每个阶级都履行他们最能胜任的那些任务。最低的阶级的职能是生产和分配商品,为全共同体谋福利;军人阶级的职能是防卫;贵族因其具有特殊的哲学才能,则垄断了政治权力。把人民划分为这几个等级,并非根据出生和财富,而是通过筛选过程,考虑每个人从教育中获益的能力。因此,农民、工匠和商人是那些理智能力最少者;而哲学王则是那些理智能力最多者。

亚里士多德

苏格拉底传统最伟大的倡导者是亚里士多德,他是斯塔吉拉本地人,生于公元前 384 年。他 17 岁进入柏拉图学园,[①]在那里一直做了 20 年的学生和教师。公元前 343 年,他受马其顿的腓力之邀,做他年轻的儿子亚历山大大帝的私人教师。七年后亚里士多德返回雅典,在那里他经营自己的学校,名为莱森学园,直至公元前 322 年去世。亚里士多德的著作比柏拉图更为卷帙浩繁,主题也更为多种多样。他的主要著作包括逻辑学、形而上学、修辞学、伦理学、自然科学和政治方面的论述。

---

① 所谓学园,得名于柏拉图及其门徒聚会讨论哲学问题的学术园林。

亚里士多德与柏拉图和苏格拉底的比较

尽管亚里士多德像柏拉图和苏格拉底一样对绝对知识和永恒准则颇有兴趣,但他的哲学在几个突出的方面与他们有所不同。首先,他更加重视具体和实践。审美家柏拉图和苏格拉底宣称,从树和石头中学不到任何东西;与他们相比,亚里士多德是一位对生态学、物理学和天文学有着浓厚的兴趣的经验主义哲学家。而且,他比他的两位前辈更少倾向于心灵观点。最后,他并没有他们那么强烈的对贵族制的认同感。

亚里士多德的宇宙观

亚里士多德赞同柏拉图所说,一般、理念(或他所称的形式)是实在的,来源于感官的知识是有限的、不准确的。但他没有追随他的老师,将一般描述为独立的存在,将物质事物降格为精神范式的苍白反映。相反,他断言形式和物质同等重要;二者都是永
恒的,缺一不可存在。形式是万物的原因;它们是有目的的动力, 179
使物质世界形成我们周围无限变化的物体和有机物。所有宇宙的和有机的演进,都起因于形式和物质的相互作用。因此,人的形式在人类胚胎中的出现,使后者成型并引导其发展,直至最终演化为人类。亚里士多德的哲学,可以看做一方面是柏拉图的唯灵论和先验论,另一方面是原子论的机械唯物主义,二者之间的折衷。他的宇宙观是目的论的——即由目的所支配;但他并不认为精神使其物质化身黯然失色。

亚里士多德的宗教学说

亚里士多德的科学态度,使他首先将神想像为第一推动力。亚里士多德的神不过是原始推动力,是包容在形式之内的有目的运动的最初来源。他绝不是人格神,因为他的本质是理智的,没有一切感情、意志或愿望。亚里士多德似乎不曾给个人不朽留下一席

之地:灵魂的所有功能,除了绝非个人的创造理性外,全都依赖躯体,并随之一起消亡。

亚里士多德的中庸伦理哲学

亚里士多德的伦理哲学并不像柏拉图那么禁欲化。他并不将躯体视为灵魂的囚牢,也不相信物质欲望本身就是邪恶。他教导说,最高的善在于自我实现,即运用最真实地使其成为人的那部分人性。因此,自我实现便与理性生活相一致。但理性生活依赖于物质条件和精神条件之适当结合。躯体一定要保持健康,情绪要适当地加以控制。解决的办法可以从中庸之道中找到,在于使极度放纵的一面与禁欲克制的另一面保持一种平衡。这不过是重申了典型的希腊理想 Sophrosyne,即“不要过分”。

应用于政治的中庸之道

尽管亚里士多德在其《政治学》中包含了许多有关政府结构和职能的描述性和分析性的材料,但他主要论及的是政治理论中更广泛的各方面。他认为国家是促进完美生活的最高机构,因而他极其关注国家的起源和发展及其所能采取的最好形式。他宣称人天生是政治动物,不承认国家是少数人的野心和多数人的愿望的人为产物。相反,他主张国家植根于人自身的天性,而超出国家界限的开化生活是不可能的。他认为最好的国家既不是君主制、贵族制,也不是民主制,而是一种 Polity〔政体〕——他界定为一种介于寡头制和民主制之间的一种中间国家形态。实际上,它是一种中等阶级控制下的国家,但亚里士多德有意确保这个阶级
180 成员保持相当的多数,因为他倡导防止财富集中的方案。他维护财产私有制,但他反对积累超过理智生活所必需的财富。他建议,政府要为穷人供应钱财,让他们购置小块田地或“开创商业和农业”,从而促进他们兴旺和自尊。

希腊思想本质上并非科学

与一般人所接受的信念相反，公元前四世纪末以前的希腊文明时期，并非伟大的科学时代。通常被认为是希腊的科学成就，绝大部分是在希腊化时代创造的，当时的文化已不再是希腊占优势的了，而是希腊和西亚的混合物。在伯里克利时代及其之后的那个世纪，希腊人的兴趣主要是思辨和艺术；他们并不深切关注物质舒适和对物质宇宙的控制。结果，除了在数学、生物学和医学方面的重要发展外，科学的进步比较微弱。

毕达哥拉斯学派的数学

希腊数学中最值得注意的成果是毕达哥拉斯学派所创造的。毕达哥拉斯的追随者们发展出一种复杂的数论，将数字归为几个范畴，诸如奇数、偶数、质数、合成数和完成数。他们或许也发现了比例理论，并首次证明任何三角形的三个角之和等于两个直角。但他们的成就中最著名的当属毕达哥拉斯本人所发现的定理：任何直角三角形的斜边的平方，等于另外两边的平方之和。

生物学

希腊人对生物学表现出兴趣的第一人当属哲学家阿那克西曼德，他基于渐进适应环境的生存原理发展出有机体进化的不成熟理论。他断言，最早的原始动物生活在海中，海最初是覆盖了整个地表的。当海水下降，一些生物体能够使自己适应新环境，便成为陆地动物。这种进化过程的最终成果就是人自身。然而生物科学的真正奠基者却是亚里士多德。他一生中多年不辞劳苦献身于动物的结构、习性和成长的钻研，进行过多次值得注意的观察。各种昆虫的变形、鳗鱼的生殖习惯、弓鳍鱼的胚胎发展——这些仅是他广泛的知识范围中的几个例子。然而，遗憾的是，亚里士多德的生物学也是充满严重的错误的：例如，他否认植物的性别，相信某些种类的蛆和昆虫是自然生发的。

医学

希腊医学也起源于哲学家中。先驱者是恩培多克勒,他是四元素(土、气、火和水)学说的主张者。
181 他发现血液自心脏流出并流入心脏,皮肤的毛孔补充了呼吸器官的通路在呼吸时的工作。公元前五至四世纪科斯的希波克拉特的工作更为重要。他被公认为医学之父。他不厌其烦地告诫他的学生这个信条:“每种疾病都有其自然原因,没有自然原因,什么也不会发生”。此外,依据他对病症的审慎研究和比较的方法,他奠定了临床医学的基础。他发现了疾病的临界现象,并改进了外科手术业务。尽管他有广泛的药物知识,但他的治疗主要依靠食物和休养。他令人怀疑的主要事实是他发展了四体液学说——即疾病产生于人体中黄胆汁、黑胆汁、血液和痰过量的概念。给病人放血是这种理论令人遗憾的后果。

荷马史诗

一般说来,一个民族形成时期最常见文学表述方式是有关英雄业绩的史诗。希腊史诗中最著名的《伊利亚特》和《奥德赛》,在公元前八世纪末才被赋予成文的形式,据说是荷马所为。前者涉及特洛伊战争,以阿基里斯的愤怒为其主题;后者描述了奥德塞的流浪与回归。二者无论就其精心编排的情节、人物刻画的现实主义,还是就其对紧张情感的全部过程的掌握而言,均具有极高的文学价值。它们对后来的作家产生了几乎无法估量的影响。它们的风格和语言激发了公元前六世纪的充满热烈情感的诗篇,它们也是公元前五世纪黄金时代伟大悲剧家的情节和主题的不朽源泉。

哀歌的发展

如我们所见,黑暗时代之后的三个世纪以其巨大的社会变革而闻名于世。乡村型的生活让位于日渐复杂的城市社会。殖民地的建立和商业的
182 发展,给生活提供了新的趣味和新的习惯。不可避免地,这些变化在新的文学形式,特别是那些更具个人风格的文学形式中有所反

希腊瓶画:战士合唱队,雅典,约公元前490年。画中描绘了六位面容相似、发型一样、据认为头戴面具的舞者。这种场面构成了戏剧表演的一部分。祭坛的人物代表一位演员。

映。首先得到发展的是哀歌,它大概是打算用来朗读而不是配乐吟唱的。哀歌的主题多种多样,从个人对爱情的反映到爱国者和改革家的理想主义各不相同。但一般说来,它们专注于生活幻灭的忧郁反映和特权丧失的痛苦哀鸣。哀歌作者中最出色的是立法者梭伦。

抒情诗

公元前6世纪和5世纪初期，哀歌在抒情诗中找到其对手，抒情诗得名于它是随七弦琴（Lyre）的音乐而吟唱这个事实。这种新型的诗歌特别适合表达激越的情感和阶级斗争所引发的强烈爱憎。它也用于其他目的。阿尔卡乌斯和萨福——后者来自勒斯波斯岛的女诗人——都以抒情诗来描写爱情的伤感之美、春天之柔美和夏夜的群星闪耀。同时，其他诗人发展了合唱队抒情诗，用以表达共同体的情感，而不是一个人的情绪。这个群体所有作者中最伟大的当属底比斯的品达，他在公元前五世纪前半期从事创作。品达的抒情诗采用了颂歌的形式，歌颂运动员的胜利和希腊文明的光荣。

悲剧的起源

希腊人的最高文学成就是悲剧。与他们的其他伟大作品十分相像，悲剧也根源于宗教。在奉祀春与酒之神狄奥尼索斯的节日上，由男人组成的合唱队身着森林之神或半人半羊的服装，围绕祭坛载歌载舞，演出叙述神的生涯的酒神赞歌或合唱队抒情诗的各个篇章。有时，合唱队队长从合唱队中走出来，单独背诵故事的重要部分。真正的戏剧诞生于公元前五世纪初，当时埃斯库罗斯引入第二名“演员”并使合唱队退到背景地位。用于这种戏剧的“悲剧”一名，可能就溯源于希腊文 tragos，意为“山羊”。

希腊悲剧与现代悲剧之比较

希腊悲剧与莎士比亚或现代剧作家的悲剧显著地不同。首先，舞台上的动作很少；演员们的主要事情是背诵观众们耳熟能详的情节中的事件，因为故事来源于流行的传说。其次，希腊悲剧很少注重研究复杂的个人性格。没有漫长的经历之变迁所形成的性格发展。卷入情节中那些人物简直不是一个个的人，而
183 是典型。在舞台上，他们戴着面具，把使他们与其他人显著不同的
特征掩饰起来。此外，希腊悲剧与现代悲剧的不同，在于它将个人

与宇宙的矛盾,而不是将性格之间的冲突或一个人的内心矛盾,作为主题。在这些戏剧中,降临于主要人物身上的悲剧命运,是外在于个人的。造成这种命运的是这个事实,即有人对社会或对神祇犯了罪,由此破坏了宇宙的计划。随之而来的就是惩罚,以使正义的天平得以均衡。最后,希腊悲剧的目的不仅是描写苦难和解释人类行为,而且还要通过描述正义的胜利,来纯洁观众的情感。

埃斯库罗斯和索福克勒斯

如已指出的,悲剧家中第一人是埃斯库罗斯(公元前525—456年)。尽管人们知道他写了大约80部戏剧,但完整保留下来的仅有七部,其中有《被缚的普罗米修斯》和名为《奥勒斯特亚》的一部三部曲。罪与罚几乎是这些剧本每一部中反复出现的主题。第二个重要的悲剧家索福克勒斯(公元前496—406年),常常被认为是最伟大者。与其先驱者相比,他的风格更精致,他的哲学也更深奥。他是一百多部戏剧的作者。他比任何其他希腊作家更多地表达了“不要过分”的理想。由于他热爱和谐与和平,明智地尊重民主,深切地同情人类的弱点,因而他的态度卓尔不群。他的戏剧中最著名的是《俄狄浦斯王》和《安提戈涅》。

欧里庇得斯

最后一位伟大的悲剧家欧里庇得斯(公元前480—406年)的作品,反映出不同的精神。他是一个乐于嘲笑古代神话和他所在时代的“神牛” 184
的怀疑论者和个人主义者。他是一个经历过苦难的乐观主义者,遭受过保守的刺耳批判,所以他喜欢贬低骄傲者而抬高位卑者。他是在戏剧中为普通人,甚至乞丐和农民,留下一席之地的第一人。他还因其对奴隶的同情、对战争的谴责以及对将妇女排除在社会和文化生活之外的抗议,而享有盛名。由于他的人道主义,由于他倾向于按人的真实面目(甚至更坏些)描绘人,由于他将爱的主题

埃皮扎夫罗斯的希腊剧场

引入戏剧,他常常被看作是现代主义者。然而,必须记住,在其他方面,他的戏剧与希腊模式完全一致。较之索福克勒斯或埃斯库罗斯,他的戏剧并没有更大程度地展示个人性格的演变或自我的冲突。不过,由于他处理的事态与实际生活相类似,他仍被称为最富悲剧性的希腊哲学家。欧里庇得斯最著名的悲剧中包括《阿尔克斯提斯》、《美狄亚》和《特洛伊妇女》。

希腊喜剧

希腊喜剧,与悲剧相同,似乎也起源于酒神节日,但直到公元前五世纪后期才得到充分的发展。其杰出代表是阿里斯托芬(约公元前448—前380年),他是一位生活于雅典的有些粗鲁好战的贵族。他的剧作大部分是讽刺他生活的时代的激进民主派的政治和文化理想。在《骑士》中，他公然嘲笑那些无能而贪婪的政治家不顾一切的帝国主义冒险。在《蛙》中，他挖苦了欧里庇得斯的戏剧革新。在《云》中他奚落诡辩派，或出于无知，或出于有意，他把苏格拉底也归入诡辩者中。虽然他无疑是一位富有想像力和幽默的作者，但他的思想倾向于漫画化。然而，由于他尖锐地批评了雅典的主战派在与斯巴达交战期间的政策，他还是值得称道的。尽管他将《吕西斯特拉忒》写成一部闹剧，却聪明地指出一条——然而却是行不通的——结束任何战争的道路：在这部剧中，妻子们拒不与丈夫们发生性关系，直至他们同意与外敌缔结和约。

希腊历史学家：希罗多德

不提到黄金时代的两位伟大的历史学家，便不能完全说明希腊文学。“历史学之父”希罗多德(约公元前484—约前420年)，小亚哈利卡纳苏斯人。他广游波斯帝国、埃及、希腊和意大利，搜集了有关各民族的大量有趣材料。他对希波大战的著名记述，差不多是一部世界史。他认为这场战争是东西方之间壮丽的战争，宙斯使希腊人战胜他们强大的蛮族敌人。

修昔底德

如果希罗多德堪称历史学之父，他的同时代晚 185
辈修昔底德(约公元前460—约前400年)则更堪称科学历史学的奠基人。受怀疑主义和诡辩派的实践性的影响，他愿意在审慎地筛选证据的基础著书，拒绝采纳传说和谣言。他的《历史》的主题是斯巴达和雅典之间的战争，他科学地和不偏不倚地描写了这场战争，强调了导致了这场冲突的复杂原因。他的目的是提供一部精确的记载，使各个时代的政治家和将军们能研读有益。

六、希腊艺术的意义

作为希腊精神之体现的希腊艺术

艺术与文学一样,反映了希腊文明的基本特征。希腊人总的说来是唯物主义者,他们按物质条件想像世界。柏拉图和神秘宗教的追随者是例外,但其他希腊人很少相信一个精神实在的宇宙。因此,我们自然会发现,建筑和雕刻等物质象征是希腊人所持有的理想的最好例证。

希腊雕刻家在工作。
希腊人并非假道学。

希腊艺术表达了什么?首先,它象征着人文主义——把人赞美为宇宙中最重要的生物。尽管多数雕刻刻画的是男神和女神,但这丝毫也没减损其人文主义本质。希腊神祇是为了人的利益而存在的,在赞美他们时,人也就赞美了自己。建筑和雕刻二者都体现了平衡、和谐、秩序和中庸的理想。无政府状态和过度,对希腊人心灵来说,是令人厌恶的,但是,对于绝对压抑也是如此。所以,希腊艺术展现了朴素和尊重克制的特性——一方面避免装饰过度,另一方面也避免压抑的习俗。而且,希腊艺术是民族生活的一种表现。它的目的不仅是审美的而且也是政治的:象征他们城市中人民的自豪并增进他们的团结意识。例如,雅典的巴台农神庙是庇护女神雅典娜的神殿,她主宰国家的全体生活。雅典人为她提供了一座美丽的圣殿,她可能时常光顾于此，以此雅典人证明了他们对本邦的热爱和对本邦福绵延的希冀。

希腊艺术与后世民族艺术之比较

希腊人的艺术与他们以后几乎所有民族的艺术在各个方面都有所不同。就像埃斯库罗斯和索福克勒斯的悲剧一样，希腊人的艺术是全世界的。无论其雕刻还是绘画中都包括少数的人物形象。（通常被认为是希腊的人物胸像，实际上绝大多数是属于希腊化时期的。）所描绘的人类通常是典型，而不是个体的人。再者，希腊艺术就其伦理目的而言也不同于绝大部分后世民族的艺术。它并不是一种仅仅出于装饰或表达艺术家自 186
己的理念的艺术，而是高扬人性的一种手段。这并不是说其价值依赖于它的道德教诲，毋宁说它体现了本身实质是艺术的那种生活

雅典神殿，公元前447—432年

雅典神殿三槽板间平面:半人半马怪物与拉庇泰搏斗

特质。至少雅典人在道德和美学领域并未做出明显的区分;美和善实际上是同一的。因此,真正的道德在于理性地生活,在于避免粗俗、感情泛滥和其他形式的有悖审美的行为。最后,尽管对美丽的实体赋予极大的关注,这并不能说是忠实于自然。希腊人对单纯地解释自然不感兴趣,而是对于表达人类理想感兴趣。

希腊艺术的三个阶段

希腊艺术史可以分为三个阶段。第一阶段包括公元前七和六世纪。在这个所谓古风时期的大部分时间中,雕刻主要受埃及影响,这从雕像正面而立和僵硬死板,双肩方正且一脚微前的情况中可以看出。可是,到这个阶段的末期,这些惯例便被抛在一边。主要的建筑风格也起源于这个时期,并兴建了几座粗糙的神殿。第二阶段占据了公元前五世纪,建筑和雕刻都臻于完美。这个时期的艺术完全是理想化的。在公元前四世纪期间,也就是希腊艺术的最后阶段,建筑失去了某些平衡和简朴风格,而雕刻有了新的特征。它开始更加鲜明反映个体的艺术家的反映,吸收了更多的现实主义,并丧失了一些表

哲学家(雕像),约公元前280年。希腊艺术家精于对人物形象进行现实主义描绘。哲学家既非一位得到神启的先知,也不是一位神王,而是一位追求知识的凡人。

达公民自豪感的特点。

古希腊悲剧诗人索福克勒斯雕像。

希腊建筑

相对于它在艺术上的种种出色之处，希腊的建筑却极为简朴。希腊神殿仅由五部分组成：(1)内殿或建筑物的核心，这是个安放神像的长方形房间；(2)柱列，构成走廊并环绕内殿；(3)柱顶盘，安放于列柱顶端，支撑屋顶；(4)有山墙的屋顶本身；以及(5)山墙或三角形屋顶下的三角形部分。两种不同的建筑风格发展起来，表现出对这些构成部分某些修改。较常见的是
187 多立斯式，它使用了有明显深槽的大圆柱，以不加修饰的顶头冠顶。另一种是爱奥尼亚式，它的圆柱更加细长，也更加雅致，凹槽平浅，座基三层，顶头呈涡卷状。所谓科林斯风格主要是希腊化时期的，它不同于爱奥尼亚式之处主要在于它装饰得更华丽。三种风格在对柱顶盘的处理上也有所不同。爱奥尼亚风格任其朴素，

而多立斯和科林斯这两种风格则刻以浮雕。巴台农神庙是希腊建筑的最佳典范，它基本上是多立斯式建筑，但它也反映出一些爱奥尼亚式的优美精巧的影响。

希腊雕刻

根据菲迪亚斯（约公元前500—432年）同时代人所盛行的看法，他的作品使希腊雕刻达到其顶峰。他的杰作是巴台农神殿中的雅典娜塑像和奥林匹亚的宙斯神殿中的宙斯塑像。此外，他构思了巴台农神殿的浮雕。他的作品的主要特征是构思宏大、爱国主义、匀称、高贵和节制。几乎所有人物都是理想化的神像和神话中具有人形的生物。5世纪第二位最著名的雕刻家是米隆，他以其

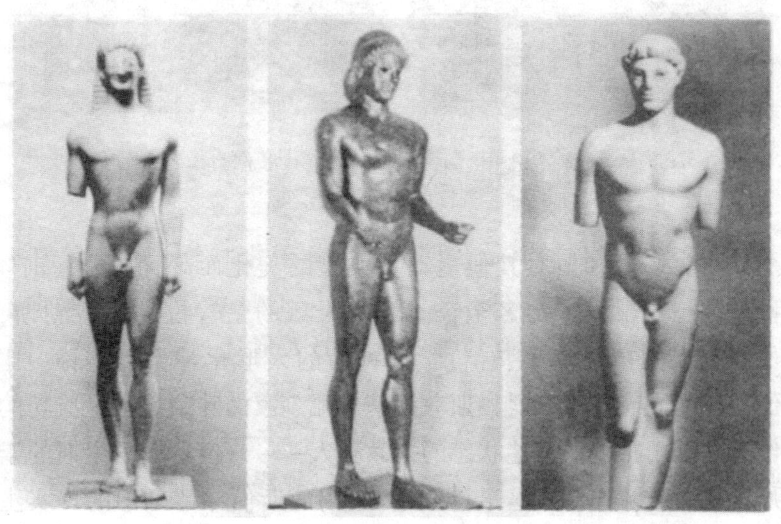

《泰尼亚的阿波罗》（左）；《皮翁比诺的阿波罗》（中）；《克里提亚男孩》（右）。这三尊雕像分别完成于公元前560、500和480年左右，反映出希腊雕像艺术的渐进性"放松"。第一尊雕像刻板、对称，具有埃及艺术特征。大约半个世纪后，雕像开始展现动感，似乎是从几百年的沉睡中猛醒。第三尊真正具有自然主义特征。

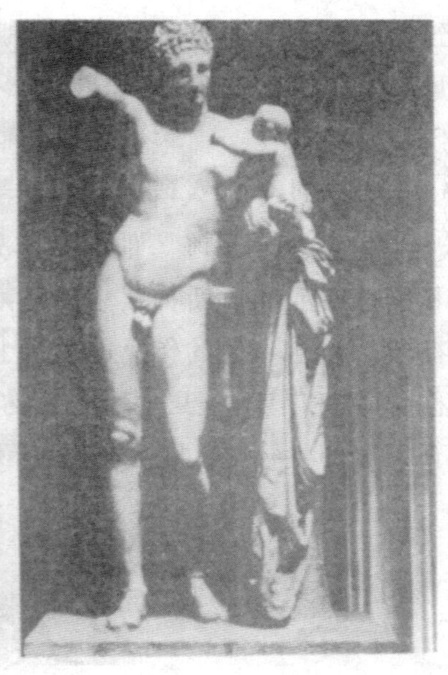

左:《掷铁饼者》,米隆作。右:《手托幼婴狄奥尼苏斯的赫耳墨斯》,
普拉克西特勒斯作。

掷铁饼者雕像和他对其他运动员典型的美化而著称。公元前4世纪的三位雕刻家传名至今。最有天赋的是普拉克西特勒斯,
188 他以其人体精细优美、有哲学家神情的人形化神像而著称。比他年长的同时代人斯科帕斯获得情感雕刻家的殊荣。他最成功的作品是处于神秘的狂迷状态的宗教狂人——一位狄奥尼索斯的崇拜者——的雕像。在这个世纪末,吕锡浦斯倡导雕刻中的现实主义和个人主义。他是第一位对个人特征加以研究的现实主义大师。

七、黄金时代的雅典生活

雅典的等级

公元前5和4世纪雅典的人口由三个集团组成:公民、异邦人和奴隶。公民的人数至多大约40,000名,除少数偶然通过特殊法令被授予公民权的人以外,只包括双亲皆为公民的那些男子。(检数公民家庭,大约有20,000名属于公民阶层的雅典人。)异邦人的总数或许不超过35,000名,他们是定居雅典的外邦人,主要为非雅典人的希腊人。除了没有政治特权和不许可拥有土地的事实外,异邦人 189
中的男性与公民享有同等的机会。他们能够从事任何他们愿意从事的职业,能够参与任何社会或文化活动。与流行的传统正相反,雅典的奴隶从未占居民人数的多数。他们最大的数目超不过100,000。城市中的奴隶至少没有受到不体面的待遇,有时还因其忠诚的服务而被予以解放。男性奴隶可以通过劳动挣取工资

角力比赛:一雕像基座浅浮雕,雅典,公元前6世纪晚期。希腊人崇尚身体的完美,爱好体育。诗人歌颂奥林匹克运动会获胜者,雕塑家则再现令人称羡的运动技巧之美。

并占有土地。但是,在矿井中工作的奴隶却往往受到残酷的待遇。

程度惊人的社会和经济平等

雅典的生活与绝大多数其他文明的生活有着明显的不同。其主要特征之一是盛行于男性公民中的大量的社会和经济平等。几乎所有人都吃相同的食物,穿相同的衣服,并参与同样的娱乐活动。这种实质上的平等,又因公益捐助制度部分地得到加强,这种制度是由富人向国家提供服役,主要有资助戏剧、装备海军或供给贫民等形式。

雅典的朴素生活

雅典生活的第二个显著的特色是它在逸乐和奢华方面的贫乏。这部分是由于人民大众收入低的缘故。教师、雕刻家、泥瓦匠、木工和普通劳动者都领
190 取相同的低标准工资。贫乏的另一部分原因或许是气候温和的缘故,这使生活简朴有了可能。但无论何种原因,事实

男子称物图。出自公元前550年左右一陶画。

依然是,与现代标准相比,雅典人只靠极少必需品勉强过活。他们对闹钟、肥皂、报纸、棉布、糖、茶或咖啡之类的日常用品毫无所知。他们的床没有弹簧,他们的宅邸没有排水道,他们的食物主要由大麦饼、洋葱和鱼组成,以薄酒送下。就穿着而言,他们的境况并不更好些。一块长方形的布围住身体,在肩部用别针别住,并以带子系腰,作为主要的服装。一块更大的布披在身体上作为户外穿的外衣。没有人穿袜子和短袜,除了凉鞋外,很少有人穿鞋子。

对物质舒适和财富的漠不关心

但是,奢华的贫乏对雅典公民来说是无足轻重的。相反,他的目的是尽可能地生活的有趣和满足,而不必终日碌碌,为家庭谋取些微的舒适,或为了获取权力或特权而积累财富。每个公民真正向往的是一小块农田或小商店,为他提供合理的收入,同时允许他拥有大量的闲暇,能从事政治活动,能在市集闲聊,并且假如他拥有享受文艺或艺术的才能的话,能从事这些方面的活动。

基本的经济活动

尽管贸易扩张了,但雅典的经济组织从未变得很复杂。农业和商业是最为重要的事业。即使在伯里克利时代,大多数公民仍住在乡下。工业并未高度发展。鲜有大规模生产的事例见于记载,而且主要还是陶器和战争器械方面的制造业。曾经存在过的最大的企业显然是一个制盾厂,它为一个异邦人所有,雇用了 120 个奴隶。其他企业没有一个有它的一半大。吸收最多劳动的实业是矿业,
但它们为国家所有,分片租给小承包商,由奴隶进行劳动。大量的 191
工业是在个体手工业者的工场里进行的,他们根据消费者的定货,生产自己的商品。

宗教的变化

在公元前5和4世纪的黄金时代,宗教经历了一些显著的变化。早期的多神论和神人同形同性论,在很大程度上为信仰一个神是造物主和道德法则的维护人的思想所取代。其他重大的后果来自神秘的仪式。这些新形式的宗教首先在公元前六世纪流行起来,因为人们渴望一种情感的信仰去补偿对生活的失望。一种形式是俄尔甫斯崇拜,它围绕着狄奥尼索斯的死亡和再生而周期性进行。另一种形式是依洛西斯崇拜,其中心主题是珀耳塞福涅为地狱之神哈得斯所诱拐,并最终为大地之母得墨特尔所救赎。这两种崇拜最初的目的是对自然赋予生命的力量的崇拜,但那时它们逐渐表达出更深刻的意义。它们向它们的追随者传达了代人赎罪、来生得救、在狂迷状态中与神合一等观念。尽管它们与古代宗教精神完全不一致,但他们对某些阶级有着强大的感染力,并大大地促进了人身不朽信念的传播。但是,较有思想的希腊人似乎依然执着对他们世俗的、乐观的和机械的祖先信仰,而对罪孽和来生得救几乎并不关心。

黄金时代雅典的家庭

剩下要考虑的主要是公元前五和四世纪雅典的家庭地位了。尽管对于生儿育女,使其成为国家的公民而言,婚姻是一个重要的制度,但仍有理由相信,家庭生活已经衰败了。至少较兴旺的那些阶级的男子,这时已把大部分时间花于家庭之外。妻子被贬居
192 次要的地位,隐居于闺阁之中。她们作为丈夫的社会和文化伴侣的地位已为异邦女子所取代,这些异邦女子就是女伴,她们多是小亚的爱奥尼亚诸城邦中文化颇高的女人。婚姻本身具有了政治和经济安排的性质,不再有浪漫的成分了。男人娶妻,为的是保证至少有些合法子女和获取嫁妆形式的财产。当然,有人照顾家务也是很重要的。但是,丈夫并不认为妻子和他们是平等的,他们不同

希腊日常生活中的音乐和诗歌创作。陶画。

她们出现于公共场合,也不鼓励她们参与任何形式的社会或文化活动。

八、希腊的成就及其对我们的意义

希腊成就的重要性

没有历史学家会否认希腊人的成就是世界历史上最卓越的成就之一。尽管没有广大的肥沃的土地和丰富的矿藏,但他们却成功地发展一种比他们先前出现的各民族更加高度灿烂的文明。他们利用前代缔造的有限文化传统,却产生出自此以后一直作为西方文化典范的文化和艺术成就。也可以说,比之绝大多数曾在这个行星上占据中心舞台的其他民族,希腊人达到一种更闲适更理性的生活模式。野蛮罪行之少见,对朴素的娱乐活动和适度的财富之满足,都表明一种比较幸福满足的生活状态。

希腊生活的不良特征

然而,提防对古希腊人不加批判的吹捧,也是必要的。我们不应设想所有雅典的和隔海的爱奥尼亚诸城邦的公民都是有文化教养和自由的。斯巴达人、阿卡底亚人、帖撒利亚人和大多数玻俄提亚人,在文化上仍然不太发达。况且,雅典文明本身确实也有其缺陷。它容许对弱者,特别是对在矿井里受苦受累的奴隶进行剥削。它根据种族排外原则,将其双亲皆非雅典人的每个人都看做外邦人,从而不承认大多数居民的政治权利。它还具有压制社会中女性成员的特征。雅典的治国之才尚不足够开明,还不能避免帝国主义和侵略战争难免的错误。最后,雅典公民的态度也并不总是宽容和公正的。苏格拉底因其政见被处以极刑,另两位哲学家阿那克萨哥拉和普罗泰戈拉也被迫离开城邦。可是,必须承认,雅典人宽容的程度,要比古今绝大多数其他民族要好些。
193 雅典在与斯巴达战争期间比美国在第一次世界大战期间有更多的言论自由。

希腊影响有时被夸大

希腊的影响并非真的大到通常人们所想象的程度。没有一个有识之士会接受雪莱富于激情的看法:"我们全都是希腊人;我们的法律、我们的文学、我们的宗教,根源皆在希腊。"我们的法律实际上并不起源于希腊,而主要是溯源于罗马。无疑,我们大部分诗歌在灵感上是希腊式的,但对我们绝大部分散文文学作品这却不是事实。我们的宗教也不过部分地是希腊的;除了受到柏拉图和罗马人的影响外,它主要反映了希伯来精神。即使我们的艺术,源于其他之处与源于希腊之处几乎差不多。实际上,现代文明是来自不同时期和不同地域的许多影响混合的产物。

希腊理想与近东理想的对比

不过,希腊人的经历对世界历史仍有深远的意义,因为希腊人是通常被视为对人类的尊严与进步至关重要的许多理想的缔造者。通过美索不达米亚和埃及的文化特质与希腊人文化特质的比较,可尤为清晰地看到这一点。美索不达米亚和埃及文明为专制主义、超自然主义和个人对集体的服从主宰着。值得注意的是,希腊文中表达自由的词——eleutheria 不能被翻译成任何近东语言,既使是希伯来语也不能。西亚典型的政体是为强权的祭司阶层所支持绝对君主制政体。文化主要是用来赞美国家权力与增进统治者和祭司的特权的。相反,希腊文明,尤其是雅典式的希腊文明,其基础是自由、乐观主义、世俗主义、理性主义、对灵与肉的赞美、对个人尊严和价值的高度尊重等理想。就不是奴隶的任 194
何人受到压制而论,他屈从的是多数人的统治。正如希罗多德使一位斯巴达人而不是雅典人对波斯人所言:“你们了解如何做奴隶,但你们对自由却一无所知……假如你们体会到这一点,你们就会忠告我们不仅以茅,还要以斧为之战斗。”希腊人还对法治特别地重视。与西亚各民族相比,他们使其祭司退居幕后,不允许他们统治知识王国或任加控制道德领域。希腊人的文化是第一个以知识第一——自由探究精神至上为基础的文化。没有任何主题,他们不敢去研究;没有任何问题,他们认为超出理性范围。对一个以前从未认识到的范围,理智高于信仰,逻辑和科学高于迷信。

当然,希腊人最大的悲剧,莫过于他们在解决政治冲突时的失败。在很大程度上,这种冲突是社会和文化的种种不同的产物。由于不同的地理和经济条件,希腊城邦以不均衡的步伐发展着。一些城邦迅速发展出高度的文化优势,而另外一些城邦则落后了,只取得微乎其微的文化进展。其结果是倾轧和猜疑,它们最终造成仇恨和恐惧。尽管有些较进步的思想家试图鼓吹这样一种观念:希腊人是一个民族,他们应当保持对非希腊人或称“蛮族”的轻视,但这个观念从未成为其民族精神的一部分。雅典人仇恨斯巴达人,斯巴达人反过来也仇恨雅典人,其激烈程度正如他们仇恨波斯人一样。即使亚洲征服的危险也不足以消除希腊人彼此间的不信任和对抗。因此,最终在雅典和斯巴达之间爆发的战争,标志着希腊文明的毁灭,虽然希腊仍然不曾为外邦人击败。

精选书目

Andrews, A. , *The Greeks*, New York, 1967. 对约公元前750年到公元前350年希腊古朴和古典时代历史作了精彩的切合学术发展的叙述。

Austin, M. , and P. Vidal-Naquet, *The Economic and Social History of Ancient Greece*, Berkeley, 1977.

Boardman, J. , *Greek Art*, New York, 1964.

——, *The Greeks Overseas*, rev. ed. , London, 1982. 有关希腊殖民运动的典范之作。

Burn, A. R. , *The Lyric Age of Greece*, New York, 1961. 该书对公元前七到六世纪的历史作了生动介绍。

Davies, J. K. , *Democracy and Classical Greece*, Glasgow, 1978.

Dodds, E. R. , *The Greeks and the Irrational*, Berkeley, 1963. 对古典希腊文化持新颖见解。

Dover, K. J. , *Greek Homosexuality*, Cambridge, Mass. , 1978. 对古典时代希腊生活的基本方面作严肃的分析。

——, et al. , *Ancient Greek Literature*, Oxford, 1980.

Ehrenberg, V. , *From Solon to Socrates*, New York, 1967. 书作者是20世纪的主要权威之一,他对雅典早期史作出了出色的论述。

Finley, M. I. , *The Ancient Greeks: An Introduction to Their Life and Thought*, New York, 1963. 对希腊人作了简短而不乏深度的介绍。

——, *The World of Odysseus*, rev. ed. , New York, 1978. 本书在以荷马史诗为希腊黑暗时代导引方面作出了尝试。

Foley, H. P. , *Reflections of Women in Antiquity*, New York, 1981.

Forrest, W, G. , *The Emergence of Greek Democracy*, London, 1966. 对民主思想和做法的源起作了引人入胜的叙述。

——, *A History of Sparta, 950 – 192 B. C.* , London, 1969.

Cuthrie, W. K. C. ,*The Greeks and Their Gods*, Boston, 1965.

Jones, A. H. M. , *Athenian Democracy*, New York, 1957. 集中叙述实际的政治措施。

Kitto, H. D. F. , *The Greeks*, Baltimore, 1957. 文笔轻松,所作阐释极具个人特征。

Lacey, W. K. ,*The Family in Classical Greece*, Ithaca, N. Y. ,1968.

Lloyed, G. E. R. ,*Early Greek Science*: *Thales to Aristotle*, London, 1970.

Marrou, H. I. ,*A History of Education in Antiquity*, New York, 1964. 涵括整个古代世界的现代经典之作。

Meiggs, R. , *The Athenian Empire*, Oxford, 1972. 这是一部研究公元前 5 世纪的雅典帝国主义的重要著作,是一部不朽巨著。

Michell, H. ,*The Economics of Ancient Greece*, rev. ed. ,Cambridge, 1956.

Murray, O. , *Early Greece*, Glasgow, 1980. 对公元前 5 世纪之前的希腊早期史作了精彩的阐释。

Nilsson, M. P. ,*A History of Greek Religion*,New York, 1964.

Pollitt, J. J. ,*Art and Experience in Classical Greece*, Cambridge, 1972. 对希腊艺术背后的社会和知识力量作了最好的介绍。

Pomeroy, Sarah B. , *Goddesses*, *Whores*, *Wives*, *and Slaves*: *Women in Classical Antiquity*, New York, 1975. 对妇女在希腊和罗马的地位作了精当的论述。书中引用了各种各样的资料,涉及各个阶层的妇女。

Rose, H. J. ,*A Handbook of Greek Literature*, New York, 1960.

——,*A Handbook of Greek Mythology*, New York, 1959.

Sealey, R. ,*A History of the Greek City States*, *ca* . 700 - 338 *B. C.* ,Berkeley, 1977. 对希腊政治生活方面的旧的假说进行重新思考,叙述发人深思。

Sinclair, T. A. ,*A History of Greek Political Thought*, London, 1951.

Snell, Bruno, *The Discovery of the Mind*:*The Greek Origins of European Thought*, Cambridge, Mass. ,1953. 各篇文章鼓舞人心。

Snodgrass, A. M. ,*Archaic Greece*, London, 1980.

Starr, C. G. ,*The Economic and Social Growth of Early Greece*: 800 - 500*B. C.* , New York, 1978. 对这一困难而重要的题目作了精当的论述。

——,*The Origins of Greek Civilization*,1100 - 650B. C. ,New York, 1961. 这是有关希腊早期历史最详尽的著作。

原始资料

多数希腊作家的作品都被译成了英文,见 Loeb elassical Library, Harvard University Press. 此外,下列著作对读者可能不无裨益:

Barnstone, Willis, tr. ,*Greek Lyric Poetry*, New York, 1962.
Kagan, Donald, *Sources in Greek Political Thought*, Glencoe, Ill. ,1965.
Lattimore. R. ,tr. *Greek Lyrics*, Chicago, 1960.
——,tr. ,*The Iliad*, Chicago, 1961.
——,tr. ,*The Odgssey*, New York, 1968.

第八章　希腊化时代的文明

从阿那萨尔库斯口中听说世界不可胜数，亚历山大流下了眼泪。朋 197
友们问其究竟，他回答道："如果世界如此没有穷尽，我们却连一个也未能征服，难道你们不认为这是一件令人伤心的事吗？"

——普鲁塔克，《论心灵的宁静》①

亚历山大大帝的业绩

从军事和政治观点看，公元前431至338年之间各个城邦间实际上连绵不断的战争严重削弱了希腊的力量。而在同时，一位年轻人拯救并改造了希腊文明。这个人就是世界舞台上名声最为显赫的人物之一，后世称之为亚历山大大帝。亚历山大的父亲菲利普是希腊北部蛮荒之地马其顿的一位尚未完全开化的首领；公元前338年，他与雅典—底比斯联军鏖战一番，彻底打败了这支联军，从而置整个希腊于自己股掌之中。两年后，菲利普在家族纠纷中被谋杀身亡，继承他的王位是他20岁的儿子，风流倜傥、精力旺盛的亚历山大。亚历山大在继位后以处决所有有可能觊觎他的王位的人的方法，迅速巩固了自己的独裁统治；公元前334年，他感到后院已稳，就留下一名亲信代为统治希腊，亲率一支由48,000人组成的军队，杀奔亚洲开拓新的疆土。波斯人在一开始并不把这位气势汹汹杀将过来的20岁年轻鲁莽之夫放在眼里，但亚历山大接连在三次大战——公元前334年格拉尼库河战役、公元

① 此文全文中译本见《西方名著入门》"哲学"卷第312至314页（商务印书馆1995年6月第1版）。由于所据英文不同，本处译文与上述译文不尽一致。——译者

亚历山大大理石头像。制作于公元前 180 年前后。

前 333 年伊苏斯战役、公元前 331 年高加美拉战役——中取得了辉煌胜利,仅用了不到四年时间就征服了整个波斯帝国,包括小亚细亚、埃及、叙利亚、美索不达米亚和波斯本身。在经由这次旋风般的战役占据波斯首都波斯波利
198 斯之后,亚历山大并未班师回朝,或者刀枪入库,在波斯波利斯留驻下来,而是挥戈东向,征服了巴克特里亚(大夏,今阿富汗),并率军渡过印度河,进入印度,在那里用了两年时间(公元前 327—326 年),企图消灭装备着战象的印度军队。由于他的士卒不愿继续在如此远离故土的地方作战,亚历山大最后只好率领他们班师回到波斯腹地。就在他准备再次发动侵略战争——这一次是进攻阿拉伯半岛——时,他患上了传染病,死于巴比伦城。据说亚历山大曾因自己未能征服全世界而潸然泪下。尽管如此,他在 22 岁至 23 岁之间驰骋大约 20,000 英里,一边行军一边作战,最终成为当时世界上有史以来疆域最为辽阔的帝国的统治者。

希腊化文明的混血性质

亚历山大大帝征服的一个副产品,就是为**希腊化文明**(Hellenistic civilization)奠定了基础。这一文明涉及的地域包括地中海东部和西亚各地,始于亚历山大时代,一直持续到基督教时代之初。"希腊化"(Hellenistic)一词意即"希腊似的",它与"希腊的"(Hellenic 或 Greek)一词形成了对比。人们之所以说希腊化文明是"希腊似的",是因为该文明是希腊文明与亚洲文明融合的产物。举个

例子来说,亚历山大本人讲希腊语,曾师从希腊最伟大的哲学家亚里士多德,不过他无视希腊人关于“节制”、“中庸之道”的戒条,以自己的名字命名一个又一个城市(其中最著名的是埃及的亚历山大城,但亚洲还有不少叫亚历山大的城市),身穿东方的时髦服装。与此类似,在希腊化时代,希腊语成了美索不达米亚、叙利亚和埃及的官方语言,希腊哲学和文学在西亚各地繁衍生息,但是,操希腊语的君主们却要求臣民们把他们视为神顶礼膜拜。下面我们将看到,希腊化时代的文化不仅仅是一种杂烩,而是有自己的与众不同的特征的。然而,在考察迷人的希腊化文明之前,说明一下波斯背景是必不可少的,因为,如果说没有亚历山大大帝和希腊人,希腊化世界就不可能出现;那么同样,没有居鲁士大帝和波斯人在此之前取得的种种成就,希腊化世界也不可能出现。

一、波斯帝国

居鲁士的崛起

我们对公元前 6 世纪中叶之前波斯人的情况了解甚少,只知道他们生活在波斯湾东岸,所讲语言属于印欧语系,臣属于与他们有亲缘关系的米底人,后者居住在底格里斯河以东和以北的地区。从这样一种混沌状态之中,波斯人突然成为世人注目之所在,这完全归因于一位名叫居鲁士的君王的非凡功绩。居鲁士于公元前 559 年成为
波斯南部一部落的首领。未过太长时间,他统一各部落,成为所有 199
波斯人的统治者,并于公元前 549 年左右推翻了米底人的统治取而代之,把原属米底人的自波斯湾到小亚细亚的哈利斯河[①]的大片地区据为己有。

① 即克孜勒河,在今土耳其境内。——译者

吞并吕底亚

在征服小亚细亚部分领土之后，居鲁士就成了吕底亚王国的近邻，后者当时包括小亚细亚的西半部，东到哈利斯河一带。操印欧语的吕底亚人创建了赫梯人之后小亚诸国之一，由于开采金矿及充当美索不达米亚与爱琴海之间陆路贸易的中间人而繁荣一时。与其商业活动相关，吕底亚人还发明了金属铸币，以之充当商品交换和支付劳务的媒介。居鲁士扩张到该国边界时，吕底亚在位之君是克罗伊索斯(Croesus，拼作 Creesus)，这位国王富甲天下，乃至英语中至今仍有"像克罗伊索斯那样富裕"的直喻。克罗伊索斯对居鲁士这位不速之客毫不信任，便决定于公元前 546 年先发制人，采取行动，以免自己的国家罹受被征服的命运。据希腊历史学家希罗多德的记载，出兵之前，克罗伊索斯前往德尔斐神殿，询问是否可以马上出兵，神谕答复说，如果他渡过哈利斯河，他将消灭一个伟大的民族。他依言行事，但被消灭的是他自己的国家。克罗伊索斯的军队遭到全歼，其繁荣的王国被并入波斯帝国，成为该帝国的一个省。①

居鲁士的征服与自决政策

如前所述，公元前 539 年，居鲁士以神奇般的速度向美索不达米亚发起进攻，兵不血刃即占领了巴比伦。一旦占有巴比伦，尼布甲尼撒创建的整个新巴比伦帝国也就归其所有了。又如前文所述，居鲁士让被囚禁在巴比伦的犹太人返回巴勒斯坦，建立了半独立的附庸国，同时又给予其他被征服民族以相当程度的自决权。公元前 529 年，居鲁士在与波斯王国北部、生活在咸海附近的野蛮部落发生小规模冲突时受伤身亡，留给后人的是一个空前庞大的帝国。不过不久之后，公元前 525 年，居鲁士之子冈比西斯征服了整个埃及，波斯帝国的版图更为庞大。

---

① 具体记述见希罗多德《历史》第一卷。——译者

在大流士统治下巩固波斯帝国

继承冈比西斯王位的是大流士一世,在位时间是公元前521年至公元前486年。大流士在其统治期间采取措施加强波斯帝国的行政管理,藉以巩固先辈们取得的军事武功。大流士后来通常被称为大流士大帝,他把波斯帝国划分成若干省(称为"萨图拉皮亚"),任命称为"萨图拉皮"的省督进行统治;省督享有很大的权利,但必须向中央政府交纳一定数量的年贡。(诸如犹太王国这样的附庸国也须向波斯政府交纳年贡。)大流士强行统一了货币和度量衡制,但在同时他遵循居鲁士的宽容政策,允许波斯帝国境内各非波斯民族继续保有其多数地方性政策。举例来说,他在埃及的省督修复了古埃及神庙,并在与当地僧侣磋商后编纂 200
了埃及法典。

作为建筑师的大流士

此外,大流士是位伟大的建筑师。他建立了一座新的王室住所,希腊人称之为波斯波利斯(意为"波斯城"),该城后来成了波斯正式的首都。此外,他开凿了一条自尼罗河到红海的运河,并在波斯高原和叙利亚沙漠边缘地带配置了灌溉系统。在大流士兴办的公共工程中,给人印象最深的是道路工程;他修路的目的在于加强帝国广袤疆域内的贸易往来和交通联系。"御道"是其中最为有名的,它从波斯湾附近的苏萨一直通到爱琴海海滨的萨迪斯,全长达1,600英里。沿着御道奔驰的帝国政府信使构成了人类最早的"邮政制度",因为他们以接力形式把消息与货物从一个驿站传送到下一个驿站。驿站之间的距离按照骑马奔驰一天的行程来测定:每座驿站都有骑手与马匹,随时准备接力传递前站"邮递员"带来的消息与货物。今天,很少有人知晓美国邮政局的座右铭借用的就是希罗多德对波斯御道上飞驰的信使的赞词:"无论刮风下雨,无论酷暑寒冬,无论夜色多么朦胧,都不能阻止信使们跑完指

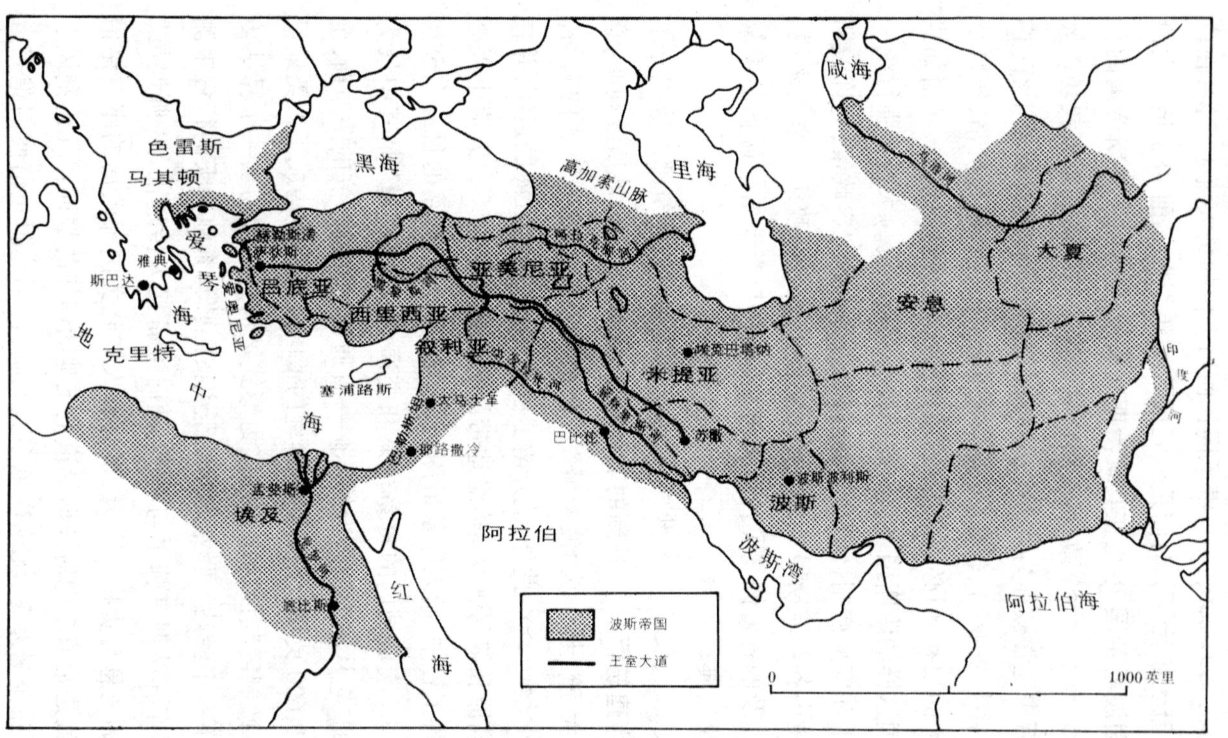

大流士一世统治下的波斯帝国(公元前 521—486 年)

波斯古都波斯波利斯建成于大流士及其继承人薛西斯统治时期。
上为阿帕达纳阶梯前正面近景。

定的路程。”

希腊人反抗波斯的霸主要求

201 虽然大流士大帝颇具行政管理之天才，但他在地缘政治战略方面铸成了大错：他企图把波斯的霸权扩张到希腊。在居鲁士征服吕底亚王国并使波斯进而成为小亚细亚西岸各希腊城邦的统治者之后，无论波斯的统治多么宽容，这些城邦都希望能像其他希腊城邦那样重新获得自由。结果，在公元前499—494年间，生活在亚洲大陆的希腊人为了独立而举起了义旗，雅典很快就派出军队表示支持；双方联军焚毁了波斯在当地的行政中心萨迪斯城。在平定这场叛乱之后，大流士决定于公元前490年派遣军队横渡爱琴海惩罚雅典人，以使其希腊臣民再也不能获得外援，并警告欧洲的全体希腊人，此后他打算充当他们的君主。然而令人大吃一惊的是，在公元前490年的马拉松战役中，大流士败在雅典人手下。这是大流士迄今遭到的唯一一次重大挫折。虽然公元前480年大流士的儿子和继承人薛西斯一世（公元前486—465年）再次派遣大军杀奔希腊，扬言要粉碎一切希腊人，为父亲报仇雪耻，但一年之后，在雅典、斯巴达的英勇抗击下，他不得不后撤，并放弃了入侵计划。此时波斯人必定已经认识到自己的扩张已达到极限，同时比这更糟的是，他们现在必须认识到，欧洲的希腊人是他们的死敌。

波斯统治日趋不稳

实际上，自公元前479年到公元前334年亚历山大入侵小亚细亚，希腊人通常陷入内部冲突之中
202 而无力自拔，无法向波斯发起进攻。就波斯人而言，这是非常幸运的，因为在此期间波斯帝国由于激烈的王位之争和各省的反叛而陷于统治日趋不稳的窘境。因而，到了亚历山大扩张之际，波斯帝国虽仍保持完整，但已脆弱不堪。尽管如此，在夺取居鲁士所创立帝国的同时，亚历山大也继承

了该帝国的两份无形的遗产——一个是宗教遗产，一个是广义的文化遗产。

琐罗亚斯德教的创立

波斯的宗教遗产就是琐罗亚斯德教（祆教），它和佛教与犹太教一起，构成了基督教和伊斯兰教产生之前世界著名的三大"世界性的"和"个人的"宗教。虽然琐罗亚斯德教可追根溯源到公元前16世纪，但它的真正创始人就是以他的名字命名这一宗教的那个人，即琐罗亚斯德（这是波斯人名"查拉图士特拉"的希腊文形式）。琐罗亚斯德是位波斯人，大约生活在公元前6世纪之前不久。（关于后一点，学术界有不同的看法：一些权威学者认为他生活的时期比这要早几个世纪。）他可能算是历史上第一位名副其实的神学家，是现知第一位创建一套完全发达的宗教信仰体系的人。他看来把纯净波斯部落的传说习俗——消除多神崇拜、牲祭与巫术——并令其信仰建立在更有条理、更合乎道德的基础之上，视为自己的使命。

具有二元论特征的世界性宗教

我们之所以把琐罗亚斯德教视为一种世界性宗教，是因为琐罗亚斯德认为世界上有一个至高无上的神，他称之为阿胡拉—马兹达（Ahura-Mazda），意思是"贤明的君主"。阿胡拉—马兹达是光明、真理和正义等原则的化身——他从不发火、被激怒，更不必说邪恶了；他的光辉普照世界各地，而不仅仅照耀着这一个或另一个部落。鉴于世界上存在着非阿胡拉—马兹达所能解释的邪恶或痛苦，琐罗亚斯德认为存在着一位与阿胡拉—马兹达相对立的神，即阿里曼（恶之神）。他狡诈恶毒，掌管黑暗与邪恶之种种力量。据琐罗亚斯德本人看来，阿胡拉—马兹达比阿里曼显然要强大许多，他对后者的存在并不在意。不过该教的僧侣（magi，"麻葛僧"）逐渐倾向于强调琐罗亚斯德宗教思想中的二重性,认为阿胡拉—马兹达与阿里曼势力相当,两者为争夺最高权力进行了殊死战斗。在他们看来,只是在最后的伟大时刻,在阿胡拉—马兹达击败阿里曼并把他投入地狱之后,“光明才取得决定性的胜利”。

个人宗教

不论其二重性程度是大是小,琐罗亚斯德教都是一种彻底的个人宗教,也就是说,它向个人而不是社会提出要求,允诺的报偿也是针对个人的。尤其是,它推定,阿胡拉—马兹达庇护的不是部落,也不是国家,而是为了正义和真理献身的个人。人类有自由意志,享有犯罪或不犯
203 罪的自由。自然,琐罗亚斯德教督促人们不要犯罪,而要诚实,并竭尽全力互助互爱,同时应帮助穷人,应殷勤待客。这么行事的人在来世将会受到奖赏,因为该教认为,死者在“最后审判日”复活,他们或者升上天堂,或者进入地狱。名为《阿维斯塔》(Avesta,波斯古经)的琐罗亚斯德教经典是在几百年的时间里不断增加内容而编纂起来的一部著作。它极其明确地表达了对有道之人的奖赏:“布施饭食与信徒的人……将升入天堂。”

琐罗亚斯德教与犹太教和基督教的相似之处

从上面我们对琐罗亚斯德教教义的概要叙述中我们可以了解到,它在许多方面与犹太教和基督教相类似。有关伦理道德的内容与犹太先知的说教非常相近,它的末世说类似于巴比伦之囚结束后的犹太教教义;它的天堂和地狱说法与基督教的来世说相近。就连琐罗亚斯德教有一部经典,也令人联想到《旧约》在犹太教中,《新约》在基督教中的地位。不幸的是,由于几乎无法弄清这些宗教产生的具体年代,因而不可能准确地推定各种宗教之间具体是谁影响了谁。不过,犹太教的主要思想是在居鲁士与大流士这两位虔诚的琐罗亚斯德教徒所统治的亚洲成型的,或者说,后来犹太教有关“末日审判”的

信念(这一信念反过来又影响了基督教)是在琐罗亚斯德仍然有很大影响的希腊化世界形成发展起来的,这决非偶然。进而言之,且把琐罗亚斯德教徒对犹太教的影响完全撇在一边,波斯人的这一宗教对征服西亚的希腊人也产生了某种影响,促使希腊征服者从更为世界性和个人性的基础上去考虑宗教问题。

另外,“普济主义”(universalism)一词是波斯文化对希腊化文明的综合作用所作贡献的最好体现。与亚述人、新巴比伦人和埃及人不同,他们在奴役被征服民族的同时,都试图把自己的风俗强加在被征服者身上,波斯人则采取了一种“一个世界”(One World)的宽容政策,据此认为自己是各民族联合体的领导者。美索不达米亚的君主自称是“真正的君主”,波斯帝国的统治者则采用了“王中王”的称号,这也就表明他们承认在波斯的统治下,不同的民族继续有自己的统治者。另外,居鲁士和大流士等最伟大的波斯君王一直试图尽其所能学习运用被征服民族的习俗和科学。举例来说,他们采用了吕底亚人发明的金属铸币并使之进入流通领域;从巴比伦天文学家那里学会了绘制夜空图,并委派腓尼基水手进行航海探险。

波斯建筑的兼收并蓄风格

波斯人善于借鉴其他民族的思想,这种习惯用专门术语来说就是“折衷主义”,这在建筑
领域可以一览无余。波斯人模仿盛行于巴比伦 204
尼亚的凸起的平台和阶梯状建筑风格,还仿制了美索不达米亚建筑中的有翼公牛、绚丽多彩的琉璃砖及其他各种装饰色彩。不过,代之以美索不达米亚建筑中惯常采用的拱门和圆顶,他们采用了埃及的圆柱和柱廊结构。此外,建筑物内部的布局和圆柱基座上的棕榈和莲花图案,显然也受到了埃及风格的影响。最后,波斯建筑圆柱上的凹槽和柱头下方涡旋纹不是埃及风格,而是希腊建筑的风格;所依据的不是希腊本土的建筑风格,

而是小亚细亚希腊城邦的建筑风格。随着亚历山大的到来，波斯人将直接臣属于来自希腊本土的希腊人，但希腊人也将当即开始从波斯人那里借去不少东西。

二、马其顿的菲利普与亚历山大大帝

希腊本土政治分裂

在整个公元前 4 世纪的前三分之二的时间里，许多希腊人都对欧里庇得斯的悲剧《安德洛玛刻》（《特洛伊妇女》）中的诗句“希腊的秩序是何等地糟糕啊！”心存忧虑，但看来没有人能对此有所作为。希腊“糟糕的秩序”表现在其政治分裂上：城邦之间战争不断，城邦内部派争不已。随着底比斯与斯巴达刀兵相向、雅典与底比斯戎兵相见，越来越多的希腊人开始期盼出现一位全国性的“强者”来平息一切纷争，不论这种帝国主义与僭主政治与希腊人纯朴的理想多么迥然不同。最终，一位强者出现了，他就是马其顿的菲利普。

菲利普统治下马其顿的政变

如果不是他的儿子亚历山大的耀眼光芒把他遮掩住了，菲利普无疑会以菲利普大帝之名著称后世。在公元前 359 年他确立了在马其顿的统治地位之前，希腊以北这块讲希腊语的地区既没有城市，农业也非常落后，同时政局也很不稳定，仅为各部落纷争的一个战场而已。不过，凭借其不屈不挠的坚强意志，菲利
205 普在 20 年之内就把马其顿改造成为一个举足轻重的势力。他先是清除一切政治对手，后又建立起专制政体。此外，他凭借其军事技术与“分化和征服”的外交手腕，开始向外扩张。正如当时的人就已认识到的那样，菲利普的作战方式致使战术发生了重大变革。在此之前，希腊军队几乎无一例外地都是由自愿入伍的公民与应

征入伍的人组成,由于他们在农忙季节必须回去务农,因而这些人只能在农闲时作战。由于军训时间有限,几乎所有的希腊士兵都以近乎同样的方式作战,即以重装密集步兵进行战斗。与此相反,菲利普建立了一支部分由雇佣军、部分由不事农耕的忠诚的马其顿人组成的职业军队。

马其顿的职业军队

马其顿职业化军队先是为菲利普效忠,后来随着亚历山大大帝驰骋万里。它具有各种优点。其一,指挥这一部队的将领可以依靠各种各样的“专业人员”。菲利普的军队中有一支机动灵活、战斗力很强的骑兵队,并有若干散兵队——其目的就是战斗刚开始之际从战场不同的方位向敌人抛射一阵密集的武器,扰乱敌人的队形,打击敌军的士气。听命于菲利普的专业人员中是经过良好训练的间谍与反间谍人员,精于散发“虚假情报”。其二,军队职业化后,就可实行最为严格的纪律。在理想主义的感召下,那些志愿入伍的希腊自由人可能愿意接受纪律的约束。不过,一位指挥官想强制自由人执行命令可能是极其困难的。况且,随着战争旷长日久,他们的理想主义热情就会逐渐减弱:战争持续时间越久,他们的热情愈是减弱。与此不同,菲利普的职业军队则绝对听从指挥,否则就要受到严厉处罚。据说菲利普曾当场处死过一位在值勤时睡觉的哨兵;在从这位哨兵的尸骸旁走开时他轻描淡写地说道:“我来时他在睡觉,走时他仍在睡梦中。”其三,军队职业化可以让菲利普消除大量负责运送给养的非战斗仆从。在他之前,希腊部队行军非常迟缓,受到后勤问题的妨碍,因为军队中到处都是为别人背着 206
粮食和武器的人。菲利普强令他的部下尽其所能携带自己的军需品。菲利普在军事方面进行的所有这些革新都为希腊城邦中的“正人君子”所不齿,但正是由于他在作战中不墨守成规,他才得以发动闪电般进攻,并在公元前 338 年的喀罗尼亚战役中彻底击败雅典和底比斯联军。

专制制度和征服

喀罗尼亚战役彻底结束了希腊各城邦所享有的自由,因为此后菲利普在全希腊建立起专制统治,后来他的儿子亚历山大大帝继续坚持这一专制制度,把它作为征服半个亚洲的跳板。具有很大讽刺意味的是,亚历山大在少年时代曾师从亚里士多德,正是这位希腊哲学家认为,人类受天性驱使要在城邦中生活,“凡人由于本性或由于偶然而不归属于任何城邦的,他如果不是一个鄙夫,那就是一位超人”;①亚历山大却对其导师的学说不予关心,就像他导师是位波斯人而不是希腊人似的。一些历史学家过去认为,亚历山大发动远征,以令人惊奇的方式横穿小亚细亚、埃及、美索不达米亚、波

镶嵌画:猎狮图。发现于马其顿首都培拉,反映的可能是亚历山大被其朋友克拉特洛斯救出的情景。猎狮作为一个艺术主题见于埃及、亚述和迈锡尼文化;国王是其子民的保护者,必须使之免受猛兽的侵袭。

---

① 这句话是亚里士多德的一句名言,后世作家每多引用,比如培根在其“论友谊”一文中开篇引用了它。具体出处在亚里士多德《政治学》第一卷第二章。本句译文据吴寿彭(《政治学》,商务印书馆 1981 年版第 7 页)。另:此处“鄙夫”按原文直译为“野兽”,“超人”为“神”。——译者

斯与阿富汗，直抵印度边境，是受一种急迫的使命感所驱使，即把希腊文化传播到可能还处于愚昧状态的亚洲人那里。但现在人们一般认为，只是由于对权力和荣誉的追逐，再加上他的自大狂，亚历山大才有此壮举。当他在世时就流传着这样一个故事：一次，这位伟大的征服者抓住了一名海盗，海盗说，他们之间唯一的不同在于程度不同。然而，且不论动机如何，为希腊化文明奠定基础的， 207
是亚历山大的征服，而不是海盗的劫掠。

鼓励与异族通婚

亚历山大的统治方式本身就是融合了希腊特征与亚洲特征的希腊化方式。出于宣传目的，这位年轻的马其顿人声称，他是为了替希腊人雪耻才惩罚波斯的，同时在事实上，他不仅在所到之处一概用希腊人取代波斯总督，而且输入希腊移民，令他们在新建城市中定居下来，以此来使被征服民族臣服。不过亚历山大也认识到，他与其希腊属下要想以遭人恨的外国佬的身份统治一个幅员广大的

疆场上的亚历山大。出自公元前 300 年左右大理石棺浮雕。
左侧骑马者为亚历山大。

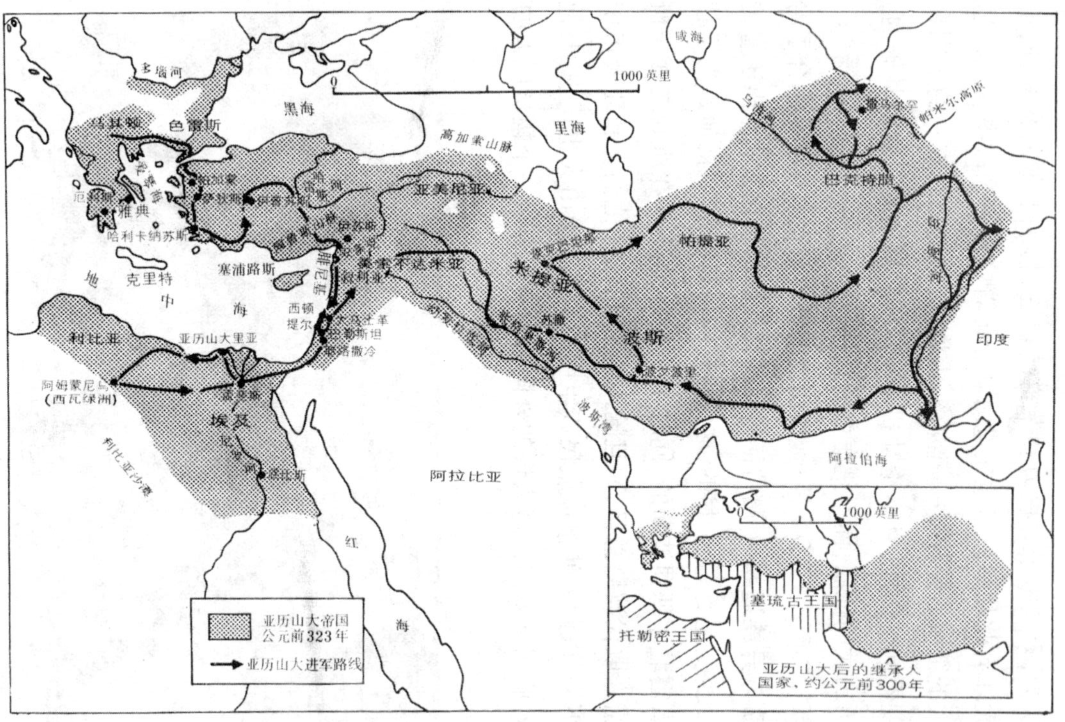

亚历山大大帝和希腊化世界

亚洲帝国,是决不可能的,因而他鼓励与异族通婚,并身体力行,娶了一位名叫罗克珊的巴克特里亚公主(亚历山大本人具有同性恋倾向),在婚礼上与新娘分享同一块面包,以表示对当地习俗的尊重。

亚历山大身着亚洲服饰

亚历山大最为倾心的亚洲生活方式,并不是公主或面包,而是任何能够强化他的专断统治、增加他的荣誉的风俗。自然,希腊的传统与阿谀奉承和摆阔炫耀根本不相容。有这么一个故事:在亚历山大刚刚取得对希腊的统治地位时,他曾遇见坐在木桶中、以木桶为家的哲学家第欧根尼,询问这位智者是否希望得到什么
恩惠。第欧根尼的回答是“需要”,“到太阳照不到的地方去吧”。208
亚历山大立下决心,即使他能帮助做到这一点,他也决不能容忍别人这样对他说话。因而,当他在亚洲驰骋之时,他穿上了华贵的波斯长袍,并要求臣民按地位高低,跪着或完全趴在地上觐见他。最登峰造极的是,亚历山大决定自称为神。他只是在埃及这样做了,因为在埃及法老一直尊奉为给人带来千年幸福的太阳神阿蒙的后嗣。虽然如此,对一位希腊人而言,对这位曾被一位衣着不整的哲学家要求到太阳照不到的地方去的人而言,这仍然是一种极其反常的举动。

三、政治和经济趋势

各希腊化国家

公元前323年亚历山大病死后,除了一位低能的同父异母兄弟外,他没有留下任何合法的继承人。根据传说,在亚历山大弥留之际,朋友们请他指定继承人,他回答说:“王位属于最强者。”在他死后,他的一些

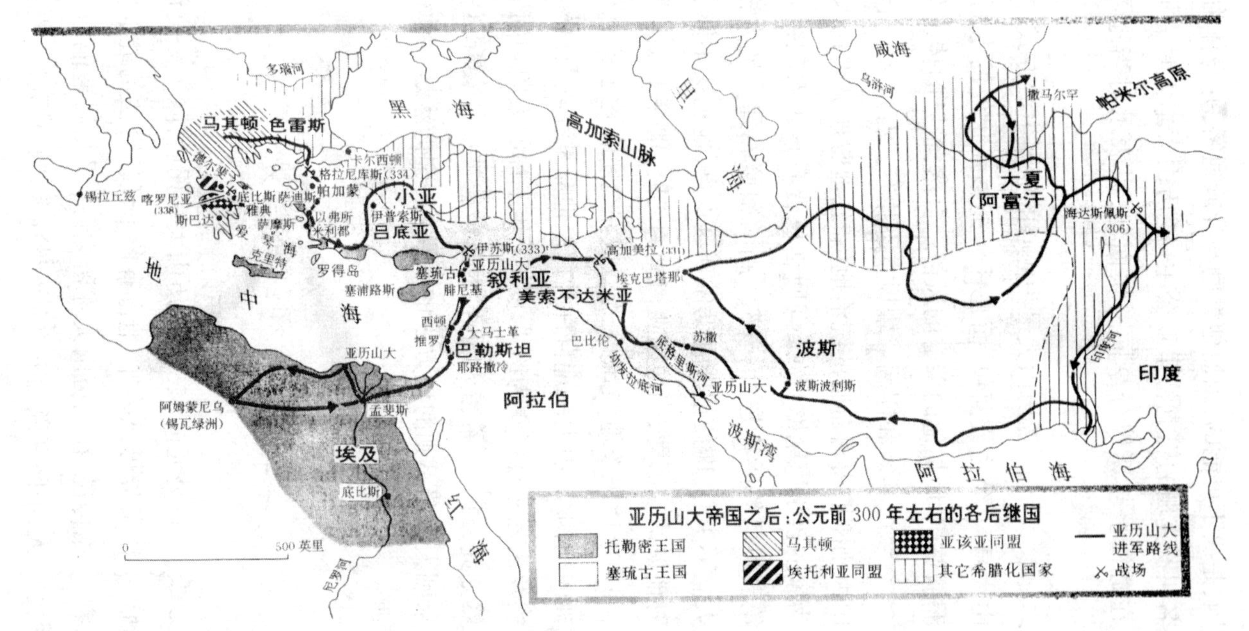
亚历山大帝国之后:公元前 300 年左右的各后继国
托勒密王国
塞琉古王国
马其顿
埃托利亚同盟
亚该亚同盟
其它希腊化国家
亚历山大进军路线
战场
0
500 英里
马其顿
色雷斯
多瑙河
黑海
高加索山脉
里海
咸海
乌浒河
撒马尔罕
帕米尔高原
大夏
(阿富汗)
海达斯佩斯
(306)
印度河
印度
卡尔西顿
格拉尼库斯(334)
帕加蒙
萨迪斯
以弗所
米利都
德尔斐
喀罗尼亚
(338)
底比斯
雅典
斯巴达
萨摩斯
爱琴海
克里特
罗得岛
锡拉丘兹
小亚
伊普索斯
吕底亚
伊苏斯(333)
亚历山大
塞琉古
腓尼基
叙利亚
塞浦路斯
西顿
推罗
大马士革
巴勒斯坦
耶路撒冷
高加美拉(331)
美索不达米亚
埃克巴塔那
巴比伦
幼发拉底河
底格里斯河
苏撒
亚历山大
波斯
波斯波利斯
波斯湾
阿拉伯
阿拉伯海
地中海
亚历山大
阿姆蒙尼乌
(锡瓦绿洲)
孟斐斯
埃及
底比斯
尼罗河
红海

高级将领企图瓜分帝国。一些年轻的军官对此表示不满,接踵而至的便是一连串的战争,终致于公元前301年在伊普苏斯进行决战。决战的结果是胜利者重新瓜分了亚历山大留下的帝国。塞琉古据有波斯、美索不达米亚和叙利亚;吕西马库斯把小亚细亚和色雷斯置于自己统治之下;卡桑德在马其顿建立了自己的统治;托勒密除原来管辖的埃及外,又据有腓尼基和巴勒斯坦。二十年过后,塞琉古击败并杀死吕西马库斯,把他在小亚细亚的属地据为己有。与此同时,多数希腊城邦举行反抗马其顿统治的起义。这些城邦结成了防御同盟,其中一些城邦以联邦制形式维持独立达一个世纪之久。最后,在公元前146至公元前30年之间,除最靠东的部分外,几乎整个希腊化世界都处在罗马的统治之下。最靠东的那一部分重新归由当地波斯人管辖。

除希腊以外半神性君主的专制统治

除希腊本土一些地区之外,希腊化时代亚历山大所征服的各个领土的政治体制都是君主制,其君主至少声称自己是半神性的人。亚历山大最强大的继承人,西亚的塞琉古王朝诸王与埃及的托勒密王朝诸王,都曾有条不紊地进行了自我神化的尝试。塞琉古王朝的一位国王安条克四世曾采用Epiphanes的称号,意为"明白无误的神"。托勒密王朝后期诸王都在签署敕令时用了Theos(神)的称号,并重新采用埃及法老娶姊妹为王后的做法,旨在保持王家神圣血统纯净、不受玷污。毋庸赘言,这类统治者不准人民进行合乎规范的反抗,但绝对专制的不可 209
避免的后果就是宫廷阴谋不断发生,致使谋杀、投毒和与境外敌人勾结、外敌入侵、战争屡见不鲜。埃及的托勒密四世(公元前221至204年)沿袭谋杀或被杀的政策,把自己的母亲、叔伯与兄弟先后杀死。几代人过后,他的后人、美艳绝伦的克里奥帕特拉(公元前69—30年)与罗马人勾结,企图保持希腊化埃及的独立的某种外表,但徒劳无功。

希腊大陆的城邦联邦制

在希腊化时代,除东方专制制度之外唯一可行的不同选择就是在希腊大陆出现的城邦联邦制。在摆脱马其顿人的统治、取得独立以后,一些希腊城邦结成了防御性联盟,这些联盟迅速演化为两大城邦联盟,一个是埃托利亚城邦联盟,一个是亚该亚同盟。这两大联盟对整个希腊的统治一直维持到公元前146年被罗马帝国的统治取而代之为止。两大联盟在结构上基本相似,每一联盟都有一个联盟会议,由参加联盟的各邦代表组成,有权颁布与公共事务有关的法律文令。此外有一个由入盟各邦所有公民参加的全联盟公民大会,它决定战争与和平问题,负责遴选官员。行政与军事大权由一位将军执掌,他是由选举产生的,一年选举一次,现任将军隔年后方可再度成为候选人。尽管这些联盟通常被称为联邦制国家,但至多是个邦联而已,因为中央政府仰赖地方政府出钱出人。这些联盟的重要意义在于,它们构成近代之前希腊所曾出现的最接近自发的民族实体的政治形式。

希腊化经济具有活力的方面:(1)贸易的发展

至于经济情况,希腊化世界总的说来因远距离贸易、财政的增长以及城市的发展而很兴盛。贸易得以发展的原因在于以下几个方面:首先,随着亚历山大的远征,一个范围广泛的贸易区形成了。远在亚历山大时代之前,希腊人就是活跃的从事远距离贸易的商人,但那时他们与波斯王国及波斯以东地区的贸易,由于波斯国王和总督们总是按照自己的经济利益行事,而不是按照希腊人的要求行事,因此受到了种种阻碍。但在公元前323年之后,希腊统治者已在埃及和西亚等地扎下根来,同时讲希腊语的人在埃及的亚历山大、叙利亚北部的亚历山大、波斯湾口的亚历山大建立一个又一个居民点,这样自东地中海到中亚的稳定的贸易联系就得以建立。此外，以埃及、小亚细亚、波斯和巴克特里亚为基地，希腊商人可以到更远的地方，深入到非洲、俄罗斯、印度以及中国的腹地。其次，亚历山大把波斯 210
窖藏的金银据为己有，并以铸币、珠宝和奢华器具形式把它们大量投入流通领域，这些举措在无意中刺激了投资的增多，同时还有物价令人鼓舞的上涨。再者，除贸易外，专制君主们现在更为自觉地促进生产商品的制造业的发展，把它作为增加国家岁入的一个手段。

托勒密王朝与塞琉古王朝成为贸易保护人

在托勒密王朝统治下的埃及与塞琉古王朝诸王统治下的西亚地区——其腹地在叙利亚——新的商业投机活动尤其活跃，赢利尤其多。托勒密王国与塞琉古王国的君主们提供了各种各样的便利条件，鼓励人们从事各种商贸活动。港口得到了修缮，战舰被派去维持海上交通的安全，道路和运河也修建起来。此外，托勒密王朝还雇请地理学家去寻找新的通往遥远国度的路线，由此开辟弥足珍贵的市场。由于采取了诸如此类的办法，埃及商业繁盛，商品种类繁多。来自阿拉伯的香料、塞浦路斯的铜、不列颠的锡、努比亚的大象与象牙、西班牙的白银、小亚细亚的优质地毯，乃至来自中国的丝绸，纷纷涌入亚历山大港。政府和一些商人从中获取的利润往往高达二成或三成。

(2)财政的发展

希腊化时代经济有了重大的发展的另一个表征是财政的发展。以金银铸币为基础的国际货币经济，现在在东地中海和西亚各地到处可见。通常归属于政府的银行发展成为进行各种各样商业投机的主要信贷机构。投机买卖、垄断市场、激烈的竞争、大型商号的发展，以及保险业的出现，成为这一引人注目时代的其他引人注目的现象。

(3)城市的发展

最后，在希腊化时代，城市也因种种经济的或非经济的因素有了巨大发展。完全与经济因素无关，为了维护他们对非希腊居民的控制，希腊统治者把希腊官员尤其是希腊士兵派驻到那里。这一政策往往导致一些城市移民点凭空出现。亚历山大本人就建立了大约 70 座充当希腊统治前哨阵地的城市；在其后的两个世纪中，他的继承人又建立了大约 200 多个城市。不过，在另一方面，城市的增多也与工商业的发展以及政府监管经济的机构的激增密切相关。因而，某些城市中心人口增长的幅度实在令人吃惊。仅在一百年间，叙利亚的安条克的人口就增长了 4 倍。在不到二百年的时间里，底格里斯河畔的塞琉西亚就从无到有发展成为一个拥有数十万人的大都市。希腊化时代各个城市中最大和最有名的城市当推埃及的亚历山大城，它拥有大约 50 万居民。在帝国时代罗马城崛起之前的整个古代，亚历山大可谓最庞大、最富丽堂皇。
211 该城街道井然有序，铺垫平整。城内有宏伟的公共建筑和公园，有一座博物馆，还有一座藏书达 70 万册的图书馆。然而，就普通大众而言，虽然他们为这个城市贡献良多，却根本无法分享他们周围辉煌、奢华的生活。

农业的主导地位与手工业的发展

从本质上讲，希腊化时期的经济富有生机。在整个希腊化时期，农业仍然是各希腊化地区主要的就业部门和财源。（在西欧和北美，只是在 19 世纪工商业才取代农业成为主要的财富源泉。）另外，虽然在希腊化的埃及以及西亚部分地区工业有所发展，但没有一个地方发生过以任何技术突破为基础的名副其实的“工业革命”。倒不如说，所有工业部门都靠人力而非动力。

繁荣不稳定的影响

固然,希腊化时代经济有了全面发展和全面繁荣,但必须强调指出,绝非人人都能享受到繁荣的好处。恰恰相反,一些人先是暴富,后是暴贫,另一些人则始终与贫穷作伴。由于商业活动风险很大,个体商人和投机者的命运往往是大起大落。举例来说,一位商人经销高级衣料,情况不错,后来他决定用更多的资金投入这一方面,却发现人们的爱好变了,或者他派去运货的船沉没了。商人尤其易于受到现在经济学家所说的"繁荣与萧条"综合症的影响。一位商人一心想利用物价上涨大发一笔,为此他不惜借贷,结果却发现他经销的商品突然之间供大于求,他不仅一无所获,连贷款都无法偿还。那些依然处于贫困状态的人中,有一部分是为地区性生产谷物的小农。(在希腊,由于希腊在这一时期深受国际收支逆差的影响,因而这些人可能更加贫困。除了艺术品之外,它能提供给远距离贸易的商品微乎其微。)在多数情况下,新近移居城市的人或许也无法改善自己的经济地位,他们中的许多人生活在拥挤不堪的居所中。因而,综上所述,看来希腊化世界的经济有贫富分化现象。在转而考虑希腊化时代的思想和文化时,我们应把这一点牢牢记在心中。

四、希腊化时代的文化:哲学与宗教

哲学与宗教的种种趋势

在其文明的整个发展时期,希腊化时代的哲
学几乎一直并存着两种倾向。主要的倾向以斯多
噶派和伊壁鸠鲁派为代表,其本质性特点是把理 212
性视为解决人类问题的关键所在。这一倾向是希
腊影响的具体体现,尽管在亚里士多德体系中合二为一的哲学和
科学而今已分道扬镳。次要的倾向由犬儒学派、怀疑论者和亚洲

各种各样的崇拜为代表，倾向于排斥理性，否认人们有可能获得真理，有时滑向神秘主义和对宗教信仰的依赖。虽然各派教义不尽相同，但希腊化时代的哲学家和热心宗教的人普遍对下面一点有共识：需要找到一种把人类从艰辛的生活中解脱出来的办法，因为随着作为人类理想之表现方式的自由公民生活的衰落，就有必要找到一种替代的办法，以使现实生活变得更有意义，至少是可以为人忍受。

犬儒学派

新的希腊化时代哲学学说中最早的一家是犬儒学派①，该派大约起源于公元前350年，该派最著名的代表人物是第欧根尼，这个人以不停地寻找“诚实之人”而著称。犬儒学派主张过一种“自然的”生活，批判一切相沿成习和矫饰的东西。（Cynic〈犬儒学派〉一词在希腊语中意为“犬”，寓意是应该像牲畜一样自然而然地生活。）他们追求的主要目标是自足：每个人都应养成满足自身需要的能力。显而易见，犬儒学派与人类各个时代出现的其他运动有某些相似之处——比如20世纪60年代的嬉皮士运动。然而，这些运动之间也有重大区别。犬儒学派把艺术和音乐视为种种矫揉造作的表现形式而加以摒弃，同时他们不是年轻一代的代表。不过所有运动看来都反映出一种因受到社会束缚、人

第欧根尼头像

① 犬儒学派的创始人是安提斯蒂尼，他以讲究安适、财富和享乐著称。最著名的犬儒派人士是安提斯蒂尼的学生第欧根尼，他把这些原则发挥到了极点。该学派兴盛于公元前3世纪，在公元一世纪罗马帝国时期再度流行。——译者

生目的难以实现而产生的挫折感。根据一则传说,亚历山大大帝曾垂询第奥根尼的门生克拉特斯[①],新近毁于战火的底比斯城是否需要重建。这位犬儒派大师答道:“即便重建了它,它肯定会再次毁于另一位亚历山大之手的。”

伊壁鸠鲁派和斯多噶派

伊壁鸠鲁派与斯多噶派均发端于公元前300年左右,其创始人分别是伊壁鸠鲁(约公元前342—270年)和芝诺(活跃于公元前300年之后),二人都居住在雅典。这两个派别之间有不少共同性:都推崇个人,所关心的均非社会的利益,而是个人的好处。二者均为唯物论者,都绝对否认有任何精神实体的存在;他们甚至认为就连神与灵魂也是由物质构成的。进而言之,伊壁鸠鲁派和斯多噶派学说中都包含着普济主义的成分,因为他们都认为世界各地的人都是一样的,希腊人与非希腊人之间并没有什么区别。

斯多噶派通过宿命论寻求心灵平静

但是这两个哲学体系之间也有很多不同之处。斯多噶派认为,宇宙是一个井然有序的整体,其中,一切矛盾均为达到至善而最终消解。因而,恶是相对的;人类遭受的种种特别的不幸,是为了达到宇宙最终的完备所必然发
生的枝节变故。世上发生的任何一件事都是根据理性目的而严格 213
确定的。任何个人均非其命运的主宰;人类的命运是一不间断的链条中的一环。只是在人可以接受命运或反抗命运的意义上才能说他们是自由的。但不论他们是接受命运还是反抗命运,他们均无法战胜命运。人类的最高使命就是在认识到宇宙秩序是完美的

① 克拉特斯(Crates of Thebes),公元前4世纪后期希腊犬儒派哲学家,曾师从第奥根尼。他抛弃家财,致力于求善和自律。芝诺曾师从他。——译者

情况下去顺从此秩序；换句话讲，就是要以最为愉悦的心情听从命运的安排。通过这样一种顺从态度，人就达到最高的幸福之境，这种幸福存在于心灵的平静之中。人的幸福源于灵魂中理性部分对感情的控制。因此，真正幸福之人就是能够运用理性使其生活与宇宙目的相应、并能净除心灵中的一切苦痛与反抗厄运的人。

斯多噶派的伦理与社会学说

斯多噶派形成了一种与总的哲学理论相协调的社会伦理学说。他们认为至善在于心灵的明澈，自然而然地也就视义务与自律为主要的美德。他们认识到普遍存在着某一特殊的恶，因而教导人们相互容忍、相互谅解。与犬儒学派不同，他们不仅不赞成游离于社会之外，而且认为参与社会事务是那些具有理性心灵的人的义务。他们谴责奴隶制和战争，但其立场离采取任何切实的行动消除奴隶制和战争相距甚远。在他们看来，以暴力手段变革社会所产生的后果，比人们原意医治的疾病还要严重。此外，如果心灵是自由的，即便躯体受到束缚，那又有什么关系呢？虽然斯多噶哲学在部分方面具有消极特点，但它是希腊化时代最为珍贵的产物之一，教导人们平均、和平与人道学说。

伊壁鸠鲁与非机械性原子论

伊壁鸠鲁和伊壁鸠鲁派以早期希腊哲学家德谟克利特的“原子论”为其哲学基础。根据这一学说，宇宙的基本成分是微小的、不可分割的原子，发展和变化是这些原子组合、分离的结果。不过，伊壁鸠鲁在接受原子论这一唯物主义学说的同时，却摒弃了其绝对的机械论。他不认为一种自动的、机械的原子的运动是宇宙间万事万物的根源。虽然他认为原子垂直向下运动，但他坚持赋予原子同时具有偏离垂直线的能力，从而彼此结合在一起。

他对原子论的这一修正就使得对人类自由的信仰成为可能。如果原子只能作机械运动,那么同样由原子构成的人类就会退化到一种自动的地位,同时宿命论就会成为宇宙的法则。通过摒弃对生活的这种机械解释,伊壁鸠鲁派可能比德谟克利特或斯多噶派更接近希腊化精神。

伊壁鸠鲁(大理石头像)

214 **伊壁鸠鲁派通过克服对超自然力量的恐惧实现心灵的宁静**

伊壁鸠鲁派的伦理哲学建立在至善是快乐之基础上。但他们并不把各种各样的放纵包括在真正的快乐之中。肉体的快感应该避免,因为每一种过度的淫荡相应带来的都是命定的痛苦。另一方面,肉欲的适度满足是可以的,其本身就可视为善。高于这种快感的是心灵的愉悦,是对于选择一些事物而避免另一些事物的理由进行冷静的沉思,同时对于先前获得的满足进行周密的反思。然而,各种快乐中居至高地位的,是心灵明澈宁静,是完全没有精神的和肉体的痛苦。要达到这一目的,最好的途径是消除恐惧,尤其是对于超自然力量的恐惧,因为这是导致精神痛苦的最大根源。各个人必须通过研究哲学认识到,灵魂是物质的,因而不能脱离肉体而存在;宇宙乃是自行运转的;神祇并不干预人间事务。神祇住在远离尘世的地方,满门心思地关注着自己的事务,根本无暇为地球上发生的事操心。既然神在今世或来世都不会惩罚或奖赏凡人,凡人没有理由对他们心存惧怕。就这样,伊壁鸠鲁派经由不同的途径得出了与斯多噶派相同的总结论——心灵的宁静至高无比。

伊壁鸠鲁派的伦理学说以及政治学说

伊壁鸠鲁派注重实行的伦理学说和政治学说都建立在功利主义基础之上。与斯多噶派不同,该派并不坚持把美德视为目的本身,而是教导说,人应行善的唯一理由是为了增加自身的幸福。与此类似,他们否认存在着绝对公正之类的事;法律与规定只有在为个人谋福利时才是公正的。在每一个复杂的社会里,都需要有一些规定来维持秩序。人们之所以应当遵守这些规定,只是因为这样做对他们有利。伊壁鸠鲁对政治或社会生活不予重视。他把国家仅仅视为一种便利手段,并教导说智者不应该积极参与政治。与犬儒学派不同,他不认为应该放弃文明;不过他的至乐人生观在本质上仍具有消极和失败主义特征。他认为,有头脑的人将认识到,世间的恶是不可能经由人间的种种努力而消除的;因而,个人应退隐去研究哲学,与一些志趣相合的朋友去畅谈友情,以此为享受。

怀疑论派的怀疑主义学说

怀疑论派提出了一种更为激烈的失败主义学说。公元前200年左右在卡涅阿德斯的影响下,这一学派盛行一时,达到了极盛。怀疑论派灵感的主要源泉是诡辩论者的下述说法:所有知识都来自感官的体验,因而必定是有限的与相对的。由此而推导出的结论是:我们不能证明任何东西。由于我们感官的印象欺骗我们,因而没有任何肯定无疑的真理。我们所能说的仅仅是,事物看上去是这样那样的;我们并不知道它们到底如何。我们对超自然力量、人生的意义乃至是与非,都没有确定的认识。结 215
果,明智的做法就是不要作出判断:只有这样才能达到幸福之境。如果我们放弃对绝对真理徒劳无益的寻求,不再为善或恶问题操心,我们就会获得心灵的平静,而心灵的平静乃是人生所能达到的最大满足。怀疑论者甚至比伊壁鸠鲁派还要不关心政治和社会问题。他们的理想是使个人从他既不能理解也无力改变的世界中逃脱出来,这具有典型的希腊化思想特征。

感性化宗教的吸收力

希腊化时代的宗教同样有帮助人们逃避集体的政治义务而提供渠道的倾向。城邦时期希腊人的公民宗教到这时已失去了影响。对整个希腊化时期的多数社会领袖人物而言,城邦公民宗教已被斯多噶派、伊壁鸠鲁派和怀疑论学说取而代之。不过,那些不那么受到哲学影响的人和大多数一般人倾向于信奉感性化的个人宗教,这种宗教在现世提供一套繁琐的仪式,在来世提供得救。在讲希腊语的社会共同体中,强调通过极端禁欲来赎罪、与神进行结合并宣传来世得救的俄尔甫斯崇拜和依洛西斯崇拜吸引了越来越多的信徒。与此相连,在讲波斯语的地区,琐罗亚斯德教变本加厉地推崇二元论,该教僧侣(麻葛僧)坚持认为一切有形的和物质的东西都是邪恶的,要求其信徒通过苦行生活使自己的灵魂在来世获得永恒的欢乐。最后,在希腊人和非希腊人中间,琐罗亚斯德教的一个分支密特拉教获得了越来越多的信徒。

密特拉教的传播与影响

到底密特拉教在何时成为一种独立的宗教,目前尚不为人所知,但肯定不晚于公元前 4 世纪。这一崇拜得名于密特拉,他是琐罗亚斯德教中无所不能之神阿胡拉—马兹达在与邪恶力量作斗争时的一个副手。密特拉起初只是琐罗亚斯德教中的一个小神,他逐渐被许多波斯人视为最值得祀奉的神祇,可能是他一生中的感激色彩。据认为他曾生活在人世间,罹受过大灾大难;他显现了奇迹,赐人类以面包和酒,为人类解除了旱灾和大洪水。密特拉宣布,星期日(太阳之日)是一周中最为神圣的日子,因为太阳是光明的赋予者。他宣布 12 月 25 日是一年中最为神圣的一天,因为该日大致相当于冬至,标志着太阳经过赤道之南漫长的旅行后再度返回。这一天在某种意义上是太阳的"生日",因为该日意味着它为人类带来的予万物以力量的力量复苏了。信奉密特拉教的主要是希腊化社会的下层人民。密特拉教给他们制定了一套复杂的礼拜仪式,为他们提供了轻视现世生活的理由,并且制定了一套
216 明确的通过个人救世主密特拉获救的信条。毫不令人奇怪,该教存在的时间比希腊化时期本身要长,在公元 100 年之后成为罗马帝国中盛行一时的宗教,并对基督教产生了些许影响。

五、希腊化时代的文化：文学和艺术

希腊化时代的文学和艺术都以这样一种倾向为特征，即把此前希腊的各个成就发展到了极致。出现这种情况的原因尚难以确定，但作家和艺术家们纷纷展现其娴熟的拘泥形式的技巧，试图以此取悦资助他们的专制君主。进而言之，希腊化时代生活的反复无常可能导致收买艺术品的人到更激动人心且不那么深奥难测的艺术表现形式中去寻求快意。不论情况如何，这一时期的艺术确实不是公民活动的一个内在表现方式，而是一种商品，这就意味着其中大部分是非耐用的甚或粗制滥造的。我们知其名姓的希腊化时期的作家至少有 1,100 人，但其中真正具有文学殊荣的仅有个别人。不过，在大量平庸的文学和艺术作品之外也有少数毋庸置疑的意义深远之作。

希腊化时代的文学：（1）米南德的喜剧

希腊化时代两个最主要的文学体裁是戏剧和田园诗，前者早已出现，后者是新近产生的形式。希腊化时代最伟大的剧作家当推雅典喜剧诗人米南德（约公元前 343 至约 291 年），他用在此之前由阿里斯托芬发展完善的体裁进行创作。米南德从阿里斯托芬那里承继了许多东西，但与阿里斯托芬不同，他不是一位讽刺作家，对政治持漠不关心的态度（对在此之前的任何一位希腊专家而言，这是无法想象的）。米南德喜剧作品的唯一题材是浪漫的爱情，描写爱情的痛苦与欢乐、与爱相关的密谋及引诱，作品最后以大团圆即幸福的婚姻告终。这种喜剧的情节来自日常生活，令观众如醉如痴。不过，米南德擅长创造幽默的氛围，精于刻画人物性格的怪癖，远非肥皂剧（soap opera）作家所能比。

(2)提奥克里图斯的田园诗

恋爱故事也是田园诗的主题。田园诗并非植根于现实生活背景,而是植根于牧羊人、仙女和排箫之中。这一文学体裁的创造人是希腊人提奥克里图斯,他出生于西西里岛,后移居亚历山大,在该大城市进行创作。(他活跃的时间大致在公元前 270 至前 250 年。)提奥克里图斯是位典型的遁世主义的代表作家。他生活在喧嚣不已的城市中,面对的是要求人们顶礼膜拜的专断统治者,亲眼目睹穷人近乎贫民窟的拥挤不堪的居住条件。虽然如此,他热情讴歌烟雨朦胧或者沐浴在阳光之中乡间幽谷迷人的风韵,并把民歌中“质朴的乐趣”理想化。“唱
217 吧,嗓音甜美的缪斯女神,唱起我的乡村歌谣,/我是来自埃特纳的西利西斯,请听我那美妙的歌喉”,这可能是他早期创造的一首田园诗。不可否认,这类诗歌有些矫揉造作,但我们同样也不能否认,它们往往产生悦耳感人的效果。此外,提奥克里图斯由于创造了田园诗体裁,因而也就成为一种影响深远的文学传统的缔造人;后世不少诗词巨擘,诸如维吉尔和弥尔顿,都创作了不少田园诗;同时画家和雕塑家从中汲取了丰富的题材。就连近代一些协奏曲作家,诸如克洛德·德彪西在创作《牧神的午后》时,也从亚历山大的这位遁世主义诗人那里受过益。

(3)历史

在散文领域,这一时代居主导地位的作家是历史学家、传记作家和乌托邦作者。迄至此时最出类拔萃的历史学家是生活在公元前 2 世纪的希腊本土人波利比乌斯(波利比阿)。在波利比乌斯看来,历史以循环方式发展,各国必然要经历兴盛衰落阶段,因而,了解了一个国家的历史,就可准确地预测到它的未来。就其科学态度而论,波利比乌斯在古代所有史学家中仅比修昔底德稍逊一筹,同时在把握社会力量和经济力量的重要性方面,就连修昔底德也要自叹弗如。

(3)传记以及乌托邦作品

虽然传记大都具有轻松和闲谈的特征，但这类作品的广为流传则很有说服力地显示出当时人的文学趣味。更具有重要意义的是乌托邦作品或描写理想国家的作品的盛行。这些作品所描绘的实际上都是：在一个杜撰的岛屿上，或者遥远的不为人知晓的地方，社会平等，经济平等，没有压迫，没有争斗，也没有贪婪。总的说来，在这些乐土中，人们不知钱为何物，不事商业，一切财产均为公共所有，所有的人都要参加劳动，自己动手生产生活必需品。或许有理由这么说，这种乌托邦文学的流行，是希腊化社会蕴含的经济和社会紧张状况的反映；这些作品向人提供的，要么是与田园诗类似的遁世主义，要么（或许）是一种潜在的要求改革的思潮。

乌托邦作品含蓄地批判的那种华而不实风格在希腊化时代的建筑中有着充分反映。公元前5世纪到4世纪早期希腊建筑的独特之处在于对称和节制。与此不同，而今大行其道的却是强调富丽堂皇和奢华。这在部分上源自此时居主导地位的由埃及法老和波斯皇帝所确定的规范。埃及亚历山大的大灯塔和亚历山大城献给古埃及神祇塞拉皮斯的城堡，就是两个典型例证，惜两者都未能幸存至今。亚历山大灯塔高约400英尺，共分由下向上逐渐缩小的三层，另有八根圆柱，支撑着顶部的塔灯。城堡则用石头砌成，外表涂以蓝色石膏，那一时代一位人士称它“直冲云霄”。希腊人在小亚细亚有个据点叫帕加马，那里有一座规模庞大的宙斯祭坛 218
（祭坛在近代被迁移到了柏林）和一座大型露天剧场，由此可以看到远处的高山。而在离帕加马不远的以弗所，街道悉由大理石铺砌。固然，希腊化世界的建筑并不是个个宏伟壮观，不过不论规模大小，希腊化建筑都具有一个“特征”，即科林斯式圆柱，这种圆柱比早些时候希腊建筑中盛行的纯朴、威严的多里亚式或爱奥尼亚式圆柱更为华美。

希腊化时代的雕刻

归根结蒂,希腊化时代文化的种种成就中,最
有影响的,几乎肯定最合乎现代人口味的,当推雕
刻作品。如果说此前希腊雕刻追求是把人性理想
化并以朴素的克制风格来表现希腊人的节制观念,
那么希腊化时代的雕刻则强调极端的自然主义与不加拘束的奢
华。在具体雕塑活动中,这意味着雕刻家尽其所能再现人物面部
219 的皱纹、肌肉的发达以及复杂的衣纹褶皱。难以处理的人物姿态
被认为是石雕艺术家面临的最大挑战,以致他们宁愿刻画那种在
日常生活中殊难见到的以单腿作平衡或把整个身体伸展开来的姿
态。由于希腊化时代的雕刻作品是专门为富有的资助人制作的,
因而雕刻家的目的显然在于创作出在构思和技巧方面都独具特色
的作品——以便收藏者可以向世人夸示,此类作品是独一无二的。
因此,毋庸置疑,复杂性本身受人羡慕,极度的自然主义风格有时
晃到了被扭曲的程式化的边缘。不过,现代人看到这类作品中往
往会产生一种似曾相识的惊愕感,因为希腊化时代雕刻品之怪异
的和夸张的姿态,后来对米开朗琪罗及其追随者产生了巨大影响,
再后又给 19 世纪和 20 世纪某些最“现代”的雕塑家以启示。我们
220 在此不妨列举一下希腊化时代三个最著名的雕刻作品,它们揭示
了该时期人们审美观念的不同方面:《垂死的高卢人》,公元前 220
年左右完成于帕加马,它显示出娴熟的刻画发达的人体的技巧;
《萨摩色雷斯带翼的胜利女神》,完成于公元前 200 年左右,刻绘飘
逸的衣纹细致入微,逼真动人,让人看上去就像是用真正的布料而
不是石头做成的;以及《拉奥孔群像》,完成于公元前 1 世纪左右,
是人类雕刻艺术史上现知最真挚地表现了人类情感、构图最复杂
的作品之一。

拉奥孔群像(公元前2世纪晚期)

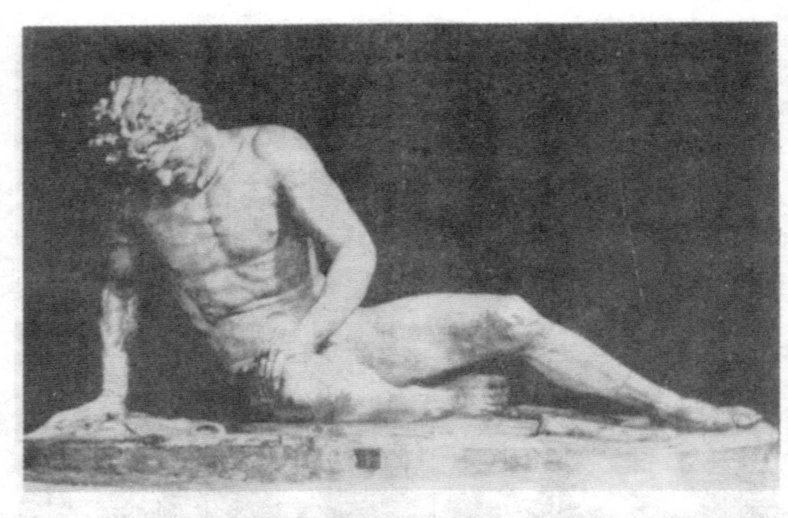

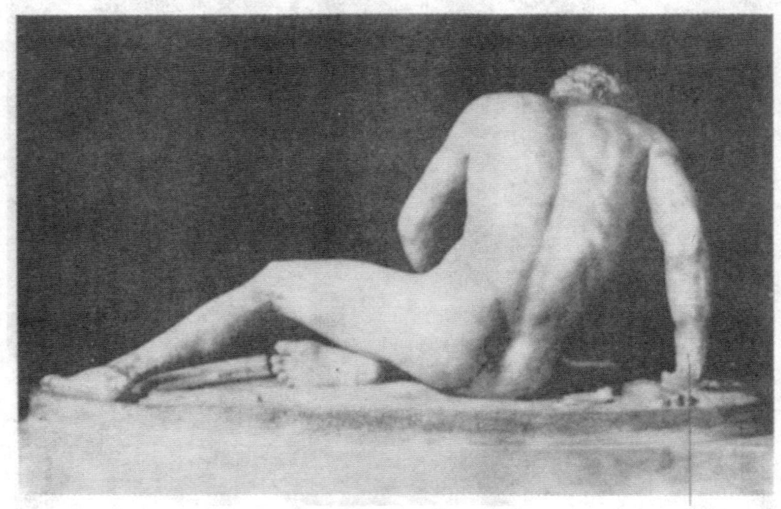

垂死的高卢人:正面和背面图。该雕塑完成于公元前230年左右,是希腊化现实主义和哀婉动人力量的经典之作。原作佚失,图中所示为罗马十分逼真的复制品。

六、第一个伟大的科学时代

在公元17世纪之前,科学史上最光辉的时代就是希腊化文明时期。没有亚历山大、帕加马和其他希腊化城市的科学家的种种发现,现代的一些科学成就实际上就不可能产生。在亚历山大征服波斯帝国之后几百年间,科学异乎寻常地发展的原因主要有二个。其一,美索不达米亚和埃及的科学与希腊人的求知欲和好奇心结合在一起,大大刺激了希腊化时代人们对于知识的探求。其二,就像资助雕刻家那样,希腊化时代的许多统治者热心资助追随他们的科学家进行科学研究。过去人们曾认为这种资助纯粹出于实用目的——统治者认为科学进步可以促进他们所辖领土上工业的发展,并可改善自己物质享受的条件。不过今日研究这段时期文明的学者们相信,认为所有统治者都因为技术可以节省人力而希望出现"工业革命",是一种时代误植。其原因

萨摩色雷斯带翼的胜利女神

在于当时劳动力是非常低廉的，同时专制君主们对劳动大众的痛苦和磨难根本不闻不问。至于所谓科学与增进物质享受的程度相关，希腊化世界的君主们实际上殊难想到这一点；他们有足够的奴隶为他们煽风，无意引进机械设备，因为那样一来他们因恭顺的臣属为自己煽风而产生的社会荣誉感就会受到影响。在某些领域，实用目的确实也促进了对科学事业，尤其是对医学和与军事技术相关的领域的资助。不过很显然，专制君主资助科学的主要目的是沽名钓誉：有时候一位科学家可以为一位统治者制造出一件精妙的小玩意儿，这样统治者就可以像炫示雕刻作品那样向来客炫耀这一发明；即使情况不是这样，那么由于讲希腊语的有闲阶层对
221 纯理论性的成就极为推崇，因而资助某一理论突破的那位希腊王公就会分享到殊荣。以当今的事例作比较，这好比美国一个城市的市长，该城的棒球队如果赢得世界职业棒球锦标赛桂冠，他也脸上有光。

天文学

希腊化时代主要的学科有天文学、数学、地理学、医学和物理学。该时代早期最有名的天文学家是萨摩斯的阿里斯塔库斯（公元前 310—230 年），他有时被称为“希腊化时代的哥白尼”。阿里斯塔库斯的主要成就是推论地球及其他行星都是绕太阳运行的。不幸的是，由于这一观点与亚里士多德的学说相悖，也与希腊人之人类因而也就是地球是宇宙的中心的思想不相合，因而他的后继者没有接受他的观点。希腊化时代另一重要的天文学家是希帕库斯，他在公元前 2 世纪后半期在亚历山大很活跃。希帕库斯的主要贡献是发明了星盘，并大致正确地计算出月球的直径及月球至地球的距离。然而他的声名后来被亚历山大的托勒密（公元前 2 世纪）的名声遮掩住了。托勒密自己未作出多少独创性的发现，但他把其他人的著作进行了整理分类。他的主要著作《天文学

大成》(Almagest)所依据的是地心说,即天体围绕地球运行的学说为基础;该书一直流传到中世纪欧洲,成为古代天文学的经典性总结。

数学和地理学

与天文学密切相关的两门学科是数学和地理学。希腊化时代最著名的数学家当推欧几里得,他是几何学专家。欧几里得所著《几何学原理》(写于公元前300年左右)在19世纪中叶之前一直是研究几何学的公认的基础。书中资料有不少并非他的独创,而是综合汇编他人成果而成。希腊化时代最有创见的数学家或许当推希帕库斯和阿基米德;前者奠定了平面三角学和球面三角学的基础;后者主要是位物理学家,但也发现了积分。希腊化时代地理学的发展,埃拉托斯特涅斯(约公元前276—约196年)居功至伟。他是位天文学家和图书馆馆长。他把日晷分放在相距几百英里的地方,据此计算出地球的周长,误差在200英里以下。他提出了世界各大洋互相连接、实际为一的学说,同时是最早提出向西航行就有可能抵达亚洲东部的人。他的一位继承人把地球划分为五大气候带,至今仍为人沿用;他还把潮汐的涨落归因于月球的影响。

医学:解剖学的发展

在希腊化时期科学的种种进步中,最为重要的当数医学的进步。其中尤以卡尔希登的赫罗菲鲁斯的成就更有重要意义。赫罗菲鲁斯大约在公元前3世纪初期在亚历山大从事研究。他无疑是
古典古代最伟大的解剖学家,或许还是第一位对人体进行解剖的 222
人。他的最重要成就,包括对大脑作了详细描述,强调大脑是人类智力的中枢(与亚里士多德的观点相左);发现了脉搏的重要性及其在诊断疾病方面的作用;发现动脉中只含有血液,而非如亚里士

多德所说的那样是血和空气的混合体，动脉的功能就是把血液由心脏输往人体各处。

生理学

赫罗菲鲁斯最有才干的同事当推厄拉西斯特拉图斯，他在公元前3世纪中叶主要活跃于亚历山大城。他被认为是作为一门独立学科的生理学的创始人。他不仅进行过人体解剖，而且据说从活体解剖中获得了大量关于人体机能的知识。他发现了心脏的瓣膜，区分出运动神经和感觉神经，同时指出动脉与静脉的最后部分是连在一起的。他是第一位反对希波克拉底之体液致病说的人，并且谴责把过度放血作为一种治病方法。令人遗憾的是，厄拉西斯特拉图斯所指斥的上述两种谬见后来又被盖伦视为珍宝；盖伦生活在公元2世纪的罗马帝国，是一位伟大的医学百科全书编纂者。

物理学

在公元前3世纪之前，物理学一直是哲学的一个分支。把它变成为一门独立的实验科学的是叙拉古的阿基米德。阿基米德（约公元前287—212年）发现了浮体定律（或比重），并以科学的精确性确定了杠杆、滑轮和螺旋原理。他的令人难以忘怀的发展有复合滑轮、船用螺旋推进器，虽然他被认为是古典古代最伟大的技术天才，但阿基米德实际上并不看重机械发明，更愿把全部时间用在科学研究上。传统说法认为，他的“阿基米德原理”（比重）是他在洗澡时发现的：当时他一面洗澡，一面思考一些有潜在可能的问题；突然他有所悟，激动地跳出澡盆，赤裸着身子就冲上大街，高声大叫“尤里卡”（Eureka，“我发现了”）。

七、权衡比较

希腊化的贡献

就古典希腊享有的优势地位而言，希腊化文明初
看上去不过是希腊文明的一个衰退阶段。毋庸置疑，
与雅典民主政治相比，希腊化时代的专断统治显得低
贱、令人作呕，同时这一时期追求奢华的倾向与先前
希腊人对朴素美的喜爱相比无疑也低贱。此外必须承认，就连希
腊化时代最高水平的文学杰作也缺乏希腊悲剧杰作所具有的那种
震撼人心的雄伟气势；希腊化时代的哲学家具有柏拉图或亚里士
多德所具有的深刻。然而希腊化文明也有着自己独特的成就。举 223
例来说，多数希腊化城市都比早先的希腊城邦有着更多的公共设
施，诸如博物馆和图书馆；同时如上文所述，希腊化时代的众多思
想家、作家和艺术家给后人留下了具有重要意义的新思想、引人注
目的新体裁以及富有想象力的新风格。尤其是，希腊化时代的科
学在 17 世纪之前一直是西方世界最为先进的，这一事实表明，希
腊化文明决非在各个方面都呈衰退趋势。

希腊和罗马之间的桥梁

希腊化时代对后世历史发展最为重要的贡献，或许当推它在希腊、罗马之间所起的中介作用。在某些方面，希腊化文明的贡献就在于保存之功。比如，古代罗马人对希腊古典思想的了解大都是通过抄录希腊化图书馆中所藏希腊哲学和文学文本得来的。然而在其他领域，移植带来了变形。艺术和建筑适为例证：如前所述，希腊化艺术是自它之前的希腊艺术衍生出来的，但它变成了某种虽然相关却又迥异的东西，同时对罗马人艺术品位和艺术成就产生了最大影响的正是这种“希腊似的”艺术。

希腊化时代的世界主义与希腊化时代的“现代性”

综上所述，需要专门评介希腊化文化的两个尤为引人注目的方面——希腊化时代的世界主义和希腊化时代的“现代性”。不仅“世界主义”一词本身出自希腊语 cosmopolis（意为“世界城市”），而且正是希腊化时期的希腊人在西方人中最接近于把这一世界主义理想变为现实。具体说来，一位有闲的希腊人在公元前 250 年左右从西西里旅行到印度边境，一路上总会碰到同样“讲希腊语的人”，这些人与他同文并具有同样的观念。进而言之，就对某一城邦或王国深深忠诚而言，这位希腊人不会是一位民族主义者，倒不如说，他会自认为是“世界公民”。希腊化时代的世界主义部分上是波斯的世界主义的产物，反过来又促进了罗马世界主义的形成。然而与这两者相比，希腊化时代的帝国主义不具有帝国主义性质，也就是说，它与超民族的国家强加的束缚完全脱离开来。然而不幸的是，这是通过希腊人对臣属民族的剥削实现的。最后，虽然世界主义肯定不是当今世界的一个明显的前提，但希腊化文明的其他各个方面对今日的观察家来说必定显得非常熟悉。专制主义政府，统治者崇拜，经济不稳定，极端的怀疑主义与狂热的宗教虔诚并存，理性的科学与非理性的迷信并存，奢华的艺术和炫示的艺术品收藏：所有这些特征可能促使善于思考的史学工作者怀疑，与我们自身的文明相比，希腊化时代算不算人类整个历史上最“有重大关系”的时代之一。

精选书目

Boyce，Mary，*The History of Zoroastrianism*，Leiden，1975.

Cambridge History of Iran，Vol. II，Cambridge，1985. 本书掌有最新信息，篇幅巨大，涉及本章所述时期波斯帝国的情况。

Cary，Max，*The Legacy of Alexander*：*A History of the Greek World from* 323 *to* 146

B. C., New York, 1932. 有关本时期复杂的政治史的可靠指南。

Clagett, M., *Greek Science in Antiquity*, rev. ed., New York, 1971. 入门著作，坚实、可靠。

Ferguson, John, *The Heritage of Hellenism: The Greek World From 323 to 31 B. C.*, New York, 1973. 叙述希腊化文化的典型特征，行文引人入胜，插图丰富。

Finley, M. I., *The Ancient Economy*, Berkeley, 1973. 这是由一位出类拔萃的学者撰写的极为重要的专题著作。与 Rostovtzeff 相比，本书试图强调古代经济中真正古代的东西。

Frye, R. N., *The Heritage of Persia*, New York, 1963. 有关远古自公元 7 世纪伊斯兰教获胜的波斯历史，权威性强而迷人。

Grant, F. C., *Hellenistic Religions*, New York, 1953. 一部典范之作。

Grant, Michael, *From Alexander to Cleopatra: The Hellenistic World*, New York, 1982. 一部有益的基础性介绍之作。

Hamilton, J. R., *Alexander the Great*, London, 1973. 现有最简明的学术传记。

Lane Fox, R., *Alexander the Great*, London, 1973. 与 Hamilton 著作同年出版，但在长度、目标上迥异。篇幅浩繁，说理性强，非常优秀。

Larsen, J. A. O., *Greek Federal States*, Oxford, 1968.

Rostovtzeff, M., *The Social and Economic History of the Hellenistic World*, 3 vols., Oxford, 1941. 资料丰富，但强调希腊化时代经济发展的“现代性”，有时代误植错误。

Tarn, W. W., *Alexander the Great*, Cambridge, 1948. 作者是英国有关这一世纪早期希腊化历史首屈一指的专家。

——, and G. T. Griffith, *Hellenistic Civilisation*, 3rd ed., London, 1952. 仍无可替代。

Walbank, F. W., *The Hellenistic World*, Cambridge, Mass., 1982. 由世界著名专家撰写的出色的大学水平概括性著作。

Zaehner, R. C., *The Dawn and Twilight of Zoroastrianism*, New York, 1961.

原始资料

Austin, M. M., *The Hellenistic World from Alexander to the Roman Conquest: A Selection of Ancient Sources in Translation*, Cambridge, 1981.

Bagnall, R. S., and P. Derow, *Greek Historical Documents: The Hellenistic Period*, Chico, Calif., 1981.

Boyce, Mary, *Textual Sources for the Study of Zoroastrianism*, Totowa, N. J., 1984.

第九章　罗马文明

225 只就我是安托尼努斯而言,我的城市和故乡是罗马,但就我是人而言,我的城市和故土是世界。

——马库斯·奥雷利乌斯·安托尼努斯:《沉思录》

因为你们不应把人类分成希腊人和蛮族两类。……你们应反过来把人类分成罗马人和非罗马人。这样你们就弘扬了你们城市的名声。

——埃利乌斯·阿里斯提德斯:《对罗马的演说》

远在光彩熠熠的希腊开始衰微之前,另一个最终受到希腊文化很大影响的文明就已开始在西方台伯河两岸兴起了。大致在亚历山大大帝进行征服活动的同时,罗马脱颖而出成为意大利半岛的主宰。在其后五个世纪的时间里,罗马势力不断增大。到了公元前一世纪末期,罗马不仅控制了西欧大部分地区,而且控制了大部分希腊化地区。在征服希腊化地区并毁灭北非的迦太基文明之后,罗马得以把地中海变成"罗马人的内湖"。在这一过程中,希腊的种种制度和思想也被引入地中海世界的西半部。另外,通过向北推进到莱茵河和多瑙河,罗马把地中海城市文化带到了这些仍处于铁器时代的区域。这样,罗马就在东方和西方之间架起了一座伟大的桥梁。

罗马人的综合

当然,如果没有其独具特色的发展历程,罗马是不可能起到这一作用的。这一点表现在两种不同的文化观之间的张力上。一方面,罗马人在其历史的大部分时间里都具有保守倾向:尊重他们古老的农业传统，崇拜其家庭守护神，崇尚蛮勇的好战作风。另一方面，他们也力图成为建设者，同时也无法抗拒希腊文化的魅力。在几百年间，他们的伟大就建立在综合这两种不同的特征上：尊重传统、226
秩序，崇尚军事威力，同时敬重希腊的优雅和修养。这一综合不可能永久保持下去；但只要存在这一综合，罗马的宏伟庄严就可取代希腊的荣光。

一、早期意大利和罗马王政时代

地理环境对罗马历史的影响

意大利半岛的地理特征对罗马历史的发展历程影响非常大。除某些珍贵的大理石和少量锡、铜、铁和黄金之外，意大利没有什么矿产资源。它的海岸线虽然漫长，但可用作良港的地方不多。另一方面，意大利的膏腴之地多于希腊。因此，罗马人在其历史的大部分时期里，都一直是以务农为主的民族。他们很少享受到与其他地区进行贸易所带来的思想方面的刺激。此外，与希腊相比，意大利半岛更易受到外族入侵。阿尔卑斯山脉无法有效地阻挡中欧民族的涌入，而许多地方海岸的低平又招来来自海上的征服。这样一来，外来移民借助武力强行占领这一地区，227
比与原有居民和平融合还要普遍些。几乎从定居意大利土壤伊始，罗马人就热衷于军事活动，因为他们不得不保卫自己的征服成果，以防其他入侵者。

罗马的兴起

考古学证据表明，在约公元前 2000 年至公元前 1000 年之间，一股又一股讲印欧语的移民群体越过阿尔卑斯山脉进入了意大利并在此定居下来。这些人是牧民和农民，他们随身带来了马匹、轮车及铸造青铜工具的技术。公元前 900 年左右，他们看来掌握了冶铁技术。这些印欧人的一支就是罗马人的祖先。

伊达拉里亚人

大概在公元前8世纪期间，另外两个民族的移民分别占领了意大利半岛的不同地带，这就是伊达拉里亚人和希腊人。伊达拉里亚人来自何处，这一问题始终没有得到圆满解决，不过他们肯定不是印欧语系的民族。有关权威大多认为他们是小亚细亚人。无论他们发源于何地，到了公元前6世纪，他们建立了一个扩展到意大利北部和中部大部分地区的城市联盟。尽管我们至今一直未能完全释读他们的文字，但现存资料已足以显示其文化的性质。他们有以希腊字母表为基础的字母表，有高度熟练的冶金技术，具有非凡的艺

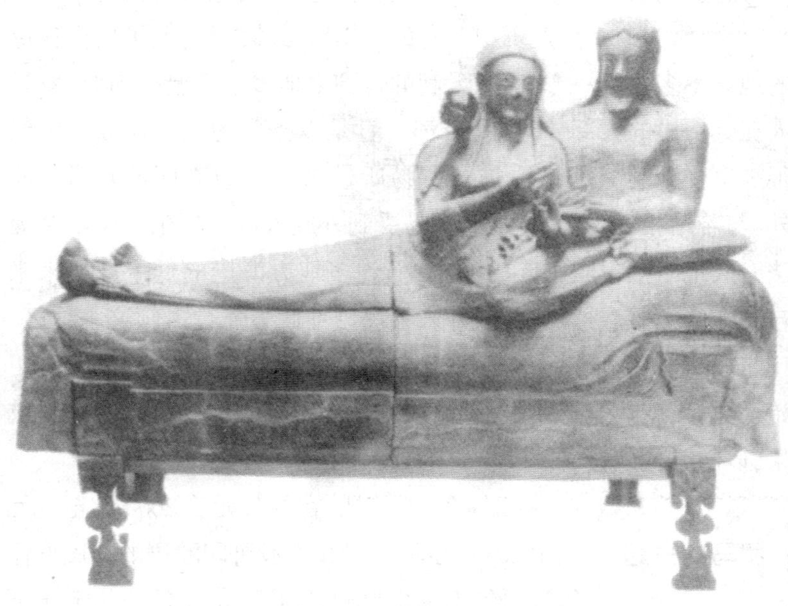

伊达拉里亚人石棺，约公元前520年。伊达拉里亚人赤陶棺盖上的这对夫妻形象具有早期希腊艺术的某些古朴的、风格化的特征，但脱去了前者的不雅之处。另外，与埃及坟墓雕像的程式化不同，这一人物形象显得放松而更具生活气息。

左:一位伊达拉里亚乐师。右:伊达拉里亚有翼飞马。前者年代在公元前480年左右,后者(用木刻成)年代在公元前300年左右,均表现了伊达拉里亚人善于创造动感。

术才能,同东方贸易往来频繁,并有一种以崇拜人形神祇为基础的宗教。他们遗留给罗马人的有:弓架结构和拱门知识,角斗这一残酷的娱乐活动,以及通过诸如观察动物的内脏及鸟类的飞翔之类的超自然手段预测未来的方法。伊达拉里亚人最与众不同的特征之一是比较尊重妇女。与同时代其他社会的妇女不同,伊达拉里亚人的妻子与丈夫共同进餐,同时有些伊达拉里亚家族以女方为统排列世系。

希腊人主要定居在意大利南部及西南部沿海地区、西西里岛 228
和高卢南部的沿海地区。他们最重要的居住地是塔兰托、那不勒斯和叙拉古(锡拉库萨),它们均为独立的城邦。意大利和西西里的希腊文明与希腊本土一样发达。一些著名的希腊人士,如毕达哥拉斯、阿基米德,甚至还有柏拉图,都曾一度生活在意大利的"西方”。罗马人从希腊人那里获得了字母表、大量宗教观念及许多艺术和神话传说。

罗马城本身的建立者是居住在台伯河以南地区的意大利人。虽然该城建立的确切年代尚不为人知，但新近进行的考古发掘确定的建城年代与传统说法公元前753年十分接近。凭借它的战略地位，罗马逐渐把附近几个最重要的城市置于自己的实际统治之下。到了公元前6世纪，罗马通过一个接一个的征服活动，成了邻近大部分地区的主宰。

起初罗马政府主要以实现安定而不是建立自由为宗旨。最初的罗马国家是把父家长制家庭的观念应用于整个国家共同体，国王就像家长对家庭成员那样对其臣民拥有司法权。但是，恰如父权要受到习俗和尊重其成年儿子的愿望的规定的限制那样，王权也受到古老制度的限制；未经王国显贵们的同意，国王无权改变这一制度。他的特权主要在行政、宗教、军事和司法方面，而不在立法方面。虽然他继位登基须经人民认可，但他不能被废黜，同时没有人真的会向他行使的权力挑战。

元老院和公民大会

除王权之外，此时的罗马政治体制还包括公民大会和元老院。前者由全体到了服兵役年龄的男性公民组成。作为统治权的主要源泉之一，它对国王可能提出的任何改变法律的提议都有否决权。此外，它有权决定是否宣布进行扩张战争。不过它主要是一个批准机构，无权提出法案或提议改变政策。元老院或长老议事会由构成整个共同体的各氏族的首领组成。各氏族的首领甚至比普通公民更能体现国家的最高权力。国王不过是元老院中的一员，受他们的委托，具体行使元老院的权威。在王位空缺时，王权回归元老院，直到人民批准由一位新君继位为止。一般情况下，元老院的主
229 要作用是审查公民大会批准的国王提案；倘若它们有违古老习俗

所确立的权利，就予以否决。因而，即使多数公民打定主意赞同，要想对法律作根本改变，也几乎是不可能的。统治阶级的这一极其保守的态度一直维持到罗马历史终结之时。

王政的终结

到了公元前6世纪末期(传统上把这一日期定为公元前509年)，王政被推翻，由共和国取而代之。根据传说，这一革命是由塔克文家族的犯罪行径引发的。塔克文氏是伊达拉里亚人的一个家族，公元前6世纪中叶时僭取了罗马王位。塔克文王朝对罗马人犯下了诸般罪行，最令人发指的一桩就是一位邪恶的塔克文王子强奸了一位名叫鲁克丽丝的贞洁的罗马人之妻，致使鲁克丽丝自杀死亡。[①] 罗马人奋起反抗，驱逐了异族压迫者。其实鲁克丽丝被强奸的故事是子虚乌有的，不过政治的变化部分上可能是当地人反对外族势力的起义，同时也可能是罗马元老院寡头政治为自己夺得全部权力的一次成功的运动。其结果就是伊达拉里人势力开始在意大利衰落下去，同时罗马人也开始形成王权是恶的恒久信念。

二、早期共和国

罗马早期的扩张

罗马共和国自其建立以来二百多年的历史几乎是一部战争连绵不断的历史。最为人熟知的罗马传说，有许多属于这一时期，诸如勇敢的霍拉提乌斯仅仅和两个朋友之力就在一座桥前就击退了全部敌军。罗马人在一开始时处于守势。推翻塔克文王朝后，伊达拉里亚人的盟友进行了报复，周边的其他民族则乘政权更迭这一天下大乱之机蚕食罗马领土。在设法挡住这些进攻之后，罗马人转而

① 莎士比亚曾依据这一故事创作了《鲁克丽丝受辱记》剧本。——译者

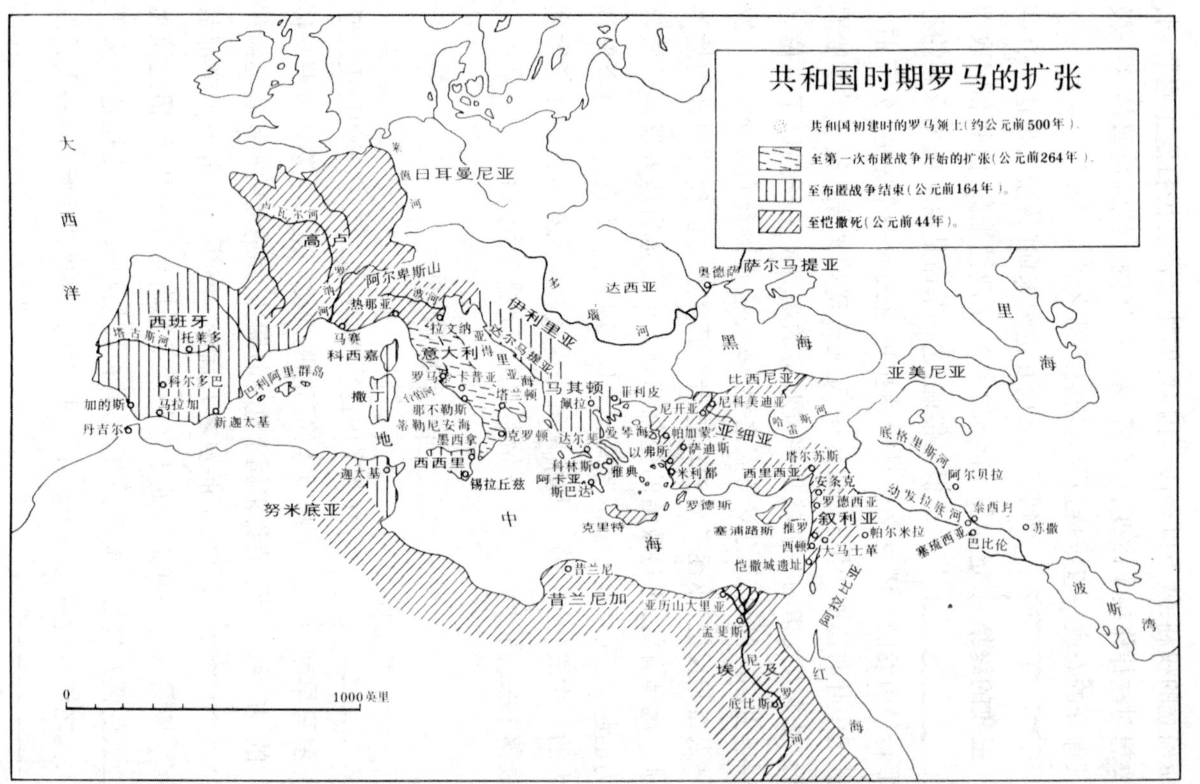
共和国时期罗马的扩张
共和国初建时的罗马领土(约公元前500年)。
至第一次布匿战争开始的扩张(公元前264年)。
至布匿战争结束(公元前164年)。
至恺撒死(公元前44年)。
大西洋
日耳曼尼亚
莱茵河
卢瓦尔河
高卢
罗讷河
阿尔卑斯山
热那亚
波河
西班牙
塔古斯河
托莱多
科尔多巴
马拉加
加的斯
丹吉尔
新迦太基
巴利阿里群岛
马赛
科西嘉
撒丁
拉文纳
意大利
罗马
卡普亚
台伯河
那不勒斯
蒂勒尼安海
墨西拿
西西里
锡拉丘兹
迦太基
努米底亚
地
中
海
塔兰顿
克罗顿
亚得里亚海
达尔马提亚
伊利里亚
马其顿
佩拉
菲利皮
达尔斐
爱琴海
科林斯
雅典
阿卡亚
斯巴达
克里特
多瑙河
达西亚
奥德萨
萨尔马提亚
黑海
比西尼亚
尼科美迪亚
尼开亚
帕加蒙
亚细亚
萨迪斯
以弗所
米利都
罗德斯
哈雷斯河
塔尔苏斯
西里西亚
安条克
罗德西亚
塞浦路斯
叙利亚
推罗
西顿
大马士革
帕尔米拉
恺撒城遗址
亚美尼亚
里海
底格里斯河
阿尔贝拉
幼发拉底河
泰西封
塞琉西亚
巴比伦
苏撒
波斯湾
阿拉比亚
昔兰尼
昔兰尼加
亚历山大里亚
孟斐斯
埃及
尼罗河
底比斯
红海
0
1000英里

开始扩张,以获得更多的土地,满足迅速增长的人口的需要。随着时间的进展,他们逐步征服了全部伊达拉里亚地区,随后吞并了意大利大陆最南部的所有希腊城市。后一举动不仅扩大了罗马的疆土,而且使罗马人与希腊文化建立了富有成果的接触。此后,罗马人经常面临的一个问题就是各被征服民族的反叛。他们对这些反叛的镇压,激起了周围国家的疑忌,并使胜利者争取更大胜利的欲望更加强烈了。新的战争接踵而至,连绵不绝;到了公元前 265 年,罗马征服了整个意大利半岛。

早期军事冲突的后果

这一长串军事冲突对其后罗马的历史带来了深远的社会、经济和文化影响。贫穷公民的利益因此受到伤害,土地进一步集中在富有地产主的手中。由于长期在军队中服役,普通农民无暇 230
去耕种自己的田地,结果债务缠身,往往失去田产。许多人逃到城市里避债,直到最后被安置在罗马靠征服得来的地区,为大地产充当佃农。此外,战争还强化了罗马民族的农业特征。接连不断地获得新的土地就使把全部人口吸引到农业活动中成为可能。结果,罗马人看不到有发展工业和贸易的必要。最后,罗马形成时期进行的持续不断的战争起到了在罗马人中促成强烈的军事理想的作用:与霍拉提乌斯一起,罗马另一位传说中的大英雄是金基那图斯,据说他一接到通知就从农庄赶赴到战场。

王政时代结束后的政治变革

在早期共和国的同一段时期里,罗马发生了一些重要政治变革。这些变革与其说是公元前 6 世纪革命的结果,倒不如说是后来的种种发展的产物。就一次革命而言,推翻王政的这场革命可谓再保守不过了。它的主要作用是由两名选举产生的称为"执政官"的官员取代了国王,以及由于控制了公共资财并有权否决公民大会的所有措施,元老院的地位提高了。执政官本人通常都是元老院成员，并充当其阶级的代理人。每位执政官据说都拥有从前由国王支配的全部行政权和司法权，仅仅受到彼此间都拥有的对对方措施的否决权的限制。如果两位执政官之间发生争执，就召开元老院会议作出决断；或者，在特别紧急的非常时刻，就任命一位任期不超过六个月的独裁官。在其他方面，共和时期的政治与王政时代相同。

贵族和平民间的斗争

共和国建立之后不久，普通公民各派别之间开始争夺权力。在王政时代结束之前，罗马人就
231 已分化成为两大阶级——贵族(patricians)和平民(plebeians)。前者是富裕的地产主，他们独占了元老院的所有席位和执政官的职位。平民阶级之中虽然有一些人是与罗马人血源较近而非罗马人血统从而被排除在贵族行列之外的富裕家族，但大多是普通人——小农、工匠和商人。许多人是贵族的被保护人或依附者，要为贵族打仗，在政治上支持贵族，耕种贵族的土地，借以求得贵族的庇护。平民怨声载道。他们被迫交纳重税并在战端开启时服兵役，但除了拥有公民大会成员身份外，无缘担任任何政府职位。此外，在司法审判中，他们感到自己一再受到不公正审判的伤害。由于法律是不成文法，唯有贵族才有权诠释它们，因而平民甚至不清楚自己可以享受什么样的法律权利。由于拖欠债务，债权人有权把债务人卖到罗马以外的地方为奴。

平民的胜利

公元前5世纪开始不久，平民奋起反抗，以消除自己的诸般冤屈。约公元前470年，他们迫使贵族同意遴选若干叫做保民官的官员，获得了第一次胜利。保民官有权否决行政长官的不法行为，以此保卫平民。在这一胜利之后，公元前450年，平民编纂成文法典的要求也实现了。其结果就是颁布了著名的十二表法。该法典之所以被称为十二表法，是因为它是写在12块木牌上的。虽然后世的罗马人把它

尊奉为人民自由的圭臬，但十二表法实际上并不是这样。它的多数条款仅仅因袭了古代的习俗，甚至连债务奴隶制也未能废除。不过十二表法确实使人们了解了自己的法律权利。大约一代人的时间之后，平民获得了担任较低行政官职的资格；约公元前 367 年，第一位平民出身的执政官被选举出来。按照古代习惯，执政官任职期满后可自动进入元老院，这样贵族垄断元老院席位的局面也就被打破了。公元前 287 年，平民取得了最后一次胜利：是年通过了一项法律，规定不论元老院批准与否，公民大会颁布的法案对国家都具有约束力。

平民胜利的意义

这些变化的意义不容夸大。它们算不上是一场为个人赢得更大权利的革命，而不过是对行政官员的权力有所限制并使平民在政府中分享到更多政治利益而已。就整体而言，国家的专制性质一如既往，因为它对公民的权威就连挑战也未受到。确实，共和国早期的罗马人“从未真地抛弃过人民不治人而是治于人的原则”。[①] 由 232
于这一情况，授予公民大会全部立法权看来不过是一种形式而已；元老院的统治依然如故。允许平民进入元老院，也没有促成这一机构的开明。元老院的特权根深蒂固，同时罗马人对权威顶礼膜拜，以致元老院的这些新成员很快就被老元老的保守主义吞噬了。此外，行政官员没有薪俸，这就使得较贫穷的公民大多无法寻求公职。

罗马社会和文化仍相当原始

罗马人在思想和文化方面的发展非常缓慢。尽管早在公元前 6 世纪就采用了文字，但除抄写法律、协约和墓志铭之外，它几乎没有多少用途。由于教育仅限于父亲所传授的适于男

① 特奥多尔·蒙森，《罗马史》，第一卷第 313 页。

子的体育、实用技艺和军人美德等,因而大多数人仍目不识丁。战争和农业仍是绝大多数公民的主要职业。城市里有少数工匠,贸易也有轻微的发展。不过,直到公元前 269 年这一国家才有了统一的币制,这一事实表明贸易在此时仍很不重要。

罗马人的宗教与希腊人的宗教的对比

在共和国早期,罗马宗教形成了自己的特点,这一特点在罗马历史的大部分时期里都保持下来。该宗教在许多方面与希腊人的宗教相似,这部分上是因为伊达拉里亚人的宗教深受希腊人的宗教的影响,而罗马人反过来又受到伊达拉里亚人的影响。希腊宗教和罗马宗教都重视礼拜的仪式,希望藉此求得神的照料或不让他们生气。在这两种宗教中神祇起着类似的作用:朱庇特与宙斯相当,均是天神;米涅瓦与雅典娜相当,是智慧女神和手工业者的保护神;维纳斯与阿芙洛狄蒂相当,是爱情女神;尼普顿与波塞冬相当,是海神;诸如此类。就像希腊宗教那样,罗马宗教没有任何教条、圣事或者对来世因果报应的信仰。

与希腊宗教的不同

但两者之间也有重大区别。罗马宗教的独特之处在于更富于政治色彩。它的目的不在于颂扬人类或在人类与世界之间建立一种令人愉悦的关系,而在于保卫国家免遭外敌入侵并使之更加强大、更加繁荣。罗马的神祇较缺少人情味;确实,完全是由于希腊和伊达拉里亚的影响,这些先前被当作泛神论的精灵崇拜的神祇,才被塑造成了完全人格化的神。罗马人从不把他们的神祇想象为互相争吵不休或仿照荷马时代神的模式与人类交混在一起。最后,罗马宗
233 教与公共政治生活的交互作用要比希腊宗教强一些。一个叫作
“大祭司”(pontiff)的祭司委员会组成了政府的一个分支,负责公共献祭活动并充当只有他们才有权诠释的神圣传统的卫道士。不

过必须强调的是，这些宗教官员绝对不是专业意义上的祭司。反过来，他们是在出任其他政府职司之前或之后在有限的一段时间内充当大祭司的贵族，没有受过宗教天职所要求的任何特别的训练。进而言之，他们的作用是全然公开的，因为他们既不听忏悔，不赦免罪过，也不掌管圣礼。

共和国早期的道德伦理

正像后来各个时期那样，这一时期罗马人的道德伦理与宗教几乎毫无关连。罗马人并不祈求神使自己飞黄腾达，而是祈求神降福于共同体及其家族。道德伦理关心的是爱国主义和对权威及传统的尊重。主要的美德是勇敢、荣誉、自律、尊崇神祇和列祖列宗以及对国家和家庭的忠诚。忠于罗马是至高无上的。为了国家的利益，公民不仅应该随时准备献出自己的生命，而且在必要时要牺牲家人和朋友的生命。有些忠于职守的执政官大义灭亲，把违反军纪的儿子处死，这种精神成了人们心目中经久不衰的楷模。在欧洲历史上，除斯巴达人和近现代时期的极权主义者之外，像罗马人这样如此严肃地对待民族利益问题或使个人利益完全服从国家利益的民族是不多见的。

三、与迦太基人的殊死战争 234

大规模扩张的开始

到了公元前265年，罗马已经征服并鲸吞了几乎整个意大利大陆。它妄自尊大，对自己的力量充满信心，几乎可以肯定要向外拓展新的疆土。繁荣的西西里岛尚未被它攫入囊中，同时它也不能对地中海其他地区的形势漠然视之。现在罗马动辄就把现状的任何改变都视为对它自身的权力和安全的威胁。正是由于这些原因，罗马不久就卷入到与其他强大民族的一系列战争的漩涡之中；

这些战争确定无疑地改变了罗马历史的进程。

迦太基

罗马人进行的第一次也是最重要的战争是与迦太基的斗争。迦太基是非洲北部沿岸的一个大的海上帝国,其势力自现今的突尼斯一直到直布罗陀海峡。它最初是腓尼基的殖民地,建于公元前800年左右。公元前6世纪时,它中断了与母邦的联系,逐渐发展成为一个富裕强大的国家。靠着贸易和开发西班牙的银矿、锡矿资源及中非北部的热带资源,迦太基的上层阶级积聚了大量财富。迦太基的政治体制是寡头制。真正的统治者是30位商业巨头,他们组成了元老院的核心议事会。这些人操纵选举并控制着政府的所有其他部门。元老院的其他270名成员看来只是在特殊情况下才应召与会。尽管有这些政治缺陷,尽管其要求血祭的宗教残酷野蛮,但在两国开始交战时迦太基文明在奢华程度和科学成就方面都胜过罗马文明。

罗马同迦太基的最初冲突开始于公元前264年。[①] 冲突的主要原因是罗马嫉妒迦太基在西西里的扩张。迦太基原已控制了西西里岛的西部,此时威胁着位于西西里东岸的希腊城市叙拉古和墨西拿。倘若这些城市被迦太基占领,那么罗马夺取西西里的一切希望都将落空。面对这一危险,罗马向迦太基宣战了,希望藉此迫使它退回到非洲领土。经过23年的战争,罗马将军们最终取得了胜利。迦太基被迫交出其西西里属地,并交付巨额赔偿金。

第二次布匿战争

但是,罗马人战胜迦太基人可谓历尽艰辛;因而,一旦最终胜利在握,他们更加不可一世,也比过去更加贪婪。结果,罗马和迦太基又两度重启战端。公元前218年,罗马人把迦太基企图在西班牙重建

---

① 这一战争被总称为布匿战争(the Punic Wars)。罗马人称迦太基人为Poeni(布匿人)即腓尼基人,Punic是Poeni的形容词形式。

一个帝国的努力视为对自己利益的威胁,再次向迦太基宣战。这一次共鏖战了16年。意大利受到迦太基著名将领汉尼拔所率军队的蹂躏。他带着60头大象越过了阿尔卑斯山,运用的是一种至今仍为军事专家效仿的战术。罗马形势危急,濒临失败的边缘。只是由于它在意大利的同盟体系牢固持久,罗马才幸免于难。只要这些同盟坚持下来,汉尼拔就有后顾之忧,不敢围攻罗马城。战争结束后迦太基落到比上次更加屈辱的境地,被迫放弃都城及其周围地区以外的所有属地,支付的赔款数额是上一次的四倍。 235

汉尼拔。迦太基的一枚硬币把汉尼拔描绘为一位获胜的将军。硬币背面是一头象。

第三次布匿战争和迦太基的毁灭

约在公元前2世纪中叶,罗马人的报复心理达到了极点。此时迦太基稍稍恢复了昔日的繁荣——这已足以招致它的征服者的不快。现在除彻底毁灭迦太基并没收其土地外,再没有什么能让元老院巨头们满意的了。公元前149年,元老院发出最后通牒,要求迦太基人放弃其城市,迁居到离海岸至少十英里以外的地方。对一个依靠贸易为生的民族而言,这一要求无异于宣判死刑,因而迦太基表示拒绝——这可能正中罗马人的下怀。结果就是第三次布匿战争。战争异常残酷,自公元前149年一直打到公元前146年。罗马人对城市的攻击扩展到居民的房舍,并发生了骇人听闻的大屠杀。获胜的罗马将军在看到迦太基城被熊熊火焰吞噬的时候说:"这是一个光辉的时刻,不过我有一种奇怪的感觉:有朝一日这种命运也将落到我们自己的祖国身上。”迦太基人的反抗被彻底粉碎之后，少数幸存投降的迦太基公民被卖作奴隶，其一度辉煌壮观的城市被夷为平地，地面被犁翻并撒上盐。迦太基地区成了罗马的一个行省，上好田地则被分作元老产业。

与迦太基交战的后果：(1)征服西班牙和希腊化东方

布匿战争对罗马产生了重大影响。首先，第二次布匿战争的胜利使罗马占领了西班牙。这不仅带来了大量新的财富——主要来自西班牙的白银——而且是向西扩张政策的开端，这一政策为历史证明对欧洲的形成居功至伟。此外，战争还使罗马与东地中海各强国发生冲突，从而为进一步拓展疆土铺平了道路。第二次布匿战争期间，马其顿国王菲利普五世曾插足进来，与迦太基结盟并密谋与叙利亚国王瓜分埃及。罗马声称出于先发制人阻止菲利普夺取埃及的无私目的，派遣一支军队到了东方，不过罗马人的真正动机是拓展自己的疆土。结果希腊和小亚细亚被征服，埃及也成了罗马的被保
236 护国。因而，在公元前2世纪结束之前，整个地中海地区实际上都处于罗马控制之下。对希腊化东方的征服致使希腊的思想和习俗引入罗马。尽管罗马煞费苦心地进行抵制，但这些新奇的东西在改变社会和文化生活的某些方面上仍发挥了巨大作用。

(2)一场社会及经济革命

布匿战争的另一作用是引发了一场遍及公元前3、2世纪罗马的巨大社会和经济革命。这场革命所引发的变化可以概述如下：(1)由于抓获战俘并把他们卖作奴隶，奴隶制有了显著发展；(2)由于在被征服地区建立起大农场制度以及廉价的粮食自行省输入罗马，小农衰微；(3)由于奴隶劳动取代了贫困的农民和工人的劳动，心怀不满的城市力量增大了；(4)由商人、高利贷者和那些持有政府许可证开矿、筑路或收税的人组成的中等阶级出现了；

以及(5)奢侈及粗俗的夸耀之风大盛,尤其是在那些大发战争财的暴发户之中。

加图试图防止罗马社会的变质

由于这场社会和经济革命,罗马由一个自耕农的共和国变成了具有新的奢侈放荡习惯的复杂社会。虽然财产的分配从来都是不公平的,但贫富之间的差距现在空前扩大了。遵守纪律和为国效忠之旧式的理想淡化了,人们开始更多地以享乐为人生目标。元老院贵族中的一些成员殚精竭虑要阻止这些倾向并恢复旧日简朴的美德。这一运动的领导人是执拗的老加图,他痛斥新富过着醉生梦死的生活,在自己的农庄里从事艰苦劳动,住在地板积满尘埃、墙壁粗糙不堪的房间里,力求为世人树立一个榜样。此外,他是一位看不起妇女的过分拘谨的人,自称除遇惊雷之时他的妻子从未投入过他的怀抱。加图还力图抵制希腊思想影响的流入,不过往往徒劳无益。由于时针无法倒转,加图在各个方面的努力均未能产生持久影响。

四、共和国晚期的社会斗争

动荡不安的新时期

自公元前146年布匿战争结束到公元前30年左右这段时期是罗马历史上最动荡不安的时期之一。正是在这些年中罗马收割了征服战争期间播下的暴力种子所长成的所有庄稼。残酷的阶级冲突、暗杀、敌对的独裁官之间你死我活的斗争、战争和骚乱在这一时期时常发生,司空见惯。就连奴隶也成了普遍动乱的一个根源:第一次是在公元前104年,他们蹂躏了西西里;另一次是在公元前73
年,7万名奴隶在一位名叫斯巴达克的奴隶的领导下在一年多的 237
时间里令执政官们陷入绝境。最后斯巴达克在战斗中被杀,6,000

名追随他的人被俘并被钉死在从卡普阿到罗马(大约150英里)沿途的十字架上,以儆效尤。

提比略·格拉古的土地纲领

公民各阶层之间冲突的第一个阶段开始于格拉古二兄弟掌权之时。格拉古兄弟虽出身于贵族,却为了消除国家的弊端竭力实施土地改革纲领。他们认为这些弊端是自由农民衰落的结果,提出了把国有土地分给无地者的简单解决办法。二兄弟中第一个担起改革事业的人是提比略。他在公元前133年当选为保民官之后提出了一项法案,对当时国有土地的承租人或占有者进行限制,规定每个公民最多可拥有300英亩,外加每个孩子可拥有150英亩。超出部分将由政府没收,并划成小块分给贫民。保守的贵族强烈反对这一提案,并唆使与提比略同为保民官的屋大维乌斯否决了它。提比略解除了屋大维乌斯的职务,并在任期期满后谋求连选连任。这两个举动看来都有独裁之嫌,给保守的元老采取暴力提供了口实。在选举进行过程中,他们手持棍棒,暴跳如雷,杀害了提比略和300名追随他的人。

盖约·格拉古与改革的再起

九年之后,提比略的弟弟盖约·格拉古重新为改革而斗争。虽然提比略的土地法案最终被元老院采纳了,但盖约认为改革运动应走得更远。他在公元前123年当选保民官,次年再度当选,其间他为了享受特权较少的阶层的利益制定了种种法案。第一个法案规定稳定罗马的粮价。为此目的沿台伯河建造了大型公共粮仓。第二个法案建议把公民权扩大,授予罗马的同盟者以拉丁公民的权利。还有第三个法案,它把建立负责审判营私舞弊的行省总督的陪审团的权利授予中等阶级。这些法案及类似的措施令既得利益者怒不可遏,他们决心除去与他们为敌的盖约·格拉古。盖约被宣布为国家的敌人,同时元老院授权执政官采取一切所要措施保卫共和国。在随后发生的冲突中,盖约自杀身亡,大约3,000名追随他的人被杀。

格拉古兄弟改革尝试的意义

格拉古骚动具有深远意义。它首先表明,罗马共和国的体制已经无法适应新的形势了。这些年来,公民大会已经获得了与元老院几乎相同的权力。代之以和平方式适应这些变化,双方都诉诸武力。这样做的后果,就是为觊觎最高权力的形形色色的政治野心家肆无忌惮地使用暴力开创了先例,从而为共和国的灭亡铺平了道路。罗马人曾在组建一个帝国和把希腊的城邦思想运用于广大的地区方面显示出非凡才能,但其
上层狭隘的保守倾向成 238
了危害国家机体的致命伤。他们把所有改革都视为邪恶之举,不理解出现内部倾轧的原因,似乎把镇压当成了唯一的灵丹妙药。

恺撒胸像

格拉古兄弟失败之后,先后有两位在对外战争中赢得声誉的军事领导人成功地使自己成为国家的统治者。第一位是马略,他在公元前107年被群众推举为执政官,此后又六次连任。遗憾的是,马略不是一位政治家,除

了显示出一位以大军作后盾的军事领导人在镇压其反对派时的从容不迫态度,未给其后继者留下什么东西。公元前86年马略死后,贵族们用武力夺回了政治权力。他们的斗士是另一位获胜的将领苏拉。苏拉在公元前82年被任命为终身独裁官,他开始以无情手段扑灭反对派,并扩大了元老院的权力。就连元老院对公民大会决议的否决权也恢复了,保民官的职权则受到苛刻的限制。理政三年之后,苏拉决定放弃浮华的权力,以心灵的愉悦取而代之,于是退隐到其乡间别墅去过奢侈安逸的生活。

苏拉放弃权力之后,无法指望他的所作所为不受到挑战,因为他的法令的要旨是把统治权交给自私自利的贵族。现在一些新的领导人脱颖而出拥护人民的事业。他们中间最著名的是庞培(公元前106—48年)和尤利乌斯·恺撒(公元前100—44年)。他们二人曾一度进行合作,集中二人的精力和智谋以图控制政府,但后来他们成了对手并试图借助人民的支持战胜对手。庞培因征服了叙利亚和巴勒斯坦而富盛名,恺撒则在征服高卢中显示了自己的才干,打了一次又一次漂亮的胜仗,为罗马增加了今比利时、莱茵河以西的德意志以及法兰西等地区。公元前52年,在罗马发生了一系列民众骚乱之后,元老院求助于庞培,并设法让他当选为唯一的执政官。此时驻扎在高卢的恺撒最后被打上了国家敌人的标签,他的政治权力也被庞培及元老院小集团褫夺了。结果两人之间展开了你死我活的斗争。公元前49年,恺撒渡过卢比肯河进入意大利(从此“渡过卢比肯河”就被用来比喻采取断然行动或破釜沉舟)进入意大利,并向罗马进军。庞培逃到了东方,希望重整旗鼓重新控制意大利。公元前48年,双方军队在希腊的法萨卢斯交战。庞培被击败,其后不久被埃及统治者的代理人谋杀了。

恺撒的成就

接着,恺撒在克里奥帕特拉的宫中插手埃及事务(他离开时她已怀了孕)。随后他率军在小亚细亚取得了又一场战斗的胜利;胜利可谓唾手即得,以致他向罗马报告称:“我来,我见,我胜”(veni, vidi, vici)。此后他回到了罗马。现在无人敢向他的权力挑战了。在老兵的帮助下,他迫使元老院对他言听计从。公元前46年,他成为为期十年的独裁官,两年后又变为终身独裁官。此外,他出任几乎其他所 239
有能增强自己权力的职务。他从元老院那里获得了宣战、媾和的全部权力并完全控制了国家岁入。实际上他凌驾于法律之上,政府的其他代理人不过是他的仆从。无疑他不怎么尊重宪法,同时流言四起,说他想成为国王。不管怎样,正是在受到这种指责的情况下,恺撒于公元前44年3月的艾德斯日(the Ides)[①]被布鲁图和卡西约为首的一个希望避免罗马走向独裁的阴谋集团暗杀了。

虽然恺撒过去一直被史学家尊崇为超人的英雄,但现在往往被当作无足轻重的人物不予考虑。这两种过激做法都应该避免。恺撒确实不是“罗马的救星”,也不是各个时代最伟大的政治家,因为他以蔑视态度对待共和国,并使后来者理政更加困难了。不过他作为独裁官采取的一些措施确实有着深远影响。在希腊天文学家的帮助下,他修改了历法,把一年定为365天(每四年另加一天)。这部“儒略(尤利乌斯)”历——1582年教皇格里高利十三世作了修订——至今仍在为我们使用。因而,我们以尤里乌斯的名字命名一年中的第七个月(July),只能说是理所应当。通过把公民权授予数以千计的西班牙人和高卢人,恺撒就在消除意大利人和行省各族人之间的区别方面迈出了重要一步。此外,恺撒把他的许多老兵和一些城市贫民安置在空闲的土地上,从而协助减轻

① 古罗马历3、5、7、10每月中的第15日及其他各月中的第13日。——译者

了经济不平等现象。不过,比这些改革都要重要的,是恺撒在攫取政权之前经营西方的颇具远见的举措。庞培及比他更早的亚历山大都是到东方赢取声誉和财富的,恺撒却是第一位认识到西北欧潜在重要性的伟大领导人。他把高卢并入罗马世界,一方面为罗马带来大量农业财富,另一方面又促进把城市生活和文化引入到当时蛮荒的西方。西欧文明后来就是在恺撒征服的这些地区固定下来的;没有恺撒,它不可能像现在这样。

五、罗马变得老于世故

罗马传入高卢的文化本身即取自东方的希腊。在共和国时期的最后 200 年间,罗马处在希腊化文明的影响之下。其结果就是智力活动蓬勃发展,并在布匿战争所引起的变化之外进一步促进了社会变化。然而我们必须注意到下述事实,即希腊化文化模式
240 的一些成分从未被罗马人采纳过。例如,希腊化时代的科学大多被忽略了,它的某些艺术也是如此。

罗马的伊壁鸠鲁哲学:卢克莱修

希腊化影响最值得注意的后果之一就是罗马上层中的许多人接纳了伊壁鸠鲁哲学,尤其是斯多噶哲学。罗马传播伊壁鸠鲁哲学最著名的人物是卢克莱修(公元前 98—55 年),他写过名叫《物性论》的长篇哲理诗。在撰写这部作品时,卢克莱修试图以消除人类对超自然物的一切恐惧的方式解释宇宙,他以为这种恐惧是心灵安宁的主要障碍。他教导人们,世界及世上万物都是原子偶然结合的结果。虽然他承认有神祇存在,但他心目中的神生活在永恒的和平之中,既不创造宇宙,也不统治宇宙。万物,包括人类及其习惯、制度和信仰,都是机械进化的结果。由于精神与物质密不可分,因而死亡就意味着完全彻底的消亡;与此相

应,人体的任一部分死后都不可能继续存在下来,在来世受到报偿或惩罚。卢克莱修美好生活的观念非常简单:他断言,人们所需要的不是享受,而是"安宁和纯净的心灵"。不论人们是否赞同卢克莱修的学说,他无疑是位极其出色的诗人。实际上,他作品中音乐般的韵律、持续不变的雅致的诗句以及具有感染力的热情,足以使他跻身于世上最伟大的诗人之列。

西塞罗的斯多噶哲学

斯多噶哲学是在公元前140年左右传入罗马的,此后不久就有众多有影响的政治领袖成为该学说的信徒。这些人最杰出的是有"罗马雄辩术之父"之称的西塞罗(公元前106—43年)。尽管西塞罗师宗许多哲学流派,包括柏拉图和亚里士多德的学说,但他从斯多噶学派那里汲取的营养大于其他任何流派。西塞罗的伦理

镶嵌画:罗马剧场面具

庞培城湿壁画细部:女子操琴图,公元前1世纪

学说以斯多噶学说的前提为基础:美德为幸福所必需的,至善是心灵的平静。在他的心目中,理想的人是那些在理智引导下把悲伤和痛苦置之度外的人。西塞罗与希腊斯多噶学派的区别在于,他更赞成过一种积极的政治生活。在这一方面他仍代表着古老的服务于国家的罗马传统。西塞罗从不声称自己是别成一家的哲学

家，而是反过来以把希腊哲学中的菁华传入西方为自己的目标。在这一点上他取得了显著成功，因为他是以一种丰富多彩的优美的拉丁散文进行写作的，其散文写作水平从未有人能够超越。西塞罗的散文当即就成为写作范本，直到现在一直如此。因而，即便说他不是一位真正伟大的思想家，那么他至少是一位把古代思想传到中世纪和现代西欧的最有影响的拉丁传递者。

卢克莱修和西塞罗是倡导希腊思想的两位主要人士，但并非罗马共和国后期的仅有的两位优秀作家。此时在上层人士中间，
学习希腊语、力求用拉丁语改编希腊文学中较为喜闻乐见的形式， 241
成了时髦。由此产生了一些不朽的优秀文学作品，包括普劳图斯（公元前257？—184年）的诙谐喜剧、卡图卢斯（公元前84？—54？年）激昂的爱情诗和尤利乌斯·恺撒铿锵有力的军事回忆录[①]，它们是初学拉丁语的人过去都知道并奉为范本的蒙学之作。

共和国晚期的社会状况

对希腊化世界的征服加速了布匿战争已经开始的社会变化进程。奢侈之风更盛，阶级分化加剧以及奴隶制的进一步发展，最明显地反映出这些情况。意大利人在共和国末期约有800万，共分成四个主要的社会等级：元老院贵族，骑士，普通公民，以及奴隶。元老院贵族包括300名公民及其家庭。虽然偶尔有个别平民在出任执政官期满后得以进入元老院，但大多数贵族的地位是世袭的。多数元老院贵族靠担任行政官职和拥有大片地产为生。骑士阶层由未能进入元老院的有财产的贵族组成。这一阶层最初由那些拥有的收入足以使他们自费在骑兵中服役的公民组成，但“骑士”一词逐渐用来指元老阶层以外所有拥有大量财产的人。骑士

① 即《高卢战记》。该书中译本由任炳湘翻译，商务印书馆1979年出版第1版。——译者

242 是追求低级趣味、盘剥贫民及行省居民的主要罪犯。作为高利贷者,他们通常收取过高的利率。人数最多的公民只是平民。他们大多是独立的小农,少数是手工业者,还有一些是靠间歇性的工作和国家救济为生的城市贫民。尤利乌斯·恺撒出任独裁官时,共有 32 万名公民由国家发放救济粮。

奴隶的地位

罗马的奴隶几乎完全不被当作人看待,而被当成牛马一样替主人谋利的工具。尽管他们当中有些人是因战败被俘的受过教育的外国人,但他们一点也没有雅典给予奴隶的那种优惠。许多奴隶主的做法是,趁奴隶壮年时尽可能多地榨取他们的劳动,而当他们年迈无用之时便予以释放,由国家供养。当然也有一些例外。比如,西塞罗就自诩非常钟爱他的奴隶。国家几乎所有生产劳动都是由奴隶承担的,这是罗马文明的一种可悲的注语。国家的几乎所有粮食供应实际上都是由奴隶生产的,因为残存的为数甚少的自耕农所提供的粮食数量微乎其微。作坊中雇佣的工人至少有 80%是奴隶或者从前是奴隶。但是处于奴隶地位的人中有许多从事非生产性活动。对商人阶级来说,把奴隶训练成角斗士是一种有利可图的投资形式;他们可以把他们出租给国家或雄心勃勃的政治家以取乐人民。奢侈之风的盛行也要求把数以千计的奴隶用于家内劳动。巨富之家定要有自己的守门人、轿夫、信差(因为共和国政府没有邮政业务)、贴身侍从和负责教育他的子女的家庭教师。在一些大家庭中,还有一些专门负责为主人浴后擦身或照管他的便鞋的奴隶,他们除此之外不再担负别的差使。

宗教方面的变化

在共和国时期的最后 200 年间,罗马人的宗教信仰在各个方面都发生了变化。变化依然主要是由罗马势力扩展到大部分希腊化国家引起的。首先,上层阶级倾向上放弃传统宗教而以斯多噶哲

学及在较小程度上以伊壁鸠鲁哲学取而代之。不过许多平民也发
现崇拜古代神祇已不再令人满足,因为这种神祇过于呆板和机械,
在尽义务和自我牺牲方面要求过多,无法满足他们的要求。另外,
意大利吸引了大量东方移民,他们的宗教背景大多与罗马人迥异。
其结果就是东方神秘崇拜的传播,这些神秘崇拜满足了人们对更
加激动人心的宗教的渴求并向世上受到蹂躏的可怜的生灵提供了
永生不灭的报偿。从埃及传入了奥西里斯(或塞拉皮斯,这是该神 243
现在更常见的叫法)祭;从弗里基亚则传入了对众神之母的祭拜,
同时进来的还有阉人僧侣及疯狂的、象征性的酒神节。人们对这
些崇拜的要求十分强烈,以致元老院禁令被证明几乎全都无济于
事。公元前1世纪,波斯的密特拉教祭拜在意大利站稳了脚跟,它
在受欢迎程度上逐渐超过了所有其他宗教。

六、元首制或早期帝国

(公元前27—公元180年)

为恺撒复仇的同盟

公元前44年被刺身亡前不久,尤利乌斯·恺撒把他的甥孙屋大维(公元前63—公元14年)过继为唯一的嗣子,当时这位18岁的年轻人正在亚得里亚海对岸的伊利里安他舅舅的后勤部门里做事。一听到恺撒的死讯,屋大维就匆匆赶回罗马,看看他能否继承恺撒的职位。不久他就发现,他必须与恺撒两个有势力的朋友马可·安东尼和雷必达联合起来。翌年三人结成同盟,旨在粉碎对恺撒遇害负有责任的贵族集团。他们采取的手段不算光彩。贵族中的重要成员遭到追捕和杀戮,其财产被没收。最有名的遇害人是西塞罗,尽管他并未参与谋杀恺撒的密谋,但还是被马可·东安尼派去的杀手

奥古斯都像。奥古斯都从未被描绘成老年,他的肖像一直被理想化。此处作为征服者、身着戎装的奥古斯都反映了他支配忠诚的军队的能力。

残忍地杀死了。谋杀恺撒的真凶布鲁图和卡西约逃离了罗马并组建了一支军队，但在公元前42年于菲利皮附近被屋大维及其同盟者击败。

其后，同盟的三人之间发生了内讧，这最初是因安东尼嫉妒屋大维引起的。随后进行的争斗变成了东方和西方之间的争夺。安东尼去了东方并与克里奥帕特拉结成同盟，致力于把东方专制主义原则引入罗马政治。屋大维则巩固了他在西方的力量，以希腊文化传道的斗士的面目出现。就像早先恺撒与庞培之争那样，胜利再一次属于西方。在公元前31年的阿克兴海战中，屋大维的军队击败了安东尼和克里奥帕特拉联军，后二人不久之后即自杀身亡。现在很清楚罗马不会为东方吞噬了。阿克兴战役确保：希腊理想和城市生活的巩固还需要几百年时间，而这一发展对西欧的未来是最重要的。

立宪政体的恢复

屋大维的胜利开创了罗马历史的一个新时期，这是这一民族所经历的最辉煌最繁荣的时期。虽然和平和秩序问题离完全解决尚离得很远，但致命的内部纷争结束了，人们现在第一次有机会施展才华。屋大维决心保留立宪政府的形式，即便说不是其实质。他接 244
受了奥古斯都和皇帝（这一词当时只是“获胜的将军”之意）的称号，这是元老院和军队授予他的。他终身拥有地方总督和保民官的权威；不过他拒绝出任独裁官或者终身执政官，尽管人民不断请求他这样做。从理论上讲，元老院和人民就像在共和国早期时那样具有至高权威。他钟爱的体现自己权威的头衔是“元首”（princeps）或国家的第一公民。由于这一原因，他及其继承者统治的这段时期被恰当地称为元首制或早期帝国，以与共和国时期（公元前6世纪到公元前27年）、大动乱时期（公元180到284年）和后期帝国时期（公元284到610年）区别开来。

屋大维,现在人们更常常把他称为奥古斯都,统治意大利和诸行省达 44 年(公元前 31 年—公元 14 年)之久。在他统治初期,他依靠的是军事力量和公众的支持,但在公元前 27 年,元老院授予他我们前面提到的一系列职务和头衔。作为一名政治家,他的所作所为在重要性上至少不亚于尤利乌斯·恺撒。他的种种改革中包括建立了一种通用于帝国全境的新币制、在罗马城本身引入了包括警察和消防在内的一系列公用事业。奥古斯都还授予城市和行省比从前更大的自治权,废除了旧有的行省承包征税制。从前包税人唯一的酬劳是可以留下所征税额的一部分,这不可避免地会导致贪污和横征暴敛。现在奥古斯都任命自己的代理人作征税人,付给他们工资,并对他们进行严格监督以防腐败。最重要的是,奥古斯都制定了一个鼓励人们往行省移民的方案,旨在把过剩的自由人口迁出意大利,从而消除社会紧张和政治动荡的一个重要根源。综上所述,这些措施确实有助于造成地方和平的加强。

公元 14 年奥古斯都去世之后直到公元第一世纪临近结束之时,除克劳狄(公元 41—54 年)这一唯一的例外外,罗马实际上没有精明强干的统治者。奥古斯都的几位继承人都是残忍的暴君,其中最臭名昭著的当属卡利古拉(公元 37—41 年)和尼禄(公元 54—68 年)。他们滥用国家的资财,致使罗马在其血腥暴行中动荡不宁。但是自公元 96 年开始,随着"五贤帝"——涅尔瓦(公元 96—98 年)、图拉真(公元 98—117 年)、哈德良(公元 117—138 年)、安东尼·庇护(公元 138—161 年)以及马库斯·奥雷利乌斯·安托尼努斯(公元 161—180 年)——的出现,罗马重新进入了一个强大稳定的政府时期。这五位皇帝与元老院和谐相处,显现了治理国政的天赋,同时他们依次把一个秩序良好和统一的国土传给指定的继承人。

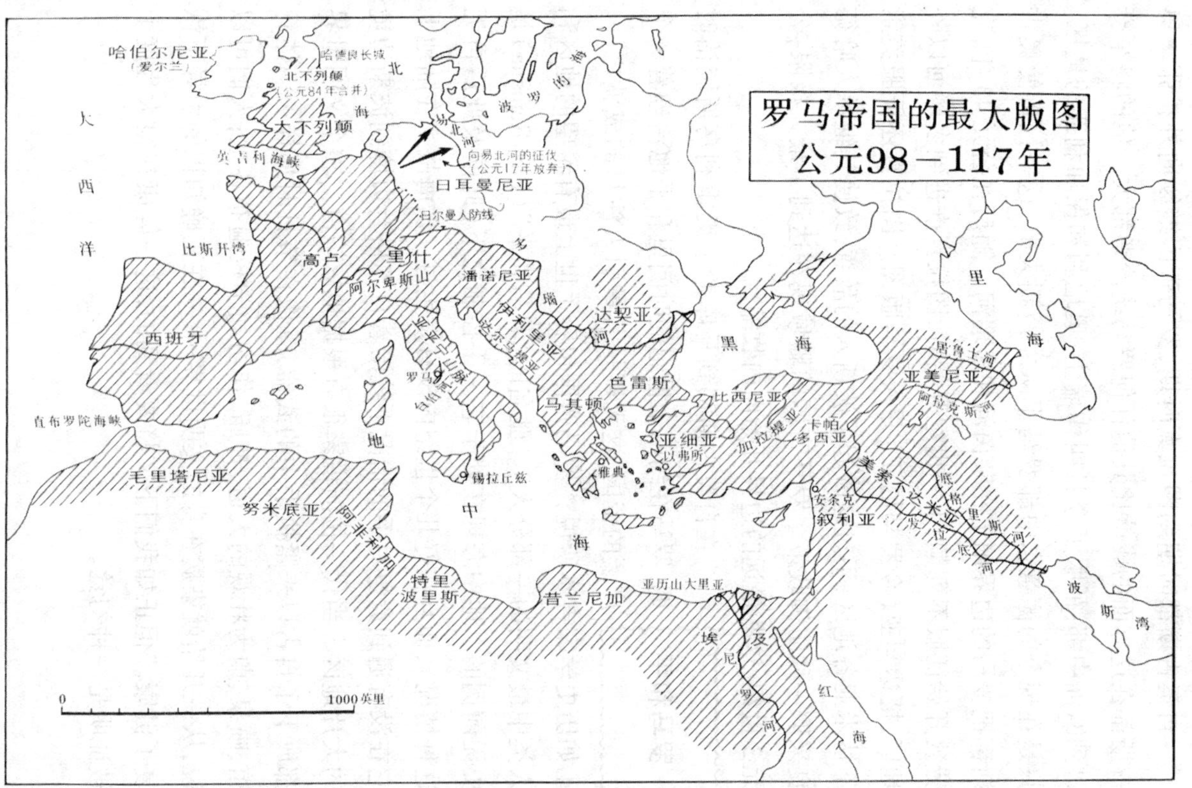
罗马帝国的最大版图
公元98－117年
哈伯尔尼亚
（爱尔兰）
哈德良长城
北不列颠
（公元84年合并）
大不列颠
英吉利海峡
北
海
波
罗
的
海
易
北
河
向易北河的征伐
（公元17年放弃）
日耳曼尼亚
日尔曼人防线
大
西
洋
比斯开湾
高卢
里什
阿尔卑斯山
潘诺尼亚
多
瑙
河
达契亚
伊利里亚
达尔马提亚
亚平宁山脉
罗马
台伯河
西班牙
直布罗陀海峡
毛里塔尼亚
努米底亚
阿非利加
锡拉丘兹
地
中
海
特里
波里斯
昔兰尼加
亚历山大里亚
埃
及
尼
罗
河
红
海
色雷斯
马其顿
雅典
亚细亚
以弗所
黑
海
比西尼亚
加拉提亚
卡帕
多西亚
安条克
叙利亚
亚美尼亚
居鲁士河
阿拉克斯河
美索不达米亚
底格里斯河
幼发拉底河
波
斯
湾
里
海
0
1000英里

245 自奥古斯都时期到图拉真时期,罗马帝国继续向外扩张。奥古斯都在这方面的成就比其他任何罗马统治者都大。他的将军挺进到欧洲中部,征服了今日叫作瑞士、奥地利和保加利亚的地区。只是在现今的德意志中部罗马军队才遭到失败,这一挫折使奥古斯都把罗马的边界确定在莱茵河和多瑙河。随后在公元 43 年,克劳狄开始征服不列颠;下一世纪开始时,图拉真推进到多瑙河以外地区,把达契亚(今罗马尼亚)并入罗马版图。图拉真还征服美索不达米亚各地区,不过这激起了波斯人的敌意,致使其继承人哈德良采取一种防御政策。罗马帝国的疆域现在达到了最大极限;公元 3 世纪,这些最远的边界开始向内收缩。

罗马和平

在自奥古斯都到马库斯·奥雷利乌斯统治时期,罗马在约两个世纪的时间里和平地治理着一个广袤的帝国,这无疑是其最引人注目的成就之一。正如历史学家吉本所说,“罗马帝国包容了世上最有希望的地区和人类中最文明的一部分人”。驰名的“罗马和平”(Pax Romana)是史无前例的。地中海现在处于它一手控制之下(此前及此后再无这种情况),而且在好几个世纪内没有发生过一次海战。在陆地上它在没有遇到竞争对手的情况下统治着自苏格兰边境到波斯边境的大片地区。当代一位演说家很有根据地炫耀道:“整个文明世界都放下了自古以来紧执手中的武器,就像在节日时那样……体育馆、喷泉、蔚为壮观的大道、神庙、作坊和学校遍布各地;人们可以说,从一开始就染病在身的文明世界……,在正确知识的引导下恢复了健康。”但正如我们下文将要看到的,这一健康在很大程度上被证明是一种幻觉。

七、元首制时期的文化和生活

元首制时期文化的进步

从知识和艺术兴趣多样性的观点看,元首制时期比罗马历史的任何其他时期都要光彩夺目。自公元前 27 年到约公元 200 年,罗马哲学形成了自己最独特的形式。另外,这同一时期还产生了卓越的文学作品,独具一格的建筑和艺术有所发展,罗马土木工程获得了最大成功。

罗马的斯多噶哲学

对罗马人最有影响的哲学形式是斯多噶哲学。斯多噶主义广为流行的原因不难找到。斯多噶哲学强调义务、自律和遵从事物的自然规则,与罗马人的古老美德和保守习惯非常合拍。此外,该哲学力主公民义务及其世界主义信条,切合罗马人的世界帝国政治欲望和自豪感。不过应当指出,元首制时代流行的斯多噶哲学与芝诺及其学派的斯多噶哲学有些不同。从赫拉克利特那里借来的旧 246
的物质学说现在被放弃了,取而代之的是对政治学和伦理道德更广泛的兴趣。与最初的斯多噶哲学的特征相比,罗马的斯多噶哲学还倾向于具有更独特的宗教气息。

塞内加、埃皮克泰图斯和马库斯·奥雷利乌斯

在奥古斯都统治结束之后的两个世纪里,三位杰出的斯多噶哲学倡导者住在罗马并在那里进行传道活动。他们是一度任尼禄顾问的富有的塞内加(公元前 4—公元 65 年)、奴隶埃皮克泰图斯(公元 60? —120 年)以及皇帝马库斯·奥雷利乌斯(公元 121—180 年)。他们都认为,人类追求的终极目标是内心的宁静,真正的幸福仅见于对宇宙仁慈的秩序的服从之中。他们倡导道德之上的理想,哀叹人类天性的罪孽，强调要服从尽职尽责这一良知的呼声。塞内加和埃皮克泰图斯把其哲学与这种深切的神秘渴望掺杂起来，几乎把其哲学变成了宗教。他们把宇宙尊奉为神，它处在全能的上帝的治理下，上帝为了至善安排了所发生的一切。罗马最后一位斯多噶派倡导者是马库斯·奥雷利乌斯，他更相信宿命说，同时更少寄予希望。虽然他不反对宇宙是有秩序有理性的观念，但他既无更早的斯多噶派的信仰，也无他们的教条主义。他坚信没有什么永垂不朽之物可抵消人们在尘世遭受的苦难，倾向于认为人是受厄运蹂躏的动物，遥远的未来整个宇宙的尽善尽美也无法完全消除这种厄运。不过他敦促人们去过高尚的生活；他们既不应该放纵自己，
247 沉溺于低级趣味之中，也不应该在愤怒的抗议中垮掉，而应从对苦难的尊贵的忍耐及对死亡宁静的顺从中获得所能得到的满足。

罗马文学：贺拉斯

罗马人的文学成就与其哲学有明确的关连。这在奥古斯都时代最杰出作家的作品中表现得尤其明显。举例来说，贺拉斯（公元前65—公元前8年），在其著名的《颂歌》中大量引用了伊壁鸠鲁派和斯多噶派的说教。不过他所注意的只是有关生活方式的信条，因为他像多数罗马人那样对宇宙的运行不怎么感兴趣。他创造了一种哲学，把伊壁鸠鲁派为享乐所作的辩护与斯多噶派面对逆境应当勇敢的观点结合起来了。虽然他从不把享乐简单地理解为没有痛苦，但他已足够老练，知道最高程度的享受只有通过加以理性的约束才有可能实现。

维吉尔，奥维德和李维

维吉尔（公元前70—公元前19年）同样具有他所处时代的哲学气息。虽然他的《牧歌》表达了伊壁鸠鲁派安宁享乐的某种理想，但维吉尔更多地是位斯多噶主义者。他的和平、丰足的乌托邦幻想，他对人类命运悲剧的焦虑之情，以及他那实现一种与自然和

谐一致的生活的理想，都显示出一种与塞内加和埃皮克泰图斯类似的知识遗产。维吉尔最著名的作品是《埃涅阿斯纪》，它与贺拉斯的《颂歌》中的一些诗篇一样歌颂罗马的扩张。其实《埃涅阿斯纪》是一部帝国史诗，它历数了国家建立过程中的苦痛和胜利、它的光荣传统和崇高的命运。奥古斯都时代的其他重要作家有奥维德（公元前43？—公元17年）和李维（公元前59—公元17年）。奥维德是他所处时代玩世不恭和个人主义倾向的主要代表。他的出色而诙谐的作品反映出该时代放荡不羁的风格。李维的声望主要来自他作为散文文体家的文笔。作为一位历史学家，他缺陷极大。他的主要作品是一部罗马历史；书中充满了戏剧性的绘声绘色的描述，旨在激起人们的爱国热情，而不是准确地记述历史。

佩特罗尼乌斯、阿普列乌斯、马提亚尔、尤维纳尔和塔西佗

奥古斯都去世之后这段时期的文学也具体体现了互相冲突的社会和知识倾向。[①] 佩特罗尼乌斯和阿普列乌斯的小说及马提亚尔的讽刺诗描述了罗马生活中更为怪异有时是龌龊的各个方面。这些作者的目的不是指导或者鼓舞人民，而主要是讲述有趣的故事或玩弄诙谐的词藻。这一时期其他一些最重要的作家的作品中呈现出一种截然相反的观点：讽刺作家尤维纳尔（公元60？—140年），以及历史学家塔西佗（公元55？—117年？）。尤维纳尔是在斯多噶派的影响下进行写作的，但目光狭窄。他确信国家的纷扰是道德败坏造成的，因而怀着福音传教士的愤怒心情痛斥了国人的堕落。比他年轻一些的同代人塔西佗的作品也显示出某种类似的态

---

① 在文学史上，元首制时代的罗马文学可分为两个时期。其一是黄金时代，主要指奥古斯都时代的文学创作，代表人物是上面提到的维吉尔、贺拉斯、奥维德、李维等人，这是罗马文学史上最辉煌的一个时代。其二是白银时代，指奥古斯都去世之后的这段时期。从文学成就方面看，这一时代逊色于前者。——译者

248 度。塔西陀是罗马历史学家最著名的，他描述他所处时代的历史，不是为了进行不偏不倚的分析，而在很大程度上是为了进行道德控诉。在《日耳曼尼亚》中，他对古代日耳曼人习俗的描述，旨在强化一个尚未腐败的种族的果敢的美德与颓废的罗马人的柔弱的丑行之间的对比。不管作为一位历史学家有什么样的缺陷，他都不愧为富有讽刺才智、善于运用警句的大师。在谈到自我夸耀的"罗马和平"时，他借一位蛮族酋长之口说道："他们制造了一片焦土，却称之为和平。"①

艺术方面的成就

在元首制时期，罗马艺术首次呈现出独特特点。在此之前，罗马艺术实际上是来自希腊化东方的舶来品。获胜的军队从希腊和小亚细亚将一车车雕塑、浮雕和大理石柱作为战利品的一部分运回意大利。这些艺术品成了富有商人的财产，被用来装饰他们的豪华住宅。随着这种要求的增大，数以千计的复制品被制造出来，结果到
249 了共和国末期，罗马逐渐拥有了大量艺术品，其文化意义不亚于现代一些证券经纪人家中收藏的毕加索绘画。元首制早期洋溢的民族自豪感刺激了更加本土化的艺术的发展。奥古斯都自诩他最初看到的罗马是一座砖城，而留下的是一座大理石城。不过，旧有的希腊化影响有许多一直保持到罗马人自身才华殆尽之时。

建筑和雕塑

最能真实体现罗马特征的艺术是建筑和雕塑。建筑是纪念性的，旨在象征权力和荣耀。其主要组成部分有圆拱、拱顶和圆穹，虽然科林斯式圆柱也时常被采用，尤其是在建筑神殿时。最常用的建筑材料是砖、方形石块和混凝土，后者是罗马人的发明。为了对公共建筑物

① 塔西佗的主要著作有《历史》、《编年史》、《日耳曼尼亚志》等，均已有中译本，由商务印书馆出版。——译者

进一步美饰,时常增加一些雕刻的柱顶盘和由一排排柱廊或连拱廊组成的建筑物正面。罗马建筑主要用于功利目的。最主要的例子有政府大厦、圆形剧场、浴池、竞技场和私人住宅。几乎所有建筑物都规模宏伟,结构牢固。最大、最有名的建筑有圆穹直径达142 英尺的万神殿以及能容纳 65,000 名观众观看角斗比赛的大圆形竞技场。罗马雕塑的主要形式有凯旋门、凯旋柱、叙事浮雕、祭坛、半身肖像和雕像。它的独特之处在于个性化和自然主义。罗马雕像和胸像有时只是用于表现贵族的空虚,但罗马最好的雕像都成功地传递了与那些信奉斯多噶哲学的人类似的朴素的人类尊严的特质。

与罗马人在建筑学领域的成就密切相关,他们在土木工程和公共事业方面取得的卓越成就。帝国时期的罗马人建造了非凡的
大道和桥梁,其中许多至今仍存。在图拉真统治时期,11 条引水 250
渠从附近的山上每天向罗马城供水 3 亿加仑,供城内居民饮用、洗浴,同时用于冲洗设计精致的污水排放系统。罗马人十分聪明地把水引入到富人家中,以供其私人花园、喷水池和游泳池之需。罗马人还建立了西方世界最早的医院和最早的国家医疗体系。

尽管罗马人在土木工程方面成就斐然,但他们在科学方面没有多大建树。正如一种戏谑但并非不确切的说法所提到的那样,他们擅长的是排水(drain),而不是脑力(brain)。具有重要意义的独创性发明,出自拉丁民族之手的几乎一个也没有。考虑到罗马人具有以希腊科学为自己科学的基础的有利条件,这种情况就非常奇怪了。不过他们几乎完全轻忽了这种机会,因为他们对自己生存于其中的自然界没有强烈的好奇心。罗马作家在科学主题方面极其缺乏批判才智。他们中最著名、最典型的是老普林尼(公元23—79 年),他在公元 77 年左右完成了一部他称之为《自然史》的卷帙浩繁的“科学”百科全书。该书探讨了自宇宙学到经济学的各

式各类主题。普林尼的这部著作虽然资料丰富，但由于他对事实和谬误完全缺乏鉴别能力，因而价值有限。

盖伦

251 元首制时期所取得的唯一科学进步是由住在意大利或者行省的希腊科学家作出的。其中的一人是天文学家托勒密，他在公元2世纪中叶前后活跃于亚历山大（见前文第221页）。另一位就是内科医生盖伦，他在2世纪下半期曾多次到罗马活动。盖伦的声誉主要建立在把别人的研究成果系统化而编成的一部医学百科全书上，不过他自己的接近于发现血液循环的实验使他有理由获得更大声誉。他不仅教导人们，而且向人们证实动脉输送血液，哪怕是切断一个小小的动脉，周身的血液都会在半个多小时的时间内流光。

罗马妇女

元首制下的罗马社会呈现出与共和国末年一样的总的趋势。其中一个最不引人的特征是妇女所处的低下地位。① 历史学家M.I.芬利注意到，罗马历史上最著名的两位女性，一位是克里奥帕特拉，她连罗马人都不是，一个是鲁克丽丝，她是位虚构中的人物，因受到强奸和自杀出名。像罗马妇女这样局限于家务小圈子、地位如此低微的在历史上很不多见。罗马妇女实际上没有自己的名字，其名字是在其父姓后加上阴性词尾构成——举例说来，"朱莉娅"（Julia）来自"尤利乌斯"（Julius），"克劳迪娅"（Claudia）来自"克劳迪乌斯"

---

① 本书1991年第8版西方文明史部分基本上系全文收录莱尔纳、米查姆和伯恩斯所撰《西方文明史》（W. W. 诺顿有限公司出版）1988年版而来。据笔者所见最新版《西方文明史》（1992年版），作者的一些观点又有了改变。就罗马社会中妇女所处地位而论，元首制时期罗马社会的一个非常引人注目的情况是上流社会的妇女具有较高的地位。"与雅典妇女相比，共和国时期富家妇女受到的家庭生活的限制较少，不那么默默无闻，这一趋势在早期帝国时期变得更为明显。……她们在婚后不改变自己的姓氏，具有相对独立于丈夫的地位。"上层妇女通常都受到良好教育，可以自由地从事文化艺术活动，并经常把她们的肖像画在或镌刻在硬币上。有些妇女确实在国家事务中扮演了重要角色。（参看原书第185页。）——译者

(Claudius)。一家中如有两位女儿,仅仅这样加以区分:“大朱莉娅”,“小朱莉娅”;如果有多位女儿,就这样区分:“大朱莉娅”,“二朱莉娅”,“三朱莉娅”,依次类推。妇女按要求应从属于父亲和丈夫,其地位的高低取决于生育能力的大小,而且应呆在家中。一位典型的墓志铭会这样写:“她爱自己的丈夫……她生了两个儿子……她爱唠叨……她治理家务,从事毛织。到此结束。”毫不令人奇怪的是,亲王之家的罗马妇女试图通过起幕后作用摆脱这些限制,同时在政坛上往往起着实际上很有害的作用。地位不那么高的妇女则从观看角斗表演——此处角斗士的地位等同于现代的摇滚歌星——或者参加宗教祭祀典礼的骚动中得到了消遣。

罗马大竞技场,公元70—80年。

角斗表演

与妇女受到限制一起,可以用来指斥这一时代的最严重的诉状是人们对残忍行径的嗜好进一步加强。希腊人自娱的方式是去剧场观看演出,罗马人则越来越爱去圆形竞技场,实际上是去看人类相残的表演。在元首制时期,大型竞技和表演比过去更加残酷。罗马人从纯粹的体育技巧表演中已不再能得到足够的刺激:拳击手要求要用带有铁块或铅块的皮带缠在手上。各项娱乐中最受欢迎的当属在大圆形竞技场或其他能够容纳成千上万名观众的圆形剧场里观看角斗竞赛。角斗士间的角斗不是什么新鲜事,但现在角斗在比过去精密得多的规模上进行。观看角斗的不仅有普通人,而且有富裕的贵

列队行进的帝室。该浮雕出自尊崇奥古斯都的和平祭坛。

法国尼姆的伽尔桥,公元前 19 年。混凝土的发现和使用使罗马人得以兴建大型公共工程。在罗马帝国所取得的成就中,具有重要意义的一项是供水系统即引水渠;有些引水渠为人使用上千年。上图工程现被用作高架桥。

族,另外政府首脑也往往莅临观看。角斗士的拼杀伴随观众的狂 252
呼乱叫和咒骂进行。一旦场中有人受伤倒地而无法再战,那么观众有权决定是饶他一命还是让对手用武器刺入他的心脏。在一次表演过程中,一场角斗接一场角斗进行,而且往往以人成为野兽的牺牲品为特征。假如竞技场被血浸透了,就在上面撒上一层新沙,令人作呕的表演随后继续进行。角斗士大都是被定刑的罪犯或者奴隶,但有些是来自名门望族的志愿者。马库斯·奥雷利乌斯的不肖之子康茂德为取悦观众曾数度到竞技场表演:这是他心目中的一个罗马假日。

密特拉教和基督教的传播

尽管元首制时期道德低下,这一时期的特点却是人们对救世军式的宗教比对共和国时期盛行的宗教有着更为强烈的兴趣。密特拉教在这时赢得了成千上万的信徒,它吸引

了众多信奉众神之母和塞拉庇斯祭的人。公元 40 年左右,罗马出
253 现了首批基督徒。这一新的教派稳步发展,最终取代密特拉教成了最受欢迎的救世军式信仰。

奥古斯都稳固政府的建立标志着意大利进入了一个持续 200 余年的繁荣阶段。此时贸易扩展到已知世界的各个角落,甚至到了阿拉伯、印度以及中国。制造业也有所发展,尤其是在陶器、纺织品、金属制品和玻璃制品方面。尽管如此,罗马的经济秩序远非达到健康的程度。繁荣并非人人同等受益,受益者主要是上层阶级。由于体力劳动卑贱的观念一如既往地根深蒂固,因而随着奴隶来源的枯竭,生产必然随之衰落。更糟糕的也许是,意大利出现了严重的贸易逆差。微弱的工业发展决不可能提供足够的出口商品以满足从行省和罗马以外的世界进口奢侈品的需求。结果,意大利的贵金属来源逐渐枯竭。到了 3 世纪,西罗马帝国的经济开始崩溃。

八、罗马法

罗马法的早期发展

罗马人留给后世文化的一个最宝贵的遗产是其法律制度,这是人们公认的看法。这一法律制度经历了一个逐渐发展的过程,大致说来肇始于公元前 450 年前后颁布的《十二表法》。在共和国的最后几百年间,《十二表法》因新判例和新原则的出现而有所改变。这些新判例和新原则来源不一:有的来源于习俗的变化,有的来源于斯多噶哲学的教义,有的来自判官的裁决,尤其是来自大法官(praetor)的文告。大法官是掌有在特殊讼案中界定与解释法律及向法官发布指示大权的高级行政官员。

元首制时期的罗马法;大法学家

在元首制时期,罗马法发展到了顶峰。这部分地是因为法律扩展到更宽广的司法领域,扩展到既包括意大利公民,也包括生活在异地他乡的外域人的生活和财产方面。但主要的原因在于,奥古斯都及其后继者授予一些杰出的法学家以在法庭审判时对案件中的法律疑问问题陈述意见的权利。这些法学家中,因此被陆陆续续指定的最杰出人物有盖约斯、乌尔比安、帕皮尼安和保卢斯。尽管他们大都任过高级判官,但他们主要是以律师和法律问题的著作者的身份享有盛名的。这些法学家所陈述的意见即答复(responsa)逐渐使法学和法律原理具体化,同时被人们认可为罗马法系的基础。

罗马法的三个组成部分

在法学家影响下发展起来的罗马法包括三 254
个大的分支或组成部分,即民法、万民法和自然法。民法是罗马及其公民的法律。它以成文和不成文两种形式存在着。民法包括元老院的法令、元首的敕令、大法官的公告,此外还包括某些具有法律效力的古代习惯。万民法则是不论种族如何对所有人一视同仁的法律。该法律承认奴隶制和财产私有是合法的,明确了买卖、合作和契约的原则。万民法并非凌驾于民法之上,而是作为民法的补充,主要适用于罗马帝国的外来居民。

自然法

罗马法中最有意思而且在许多方面最为重要的分支是自然法。自然法不是司法实践的产物,而是哲学的结晶。斯多噶派发展了具体体现为正义和公正的理性自然的思想。他们断言,所有的人在本性上都是平等的,都有权享受一些基本权利,对这些权利政府无权侵犯。然而就一项法律原则而言,自然法的创始人并不是希腊化斯多噶派的某一人士,而是西塞罗。西塞罗宣称:“真正的法律是与自然协调一致的健全的理性,它扩及所有人之中,始终如一,永恒不变。颁布有违这一法律的条例,是宗教所禁止的,即便部分地废止它也不可以,同时我们也无法通过元老院或人民摆脱它的约束。”这一法律优先于国家本身,任何擅自亵渎它的统治者必然成为暴君。多数大法学家认同的自然法概念与哲学家的自然法概念非常相似。虽然法学家并不认为该法是对民法自然而然的限制,但他们也认为它是人们的法令和法条应当遵守的伟大典范。作为一种法律原则的抽象的正义概念的发展是罗马文明的一个最卓越的成就。

九、3 世纪的危机

(公元 180—284 年)

随着公元 180 年马库斯·奥雷利乌斯的去世,仁慈的帝国统治结束了。“五贤帝”成功的原因之一,就在于前四位皇帝都是指定青年才俊为继承人,而不是自己的儿子或者近亲。但是奥雷利乌斯破坏了这一模式,其结果为历史证明是致命的。尽管他在历史上最具有哲学气息、最富有思想的统治者之中占有一席之地,但他没有理智地认识到自己的儿子康茂德是位道德败坏、无理政之才的人。在父亲的扶植下登上帝位之后,康茂德不加控制地任意
255 妄为,公然对元老院嗤之以鼻,进行极为残暴的统治,终致在 192 年被一宫廷集团勒死。此后事态进一步恶化。由于康茂德身后没有明确的继承人,各个行省的军队纷纷推举自己的候选人,内战接踵而至。虽然一位名叫塞普提米乌斯·塞维鲁斯(193—211 年)的行省将军荡涤群雄,脱颖而出,但现在变得很清楚,行省军队可以随意地干预帝国政治。塞维鲁斯及其继承人甚至中止了元老院在理论上具有的权利,以军事独裁者的面目进行赤裸裸

的统治，这使问题更加恶化。一旦赤裸裸的暴力统治公开显现出来，任何有野心的将军都依靠手中的军队，寻求攫取政权，一试身手。就这样，内战盛行不绝。自235到284年至少有26位“兵营皇帝”，其中只有一位设法逃过了暴卒的命运。

罗马皇帝马库斯·奥雷利乌斯·安托尼乌斯半身像。

内战的后果

235至284年这半个世纪肯定是罗马成为世界强国以来最黑暗的时期。除政治混乱外，其他诸多因素交互作用把帝国带到了崩溃的边缘。一个因素是内战对经济产生了灾难性影响。连绵不断的战争扰乱了农业和贸易秩序，同时，争权夺利的野心家为实现自己执政的目的不惜耗尽其地区的资源来换取军队的支持。在“让士兵致富，其他皆可不顾”信条的指导下，他们只能通过下述手段聚敛资金：一是让货币贬值，一是征收近乎没收性的赋税。这样，地主、小佃农和手工业者在最需要进行生产的时候却没有什么生产的动力。在各阶层中，正如在经济萎缩时期通常会出现的那样，最贫困者受害最重。他们往往陷入绝望无助的赤贫状态之中。战争和饥馑过后，疾病马上肆虐起来。早在马库斯·奥雷利乌斯统治时期,一场可怕的瘟疫就已横扫帝国全境,造成军队和人口的大量减少。3世纪中叶,鼠疫再次流行,就像一把可怕的大镰刀那样刈割人口达15年之久。

由此造成的人口资源重负出现在罗马最无力承受的时候,因为3世纪罗马帝国又面临另一威胁,即外部敌人的入侵。就在罗马士兵因疾病而变得稀少、罗马军队互相厮杀之际,西方的日耳曼人和东方的波斯人突破了罗马原有的防线。公元251年,哥特人击败了罗马皇帝德西乌斯并把他杀掉,随后越过多瑙河在巴尔干半岛肆意掳掠。260年又发生了一场更令罗马人蒙羞的灾难:皇帝瓦勒里安在战斗中被波斯人生擒,被迫跪下作波斯统治者的脚凳。在他死后,他的遗体被制成标本悬挂示众。显然,恺撒和奥古斯都的时代早已不复存在了。

3世纪的文化以普遍性的焦虑心理为特征,这是不言而喻的。人们甚至可以残存至今的雕像中看到人物焦虑的表情,比如菲利普皇帝的胸像一看上去几乎就让人感到他不久就会在战斗中丧
256 生。与这一时代精神相应,宣扬来世主义的新柏拉图哲学大行其道。新柏拉图学说把柏拉图思想的唯灵论倾向发展到了极致。它的第一个基本说教是流溢说:现存万物都是在一个源源不断的流溢的长河里从神①那里流出来的。从这一长河中产生了神圣的理念(Idea)或精神模式,随后又产生了各别事物的灵魂。最后流溢的是物质。但是物质本身没有形状或质量;它只是灵魂的隐逸,是源自上帝的灵魂光束自我燃烧完毕之后留下的残渣。依此推论,物质作为恶和黑暗的象征应当受到指斥。它的第二个重要信条是神秘主义。人类的灵魂是原为神的一部分,但它在与物质结合后

① 神(God),或译“太一”。——译者

从神那里脱离出来。人生的最高目标应当是与神的再度神秘结合。这种再度结合可以通过敛神冥想，通过把灵魂从物质的束缚下解救出来得到实现。人类应为自己有一个肉体感到羞愧，并应千方百计去设法征服它。因此，禁欲就成了这一哲学的第三个主要说教。

普罗提诺

新柏拉图学说的真正创立者是公元 204 年左右生于埃及的普罗提诺。晚年时他在罗马讲学，在公元 270 年去世之前在上层社会中赢得了许多追随者。他的主要继承者们用玄而又玄的迷信把他的学说冲淡了。虽然新柏拉图学说是反理性的，同时对国家持完全不关心的态度，但公元 3、4 世纪这一学说在罗马极为盛行，几乎完全取代了斯多噶哲学。这一事实至为明显地表明了罗马对现时现实世界的背离。

十、罗马衰亡的原因

转折点:284 年

如果说罗马不是一天建成的，那么它也不是一天之内消亡的。在下一章我们将会看到，284 年时强有力的统治再次出现。其后，罗马帝国在西部又延续了 200 多年，在东方又延续了上千年。但是重建后的罗马国家与旧的罗马国家迥然不同——两者之间可谓有天渊之别，以致我们最好就此打住对典型的罗马文明的描述，而来检讨一下罗马衰亡的原因。

有关罗马衰亡的种种说法

人们就罗马的衰亡撰写了大量论著，其数量远远多于对任何其他文明的终结的探讨。有关罗马衰亡原因的学说可谓多种多样，不胜枚举。近来一个流行的说法是，罗马因铅中毒而衰亡，但该学说因诸多原因无法让人接受，其中之一就是罗马人的输水管大多是用赤陶土做成的，而不是用铅做成的；同时，即便这一说法站得住脚，人们不禁会问何以罗马能在如此长的时间里完好无损。伦理学家从诸如朱维纳尔和佩特罗尼乌斯之类作家所
257 描绘的淫荡、暴食场面中找到了罗马衰亡的原因。不过这一观点忽视了下述事实，即这些证据大都明显地夸大其词，而且它们几乎都形成于元首制早期：在其后几百年帝国显然更加腐败的时候，由于禁欲主义宗教的影响，伦理道德却更加庄重严肃。一个最简单的解释是，罗马完全是由于日耳曼人猛烈的进攻才灭亡的。但在罗马的历史长河的各个时期，野蛮部落都一直虎视眈眈，随时准备进攻罗马：日耳曼人的压力固然在某些时期有所增强，但他们如果不是出现在罗马内部业已衰弱不堪的时刻，决不会取得成功。

衰亡的内部原因

因而，我们最好集中探讨一下罗马最严重的内部问题。这些问题中有一些是政治性的。元首制时期罗马宪政方面最明显的政治缺陷是缺乏明确的继承法。尤其是在一位统治者突然去世之时，无法确定由谁继承他的职位。在现代美国，林肯或肯尼迪被刺身亡可能令国人震惊，但人们至少知道其后会出现什么情况；在罗马帝国，却无人知道事情会怎样，而内战往往是事情的结局。公元 235 到 284 年的战争就证明了这一点。此外，内战也因缺乏合法的手段进行改革而滋生出来。如果统治变得不得人心，就像 180 年后大多数年代那样，那么改变此种状况的唯一手段是推翻现有统治。但是诉诸暴力总是引发更多的暴力。除这些问题外，帝国时代罗马的最大政治缺陷最终可能在于没有让足够的人民参与政府工作。帝国的大多数居民是根本不参与政治的臣民。因此，他们对待帝国充其量是无动于衷，往往心存仇恨，尤其是在征税人员出现

时。效忠罗马是帝国继续运转之必需,但当考验来临时,这种效忠却不存在。

经济方面的原因

即便没有上述政治问题,罗马帝国可能也会由 258
于经济问题而逃脱不了覆灭的命运。罗马最严重的经济问题肇源于奴隶制度和劳动力短缺。罗马文明建立在城市基础上,城市则在很大程度靠着奴隶生产的农业剩余产品而存在。奴隶承担的劳动过于繁重,以致通常无法通过繁衍后代来补充奴隶队伍。到图拉真时期为止,罗马一直靠战争的胜利和新的征服来提供新的奴隶来源,藉此使奴隶制度维系下去,但其后经济开始耗尽人力资源。地主不再可以草菅人命,兵营奴隶制到了尽头,乡村生产出的可以供应城镇的剩余产品也越来越少。罗马没有发生技术进展调节紧张的局势,也应归咎于奴隶制。后来西方历史上产生农业剩余产品都是靠技术进步取得的,但罗马地主对技术漠不关心,因为对技术感兴趣被认为有失身份。只要有奴隶为他们干活,他们就不会对劳动设备感兴趣,同时对任何机械的关心都被视为卑贱低下的标志。地主以关注“高雅情事”来显示自己的高贵,但在他们沉溺于心志的崇高之际,其农业剩余逐渐枯竭了。

劳动力不足

劳动力短缺使罗马的经济问题进一步恶化。随着对外征服的结束和奴隶制的衰落,迫切要求人们留在农庄之中;但由于持续不断的蛮族压力,又经常要求人们在军队中服役。2 世纪和 3 世纪的瘟疫使人口大大减少,实在是雪上加霜。据估计,在马库斯·奥雷利乌斯统治时期至 284 年强有力的统治恢复之间,罗马帝国的人口减少了三分之一。(道德败坏看来也使人口出生率降低。)其结果就是既没有足够的劳力种田,也没有足够的丁男为罗马戍边御敌。毫不奇怪,罗马现在开始输掉过去很少输的战斗。

奴隶拉纤图。该浮雕表明罗马文明何等地严重依赖奴隶劳动。

缺乏公民理想

倘若为数众多的罗马人作出巨大的努力和奉献,罗马也许会得救,但愿意为公益事业努力工作的人微乎其微。就此可以作种种文化上的解释。最简单地说,3 世纪的罗马帝国无法依靠人们共同拥有的公民理想。到了那时,旧的共和和元老院传统显然已被废弃。更糟糕的是,无法指望行省居民为罗马的任何一种理想而尽心尽力战斗或工作,特别是在罗马国家不再享有仁慈的和平而只能带来连绵不断的战火和苛捐杂税的时候。地区间的分歧、公共教育的缺乏以及社会的分层都进一步阻碍了任何统一的公益精神的形成。在帝国倾覆之际,新的理想确实产生了,但这些理想是宗教的有关来世的理想。最终的事实是,罗马帝国的衰亡与人们的

259 冷漠相伴,同时罗马世界在人们的唏嘘声中而不是在猛烈打击之下慢慢地走到了终点。

十一、罗马的遗产

罗马与现代世界的对比

以为我们现今与罗马人有许多共同之处，这实为一个诱人的观点：首先，罗马与古代任何其他文明相比在时间上更靠近现今；其次，罗马与现代倾向看来十分切近。人们常常注意到罗马历史与19、20世纪的英国和美国历史的种种相似之处。罗马经济的运行经历了由一个由简单的农业经济到包括失业、贫富悬殊和财政危机在内的复杂的城市体系的整个过程。与大英帝国一样，罗马帝国是建立在征服基础上的。然而我们不应忘记，罗马的遗产是一份古代遗产，因此罗马文明和现代文明之间的类似之处并不像表面看起来那么重要。如前所述，罗马人不屑从事工业活动，对科学 260
也不感兴趣。他们也丝毫没有现代民族国家的思想；行省实际上是殖民地，并不是一个政治实体的有机的组成部分。此外，罗马人从未发展出一种完备的代议制政府体系。最后，罗马人的宗教观念与我们自己的宗教观念大相径庭。他们的崇拜制度与希腊人的崇拜制度一样，是外在的和机械的，而不是内在的或精神上的。基督教把虔诚——热爱神灵的一种动感情的态度——视为最高的理想，罗马人把它视为十足的迷信。

罗马文明的影响

尽管如此，罗马文明对后世文化产生了很大影响。罗马建筑的式样（如果说不是其实质）保留在中世纪的教会建筑物之中，直到今日仍见于许多政府建筑的设计之中。另外，奥古斯都时代的雕刻在装点我们的街道和公园的骑士雕像、纪念性的拱门和石柱以及政治家和将军们的石头肖像中，仍有生动的体现。虽然大法学家的法律有了新的解释，但它已成为《查士丁尼法典》的重要组成部分，从而流传到中世纪乃至现代。美国法官至今仍经常引用盖约斯和乌尔庇安首创的行为准则。进而言之,今日欧洲大陆的几乎所有国家的法律体系都大量吸收了罗马法的成分。这一法律是罗马人最伟大的成就之一,反映出他们治理一个广袤、多样化的大帝国的天才。同样应该记住的是,罗马人的文学成就为后来的知识复兴提供了许多灵感,这一复兴在 12 世纪时在欧洲蔓延开来,在文艺复兴时期达到了顶点。不那么为人熟知的一个事实是,天主教会的组织(且不说其仪式)是从罗马国家的组织结构和罗马宗教体系改造而来的。举例说来,教皇仍拥有大祭司长(pontifex maximus)的头衔,该头衔过去一般表示作为公民宗教首领的皇帝的权威。

罗马在传播希腊文明中的作用

罗马对后世发展的最重要的贡献是把希腊文明传送到了欧洲西部。公元前 2 世纪以来在意大利发展起来的具有浓厚的希腊思想气息的文化,其本身就足以与东方居主导地位的希腊取向的文化相抗衡。此后,沿着尤利乌斯·恺撒的步履,这种文化进一步向西发展。在罗马人到来之前,欧洲西北部(现今的法国、比利时、荷兰、卢森堡、德国西部和南部以及英格兰)的文化以部落为基础。正是罗马带来了城市和希腊思想,尤其是随着高度分工的城市生活而来的人类自由和个人人身自由的概念。确实,自由的理想在实际生活中往往为人忽略——它们并未减缓罗
261 马对奴隶制的依赖程度,以及妇女的从属地位,也未能阻止罗马在征服地区进行剥削统治,时常是压迫性的统治。但不管怎样,就我们目前所知,罗马历史是西方历史的真正开端。由亚历山大带到东方的希腊文明未能持续太长时间,由恺撒、西塞罗和奥古斯都带到西方的同样的文明,却成了西欧其后许多成就的起点。我们在后面将看到,这一发展虽然并非连绵不绝,后来欧洲的成功中也有许多其他成分的功劳,但罗马的影响是极其深远的。

精选书目

政治史

Bloch, Raymond, *The Origins of Rome*, New York, 1960.

Cary, M., and H. H. Scullard, *A History of Rome*, 3rd ed., New York, 1975. 学院水平的基础教材。

Chambers, M., de., The Fall of Rome, 2nd, ed., New York, 1970. 有关这一长期引人的主题的读本集。

Crawford, M. H., *The Roman Republic*, Atlantic Heights, N. J., 1978.

Crook, J. A., *Law and Life of Rome, 90 B. C. —A. D. 212*, Ithaca, N. Y., 1977.

Grant, M., *The Etruscans*, New York, 1980.

Gruen, E. S., *The Last Generations of the Roman Republic*, Berkeley, 1964.

Harris, William V., *War and Imperialism in Republican Rome*, Orford, 1979. 对罗马成为扩张主义者的原因作了仔细严格而独到的考察。

Haywood, R. M., *The Myth of Rome's Fall*, New York, 1958.

Millar, F., *The Emperor in the Roman World: 31B. C. —A. D. 337*, Ithaca, N. Y., 1977.

Mommsen, Theodor, The History of Rome, Chicago, 1957. 19 世纪最伟大的史学著作之一的节略改版。强调人物性格,尤其是尤利乌斯·恺撒的性格。

Ogilvie, R. M., *Early Rome and the Etruscans*, Atlantic Heights, N. J., 1976. 对罗马历史的这一最早的时期的最佳专门性综述。

Pallottino, M., *The Etruscans*, rev. ed., Baltimore, 1978. 一部权威性的入门著作。

Scullard, H. H., *From the Gracchi to Nero*, New York, 1959. 有关这一核心时期历史的优秀概览。

Syme, Ronald, *The Roman Revolution*, New York, 1939. 有关共和国晚期和帝国早期的开拓性著作,强调权力政治和宗派作用,而不是制度原则之争。

Taylor, Lily Ross, *Party Politics in the Age of Caesar*, Berkeley, 1949. 至今仍为有关共和国晚期社会和政治的最佳入门著作。

Warmington, B. H., *Carthage*, Baltimore, 1965.

经济、社会和文化史

Africa, T., *Rome of the Caesars*, New York, 1965. 以简短的传记方式对帝国时代的罗马史作了引人入胜的叙述。

Arnold, E. V., *Roman Stoicism*, New York, 1911.

Balsdon, J. P. V. D., *Life and Leisure in Ancient Rome*, New York, 1969.
Brunt, P. A., *Social Conflicts in the Roman Republic*, London, 1971.
Carcopino, Jerome, *Daily Life in Ancient Rome*, New Haven, Conn., 1960.
Duff, J. W., *A Literary History of Rome in the Golden Age*, New York, 1964.
——, A Literary History of Rome in the Silver Age, New York, 1960.
Earl, Donald, *The Moral and Political Tradition of Rome*, Ithaca, N. Y., 1967.
Frank, T., *An Economic Survey of Ancient Rome*, 6 vols., Baltimore, 1933—1940. 仍为这一主题的基本参考书。
Hopkins, K., *Conquerors and Slaves*, Cambridge, 1978. 从一具有革新精神的社会学角度研讨罗马帝国世界的诸互有关连的论文。
Laistner, M. L. W., *The Greater Roman Historians*, Berkeley, 1947.
MacMullen, R., *Enemies of the Roman Order*, Cambridge, Mass., 1966.
——, *Paganism in the Roman Empire*, New Haven, Conn., 1981.
——, Roman Social Relations: 50B. C to A. D. 284, New Haven, Conn., 1974.
Rostovtzeff, M. I., Social and Economic History of the Roman Empire, 2nd ed., 2 vols., New York, 1957. 20 世纪初期最伟大的史学家之一的著作。其解释及所含丰富资料均很重要。
Sandbach, F. H., *The Stoics*, London, 1975.
Scullard, H. H., *The Etruscan Cities and Rome*, Ithaca, N. Y., 1967.
Starr, C. G., *Civilization and the Caesars*, Ithaca, N. Y., 1954. 概述了西塞罗之后四百年间罗马的文化发展。
Toynbee, A. J., *Hannibal's Legacy*, 2 vols., London, 1965.
Westermann, W. L., *The Slave Systems of Greek and Roman Antiquity*, Philadelphia, 1955. 有关这一基础性主题的最好的综述。
Wheeler, Mortimer, *The Art of Rome*, New York, 1964.
Yavetz, Z., *Plebs and Princeps*, London, 1969.

原始资料

罗马作家作品的译文在哈佛大学出版社出版的《洛布古典丛书》的有关各卷中可以找到。

另见:

Gruen, E. S., *The Image of Rome*, Engkwood Cliffs, N. J., 1969.
Lewis, Naphtali, and M. Reinhold, *Roman Civilization*, 2 vols., New York, 1955.

第十章　基督教和罗马世界的转变

今后谁会相信……罗马竟然不得不仅仅为了生存而不是荣誉在自 263
己的国土上进行战斗？……诗人琉善曾用这样激昂的诗句描述该城的强盛："如果说罗马是软弱的，那么我们到何处寻找力量呢？"我们可以把上一诗句变动如下："如果罗马沦陷了，那么我们到何处求助呢？"

对凡人而言，人生就是一场竞赛：我们在尘世上奔跑，是为了在别的地方赢得佳冠。在蛇蝎中间行走，无人会平安无事。

圣哲罗姆，《书信集》

罗马帝国的缓慢衰落

公元180年之后，罗马帝国虽然衰落了，但并未崩溃。284年，富有魅力的军事家—皇帝戴克里先开始重组帝国，赋予帝国以新的生机。此后，在整个4世纪，地中海仍为罗马国家的内湖。5世纪时，罗马帝国的西半部确实沦陷于入侵的日耳曼人之手，但即便此时罗马的种种制度并未遭到彻底毁灭；而在6世纪，帝国的东半部设法收复了西地中海沿岸的大片地区。只是到了7世纪形势才真正完全明朗起来：罗马帝国要想继续存在下去，唯有丢开西半部，加强东半部的力量。这一转变发生之时，亦即古典古代明显结束之时。

古典古代后期(284—610)

历史学家过去往往低估罗马制度的长期存在，把3、4、5世纪都并入中世纪史之列加以讨论。由于历史分期总是约计且在很大程度上取决于某一史学家希望强调社会发展的

哪些方面,因而这一说法不能置之不理。自然,由古代世界向中世纪世界的过渡是逐渐发生的,同时“中世纪的”许多特征早在3世
264 纪时就在西罗马缓慢产生了。但是,把284年以后直至7世纪罗马帝国失去对地中海的控制之前的这段时期继续视为古代史,现在更为常见。284年至约610年这段时期虽然是一个过渡时期(当然,所有时代都如此),但仍有其特有的某些主题,因而把它称为既非罗马时代亦非中世纪的古典古代(antiquity)晚期,可能最为妥帖。

基督教的兴起和城市生活的衰微

古典古代晚期的主要文化趋向是基督教在整个罗马世界的传播及胜利。起初基督教只是众多来世论派中的一个,它在罗马帝国后期吸引了越来越多的人。但在4世纪时它被接纳为罗马的国教,此后就成了影响西方发展的最大因素之一。在基督教传播之际,罗马帝国却确切无疑地在衰落。最重要的衰落是作为帝国基础的城市生活萎缩了。在罗马帝国开始受到种种严重的压力之时,城市萎缩在欧洲的西北部表现得最为明显,因为城市文明在这里根基最浅,这里离地中海这一帝国主要的贸易和交通生命线最为遥远。帝国西部离地中海更近一些的地区也感受到城市萎缩,因为西部的城市对正处于衰落过程中的农业生产比东部的城市依赖性大得多,后者更多地依赖奢侈品贸易和工业。与此相应,在这整个时期,文明的重心和帝国政府的中心由西部移向东部。这一转移的最明显的表征就是5世纪时日耳曼人取得了成功。日耳曼人的种种成功确实有助于揭开欧洲政治史的新的一页,但其直接影响不宜过分夸大。即便是在日耳曼人大批涌入之际,罗马的种种制度衰微的速度仍然很缓慢。地中海地区或靠近地中海的地区尤其是如此;虽然其活力稳步下降,罗马城市生活直至地中海不再是罗马人的内湖之前仍继续存在。

一、重组的帝国

戴克里先的改革

在考察基督教的产生及其胜利之前，我们最好先来概述一下新的宗教在其中成为主导力量的政府和社会的特性。3 世纪时给罗马造成致命威胁的 50 年动乱结束了；这一局面的出现是 284 年到 305 年出任罗马皇帝的卓越军事家戴克里先不懈努力的结果。戴克里先意识到了毁灭其前任的一些较明显的问题，因而进行了许多重要的政治和经济改革。他认为迄今军队在国家生活中的主导作用过于强大，就采取措施把军队和文职指挥管理体系分离开来。他认 265
识到内部和外部双重新压力使一个人不可能治理整个罗马帝国，就把其帝国一分为二，把西半部交由他所信赖的同事马克西米安治理，后者承认戴克里先是最高统治者。随后两人挑选称为“恺撒”的副手治理其所辖大片地区。这一制度还意味着规定一种有条不紊的继承顺序，因为恺撒被认为是帝国东部或西部最高统治者的继承人，他们登基后再指定新的恺撒。在经济领域，戴克里先稳定了贬值严重的币制，引入了新的税收制度，并颁布立法以使农业劳动者和城市居民继续从事劳动，从而使帝国维系所必需的基础性工作继续有人承担。

戴克里先的东方化政策

尽管戴克里先的重建计划获得了很大成功，把罗马帝国从死亡的边缘拉了回来，但由于实行“东方化”政策，他也在三个根本的持久性的方面改变了帝国。完全照字义来说，戴克里先通过把其行政管理重心移向东方开始了帝国地理上的东方化进程。我们也许会推定，既然他是一位“罗马”皇帝，因而他是从罗马发号施令的；但在 284 至 303 年间他实际上是从位于今土耳其的一个城市尼科美迪亚进行统治的。他这样做等于默认帝国较富裕、更重要的部分是东部。其次，与他背弃罗马相关，他采用了东方君主的称号和礼仪。他这样做或许主要不是因为他喜爱东方情调，而是因为他希望避免其先辈受到尊重不够的命运。更有可能的是，他以为自己如果受人崇拜、为人畏惧，就更有机会安享天年。因而戴克里先完全放弃了奥古斯都之把自己装扮成合法统治者的做法，而是毫不掩饰地以专制君主的面目出现。他采用的称号是“主”(dominus)或君主，而不是“元首”(princeps)或第一公民，同时把东方礼仪引入其宫廷。他头戴王冠，身穿织有金子的丝织紫袍。获准觐见他的人均需拜伏其前；少数享有特权者可以亲吻他的紫袍。

帝国官僚制度的发展

戴克里先头像。他的短发具有罗马军人风格

戴克里先政策东方化的第三个方面，是他越来越依赖帝国官僚政治。通过把文职官员与军方人员区分开来，以及对各种各样的经济和社会事务作出法律规定，戴克里先急需大量新的官员。毫不奇怪，到戴克里先统治末期，臣民们纷纷抱怨说“征税官吏比纳税人还多”。这些官员无疑使帝国得以运转，但此新的官僚制度——所有官僚制度都是如此——易于导致贪污腐败；更糟的情况是，官僚制度的发展要求每时每刻都要有足够的人力、物力储备，但此时适值罗马帝国无力提供大量人力物力。综合各方面因素来看，戴克里先的种种东方化政策使他看起来更像是位埃及的法老，而不是一位罗马统治者：安东尼和克里奥帕特拉在阿克兴失败之仇，现在似乎正在得以昭雪。

戴克里先的新型专制体制未给个人自主或自由的发育留下一点余地。其后果在该时代的建筑和艺术中表现得非常明显。戴克里先本人偏爱宏伟虚饰的建筑风格，意在强调他自己的权力。303 年他终于回到了罗马，在那里建造了迄今所知最大的浴池，占地达 30 英亩左右。305 年戴克里先退隐时，他在今斯普利特(在南斯拉夫)为自己建造了一座宫殿，这座宫殿就像一座兵营那样呈直线格状布局。这一宫殿的设计图清楚地表明戴克里先是如何在一切事情上都热衷于组织化的。

另外，在此之前一直具有强烈的自然主义特色和个性的罗马半身雕像，在戴克里先时代同样失去了个性。人物的面部表情呆钝、匀称，而不再是情感的自然流露。斑岩在制作皇帝半身雕像方面往往取代了大理石。这是一种必须从埃及进口的特别坚硬的玄色石头，用它们雕刻而成的戴克里先、马克西米安及他们的两位副手“恺撒”的雕像群，最充分地体现了新型雕塑呆钝、匀称的特点，因为所雕刻的这些人物形象看上去彼此相似，无从辨别。

君士坦丁的统治

305 年，戴克里先决定逊位去种白菜——对罗马帝国晚期的统治者而言，这是一个史无前例的成就。与此同时，他还迫使其同僚马克西米安一并逊位，他们的两位副手“恺撒”和平地继承了王位。然而这种和谐未能持久。不久，戴克里先的各继承人之间就爆发了内战，战事一直持续到原来一位恺撒的儿子君士坦丁脱颖而出、荡涤群雄统一天下为止。自 312 年至 324 年，君士坦丁仅仅统治着帝国的西部地区；但自 324 年直至 337 年他去世，君士坦丁废除了
分享权力的做法，独自治理一个重新统一的帝国。除支持基督教 267
这一事实——我们将在下一节考察这一划时代的决定——外，君士坦丁在其他方面都沿袭戴克里先确定的种种路线进行统治。官

僚机构人数激增,国家对城镇居民和农业劳动者各司其职十分关注,以致罗马开始硬化而成一种种姓制度。尽管他是位基督徒,但君士坦丁从来就没有想到过要以一种基督式的谦恭态度行事:与此相反,他使宫廷礼仪更加繁复,在日常表现上好像他就是神。与此相应,他于330年兴建了一座新都城,并用自己的名字命名它为君士坦丁堡。虽然他宣称把政府由罗马迁徙到君士坦丁堡旨在显示他放弃异教的决心,但自尊无疑是迁都的主要因素,同时这一迁徙是罗马文明进一步东移的最明显的表现。君士坦丁堡位于欧洲和亚洲的交界处,扼东向交通、贸易和防御之要冲。它三面环水,陆地一侧建有城墙,将被历史证明是几乎难以攻破的,同时,只要罗马帝国能够延续下去,它就一直是"罗马"政府的中心。

268 另外,君士坦丁把帝位变成了世袭继承。这样他就恢复了大约八百年前被摒弃的王朝君主制原则。但是,把帝国视为自己的私有财产的君士坦丁没有把统一的统治权传到一个儿子手中,而是反过来把帝国划分给他的三个儿子。毫不奇怪,他的三个儿子在其父亲刚去世后就开始互相厮杀,这一冲突由于宗教分歧进一步加剧。我们在此不应过多纠缠于战乱及贯穿4世纪大部分时间的帝位之争。仅说这样一点就足够了:此时的战乱、纷争不像3世纪的内战那样严重,同时不时有一位或另一位竞争者在若干年内重新统一整个帝国。最后一位实现统一的皇帝是狄奥多西一世(379—395年在位),他曾因其一位下属官员的被杀而屠杀了数千名无辜的塞萨洛尼基公民,但他在抵挡日耳曼蛮族的入侵从而保全了帝国方面所表现出的种种能力仍使他有某种资格获得"大帝"这一称号。

在君士坦丁至狄奥多西这段时期,更早时期的趋势稳步向前发展。随着君士坦丁堡在此时成为帝国的首要城市,东部显然成了贸易中心和行政中心。地方主义也变得更加显著:讲拉丁语的西部与讲希腊语的东部之间的联系和交往正在消失，东部和西部的地区差异都在日益加剧。在经济生活方面，这一时期的标志是贫富差别日益扩大。在帝国西部，大地产主得以扩大其地产，而在帝国东部，一些人通过升迁、受贿或者通过经营奢侈品贸易而兴盛起来。但是戴克里先首创、在整个4世纪延续下来的税收制度的重担压在了穷人的身上，他们被迫承担官僚机构、军队、大肆挥霍的帝国宫廷或各个宫廷的开销。此外，穷人根本无缘改变自己的贫困处境，因为法律规定他们及其后代必须一直从事没有报偿、税赋很重的活计。由于4世纪时多数人是穷人，因而与富人惊人的财富相对，多数人生活在无可救药、冷酷无情的贫困状态中。284至395年间罗马帝国或许得到了复原，但它仍是一个主张来世得救的新宗教发育成长的沃土。

二、基督教的产生和胜利

基督教的发源和传播

自然，基督教发端于君士坦丁之前几百年的耶稣时代。它最初是由耶稣和圣保罗创建的，此后吸引了越来越多的信徒。不过，这一新宗教只是在3世纪的混乱时期才广为传播，在4世纪道
德败坏的时期才在罗马帝国取得了胜利。在其卑微的开端，没有 269
人能预见到基督教会在380年被定为罗马帝国独一无二的宗教。

拿撒勒的耶稣；其背景

拿撒勒的耶稣出生于基督教纪元伊始前后某一时期(但并不确指“一年”——我们纪年体系上的这一错误是由6世纪的一位僧侣造成的)。在耶稣长大成人之际，犹太正处在罗马的君临统治之下。该地区到处弥漫着一种宗教狂热和政治不满情绪。一些人，尤其是法利赛人，一心想保存犹太律法，盼望出现一场可以把

犹太人从罗马统治下解救出来的政治弥赛亚。那些在政治方面寻求希望的人中最激进的是“吉拉德人”,他们希望以武力推翻罗马人的统治。另一些团体则对政治根本不感兴趣。他们中间最典型的是苦修派信徒(“艾塞尼人”),后者希望通过禁欲、忏悔和与上帝的神秘结合获得性灵方面的解脱。耶稣的传教活动显然与这一和平倾向更为接近。

倘若认为耶稣的经历是真实可信的事件,那么重要的是要认识到,仅存的资料来源是《新约圣经》的前四卷,即四福音书,其中最早的一部(《马可福音》)是在耶稣死后大约 30 年后写成的。毋庸置疑,四福音书到处都是不实之词和传闻,这部分是因为它们并非对亲见所闻的记述,更主要的是因为它们的本意根本就不是要作极其准确的报导,而是打算宣扬超自然的信念。福音书所记载的任何事实从历史意义上讲都或多或少是不真实的;在记住这一点的同时,据我们目前所知,在大约 30 岁时,耶稣被一位主张道德改革的传道者施洗者约翰称颂为一位比他还伟大得多的人,“我给他解鞋带也不配”(《约翰福音》1 : 27)。在此后大约三年时间里,耶稣不停地进行传道活动,为病人治病,“驱走恶魔”,并用箴言、寓言和他自己的例子教导人们要谦恭。

耶稣的训导

耶稣深信自己负有把人类从罪恶中拯救出来的使命,他指斥贪婪和放荡行为,敦促人们热爱上帝和邻居。此外,看来合乎情理的是,他教导人们如下数点:(1)上帝是天上的父,人们是兄弟;(2)金科玉律(“欲施诸己者必施诸人”);(3)宽恕并且爱自己的仇敌;(4)以善报恶;(5)力避虚伪;(6)反对把仪式视为宗教的要素;(7)世界末日即将来临;以及(8)复活与建立天国。

在涉及耶稣之死一事时,福音书中的记述尤其引起争论,因为
270 这一记述的种种方面(既可能是真实的,也可能是不真实的)导致

后来基督徒对犹太人进行迫害。据它们的说法，当耶稣开始在犹太主要城市和宗教中心耶路撒冷传教时，由于他蔑视他们的礼仪和规范，该城的宗教领袖很快就采取了敌对态度。为了让这一制造麻烦者不再为害，他们逮捕了耶稣，把他带到耶路撒冷的最高法庭，指控他亵渎上帝，自立为"犹太人的王"，"定他该死的罪"，并把他移交给罗马总督彼拉多，由他判处耶稣死刑并把他处死。一些学者坚称，有关耶稣被处死前这些情况的记述是假托之事，意在把杀害耶稣的责任由罗马人转嫁到犹太人身上。其他学者则认为上述记述基本上是正确的。我们在此所能说的只是：不管是谁逮捕、惩罚并处死耶稣，耶稣确实是在受尽折磨后死在耶路撒冷郊外的十字架上的。

耶稣被钉死在十字架上这一事件，肯定是基督教历史上的一个决定性时刻。耶稣之死起初被其追随者视为他们希望的破灭。不过几天之后他们的绝望情绪就消逝了，到处都在传说他们的主依然活着，他的一些忠实的门徒亲眼看到了他。信徒们很快纷纷相信，耶稣不仅复活于世，而且此后在世上行走了 40 天，是位真正的神祇。因此他们恢复了勇气，分散开来"往普天下去，传福音给万民听"，为其殉难的领袖作证。不久，相信耶稣具有神性并已复活成了成千上万人心目中的信条：耶稣是"基督"（希腊语原意为"涂过油的人"，转意为"救世主"），是圣灵之子，受上帝派遣到人间来为人类的罪孽受难并为替人类赎罪而死；他被置于坟墓里三天后从死里复活，被带到了天上；当世界末日来临时，他将再临人间充当世人的审判者。

耶稣的一些继承人把基督教发扬光大，并赋予它一种更为精密的神学理论。这些人中首屈一指的是使徒保罗（公元 10？—公元 67 年？）。保罗本名塔苏斯的扫罗，他并不是巴勒斯坦本地人，而是一名出生在小亚细亚东南部塔苏斯城的犹太人。最初他曾迫害过基督徒,后来皈依基督教,把其无尽的精力都用在在近东各地传播该教上。对于他的活动的作用,我们加以多高的赞美几乎都不会过分。他不认为耶稣只是作为犹太人的救世主来到世上的,宣称基督教乃是普救世人的宗教。此外,他着重强调耶稣是基督即涂过圣油的神人,他死于十字架上,是为了赎救人类的罪孽。保罗不仅反对把摩西律法(即犹太人的宗教仪式)放在宗教中的首要地位,而且宣称它们丝毫无助于灵魂的得救。人类生来就有罪,他们只有通过信仰,通过上帝的恩典"经由基督耶稣的降生救世",方可得救。与此相应,在保

圣保罗像(镶嵌画)。早期基督教艺术结束了关注现实世界的古典艺术。画中人物姿态不自然,变得精神化起来。

271 罗看来,人类未来的命运几乎完全仰赖上帝的意旨;因为,"窑匠难道没有权柄,从一团泥里拿一块作成珍贵的器皿,又拿一块作成卑

贱的器皿吗”(《新约·罗马人书》9:21)?上帝“要怜悯谁就怜悯谁;要叫谁刚硬,就叫谁刚硬”(同上,9:18)。

教会组织的开端

如果说耶稣宣称主的王国马上就要降临,那么保罗则为这一通过基督和教会牧师实现个人得救的宗教奠定了基础;这样说虽不无简单化之嫌,但看来大体上是合乎实际的。因而,在保罗之后,基督教既发展了礼仪或圣餐礼,使教徒更加接近基督,同时又形成了负责管理圣事的一种长老组织。基督教宣称管理圣事的长老被赋予了超自然权力,这样基督教以前的大多数宗教中已经存在的神职人员与俗人之间的差别逐渐变得愈发明显。这在后来将成为西方“教会”与“国家”之间产生争论和分歧的根基。与此同时,基督教强调借助于牧师祭司来世得救,对于它大大发展并最终繁荣起来不无裨益。

基督之后最初三百年间,基督教虽有了稳步发展,但只是到了公元3世纪,基督教才真正兴盛起来。要对这一点有清楚的了解,我们必须想到,公元3世纪在罗马历史上是一个“忧虑的世纪”。在政局极度动荡、经济状况非常困难的时期,人们开始把尘世生活视为虚幻,同时寄希望于来世,是完全可以理解的。人类和物质世界愈来愈被视为恶或者根本上就是不真实的。正如当时主要的哲学家、新柏拉图派的普洛提努斯所写到的那样:“一觉醒来,不禁会问:我何以变成了一个人……由于何样堕落行为才发生了这种事?”他创造了一整套哲学体系来回答这一问题,但这一体系由于过于深奥而对大多数人没有多大意义。反过来,一些强调精神力量在本世中的主导作用及来世得救的绝对突出地位的宗教却前所未有地站稳了脚跟。

基督教起初只是这几种宗教中的一种,其他还有密特拉教和埃及的伊西斯和萨拉皮斯崇拜。因而人们自然而然地会问:为什么基督教在3世纪能够击败其他教派而吸引众多的信徒呢？对这一问题可以有多种多样的回答。最简单但又并非不重要的一个回答是，尽管基督教从旧有的宗教——尤其是犹太教——中汲取了不少营养，但它是一种全新的宗教，因而具有那些已经存在几百年的救世论宗教所缺乏的物力论观念。基督教的物力论还因其苛严的排外性而得以强化。到基督教产生为止，人们对待宗教就像今人对待保险政策那样，多多益善，来者不拒，以获得更多的安全感。
272 基督教不准信奉其他宗教，要求信徒只崇拜基督教的上帝；对于那些正不遗余力地寻求绝对神祇的人而言，这种新宗教最具吸引力。与此类似，在互相对立的各宗教中，唯有基督教拥有一个无所不包的理论来解释人世间的恶，把它视为恶支配的魔鬼之所为。基督教传教士们通过许多著名的神迹成功地向人们着重指出了这一新信仰战胜恶魔的能力，从而吸引人们入教。

基督教获胜的其他原因

虽然基督教的新奇性、排他性和有关恶的说法是基督教获得成功的重要原因，但是，这种宗教最为引人之处或许在于其他三个特征：它的灵魂得救观念，它的社会特征，以及它的组织结构。驱除恶魔说或许可以使尘世生活变得更易忍受，但罗马帝国晚期的人们最为关心的是来世得救问题。固然，与基督教抗争的其他宗教也对来世作了承诺，但唯有基督教关于这一问题的信条产生了最为深远的影响。基督教传道者警告人们，不信奉该教的人在来世将罹受永恒之火的煎熬，其信徒则可得享永恒的福祉，可以想象，在一个恐怖的时代，基督教的这一教义赢得了众多信徒。由于基督教从一开始就是卑贱者——木匠、渔夫和造棚匠——的宗教，允诺把地位低的人擢升到高处，因而，它把各个阶层的人都吸收为教徒。随着基督教的发展，一些富人成了宗教的资助人，但其中坚力量依然是占罗马帝国总人口绝大多数的社会中下阶层。此外，虽然基督教禁止妇女担任牧师或讨论信仰问题，同时，如下文所述，对妇女持诸多敌视态度，但它至少赋予妇女参与祭祀的权利，而且妇女同样有希望获救。就此而论，基督教相对于完全把妇女排斥在外的密特拉教明显占有优势。除上述各因素外，基督教取得胜利的最后一个原因，是它的组织结构。基督于有别于敌对的神秘宗教的另外一个重要方面，是它在 3 世纪时已建立了一个组织良好的僧侣等级体制，由它负责指导人们的信教活动。此外，基督教各教团是一个联系紧密的共同体，它们向其教徒提供的服务——诸如照看病人、帮助不受保护者及举行葬礼等——越出了严格的宗教范畴。那些成为基督徒的人感受到人与人之间的关心、联系并具有一种使命感，而他们周围的其他一切看来都处在消亡过程中。

罗马对基督徒的迫害较轻

基督教徒从来就没有像过去人们习惯认为的那样受到过罗马政府的残酷迫害。罗马政府对基督徒通常持漠不关心的态度：基督徒通常都会受到宽容对待，只有当他们拒不崇拜官方的国家神祇时，一些地方官员才决定压制他们。后来罗马政府采取了较为统一的迫害政策，但这些举止时断时续且为时不长，形不成致命的伤害：反过来，迫害在某种程度上

母与子，据认为是玛利亚和婴儿时的耶稣。壁画，作于公元 3 世纪。

有助于基督教的传播。就此而言,殉道者的鲜血实际上是基督教
273 会的种子,并没有白流。基督徒受到的最后一次大迫害发生在戴克里先统治末期,其后几位直接继承人,尤其是基督教凶恶的敌人伽勒里乌斯,沿袭了这一政策。但是此时基督教已经非常强大,用迫害措施无法把它消灭;实际上,公元 311 年伽勒里乌斯在辞世之前颁布了宽容敕令,最终承认了这一事实。此后,基督教在罗马帝国得到的不是迫害,而是支持。

基督教的胜利

罗马帝国承认基督教首始于君士坦丁大帝,完成于狄奥多西。君士坦丁尚未把基督教定为罗马帝国的官方宗教,不过他确实在扶掖基督教。他这样做,可能既因为他把皈依基督教(公元 312 年左右)与自己政治统治的上升联系在一起,又因为他希望基督教能够把一个道德严重败坏、教派林立的帝国从精神上重新统一起来。他的一些继承人是在基督教的熏陶下长大成人的,为此他们下令残酷迫害异教徒,其程度比信奉异教的皇帝迫害基督徒有过之而无不及。然而,仅仅依靠官方的支持基督教或许就可以取得胜利,因为野心勃勃的行政官员通常迅速接纳了其统治者信奉的宗教。同样,一旦得到国家支持,普通群众也易于皈依该宗教,因为,虽然 4 世纪时政局比 3 世纪有所稳定,但帝国重构的重负主要压在下层人民身上,致使他们像在前一个世纪时那样不遗余力地寻求来世得救。也有
274 许多人仅仅唯当局马首是瞻,从而皈依基督教。君士坦丁皈依基督教时,基督徒可能占帝国总人口的不到五分之一①;在国家的扶持下,基督徒迅速在总人口中占了压倒性多数。当提奥多西大帝于 380 年颁布敕令要求帝国所有臣民都要信奉基督教时,苟延残

---

① 据 1992 年版《西方文明史》第 206 页:300 年左右,基督徒约占帝国总人口的 1%到 5%。——译者

喘的异教很快就被消灭殆尽，只在帝国范围内最偏远的乡村有个别例外。

三、基督教的新轮廓

一旦这种新型信仰在罗马帝国范围内占据主导地位，基督教就在思想、组织机构和行为方式方面发生了一些重要变化。所有这些变化都与早期的发展趋势有关。基督教在罗马的得势，大大加速了某些趋势，同时也改变了其他趋势的进行。其结果就是，与遭到戴克里先、伽勒里乌斯迫害时的情况相比，4 世纪晚期的基督教具有迥然不同的特点。

教义之争

基督教获胜的一个后果，就是围绕着教义问题展开了激烈的争论。这些争论给教会造成了巨大混乱，但结果磨炼出后来为人们普遍接受的信条和教规。在君士坦丁大帝皈依基督教之前，基督徒之间围绕着教义问题自然也有不同意见，但由于此时基督教尚为一个少数派宗教，它必须设法抑制内部的纷争，以便同心协力应对充满敌意的外部力量。然而，一旦它在罗马取得主导地位，基督教这一新宗教内部的冲突就越演越烈。其所以出现这种情况，部分上是因为基督教内部知识理性与情感两种倾向之间一直关系紧张，基督教获胜后这种纷争就完全公开化了；部分上还因为帝国的各个不同地区试图通过偏重不同的神学准则来保存它们各自的特征。

阿利乌派与阿塔纳修派间的分裂

最早的激烈的争论，是阿利乌派与阿塔纳修派围绕着三位一体的本性问题进行的争论。阿利乌派（Arians）——请注意：不要把它与“雅利安人”（Aryans）一词混淆起来，是一位名叫阿利乌的基督教长老的追随者，属于较为重知识理性的

一派。在希腊哲学的影响下,他们否认基督等同于上帝的看法,反过来坚持认为,圣子是圣父创造出来的,因而不可能与圣父永远并
275 存,也不可能是用与后者一样的本质构成的。圣阿塔纳修的追随者则对凡人的逻辑推理不感兴趣,认为虽然基督是圣子,但他同时也完完全全是上帝:圣父、圣子和圣灵三者是绝然相等的,由同样的本质构成。经过长时期的斗争,阿塔纳修派取得了胜利,其教规成为基督教三位一体教条,该教条至今依然流行。

在其后几百年间,继阿利乌派与阿塔纳修派之争之后,还有其他多种教义论争。他们争论的问题一般都太过深奥,此处无法详加记述,但争论的结果很有影响。其一,天主教信条逐渐固定下来。应当强调指出,这一过程非常缓慢,天主教的许多基本信条是在很晚以后才确定下来的。比如,有关弥撒的学说到 1215 年才正式颁行;圣母玛利亚纯洁受胎说在 1854 年才确定下来;圣母升天说到 1950 年才产生。不管怎样,天主教信仰开始形成一个非常明确的模式,这在基督教之前各宗教的历史上是毫无先例的。尤其是,这意味着任何人如果持与固定的程式化说法不同的信仰,就会被排除出社会之外,并被当作异端分子受到迫害。在此后基督教的发展史上,这种对教义整齐划一的关心,一方面增强了教会的凝固力,另一方面则削弱了教会的力量。

地区分离主义

教义之争的第二个后果是加剧了地区之间的敌视心理。4 世纪时基督徒之间的不和加大了东西部之间的分离倾向,同时帝国东部各地区之间的敌视心理加重了。造成罗马帝国出现地区分离主义倾向的原因多种多样,诸如经济原因和行政管理的原因;尽管如此,尽管地区分离主义是促成宗教分歧的部分原因,但是,围绕着教义问题进行的争论愈是激烈,愈是频繁,各地区之间敌视的程度愈是严重。

帝国政府卷入教派之争

最后,教义之争导致罗马帝国插手教会管理事务。就是那位把基督教作为统一帝国的一种力量予以支持的君士坦丁,他被迅速产生的阿利乌派争论深感不安,因而插手干预此事,于 325 年召开尼西亚宗教会议,谴责阿利乌。尼西亚会议是第一次基督
教会议。值得注意的是,这次会议的召集人和主持人都是罗马皇 276
帝君士坦丁。这就开世俗权力干预教会事务之先河。此后,尤其是在东部,世俗力量一直在干预教务。造成这一现象的原因主要有二。其一,宗教纷争在东部比在西部更为频繁,各个教派经常寻求皇帝的支持;其二,罗马帝国的统治重心一般来说往东部倾斜,同时 476 年以后西罗马地区不再有罗马皇帝。在各教派向东部地区的皇帝寻求支持之前,这些皇帝即已自行干预宗教之争,就像君士坦丁已经做过的那样,意在维持基督教的团结统一。这样做的结果,就是东罗马的皇帝具有很大的宗教权威,对宗教有很大控制权;而在原西罗马地区,国家与教会之间的关系却较为疏松。

牧师的组织结构

然而,甚至就在皇帝干预宗教事务之时,教会自身的内部结构变得愈加复杂,愈具有明晰的独特特征。如前所述,在圣保罗之后,牧师与俗人之间明显的区别,业已成为早期基督教的一个特征。其后一个发展,就是形成了各级牧师之间的教阶制度。早在基督教取得胜利之前,人们就已承认主教高于教士。基督教组织以城市为中心,在每一个重要城市设立一主教,他统领周围毗邻地区的所有教士。这种体制对于一个居主教地位的教派而言已经足够了;不过,随着基督教成为罗马国教及相应而来的基督徒人数的激增,再加上教会影响的扩大,主教们本身间等级的差别就显现出来了。在较大的城市里设有掌事机构的主教逐渐被称为“都主教”(即现今西方所说的大主教),他对整个行省的教士拥有管辖权。4 世纪时

出现了一种级别比大主教还高的牧首(宗主教),他们是指管辖那些最古老、最庞大的基督教社团——比如罗马城、耶路撒冷城、君士坦丁堡、安条克和亚历山大城及其周围地区——的主教。因此,到公元400年,基督教教职人员包括宗主教、都主教、主教和牧师在内,形成了一种确定的教阶制度。

教皇制的产生

所有这种发展——有许多仍要在将来才形成——的顶峰,是罗马主教的首要地位的出现,换言之,就是教皇制的产生。由于一些原因,罗马的宗主教的地位高于教会内的其他宗主教。他统辖的这个城市是使徒彼得和保罗传教的场所,因而备受虔诚的信徒们的尊崇。传统上普遍认为正是彼得创立了罗马主教区,因而他的所有继承者同时也承袭了他的权威和声望。此外有一种说法:基督特别任命彼得为他在人间的代理人,“我还告诉你:你是彼得,我要把我的教会建造在这磐石上,阴间的权柄不能胜过他。我要把天国的钥匙给你,凡你在地上所捆绑的,在天上也要捆绑;凡你在地上释放的,在天上也要释放”(《马太福音》16∶18—19),授予他惩
277 罚有罪之人及赦免他们罪过的权力。这一说法进一步加强了上述传说。这一理论被称为彼得首位论,后来罗马教皇一直以它为依据宣称他们有权统治整个基督教会。罗马主教还拥有一个有利条件,即在帝国首都迁至君士坦丁堡之后,在西方很少有任何一个皇帝能够实行有效的统治。最后,在445年,皇帝瓦伦提尼安三世颁布敕令,要求西部地区所有的主教都要服从教皇的管辖。然而,无论如何不能认为此时教会已经处于君主制形式的政治体制管辖之下。罗马帝国东部的宗主教把罗马教皇要求绝对服从他的极端要求视为十足的厚颜无耻之举,同时,就连西部的许多主教在一段时期内也仍不承认教皇的权威。教皇制在早期软弱无力的最明显的例子,就是教皇甚至没有出席前八次主教会

议(325 年至 869 年),虽然在后来的所有主教会议中他们都是召集人和主持人。

教会管理理性化的后果

教会组织机构的发展对于基督教在 4 世纪征服罗马、在后来满足信徒们的需求起了不小作用。在 5 世纪罗马帝国衰微并最终崩溃之后,主教管理机构的存在影响尤其巨大。由于每一座城市都有一位受过某种制度的管理技能训练的主教,因而西方的基督教会承担起政府的许多职责,在日益加剧的混乱中协助维持了秩序。但是,这种新的对管理机构的强调,不可避免地产生了副作用:在教会发展自己的理性化的管理机构时,它不可避免地变得较为世俗,同时在精神上也远离了耶稣和使徒们倡导的简单信仰。

隐修生活方式的兴起

隐修生活方式的传播是人们对这一倾向作出了最明显的反应。现在我们习惯于把隐修士视为一些共同生活在一起、旨在全身心地投入沉思冥想和祈祷的教士。然而,隐修士刚一开始时并不是教士,而是俗人,是些几乎一无例外地独居、无所不用其极地摧残自己而不是过着超凡脱俗的有条理生活的俗人。隐修制初兴于 3 世纪,反映了那一时代人们的焦虑不安;但只是到了 4 世纪,它才成为基督教内部居主导地位的运动。促成这一情况的明显因素有二。其一,选择极端禁欲主义的生活是作为殉教的替代。随着君士坦丁皈依基督教和放弃对基督徒的迫害,通过殉教来赢得在天国的荣誉的途径大都已被堵塞。但是,仍有不少人希望通过自贬或自我折磨来证明其宗教热情。其二,在 4 世纪发展历程中,教
士们对世俗事务越来越关心。那些希望避开世俗诱惑的人就逃到 278
沙漠和丛林中,去过一种正被教士和主教遗忘的苦行生活。(只是后来在中世纪时,隐修道士才成为教士。)通过这种方式,甚至就在

基督教使自身适应实际需要之时,隐修生活方式满足了极端苦行主义者的癖好。

隐修苦行的极端行为

隐修生活首先产生于东部。在君士坦丁皈依基督教之后大约一百年间,这种生活方式发疯似地迅速传播开来。埃及和叙利亚隐居的修士们竞相采取最为残酷、最令自己耻辱的自虐行为。有些人模仿牛的样子在田中吃草,有些把自己圈在小笼子里,还有一些人把重物挂在自己的脖子上。一位名叫西利亚库斯的隐修士像鹤那样单足站立好几个小时,直至实在无法坚持为止。这些隐修苦行者中最极端的一位是圣西米恩·斯泰莱特,他建了一个高 60 英尺的柱子,在柱顶上呆了 37 年,进行自我惩罚的运动,诸如用头连续触脚 1,244 下;柱子下面围了许多人,他们对"从他身上落下的虫子"也顶礼膜拜。

安条克圣餐杯(制作于公元 4 世纪)。
它是现存最早的基督教圣餐杯。

圣巴西尔的集体隐修制

随着时间的推移,这种苦行狂潮终于消退了。人们转而认识到,隐士们生活在一起且不再专注于自虐行为,隐修制度就可变得更为持久。在东方这种集体隐修制度的最为成功的设计者是圣巴西尔(330? —379 年)。巴西尔本为一位隐士和极端苦行主义者,以此开始其隐修生涯,但后来他逐渐倾向于过更为温和的集体隐修生活方式。巴西尔在致修道士们的书信中所表述的这一观点,奠定了迄至今日东方隐修制度的基础。他反对极端的自虐行为,而支持他们通过有益的
劳动自律。虽然从现代标准看他的说教仍然十分严厉,但他禁止 279
修道士过长时间地禁食或摧残自己的肉体。反过来他敦促他们甘于贫困和卑微,每天用很长时间进行宗教沉思冥想。随着圣巴西尔学说的胜利,东部地区的隐修制度变得更有组织、更为克制。不过即便如此,巴西尔式修道士仍宁愿生活在尽量远离"尘世"的地方,从未能像欧洲西部的修道士那样对外部世界具有文明开化之功。

在罗马帝国西部,隐修生活的传播起初并不像东部那样迅速,因为西方对苦行的呼吁不像东方那样强烈。只是在6世纪圣本尼狄克(480? —547年?)制定了其著名的拉丁会规之后,这种情况才有所改变。本尼狄克的会规最终成为西方近乎所有修士的准则。新近研究表明,本尼狄克在其会规中抄录了更早的拉丁文本《主的会规》的许多内容,但他的会规仍以简洁、变通和温和著称。本尼狄克的会规向修道士提出了与圣巴西尔类似的要求:安于贫困,服从,勤于劳动和献身宗教。不过与巴西尔相比,本尼狄克并不那么要求苦行:修道士可以有简单的但足够的饭食、衣物,有足够的睡眠;虽然只有生病者才可享用肉肴,但他们甚至可以喝点葡萄酒。修道院院长具有绝对的权威,可以鞭打违反会规的修道士;不过本尼狄克敦促修道院院长尽量做到"让人爱而不是让人恨",并要求他们在做出决定之前应征求众人意见,"因为主经常问年轻人什么是最好的"。由于这些原因,本尼狄克式修道院成了一个富有宗教气息的家园而不是一所专门惩罚人的学校。

本尼狄克修会的重要性:(1)传教活动;(2)对体力劳动的态度

在下文中我们将继续介绍本尼狄克修会(本笃会)的情况,不过在此我们仍要预先指出它对西方文明发展的一些至为巨大的贡献。其中之一就是该会修士从很早时期起就承担起传教工作:他们是英格兰和后来德意志大部分地区皈依基督教的主要功臣。这种传教活动,不仅有助于传播基督教信仰,而且起了缔造西欧文化统一感的作用。它的另一个积极贡献,就是本笃会修士对待劳动的态度。如果说古代哲学家和贵族的最高目标是拥有足够的空闲时间进行不间断的沉思冥想,那么圣本尼狄克则要求其信徒忙个不停,因为他认为"懒惰是心灵的敌人"。是故他要求他们利用一定的时间从事体力劳动,这种规定或许会让更早时期的思想家目瞪口呆。与此相连,早期本笃会修士本人勤奋劳作,并把劳动高贵的思想传播给其他人。在本笃会的支持下,劳动高贵的思想将成为西方文化最独特的特征之一。我们从有关记载中看到,本笃会修士心情愉悦地给牛挤奶、打谷、犁地和打铁:这样做既
280 增加了所在修道院的财富,又为别人作出了好榜样。在农作、后来是地产管理方面,本尼狄克修道院做得尤其成功。因而,他们往往帮助提高了西欧经济的发展水平,有时甚至为正在产生的西欧各国提供了可资利用的财富。

(3)保存古典文化;卡西奥多鲁斯

一个更为人熟知的事实是,在识文断字和学问在世俗世界已为人们完全忘却之际,本尼狄克修道院成了文化孤岛。圣本尼狄克本人并不推崇古典文化。截然相反,他希望修士们只服侍基督。——而不是文学或哲学。不过他确实认定修士应有较高的阅读能力,足以念其祈祷文。这就意味着必须在修道院进行某些教学活动,因为在修道院之外已无

教人识字的学校了;同时,这些男孩往往一出世就被送到修道院里来,即便外界有学校,也无缘去那里学习。一旦有了教学活动,修道院里也就起码有了一些书写工具和书籍。这就解释了为什么本尼笃会修士总是具有一定的识文断字能力,却无法说明为什么一些修士全身心地投入保存古典文化上。后一种情况的出现,主要归功于一位名叫卡西奥多鲁斯(477 年? —570 年?)的修道院思想家。在圣奥古斯丁(下文将详细介绍他的情况)的鼓舞下,卡西奥多鲁斯深信,对古典文化有些基本了解,对于正确地理解《圣经》是必不可少的;这就为修士研习古典作品找到了根据。此外,卡西奥多鲁斯认识到,抄写手稿本身就是“体力劳动”(mannel labor,该词本义即用手劳作),对于修道士来说,这种劳动甚至比田间繁重劳动还要合适。随着本笃会修士开始附合这些观点,该会修道院也就成了学术和手稿誊写的中心,在几百年间没有任何一个机构可与之匹敌。如果不是经由本笃会修士在中世纪早期的誊抄和保 281
存,没有一部古典拉丁文学作品,包括卡图鲁斯和奥维德等人的所谓“有伤风化”之作,流传后世,直至今日仍为人们阅读。

基督教对妇女的否定态度

然而,妇女的淫欲之爱并非本笃会的偏爱之物。现在我们再回过头来继续谈原先的话题——4 世纪期间基督教组织机构和思想态度的变化——上来。最后一个重大趋势是对妇女所持否定态度的发展。与其他大多数宗教相比,基督教对妇女较为赞赏。在上帝看来,女性灵魂与男性灵魂是等同的,人性的本性使之注定只有在两性中才是完备的。圣保罗甚至走得更远,他认为“受洗归入基督的”,“不分犹太人、希利尼人、自主的、为奴的,或男或女”,“在基督耶稣里都成为一了”(《加拉太书》3∶27—28),即言妇女完全可以与男人同样得救,两性在精神上是平等的。但是自其初始时代开始,基督徒就和同时代人持有相同的观念,认为妇女在日常生活和婚姻中应严格地从属于男性。不仅早期基督徒像古代世界所有那些男性优越论者一样认为妇女应当被排除在领导阶层或决策阶层之外，也就是说"妇女在会中要闭口不言，……因为不准他们说话。他们总要顺服……妇女在会中说话原是可耻的"(《哥林多前书》，14：34—35)，同时不能充当牧师，而且，基督徒比其同时代人还多了一点，认为妇女比男人更易"耽于肉欲"，因而"作妻子的，当顺服自己的丈夫"，就像骨、肉从属于灵魂一样(《以弗所书》5：22—33)。

公元3、4世纪，随着苦行运动的发展，人们越来越明确地把妇女诋毁为具有危险性的"肉欲"动物。由于苦行主义的核心是禁欲，因而，至善至美的男子就要不近女色。修道士当然是最不近女色的。他们躲避到沙漠、森林去的主要原因就在这里。罗马帝国东部的一位苦行者在举行婚礼期间突然想到要禁欲守住童贞，就跑出去到了隐士小屋，连房门都堵了起来。另一位修士不得不背自己年迈的母亲过一条小路，他就把她严严密密地包起来，以为这样自己就不会起"火"，就不会想到任何别的妇女。伴随着这种毫不妥协而来的，就是禁欲规定扩而适用于整个教士。牧师最初本是可以结婚的，就连个别使徒看来也有妻室(《哥林多前书》9：5："难道我们没有权柄娶信主的姐妹为妻，带着一同往来，仿佛其余的使徒和主的弟兄，并矶法一样吗？"〔保罗语〕)。但是就在整个4世纪期间，牧师在担任圣职之后不得结婚的教义传播开来；如果此前他们已经成婚，此后决不能与妻子同房。

对婚姻的态度

一旦童贞被认定为最高标准，那么婚姻只能退居其次了。圣哲罗姆认为，童贞是小麦，结婚是大麦，通奸是牛粪：既然人不能吃牛粪，那么他允许他们食用大麦。这是对前述观点所作的最为通俗的解释。哲罗姆
282 认为，成婚的主要目的，是避免男人"欲火中烧"而"上火"，以及繁

衍后代。(圣哲罗姆之所以如此不遗余力地称颂婚姻,主要是因为它能给世上带来更多的贞女童男!)就这样,基督教进一步强化了古已有之的观点,即妇女在世间的主要职司是充当母亲。它还告诫男男女女芸芸众生,即便在夫妻交合中也不能寻求快感,交合的目的只有一个,即繁衍后代。“女人若常存信心、爱心,又圣洁自守,就必在生产上得救”(《提摩太前书》2:15)。由于妇女不能出任牧师,只有很少一部分人才能成为修女(在近代以前,女修道院被视为一种花费甚巨的奢侈品),因而妇女所能指望的几乎只有成为贤妻良母。作为妻子,她们不要指望有自己的职业,也不要奢望受到教育或识文断字。因此,尽管妇女也完全有希望得救,但在世间日常事务中她们被认为比男子低一等,这一状况一直延续到近代。

四、日耳曼人的入侵与西罗马帝国的灭亡

日耳曼蛮族部落的胜利

就在基督教从内部征服罗马帝国的同时,日耳曼蛮族部落正从外部威胁着罗马帝国。早在3世纪,日耳曼就已经差一点就使罗马称臣。自戴克里先时期到提奥多西大帝登基之前,日耳曼人被挡在帝国疆界之外。但自提奥多西时代开始,他们就击垮了西罗马帝国的防御,呈破竹之势扩展势力,终致在5世纪后期征服了整个罗马帝国的西半部。在这些一度由恺撒、奥古斯都加以统治的地区,日耳曼人实现了一种新型的统治,建立了自己的王国。

日耳曼人的特征

过去人们习惯于认为日耳曼人凶猛残暴、横蛮无理,他们出于对文明的刻骨仇恨任性地毁灭了西罗马帝国。然而这种说法是一种曲解。罗马人由于日耳曼人不生活在城市中而视之为蛮族,但他们

的行为并不野蛮。相反,虽然他们更偏爱狩猎和放牧,但他们往往也从事定居农业,同时既善于加工各种各样的珠宝,同时还精于制造铁器、武器。从体质上看,他们与罗马人非常相像,以致连相互通婚也没有引起太多争论。日耳曼人讲的语言属于印欧语系,与拉丁语、希腊语均有关联。在他们开始最后征服罗马之前,日耳曼人与罗马人的长时期的交往对他们的文明化进程产生了决定性影响。沿着莱茵河和多瑙河一线与罗马帝国拥有共同的边界的日耳曼人与罗马人建立了稳定的贸易联系。甚至在两者刀兵相向时,罗马人也往往拉一些日耳曼部落联合打击别的日耳曼部落。此外,到 4 世纪时,日耳曼部落经常充当兵源枯竭的罗马帝国军队的辅助部队,有时还获准在帝国边境地区定居下来,
283 此处的罗马农民放弃了耕种田地的打算。最后,许多日耳曼部落在 4 世纪皈依了基督教,不过他们信奉的是异端阿利派的变体。所有这些交往都使得“蛮族”十分熟悉罗马文明并对它非常欣赏。

西哥特人和汪达尔人

日耳曼人开始其最后一击时,目的并不在于摧毁罗马,而在于得到更多更优质的土地。第一次重大进展出现于 378 年,该年新近迁居到多瑙河流域罗马境内的西哥特人(日耳曼人的一支)发动了起义,反抗罗马官员的不公正待遇,并在阿德里安堡战役中大败前来镇压的罗马军队。罗马皇帝提奥多西大帝非常明智地采取收买措施,与他们结为盟友,从而防止他们马上扩大成果。395 年提奥多西去世,他把帝国东西两部分分别交由两个儿子治理,但他俩远无乃父的治国才干,同时两部分均受到政治密谋的削弱。在其首领阿拉里克的率领下,西哥特人利用局势的动荡再次起事,在罗马帝国境内近乎任意驰骋,以求获得最好的土地和最多的粮食。410 年,西哥特人劫掠了罗马城——对当时人来

说，这无异于霹雳。随后，他们长驱直入南高卢。与此同时，406年12月，由汪达尔人率领的一个日耳曼部落联盟越过冰封的莱茵河，并利用罗马人一心对付西哥特人之机，经高卢进入西班牙。不久之后，他们以西班牙为跳板横渡海峡进入非洲西北部；这一地区在当时是帝国全境最富裕的农业地区之一。汪达尔人以此为基地控制了地中海中部地区，甚至于455年从海上洗劫罗马。当时在位的西罗马帝国皇帝是位孩子，纯属无能之辈，被人嘲讽地称为"小奥古斯都"（奥古斯图卢斯）。公元476年，日耳曼部落联盟的一位首领不费吹灰之力就废黜了他。因此，476年传统上被视为西罗马帝国灭亡的时间。不过我们应当记住，在君士坦丁堡仍有一位皇帝，他仍声称自己对西部地区享有统治权。

日耳曼人成功的原因

研究日耳曼人侵这段历史的学者通常都会提出这样两个问题：何以日耳曼人能够轻而易举地取得胜利？他们何以特别在西部地区而不是在东部地区取得成功？日耳曼人军队的数量并不多：西哥特人在取得阿德里安堡战役胜利之时，人数不会超过1万人；包括妇女儿童在内，汪达尔人"游牧部落"总共8万人，与美国中等规模的郊区人口相当。鉴于军队人数如此之少，而日耳曼人取得胜利之轻松，人们就更为震惊了。但是，罗马军队本身由于罗马人口下降，再加上其他行业尤其是新形成的官僚机构需要大批人力，兵源枯竭。此外，日耳曼军队经常靠罗马军队不出阵而取胜，因为
罗马人对保卫自己不再热心了。在日耳曼的扩展过程上，阿德里 284
安堡战役是为数不多的一次激战。人们很少怀着恐怖心情看待日耳曼人，许多日耳曼士兵在罗马军队中得到擢升，甚至被擢升为高级将领；同时，发端于戴克里先的专制体制在罗马人看来不值得为之战斗了。

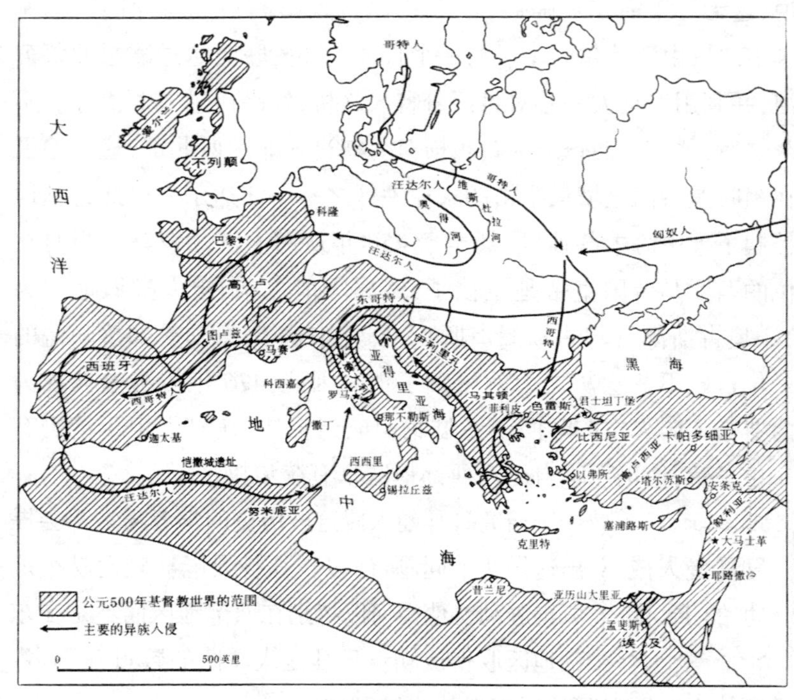

公元500年的基督教世界和异族入侵

东罗马帝国何以长存 西罗马帝国却土崩瓦解

至于第二个问题，即日耳曼人何以在西部最为顺利问题，原因较为复杂，有些是由于当时主事的人和所犯的错误，另一些则与地理因素相关。但是东罗马帝国得以长存、西罗马帝国却土崩瓦解的首要原因仅仅在于东部比西部更为富有。到了5世纪，西罗马帝国的多数城市都已衰落，人口数量和空间范围都已缩减为以前规模的很小一
285 部分，同时往往与形同虚设的行政中心或防御中心无异。西部的经济日趋变为严格意义上的农业经济，所产粮食等仅能养活种田的农民及让富有领主过上奢侈的生活。与此不同，在东部地区，诸

如君士坦丁堡、安条克、亚历山大等城市，工商业发达，仍然充满活力。由于东罗马帝国政府靠税收积聚了较多财富，因而中央政府实力也较为强大。此外，它仍有能力用贡款收买蛮族部落，而到后来，这一手段采用得更加频繁。就这样，在罗马城在泥淖中艰难挣扎并最终陷落之际，君士坦丁堡依然可以应付裕如。

日耳曼人入侵的后果

日耳曼人的征服在西部并未产生翻天覆地的后果。与罗马人相比，日耳曼人的最大区别在于他们不住在城市里。然而，由于罗马城本身业已处于衰落过程中，因而日耳曼人的入侵仅仅加剧这一城市衰落过程。在农村，日耳曼人取代罗马地产主成为土地的主人时并未破坏原有的基本模式。进而言之，由于日耳曼人在总人口中所占比例从未大过，他们据有的通常不过是一部分罗马土地而已。日耳曼人还试图利用现成的罗马管理机构为自己服务，但随着财富的消失和人们不再具有识文断字的能力，这些机构逐渐衰微。因而，日耳曼人的唯一重大创新，是取代统一的西罗马帝国，建立了若干不同的部落王国。

观看500年左右的西欧地图，就可看出下述严重的政治分裂状况。5世纪中叶，属于日耳曼人的盎格鲁撒克逊人越过英吉利海峡，在不列颠岛上扩展其统治。在高卢北部，围绕着巴黎以及向东直到莱茵河，在诡计多端的将领克洛维的领导下，法兰克王国日渐发展。在法兰克人以南有西哥特人，他们统治着高卢南半部和西班牙大部分地区。西哥特人以南是汪达尔人，他们控制着以前由罗马人管辖的非洲西北部全部地区。在意大利各地，与西哥特人有亲缘关系的东哥特人在其杰出的国王狄奥多里克的统治下，占据了主导地位。在这些日耳曼王国中，法兰克王国是最有发展前途的一个(关于这一点，下一章将专门论述)，此时看来最强大的却是东哥特人建立的王国。

493年至526年统治意大利的东哥特人国王狄奥多里克非常钦羡罗马文明，并试图尽其全力保存这一文明。他奖掖农业和商业，修复公共建筑物和道路，庇护学术，实行宗教宽容政策。总之，他实行的是一种比意大利从前的大多数皇帝都要开明得多的统治。但由于他和那些为数不多的东哥特人是信奉阿利乌教派的基督徒，当地主教和当地居民却是天主教徒，因而，他的统治不论
286 多么宽容、温和，都受到敌视。君士坦丁堡的"罗马"皇帝也对他心存敌意，一方面因为狄奥多里克是阿利乌派，另一方面他们并未放弃重新征服意大利的念头。狄奥多里克死后不久，所有这些因素结合起来致使东哥特王国覆灭。实际上，除法兰克人建立的王国外，在欧洲大陆上没有一个蛮族王国能够长久存在下去。

五、西方基督教思想的形成

西方基督教思想的发展

西罗马帝国衰落灭亡这段时期，也是西方一些基督教思想家系统地阐述对尘世和上帝看法的时期。这些思想家的神学理论，对此后大约八百年间西方思想的发展将起指导作用。政治衰落与神学思想的发展同时产生并非偶然。随着西罗马帝国衰落并为蛮族王国取而代之，对有思想的基督教而言看来比以往更为清楚的是，古典文化必须重新进行审视，上帝只是把尘世视为一个临时性的试验场。与此相连，这些推论的结果就是迫切需要回答的问题。在约380年至525年之间，西方基督教思想家们对上述问题作出了回答，他们的成就彼此密切相关。这些人中最出类拔萃的当属圣奥古斯丁，但其他一些人也产生了巨大影响。

圣哲罗姆

生活于同一时代且互相熟悉、互有影响的三位人物——圣哲罗姆(约340—420年)、圣安布罗西(约340—397年)和圣奥古斯丁(354—430年)——被公认为西方拉丁教会中四位最伟大的"教父"中的三位;另一位是圣格利高里,他生活的年代较晚,下一章我们将专门谈到他。圣哲罗姆最大的一个贡献就是把《圣经》由希伯来文、希腊文译成了拉丁文。他翻译的《圣经》被称为拉丁文圣经("通用"本),在其后很长时间里一直为罗马天主教会所使用。幸运的是,哲罗姆是那一时代最优秀的作家之一,他用一种富有活力的通俗散文,有时用优美的诗文翻译圣经。由于他翻译的拉丁文圣经是许多世纪中流传最广的作品,因而,他的作品对拉丁文学风格和思想产生了很大影响,其程度不亚于英格兰国王詹姆斯钦定本圣经对英国文学的影响。哲罗姆虽然是诸拉丁教父中独创性最少的思想家,但他通过自己引起争议却十分流畅的对当代观点的系统阐述,也对西方基督教的未来产生了影响。哲罗姆的学说中最重要的有以下几点:《圣经》中的许多部分不能按字面理解,而应从寓言的角度来看;如果使之完全彻底地从属于基督教目的,那么古典学问对基督徒是有裨益的;最完美的基督徒是严格的苦行者。与其最后一个思想相关,哲罗姆后来不遗余力地支持隐修制度。此外,他告诫妇女不要洗澡,这样她们就不会见到自己赤裸裸的样子。

圣安布罗斯

圣哲罗姆主要是一位学者;与他不同,圣安布罗斯对尘世生活十分关注。作为米兰大主教,安布罗斯是罗马帝国西部地区影响最大的教会高层人士,其影响甚至比教皇还大。出于对现实问题的关注,他撰写了一部伦理著作《论牧师的义务》。该书在书名和形式上都刻意模仿西塞罗的《论义务》一文,在内容上也与西塞罗的斯多噶派伦理观多有类似之处。不过安布罗斯在两个主要方面有别于西塞罗和大多数传统的古典思想家。其一,人类行为的始与末都应是尊崇并探求上帝,而不是只顾自己或出于调整社会的兴趣。其二,上帝之所以帮助这些基督徒而不帮助别的基督徒完全是出于天恩。这一观点是安布罗斯最具独创性的贡献,后来圣奥古斯丁进一步把它发扬光大。安布罗斯与屠杀无辜平民的狄奥多西大帝直接交锋,通过他的这一最有名的举动把其行为有端的观点付诸实施。他认为,狄奥多西的行为违反了神的戒律,必然要受到基督教会的惩戒。十分引人的是,这位大主教最终迫使这位具有至高无上地位的皇帝进行补赎。一位神职人员在道德问题上迫使罗马世俗权力臣服,这是有史以来第一次。故而,它成为教会所称在这一领域具有突出地位的象征,尤其是体现了西方教会日渐发展成型的自治
288 和道德优势感等观念,这些观念后来导致天主教会比东正教更加独立,对世俗生活的影响也更大。

圣奥古斯丁

四位拉丁教父中最出类拔萃的一位当属圣安布罗斯的门徒圣奥古斯丁,他也是基督教历史上影响最大的思想家。奥古斯丁对后来的中世纪思想产生了难以估量的影响;甚至在中世纪过后,他的神学理论对新教的形成也有深刻的影响;在 20 世纪,许多重要的基督教思想家都自称是新奥古斯丁主义者。奥古斯丁的基督教理论之所以如此细致详尽,可能正是因为他一出道就在寻求(search for)基督教的真谛。虽然他一出世就在名义上是基督

圣奥古斯丁

徒,但一直拖到33岁时才接受洗礼;他犹豫不决,从一个思想体系转到另一个思想体系,却未能找到任何一个在思想或精神上令人满足的体系。他对其他种种选择越来越持怀疑态度;在圣安布罗斯的学说的感召下,再加上他在《忏悔录》中生动描述过的一次神秘体验,奥古斯丁终于于387年完全接受了基督教。此后,他在教会中的地位上升很快;395年,他出任北非希波城主教。虽然他在该职位上极为忙碌,他仍抽出时间撰写了大量内容深刻、深奥难懂但具有影响力的论文,阐发了他对基督教思想和行动方面最根本的问题的坚定信念。

圣奥古斯丁的神学理论

圣奥古斯丁的神学理论围绕着人天生有罪和神无所不能原则进行。自亚当和夏娃在伊甸园里背叛上帝之时起,人类从根本上说一直有罪。奥古斯丁在其《忏悔录》一书中最为生动地描绘了人类的堕落:他和别的男孩一次如何被驱使去偷邻居果园中的梨,既不是因为他们饿了,也不是因为它们特别好吃,而是因为恶本身。[①] 上帝完全有理由把整个人类都打入地狱,但他没有这样做,而是慈悲为怀,有选择地拯救了一部分人。不过人们对上帝的这种选择最终是无能为力的:虽然他们有权决定行善还是作恶,但他们无法决定自己是否会得到拯救。只有永恒的主单个才能预定一部分人得救,预定其余的人进入地狱。换句话来,上帝预先确定了天堂中居民的人数。如果一些人认为这样看

---

① 此处原文如下:“我却愿意偷窃,而且真的做了,不是由于需要的胁迫,而是由于缺乏正义感,厌倦正义,恶贯满盈。因为我所偷的东西,我自己原是有的,而且更多更好。我也并不想享受所偷的东西,不过为了欣赏偷窃与罪恶。在我家葡萄园的附近有一株梨树,树上结的果实,形色香味并不可人。我们这一批年轻坏蛋在街上游戏,直到深夜;一次深夜,我们把树上的果子都摇下来,带着走了。我们带走了大批赃物,不是为了大嚼,而是拿去喂猪。”(卷二第四章)。见《忏悔录》中文本(周士良译,商务印书馆1963年7月版)第29—30页。——译者

起来不公平，那么奥古斯丁这样回答：首先，严格意义上的“公正”将会导致所有人陷入万劫不复之地；其次，上帝选择所依据的是一个为上帝无所不能所笼罩的奥秘——远非世人所能理解得了。

得救预定论教义

虽然在我们看来苛严的得救预定教条在日常事务中的后果是懒散和宿命论，但奥古斯丁及后来中世纪时期的基督徒决没有这样看。人类本身必须行善；他们要想被上帝“选中”，通常也应行善；既然没有一个人知道谁被选中，谁未被选中，那么每一个
289 人都应尽力行善，期盼自己在上帝的选民之列。在奥古斯丁看来，行善的核心指导原则在于“博爱”，这意味着过一种为主献身、热爱主和自己的邻居的生活。从相反的方面讲，人类应避免“贪婪”，或者因为一己私利而爱好俗世之物。换言之，奥古斯丁告诫人们在尘世上应像旅行者或“朝圣者”那样行事，把自己的目光远远投向天堂中的家园，不要受任何物质诱惑。

《上帝之城》

在其主要著作之一《上帝之城》中，奥古斯丁据此阐发了他对历史的理解。他在该书中辩称，自创世直到末日审判，整个人类过去是将来也会是由两个敌对的集团构成的，其中一个集团自私自爱，“按人的标准生活”，另一个集团“按上帝的标准”生活。前者属于“尘世之城”，将受到惩罚；而受到天佑的少数人构成“上帝之城”，在末日审判来临时将穿上永生不老的外衣。至于末日审判何时到来，奥古斯丁情绪激昂地争论道：谁都无法知道它来临的确切时间，不过，既然末日审判随时都可能来临，既然没有任何其他与人类相关世界性历史事件是预定好的，因此所有的人都应尽最大努力去过一种公正的生活，准备接受末日的审判。

奥古斯丁对学习古典文化的看法

圣奥古斯丁系统阐述了基督教神学体系的许多新的重要方面,不过他认为自己所做的不过是把《圣经》中已有的真理提取出来而已。确实,他坚信仅《圣经》本身就包含了人类值得了解的全部智慧。但他也认为,《圣经》的许多内容是用很含糊不清的方式表达出来的,因而,没有受过一定程度的文化教育,就不可能彻底了解《圣经》。正是出于这一认识,他有限地接受了古典学问。古代世界已经建立了一套以“文科”——即自由人为在尘世取得成功和知识进步而必须掌握的学科——为基础的一套教育体系。奥古斯丁主张享有特权的基督教徒可以学习这些学科的基本原理,但只能在有限的范围内进行,学习的目的也与过去不同,只能是一个:研读《圣经》。由于在他生活的时代依然有教授这些科目的世俗学校,因而奥古斯丁允许一名基督教上层人士到这类学校学习;后来,在这些学校逐渐消失后,取而代之的是隐修院和大教堂中附设的学校。因此,奥古斯丁的学说不仅为保存某些古典著作提供了理论根据,而且为教育活动得以在某种程度下延续下去奠定了基础。不过我们在此应修正一下前述观点:奥古斯丁只打算让上层人士接受文科教育;其他所有人受到点基督教信仰方面的教育即可。此外他还认为,如果一个人仅仅为了古典思想而研究古典思想,那么这远不如他对古典思想一无所知。他坚持认为,凡人真正的智慧是虔诚。

博提乌斯

奥古斯丁有许多信徒,其中最引人、最有影响的当推博提乌斯。博提乌斯生存年代大致为 480 年
至 524 年,是位罗马贵族。把博提乌斯当作圣奥古 290
斯丁的门徒,直到最近为止仍一直是一众说纷纭的问题,因为博提乌斯在他的一些作品中并未明确提到基督教。确实,由于博提乌斯毫无疑问地对古代哲学感兴趣,行文风格优美,几乎是西塞罗再

世,再加上他出身于罗马贵族家庭,因而人们习惯上把他称作"最后一位罗马人"。然而实际上他像奥古斯丁所要求的那样把古典学问用于为基督教目的服务,而他自己的说教也在根本上是奥古斯丁式的。

博提乌斯在文化方面的贡献

博提乌斯生活的时代比奥古斯丁晚一个世纪,这样他就远比奥古斯丁清楚地看到古代世界正在走向尽头。因此他认为自己的首要目标,就是通过一系列手册、翻译、评注尽可能多地保存古代最优秀的学问。他接受了当时把自由人应具备的学识划分为七科即语法、修辞、逻辑、算术、几何、天文和音乐的观点,并写过算术和音乐两科的手册。他进行这些概括意在表述基督徒应当了解的这些论题的所有基本内容。天假以年,博提乌斯或许就会写出类似的文章论述其他几门学科,而当他去世时他正一门心思地研究他痴爱的学科逻辑学。他把亚里士多德有关逻辑学的一些论文从希腊文译成了拉丁文,意在保存这一古典时代逻辑学的最优秀成果;他还把波尔斐利(另一位古代哲学家)的逻辑学入门著作译成了拉丁文。为了帮助初学者,他还亲自给这些书撰写评注。由于拉丁作家即使在罗马文化最繁荣昌盛的时期对逻辑学也从未感过兴趣,因而博提乌斯的译本和注解就成为连结希腊人与中世纪的一

博提乌斯。12 世纪艺术家把他构想为一位音乐家,因为他撰写过这方面的论文。

个纽带。博提乌斯协助赋予拉丁文以逻辑学词汇;当西方人于12世纪再次对逻辑学产生兴趣时,他们所依据的首先是博提乌斯。

《哲学的慰藉》

虽然博提乌斯倡导亚里士多德的逻辑学,但他的世界观是奥古斯丁式的而非亚里士多德式的。他的一些关于基督教神学理论的论文,尤其是其杰作《哲学的慰藉》,都显示出这一点。《哲学的慰藉》是博提乌斯在狱中写成的,当时这位曾充当东哥特国王狄奥多里克顾问的人以叛国罪名被这位国王判处死刑。(史学家对他是否真的犯有此罪无法肯定。)在此书中他提出了一个由来已久的人类的幸福是什么的问题,并得出结论:财富、声誉之类的尘世奖赏中不存在幸福,只有在“至善”亦即上帝那里才能找到真正的幸福。因而,人类的生活应在追求上帝中度过。由于在《慰藉》一书中博提乌斯是以一位哲学家而非神学家的身份讲话的,因而他没有诉诸基督教的天启或天恩或获救中的作用。但是该书在本质上具有的奥古斯丁式特征是确切无疑的。由于它文字极其优美,由 291
于它表明古典词句和一些古典思想也能用于并服从于纯粹的基督教结构,最为重要的是,由于它看来提供了人生的真谛,因而《哲学的慰藉》一书成为中世纪最流行的书之一。时值尘世间万事万物确实看上去粗鄙或转瞬即逝之际,有人很有说服力地“从哲学角度”告诉人们假如为上帝而生活生活是有目的的,这实在是一种慰藉。

作为基督教真理之象征的俄尔菲斯传说

博提乌斯在《哲学的慰藉》一书的高潮部分用诗体重述了俄尔菲斯的神话传说,这在某种程度上代表了我们刚刚讨论过的四位作家的共同看法,即基督教思想家如何希望接受古典传统并保持某种连续性。但是博提乌斯还赋予这一故事新的含义。在博提乌斯看来,俄尔菲斯的妻子欧律狄刻代表着地狱;由于俄尔菲斯禁不住看了她一眼,他不得不死去并被打入地狱。换句话说,俄尔菲斯太于世俗和追求物欲;他不应爱一位女人,而应追寻上帝。不过真正的基督徒知道,“幸福的是那些能够窥见善〔即显圣〕的闪光之源泉的人;幸福的是那些能够挣脱尘世沉重锁链的人”。

六、东罗马帝国和西部

从许多方面看,524 年博提乌斯被东哥特国王狄奥多里克处
292 死都是一个历史转折点。其一,博提乌斯是最后一位引人注目的哲学家,也是最后一位有修养的拉丁散文作家,其后几百年间,西方再未出过像他这样杰出的人物。其二,博提乌斯还是一位俗人,在他之后几个世纪中西欧几乎所有作家都是牧师或隐修士。在政治领域,博提乌斯被处死也具有象征意义,因为它预示了东哥特王国在意大利的灭亡。不论博提乌斯被指控的罪名是否成立,这一事件表明,信奉阿利乌派的东哥特人无法与像自己这样的天主教徒和睦相处。固而,不久以后,东哥特王国就被东罗马帝国消灭了。该事件反过来又成为东部和西部最终分裂、旧的罗马世界最终崩溃的一个重要因素。

查士丁尼皇帝

征服东哥特人是东罗马皇帝查士丁尼(527—565 年)制定并直接指挥的复兴罗马帝国的庞大计划中的一部分。自狄奥多西统治时期以来,定都君士坦丁堡的东罗马帝国就面临着内外双重压力:内部的宗教纷争和外部的蛮族入侵。但是在整个 5 世纪期间东罗马帝国想方设法渡过了难关,到查士丁尼继位之时,它的实力已在很大程度上有所恢复。虽然东罗马帝国——此时它包括现今的希
293 腊、土耳其地区、中东的大部分地区和埃及——境内的部分居民讲

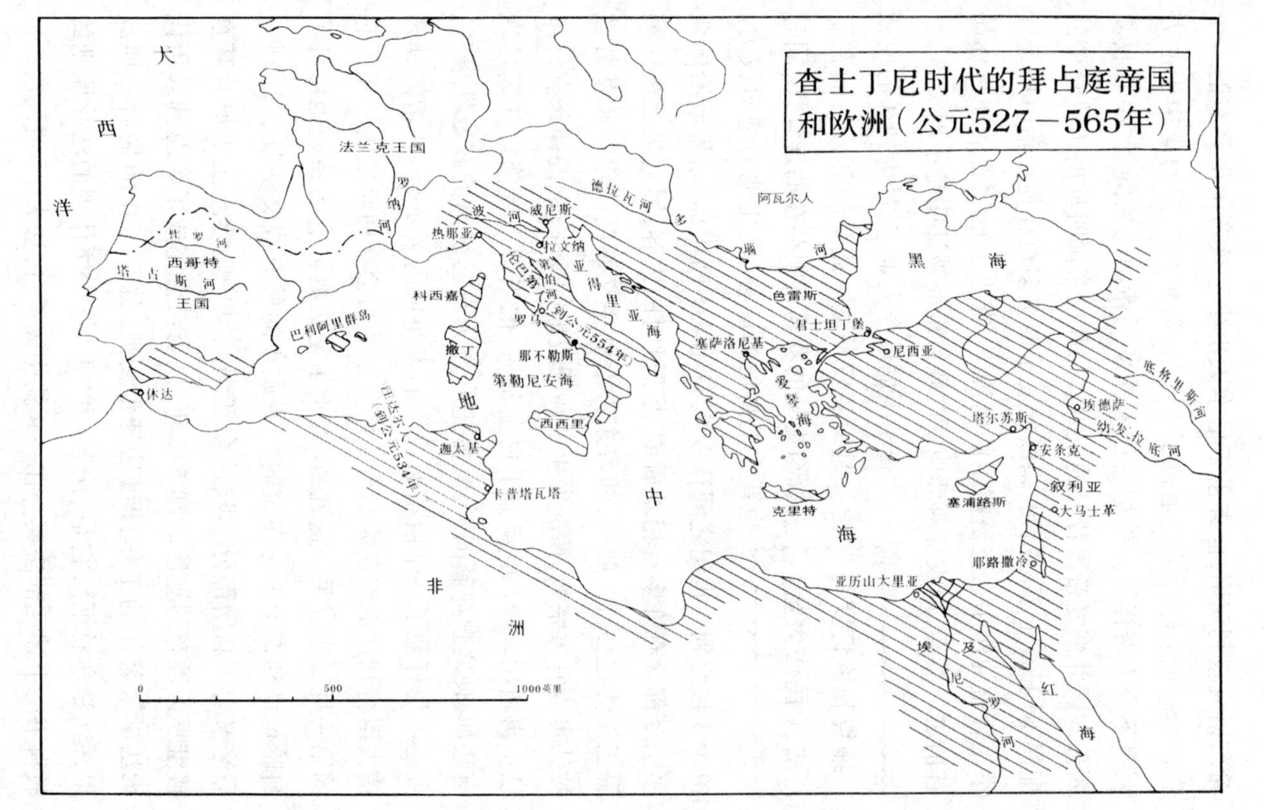
查士丁尼时代的拜占庭帝国
和欧洲（公元527－565年）
大西洋
法兰克王国
罗纳河
西哥特王国
塔古斯河
埃布罗河
巴利阿里群岛
休达
科西嘉
撒丁
热那亚
波河
威尼斯
拉文纳
伦巴第人
第伯河
罗马
那不勒斯
（到公元554年）
亚得里亚海
第勒尼安海
西西里
迦太基
卡普塔瓦塔
汪达尔人（到公元534年）
地中海
非洲
德拉瓦河
多瑙河
阿瓦尔人
色雷斯
黑海
君士坦丁堡
尼西亚
塞萨洛尼基
爱琴海
克里特
塔尔苏斯
安条克
叙利亚
大马士革
塞浦路斯
耶路撒冷
亚历山大里亚
埃及
尼罗河
红海
埃德萨
幼发拉底河
底格里斯河
0
500
1000英里

希腊语或叙利亚语，但查士丁尼本人出生于该帝国最靠东的一个省（今南斯拉夫），讲的是拉丁语。这样，他把注意力集中于西方就毫不令人奇怪了。他把自己看作罗马帝国的后继者，决心收复西部地区并恢复帝国昔日的权力。与此前帝国时期的历代皇帝的配偶不同，查士丁尼精明、果断的妻子西奥多拉在他统治时期起着举足轻重的作用。正是在她的辅佐下，查士丁尼朝着前述目标昂首前进。然而，他收复西部地区的政策最终被证明是不现实的。

编纂和修订罗马法；《民法大全》

查士丁尼最令人难忘、最为持久的成就之一是编纂罗马法。此举的部分目的在于强调与更早的罗马帝国存在的连续性，同时也旨在提高他的声誉、强化他的绝对权力。由于 3 世纪到 6 世纪之间律令文书卷帙不断增加，结果政府的众多法令都含有许多自相矛盾或早已过时的内容，因而进行法律编纂工作势在必行。此外，随着东方专制主义制度的建立和基督教被认可为官方宗教，情况发生了翻天覆地的变化，旧的律条有许多已不再适用。527 年查士丁尼登基后，他当即下令修订并编纂现
294 有法律，使之顺应新的形势，并把它作为自己统治的权威性根基。查士丁尼任命了一个由精通法律的人组成的委员会，并指派其亲信大臣特利博尼安任委员会主席。该委员会在两年之内公布了它的第一批工作成果。这就是《查士丁尼法典》，它有系统地修订了自哈德良到查士丁尼在位时代所颁布的所有成文法规。《法典》后来又有了新增部分，即《法令新编》，其中包含查士丁尼及其直接继承人颁布的立法。到 532 年，该委员会完成了汇总摘录历代大法学家著作的工作，即《法理汇要》。修订工作的最后一项成果，是《法学总纲》，它是《法典》和《汇要》中所体现的法律原则的教科书。上述四部法典合在一起就构成了《民法大全》或民法。

查士丁尼《民法大全》的重要性

查士丁尼的《民法大全》本身就是一项杰出的成就:单是《法理汇要》就被人们非常妥当地称为“有史以来世界上最引人注目、最为重要法学著作”。此外,《民法大全》对后来的法律和政治史都有着极大影响。查士丁尼的《民法大全》自 11 世纪起重新引起西欧人的兴趣并重新为人研修,它成为除英国之外所有欧洲国家法律和法理的基础(英国法律体系由自己的“习惯法”演变而成)。19 世纪时的《拿破仑法典》在本质上就是披着近代外衣的查士丁尼《法学总纲》;《拿破仑法典》为近代欧陆诸国和拉丁美洲各国的法律提供了依据。

其他影响

此处我们只能列举查士丁尼法学著作的个别较具体的影响。首先,就其基本的政治理论而言它成了专制主义的堡垒。法典一开始就提到一句格言:“愉悦君王者具有法律效力”;它赋予帝国君主以无限的权力,因而为后世欧洲君王和独裁者欣然采纳。不过《民法大全》还为立宪制度提供了理论根据,因为它坚持君主拥有的权力最初来自人民而不是上帝。《大全》最为重要、最有影响的方面或许在于其把国家视为一个抽象的公共与世俗的实体的观点。在中世纪时期居主导地位的是一种与《大全》相对立的观念,它把国家视为统治者的私有财产,或把它视为抑制罪恶的一种超自然创造物。现代人之国家是一个与未来生活无关而与日常事务相关的公共实体的观念兴盛于中世纪临近结束时,它在很大程度上是查士丁尼法律汇编中所含国家观的复活。

查士丁尼重新征服西方的政策

查士丁尼不仅想在法学理论方面,而且想在地域方面成为一位名副其实的罗马帝国的皇帝。为此他派遣军队重新征服西部地区。起初进展极为顺利。533 年,查士丁尼

出类拔萃的将领贝利撒留征服了非洲西北部的汪达尔人王国;536
295 年,贝利撒留表面上征服了整个意大利,在此受到臣属于东哥特人的天主教徒的欢迎。但是意大利战役最初的几次胜利是靠不住的。在最初失利之后,东哥特人进行了顽固的抵抗,双方战争拖了数十年,直至563年精疲力竭的东罗马人才最终捣碎东哥特人的最后几个据点。在去世前不久,查士丁尼成了整个意大利、西北非和他的大军设法重新征服的西班牙沿岸地区的主宰。一时之间地中海又成了“罗马人”的内湖。但是东罗马帝国为此付出的代价未免太高了,以致不久之后它本身能否继续存在也成了问题。

西部战役有失明智

说查士丁尼的西部战役有失明智,是出于两个重要原因。首先,他所治理的国家实际上无力从事这些战役。贝利撒留很少有拥有充足的适于完成其艰巨任务的军队:开始进行意大利战役时,他手头只有8,000人。后来,查士丁尼确实向其将领们提供了足够的兵力,但这仅仅是靠征收重税做到的。但是这些增加的军队或许仍不足以保卫在西部地区的新边境界,更何况帝国的更大利益,以及帝国面临的更大的敌人在帝国的东方。就在东罗马帝国在意大利耗尽心血之际,波斯人在积聚力量。查士丁尼的继承者们不得不从西部地区撤军,以迎接重新崛起的波斯人的威胁;但即便如此,到7世纪初,看上去波斯人仍有能力一路进发到君士坦丁堡对面水域。只是由于帝国在610年后进行了彻底改组,这一黑暗的日子才没有降临;不过,波斯人的威胁确实有助于东罗马帝国自西部解脱出来,有助于西方开始过一种自己的生活。

罗马统一的终结

与此同时,查士丁尼发动的战争致使意大利大部分地区一片狼藉。随着战争旷日持久,意大利遭到了更为严重的蹂躏。罗马四周的引水渠被切断,农村许多地区重又变成了沼泽,其中的积水直到20

世纪才排干。568年,查士丁尼去世刚刚三年,另一支日耳曼部落伦巴第人侵入意大利,把东罗马人重新据有的许多地区夺了过去。此时后者正把注意力主要集中在东方,因而伦巴第人未遇到多少抵抗。不过他们还是太过软弱,无力征服整个意大利半岛。反过来,意大利被分裂成伦巴第人、东罗马人和教皇领地三个地区。在同一时期,斯拉夫人利用东罗马衰弱之机向巴尔干地区大肆推进。在更靠西的地方,高卢的法兰克人内战正烈,同时西北非和西班牙大部分地区落入阿拉伯人手中也只是个时间问题了。就这样罗马的统一最终走到了尽头。这一四分五裂的地区的未来看上去可能暗淡凄凉,但各个地区中新的力量不久就将集聚起来。

精选书目

Anderson, Hugh, *Jesus*, Englewood Cliffs, N. J., 1967. 这是一部出色的阐释选集,展现了许多不同的学术观点。

Bonner, Gerald, *St. Augustine of Hippo*, London, 1963. 针对初学者的最佳传记。

Brown, Peter, *Augustine of Hippo*, Berkeley, 1967. 这是一部极其深奥的研究著作。

——, *The World of Late Antiquity*, New York, 1971. 概括性研究之作,从其自身角度看待这一时期,而不是把它视为中世纪的一个前奏。

Bultmann, Rudolf, *Primitive Christianity in Its Contemporary Setting*, New York, 1956. 本书概述了本世纪最重要的圣经学者之一的思想。

Daniélou, J, and H. I. Marrou, *The Christian Centuries; I: The First Six Hundred Years*, London, 1964. 从罗马天主教角度进行全面考察。

Dodds, E. R., *Pagan and Christian in an Age of Anxiety*, Cambridge, 1965. 篇幅不大,但十分出色。分析了基督教和异教的共同点,并对基督教最后何以取得成功作了分析。

Jones, A. H. M., *The Decline of the Ancient World*, New York. 1966. 综合性著作,重在经济和社会因素。

Katz, Solomon, *The Decline of Rome*, Ithaca, N. Y., 1955. 最佳简单介绍性著作。

Knowles, David, *Christian Monasticism*, New York, 1969.

Lane Fox, Robin, *Pagans and Christians*, New York, 1986. 一部获得好评的重要新著,研究罗马世界晚期的宗教。

Latourette, K. S., *A History of Christianity*, rev. ed., New York, 1975.

L'Orange, H. P., *Art Forms and Civic Life in the Late Roman Empire*, Princeton, 1965. 这是一部富于想象、引人思考的著作,展现了艺术发展何以反映出政治和社会生活的发展。

Lot, Ferdinand, *The End of the Ancient World*, New York, 1931. 研究这一时期政治史,十分详尽,是这方面的佳作。

MacMullen, Ramsay, *Constantine*, New York, 1969. 这是一部优秀的通俗性传记。

Markus, R. A., *Christianity in the Roman World*, New York, 1974.

Mattingly, Harold, *Christianity in the Roman Empire*, New York, 1967.

Pelikan, J., *The Christian Tradition*; *I*: *The Emergence of the Catholic Tradition*. Chicago, 1971. 对天主教教义作了精深的考察。

Rand, E. K., *Founders of the Middle Ages*, Cambridge, Mass., 1928. 叙述早期基督教对古典文化的反应,述事十分引人。

Riché, Pierre, *Education and Culture in the Barbarian West*, Columbia, S. C., 1976. 考察罗马灭亡至 800 年前后基督教西方的学术情况,具有权威性。

White, Lynn T., Jr., *The Transformation of the Roman World*, Berkeley, 1966. 各篇论文引人思考。

Williams, Stephen, *Diocletian and the Roman Recovery*, New York, 1985. 一部材料翔实的"生活与时间"。

第十一章　转变中的亚洲和非洲

(约公元前200年—公元900年) 297

英雄诚知觉寤,畏若祸戒,超然远览,渊然深识,……距逐鹿之瞽说,审神器之有授,……则福祚流于子孙,天禄其永终矣。

——班彪,《汉书》①

东方和西方之别

适当希腊罗马古典文明在罗马帝国的有力推动下扩展到地中海世界各个角落之际,印度文化和中国文化也都臻于高度发展的阶段。罗马帝国崩溃之后,西方陷于动乱之中;亚洲的情况也是如此。不过,外族入侵和政治动乱在东亚和南亚并未像在西方那样引起翻天覆地的变化。在印度和中国,社会结构一仍其旧,没有发生重大变化;同时,当欧洲处于黑暗的中世纪之时,这两个地区的文化却臻于灿烂的顶峰。在印度,商业的兴隆——这促进了大城市的发展——以及伴随着佛教的传播而产生的宗教狂热,两相结合,有助于人们艺术才能的喷发。这一时期,印度的影响向四邻广为传播。佛教先在中亚生根,又以那里为跳板传播到中国、朝鲜和日本。随着印度人的向外拓殖活动,佛教和印度教连同其艺术和文学,一并传入东南亚和马来群岛,后者至今仍叫作印度尼西亚。中国虽然从印度引入了佛教这一重要宗教,但它在实现政治统一、建立有效的管理制度方面取得了更大成就。中华帝国煊赫一时,

① 文见《汉书》“王命论”。——译者

令其东邻日本人着迷,后者在公元6世纪及其后几百年间学习并
298 如饥似渴地吸引中国文化。就在这同一时期,借助于希腊化时代和罗马帝国的各商贸中心,后来又通过阿拉伯人的导引,西方也受到了亚洲文明的某些影响。在撒哈拉沙漠以南的非洲,文明发展非常迟缓。地理上的孤立状态限制了文化和商业交流,其程度比日本要严重得多。这里与罗马人有过接触,但未留下什么影响,而阿拉伯人向撒哈拉以南地区的渗透也时断时续。

一、印度文明的繁荣

孔雀王朝之后印度的纷争

在充满活力、虔信佛教的阿育王的统治下,孔雀王朝统一了印度大部分地区。公元前2世纪初该王朝倾覆之后,帝国很快就分崩离析,陷于政治纷争的局面。在此后几百年间,德干高原取代印度河—恒河平原成为权力中心,各最强大的王国都在此建都。这里成了纷争的场所,一个又一个王朝挥兵相向;就在这一过程中,一些地域辽阔、资源丰富的大国脱颖而出。虽然最独特的历史性影响——吠陀文学和哲学,印度教传统的宗教观和社会观,以及佛教的创造性力量——发端于北方,但迄至那时构成文明的各类艺术显然正是印度南方兴旺发达的。此外,开始困扰北印度的外族入侵未能深入德干高原。德干地区各邦与邻邦乃至非常遥远的地区进行了商业交往,但并未受到外来敌对势力的严重威胁。反过来,它们的商人和传教团体正在使印度取得对东南亚的文化支配地位。

笈多王朝

北印度在一段时期处在来自突厥斯坦的游牧部落的统治之下。此后,在笈多王朝的统治下,北印度再度实现了统一。笈多王朝实际统治的时间是公元

4 世纪和 5 世纪前半叶(320—约 467 年),其奠基人是旃陀罗笈多一世。旃陀罗笈多一世并非那位建立孔雀王朝的旃陀罗笈多的后裔,但他从同一个都城即恒河畔的华氏城(今巴特那)进行统治。笈多之子沙摩陀罗受其垂死父王之命去“统治整个世界”,据说曾推翻北方的 9 位统治者和南方的 11 位国王,并令其他人称臣纳贡。这一记载无疑有些夸大其词,但当沙摩陀罗之子旃陀罗笈多二世攫取阿拉伯海沿岸通往西方的口岸之后,帝国把整个印度斯坦以及德干地区的诸多部分都置于自己控制之下。旃陀罗笈多二世被称为“超日王”(Vikramaditya);在他统治时期(公元 375—415 年),笈多王朝无论就物资丰饶还是就文化成就而言均登峰造极。

笈多王朝时期的经济生活

笈多王国在某些方面与六百年前的孔雀 299
王朝相类似。政府控制了金银加工、盐和矿物的开采、铸币和武器制造业务,雇佣了一支庞大的官僚队伍和一支间谍队伍。税收既包括交纳一定份额的谷物,还包括被迫在公共工程上劳动及用水灌溉田地的费用,负担不是十分苛重,不至于妨碍大批农业人口的兴盛。虽然未能实现政治统一,各邦之间的纷争几乎从不间断,但在北印度和德干地区城市的发展和上层人士的繁荣都是非常明显的。除提供诸如香料、珠宝、象牙、龟壳和精制织物等奢侈品用于出口外,印度成了西方和中国间交流的中心。它与罗马帝国有贸易往来,从后者进口了亚麻布、铜器、玻璃制品和葡萄酒等,但在这种贸易中印度严重出超,榨干了后者的硬币,从而削弱了罗马经济,致使罗马皇帝不得不下令禁止臣民穿著丝织品。东西方贸易通过两条路进行,一条是陆路,经发端于中国的“丝绸之路”进行,一条是海路。印度商人很早时期之前就扬帆穿过阿拉伯海,溯红海而上到达埃及。直到公元 1 世纪,西方商人才发现,利用季风可以在夏天向东航抵印度海岸并在 10 月风向改变时由那儿返回。近东港口与南印度的交往可能比与北印度的交往规模更大。产自德干地区的珍珠和绿玉石尤为抢手；罗马铸币在印度半岛西南沿海和东南沿海都有所发现，这是一度繁盛的贸易往来的表征。显然，印度统治者无意限制与外国的交往，甚至不反对外国商人留驻，一些外国商人还在印度建立了永久居住地。印度南部建立了罗马人、犹太人、来自叙利亚和波斯的基督徒聂斯脱利派（景教）——这是一个讲叙利亚语的基督教教派，至今在印度西南部仍然存在——和阿拉伯人的小块拓殖地。

法显的游历

在超日王统治时期，一位中国求法僧到了北印度，在那儿度过了六年，这位僧人名叫法显，他撰写了一部简短的游记，①保存了关于这一时期北印度情况的珍贵史料。当时佛教已经传入中国，法显和尚冒险西行，是为了在佛教发祥地取得真经并对该教有亲身了解。法显之行本身就是非同寻常的壮举。他艰难跋涉，徒步穿行新疆和各个山口，用了长达六年的时间才到达印度（公元 399—405 年）。在印度他自学了梵文，在笈多王国的首都取得了佛教文献、绘画和圣物，随后经由海路回国。途中他在锡兰居留二年，并曾拜访爪哇岛。在其取经活动的 15 年间，法显累积行程 8000 多英里。

300 法显的记述表明，佛教在笈多帝国兴盛一时，但印度的各种祭仪也都可以举行，同时不同宗教之间的竞争并未导致宗教迫害。虽然法显甚至连赫赫有名的超日王的名字都没有提到，但在他笔下他的统治公正仁爱。他证明，道路得到妥善维修，匪患极少，捐税较轻，死刑不为人所知。他指出，国家资助慈善事业的传统进一步发展，无论本地人还是异国访客均可享受免费医疗。由于天真

① 法显是我国东晋僧人（337/342—418/423 年）。399 年，他以近 60 年的高龄自长安出发，西行寻求戒律，历经艰辛，412 年方返抵故土。他把其十余年中巡礼 30 余国的行程，写成《佛国记》一卷（又名《法显传》、《历游天竺记传》）。——译者

和虔诚,他的记述可能有些过分渲染:他断言所有印度人都是素食
主义者,从不饮酒;不过他也提到了贫穷的为社会遗弃的人,他们
的出现被认为有亵渎作用,因而他们不得不摇铃示众,表示自己向 301
此前行——这证明不可接触性已成为印度社会的一个方面。权衡
之下,基于法显确凿的证言,我们有理由相信,适值西欧诸国沦于
半野蛮状态之际,笈多帝国繁荣昌盛,相当稳定,在思想文化方面
也很活跃。

匈奴入侵者推翻笈多王朝

5世纪时印度再次遭到外族入侵,笈多王朝倾覆,随之而来的是长达一个多世纪的动荡混乱局面。几乎与西罗马帝国正式灭亡同时,一股被称为"白匈奴"的游牧民族击溃了笈多帝国军队,成了北印度的主人(公元480年)。到了6世纪初,白匈奴人进一步扩展了势力,建立了一个东起孟加拉、西至阿富汗和中亚的大帝国。与其前朝相比,匈奴帝国要野蛮得多,笈多王朝卓有成效的管理体制也未能维系下来。不过,匈奴人的统治也未能摆脱游牧民族建立的国家的通常的模式,建得快,垮得也快。其后,印度历史上最有名的统治者之一戒日王(公元606—648年)重新建立了一个有效的政府。

戒日王的统治(公元606—648年)

从严格意义上讲,戒日王国家并非笈多王国的延续,但两者在重要特征方面极为相似,以致人们往往用"笈多"一词概指4世纪到7世纪的北印度文明:这段时期虽有匈奴入侵这一毁灭性插曲,仍不失为文化成就卓著的时期。戒日王拥有一支庞大军队,由步兵、骑兵和战象军组成,战斗力很强;他藉此重新统一了北印度大部。戒日王治国有方,是位明智、审慎的明君,还是艺术、文学以及宗教的慷慨赞助者。他的都城曲女城位于恒河中游谷地,沿河展延四英里,宏伟壮观;城

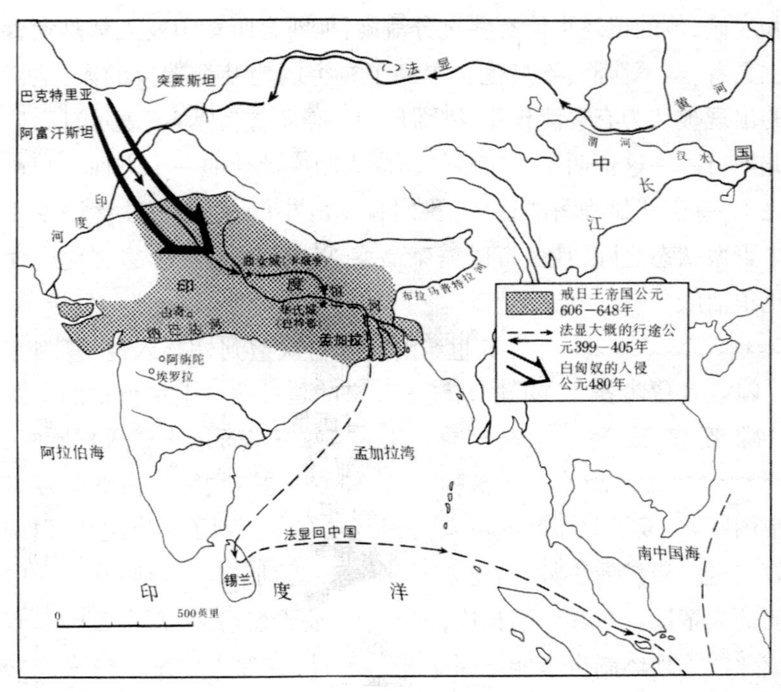

戒 日 王 帝 国

内有数百座庙宇和堂皇的公共建筑，节日庆典赋予它一派生机。正如在超日王统治时代，一位中国佛教求法僧的记载向人展现了戒日王统治的情况。

根据这位异国访客玄奘①的叙述及同时代的其他记献，戒日王按照笈多王朝的传统进行统治，不过不那么仁慈。刑罚包括断

① 玄奘(600/602—664年)，唐初高僧。贞观元年(627年；或曰贞观二年、三年)，他自长安出发，孤身穿越沙碛，经高昌、龟兹、粟特等地，入吐火罗，继而过克什米尔，入北印度，游历印度各地，遍寻佛法。贞观十九年，他携带佛经六百五十七部及佛像、花果种子等返回长安。玄奘取经之行，历时十数载，行程五万里，是中古史上一次艰险而伟大的旅行。由他口授、弟子辩机笔录的《大唐西域记》是他亲见所闻的旅行记录，记载正确，有极高的史料价值。——译者

肢、饿毙之类的酷刑。国家岁收主要取自王室领地上的种种租税,税额相当于村落收成的六分之一,算不上苛重。用于道路修建、运河开凿或改良农业方面的花费因戒日王对不怎么实用的目的的偏好而受到影响,不过这位国王偏离治国常轨看来是以仁慈目的为导向的:他只把其岁收的四分之一留作统治费用,而把其余的收入大多用于教育、宗教、艺术或慈善事业。玄奘曾在宫廷受到款待,他记述说戒日王皈依了佛教。实际上,他奉行一种宗教宽容政策,对佛陀、湿婆天和太阳神均示尊崇。

求法途中的玄奘。敦煌洞窟中一绢画。他手执蝇拍以驱除恶念。

印度宗教和文化进步

印度的宗教在文化进步中一直起着很活跃 302
的作用。印度教以印度—雅利安众神为基础,与残存的古代印度河谷礼仪结合而成;此时它继续吸取其他土生土长的崇拜,逐渐形成了一直流传至今的独特特征。吠陀时代的一些神祇不再具有重要意义,或者湮没不闻。代表着哲学家所说无所不在的世界灵魂的梵天过于抽象,不可能长时间地成为万民的崇拜对象。在印度西部,有许多神庙是献给雅利安人早期的太阳神苏利耶。在印度诸神中,有两个神祇脱颖而出,上升到至尊地位,令其他一切神祇黯然失色:此即毗湿奴和湿婆。毗湿奴被称为“保护之神”,以仁慈为主要特征,所收受的祭品是鲜花和糖果,而不是血淋淋的牺牲。毗湿奴被认为有千万种化身,地方性神祇都被纳入其扈从之列。比如,黑天原为印度西北部的一个非雅利安系的英雄/神，逐渐转变成毗湿奴重要化身中最著名的一个。他还被尊为“大黑天”，是神圣智慧的提供者和至高上帝，同时被认为是挤奶女的恋人，富有朝气，爱开玩笑，锲而不舍，为人们所爱戴。比毗湿奴更孚众望的一个神是令人敬畏的湿婆。湿婆的典型形象是四臂五面；其复杂特性是自雅利安人的一个低等神祇楼陀罗（风暴神）以及古印度河谷地生殖崇拜中的有角男神衍化而来的。“毁灭之神”湿婆带来的是敬畏和恐惧。他扮演的一个角色是“舞神”，有朝一日会在一次普世狂乱的舞蹈中毁灭整个宇宙。万事万物（经由湿婆）毁灭、（经由毗湿奴）复原，这一周期性循环被认为是永恒的原则。不过在另一方面湿婆显得不仅仁慈，而且是位宁静的禁欲主义者，耽于沉思冥想——是位无比的瑜伽论者。湿婆的女性配偶和他一样具有双重特性。这位雪山神女是喜马拉雅山的美貌女儿，是位十全十美的新娘，但也是位带着用头骨穿成的项链的嗜血成性的时母①。与此相对，毗湿奴的妻子吉祥天女（Lakshmi）被尊

毗湿奴。该青铜雕像成于10世纪，出自印度东南部，它以非常严格死板的方式描绘了这位“保护之神”的形象。他右手执盘. 左手拿着一个法螺。下边的左手放在腰部，右手作体现绝对事物实现状的礼仪姿势。

① 时母（kali），或译作卡莉。在印度神中，她是一位形象可怖、既能造福生灵也能毁灭生灵的女神。——译者

崇为好运女神。

毗湿奴崇拜(毗湿奴教派)和湿婆崇拜(湿婆教派)彼此互补而非不可调和,每种崇拜都形成了不同的信仰和祭仪等级。在与外界隔绝的地区,湿婆信仰的性和繁衍方面是以具有酒神节狂乱气息的典仪进行庆祝的,通常限于一年的特定时间,被认为是一种精神发泄。总的说来,印度教远远超越了早期雅利安人的牺牲祭仪,后者把宗教视为人与神祇之间一种机械的契约约定。它在净化神祇观念,并把典仪改造为一种崇拜行为。这一转变着重点的一个重要结果就是"巴克提"(敬信)运动,让人信奉一位拥有赎罪权力、随时可以接近的人格化神。巴克提运动发端于南印度,它不承认祭司的中介作用,同时无视种姓之别,诉诸于广泛的人口阶层,因而是反对婆罗门教的。在印度东南部讲塔米尔语的居民中间,运动造就了一个极易动感情、道德优良的神秘文学团体。塔米尔诗人们褒奖调解人,谴责报复之举:

湿婆的形态。上:湿婆在火环中起舞。它成于11世纪,体现了世间 303
的毁灭性力量下:作为乐善好施的说教者的湿婆。

禁食、苦行固然佳，
宽恕罪过更伟大。

巴克提理想最充分地体现在《薄伽梵歌》(《世尊歌》)之中。《薄伽梵歌》是世界各种文学中最著名的圣诗之一。它被非常不协调地附属于古代史诗《摩诃婆罗多》之中，在形式上是武士阿周那与其御者黑天(毗湿奴神的化身)的对话。面临一场注定要消灭敌对双方的战争，阿周那因不愿看到屠杀自己的亲朋的现象而退缩不前。黑天劝说他对战斗的后果完全不予理睬，作为一名武士就必须去战斗。他还解释说，由于物质不能制约精神，因而肉体生命和死亡都只不过灵魂定数的短暂插曲："灵魂既不毁灭，也不会被毁灭。"同时，由于每一个人都是经由肉体暂时与物质相牵连，因而他必须在物质的层次上对待它。每个人得到的无上指令都是忠实地履行他或她应承担的职司，此即"法"(达摩，dharma)，而不要看重它或寻求任何回报。理想的信徒是毫无牵挂地以"不受拘束的灵魂"去行动的人。

《薄伽梵歌》的宗教遗产

《薄伽梵歌》提倡带有严格的社会责任划分的"法"之信条，也就默认了种姓制度。但是它超越了种姓制度的种种偏见，而向各个阶层都提供了达到精神完善的前景。在与阿周那的对话中，黑天把知识置于行为之上，把对人性中崇高的一面的了解置于所有其他知识层次之上。在这一点上《梵歌》意译出《奥义书》的一个主要信条，不过它同哲学家的不同在于它问了下述问题：当人可以通过求助于一位明显的可以接近的神(其自身就是真理的化身至高神性)而轻而易举地达到向往的目的之时，何以每个人都应试图完成了解一个"不明显的"、不具人格的存在这一困难的任务。神要求其信徒做到的只有敬信；他把敬信等同于服务，要求信徒无尽地、不求任何报偿地敬奉他。它超越了社会行动及为公社和国家服务,但并未排除它们。《梵歌》中的宗教是一种伦理的、精神的和富于同情心的宗教。诗中的黑天是位富于爱心的神,他毅然承担起人类的罪孽,向所有的人,甚至包括那些被认为智力低下的阶层(妇女被毫不迟疑地归入此类),无偿地予以超度。“凡崇奉我
者……一直为我默想者……我当即把他救出死与死之海洋。”由于 304
它把吠陀思想的精髓升华为激动人心的诗作,因而,对印度人而言,《薄伽梵歌》就是基督徒心目中《新约》上的山上宝训[①]。具有自由思想的非国教徒,诸如拉尔夫·沃尔多·爱默生和亨利·戴维·索罗,都从中获得了灵感。在 20 世纪时,圣雄甘地自承获益于《梵歌》不加限制的、不寻求个人利益的服务的训诫,不过他抛弃了诗中对种姓区分的赞同和对战争进行的辩护。

佛教徒对教育的赞助

印度历史上这一时期丰富多彩的思想文化活动,反映出一个世界主义社会的兴趣和富有统治者对此的慷慨资助。这种活动一直受到宗教团体的影响。婆罗门和佛教僧侣都具有很高的学识,大型图书馆应运而生。尤其值得指出的是教育机构的建立,其中佛教徒起主要作用。佛教僧侣在教育中的作用可与中世纪初期西方基督教教士相媲美,不过,由于当时印度总的知识水准远高于此时西方的水准,因而佛教僧侣的学识更为博大精深。一些佛教寺院成为国际知名的学术中心,欧洲在中世纪晚期巴黎大学、蒙彼利埃大学和牛津大学等兴起之前根本无法与此抗衡,最大的佛教大学之一建于恒河谷地的那烂陀(位于今比哈尔邦),它早在公元 4 或 5 世纪就已发挥作用。这所大学得到了笈多王朝各王的大量捐助,拥有学生宿舍——贫家子弟只要通过入学考试,就可获得免费

① Sermon on the Mount,语出《新约·马太福音》(第 5—7 章)、《新约·路加福音》(第 6 章)等处,指耶稣在山上对其门徒的训示,其内容构成基督教的基本教义。——译者

食宿,不纳学费,同时享受免费医疗——,并有一个包括三幢楼的图书馆。7 世纪时造访该校的朝圣者称,该校在校人数多达 5,000
305 人,其中一些来自中国的西藏及其他地区、朝鲜。虽然那烂陀是由佛教徒创办的,并在 18 个不同的书院里传授佛学,但其教师也开设印度哲学、语法、医学、数学及吠陀文学和当代文学等课程。

那烂陀遗址

文学遗产

公元 4 世纪和 8 世纪之间,印度文明发展到了极盛时期。对印度而言,超日王和戒日王统治时期就相当于西方古典文明中的伯里克利时代和奥古斯都时代。不过印度的盛期比希腊或罗马的盛期持续时间要长。虽然各地方言产生了自己独具一格的文学作品,但无论在北印度还是在南印度,梵文都成为风行于世的文学表达手段。佛教徒勉为其难地把其本来用巴利文写成的圣典译成了梵文,而这些梵文译本被传道僧侣带到了中亚、中国、朝鲜,最终到了日本。笈多时代的文学作品(无论散文还是诗歌),涉及科学论文、人物传记直至供大众消遣的故事等诸多领域。后者包括长篇浪漫故事,它们使人想起《一千零一夜》,而且或许恰恰是《一千零一夜》的原型;此外还有堪与伊索寓言故事相媲美的"动物寓言"。梵文典范诗作虽讲究修辞,却极富表现力。它们既反映出对自然的热爱,又表现了节日时的欢庆场面和宫廷盛典,"空中走客"(表示鸟)、"纤弱"(表示妇女)和"宝库"(表示大海)之类的称谓则使之生辉。超日王的宫廷诗人兼剧作家迦梨陀娑被认为是最出类拔萃的梵文诗人。他的精雕细琢之作《云使》描绘了一位与爱妻相别离的流亡的大地精灵,他托一片经过喜马拉雅山脉的雨云带话给妻子,向她倾诉了自己炽热的爱。

梵文戏剧

正如稍晚一点的欧洲一样,印度戏剧也是由某种大众性的宗教教谕和娱乐形式发展而成的。印度戏剧把散文体或诗体对话与手势和舞蹈有机地结合起来,由一班男女主演,不过演出地点不是在公共戏场,而是在私宅或庙堂之中。戏剧情节大量取材于史诗中传奇性的主题,往往枝杂芜蔓,涉及的是浪漫的爱情;一旦情节难以发展下去,就诉诸魔法或奇迹。它们总是以大团圆结束,没有一个是悲剧。此外,戏剧还运用了一种不自然的手法,让主角用梵文交谈,妇女和低等角色满口所讲则是常人交谈所用的不雅方言。虽然梵文戏剧不像古希腊戏剧或西方传统戏剧那样结构紧凑、重点突出,但它们对大自然作了精美的描绘,倾诉了人类的忧虑、苦闷之情。最著名的梵文戏剧是迦梨陀娑的经典之作《沙恭达罗》。《沙恭达罗》的主题在文学中很常见;它描述的是一位被其恋人遗弃的妇女的遭遇。这位恋人是位国王,他被一位歹徒劫夺走了记忆。当人向他展示从鱼腹上发现的一个指环时,他认出这是他给其钟爱的人儿的信物;其 306
后他们又经过了种种不幸,最终欢天喜地地团聚在一起。该剧描写人物性格的技巧堪与莎士比亚相提并论。另一部更具现实特征的作品是《小泥车》,作者是迦梨陀娑的一位同时代者。该剧哀婉伤感，富于幽默，故事情节围绕着一位穷婆罗门历尽磨难的爱情故事、政治阴谋和这位主角勉勉强强免于被处死进行。

佛教纪念物

在这几百年间，印度人民的创造才干最充分地体现在艺术上，尤其是建筑和雕刻。到了笈多时代，印度建筑艺术已近乎完美的境地，印度各地雄伟的石制建筑物可兹为证。佛教寺院和庙宇的演化实际上成为整个印度建筑和雕刻的楷模。最早的佛教纪念性建筑物是"窣堵波"（stupa），这是一种简单的穹形或半球形坟丘，上面冠以一个伞状物——这在印度象征着权威。坟丘表面用砖或石砌成，里面掩埋着一件圣物，通常是某一与释迦牟尼或一位佛教圣人相关连的物品。最为著名的窣堵波是位于印度心脏地区的桑奇的大窣堵波，它始建于阿育王统治时期，公元前1世纪才真正竣工，但至今仍保存完好。该坟冢表面用石砌成，冢基直径达120英尺，可谓规

桑奇的大窣堵波。始建于阿育王时代，完成于安达罗王朝（公元前72—25年）。本为一坟丘，内藏佛陀遗物。该高度发展的窣堵波设计严格精确，成为建筑方面宇宙的象征。顶部带有三层伞盖的轮竿代表插入苍穹的地轴。

模庞大;比此更引人注目的是窣
堵波周围的四座刻有图案的牌 307
楼。这些巍峨的石栏栅由高达35
英尺的庞大纪念柱支撑着,上面
精心雕刻着构思巧妙的人物和动
物形象,既有写实的,又有象征性
的。在窣堵波之后,印度宗教建
筑下一个发展阶段就是讲经堂,
即佛教僧侣和善男信女聚集起来
追忆“法王”释迦牟尼的地方。这
些讲经堂通常均是凿挖山脉或悬
崖一侧的坚固岩石而成,其总的
布局类似于罗马的长方形大会堂
和早期基督教教堂,中央是过道
或中殿,两边都是耳堂,由圆柱隔
离开来。在讲经堂发展的同时,
佛教寺院也在发展。与讲经堂相
似,寺院往往也是凿挖单块大岩壁而成,一排排石窟或斗室拾级而
上,总起来看就像一座梯形金字塔。不久,皈依印度教的信徒也开
始模仿佛教徒兴建自己的庙宇,最终建得甚至更加精致。

桑奇大窣堵波的东塔门。上面细致入微地雕刻了佛陀故事浮雕,充满活力,具有自然主义特点。

虽然早在公元1世纪时印度人就建造了一些独立式庙宇,但
几百年来他们看来更乐于采用更费力的方法,就着峭崖和岩洞的
石壁,开凿出大型建筑物。他们在印度各地共凿岩建成了1,200
多座寺庙,其中大部分在沿西海岸一带。在后来称为海得拉巴的
北部,在两个相隔约70英里的地方即阿旃陀和埃罗拉,有两个最
引人注意的石窟群。阿旃陀石窟群是佛教圣地,其中有些石窟开 308
凿于公元前2世纪,有些则迟至公元5世纪才开采而成。它们中

间既有寺院，又有讲经堂，并有石床、石桌、蓄水池以及用于摆放阅
309 读用油灯的壁龛。更为壮观的埃罗拉石窟群则是公元 4 世纪到 13 世纪大约 900 年建筑和雕刻活动的结晶。首先在这里开凿石窟的是佛教徒，但某些洞窟是耆那教徒的功劳，大多数则是作为印度教庙宇建成的，规模庞大，设计华丽。

与凿岩而成的石窟类型的庙宇相对，用一块块的石料砌成的庙宇在笈多时代变得更为常见了，并成为 6 到 13 世纪之间印度教庙宇建筑最活跃时期中的典型型式。这些独立式印度教庙宇建筑的根本建筑特征是：（一）基座包括一个正方形或长方形的小室，里面供奉着神像；（二）由神室顶部再耸立起一座高塔，俯瞰整座庙宇。根据塔的形状，我们可以把印度教庙宇区分成两大风格。一类是“达罗毗荼”风格，仅见于热带地区，此类庙宇有一个多层的梯形尖塔，它与阶梯状金字塔相似，与凿岩而成的早期佛教寺院也极为类似。另一类是“印度—雅利安”风格，盛行于印度北部，此类庙宇中有一个带有竖式弯梁的曲线形塔，这可能是自佛教的窣堵波派生出来的。

虽然印度的雕刻似乎随着印度河谷地文明的衰落而终止，但
309 这一早期文化创造的传统和技艺极为可能保存下来，并在一千余年时间里在工匠手中代代相传。如前文所述，印度最早的石雕是阿育王纪念圆柱上的动物塑像；当石雕开始复兴之际，它就具有与古印度河流域艺术相类的典型化特征。在基督纪元开始前不久，耆那教和佛教僧侣都开始在其祭祀场所添加人物塑像。随着罗马帝国臻于极盛，影响广被四方，东西方之间兴盛的贸易往来为希腊罗马影响的传入开了方便之门。印度西北部的某些佛陀雕像与其说类似一位身着法衣的僧侣，倒不如说与希腊的阿波罗神或一位披着托加袍的罗马皇帝相仿。后来，随着与众不同的印度表现风格的问世，罗马和希腊化的特征逐渐消退。佛祖被雕塑成盘腿静

息的形象。人物形象得到极其精巧的表现,既呈现出一种有节奏的动感,又有一种祥和宁静之感。人物的服装薄得近乎透明,或者仅仅勾出模模糊糊的轮廓,因而具有一种裸体的效果。雕像各部位比例适宜,四肢曲线优美,反映出人们对人体解剖和植物形态研究有素。

在印度教艺术的天才之作中,最为丰富多彩的创造是凿岩而成的庙宇上的浮雕和壁画,在这方面,在相当于西方古典时代和中世纪的那段时期里,印度人耗费了大量精力。阿旃陀的佛教洞穴

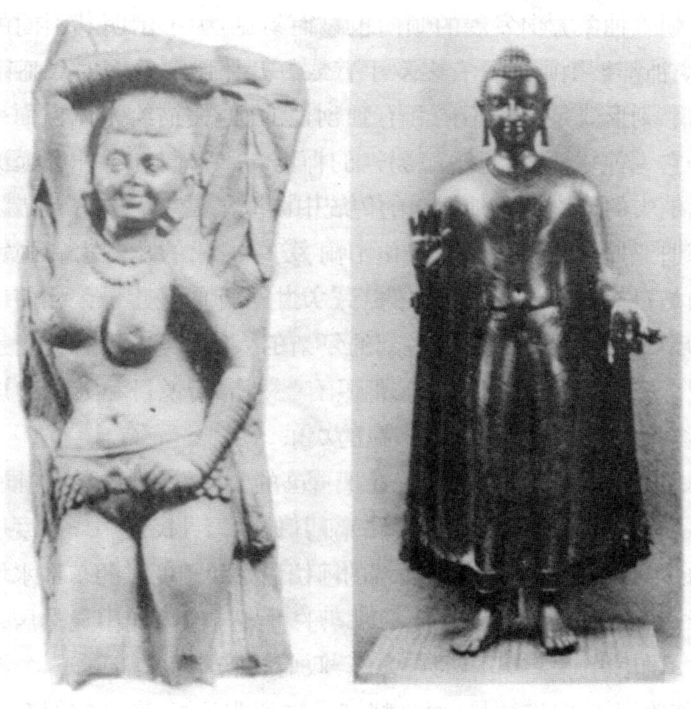

左:药叉或“树神”。这一女性形象脱胎于早期生殖崇拜,但在这里是由虚幻的感官世界向精神世界过渡的象征。右:孟加拉素丹甘吉的青铜佛像。它成于5世纪,高7英尺6英寸,是笈多艺术和冶金术达到顶峰的标志。

中含有现存最重要的壁画藏品。这些壁画自宗教中汲取灵感,同
310 时自然优美,不拘一格。虽然它们年久失修,受到蝙蝠、昆虫、烟雾和水分渗透等的破坏,但依然奇瑰动人。(印度政府正采取措施清除污垢,设法保护这一无价的遗产)。自 7 世纪以降,佛教开始衰落,印度教庙宇数目增多,它们往往饰以雕塑而不是绘画。埃罗拉石窟寺和公元 10 至 11 世纪期间建于中印度东部的克久拉霍的印度教与耆那教寺庙的浮雕堪入世界艺术杰作之列。在这些雕刻作品中,不仅神袛,而且印度历史和传说中一大批杰出人物和戏剧性场面,都刻画得栩栩如生。不少场面具有显著的现实主义特征,但印度朝着抽象方向发展的倾向也显而易见:为了示明其不同的属性,众神都被刻画成具有多双手臂或好几张脸。笈多时代盛期瑰丽的雕刻形式是与众不同和有独创性的,但在描绘人体方面——赋予它一种软性的、近乎植物性的神韵——它们自一种可远溯至早已消失的印度河谷地文化的传统中汲取了灵感。与古希腊雕刻家菲迪亚斯之类把人体理想化不同,笈多时代的雕刻家和画家歌颂的是自然状态的充满活力的芸芸众生。即便是建于公元前 1 世纪的桑奇大窣堵波大门上凿刻的复杂的人物形象,虽然它们是用来纪念宗教传说中的事件的,但具有一种清新悦目和天然自成的特性,表现了自然界中狂放不羁的欢乐。

印度文化的传播

印度人民在把自己的文明发展到极致的同时,还把它移植到东南亚其他各国人民之中。印度航海家和商人在西端的阿拉伯海和印度洋的东部水域都很活跃,在此一时期的世界航海事业中显然居主导地位。印度的一些邦国拥有海军,政府机构中也专门有一个海运部。它们不仅促进贸易,而且特许设立商业公司,准许它们在某些地区进行贸易垄断,授予它们建立殖民地的权力。在公元后最初几百年间,马来半岛、安南(印度支那东部)、爪哇、苏门答腊以及马

来群岛的其他许多岛屿上均有了印度殖民地。5到10世纪期间，以苏门答腊岛为基地，一个佛教王朝建立了一个拥有强大海军力量的帝国。这一帝国还控制了爪哇西部，势力扩张到了马来半岛，并向婆罗洲殖民，继而由此向菲律宾群岛派遣殖民者。它控制了马六甲海峡，卓有成效地维持着这一地区水域的治安，使之免遭海盗的侵袭。这一帝国叫作室利佛逝帝国；虽然它因与印度本土的一个国家长期抗争而势力受到削弱，但它直到14世纪仍完好无损。印度的影响扩展到印度支那半岛——东南海岸的占婆国（后来并入安南帝国）、湄公河下游的柬埔寨诸王国和西北部的泰国（暹罗）。

室利佛逝和高棉帝国的艺术

这些东方国家的政治演变复杂得无法详 311
述，但整个地区长期保持着印度文化的深刻印记。随着佛教和印度教的传入，梵语文学作品传入这一地区。原型来自印度的艺术和建筑也

中爪哇婆罗浮屠的大窣堵波，始建于8世纪，新近在联合国资助下得到修复。

吴哥窟。建于 12 世纪,为其陵墓和升天成神的纪念建筑。

被精心地移植到这里,并具备了明显的自身特色。8 至 9 世纪,占
有苏门答腊和爪哇的室利佛逝帝国可能是首屈一指的佛教艺术中
心。中爪哇巨大的婆罗浮屠大窣堵波,为世界上的建筑奇迹之一。
它实际上是一座 150 英尺高的石山,有九层高台、台阶、有顶的门
道和四条共有 1500 幅浮雕画面的画廊。这个“大乘佛教的伟大的
图解经典”,曾经长达数世纪为人们所忽略,于 1982 年秋在联合国
教科文组织的领导下,由 27 个国家捐资 2,100 万美元得以全面修
整。到了 9 世纪,高棉人建立的柬埔寨帝国建造了规模更大的建
筑物。高棉人是土著民族,从 9 至 14 世纪他们统治着印度支那半
岛的大部分地区,并充满活力地反映出印度文化的影响。首都吴
哥(20 世纪被法国考古学家在热带丛林中发现)在它鼎盛时期辉
煌得令人难以置信。吴哥窟是几座巨大寺庙中最庄严宏大的一
312 座,甚至比古埃及卢克索和卡尔纳克神庙还要大。吴哥窟是为印
度教的毗湿奴神而建造的,同时也作为皇帝的陵墓,因为皇帝死
后都被奉为神灵,并在某种程度上与毗湿奴相同。当印度教

的影响在柬埔寨处于上升阶段时，佛教在那里也是一支颇为强大的力量。高棉的佛像以“吴哥的微笑”著称于世，这种表情体现着与内心世界的大彻大悟或“涅槃”相联系的高度的乐善好施和超凡入定。

中世纪时，孟加拉湾的周围地区虽然包括许多互不统属的政治实体，但全都被印度文化统治着。印度文化通过商业活动传播开来，并在宗教、文学和艺术领域这都有明显的表现。它在这个“大印度”里，创造力一点不比在它的祖国差。但是，随着各邦国之间劳民伤财的争斗，北部来自中国的压力和阿拉伯人以及其他冒险家们在这个地区贸易、传教和成功的征服（这是更加决定性的），这一地区的佛教和印度教文明在14、15和16世纪衰落了。

印度通过贸易联系对西方产生的影响可能比现以普遍承认的要大，尽管它来得比较晚而且主要以阿拉伯人作为中介。印度的数字（“阿拉伯数字”）直到中世纪晚期才被欧洲人采用，但它也许早在公元2世纪就已传入亚历山大城。8至9世纪，印度的重要科学和医学论文就已从梵文译成阿拉伯文。另外，很可能是印度哲 313
学与宗教的密切联系促进了基督教寺院制度的成长。最早的基督教隐修者出现在埃及，那里流传着佛教和印度教的许多知识，二者都强调超凡脱俗和抛弃欲望的宗旨。

二、中国领土的扩大和政治文化的发展

秦朝（公元前221—公元前207年）

推翻周朝后建立起来的秦朝，只延续了14年（公元前221—公元前207年）。但它是中国历史上最重要的王朝之一，因为它坚持不懈地厉行改组政府，

以期改变国家的性质。秦朝开国皇帝自称为“始皇帝”,他意志如钢,具有经邦治国的天才。他剪除了纷争的诸王国,在全国分郡而治,还苦心经营了一套由他本人直接负责的官僚政治体制。早在秦王国时期,中央集权统治和高效能的军事组织就已根深蒂固,这时已推广到全中国。这实际上是与传统彻底决裂。存在500年之久的分封制度几乎烟消云散,政府开始直接与人民打交道。为了根除任何对当局的非议,皇帝的丞相禁止各哲学学派继续辩论,并下令将他们的著作付之一炬。这道焚书令的范围很大,违者格杀勿论;不过皇帝的图书馆里保存了禁书的抄本,某些道教著作幸免于难,那是因为皇帝被书中那些遐迩闻名的有不可思议疗效的药方迷住了。他尤其处心积虑地要根除孔子和墨子的教诲,因为他们强调道德也能约束君王,并强调统治者应该依靠贤人学者的辅佐。

秦朝的艺术成就

秦朝虽然短命且充满暴力,但却在中国历史中占有极为重要的地位——拥有很高的技术水平和艺术成就,秦始皇陵便是一个明证,它有巨大而复杂的地下宫殿,陵墓总面积超过21平方英里(33.8平方公里)。为建此陵招募了70万劳力,他们成为陪送皇帝走上冥冥之路的牺牲品。尽管古人留下了许多有关始皇陵的传说,但它的宝藏到1970年王陵被发现时才日趋明朗。最近已修复准备做陈列的发掘品,大大超乎人们的想象。陵寝旁安置有8,000陶俑组成的军队方阵——士兵、马匹、战车全副武装,均按实战阵势排列,各种武器依然锋利无比。陶俑与真人非常相像,但
314 又各具特色,似乎是始皇帝(秦始皇)让他军队的每个士兵都画了脸谱以供制陶艺人参考,才制作出栩栩如生的作品。秦始皇本人的陵寝还有待发掘。据说它的天花板上嵌满了宝石,寝陵四周灌满了水银,而且还设有陷阱以防范入侵者。

第一个皇帝“秦始皇”

秦朝的所作所为无不体现着秦始皇本人那雷霆万钧之力和冷酷无情的决心。他向四面八方开疆拓土。在南方，他不仅并吞列国，也修建运河，其中一条连接长江和西江（广州是西江上的主要港口）。他靠征兵建立起庞大的军队，同时，作为一种预防措施，收缴了大部分民间武器。他靠强制劳动建成了一系列雄心勃勃的工程，其中包括以首都为中心四通八达的军事公路网。他令人咂舌的建筑工程是修复北方一系列防御工事并把它们连成一线，从而筑起了中国的长城。长城从海边连绵逶迤1,400多英里直入腹地。在首都（靠近西安，西周首都旧址），他建成了一座巍峨宏大的宫殿，长2,500英尺，宽500英尺，能住进一万人。除了这些繁重的工作外，他和他的大臣们还抽出时间来统一重量单位、长度单位，甚至连车轴的宽度也统一了；而且，更重要的是，他们在全国统一了文字的写法，结果，尽管口头方言千差万别，不同地区的人互相交流思想却容易多了。始皇帝在其统治政策中，可能借鉴了波斯国王和印度孔雀王朝皇帝旃陀罗笈多的某些特点。中国后代皇帝们和外国君王们对他五体投地，念念不忘， 315
因此异邦开始以“支那”称呼中国，而“支那”就是以他的王朝“秦”命名的。这位不可一世的皇帝也有致命弱点，即他的迷信幻想与日俱增。他几次出巡去寻求长生不老的灵丹妙药，并死于出巡途中。三年后，他的王朝亡于一连串宫廷阴谋与暗杀，而他的巍巍殿阁则被夷为平地。

秦始皇的社会改革及其集权主义手段

秦朝皇帝致力于重建社会和政治，尽管困难重重，但终有所成。从整体来说，他的政策是奖掖农业，不重贸易，助农人而抑商贾。他正式废除了农奴制，宣布耕者有其田；但实际上，农民的命运究竟比从前好多少，只有天知道。这是因为大小土地所有者之间有着天壤之别，而且商人、高利贷者以及政府力图抑制的各色人等，逼得贫苦农民债台高筑不堪忍受。秦朝统治者的赋税（包括人头税）名目繁多苛重，他们还无视民间疾苦，大举征兵派役。这样一来，一方面全社会的福利比以往任何时候都更有赖于国家政权，另一方面国家却把个人的尊严和自由压制到了最低限度。大量人口被迫从一个地区迁到另一个地区，许多人干脆变成了国家的奴隶。政府控制着人民的行
316 动，只要可能，就连人民的思想也尽可能地控制起来。法家所主张的高压统治、严刑峻法、制造恐怖，秦朝的统治者都身体力行，简直与二十世纪欧洲的极权主义制度有着惊人的类似之处。

中央集权的政府

秦王朝灭亡后不久，汉王朝建立（公元前206—公元220年）。汉朝政府是一个中央集权的官僚政治机构，但在处理国事时，它还算因地制宜并维护古老的传统。汉朝开国皇帝又沿用了分封制度的某些方面，他以封地的方式，把地产赏赐给皇亲国戚和其他达官显贵。结果，又出现了如同在周朝时的那种危险，分封出去的王国势力日益强大，也日益各自为政。幸而皇帝使出了一条锦囊妙计，他下了一道圣旨：贵族地产不再原封不动地传给长子，而是所有的继承人一人一份。中国的社会离平等还相去甚远，但是它的贵族政治的结构已经风雨飘摇了。皇帝的政府打破了一切阶级界限，再按封建原则重新确立它，已如白日做梦了。周朝时封的旧国的势力再也不能恢复了。显然，这是遭人诅咒的秦朝所开创的事业，汉朝皇帝们从中大得好处，于是再接再厉坚持不懈，只不过缓和了秦朝那些最苛重的作法。汉朝皇帝与秦始皇相反，不但不敌视学者阶层，反而力求博得他们的好感与支持，还要求他的官吏们举荐年轻的贤能之才，委以公职，不计较出身如何。政府对各家哲学学

派采取宽容政策,而孔夫子的门徒们从中获益最大。他们有一些书逃过了焚书之祸,儒生们又记忆非凡,于是,承天子恩德,孔夫子的训诲得到重新解释,更加强调中央政府至高无上的权威,——这可是孔夫子本人未曾言及的。如此这般,他们就从绊脚石摇身一变,为创建高效能的帝国政府而添砖加瓦了。

汉朝的严酷统治

汉朝的统治固然积极有力,卓有成效,相对开明,但也严酷到家了。像秦朝一样,诸如垦荒、筑路、开渠这样雄心勃勃的工程,需要极大的劳动力,而其中许多工程是奴隶完成的。税率很高,国家垄断盐和铁的生产,货币的贬值损害了百姓却肥了朝廷。与此同时,皇帝企图调整物价,这不仅仅是为了保护贫穷的消费者,更是把商人的利润转归皇帝的金库。政府也参与帝国飞速发展的对外贸易。

中国的耕作文明

自远古以来,中国重要历史阶段均为农业化。耕作的方式早在商周之际已得到发展,以后没有什么根本上的变化。这些技术被广泛地采用,而且影响到中国社会的方方面面。尽管它们在某些方面是原始和落后的,但是具有许多经验和预见性。中国被认 317
为拥有一个"植物文明",因为它的人民不善交际,不进行知识交流,而使自己完全地适应他们的环境。典型的中国农村——有面积不等的耕地,常常很小,但却侍候得十分仔细——生产出几乎所有的物品。它就好像是一幅风景画的一部分,而不是通过人们的努力来让自然界为自身服务。尽管中国是一个大国,但可耕作的土地很少,使得中国粮食的生产与人口的增长很难保持平衡。大部分的国土是丘陵和山地,北方和西部是无法灌溉的干旱区。通常,人们的注意力集中在能发现且适于耕作的小块土地上。大部分的劳动靠手工来完成,使用简单的工具创造着尽可能多的收获。

人们收集废物(如草木灰)用来给土地施肥;甚至那些不再用于建筑目的的土坯。谷物施行轮作以避免地力衰竭,山坡地被改成梯田以防水土流失。

尽管很早就知道驾驭牲畜,而且在公元前6世纪就已知道用牛拉犁,但它的使用却受到限制,因为它简陋而且在小块土地上不如人力有效。除此之外,草地和牧场可给牲畜提供饲料,而牲畜又给人类提供肉食。中国人主要依靠植物性食物维持生存,并不是因为像印度人那样因宗教信仰反对食肉,而是由于经济实况的原因,他们不是种植谷物来饲养牲畜然后食肉,而是直接消费谷物。对于肉食,他们选择易于饲养的鸡、鸭,特别是猪(可以处理生活垃圾)和鱼。中国的农业是细作农业,而非粗放农业。与现代西方国家特别是美国和加拿大相比较,相对于人力和工作量而言,产量是低的,但单位面积产量是高的。中国的农业劳动者是很辛苦的,但却使人口的大量增长成为可能。

帝国的扩张

正如那些强大的王朝一样,汉朝努力扩大自己的版图。满洲南部和朝鲜北部被吞并,中国的移民和文化遍及这个地区。长江以南和印度支
318 那东北部(东京)的各省份也都拿到了手。汉朝初立之际,游牧的匈奴各部落结成了联盟,控制了草原地区达两个半世纪,汉朝控制中亚的企图受到了遏制。虽然汉帝费了很大心血与匈奴作战,但他们无法粉碎后者,最终与他们缔约求和。匈奴人表面上被视为附庸,但实际上汉朝要向他们交纳粮食、酒和丝等贡纳,授与他们种种商业特权,以此换得他们免于劫掠中国领土。在疆域辽阔和国势鼎盛两方面,汉代中国都与同时期的罗马帝国并驾齐驱。中国没有与其他文明地区相隔绝,它的商业联系,特别是通过横贯新疆和突厥斯坦的商路所进行的贸易往来,远及天涯。中国人也开始在公海上扬帆远航,不过,大洋上的贸易主要是由那些直抵南中国

海和东京湾的印度航海家经营的。中国商人不仅与印度、锡兰,而且与日本、波斯、阿拉伯半岛、叙利亚进行贸易,甚至间接地与罗马帝国贸易。这些贸易中,中国总是获利丰厚,因为它的主要出口物——丝绸,卖价极高,而且常常是用黄金或宝石来支付的。

汉朝的危机与衰败

在一位治国50余年的皇帝有力领导下(汉武帝,公元前140年—前87年),汉王朝在公元前2世纪后半期空前鼎盛。公元后第一个世纪一开始,一个叫王莽的篡位者,夺取了皇位并企图推行激进的改革。如果他成功地实现了自己的计划,中国社会的性质就会发生革命性的变化。王莽宣布所有土地收归国有,以便平均分配给农田耕作者。他固定了物价,远在现代西方国家之前就已经推行了这样一项扶助农业的政策,即:国家直接参加农产品交易,买进余粮,贮存到荒年再出售。他还发放低利息的政府贷款,帮助苦苦挣扎的农民们。更加令人惊叹的是,他决定废除奴隶制,不过,他发现这个办法行不通,就代之以对拥有奴隶的人征收一种特别的税。他的人道主义的计划,代表着被视为草芥的劳苦百姓的利益,从而招来商人和家资富有的人的殊死抵抗。反对他的起义爆发了,他本人被刺身死,他的计划被放弃了(公元23年)。汉室重登王位,继续统治了两个多世纪。这个时期称为后汉或东汉,因为其首都东迁到河南境内。虽然统治制度原封不动,而且靠着娴熟的外交手腕和军事力量,中国在四邻异邦中威望日隆;但后汉王朝的宫廷内部和皇亲国戚中,都显露出典型的腐败恶兆。当起义爆发时,王朝分崩离析,大权落入军阀手中。公元220年,一个军阀废黜了汉朝皇帝。

汉朝的成就

在中国的历史进程中,众多王朝你来我往,过 319
客匆匆,有些犹如过眼烟云,有些只有一个地区的管辖权;但大多数王朝所走的路都如出一辙,他们的命运也颇为类似。有时新王朝靠武力或篡位创立,有时靠外族,有时靠低贱出身的领袖起家(据说汉朝的开国皇帝就出身于贫苦农民之家)。如果他能保住自己的权力并长治久安,他就会被尊为正统的真命天子,并赋予他皇帝的全部尊严,再也不去追究他的家庭从前的地位了。但是,若想受到拥戴,这个王朝就必须促进普遍的繁荣,保卫国家,镇压内讧。中国典型的改朝换代不仅说明了接踵而来的王朝如何兴衰变迁,也说明了社会状态的好坏于一个政治制度能否延续息息相关。一般说来,一个朝代开国之初都朝气蓬勃治国有方,于是国泰民安,繁荣昌盛,人丁兴旺。一旦朝廷和它的官员们变得利欲熏心贪污腐化,对国家的问题熟视无睹,只知横征暴敛,那么,内乱就随之而起,常常还有外敌入侵来火上加油。如果这个王朝面对危机力尽智穷,它就会在血泊中被推翻;而一个新的铁腕人物就会夺取大权,收拾残局,以一个新王朝的名义重蹈覆辙。汉朝(公元前 206 年—公元 220 年)的一兴一亡,就证明了这个普遍模式在中国的连续政治闹剧中极有典型意义。但在另一方面,汉朝标志着中国历史上最光辉灿烂的时期之一。这个时期的特点在于文化的进步,在于政府组织形式发展得非常令人满意,因此,除了偶有中断之外,它的基本特征直到 20 世纪仍然一脉相承,一成不变。

动乱与分裂的时期

汉朝崩溃后长达四个世纪中,中国陷于兵荒马乱中。国家分裂,战乱不已,似乎自古以来的一切成就都岌岌可危了。虽然起讫年代不尽相同,但中国这段政治分裂的时期,可以比之于欧洲在西罗马帝国灭亡之后所经历的混乱时代。正如欧洲中世纪初期一样,中国的中央政府奄奄一息或者干脆荡然无存,蛮族入侵殃及广大地区,而且,像基督教在西方拉丁民族和日耳曼人民中间开始扎根一样,一种新的宣扬来世的宗教——佛教,在中国如火如荼地传播开来。但除了以上相似之处外,中国的分裂时期与欧洲的中世纪初期大相径庭。在中国,经济和城市生活没有明显的衰落,文化和风俗也没有重大的改变。唯一的真正不幸是缺乏一个强有力的中央政权,国家因此而蒙难。但亡羊犹可补牢,那就是修复一度垮掉的统治机器。汉朝政府就曾是一个切实有效的先例,它的经验之谈就是充分利用现存的社会组织和经济制度,并强调古老传统。正因为如此,就连长时期的半无政府状态,也不可能毁灭中国 320
的文明。这是一个阴云遮日的时期,但它证实了中国的社会和文化是坚忍顽强的,这种坚韧性扎根于家长制的家庭、村社组织和农民们不屈不挠的进取心之中。这些农民老老实实地崇拜自己耕作的土地,并决心以此安身立命,根本不关心那甚器尘上无所不及的政治斗争。

北方来的游牧入侵者

可以预料得到,中国北部边境上的游牧民族会利用这种内部弱点来趁火打劫,蹂躏国家。从 4 世纪到 6 世纪后期的 250 年间,整个中国北方,包括渭河流域和黄河流域,实际上都处在匈奴人、鞑靼人及与他们血统相近的游牧民族的王朝统治之下。但是他们在中国没能像在印度那样,在中亚建立一个个幅员辽阔而短命的帝国以进行经常性的侵犯。异族对黄河流域——历史上中国文化的中心——的统治,并没有能够毁灭这种文化。相反,统治者似乎渴望着能被当作文明的监护人和保卫者;而在远东,所谓文明实际上就是中国风俗。居住在长城以南的游牧民,语言和风俗都被当地居民同化了。而在中国大众的风俗中,由于与草原游牧民接触而发生的变化微不足道;其中之一就是服装式样。4 世纪和 5 世纪中,他们像北方骑马人那样穿起了裤子和靴子,甚至在中国南方,这种服装式样也逐渐取代了宽大的长袍。

唐朝(公元 618—907 年)恢复了政治统一

在中世纪,中国与西欧迥然不同:在中国,经过四个世纪的战乱之后,接踵而来的是另一个生机勃勃成就辉煌的王朝——唐朝(公元 618—907 年)。唐朝重建了皇帝的一统江山,把边界线重又推回原处,并取得了辉煌灿烂的文化成就。这样,在同一时期内,封建主义正在欧洲扎根,一种新型的文明正在那里形成,而中国则正在重新推进汉朝的事业。尽管唐朝建立于长期的入侵和分裂之后,但它在许多方面体现了中国文化发展的顶峰。①

唐朝势力的高潮

基本上是在一位卓越天子的统治下,唐朝在 8 世纪头五十年中几乎事事处处都达到了极盛。那时,中国统治的地区虽然只比汉朝时稍稍大一点,却远远超过自古以来任何一位中国本民
321 族皇帝的版图。在蒙古进行的几次战争,粉碎了统治那里几达 150 年之久的突厥人的力量,一些突厥人成了唐朝帝国的同盟者。满洲的许多地区被合并了,整个朝鲜在一段不长的时间内称臣纳贡,印度支那北部再次被置于中国的统治之下。在中亚,唐朝取得了最显著的进展。中国统治了西至里海和阿富汗—印度边界的广大地区,就连印度河流域的一些王公也承认了中国的宗主权。在军事扩张中,唐朝的统治者非常倚重各异族的帮助,他们的臣民对这些不论是朋友还是敌人的异族也很熟悉。现在,中国这条巨龙已如泰山压顶,蒙古人、突厥人、匈奴人也欣然从命,乐为盟友。

---

① 实际上,存世时间较短的隋朝(589—618 年)业已重新统一中国,并开创了一个新的进步时代。

唐帝国的衰落

不管唐朝在中亚的霸权多么强大，它也不可能万世永存。7 世纪中期，伊斯兰教和萨拉逊人的帝国在阿拉伯人的领导下开始大肆扩张，一时之下，尽管中国远离西亚，但似乎只有中国才是能有效御敌的唯一力量。波斯萨珊王朝的末代国王从阿拉伯人的手中逃脱出来，到唐朝求援；唐朝军队在当地王公的协助下，在突厥斯坦阻止了穆斯林的推进。但这只是暂时的，当唐朝开始走下坡路时（约 750 年），阿拉伯人统治了突厥斯坦，留下伊斯兰教作为永久的遗产。他们的影响一度向东扩展，直抵中国的甘肃省边界。西 322
藏过去从未参与过中亚的政治动乱，但此时唐朝的统治者在那里也遇到了麻烦。7 世纪初，一位领袖人物在那个高原之国建立了一个王国，他的威望日隆，竟足以使中国和印度都把公主嫁给他。西藏人轮流与突厥人、阿拉伯人结盟，几次入侵中国领土，并且卡住了帕米尔山脉的通道，阻断了中国与波斯之间的贸易。798 年，唐政府成功地与著名的巴格达哈里发哈伦·拉希德签订了一项同盟条约，于是西藏人的势力就在 9 世纪中一落千丈。与此同时，突厥人的一支重新占领了蒙古，尽管长年苦战，中国人还是无法保护他们西部和北部边境不受侵犯。到了 9 世纪末，国内起义以及政府的腐败和王室的衰微，导致中国再次天下大乱。

文官制度的发展

唐朝的统治机构与汉朝相似，也是皇帝独揽全权，由庞大的官僚机构辅国佐政。中国本土划为 15 个道，每个道再分为若干府或州，往下分为县或更小的单位，而每一个行政单位都由一名中央任命的官吏治理。汉朝曾实行过举贤荐才为国效力，到唐朝时，已经发展成一套选任文官的基本制度。在全国所有各道都定期地举行笔试，从应考合格者中选官授职。

唐代中国的社会

自从秦朝皇帝废除封建制,建立农民所有制以来,中国社会的性质没有什么大的改变。许多农民不是独立的土地所有者,而是佃户;且奴隶制并未彻底根除。财富上的不平等和社会各阶层的贵贱之分举目可睹。唐朝的皇帝扶植起一个拥有封号爵位的贵族阶层,其内部又分数等,但它们的地位基于政府对他们是否宠幸,
323 而不在于他们拥有多少土地财产。在封建制度下,世袭的爵位可以带来实际的统治权,而此时,封号只授予成绩突出的官吏,以犒赏他们为朝廷所效的犬马之劳。正常情况下,皇帝并不以军事独裁的方式实行统治,而是使行政当局与军事当局泾渭分明;只有在国家虚弱混乱,军阀篡夺政治权力时,皇帝才实行军事独裁。到唐
324 朝时,中国人已经坚信:军人统治与正常的、文明的社会形态水火不相容。

农业

每一个富于生机的王朝都沿袭促进农业的政策,它们重视水利工程,平时维持国家的粮仓,以备荒年周济粮食。有时它们还试图把农民从沉重的债务和捐税负担下解脱出来。尽管如此,当中国成为世界上主要农业国之一时,贫苦农民们无疑仍忍受有史以来一贯低下的生活水平。此外,农民的主要负担就是供养国家。理论上讲,皇帝有权重新分配任何人的财产;但实际上,他仅仅限于削弱那些富可倾国危及皇权的家族实力而已。当官的对农民的兴趣总是集中在一点上,即农民是赋税、贡物、劳役(包括当兵)最可靠、最有利可图的源泉。

商业和都市的成长

十分奇怪的是,虽然农民的地位很光彩,政府也厉行奖掖农业的政策,但在这一时期内,中国商人却获得了比欧洲商人优越得多的突出地位,而且商业的稳步发展促进了繁华都市的兴起。

8 世纪时,唐朝首都在渭河河谷中(即西安,但当时叫长安),它是横贯亚洲的陆上商路的东端。它显然拥有近二百万人口,而当时中国的总人口在四千万到五千万之间,大约相当于现在人口的百分之七。唐朝的对外贸易空前发达,其中海路贸易的比例不断增加,首要的交易港口是广州和东南沿海地区其他城市。在那里,来自近东和中东众多国家的商人比比皆是。中国出口商品中,除了丝绸和香料,瓷器也开始誉满全球。

佛教的传入

这个时期宗教上出现的变化意义深远,不容忽视。最重要的是佛教的传入,佛教使中国人第一次接触到一种理论深邃,拥有教会组织,强调个人超度的复杂宗教。释迦牟尼死后的几个世纪中,佛教信仰在印度周围各地区方兴未艾,并向中国汹涌而来。早在公元 1 世纪,它就沿着北方的商路传入了中国,在汉朝崩溃后那段分裂时期内飞速发展起来。佛教在中国颇有争论,它既唤起了强烈的好奇心,又招来了厌恶。它那神秘主义、禁欲主义、厌弃尘世、灵魂轮回的观念都与中国的传统格格不入;而和尚的生活又似乎是对忠于家
庭的神圣观念的一种背叛。但另一方面,佛教给人的安慰在中国 325
固有迷信中或哲学体系中是无处可寻的。这种安慰并非贵族专有,对所有的等级都佛门广开。与孔夫子强调天的意志不可违抗相反,佛教中因果报应的教义断言:不管什么人,只有一心修行,来世就能鸿运临门。新宗教富于想象性,吸引了众多信徒;而传播佛教的僧侣随身带来了卷帙浩繁的经文,使崇拜学问的中国人印象尤深。佛教的来世观念特别能吸引被践踏被蹂躏的人们。尽管某些中国帝王曾以暴力镇压,但佛教香火不绝,信徒日众;善男信女们组织了佛教团体,朝圣者到印度去取经,抄回许多佛教经文。大约到公元 5 世纪时,中国实际上已经成为一个佛教国家。

中国佛教的各宗

当然可以设想,一个强有力的帝王的统治得以恢复后,对这种外来的救世军式的信仰就会兴趣索然,但事实并非如此。虽然一些唐朝皇帝企图根绝佛教(据说有一个皇帝毁掉了四万个庙宇),但是也有几个皇帝提倡它,而且就是在唐朝统治下,中国的佛教发展到了顶点,成为一种创造性的力量。佛教的许多宗派也传入中国,主要是大乘佛教各宗;其他佛教各派也在中国的土地上生根开花,吸引着秉性各异学识不等的人们。流传最广的教派之一有"净土宗"或"莲花宗",这一宗自我超度升入西方极乐世界的办法最容易,无论何人,只要念着阿弥陀(或阿弥陀佛)的名字祈祷就可以。阿弥陀,理论上是佛祖的化身,实际上被看作是神,据说生于西天乐土的一株莲花中。当然,也有几个教派鼓励矢志求学,提倡关心社会问题和政府问题。唐朝最生动、活跃的哲学探索就产生于佛教徒之中。但是,尽管佛教极为成功,它的胜利却无法于同时代基督教在西欧的支配地位相提并论。中国佛教徒没有团结于一个统一的教规之下,没有强制性的约束力;他们的组织也没有像西方基督教教会体系那样,向国家的权威提出挑战或取而代之。在中国,佛教几乎处处盛行,但这一事实并不意味着其他宗教就灭绝殆尽了。建立一个包含一切的普世教会的思想,不适应于中国人的观念。

道家成为一种宗教

起源于一个哲学学派的道教与佛教齐头并进,广为流传。它具备了宣扬来世的宗教特征,而且颇能广泛的吸引民众。道教不仅发展道士制度,也发展了一种以一个"天师"为首的等级教
326 会制度。天师在中国中南地区建立了类似罗马教廷的大本营。道教的这种教阶制度在 8 世纪中获得了官方的承认,直到 1927 年才正式废除。虽然道教也具有吸引知识分子的成分并鼓励行善,但

它融汇了许多原始迷信,以“道”为教义。“道”被解释为通向个人幸福之路,而这种幸福一般只限于物质范围内。道教受到佛教的很大影响,并从外来信仰中借用了许多观念,其中包括因果报应和灵魂超度,以及相信三十三重天和十八层地狱。道教的道士制度因循了佛教的和尚制度,只不过道士不独身。后期道教经文与佛经有惊人的雷同之处。这两种宗教不可避免地展开了竞争,但谁也吃不了谁,而且都受到皇帝和老百姓的支持。一些道教的辩护士们宣称:他们的开山鼻祖老子才是真正的佛,不然的话,他怎会教导过佛祖之师;而佛教徒们则反唇相讥,断言老子曾向释迦牟尼表示尊崇。

儒学成为一种官方崇拜

尽管道教广收民心,佛教称雄一时,但儒学从唐朝后期起开始复兴并始终使中国人对它忠心耿耿。虽然儒学总是被描绘成中国的三大宗教之一,但它并不是,而且也从来没有成为一种严格意义上的宗教。它是一种道德原则体系,礼节和正规仪式的结合体,而且,由于汉唐两朝皇帝的政策,它也成为政府的行动准则;从精通孔夫子经典的读书人中选官授职的做法,更巩固了它的这一地位。最终,对这位至圣先师的顶礼膜拜就成为官方崇拜的一部分,并具有正规的宗教性仪式。汉朝后期的皇帝曾规定在每个大城市祭孔,7 世纪唐朝统治者命令,在每一个府和县都要修建孔庙。这样一来,这位圣人就同其他古代名人、圣明帝王、赫赫名 327
将等一起永远受到顶礼膜拜,不过这与佛教和道教的神所受到的那种崇拜不同。应该记住,中国人的宗教观念与其他大多数民族不同。一个典型的中国人,理所当然是一个孔子的信徒,但他同时也可以是一个道教徒,一个佛教徒,或者两种宗教兼而信之。

经济和文化的变化

6世纪初期佛陀浮雕像。出自龙门石窟。

从秦朝到唐朝灭亡的一千年间，中国的经济和文化发生了许多变化。从西域引进了一些东西，例如农作物中的葡萄和苜蓿；还从摩尼教徒那里引进了占星术和七天为一个星期的制度。中国人在公元4世纪就开始用煤作燃料和炼铁了，比欧洲人遥遥领先。早在公元前28年，他们的占星家就发现了太阳黑子，公元132年就造成了原始的地震仪。磁性罗盘显然是道士们在公元500年左右发展起来的，它主要用于为造坟筑墓寻找风水宝地。中国人也发现了火药的性能，但在当时，火药并不是用来加剧人们的自相残杀，而是制成爆竹，驱魔镇邪。2世纪初，中国出现了最重要的发明——纸（由树皮、麻、破布造成），大约500年后又采用了雕版印刷。到10世纪时，书籍的印刷不仅在中国，而且在朝鲜和日本也极为普遍了。

这一时期内知识和艺术的巨大进步应当归功于佛教徒，他们

的贡献并不仅仅限于宗教方面。佛教徒采取一边念经一边使用法
器的宗教仪式;也采用了好几种新乐器,包括箜篌、琵琶或其他弦
乐器和笙、筚篥和一种长笛;这些都丰富了中国的音乐。不过,中
国佛教徒最引人注目的推动作用还是在视觉艺术方面。印度北方
的佛教徒曾经从希腊和波斯汲取艺术特色,并把它们传播到中亚,
从那里又传入中国。在(南北朝)分裂时期和唐朝初期,中国的雕
刻艺术登峰造极,成功地把印度、波斯、希腊的艺术特色融会贯通,
形成独树一帜的中国风格。这种雕刻中美轮美奂的精品历尽沧 328
桑,至今犹存;其中上乘之作是在6世纪后期和7世纪前期问世
的。令人叹为观止的建筑杰作是中国西北地区的佛教寺庙或神圣
的石窟,它们是仿效印度人的办法凿岩开出的石洞。绘画在写实
和感受力方面也达到了后人几乎一直未能超越的顶点。中国人用
毛笔和墨书写文字的习惯促进了绘画技巧的发展,画中人物或场
景往往与书写在绢布卷上的高超书法合在一起。唐代的一些壁画
保存下来;与雕刻一样,它们显示出佛教的影响。次要艺术中卓然
不群的是动物和人物陶像的生产,它们主要用于陪葬品,典雅、自
然。白瓷——世界著名的“瓷”器的开端——的生产显然始于6或
7世纪。

早在周代,中国文明就精通文学。到了唐代,中国可能拥有世界上为数众多的文集。哲学活动无法与孔子、墨子和孟子之富有创造力的时代相比,但各种各样的文学形式应运而生,表现出思想、老练程度和审美力的成熟。唐代作家撰写历史、散文、辞书、短篇故事和供平民消遣的传奇,此外还有萌芽期的戏剧,以及令其他种种文学形式黯然失色的诗歌。在分裂和纷争时期,大量诗歌问世。佛教和道教的影响带来了有益于丰富的艺术抒情的激情和一种神秘主义特性。最后一个结果是8、9世纪唐朝成为中国诗歌创作史上最辉煌的时期。诗歌一般短小精炼,遣文造句考究,琅琅上

口,富有美感,同时表现出洗练的思想和生动的想象力。虽然诗歌有时传述哲学思想,但情绪抑郁,主题浪漫,尤重自然、爱情和友情。一些诗歌佳作流露出淡淡的忧思,对穷苦人的悲惨遭遇深表同情,对政治腐败感到忧虑,对毫无人道、残酷的战争深恶痛绝,对恶明显战胜善深感不解。

三、日本的早期文明

日本文明的迟缓发展

东亚的伟大文明中,日本文明发展最晚。它的起源在大陆上,而且很大程度上是对大陆文明,尤其是中国文明的消化吸收。然而,日本落后于中国和印度数百年并且在借鉴中国文明的基础上才得到迅速进步的事实并不证明这些岛国居民缺乏才能和创造力。他们不仅在消化吸收外国因素并改造利用方面表现出令人瞩目的天赋,而且在历史的某些时期中,他们似乎比远东其他民族更具有首创精神。早期日本的落后至少在某种程度上可以解释
329 为它与亚洲大陆隔绝的地理环境。在跨洋商业没有十分发达时,日本列岛不可能随时受到大陆上正在发生的政治和文化变革的影响。这些岛屿与亚洲大陆的关系就像不列颠群岛和欧洲的关系一样。正如欧洲文明逐步从近东的中心向西经意大利传入北方各国,最后传播到不列颠一样,远东的文明也是由黄河流域向西、南、东北辐射式传播,必然最晚到达日本。实际上,日本比不列颠离邻近的大陆要远得多。多佛尔海峡最窄处只有 20 英里宽,而日本列岛与朝鲜半岛距离最近处也超过 100 英里。

地理上的利弊

日本的地理位置在某种意义上说是得天独厚的。在构成日本列岛的 3,000 个左右的岛屿中,只有 600 个有人居住,而大部分人口集中在

四个主要岛屿上。整个群岛位于温带,最大的岛屿本州,拥有日本人口的半数,处在与加利福尼亚几乎完全相同的纬度上。从热带海洋向北流来的黑潮缓解了冬季的寒冷;而有时是破坏性极强的气旋风暴使气温上下波动,二者都锻炼了人们的身体和意志。他们濒临大洋促使他们发展了航海并成为坚韧不拔的渔民。这一地区以它的海岸、山脉、火山和积雪的山峰而成为世界上风景最优美的地区之一,这无疑是形成日本民族敏锐的美学眼光的一个因素。同时,日本从大自然得到的并不全是恩惠;它也受一些不利条件的困扰。除了煤的储量相对丰富外,矿产资源贫乏;更为严重的情况是,大部分地区是山区或岩石地区,农田缺乏。虽然在历史上日本人是一个农业民族,但他们的土地只有百分之十六适宜耕种。这在人口较少和普遍安居乐业的条件下算勉强够用;但到了近代,它成了一个严重的问题。

日本的种族构成

虽然日本的领土面积这样小(比加利福尼亚州略小一点)而且它相对与世隔绝,但从很早时就连续不断地有大陆上的各民族移民迁入此地居住。已知最早的居民是一个拥有新石器文化的原始民族。他们在许多方面还很原始但却以令人惊叹的设计精美的陶器和制作技艺精湛的武器而著称。他们今天以阿伊努人——一
个皮肤白皙,脸孔较平,毛发浓重的民族——为代表,除了北海道 330
和北方的千岛群岛外他们已从这个国家的大部分地区消失了。大部分日本人是自新石器时代及其以后跨海而来的蒙古入侵者的后裔,他们大部分经朝鲜进入日本。从秦朝起,日本人就掌握了关于中国文化的一些知识,它们当时已渗透进了朝鲜。从公元前 2 至 1 世纪的墓葬中出土过铜镜、有雕刻的宝石和中国或蒙古式样的
剑。到公元前 1 世纪末,日本人已经开始使用铁器和青铜器。 331

日本社会的开端

文化演进的主要中心在日本的南部和西部——靠近朝鲜的地区,移民主要从那里进入日本——而且这一地区的文化发展逐步扩散到北部和东部,这一点十分清楚。日本国家的真正核心是位于最大的本州岛东南部的大和半岛,也许早在公元1世纪就有一个家族群从九州(正对朝鲜)迁入此地。当时日本社会十分原始。人们还穿着用大麻和树皮制成的衣服,尽管丝绸在当时并不完全不为人所知。他们只以易物方式进行贸易,也没有文字系统。社会的主体单位是氏族,一个家庭组成的群体靠血缘关系维持。每个氏族都供奉一些特有的神灵,他们被认为是氏族的祖先;但祖先崇拜尚未形成定规。氏族首领由一个特定的家庭世袭,这个首领既是军事指挥者也是祭司。在原始的日本社会中,妇女似乎占有较高地位,甚至是统治地位。氏族首领有时是妇女,而且有证据指出早期家庭是母系的,即按母亲家族来安排世系——鉴于后来妇女的严酷的从属地位,这是一个令人瞩目的情况。但是,向父权制的过渡实现得很早。根据公元3世纪中国的记载,一夫多妻很普遍,尤其是那些地位较高的男人。各种工艺和技术被以成员资格世代相传的行会形式组织起来。每个行会依附于一个氏族并最终趋向于融入这个氏族,虽然有一些行会因为成员从事特殊职业,例如管理宗教仪式等而能独立存在并保持高贵的地位。另一方面,农业和手工业行会的成员实际上是农奴。社会是确定的贵族统治,身份都是世袭的,奴隶制仍然存在,尽管奴隶的人数相对较少。

神道教的创立

与其他原始民族的宗教相比,日本的宗教在某些方面是独一无二的。它基本上是万物有灵论的,是一种幼稚的,没有明确神性概念的普遍自然崇拜。一般来讲它是多神教,除了这个术语可能对神的种类、数量和意义有严格限制以外。日本人后来把他们的宗教命名为“神道(神的道路)”,这是因为他们需要把它与教义清晰而成熟的佛教信仰区别开来。虽然日本人承认一些伟大的神灵,把他们附着于日、月、土、谷和风,但他们并未被赋予明确的性格,也没有用神像来表现。崇拜的对象叫做“神”,这个术语意为“无上的”, 332
但它被应用于几乎一切神秘或有趣的事物,范围从天象到泥沙以至于害虫。在自然与超自然、魔术与崇拜之间没有明确的界限。死后生命的想法极端模糊,宗教十分缺乏道德内容。它包含许多禁忌,而且对礼仪的洁净十分注重,用净化仪式来排除污秽,但这种要求并不是基于道德上的考虑甚至不是总与健康有关。例如,不洁总是与生育、死亡和不管是否光荣的受伤联系在一起。为了取悦神,人们用恭敬的行动、祈祷和祭品来供奉他们。但献祭的酒食逐步被象征性的物品代替了,先是陶、木器,最后是纸制品。

日本土著宗教的诱人之处

日本土著宗教尽管松散、原始,但并不缺乏诱人之处。它反映了一种乐观态度和罕见的对自然的同情和欣赏。神不被认为是残忍和令人生畏的;甚至风神也被普遍认为是谦和的。总的来说,日本的宗教是一种“爱和感恩而不是恐惧,宗教礼仪的目的是颂扬、感谢,同时也是安抚和宽慰他们的神灵们”。[①] 如画的传奇和诗一般的用语,引起人们对自然世界的自发的愉悦心情,这也给了这种宗教强大的生命力。

统治大和平原的并逐渐取得对周围地区支配地位的氏族,可能来自九州并自称是天照大神的后裔。这种宣称不算引人注目,因为所有重要的家族都把自己的祖先说成是神。然而,当大和氏

---

① G. B. 桑瑟姆,《日本文化简史》,第 47 页。

族扩展它的政治势力并试图使其他各氏族都承认它的至高无上的地位时,与天照大神有关的神话就显得更加重要,因为由它派生出大和氏族的酋长是由神决定统治全日本的传说(尽管大部分地区还在土著居民手中未被征服)。据这个传说,天照大神派她的孙子琼琼杵尊来到地上,“皇孙……则引开天磐户,排分天八重云以奉降之。”他降落在西部的九州岛上,随身带着象征日本皇权的三种神器——一块玉,一柄剑和一面铜镜。琼琼杵尊的孙子沿着海岸来到大和地区,在那里他作为“第一个天皇”神武天皇开始了统治。日本国家的传统把帝国的开始定为公元前 660 年 2 月 11 日。
333 实际上,大和国家迟至六、七百年后才建立;而且它当时决不可能是帝制的。天照大神及她的后裔的传说直到 7 世纪才成为日本国家崇拜的独特组成部分,而且直到近代才被别有用心地抬高成全民族的神灵,目的是为了向人民灌输一种狂热的不问是非的爱国主义。

日本在好几个世纪里保持着与朝鲜的联系并连续从那里获得文化动力,这意味着它间接地受到中国汉代和以后各朝代的更古老、更丰富的文明的影响。公元 369 年,日本人侵入朝鲜南部并作为一个平衡的力量介入朝鲜政治,在当时朝鲜三国鼎立的时代里一会儿帮这个,一会儿帮那个。对日本以后的历史起最重要作用的是通过朝鲜引进的中国的文字系统(公元 405 年)和佛教(公元 552 年)。

日本的文字

由于文字对文明进步是有决定作用的,所以,对日本人来说他们从中国引进文字是个不幸。如果他们能发展或引进一种表音或字母系统,书写他们的语言就会变得相对简单了。汉字——基本是象形的或表意的,与发音关系极不明确——已发展成一个复杂的体系并被用来创造了中国文学的杰作;但它们表达日语却很别扭。与中文不同,

日语是表音的,想用汉字写出日语就像试图用汉字写出英语一样 334
困难。然而,日本人为此努力奋斗,终于发展出一套自己的文字——准确地讲,是一套文字的两种形式。虽然原来的汉字被大量删减,而且在 9 到 10 世纪又统一了日语音节的音值,结果仍是十分麻烦。从那时起,学写日文——这个有 48 个音节符号和 1850 个不能取消的汉字的文字系统就成为一件非常吃力的事情。这种文字系统与其口语的结构、屈折变化和其他特性的大相径庭严重阻碍了表达的清晰。为了弥补这些缺点,大量的汉字被采用进日文中,使它在词汇和概念上都极大地丰富了。由于中文的环境,一个希望受教育的日本人几乎必须学习中文,因为它是几乎一切文学名著的载体。在好几个世纪里,日本学者、官员和文人都用中文文言写作,这与中世纪及其以后受过教育的欧洲人写拉丁文有点相似,但那些欧洲人也说拉丁语,而日本人说汉语的却很少。①

佛教在日本的立足

6 世纪中期,佛教开始在日本立足。据说第一个佛教传教者来自朝鲜;后来这种新信仰的传播者不仅来自朝鲜,也来自中国甚至印度。和在中国一样,大乘佛教由于它高深的理论和强
调拯救灵魂而显得最为著名。正如在中国一样,许多新的教派时 335
时刻刻在日本兴起。佛教在日本的出现引起了比它几个世纪前传入中国时可能大得多的震动。中国人至少通过道教比较熟悉了那些神秘的概念,但日本人以前从未有过无论是这种宣扬"来生"的宗教还是其他类似哲学的经验。佛教对日本人的号召力部分在于它的新奇。佛经提出了显然日本人以前闻所未闻的问题——例如灵魂,非物质世界的本质,死后的果报等——然后又以令人折服的雄辩来回答它们。在一段时间内,为是否应该接受这种外来的信

① E. O. 赖肖尔在《日本人》一书第 37 章中对此作了具有启发意义的讨论。

仰发生了尖锐的辩论(第一尊来自朝鲜的佛像在一种传染病流行时,被扔进了河沟)。然而,一个显赫的贵族家庭苏我氏接受并支持佛教,并说服皇族也支持它,因此,到6世纪末,佛教在日本已经成功地扎了根。从某种意义上讲,它的成功归因于政治策略和权宜之计。苏我氏家族帮衬佛教是为了提高它自己的威望而且通过这种宗教超自然的力量来确立自己在与敌对家族的斗争中的优势。佛教在平民和贵族中迅速获得大批信仰者,而且发展得如此稳定,以至无论那些相互斗争的氏族势力如何变化,它的地位都是坚不可摧的。它的普遍流传也许是因为它被解释为一个神奇的保护者,使人在今生来世都避免灾难而不是因为它的哲学遗产。尽管如此,对佛教教义的不断熟悉激发了人们的知识活力,并有助于培养同情和仁慈的态度。

佛教——传播中国文化的媒介

佛教在日本的传播的最有意义的方面是它所表明的那样,是一种传播中国文化的最有效的媒介,尤其是艺术、建筑和文学。寺庙和神龛建立起来了,佛教的绘画和造像出现了,佛教的经典也积累起来了。贵族阶层中的信佛者经常去中国学习,开了眼界之后带着高雅的姿态回来。日本土著的信仰这时开始被称为“神道”,虽然没有被消灭,但它在与佛教的接触中显然受到很大影响。两种宗教之间很少有对抗。日本的佛教染
336 上了民族传统色彩,而且对同一个神龛,两种信仰都认为是神圣的。日本的僧侣,无论是佛教的还是神道的,都和中国僧侣一样,没有建立一种对人民实行严酷统治的僧侣政治,尽管佛教寺院由于获得大量土地而在经济上显得十分重要。

日本向中国求教

在盛唐时代,中国文明对日本的影响达到了高潮,它标志着日本社会演进的一个转折点。这段时间日本人贪婪地向中国寻求教

导，这一点也不奇怪。在唐朝头几个皇帝统治下的中国是世界上
文明最发达，实力最强大的国家之一，在远东没有实力相近的对
手。在整个7、8世纪，大和政府向大唐朝廷派出一系列的使节，很
重要的目的之一是为了搜罗科学、艺术和文学上的人才。结果深
刻地影响了日本社会的每一个方面。中国的医药、军事、筑路方法
都被引进了；建筑风格、家具陈设甚至服饰都被照搬过来。中国的
度量衡制度被采用了，铜钱也开始有限地流通，尽管几个世纪以后
货币经济还没有完全取代易货贸易。许多艺术品很早就被引进和
复制了，但这时日本的画家和雕刻家才开始展示他们的精湛技艺
和创造力。中国的典籍，尤其是儒家典籍被日本人认真学习，因为
每一个教养好的人都要求熟悉它们。随着这些具体而明显的革
新，一种按中国方式改变社会结构的尝试也开始了。新的强调家 337
庭和睦和孝顺父母的理论出现了，它也要求祭祀祖先的责任。[1]
日本的统治者和知识阶层似乎已下决心照中国的样子再造他们的
国家了。

最全面的改革计划是按照唐朝的模式来改组政府。它是由一个被称为“大化改新诏书”的敕令宣布的。这个诏书是由大和的统治者在一个学者改革集团的督促下发布的。这个诏书，而不是公元前660年那个神话事件，标志着日本帝制的建立。从大化改新诏书的颁布起，统治者起的作用不再仅仅是一个氏族首领，而是一个拥有无上权力的皇帝，尽管他还宣称遵守儒家准则。整个日本被划分成国、郡、里几级行政区，每一级由中央从民众中选拔任命的官吏来管理。改革者们忠实地仿效中国的样子，设立科举制度，通过考试来选拔官吏，选拔的标准不是对日

---

① 一些日本学者不同意祭祖习惯是舶来品的看法；但不管怎样，在与中国接触后，这种习俗得以强化。这种现象出现所造成的一个不幸后果是，在父家长家庭中，以及总的而言在社会中，女子越来越从属于男性权威。

本的问题是否熟悉而是对中国哲学和古典文献是否精通。为了给新的统治制度一个经济基础，也为了让它直接统治人民，改新诏书宣布，土地全归天皇所有，每六年在农民中平均分配一次。反过来，每个土地所有者都被要求直接向国家纳税（实物、货币或劳役）。

日本政治制度的巩固

总而言之，7 世纪的改革是所有统治者进行过的改革中最有魄力和抱负的一次。它的目的是把一个文化发达、传统深厚的民族经过几乎一千年的发展而产生的统治制度嫁接给一个仍然相当原始的社会。与此相似，它还努力把日本一部分地区的政体推广到整个地区，而它的大部分还几乎没有走出新石器时代。在采用这种中央集权的家长式统治时，中国原型的一个侧面被想方设法地避开了；就是说，皇权是以公众幸福的增进为条件的，它可能被人通过造反这种最高形式来终止，如果它不能实现这一目标的话。大和统治集团试图使学者型官吏组成的官僚机构依附于一个由万世一系的家族统治的政府，它的最高统治者有不可冒犯的神格。为了加强天皇的威信，他是天照大神后裔这一神话被空
338 前地强调。他被看成是“万世一系”的化身而且他本人即是神——与中国皇帝“受命于天”的有条件和暂时的神性迥然不同。除了中国和日本的这方面官方理论的根本对立外，对于政治权威的根基和限度，在实践中也有显著差异。中国有许多不同的朝代，大多数是通过造反或篡权建立的；但当一个有作为的皇帝即位后，他通常能够有效地有时是独断专行地治理国家，正如每一个主要朝代的开头几个皇帝的实践所证明的。而在日本，无论是社会内部暴力的或革命性的变化还是对外的关系，都没有改变和废黜过皇室；在皇家神性的偶像被精心维护着的同时，大部分实权都是被其他家族、机构和集团打着皇室的神圣旗

号掌握着。自从日本企图照搬中国的统治机器以来,“间接治理”就成为一种制度而不是例外,只偶尔被几个名义上的天皇统治阶段取代过。

改革计划的部分失败

由于那些固有的困难,7 世纪的改革计划没有完全成功是不足为奇的。新的统治制度只是纸上谈兵,并没有真正实行。以前只有有限的并且很大程度上是礼节性权威的皇族不能够强迫边远地区绝对服从它,而贵族传统过于强大,难于立即打破。天皇实行的是任命氏族首领为他们自己领地上的官员而不是派忠实的奴仆去取代他们。这样,那些当地的巨头们获得了新的头衔并保留了他们以前的大部分权力。那些渴望在政府中获得一席之地的人们有了科举考试这一阶梯,而重要的职位几乎总是给贵族成员保留的,较低阶层的有才能者发现他们自己只能做下属和杂务。为了给统一的税收体系打好基础,宣布了“班田制”,它却是最令人颓丧的失败。它是在中国的社会利益在于土地这一思想的激发下产生的,这种思想谴责任何个人为了私利而霸占土地,指出土地应该在耕作者中平均分配。这只是一种中国的理论,在日本它是完全不现实的。后来大的土地所有者设法逃税,增加了贫苦农民的负担。有些人完全失望,弃家逃走。这样,可收税的土地越来越少,天皇又把土地赐给大臣或佛寺,更使这种状况加剧。再以后,这种定期重新分配土地的制度只在已开垦为稻田的地区实行,这是个相当小的范围。边远地区的民族从土著居民手中征 339
服的和开荒得来的土地被认为是私人所有,不计入向天皇纳税的比例。结果,经济的发展不是增加了而是减少了中央政府有效控制的土地。朝廷越来越依赖于皇室直接所有的土地上的收入而不是确保从税收中获得大量收入。

皇室鼓励下的文化进步

虽然中央政府没有完全达到它的目的，它却把文化水平成功地提高到一个令人钦佩的程度。7 世纪以前，即使在大和地区也没有一个全日本的固定首都，实际上也根本没有城市。日本人为唐朝的首都——伟大的长安城所倾倒，他们决定仿照它建造一座城市作为皇家的大本营。从 710 年起他们在现在的奈良附近，忠实地仿效中国的样子建设都城。它也有宽阔的街道和整齐排列的方形里坊，不过它没有城墙，也比长安小得多。尽管如此，它比起城中的人口来还是太大了。794 年，在京都建造了一座更加壮观的都城，从那时起它一直是一个重要城市。这两座在皇家主持下建成的城市有宫殿、庙宇和其他公共建筑物，他们也使各种艺术发展起来。以历史著作、论文和文学为内容的学术事业在宫廷里也日益繁荣。不管官僚集团有没有真正的社会责任心，它的成员们都能从精心学习汉语文言、翻译佛经、绘画或按中国的
340 相当严格和矫揉造作的格律去作诗中寻找乐趣和通过它们提高社会威望。对礼仪方面的修养也受到相当的重视。宫廷内的生活越来越颓废和浮华，但也给了一些艺术和知识方面的天才以优雅的环境。这一时期日本最好的文学作品都出自贵族和皇室妇女之手。她们的那些在 10 到 11 世纪显得卓越不凡的贡献主要是散文，特别是日记形式的，也包括一部相当著名的爱情小说(《源氏物语》)。这一事例表明，妇女，甚至是宫廷中的妇女，没有按男子的标准受教育是多么幸运。“当这个时代的男子自鸣得意地写着莫名其妙的中文时，他们的夫人们却以写优美的日文来安慰自己的缺乏教育；而且是不经意地创造了日本最伟大的散文作品。”①

① E. O. 赖肖尔，《日本，一个国家的历史》，第 34—35 页。

四、撒哈拉以南非洲文明的形成

非洲发展的两难处境

撒哈拉以南非洲文明的形成不如亚洲、中南美洲那么早、那样迅速和完善。实际上，这些文明大部分没有形成他们自己的文字系统；没有出现系统的法律；没有清晰的、如伊斯兰教或基督教那样规模的个人宗教信仰体系；个人相对于集体是微不足道的。对此，目前尚无令人满意的解释。人们所知道的是大部分撒哈拉以南的非洲地区在一千多年中，对限制其发展的各种压力一直束手无策。

寄生虫病和农业

历史上，没有一个大陆如非洲那样严重地受到危害人类和牲畜的寄生虫病的威胁。定居农业导致疟疾、钩虫病、昏睡病及河盲症的传播。大量的采采蝇减损了牲畜和人类的数量，限制了人类对蛋白质的吸收，并阻碍了畜力和轮式交通工具的使用。高温、不规律的降雨以及贫瘠而高氧化的土壤使犁耕不可能实行，从而使农业生产极端困难，收获不能保证。一些狩猎采集者固执地反对将种植业作为一种生产方式，这是因为它比他们固有的生产方式明显要艰难，而且又受到更多的限制。在严重的生态条件压力下，341
天然食物不能满足人口增长的需要。在从海外传入高营养的食物品种以便能养活更多人口之前，非洲人口一直保持一种很稀疏的分布状态。

政治状态和知识形成

由于缺乏集权政治所需要的高密度人口，政治需要就不如在西欧、亚洲那么急切，纪念性的公共建筑是既不可能，也不为人们所盼望。因为撒哈拉以南的非洲气候潮湿，霉菌和白蚁的破坏导致保存困难，因此，在纸上书写是很不容易的。在干燥地区，合适的木质棉纤维直到现在一直难以获取。因此，知识主要属于记忆范畴，由此而使知识的积累、进化、获得都很困难。

地理和文化上的隔绝

浩瀚的大西洋和印度洋，以及广垠的撒哈拉大沙漠，使南部非洲同外界的接触既困难又危险。这一大陆，除北非和东北非之外，直至近代一直未受到大规模的入侵和系统的掠夺。然而，这种隔绝也限制了它与其他文明的文化和技术的交流，以及其他好处。在世界的许多地方，盐矿或其他贵重矿石的开采加速了技术的发展，而在非洲，原始的技术条件在许多地区限制了盐、金、铜产品的扩散。艰难的运输、分散的人口和贫穷限制了需求，并阻碍了交换的迅速发展。在撒哈拉以南非洲的海岸线上只有极少的天然港口，大部分河流的水量极不规律，且被大瀑布所阻断，这些都成为人口、文化、商品在本地区内流通的障碍。

传统与非洲人的世界观

撒哈拉以南的非洲没有受到希伯来文化中所强调的个人主义而不是集体主义，以及文字系统而不是口头传说传统的影响；不存在一种将人们集合在一起并使某种统一宗教得以传播的共同语言；没有一种系统的思想出现，以便消除人们对祖先的尊崇和信奉。对非洲人来说，私有财产的概念直到近代还是生疏而没有根基的。结果，土地和许多物质资料不是属于生者，而是属于死者，因而不能被根本地改变，甚至是稍许的变革。在这种极端保守的社会中，更多的时间花费在重复的隆重礼仪活动上，而不是探索和发展方面。非洲人对个人自我完善的关心是不能与对团体——扩展家庭、部落和部落联盟的保护和生存相提并论的。在许多非洲社会中，强调的是合作，而不是竞争。自然不是被挑战而是被尊崇。时间的概念来自于季节，而很少受到劳动价值标准的衡量。

叛逆者经常被处死,后来则被卖到遥远的地区为奴隶。当非洲最
终开始同外部世界接触时,奴隶贸易又给自身的发展带来一系列 342
的阻碍;它延缓了人口的增长,并促使社会凝聚力的大倒退;它剥
夺了撒哈拉以南非洲在其向外部世界打开大门之机,形成统一政
治力量的基本人口数量。在许多地区,限制私有企业和资本积累
发展的不仅有经济上的资金缺乏的因素,而且也有扩展家庭的阻
力。财富不是用于在投资,或集中于个人手中。劳动和忠诚经常
是由操纵相互义务关系往来获得的,而不是工资等劳动报酬。

独特的非洲文明

早期非洲社会并不缺乏创造力、能力或多样性。相对而言,他们用各种各样的具有想象力的、理性的和有目的的方法来适应艰苦的环境。许多撒哈拉以南非洲的成就可能是在穆斯林从东方、北方,后来的欧洲人从西方进入之前,非外力影响下创造的,其形成的文明是独特的非洲化的。

很早以前,非洲一些相互隔离的集团已拥有了相当发达的冶
炼技术。至少在1500年以前,生活在东非维多利亚湖西岸的非洲
人已在鼓风炉中生产出中碳钢。他们的高超技艺在许多世纪内是
欧洲人无法比拟的。但不可思议的是,非洲人的这一发明仿佛没
有在现代坦桑尼亚的哈亚人的祖先以外出现。非洲伟大的成就之
一就是熔炼铁矿以生产矛和锄。 343

铁器和班图语系人的扩散

铁器时代在非洲出现得很早,在加纳北部、尼日利亚、坦桑尼亚西北部和埃塞俄比亚,有些孤立遗址的年代约为公元前六世纪。沿着尼罗河上游和东非大湖附近的一些遗址时代可到公元前3、4世纪。东非人的遗址中未见南阿拉伯人的影响。但在西非,冶铁技术可能是从定居于北非海岸的腓尼基人那里穿过撒哈拉传入的。不知什么原因,非洲的铁器时代一直没有广泛而迅速

地传播开，直到公元1世纪，才被无畏的班图语系人带到南部。在那个世纪末，他们在刚果河水系与赞比西河水系的分水岭一带，发现了高产的食用植物，包括营养丰富的香蕉、椰子薯、大蕉。这些植物明显地是从马达加斯加传到赞比西河谷的，再往前追溯，是东南亚爪哇种族的移民漂洋过海把它们带到马达加斯加岛的。有趣的是，这种交流是双向的：一方面，源自非洲的高粱在公元前1世纪时成为南亚的一种主要农作物；另一方面，种植农业则随着班图语系人迅速地扎根于非洲。这些班图人拥有锐利的铁锄和大刀，能够清除森林，以便种植新的农作物。

东南亚粮食作物引发人口爆炸

到公元200年，铁器冶炼术，加之高级的东南亚农作物渐渐地促使非洲人从采集食物的生产方式转变为种植食物的生产方式。农业的剩余产品引发了班图人的人口爆炸，推动他们去穿过广阔的赤道非洲向东、西方向发展，从一个海岸扩展到另一个海岸。小规模的、零散的新石器时代居民被班图人或融合、或消灭。班图人形成更大的社会集团，开始了更有效的农业和畜牧业的生产方式。随着粮食和肉食的丰富，他们能养活多个妻子和大的扩展家庭，结果，他们的数量迅速地增加了。

村落生活和贸易活动的出现

食物生产经济导致村落生活的出现，贸易成为农业的必不可少的辅助。农民和工匠必须用自己的产品交换彼此所需的粮食、铁矿、铜、盐，以及其他生活必需品。到10世纪末大部分非洲人用上了铁制工具，而且从喀麦隆到南非草原，他们都说班图语系的语言。班图各民族在非洲东部、中部、南部进行了一场农业革命，加快了新的社会组织的形成和统治形式的发展。事实上，他们为一千年之后即公元900年以后出现的文明奠定了不可或缺的基础。

铁在非洲的影响

虽然向外扩散的班图人没有到达西非，但是铁
器技术在那里也带来了类似的变化。许多世纪中，
来自尼罗河上游的努比亚人和撒哈拉的柏柏尔人
也在生产铁制工具和武器，他们已经吸收了西非草 344
原上的黑人文化。由于同当地妇女结婚，他们很快地失去了自己
的种族特征。尼日尔河流域和乍得盆地的有利于渔业和谷物种植
的优越环境，也引起当地人口的难以置信的增长。

区域贸易网

当历史学家一直在全身心地注意穿越撒哈拉的贸易对西非发展的重要性时，最近在尼日尔河流域的古城詹内的考古发掘清楚地表明，在阿拉伯人穿越撒哈拉的贸易出现以前，广泛的区域贸易路线网已在西非存在。事实上，新的证据说明，金、铜和铁的贸易是形成早期撒哈拉以南非洲贸易网系统出现的关键。进而，城镇和市场的建立可能引起公元7、8世纪穿越撒哈拉的贸易迅速发展，并持续整个世纪。

骆驼用于穿越撒哈拉的贸易

在骆驼引进之前，迦太基人和其后的罗马
人已经用马拉双轮车进行小规模的撒哈拉贸易
了。但他们任何人都没有同西非人建立起直接
的商业联系，即使有，也寥寥无几。他们以撒哈
拉沙漠中心费赞绿洲上的加拉门特人为中间人，小量地购买黄金、
象牙、奴隶和胡椒。聪明的加拉门特人换回来玻璃珠、细布和海
枣，再拿去同西非生产者交易。到公元750年时，阿拉伯骆驼已在
撒哈拉作为运输工具广泛使用。骆驼有一种特殊的本领，能身负
重载长途跋涉，能在浩瀚沙海中行动自如。事实上，骆驼成为沙漠
之舟，极大地推动了北非与西非之间人员和货物的交流。穿越撒 345
哈拉沙漠的贸易的恢复和发展，终于导致在南毛里塔尼亚和乍得
湖之间的草地上，市场中心与有条理的文明繁荣昌盛。

罗马人于公元4世纪从北非撤走，似乎与此同时，沙漠柏柏尔人组织起了西非第一个王国，称为加纳或奥卡尔。这个黑人柏柏尔人国家，位于现在毛里塔尼亚的东南角。它是南方森林中金矿与北非柏柏尔商人之间的中间人，因而兴盛起来。到8世纪，奥卡尔的国王(尊称为"加纳")是一个黑人，他的臣民们在北非和中东，以世界上主要的黄金出口者而名扬四海。

西非第一个王国加纳的建立

阿拉伯穆斯林们占领战略要地费赞绿洲之前，直到7世纪中叶穿越撒哈拉的运输一直是小型的、非正式组织的。到公元740年，沙漠柏柏尔人开始接受伊斯兰教，并撤退到撒哈拉大沙漠的腹地。在那里，他们建立了新的贸易中心。在锡吉勒马萨，他们用加纳产的黄金向阿拉伯人换回撒哈拉的盐，再转卖给南方汗流浃背的矿工们；而阿拉伯人则把黄金带到北非和欧洲。正是在此时，这片不毛之地获得了它现在的这个名称，在阿拉伯语中，撒哈拉意味着沙漠，撒哈拉是复数，撒哈拉沙漠确是许多沙漠构成。

阿拉伯人入侵北非

阿拉伯人在北非的出现，促使柏柏尔人更加深入地探查西非，以搜寻黄金或者寻找安身之地逃避伊斯兰宗教的迫害。在乍得湖周围，扎加瓦柏柏尔人建立了由高度文明的农民和渔民组成的社会。公元846年，他们在王权神圣观念的基础上建立了王朝。像在加纳的柏柏尔人一样，他们迅速地与当地家族联姻并在几代人之内就被种族同化了。

西非苏丹:黑人的土地

从上塞内加尔向东到乍得湖岸边，一切小酋长国都逐渐并入更大的统治单位。大约到公元800年时，商路已经伸展到尼日尔河上游。在那里，来自摩洛哥、阿尔及利亚、突尼斯、的黎波里、埃及的条条商路都汇集到大商业中心加奥来了。整个撒哈拉以南地区,从毛里塔尼亚到红海,在阿拉伯和柏柏尔人的贸易圈内,已经以比拉德—苏丹或“黑人的土地”而出名了。

印度—设拉子与东非海岸班图人的相遇

类似的商业和政治趋势在东非沿海一带也可以看到。7 世纪后期,波斯海上力量的兴起使得埃塞俄比亚在红海和西印度洋上的贸易黯然失色。阿拉伯人从伊朗的设拉子城蜂拥到现在索马里的贝纳迪尔沿岸,他们在那里建立了永久性的贸易居住区。在几代人的时间里他们驾驶着帆 346
船或独桅三角帆船,沿着现在肯尼亚和坦桑尼亚海岸破浪南下。在那里,他们遇到了几个世纪前就从赤道大草原来到海岸的班图语系民族。这些班图人已经建立一种独特的文化和深入南非内陆的贸易网。这样,那种将内陆非洲文明的起源归于印度—阿拉伯人刺激的解释仿佛日益不能令人信服了。早期的理论认为,同西亚、印度等地更发达的文化的可能的接触导致内陆非洲文明的进化。但最近的考古学发现与这一理论是矛盾的。

印度洋贸易

到公元 900 年,班图人开始与阿拉伯设拉子人以及刚刚皈依伊斯兰教的印度人通婚。他们共同创立了王朝,并组织了靠季风鼓帆行船的正式跨海贸易。输往阿拉伯港口和印度西北的主要产品仍然是玳瑁、象牙、犀牛角及少量奴隶。但是到公元 900 年时,与日俱增的中非铜运抵莫桑比克海岸。亚洲对铜的需求日益增加,促成了通过赞比西河谷到加丹加矿区的贸易路线的开辟。就像撒哈拉贸易一样,印度洋贸易也成了强有力的催化剂。推动那些从事采矿和市场活动的民族建立中央集权政府。

努比亚文明的繁荣

在第 6 世纪期间,沿着尼罗河上游各支流出现了许多信奉基督教的努比亚人王国。努比亚人虽然受拜占庭的希腊文化的

影响，但他们发展了自己的语言，建造了美丽的城市，筑起了令人
347 难忘并饰以壁画的砖砌修道院和大教堂。他们也拥有高度熟练的制陶工艺传统，陶器都有引人注目的花纹图案。9、10世纪间，他们的文明登峰造极。此后的将近四个世纪中，努比亚人的军队兵强马壮，足以使穆斯林入侵者不敢轻举妄动。

精选书目

Binyon, Laurence, *Painting in the Far East*, 3d, ed., New York, 1923.

——, *The Spirit of Man in Asian Art*, New York, 1935.

Nakamura Hajime, *Ways of Thinking of Eastern Peoples: India, China, Tibet, Japan*, ed. P. P. Wiener, Honolulu, 1964.

印度——参见第五章书目

Babb, L. A., *The Divine Hierarchy: Popular Hinduism in Central India*, New York, 1975. 考察种姓、社会结构和大众宗教间的关系。

Basham, A. L., *The Wonder That Was India*, rev. ed., New York, 1963.

Berkson, Carmel, *The Caves at Aurangabad: Early Buddhist Tantric Art in India*, Seattle, 1986. 插图描述新近发掘的5、6世纪岩刻寺庙。

Goyal, S. R. *Harsha and Buddhism*, Meerut, India, 1986. 探讨戒日王皈依佛教问题。

Hiltebeitel, Alf, *The Cult of Draupadi*, vol. I. 考察印度东南部一个具有典型的印度教虔诚的崇拜。

O'Flaherty, W. D., et al., *Elephanta: The Cave of Shiva*, Princeton, 1983. 插图。

Sen, Gertrude E., *The Pageant of India's History*, Vol. I, New York. 1948.

Thapar, R., *A History of India*, part I, Harmondsworth, 1966.

中国——参见第六章书目

Bagchi, P. C., *India and China, a Thousand Years of Cultural Relations*, rev. ed., New York, 1951.

Balazs, Etienne, *Chinese Civilization and Bureaucracy*, New Haven, 1964. 对中国社会作了重要阐释。

Carter, T. F., and L. C. Goodrich, *The Invention of Printing in China and Its Spread Westward*, 2d ed., New York, 1955.

Ch'en, Kenneth, *Buddhism in China, A Historical Survey*, Princeton, 1974. 扎实而明了易懂的研究工作。

Ching, Julia, *Confucianism and Christianity: A Comparative Study*, New York, 1977.

Lattimore, Owen, *The Inner Asian Frontiers of China*, 2d ed., New York, 1951.

Levenson, J. R., and F. Schurmann, *China, an Interpretive History: From the Beginnings to the Fall of Han*, Berkeley, 1969.

Loewe, Michael, *Chinese Ideas of Life and Death: Faith, Myth, and Reason in the Han Period*, London, 1982. 收入陵墓发掘的证据。

Shryock, J. K., *The Origin and Development of the State Cult of Confucius*, New York, 1932.

Sickman, L., and A. Soper, *The Art and Architecture of China*, Baltimore, 1956. 可靠,插图丰富。

Sullivan, Michael, *The Arts of China*, rev. ed., Berkeley, 1978. 收入近来的考古发现。

Wang Zhongshu, *Han Civilization*, tr. K. C. Chang, New Haven, 1982.

Wittfogel, K. A., *Oriental Despotism: A Comparative Study of Total Power*, New Haven, 1957. 试图用"水利社会"的必需来解释中华帝国统治的专制性质。在水利社会中,控制洪水和建立有效的灌溉系统是必不可少的。

Wright, Arthur F., *Buddhism in Chinese History*, Stanford, 1959. 篇幅不长的佳作。

Zurcher, E., *The Buddhist Conquest of China: The Spread and Adaptation of Buddhism in Early Medieval China*, 2 vols., Leiden, 1959. 对公元 5 世纪初期之前中国文化和佛教的交互作用作了启人心智的研究。

日本

Anesaki, Masaharu, *Art, Life and Nature in Japan*, Boston, 1933.

Brower, R. H., and E. Miner, *Japanese Court Poetry*, Stanford, 1961. 涉及 6 到 15 世纪这段时期。

Cole, Wendell, *Kyoto in the Momoyama Period*, Norman, OKla., 1967.

Eliot, Charles, *Japanese Buddhism*, New York, 1959. 一部典范文献。

Fenollosa, E. F., *Epochs of Chinese and Japanese Art*, New York, 1927.

Hall, J. W, *Japan: From Prehistory to Modern Times*, New York, 1971.

Langer, P. F., *Japan, Yesterday and Today*, New York, 1966. 一部出色的概括性著作。

Moore, C. A., ed., *The Japanese Mind: Essentials of Japanese Philosophy and Culture*, Honolulu, 1967.

Morris, Ivan, *The World of the Shining Prince*, Baltimore, 1969.

Munsterberg, Hugo, *The Arts of Japan: An Illustrated History*, Rutland, Vt., 1957.

Reischauer. E. O., *Japan: The Story of a Nation*, New York, 1979. 条理清晰。

Sansom, George B., *A History of Japan to* 1934, Stanford, 1958. 一位卓有声望的英国学者撰写的出色著作。

——, *Japan: A Short Cultural History*, rev. ed., New York, 1962.

Swann, Peter C., *An Introduction to the Arts of Japan*, New York, 1958.

Varley, H. P., *Japanese Culture*, 3rd ed., Honolulu, 1984.

Warner, Langdon, *The Enduring Art of Japan*, Cambridge, Mass., 1952.

Wheatley, Paul, and Thomas See, *From Court to Capital: A Tentative Interpretation of the Origins of the Japanese Urban Tradition*, Chicago, 1978.

Whitney, J. H., and R. K. Beardsley, *Twelve Doors to Japan*, New York, 1965.

非洲

Adams, William Y., *Nubia—Corridor to Africa*, London, 1977.

Bovill, E. W., *The Golden Trade of the Moors*. New York, 1958.

Curtin, Philip D., *Cross-Cultural Trade in World History*, Cambridge, 1984.

Fage, J. D., ed., *The Cambridge History of Africa*, *c.* 500 *B. C. to A. D.* 1050, vol. 2, Cambridge, 1978.

Hall, Martin, *Settlement Patterns in the Iron Age of Zululand: An Ecological Interpretation*, Oxford, 1980.

Herbert, Eugenia, *Red Gold of Africa: Copper in Precolonial History and Culture*, Madison, Wis., 1984.

Lovejoy, Paul, *Salt of the Desert: A History of Salt Production and Trade in Central Sudan*, London. 1986.

Oliver, Roland, and Brian Fagan, eds., *Africa in the Iron Age c.* 500 *B. C. to A. D.* 1400, Cambridge, 1975.

Phillipson, D. W., *The Early Prehistory of Eastern and Southern Africa*, London. 1977.

Posnansky, Merrick, ed., *Prelude to East African History*, London, 1966.

Shaw, Thurstan C., *Nigeria: Its Archaeology and Early History*, London, 1977.

原始资料

Aston, W. G., tr., *Nihongi: Chronicles of Japan from the Earliest Times to A. D.* 697, 2 vols., London, 1896.

Ayscough, Florence, ed., *Tu Fu, the Autobiography of a Chinese Poet*, London, 1934.

Beal, Samuel, tr., *Buddhist Records of the Western World*, 2 vols., London, 1884.

Bhagawad-Gita As It Is, *Los* Angeles, 1968. Translation and explication by Bhaktivedanta Swami Prabhupada.

Bynner, Witter, and Kiang Kanghu, trs., *The Jade Mountain, a Chinese Anthology*, New York. 1929.

de Bary, W. T., ed., *Sources of Chinese Tradition*, "The Imperial Age: Ch'in and Han"; "Neo-Taoism and Buddhism," New York, 1960.

——, ed., *Sources of Indian Tradition*, "Hinduism," New York, 1958.

——, ed., *Sources of Japanese Tradition*, "Ancient Japan"; "The Heian Period," New York, 1964.

Fage, J. D., and R. A. Oliver, eds, *Papers in African Prehistory*, New York, 1970.

Hueckstedt, R. A., *The Style of Bāna: An Introduction to Sanskrit Prose Poetry*, Lanham, Md., 1985.

Huntingford, G. W. B., tr., *The Periplus of the Erythraean Sea*, London, 1980.

Keene, Donald, ed., *Anthology of Japanese Literature, fron the Earliest Era to the Mid-Nineteenth Century*, New York, 1956.

Lu, David, ed., *Sources of Japanese History*, Vol. I, New York, 1973.

Morris, Ivan., tr., *As I Crossed the Bridge of Dreams: Recollections of a Woman in Eleventh-Century Japan.*

Oliver, Roland, ed., *The Cambridge Encyclopedia of Africa*, Cambridge, 1981.

Sanskrit Dramas: *Sakuntala, The Little Clay Cart.*

van Buitenen, J. A. B., *Tales of Ancient India*, Chicago, 1959.

Waley, Arthur, tr., *Ballads and Stories from Tun-Huang, an Anthology* (T'ang era); *The Tale of Genji*; *Translations from the Chinese*, New York, 1960.

Watson, Burton, tr., *Columbia Book of Chinese Poetry*, New York, 1984.

第三编　中世纪时代的世界

351 “中世纪”一词是欧洲人在17世纪新创的，意即处于光辉灿烂、成就显赫的古典希腊罗马与他们自身所处“现代时期”之间一个长期的、灰暗的时期。自问世以来，“中世纪”一词为人广泛使用，现已成为史学领域一个难以祛除的词汇；不过在使用该词时今日任何严肃的学者都不再持有该词初兴时的贬视念头。中世纪大约开始于公元600年左右，结束于约1500年。在这段时期内发生了种种不胜枚举的各有其独特特征的变化。在昔日罗马帝国的东部地区，出现了两种在任何时候都可厕身于世界最令人难忘的文明之林的新型文明——拜占庭文明和伊斯兰文明。虽然拜占庭文明于1453年走向终点，伊斯兰文明却一直存在至今，其间未有任何重大中断。因而，自伊斯兰的观点出发，“中世纪”根本就不是文明发展的中间时期，而是婴幼儿和富有活力的青少年阶段，是一个非凡的时期。西欧中世纪史传统上被分为早期、盛期和晚期三个阶段。无论是在中世纪早期、盛期亦或晚期，基督教都在人类生活中起着异常重要的作用，但除此之外，可以适用于各个阶段的共同标准非常稀少。中世纪早期始于600年左右，终于1050年左右，它看来与人们过去所说的中世纪是个黑暗的间隙期最为接近，因
352 为当时的物质生活水平和精神生活水准确实都非常低。不过即便

是这样一段时期,也为未来的发展奠定了重要基础:最为突出的一点是,西欧开始形成自己独特的文化特征。中世纪盛期始于约1050年,终于约1300年,是人类历史上最具有创造力的时代之一。欧洲人大大改善了自己的生活水平,建立了不朽的民族国家,建立了新的学习机构和思想方式,产生了众多文学和艺术巨作。中世纪晚期始于约1300年,终于约1500年;在这一时期,中世纪盛期的许多成就受到了不少灾祸的威胁,尤其是受到影响深远的经济衰退和瘟疫的影响。但是生活在这一时期的人自逆境中奋起,经过不懈的勤劳努力,既承继了传统遗产之精萃,又在必要时创制了新的社会规范和思想体系,以适应客观环境的发展。因此,整个中世纪时代确实堪称一个成百上千年的丰富多彩的时代。无论就其自身所具有的内在重要性,还是就其对现代社会发展所作出的重大贡献而言,研究中世纪史都是不无益处的。

在欧洲中世纪所包含的九百年间,世界其他地区也发生了各种各样的变化,其中一些极富活力。南亚和东亚的各伟大民族沿着自己已经确定的路线继续发展其文化。当来自阿富汗的入侵者令印度北部陷于混乱状态之时,印度的文化和社会都罹受残暴动荡之苦,不过在这两种截然对立的宗教之间逐渐开始出现某种程度的交流。信奉伊斯兰教的居民此后逐渐成为印度一个举足轻重的少数民族,同时在近千年间穆斯林土耳其素丹都以德里为首都进行统治。在印度政局动荡不安、政变不断之际,中国保住了其政治结构,出现了空前的繁荣,趋近于工业革命的门槛。由于13、14世纪间蒙古人占领中国,这一进程被打断了。驱逐蒙古人并取而代之的是明朝,该朝重又采取了谨小慎微的守旧政策。中华文化虽基本上延续下去,但此后没有表现出多少发展或革新的活力。日本尽管没有像印度或中国那样遭受到外族入侵,但在几个世纪中内乱不已;其社会不仅得以维系下去,而且在某些方面获得了新的力量。一种与后来在欧洲社会演变中起了重要作用的封建制相似的制度产生了。不过与封建时代的西欧相比,日本贸易和城市的发展仍然非常迅速,农民居于中心地位,大型地区领主(大名)建立了高效的行政管理体系,并最终据此把全国统一起来。

在非洲,伊斯兰教迅速传播开来,尤其是在非洲大陆的北部和西部。信奉伊斯兰教的阿拉伯人鼓励贸易,这反过来加速了国家建设的进程。在中世纪后期,拜占庭日趋衰微,终于亡于土耳其人(突厥人)手中。突厥人发源于中亚,在皈依伊斯兰教后进行了大规模扩张。1453 年定都君士坦丁堡的奥斯曼帝国成为拜占庭和
353 北非及近东伊斯兰诸王国的继承人。在中世纪行将结束之际,它比同时代任何欧洲国家都要强大和繁荣。

现在尚无任何肯定的证据表明美洲受到亚洲或欧洲社会的影响。在美洲一些得天独厚的地区,文明产生了,其中最为发达的是墨西哥尤卡坦半岛的玛雅文明以及南美安第斯山区的印加文明。阿兹特克人是印第安人中最为好战的人种,他们控制了墨西哥中央谷地。这些文明均未能经受住 16 世纪欧洲征服的震荡,无一例外地灭亡了。

大事年表(三)欧洲中世纪

公元	政　治	哲学和科学	经　济	宗　教	文学艺术	公元
600	拜占庭皇帝希拉克略,610—640 穆罕默德胜利进入麦加,630 穆斯林征服叙利亚、波斯和埃及,636—651		西方城镇和商业的衰落,约500—约700	穆罕默德,约570—632 教皇格列高利一世,590—604 穆罕默德自麦加出走麦地那,622 什叶派与逊尼派之争,约656	拜占庭圣索菲亚教堂,532—537	600
700	穆斯林征服西班牙,717 查理·马特在普瓦蒂埃击败穆斯林,732 伊斯兰教阿拔斯王朝,750—1258 矮子丕平登基为法兰克人国王,751 查理大帝,768—814		伊斯兰世界商业和工业的盛期,约700—约1300 西方以农业为主导的经济,约700—约1050	圣卜尼法斯在德意志的传教工作,约715—754 拜占庭帝国反对崇拜偶像运动,726—843	圣徒比德,死于735 《贝奥武甫》,约750 爱尔兰"凯尔斯福音书",约750	700
800	查理大帝加冕为皇帝,800 加洛林帝国分裂,约850—911 英格兰的伟大的艾尔弗雷德,871—899 维金人在欧洲猖獗为害,约880—911		拜占庭商业和工业的盛期. 约800—约1000		加洛林王朝文艺复兴,约800—约850	800
900	德意志的鄂图大帝,936—973 俄罗斯基辅公国建立,约950	法拉比,950年卒		克吕尼修院建立,910 拜占庭使俄国皈依东正教,约988		900

欧洲中世纪(续)

公元	政　治	哲学和科学	经　济	宗　教	文学艺术	公元
1000	诺曼人征服英格兰，1100—1135 塞尔柱突厥人在曼齐科特击败拜占庭人，1071 亨利四世在卡诺莎悔过，1077	阿维森纳，1037 年卒皮彼尔·阿贝拉尔，1079—1142	拜占庭自耕农的灭亡，约 1025—约 1100	教皇制改革开始，1046 罗马天主教与东正教大分裂，1054 教皇格列高利七世，1073—1085 克莱沃的圣贝尔纳，1090—1153 第一次十字军东征，1095—1099	建筑和艺术领域的罗马风格，约 1000—约 1200 《罗兰之歌》，约 1095	1000
1100	英格兰亨利一世，1100—1135 法国路易六世，1108—1137 弗雷德里克一世(红胡子)，1152—1190 英格兰亨利二世，1154—1189 法国菲利普·奥古斯特，1180—1223	西方大学的起源，约 1100—约 1300 把亚里士多德著作译成拉丁文，约 1140—约 1260 彼得·隆巴尔德《名言录》，约 1155 罗伯特·格罗西特斯特，约 1168—1253 发明风车，约 1180 阿威罗伊，1198 年卒		西多会修院盛期，约 1115—约 1153 沃姆斯宗教协定结束授职权之争，1122 十字军把耶路撒冷丢失给撒拉丁，1187 教皇英诺森三世，1198—1216	行吟诗人诗歌创作，约 1100—约 1220 欧玛尔·海亚姆，《鲁拜集》，约 1120 安娜·科穆宁娜的阿历克塞传，建筑和艺术中的哥特风格，约 1150—约 1500 克雷蒂安·德·特鲁瓦的诗歌创作，约 1165—约 1190 巴黎复调音乐的发展，约 1170	1100

欧洲中世纪(续)

公元	政　治	哲学和科学	经　济	宗　教	文学艺术	公元
1200	十字军占领君士坦丁堡(第四次东征),1204 西班牙在拉斯纳瓦斯击败穆斯林,1212 德意志和西西里的腓特烈二世,1212—1250 《大宪章》,1215 法国路易九世(圣路易),1226—1270 英格兰爱德华一世,1272—1307 法国菲利普四世,1285—1314	麦莫尼德,1204年卒 罗杰·培根,约1214—1294 圣托马斯·阿奎那,1225—1274 经院哲学盛期,约1250—约1277 奥克姆的威廉,约1285—1349 机械钟发明,约1290		阿尔比派东征,1208—1213 方济各会建立,1210 第四届拉特兰宗教会议,1215 基督徒在圣地的最后一个哨卡失守,1291 教皇卜尼法斯八世,1294—1303	沃尔夫拉姆·冯·埃申巴赫,约1200 哥特弗里德·冯·斯特拉斯堡,约1210 萨迪的波斯诗歌,约1250 《玫瑰传奇》,约1270	1200
1300	百年战争,1337—1453 德意志的政治动乱,约1350—约1450	埃克哈特修士,活跃于1300—约1327 唯名论盛期,约1320—约1500	欧洲经济萧条,约1300—约1450 洪水横扫西欧,1315 黑死病,1347—1350 汉萨同盟盛期,约1350—约1450 英格兰农民起义,1381 梅迪奇银行,1397—1494	教皇的巴比伦之囚,1305—1378 约翰·威克利夫,约1330—1384 教皇大分裂,1378—1417	乔托绘画,约1305—1337 但丁的《神曲》,约1310 薄伽丘的《十月谈》,约1350 哈菲兹的诗歌创作,约1370 乔叟的《坎特伯雷故事集》,约1390	1300

欧洲中世纪(续)

公元	政治	哲学和科学	经济	宗教	文学艺术	公元
1400	圣女贞德的出现,1429—1431 法国重申王权,约1443—1513 德意志诸侯国的兴起,约1450—约1500 奥斯曼土耳其人占领君士坦丁堡,1453 英国玫瑰战争,1455—1485 意大利北部各邦和平,1454—1485 斐迪南与伊莎贝拉联姻,1469 伊凡三世为俄罗斯帝国奠定基础,1462—1505 英国强大的都铎王朝,1485—1603	活字印刷,约1450 重炮帮助土耳其人占领君士坦丁堡,帮助法国人结束百年战争,1453		约翰·胡斯在波希米亚传教,约1408—1415 康斯坦茨宗教会议,1414—1417 胡斯教徒暴动,1420—1434 《效仿基督》,约1427 巴塞尔宗教会议,教会会议至上制失败,1431—1449	简·凡·爱克的绘画,约1400—约1441	1400

欧洲以外的世界，600—1600

公元	非洲和美洲	印度	东亚	公元
	墨西哥的特奥蒂瓦坎文化，约公元前300—公元700 班图人的扩张，200—900 中美洲玛雅文明，约300—1500 南美洲蒂亚瓦纳科文化，约600—1000 穆斯林征服埃及，641	巨石神庙建筑，约550—1250 梵文戏剧，约600—1000 戒日王，606—648	中国唐朝，618—907 日本大化改革令，创建帝国政府，645	
700			中国、日本和朝鲜木刻印刷术，约900	700
800				800
900			中国宋朝，900—1279	900
1000	伊斯兰教扩张，1000—1500 国家的巩固，1000—1500 南美洲印加文明，约1000—1500	穆斯林入侵，1000—1500		1000
1100	班图、阿拉伯和印度文化在非洲东海岸的斯瓦希里文明中融合，约1100—1500		新儒教（理学），1130—1200 中国山水画极盛期，1141—1279 炸药在中国用作武器，约1150 成吉思汗，1162？—1227 日本幕府制建立，1192	1200
1200	加纳王国的衰落，约1224	德里素丹国，1206—1526	日本禅宗，约1200 中国接种预防天花，约1200 中国戏剧的发展，约1235 马可·波罗在中国，1275—1292 中国元朝，1279—1368	1200
1300	尼日尔地区中部马里帝国，约1300—1500 特诺奇蒂特兰（墨西哥城）由阿兹特克人建成，1325 廷巴克图大学，约1330	帖木儿洗劫德里，1398	日本大名的兴起，1300—1500 中国明朝，1368—1644	1300
1400	桑海的扩张			1400
1500	桑海在被摩洛哥人击败后衰落，1591	创建锡克教派，约1500	基督教传入日本，1549—1551	1500

第十二章　罗马的三个后继者：拜占庭文明、伊斯兰文明和中世纪早期的西方文明

359

君士坦丁堡城喧闹嘈杂，商人们经由海路和陆路从世界各地云集于此；除伊斯兰世界的大都市巴格达之外，没有一座城市堪与它媲美。君士坦丁堡城内有个圣索菲亚大教堂，由于希腊人不服从罗马教皇，希腊人的教皇也居住在这里。君士坦丁堡还有许多教堂，一年中有多少天，就有多少座教堂。来自各个岛屿的财富滚入这些教堂；世界各地的其他教堂，再也没有像它们那样富有的。

——图德拉的本杰明，《游记》

你们是为世人而被产生的最优秀的民族，你们劝善戒恶，确信真主。

——《古兰经》，Ⅲ，110①

当同时掌管各国命运和时间更序的全能的世界主宰把一座华贵的塑像——即罗马人的塑像——的半铁半泥的脚砸烂之后，他凭借卓越的查理大帝的双手在法兰克人中间树立起另外一座毫不逊色的塑像的精金头颅。

——一圣高尔修道院修士②

---

① 译文据马坚译《古兰经》，中国社会科学出版社，1981 年版，第 46 页。——译者

② 译文参据戚国淦所译《查理大帝传》（圣高尔修道院僧侣、艾因哈德著），商务印书馆 1985 年版，第 38 页。

罗马的继承人

到了公元7世纪,地中海周围所有地区显然不再会由一个庞大的帝国单独掌有,这样西方文明史就开始了一个新时期。在原罗马帝国的旧址上,取而代之的是拜占庭、伊斯兰和西方基督教这三个各具特色的文明。它们分布于地中海沿岸的不同地区,互相争斗不已,各有其语言和不同的生活方式。拜占庭文明是东罗马帝国的直系继承
人,讲希腊语,一直致力于把虔诚的基督教信仰与罗马的政治传统 360
融合在一起。伊斯兰文明讲阿拉伯语,无论在文化方面还是在政治制度方面都受到了一种富有活力的新式宗教理想主义的鼓舞。相形于这两种文明,西方基督教文明是个落伍者。它在经济方面发展程度最低,在宗教与政治方面都面临组织弱点。不过,它确实把基督教和拉丁文作为其某种共同的文化基础,不久便开始找到更大的政治与宗教凝聚力。

对拜占庭文明和伊斯兰文明予以重新评价

由于西方基督教文明最终超越了它的二个对手,因而直到最近一些西方学者仍倾向于贬低拜占庭文明和伊斯兰文明,认为它们落后,甚而缺乏理性。但是,就文明发展程度而言,在7—11世纪之间,西方基督教文明无疑是最为落后的。在此几百年间,西方世界一直生活在君士坦丁堡和麦加的阴影之中。只是到现在学者们才开始充分认识到拜占庭和伊斯兰文明所取得成就的价值。一方面由于它们自身的成就,另一方面由于它们对西欧社会发展所产生的直接的和间接的影响,这二种文明都很值得我们注意。

一、拜占庭帝国及其文化

拜占庭虽很软弱但取得了令人难忘的成就

历史学家吉本曾草草断言，拜占庭文明“不过是一个充满懦弱和不幸的见长而千篇一律的传奇”。在今人看来，它却是一个最为有趣、最为激动人心的文明。固然，拜占庭帝国在许多方面未作出创新，此外一直受到外来势力的威力和内部力量的困扰。但不管怎样，它设法克服了种种困难，延续了上千年之久。事实上，拜占庭帝国不仅延续下来，而且往往是繁荣昌盛的，对周边的世界产生了极大影响。此外它还取得了许多成就，其中包括保存了古希腊思想，创造了艺术巨作，并把基督教文化传播给异教徒，尤其是斯拉夫人。简单地说，拜占庭帝国是世界上历史最为悠久、影响最大的帝国之一。

拜占庭历史的分期问题

拜占庭历史到底始于何时，实难准确说定，因为拜占庭帝国是罗马帝国不间断的直接继承者。由于这一原因，历史学家众说纷纭。一些人认为，随着戴克里先的东方取向政策，“拜占庭文化”的特点在罗马历史上就已开始出现了；另一些学者认为，拜占庭历史开始于君士坦丁把帝国首都由罗马迁到君士坦丁堡之时，君士坦丁堡后来发展成为拜占庭帝国的中心（君士坦丁堡所处位置原名“拜占庭”，拜占庭帝国一名出自这里）。如果不嫌麻烦，这个城市准确的名字应为“君士坦丁诺波利庭”（Constantinopolitine）。不过，戴克里先和君士坦丁统治的仍然是一个完整的罗马帝国。如
361 前文所示，晚在6世纪时，在罗马帝国的西半部分为日耳曼人灭亡之后，东罗马帝国的皇帝查士丁尼仍认为自己是奥古斯都的继承人，他竭尽全力，力图收复帝国西部。在查士丁尼统治时期，产生

了一种显然具有拜占庭的特点而非罗马特点的思想和艺术形式。正因为此,人们也往往把这一时期视为拜占庭文明发展史上一个重要的转折点。不过这至今仍引起很大的争论:有些学者强调这些新的形式的重要性,另一些人表示反对,认为查士丁尼本人讲的仍是拉丁语,同时也一直都梦想着复原罗马帝国。只是到了610年之后,一个新的王朝才在东方出现了。它讲的是希腊语,所推行的政策也全具有东方取向,或准确地说,推行的是"拜占庭"政策。因此,尽管许多学者认为拜占庭历史开始于戴克里先、君士坦丁或者查士丁尼统治时期,我们却把希拉克略登基称帝的610年视为该国起始之年。

希拉克略的统治;伊斯兰势力的崛起

把610年当作拜占庭历史的开端还有一个便利之处,因为自此开始直到1071年,拜占庭军事史和政治史的主线都由抵抗来自东方的一股股侵略浪潮所制约。希拉克略继位之时,拜占庭帝国的生死存亡就受到波斯人的威胁,后者几乎征服了帝国的全部亚洲区域。作为其胜利的象征,波斯人于614年甚至于614年带走了一个圣物,据说是耶路撒冷十字架原作的一部分。经过多方努力,希拉克略集结起一支强大的军队,扭转了局势,大败波斯人,并于627年收复了那个十字架。此后波斯人降到了从属地位,希拉克略功德圆满,一直统治到了641年。不过在希拉克略统治的末期,一些新的军事力量开始入侵拜占庭所辖地区。他们来自迄至那时一直风平浪静的阿拉伯半岛。在新生伊斯兰教的鼓舞下,这些阿拉伯人利用拜占庭尚未从与波斯争斗中恢复元气之机,取得了令人瞠目的成果。到650年,他们征服了在7世纪初曾为波斯人短期占据的拜占庭领土的大部分,征服了波斯全境,而且横穿北非,挥戈西向。在成为地中海一个强大势力之后,阿拉伯人还在海上采取行动。677年,他们派遣舰队出征君士坦丁堡，未能如愿征服该城。717年，他们从海陆两路同时发起攻击，再次企图占领该城。

曼齐卡特战役之前拜占庭的复兴

717年阿拉伯人对君士坦丁堡的进攻使拜占庭又一次到了生死存亡的紧要关头。但是这一威胁被伊苏利亚王朝第一个拜占庭皇帝利奥三世化解了。利奥三世处事的坚决程度同一个世纪前希拉克略面临波斯人威胁时完全一样。他借助于一种被称为“希腊火”[①]的秘密燃烧装置，同时依靠
362 其强大的军事实力，在海陆两个战场都击败了阿拉伯军队。717年利奥三世解救君士坦丁堡的这一战役，是欧洲历史上最具重要意义的战役之一，这不仅是因为它使拜占庭帝国继续存在了数百年，也因为它有拯救西方世界之功：倘若阿拉伯人攻占了君士坦丁堡，那么就没有什么可以阻止他们荡涤欧洲其余部分了。在其后40年间，拜占庭重新夺取了小亚细亚的大部分地区。这一地区，再加上希腊，成为拜占庭帝国的心脏地带。在这之后，拜占庭与伊斯兰呈胶着状态，一直维持到10世纪下半叶后者势力日趋衰弱，前者开始采取攻势。在这一时期——拜占庭历史上最辉煌灿烂的时期——中，它的军队又征服了叙利亚大部分地区。不过在11世纪，一个与此不同的伊斯兰民族——塞尔柱突厥人夺取了拜占庭在此之前取得的一切成果。1071年，塞尔柱人在小亚的曼齐卡特大败拜占庭帝国的生力军，并乘胜追击，吞食了拜占庭帝国残存的东方诸省。此时，君士坦丁堡像在希拉克略和利奥三世统治时期那样，再一次面临灭顶之灾。

曼齐卡特战役之后，拜占庭帝国虽得以继续存在下去，但昔日

---

① 据认为，“希腊火”由硫磺、石脑油和生石灰混合而成。通过安装在船首，以及安放在君士坦丁堡城墙上的青铜铜管，把这种液态火喷射向敌军。

希腊火

的精气神再也未能重现。这主要是因为，自 1071 年至 1453 年拜占庭帝国最终覆亡，由于西欧的崛起，拜占庭帝国的命运大大复杂化。在此之前，西欧一直非常衰弱，无法给拜占庭帝国造成任何大的威胁，但在 11 世纪期间这种情况发生了巨大变化。1071 年，就在塞尔柱人在小亚细亚战胜拜占庭人的同一年，被叫作诺曼人的
西方人把拜占庭人从其在意大利南部的最后一些据点赶了出去。363
尽管这一征兆清楚地表现出西欧人对拜占庭人的敌视态度，但在 1095 年一位名叫阿利克塞·康尼努斯的拜占庭皇帝仍向西欧求援，希望西欧帮助他抵抗突厥人的入侵。阿利克塞的这一要求不能不说造成了一个至为严重的后果：他的呼吁成了十字军东征产生的原因之一，十字军则成了拜占庭衰落的一个重要原因。西欧人在第一次十字军东征时确实帮助拜占庭夺回了小亚细亚，但他们在叙利亚也为自己谋取了大片领土，而这些地区在其前一直被罗马帝国自己的辖区。随着时间的推移，拜占庭与西欧之间的纠葛越来越多。此时在军事上占有优势的西欧人越来越把君士坦丁

堡视为一个熟透的、待采摘的果实。1204 年,他们终于把手伸了过来:前去进攻耶路撒冷的十字军反过来占领了君士坦丁堡,以残暴的手段大肆抢劫。拜占庭的政治实力受到严重削弱,在附近苟延残喘,1261 年虽得以重返君士坦丁堡,但此后"帝国"有名无实,昔日的荣光只能闪现在记忆之中。1261 年以后,它偏居希腊部分地区,勉力维持统治至 1453 年,在这一年,取代了昔日之塞尔柱突厥人强大的奥斯曼人完成了十字军的未竟之功,征服了拜占庭帝国的最后一些属地,并占领了君士坦丁堡。直至今日,君士坦丁堡(后改名伊士坦布尔)仍然处在土耳其人的统治之下。

导致拜占庭帝国稳固长存的各种因素:(1)间或出现的精明强干的统治者

君士坦丁堡最初被攻占是不足为奇的,令人奇怪的是拜占庭帝国何以能在面临如此多的敌对力量的情况下存在了如此长的时间。鉴于帝国内部政治状况十分混乱,这一奇迹就更令人瞩目了。由于拜占庭的统治者承继了罗马帝国诸皇帝的做法,宣称自己是神授的绝对君主,因而,除非使用阴谋手段与暴力,否则无法与他们对抗。正因为此,拜占庭上充斥着各种各样的宫廷叛乱;刖刑、谋杀和刺瞎眼睛几乎成了家常便饭。正因为拜占庭因其不可胜数的幕后交易而声名狼藉,所以后人常常使用"拜占庭"一词表示极其复杂和曲折的密谋。对拜占庭帝国而言,幸运的是,不时有一些聪明能干的皇帝脱颖而出,高效地使用其至高无上的权力;同时更为幸运的是,在宫廷出现动乱期间,帝国官僚机构仍能发挥作用。

(2)高效率的官僚行政管理

高效率的官僚政府确实是拜占庭帝国成功并长存的重要原因之一。由于拜占庭文明保持并鼓励对世俗臣民进行教育之举,因而它就有了充足的人才可供官僚机构选用。这就是东方的拜占庭与处于早期阶段的拉丁语西方之间最明显的不同。自600年左右至1200年左右，西方基督教国家中实际上没有识文断字的世俗人士，而在东方的拜占庭，俗人识文断字是其政治成就的基础。拜占庭的官僚政治控制了生活的许多方面，远远超 364
出了我们今日认为适宜的程度。官僚人员协助监察教育和宗教，主持各类经济活动。举例来说，君士坦丁堡的市政官员就规定价格和工资水准，维持颁发各类执照制度，控制出口，督促人们服从安息日的规定。此外，他们进行这些活动时通常很有效率，并未遏止商业的创始力。官僚机构的种种方法还有助于控制陆军、海军、法庭和外交事务，赋予它们以那个时代绝无仅有的组织力量。

(3)坚固的经济基础

拜占庭帝国长期存在的另一个原因，是帝国的经济基础在11世纪之前一直非常坚固。正如历史学家史蒂文·朗西曼爵士所指出的那样："如果说拜占庭的国力和安全得之于行政部门的效率，那么正是凭借帝国的商贸，它才得以供养这些部门。"在这几百年间，远距离贸易和城市生活在西欧几近绝迹，而在东方的拜占庭，贸易和城市依然很繁荣。尤其是，在9世纪和10世纪，君士坦丁堡成了来自远东的奢侈品和西欧的原材料进行交易的至关紧要的中心。此外，拜占庭帝国还培育并保护自己的工业，尤其是丝织业，同时在11世纪之前一直以其稳定的金银铸币著称。君士坦丁堡盛时常年人口可能高达100万；除它以外，帝国其他一些大的都市中心，如安条克(在某些时期)、帕撒罗尼卡和特拉布宗(直到拜占庭灭亡)等，也都很繁荣。

拜占庭农业史的重要性

历史学家之所以看重拜占庭的贸易和工业，是因为它们在那个时代非常发达，提供了大多数剩余财富来供养国家。但正如在所有前近代国家那样，农业实际上是拜占庭经济的支柱。拜占庭

的农业发展史主要是一部小农为了摆脱大地产的控制而进行斗争的历史；拥有这些大地产的是富裕贵族和修道院。自由农民在国

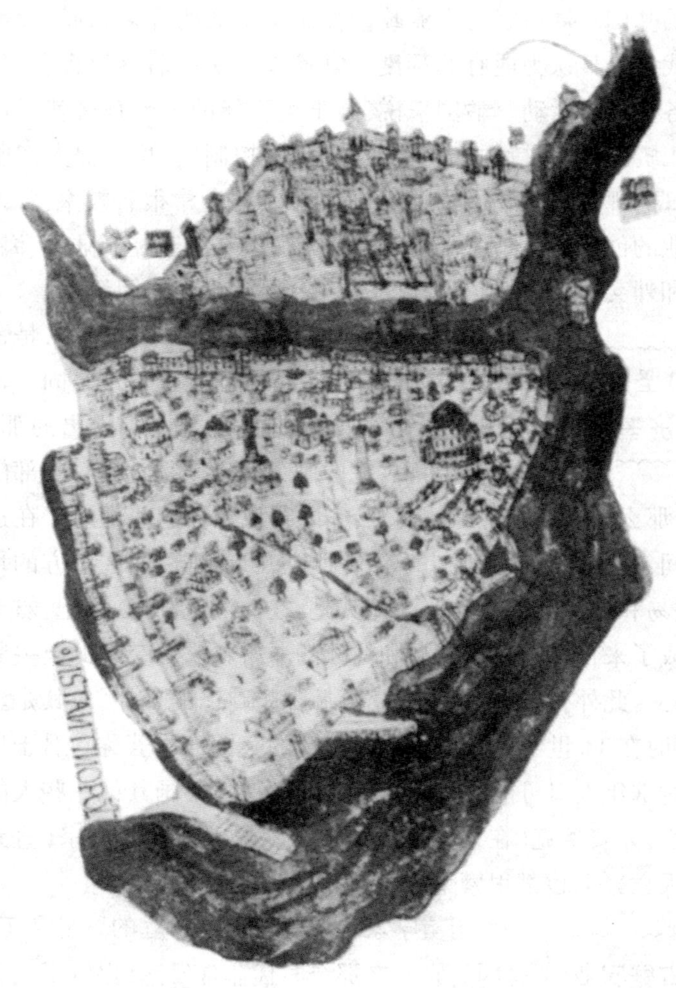

现知最早的君士坦丁堡俯瞰图，绘于 1420 年，既展现了其庞大的建筑，又绘出其一流的设防工事。

家有关法律的帮助下,苟延残喘直到 11 世纪;但在 1205 年后,政府大权落入贵族之手,他们开始稳定地把自由农民改变成贫困的佃农。此举带来了许多不利的后果,至少农民对抵御外敌入侵不像过去那么关心了。曼齐卡特战役失利是难以避免的。到了帝国统治的末期,伴随着自由农民的消失并随之出现的,是外来势力控制了拜占庭的贸易。这主要是指 1204 年以后意大利的威尼斯和热那亚在拜占庭帝国境内建立了贸易据点并获得了诸多特权,其结果就使得国家昔日生存的财源大多流向国外。就此而言,在被土耳其人从外部灭亡之前,拜占庭就已被威尼斯人从内部击溃了。

热衷宗教问题

迄今为止我们谈论了军事、政治、经济问题,似乎
这就是拜占庭长期存在的关键所在。从事后来看,确
实是如此,但在拜占庭人自己看来,他们最关心的通 365
常是宗教。看上去非常引人注目的是,拜占庭对深奥的宗教问题具有强烈的兴趣,其程度毫不逊色于我们今日对政治和体育的热衷——实际上有过之而无不及,因为拜占庭往往会为某一教义中的个别词而挥戈相向,甚而去死。拜占庭帝国早期一位作家的描述足以使我们了解到当时人们对宗教是何等地狂热。这位作家写道,他问一位面包师面包多少钱一个,得到的回答却是:圣父比圣子耶稣基督更伟大。他询问澡盆是否准备好了,却得到这样的回答:耶稣基督产生了无。可以理解,这种宗教狂热在宗教纷争时期会给国家造成极大伤害,但在宗教和谐时期能给国家带来一种强烈的自信心和使命感。

皇帝插手宗教争论

由于皇帝直接插手干预,拜占庭的宗教纷争愈加复杂化。由于拜占庭皇帝们在教会生活中拥有很大权力——他们有时就被教职人员认为“类同于上帝”——因而皇帝在宗教论争中具有很大影响。不过,尤其是在面临地方分离倾向时,统治者们从来不能强迫其所有

臣民相信他们的所作所为。只是在东部许多省份丢失、教义信条得到提炼之后,宗教和平才在8世纪看在近在眼前。但在下一个世纪中,它却又被所谓反对崇拜偶像之争打破了。

所谓反对崇拜偶像者,系指那些希望禁止崇拜偶像即耶稣基督和圣徒偶像的人。发起反对崇拜偶像运动的是伊苏利亚人利奥三世,此后他的儿子君士坦丁五世(740—775年)又以更大的精力指导这一运动,由此历史学家们不难看出运动的种种不同动机。反对崇拜偶像的人认为,崇拜偶像,具有异教徒的特征。在他们看来,他们不能崇拜人类制造出来的任何东西,同时,基督神圣无比,绝非人世技艺所能表现出来的;另外在教会十诫中,禁止"雕刻偶像"这一规定(《出埃及记》,20:4)就已毋庸置疑地说明了问题。

政治和财政动机

除这些神学上的考虑外,可能还有其他一些考虑。由于伊苏利亚人利奥三世皇帝曾使君士坦丁堡免遭伊斯兰教徒的围攻,同时由于穆斯林认为偶像是"撒旦的杰作"(《古兰经》,V.92)并竭力回避,因而人们认为,利奥三世采取反对偶像崇拜的政策,旨在回敬伊斯兰教对基督教的一个非难,从而消除伊斯兰教的一些吸引力。此外,还有一些内政和经济方面的动机。通过发起这样一场激烈的宗教运动,拜占庭的皇帝们可以加强对教会的控制,并与势力日
366 增的修道院进行斗争。正如运动的结果显示的那样,修道院坚持偶像崇拜,君士坦丁五世予以残酷迫害,并乘机侵吞了修道院的大量财产。

反对崇拜偶像争论的重要后果

9世纪时,反对崇拜偶像的争论平息下来,一切又恢复到从前的状况,也就是说依然进行偶像崇拜。不过这一个世纪的骚动产生了一些具有深远影响的社会后果。其一就是大批宗教艺术品在皇帝的直接指令下遭到了毁坏。残存至今的8

作为宇宙统治者的基督。12 世纪拜占庭镶嵌画,出自西西里的塞法卢教堂。虽然 12 世纪时拜占庭人并非西西里的统治者,但诺曼统治者雇用了拜占庭工人。请注意,《圣经》左页为希腊文(拜占庭人的文字),右页为拉丁文(诺曼人的文字)。

世纪之前的拜占庭艺术品大都见于意大利和巴勒斯坦这些当年未受到反对崇拜偶像的皇帝所左右的地区。在为这些艺术品所具有的魅力折服的同时,我们不能不对大量同样卓绝的艺术品被毁掉而扼腕长叹。其二,这场争论是致使东方教会和西方教会严重分裂的开端。在 8 世纪之前,教皇通常都是拜占庭人关系密切的盟友,但此时他们由于种种原因而对反对崇拜偶像的观点不能苟同。最重要的一个原因是,极端的反对偶像崇拜者倾向于对崇拜圣徒之举表示怀疑,但教皇至高无上之说就是以推定自圣彼得而降为基础的。与此相应,8 世纪的教皇与拜占庭的反对崇拜偶像运动展开了斗争,同时转而向法兰克国王们寻求支持。这种"教皇立场的转变”一方面是使东西方之间关系进一步恶化的重要因素，另一方面是西欧发展史上的一个重要里程碑。

其他后果：(1)重新认定传统

另一些后果是由上述反崇拜偶像运动短暂胜利而造成的；运动失败的一个重大后果就在于重新恢复了拜占庭宗教的一些主要特征，它们自9世纪到拜占庭最后崩溃一直居主导
367 地位。其中之一是重新强调信奉传统思想。即便在他们在宗教事务方面进行新的探索之际，拜占庭人也经常表白自己只是在重申或发展某些传统的寓意。现在，在那一纷争的时代结束之后，他们几乎完全放弃了有关探索，比从前更加强调传统思想。正如一位对崇拜偶像运动持反对态度的人所说的那样：“如果一位天使或皇帝向你宣布一个你从未听到过的信条，就把耳朵堵起来吧。”这一观点在结束拜占庭帝国的宗教纷争和异端邪说方面起了很大作用，从内部赋予拜占庭宗教以力量，同时帮助它在9、10世纪间吸引了众多新的信徒。不过，它不仅禁止人们对宗教问题进行自由思考，而且禁止在其他学术问题上自由推理。

(2)拜占庭式默祷取得胜利

与这一变化相适应，拜占庭式的默祷占了上风。支持偶像崇拜的人之所以为偶像崇拜进行辩护，不是因为它们自身理应受到崇拜，而是因为它们能够帮助由物质世界上升到精神世界。作为一条进行宗教启蒙的途径，对默祷的重视在后来成为拜占庭教堂事务的一个标志。虽然西欧人绝非反对这种途径，但典型的西方式圣徒是一个积极参与社会活动的人，他把罪恶视为一种堕落行为，试图通过勤奋的工作得到解救。拜占庭神学家不然，他们更多地把罪恶视为愚昧无知，认为通过启蒙的方式方能得救。这就导致东正教带有某种宗教消极性和神秘主义，以致直至今日它与西方的各个基督教教派看上去仍不相同。

拜占庭的古典主义

由于基督教在拜占庭生活中居有如此主导性的地位,因而拜占庭文明的一些世俗特征往往为人忽略了。但有充足的理由表明,其中的一些特征不应为人遗忘。其一,拜占庭精心保存了古典作品,信奉基督教决不意味着拜占庭不再尊崇古希腊的文化遗产。拜占庭学校的教育非常依赖古希腊的文学作品,以致凡受过教育的人都能广博地引用荷马史诗,其熟悉的程度甚于我们今日对莎士比亚的了解。拜占庭的学者们研究柏拉图和亚里士多德的哲学并作出了评注,同时拜占庭的作家也模仿修昔底德的散文风格进行创作。他们致力于进行古典文学研究的活动,既丰富了拜占庭人的精神生活和文学创作,又为后世保存下来许多古希腊经典之作。然而,拜占庭的古典文学研究往往完全为现代人忽略了,理由是它们普遍缺乏创造性。我们今日得以读到的大量古希腊文学作品,大都是由于拜占庭书吏的传抄才保存下来的。

妇女教育

拜占庭的古典文学研究,是其面向世俗人士的教育体系的结果,这种教育既为男子创造了机会,也向女子敞开了大门。考虑到同一时代信奉基督教的西方和伊斯兰国家歧视妇女的态度和做法,拜占庭人的女性教育做法是难能可贵的。出身贵族或富人家庭的姑娘虽不能进校读书,却可以在家通过家庭教师受到相当好的教育。举例来说,一位拜占庭女子据说可以像柏拉图或毕达哥拉斯那样谈吐不凡。拜
占庭最著名的女学者是安娜·科穆宁娜,她撰写过一本传记,记述 368
其父亲阿历克塞皇帝的种种业绩,文词典雅优美,书中大量引用了荷马史诗和欧里庇得斯的作品。除了这些在文学上有所建树的女性外,拜占庭帝国中还有女医生,这一事实令人遐想:直到不太久的时间之前,女医生在美国基本上一个也没有。

拜占庭的建筑：圣索菲亚大教堂

拜占庭在建筑和艺术领域的成就尤为人们熟知。拜占庭建筑成就的最佳范例便是圣索菲亚(意为“神圣的智慧”)大教堂,它建于6世纪,耗费甚巨。虽然这一建筑建成于本书认定的拜占庭历史开始之前,但这一建筑无论在建筑风格还是在对后世的影响方面都具有典型的拜占庭特征。虽然大教堂的设计者是希腊人的后嗣,但它与任何希腊神庙都迥然相异。兴建这座教堂的目的不在于表现人类对个人权势的自豪感,而是要体现基督教的内省和精神的特征。因此,建筑师对它的外表不怎么注意,外墙所使用的全是普通的砖块,外面涂以灰泥,既无大理石的贴面,也无雄伟的柱廊或雕刻的柱楣。不过,教堂内部却镶嵌着绚丽多彩的图案、包金叶饰和五颜六色的大理石柱,边棱上安装着许

圣索菲亚教堂

多彩色小玻璃片，它们折射太阳光线，酷似宝石那样熠熠闪光。为了强化神秘莫测之感，该建筑是用这样一种方式建成的，看上去没有一丝光线是从外面进入的，而是发自内部。

新的建筑设计

在建筑史上，圣索菲亚教堂的建筑设计具有完全新颖的特点。它的中心特征在于在一个方形的结构中运用了拱顶的原则。首先，教 369
堂设计成十字架形状，然后在方形中央大厅上面竖起一个宏伟的拱顶，凌驾于整个结构之上。主要难题在于如何使穹顶的圆周与它们要覆盖的方形结构相嵌合。解决的办法是在中央大厅四角的柱子上竖起四个半圆形拱弧，拱顶的边缘便落在拱门的拱顶石上。拱弧与柱墩之间的三角形空间则用砖石填实，这样便产生了一种具有神奇般强度的主体建筑，同时还使一种恢宏的气势乃至精美的风格成为可能。圣索菲亚大教堂的大圆顶直径达 107 英尺，最高处距地面有近 180 英尺。圆顶周边开了非常多的窗户，乍看上去，圆顶好像没有任何支柱，而是悬浮在半空中一般。

与建筑类似，拜占庭的艺术也大大改变了更早时期希腊的经典风格。拜占庭人擅长象牙雕刻、手稿的装裱、宝石加工，尤其是镶嵌画——即把许多色彩斑驳的碎玻璃片和小石片镶嵌成图画图案。在这些镶嵌画中，人物形象是以一种与古典风格迥异的方式拉长变形的，以显示人们极其虔诚或极端威严。多数拜占庭艺术都呈现出极其抽象、拘泥形式和宝石般的特征。由于这一原因，许多人都把拜占庭富有艺术性的文化视为一种超越时间的完美的典范。现代诗人 W. B. 叶芝在其题为“驶向拜占庭”的诗中充分地表述了这一点，诗中描绘了拜占庭金匠制作的一只大鸟：“……为拜占庭的丈夫和太太/歌唱吧/歌唱拜占庭的往昔，歌唱拜占庭的现在，歌唱拜占庭的未来。”

在拜占庭文明发展的盛期，一个最能显示出其活力的方面，或许当属令许各斯拉夫民族，尤其是俄罗斯的各斯拉夫民族皈依基督教。根据一个基本上合乎史实的传说，一位名叫弗拉基米尔的俄罗斯统治者在988年左右决定放弃其先祖信奉的异教。于是他派遣使者前去考察伊斯兰教、罗马天主教和拜占庭的基督教。使者们归来后报告说，只有在拜占庭人中上帝看来“生活在人们中间”；弗拉基米尔听后当即同意请一位拜占庭传教士为他举行洗礼仪式。这一事件具有划时代意义，因为俄罗斯由此开始成为拜占庭的一个文化省。自此开始直到20世纪，俄罗斯一直是东正教的

索菲亚教堂内景

基辅的索菲亚教堂。它最初于 11 世纪由雅罗斯拉夫修建，
具有明显的拜占庭风格。

一个堡垒。

1453 年君士坦丁堡落入奥斯曼人之手后，俄罗斯人开始感到他们是上帝专门遴选出来的，不仅在信仰上而且在行动上都要行使前拜占庭帝国的使命。就这样，俄罗斯的统治者开始自称为“沙皇”——直意为“恺撒”。同时俄罗斯人声称莫斯科是“第三个罗马”。一位俄罗斯代言人说：“前两个罗马已然灭亡，第三个罗马依然屹立，它将永远存在下去，不会为第四个罗马所取代。”这样一种意识在部分上有助于说明后来俄罗斯何以进行帝国主义扩张。拜占庭的传统可能也有助于解释俄罗斯统治者具有至高无上权力
370 的原因。毋庸置疑，拜占庭的独特的艺术原则对俄罗斯宗教艺术产生了影响，同时拜占庭人的思想观念对陀思妥耶夫斯基和托尔斯泰等俄国近代最伟大的作家的思想不无影响。

很不幸，适值君士坦丁堡与俄罗斯间的关系日益巩固之际，拜占庭与西欧的关系却恶化到无以复加的地步。反对偶像崇拜时期东方基督教会和西方基督教会之间曾产生摩擦。此后，部分上由于君士坦丁堡对西欧培植一个与它敌对的帝国的愿望（这是在 800 年由查理大帝发起的）十分反感，但最主要的是因为两者之间在文化和宗教方面的差异日益扩大，东、西方基督教会之间一直关系紧张。在拜占庭人的眼里，西方人缺乏教养，愚昧无知；而在西欧人的眼里，拜占庭人纤弱无力，有异端倾向。一俟西方开始复苏，它就着手在理论和行动方面都向羸弱的东方展开了攻势。1054 年，罗马教皇宣称对东方基督教会拥有最高权力，这一极端要求引发了东、西方之间的宗教分裂，这一分裂从此再也未能弥合。此后，十字军东征使双方之间的裂痕进一步加大。

可以想象，1204 年君士坦丁堡遭到十字军洗劫之后拜占庭对西方满腔仇恨是可想而知的。一位拜占庭人这样写道：“我们和他

们之间产生了深深的裂痕：我们之间毫无共同点可言。”西欧人称东方人是“渣滓的渣滓，……不配享受阳光”，东方拜占庭人则称西欧人为黑暗之子，因为太阳在西方降落。双方相争，土耳其人受益最大。1453 年，他们攻占了君士坦丁堡；此后不久，他们又征服了维也纳以南东南欧的大部分地区。

拜占庭对西方文明的贡献

鉴于这样一种令人悲哀的相仇的历史，我们最好回顾一下我们在多大程度上受惠于拜占庭，以此结束对拜占庭文明的叙述。从完全有形的方面看，自 7 世纪到 11 世纪拜占庭帝国一直是抵御伊斯兰扩张的一道屏障，从而有助于西方保持独立。如果拜占庭未曾繁荣一时并保护西方，西欧的基督教文明可能早就被毁灭了。在文化领域我们也受益良多：拜占庭的学者协助保存了古希腊的学问。到了文艺复兴时期，拜占庭学者帮助把柏拉图的著作介绍给了意大利人文主义者；这是双方交往最密的一个时期。但在文艺复兴时期之前，西方就已在向拜占庭学习，同时在 16 世纪之前，他们一直自拜占庭手稿中获得了财富。与此类似，拜占庭的艺术在很长一段时期中也对西欧产生了很大影响。我们就举几个最著名的例证吧。威尼斯的圣马克大教堂几乎是照搬拜占庭风格建成；西方的一些伟大画家，如乔托、埃尔格雷科等，其画法在不同程度上都受到了拜占庭艺术的影响。仅仅列举拜占庭的影响是不够的，因为留存至今的拜占庭文化的不朽作品，371
其本身依然令人叹服。参观过拉文纳和巴勒莫等城市的拜占庭镶嵌画的游客心中仍然充满敬佩之情；其他有幸去过伊斯布尔的人依然感到圣索菲亚大教堂神奇无比。因而，来自拜占庭的像宝石般璀璨的美丽的光芒，昔日曾闪烁出耀眼的光芒，而今仍然熠熠生辉。

二、兴盛的伊斯兰文明

伊斯兰教之现象

如果说拜占庭历史起始年代无法弄清、终止年代却可以确定于 1453 年，那么与此相反，伊斯兰文明历史有一个清楚的起点，7 世纪时穆罕默德开始传教为其开端，却没有一个终点，因为穆罕默德创立的伊斯兰教在现代世界中仍是一支举足轻重的力量。信奉伊斯兰教的人即穆斯林占现今世界总人口的大约七分之一：其最集中居处的地区，自非洲经由中东、前苏联的一些国家一直到了巴基斯坦、孟加拉和印度尼西亚。所有这些穆斯林都拥有一个共同的信
仰和一种共同的生活
方式，因为伊斯兰教一
直要求其信徒不仅要
遵守某些形式的祭祀
活动，而且要恪守固定
不变的社会和文化规
372 范。确实，与犹太教和
基督教不同，伊斯兰教
是一次伟大的尝试，试
图建立起一个建立在
日常生活规范与宗教
戒律之间完全和谐基
础之上的世界性的社
会。自然，由于时间、
地点的不同，这一尝试
在实践中会产生不同

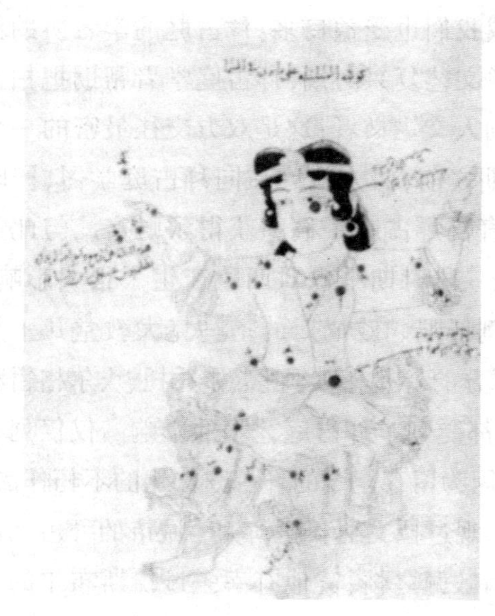

穆斯林形象化表现的仙女座星相。该手稿插图公元 1009 年完成于伊朗西部，清楚地显现了穆斯林文化是如何重构希腊学术的。

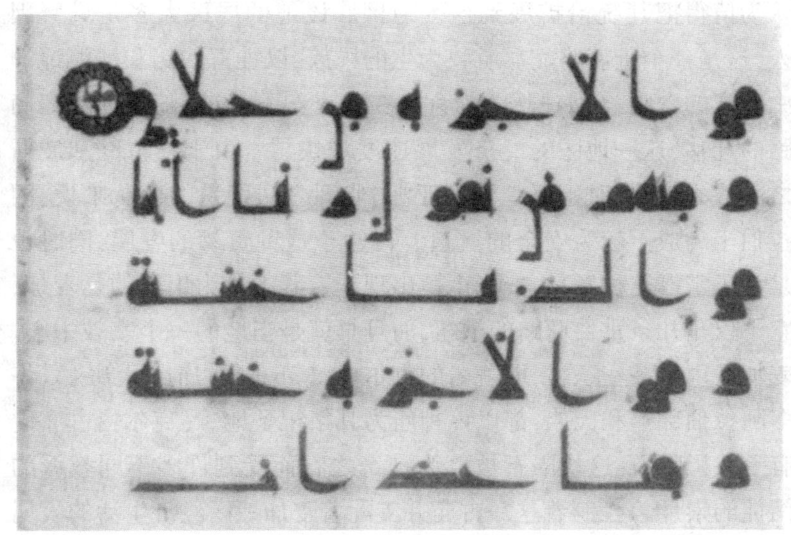

库法字体《可兰经》一页,8—9 世纪。库法字体棱角分明,大胆泼辣,是阿拉伯文字两种主要字体之一,主要用于碑铭和金属铭文。

的后果和不同的特征。然而,伊斯兰教一直在为这一目标尽心尽力,同时它说明了这一事实,即不论在语言、种族和地理分布方面存在着多么大的差别,所有穆斯林之间依然有着一种非同寻常的共同责任感。在本节中我们将追溯伊斯兰教传播的早期历史,至为看重的是它的西方倾向性。不过我们必须时刻记住,伊斯兰教在各个方向都扩展势力,它最终不仅对欧洲或西亚产生了巨大的影响,同时对非洲和印度的历史也产生了毫不逊色的影响。

伊斯兰教产生之前阿拉伯半岛的形势

虽然伊斯兰教后来传播到许多地区,但它发源于阿拉伯半岛。因此,讲述伊斯兰的历史,就必须从这里讲起。阿拉伯半岛为沙漠覆盖着,在伊斯兰教产生之前异常落后,以致它的两大毗邻势力——罗马帝国和波斯帝国——从不认为值得把其统治扩展到这一地区。该地的居民大多是贝督因人，这是一个赶着骆驼靠游牧为生的民族，以牲畜的奶和沙漠绿洲中出产的食物(比如椰枣)为食。在6世纪下半期，随着远距离商路的迁移，这一地区的经济发展速度加快了。由于拜占庭和波斯之间战火频仍，对于那些从事亚洲、非洲之间贸易的商队来说，阿拉伯半岛成了较为安全的通道。得益于这种贸易的发展，同时也是为了掌握这种贸易，一些市镇出现了。其中最为出名的是麦加，它不仅是几条重要商路的枢纽，而且早就是当地的一个宗教中心。麦加城内有一座圣殿，即著名的克尔白(Kabah)古庙(“天房”)，许多阿拉伯部落和氏族，都以该神庙为其祭祀圣地。(克尔白古庙内有一块黑曜石，这块陨石被尊为神奇之石而受到许多不同教派的门徒的崇拜。)控制着这一古庙并支配着麦加地区经济生活的人属于库赖什部落，这一由商人和掮客组成的寡头集团对该地区实行了严密的统治。

穆罕默德

约公元570年，伊斯兰教的创始人穆罕默德诞生于麦加，他的家庭为库赖什部落的一员。穆罕默德自幼父母双亡，大约25岁时受雇于一个富裕的寡妇，后与她成婚，从而在经济上有了保障。在步入中年之前，他过着一个富裕商人的生活，一举一动与同城其他人没有什么两样。但在610年左右他经受了一次宗教体验，这一体验不仅改变了他的一生，而且最终改变了世界许多地区的面貌。在此之前，多数阿拉伯人都信奉多神教，至多认为有一个叫安拉的神模模糊糊地高于其他神祇。610年穆罕默德相信他听到了来自上天的声音，告诉他除安拉外别无神祇。也就是说，经过一场皈依经历，穆罕默德
373 成了一位毫不妥协的一神论者。在此之后，他又进一步受到了神的启示，这些启示构成了一个新宗教的基础，并促使穆罕默德接受“先知”的称号，向库赖什部落传播一种一神论信仰。起初，他的传

教事业不是非常成功,只有少数一些人主要是近亲投到他的麾下。失利的原因也许在库赖什部落中居主导地位的人士认为接受这一新宗教就会剥夺天房、继而是麦加在当地信仰中所拥有的核心地位。但是北方的雅特里布没有这种顾虑,其代表邀请他移居那里以调解当地的冲突。622 年,穆罕默德及其追随者接受了邀请。这一迁移——在阿拉伯语中叫作“希志来”(或赫吉拉)——标志着穆罕默德命运的一大飞跃,因此被穆斯林视为伊斯兰教纪元的起始之年:正如基督教徒把基督诞生之年视为基督教纪元的开始,穆斯林也把 622 年的“希志来”(出走)视为其纪元的开端。

克尔白古庙,包括被认为神奇地自天而降的黑曜石。

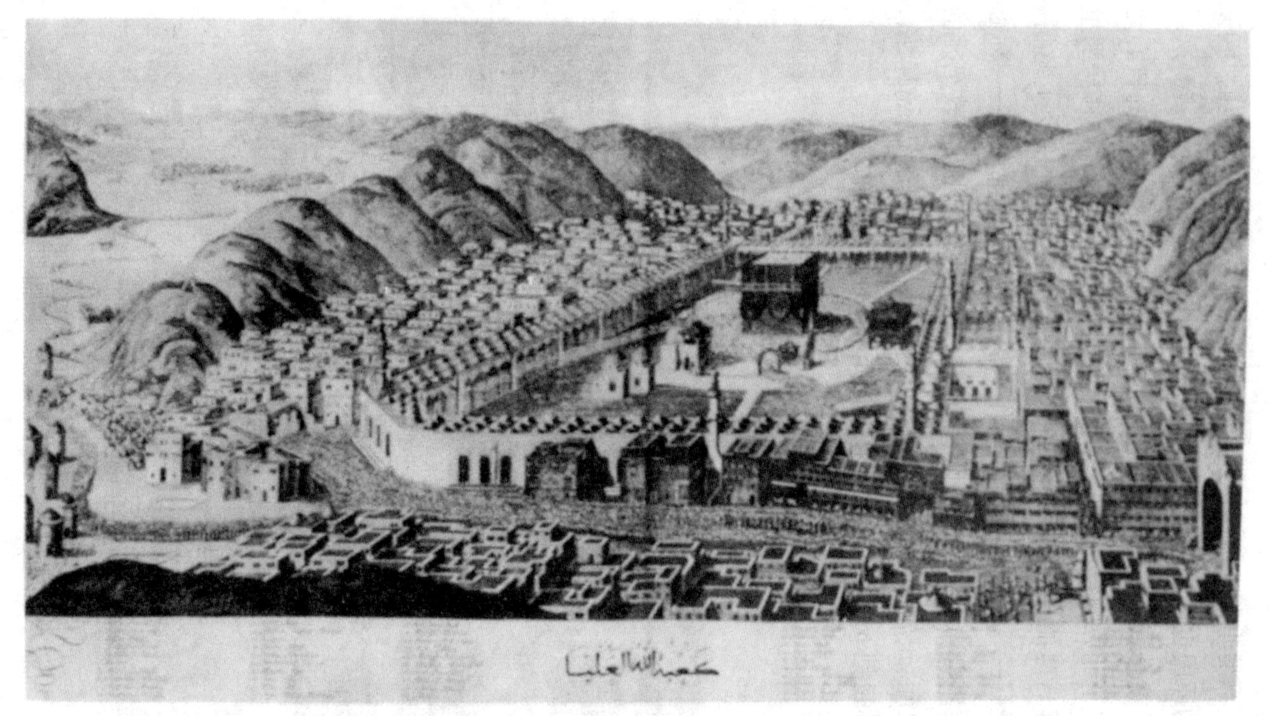

麦加。该城建于中世纪,迄今城市面貌大都如旧。每年有数以万计的穆斯林到此朝圣。

穆罕默德所创宗教得到巩固

穆罕默德把雅特里布更名为麦地那(意为
“先知之城”),迅速地把自己确立为该城的统
治者。在此过程中,他有意识地开始把其信徒
组织成为既是宗教的也是政治的团体。但是他
仍然需要从其最初的麦加追随者获得某种支持,同时他还希望向
那些当初没有响应他的皈依号召的库赖什人进行报复。与此相
应,他开始率领其追随者袭击在麦加城外行走的库赖什商队。库
赖什人奋起抵抗,但在几年之后穆罕默德的追随者在宗教热情的 374
鼓舞下,最终打败了他们。630 年,在经过几次沙漠战斗之后,穆
罕默德以胜利者的身份重回麦加城。此后库赖什人皈依新的宗
教;天房不仅被保留下来,还被立为伊斯兰教的主要圣地,直至今
日依然如此。麦加被征服之后,阿拉伯半岛各地的其他部落都反
过来接受了伊斯兰教。因此,虽然穆罕默德于 632 年去世了,但他
在去世之前得以亲眼看到他所创立的宗教取得了成功。

伊斯兰教教义

伊斯兰教的教义非常简单。“伊斯兰”一词本身意为顺从,伊斯兰教则要求绝对服从真主。虽然此独一无二的真主在阿拉伯语中为“安拉”,但如果就此认为伊斯兰教崇奉的是宙斯或朱庇特那样诸神中地位最显赫的神,那就犯了错误:对于穆斯林来说,安拉是至高无上的造物主上帝——是与犹太教和基督教中的无所不能的上帝一样的神祇。因此,代之以说穆斯林相信“除安拉之外别无上帝”,更正确的说法应是“除真主以外别无神祇”。与此相应,穆斯林认为穆罕默德本人是真主的最后一位、同时最伟大的一位先知,但并不是真主本身。除严格的一神崇拜之外,穆罕默德尤其要求其信男信女完全投身于真主之中,因为最后的审判即将来临。尘世间的人们必须就是否开始一种为神服务的生活作出根本性选择:如果他们决意这样做,真主将引导他们享受天恩;如果他们不愿这样做,真主

将抛弃他们,他们就会沦落成不可能得到赎救的罪人。在末日审判来临之际,虔信者将在充满欢乐的天堂中获得永生,受到惩罚的恶人将被打入地狱,受到不灭之火的烙烤和拷打。信徒们所能采取的具体步骤可以在《古兰经》中找到。《古兰经》是汇编据说由真主传授给穆罕默德的种种启示而成的,因而是伊斯兰教最可靠的圣典。这些具体步骤包括真心真意地过一种操行端正的生活,要富有怜悯之心,并恪守一些固定的教规,即念功、拜功、斋功、朝功和课功。

375 **犹太教和基督教对伊斯兰教的影响**

伊斯兰教在许多方面与犹太教和基督教相类似,这决不是偶然的巧合;穆罕默德肯定受到了前二种宗教的影响。(在麦加和麦地那有许多犹太人;同时,通过较为间接的方式,穆罕默德也了解到基督教思想。)伊斯兰教与前二种宗教最为相似的地方,在于其严格的一神教、强调个人道德和心存仁慈,以及依赖成文的以上帝的启示为基础的经书。穆罕默德宣称《古兰经》是宗教权威的终极源头,但也把《旧约》和《新约》视为神的意旨的体现。穆罕默德从基督教中汲取而来的看来有末日审判、人体复活、死后报应以及对天使的信奉(他认为真主带给他的第一个启示就是由天使加百列送来的)等。不过,虽然穆罕默德承认耶稣基督是众多先知中最伟大的先知之一,但他不认为耶稣是神,同时宣称自己除撰写《古兰经》外别无奇迹。另外,他对基督教的献身之爱不予看重,而最重要的是传导一种不需圣礼、不用牧师的宗教。对穆斯林而言,每一位信仰真主的人都直接负有听命于真主的责任,无需任何中间环节;代之以牧师,伊斯兰教中只有一些宗教学者(阿訇),他们可以对伊斯兰教信仰和律法问题进行评论。穆斯林通常都是到清真寺集体进行祈祷,但并无弥撒之类的东西。没有教士,在这一点上伊斯兰教与犹太教更为接近;伊斯兰教强调在受到神灵启示的团体中社会政治生活与宗教事务有着密不可分的联系,这就使得它与犹太教愈加接近。但是与犹太教不同,伊斯兰教在开始传播到阿拉伯半岛之外地区时宣称的是一种普济主义和它在把世界连在一起时所起的作用。

穆罕默德去世后阿拉伯人的统一：哈里发

穆罕默德死后,伊斯兰教的这一强调在世界上发挥影响的信条当即开始显现出来,由于穆罕默德对未来未作出任何规定,又由于阿拉伯人没有明显的政治继承观念,因而穆罕默德创建的社会团体能否继续存在下去很不明确。但是,他的一些最亲近的追随者,在其岳父阿布·巴克尔和另一个很早就追随穆罕默德的叫作欧麦尔的狂热信徒领导之下,很快就采取了主动行动,把阿布-巴克尔提名为“哈里发”,意为“先知的代理人”。此后,在近300年的时间里,哈里发成为所有穆斯林最高宗教和政治领导人。阿布-巴克尔在成为哈里发后立即采取军事行动,征服了各个曾追随穆罕默德、而今不愿接受其继承人的领导的阿拉伯部落。这些军事行动取得了极大成就;在此过程,阿布·巴克尔的军队开始越出阿拉伯半岛的边界进一步向北扩张。或许令他们大吃一惊的是,他们竟然未遇到波斯和拜占庭军队强有力的抵抗。

阿拉伯人的扩张和征服

阿布·巴克尔在出任哈里发两年之后就去 376
世了,继任哈里发的是欧麦尔。欧麦尔继续执行向邻近帝国扩张的政策。此后诸年,阿拉伯人实际上未遇到任何障碍,取得了一个又一个胜利。636年,阿拉伯人在叙利亚大败拜占庭的军队,随后便横扫这一地区,占领了安条克、大马士革和耶路撒冷等主要城市;637年,他们消灭了波斯军队的主力,进占波斯首都泰西封。波斯人的行政中心一旦失陷,他们几乎再也未作任何抵抗:到了651年,阿拉伯人完成了对波斯全境的征服。由于拜占庭的中心君士坦丁堡离这里路途遥远,阿拉伯人无法以类似手段武力攻占该帝国的心脏地带。但在646年,他们很快便把拜占庭人从埃及驱逐出去,随后挥戈西向,向北非挺进。711年,阿拉伯人由北非越过直布罗陀海峡攻入西班牙,很快就控制了这一地区的绝大部分。这样,在短短一百年的时间内,穆斯林征服了波斯帝国全境以及古罗马世界的大片地区。

伊斯兰教扩张的原因

阿拉伯人为什么能够取得如此令人叹止的扩张成果呢?要想弄清这一问题,最佳的途径有两个,其一是看看驱使阿拉伯人扩张的动力是什么,其二是看看他们遇到了什么样的有利形势。
377 与广为流传的看法相反,伊斯兰教的早期扩张并不是通过宗教征讨取得的。起初阿拉伯人并没有兴趣归化其他民族:与此相反,他们并不欢迎被征服者皈依伊斯兰教,这样他们就可以保持其作为一个统治者群体和征税群体的独特特性。不过,虽然阿拉伯人的扩张并无多少宗教动机,但宗教狂热在促使此前一直很松散的阿拉伯人听从哈里发的指令方面起了至关重要的作用,同时这种热情还使他们产生了一种替天行道的感觉。真正促使阿拉伯人走出沙漠的原因,在于这样一种希望,即寻求得到更为富裕的地区并获得战利品;正是这种寻求新的财富的愿望促使阿拉伯人越走越远。对阿拉伯人来说非常幸运的是,伊斯兰教的感应作用正产生于各个敌国正处于衰落过程之际。拜占庭和波斯之间长期刀兵相向,双方均耗尽了力量,无力重振兵力。此外,波斯和拜占庭的当地居民对其官僚帝国施加的财税要求心存愤恨;而且,在拜占庭统治下的叙利亚和埃及,“奉行异端”的基督教徒也与施行迫害政策的君士坦丁堡正统教派产生了不和。由于阿拉伯人并不要求皈依伊斯兰教,所征税额也比拜占庭人和波斯人要低,因而,他们往往比旧有的统治者更受欢迎。一位叙利亚基督徒作家竟然这样写道:“复仇之神借助阿拉伯人把我们从罗马人〔指拜占庭帝国〕的手中把我们解救出来。”正是由于上述种种原因,伊斯兰教迅速传播到伊朗和埃及之间的大片地区,并自那时一直生根至今。

什叶派和逊尼派间的争斗

就在阿拉伯人四处扩张之际,他们也第一
次遇到严重的政治分裂。644 年欧麦尔哈里
发死后,接替他的职位的是乌斯曼。乌斯曼出
自倭马亚家族,该富有家族在起初并未响应穆
罕默德的号召。他软弱无力,具有其家族的许多缺陷。那些对乌
斯曼心存不满的人就聚集在穆罕默德的表弟和女婿阿里周围,而
阿里的血统、背景和好战精神似乎更适于充当伊斯兰事业的领导
人。656 年乌斯曼被反叛分子暗杀之后,阿里派人士拥戴阿里为
哈里发。但是势力强大的倭马亚家族及乌斯曼的支持者不承认阿
里的哈里发职位。双方争斗不已,661 年,阿里被暗杀,乌斯曼派 378
取得了胜利。同年,倭马亚家族的一个成员成了哈里发,该家族的
统治一直维持到 750 年。然而,即便如此,阿里的追随者仍不承认
失败。随着时间的推移,他们逐渐形成为一个居少数地位的伊斯
兰教派,叫作“什叶派”(Shiites;在阿拉伯语中,Shi’a 表示党派或宗
派);这一集团坚持认为,只有阿里的后人才有权出任哈里发,或者
对穆斯林社会享有统治权。反过来,那些认可哈里发制历史发展
实际情况并接受这一习俗的人被称为逊尼派(Sunnites;在阿拉伯
语中,Sunna 表示宗教习惯)。两派之间的裂痕一直没有愈合。什
叶派经常受到迫害,因而发展成为一个十分好斗的团体,同时深信
只有他们才是信奉、坚持伊斯兰教的人。后来,他们逐渐在一个或 379
另一个地区执掌大权,但从未能赢得大多数穆斯林的支持。今天,
他们统治着伊朗,在伊拉克也有众多信徒,但在全世界伊斯兰教总
人口中只占大约十分之一。

倭马亚王朝

661年倭马亚家族的胜利开创了哈里发统治史上一段较为安定的时期;哈里发统治一直维持到945年。在此期间有两个大的统治倾向,其一以倭马亚王朝的统治为代表,其二以其继承者阿拔斯王朝为代表。倭马亚王朝力量的重心在于原属拜占庭的叙利亚地区,他们继续留用当地的官员,而不是改由穆斯林进行管理。由于这些原因,倭马亚哈里发统治在某种程度上类似于一个拜占庭国家的后继者。与其较为注重向西扩张的趋向有关,倭马亚人集中精力去控制地中海和征服君士坦丁堡。717年,倭马亚王朝集中最大力量进攻拜占庭首都君士坦丁堡,结果遭到失败,其势力因此遭到严重削弱;一俟时机成熟,一个新的趋向就会应运而生。

阿拔斯王朝

代表这一新的趋向的是一个新的家族阿拔斯家族,他们于750年取代倭马亚王朝成为哈里发。阿拔斯王朝的统治可以说以波斯而不是拜占庭为重点。这一变化的一个特征就是迁都:该王朝的第二任哈里发在离波斯帝国旧都不远的巴格拉兴建了新都,所用建筑材料有不少就取自旧都遗址。阿拔斯王朝建立起自己的伊斯兰统治,并效仿波斯帝国的专制制度而行之。该王朝的哈里发凶残地杀戮敌手,沉溺于繁琐的宫廷礼仪之中而无法自拔,同时慷慨地资助高雅文学的发展。《一千零一夜》(《阿拉伯之夜》)所描绘的正是这一时期的图景。它是一部故事集,完成于阿拔斯王朝时期的巴格达,书中详细描述了令人目眩的东方美景。这些故事的主要人物哈伦·拉希德哈里发,统治年代实际上在786至809年之间;他大肆挥霍,奢华无度,残忍无情,恰如书中所描述的那样。据说他把铸币撒在大街上,赐予宠臣各种珍贵礼物,对其敌人进行残酷惩处。从西方人的观点出发,阿拔斯王朝之所以具有重要地位,不仅是因为它创造了传奇和文学,而且因为其东方取向大大减弱了地中海的压力。

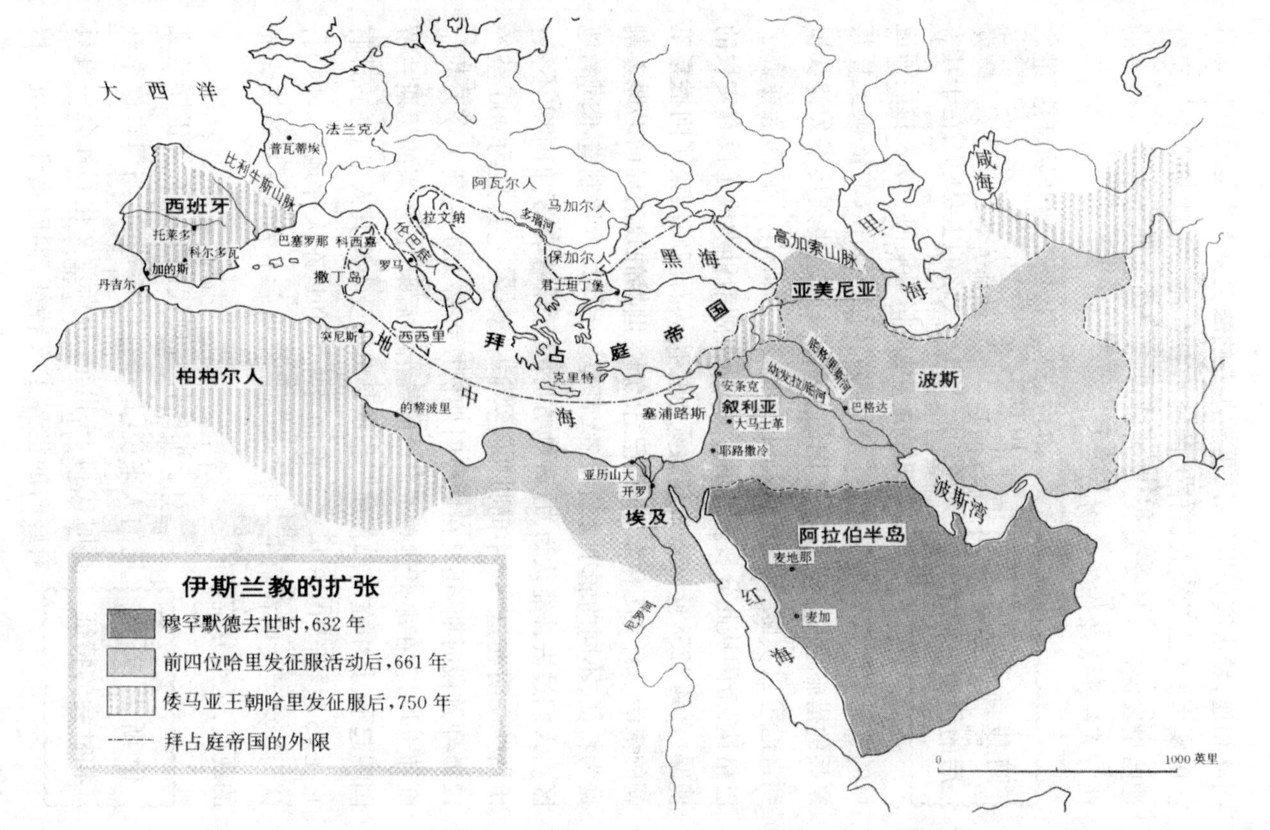
大西洋
法兰克人
普瓦蒂埃
比利牛斯山脉
西班牙
托莱多
科尔多瓦
加的斯
丹吉尔
巴塞罗那
科西嘉
撒丁岛
罗马
伦巴底人
拉文纳
阿瓦尔人
多瑙河
马加尔人
保加尔人
君士坦丁堡
黑海
高加索山脉
里海
咸海
亚美尼亚
拜占庭帝国
西西里
突尼斯
地中海
克里特
柏柏尔人
的黎波里
塞浦路斯
安条克
叙利亚
大马士革
耶路撒冷
底格里斯河
幼发拉底河
巴格达
波斯
波斯湾
亚历山大
开罗
埃及
尼罗河
阿拉伯半岛
麦地那
麦加
红海
0
1000 英里
伊斯兰教的扩张
穆罕默德去世时,632 年
前四位哈里发征服活动后,661 年
倭马亚王朝哈里发征服后,750 年
拜占庭帝国的外限

与此相连，拜占庭得以复苏，更靠西方的法兰克人也能乘机扩充自己的实力。（法兰克人最伟大的统治者查理大帝就与哈伦·拉希德哈里发保持有外交关系，后者曾以恩赐的态度送给贫穷得多的西方人一头大象作为礼物。）

阿拔斯帝国灭亡后的伊斯兰政治史

10世纪时阿拔斯王朝开始衰落，继之而来的是一个长期地方分权的时期。阿拔斯帝国国力日趋衰落的主要原因在于其主要的经济基地底格里斯河—幼发拉底河流域的农业生产日益不景气。后来，阿拔斯王朝采取的依赖土耳其亲兵的措施进一步加速了帝国的衰落，因为这些亲兵不久就认识
380 到自己可以实际操纵国家大权。945年，一个什叶派部落夺取了巴格达，帝国从此分裂。此后，阿拔斯王朝哈里发成了没有实权的傀儡，直到1258年蒙古铁骑毁灭巴格达从而彻底结束了阿拔斯王朝的统治。自945年至16世纪，伊斯兰世界的政治局面以地方割据为特征，不同的弱小统治者（大都是土耳其人）控制着不同的地区。人们过去曾经认为，这种地方分权意味着衰落，但事实不然：伊斯兰文明在这一“中间期”依然非常繁荣，尤其是约900至约1250年这段时期，正是在这段时期伊斯兰势力扩展到了今天的印度和土耳其，在那里建立了自己的统治。后来，各新兴的伊斯兰帝国崛起了，其中在西部首屈一指的是奥斯曼土耳其人建立的帝国，它在15世纪至1918年之间控制着东欧和近东大片地区。因而，认为伊斯兰文明在哈伦·拉希德统治结束后不久即日趋暗淡无光的观点，是十分荒谬的。

伊斯兰文化和社会的特征

对于那些怀着现代的偏见看待伊斯兰文明的人来说，最令他们震惊的，当属自穆罕默德时代到16世纪，伊斯兰文化和社会一直具有鲜明的世界主义特征，同时富于生机。穆

罕默德本人并不是一个生活在漫漫沙漠中的阿拉伯人,而是一个受到高深理想感染的商人和城市居民。后来,伊斯兰文化之所以具有浓厚的世界主义气息,主要在于以下几种原因:它承继了拜占庭和波斯文化的精萃;它仍然处在东西方商路的要冲;在大多数穆斯林地区,繁华的城市生活取代了沉闷而缺乏生气的农业。由于贸易占据重要地位,地区流动性较大。由于《古兰经》强调所有穆斯林一律平等,因而穆罕默德的学说进一步促进了社会的流动。结果,在巴格达的宫廷里以及后来权力分散的小国中,成功的大门向一切有才能者敞开。在穆斯林社会中,人们普遍具有识文断字能力——据大致估计,在1000年前后,大约百分之二十的伊斯兰男性识字——很多人以教育为阶梯提高自己的地位。政府的职位很少被看作世袭财产,"新人"可以凭借进取精神和技能爬上最高位。此外,穆斯林对其他宗教持非常宽容的态度。如前文所示,他们一般不强迫别人皈依伊斯兰教,同时在他们自己的国家内往往给犹太人和基督徒保留一席之地;他们把后二者视为"经书中提到的人",因为

摩西·麦莫尼德肖像。据18世纪意大利一纪念盒。

《圣经》被视为《古兰经》的母体。与这种态度相应,早期的一位哈里发曾任命一位基督徒为首相。倭马亚王朝还资助一位用阿拉伯文写诗的基督徒。穆斯林控制西班牙时期是犹太文化自古代至现代之间最为兴盛的时期。犹太文化兴盛结出的最丰硕的果实便是摩西·麦莫尼德的著作。麦莫尼德是位学识渊博的思想家(1135—1204 年),他既用希伯来文写作,也用阿拉伯文写作,有时被称为“摩西第二”。

伊斯兰妇女

381 穆斯林奉行的平等和宽容信条,在一个领域属于例外,那就是对待妇女的态度。或许由于社会地位变迁无常,获得成功的男子尤其渴望维持并提高自己的地位与“荣誉”。做到这一点的途径就是继续拥有并(或)增加自己在世上拥有的东西,其中包括妇女。对男人而言,女子是最“足以”显示其地位的,她们的不可侵犯必须有所保障。《古兰经》允许一个男子娶四位女子,这样妇女就成为奇货可居,已婚女子不得与其丈夫以外的男性有所接触。此外,地位显赫的男子还可以拥有女仆和嫔妾,他把她们都置放在家中一个称为内室的地方,由阉人负责看管。在专由女眷居住的内室,妇女们运用一切手段争宠,为了让自己所生儿女获得殊荣而不惜采用阴谋手段。虽然只有富人才能养得起成群的妻妾,但这一陋习为各个阶层尽力仿效。基于女子是财产的原则,这些措施对降低妇女地位、在性生活中强调男性的主导地位产生了很大作用。在上流社会中,男性鸡奸行为得到了容忍,但支配模式在此依然发挥作用:鸡奸通常是有势力者主宰青少年(娈童)。

伊斯兰教宗教生活:乌力玛和苏非派

伊斯兰教徒献身于特定宗教生活的途径主要有两条。其一是成为乌力玛(ulama),他们是作用近似于牧师的学者。乌力玛的职司就是研究宗教和律法的各个方面并提出自己的看法。毋庸置疑,他们通常是传统的代言人,对信仰提出苛严的要求;他们更为经常地对社会生活产生重要影响。不过对乌力玛起补充作用的是苏非派(sufis);这是一个宗教神秘派别,与基督教中的隐修士有些相像,不过他们并不过独身生活,很少与社会生活相脱离。正像乌力玛强调律法那样,苏非派强调沉思冥想;他们没有共同的纲领,实际行为表现也大相径庭。有些苏非派成员被称为"狂舞托钵僧"(whirling dervishes)[①],以其舞蹈著称于西方;另一些是苦行僧(faqir)[②],他们在西方与集市上玩蛇取悦的人联系在一起;此外,还有一些静思冥想、不举行任何奇异仪式的人。苏非派通常组成"兄弟会",他们在劝说诸如非洲和印度之类偏远地区信奉伊斯兰教方面做了不少工作。在整个伊斯兰世界,苏非派教义为种种最强烈的宗教冲动提供了发泄的渠道。乌力玛得以与苏非派共存,其本身就是伊斯兰文化多元性的一个引人注目的标志。

伊斯兰哲学

不过更引人注目的是这一事实:这两个集团往往与代表另一种世界观的人、研究并实践哲学和科学的人和平共处。在阿拉伯语中,阿拉伯哲学家实际上被称为 faylasufs,因为他们献身于希腊人所说的 philosophia(哲学)事业。伊斯兰哲学以研究更早的希腊哲学
尤其是亚里士多德学说和新柏拉图主义为基础。在查士丁尼下 382
令关闭雅典的哲学学园之后,希腊哲学家移居东方,亚里士多德和
其他哲学家的著作被翻译成叙利亚文(这是一闪语方言)。希腊 383
哲学由那一点向外传播,逐渐进入了伊斯兰的生活,得到了 faylasuf 们的培植;这些人认为,宇宙是理性的,以哲学态度对待

① 或译"旋转(吼叫)托钵僧"。托钵僧(苦行僧)是伊斯兰教神秘主义派别苏非派教团的高级成员。该词 dervish 源自波斯文,原意为"沿门乞讨"。——译者

② faqir 一词源自阿拉伯文,原意为"贫穷"。或译"托钵僧"。——译者

生活是真主发出的最高感召。他们对亚里士多德的了解达到了很深的地步，这从阿维森纳身上可以一览无余。阿维森纳(死于1037年)是伊斯兰世界最伟大的一位哲学家，在年满18岁之前就在紧靠东部的小城市哈拉实际上读完了亚里士多德的所有著作。

把希腊思想与伊斯兰教协调起来

伊斯兰哲学家面临的最重大的问题，就是如何把希腊哲学与伊斯兰教协调起来，因为他们根据来源于古希腊的学说——与伊斯兰教义相对——认为，世界是永恒的，单个人不可能获得灵魂不灭。不同的哲学家对此作出了不同的回答。在三位最伟大的哲学家中，法拉比(死于950年)对此最不关心；这位主要生活在巴格达的哲学家认为，一位有知识的精英人物不应受到普通群众信仰的影响，而应进行理性的思考。虽然如此，他认为这些信仰对加强社会的凝聚力是必不可少的，因而从不攻击它们。

阿维森纳以及阿维罗伊

与法拉比不同，在更远的东方活动的阿维森纳传授的是一种理性色彩较少、在某些方面非常切近苏非派神秘主义的哲学学说。(后来流传着这样一个故事：阿维森纳这样说一位苏非派成员："我所知道的，也都看见了。"这位苏非派成员回应道："我所看见的，他都知道了。")最后是阿威罗伊(1126—1198年)，他生活于西班牙的科尔多瓦，是一位地地道道的亚里士多德信徒。阿威罗伊过着两种截然不同的生活：在私下里他是一位极端的理性主义者；在公共场合，他信奉官方信仰，实际上甚至出任过政府的监察官。阿威罗伊是最后一位真正具有重要意义的哲学家：在他之后，理性主义或者与苏非派神秘学说结合在一起，或者过于受到宗教传统的束缚，以致无法作为一门学问独立存在。但是在其全盛时期(约

850年至1200年),伊斯兰哲学远比同时代拜占庭和西方基督教世界的哲学要发达、精深。

伊斯兰科学;占星术活动

在伊斯兰哲学衰落之前,faylasuf们就像进行哲学研究那样从事自然科学研究,成就斐然。通常一个人既是哲学家又是科学家,因为他们不能靠评注亚里士多德而生活(当时没有大学,不需要有关教师),却可以通过占星术和医学获得大量财富,上升到权要位置。在今人眼中,占星术与其说是科学,不如说是迷信,但在穆斯林中间,它却是一门与精确的天文观测密切相关的"应用科学"。一位伊斯兰占星术士在缜密研究天体并预测出天体运行轨迹之后,就会力求把他们知识应用到人类事务上,尤其是预测其富有的赞助人的运数上。为了更简便地计算天体运行情况,一些穆斯林认为存在着这样一种可能性,即地球绕地轴自转,同时又绕着太阳旋转。不过,这些看法并未得到广泛认同,因为它与古老的成见(诸如环形行星轨道)不合。因此,穆斯林占星术后来对西方产生影响的是其极其先进的天体观测和预测记录,而不是在这些方面;伊斯兰占星术士所达到的观测水平往往令希腊人最谨慎地进行的观测也难望项背。

伊斯兰教徒对医学的贡献

伊斯兰教徒在医学方面的成就同样引人注目。以行医为生的伊斯兰哲学家吸引了希腊化时代各种医学著作中所包含的医学知识,但他们并不怎么满足于此。阿维森纳发现结核病具有传染性,描述了胸膜炎和各种神经性疾病的症状,并指出水和土壤受到污染后会传播疾病。阿维森纳的主要医学著作《医典》直到17世纪末一直被欧洲人奉为经典。比阿维森纳年龄稍大的同时代人拉齐兹(865—925年)是整个中世纪时代最伟大的临床大夫。他的主要成就是发现天花和麻疹是有区别的。其他一些伊斯兰医

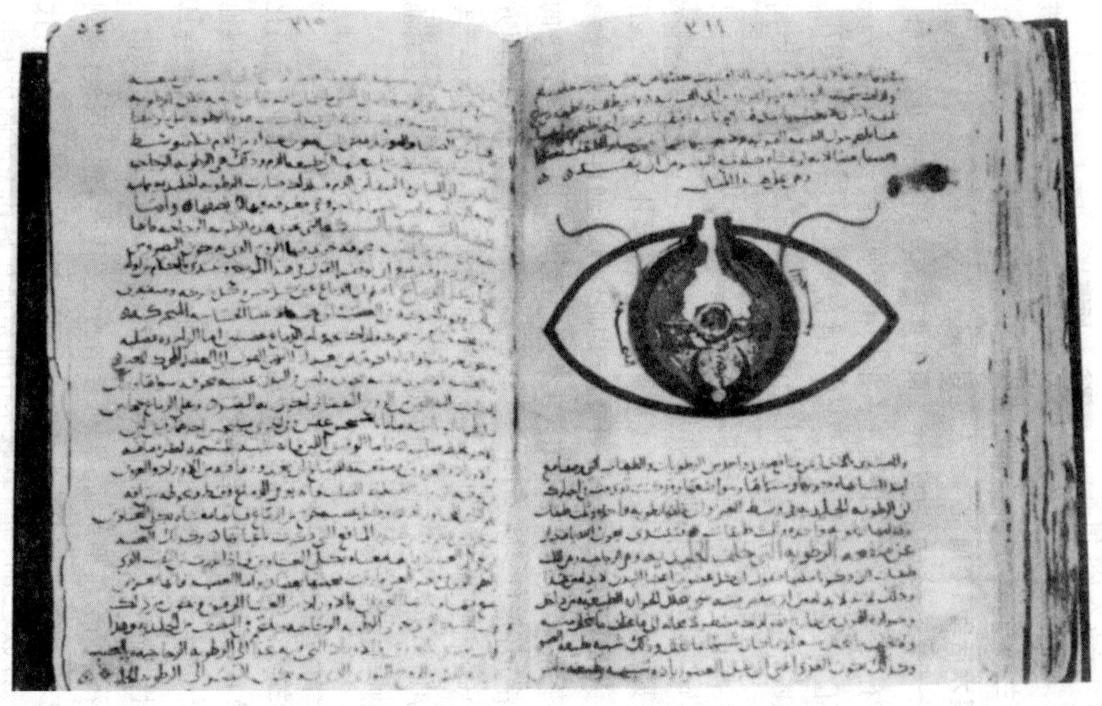

侯奈因·伊本·易司呤格(约 808—873)是阿拉伯世界著名学者。他的《眼睛十论》表明阿拉伯科学家对眼睛的结构有着异常精辟的了解。该书写于 9 世纪,13 世纪时仍被奉为经典。本图为 13 世纪抄本。

师发现了烧烙术和止血剂的价值，诊断出了胃癌，开出了解毒的药方，并在治疗眼疾方面有引人注目的成就。此外，他们认识到腺鼠 384
疫具有较强的传染性，指出这种病可以通过衣物传染他人。最后，穆斯林在组建医院、控制医生业务方面强于中世纪时代其他所有民族。在波斯、叙利亚和埃及各主要城市中至少有 34 座医院，其组建方式具有惊人的现代特征。每所医院都有分科设置的病房、药房和图书馆。内科和外科的主治医师向学生和研究人员授课，对他们进行考核，根据成绩颁布行医许可证。即使那些持有许可证的医师也必须定期受到主治医师的检查；这些医师在多数情况下也是理发师。

光学、化学和数学

伊斯兰教徒在光学、化学和数学领域也取得了很大成就。伊斯兰世界的物理学家创建了光学这门科学，并在放大镜及光的速度、传播和折射等方面得出了众多具有重要意义的结论。伊斯兰教的化学是由炼金术派生出来的；炼金术是希腊化时代的一个发明，它建立在下述原则的基础之上：所有金属本质上都是相同的，如果能够找到恰当的工具即点金石，贱金属就可变成贵重的黄金。但是科学家在这一领域所作的努力并不局限于不可能有什么结果的炼制黄金上；有些人甚至否定金属是可以转换的。穆斯林科学家进行的种种实验带来的一个结果，就是各种新的物质和化合物被发现了，其中包括碳酸钠、明矾、硼砂、二氯化汞、硝酸银、硝酸钾和硫酸等。此外，穆斯林科学家在世界上首次描述了蒸馏、过滤和升华的化学程。在数学领域，伊斯兰教徒所作出的最大贡献，就是把希腊的几何学和印度的数字科学结合起来。穆斯林数学家自印度借来了西方人所说的“阿拉伯数字”；他们以十字制为基础，借助于阿拉伯数字创立了算术，并在代数（algebra，该词本身即源自阿拉伯语）方面取得了进步。此外，他们以希腊几何学为基础，参照他们对天体运行规律的研究,在球面三角学方面取得了重大进展。因而,穆斯林数学家综合并发展了数学的几个各个领域,为后来西方基督教徒的进一步发展创造了有利条件。

除哲学和科学外,伊斯兰教世界也有自己的诗人。早期阿拉伯人本就擅长写诗,在宫廷里,文学成就是出人头地的一个途径,伊斯兰世界最伟大的诗人或许是波斯人(他们用自己的语言写作),其中在西方名声最显赫的是欧玛尔·海亚姆(莪默·伽亚谟;他死于 1123 年),他出名的原因在于他的《鲁拜集》被维多利亚时代的英国诗人爱德华·菲茨杰拉尔德转写成一首广为人传诵的英文诗歌。虽然菲茨杰拉尔德的译文多有曲解之处,但欧玛尔的享乐主义思想("一杯美酒,一块面包——还有你")向人表明,并非所有的穆斯林都是些执拗的清教徒。实际上,欧玛尔的诗歌成就后来被萨迪(1193—1292 年)和哈菲兹(死于 1389
385 年)超越了。同时,在远离波斯的地方,在穆斯林治理下西班牙的宫廷里,也出现了诗歌创作的盛况。这种诗作同样也决非受到扭曲、抑制之作,其浓郁之情由下面诗行可见一斑:"这就是我的热吻,我紧紧亲吻着他的唇/他的嘴中柔若无物,一切都消融于激情之中。"

兼收并蓄的伊斯兰艺术

在艺术活动方面,穆斯林们兼收并蓄。他们艺术的主要源泉是拜占庭艺术和波斯艺术。伊斯兰教建筑在结构方面受到了拜占庭建筑的很多影响,尤其是拱顶、圆柱和拱门等。波斯的影响可能表现在复杂的非自然主义的图案方面,这些图案实际上成为所有伊斯兰艺术的装饰基调。追求色彩丰富、绚丽的趋势,则既来自拜占庭,也来自波斯。建筑在伊斯兰艺术占有最重要的地位;由于受到反对表现人物形象的宗教偏见的约束,绘画和雕塑发展有限。然而,决非所有的伊斯兰建筑杰作都是清真寺;宫殿、学校、图书馆、私人住宅和医院也占重要地位。确实,与中世纪欧洲的建筑相比,伊斯兰建筑毋庸置疑具有更多的世俗特征。伊斯兰建筑的主要组成部分有球状穹顶、光塔、马蹄形拱门、螺旋形圆柱,此外还有石制窗花格,黑白相间的条纹、镶嵌图案和用作装饰阿拉伯文手书。伊斯兰建筑相对说来对外表装饰不怎么重视,这一点与拜占庭建筑风格相似。所谓穆斯林手工艺术,包括编织精美的地毯、优质的皮革加工、仿丝织锦、五金镶嵌工艺、彩釉玻璃器皿和彩绘陶 386
器。这些艺术品大都饰以复杂的图案,如相互交错的几何图形、花卉、植物和果实、阿拉伯文手书以及奇形怪状的动物形象。伊斯兰艺术脱离了宗教教化作用,而变得极其抽象和非写实。由于这些原因,伊斯兰艺术往往显得比近代之前的任何其他艺术都更世俗和“现代”。

伊斯兰帝国的经济发展:(1)商业

伊斯兰世界的经济生活因时因地而有着很大变化,但欠发展显然不是其本有特征之一。与此相反,自阿拉伯人征服活动开始到14世纪左右,在伊斯兰文明的中心地区,商业活动异常发达。造成这一情况的主要原因在于,阿拉伯人统辖下的叙利亚和波斯地区商业城市文化本就十分兴盛,同时这里处在世界的十字路口,沟通非洲、欧洲、印度和中国的主要商路恰好横穿这一地区。伊斯兰商人和承包人在前人的这些基础上进行了新的冒险。穆斯林商人进入了俄罗斯南部,甚而远届非洲赤道地区,同时,他们由数几千头骆驼组成的浩浩荡荡的商队抵达印度和中国的大门。(穆斯林用骆驼作驮畜,对修建道路、用车辆运输不感兴趣。)来自伊斯兰世界的船队开辟了穿越印度洋、波斯湾和里海的新航路。另外,在某几段时期,伊斯兰世界的船只在地中海诸多地区居主导地位。确实,后来伊斯兰势力衰落的一个原因,就在于西方基督徒于11、12世纪控制了地中海并在16世纪通 387

过艰苦斗争控制了印度洋。

(2)工业

如果没有相应的工业的发展,就不可能有伊斯兰世界商贸的大发展。在很大程度上构成贸易之基础的,正是一个地区的人有能力把其天然资源转化为制成品出售到其他地区。几乎每一个大城市都专门生产特定种类的商品。叙利亚的摩苏尔是棉布生产中心;巴格达专门生产玻璃器皿、珠宝、陶器和丝绸;大马士革以其精钢制品及"织锦"著称;摩洛哥以皮革加工出名;西班牙的托雷多则以其上好刀剑扬名。这些城市所生产的上述商品只占伊斯兰世界产品的一部分。许多城市的工匠都加工生产药品、香料、地毯、挂毯、提花织锦、毛织品、缎子、金属制品和许多其他商品。穆斯林自中国人那里学到了造纸,他们生产的纸不仅在帝国内部,而且在欧洲也很紧俏。

穆斯林经济对西方的影响

在约 12 世纪之前,在我们所考察的所有方面,伊斯兰世界文明都令西方基督教文明相形见绌,两者实在不可同日而语。西方后来之所以能够有所进步,部分上是由于它向伊斯兰世界学习的结果。在经济领域,西方人吸取了穆斯林的许多技术成就,诸如灌溉技术、新作物的栽培、造纸和酿酒等,从中获益良多。伊斯兰世界在经济上对西方影响的程度,由英语中至今仍保留着大量常见源自阿拉伯文或波斯文的词汇中可见一斑。这些词汇有 traffic(交通)、tariff(关税)、magazine(货栈,后转意为杂志)、alcohol(酒精)、muslin(麦斯林纱)、orange(橘子)、lemon(柠檬)、alfalfa(苜蓿)、saffron(藏红花)、sugar(糖)、syrup(糖浆)和 musk(麝香)等。〔我们所说的 admiral(海军上将)一词也源自阿拉伯文,原为阿拉伯酋长(emir)的衔号。〕

思想文化和科学方面的贡献

在思想文化和科学方面，西方人也像在经济生活中那些自伊斯兰世界受益不浅。在这些领域，西方自那里借用的一些词汇也非常说明问题：algebrc（代数）、cipher（阿拉伯数字）、zero（零）、nadir（最低值）、amalgam（汞合金）、alembic（蒸馏器）、alchemy（炼金术）、alkali（碱）、soda（苏打）、almanac（历书），此外还有许多星体的名字，如毕宿五和参宿四等。在古希腊科学和哲学几乎被西方完全遗忘的时候，伊斯兰世界的文明却保存并发展了这些知识。自古代残存下来的希腊所有重要科学著作都被译成了阿拉伯文，后来在中世纪西方，这些著作反过来又从阿拉伯文译成了拉丁文。其中最重要的是保存和释译亚里士多德的著作，这是伊斯兰世界影响最深远的成就之一。这不仅因为西方人首先通过阿拉伯人的翻译认识了亚里士多德，而且因为西方人借助于阿拉伯人尤其是阿威罗伊的释读对亚里士多德学说有了了解。阿威罗伊在这方面地位甚尊，以致中世纪的西方学者简单地称之为“评注者”。
自然，阿拉伯数字也是一份弥足珍贵的文化遗产；试着用罗马数字 388
记记帐，就会深刻体会到这一点。

伊斯兰文化的总的意义

除了这些各别的贡献外，伊斯兰文明仅就其作为西方世界的一个强有力的对手。刺激了西方人的想象力而言就对西方产生了最大的影响。拜占庭文明曾与西方有着太过密切的关联，同时国力太弱，无法起到这种作用。西方人通常不分青红皂白地看不起拜占庭希腊人，却对穆斯林往往较为尊敬和畏惧。在这方面他们也许是有道理的，因为伊斯兰在其鼎盛时期（zenith，这又是一个阿拉伯文词汇）确实是世界上最伟大的文明之一。虽然它组织较为松散，但它借助于一种伟大的宗教和共同的制度，把阿拉伯人、波斯人、土耳其人、印度人以及非洲不同部落的人团结在一起。这种多民族的联合是伊斯兰文化的一个界标,它不仅造就了一个出类拔萃的多元的社会,而且创造了一种有着许多独创发现和成就的卓越的遗产。

三、中世纪早期的西方基督教文明

中世纪早期西方文化统一的形成

在中世纪早期(自约600年至1050年),与其拜占庭和伊斯兰邻居相比,西欧人异常落后,以致10世纪的一位阿拉伯地理学家这样写道:"他们人高马大,行为粗俗,性格粗野,头脑愚钝……那些住在最北方的人尤其愚笨、粗鄙和残忍"。在整个中世纪早期,物质条件一直非常简陋,以致人们几乎可以称之为风餐露宿的五百年。不过,种种新的充满希望的模式正在形成过程中。尤为重要的是,一个新的文明中心正在北大西洋地区脱颖而出。800年前后,在农业上较为富足的西北欧地区,通过与西方基督教会结成同盟,法兰克人的君王们设法创建了一个西欧人的帝国。这一帝国虽然持续时间不长,但它仍然勉力开拓了一个新的西方文化统一体;这一统一体为未来打下了坚实的基础。

法兰克人的王国:墨洛温王朝统治时期

查士丁尼统治下的东罗马人消灭了东哥特人在意大利、汪达尔人在非洲建立的王国,其后阿拉伯人毁灭了西哥特人在西班牙建立的王国,这样一来,高卢地区的法兰克人统治者就成为西欧所残存的一个主要的蛮族势力。但它历尽艰辛,用了大约两个世纪的时间才完全建立起其统治权。法兰克王国的创立者是克洛维。他是位狡残的酋长,在500年左右征服了今日法国和比利时的大部分地区,并很明智地

皈依西方天主教教会,这是当地土著居民和主教信奉的宗教。克
洛维创建了墨洛温王朝(墨洛温一词源自克洛维家族所属半神话
性家族的创始人)。然而他并没有把这一王国完整地传给后人,而 389
是按照蛮族的有代表意义的习俗,把王国交由几个儿子分而治之。在其后二百年间,克洛维的儿子们为了占得墨洛温王朝更大的一块遗产而争战不已,战火几乎从未熄灭过。在这一时期临近结束时,王家系统开始衰微,相继登基的是众多胸无大志、游手好闲的"懒王",他们把治理国家和带兵打仗的一应事宜交由被称为"宫相"的主要大臣处理。在整个这一时期——欧洲有史以来最为黑暗的时期之一——贸易萎缩,城镇衰落,文字几乎被人完全遗忘了,暴力肆虐。与战斧统治并存的,是只能维持最低限度自给的农业。

然而,在很大程度上不为人察觉的情况下,一些孕育着未来发展希望的因素围绕着罗马教皇政治和本尼狄克修会制产生了。以上述两种制度的结合为基础,教皇格列高利一世即人们常说的伟大的圣格列高利(590—604 年在位)设计了一种新的宗教政策。在他之前,罗马教皇通常顺从于君士坦丁堡的皇帝们,承认基督教的东方拥有更大的宗教权威。格列高利登基后,他采取各种办法,力图改变这一状况,创建一个更为自治的、以西方为取向的拉丁教会。作为一位神学家——西方教会第四位伟大的"拉丁之父"——格列高利在其三位前辈圣哲罗姆、圣安布罗西和圣奥古都丁(尤其是他)成就的基础上,明确表述了自己独到的神学理论。格列高利神学理论中最引人注目的一点,是他十分强调苦行和炼狱,认为人们在经受炼狱的净化后,才能进入天堂。(西方人对炼狱的信仰在后来成为东方教会和西方教会教义的一个重要不同。)除撰写神学著作外,格列高利倡导用简单易懂、朴实无华的拉丁散文进行写作,以与当时人们日常所说的语言相对应,并主持创办了一种很有

影响的拉丁礼拜仪式。如果说“格列高利圣吟”实际上并不是格列高利首创的,那么正是在他的推动下他的新式平歌——这种平歌后来成为罗马天主教宗教仪式的一个重要组成部分——才形成了。格列高利进行的这些改革,无不有助于推进信奉基督教的西方在文化和宗教方面都比以前任何时候更加独立于讲希腊语的东方。

格列高利的宗教政策

格列高利不仅是位神学家和拉丁塑造者,而且是位卓越的政治家。在意大利,面对野蛮成性的伦巴第人的威胁,格列高利采取了较高明的外交手段并把教会地产管理得井井有条,从而使教皇制得以继续存在下去。此外他开始重申教皇权力至高无上,尤其是高于西方的主教们的旧有论点,这一论点在此时几乎被人遗忘了。至关紧要的是,他资助本尼狄克会修士,利用他们去教化新的西方地区中的居民。格列高利本人是位本尼狄克会修士——或许是第一位出任教皇的本笃会修士——同时撰文描述圣本尼狄克堪称典范的生活。
390 由于本笃会根基不深,所处时代又动荡不宁,因而格列高利的庇护有助于该会生存下去,并在其后几百年里成为西欧唯一修会。反过来,教皇也可利用本尼狄克会修士去推行特别的使命。其中意义最为重大的一项就是使

教皇格列高利。10世纪德国象牙板,描绘该教皇自化作鸽形的圣灵中获取灵感。

盎格鲁撒克逊时代的英格兰皈依了基督教。这一皈依过程历时长达一个多世纪,但一个重大成就就是在偏远的西北欧有了一块对教皇制完全忠诚的基督教基地,同时在不久又促使法兰克王国与教皇携起手来。伟大的圣格列高利虽未能在去世前亲眼看到这样一种联合,但正是由于他的赋予西方教会以生机的政策,促发了这一后果。

法兰克人的高卢日趋稳定的种种因素

在700年左右,当本尼狄克会完成教化英格兰之功后,高卢地区的法兰克王国的前景也显得有些光明了。这方面最深刻的原因在于古代世界和中世纪世界之间漫长而动荡不宁的过渡时期最终就要走到尽头了。在克洛维去世之后的高卢,古罗马的城市文明和地中海贸易都已进入垂死状态。随后,当阿拉伯人在7世纪征服了地中海南岸地区并向海上扩张时,西北欧最终被从那里赶了出去,只得把注意力自地中海移开。实际上北方各地区——现今法国的北部、低地国家、德国和英格兰——土地极其肥沃:一旦拥有适宜的农耕工具,这里就能获得好的收成。假如条件成熟,一个新的势力就会在北方脱颖而出;这一新的生活方式主要不是建立在城市贸易和地中海商业的基础之上,而是以农业为基础。到了700年左右,在墨洛温王朝时期的高卢,恰恰出现了这样一种局面。

法兰克人统治者与教会结盟;查理·马特和圣卜尼法斯

所谓适宜的条件,是指一批富有才干的统治者应运而生,以及他们与教会结成同盟。687年,墨洛温王朝一位充满活力的宫相丕平勉力实现了法兰克各地区的统一,并为自己的家庭在比利时和莱茵河地区建立了一个新的权力基地。丕平死后,其富有进取心的儿子查理·马特("锤子")继承了宫相职位。查理·马特时常被视为法兰克国家的第二位创建人。他之所以能获得这一称誉,有两个方面的原因。首先,732 年,他在图尔(离巴黎约有 150 英里远)战役中打退了一支来自西班牙的穆斯林武装。虽然这一穆斯林小分队并非真正的军队,而是一群外来抢劫的阿拉伯人,但这一冲突表明阿拉伯人在西北欧的扩张达到了极限,同时查理的胜利为他个人带来很大荣誉。同样重要的一个原因是,在其统治末年,查理·马特开始执行与教会,尤其是与英格兰的本尼狄克会结盟的政策。本尼狄克会在基本完成令不列颠人皈依基督教的使命后,就在其理想
391 主义的领袖圣卜尼法斯的率领下,横跨英吉利海峡南下,试图劝说德意志中部地区皈依基督教。此时查理·马特在击退穆斯林而守住自己的南翼后正试图向东往德意志扩展法兰克人的势力,因而意识到他与本尼狄克会有着共同利益,传教工作可以与法兰克人的扩张行动齐头并起。就这样,查理·马特对卜尼法斯和本尼狄克会修士提供物质援助,以换得他们对其地区扩张野心的支持。

矮子丕平时期双方联合得到巩固

在与法兰克人结盟之后,卜尼法斯更为尽心地为查理·马特之后的统治者服务,协助促成了西方历史上最为重要的事件之一。查理·马特在世时从未急于称王,但他的儿子矮子丕平却对王衔垂涎三尺。虽然真正掌握实权的是丕平本人而非那些"懒王",丕平仍需要借助教会的威望来改朝换代。幸运的是,时机对他赢得教会的支持非常有利。由于这位年轻的统治者继续执行其父亲的与本尼狄克会在德意志问题上进行合作的政策,因而卜尼法斯支持丕平。同时,由于自伟大的格列高利时代开始盎格鲁撒克逊的本尼狄克会就与罗马教皇一直关系甚密,卜尼法斯在罗马也有很大影响。

教皇转变立场

斯时罗马教皇围绕着反对崇拜偶像问题正与拜占庭皇帝发生尖锐的冲突，因而教皇准备孤注一掷，把命运寄托在一位强大的法兰克统治者身上。在此之前，拜占庭人一直向意大利教皇辖区提供某种保护以抵御伦巴第人，但势力不断增长的法兰克人现在完全可以担负起这一任务。就这样，教皇在立场上来了一个大逆转，彻底转向了西方。750 年，教皇怂恿丕平废黜墨洛温王朝傀儡；751 年，卜尼法斯作为教皇的使节为丕平举行了涂油典礼，宣布他是一位得到上帝授权的国王。就这样，法兰克的国王获得了精神上的授权，完全与教皇—本尼狄克会势力范围结合在一起。此后不久，丕平便报答了教皇，征服了意大利的伦巴第人。无独有偶，就在阿拔斯哈里发统治在东方建立、拜占庭正进行全盘希腊化之际，西欧在法

查理大帝加冕为皇帝。主持仪式者为
教皇利奥三世，地点在圣彼得大教堂。

兰克人国家和拉丁教会的基础上实现了自身的统一。

查理大帝和领土扩张

在丕平之子查理大帝(Carolus Magnus 或 Charlemagne)统治时期(768—814),这种新的模式最初得到了巩固。这个新王朝根据查理大帝的名字 Carolus 而被称为加洛林王朝(Carolingian)。毋庸置疑,查理大帝是整个中世纪时期最重要的统治者之一。假如我们有可能询问查理大帝本人他最大的成就是什么,那么他几乎肯定会这样回答:我大大扩展了法兰克人的疆土。除英吉利人外,西欧几乎所有的民族都与他发生过战争。查理大帝赢得了大多数战争。他把中欧大部分地区、意大利北部和中部都纳入法兰克人的统治区域之内。为了治理这一广袤地区,他把所有的地方政府的权力都授予他亲自任命的官员,叫作“伯爵”;并试图派遣宫廷特使监督这些伯爵,以此继续对他们有所控制。伯爵们所负
392 义务众多,其中包括负责司法管理以及招募军队。尽管查理大帝的一套制度在实践中远远算不上完善,但它是罗马帝国以来欧洲出现的最好的政府。由于他统治时期法兰克人所取得的军事胜利和内部的和平,查理大帝长期以来一直留在人们的记忆之中,并被尊奉为西欧传说中的英雄受人歌颂。

加洛林时代文艺复兴

主要出于有助于扩张领土和进行高效的统治的考虑,查理大帝掀起了一场复兴学术的运动,后人称之为“加洛林时代文艺复兴”。查理大帝以基督教的名义把其统治扩张到了德意志,但为了使该地区的居民改宗基督教,他急需一批受过教育的修士和牧师。不仅如此,为了治理其广袤的国土,他至少需要一些识文断字的人。在我们看来非常令人震惊的是,在罗马城市生活逐渐消失之后,文化知识几乎完全被人遗忘了,因为在他的国家里一开始竟然找不到几个识文断字的人。只有在盎格鲁撒克逊人治理下的英格

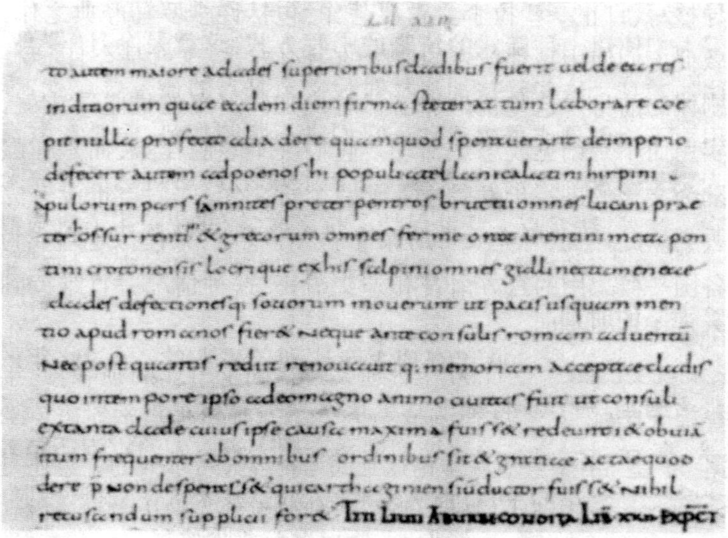

加洛林时代的书法。未经专门训练的读者也可不费力地读懂此手稿片断。

兰,本尼狄克会修士才学习点读写能力。这方面的原因在于盎格鲁撒克逊人说的是日耳曼语,修士们却要掌握拉丁语以进行祈祷和研读《圣经》。这些修士一开始并不懂拉丁文,因而他们四处求救,非常自觉地进行学习。在查理大帝时代之前,最伟大的盎格鲁撒克逊本尼狄克会学者是圣徒比德(死于735年),他所撰写的《英吉利教会和人民史》①用拉丁文写成,是中世纪早期最优秀的史学著作之一,今日读来仍不无情趣。查理大帝继位后,就邀请比德门生的门生阿尔昆②前往欧陆指导学术复兴工作。在查理大帝

① 或译《英吉利民族的教会史》。现有中译本作《英吉利教会史》,商务印书馆1991年出版。

② 阿尔昆死于804年,诺森布里亚人,782年起任职于查理大帝的宫廷,是加洛林时期文艺复兴的代表人物。——译者

的大力支持下，阿尔昆帮助建立了一些新的学校，教人识文断字，指导抄写、订正一些拉丁文重要著作，包括许多罗马经典之作，并且敦促人们使用一种新式的清晰的书写方式，这就是今日"罗马"
393 印刷体的前身。这些就是加洛林时代文艺复兴的最主要成就：强调实用而不是创见或思想活动。它们决不装腔作势，而是在欧洲大陆为文化的进一步发展建立了一个桥头堡，此后再也没有完全失去它。此外，法兰克人帮助保持了拉丁文学，并使拉丁语成为西欧各国一概采用的官方语言和外交语言，这种情况一直维持到相对不算太早的时期。

查理大帝加冕为皇帝

800 年查理大帝达到了事业的顶峰：此年的圣诞节，他由教皇在罗马加冕为皇帝。历史学家一直在争论这到底是查理大帝本人的主意还是教皇的主意，但毫无疑问，教皇并未从中直接得到好处。一俟法兰克人统治了意大利，他们进而逐步控制了教皇辖区，实际上控制了整个教会，以致到 800 年时教皇几近成为查理大帝的傀儡。查理大帝本人也未从加冕行动中获得任何新的实际权力，但这一事件不管怎样具有重要意义。在 800 年之前，只有君士
394 坦丁堡的皇帝进行统治时可以宣称是奥古斯都的直接继承人。虽然拜占庭对西欧大部分地区失去了影响，但它依然含含糊糊地把这里当作是它的一个边远省份，对任何一位西欧人自称为皇帝都大力反对。查理大帝的加冕实际上向世人宣告了西欧的自信和独立。由于查理大帝所辖区域与拜占庭帝国一样广袤，有着丰富的农业资源，并在西方基督教和拉丁语的基础上界定自己的文化，因而称帝在很大程度上是理所当然的。不仅如此，它永远不会被人遗忘。既由于这一事件的象征意义以及它在赋予西方人一种统一感和目的感，它在强大的西欧形成的过程中是一个重要的里程碑。

虽然加冕称帝是项具有重要意义的大胆举动，但由于多种原

因,查理大帝之时的帝国很快就四分五裂了。最简单的一个原因,就是他的所有继承人几乎都是无能之辈,不像他那么有决断能力。在那依然很原始的时代里,为了治理好一个庞大的帝国,统治者必须具备非凡的力量和精力——他必须骑兵奔驰很远的路程,亲率一支难以驾驭的军队作战并取得胜利,同时既要知人善用,又要防止其弊端。对西欧来讲非常不幸的是,查理大帝的继承人中鲜有既有精力、又有才干的人。令事态进一步恶化的是,查理大帝唯一幸存的继承人虔诚者路易虽然原封不动地继承了整个帝国,但他在其去世前把帝国分为三部分,由其三个儿子分而治之,结果致使法兰克人的欧洲重又陷入争战之中。就在查理大帝的孙子和曾孙彼此交火之际,一股股新的入侵浪潮开始了:来自北方的是斯堪的纳维亚维金人(viking,海盗),来自东方的是亚细亚裔马扎尔人(匈牙利人),来自南方的则是进行劫掠——穆斯林(这一次是从海上进行袭击);凡此种种,对加洛林王朝来说,无疑是雪上加霜。在多重压力下,加洛林王朝完全分裂了,在10世纪的欧洲形成了一种新的政治版图。

伟大的艾尔弗雷德时期的英格兰

正如加洛林王朝统治时期是标志着一个共同的大西洋—欧洲文明开始形成的至关紧要的时期,那么10世纪就是标志着现代欧洲主要政治实体开始形成的至关紧要的时期。英格兰从未成为查理大帝帝国的一部分,在此之前仍然四分五裂,各盎格鲁撒克逊小国彼此刀戈不断。在9世纪后期和10世纪,经过伟大的艾尔弗雷德(871—899年)及其后继者的努力,英格兰实现了统一。艾尔弗雷德及其后继者改组了军队,给地方政府注入新的活力,并编纂了英格兰法律。除此之外,艾尔弗雷德兴办了学校,鼓励用盎格鲁撒克逊文写作,促进了构成民族文化的其他要素。

395 **法兰西和德意志的政治状况**

在海峡对岸,法兰西(该词在此时指罗马高卢地区的主体,因是法兰克君主制的最早的中心而得名)正受到维金人的蹂躏,他们溯法兰西诸河而上深入到了法国内地。由于这一原因,法兰西分裂成各小公国,而不是像英格兰那样形成一个强大的全国性君主政治。但不管怎样,在法兰西也有一个国王,他虽然软弱无力,却仍被视为查理大帝帝国西部地区的统治者。在法兰西的正东,德意志诸王是10世纪欧洲大陆实力最强的君主。他们统治着一个基本上统一的国家。除拥有德意志外,他们还拥有低地国家大部和现今法国东部的大片地区。

德意志的鄂图大帝

这一时期德意志最伟大的统治者是鄂图(后被尊为“大帝”),他于936年登基,955年一举击败匈牙利人,从而消除了德意志最大的外部威胁。962年,鄂图在罗马加冕为皇帝。通过后一举止,鄂图进一步巩固了他自查理大帝以来欧陆最伟大的君主的地位。鄂图及其仍然称为皇帝的后继者试图把意大利置于自己的控制之下,但未怎么获得成功。反过来,意大利在10世纪时城市生活在西欧有了最大发展,后来意大利据此建立了一种模式。

中世纪早期西欧的经济

虽然意大利在10世纪时已经有了某种城市生活,但就整体而言这在西欧中世纪早期并不典型。恰恰相反,自8世纪到11世纪,欧洲经济几乎完全建立在农业和非常有限的地方贸易基础上。道路失修,物物交换普遍取代了货币。罗马时代残存的一些城市基本上成了空壳,至多充当主教的管理中心和筑堡设防、抵御危险的要塞。在整个这段时期,主要经济单位是自给自足的大地产,其主人通常是国王、武士和大修道院。虽然北欧地区土地较肥沃,但由于耕作方式依然十分落后,农民虽辛勤耕耘,收获却不佳。

除加洛林王国土地最肥沃的中心地区外(而且即使在这里也往往如此),农业产量都非常低;除统治者和高级教士外,人们只能说勉以为生而已。固然,加洛林时期农业产量确实有所增加,这种增加为加洛林王朝建立功业奠定了基础;如果查理大帝统治的和平时期能够继续维持下去,农耕技术也会继续有所进步。但是随后在9、10世纪出现的外族入侵又使农业生活退回到以前的水平;只是在多年之后,它才重新开始发展。

文化生活水平低下

考虑到中世纪早期经济生活水平之低,因而毫 396
不奇怪,这并不是一个学术或艺术繁荣的时期:在人们的温饱尚难维持的情况下,不可能有足够的力量供养学校或从事重大艺术工程。在整个这一时期,即便在最兴盛的年代里,仍然只有少数人才有缘学习。普通群众没有受到过正规教育,就连大多数世俗贵族也是文盲。况且,学习主要是指死记硬背,根本不考虑学术批评或驳辩。如前所述,在查理大帝统治时期曾出现过可以叫作"文艺复兴"的学术复兴局面,但这种复兴并未造成任何真正的思想创造活动。它的主要成就是建立了不少学校,足以让牧师具备读、写等初级的文化能力,同时培养足够的寺院誊抄人员来誊抄并保存罗马文学的一些重要著作。即便是这样一些成就,在查理大帝帝国瓦解和外族入侵频仍的双重打击下,也遭到了很大程度的破坏。万幸的是,得以保存下来的学校和手稿并不算太少,从而为11和12世纪产生的另一次规模比这一次大得多的学术复兴奠定了基础。

文　学

在文学领域,中世纪早期成就极小,数量极少。这是因为具备写作能力的基督徒微乎其微,那些有些能力的人通常是修士和牧师,这些人一般说来对从事纯粹的文学创作没有什么兴趣。不过,这时也产生了个别重要的用拉丁文写成的史学著作,其中最著名的当属比德和为查理大帝作传的雄辩的艾因哈德；除此之外，没有什么高雅的拉丁文作品。然而，在这一时期临近结束时，当地的各种土语——或者是日耳曼语系，或者是拉丁语的不同方言(所谓“罗曼语”即拉丁语系〈Romance〉因其以“罗马”语为基础而得名)——开始被用于初级的诗歌创作之中，这些诗歌在开始时通常是口头传诵的。

用当地语言创作的最为著名的文学作品当推盎格鲁撒克逊人的长篇史诗《贝奥武甫》[1]，它大约是在8世纪用文字形式确定下来的。史诗包括西北欧各日耳曼民族的许多古代传说。这个故事描绘了作战、航海场面，同时叙述了与致命的巨龙和种种自然界力量进行斗争的英勇经历。史诗的背景是基督教产生之前异教世界，但作者掺进了某些基督教理想。《贝奥武甫》的重要性不仅在于它是最早的盎格鲁撒克逊语或古英语诗歌典范之一，而且在于它描绘了中世纪早期英格兰人及其祖先的社会图景。

至于中世纪早期的艺术，由于艺术生活主要依赖当地出现和平或得到王室资助的短暂时期，因而此时的艺术成就零零散散且时断时续。中世纪早期最早的不朽的艺术杰作是由爱尔兰的隐修士在6至8世纪创造的。爱尔兰具有自己独特文化。从那些手稿插图中可以看出，爱尔兰的修士们创造了一种彻底的反古典传统、几乎称得上是超现实的艺术风格，这种风格的渊源难以追溯。该派别现存最伟大的作品是《凯尔斯圣经》(Book of Kells)，这是一
397 部加有彩图的福音书，被称为“绘画史上最为精美的装饰艺术作品”。爱尔兰艺术派别在未对后世产生影响的情况下衰落了，其后出现的是加洛林时代文艺复兴时期的艺术作品。

---

① 史诗中译本由冯象翻译，三联书店1992年6月出版，可以参阅。——译者

中世纪早期艺术的地区性流派

查理大帝时代的艺术就其灵感之源而论大多又回到了古典模式之上,不过它仍保留了一些蛮族装饰画的自发的活力。查理大帝帝国衰落并瓦解之后,西方艺术史上也出现了相应的衰落和中断。然而在10世纪,新的地区性流派脱颖而出。这些流派中最重要的是英格兰流派,它在手稿插图彩饰中特别强调多变的流畅;德意志流派较为庄严,但仍力图达到极度的宗教忘我境界;同时,西班牙北部的仍信奉基督教的人创造了一种异常奇特的、独立的风格,这种风格主要受到了伊斯兰装饰艺术风格的影响。

1050年独具特色的西欧文明形成了

毋庸置疑,中世纪早期终于何时,就整体而论并无统一的、明确的年代。人们把它定在1000年,这主要是出于便利;实际上,甚至晚至1050年,欧洲在表面上与加洛林王朝结束时仍无太大变化。确实,初看上去,晚至1050年,欧洲在整个中世纪早期过程中没有太大进展。除德意志外,几乎没有一个中央集权的政府,因为艾尔弗雷德王及其后继者创建的盎格鲁撒克逊人的英格兰国家到1050年正在分崩离析。在欧洲各地,除那些最享有特权的个人外,所有的人都继续生活在饥饿的边缘,文化方面成就微乎其微。但实际上,这一时期取得了不少成 398
就。通过把重心偏移到濒临大西洋的西北欧地区,欧洲文明开始围绕着这片不久就将创造大量农业财富的地区发展起来。此外,通过保持伟大的圣格列高利、圣卜尼法斯、丕平和查理大帝所创建的文化传统,欧洲文明以西方基督教和拉丁遗产为基础逐步形成了一种文化统一的永恒情感。同时在10世纪,未来的欧洲各王国和城市国家初露端倪。因而,欧洲文明第一次变成一个自治的、独具特色的文化。自此开始,它将成为世界历史进程中的一个主导力量。

精选书目

拜占庭文明

Beckwith, John, *The Art of Constantinople*, 2nd ed., London, 1968. 一部权威著作。

Diehl, Charles, *Byzantium: Greatness and Decline*, New Brunswick, N. J., 1957. 对拜占庭文明的力量和弱点作了估价。

Hussey, J. M., *The Byzantine World*, London, 1957. 半叙半议；一部有益的入门短著。

Krautheimer, R., *Early Christian and Byzantine Architecture*, Baltimore, 1970.

Magoulias, H. J., *Byzantine Christianity: Emperor, Church and the west*, Chicago, 1970. 限于书名中提到的三个主题。

Ostrogorsky, George, *History of the Byzantine State*, New Brunswick, N. J., 1957. 对诸政治发展所作最权威的长篇记述；非常博学。

Pekikan, J., *The Christian Tradition*; Ⅱ: *The Spirit of Eastern Christendom*, Chicago, 1974. 对宗教信条作了精深论述。

Runciman, S., *Byzantine Civilization*, New York, 1933. 条分缕析的探讨；行文甚佳，但不少地方已过时。

——, *Byzantine Style and Civilization*, Baltimore, 1975. 有关拜占庭艺术的一部佳作。

Vasiliev, A. A., *History of the Byzantine Empire*, 2 vols, Madison, Wis., 1928. 对Ostrogorsky 所作的增补；因其政治史及社会思想史细节而具有价值。

Vryonis, S., *Byzantium and Europe*, New York, 1967. 值得注意之处在其插图。

伊斯兰文明

Arnold, Thomas, and A. Guillaume, *The Legacy of Islam*, New York, 1931.

Gabrieli, F., *Muhammad and the Conquests of Islam*, New York, 1968.

Gibb, H. A. R., *Arabic Literature: An Introduction*, 2nd ed., Orford, 1953. 有关伊斯兰教的最佳简短解释。

Goitein, S. D., *Jews and Arabs, Their Contacts through the Ages*, New York, 1955.

Grube, E. J., *The World of Islam*, New York, 1966.

Hodgson, M., *The Venture of Islam*, 3vols, Chicago, 1974. 一部经典之作。现

代美国人撰写的最伟大的史著之一。高深,有时难懂,但一直有价值。

Kennedy, Hugh, *The Early Abbasid Caliphate: A Political History*, Totowa, N. J., 1981.

Lewis, Bernard, The Arabs in History, rev. ed., New York, 1966. 有关阿拉伯人的征服活动和政治命运的最佳简短论述。

Lombard, Maurice, *The Golden Age of Islam*, New York, 1975.

Peters, F. E., *Aristotle and the Arabs*, New York, 1968. 行文流畅而引人。

Watt, W. Montgomery, *Islamic Philosophy and Theology*, Edinburgh, 1962.

——, *Muhammad: Prophet and Statesman*, Oxford, 1961. 篇幅不大的传记佳作。

Watt, W. M. and P. Cachia, *A History of Islamic Spain*, Edinburgh, 1965. 简要叙述了一个不应忽略的主题。

中世纪早期的西方基督教文明

Barraclough, G., *The Crucible of Europe: The Ninth and Tenth Centurie in European History*, Berkeley, 1976. 一部有争议的著作,时常固执己见,但对政治发展作出了清晰而令人鼓舞的解释。

Dawson, Christopher, *The Making of Europe*, London, 1932. 作者是本世纪最著名的天主教史学家,解释精辟,强调文化和宗教发展。

Duby, G., *The Early Growth of the European Economy*, Ithaca, N. Y., 1974. 强调领主和农民的作用;一部非常深奥的经济史。

Fichtenan, H., *The Carolingian Empire*, Oxford, 1957. 一部高度解释性的著作,旨在还其主题以本来面目。

Ganshof, F. L., Frankish Institutions under Charlemagne, Providence, 1958. 一部直截了当的学术解释。

Kitzinger, Ernst, Early Medieval Art, London, 1940. 一部篇幅不大的名家入门之作。

Laistner, M. L. W., and King, H. H., *Thought and Lettors in Western Europe. A. D. 500—900*, 2nd ed., Ithaca, N. Y., 1966. 一部传统风格的权威叙述;应以 Wolff 的著作为补充。

Mckitterick, R., *The Frankish Kingdoms under the Carolingians, 751—987*, New York, 1983.

Pirenne, Henri, Mohammed and Charlemagne, New York, 1939. 解释很大胆,今已不再为人广泛认可,但仍发人深思。

Stenton, Frank, *Anglo-Saxon England*, 3rd ed., Oxford, 1971. 权威著作。

Sullivan, Richard E., *Heirs of the Roman Empire*, Ithaca, N. Y., 1960. 一部基

础性入门书。

Wallace-Hadrill, J. M. , *The Barbarian West: The Early Middle Ages, A. D. 400—1000*, 2nd ed. , London, 1962. 一部精妙的简短记叙,重点分析了历史资料并对更早的学术假说提出质疑。

Wemple, S. F. , *Women in Frankish Society: Marriage and the Cloister, 500—900*, Philadelphia, 1981. 描述了早期法兰克人对待婚姻的变化中的观点。

Wolff, Philippe, *The Awaking of Europe*, Baltimore, 1968. "新思想史":强调思想发展和物质基础间相互作用。笔法娴熟而有条理。

原始资料

Arberry, A. J. , *The Koran Interpreted*, 2 vols, London, 1955.

Bede, *A History of the English Church and People*, tr. L. Sherley-Price, Baltimore, 1955.

Brand, Charles m. , ed. , *Icon and minaret: Sources of Byzantine and Islamic Civilization*, Englewood Cliffs, N. J. , 1969.

Brentano, Robert, ed. , *The Early Middle Ages: 500—1000*, N. Y. , 1964. 有关西方基督教资料的篇幅较短的最佳选集,编者的主题评述令其生辉。

Einhard and Notker the Stammerer, *Two Lives of Charlenagne*, tr. L. Thorpe, Baltimore, 1969.

Gregory Bishop of Tours, *History of the Franks* tr. E. Brehant, New York.

第十三章　中世纪盛期

（1050—1300年）：经济、社会和政治制度

我断定在这一时代进行写作的人一定心情愉悦。因为，历经昔日动 401
荡不宁的日子后，一缕史无前例的和平之光再次显现出来。

——历史学家弗赖辛的奥托，写于1158年前后

西欧由落后状态中崛起

自约1050年到1300年这段时期，是史学家所说的中世纪盛期。这是西欧首次由落后状态清清楚楚地崛起为地球上最强大的势力之一的时期。与拜占庭帝国或伊斯兰世界相比，西方在1050年左右仍要落后一些，但到了1300年它一跃冲在了这两个对手的前面。从全球角度看，就经济、政治和文化繁荣的程度而言，只有中国可与西欧媲美。鉴于1050年左右西欧令人沮丧的景象，这一神奇的飞跃肯定是人类历史上最重要的成就之一。认为西欧在整个中世纪都属于停滞状态，可谓荒谬到极点。

“大飞跃”产生之因

欧洲在中世纪盛期之所以能够取得巨大进步，其原因可以想象是非常复杂的。不过中世纪史学家对某些粗线条的解释持大致相同的意见。其一，欧洲在900年至1050年间已经为进步打好了基础，一旦维金人、匈牙利人和穆斯林不再进行灾难性入侵，欧洲就可最终把这些潜力发挥出来。到了1000年左右，这些入侵大

都逐步减缓，但英格兰在11世纪仍然为丹麦人所困扰：1066年虽
402 以诺曼人征服著称，但也是维金人最后一次入侵英格兰的年份。一旦外族入侵不再咄咄逼人，西欧人不再像过去那样担心遭到干扰，可以集中精力改善自己的经济生活了。这一变化所带来的是发展有了相对连续性，由此西欧取得了异常重要的技术突破，尤其是那些导致西欧产生第一次伟大的"农业革命"的技术革新。这场农业革命使食物更为充裕，从而为经济发展和其他领域的多样化打下了坚实的基础。人口有了迅猛增长；虽然西欧仍以农业为主导，但城市如雨后春笋般出现在各地，以致人们可称之为一场"城市革命"。与此同时，西方的政治局面变得更加稳定。在中世纪盛期的发展历程中，新型强大的世俗政府开始为其臣民提供了愈来愈多的内部和平局面，并为我们现代民族国家奠定了基础。除了所有这些进展，宗教和思想文化领域也有了引人注目的发展（这方面的情况将在下章专门论述），它们有助于西方产生一种新的使命观和自信心。虽然本章集中论述中世纪盛期的经济、社会和政治成就，但我们应在心中牢记，宗教在整个中世纪生活中都起着作用，同时中世纪盛期"大飞跃"的各个方面都是紧密联系在一起的。

一、第一次农业革命

1059年之前的农业状况

在近代工业化形成之前，农业劳动者即"荷锄者"通过其劳动从物质上支撑着欧洲文明，他们的贡献比其他任何阶层更大。不过，虽然看起来令人目瞪口呆，但在1050年前，他们甚至连把锄头也没有。加洛林时代的农具清单表明，就连在最富裕的农业庄园里，金属工具也极为罕见，甚至木制工具也数量不多，许

多农业劳动者确确实实只能徒手与自然搏斗。约 1050 至 1250 年间,一切都发生了变化。在这大致二百年的时间里,一场农业革命发生了,它完全改变了西欧农业的性质,并大大提高了农业的产量。

中世纪农业革命的先决条件:(1)农耕地区转移

中世纪农业革命爆发的诸多先决条件在 11 世纪中叶之前都已具备了。最重要的一个先决条件在于,欧洲文明的重心由地中海移到了北大西洋。自英格兰南部到乌拉尔山脉欧洲北部的大部分地区土地辽阔、湿润,是非常肥沃的冲积平原。由于他们只统治着这一地区的一部分,由于这里离罗马文明的中心相去遥远,又由于他们没有适宜的工具和制度去开发它们,因而罗马人在这里基本上
无所作为。大致从加洛林王朝时代开始,人们对拓殖并耕种这一 403
广袤的冲积平原较为在意了。加洛林人开发了德意志的整个西部和中部,并且开始尝试着使用更适于耕种这一新拓殖地区的工具和方法。这一切都对加洛林人取得其他成就产生了促进作用。但如前文所述,加洛林时代的和平昙花一现,不可能产生任何长期的发展。在 10 世纪罹受外族入侵之后,必须重新开始有系统地开垦北方潜在的财富。然而,只要西方文明以英格兰、法国西北部、低地国家和德意志为中心,这片沃土就有可能得到耕种。

(2)气候好转

农业发展的另一个前提是气候条件改善了。对于以往几百年间欧洲气候类似的情况,我们所知远远不够,但气候史家不无道理地断定,自 700 年左右一直持续到 1200 年,西欧气候条件有所好转,出现了一个作物繁殖生长的“最适条件”。这不仅意味着在这几百年间平均气温有所提高(最多只上升了约 1 摄氏度),而且意味着气

候也更为干燥一些。气候干燥对北欧最为有利,因为这里的土地通常过于潮湿,不适于精耕细作,却对南方的地中海地区不利,因为那里本就够干燥的了。在各种前提中,这一最适条件的出现有助于解释为何在冰岛之类的北方地带农耕活动比以后要多。(同样,由于北方海洋中的冰山减少了,挪威人才得以到达格陵兰和纽芬兰,而格陵兰那时或许真的较绿而不是完全被冰雪覆盖。)虽然最适条件开始于700年左右并在9、10两个世纪一直存在,但它本身不能抵过10世纪外族入侵的有害影响。万幸的是在欧洲人能够利用它时,气候依然很适宜。

(3)技术与有利的条件相结合

类似的评语也适用于下述事实:加洛林人即已知道我们下面将要讨论的许多技术发明,它们在后来促使西欧人完成了其第一次农业革命。虽然最基本的新发明在1050年以前即为人所知,但它们都是在1050至1200年之间及1200年左右才得到广泛使用并逐渐臻于完善的,因为只是在那时各种最有利的条件才结合在一起。外族入侵销声匿迹,优良的气候继续存在,不仅如此,较为优良的政府渐渐提供了农业大发展所必需的更为持久的和平。另外,地主更感兴趣的是获利而不是纯粹的消费。首要的一点是,自约1050年到1200年,一个进步引起另一个进步,财富积累愈多,用于投资的愈多;简单地说,现在有能力进行技术发明了。

技术革新

(1)重犁

农业领域首当其冲的突破之一就是重犁的使
404 用。自然,耕犁古已有之,但罗马人只知道一种轻便“浅犁”,它只能犁开地表,而不能把地完全翻过来。这种农具对于地中海地区的薄地完全足够了,但对于欧洲北部更厚、更湿的土壤实际上毫无用处。在中世纪早期,出现了一种适于耕种北方土地的比过去更重、更有效得多的犁。这

轻犁和重犁。请注意,使用轻犁的农民不得不用脚踩犁以增加犁的重量。重犁的主要创新之处在于长犁板,它的功用在于在犁铧插进土壤后把泥土翻转过来。下图还展示了中世纪的第二项重大发明即加垫的马轭,它使马得以倾力拉犁。

一较重的犁不仅可以犁翻更厚的土壤,而且犁上安装了新的部件,可以翻耕垄沟,使土壤充分通气。这种犁的好处不可估量。除了可以耕种先前抛荒的土地外,它耕出的犁沟为水涝地区提供了极好的排灌系统。另外它还节省劳力:罗马浅犁须在田里来回耕作两次,重犁只需耕一次,却更为彻底。简而言之,如果没有重犁,开发欧洲北部进行集约的农业生产以及随后出现的一切都是无法想象的。

(2)三田制

与重犁使用密切相关,作物轮作的三田制(三圃制)出现了。在近代之前,由于没有足够的肥料维持较为集约的农业生产,同时三叶草、苜蓿之类的固氮作物基本上不为人所知,因而,农民总是把其大片可耕地休耕一年,以免地力枯竭。不过罗马人生产力极为低下,在任何年份都无力耕种过半的耕地。中世纪的革新之处在于引进了三田制,从而把休耕地减少到总耕地的三分之一。在一年中,三分之一的
405 田地抛荒,三分之一的田地留给秋季种植、初夏收获的庄稼,三分之一的田地留给暮春下种、八九月份收获的新式作物——燕麦、大麦或豆子。三种地块年年轮换,三年构成一个循环。重要的革新在于种植了生长期为整个夏季的新式作物。由于田地较为贫瘠,尤其是因为过于干燥作物根本不能在夏季生长,因而罗马人不能实行这一制度。就此而论,土地较湿润的北方显然具有先天之利。种植新式作物的好处在于它们不像小麦、黑麦之类谷物那样损耗地力(实际上,它们补充了谷物自土壤中带走的氮);此外,它们提供了新式食品。如果第三块田地即春耕地种上燕麦,人和马都可以此为食;如果种上的是豆子,这种作物可以提供蛋白质来补充主要摄取谷物类碳水化合物之不足,从而平衡人的饮食。由于三田制还有助于在全年中分散劳动,把产量由二分之一提高到三分之二,因而它无异于一个农业奇迹。

(3)使用磨

第三项重要发明是磨的使用。罗马人知道水磨的情况,但很少使用它们,这部分上是因为他们拥有足够的奴隶,对节省劳力的装置不屑一顾;部分上是因为罗马多数地区缺乏湍急的适于安装水磨的溪流。然而,自 1050 年左右开始,北欧出现了兴建越来越高效的水磨的十足的热潮。在法国的一个地区,11 世纪时有 14 座水磨,到
406 12 世纪上升到 60 座;在法国另一地,850 至 1080 年间兴建了约

40 座水磨,1080 至 1125 年和 1125 至 1175 年间又分别建造了 40 座和 245 座。一俟掌握了建造水磨的复杂技术,欧洲人就把注意力转移到驾驭风力上:大约 1170 年,他们兴建了欧洲第一座风磨。此后,在像荷兰这样没有湍急的河流的一马平川地区,就像水磨在其他地区广为传播那样,风磨在荷兰迅速蔓延。虽然磨的主要用途是碾碎谷物,但不久之后它们又被派作其他重要用场:比如用来拉锯、加工布匹、榨油、酿制啤酒、为铁匠炉提供动力以及捣碎纸浆等。早在此之前,中国和伊斯兰世界就已生产纸了,但它们从未用纸磨造纸;由此可证。与其他发达文明相比,西方技术达到了精密水平。

(4)其他技术进步

我们还应该注意到在 1050 年左右聚集力量的其他重要的技术突破。其中一些使马匹得以用作耕畜。800 年左右,一种带衬垫的马轭首次被引入欧洲;这种马轭使马可以在不窒息自己的情况下全力拉拖。大致一个世纪过后,保护马蹄的铁马掌首次得到使用,同时或许在 1050 年前后出现了纵列挽具,从而使马可以前后纵列牵拉。由于这些技术进步,再加上实行三田制后燕麦产量更大了,因而马在欧洲某些地区取代牛成为耕畜,耕作效率更高,耕作时间更长。其他一些发明有手推车和耙。耙用来平整犁过的土地并把种子掺入土中。比上述发明的大多数更重要的是铁在中世纪盛期得到了更广泛的使用;铁能增加各种农具的强度,对于重犁中与土地接触的部门至为关键。

可耕地的增多和集约化种植

迄今我们一直在叙述技术的发展,似乎他 407
们是促成中世纪盛期农业革命的仅有因素。事实绝非如此。紧随着技术进步而出现的是可耕地数量增多了,业已开垦的田地得到更为集约的种植。尽管加洛林人已开始开发耕种西北欧肥沃的平原,但他

中世纪的风磨。图左农民扛着一袋谷物去磨粉。请注意，
磨建在一个轴上，这样只要有风就可以转动。

们选择清理的是那些最易开垦的地块：加洛林时农业拓殖地地图表明，无数小块耕地孤立存在，四周是大片大片的森林、沼泽和荒地。清理土地运动开始于1050年前后，在12世纪大大加速；这一行动完全改变了欧洲北部的地理情况。首先，更大的和平和稳定使法国北部和德意志西部的农业劳动者得以越出拓殖地孤岛，一点一点地开垦土地。起初他们不声不响地进行这种活动，因为他们实际上正在侵入贵族领主拥有的地块。不久，领主也想从中获得好处，就对开荒活动给予了支持。此后，清除森林、排干沼泽的活动进行得更为迅速了。这样，在整个12世纪过程中，加洛林王朝时代孤岛状的小块耕地逐步扩大，彼此连接在一起。在此过程中，同时在此之后依然存在，一些全新的地区得到拓殖和开垦，比如英格兰北部、荷兰，尤其是德意志东部地区。最后，在12、13世纪，农民开始更有效率、更为集约地耕种他们开垦出来的所有田地，以便为自己获得更多的收入。他们先犁后耙，经常锄草,又在其轮作年轮中额外进行翻耕,这些大大有助于地力的恢复。

所有这些变化的结果就是农业产量大大增加了。开垦的土地越多,种植的作物显然也就越多,而新的更有效率的农作方法的引入则进一步增加了产量。因此,下播一粒种子由加洛林时代至多收到二粒,上升到1300年左右的三或四粒。所有这些多余的谷物都可以比从前迅速得多地就地加工,因为一个磨一次加工的谷物相当于40人的工作量。因而,欧洲人第一次开始仰赖定期的、稳定的食物供应过活。

建筑工程。选自1250年左右法国一绘画本圣经。请注意带有轮、绳和滑轮的踏车,一筐石头经由它运到建筑层面。

农业革命的后果

这一事实反过来对欧洲历史的进一步发展产生了最为深远的后果。首先,这意味着更多的土地可以用于生产谷物以外的用途。与此相应,随着中世纪盛期的发展,农业有了更大的分工和专门化。大片地区用于养羊,其他地区生产葡萄酿酒,或者种植棉花和染料
408 作物。这些新的项目所出产的产品有不少是在当地消费的,但也有不少用于远距离贸易,或用作新型工业部门——尤其是织布业——的原料。如下文将要看到的那样,商业和制造业的发展促进了城市的产生并为城市提供了支柱。农业的繁荣还从另一个方面促进了城市的生长,即人口因此剧增。由于食物增多、饮食改善(尤其是蛋白质的增加),人的预期寿命由加洛林时代欧洲穷人的平均 30 岁左右增加到中世纪盛期的 40 至 50 岁。人们身体更健康了,出生率也就提高了。由于这些原因,自约 1050 年到 1300 年间,西方的人口增加了大约三倍。人口增多和更节省人力的装置的使用,意味着无需所有人都呆在农庄里:一些人可以迁到新兴的镇子或城市,在那里去过一种新的生活。

其他后果

农业革命还有其他一些后果。它增加了领主的收入,从而使他们可以过上更讲究的贵族生活;君王的收入也有所增加,这为国家的成长进一步奠定了物质基础。欧洲的普遍繁荣还促进了教会的发展,从而为学校和知识事业的蓬勃发展铺平了道路。最后一个更难以捉摸的结果是,欧洲人与其世界舞台上的任何对手相比,显然更为乐观、更富于活力、更愿意进行尝试和冒险。

二、领主和农奴：庄园制下社会的状况和生活的质量

庄园制——词的意义

对于地产主和农业劳动者来说，在农业变革之际，社会和经济状况也开始发生变化。然而，由于在中世纪盛期诸多时间里农村生活围绕着由领主拥有、农奴耕种的庄园制度进行，因而最好先看看最为典型的庄园制度，其后再论述种种基本的变化。在阅读下文时必须首先弄清庄园制度与封建主义两个词意义不相同。庄园制是一种经济制度，其中的大地产由农奴耕种；而在大多数中世纪史专家的眼中，封建主义是一种被大大分权的政治制度（见本章第4节）。此外还应当记住，学者们依据“典型的庄园”讨论庄园制时，他们诉诸的是一种历史近似性：完全一样的庄园是不存在的；实际上，许多庄园规模不一，基本特征也迥然相异。此外，在欧洲远离加洛林王朝最早的拓殖中心（塞纳河和莱茵河之间）的地区，如果说有庄园的，也绝对非常罕见。在意大利，农业在很大程度上仍建立在奴隶制基础上；在德意志中部和东部，仍由许多由自由农民耕种的小农场。

庄园；农奴

庄园首先在加洛林时代清清楚楚地出现；在 409
大约13世纪之前它一直是欧洲西北部大多数地区居主导地位的农村社会和经济组织。它的前身是罗马大地产，但与罗马大地产不同，庄园由农奴（有时叫作“维兰”）而不是奴隶耕种。农奴在现代意义上无疑是不自由的：尤其是，他们不得离开其土地，被迫定期地为其主人从事无偿劳动，必须交纳各种侮辱性的税赋，并要受到领主法庭的管辖。不
过他们比奴隶处境要好得多，他们分得一块地，自己耕种来养活 410

荒地
秋种地
林区地块
休耕地
春种地
村落
教堂
教区牧师住宅
教区地或上
帝的土地
磨坊
共有牧场
粮仓
池塘
烤炉
庄园住宅
领主的围场
说明土地的划分
草地
一块块草地
沼泽
田野中教区教堂的
圣职领耕地
田野中领主的土地
一名个体农人
的狭长土地

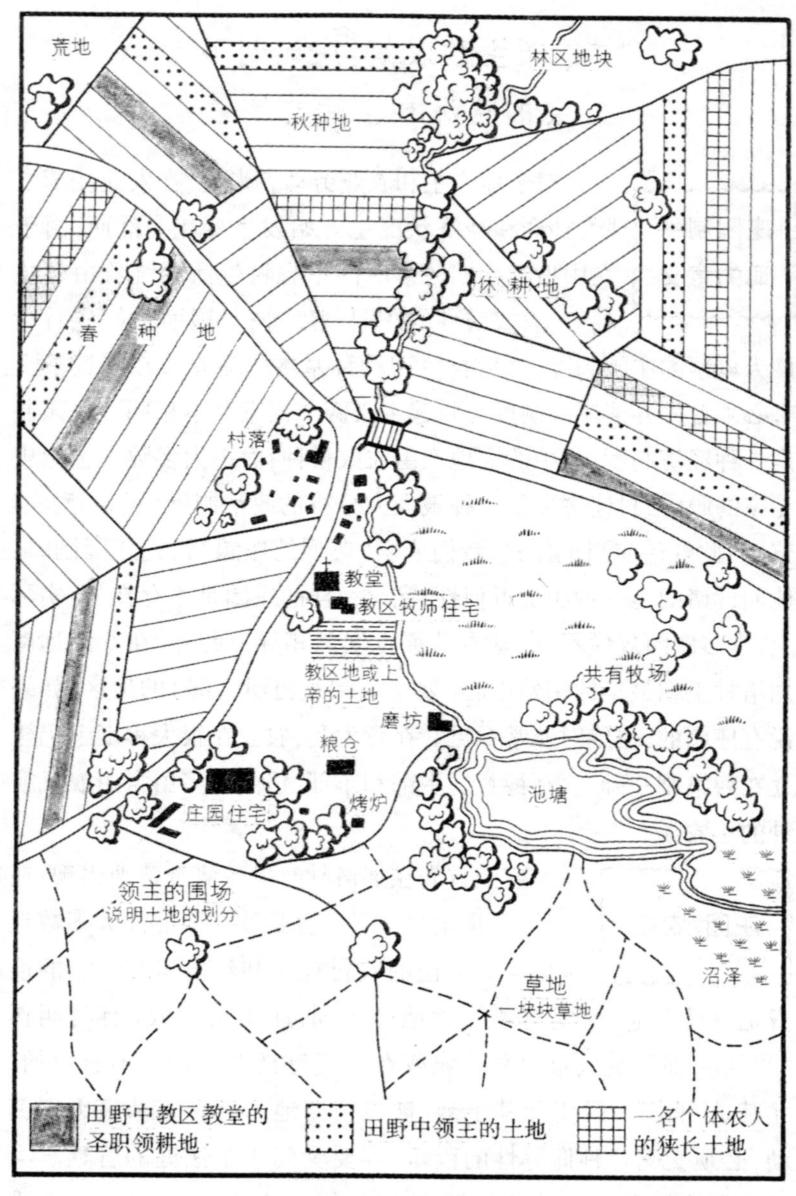

庄园略图

播种。农民播种时，乌鸦在不远处寻食。图中一只乌鸦
大胆地啄食袋子中的种子，另一只暂时被狗撵走。

自己，同时这块地通常自他们手中取走。因而，在农业进步发生时，农奴至少可以指望沾上一点光。不仅如此，虽然领主在理想上有权随意征税，但在实际上农奴应负的义务趋向于固定不变。虽然农奴的命运肯定十分艰难，但他们很少完全受到领主的随意摆布。

农业庄园制度

庄园的土地自数百英亩到数千英亩不等，分成两部分，一部分属于领主，一部分分配给农奴。前者叫作领主的“领地”(demesne)，通常占庄园全部可耕地的三分之一到二分之一。它们由农奴在固定的日子里耕种，可能是一周三天。领地不是由大块田地组成，而是由窄条状地块组成，它们与分属于不同农民的狭窄条地(有时候还专为教会划出条地)交错在一起。由于由两匹马或两头牛牵引的重犁转弯不易，所有这些地块都呈长、窄状。所有条地一般都由狭窄的未经翻耕的草带所隔开,因而整个庄园制度又叫作开田制(敞田制)。由于农奴通常共同拥有耕畜和农具,因而即使在耕种自己的田地时他们也几乎总是一起劳作。由于同样的原因,放牧地被称为公田,因为大家共同拥有的牲畜在此成群地放牧。除耕地和放牧地外,农奴通常还有自己的小型庭院。多数庄园还有林地,它主要供领
411 主狩猎,同时还可用以养猪、捡拾柴禾。领主允许农奴利用这类便利条件,农奴也共同从事这类活动:确实,整个庄园制度强调的是集体事业和团结。

农奴的生活条件

这种集体生活必定有助于使难以忍受的生活变得略微容易忍受一点。尽管中世纪时期农奴的命运确实比罗马奴隶好得多,尽管他们的处境在 1050 至 1300 年左右之间有所改善,但他们的生活仍然非常原始、令人可怜,非现代人所能理解。他们住在小得可怜的简陋的茅舍中,茅屋用编结成的枝条建成,上面涂以泥巴。晚至 13 世纪,一位英格兰农民被控弄塌了邻居的房子,而他所做的不过是锯断了房屋中间的一根桁条。茅舍的地板大都与光地相差无几,往往潮湿、阴冷。至于床,它们一般不过是个支架①而已,除此之外,房间内也就没有什么家具了。有这么一种说法:一顿上好的饭通常由两道饭菜组成,一道是粥状的麦糊,一道是麦糊状的粥。这并不完全是笑谈。水果几乎闻所未闻,蔬菜种类不多,限于洋葱、韭菜、萝卜、甘蓝,做法一概是煮成稀汤。肉肴一年难得尝上几次,不是在节假日就是在隆冬季节,那时供这些骨瘦如柴的牛和猪食用的饲料已经用完了。烹煮器皿从没有洗干净过,由此可以肯定决不会有浪费行为。另外,歉收的可能性一直存在,此况下农奴受到

① “支架”一词,原书中为 bracken(欧洲蕨),不知何解。疑为 bracket,故改。——译者

的影响远甚于领主,因为不论年成怎样,教主向农奴要的粮食一点不少。那时农奴不得不把一切都交给领主,眼巴巴地看着自己的 412
孩子慢慢地饿死。更让人揪心的是,孩子就要饿死了,谷仓里的一点存粮却不敢动用,那是来年的种子,动用了它,也就没有什么指望了。

农奴处境的改善

为了冲淡一下这种严酷的景象,下面我们转过头来看看变化和进步的方面。如前文所示,其一是饮食的变化。在中世纪盛期,饥馑出现的次数比从前大为减少;由于饮食中增加了蛋白质(主要是豆类蛋白),人们变得更加强壮了。出于多种原因,农奴也普遍获得了自由。一俟领主着手开垦新的土地,他们只有承诺授予农奴自由才能吸引劳动力。这些依靠自由劳动的地区往往把逃亡奴隶吸引过来,从而形成一种新的制度的范例,在此领主要求承种者交纳固定数量的地租而不是徭役。当时,就连在旧有庄园里,领主也开始认识到,收取地租比负担种种义务更有好处。如不其然,农奴通过在自由集市上出售其剩余产品,也可积累足够的资金以赎取自由。

农奴制的衰落

通过这些不同的方式,在整个 13 世纪过程中,农奴制在欧洲大部分地区逐渐趋于灭亡。不过,这一过程在不同的地区快慢不一。在英格兰,农奴制消亡的时间稍迟一些,但各地很少有像它那样彻底的,结果先前的农奴对强大的地方领主不再负担任何劳役或赋税。在法国,旧有的个别义务依然存在,这些令人烦恼的侮辱性负担直到 1789 年法国大革命爆发后才废除。获释农奴通常仍共同劳动,但现在他们成为了自由农民,所生产的农产品主要供应公开市场而不是维持自己的生存。

中世纪农民杀猪图。隆冬季节，大致在圣诞节前后，终于到了宰杀家猪的时间。猪的一切都不会浪费，就连猪血也用盆盛起来以做猪血布丁。

农业革命为领主带来的好处

由于一些原因，领主从农业革命中获得的好处比农奴还要多。首先，不管领主在何时解放农奴，他们都可从中获得大量钱款，一般相当于农奴至此为止所积蓄的所有资财。此后，领主主要靠地租过活。由于部分地租是自领主一度拥有但从未耕种的田地上征得的，因而贵族的收益提高了很多。不仅如此，一旦领主征收地租而不是劳役，他们马上就发现提高租金更为容易。在改为征收地租后，领主不必像从前那样事必躬亲，可以更为自由地出游，有时参加十字军东征，有时住在国王宫廷之中。结果，财富的增加使他们可以过得更好，更大的流动性则使他们获得了改善生活方式的新的观念。

中世纪贵族：骑士的兴起

在中世纪盛期，混乱不堪的地方性战争比从前减少了，这进一步促使贵族日趋老于世故。在1100年左右之前，典型的欧洲贵族是粗俗、 413
凶悍的武士，他们把主要精力、时间用在与邻人动刀枪和劫掠不能自卫者。由于教会的约束，由于正在崛起的国家更有效地实现了地方和平，再加上贵族开始安享较为平静的生

马上比武大会。

活,这种暴力行为在12世纪大大减少了。虽然贵族仍然参加十字军,在民族战争中从军打仗,但他们彼此之间的小型争斗不那么多见了。显然是作为昔日战斗精神的潜意识的替代,"骑士"规范形成了。它把过去的好战精神引导向较为温和的活动。"骑士制度"一词的字面含义是"骑术",有骑士风度的贵族自然应精于骑术。骑士制度还硬性规定了为光荣的事业而战的义务;假如无仗可打,那么另有种种比武大会;这种比武起初非常野蛮,后来变成了精心设计的礼仪性事务。尤其是,具有骑士风度的领主——从典型意义上说是指所拥有土地比上层贵族少的"骑士"——不仅应该勇敢、忠诚,而且应宽宏大量、诚实率真、虔敬,同时应鄙夷不义之财或肮脏好处。

贵族生活质量有所改善

贵族财富的增加和骑士制度的兴起附带造成的后果就是生活条件有所改善,妇女的地位有所提高。1100年左右之前,贵族的住所大都是用木头建成的,由于取暖和烹饪方法较为简陋,火灾不
414 断,房屋屡屡被焚毁。随着财富的增多和技术的进步,1100年之后,城堡通常用石头砌成,因而易燃性大大降低。另外,城堡内现在筑起了烟囱和壁炉(这两者都是中世纪的发明),这就意味着代之以在房子中央大厅燃起一大堆火,现在各个房间都可取暖,个人也可有自己的私生活了。贵族食用的蔬菜通常比农民少些,但在其饮食中肉肴不断。奢侈品贸易的发展还把诸如胡椒、番红花之类费用不赀的外来香料带上了餐桌。虽然席间举止仍俗不可耐——所有人都只用刀子、调羹而不用叉,且用袖子擤鼻子——但贵族力求穿得漂亮一些(实际上是排场一些),以显示出其优越性来。在这一时期,由于针织法、纽扣和纽孔刚刚发明出来,人们也可以穿上合身的衣服了。

贵族对妇女态度的变化

由于两个原因,中世纪盛期贵族对妇女的态度问题略微有些矛盾。其一,我们所获得的多数证据源自文学作品,史学家对文学在多大程度上反映历史事实意见不一。其二,一些学者认为,妇女充其量是被放在一种本身受到限制的显要地位的。不管怎样,有一点是没有疑问的,妇人和男子一样受到了贵族物质生活质量提高的影响。不仅如此,对女性的言辞态度肯定发生了一场革命。12 世纪之前,除个别女圣徒外,妇女基本上被文学完全忽略了:具有典型意义的法国史诗在叙述残酷的战争业绩时要么根本不提妇女,要么一笔带过,把她们视为完全附属性的形象。但 1100 年后几十年之内,贵族妇女突然成为行吟诗人和骑士传奇作者尊崇的对象(见下一章)。一位典型的吟游诗人可以这样描述 415

12 世纪的一个贵族家庭。如同其他任何时期,中世纪人也具有家庭温暖。图中一位母亲让她的两位儿子向其即将踏上东征征程的父亲告别。

他的女主人:“我行为得体的一切均可由其美丽的躯体推知”,“她是一棵大树,枝条上结满已然成熟的快乐果实”。

贵族妇女地位的变化

虽然这种新型“典雅”文学极其理想化且不乏矫揉造作之处,但它无疑表现出一种较为文雅的文化的价值观念,在这里上层阶级的妇女实际上比过去更受尊重了。此外,在12、13世纪,无疑有一些妇女在其丈夫或儿子去世或没有能力理政时实际上治理国家。比如,亨利二世之妻、不屈不挠的阿基坦的埃莉诺虽然年逾七旬,在其儿子理查德一世于1190至1194年参加十字军东征之际协助治理了英格兰;在13世纪,具有男子气概的卡斯蒂利亚的布朗歇两度出来理政,一次是在其子路易九世年弱之际,一次是在路易九世参加十字军东征的期间;她把法国治理得井井有条。从现代观点看,中世纪盛期妇女仍受到很大束缚,但与过去相比,中世

贵族就餐的方式。餐桌上放着刀,但没有叉或餐巾。
大的星记标明这些贵族属于骑士等级。

纪盛期是上流社会妇女地位上升的时代。国际象棋演变的过程最充分地显示出这一点：在12世纪之前东方诸国就下国际象棋，但在后位上的是位男性即国王的首席大臣，他一次只能斜行一格。然而，在12世纪的西欧，这个棋子变成了后；在中世纪结束之前某一时间，后开始可以在棋盘按直线、斜线任意行走。

三、贸易的复苏和城市革命

贸易类型

与农业革命、农奴获得自由以及贵族生活日趋温文尔雅密切相关，贸易得到复兴，城镇勃然兴起。416
贸易复兴的形式各种各样。最基础性的贸易是地方集市上的日常交易，农奴或自由农民在此出售富余的粮食或者是几个鸡蛋。但是随着专门化的不断发展，葡萄酒或棉花之类的产品就可以用船长距离贩运。在具备条件的地方，就走河路和海路，但陆路同样必不可少；同时随着道路的修建、马和骡用作运输工具和桥梁的修筑，陆路更加畅通了。如果说罗马人真地只对陆路交通感兴趣，那么中世纪人自11世纪起极其关注陆路运输，这样他们就可以更好地维持一种生机勃勃的以陆地为基础的贸易。这并等于说他们也忽略了地中海的交通联络。相反，同样从11世纪起，他们开始把罗马人的“内湖”变成海上贸易的媒介；这种贸易距离有短有长，范围广泛。1050至1300年间，意大利城市国家热那亚、比萨和威尼斯使地中海许多区域摆脱了穆斯林的控制，开始垄断在前拜占庭水域内的贸易，并开始在东地中海口岸建立起 417
与东方的兴盛的商业往来。结果，香料、宝石、香水和上好布料等奢侈品开始出现在西方市场上；它们的到来促进了经济生活的进步，因为贵族为了有能力购买这些商品，不得不加速进行农业革命。

货币经济的复苏

与贸易的复苏相应,新式的支付手段和新的商业技术的发展就提上了日程。最为重要的是,西欧在经过大约四百年基本上不把铸币用作交换媒介之后,重新回到货币经济上来。传统的庄园所需要的一切几乎都靠自己生产,个别不得不引入的外界物品可以以物物交换的方式获得。但是,随着市场的发展,货币就必不可少了。起初只有面额最小的货币,但随着奢侈品贸易的在西方的发展,面额也同步增大;到了13世纪,佛罗伦萨和威尼斯等意大利城市国家开始铸造金币。

与此类似,远距离贸易起初不过是零售商赶着载货的骡子往来于灰尘弥漫的道路上。但在12世纪一百年间这些零售商变成了较为富裕的商人,他们设法减少年复一年的行程,转而为国际商业交易会提供商品。其中最为著名的是在法国的香巴尼地区举行的交易会;香巴尼地处南北交汇处,佛拉芒商人在此把布卖给意大利人,意大利人则把东方香料出售给佛拉芒人。13世纪时,香巴尼交易会达到了极盛。就这样,一个统一的欧洲经济形成了。后来,就连商品交易会也有些过时了,因为1300年左右意大利商人成功地派遣船队取道直布罗陀海峡和大西洋直接到达北欧各港口,从而取代费用高昂的陆路运输。现在,进行这种大规模商业活动的经纪人精通商业合股、簿记、汇兑等现代手段,完全不必出门就可进行贸易。由于他们经商的目的就在于获利,设计并运用了复杂的信贷技术,因而现代史学家大都赞同把他们称为西方最早的商业资本家。

城镇的发展

在货币和信贷的发展之外,城镇的迅速发展也使贸易比过去大大便捷了。想象一下12世纪欧洲的空中鸟瞰图,那么城镇雨后春笋般出现当数清除森林和开垦荒地之后最醒目的景象了。一些历史学家错误

卑尔根
北方区域
北海
伯罗的海
诺夫哥罗德
伏尔加河
里加
0 300 英里
哥本哈根
伦敦
不来梅
吕贝克
汉堡
但泽
大西洋
布鲁日
科隆
横跨大陆区域
基辅
巴黎
卢瓦尔河
特鲁瓦
克拉科夫
商路被北欧部落阻断，约1150年
拉罗歇尔
日内瓦
维也纳
布达佩斯
圣地亚哥
波尔多
里昂
米兰
图卢兹
威尼斯
黑海
蒙彼利埃
马赛
热那亚
贝尔格莱德
多瑙河
塔古斯河
佛罗伦萨
巴塞罗那
比萨
拉古萨
特拉布宗
里斯本
托莱多
罗马
君士坦丁堡
巴里
阿马尔菲
萨洛尼卡
格拉纳达
地中海区域
休达
安条克
巴勒莫
墨西拿
布日伊
波尼
突尼斯
法马古斯塔
的黎波里
主要商路
地中海
干地亚
雅法
亚历山大

中世纪的商路

中世纪的通行费收费亭。

地把在清理好的土地上兴起的众多新的由农民建立的农业村社归入城镇范畴。然而,这些村社决非真正意义上的城市。把它们排除在外,许多城市聚居地是在中世纪盛期平地兴起的,同时那些侥幸残存下来的罗马时期的城镇现在规模有了巨大增长。我们不妨举几个例子。德意志中部和东部并非昔日罗马
418 帝国疆域的一部分,但在 12 世纪时出现了弗赖堡、吕贝克、慕尼

佛罗伦萨的地方集市

城市大火。在中世纪城市中,一旦火势开始蔓延,妇女、儿童和教士迅速撤离现场,富豪仆人开始向外搬运主人的财物。图中所示为瑞士伯尔尼城着火情景:虽然“消防队”竭力想用自护城河取来的水把火扑灭,但据编年史记载,该城在半小时内即化为灰烬。

黑和柏林等新城镇。从这里再往西去,那里的罗马城镇早就变得与主教驻节地或围场无异;昔日无关紧要的城镇如巴黎、伦敦和科隆等在 1100 至 1200 年间规模大致增加了一倍,1200 至 1300 年间又增加了一倍。城市生活在意大利尤为集中,欧洲多数最大的城市坐落在这里:威尼斯、热那亚、米兰、博洛尼亚、巴勒莫、佛罗伦萨和那不勒斯。到了 13 世纪,几个最大的城市——威尼斯、热那亚和米兰——居民都在10万人左右。虽然我们缺乏有关意大利大多数城市的准确的统计数字,但看上去很可能许多城市在1150年左右至1300年间人口增加了一倍,因为我们确实知道离博洛尼亚不远的意大利小城伊莫拉的居民由1210年的4,200人增加到1312年的11,500人。考虑到城市生活在750至1050年间在欧洲大部分地区几近消失,我们可以有把握地说在中世纪盛期发生了城市革命。进而言之,自中世纪盛期至今富于生机的城市生活一直是西欧文明、随后是现代世界文明的一个主要特征。

城市革命之因

过去人们习惯于认为中世纪城市革命的首要原因是远距离贸易的复兴。从理论上说,流动性的小商贩在欧洲以农业为主导的社会中没有牢靠的地位,他们逐渐在城镇里一起定居下来以互相提供迫切需要的保护,并建立集市出售自己的商品。事实上,情况远比这要复杂。如果说有些城镇的产生确实大大得益于远距离贸易,同时没有这种贸易威尼斯这种大城市能够形成发展是不可想象的,但是,多数城镇的源起及其初期的活力在大得多的程度上建立在周边地区的财富之上。这些地区向城镇提供了剩余的农产品、用于生产商品的原材料,同时还提供了流动人口。换句话说,经济生活的普遍加
419 速是城市产生的主要原因:城市与乡村有一种共存关系;它提供市场以及手工匠生产的器物,但靠农村的剩余食物生存,并随着试图过上更好日子的剩余农奴或农民的移入而发展。(逃跑的农奴在一个城镇里待满一年零一天即可保证得到自由。)一俟城镇开始繁荣,许多城镇就开始专门从事某些行业。巴黎和博洛尼亚成为一流大学的发祥地,由此获得可观的财富;威尼斯、热那亚、科隆和伦敦成为远距离贸易的中心;米兰、根特和布尔日则专门从事制造业。城市中最重要的行业是织布。生产布匹的商人有时发展了大规模生产和投资的技术,成为现代工厂制度和工业资本主义的先

祖。不过必须强调指出,大型工业企业在整个中世纪经济生活中并不具有典型意义。

中世纪的城镇并非现代城镇的缩微摹本;在我们自己眼中它们看上去仍是半乡村和不够开化的。街道往往未加铺砌,住宅里专有种菜的园子,圈里养着牛和猪。在经过一个大都会的街道时,你往往会碰上一群咩咩叫个不停的羊或一群伸着长脖叫唤的鹅而不得不停下脚步。城内卫生条件很差,空气中往往散发着人畜粪便的臭味。火灾经常发生,城镇居民深受其苦;由于缺少消防机构,火焰迅速蔓延开来,穿过挤得密密麻麻的木制或麦秸搭成的街
区,横行无阻。卫生条件恶劣,人口拥挤不堪,传染病易于滋生,同 420
时极易传染开来。城镇还有一个问题就是易于导致流血暴乱的经济状况紧张和家族对立。不过,虽然具有上述各种弊端,城市居民很以其新的城市和生活方式为荣。比如,12 世纪伦敦一位居民写了一首歌颂伦敦的著名赞美诗,夸耀它繁荣兴盛、人们行为虔诚、气候怡人而无可挑剔(!),并称除火灾频仍外,伦敦唯一令人讨厌的现象就是“醉汉酗酒”。

代表特殊利益的行会

中世纪的城镇中最与众不同的经济和社会组织形式就是行会。大致说来,行会是为了保护和促进特别的利益而组成的专业联合体。行会主要有两类,一类是商人行会,一类是手工业行会。商人行会的主要作用是维持其成员对当地市场的垄断,并保持一种稳定的经济制度。为了达到上述目的,商人行会严格限制外地人在城内经商,保证其所有成员均享有与别的成员同等的销售权利,强制执行统一的价格,尽一切可能杜绝囤积居奇现象。

与此类似,手工业行会也对工匠事务作出了规定。行会中唯一具有选举权的成员通常是所谓的行东(师傅),行东是本行业中的专家,有自己的作坊铺子。因而,如果说行会与现代工会有些相

像的话，那么可以说它们是由老板组成的工会。手工业行会中居第二位的成员是帮工；帮工（journeyman，源自法文 journée，意思是“白天”，引申为“一日之工作”）已经掌握了有关手艺，但仍要为行东干活。此外是学徒。学徒的期限规定得非常细：学徒如果想成为一名行东（师傅），就要制造出一件“杰出的产品”，交由行会的行东们考核。手工业行会和商人行会一样，力图维持垄断并限制竞争。为此行会对物价和工资规定了统一的标准，禁止加班，并对生产方法和产品质量作出了详细规定。除其种种经济功能外，商人行会和手工业行会都具有重要的社会功能。它们经常起着宗教组织、慈善机构和社交俱乐部的作用。只要有可能，行会就对其成员的种种需要进行帮助。因而，在某些城市里，它们后来变得与微型政府相差无几。

中世纪人们对商人的态度

城镇商人和手工工匠之所以尤为关心保护自己，是因为它们在中世纪既存的社会体系中没有一种公认的地位。由于商人没有古老的谱系，且不精通骑士生活方式，因而他们往往受到土地贵族的鄙视。最糟糕不过的是，他们对身外得失锱铢必较。
421 尽管贵族逐渐也对发财致富感了兴趣，但他们并不公开表现出这一点：他们对日常花销不怎么注意，挥金如土，经常进行赏赐。中世纪时代商人采取守势的另外一个原因，在于教会反对不正当的谋利，它所提倡的“合理价格”信条往往与商人认为自己应当得到的东西不一致。教士们还谴责借钱取息的高利贷，尽管这往往是经商必不可少的。举例来说，1139 年的第二次拉特兰宗教会议就颁布一项教令，谴责“放贷人可耻的、令人憎恶的和进行贪得无厌掠夺的行为”。然而，随着时间的推移，人们对商人的态度慢慢有所改变。在意大利，商人和贵族之间的界限往往不是十分清楚，因为后者习惯上住在城里，其本人往往就参与商人活动。在欧洲其他地区，被称为显贵（patrician）的最富有的城镇居民以获得贵族身份为荣。固然，中世纪的教会从未对高利贷开过绿灯，但它后来确实认可在商业冒险中获得好处，这往往与赞同高利贷无异。进而言之，大约自13世纪起，高层教职人员逐渐讲了些对商人较为有利的话。比如，13世纪一位颇具影响的教士圣伯纳文图拉[1]就辩称，上帝在《旧约》时代特别青睐大卫那样的牧人，在《新约》时代特别青睐彼得那样的渔夫，在13世纪则青睐圣弗朗西斯那样的商人。

城市革命的重要性：（1）经济和政府的发展

从各方面来说，中世纪盛期城市革命具有难以言表的重要性。新兴的城镇是中世纪发展至关紧要的发动机，对此已经予以足够的重视了：它们提供市场、生产产品，从而使整个经济体系繁荣起来。此外，城镇对政府的发展作出了重要贡献，因为城市在许多地区赢得了独立地区， 422
作为城市国家自理其事。意大利是迄至那时城市生活最为发达的，主要在那里，城市政府尝试实施了新的税收、档案保管和公众参与决策等新制度。意大利城市国家在管理技巧方面尤为发达，从而为整个欧洲范围的行政技能的完善产生了影响。

城镇成为思想文化活动的基地

最后，城镇的兴起对西方思想文化活动的蓬勃发展产生了巨大作用。由于城镇提供了校舍并对学者予以法律保护，因而新兴学校一无例外建在城镇。起初，求学和教学者一直都是教职人员，但是到了13世纪，应商人学习读写、计算能力的需要，许多世俗的初级小学纷纷建立。同样对未来具有重要意

[1] 圣伯纳文图拉（1221—1274），本名焦瓦尼·迪·费丹扎，意大利经院主义哲学家，方济各会成员，曾任巴黎神学教授，1273年出任红衣主教。——译者

义的是，富于活力的都市环境致使高等学校勇于进行知识实验；在西方，这是自希腊人的学校以来前所未有的。希腊的思想文化活动也以兴盛的城市为基础，这绝非偶然。因而可以认为，没有物品的交易，也就没有激动人心的思想交流。

四、封建主义和民族君主制的产生

如果说在1200年左右西欧有哪一个城市集中体现了欧洲最伟大的新成就，那么巴黎当仁不让。巴黎不仅是一个兴隆的商业中心和重要的学术中心，而且是一个正在发展成为欧洲最强大的政府的首都。与英格兰和伊比利亚半岛各新兴的基督教王国一样，法国在12、13世纪脱胎成为一种民族君主制国家；民族君主制是一种新的政治形式，在欧洲政治未来中将起主导作用。由于正处于发展过程中的民族君主制是欧洲最成功、最有希望的政治形式，因而我们必须集中叙述它们。然而在进入正题之前，从政治的角度看看德意志和意大利所发生的变化不无裨益。

中世纪时期德意志的政治衰落：一个令人着迷的历史问题

在1050年前后，德意志无疑是欧洲中央集权程度最高、治理得最井然有序的地区；但到了1300年，这里变成各小邦争战不已的令人难以忍受的场所。由于欧洲其他地区在同一时期大都正在建立更强有力的统治，因而德意志政治衰落就成为一个令人着迷的历史问题了。这也是一个极其重要的问题，因为从政治的角度看德意志在19世纪才赶上欧洲其他地区，而它为了在欧洲政治体系中获得一个全权的位置所作的姗姗来迟的努力造成了种种困难，这些困难到了我们自己这个时代才得以解决。

10及11世纪的德意志君主制

自10世纪中叶鄂图大帝统治时期至10世纪后半期德意志强盛一时;其力量的源泉在于一系列强有力的统治者的出现,它对政 423
治分裂的抗拒,以及君王与教会的亲密联盟。鄂图大败匈牙利人并采用了皇帝的头衔,据此使德意志免于沦为进一步外族入侵的牺牲品,为君主制赢得了巨大声望。在其后一百年间,相继继位的几乎一直是些像鄂图那样富于才智和精力旺盛的帝王。他们的最主要对手是王公,即德意志五大地区(洛林、萨克森、士瓦本、弗兰肯尼亚和巴伐利亚)的军事首领,但在这一时期的大部分时间里这些王公力量弱于皇帝们。为了治理自己的广袤地区——包括瑞士、法国东部、低地国家大部分地区,同时对意大利北部名义上也有统治权——皇帝们十分依赖与教会的合作。国家主要的行政管理人员是大主教和主教,他们由皇帝任命产生,往往出自皇帝自己的家庭,不受到教皇的任何干预。德意志皇帝势力强大,以致一旦他们下了决心,就可以南下意大利,任命自己人为教皇。在缺乏任何复杂的行政机器的时候,大主教和主教把德意志治理得井然有序,抵消了王公贵族的力量。在11世纪期间,皇帝们开始有意识地建立自己的世俗管理机构。如果他们得以继续执行这一政策,本是可以为德意志未来建立真正坚实的政治基础的。但就在那时,鄂图大帝及其继承人创建的整个体系突然受到了教会内部一切革命的挑战。

亨利四世与格列高利之间的斗争

这场对德意志政府的挑战产生于亨利四世在位时期(1056—1106年),其主使者是教皇格列高利七世(1073—1085年)。由于种种原因(下章我们将专门谈到这一问题),格列高利希望使教会摆脱世俗势力的控制,为此而与亨利四世展开斗争。他与德意志王公和其他诸侯结成统一战线,从一开始就迫使亨利四世处于守势。王公诸侯们本就在寻求一切机会反对统治他们的皇帝,此时有了充足的理由,自然不会放过。他们以亨利四世不服从教皇为由,试图废黜其帝位。在这种情况下,原来一直很强大的这位皇帝不得不寻求格列高利的赦免,演出了中世纪史上最耸人听闻的一幕。1077 年严冬,亨利四世匆匆越过阿尔卑斯山,在意大利北部的卡诺萨城堡向教皇卑躬屈节。格列高利曾在致王公的信中描述过这一场面:“亨利在城堡门前一直站了三天;他赤着脚,身着粗劣衣衫,放下了君王的种种尊严,泪水流个不停,乞求教皇帮助、抚慰他。”以前从没有一位德意志统治者受到过如此的奇耻大辱。虽然这些事件使亨利免遭被废黜的命运,但他的巨大声望已荡然无存。亨利与教皇的斗争在他儿子在位时期继续进行。斗争结束时,王公们从皇帝那里获得了空前的实际独立地

424

红胡子腓特烈一世青铜半身像

位。不仅如此,1125 年,他们还要求无论帝位继承原则选举一位新的统治者,并如愿以偿。后来,这一做法致使当选皇帝的往往是最软弱的继承人,或者致使国家陷入内战的泥淖之中。与此同时,君主失去了对教会的许多控制,因而实际上也就使其政治统治的基础被拆除了。时值法国和英格兰逐渐巩固自己的中央集权的政治统治机构之际,德意志却正在丧失这些机构。

12 世纪时,出自霍亨斯陶芬家族的德意志皇帝腓特烈一世(1152—1190 年在位)进行了一次重要尝试,意在扭转反君主制的潮流。被称为"巴巴罗萨"(意为"红胡子")的腓特烈一世把他治理的国度称为"神圣罗马帝国",希望藉此重申帝王的尊严。从理论上讲,这是一个承袭罗马帝国并得到上帝保佑的完整的帝国。既然声称是罗马帝国的后继者,腓特烈就颁布了保存在《查士丁尼法典》之中的古罗马帝国各法律,为自己找到许多理论上的权力。然而法律归法律,除非能够获得物质基础的支持,否则腓特烈无法推行它们。因此,这位统治者在位时期的主要政策,就是创建属于自己的可以由此获得财富和力量的领地。

腓特烈的意大利政策

对腓特烈来说不幸的是,他的祖业在士瓦本这一甚至在今天仍由相对贫瘠的丘陵地区和黑林山组成的较为贫穷的德意志地区。因而,除士瓦本外,腓特烈决意把意大利北部变为自己的权力基础。然而这一决定可以说糟糕到无以复加的地步了。意大利北部固然很富裕,但也具有极其强烈的独立性。在米兰的率领下,该地富裕的城镇进行了顽强的抵抗。教皇不愿意看到在意大利出现一个强大的德意志统治者进行的强有力的统治,因而火上浇油,从道义上帮助、支持意大利北部各城镇。腓特烈一世差点儿就粉碎城镇与教皇的联盟,但终因阿尔卑斯山脉横亘意大利和德意志之间,使他无法同时在两地进行统治。在他制服这些城镇之后不久,

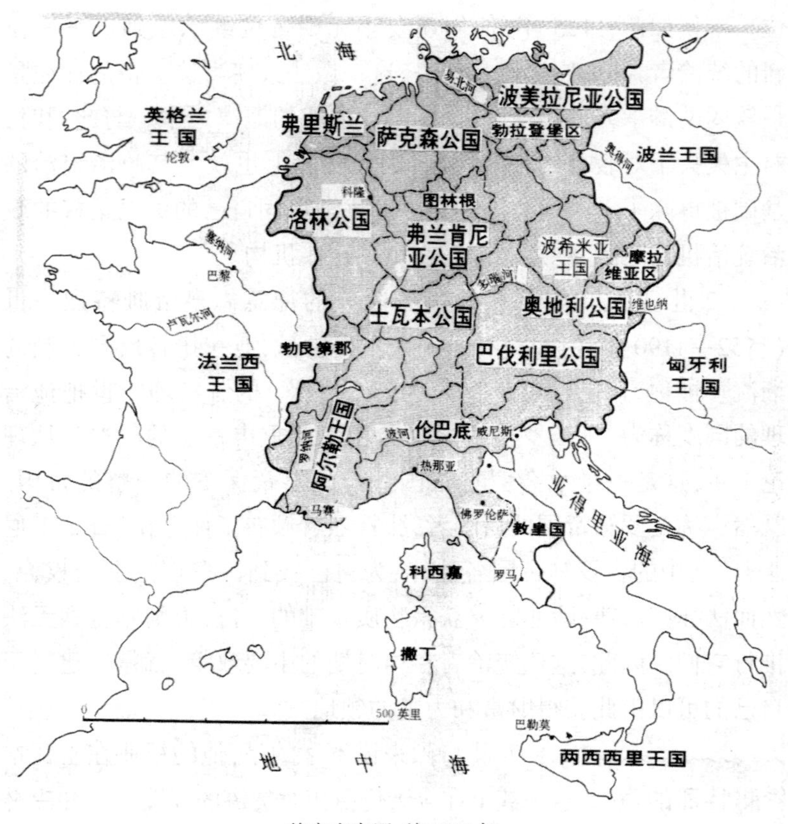

德意志帝国,约1200年

他就不得不启程返回故里;此时各城镇在教皇的鼓励下就会再次揭竿而起。最后在1176年,实力不足的德意志帝国军队在莱尼亚诺惨败于意大利北部城市联盟——伦巴第同盟——的军队之手,巴巴罗萨不得不承认该地区事实上的独立。同时,德意志的王公正继续积聚力量,他们的一个重要举措就是拓殖易北河以东富饶的农业地区,而此本应是腓特烈真正花费力量进行的事业,同时皇帝与教皇的斗争致使德意志教会内的各种力量与他进一步疏远。由于巴巴罗萨是位有闯劲的人物,因而德意志人对他念念不忘。

不过就实说来，他的统治使下述事实成了定局，在中世纪时期，德意志帝国再也不会复兴了。

腓特烈二世的个性和政策

巴巴罗萨的孙子腓特烈二世(1212—1250 425
年在位)与其祖父一样有名，他的统治只不过是把德意志衰亡这幕戏演完而已。就个性而论，腓特烈二世或许当属中世纪所有统治者中最具魅力的一个。由于他的父亲亨利四世通过联姻继承了意大利半岛南部和西西里王国(后来被称为两西西里王国)，因而腓特烈在巴勒莫，并在那里吸收了伊斯兰文化的成份。(自 831 至 1071 年，阿拉伯人曾统治西西里两个半世纪。)腓特烈二世能讲五六种语言，资助学术事业，曾撰写过有关猎鹰训练术的著作，在西方早期观测科学史上占有重要的一席之地。此外，他进行过稀奇古怪、残忍的“实验”，比如取出人的心脏来观察休息和运动对消化的影响。这类举动与腓特烈试图像东方专制君主那样进行统治的总政府有关。在其自治的南意大利王国，他把东方专制主义和官僚政治体制引了进来。他建立了一支职业军队，征收直接税，颁布了统一的罗马法。具有典型意义的是，腓特烈二世试图创建一个统治者祭坛，实行个人崇拜，甚而把讨论他的法律或判决的行为也定为渎圣罪。这些政府在治理意大利南部时一度看来很成功，但他在意大利的权力基础再次引发与教皇制和意大利北部城市的冲突。这些冲突在他去世前一直拖而未决，但在他死后教皇决心消灭霍亨斯陶芬家族在意大利的统治，并以召集十字军的方式消除该家族所余的竞争者。由于受到腓特烈二世杀鸡取卵式的过度税收盘剥，再加上随后发生的战争的蹂躏，意大利南部逐渐沦落到贫穷落后的境地，直至今日方勉强复兴。同样，腓特烈的统治对德意志也产生了破坏性影响。为了不受阻碍地推行其意大利政策，腓特烈把大片地区的主权授予王公，从而正式把德意志放弃给了王公们。

虽然此后继续选举有名无实的“皇帝”,但王公成为国家的真正统治者。不过他们之间战火不断,德意志没有什么宁日;同时他们又把其领地分交各个继承人,致使德意志看上去像个七巧板。正如法国作家伏尔泰后来所说,德意志“神圣罗马帝国”变得既不神圣,也非罗马,又非帝国。

中世纪盛期意大利的政治状况

中世纪盛期意大利的政治情况可以简要概括如下。意大利南部和西西里在 12 世纪时被连结合并成一个强大的君主制国家,其创始人是属于维金人的诺曼人—法兰西人后裔。但是,如前文所述,其后该地区归属于霍亨斯陶芬家族,结果罹受落亡的命运。意大利中部在中世纪盛期大都受到教皇的统治,但教皇本身一般不够强大,难以创建一个真正得到良好治理的国家,这部分上是因为教皇不间断地与德意志皇帝进行对抗。
426 由此进一步往北是富裕的工商业城市,它们曾成功地击退了巴巴罗萨的进攻。这些城市在政治上往往组成共和国或“公社”。它们向其较富裕的居民提供了参政的不少机会。但是由于经济利益不一致和家族的敌对斗争,意大利城市国家往往陷入内部斗争之中无法自拔。此外,在外部威胁面前,诸如巴巴罗萨或腓特烈二世的威胁,它们虽然团结对外,但一俟外族威胁不复存在,它们往往彼此交战。结果,意大利各城市的经济生活和文化生活虽然比其
427 他地区发达得多,同时它们在行政管理技巧方面进行重要实验,但在中世纪盛期大部分时间里意大利北部普遍缺乏政治稳定。

围绕着“封建主义”一词的争论

要想寻找欧洲日益发展的政治稳定的中心,就必须到中世纪盛期的法国和英格兰去寻找。具有讽刺意味的是,法国一些未来政治成就的根本性基础是在该地区政治最不稳

定的时期在没有任何计划的情况下形成的。这些基础往往被历史学家称为“封建主义”制度，是政治权力分散基准的各个方面。关于这个词的含义，史学家有不同看法。自马克思以来，一些史学家倾向于把该词用来描述一种农业经济制度和社会制度，其中大地产由依附农民来耕种。这一习惯用法的难点在于太不准确，因为这种大地产在欧洲中世纪之外的许多时期和地区都存在过，而表述中世纪农业制度的最好说法是庄园制。一些史学家走上了另一个极端，认为即使“封建主义”一词可以用来描述中世纪的政治制度，但中世纪的实际情况千变万化，任何有关封建主义的定义都无法准确地甚或有益地适用于一个以上的实例。但不管怎样，为方便起见，我们仍然使用这一术语，用它表述中世纪政治发展的一个特别方面，但同时我们应当随时记住，与庄园制一样，封建主义只是一个可以为其他史学家据以进行经济或社会学分析的近似性的术语。

作为政治制度的封建制度

作为一种政治制度的封建主义本质上是一种政治上权力极为分散的制度，用我们现今的话说，就是政治权力普遍由个人掌握。从历史的角度看，它在10世纪的法国体现得最为充分：当时加洛林帝国已经瓦解，该地区正受到灾难性的维金人入侵的蹂躏。加洛林王朝虽继续保有些微的政治权威，但事实证明它在抵御外敌入侵方面根本起不了作用。这样地方领主不得不自己照料自己。最后，领主们在抵御维金人方面最为有力，相应地也就得以实际拥有昔日一切统治权。他们召集自己的一支不大的军队，按自己的初级法律进行管理，间或发行自己简单的铸币。不过，虽然出现这种分权现象，我们决不可忘记曾经出现过更高更大的政治单位。尤其是，不论国王多么软弱（国王往往确实非常软弱），在法国一直存在着一个直接或间接地是加洛林人西支后裔的

国王。此外,各地零零散散仍有公爵或伯爵,他们在理论上被认为比小领主或骑士拥有更多的权力或权威。这样,经过一个复杂的、
428 难以溯源的理性化过程,10 和 11 世纪期间就出现了一种模糊不清的理论,试图在封建制度之内建立某种秩序。根据这一理论,较小的封建领主并非拥有全部权力,而只拥有所谓"封臣"的权力;如果他们不遵守某些义务,这些权力可以被收回。理论上——很长一段时期中这一理论的许多方面实际上被忽视了——国王或级别较高的领主授予较低级别的领主以采邑(领地),即对不同土地的统辖权,作为回报,后者应向前者负担规定数量的兵役。反过来,较低级的领主可以把其部分采邑分封给更低一级的领主,以换得军事服役;依此类推,一直分封到最低级别的骑士为止。采邑的持有者被称为封主的"封臣"(vassal),但"封臣"(臣属)一词丝毫没有今日具有的种种贬义。与农奴制大不相同,封臣完全是一种荣誉地位,所有持有采邑的人都是"贵族"。

封建制度作为政治发展的一个原因

由于封建制度最初是一种分权的政治形式,因而史学家一度认为它是一股腐蚀性的或造成分裂的历史力量;在日常对话中"封建"一词往往被当成"落后"的同义词。不过最近学者们逐渐得出结论,封建制度是一种进步力量,是向现代国家发展的一个根本性出发点。他们注意到,在德意志和意大利那些几乎没有封建制度的地区,政治稳定和国家统一姗姗来迟,而在法国和英格兰那些封建化最充分的地区,政治稳定和中央集权不久就迅速产生。学者们为此设想了一些原因。由于封建制度最初是自发产生的权宜之计,因而它具有极高的灵活性。代之以受到种种落伍过时的、削足适履的原则的束缚,地方领主能够选择最佳时机进行统治,或者诉诸特定地方风俗的规定。因此,他们的政府不论如何不成熟,在那个时代却应付裕如,并且随着时间

的流逝可以用以建立一个甚至更强大的政府。第二个原因在于，与旧的罗马制度或加洛林制度相比，封建制度的效力在于它使更多的人与政治生活的实际运转有了直接接触。在最低层，政府也清晰可见，或可进行种种尝试；随着它变得具体实在，人们开始对它有所了解并表示认同，而帝国远未获得过如此的理解和认同。因此，封建制度向人们反复灌输一种对政府日益强烈的忠诚感，这种忠诚一旦形成，就会为更大的政治单位所利用。第三个原因是，封建制度强调朝廷的作用，从而促进了某些更现代的制度的形成。随着封建制度越来越规范化，封臣觐见领主就成了通例，至少每年一次。在那里应当向领主“献殷勤”，也就是通过一定仪式向领主表示忠诚；此外他们要在“法庭”上服务，也就是说出席审判会并提供建议。因而，他们越来越习惯于参与政治事务，言谈举止也开始
像侍臣或政客那样。随着法国和英格兰君主制国家本身的发展， 429
国王们深知封建朝廷大有用处，把它变成了不断扩大的政治体系中行政管理的核心。封建制度促进政治发展的最后一个原因实际

贝叶壁毯：哈斯丁斯战役。该壁毯既具有高超的艺术价值，又具有重要史料价值。图中铭文意思是：“英格兰和法国国王在此一并战死。”

上并非该制度本身所固有的。由于人们一直没有忘记更大的政治单位的学说，因而一旦时机成熟，大领主和国王便利用这一学说来重新获得其权利。

诺曼人征服

利用封建制度的最大可能性首先在 1066 年诺曼人征服后的英格兰显示出来。如前文所示，在 9 世纪晚期和 10 世纪撒克逊人艾尔弗雷德及其后继者的统治下，英格兰曾出现了统一局面和强有力的王权。但其后，主要由于维金人再次入侵和领导无方，撒克逊王权开始衰落。1066 年，诺曼底（在法国西北部）公爵威廉声称自己有权继承英格兰王位并横渡海峡征服了英格兰。对他来说很幸运的是，就近登基的英格兰国王哈罗德刚刚因维金人在北方的进攻而力量削弱，因而无法全力抗拒威廉。在黑斯廷斯战役中，哈罗德及其撒克逊人军队浴血奋战，但最终抵挡不住诺曼底生力军的进攻。黄昏之际，哈罗德中冷箭倒在地上，受了致命性的创伤；他的军队成鸟兽散，诺曼人获得了胜利，占领了英格兰。威廉公爵现在成了"征服者"威廉国王，并着手按照自己的意愿治理他的战利品。

诺曼底征服后英格兰的封建制度

事后看来，诺曼人征服可以说适逢其时，保持并促进了国家的政治稳定。在 1066 年之前，在那些被称为伯爵的军事贵族的率领下，英格兰受到了分裂的威胁；但
430 是威廉彻底消灭了伯爵势力。他建立了封建制度取而代之，据此由国王把所有土地以采邑的形式直接或间接地分封下去。采邑持有人获得了他们在欧洲大陆上不那么正式地得到的大部分统治权，但威廉保留了铸币、征收土地税并监督对重大刑事案件的审理的特权。此外他沿用盎格鲁撒克逊时代的叫作 sheriff（郡长）的地方行政长官，利用他们协助他管理并强制实

施这些权利。为了确保他的男爵(baron,在英语中指大封地持有人)不致势大震主,威廉小心谨慎地把授予他们的封地分散在全国各地不同的地方。就这样,在训练有素的行政管理人员不足、无法进行任何真正的行政职业化的时代,威廉利用封建措施为其治理英国服务。不过他依然保有相当大的王权,使国家完全统一于国王统治之下。

英格兰君主制民族国家的形成;亨利一世的统治

在威廉去世之后的二百年间,英国行政史主要就是一部国王为了自己的利益加强对封建制度的控制,直至创建一个强大的民族君主制取代封建制的历史。朝着这一方向迈出第一步的是征服者威廉富于活力的儿子亨利一世(1100—1135 年在位)。亨利一世最重要的成就之一是开启了王室法庭专业化的进程,在此过程中,一些官员开始负起管理财务账目的全部职业化责任;这些官员后来被称为财政部(Exchequer)职员。亨利一世的另一些成就是制定巡回法庭制度,由巡回法官作为国王的直接代表在全国各个地区负责司法事务。

亨利二世和托马斯·贝克特之间的斗争

亨利一世之后,英格兰出现了短暂的内战。其后登上王位的是亨利一世的孙子亨利二世(1154—1189 年在位),他颇具其祖父的积极进取的气质。无疑,亨利二世统治时期是英国整个历史上最重要的时期之一。我们之所以这样评价,其中一个原因是他和坎特伯雷大主教托马斯·贝克特围绕着教会法庭和教会法的地位问题进行的重要斗争。在亨利统治时期,牧师和其他神职人员如果犯了罪,只能交由教会法庭根据教会法规的有关规定进行审处。在这些法庭的处罚以畸轻著称。即使他们犯了谋杀罪,所受到的处罚一般不过是赎罪苦修和

托马斯·贝克特殉难图。出自13世纪英国《卡罗赞美诗集》。图中一位骑士狠狠地用剑刺贝克特，竟连剑都折断了。

革除教职，很少再受到其他惩处。此外，对于英格兰教会法庭所作出的任何判决，都可以向罗马的教皇法庭上诉。亨利二世希望尽可能地在所有地区推行王法并把其所有臣民都置于统一的司法标准之下，力图通过1164年的克拉伦登宪法限制教会的这些司法惯例。至于被控犯罪的教职人员，他愿意作出让步，即允许由教会法庭审理，但其后必须在国王法庭上宣判。然而，浮夸的贝克特下定决心反对任何变革的尝试。亨利二世和贝克特过去曾相交甚深，此况下两人之间的争吵更令人难以接受。盛怒之下，国王曾指责手下的骑士无能，竟连一个捣乱分子也收拾不了，结果，贝克特
431 主教被亨利的四个骑士谋杀于坎特伯雷大教堂，争吵达到了悲剧性高潮。英格兰公众对这一罪行深为震惊，贝克特他们很快就被尊奉为殉教者，并成为英格兰最著名的圣徒。对行政史而言更为重要的是，亨利二世不得不把其置教会法庭于王权控制之下的计划大部分放弃了，他的目标只是在16世纪英格兰宗教改革来临后才得以实现。

亨利二世的司法改革

虽然遭到了这一重大挫折，亨利二世在行政管理的其他领域取得了卓著的成就，以致一些史学家坚持认为他是英国有史以来最伟大的国王。他最主要的贡献是在司法方面。他把亨利一世设立的巡回法庭制度发扬光大，同时开始采取这种措施，即要求各郡郡长把熟悉当地情况的人带到巡回法官的面前。此后，这些人应在发誓不作伪证之后如实汇报自巡回法官上次巡回以来他们所了解的所有谋杀、纵火、抢劫及其他重大犯罪。这是大陪审团制度的根源所在。此外，亨利二世首次允许民事诉讼的各方拥有要求国王法庭开庭的权利。在最常见的案例中，某位声称自己的土地被别人攫取的人可以从国王那里得到一张传票，这种传票要求郡 432
长把 12 位据认为了解实情的人带到法官面前。这 12 个人首先发誓，然后就原告的陈述是否真实作出回答，法官则根据他们的回答作出裁决。虽然陪审团直到 13 世纪才出现在刑事案件审理中，但这种机构正是从上述惯例中发展而成的。

亨利二世法律改革的益处

亨利二世进行的司法改革既对国王有利，也对国家有利。这表现在以下几个方面。最为明显的一点是，它们使司法在全国范围内更为统一和平等。这也就使得王家司法为人采纳，广得人心。尤其是在土地纠纷——那一时代最重要、最常见的争执——中，弱小的一方不再听任横蛮无理的邻居的宰割。弱小的一方通常是原来与国王没有密切关联的骑士。由于捍卫了骑士的权利，骑士对国王感激涕零，亨利二世也就通过抑制显贵的政策赢得了具有重要意义的同盟者。最后，在亨利二世统治时期，随着陪审团的广泛使用，越来越多的人直接参与了王室政府的实际运转过程。这样一来，他们对政府的兴趣大大提高了，同时对政府更加忠诚。由于这些人是不必支付报偿的，因而亨利二世花费不多,就大大扩大了其政府的职能和声望。

中世纪的司法。中世纪的判刑往往苛严。图中一位罪犯因犯罪而被切去右手。

亨利二世死后,他的政府多多少少靠自身运转良好,这是亨利二世改革成就的具体表证。他的儿子、神气活现的“狮心王”理查德一世(理查)在位10年(1189—1199年),但只在英格兰呆过6个月,因为他把时间都用在参加十字军东征或者保卫他在欧陆的属地上了。在理查德不在国内的整个时期,国家的行政管理实际上变得更加有效了,这完全得力于几位大臣的能干。国家还为理查德征收了两笔巨额税收:一笔供他参加十字军去圣地,一笔在他于返国途中被敌人俘虏后为他赎身。但是后来当一位新的国王要求筹集比这还多的税收时,英格兰人大都不愿如令交纳了。

约翰的统治;《大宪章》

这位新国王是理查德一世的弟弟约翰(1199—1226年)。约翰在历史上名声一直不佳,但他更多地是时局的受害者。自征服者威廉以来,英格兰国王一直统治着现今法国的大片地区。但到了约翰在位时期,法国国王力量强大起来,足以收回这些地区的很大一部分。约翰时运不济,面临的对手是法国颇为能干的国王菲利普·奥古斯特;后者于1204年用武力收复了诺曼底及邻居地区,1214年又再次取得军事胜利,进一步巩固了自己的成果。约翰既需要钱治理英格兰,又需要钱在法国作战,但他的

失败致使臣民不愿意向他交钱。贵族们对约翰的迫切需要尤为不
满,1215 年,他们迫使约翰在一份文件中放弃这一切。这份文件
就是闻名后世的《大宪章》(magna carta),它还被用来矫正贵族们
所能想到的其他一切弊端。后世有关大宪章的观念普遍都是错误 433
的。它的本意并不是成为一部权利法案,也不是一份授予普通人
民以种种自由的宪章。与此相反,它主要是份封建文件,意在迫使
身为封主的国王尊重封臣的传统权利。但不管怎样,文件阐明了
一些重要原则,诸如未经贵族议事会的同意,国王不得擅自征收大
笔款项;未经与其地位相同者和国家法律的审判,国王不得惩罚任
何人。《大宪章》的重要性尤其在于它体现了有限政府的原则和
国王要受法律制约的思想。

亨利三世时期中央集权制政府的进一步发展

正如当代美国中世纪史学家 J. R. 斯特雷耶所指出的那样:“《大宪章》为专制政府设置了障碍,但未使中央集权制政府不可能形成。”在《大宪章》颁布之后的一百年间,中央集权制继续飞速发展。在约翰的儿子亨利三世统治时期(1216—1277 年)[①],虽然贵族们与这位软弱的国王竞相争夺控制政府的权利,但双方都认定中央集权制政府本身是件好事。在这整个时期,行政管理人员进一步完善了法律和行政机构,使之具有更高的效率。如果说在亨利一世时代财政管理已经成为国王法庭的一个专门机构,那么到亨利三世统治时期它变成了一个真正的司法管理机构(创立了永久性的最高法院)和对外事务管理机构(创立了所谓的大法官法庭)。英格兰的中央政府现在完全发展成为一个训练有

---

① 原文如此,有误。亨利三世死于 1272 年,而非 1277 年。——译者

素的官僚机构。

英格兰议会的起源

中世纪英格兰行政体系中最为著名的一个部门就是议会。在1300年前后几十年间，尤其是在亨利三世之子爱德华的（1272—1307年在位）要求下，议会成为政府的一个独立部门。虽然议会在后

这一奇特有趣的爱德华一世时期议会图可能是有关该机构开会情景的最早的权威图像。图中央长凳上坐着的显贵是高级教士和世俗领主。图中央，法官们坐在羊毛袋上。他们以下是城镇和各郡的代表。

来成为专制王权的一个制约力量,但如果就此认为议会是“应人民的要求”召开的,那就再荒谬不过了。就其起源而论,议会与民众代表制实际上没有什么关联,倒不如说它是国王封建朝廷的最大规模集会。爱德华一世是位强有力的国王,他屡屡召开国会的目的是尽快、最为有效地筹集到钱款,以供他进行对外战争。参加议会的代表不仅要同意交税——实际上,拒绝纳税才属不可思议的事——但当他们被告知征税是如何如何必不可少时他们就会不那么吝啬地掏钱了。另外,他们对征税的细节也要表示同意。在这同一次会议上,爱德华也会听取人们对紧急事务的意见,对例外案子进行审判,审核地方管理情况,并颁布新的法律。与欧洲大陆上类似的机构相比,爱德华的议会的最不同寻 434
常的一个特征或许在于,除高级贵族外,议会中开始有了来自各郡和城镇的代表。然而,这些代表极少为“人民”说话,因为英格兰大部分人是没有选举权的农奴和农民——更不必提任何事都不会与她们磋商的妇女了。极为可能的是,爱德华召集来自“平民”的代表的目的主要是出于财政的考虑。他或许也认识到了一种宣传价值:地方代表参加令人敬畏的议会,就会为国王的威严所慑服,并在会议结束、返回故里之外传播君主制的美名。随着时间的推移,平民一再应召参加议会,终致变成议会这一机构中不可或缺的一部分:到了 14 世纪中叶,他们定期坐在自己的“议院”里开会。不过他们仍然只代表城镇乡村中的富人,而且往往为国王或贵族所操纵。

爱德华一世统治下英格兰的君主政治

在爱德华一世统治时期,在其他各个方面,一个强大的民族君主制发展到了顶点。爱德华依靠武力统一了近乎整个不列颠岛,征服了威尔士,几乎令苏格兰臣属(不过苏格兰在他死后很快再次起事)。他开始定期地颁布成文法,也就是说,使最初的公共立法无限制地适应于王国整个疆域。正因为他作为一位立法者所起的作用,爱德华时常被称为“英国的查士丁尼”。最为重要的是,爱德华对贵族设立私人法庭及把自己的土地作为采邑进一步分封的权利加以限制,从而缩小了贵族的封建权力。因而,到他统治结束时,征服者威廉过去有意识地授予贵族许多不受限制的权力被收了回去。出现这种情况的原因在于,国王在中世纪盛期的几百年间正在建立自己的王家政治机构,以致昔日的封建制度此时不用具有实际效力了。不过,爱德华力图建立强大的中央政府的措施和种种财政要求有些不切合所在时代的实际,因而当他死后就出现了一股反对君主制的逆流。然而引人注目的是,在爱德华时代之后,不论贵族何时举行反叛,他们总是认定英格兰应继续实现国家统一,由中世纪盛期基本的君主制来治理国家。在中世纪盛期,英格兰以国王为中心统一起来,并作为一个基本上治国有方的、统一国家一直延续到现代。

法国中央集权制的发展过程

就在中央集权制在英格兰取得长足进步之际,这一过程在法国发展得较迟缓。但到了1300年前后,法国也接近于实现中央集权。法国政治统一过程之所以进展较为缓慢,是因为它在11世纪时权力比英格兰更为分散,面临的问题更大。987年,最后一代软弱的加洛林王朝君主被巴黎伯爵于格·卡佩取而代之,
435 但这一新兴的卡佩王朝——它一直统治到1328年,其间没有任何中断——在一开始时并不比原来的加洛林王朝强大。甚至在12世纪大部分时间里,法国各国王也只直接统治着巴黎周围一片叫作法兰西岛的不大的地区,其面积大致与美国的佛蒙特州相当。在这一地区之外,国王在名义上对现今法国许多地区的众多伯爵和公爵享有权利、是其封主,但实际上这些伯爵和公爵几乎是完全

独立的。有这么一个说法:一次,法国国王要求诺曼底第一代公爵
向他表示效忠,这位公爵指使他的一位武士假装亲吻国王的脚,随
后却抓住国王的腿,把他掀翻在地,令在场人捧腹不已。由于法国
国王太过软弱,法国不同的地区就形成了各自独特的地方传统和 436
方言。因而,如果说征服者威廉承袭的是一个业已实现过统一、新
近濒于分裂边缘的英格兰国家,那么中世纪盛期的法国国王不得
不从零开始去实现国家的统一,可供依托的只是记忆中若隐若现
的加洛林王朝的统一。

促使法国君主制发展的因素

然而在许多方面法国国王很有运气。首先,该王朝在几百年间很幸运地一直有直系男性继承人。因此,没有出现为继承权争得你死我活的局面。其次,法国国王寿命大都较长,平均在位年限为 30 年左右。这就意味着子袭父位时通常都已长大成人,因而没怎么因国王年幼而需有人摄政、摄政者凌驾于王权之上的情况。不仅如此,法国国王虽然有时不那么气势逼人,但一直引人注目,因而当其他地区发生权力之争时,周围各地区的人习惯于把王权视为不稳定世界中的一股稳定力量。第三个对法国国王有利的因素是法国农业进一步繁荣,国内贸易有所发展;这就给国王提供了重要的财税来源。第四种偶然发生的发展是,由于教皇在与德意志皇帝进行的频繁的斗争中通常需要盟友,因而法国国王可以得到教皇的支持。正像早些时候对加洛林王朝那样,教皇赋予法国国王以声望,允许他们享有直接支配本地教会的许多权力,从而使法国国王通过庇护制获得更多的收入和更大的影响。第五个对法国国王有利的因素是,在 12、13 世纪,巴黎大学发展起来,成为欧洲主要的学术中心。随着外国人蜂拥到巴黎大学学习,他们了解到了法国国王权威的日益上升,并在回国后向人传播这种印象。最后一个决非最微不足道的一点是,法国一些国王本人

的精明能干也起了很大作用。

法国君主制的基础;路易六世和菲利普·奥古斯特

卡佩王朝第一位引人注目的国王是路易六世,绰号“胖子”(1108—1137年在位)。虽然他没有取得任何耀眼的成就,路易六世至少设法驱逐或征服了法兰西岛骚动不宁的“强盗贵族”,稳定了自己的祖传基地。只有在完成这一步之后,农业和商业才繁荣起来,巴黎的思想文化生活才开始活跃起来。此后,法国诸王有了地理上的权力基础,而此正是德意志统治者巴巴罗萨多方寻觅却未能找到的。真正使法国疆土有了令人惊异的扩展的是路易的孙子菲利普·奥古斯特(1180—1223年在位)。菲利普富于才智,他深谙利用某些权利以从英王约翰手中夺得法国西部大片地区之道。此外,他善于决断,深知如何在战争中保住自己的胜利果实。其中给人印象最深的是,菲利普制定了一个出色的方案治理其新近得到的领土。
437 这些新领主与其原有地区相比增加了将近四倍;由于各个新地区各有自己极其独特的地方习俗,因而,依靠当时非常原始的行政管理体系强制实施严格的行政标准化,这种尝试决不可能成功。菲利普很清楚这一点。他采取的是保持他新获地区的原有行政习惯的做法,但在这些地区上安插称为“大法官”(baillis)的新的代表国王的官员进行监督。大法官一律不在其出生地任职,薪俸甚高,悉由国王支付,因而完全忠诚于国王。他们在其辖区内拥有全部司法、行政和军事权力:根据国王的敕令,他们容许地区差异,不强求一律,但要它们为国王服务。这样,在各被征服地区没有出现反叛,王权进一步加强了。这种与官僚式中央集权制相制衡的地方分权模式后来成为法国政府的基本类型。因此,可以说菲利普·奥古斯特是现代法国的一个重要奠基人。

圣路易

在菲利普·奥古斯特之子路易八世(1223—1226年在位)短暂统治时期,法国以反对宗教异端的名义进行干预,几乎把整个法国南部都纳入国王直接统治之下。对于这片新近获得的地区,法国在很大程度上按照菲利普确定的原则进行。其后的一位国王路易九世(1226—1270年在位)对宗教极其虔诚,以致后来得到教会的册封,他也通常被称为圣路易。除对犹太人和异教徒极不宽容外,路易堪称国王之典范。他治国强硬、公正,在全国实行统一的币制,进一步完善了法国的司法制度,使法国进入了一个长治久安的盛期。圣路易深得臣民的爱戴;在他死后许多年间,法国君主制仍受惠于他的威望。

然而这种威望几乎被圣路易的孙子菲利普四世(1285—1314年)挥霍殆尽。菲利普四世残酷无情,有"美男子"之称。他在即位后当即发动了多次战争,意在收复法国西南部和东北部地区,并实现对法国教会的完全控制,而不是与罗马教皇分享这种权利。所有这些活动,尤其是筹集钱款的要求,都迫使菲利普加快中央集权化的进程。因而,在他统治时期,就像同时期爱德华一世在英格兰的统治那样,许多新的行政管理机构迅速形成,中世纪时期法国政府的发展接近于完成。在其统治期间,菲利普也召集了与英格兰议会大致相当的议会(后来被称为"等级会议"),但这些机构在法国行政体系中未能占据核心位置。美男子菲利普进行的冒险活动大都取得了成功。尤其是,如下文所示,他把教皇实际上变成了法国的一个傀儡。与同一时期英格兰的情况相似,在他死后法国也应出现过一股反对君主制的逆流;但菲利普四世统治时期法国无疑是欧洲最为强大的国家。除在16世纪有过一次中断外,这种状况一直维持到了19世纪。

438 **英国与法国之比较**

虽然法国和英国经历了类似的君主制中央集权化和国家建设的历程，但两国也有一些值得强调的基本区别；正是由于这些区别，构成了其后几百年间两国发展过程中典型的不同。英国虽然面积比法国小，但统一程度却要高得多。除苏格兰和威尔士外，英国各个地区之间并无太大的语言或传统区别，没有一个地区自视为独立的不同实体。与此相连，没有一位贵族可以凭借地区性不满情绪达到离的目的。这就意味着英国从未真正面临内部分裂的威胁，因而可以形成统一的民族政府的强大机构，诸如议会。这还意味着英国国王不必支付报酬就可利用众多的地方缙绅，尤其是骑士，承担地方政府的许多工作。固然，英国的一个明显有利之处是地方政府开支不大，但这一体系潜在的含义是政府也必须深孚人望，不然种种志愿性工作就会无人承担，从而陷入停滞状态。毋庸置疑，这就是英国国王必须为自己的种种行动寻找正式认同的主要原因。不这样做，他们几乎就不能统治，明智之君由此吸取了教训；随着时间的推移，英国非常明显地变成了一个有限君主制国家。与此大大不同，法国国王统辖的是一个更富裕、面积更广的国度，这样他们就拥有——至少在和平时期——充足的财富去维持中央和地方两个层次的更具官僚性质、要领取薪俸的行政管理机构。因而，法国国王可以实行较为专制的统治。然而他们一直面临地方分离主义的严重威胁。不同的地区依然珍视自身的传统，往往与上层贵族结盟支持分离心倾向。这样一来，法国国王往往不得不花费大量精力与地方分离企图进行斗争，同时采取各种措施制服贵族。直到 1700 年前后，法国国王仍不得不经常地与地区主义进行斗争，然而他们资财充足，可以一而再地取得胜利，从而使法国变得越来越强大。

中世纪的西班牙

在19世纪德国崛起之前，欧洲大陆唯一可与法国抗衡的国家就是西班牙。在中世纪盛期，西班牙强盛的根基也在于民族君主制的原则。不过在中世纪，仍没有任何一个君主制国家能够把伊比利亚半岛大部分地区置于自己管辖之下。在约1100年基督徒开始击退穆斯林的力量之后，伊比利亚半岛出现了四个西班牙基督教王国：北部山地小国纳瓦尔，它的影响一直无足轻重；西部的葡萄牙；东北方的阿拉贡；以及中心地区的卡斯蒂尔。中世纪盛期西班牙人主要忙于“收复失地”（Reconquista），也就是为基督教收复整个半岛的事务。这一运动在1212年达到顶点，该年阿拉贡—卡斯蒂尔联军在托洛萨的拉斯纳瓦斯大败穆斯林。穆斯林残余势力也大都被消灭。到了13世纪末，原先由穆斯林控制的地区只剩下位于半岛最南端的小国格拉纳达了。格拉纳达之所以得以存在下去，在很大程度上是因为它愿意向基督徒纳贡。卡斯蒂尔疆域最 439
为辽阔，是迄至那时西班牙最大的王国，但在财富方面城市化程度较高、商业较发达的阿拉贡可与之抗衡。两个王国在13世纪都形成了大致与法国相当的机构。但在15世纪阿拉贡和卡斯蒂尔在斐迪南国王和伊萨贝拉女王领导下合并之前，伊比利亚各国就单个而言均无望像法国那样强大、富庶和人口众多。

民族君主制的历史地位

在结束本章之前，我们最好对中世纪盛期西欧民族君主制兴起的普遍意义作出评估。在它们产生之前，欧洲有两种基本的政治类型：城市国家和帝国。城市国家的有利之处在于能够充分依靠民众的参与和忠诚，因而能够高效地利用人力潜能。但是它们往往因经济竞争而分裂，同时面积不够大、军事力量不够强，无法抵御帝国力量的入侵。另一方面，帝国可以赢得战争的胜利，往往拥有足够的财力建立一种高效的管理机构，但它们很少能吸引人民

志愿参与，同时地域过大、过于贪婪，无法赢得臣民的衷心拥护。新兴的民族君主制将被证明是上述两极的“最佳折衷”。它们面
440 积不小，足以拥有适当的军事力量，同时它们形成了一套最终会超过罗马帝国或拜占庭帝国的行政管理技术。不仅如此，它们起初建立在封建主义基础上，在面临帝国必定崩溃的紧要形势时能够赢得民众的足够参与和忠诚，从而渡过难关。到1300年前后，英格兰、法国和伊比利亚半岛的君主制都赢得了臣民的首要的忠诚，这种忠诚取代了对社会团体、地区或教会机构的支持。由于上述种种原因，它们把国内和平和安定带到了从前没有什么安定的欧洲大片地区。因而，它们对使生活富有成果居功至伟。此外，中世纪的民族君主制是现代民族国家——今天最有效率、最平等的政治形式——的先祖。总之，它们是中世纪留给现代的最有益的遗产。

精选书目

一般读物

Bloch, Marc, *Feudal Society*, Chicago, 1961. 现代经典之作，1940年初版于法国。全书有价值观点到处可见，但某些方面有些过时。

Southern, R, W., *The Making of the Middle Ages*, New Haven, 1953. 有关11、12世纪发展的一部深奥而出色的读物。难读，但开卷有益。

Strayer, J. R., *Western Europe in the Middle Ages*, 3rd ed., Glenview, 1982. 堪称有关中世纪政治和文化史的最佳简短介绍。

Wood, Charles T., *The Age of Chivalry* (also published as *The Quest for Eternity*), London, 1970. 这是一部针对初学者的生动著作，重点在于经济和社会史，与Strayer著作互补。

经济和社会情况

Bautier, R. H., *The Economic Development of Medieval Europe*, London, 1971.

Duby, G., *Rural Economy and Country Life in the Medieval West*, London, 1968. 农业史方面的最佳著作。它被视为近期法国史学所达到的最高水平，受到高度评价。

Ennen, E., *The Medieval Town*, New York, 1979. 补充Duby著作，论述城市

发展。
Gies, J. and F., *Life in a Medieval City*, New York, 1973. 集中叙述 13 世纪特鲁瓦城的生活，通俗、引人。
Herlihy, David, *Medieval Households*, Cambridge, Mass., 1985. 叙述古典古代晚期到中世纪末期的家庭史。
Keen, Maurice, *Chivalry*, New Haven, 1984.
Labarge, M. W., *A Small Sound of the Trumpet: Women in Medieval Life*, London, 1986. 一部生动的概括性著作。
Lopez, Robert S., *The Commercial Revolution of the Middle Ages, 950—1350*, Englewood Cliffs, N. J., 1971.
Pirenne, H., *Economic and Social History of Medieval Europe*, London, 1936. 作者的许多思想已不再被人接受，但本书仍是一部非常有益的简短叙述之作。
Postan, M. M., *The Medieval Economy and Society: An Economic History of Britain, 1100—1500*, Berkeley, 1972.
Power, Eileen, *Medieval Women*, Cambridge, 1975. 篇幅很短，很使人增长知识。
White, Lynn, Jr., *Medieval Technology and Social Change*, Oxford, 1962. 引人争论之作，但写得异常出色，发人深思。

政治发展

Baldwin, John, W., *The Government of Philip Augustus*, Berkeley, 1986. 一部学术典范之作。
Barraclough, G., *The Origins of Modern Germany*, 2nd ed., Oxford, 1947. 说理性强，应与 Hampe 书结合起来阅读。
Davies, R. G., and J. H. Denton, eds., *The English Parliament in the Middle Ages*, Manchester, England, 1981. 有关 1200 年前后到 1509 年议会史最新知识的论文。
Douglas, David, *The Norman Achievement, 1050—1100*, Berkeley, 1969.
——, *The Norman Fate, 1100—1154*, Berkeley, 1976.
Fawtier, R., *The Capetian Kings of France*, London, 1962. 有关中世纪法国政治状况的最佳单卷本著作。
Hampe, K., *Germany under the Salian and Hohenstaufen Emperors*, Totowa, N. J., 1973. 此书虽有些老，但可靠。
Hyde, J. K., *Society and Politics in Medieval Italy*, New York, 1973. 这是一部综合考察政治和社会史的佳作。

Loyn, H. R., *The Norman Conquest*, London, 1965.

O'Callaghan, Joseph F., *A History of Medieval Spain*, Ithaca, N. Y., 1975.

Petit-Dutaillis, Charles, *The Feudal Monarchy in France and England from the Tenth to the Thirteenth Century*, London, 1936. 一部出色的比较史综论。

Poole, Austin L., *From Domesday Book to Magna Carta, 1087—1216*, 2nd ed., Oxford, 1955. 面面俱到，但很清楚。

Sayles, G. O., *The King's Parliament of England*, New York, 1974. 强调国王的作用，低估平民的重要性。

——, *The Medieval Foundations of England*, London, 1952. 对中世纪英国政治发展作了出色阐释。

Strayer, J. R., *On the Medieval Origins of the Modern State*, Princeton, 1970. 这是美国最伟大的中世纪史专家之一的思想的精华。

原始资料

Herlihy, David, ed., *The History of Feudalism*, New York, 1970.

Lopez, Robert S., and I. W. Raymond, eds., *Medieval Trade in the Mediterranean World*, New York, 1955.

Lyon, Bryce, ed., *The High Middle Ages*, New York, 1964.

Otto, Bishop of Freising, *The Deeds of Frederick Barbarossa*, tr, C. C. Mierow, New York, 1953. 同时代一个年代记，从头到尾都很有趣。

Strayer, J. R., ed., *Fendalism*, Princeton, 1965.

第十四章　中世纪盛期
（1050—1300 年）：
宗教和知识的发展

你们将会看到男男女女赶着马车穿越沼泽……奇迹每日每地都在 443
发生，人们欢天喜地地唱着赞美上帝的歌儿……你们会说预言已经实现，“时来运转”。

——托里尼隐修院院长罗伯特 1145 年在沙特尔大教堂奠基典礼上的讲话

宗教领域的种种变化

1050 年至 1300 年西方在宗教和知识领域发生的变化与经济、社会和政治领域发生的变化一样重要。在宗教领域，这一时期出现的最重要的组织方面的发展当属**教皇统治制度**的胜利。在 11 世纪中叶之前，某些教皇就已声称在教会内部拥有至高无上的地位，但实际上没有什么教皇能在这方面取得成功。确实，在 1050 年左右之前，绝大多数就连作为罗马主教也几乎不能实行强有力的统治。此后，极富戏剧性地，教皇一跃成为西方基督教世界的最高宗教领袖。他们建立了中央集权的教会政府，向皇帝和国王的支配地位提出了挑战，并且发起了十字军东征。到了 1300 年，教皇统治制度的暂时成功结果给自己带来了报应，但在教会事务内部教皇仍然起着主导作用，直至今日依然统治着罗马天主教会。

知识方面的种种变化

教皇执掌大权,就为基督教本身注入了一种新的活力,致使它激发起人们前所未有的想象力。与此同时,知识和文化生活也出现了令人惊奇的复兴。在教育、思想和艺术领域,就像在经
444 济和政治领域那样,西方在1050年之前也处于停滞状态。1050年之后,西方迅速从这种落后状态中脱颖而出,一跃而成为全球知识和艺术的领先者。西方人不无夸耀地说,学术和艺术已经由埃及、希腊以及罗马往西北方向移到了他们那里,这在很大程度上是名副其实的。在中世纪盛期,欧洲人先是在古代知识成就的基础上开始建构,继而在知识和艺术方面也有创新,作出了自己的贡献。

一、教皇统治制度的巩固

10世纪和11世纪初宗教生活之可悲状况

中世纪盛期西欧宗教复兴的渊源在哪里呢?要了解这一点,就有必要对西欧宗教在10世纪和11世纪初衰微到什么程度有所了解。公元800年左右,查理大帝曾采取某些措施提高主教的宗教权威,把教区制度引入从前几乎未见过任何教士的乡村地区,并让教士学会识字。不过这些大胆的尝试未能取得长久的成果。随着加洛林帝国的瓦解,欧洲大部分地区的主导趋势是宗教权力分散,随之而来的是教会的腐败。多数教堂和隐修院成为当地强大的领主的私有财产。这些领主对他们控制的教职拥有随意处置的权利,往往把它们出售或者赠送给自己的近亲。这样做显然不是找到最能胜任的教士候选人的最佳途径,许多教士十分不胜任自己的工作。他们几乎全都目不识丁,甚至往往与姘妇公开同居。后来大主教和主教重新掌有教士的任命权,但原有状况未有太大改观,因为这些高级教

士通常均为世俗贵族的近亲，他们同样通过控制教士的任命来为自己谋得经济上的好处，或者光宗耀祖，与世俗贵族无异。教皇本身是罗马及其附近地区名门望族的子孙或傀儡，往往不胜任工作或者道德败坏。有些教皇淫荡成性。约翰十二世可谓是其中最变本加厉的一位。公元 955 年，他依靠家族的强大势力当选为教皇，时年 18 岁。他在教皇职位上呆了九年，淫荡无度，这是我们可以肯定的。不能肯定的是他的死因：一种说法是，他在与情妇同床时被后者妒火中烧的丈夫当场抓获，当即被杀死；另一种说法是，他因纵欲过度，体竭力衰而死于性爱过程中。

宗教复兴：(1)克吕尼与隐修院改革

外族入侵在 10 世纪时达到了顶点；一旦从这种巨大压力中透过气来，自然而然就会对无处不有的宗教腐败或人们缺乏宗教热情现象有所反应。由于主教们终生局限于自己的日常琐务中不能自拔，更由于大主教和主教大都不能与当时的政治事务摆脱干系，因而他们无力改变现状。最先获得
成功的一批改革措施是在隐修院中取得的，因为隐修院独立性略 445
微大一些，较能赢得世俗贵族对改革的支持。这些世俗贵族担心，如果修士们不能履行其正常的宣道(祈祷)职司，他们自身灵魂的健康就会受到影响。910 年，一位虔诚的贵族在勃艮第建立了克吕尼隐修院，从而拉开了隐修院改革的序幕。克吕尼隐修院本属本尼狄克派，但它进行了两项重大改革。其一，该修院直接臣属于教皇，以不再受地方世俗权力或教会权力的控制。其二，对修道院进行改革，或者建立许多“子修院”：所有本尼狄克派隐修院原来都是各自独立和平等的，现在克吕尼隐修院建立了一个隐修院“家族”，其成员均从属于它。由于相继出任隐修院院长的都是一些极其虔诚、活跃和长寿的教士，因而克吕尼隐修院团体迅速壮大，到 1049 年已经有了 67 个子隐修院。所有这些子隐修院都遴选服从

克吕尼隐修院院长的旨意的虔诚的教士为院长,这些人不再唯地方权贵是从。与此相应,各克吕尼隐修院的修士都以勤于履行祈祷之职而著称。而且,克吕尼隐修院只是此类新兴教团中最著名的一个。在1000年前后,其他类似隐修院也迅速壮大,把经过改革的隐修院成功地变成了宗教活动和祈祷的极为重要的中心。

(2)世俗教士的改革

约在12世纪中叶,在许许多多隐修院脱离了世俗权力的控制之后,隐修院宗教改革运动的领导人们开始施加压力以对教阶制也进行改革。他们集中抨击买卖圣职行为,还要求各层教士都要实行独身。他们的这一揽子计划目的是剥夺世俗权力在主教、隐修院院长和教士的任命方面的支配地位,同时使教士集团尽可能地“纯洁”和与世俗集团有别。一旦教皇把这一改革计划据为己有,它就开始改变整个教会的面貌。

亨利三世皇帝与教皇制改革

考虑到改革者们对世俗势力的干预深恶痛绝,因而他们这一派在一位德意志皇帝的插手下才首次执掌教皇大权就具有讽刺意味了。这位皇帝就是亨利三世。1046年,亨利三世来到意大利,废黜了三位意大利籍的与他为敌的教皇候选人,而任命听从他的一位德意志改革派教士为教皇。亨利三世的这一举止产生了一批推行改革的教皇,后者开始颁布敕令禁止买卖圣职、教士结婚以及教会内部各种各样的不道德行为。此外,这些教皇还坚持自己作为首席主教和无所不在的精神领袖的地位,以使自己的行动具有威力。他们所采取的最重要的步骤之一就是于1059年颁布了一项有关教皇选举事务的敕令。该敕令规定,只有红衣主教
446 (枢机主教)才有资格提名教皇候选人,从而消除了罗马贵族或德
意志皇帝插手此事的机会。此后,教皇选举得以享有相对的独立性。由于把选举教皇的权利授予了红衣主教,该敕令也就成为教

会内部某一特别机构发展的里程碑。自10世纪以来,主教教区在罗马或罗马附近的被称为红衣主教的主教和教士作为教皇的顾问和行政助手一直享有重要地位,但1059年的教皇选举敕令首次赋予他们最为明确的权利。此后"红衣主教团"担负起愈来愈多的管理职司,协助创造了教皇政策的连续性,尤其是在当时教皇走马灯般地更换之际。到了20世纪末的今天,教皇仍由红衣主教遴选。

教皇格列高利七世的思想

在格列高利七世出任教皇期间(1073—1085年),教会改革运动进入了一个新的、至为重要的时期。学者们对格列高利七世在多大程度上受惠于其前任们的教会改革思想,在多大程度上与他们意见相左,依然众说不一。答案似乎在于,格列高利和其他教皇一样非常支持改革运动,实际上他也确实明确恢复了其前任禁止买卖圣职和不准教士结婚的敕令。不过他不仅更热衷于推行这些敕令——他的一位同时代人甚至把他称为"神圣的撒旦"——而且引出了教会在人类生活中作用之本质上全新的概念。较为古老的基督教理想是退隐,完美的"基督的斗士"是消极被动沉思默想或独身的修士;与此不同,格列高利七世把基督教理解为较为积极的行为主义者,认为教会负有创建"世间正当秩序"的责任。为了达到这一目的,他要求教士绝对服从教皇,并竭力保持贞洁;他在教会中的一些对手抱怨他希望教士像天使一样生活。同样重要的是,他认为国王和皇帝均为他的下属,比他要低一等,要驯服地执行他的命令,协助他改革世界并向世界宣讲福音。格列高利七世承认世俗君主在纯世俗性事务上享有最高权力,认为他们可以继续其直接统治并自行决断,但他要求他们承认教皇享有最终裁决权。换言之,与其仅仅追求精神权力和世俗权力二元性的前任不同,格列高利希望在世俗、精神两个领域都建立教皇君临统治制度。听到有人说他的思想新奇而不合旧制时,他和他的直接继承人们回答道:“主未说‘我是惯例’,而说‘我是真理’。”由于在他之前没有一位教皇讲过这样的话,因而我们可以接受现代一位历史学家对格列高利的评语:“鲜有同道的伟大革新者”。

授职权之争

作为教皇,格列高利的实际作为无异于一场革命。从一即位他就决心颁布一项敕令,反对“俗人授职权”,即由世俗统治者象征性地授予
447 教士圣职标识的做法。德意志皇帝亨利四世必然要反对格列高利七世的做法,因为这种仪式长期以来一直是他对教士拥有任命权和控制权的标志:没有这些权利,他自己的权威就会大大受到削弱。随之双方发生了争执,这一争执由于围绕着授职权问题进行而被称为“授职权之争”,但问题的核心实际上在于教皇与皇帝谁服从谁、谁的力量更大。亨利四世对此置之不理,更大的争论马上就又出现了。前面的几届教皇可能会以灵活的方法解决这一抗命不从问题,格列高利不然。他迅速采取空前的断然措施,宣布革除亨利四世的教籍,暂停他作为世俗统治者的一应权力。闻听此事,人们无不感到震惊。在955年至1057年之间,德意志皇帝共废黜了5名教皇,提名了其间总共25名教皇中的12名;现在一个教皇竟然改革除一位皇帝的教籍!如前一章所示,迫于各种压力,亨利四世在教皇面前失去了尊严,卑躬屈膝表示屈服,以免被正式革除:此举更令那一时代的人吃惊。后来亨利四世得以争取到支持和同情,与皇帝展开了激烈的言词攻讦,而在名副其实的战场上,这位皇帝则可以迫使支持教皇的军队处于守势。1085年,格列高利看来已经失败,郁郁去世。但是格列高利的继承人们继续与亨利四世,后来是亨利四世的儿子亨利五世,进行斗争。

争执的后果

这场旷日持久、激烈异常的授职权之争直到1122年沃姆斯(德意志一城市)协议签订后方告结束。根据这一妥协方案,德意志皇帝不能授予教士圣职象征物,但可以作为世俗统治者授予他们世俗权利象征物,因为皇帝被承认是教士世俗的君主。这种解决方法最终不如下一事实重要,即这一斗争长久地损毁了皇帝的威信,而提高了教皇的声望。此外,这一戏剧性的斗争促使西方教士团结在教皇周围,引起了所有旁观者的注意。正如那一时代的一个人所言,“就连女人的纺纱间和艺匠的作坊里”,人们所谈论的也唯有这些事情。这就意味着过去对宗教问题很不感兴趣或把它们置之度外的人,现在越来越关心并卷入这些问题了。

教皇统治制度的发展

格列高利七世的继承者和12世纪的大多数教皇都全身心地为建立教皇统治制度而努力。不过他们远不像格列高利七世那样急躁冒进,同时更感兴趣的是教会的日常管理。他们显然认识到,如果没有一个为自己的主张提供保障的行政机构可资利用,那么建立教皇统治制度就无从谈起。为此他们大大加强了教会立法和管理工作。正是在教皇的主持下,教会法规基本上形成了。教 448
会法规声称教会不仅对与教士有关的判例,而且对与结婚、继承、寡妇和孤儿问题相关的各种判例,都享有司法审判权。据说这些判例大都出自主教法庭,但教皇声称只有他们才能根据严格的律条颁布教规,同时教皇主持的红衣主教元老院(由教皇和红衣主教组成)应是终诉法庭。随着教皇权力和教会威信的提高,教会法庭经办的案例和向罗马申诉的案例迅速增多;12世纪中叶以后,由于法律知识对履行教皇职权至关紧要,因而多数教皇都是训练有素的教会法律师,而在过去,他们通常是些隐修士。与教会法规的发展相一致,保存档案和征集税收的行政管理机关也相应发展起来。在此一百年间,教皇统治制度发展成为一种比当时大多数世俗机构要先进得多的官僚政府。这一官僚机构使教会变得更富、更有效率,同时也更为强大。最后,教皇重申他们在教会内的权力,方法是对主教遴选加以更严密的控制,以及在罗马召开宗教会议颁布教规并显示其领导权。

在整个中世纪盛期,人们公认最有才干、获得最大成功的教皇是英诺森三世(1198—1216 年在位)。英诺森 37 岁时出任教皇,是有史以来上升到如此高位的最年轻有为的教皇之一。他受过系统的神学训练,钻研过教会法。他的主要目标是把所有基督徒都团结在教皇支配权之下,实现格列高利七世狂热追求的“世间正当秩序”。他从未对国王和诸侯在尘俗领域拥有的直接统治权提出过疑问,但他认为一旦他们有“罪”,他就可以进行干预并予以惩罚,这就为教皇干预世俗事务广开门户。除此之外,他自认为是各个领域的最高统治者。借用他自己的话,就是:“正如所有人在耶稣面前都要卑躬曲膝,……因而每一个人都应服从耶稣的代理人〔即教皇〕。”

英诺森的政策

英诺森三世试图用各种不同的方式达到自己的目的。为了使教皇能够像法国国王据有法兰西岛那样获得一个坚固的地域性权力基地,他试图在罗马城周围的各教皇领地实行强有力的统治:尽可能地巩固这些地区,并实行有效和严格的管理。正因为这一点,他往往被视为教皇国的真正缔造者。但是,由于一些城市社会执意维持自己的独立性,因而英诺森从未能像法国国王控制法兰西岛那样彻底控制意大利各教皇领地。在其他事项上,他取得的成功较为彻底。他过分自信地干预德意志政治,终致使自己的候选人登上了皇帝宝座,是为霍亨斯陶芬家族的弗里德里希二世。他以婚姻方面的不道德行为为由惩罚法国国王菲利普·奥古斯特,并迫使英格兰国王约翰认可他不怎么喜欢的候选人为坎特伯雷大主教。为了显示自己至高无上，也为了获得收益，他迫使约翰同意把英格兰 449
授予教皇作为采邑，并以类似方式获得了对阿拉贡、西西里和匈牙利的最高领主权。当法国南部受到阿尔比派异端（下文将专门论述这一宗派）蔓延的威胁时，这位教皇以有力手段掀起十字军运动，试图以武力根除这一异端。此外他开了向教士征收所得税的先例，藉此为针对圣地的十字军东征筹资。英诺森所取得的最大的一项宗教成就就是于1215年在罗马召开了第四届拉特兰宗教会议。这一会议确定了基督教信仰的核心信条，同时使教皇在基督教内的至尊地位空前明确。此时英诺森三世显然可以不受羁绊地惩罚国王和治理整个教会。

英诺森三世的后继者面临的种种问题

英诺森三世在位时期无疑是教皇统治制度的极盛时期，但它也埋下了某些毁灭的种子。英诺森本人可以在无损教皇一职的精神尊严的情况下治理教皇国并寻找到新的收入来源。但是后来沿袭他的政策的几位教皇缺乏他那样的天资，因而显得更像是些平庸的贪婪的统治者。此外，由于教皇国与西西里王国接壤，英诺森的后继者很快就与该王国的统治者发生了冲突，而这位统治者不是旁人，正是英诺森的门生弗里德里希二世。虽然英诺森曾提携过弗里德里希，他决未想到后者竟成为教皇势力在意大利的一位不共戴天的敌人。

一开始时这些和其他问题并未完全显现出来。13世纪的各教皇仍然在扩大自己的势力并对教会实行集权管理。他们逐渐重申教皇拥有任命高级和低级教职候选人的权利，坚持对巴黎大学所授课程和教义加以控制。不过他们还卷入了一场令他们精疲力竭的政治斗争，终致丧失了自己的俗权。这场斗争因教皇们试图消灭弗里德里希二世而发端。在某种程度上他们是在自卫，因为弗里德里希威胁到了他们在意大利中部的统治。然而,他们在与他进行斗争滥用了自己的精神武器。他们不只是革除弗里德里希的教籍并废黜其帝位,而且发动了一场针对他的十字军征讨——这是首次为了赤裸裸的政治目的而发动大规模的十字军征讨。

安茹的查理。现知最早的按真人塑造的雕像之一。

1250 年弗里德里希去世后,相继在位的各个教皇依然重提并坚持对弗里德里希的所有继承人进行十字军征讨(他们称之为“一窝蛇”),从而犯下了更严重的错误。他们不遗余力地筹措资金,并求法国王室的幼子、安茹的查理出任其军事勇士,以完成这一征讨。安茹的查理答应了这一要求,但他帮助教皇纯粹是出于私利,即为自己赢得西西里王国。1268 年,查理打败了弗里德里希的最后一位男性继承人,如愿地夺取了西西里。然而,他课征重税,西西里人忍无可忍,在 1282 年揭竿而起进行了反抗,并把王冠交给了弗里德里希二世的孙女婿、阿拉贡国王,是为“西西里晚祷事件”。
450 与此相连,阿拉贡国王登上了意大利舞台,差一点就把弗里德里希的整个王国据为己有。为避免出现这一局面,安茹的查理和当时在位的教皇力劝法国国王——当时在位的是菲利普三世(1270—1285 年在位)——出兵征讨阿拉贡国王。这一征讨遭到惨败,菲利普三世也在征讨过程中死去。有鉴于上述情况,菲利普三世的儿子菲利普四世痛下决心改变法国传统的亲教皇政策。此时法国已经十分强大,上述政策具有致命性影响。不仅如此,由于滥用十字军这一手段,又由于为进行征讨而征集愈来愈多的大宗钱财,教皇的威信丧失了许多。直到进入下一世纪,这一闹剧才收场了。

在教皇卜尼法斯八世在位时期(1294—1303 年),教皇的俗权几乎丧失殆尽。卜尼法斯八世面临的许多麻烦与他个人无关。他遇到的最大障碍,由于王权不断增大和教皇的威信下降,民族君主政治获得了臣民比对教皇更大的忠诚。另外,卜尼法斯时运不济,所承袭的是位虽然无能却特别虔诚、在位不足一年即退位的教皇。由于卜尼法斯完全缺乏其前任例有的虔诚或谦恭,对比鲜明,因而许多基督教观察家都反对他。一些人甚至坚称——这不符合事实——卜尼法斯八世说服其前任退位并在不久之后暗杀了他。卜尼法斯八世理政过于武断,并在 1300 年主持了第一次教皇"大赦年"。此举的目的显然在于炫耀教皇的权势,但后来发生的事实证明,这徒有其名。

两个关键性争论:(1)向教士征税问题

卜尼法斯八世与英格兰国王和法国国王的两次争执毁了自己。第一次争执与英诺森三世首创的向教士征收所得税问题有关。虽然英诺森三世本人曾征收此税以为十字军运动筹措资金并如愿以偿,但在 13 世纪期间英格兰和法国国王也开始向教士征税,借口用所筹到的税款帮助教皇在以后对圣地进行征讨或资助教皇征讨霍亨斯陶芬王朝。随后,在该世纪末,英格兰和法国国王开始向教士征收自用的战争税,根本不要什么借口。卜尼法斯试图阻止这一举措,这是完全可以理解的。不过他很快就发现英格兰和法国教士对他不予支持。因而,当这些国王表示反抗时,卜尼法斯八世不得不表示让步。

(2)与法国国王的争执

第二次争执是在卜尼法斯八世与法国国王单独一方之间进行。具体说来,它与菲利普四世决定判处一位法国主教叛逆罪相关。恰如更早时期格利高利七世与德意志皇帝亨利四世之间的斗争那样,这一争执的实质在于教皇与世俗势力谁的权力更大的问题。不过与上一次结果相反,教皇遭到惨败。与以前一样,双方大肆攻讦,但现在教皇的话没有什么人在听。反过来国王荒谬绝伦地指控教皇是异端,并派手下人逮捕教皇进行审判。1303
451 年,年已七旬的教皇在其住地阿纳尼被抓获,受到了虐待,最后被当地公民释放出来。这些事件耗尽了这位老人的力量,一个月后即去世了。此后不久就有人说,卜尼法斯八世登上教皇御座时像个狐狸,在位时像头狮子,去世时像条狗。

教皇统治制度的有益的影响

卜尼法斯八世去世后,在14世纪大部分时间里,教皇实际上沦为法国世俗权威的走卒。但是中世纪盛期教皇统治制度的出现和成功在这一时期的发展中产生了一些有益的影响。首先,教皇对教会实行的国际性统治促进了国际交往和宗教习惯的整齐划一。其次,教皇宣传培植教会法对人们日趋尊重各种法律不无裨益,同时往往对保护无助的臣民诸如寡妇和孤儿等起了促进作用。此外,教皇设法消除了买卖圣职行为,在某种制度上提高了教士的道德风化。通过把教士任命权集中在自己手中,教皇就使得在地方上没有有影响的亲属的有才干的候选人更易获得出人头地的机会。当然,教皇统治中也存在着腐败,但在固步自封的地方主义时代,教皇制这一国际力量的胜利主要是有益的。最后,在下文我们将会看到,教皇统治制度的发展对大众化宗教的活力的增长以及学术的复兴,都起了促进作用。

二、十字军运动

十字军运动的两个主题

十字军运动的兴衰与中世纪盛期教皇统治制度的命运密切相关。第一次十字军东征是由教皇发起的,它的成功就是教皇统治制度在早期的一次伟大胜利。但是后来十字军运动的衰落却是侵蚀教皇俗权之基础的一个促进因素。因而我们可以把十字军归入有关教皇和宗教史的一章予以叙述。此外,十字军开创了西方殖民主义史的第一篇章。

第一次十字军东征的直接原因

第一次十字军东征的直接原因是 1095 年拜占庭皇帝阿列克塞·康尼努斯的求援呼吁。阿列克塞希望夺回新近落入土耳其人之手的原属拜占庭的地区。由于他早就习惯于利用西方雇佣军为辅助部队,因而他请求教皇帮助他获得西方的一些军事支持。不过这位皇帝很快就发现(这无疑大大出乎他的预料),他获得的不只是简单的军事援助,而是一场“圣战”,一场全面东征。换言之,西方派遣到小亚作战的不是一批雇佣军,而代之以人数众多的志愿军,目的是从穆斯林手中夺回耶路撒冷。由于把阿列克塞请求援助的呼吁化为圣战决定的是教皇,因而考察一下后者的动机是大有必要的。

格列高利派关于圣战的理论

1095 年时在位的教皇是乌尔班二世,他是
教皇格列高利七世极为称职的门生。他发动 452
第一次十字军东征,无疑是想藉此进一步推行格列高利七世的政策。乌尔班二世对基督教战争本身的资助就是格列高利式的。早期基督教具有和平主义特征:比如,公元 4 世纪时令人尊敬的基督教圣徒圣马丁在认识到“我是

基督的斗士;我不能打仗”之后放弃了其军人职业。拉丁神父圣奥古斯丁和圣格列高利则为基督教战争提供了理论根据,但只是在11世纪,随着格列高利教皇运动的胜利,圣奥古斯丁和圣格列高利的这些理论才被付诸实施。甚至在他当选教皇之前,格列高利就促使教皇支持诺曼人征服英格兰;他或者受他影响的各位教皇都为基督徒在西班牙针对穆斯林、在意大利针对希腊人、在德意志东部针对斯拉夫人的战役而祝福。在格列高利及其追随者看来,所有这些战役都是为了实现“尘世正当秩序”而采取的必要步骤。

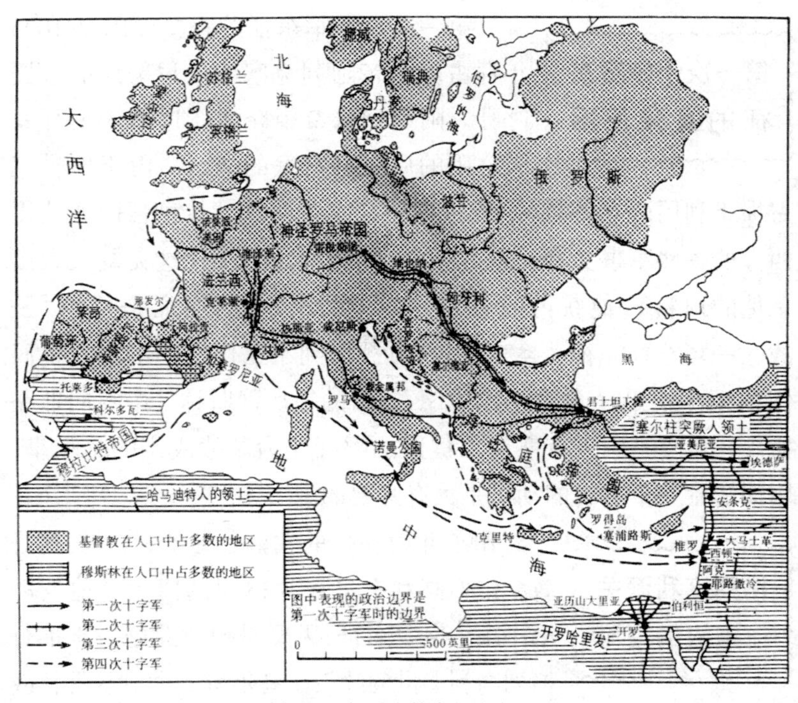

约1096年几次较大的十字军

乌尔班二世的动机

乌尔班二世承继了格列高利七世的事业;他可 453
能把针对圣地的大规模十字军东征视为一种至少可达到四个目的的手段。首先,他的动机是使希腊东正教浪子回头,重归罗马天主教麾下。乌尔班派这样一支庞大的志愿军到东方,可能是想显示西方的强大,以此震慑住拜占庭人,从而使他们重新承认罗马的至高无上地位。如果他在这方面如愿以偿,他就在实现格列高利建立教皇统治制度的纲领上建立了殊勋。乌尔班二世的第二个动机,是陷教皇最大的敌人德意志皇帝于困境。1095 年,由于亨利四世在军事上力量过于强大,乌尔班二世被迫由意大利逃避到法国。乌尔班二世发动一场除德意志人之外所有西方人参加的声势浩大的十字军征讨,可能是希望藉此表明这位德意志皇帝是位心胸狭窄、不信奉基督教的虐待狂,并向世人证明他完全有能力成为西方的精神领袖。第三,乌尔班把这样一支大军派往国外,对实现内部和平不无裨益。在此之前,法国当地教会就支持一个禁止袭击非战斗人员(“主的和平”)、随后禁止在某些圣日进行战斗(“主的休战”)的“和平运动”。就在他发起第一次十字军东征前夕,乌尔班首次表示完全支持“和平运动”,并把这一运动发扬光大。十字军显然与人们的和平要求相关:实际上,乌尔班告诉那些难以驾驭的战斗人员,如果他们真的想打仗,那么就到海外为了基督教事业充满荣耀地去战斗吧。最后,攻占耶路撒冷本身可能真的令乌尔班二世心动。耶路撒冷被认为是地球的中心,是基督教中最神圣的圣坛。基督徒到那儿朝圣不应受到阻碍,同时他们应直接统辖这一城市,这看来是绝对正当的。“尘世正当秩序”指的不折不扣就是这一点。

第一次东征的经济和政治原因

1095年,乌尔班二世在法国的克勒芒城于教会公会议上发出了进行十字军东征的号召,结果引起了强烈反响,其热烈程度可能超出了乌尔班的想象。许多人打断他的讲话自发地喊道:"上帝让我们这样做,"会后不久许多人就迫不及待地奔赴东方。加在一起,汇入十字军大军的人可能有10万人,这在当时是个庞大的数字。这样一来就产生了一个问题:乌尔班的呼吁何以能够取得如此大的成功呢?经济和政治原因肯定起了作用。参加十字军的较为贫穷的人有不少都来自到1095年人口业已显得过剩的地区:这些十字军战士可能希望自己能够在东方过上比在其过分拥挤的故土更好的生活。与此类似,一些贵族领主也感受到政治日趋稳定、长子继承权(primogeniture,遗产限于长子继承)日渐成为惯例的压力。在此之前,长子之外的子嗣们尚可寄望参加地方性战争为自己谋得财富,或至少可继承到一小块
454 地产,但现在他们的兄弟姐妹更多了,也更加长寿了,同时战争不再经常出现,更何况只有长子才有权承继父产。显然,前往东方比呆在故土生闷气更有吸引力。

宗教是主要动机;十字军的目的是武装朝圣

但是人们参加第一次十字军东征的最主要的动机显然在于宗教方面。没有一个人纯粹为了谋利而参加东征,因为谁也无法料到能否获得新土地。实际上,稍微理智地考虑一下就会估计到,东征最好的结局是一场无利可图的旅行,而更为可能的是丧生在穆斯林之手。但这一旅行对基督徒的心灵具有慰藉作用。几百年来最大众化的苦行方式就是到圣地朝圣,其中到耶路撒冷朝圣被认为最神圣、最灵验的苦行方式。显然,基督徒参加东征的最大的精神报偿是武装朝圣耶路撒冷,以为基督教夺回最神圣的圣地。乌尔班二世在

克勒芒允诺，参加十字军者可以免除教会规定的其他苦行方式，从而把这一点明确了。此后不久，一些鼓吹东征的教士走得更远，甚而未经教皇授权即允诺给所有参加十字军者一种叫作**全免罪罚**的报偿。他们允诺，所有十字军战士在来世完全不会受到炼狱的惩罚；如果他们死在东征途中，其灵魂将径直升入天堂。全免罪罚确实是一项异乎寻常的赠礼，人们为此蜂拥前往参加东征。当他们聚集起来之后，传教士进一步煽动起一种近乎群众性的歇斯底里症的宗教狂热。这些人确信，他们是被专门挑选出净化这个不信奉基督教的世界的。由此产生了一个可怕的后果：未待他们动身前往东方，他们就迫不及待地杀戮欧洲的犹太人，掀起了西方反犹的第一次真正剧烈的浪潮。

焚烧犹太人。出自中世纪晚期德意志一手稿。第一次十字军东征时迫害犹太人之后，犹太人的待遇日趋恶化。图中犹太人因被怀疑往井中投毒而遭处罚。

455 **十字军战士的残暴行径**

由于力量过于悬殊，第一次十字军东征取得了彻底成功。1098年，十字军战士攻占了安条克，一并占领了叙利亚大部分地区；1099年，他们攻占了耶路撒冷。他们之所以能够取得成功，主

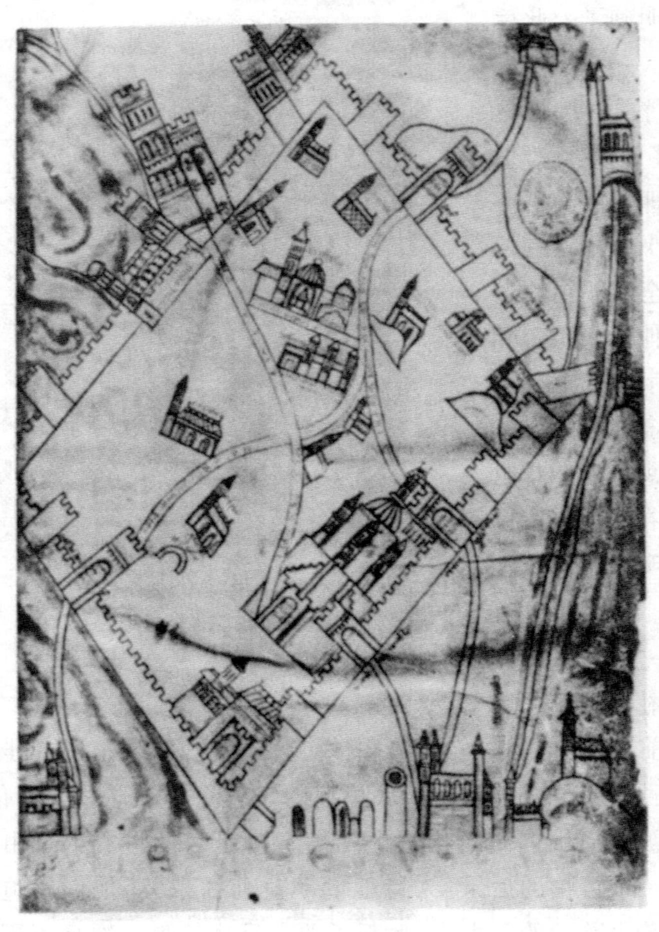

到耶路撒冷朝圣是中世纪时期基督徒最常见的朝圣形式之一。这一"耶路撒冷朝圣指南"作于1150年前后，相当准确地记录了该城中重要的宗教庙宇。

本手稿插图描绘了第三次东征期间“狮心”理查德观看屠杀穆斯林情景。
该事件发生于1191年。

要是因为其穆斯林对手这时正处于内部四分五裂状态中，同时相貌奇异、行为粗俗、极其残暴的西方人令穆斯林猝不及防。占领圣地的十字军战士从一开始一举一动就与帝国主义者无异。一旦征服新的地区，他们马上就宣布这里是自己的财产，并把其征服地分为四个不同的公国。此外，他们还为其暴行得意非凡。在占领安条克后，他们把抓获的所有土耳其人都杀死了，而不是留作俘虏。同样，在征服耶路撒冷后，他们不顾基督本人的和平主义信条，残酷地屠杀了该城的所有穆斯林居民。一些十字军战士在联名写给家人的信中竟然这样自夸："在所罗门的柱廊和神殿，我们的人在萨拉森人的血泊中穿行，鲜血没及马膝。"那些留在圣地的十字军战士逐渐变得较为开化和宽容，但自西方蜂拥而至的新的武装朝圣者依然举止粗暴。此外，就连在那儿定居下来的十字军战士也未能完全与当地居民融合在一起，而一直是伊斯兰世界心脏地带中一独立的、剥削性的外来势力。

鉴于基督教国家仅仅包括叙利亚和巴勒斯坦沿海地区人口稀少的窄条殖民地，因而穆斯林收复失地就只是个时间问题了。到1144年，最北端的一个公国首先陷落。法国国王和德意志皇帝率
456 领基督教战士进行了第二次东征，试图夺回损失，但东征军内部分裂严重，不可能取得任何胜利。此后不久，1187年，埃及素丹萨拉丁收复耶路撒冷，把这一地区的伊斯兰教土地同埃及基地连接在一起。一支西方力量再次前来以收复失地：这就是第三次十字军东征，领导人是德意志皇帝弗里德里希（巴巴罗萨）、法国国王菲利普·奥古斯特、英格兰国王"狮心"理查德。然而这样一个豪华阵容也未能取得胜利，这主要是因为几位领导人之间纷争不已。英诺森三世出任教皇后，他的主要愿望便是收复耶路撒冷。为此他发起了第四次十字军东征，但从统一的基督教世界而论这是一个没有先例的灾难。教皇无法控制东征的方向，结果1204年十字军不

是往圣地进发,而是转而攻下信奉东正教的君士坦丁堡。正如前文所述,这一举动最终损毁了拜占庭帝国,为奥斯曼土耳其人打开了通往东欧的大门。1215 年,英诺森召开了第四届拉特兰宗教会议,其部分目的就在于为下一次更直接处在教皇支配下的东征作准备。第五次十字军东征自海上进攻埃及,试图直插穆斯林的基地;行动一开始曾充满希望,但最终也失败了。只有德意志皇帝弗里德里希二世领导的第六次十字军东征(1228 至 1229 年)取得了成功,但这并不是靠军事手段获得的。弗里德里希会阿拉伯语,能够自如地与埃及素丹交谈;他没有进行交战,而是以灵活的外交手段同埃及素丹达成了一项协议:耶路撒冷和通往这里的一条狭窄通道归还给了基督徒。就这样,战场上得不到,在谈判桌上得到了的。但是基督徒无法保有自己的成果,1244 年,耶路撒冷再度失手。此后,直到 1917 年之前,西方人再也未能占据这一地区。现在,各基督教"国家"只剩下巴勒斯坦的阿卡城周围的一小片孤零零的地区。

教皇为了政治利益牺牲了十字军理想

就在弗里德里希为耶路撒冷进行谈判之际,他被教皇革除了教籍;因而,在他进入耶路撒冷后,他不得不自己为自己在圣墓教堂加冕为耶路撒冷国王。这足以表明,教皇到了此时更为关心的是在欧洲实现自己的政治目的,而不是收复圣地。第一次十字军东征的胜利大大提高了教皇统治制度的威信和力量,但随后几次东征的失败越来越令人们对教皇把西方凝聚起来从事一项伟大事业的能力表示怀疑。1208 年英诺森三世发动的针对阿尔比教派的征讨开创了一个至关紧要的先例。即基督徒参加欧洲范围内的神圣战争可以获得与参加路途遥远得多、更为危险的十字军东征一样的精神报偿。然而,征讨阿尔比派运动并未损毁教皇的宗教形象,因为阿尔比派信徒(下文将具体介绍该教派)明显地对教会构成威胁。不过,一旦教皇发起反对弗里德里希二世及其继承人的运动,那就为了政治利益完全牺牲了圣战理想。

457

十字军运动的衰落与教皇制的衰落交织在一起

正是在那时十字军运动的衰落与教皇制的衰落至为紧密地交织在一起。在反对弗里德里希及其继承人,后来是反对阿拉贡国王的运动中,教皇把迄今只正式授予参加征讨穆斯林的十字军战士的全免罪罚,扩而授予参加这些新的运动的人。更为有害的是,那些在这些运动中凡提供的款项足以武装一名圣战战士的人,同样可以获得这种全免罪罚。这就导致这种特赦泛滥成灾,意义大为降低。到1291年,基督教在圣地的最后几个据点由于得不到西方的任何帮助而陷落了,此时教皇正为挽救其必败的对阿拉贡的征讨而努力。1300年,教皇卜尼法斯八世颁布大赦令,予所有到罗马朝圣的人以全免罪罚,这就等于默认,此后基督徒朝圣的主要目的地是永恒之城罗马而不是圣地。由于种种原因,卜尼法斯八世在三年后失去了权力;其中一个原因肯定在于,教皇的威望因滥用十字军手段和十字军运动的失败而受到了无法弥补的损害。

十字军的积极影响

因而,如果说十字军理想促成了教皇统治制度的形成,那么这也是它毁灭的一个促进因素。除此之外,十字军运动具有什么实际意义呢?从有利的方面讲,第一次十字军东征几乎令人难以置信的成功大大增强了中世纪西方人的自信心。几百年来,面对伊斯兰势力的进攻,西方一直处于守势;现在一支西方军队可以长驱直入伊斯兰势力的中心,轻而易举就获得了自己垂涎已久的东西。这一戏剧性的胜利对12世纪成为一个异常具有生机和乐观的时代起了促进作用。对西方基督徒而言,似乎上帝就站在他们一边,他们可以取得他们希望得到的近乎任何成就。此外,十字军运动扩大了西方人的眼界。固然,到达圣地的西方人没有几位肯下功夫学 458
习阿拉伯语或自伊斯兰世界具体的制度或思想中汲取教益——基督徒和穆斯林之间最富成果的交流发生在西班牙和西西里——但长途跋涉穿越异域土地的十字军战士必然会受到某些影响。无疑,十字军东征促使西方人对他们迄至那时一无所知的奢侈品产生兴趣,并为文学和传说提供了众多的主题。

商业和税收

从经济角度看,第一次十字军东征的成功为西方贸易打开了东地中海的大门。意大利城市威尼斯和热那亚受益尤多,它们开始在该地区贸易中居主导地位,从而促进了整个西方的繁荣。此外,远距离携带金钱之需要促使人们在银行技巧方面进行初期尝试。就政治而言,为了资助十字军而首开先例向教士征税,这不仅很快转而令西方各君主获益,而且促进了各种形式的国家税收的发展。不仅如此,通过筹措资金和建立物质供应把整个国家动员组织起来以保障帝王的东征,这种举动对于方兴未艾的民族国家之有效的行政机构的发展是一重要刺激。

但是十字军东征不仅有其有利的一面,还有其不利的一面。十字军战士的野蛮行径——在国内屠杀犹太人,在国外屠杀穆斯林——难辞其咎。如前文第 12 章所示,十字军东征大大加剧了西方与拜占庭帝国关系恶化的程度,是拜占庭帝国灭亡的一个重要原因,促成了由此而来的种种灾难性后果。而且,西方在圣地的殖民制度仅仅是西方一直持续到现代的漫长的殖民史的开端。

三、宗教活力的大爆发

人们对宗教重新产生兴趣

如果西方人缺乏宗教热情,那么第一次十字军东征就决不会取得成功。这种热情的高涨本身就是一个最令人瞩目的发展。如果早在 50 年前进行第一次东征,许多人是否挺身响应很值得怀疑。但是 11 世纪的教会改革运动和格列高利七世出任教皇,使各个地区的人们都对宗教重又产生了兴趣。此后,整个中世纪盛期的一个特征就是具有非同寻常的宗教活力。

格列高利改革运动对宗教复苏的影响

教会改革者和格列高利由于两个原因对欧洲宗教的复苏起了促进作用。首先,净化教会运动实际上取得了很大成功:现在俗人更为尊重教士,同时越来越多的人受吸引加入教士行列。据可靠估计,1066 年至 1200 年间英
459 格兰加入修会的人数增加了 10 倍,这还不算教士的增长数。我们之所以说格列高利七世的活动尤其有助于宗教的复兴,另外一个原因就是格列高利明确地号召俗人帮助惩戒修士,他在一些非常具有煽动性的信件中谴责了“私通教士”的罪过(此处实际上指的是结婚的教士),敦促俗人把这些人赶下圣坛或者拒绝用他们作祈祷。毫不奇怪,这在欧洲许多地区掀起了一场非常类似于警戒运动的运动。这种激情连同下述事实,即教皇与亨利四世的斗争实际上是欧洲普遍关注的第一个重大事件,大大增强了人们的宗教情感。在 1050 年左右之前,西欧人大多是名义上的基督徒,但他们缺乏宗教热情,很少参加教会活动;在格列高利时期之后,基督教真正开始指导人们的生活,变得名副其实起来。

新的虔诚;卡尔特修会和西多会;克莱沃的圣贝尔纳

这种新的虔诚的一个最明显的标识就是12世纪西多会运动的蔓延。到了约1100年,各种形式的本尼狄克修道会看来都无法完全满足追求神圣的人的要求,这些人寻求严格的苦行主义,尤其是热切的"内省"——不懈地进行自我考察并苦思冥想以了解上帝。结果一些新的能够充分表达隐修理想的新修会应运而生。其中之一是卡尔特

克莱沃的圣贝尔纳。图中身着西多会白色服饰的这位圣徒在做弥撒时产生了基督的神奇幻象。出自1290年左右一手稿。

修会,该会修士要住在单独的隐居小屋中,不得食荤,每周禁食三日,只吃面包、水和盐。卡尔特会无意吸引众多门徒,因而一直人数不多。但西多会的情况与此截然不同。西多会组建于 1100 年左右,本意按照本尼狄克会的原则,以最纯洁、最严格的方式行事。为了避免像克吕尼派教士那样受到世俗事物的诱惑,他们在尽可能远离文明的林地和荒地建立新的隐修院。他们对其教堂不作任何不必要的装饰,不使用惹人注目的器物,放弃了克吕尼派强调复杂礼仪的做法,赞成更多地沉思和进行个人祈祷,同时大量承担重体力劳动。在具有超凡魅力的克莱沃的圣贝尔纳的领导下,西多会有了巨大发展。圣贝尔纳生于 1090 年,死于 1153 年,是一位令听众着迷的传道士,一位出类拔萃的作家和他所在时代欧洲最有影响的宗教人物。1115 年欧洲只有 5 座西多会隐修院,但到 1153 年圣贝尔纳去世时有不下 343 座西多会隐修院。这种增长不仅意味着更多的人成为隐修士——旧有的修会并未消失——而且许多虔诚的俗人捐纳钱财和土地供养新的隐修院。

新的宗教信仰和宗教活动形式

随着愈来愈多的人进入或资助新隐修院,宗教信仰和宗教献身的本质在发生变
460 化。这方面的例证很多,其中一个是由崇拜圣徒、转而强调崇拜耶稣和敬重圣母玛利亚。旧有的本尼狄克会修院鼓励人们尊崇它们所收藏的当地圣徒的遗物(圣迹),以吸引人们朝圣和捐纳。但是克吕尼派修会和西多会都是集权化的教团,它们规定其所有修道院都只能有一个神圣的保护人:分别是圣彼得(以纪念教皇制的奠基人)和圣母玛利亚。由于这些隐修院中没有什么圣迹(据认为圣母玛利亚被全身带入天堂,因而根本未留下有形的圣迹),因而他们不再强调对圣迹的崇拜。取而代之的是着重于举行圣餐礼(Eucharist)。当然,圣餐典仪一直是基督教信仰的重要组成部分,但只是在 12 世

纪它才真正成为基督教信仰的核心部分，因为只是在那时神学家才完全制定出**圣餐变体论**(transubstantiation)教义。据这一教义，教士在做弥撒时与上帝配合完成了一项奇迹，即把圣坛上的面包和酒变化为或“变体化”基督的肉体和血。在12世纪，由于人们极其看重圣餐，因而首次开始了高举圣体[①]的做法，以让所有会众都能看到它。这一新的圣餐神学大大提高了教士的尊严，也鼓励虔信者默祷耶稣在十字架上所受的苦难。结果许多人产生了一种同基督的强烈认同感，并试图以不同的方式模仿基督的生活。

对圣母玛利亚的尊崇

在12世纪，几乎仅次于重新开始的对基督 461
的崇拜的是对圣母玛利亚的尊崇。这一发展更是史无前例，因为在此之前在西方教会中圣母没有受到什么尊重。到底由于什么原因圣母玛利亚突然受到人们如此强烈的尊崇，尚不为人完全知晓；但不论原因具体如何，有一点是毋庸置疑的：12世纪时圣母在西欧各地都受到了尊崇。西多会修士把她作为其主保圣徒，圣贝尔纳不断传授她的生平和美德，同时实际上这一时期的所有宏伟的新教堂都是供奉她的：这方面的例子有巴黎圣母院，以及沙特尔、兰斯、亚眠、鲁昂、拉昂及其他地区的“圣母院”。从神学上讲，玛利亚的作用是充当其子耶稣拯救人类灵魂的代理主教。据认为玛利亚是万物之母，她无穷无尽地施恩施惠，甚而敦促拯救罪人，只要他们有爱心并最终悔罪即可。有许许多多的故事广为流传：看似为上帝所摒弃的人由于尊崇玛利亚、由于玛利亚在他们去世时为他们讲情而获得了救赎。

---

① 原文为Consecrated host，指天主教中在弥撒中或耶稣教在圣餐中经过“祝圣”的面饼。——译者

基督保佑其母玛利亚加冕。此为巴黎圣母院一浮雕。

圣母崇拜的重要性

这种新的崇拜具有多重重要意义。一位妇女在基督教中第一次被赋予一种中心地位并受到顶礼膜拜。神学家们依然教导说罪恶经由妇女而进入了世界,但现在他们向人们解释说如何在圣母玛利亚的
462 帮助下罪恶被征服了,以此中和上述说法。进而言之,这种对玛利亚的强调使妇女有了一位可以认同的宗教人物,从而提高了他们自己的宗教虔诚。第三个后果是,那些描绘玛利亚的艺术家和作家得以集中描写女性和人类温情及家庭生活的景象。这大大有助于整个艺术和文学风格的柔婉轻松。但最为重要的或许是,玛利亚崇拜的兴起与 12 世纪普遍产生的充满希望和乐观情绪密切相

关。

12 世纪的巨大宗教激情时常超出了教会允许的范围。在格列高利七世号召俗人帮助惩戒基督教教士后,俗人的热情就变得难以控制了。随着 12 世纪的进程和教皇统治制度专注于自身的法律和财政管理,一些世俗人士开始担心,一度极为振奋人心的教会是否在偏离其理想的目标。另一个分歧在于,日益强调教士的神奇力量,就易于抑制俗人在宗教中的作用,使他们处于在精神上低人一等的境地。就这样,在 12 世纪下半叶,西欧各地首次出现了大规模的世俗异端运动。12 世纪的两个主要异端是阿尔比派和韦尔多派。前者在意大利和法国南部力量最为强大,是东方二元论的翻版。就像在他们之前的琐罗亚斯德教那样,阿尔比派认为所有的事物都是由恶本原创造的,因而人类应完全克制自己进行苦行。这一说教与基督教教义大相径庭,但看来绝大多数阿尔比派信徒都认为自己是基督徒;他们之所以被戴上异端的帽子,是因为他们向不够虔诚的天主教教士的权威提出挑战,并为俗人炽热的宗教情感提供了发泄的渠道。12 世纪更具典型意义的宗教异端是韦尔多派,该派起源于法国的里昂市,随后传播到法国南部、意大利北部和德意志许多地区。韦尔多派信徒是一些希望完全像基督和使徒那样生活的俗人。因而他们翻译并研究各福音书,投身于贫困和宣道的生活。由于最早的韦尔多派分子没有攻击任何天主教教义,因而教会统治集团在一开始并未对他们加以干预。但不久教会统治集团就认识到,他们过于独立,难以管辖,同时他们甘于贫困的生活与俗不可耐的教士的奢华生活形成了鲜明对比,令人难堪。因此教皇宣布,未经授权,他们不得进行传教活动;当他们拒绝服从时,就指责他们为异端。这样一来韦尔多派变得更加激进了,并开始另立教会,坚持认为这是获得救赎的唯一途径。

英诺森三世对异端的反应

1198 年英诺森三世出任教皇时,他面临日益发展的异端的极为严重的挑战。对教会的未来而言,英诺森的反应具有决定意义,命运攸关。简单说来,他从同一点出发作出了两
463 种反应。一方面,他决定铲除所有不服从教皇权威的人;另一方面,他则决定庇护他能见到的任何服从教皇权威的理想的宗教团体。这样就可以在不损害教会内部所有富有活力的宗教灵性的情况下维护教皇统治制度。英诺森三世不仅发起了一场征讨阿尔比派的全面的十字军运动,而且鼓励通过司法程序惩处异端,包括使用宗教"法庭"等残酷手段。1252 年,教皇首次准许在宗教法庭审判中使用拷打的方法逼供,同时火刑则成为惩处不服从教皇者的最流行的方式。在英诺森本人生前,无论是十字军征讨还是宗法法庭审判,都未能完全根除阿尔比派异端,但由于长期使用这类措施,在 13 世纪中叶之后,这一异端确实被火和剑摧毁了。与阿尔比派相似,韦尔多派分子也遭到了围追堵截,人数大大减少,但零零星星的韦尔多派集团一直设法存在到现代时期。

英诺森三世强调圣事

英诺森计划的另一个方面是正式宣布新的宗教信条,提高教士和教阶制度的特殊地位。因而在 1215 年的第四次拉特兰宗教会议上,他再次重申下述信条:由教会管理的圣事是求得上帝恩佑的必不可少的途径,没有这些圣事任何人都不可能得到救赎。拉特兰宗教会议强调两项圣事:圣餐和悔罪。该宗教会议正式阐述了圣餐变体论,同时所有天主教徒都要向教士忏悔,每年至少领受一次圣餐;这一要求至今仍然有效。宗教会议还颁布了其他神学定义和惩戒措施;它们既用于反对异端,也用于维护教士的独特的尊崇地位。

新的托钵修会

如上文所述,英诺森三世政策的另一个点是支持教会内部服从教皇的理想的宗教团体。这些团体中最重要的是新的托钵修会——多明我会和方济各会。托钵修会与隐修士的相似之处是遵从同样的会规,但两者在实际行动上大相径庭。尤其是,托钵修会并未由社会退隐到隐修院之中。他们声称基督和使徒最初采纳的生活方式是最为神圣的生活方式,因而漫行于乡野尤其是城镇,宣讲教义并提供精神指导。此外,他们志愿过贫困的生活,靠乞食为生。在这些方面他们与韦尔多派异端相似,但托钵修士宣布无条件地服从教皇并试图与教会作斗争。

多明我会

多明我会由圣多明我[1]创立,1216 年获教皇英诺森三世的批准;该会特别致力于与异端作斗争,并花了很多精力皈化犹太人和穆斯林。多明我会在一开始时希望通过布道和公开辩论来实现上述目的。因而它以
知识为取向。该会的不少成员在欧洲刚刚诞生的大学中谋得了教 464
职,在哲学和神学发展方面作出了不少贡献。13 世纪最有影响的思想家圣托马斯·阿奎那(约 1225—1274 年)就是一位多明我会修士,他的最重要的神学著作之一就是为了皈化“异教徒”(即所有非基督徒)而撰写的。多明我会修士一直以学问渊博著称,但他们还逐步认识到,控制顽固的异端分子的最好办法是采取法律程序。因而,他们成了中世纪宗教裁判所的主要实施者。

方济各会

就起源而论方济各会与多明我会迥然不同,它不那么以承担教条和戒律为特征,而更多地以炽热的情感独树一帜。如果说圣多明我及其追随者是被

---

① 圣多明我(1170? —1221 年),西班牙天主教修士,1215 年在法国图卢兹创立多明我会(又称布道兄弟会,1220 年起称托钵修会),1216 年获教皇批准在罗马设总会,自称总会长。——译者

委以圣职的教士,那么方济各会的创始人、意大利人(阿西西的)圣方济各(圣弗兰西斯)则是一位俗人,其行事在一开始时非常像是位社会反叛者和异端分子。圣方济各是一位富商的儿子,他对其父亲物质至上的价值观心存不满,决心成为穷人的仆从。他放弃了自己的所有财产,在大庭广众之下脱下了自己的衣服,转而穿上乞丐的破旧的百衲衣;他未经正式批准就在城市广场上宣讲救赎教义,并在意大利各城市黑暗的角落里为流浪汉行使牧师职责。他刻板地仿效基督那样生活,除尊重圣餐这一圣事外对教义、形式和礼仪均不热心。然而他确实想获得教皇的支持。1220 年某一天,他率领一帮衣衫褴褛的人出现在罗马,请求教皇英诺森三世同意他们宣讲不过是福音箴言辑录的一种原始"教规"。换上别的教皇,可能就会把方济各作为一位不可救药的脱俗的宗教捣乱分子而拒之门外。但方济各真心真意地愿意完全服从教皇的权威,英诺森三世创造性地批准了方济各的会规并准许他进行传教活动。在教皇的支持下,方济各会传播开来;虽然它逐渐变得较为"开化",并承认行政稳定和对其所有成员进行教理培训具有重要意义,但它依然专门从事重振宗教热忱和发展新信徒的户外布道并在正统的框架之内提供了"使徒般生活"的典范。因而英诺森三世设法驾驭这一重要的新生力量,以促进在教会内部维持一种宗教热情。

直到 13 世纪末,方济各会和多明我会修士都与教皇统治制度建立了相互支持的关系,进行密切的合作。教皇帮助托钵修会在欧洲各地扎下根来,同时往往让他们代行教区牧师的职司。与此相应,托钵修会一方则与异端作斗争,积极进行传教活动,帮助教皇宣传神圣战争,或者为教皇承担某些特别的使命。尤为重要的是,托钵修士通过自己的榜样力量和他们有力的传教活动,在整个 13 世纪协助维持了人们的宗教热情。

信仰的时代

因而毋庸置疑,1050 至 1300 年这整个时期 465
是一个伟大的“信仰的时代”。这一信仰的成果既触手可及又难以确定。下面我们将考察其触手可及的成果——神学、文学、艺术和建筑领域的成果。虽然这些有形的成果很重要,但无形的难以确定的成果同样非常重要。在基督教为中世纪盛期的人深深感受到之前,几乎没有任何理想激励芸芸众生,同时在 1050 年之前基督教还没有太多实际意义。当人们开始更严肃地对待基督教时,基督教就成为一种动力,促使人从事各种各样的繁重工作。正如前一章所述,1050 年后欧洲人的食物有了实际改善,现在我们已看到,他们在精神上也过得更好了。由于有了更多的物质和精神养料,他们在人类活动的各个方面都取得了重大成就。

四、中世纪盛期知识的复兴

四项主要知识成就

中世纪盛期主要的知识成就表现在四个相关而又不同的方面:初级教育和扫盲的普及;大学的产生和发展;古典知识和伊斯兰知识的传入;以及西方人在思想领域所取得的实际进步。其中任何一项成就都足以使中世纪盛期在西方学术史上占据显著的位置;四项成就合在一起,就开创了西方在知识文化上层主导地位的时代,而此成为现代的一个界标。

初级教育的普及

公元 800 年左右,查理大帝下令,每一个主教辖区和隐修院都应兴办初级学校。虽然这一命令是否得到不折不扣的执行尚属疑问,但在加洛林王朝统治时期肯定兴建了许多学校。不过,后来维金人的入侵危及这些学校的继续存在。在一些隐修院和教区总教堂所在

中世纪有关基础教育的两个观念。左图选自 14 世纪一手稿插图,描绘一位教师一手指课本、一手用短棒维持秩序情景。右图描写的是中世纪情景,此时语法学校的教学较为文雅,其中一位象征字母表的女性领着听话的孩子进入学术塔,先修语法,渐次进入逻辑、修辞和神学。

城镇,初级教育勉力维持下去,但在 1050 年之前初级教育发展的程度和质量仍处于相当低的水平。然而,此后,与在人类活动的其他领域进入全面发展时期一样,教育方面也呈现出蓬勃发展的局面。就连身历这种变化的人也为学校在欧洲普及的速度感到震惊。法国的一位修士在 1115 年写到,1075 年前后他在长大成人时
466 “教师极为罕见,在乡村几乎一个也没有,在城市里也微乎其微”,
但在他成人之后“众多学校脱颖而出”,学习语法“蔚然成风”。与此类似,一份佛兰德编年史提到了 1120 年前后人们异乎寻常的学习修辞术并进行实践的新的热潮。显然,经济的复苏、城镇的发展和强有力政府的出现使欧洲人得以前所未有地致力于基础教

育。

中世纪教育的变化：（1）主座学校的发展

中世纪盛期教育的勃兴不只是表现为学校数目的增多，因为学校的性质发生了变化，同时随着时间的推移课程表和上学的人员也发生了变化。第一个重大变化是12世纪的隐修院培育外来人的做法。在此之前，由于当时别无其他学校教人们读书识字，因而隐修院也收隐修院修士之外一些有特权的人进院学习。但到了12世纪，可作替代的学校十分充足。欧洲教育的主要中心变成了位于方兴未艾的城镇中的主座学校。教皇统治制度对这一发展予以有力支持，它在1179年下令所有主座教堂都应留出一部分收入供养一位学校教师，这样这位教师就可以免费指导所有希望上学的人（不论穷人富人）学习。教皇认为这一措施可以扩大训练有素的教士和

博洛尼亚大学的法学班。
中世纪课程的核心是“三学科（trivium）”——语法、修辞、伦理—和“四学科”——数学、几何学、天文学和音乐。学生在掌握三学科后才进而研修四学科。教学的方式是师生进行口头辩论。

潜在的管理人员的人数,事实也确实如此。

(2)课程范围增广

主座学校在一开始几乎完全只对教士进行基础培训,其课程设置只是为了让学生具备基本的读写能力,能认识教会祷告文即可。但
467 在 1100 年之后不久,学校的课程范围增广了,因为教会和世俗政府的发展相应地需要越来越多训练有素的、不仅仅会读寥寥祈祷文的官员。法律再次得到重视,使改进初级教育的质量以培养未来的律师变得尤为迫不及待。更重要的是,课程表中包括了熟练掌握拉丁文法并能用拉丁文写作,其方法往往是学习某些古罗马经典著作,诸如西塞罗和维吉尔的作品。这些著作重新引起人们的兴趣,以及人们试图模仿它们的风格写作,就导致一些学者把这些现象称为“12 世纪的文艺复兴”。

(3)世俗教育的发展

在 1200 年左右之前,城镇学校里的学生仍以教士为主。就连那些希望成为律师或管理人员而不只是教士的人通常也发现担任圣职是有好处的。但在 1200 年之后,更多的不属于教士阶层且根本不想成为教士的学生进入了学校。一些学生出自上层家庭,他们开始把识文断字视为地位的一个标志。其他学生是未来的文书(即起草官方文件的人),或者需要有一定识文断字能力并(或)掌握计算技能以便于经商的商人。一般说来,后一类人不会上主座学校,而进更多地传授实用技能的学校。在整个 13 世纪期间这一类学校如雨后春笋般发展起来,并完全不受教会的控制。不仅进入这些学校的学生是俗人,任教的教师往往也是俗人。随着时间的推移,教学不再像迄今一直那样使用拉丁文,而转而使用欧洲各种方言。

世俗教育兴起的重要意义

世俗教育的崛起是西欧历史一个极具重要性的发展，这样说有两个互相关联的原因。其一，在近一千年间教会第一次失去了对教育的垄断地位。学术以及由此产生的学术态度现在可以变得更为世俗了，同时随着时间的推移这种趋势愈来愈明显。世俗人士不仅可以对教士进行评价和批准，而且可以完全按照世俗的方法进行研究。因而，西方文化最终成为世界各种文化中最不受教会控制，最不受与教会相关的传统主义控制的一种文化。其二，世俗学校数目的增长，连同培育世俗人士的教会学校的发展，致使世俗人士中能识文断字的人数大大增加：到1340年，佛罗伦萨大致有40%的人口能识文断字；到稍晚的15世纪，英格兰总人口中也大约有40%能识文断字。（这些数字中包括奴女，她们通常是在家中而不是学校由支薪的家庭教师或家庭中的男性成员教会识字的。）考虑到1050年左右几乎完全只有教士能够识字、识字人数只占西欧总人口的1%，我们完全可以说发生了一场令人瞩目的革命。没有这场革命，欧洲的许多其他成就也是不可能取得的。

大学的起源

大学的产生同样是中世纪盛期教育繁荣的一
个方面。就起源而论，大学是提供普通的主座学 468
校不能提供的对高深研究进行指导的机构。这些高深研究包括高深的文科七艺和对法律、医学和神学的专门研究。意大利最早的大学是博洛尼亚大学，它在整个12世纪期间脱胎成形。虽然博洛尼亚大学也传授文科教程，但自12世纪产生到中世纪结束一直以欧洲研究法律的主要中心而享有盛誉。在阿尔卑斯山脉以北，最早、最著名的大学是巴黎大学。与其他许多大学一样，巴黎大学一开始时是主座学校，但在12世纪它开始成为北方公认的知识学术生活的中心。出现这种情况的一个原因是学者们感受到了日益强大的法国王权所提供的进行学术研究所必需的和平安定的环境;另一个原因是该地农产品丰富,食物充裕;第三个原因是12世纪上半叶当时最具魅力、最引起争论的教师皮埃尔·阿贝拉尔(1079—1142年)在此巴黎主座学校任教。阿贝拉尔是在法国经院哲学家,关于他在思想文化方面的成就,我们将在下文论述。欧洲各地的学生蜂拥前来听他讲课。据当时一个荒诞不经的传说,由于他的有争议的观点,阿贝拉尔被禁止在法国土地上执教,他就爬上一棵树,学生们围坐在树下听他讲课;当他被禁止从空中讲课时,他就开始在船上讲课,学生们聚集在两岸聆听他的教诲;由此可见阿贝拉尔是多么地激动人心。由于仰慕阿贝拉尔的声誉,其他许多教师也在巴黎大学定居下来,开始进行比其他任何主座学校都要形式多样和先进的教学活动。到了1200年,巴黎大学发展成为专门教授文科七艺和神学的大学。大约在这一时期,曾在巴黎大学受教的英诺森三世教皇把这所学校称为"为整个世界烤制面包的烤炉"。

中世纪大学的本质

应当着重指出,大学这种机构实际上是中世纪的发明。自然,在古代世界就有高级学校,但它们没有固定的课程或有组织的教职员工,同时它们也不授予学位。中世纪的大学本身起初并不是学者聚集之地。"大学"一词本意是指一个联合体或行会。实际上中世纪所有大学都是教师或学生的联合体,它们像其他行会那样组织起来以保护自己的利益和权利。但是大学一词逐渐用来指一种拥有一所文科学校以及一个或更多的从事法律、医学和神学等专门学科教学的系院的教育机构。在约1200年之后,博洛尼亚大学和巴黎大学被视为大学的原型。在13世纪期间、
469 牛津、剑桥、蒙彼利埃、萨拉曼卡、那不勒斯等著名的教学机构纷纷建立起来或获得正式认可。在德意志,直到14世纪才有了

0
500英里
挪威
乌普萨拉
瑞典
阿伯丁
苏格兰
圣安德鲁斯
格拉斯哥
北海
哥本哈根
波罗的海
丹麦
罗斯托克
格赖夫斯瓦尔德
易北河
维斯杜拉河
英格兰
剑桥
牛津
法兰克福
波兰
维滕堡
莱比锡
莱茵河
卢万
科隆
埃尔富特
奥得河
克拉科夫
特里夫斯
神圣罗马帝国
美因茨
维尔茨堡
布拉格
海德堡
大西洋
塞纳河
巴黎
卡昂
因戈尔施塔特
多瑙河
佩雷斯堡
图宾根
昂热
卢瓦尔河
弗赖堡
维也纳
布达
巴塞尔
奥地利
贝桑松
南特
布尔日
多尔
瑞士
匈牙利
普瓦蒂埃
法国
特雷维索
芬夫基尔申
格勒诺布尔
维切利
维琴察
帕多瓦
卡奥尔
帕维亚
威尼斯共和国
波尔多
瓦朗斯
都灵
皮亚琴察
勒佐
弗拉拉
罗纳河
奥朗日
波洛尼亚
蒙彼利埃
阿维尼翁
佛罗伦萨
阿雷佐
埃克斯
亚得里亚海
图卢兹
锡耶纳
佩鲁贾
埃布罗河
佩皮尼昂
帕伦西亚
教皇属邦
韦斯卡
科西嘉
巴利阿多里德
莱里达
罗马
科英布拉
萨拉曼卡
萨拉戈萨
巴塞罗那
那不勒斯
阿维拉
锡古恩萨
萨莱诺
葡萄牙
托莱多
巴利阿里群岛
里斯本
塔古斯河
西班牙
撒丁
巴伦西亚
帕尔马
马略尔卡岛
两西西里王国
塞维利亚
巴勒莫
地
中
海
卡塔尼亚
中世纪大学的兴起
建于15世纪
建于13世纪
建于14世纪
建于15世纪
约公元1500年的边界

大学——这反映了该地区四分五裂的状态。但在1385年,德意志大地上第一所大学海德堡大学建立起来,其后许多大学很快就涌现出来。

中世纪大学的组织

中世纪欧洲的每一所大学都是以博洛尼亚大学和巴黎大学这两种不同的模型建立起来的。在意大利各地、西班牙以及法国南部,大学通常都是以博洛尼亚为蓝本建立的,其中学生们自己构成一个委员会。他们雇佣教师,支付薪俸,可以解雇玩忽职守或教学效果不佳的教师或者予以罚款。北欧各所大学则以巴黎为样板,它们不是学生的行会,而是教师的行会。大学中包括四个系——文科、神学、法律和医学——每个系都以系主任为首。北方绝大多数大学都以文科和神学为主要分支。在13世纪结束之前,巴黎大学内部逐步建立起各个不同的学院。学院最初不过是捐赠给贫穷学生的住所,但最终学院既是学生居住的中心,又是教学的中心。在欧洲大陆,这类学院在今天大多已不存在了,但在英格兰,牛津大学和剑桥大学依然保留着自巴黎大学照搬过来的学院联合组织模式。这种学院构成了各个半独立的教育单位。

学习的科目

我们现代的大学组织和学位制度大都源自中世纪的大学制度,但实际学习的科目发生了很大变化。中世纪的任何课程表中都不包括历史或类似于现今社会科学的东西。中世纪的学生在进入大学之前就要
470 精通拉丁文文法——他们是在小学或"文法"学校学习到这些的。只有男性方能进入大学。在进入大学后,学习要花大约四年的时间学习基本的文科技能,这就意味着要进一步钻研拉丁文法和修辞学,并要掌握逻辑原理。如果考试通过,他就可以无一例外地获得初等的学位即学士(bachelor of arts,现今B. A.的原型)。为了确

保自己在职业生活中获得地位,他通常必须再花几年去获取更高的学位,比如文学硕士(M. A.),或法律、医学或神学博士。要获得硕士学位,就必须再用三四年学习数学、自然科学和哲学。这可以通过阅读和评注古代经典之作(比如欧几里得,尤其是亚里士多德的著作)来达到。抽象分析很受重视,但没有实验科学之类的东西。要获得博士学位,则要进行更多的特殊训练。攻读神学博士学位尤为艰苦:到中世纪末,要获得巴黎大学神学博士学位,首先要花 8 年左右的时间攻读神学硕士学位,此后要花 12 至 13 年攻读博士课程。在这期间学生不必不间断地居住在学校里,因而能在 40 岁之前获得神学博士学位的人可谓凤毛麟角;实际上,校规了禁止授予 35 岁以下者博士学位。严格说来,有了博士学位,甚至包括医学博士学位,只获得了任教权利。不过在实际上大学的各级学位被看成所达到成就的标准,是通往非学术职业的一个途径。

中世纪大学的学生生活往往十分简陋。由于一般要在 12 到 15 岁之间开始大学学业,因为许多学生是些不成熟的少年。此外,所有大学学生都认为自己构成一个独立的和有特权的社会,从而与当地城市居民的社会格格不入。由于后者想从学生身上获得经济上的好处,而学生自然而然地爱吵闹,因此"城镇"(town)和"穿长袍的大学师生"(gown)之间常常发生冲突,有时还发生激战。不过,大学的学习生活非常紧张。由于大学最强调权威的价值,又由于书籍一无例外地十分昂贵(用手写在珍贵的羊皮纸上装订而成),因而学生要死记硬背的东西非常多。随着学生所受训导的加深,他们往往也被要求具备在正式的公开辩论中论争的技巧。高深的辩论练习非常复杂和抽象,有时也会延续数日。与中世纪大学生相关的最重要的一个事实是,在约 1250 年之后,大学生人数众多。巴黎大学在 13 世纪时在校学生人数达 7,000 人,牛津大学在任一学年都大约有 2,000 名学生。这就意味着在欧洲男性中间,除农民和艺匠之外至少有相当可观的人接受过较低层次的教育。

对希腊和阿拉伯知识有了了解

471 随着中世纪盛期在各个层次上受到教育的人数大大增加,学术质量也有了极大提高。这主要是由于中世纪欧洲人重新了解到希腊知识以及穆斯林所取得的知识成就的吸引力。由于实际上没有一位西欧人会希腊语或阿拉伯语,因而要了解用这些语言写成的著作只能通过拉丁文译本。但在 1140 年之前此类著作的拉丁文译本非常罕见:在 12 世纪中叶之前,亚里士多德数量众多的全部著作中,只有个别逻辑论文才有拉丁文译本。但在 12 世纪中叶突然迸发出翻译热潮,大量著作被迻译过来,西欧人几乎可以了解到古希腊人和阿拉伯人的所有科学知识。这些翻译活动发生于西班牙和西西里,因为居住在这里的欧洲人与讲阿拉伯语的人或既懂拉丁文又懂阿拉伯文的犹太人比邻而居,交往最密切,在翻译过程中可以求得他们的帮助。希腊著作首先是由更早的阿拉伯文译本转译成拉丁文的;后来一些西方人设法学会了希腊文(往往是通过到讲希腊语的地区旅行的办法),他们又由希腊文原文直接翻译不少希腊著作。结果,到了 1260 年前后,我们现在所能见到的亚里士多德的几乎所有著作都有了拉丁文译本。诸如欧几里得、盖伦和托勒密这样重要的希腊科学思想家的代表作也有了拉丁文译本。只有希腊文学的里程碑式的著作和柏拉图的著作尚未被译成拉丁文,因为这些著作没有阿拉伯文译本;它们虽有拜占庭抄本,但难以弄到。但是,除希腊人的思想外,西方学者也熟知所有伊斯兰世界重要哲学家和科学家(诸如阿维森纳和阿威罗伊)的成就。

西方科学和思辨思想的发展；罗伯特·格罗西特斯特和罗杰·培根

在掌握古希腊人和阿拉伯人的科学和思辨思想的精髓之后，西方人得以据此有所建树并作出了自己的进步。这种进步以不同的方式显现出来。在自然科学领域，西方人未遇到太多困难就在外来学术的基础上有所建树，因为这些外来学术与基督教的准则没有太多矛盾。但在哲学领域，就产生一个重大问题：如何才能彻底地把希腊和阿拉伯思想与基督教信仰协调起来。13 世纪最先进的西方科学家是英格兰人罗伯特·格罗西特斯特（约 1168—1253 年），他不仅是位伟大的思想家，而且作为林肯主教在公共生活中也很活跃。格罗西特斯特十分精通希腊文，曾把亚里士多德的《伦理学》全部翻译出来。更为重要的是，他在数学、天文学和光学方面作出了非常重要的理论性贡献。他对彩虹作了复杂的科学解释，同时指出了透镜的放大作用。格罗西特斯特最出类拔萃的弟子是罗杰·培根（约 1214—1294 年），在今天他比

作为宇宙设计师的上帝（13 世纪法文《旧约》彩饰）。在中世纪人看来，上帝是万物之源。宇宙是一个著名的等级体系。由于人类灵魂不灭，既可能升入天堂，也可能因犯罪沦入地狱。

他的老师还要出名,因为他看来预言了汽车和飞行机器的产生。实际上培根对机械并不感兴趣,但他确实把格罗西特斯特在光学方面的研究进一步深入下去,比如更进一步探讨了透镜的种种特
472 性、极快的光的速度以及人类视力的特性等。格罗西特斯特、培根及其在牛津大学的某些信徒辩称,建立在感觉证据之上的自然知识比建立在抽象理性之上的知识更为可靠。就此而论他们可以说是现代科学的先行者。但是他们仍然具有一个重要缺陷,即他们没有进行任何真正的科学实验。

经院哲学的含义

中世纪盛期希腊和阿拉伯哲学与基督教信仰的碰撞,这方面的结果基本上就反映在经院哲学的产生上。关于“经院哲学”一词,可以从不同的角度进行界定,同时人们也正是这样处理的。就词根而言,经院哲学指中世纪学校中遵循的教学和学术方法。这就意味着它是非常系统化的,也是极其尊重权威的。不过经院哲学不只是一种研究方法。它也是一种世界观。就其本身而论,它教导说,人类通过自然方式,即通过经验和推理所获得的知识与天启传授的知识是兼容的。由于中世纪学者认为希腊人精于自然知识,而所有启示都见于《圣经》,因而经院哲学就是使古典哲学与基督教信仰协调一致的理论和实践。

皮埃尔·阿贝拉尔

为经院哲学铺平了道路、但其本人并不完全是经院哲学家的最重要的思想家之一,就是爱惹麻烦的皮埃尔·阿贝拉尔。阿贝拉尔在12世纪上半叶在巴黎及其周围很活跃。他可能是第一位立意以知识分子为职业(而不只是一位在一旁教书的教士或无意促进知识发展的教师)的西欧人。他在逻辑和哲学方面极富才能,在求学期间就令当时的专家(这些人出任他的老师真可谓时运不济)相形见绌。别的人如果具有如此高的才识也许会韬光晦迹,但阿贝拉尔

不然,他在公共辩论中以公开羞辱年长于他者为能事,因而树敌甚众。令事态复杂化的是,他在1118年诱奸了17岁的才华横溢的姑娘埃洛伊兹①,后者一直在私下听他授课。埃洛伊兹怀有身孕后,阿贝拉尔娶她为妻,但两人决定保守这一秘密,以免影响阿贝拉尔的事业。然而这激怒了埃洛伊兹的叔父,因为他认为阿贝拉尔计划遗弃他的侄女;因而他为了家族的名誉进行报复,阉割了阿贝拉尔。阿贝拉尔遁为隐修士,他的敌人不久

阿贝拉尔

就第一次指控他为异端。阿贝拉尔仍安定不下来,脾气恶劣,感到隐修生活并未给他带来精神上的慰藉;在与两个不同的隐修社团发生争吵并断绝关系之后,他重新去过世俗生活,在1132至1141年间一直在巴黎大学任教。这一时期是他事业的顶峰。但在1141年他再次被指斥为异端(这一次指控者是非常有影响的圣贝尔纳),并受到宗教会议的谴责。不久之后,这位受到迫害的思想 473
家宣布弃绝信仰;1142年,他死于退隐处。

阿贝拉尔在一封名为《我的苦难经历》的信函中谈到了其中的多次磨难。该书是西方自奥古斯丁的《忏悔录》以来最早的自传之一。捧读该书,人们的第一感觉是它极为反常地具有现代气息,因为作者喋喋不休地自吹自擂,看来有悖中世纪基督徒的谦卑美德。

---

① 埃洛伊兹(Héloïse,1098? —1164),法国一女隐修院院长,早年与其师阿贝拉尔相恋私婚,生一子,被拆散后进女隐修院。——译者

但实际上阿贝拉尔叙述他的磨难并不是为了自夸。相反,他的主要意图是从道德角度解释他如何由于“好色”而受到失去“犯罪”部分(即生殖器被阉割)的公正处罚,以及他在首次遭到谴责出于知识的虚荣而焚毁自己的著作所受到惩处。由于阿贝拉尔在简约地题为《认识自己》的伦理论文中力促对人类的行为进行强烈的自省和分析,因而这样下结论看来是最为明智的,即阿贝拉尔从未打算向人们倡导自我主义信条,而反过来是12世纪中几位主要的试图通过个人内省而探究人性的思想家之一。不无讽刺意义的是,这几位思想家中有一位就是阿贝拉尔的敌人圣贝尔纳。

《是与否》与经院哲学方法

阿贝拉尔对经院哲学发展所作出的最大贡献,体现在其《是与否》(Sic et Non)和众多具有独到见解的神学著作上。在《是与否》一书中,阿贝拉尔辑录了早期基督教教会的神父们对150个神学问题的正、反两个方面的说法,从而为经院哲学方法铺平了道路。过去人们一直认为自以为是的阿贝拉尔这样做是为了让权威难堪,但事实恰恰相反。阿贝拉尔这样做的真正意图是开始一种仔细钻研的过程,据此就可以看出《圣经》这一最高权威是一贯正确的,各最好的权威虽然表面上与此相悖,但实际上是一致的。后世经院哲学家按照他的研究方法研究神学:先提出根本性问题,然后把权威文献上的答案一一罗列下来。阿贝拉尔本人在《是与否》中未作出任何结论,但他在其独创性的神学著作中确实开始这样做了。在这些著作中他认为要像对待科学那样对待神学,对它尽可能全面地进行详细,并把自己极其擅长的逻辑这一工具应用于神学研究之中。他甚至毫不迟疑地用逻辑这一工具分析三位一体的奥秘,这是他遭到指责的过头之处之一。因而,阿贝拉尔是最早的试图使宗教与理性协调一致的人士之一;就这一特性而论,他是经院哲学看法的先驱者。

彼得·隆巴尔德的《教父名言录》

在阿贝拉尔死后,紧接着的两个步骤就为成熟的经院哲学的出现铺平了道路。其中之一是阿贝拉尔的学生意大利神学家彼得·隆巴尔德(1100—1160 年)在 1155 至 1157 年编纂的《教父名言录》。该书严格按照重要性把所有最根本性的神学问题都罗列出来,每个问题都由《圣经》和基督教权威中引证出正反两方面的答案,随后对每一个问题发表意见。到了 13 世纪,彼得·隆巴尔德的这部著作成了一部标准读本。一旦大 474
学中有了正式的神学院,所有申请神学博士学位的人都要研读《教父名言录》并作出评论,毫不令人奇怪,神学家们在撰写著作中也仿照其框架结构。这样完整的经院哲学方法就孕育出来了。

如前文所述,经院哲学发展的另一个重要步骤,是约 1140 年之后古典哲学重新为西方人所了解。阿贝拉尔本人或许非常愿意吸取希腊人的思想,但由于当时已经译成拉丁文的希腊著作寥若晨星,他无法做到这一点。然后,后世的神学家可以充分利用希腊人的知识,尤其是亚里士多德的著作和阿拉伯人的注释。到 1250 年左右,亚里士多德在纯哲学问题上享有如日中天的权威地位,以致人们径直用“哲学家”一词来指代他。与此相应,13 世纪中叶的经院哲学家虽恪守彼得·隆巴尔德的结构框构,但在考虑纯基督教神学权威之外还考虑到古希腊和阿拉伯的哲学权威。他们试图通过这种方法建构了解整个宇宙的

彼得·隆巴尔德

种种体系，把过去各自独立的信仰领域和自然知识领域最为充分地协调起来。

圣托马斯·阿奎那

迄至那时在这种尝试中成绩最为卓著的是巴黎大学主要的经院派神学家圣托马斯·阿奎那（1225—1274年）。作为多明我会的一名修士，圣托马斯终生坚持信仰可由理性加以卫护这一原则。更重要的是，他认为自然知识和对上帝创世的研究都是探究神学智慧的正当途径，因为“自然”补充“神恩”。他这样说的含意是，由于上帝创造了自然界，尽管其最高真理的最终确定只能通过《圣经》超自然的启示才能达到，人们可以通过其措词接近上帝。托马斯·阿奎那深信人类理性和人类经验的价值，深信自己有能力把希腊哲学和基督教神学协调起来，因而是心境最安宁的圣徒。他在执教巴黎大学和其他地方的长期教学生涯中，极少耽于争论，而是静静地撰写自己的两部煌煌的神学《大全》：《反异教徒大全》（Summa contra Gentiles）和部头比前者大得多的《神学大全》（Summa Theologica）。他希望通过这两部著作把有关信仰的所有说法都建立在最坚实的基础之上。

圣托马斯·阿奎那。15世纪时作品，由根特的于斯特斯据更早的版本绘制。

多数专家都认为圣托马斯仅差一丁点就实现了这一极为雄心勃勃的目标。他的两部恢宏的《大全》编排极为有序，颇具思想深度，令人赞羡不已。他在书中承认有一些“信仰的奥秘”，诸如三位一体和道成肉身等教义，不是孤立无助的人类才智所能探究的；除此之外，他对所有神学问题都以哲学方法进行了探讨。在这 475
一点上，圣托马斯非常仰赖亚里士多德的著作，但他决不仅仅“受到了亚里士多德的洗礼”，他把亚里士多德学说完全置于基督教的基本原则之上，使它为后者服务，从而形成了自己独具一格的哲学和神学体系。这一体系在多大程度上有异于更早的圣奥古斯丁的基督教思想，对此学者们意见不一。不过有一点看来是没有多少疑问的：圣托马斯·阿奎那更为重视人类理性，更重视人类在本世的生活，更重视人类参与自身救赎的能力。在他去世后不久，托马斯·阿奎那即被封为圣徒，因为他的思想知识成就看上去无异于奇迹。他的思想在今天仍具有影响，因为它有助于人们恢复对理性和人类经验的信心。从更为直接的角度看，现代罗马天主教会的哲学据认为是根据托马斯主义的方法、信条和原则进行传授的。

随着圣托马斯·阿奎那在 13 世纪中叶所取得的成就，西方中世纪的思想发展到了顶峰。西方中世纪文明的其他方面也臻于极盛，这并非偶然。在圣路易统治之下，法国正处于最富成果的和平和进步时期，在巴黎大学正在形成其基本的组织形式，法国最伟大的一批哥特式大教堂正在兴建过程中。一些景仰中世纪文化的人注意到了这些成就，把 13 世纪称为“最伟大的一百年”。自然，这种判断带有个人主观的感情，许多人会反驳说这一时期生活仍很艰辛，宗教正统的规定过于严厉，不能对这一逝去的时代极尽称颂之能。然而，不论我们对此作出什么判断，匡正一些有关中世纪知识生活的错误印象，以此结束本部分，看来是明智的。

有关经院派思想家的一些错误印象

人们往往认为,中世纪思想家极其保守,但中世纪盛期的最伟大的思想家实际上都令人惊异地迅速接受新思想。作为虔诚的基督徒,他们不允许对其信仰的原则表示怀疑,但在其他方面他们乐于接受他们所能得到的来自希腊人和阿拉伯人的一切知识。鉴于亚里士多德的思想强调理性并强调自然本质上是善的、具有目的感的,与西方人过去接受的观念大相径庭,因而经院哲学家迅速接受亚里士多德学说无异于一场哲学革命。另外一个错误的印象是,经院派思想家受到了权威的很大限制。确实,他们比我们今人更敬重权威,但圣托马斯·阿奎那这样的经院哲学家并不认为仅仅引经据典就足以解决争论。倒不如说,权威被用来说明种种可能性,但随后理性和经验显示出真理来。最后,人们往往认为经院派思想家是“反人本主义的”,但现代学者日趋得出相反的结论。毋庸置疑,经院哲学家认为灵魂
476 高于肉体,来世的得救高于现世的生活。但他们也颂扬人性的尊严,因为他们把人性视为上帝的值得称道的创造;同时他们相信他们自己和上帝之间是有可能建立有效用的合作的。此外,他们对人类理性的力量有着异乎寻常的信念,其程度可能比现今有过之而无不及。

五、文学、艺术和音乐的蓬勃发展

中世纪的拉丁文学:游荡诗人的作品

中世纪盛期的文学与西方历史上其他任何时期的文学一样形式繁多、充满活力和给人留下深刻印象。主座学校和大学中文科研究的复兴导致产生了一批杰出的拉丁文诗歌。其中最好的例证是世俗抒情诗,尤其是由一

群被称为“歌利亚德”(放纵派吟游诗人,Goliards)的游荡诗人在12世纪撰写的那些诗歌。我们不完全清楚这些诗人何以获得这么一个称号,但该词的含义可能是指魔鬼的追随者。这么说应该是妥帖的,因为游荡诗人是一些滑稽有趣的诗人,他们创作模仿礼拜仪式的讽喻作品,诙谐地戏谑《福音》。他们在其诗作中欢呼四季变化之美,歌颂宽阔的大路上轻松愉快的生活,赞美饮酒博弈的愉悦,尤其是爱情的欢乐。创作这些欢闹和讽刺歌曲的人大都是居无定所的学生,虽然个别人年龄较长些。而今这些作者大都湮没不闻。这些诗歌的重要性尤其在于它们具有强大的活力,在于它们是对基督教苦行理想发出的第一次明确的抗议。

方言文学的发展;史诗

除拉丁文外,法文、英文、德文、西班牙文和意大利文等地方方言日益普遍地成为文学表达的媒介。起初方言文学大都以英雄史诗的形式 477
写成。最著名的有法国的《罗兰之歌》、古北欧的史诗和英雄传说,德意志的《尼伯龙根之歌》以及西班牙的《熙德之歌》。这些史诗实际上最初都创作于1050至1150年之间,但有些后来才以文字形式确定下来。它们向人展现了充满活力、但非常粗鲁的骑士社会情况。鲜血流成了河,头颅被战斧砍削而去,史诗的主要题材是英勇的战争、荣誉和忠诚。妇女形象很少出现;如果出现的话,也总是处于男人从属的地位。未婚妻要为其未婚夫捐躯,但丈夫可以随意地打妻子。在法国一部史诗中,一位王后试图影响她的丈夫,却被丈夫一拳打在鼻子上;血不停地流了下来,尽管如此,她仍然说:“多谢!如果你觉得高兴,你还可以这样做。”虽然这些段落令人作呕,但我们不能不承认方言史诗中的佳作非常具有朴实无华的文学力量。《罗兰之歌》尤其如此;它虽然不够成熟,但像一块未经雕琢的璞玉,具有一种自然美。

行吟诗人的爱情诗歌

与史诗相比，12世纪法国的行吟诗人和宫廷传奇故事的作家在主题和风格方面都进行了巨大变革。这种变化幅度之大进一步证实，中世纪盛期的文化决不保守。这些行吟诗人是些宫廷诗

百花壁毯：法国卢瓦尔学校的两位乐师。妇女得到尊崇不可触摸的典雅爱情传统为诗歌创作提供了源泉。游吟诗人演唱这种诗作，表现了对妇女态度的变化。贵族妇女邀请诗人到其宅院和自己从事创作，对典雅爱情的礼仪和文学产生了积极影响。

人，他们来自法国南部，用一种与法文相关的被称为普罗旺斯语的语言进行写作。学者们对他们创作的灵感源自何处仍有争论，但可以肯定的是，他们开创了一个对后世所有西方文学都具有深远意义的运动。他们的风格比史诗要精练和雅致许多；其抒情诗是要在音乐伴奏下由人演唱的，最为生动流畅，它们引发了浪漫的爱情这一主题。行吟诗人把妇女理想化，视之为能够赋予男人强烈的精神和肉体满足的奇妙的尤物。不管这些诗人感到自己多么伟大，他们都把这些归因于他们由爱情中获得的灵感。不过他们也认为，如果爱轻易地或者非常经常地能够得到满足，那么它也就失去了其神奇力量。因而，他们更多地描写追求爱情的过程而不是爱的实现。

行吟诗人的其他诗歌

除创作爱情抒情诗外，行吟诗人还创作了其他一些体裁的短诗。有些诗非常淫秽。诗人们在这些诗中丝毫未提及爱情，而是沉溺于肉欲念头之中，比如把骑马比拟作“骑”在女人身上。另一些诗歌颂武功，还有一些诗对同时代的政治事件作出评论，个别的诗甚而思考宗教问题。但不论主题如何，最好的行吟诗歌总是述事巧妙而富于创新。法国南部的行吟诗人（troubadour）所开创的文学传统为法国北部的吟游诗人（trouvères）和德意志的宫廷抒情诗人（minnesingers）所继承。后来，西方各种语言的后世抒情诗人把他们的许多创新进一步发扬光大。在20世纪，诸如埃兹拉·庞 478
德①这样的“现代主义作家”曾有意识地恢复行吟诗人的某些诗歌

① 庞德（Ezra Pound，1885—1972年），美国诗人、翻译家、评论家，意象派诗歌代表人物，曾帮助T. S. 艾略特、乔伊斯和海明威等发表早期作品，对英美现代文学发展作出过重要贡献。二战期间，他曾因为法西斯鼓吹而入狱。其代表作为长诗《诗章》，作品多引入神话、历史等因素，与当代政治、经济现实等相糅合。——译者

技巧。

亚瑟王传奇系列：克雷蒂安·德·特鲁瓦

12世纪法国一个同样重要的创新是创作了篇幅更长、叫作"传奇故事"的叙事诗。它们是现代小说现在所能确定的鼻祖：讲述动人的故事，往往以刻划人物特征见长，主题通常是爱情和冒险。有些传奇故事发挥古典希腊人的主题，但最著名和写得最好的是"亚瑟王传奇"系列。这些传奇取材于克尔特人英雄亚瑟王及其众多豪侠骑士传奇性的业绩。创作亚瑟王传奇的第一位伟大作家是法国北部诗人克雷蒂安·德·特鲁瓦，他活跃于约1165至1190年之间。克雷蒂安在创立和构建传奇故事这种新形式方法居功甚伟，同时他在主题和创作态度方面也有所创新。如果说行吟诗人颂扬单相思和婚外私通，那么克雷蒂安·德·特鲁瓦最先提出了在婚姻范围内的浪漫爱情的理想。此外，他不仅描绘了人物的行为，而且描述了他们的思想和情感。

沃尔夫拉姆·冯·埃申巴赫与戈特夫里德·冯·斯特拉斯堡

一代人过后，德意志伟大诗人沃尔夫拉姆·冯·埃申巴赫(1170?—1220年?)和戈特夫里德·冯·斯特拉斯堡把克雷蒂安的工作发扬光大。这二人被认为是18世纪之前用德语写作的最伟大的作家。沃尔夫拉姆的《帕尔齐法尔》叙述的是爱情和寻找圣杯的故事，它是但丁的《神曲》之外中世纪盛期最精妙、复杂、眼界最开阔的一部作品。与克雷蒂安相似，沃尔夫拉姆也认为真正的爱情只有通过婚姻才能实现，同时在《帕尔齐法尔》中，人们可以看到主人公的整个心理发展过程，这自古希腊以来在西方文学中是第一次。戈特夫里德·冯·斯特拉斯堡的《特利斯丹》叙述了特利斯丹和伊索尔德之间毫无成功希望的婚外私通故事，调子较为压抑。实际上，这部传奇可以认为是现代悲剧传奇体裁的原型。戈特夫里德是最早把个人磨难作为主题进行充分发掘并指出愉悦与苦痛之间难以划出明确界线的作家之一。在他看来,爱情就是一种渴慕的过程,苦痛和无法得到满足是生活不可分割的一部分。与行吟诗人不同,他认为爱情只有在死时才能完全得以实现。由于19世纪德国作曲家理查德·瓦格纳曾把他们改编成歌剧,因而《帕尔齐法尔》和《特利斯丹》在今天极为出名。

韵文故事

就形式或内容而言,并不是中世纪盛期的所有叙事故事都像传奇故事那样庄严、高贵。一种与此迥然不同的新的叙事形式是故事诗(fablian)或韵文故事。虽然韵文故事起源于伊索的道德动物寓言故事,但它很快就演变成主要用于娱乐而不是说教的短篇故事。它们往往十分粗俗,有时用非常幽默和完全不浪漫的方式描述性关系。许多韵文故事还具有强烈的反对教权主义特征,以修士和教士为嘲弄对象。由于韵文故事十分"不雅",过去人们曾认为它们
完全是用新兴城市阶层的要求创作的。但现在人们几乎肯定地认 479
为,他们至少同样也是为喜欢嘲弄教士的"高尚的"贵族而创作的。韵文故事的重要意义在于,它们反映了日益世俗化的社会趋向,是后来由薄伽丘和乔叟进一步完善的坚定的现实主义的最早的表述。

在形式上与韵文故事截然相反但同样反映出日益世俗化的倾向的,是枝蔓丛生的《玫瑰传奇》。正如其名字本身所表明的那样,《玫瑰传奇》起初是部传奇故事,具体说来在1230年前后由温文尔雅的法国作家洛利斯的威廉创作。但威廉未能完成这一非常华丽、浪漫的作品,而在1270年左右由另一位法国人、墨恩的约翰(若望)最终完成。后者令作品的性质有了很大改变。他在书中插入了冗长的、尖锐的枝节内容,对宗教的虚伪予以谴责,并

把生殖需要作为全书的主题。他用众多诙谐但极其粗俗的形象和隐喻说明,在人类繁衍中起促进作用的不是爱,而是"自然女士"(Dame Nature)。在故事的高潮,主人公获得了他原本梦幻中的女士(在书中被比拟为玫瑰)并强奸了她。由于这一作品流传极广,看来有理由得出这样的结论:那时的鉴赏力和现在一样是多种多样的。

但 丁

中世纪文学中最伟大的作品无疑当推但丁的《神曲》。关于但丁·阿里盖利(1265—1321年)的生平,我们所知不多,只知道他是佛罗伦萨一位律师的儿子,在早年积极参加故乡佛罗伦萨的政治活动。虽然他从事政治且是一名俗人,但他设法充分掌握了当时的宗教、哲学和文学知识。他不仅通晓《圣经》和早期教父的情况,而且——这对一个俗人来讲尤为非同寻常——掌握了新近产生的经院派的神学理论。此外,他对维吉尔、西塞罗、博提乌斯及其他许多古典作家非常熟悉,同时熟谙行吟诗人的诗作和他所处时代的意大利诗歌。1302年,在一场政治动乱之后他被逐出佛罗伦萨,不得不在流亡中度过余生。他的代表作《神曲》就是在其一生的这一最后时期写成的。

但丁的《神曲》是一部里程碑式的作品,它用意大利铿锵有力的押韵韵文写成,描述了诗人在地狱、炼狱和天堂的历程。作品一开始,但丁叙述了他何以突然发现自己处在"黑暗的森林"之中,暗喻他个人在人生中途面临的深刻危机。他被罗马诗人维吉尔领出了这一绝望的森地;后者代表着古典理性和哲学的顶峰。维吉尔引导但丁游历了地狱和炼狱,此后但丁病故的情人、代表着基督教智慧和天恩的比阿特丽斯接替维吉尔领着但丁游历了天堂。在游历过程中,但丁既遇到了历史人物,也遇到了自己的同代人,他们都已在后世获得了一席之地;但丁还从他们以及向导那里了解到他们为何会遇到不同的命运。随着诗歌的展开,诗人本人摆脱了绝望的心境,变得聪慧起来,最终实现了自我救赎。

《神曲》

每一位读者都会从这一皇皇巨著中产生各不相同的惊叹和满足感。一些人——尤其是那些懂意大利文的人——为但丁的语言和想象力之丰富和独出心裁拍案叫绝。一些人惊叹于作品精妙的复杂性和诗文之整齐;一些人为书中人物和单个故事刻动之生动所折服;还有一些人为其高超的想象力所迷住。历史学家感到特别引人注目的是,但丁竟能用在艺术上如此完美、如此无可挑剔的方式完整地总结了中世纪最优秀的学术成果。但丁强调救赎属于优先地位,但认为地球是为了人类的利益而存在的。他认为人类有择善避恶的自由,并把希腊哲学认可为哲学的权威;比如,他把亚里士多德称为“最伟大的哲学大师”。尤其是,他所怀有的希望以及他对人性的最终信念——对一位遭受失败、被流放在外的人来说这尤为醒目——最有力地表现出中世纪盛期居主导地位的精神状态,使但丁成为有史以来世间存在过的仅有的两三位最激动人心的乐观派作家之一。

中世纪的建筑
(1)罗马式风格

在建筑方面最接近于与《神曲》媲美的是中世纪盛期伟大的哥特式大教堂,因为它们也有宽阔的视野、细部精巧而非常对称,高耸入云,具有一种积极向上的高贵品质。不过在介绍哥特式建筑风格之前,最好先介绍一下其中世纪盛期的前身即所谓罗马式建筑和艺术风格。罗马式风格起源于 10 世纪,但在 11 世纪和 12 世纪前半期教会改革运动导致许多新的隐修院和大教堂时完全形成。罗马式风格主要是一种建筑风格:它旨在在
教会建筑中显现出上帝的荣光,具体办法是使所有建筑细部都从 481
属于一个统一的体系。在这一方面罗马式建筑非常严肃:我们可

以把它视为建筑方面一首不加润饰的赞美诗。除着重强调建筑的系统性外，罗马式风格的基本特征是圆形拱顶、厚实的石壁、粗大的角柱、窄小的窗户以及普遍使用水平线条。建筑内部的简朴单调时而因色彩鲜艳的镶嵌画或壁画而有所缓解；同时，基督教艺术中一个非常重要的创新，是在建筑内外都以雕塑作为装饰。全身的人类形象首次出现在建筑物的表面。这些雕塑通常规模庞大，远比自然的比例要长，但它们具有很大的共鸣力，是人类重新对人物雕塑产生兴趣的最早的标志。

11 世纪罗马风格沃姆斯大教堂

(2)哥特式风格的形成

在整个12、13世纪,罗马式风格在欧洲各地大都为哥特式风格取而代之。虽然训练有素的艺术史家能够看出一种风格的某些特征如何导致另一种风格的形成,但两种风格的实际外观是迥然不同的。事实上,这两种建筑风格的区别看上去就像史诗与传奇故事间的区别那么大;这样进行类比是很恰当的,因为就在传奇故事产生之际哥特式风格于12世纪中叶在法国产生了,还因为它远比其前身精巧、优美、雅致,恰如传奇故事相形于史诗那样。哥特式风格的迅速发展和为人承认最后一次表明——如果还需要再次加以证明的话——12世纪是一个勇于试验和充满活力的世纪,其 482
程度至少不亚于20世纪。圣但尼大教堂是纪念法国主保圣徒圣

罗马风格的原罪观。该雕刻是罗马风格艺术的杰作之一,作于1100年前后,出自德国希尔登海姆大教堂的青铜大门上,描述了亚当、夏娃被逐出伊甸园那一刻情景。生理构造上的扭曲和简朴的抽象创造出一种烘托人类脆弱的效果。

但尼的圣所和埋葬历代法国国王的墓地。1144 年,它被推倒,以在该地兴建更大的完全按哥特式风格兴建的新教堂。此举无异于美国总统下令推倒白宫而用密斯·范·德·罗厄①或赫尔穆特·雅恩设计的大厦取而代之。这一举动在今天是极不可能的,至少会激起轩然大波。但在 12 世纪,这一情况却实际发生了,并轻而易举地做到了。

哥特式风格的要素

哥特式建筑是最复杂的建筑风格之一。它的基本要素包括尖形的拱门、交叉肋状的拱顶以及飞拱。与罗马式风格的圆形穹顶和附墙角柱相比,这种设计就使得建筑可以变得更明亮、更轻巧。实际上,我们可以把哥特式大教堂描述为四周环以巨大的窗户的石制骨骼式框架结构。其他特征还有高耸的尖顶、圆花窗、精巧的石制花式窗格有着精美雕塑的建筑物正面、多重柱廊以及使用滴水兽
483 或神话中怪兽的雕像作为装饰。在最优秀的大教堂中,装饰通常集中在外部。教堂内部除彩色玻璃窗户以及木制品和圣坛上精美的雕刻外相当简单,偶或几乎不加任何装饰。然而哥特式教堂内部从不显得压抑或暗淡。彩色玻璃窗不是用来挡住光线,而是为了使阳光更加灿烂,使阳光的色彩更加夺目、和煦。自然光线即使在最明媚的时刻也显现不出这种光彩。

哥特式建筑的意义

迄今许多人依然认为哥特式建筑表现了一种纯粹苦行的专注于来世的思想,但这种猜测是非常不准确的。固然,所有的教堂都是用于表现上帝的荣光和生命永恒之希望的,但哥特式教堂有时包含根本没有明显的宗教意义的彩色玻璃布景。更为重要的是,哥特式

① 密斯·范·德·罗厄(1886—1969 年),德裔美国建筑师,曾任著名的包豪斯艺术学校校长,倡导国际式风格,代表作为纽约西格拉姆大厦等。

风格的宗教人物雕塑,比如耶稣、圣母玛利亚和圣徒的塑像比迄至那时中世纪西方所创造的任何人物形象都要接近现实得多。表现动物和植物生活的雕塑也是如此,因为对人类和自然美感兴趣不再被认为是罪过。另外,哥特式建筑也是中世纪天赋才智的一个表现。每一座大教堂,连同大量象征性的人物形象,都是一种供那些不识字的人了解的刻在石头上的中世纪知识百科全书。最后,

哥特风格雕塑。选自13世纪的亚眠大教堂,三位国王手中均拿着礼物。请注意,与前面所选罗马风格作品相比,这一作品更具自然主义风格。

哥特式大教堂是城市荣誉的表证。它们一直座落在不断发展的中
484 世纪城市之中，既是集体生活的中心，又是一座城市伟大的象征。在兴建新教堂时，整个共同体中的人都参与进来，而正确地把它视为近乎自己的财产。许多哥特式教堂是城市之间竞争的产物。每一座城镇都试图盖过邻近的城镇，兴建更大更高的建筑；由于这种野心过大，以致超出了实际可能，结果许多教堂半途而废。但是完工的教堂大都仍然很恢宏。人们怀着使之永恒存在的念头兴建教堂，这些教堂反过来成为这一时代旺盛的生机的最醒目的视觉表现。

戏剧的复兴

在归纳中世纪盛期的种种成就时，人们往往会漏掉戏剧和音乐，但这种疏忽是令人遗憾的。我们现代的戏剧来自古典戏剧，至少也在同等程度上来自中世纪戏剧。在整个中世纪时期，虽有一些拉丁文古典戏剧抄本为人所知，但从未上演过。反过来，戏剧也在教会内部以全新的方式重新出现。在中世纪初期，人们开始演出宗教礼仪的某些段落。随后，在 12 世纪，主要是在巴黎，它们为拉丁文的短篇宗教戏剧所取代，并在教堂内上演。此后不久，仍然在 12 世纪的巴黎，方言戏剧补充或取代了拉丁文的短篇宗教剧，这样所有会众都可了解剧情。再后，在 1200 年左右，这些方言戏剧在教堂前面公开上演，这样它们就不会影响教堂内的圣事了。此类事件出现后，戏剧便开始迅速进入日常世界：非宗教故事出现了，对主人公的描写增多了，这样就为伊丽莎白时代的戏剧和莎士比亚完全奠定了基础。

中世纪音乐：复调音乐

如果说戏剧是由宗教礼仪发展而成并随后大大超出宗教礼仪的范围的，那么西方音乐也完全是如此。在中世纪盛期之前，西方音乐一直是主调音乐（homophonic）；多数非西方音乐

直至今日依然如此。所谓主调音乐,是指没有任何协奏伴奏,一次只出现一种旋律。中世纪盛期的一大发明是复调音乐(polyphony),即两个或更多的旋律同时奏出。早在10世纪时西方人即在这方面进行了一些尝试,但最重大的突破于1170年前后出现于巴黎的大教堂,当时人们首次用"对位法"(counterpoint)用两种不同的旋律交织成两种声音演唱弥撒曲。大致在同一时期,人们发明了记录乐谱的方法并加以完善,这样就不必再靠记忆演奏了,且能演奏更复杂的音乐。西方音乐后来取得的所有重大成就都发源于这最初的几步。

中世纪盛期的不朽成就

人们可能已经注意到,在学术、思想、文学、建筑、戏剧和音乐各个方面作出如此重大贡献的人有许多必定在中世纪盛期的巴黎彼此混在一起。他们中的一些人无疑在圣母院大教堂一起举行过祈祷。主要学者的名字为后人记住了,但其他人大都湮没无闻。不过他们合在一起为文明的发展做出了不亚于古雅典人的贡献。即便他们的名字被人遗忘了,他们在许多不同方面的成就至今依然存在。

精选书目

Barraclough, G., *The Medieval Papacy*, New York, 1968. 分析性论述非常有力。其插图也值得注意。

Daniel-Rops, H., *Cathedral and Crusade*, 2 vols, New York, 1978. 从罗马天主教观点进行的最佳探讨。

Erdmann, Carl, *The Origin of the Idea of Crusade*, Princeton, 1978. 有关第一次十字军之背景的一本出色的精深著作。

Lambert, Malcolm, *Medieval Heresy*, London, 1977. 一本杰出的综述。

Leclercq, Jean, *Bernard of Clairvanx and the Cistercian Spirit*, Kalamazoo, Mich, 1976.

Mayer, Hans Eberhard, *The Crusades*, New York, 1972. 最佳单卷本综合评述。

Moorman, J. R. H., *A History of the Franciscan Order from Its Origins to the Year 1517*, Oxford, 1968. 非常详尽。

Runciman, S., A History of the Crusades, 3 vols, Cambridge, 1951—54. 生动活泼，非常引人。

Southern, R. W., *Western Society and the Chunch in the Middle Ages*, Baltimore, 1970. 非常有眼力，对宗教和社会之间的相互作用作了很好的解释。

Tellenbach, G., *Church, State and Christian Society at the Time of the Investiture Contest*, Oxford, 1940. 强调格列高利七世思想和经历中革命性方面。

思想，文学和艺术

Baldwin, John W., *The Scholastic Culture of the Middle Ages*, Lexington, Mass., 1971. 一部不错的入门书。

Bergin, T. G., *Dante*, New York, 1965.

Cobban, Alan B, *The Medieval Universities*, London, 1975. 篇幅较短的最佳英文论著。

Curtius, E. R., *European Literature and the Latin Middle Ages*, New York, 1953. 就其古典背景和对后世的影响对中世纪拉丁文学作了全面论述。

Fox, John, *A Literary History of France*, Ⅰ: The Middle Ages, London, 1974. 最佳通史。

Gilson, E., *Reason and Revelation in the Middle Ages*, New York, 1938. 现代最伟大的经院哲学研究人员的一部不长而很有启发的论著。

Haskins, C. H., *The Renaissance of the Twelfth Century*, Cambridge, Mass., 1927. 论述了许多不同流派的拉丁作品。

Henderson, George, *Gothic*, Baltimore, 1967.

Hoppin, Richard H., *Medieval Music*, New York, 1978.

Knowles, David, *The Evolution of Medieval Thought*, New York, 1962. 一部非常权威、行文甚佳、但往往很难的综合论述。

Leclercq, Jean, *The Love of Learning and the Desire for God*, New York, 1961. 关于修院文化，特别注意圣贝尔纳。

Leff, G., *Paris and Oxford Universities in the Thirteenth and Four-teenth Centuries*, New York, 1968. 既包括学习思想，也包括学习机构。

Lewis, C. S., *The Discarded Image*, Cambridge, 1964.

Lindberg, David C., ed., *Science in the Middle Ages*, Chicago, 1978. 各相关领域主要学术权威撰写的介绍性论文集。

Mâle, Emile, *The Gothic Image*, New York, 1913.

Morris, Colin, *The Discovery of Individual*, London, 1972. 解释引起争论：它把“个

人主义"视为12世纪的一个发现。

Smalley, B., *The Study of the Bible in the Middle Ages*, 3rd ed., Oxford, 1983. 一部权威著作,文字也很优美,立论有独到之处。

Southern, R. W., *Medieval Human ism*, New York, 1970. 论文集,各篇论文几乎都令人兴奋,标题部分最令人兴奋。

Ullmann, W., *Medieval Political Thought*, Rev. ed., Baltimore, 1976. 篇幅不长的最佳综论。

Van Steenbergen, F., *Aristotle in the West*, New York, 1970. 对中世纪盛期亚里士多德思想的被发现作了简短叙述。

Von Simson, O., *The Gothic Cathedral*, New York, 1956. 有争议的论断:哥特式建筑意味着是"科学的"。

Weisheipl, J. A., Friar *Thomas d'Aquino: His Life, Thought, and Works*, 2nd ed., Washing ton D. C., 1983. 原始资料。

An Aquinas Reader, ed. Mary T. Clark, New York, 1972.

Chrétien de Troges, *Arthurian Romances*, tr. W. W. Comfort, New York, 1914.

Dante, *The Divine Comedy*, tr. J. Ciardi, New York, 1977.

Goldin, F, ed., *Lyrics of the Troubadours and Trouvères*, New York, 1973.

Gottfried von Strassburg, *Tristan*, tr. A. T. Hatto, Baltimore, 1960.

Joinville and Villehardouin, *Chronicles of the Crusades*, tr. M. R. B. Shaw, Baltimore, 1963.

The Letters of Abelard and Heloise (includes Abelard's *Story of my Calamities*), tr. B. Radice, Baltimore, 1974.

Peters, Edward, ed, *The First Crusade: The Chronicle of Fulcher of Chartres and Other Source Materials*, Philadelphia, 1971.

The Romance of the Rose, tr. Harry W. Robbins, New York, 1962

The Song of Roland, tr. F. Goldin, New York, 1978.

Thorndike, Lynn, ed., *University Records and Life in the Middle Ages*, New York, 1944.

Tierney, Brian, ed., *The Crisis of Church and State, 1050—1300*, Englewood Cliffs, N. J., 1964. 一部杰出的文选,由高明的评论作引导和连接。

Wolfram von Eschenbach, *Parzival*, tr. H. M. Mustard and C. E. Passage, New York, 1961.

第十五章　中世纪后期

（1300—1500年）

487 我注定生活在狂风暴雨之中
处在一个多灾多难的时代。
而你们……一个更美好的时代翘首以待。
一旦黑云消散，
我们的后人将再次沐浴在昔日荣光下。

——诗人彼特拉克，写于14世纪40年代

中世纪后期：灾难与调整

如果说中世纪盛期是“盛宴的时代”，那么中世纪后期就是“饥馑的年代”。自1300年前后到15世纪中后叶，欧洲各地灾难频仍，这些灾难严酷程度骇人听闻，持续时间之长令人绝望。地力衰竭，气候变冷，暴雨倾盆，妨碍了农业生产，结果饥馑首先蔓延开来。随后，那些“上帝的惩罚之举”达到了顶点，出现了最为可怕的自然灾害，即一场被叫作“黑死病”的大瘟疫，西欧各地死于这一浩劫者不计其数。似乎这一切还不够，无休止的战争进一步给人带来痛苦，造成一片荒芜。普通百姓受害最深，因为他们最易受到士兵和有组织的强盗帮伙的奸淫、烧杀抢劫。在军队途经的地区，人们可以看到在几百英里内腐尸遍布，废墟之内余烟未尽；在许多地方，原来人烟稠密的乡村，乃至城市的郊区，变成了野猪出没之地，由此可见荒凉的程度。简而言之，如果说安详的圣母玛利亚象征着中世纪盛期，那么狞笑的象征死亡的骷髅头象征着随后出现的这一时期。由于以上种种原因，我们在中世纪后期不会见到在中世纪盛期出现的那种引人注目的巨大进步；不过这并

不是说一点进步也没有。在中世纪这最后二百年间,欧洲人虽身 488
处逆境,但显示出一种顽强的锲而不舍的精神。他们并未消极等待,自暴自弃,而是尽力作自我调整,以适应变化的环境。因此,中世纪盛期的结束并未像罗马帝国灭亡那样预示着文明的衰颓,而反过来是一个过渡时期,结果导致保存了欧洲更早时期至为坚实的遗产,并在此基础上有所建树。

一、经济萧条与新的平衡的出现

经济危机

到1300年左右,中世纪盛期农业的发展已经达到极限。此后,产量和耕地面积均开始衰减,从而导致整个欧洲经济衰退,这种衰退的速度由于破坏性的战争而进一步加速。与此相连,14世纪上半期是一个经济日趋萧条的时期。1347年黑死病的降临使这一萧条变得尤为严酷,因为它彻底打乱了人们的日常生活。此后瘟疫一直发生,战争绵延不绝,致使欧洲经济直到15世纪很长时间里未能复苏。但大致在1350到1450年间欧洲人学会了如何适应新的经济状况,并成功地把其经济置于更坚实的基础之上。这在1450年后变得最为明显,当时瘟疫不再流行,战火也熄灭下来,致使经济有了缓慢而稳步的复苏。因而,总起来讲,在15世纪后期,欧洲经济比以前任何时候都更健康。

1300年左右,农业扩展达到了极限,这是自然因素造成的。可以开垦的土地数是有限的,在未引入科学种田方法之前产量的提高也是有限的。实际上,欧洲人在开垦土地、进行耕作方面的热情超出了应有的程度,在中世纪盛期殖民运动热潮驱动下,地力肥沃程度不适于进行集约耕作的边缘地区被开垦出来。此外,就连最优质的地质也耕作过度。令事态进一步恶化的是,约1300年之后气候恶化了。

农业的困境

如果说11、12世纪西欧得天之佑气候呈干燥、温暖趋势，变冷了，降雨偏多了。虽然在这一百年间气温至多才下降了1℃，但这一点点变化就足以使北欧地区(比如英格兰)的葡萄种植减少了。在更靠北的地区，由于生长季节短了，谷物种植也受到了影响。在格陵兰岛以及斯堪的纳维亚半岛部分地区，农业拓殖区被完全遗弃了。降
489 雨增多无异于火上浇油。1315年西北欧各地都泛滥成灾，凶猛的洪水毁坏了庄稼，引发了一场旷日持久、饿殍遍地的大饥荒。农民们一连三年都受到饥馑的蹂躏，无奈之中只好吃掉了留作种子的粮食，从而也放弃了在下一季度完全恢复生产的机会。他们在极度绝望之中抓到什么吃什么，连猫、狗和老鼠也不放过。许多农民卫生条件十分恶劣，营养十分不良，体质衰弱，非常易于受到各种疾病的感染，因而死亡率非常高。在佛兰德人的一个城市中，仅在1316年半年时间里就掩埋了大约十分之一的人口。1318年后，较为稳定的农业状况再次复苏，但不少地方又再度受到暴雨和其他灾害的袭击。在意大利，1333年的洪水冲垮了佛罗伦萨的多座桥梁；1343年的一场海啸摧毁了阿马尔菲港。面对如此反复无常的大自然，经济生活只能苦不堪言。

人口的增长

虽然毁灭性的战争和饥馑合在一起令许多人丧生，但14世纪中期欧洲仍然人满为患，因为人口的增长仍快于粮食供应的增长。人口增长过速，粮食供应跟不上，随之而来的，自然就是谷物价格飞涨，整个欧洲饥肠辘辘。又一场灾难接踵而至，这场灾难可怕到了顶点，以致许多人认为这就是世界的末日。

它就是**黑死病**！黑死病是一种淋巴腺鼠疫和肺鼠疫，它在
490 1347至1350年首次蹂躏全欧洲，并在其后一百年间断断续续地

袭击该地区。这一灾难——就它导致的死亡人数、混乱状况和恐惧心理而言——完全可以与20世纪的两次世界大战相提并论。瘟疫的临床后果非常可怕。一旦因跳蚤叮咬而感染淋巴腺鼠疫,病人的腹股沟或者腋下就会出现很大的肿块,四肢上也会出现黑色斑点,接着腹泻不止,三到五天内就会丧生。假如感染因肺鼠疫即因呼吸感染而致,大约三天就会咯血而死,而不是肿胀。有些人前一天晚上上床入睡时尚身康体健,但经过一夜的痛苦挣扎,天明时就丧失了呼吸。有些船上水手一个个地丧生,尸横遍地,船只在海上漫无目的地随风飘荡。虽然少数地区很幸运地未受到相继出现的几次瘟疫的袭击,但黑死病造成了人口大量削减。我们只举几个例子就可说明问题。1335年图卢兹城共有人

黑死病是有史以来现知危害最大的一种淋巴腺鼠疫和肺鼠疫,整个整个的家庭染病身亡。据估计,到1350年,计有2,500万人丧生。

口 30,000 人左右,到 1380 年锐减到了 26,000 人,1430 年时仅剩下 8, 000 人;东诺曼底的人口在 1347—1357 年间减少了 30%,到 1380 年又递减了 30%,在皮斯托亚城郊的农村里,1340 至 1404 年间人口减少了 60%。总起来说,由于饥馑、战争,尤其是黑死病,西欧总人口在 1300 至 1450 年间减少了至少一半,很可能减少了三分之二。

黑死病令社会和经济状况恶化

起初,黑死病给大多数幸存者造成了众多艰难困苦。被黑死病吓得魂魄俱丧的人都希望避开传染源,许多人抛弃了手中的活计寻找与世隔绝之地。城镇居民逃到了乡
491 村,乡村居民由这儿逃到那儿。就连教皇也躲到了深宫内院,不准任何人进入。由于大批人丧生或逃离工作岗位,成熟的作物因无人收割而在田里腐烂,制造业陷入停顿状况,运输系统陷于瘫痪。因而,基本商品日渐减少,价格飞涨,由于这些原因,黑死病的蔓延大大加深了欧洲的经济危机。

黑死病的经济后果:(1)农业专门化

然而到了 1400 年左右,人口的新的状况使价格回落下来,并改变了基本的经济模式。尤其是,随着生产逐渐恢复正常,以及人口大大减少,主要食品价格开始下跌。虽然在个别年份由于瘟疫和自然灾害一再复发致使价格时而大幅度上扬,但到了 15 世纪基本商品总的价格在下跌或者保持稳定。这一趋势促进了农业专门化的产生。由于谷物价格较低,人们就可以把更多的收入用在购买较奢侈的物品上,比如奶制品、肉和酒。由于面包是欧洲人的主要食物,在此之前全欧的农民一直都集中精力种植谷物,现在从事专门化生产则更为适宜,尤其是在土地较贫瘠、气候较不宜的地区。根据因地制宜的原则,田地可改而饲养家畜取奶,种植葡萄酿酒,或者用麦芽酿制啤酒。由此

大西洋
北海
伯罗的海
地中海
黑海
卑尔根
1349年12月31日
维斯比
1350年
6月30日
1350年12月31日
莫斯科
都柏林
约克
三开斯特
1349年6月30日
伦敦
1348年12月31日
南安普顿
但泽
索恩
受瘟疫困扰的城镇和地区
瘟疫的蔓延
未受瘟疫蹂躏的城镇和地区
科隆
亚眠
列日
纽伦堡
巴黎
昂热
维也纳
0
300英里
苏黎世
1348年12月31日
米兰
波尔多
图卢兹
阿维尼翁
热那亚
马赛
纳博讷
佩皮尼昂
莱里达
萨拉戈萨
巴塞罗那
巴伦西亚
塞维利亚
佛罗伦萨
锡耶纳
佩鲁贾
罗马
那不勒斯
拉古萨
1348年6月30日
1347年6月30日
墨西拿
1347年12月31日
卡塔尼亚
阿格里真托
锡拉丘兹
黑死病的蔓延，14 世纪

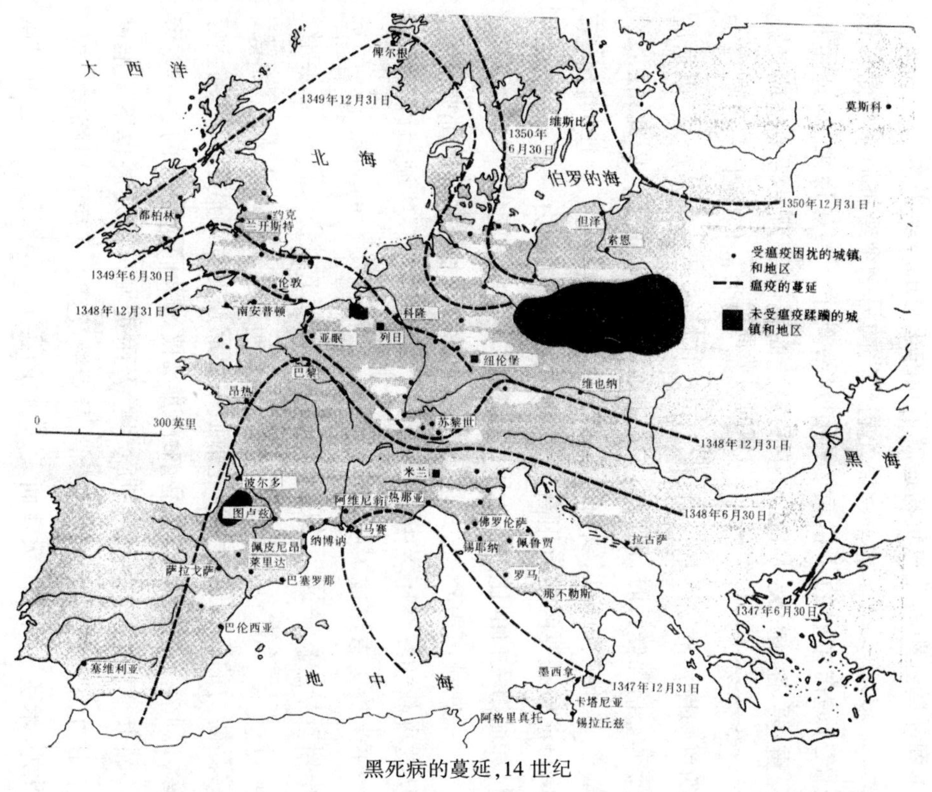

形成了特殊的地区经济:英格兰部分地区转而饲养绵羊和酿制啤酒;法国部分地区集中生产葡萄酒,瑞典则用牛油换取德意志的价格低廉的谷物。欧洲大部分地区都转向生产最能谋利的产品而基本商品的远距离互惠贸易造就了新的牢靠的商业平衡。

(2)城市中心的重要性增大

黑死病产生的另一个经济后果就是城镇的重要性相对增大了。一般说来,与地主相比,城镇的制造商能够更为灵活地适应急剧变化的经济环境,因为他们的生产具有较大的可塑性。市场不景气时,他们可以比较容易地削减产量,以适应
492 需求。情况好转时,他们不太费力就可以增加生产。因此,相形于地产主,他们可以以较快的速度从灾难中恢复元气。他们往往凭借自己较雄厚的实力用高工资吸引农村的劳动力。这样一来,农村和城镇人口的比例发生了略微有利于后者的变化。

一些城市中心,尤其是德意志北部和意大利北部的那些城市,从这种新的经济环境中受益最多。在德意志,一些城镇以吕贝克和不来梅为首结成了所谓汉萨同盟,以控制波罗的海和北海的远距离贸易。汉萨同盟的船队把德意志出产的谷物运往斯堪的纳维亚,再把后者的奶制品、鱼类和皮革制品运回。欧洲人人均购买奢侈品能力的提高给意大利北部城市热那亚尤其是威尼斯带来了好运,以此它们把持了东方香料的进口权。人们把更多的钱用在奢侈品上,对佛罗伦萨、威尼斯、米兰及附近城市的发展也不无推进作用,它们生产的丝绸、亚麻布、薄呢绒及其他优质布料畅销一时。此外,米兰还因其军火业而发达,它的兵工厂向欧洲各交战方提供盔甲和武器。由于各地具体情况不同,一些城镇,尤其是佛兰德的各个城镇,却处于经济萧条状况中;但总起来看,欧洲的城镇中心从这种新的经济环境及生产专门化倾向中受益良多。

先进的商业和金融技术的发展

经济环境的变化对复杂的商务、会计及 493
银行技术的发展也起了促进作用。由于物价波动太快而使投资危险性增大,为了减少风险,因而新式的合伙关系形成了。另外,保险契约也应运而生,部分地承担了船运业的风险;欧洲人发明的最为有用的结算方式即复式簿记首先在 14 世纪中叶为意大利人所使用,进而迅速传播到阿尔卑斯山以北地区。这就使人可以迅速发现计算错误,对盈与亏、借与贷情况一目了然。在 13 世纪中叶以后大型银行业就已普遍发展起来,但中世纪后期发生的种种经济危机促使它们改变部分经营方式。最重要的是经营有方的银行分行技巧的发展,在这方面佛罗伦萨的梅迪奇家族做得尤为出色。更早时期的银行也建立分行,但 1397 年至 1494 年兴隆一时的梅迪奇银行则是按照现代控股公司的方式组建分行的。梅迪奇银行分行分布在一些意大利城市以及伦敦、布鲁日和阿维尼翁等地,均由执行共同政策的梅迪奇家族的重要合股人所掌握。然而在形式上各个分行都是一个独立的合股机构,一家分行的倒闭并不牵连另一家分行。其他意大利分行尝试着采用先进的信用技巧。某些银行甚而允许其客户彼此转让存款,无需任何资金易手。这种"过户"开始时只要口头说一下就可进行,但在 1400 年前后开始根据书面命令进行。这就是现代支票的始祖。

中世纪晚期经济史中人与自然的相互作用

在概览中世纪后期二百年的经济史时,必须既强调人类的作用,也强调自然的作用。现代以前世界各地的历史都倾向于表明,只要出现了人口过剩,自然力量马上就设法减少人口。天气恶劣,疾病随时都会侵袭人类;但当人们业已由于挨饿和居住条件过分拥挤而罹受困苦之际,自然灾害的威力尤为巨大,尤为具有毁灭性。14 世纪时就出现了这种情况。大自然毫不容情地干预人类事务，但不论这种干预产生的直接后果多么残酷，其结果最终是有益的。与1300年相比，到1450年，人口固然少得多了，但他们享有的生活水平却高得多了。就这一结果而言，人类也发挥了自己的作用。由于人们决心充分利用新的经济状况并避免经济再度萧条，因而他们勉力重组其经济生活，把它置于更牢靠的基础之上。与1300年相比，1450年前后欧洲的总产量可能要低一些，但鉴于其间人口锐减，这就不出人意外了。实际上，人均产值有所增长，同时人均收入也有所增长，欧洲经济已为新的飞跃作好了准备。

494 二、社会和情感的混乱

社会危机：下层的反叛

在新的健康的平衡出现之前，中世纪后期的经济危机促发了1300到1450年城市和乡村下层人民的一系列暴动，其次数之多空前绝后。过去人们习惯于认为这些暴动都是由于极端贫困所致，但实际情况往往并非如此。

农民暴动：雅克雷起义

最为明显地是由经济处境困难引起的一次大规模的农民起义，就是1358年法国北部的“雅克雷”(Jacquerie)起义。“雅克雷”一词取名于最为典型的法国农民“好人雅克”(Jacques Bonhomme)，他们在忍无可忍的情况下举起了义旗。1348—1349年间，黑死病令人们魂飞胆丧，经济状况也因此受到破坏。随后，英法之间突起战端，法国整个乡村都出现了很大混乱。饕餮成性的士兵到处烧杀抢掠，农民就像在中世纪后期的所有战争中一样，受害最大。更令人无法忍受的是，英军在1350年在普瓦蒂埃战役中大败法军，法国国王约翰二世和为数众多的贵族被俘，不得不交纳巨额赎金。正像在所有这种情况下一样，农民被要求分摊最为沉重的一份负担，但到了 1358 年农民已不堪忍受，就以迅猛之势起来反抗。他们焚毁城堡，杀害领主，奸淫领主之妻，并无什么明确的纲领。毋庸置疑，农民极度的经济不满是起义的主要原因，但在此应作两个限定。首先，参加雅克雷起义的都是相对说来法国最富裕的农民；那些受苦最深的农民显然无力组织起来举行起义。其次，不仅经济因素，而且政治因素无疑也是起义爆发的一个原因。城镇各个集团试图利用国王被囚禁在英国之机改革法国的政治制度，对君主的权力加以限制；各贵族派别则密谋夺取政权。由于谁都不十分清楚哪种因素居主导地位，因而农民似乎感到可以利用法国政治混乱这一时机。但事实上这一机会并不像他们想象中的那么有利：一个月之内各特权势力就联手屠杀起义者，迅速恢复了秩序。

英国农民起义的背景

1381 年英国农民起义是英国历史上最严重的一次下层人民暴动。人们往往把它与雅克雷起义相提并论，但两者产生的原因有很大不同。它不是由于绝望而产生的起义，而是一次由于日趋上升的美景受挫而引起的起义。到 1381 年，黑死病所产生的种种影响本应对农民有利。尤其是，劳动力缺乏使农民成为需求的对象。实际上，黑死病的爆发确实有助于农奴获得解放、自由农业 495
劳动者获得更高工资或交纳更少的地租。但贵族领主使用一切手段保持自己的收入。他们成功地通过立法，旨在使工资维持在黑死病之前的水平并迫使无地佣工以很低的收入为他们劳动。此外，贵族往往试图获得他们旧有的所有收益并榨取无偿劳役。由于农民不愿再回到黑死病之前的贫困和受奴役状况之中，因而一切冲突势不可免。

起义的进程 1381年农民大起义的导火索是国家试图按照人头而不是财富多少在全国各地同等地征税。这种征税方式在英国税收史上是前所未有,农民们自然而然地感到不公平。1377和1379年征收的两项人头税未遭到反抗,但当征税人员在1381年试图第三次征收人头税时,农民揭竿而起,进行了反抗,并试图洗雪自己的所有冤屈。他们首先焚毁了地方的档案,并洗劫了他们心目中那些剥削者的住所;随后他们向伦敦进军,处决了英国大法官和财务主管。当时在位的年仅15岁的国王理查德二世认识到了局势的严重性,就出面会见农民,允诺废除农奴制并降低地租,从而赢得了他们的信任;与此同时,在达成协议期间,农民起义领袖瓦特·泰勒在与国王卫队的争执中被杀身亡。农民们误认为已经达到了目的,在群龙无首的情况下四散而去。然而,一旦自己无生命之忧,这位年幼的国王就出尔反尔,不信守自己的任何诺言。反过来,四散而去的农民力量迅速遭到了追击,少数被认为是闹事者的农民被处死而未招致民众反抗。因而,这场起义本身一无所获,但在其后几十年间经济力量自发地产生了作用,农奴制因此消失,农村雇工的命运也有了很大改善。

在欧洲其他地区也出现了农民暴动,不过现在我们可以看看一些城镇暴动。据传统说法,中世纪后期的城市起义被视为受剥削的无产者的起义,他们由于经济萧条的影响而受到空前的压迫。但这样讲可能有简单化之嫌,因为每次起义情况不同,起作用的一直是各种复杂的力量。举例来说,德意志北部城镇不伦瑞克1374年的起义与其说是穷人反对富人的运动,倒不如说是一个政治联盟取代另一个政治联盟的政治动荡。1408年在另一德意志北部城市吕贝克爆发的起义则被称为"纳税人"的起义,这种说法是恰如其分的。和上次起义一样,这与其说是贫富之间的冲突,不如说一个未掌权的派别试图建立一个较简朴的政府的尝试。

最接近于真正的无产者起义的一场暴动是1378年佛罗伦萨“梳毛工”(Ciompi,读作“乔姆皮”)起义。梳毛工是些羊毛精梳工人,他们由于从事的是一个早已变得特别萧条的行业而处境悲惨。
一些人失去了工作,另一些人则经常受到毛纺业师傅的欺骗或获 496
得的报酬太低。后者在佛罗伦萨掌有政治大权,因而可以通过一些有利于他们自己的立法。这一事实本身就意味着,如果要进行经济改革,就必须同时进行政治变革。正如事态发展本身所表明的那样,这是一场要求梳毛工采取直接行动的政治危机。1378年,佛罗伦萨由于与罗马教廷苦战三年而财力枯竭。一些贵族领导人推翻了旧政权,以改变战争政策并为自己谋得政治利益。迫于形势需要,他们向较低的阶层寻求支持,而一经发动,梳毛工胆气壮了,就在几个月后发起了远为激进的暴动。这主要是由于经济状况艰难和人们怨声载道造成的,但个人仇恨也起了一定作用。梳毛工们执掌政权六周时间,其间他们试图减免税收、提供更充足的就业机会并在佛罗伦萨政府中保有自己以及其他无产者集团的代表。然而他们无法长期掌有政权,结果取而代之的一个新的寡头制政府废除了梳毛工的所有改革。

对人民起义性质所作的总的结论

如果我们试图从这些各种各样的起义中概括出具有普遍意义的结论,那么我们无疑可以说,假如没有出现经济危机,它们基本上都不会发生。但是政治因素一直具有某些影响,某些起义的参加人员比其他起义者要富有一些。值得注意的是,所有由在经济上处于绝望境地的真正的社会下层发起的起义很快都失败了。这肯定是因为上层阶级更善于执掌权力和发号施令;更为重要的是,他们掌有钱财和用于平息暴乱的军队。有时下层阶级内部的各个派别互相倾轧，特权阶层在面临危及其主导地位的下层威胁时却总能携起手来一致对外。此外，下层反叛人员往往关注于洗雪当前的冤屈而不是制定完全内在的长期政治规划；他们一般都缺乏能激发人们协同努力的理想。至于波希米亚的胡斯革命——下文将专门论及——它表明在中世纪后期宗教比政治、经济和社会因素更能有效地聚集起大批民众。

中世纪后期贵族的聚会。请注意图中人物脚穿的尖靴和妇女戴的比头高两倍的尖帽。

中世纪后期贵族制的危机

虽然上等阶层成功地镇压了民众起义，但他们认识到中世纪后期存在着经济和情感方面的不安定因素，对他们构成威胁的反叛随时可能发生，因而也在苦苦思索维持自己的社会特权地位的途径。中世纪后期贵族的经济处境岌岌可危，因为他们的收入主要来自土地。当粮价和地租下跌、工资上涨之时，

地产主显然就处于经济困境。某些贵族可能也感受到商人和金
融家的威胁,后二者因可以利用市场价格激荡起伏谋得暴利而 497
迅速崛起。其实,真正富裕的商人购买土地,为贵族阶级所同化。此外,多数持有地产的贵族通过其高超的地产管理技巧而得以化解经济威胁;实际上,他们中的许多人比过去更为富裕了。然而大多数贵族依然比过去更深地感受到社会和经济不安定的威胁。因此他们试图建立起种种人为的藩篱,把自己与其他阶层区分开来。

这种区分的最引人注目的两个例子,就是强调贵族式的奢华生活以及排他性的强大制度的形成。中世纪后期是贵族们极尽炫耀之能事的时期。虽然饥馑或瘟疫肆虐,贵族们仍尽情享用丰盛的宴会和盛大华丽的庆典。1468 年在佛兰德举行的一次宴会上,桌席上的饰物高达 46 英尺。贵族们的穿装也极其奢华:男士们脚蹬长而尖的靴子,女士们头戴用彩带做成的饰物。在人类历史的各个时期,富人们都着迷于穿着打扮,但中世纪贵族们沉溺于其中,一方面为自己求得舒适,一方面传递出这样一个信息,即他们是完全有别于别人的。此外,坚持维护一种界限分明的社会等级制度,是中世纪后期骑士团——比如嘉德骑士团或金羊毛骑士团——兴起的一个原因。骑士团对其成员的行
为有特别规定并以其特别的徽章而自豪;通过聚集在这一排他 498
性的团体之中,那些感受到社会压力威胁的贵族们又一次试图把自己与其他人区分开来,其方法实际上是立起一块招牌,上书“本会成员专享”。

过度追求奢华生活的另一个原因在于它是逃避现实的一个方式。那些不断地见到死人并闻到腐尸臭味的贵族们必定感到,退避到一个举止优雅、盛宴不断、服饰艳丽多彩的梦幻世界,可宽慰自己的情感。与此同时,那些无力过这种奢华生活的贵族之外的

人士往往以沉溺于粗鄙的公共娱乐之中来逃避死亡的幻象：比如，成群成群的人围观盲人乞丐，这些乞丐试图抓住一头嘶叫的猪，却用棍棒彼此击打对方；或者，他们以一只鹅为奖赏怂恿男孩们去爬滑不溜湫的竿子，以此取乐。

不过我们绝不可以认为中世纪后期的欧洲人整日聚众滋事，放荡不羁。实际上，同样是这些追求优雅或喧闹的消遣的人，在面临多乖的时代所引起的心理重压时，往往会发展到情感的另一极端，沉溺于悲伤之中不能自拔。在这整个时期中成年男女洒下了
499 大量泪水。法国王太后在初次见到自己的外孙时，当众痛哭失声；大传教士圣文森特·费勒不得不中断他有关耶稣受难和末日审判的布道，因为他及其听众突然无法抑制住悲伤流下了眼泪；英国国王爱德华二世在受到监禁时眼泪如注，所存下的热泪足够他刮脸之用。最后一个故事显然出于想象，但它也清楚地反映出那一时代人们的观念。我们可以肯定，教会鼓励人们哭泣，因为有一个圣约翰哭泣的感人的小雕像残存至今；这个雕像显然是在让观众流下同情的眼泪。

传教士们也鼓励人们入神思索耶稣所受的苦难及他们自身的死亡的问题。令人生畏的十字架到处可见；艺术家们所塑造的圣母玛利亚成了一位悲伤的母亲，而不再是位面带笑容的圣母：现在她往往被描绘成因悲哀过度而歪倒在十字架脚下，或者把死去的耶稣揽在膝上。中世纪后期死亡的困扰也仍然可以见于雕塑、壁画及书稿插图之中，凡此种种均提醒观众生命是短暂的，且要在地狱中罹受种种折磨。中世纪盛期典型坟墓雕刻所描述的不是代表死者一生成就的典型事迹，就是死者安息的情形，以表明死亡不过是一次安宁的睡眠而已。但到了14世纪晚期，坟墓雕刻却以人们所能想象得到的最可怕的方式显现出死后肉体的毁灭：枯槁瘦削的尸骸中肠子拖在外面，或者尸骸上爬满了蛇或蟾蜍。一些墓碑

上雕刻着铭文,称观众不久就将化为“为虫子咀嚼的恶臭的尸骸”;有的铭文则令人胆寒地警告说:“今日之你即昔日之我;今日之我即明日之你。”无所不在的插图则描绘咧嘴而笑的死神手持长柄大镰刀把优雅而健康的男男女女带走,或者描绘虐待成性的魔鬼在地狱里煎烤备受折磨的人类。由于绘制这些图景或对比进行思索的人第二天可能就会沉溺于过度的狂欢之中,因而中世纪后期的文化往往看上去濒临躁狂抑郁状态。然而显而易见,这种极端的反应对人们消除恐惧是必不可少的。

三、教会受到的考验与人们渴求神圣的热潮

人们对死亡的意义的极度关注也就表明,当时人们普遍具有一种深刻的宗教狂热。中世纪盛期的宗教热情到 1300 年丝毫没有下降;如果说有什么变化的话,那就是变得更加高涨了。不过,由于教会机构方面所遇到的种种困难和时代的动乱不宁,因而此时的宗教热情以种种新的表现形式出现。

在教皇卜尼法斯八世蒙羞并于 1303 年去世之后,教会也进入
一个与同时代的经济危机一样严重和持久的机构危机时期。我们 500
可以把它分为三个阶段:所谓教皇巴比伦之囚时期,1305—1378年;大分裂时期,1378—1417 年;以及意大利地域性教廷时期,1417—1517 年。在“巴比伦之囚”时期,罗马教廷设在阿维尼翁,一般说来唯法国国王马首是瞻。出现这种情况的原因有一些,其中最为明显的一个是教皇卜尼法斯八世在与法国国王美男子菲利普进行的较量中显然不敌后者,此后的各位教皇不愿再冒激怒法国国王的风险。实际上,一旦认识到自己无法向法国国王发号施令,教皇发现讨好后者具有某些好处。另一个原因是法国南部远

离骚动不已的意大利，是一块安全的立身之地。意大利中部和罗马城在14世纪时政治骚乱和反叛屡有发生，以致教皇连个人安全都无法保证，更不必说足以维持井然有序的教会行政管理的和平环境了。但在阿维尼翁没有这些问题；虽然阿维尼翁当时并非法兰西王国的一部分——它是教皇所辖一片不大的领地的主要城市——但强大的法国军事力量可以提供教皇迫切需要的安全保障。教皇依从于法国力量的另一个好处是能够从法国那里得到帮助，在德意志和意大利南部实行对教皇和法国双方均有利的政策。至为重要的可能是双方达成了一项切实可行的协议，法国国王借此提出自己的主教候选人，教皇随后一一正式任命，并借此获得非常可观的报偿。1305年后，亲法的教廷体系牢牢建立起来，以致1378年之前大部分红衣主教和所有教皇都是法国人。

阿维尼翁教皇制的性质

在阿维尼翁，教皇比以往任何时候都更为成功地推行了其对教会进行集权管理的政策。他们通过把自欧洲各地征自教士的税款进行集中管理，在历史上第一次确立了真正健全的教皇财政体系。此外，教皇得以掌有更多的任命人员填补圣职空缺的权力（实际上往往是任命法国和英国国王推荐的候选人），并以很大的决心，实际上是残酷无情地与异端作斗争。但不论教皇在权力方面取得了多么大的成就，他们失去了人们的尊敬和忠诚。教士由于要交纳苛重的税款而心存贰心，许多俗人则为教廷的腐败和生活的奢华无度而震惊：在那里红衣主教们过着比地方领主还要奢侈的生活，食孔雀、野鸡、松鸡和天鹅，饮用自雕刻精细的喷泉里喷出的最优质的葡萄美酒。就其个人而言，阿维尼翁教皇们大都是很正直、节俭，但其中的一位克雷芒六世（1342—1352年在位），比其红衣主教还要变本加厉。克雷芒六世随时准备为了金钱奉献各种宗教利益，自诩如果情况局势需要，他可任命一头公驴（傻瓜）为

主教,并以医嘱为借口为自己毫无节制的有悖教规的性行为进行 501
辩护。

返回罗马

随着时间的推移,在强大的社会舆论的压力下,教皇不得不允诺迁回罗马。1367 年乌尔班二世首先作出这种努力,但以失败告终;十年之后,1377 年,教皇格列高利十一世终于返回圣城罗马。但他在一年后就去世了,灾难随之降临。红衣主教团迫于罗马周围意大利人喧嚣的舆论压力,选举了一位意大利人为教皇,是为乌尔班六世。但红衣主教大多是法国人,他们很快就懊悔自己的决定,尤其是不久就与他们交恶并显示出可能属于偏执狂的倾向。因而,仅过了几个月,法国红衣主教就再次集会,宣布前次选举无效,并以他们中间的一员取代乌尔班六世为教皇,是为克雷芒七世。

大分裂

然而不幸的是,乌尔班六世并未逆来顺受,遵命去职。相反,他重新任命了一个全由意大利人组成的红衣主教团,继续盘踞在罗马。克雷芒七世率领其红衣主教团迅速退回到阿维尼翁,由此开始了大分裂时期。法国及其政治范围的各国——诸如苏格兰、卡斯蒂尔和阿拉贡——承认克雷芒为真正的教皇,欧洲其余各国则承认乌尔班。在三十年的时间,基督徒无望地观望,敌对的教皇则相互诟骂,国际上各隐修会分裂成罗马和阿维尼翁两个阵营。一位或另一位教皇的去世并未结束分裂局面;各个阵营均有自己的红衣主教团,他们迅速任命一位法国人或意大利人继任教皇一职。在绝望之下来自两个营垒的一些主教和主教于 1409 年在比萨会晤,选举出一位新的教皇,而把现有的两位教皇废黜。但无论意大利教皇还是法国教皇都拒绝接受宗教会议的决定,同时双方都获得很大的政治支持,得以保有相当多的追随者。因而在 1409 年之后扭斗在一起的是三位而不是两位教皇。

大分裂的结束；教会会议至上制

1417年的康斯坦茨宗教会议最终结束了大分裂局面;这次会议是中世纪历史上规模最大的一次宗教集会。这一次高级教士肯定获得了世俗权力至关紧要的支持,并在提名新教皇之前排除了从前的各位竞争者。1417年宗教会议选举出新教皇马丁五世之后,欧洲的教会团结得以完全恢复。但接踵而至的是围绕着教会政府的性质问题展开的争论。康斯坦茨宗教会议的成员号召建立均衡的、"教会公会议"政府,这样就向中世纪居优势地位的"教皇统治制度"理论提出了挑战。在两项具有重大意义的教令中,他们声称由高级教士组成的公会议的权力高于教皇,这种公会议应定期开会以治理整个教会。毫不奇怪,此后登位的各个教皇——他们现在回到了罗马——试图废除这些教令。1431年,当根据康斯坦茨宗教
502 会议制定的原则在巴塞尔召开一次新的公会议时,当时在位的教皇不遗余力地进行破坏。最终他取得了胜利:经过长期斗争,巴塞尔公会议遭到惨败,于1449年解散,同时在教会建立立宪政府的企图也彻底失败了。但是罗马教皇是在赢得欧洲各国统治者的支持后才战胜教会会议至上论者的。在与各个国王与亲王分别达到的协议中,教会授予这些世俗统治者以更大的控制当地各个教会的权力。因而,教皇是在牺牲许多实实在在的权力的基础上换取理论上的至尊地位的。为了补偿这一损失,他们集中全力控制自己在意大利中部的直接统治。15世纪多数教皇的统治方式与其他别的王公极为相像,统帅军队,施展手腕建立同盟,兴建宏伟壮观的宫殿。因此,虽然他们在历史上第一次创建了一个切实的政治国家,但他们在人们心目中依然是一副对虔诚不感兴趣的形象。

教士威信丧失

就在教皇制经历这些无常变化之际，欧洲各地当地的教士也由于种种原因而威信丧失。一个原因是教皇更大的财政要求迫使教士向俗人索取更多的东西，但凡此种种招致极大愤恨，尤其是在经济危机盛行之际。随后，在瘟疫爆发后，教士有时也像其他所有人一样逃离职守，但这样一来他们就无法再声称自己在道德上高人一等了。人们对教士越来越不满的最主要的单一原因或许在于俗人识字人数与日俱增。学校继续得到普及，书本的价格下落——关于这一点下文将专门论述——就使得大量俗人学会读书写字成为可能。这样一来，俗人就可以开始阅读《圣经》部分章节，或者，更为经常的是，阅读通俗的宗教初级读物。阅读之后他们就会发现，当地牧师并未按照耶稣和使徒确定的标准生活。与此同时，这一时代的动荡不宁和恐惧感迫使人们比过去任何时候都更多地到宗教中寻求安慰。由于传统的渠道，如去教堂做礼拜、忏悔和臣属教士权威等，不能完全满足他们的要求，俗人就去寻找补充性的或替代的虔诚途径。虽然这些途径彼此之间差别很大，但其主旨都是满足人们对上帝的巨大渴求。

虔诚行为的增长：(1)祈祷的做法

人们最常采用的方法是不断重复外在的祈祷行为，希冀上帝在今世赐福虔诚的信徒，在来世救赎他们。人们蜂拥前往圣地朝圣(这是前所未有的)，定期参加赤足列队行进：后者往往每月举行两次，偶或频繁到每周一次。信男信
女们还急不可耐地雇请专职的“弥撒教士”成千次地做弥撒，超度
其已故亲属的灵魂，同时留下遗产让人无数次地诵读安魂弥撒，超
度自己死后的灵魂。这种狂热地一再举行祈祷的行为达到顶点 503
时，一些虔诚的人士试图数清楚基督洒在十字架上的血滴数，以便
同样多次地称颂主。中世纪后期最过分、最令人作呕的一种宗教

仪式就是鞭笞。一些住在公共房屋中的妇女用最粗糙的兽皮、链条或打结的皮带鞭笞自己。1331 年波兰一位年轻姑娘在住进这样的公共房屋后受到严重的内伤，11 个月过后就完全没了人形。鞭笞一般不当众进行，但在 1348 至 1349 年间黑死病第一次肆虐之际，成群成群的徒行穿过北欧，一边唱歌，一边用带有金属包头的鞭子互相抽打，希望这样能够平息上帝的雷霆之怒。

(2)神秘主义

与此相对的是一种内在的达到圣洁途径，即神秘主义。在欧洲大陆各地，尤其是在德意志和英格兰，男男女女神秘主义者（既有

德意志鞭笞派信徒的一次列队行进。这些悔罪者希望能够通过互相抽打免遭黑死病之难。

教士也有俗人)试图通过“脱离凡世”、默祷或精神操练与上帝交融在一起。中世纪后期最有独创性、最为雄辩的神秘主义理论家是德意志多明我会修士马斯特·埃克哈特(约1260—1327年),他教导说每个人的心灵深处都有一种力量或一点“火星”,那是上帝真正居住的场所。通过把各种自我念头都抛弃掉,人就可以退隐到心灵的最深处并在那儿找到神性。埃克哈特并不反对人们去教
堂做礼拜——他自己也去教堂布道,不可能反对上教堂——但他 504
明确宣布外在的仪式对于接近上帝而言相对说来是不重要的。他还给世俗的听众留下这样的印象,即他们主要靠自己的意志力就可以达到神性。因而教会权威人士指控他蓄意煽动“无知、未经训练的人做出难以控制的、危险的过火行为”。虽然埃克哈特声称自己合乎教会正统,但他的某些教导仍受到教皇的谴责。

离经叛道的神秘主义与正统的神秘主义

那些批评埃克哈特的人的担忧并不完全是杞人忧天,因为德意志的一些俗人在他的影响下确实走上了异端的道路,认为不必经过任何中介牧师他们就可完全在现世与上帝融为一体。但这些所谓的自由精神(Free Spirit)派异派分子为数甚少。人数比这多得多的是后来的正统的神秘主义者,他们有时受到埃克哈特的影响,有时则不;他们更为强调的是在心灵与上帝相汇时神的主动性,并断然声称教会举行的宗教仪式是达到神秘境地的必不可少的途径。然而,就连他们也相信“教会不能使人神圣,但人能使教会神圣”。14世纪时宣讲和亲身实施神秘主义的大都是牧师、修女或独居修道士,但在15世纪时一种经过改良的神秘主义信仰在俗人中间传播开来。这种“实用的神秘主义”的目的并不在于完全醉心于与上帝的交融,而在于在日常行为中不间断地感受到神的某种存在。引人走向这条路的最流行的手册是《效法基督》,它用拉丁文于1427年前后写

成,作者可能是德意志北部的修士托马斯(Thomas à Kempis)。这一手册用朴实有力的文字写成,讲的是人如何在世间积极生活的同时作一名虔诚的基督徒,因而对世俗读者特别具有吸引力。正因为这一点,它很快就被译成欧洲各主要方言。直到今天《效法基督》一书依然是除《圣经》之外基督徒读者最众的一部宗教著作。该书敦促读者参加一种宗教仪式——圣餐——但在另一方面强调内在虔诚的重要性。根据它的说教,单个基督徒成为耶稣基督"伙伴"的最好的方式,是既参加圣餐仪式,又默念圣经并过一种简朴、有道德的生活。

(3)异端:约翰·威克里夫和罗拉德派

中世纪后期第三种与众不同的虔诚形式是直截了当的宗教抗议或异端。尤其是在英格兰和波希米亚,异端运动对基督教会构成了严重威胁。中世纪后期英格兰异端运动的发起人是一位名叫约翰·威克里夫(约1330—1384年)的牛津大学神学家。威克里夫严格信守威克里夫的神学,据此认为世间一些人注定要获得救赎,其余的人则不可逆转地要受到惩罚。他以为命定获救的人自然而然地按照《新约》
505 规定的标准过着简朴的生活,但事实上他发现基督教会主教团的多数成员耽于极度奢华的生活。由此他得出结论,多数教会官员将受到惩罚。在他看来,唯一的解决办法是让世俗统治者把教会财富挪作他用并对教会进行改革,办法是用行为符合使徒标准的人取代那些腐败的教士和主教。这一立场对英格兰贵族尤具吸引力,这些人可能本就期盼着攫取教会财富中饱私囊,同时认为利用威克里夫作一条斗牛狗吓吓教皇和当地教士至少是没有任何坏处的。因而威克里夫在开始时获得了有影响的贵族的支持。但在其生命末年威克里夫由仅仅号召进行改革发展到攻击教会某些最基本的制度,尤其是圣餐礼。这种激进态度吓跑了他的那些有影响的保护人；如果威克里夫活的时间再长一些，他可能就会被正式谴责为异端。然而，教会却未能因威克里夫去世而松一口气，因为他吸引了众多世俗追随者——被称为“罗拉德派”——他们热切地继续宣传他的某些最激进的思想。最为重要的是，罗拉德派教导说虔诚的基督徒应把腐败的教会抛在一边，而代之以研究《圣经》并尽可能地依赖个人的道德。在 14 世纪最后 20 年间罗拉德派吸引了许多信徒，但在 1399 年英格兰引入对异端处以死刑的做法和 1414 年罗拉德派起义失败之后，异端浪潮大大消退了。然而，少数罗拉德派暗中继续存在，其后继者对 16 世纪的新教改革运动起了促进作用。

约翰·胡斯

威克里夫信条在波希米亚产生了比在英格兰大得多的影响。1400 年左右，在牛津求学的捷克学生把威克里夫的思想带回了波希米亚的首府布拉格。在那里一位富于辩才的牧师约翰·胡斯（约 1375—1415 年）热切地接受了威克里夫的思想；在此之前他就已在听众甚多的布道上抨击“尘世、肉体和恶魔”。约翰·胡斯援引威克里夫的学说为根据，号召结束教会的腐败，聚集起许多波希米亚人参加 1408 至 1415 年间的改革事业。他未像威克里夫那样批评圣餐仪式而吓跑任何人，赢得了来自许多方面的支持。大分裂的政治局面促使波希米亚国会对胡斯提供保护，而有影响的贵族也出于与英格兰贵族类似的动机支持胡斯。更为重要的是，胡斯通过他的口才和对社会正义问题的关心而赢得大量追随者。结果，1415 年胡斯同意参加康斯坦茨宗教会议时，多数波希米亚人都信从他的主张。胡斯之所以同意前赴康斯坦茨，是想在会议上捍卫自己的观点，并试图说服与会的高级教士：只有进行彻底的改革才能挽救教会；另外，他也得到了保障其人身安全的承诺。然而，他一抵达会议地址，高级教士们就出尔反尔，未给他任何公正的申辩的机会，就把 506

他抓起来进行审判，以异端罪名把这位被出卖的理想主义者烧死了。

胡斯派暴动

自然，这一卑鄙的做法激怒了波希米亚支持胡斯的人，他们迅速举起了公开反叛的旗帜。贵族们利用这一局面夺取教会的土地，较为贫穷的教士、艺匠和农民集结在一起，希望实现胡斯的宗教改革和社会正义的目标。1420 至 1424 年间，由出身社会下层的胡斯信徒组成的军队在一位出类拔萃的盲将军约翰·杰士卡的率领下，击败了数支来自德意志的由装备精良的“圣战”骑士组成的侵略军，取得了令人瞩目的战绩。1434 年，较为保守的、由贵族控制的胡斯派信徒制服了激进派，从而结束了建立一个纯洁的新宗教、改组社会的种种尝试。但是就连这些保守派也拒绝回到完全正统的道路上来。从而波希米亚直到 17 世纪天主教改革运动之后才重新回归天主教营垒。胡斯教的宗教独立宣言既预言了一百年后随着新教信条出现而出现的种种变化，又是中世纪后期人们对教会行政体系不满的最为成功的表述。

四、政治危机与复苏

虽然动荡不已，中世纪后期政治仍有进步

由于中世纪后期大部分时间里战端频起，因而这一时期的政治情况在一开始时看上去非常黯淡。几乎在每一个地区都是一派邻里相争、邻国交战的局面。但仔细审视就会清楚地发现，欧洲的几乎所有政府最终都有所改善。在整个 15 世纪期间，欧洲大陆多数地区重新实现了和平，民族君主制变得尤其强大，正如在经济领域所能看到的那样，这一时期结束时出现了一个新的力量的标志。

意大利的政局

我们的综合考察由意大利开始，首先我们必须说明意大利半岛最南端的那不勒斯王国在整个14、15世纪或多或少不间断地处于无休止的战争或管理不善状态之中。另一方面，意大利比欧洲其他任何地区都更早地由中世纪后期普遍存在的政治骚乱中解脱出来。14世纪对教皇国(包括意大利中部大部分地区)而言是个麻烦不断的时期，因为代表不在本地或分裂的教皇的力量很少能够扑灭难以驾驭的城镇和各劫掠武装团伙敌对的领导人的反抗。但在1417年大分裂结束后，历任的各位教皇把注意力更多地放在巩固在意大利教皇领地的统治上，逐渐成为半岛中部大部分地区的强有力统治者。在更靠北的地区，某些主要的城市国家——比如佛罗伦萨、威尼斯、锡耶纳和热那亚——在14世纪时由于经济压力都经历了至少是间或、但经常是旷日持久的社会冲突。然而或早或晚 507
最为强大的家族或利益集团克服了内部的反抗。到1400年，北方三个主要的城市国家——威尼斯、米兰和佛罗伦萨——都确立了各自不同的政治体制：威尼斯处在商人寡头制统治之下，米兰处在一个专制王朝的统治之下，佛罗伦萨则处在一个复杂的、据认为是共和政体但实际上由富人掌权的体制治理之下。(1434年后，佛罗伦萨共和国实际上处在梅迪奇银行家族的控制之下。)

15世纪时和平确立

在解决了各自的内部问题后，威尼斯、米兰和佛罗伦萨自约1400到1454年纷纷进行领土扩张，几乎征服了意大利北部其他所有城镇；热那亚是一例外，它虽仍然是个繁荣的独立国家，但它没有获得任何新的领土。因而到15世纪中叶，意大利可分为五个主要地区：北方的威尼斯、米兰和佛罗伦萨三国；中部的教皇国；以及南部落后的那不勒斯王国。1454年的协议在这些国家中开创了半个世纪的和平局面。协议规定：只要一国威胁要打破这种“力量平衡”,其他各国在战争真正爆发之前,通常就结成联盟予以反对。因而15世纪后半期对意大利而言是一幸运的时期。但在1494年,法国入侵意大利,战火再次在意大利土壤上燃起;法国试图藉此控制意大利,但遭到了西班牙的成功的反击。

德意志:王公的胜利

在阿尔卑斯山以北,政治动乱贯穿整个14世纪并延续到了15世纪。德意志的局面可能最不安定。在那里,实际上完全独立的王公与大大受到削弱的皇帝争战不已。在约1350至1450年这段时期,德意志普遍出现了一种近乎无政府的混乱局面,因为就在王公混战一团并把其继承物分成更小的邦国时,诸如自由城市和拥有一二个城堡的骑士这类弱小势力也力图摆脱王公的统治。在德意志西部大部分地区,这些尝试获得了一定成功,结果使政治权威空前分裂;但在东部,在约1450年后,某些较为强大的王公设法控制住了分裂势力,维持了自己的权威。在做到这一点之后,他们开始以英格兰和法国这些更大的民族君主制为模式对中等规模的邦国进行强有力的统治。统治着诸如巴伐利亚、奥地利和勃兰登堡之类东部地区的那些王公最为强大,因为在那里城镇更少更小,这些王公在更早的时候就可以利用帝国的软弱主持大片大片地区的拓殖活动。奥地利的哈布斯堡家族诸王公和勃兰登堡——该地区在16世纪与普鲁士最东部合在一起——的霍亨索伦家族诸王公尤其如此;它们将成为德意志未来最有影响的两个势力。

法国:百年战争爆发的原因

大的民族国家在中世纪后期同样遭到了动
508 乱的蹂躏。法国在该时期许多年份里也陷入纷争之中,主要是陷入旷日持久的与英格兰的百年战争之中。百年战争实际上由一系列冲突构成,延续的年代不止百年——始于1337年,止于1453年。一些不同的原因促成了战争的爆发。主要的原因是法国领土由英格兰国王占有这一由来已久的老问题。14 世纪初,英格兰国王仍然统辖着法国南部法国国王的附庸加斯科涅和阿基坦这两块面积很大、土地肥沃的地区。自菲利普·奥古斯特统治时期以来,法国人一直在扩展疆土并巩固自己的统治,显然希望把英格兰驱逐出去,这就使得战争不可避免。战争爆发的另一个原因在于,英格兰人为了维护自己与佛兰德进行羊毛贸易的经济利益,对佛兰德自治市居民反对法国统治的经常性企图予以支持。最后,构成法国王统的卡佩家族直系继承人于 1328 年灭绝了,此后将由有亲缘关系的瓦卢瓦王朝取而代之,而此意味着通过联姻关系而成为卡佩家族后裔的英格兰国王,提出了承袭法国王位的要求。

战争的进程:英格兰最初获胜的几个原因

法国在战端初起时本应可以轻松地战胜英格兰:它是欧洲最为富庶的国家,人口(约 1,500 万)多于英格兰(不足 400 万)。然而,在百年战争前四分之三的时间里,英格兰获得了大部分激战的胜利。其中一个原因是英格兰掌握了先进的军事战术,用训练有素的弓箭手挡住并驱散骑着战马、身着重甲的法国骑士。在这场长时间的冲突三次最大的战役——1346 年克雷西战役,1356 年普瓦蒂埃战役和 1415 年的阿让库尔战役——中,人数处于劣势的英格兰人依靠严明的纪律和有效地使用长弓,重创法国人。英格兰取胜的另一个原因是战争一直在法国土地上进行。这样一来,英格兰士兵求战心切,因为他们可望获得大量掳夺品,同时自己的故乡未受到战争的任何损害。对法国人来说最为糟糕的是,他们内部往往有着严重分歧。法国国王对各地要求自治的主张一直心存疑惧:尤其是在旷日持久的战争期间,法国在位国王多为极其无能之辈，而英格兰人又竭力支持法国内争，此时许多地方性贵族领袖利用混乱之机与法国的敌人勾结起来谋取一己私利。最为戏剧性、最为命运攸关的一例是勃艮第脱离法国；该地的公爵们在1419—1435年间与英格兰结盟，这一举动直接威胁到独立的法国国王的生死存亡。

509 **圣女贞德**

正是在这一黑暗的时刻女英雄(圣女)贞德挺身而出，重振法国民心。1429年，贞德这位不识字但极其虔诚的农村姑娘找到了尚未加冕的法国统治者查理七世，宣称她受到神的委托把英格兰人赶出法国。查理被说动了心，同意由她指挥法国军队；贞德的虔诚和诚实给士兵留下了深刻的印象，他们士气大振。仅用了几个月时间，贞德就把法国中部大片地区由英格兰人统治下解放出来，并把查理带到了兰斯，后者在那里加冕为王。但在1430年5月贞德被勃艮第人抓获并被移交给英格兰人。贞德被英格兰人指控为女巫，以异端罪名受到审判。1431年，经过预先确定罪名的审判后，她在鲁昂集市广场被当众焚死。尽管如此，法国军队在其最初几次胜利的鼓舞下继续发起进攻。1435年，勃艮第退出与英格兰的联盟，此时在位的英格兰国王亨利六世是位完全无能的君主，结果法国一方又不间断地取得一连串胜利。1453年，英格兰在法国西南部的最后一个据点波尔多失陷，旷日持久的战争最初结束了。此时英格兰人在法国只剩下一个濒临英吉利海峡的港口加莱，该城在1558年也最终为法国收复。

百年战争的结果不只是把英格兰人逐出法国领土，而且大大增强了法国国王的权力。虽然长期战争期间法国的国王多为无能之辈——其中的一位查理六世患有周期性精神错乱症——但君主制显示出令人瞩目的持久力，因为它给法国提供了有史以来最为强大的种种机构，因而成为实现持久稳定与和平的唯一现实可行的希望。此外,战争的紧急状态使国王得以获得新的权力,尤其是征收国税和维持一支常备军的权利。因而,在查理七世击败英军之后,法国国王就可以重新建立中世纪盛期非常自信地治理国家的王家传统。在查理七世的继承人路易十一世(1461—1483 年)和路易十二世(1498—1515 年)统治时期,君主制变得空前强大。

圣女贞德 肖像

其最大的单项成就，就是乘机消灭了一直桀骜不驯的勃艮第势力。1477年，勃艮第公爵大胆路易在南锡战役中丧命于他试图加以统治的瑞士人之手。由于查理死时没有男性继承人，法国的路易十一世得以进军勃艮第，把这一分离出去的公国重新纳入自己的统治版图之内。后来路易十二世通过联姻获得了布列塔尼，这样法国国王就把几乎与今日法国版图相当的所有地位置于自己的强有力统治之下。

路易十一侧面像 让·富凯（约1416—1480年）作。

英格兰：国内动乱

虽然百年战争在法国土地而不是在英格兰本土进行，但英格兰由于内部不稳定在中世纪后期也发生了大的骚乱。实际上，英格兰是骚乱的温
510 床：1307至1485年间登基的9位英格兰国王中，有5位由于叛乱或密谋而死于非命。被杀的国王大都是些无能之辈，但英格兰政局动荡也有其他原因。其一是英格兰国王野心过大，既想保住自己在法国的领地，又想征服苏格兰。这种政策往往迫使国王在国内征收重税，同时向贵族作出重大政治让步。当国王在与法国的军事斗争中获胜中，他深孚众望，贵族也因获得大量战利品和赎金而兴盛起来；但一旦在军事上陷入逆境，国王在财政上就会捉襟见肘，被迫在政治上处于防御地位。令事态更为恶化的是，英格兰贵族在这一整个时期尤为不驯服，

这不仅是因为贵族们往往有理由不信任无能的国王，而且是因为这一时代的经济压力迫使他们以牺牲别的贵族为代价扩充自己的农庄。这就引发了宗派主义，而宗派活动往往导致内战。

亨利七世肖像。1505 年 M. 西托作。

玫瑰战争

在英格兰实际上丧失在法国的所有土地以及贵族不再能指望靠对外战争掠夺战利品而致富之后，英格兰的政治局势变得尤为严重。时运不济，此时当政的适为英格兰历史上最不称职的国王之一，即亨利六世(1422—1461 年)。根据一位权威新近的看法，亨利六世“以一种不负责任和浅薄至极的态度令英格兰政府的整个程序一团混乱，陷于瘫痪，这在历史上是没有先例的”。亨利的任性促成了玫瑰战争的爆发。玫瑰战争始于 1455 年，终止于 1485 年，它得名于敌对双方的徽记：兰开斯特的亨利家族的徽记是红玫瑰，其竞争对手约克家族的徽记则是白玫瑰。约克家族一度掌有王权，理查德三世等曾登基为王。但到了 1485 年，一个新的王朝都铎王朝取代了约克王朝，从而开创了英格兰历史的一个新时期。都铎王朝的第一位国王亨利七世稳步铲除各位觊觎王位的人，不再进行费用高昂的对外战争，积累起剩余财富，逐步重申了国王对贵族的权力。1509 年他去世后，他因而得以传给自己的儿子亨利八世(1509—1547 年)一种空前强大的王权。

1307—1485年英格兰政治发展中各有利的方面

把自 1307 年至 1485 年亨利七世登基这段时期的英格兰历史视为一个未取得任何积极的成就的漫长、乏味的过渡期，是一个很吸引人的看法，但这种看法有失公正。首先，在骚乱频仍的时期英格兰完全没有分裂，这本身就是一个成就。值得注意的是，中世纪后期举行反叛的贵族从未尝试宣布他们所在的任何一个地区独立；只有一次，即在 1405 年，他们确实试图瓜分国家，但没有成功。把这一不具重要意义的例外排除在外，那么贵族叛乱分子总是力
511 图控制中央政府，而不是摧毁中央政府或从它那里脱离出去。因而，当亨利七世登基之际，他不必像法国国王路易十一世那样收复任何英格兰领土；路易十一世在登基后不得不费力地收复勃艮第。更重要的是，百年战争所产生的敌对情绪最终产生了提高英格兰民族认同意识的有益的后果。自诺曼底征服到 14 世纪后期，法语一直是英国王室和贵族爱讲的语言，但日益高涨的仇法情绪致使英语在 1400 年左右取得了完全胜利。丢失在法国的各块领地最终也不无好处，因为此后国王得以摆脱与法国交战的必然局面。这种自由使英国在 16 世纪欧洲大陆政治中能够更灵活地施展外交手腕，后来又有助于英国集中精力在美洲及其他地区进行海外扩张。不过另一个具有积极意义的发展是高效的行政机构的稳步成长；虽然国王不断更换，但中央行政管理体系扩大了并变得更成熟了。议会也变得更强大了，这在很大程度上是因为国王和贵族都相信他们可以利用它为自己服务。1307 年时议会尚不是英格兰行政体系中一个固定的部分，但到了 1485 年它毫无疑问地发展成为这种机构。后世一些希望在不靠议会的情况下进行统治的国王都遇到了严重困难。

西班牙王权的巩固

就在法国的路易十一世和英格兰的亨利七世在各自的国度里重振王权之际，西班牙君主斐迪南和伊萨贝拉也在伊比利亚半岛为实现同样的目标而努力。在中世纪后期，伊比利亚半岛也是纷争不息；阿拉贡和卡斯蒂尔往往彼此交战，那些王国内部各贵族派别也不断地与王室开战。但在 1469 年，阿拉贡的继承人斐迪南与卡斯蒂尔的女继承人伊萨贝拉成婚，藉此创建了一个构成了现代西班牙基础的联合。

斐迪南与伊萨贝拉

尽管西班牙直到 1716 年才成为一个完全统一的国家，因为阿拉贡和卡斯蒂尔仍保有各自的机构，但至少这两个以前各自为政的王国之间不再开启战端，这个新的国家可以着手推行统一的政策。伊萨贝拉和斐迪南（他们分别统治到 1504 和 1516 年）征服了贵族，并在同一年（1492 年）吞并了穆斯林在伊比利亚半岛残余的最后一个国家格拉纳达，并把所有犹太人逐出了西班牙。一些史学家认为驱逐犹太人是出于宗教偏见，另一些史学家则认为这种举动虽然有些残酷，但不失为一个冷静的措施，旨在避免西班牙的 conversos（指从前皈依基督教的犹太人）故态复萌。不论动机何在，迫使犹太人出走致使斐迪南和伊萨贝拉认为他们消除了威胁民族统一的内部力量，并有胆量执行雄心勃勃的外交政策：他们不仅转向海外扩张，其中最著名的一例是资助克里斯托弗·哥伦布，而且果断地登上了意大利的政治舞台。在
征服墨西哥和秘鲁之后，美洲的金银大量流入西班牙，同时它在 512
战场上几乎不可战胜，这样，西班牙很快就成为 16 世纪欧洲最强大的国家。

中世纪后期欧洲各地政治发展的最明显的后果是最终保存了

民族君主制的胜利

中世纪盛期的基本类型。在1300年前就在政治上四分五裂的意大利和德意志地区在此后依然是一派政治分裂局面。15世纪时这两个地区中等规模邦国的出现带来了空前的安定,但事态的发展将证明意大利和德意志依然是西欧强国强取豪夺的对象。后者随着更为强大的民族君主制的巩固而比过去显然强大得多了。它们的优势地位最为明显的表证,就是紧接着1494年之后诸年意大利的历史。在1494年之前,意大利各国相对说来显得更富庶,政治上也井然有序。它们试行了更为先进的行政管理和外交技巧。但当法国和西班牙侵入亚平宁半岛时,意大利各邦像纸制房屋那样应声

伊萨贝拉与斐迪南。随着阿拉贡的斐迪南与卡斯蒂尔的伊萨贝拉的联姻,西班牙成为一个统一的国家。在格拉纳达战役中,他们击败了穆斯林在西班牙地区的最后一支力量。哥伦布得到召见并获得伊萨贝拉的资助。从前用于与伊斯兰教作战的金钱部分上转而用于资助探险事业。

而倒。西方各君主国完全可以利用更大的资源,并因而接过了欧洲的未来。

五、俄罗斯帝国的形成

适值1450年之后半个世纪中西欧民族国家的力量得到决定性的巩固之际,在欧洲的东部一个国家脱颖而出,这就是俄罗斯,它在后来将成为欧洲一个举足轻重的强国。但俄罗斯与西欧民族国家截然不同;倒不如说,在1500年左右俄罗斯朝着成为欧洲主要的东方式帝国迈出了决定性的前几步。

基辅国与西方的联系

如果不是中世纪后期的几种情况结合在一起,一个或几个俄罗斯国家很可能沿着典型的西方路线发展下去。确实,位于今俄罗斯、乌克兰和白俄罗斯地区的第一个政治实体的创建者本身即西方人——来自瑞典的维金人,他们在10世纪为了保护自己自斯堪的纳维亚至君士坦丁堡的贸易线而以基辅周围为中心建立了一个公国。在两三代人的时间内,这些维金人在语言上为包围着他们的斯拉夫人所同化,但他们建立的基辅公国在1200年左右之前仍是更大的欧洲国家共同体中的一员。由于基辅位于俄罗斯平原的最西端(准确说来,基辅根本不在俄罗斯境内,而是一个叫作乌克兰的地区的中心),因而在中世纪盛期基辅国家自然而然地
与西欧保持着亲密、真诚的外交和贸易关系。举例来说,在11世 513
纪,法国国王亨利一世娶了一位基辅公主安妮为妻,他们的儿子相应地取了一个基辅人名菲利普,这一命令标志着这一迄今一直是外国人所用的姓名进入了西方。除与西方文化有着这种直接联系外,基辅政府与西方的有限君主制也有些相像,基辅大公们的统治权力也受到全民大会(veche)这一机构的制约。

俄罗斯疏远西方的原因：(1)蒙古人征服俄罗斯

但是1200年后，四项具有划时代意义的发展驱使俄罗斯文明与西方文明之间产生了裂痕。第一个变化是蒙古人或鞑靼人在13世纪征服了俄罗斯大部分地区。早在12世纪中叶，基辅就遭受到来自亚洲的一个叫作库曼人的部落的骚扰，但它和俄罗斯其他结成松散联邦的公国最终勉力抵挡住了库曼人的进犯。然而，1237年越过乌拉尔山脉自亚洲来到俄罗斯的非常野蛮的蒙古人则完全是另一回事。在令人畏惧的成吉思汗的一个孙子拔都的统率下，蒙古人在西进途中烧杀抢掠，据同时代一个人的说法，“已无人可以睁开眼睛为死者哭泣”。1240年，蒙古人侵占基辅；二年后，他们在伏尔加河下游建立了自己的国家，即金帐汗国，该国在此后大约二个世纪中对近乎整个俄罗斯实行统治。由于不愿或无力建立行政机构直接治理面积广袤的俄罗斯，蒙古可汗们容许几个当地俄罗斯国家继续存在下去，只要求它们表示臣属并定期纳贡。在这种“鞑靼人枷锁”下，俄罗斯政治发展的正常进程不可避免地受到了阻碍。

(2)作为一个统一力量的莫斯科公国的崛起

最终脱颖而出并在15世纪最终打败蒙古人、把俄罗斯许多地区团结起来的当地俄罗斯公国是莫斯科大公国，它地处俄罗斯东北部的
514 内陆深处。由于它远离蒙古人在伏尔加河下游的权力基地，莫斯科大公们与其某些对手相比就有更大的自由巩固自己的力量并免受蒙古人的干涉；当蒙古可汗认识到这一点时，已为时过晚，无法遏制住莫斯科的势头。但莫斯科地处偏远，离西欧也非常遥远：比基辅与法国或意大利之间的距离要长约600英里，且往往为冰雪所覆盖。仅这一点就会成为妨碍莫斯科与西方建立密切关系的一个明显的因素，但令局势更为恶化的是，1386年之后波兰—立陶

宛的兴起以及1453年君士坦丁堡的陷落致使建立真诚的关系完全不可能了。

(3)对信奉天主教的波兰的扩张表示愤恨

在中世纪的大部分时间里,波兰都是一个二流国家,面对德意志人的 515
入侵往往处于防御地位。但在14世纪局势发生了重大变化,这部分上是因为德意志到那时从前的盛况不复存在,尤其是因为1386年波兰在位女王雅德维加与立陶宛大公亚盖沃的联姻;这一联姻不仅使波兰的领土增加了一倍,而且使之成为一个重要的奉行扩张政策的国家。甚至在1386年之前,立陶宛公国就制订了扩充疆土的计划,不仅把波罗的海沿岸为今日立陶宛掌有的地区置于其统治之下,而且要扩展到白俄罗斯和乌克兰等地区。在与波兰联合后,立陶宛的扩张势头更强烈了:1410年,波兰—立陶宛联军在坦嫩贝格战役中大败当时统治着相邻的普鲁士的德意志军事团体条顿骑士团,同时在15世纪初叶波兰—立陶宛在东方也大肆扩张,看其来势像是要征服整个俄罗斯。但是波兰—立陶宛信奉的是罗马天主教,它所征服的俄罗斯人有不少信奉东正教,他们因此不愿听从新统治者的摆布。信奉东正教的莫斯科显然从这种不满中受益匪浅,它成为在宗教上反对波兰的中心。因而,当莫斯科在15世纪后半期能够对波兰—立陶宛采取攻势时,它既诉诸民族感情,也诉诸宗教情感。随后双方进行了旷日持久的战争。战争大大加剧了敌对情绪;由于波兰—立陶宛在莫斯科公国人的心目中代表着整个西方,因而他们对整个西方文明也变得空前怀有敌意。

君士坦丁堡失陷的影响

最后与这一趋势相关,1453年君士坦丁堡沦入土耳其人之手造成了难以估量的影响。我们在第12章已经谈到,俄罗斯在10世纪后期皈依东正教信仰,是拜占庭帝国传教士的功劳。在基辅

516 公国时期俄罗斯信奉东正教对于与西方的真诚联系并未构成障碍,因为当时东正教的拜占庭和西方之间尚未出现无法弥合的宗教敌对状态。1204 年西方第四次十字军运动洗劫君士坦丁堡之后,拜占庭对罗马就只有仇恨可言了。信奉东正教的俄罗斯人对其拜占庭导师逐步表示同情,1453 年拜占庭灭亡后他们更感到自己有异常充分的理由杜绝“罗马的影响”。这是因为在 1438 年,君士坦丁堡的拜占庭人正确地察觉到土耳其人即将展开强大的进攻,因而降纡屈尊同意与教皇达成屈辱性的宗教和解,希望能在垂死一搏中换取西方的军事支持。但尽管如此,西方没有进行任何帮助,以致君士坦丁堡在未得到罗马天主教骑士援手的情况下于 1453 年落入土耳其人之手。然而在此同时,莫斯科的东正教统治集团拒绝跟着拜占庭向罗马表示宗教臣属,其原因显然在于莫斯科丝毫没有感受到土耳其人的威胁。因而,一旦君士坦丁堡失陷,莫斯科公国人就得出结论,土耳其人获胜是上帝对拜占庭人背弃宗教行为的惩罚,莫斯科公国则成为一个尤为热心的反对罗马的思想意识的中心。

伊凡大帝

正是在这种背景下,我们可以考察一下伊凡三世的统治;伊凡三世(1462—1505 年在位)习惯上被称为伊凡大帝,他呕心沥血要把莫斯科大公国转变成新生的俄罗斯帝国。伊凡的前任瓦西里二世业已在莫斯科推翻蒙古人统治的斗争中占了上风,但在 1480 年宣布废除对蒙古可汗的种种臣属而完成这一过程的,却是伊凡三世。此时蒙古人为莫斯科公国的力量震慑住了,没有进行任何反抗,在此同时,1462 至 1485 年间,伊凡一个接一个地吞并了位于莫斯科和波兰—立陶宛之间所有独立的俄罗斯人公国。最后,通过接连两次入侵立陶宛(1492 年和 1501 年),这位强大的征服者夺回了毗邻其西部边界的白俄罗斯和乌克兰一整片地区。因而当 1505 年伊凡大帝去世时,

瑞典
挪威
白海
阿尔汉格尔
乌拉尔山脉
芬兰
诺夫哥罗德共和国
诺夫哥罗德
波罗的海
立窝尼亚
条顿骑士团
条顿骑士团
立陶宛
坦嫩伯格
白俄罗斯
莫斯科公国
卡赞
卡赞
下诺夫哥罗德
斯摩棱斯克
莫斯科
波兰
波兰与立陶宛王国
克拉科夫
金帐汗国
乌克兰
基辅
第聂伯河
伏尔加河
匈牙利
摩尔达维亚
瓦拉几亚
阿斯特拉罕
克里米亚
黑海
里海
奥斯曼帝国
君士坦丁堡
莫斯科，约1300年
扩张到1389年
扩张到1462年
扩张到1505年
基辅俄罗斯
(10—11世纪)

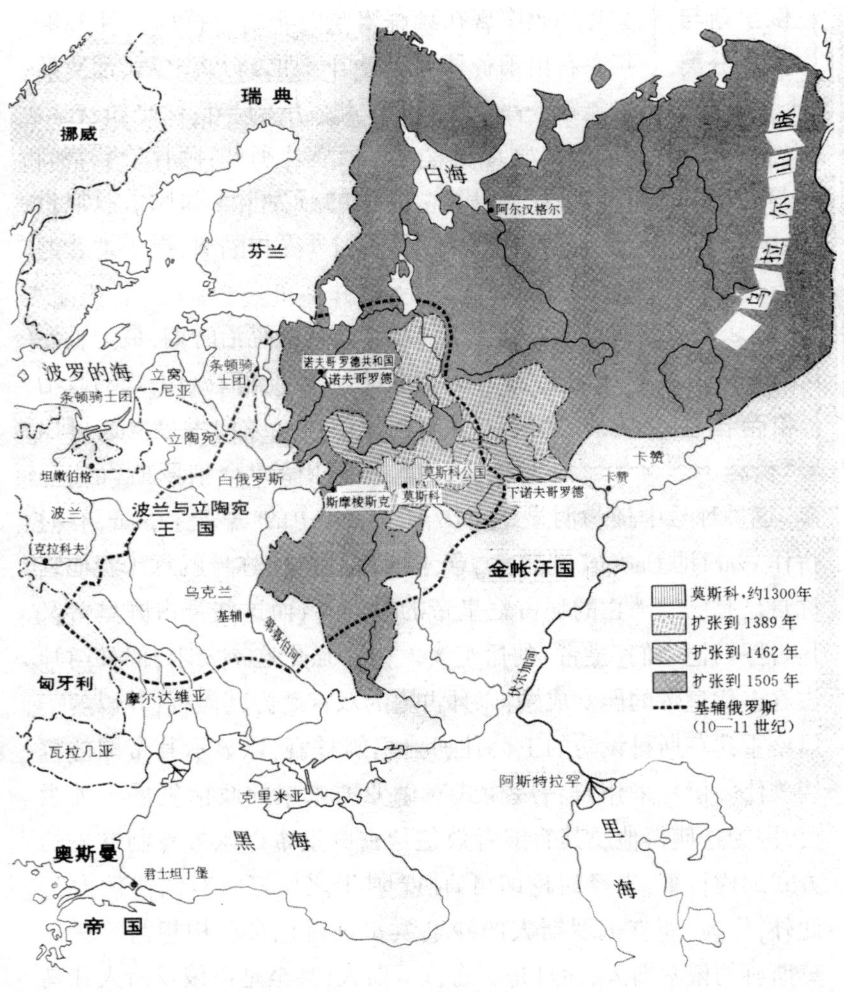

1505年前的俄国

莫斯科公国显然已成为欧洲舞台上一个不可小视的力量。

俄罗斯与西方分离

但对任何观察者而言同样很清楚的是，俄罗斯文化和政府现在具有浓厚的非西方特征。自1200年左右出于各种实际考虑与西方分离之后，俄罗斯未能跟上西方思想和文化发展的步伐。比如，在俄罗斯实际上没有世俗文学，算术也不怎么为人所知，阿拉伯数字尚未得到使用，商人们用算盘计算。人们的行为举止和风俗习惯也
517 无法与西方相比。上层妇女头戴面纱，与外界相隔离，男人则普遍蓄有松散的胡子，身着裙式外衣。

朝着东方式的政治专制和帝国主义方向发展

在伊凡三世统治时期，最为重要的或许是，俄罗斯沿着东方式的政治专制和帝国主义方向发展。这可以从伊凡所采用的“全俄罗斯人的沙皇”这一称号中最为明显地看出来。俄文中的“沙皇”（tsar，有时拼作 czar）即 Caesar（恺撒）之意，伊凡使用这一称号就意味着他宣称自己是已经消亡的拜占庭皇帝的后继者，而这些拜占庭皇帝又是古罗马恺撒们（皇帝）的后继者。为了强化这一要求，他又与拜占庭末代皇帝的侄女成婚，以拜占庭的双首鹰为其徽标，并以奢华风格重建莫斯科设防的王公住所克里姆林宫，以显示其帝国的辉煌雄伟。伊凡采用拜占庭模式对俄罗斯未来的政治发展至关紧要，因为这使得他及其后继者效仿拜占庭皇帝以东方专制君主的方式那样行事，未经讨论即可宣称“君王之所好具有法律效力”。此外，作为“所有俄罗斯人的沙皇”，伊凡就把自己构想为不只是莫斯科的俄罗斯人，而且是所有俄罗斯人，甚至是白俄罗斯人和乌克兰人的专制统治者。正如后来事件发展所表明的那样，这是一种扩张主义政策的开端，未来的俄罗斯沙皇藉此把俄罗斯人和各种各样非俄罗斯民族融入欧洲最大的帝国之中。

六、土耳其人的扩张与奥斯曼帝国

作为拜占庭和阿拉伯王国后继者的奥斯曼帝国

在中世纪后期,土耳其人成群结队地进入西亚和东欧,为世界上的大帝国之一奠定了基础。到了 16 世纪,奥斯曼帝国把已经灭亡的拜占庭统辖的所有地区以及阿拉伯人在伊斯兰扩张前几百年征服的大部分地区都置于自己的控制之下,达到了极盛。奥斯曼帝国横跨欧洲、亚洲和非洲三个大陆,成为拜占庭和阿拉伯各王国的后继者;它在保有两者某些特点的同时,添加了许多新的、与众不同的特点。

土耳其人的起源和早期历史

土耳其人(突厥人)最初是中亚大草原上诸游牧部落之一,公元 6 世纪他们通过把各部落首领联合起来而建造了一个帝国。这一帝国自黑海一直扩展到中国边界,很快就分崩离析了。土耳其人在世界历史舞台上崛起为一个举足轻重的势力开始于 8 世纪他们皈依伊斯兰教之后。这一转化过程是通过与深入到中亚的阿拉伯战士、商人和传教士的接触实现的。与众多皈依伊斯兰教的人不同,土耳其人从未被阿拉伯人征服。他们志愿信奉伊斯兰教,并热心推广伊斯兰事业;在一开始时他们被其简单的
教义以及它号召采取勇敢行动保护宗教的号召所吸引。他们不仅 518
把伊斯兰教作为个人的行为,而且把它当作治国标准之基础:在一个部落之间纷争不已的社会中,伊斯兰教成为一种凝聚力量。皈依伊斯兰教也使得土耳其人与波斯和近东各成熟的文明有了更密切的关联。他们保留了自己的语言,但以阿拉伯文书形式取代其更早的书写体系,同时在其语言中借用了许多阿拉伯文词汇。

先是在军队中服役,后执掌政权

土耳其人浸淫于一种蛮勇的游牧文化的传统之中,把传播这种真正的信仰当作自己的使命,这种信念使他们勇气大增;很快土耳其人就以无畏的战士著称于世(或者说声名狼藉)。在几百年的时间里,被俘获或用钱买到的土耳其人奴隶被纳入各已经确立的穆斯林国家的军队,他们逐渐成为主要的军事力量,最终僭夺了政治权力。到 11 世纪中叶,穆斯林国家大都掌握在土耳其手中,其中包括巴格达的阿拔斯王朝。在埃及,土耳其军事奴隶的后代最终建立了一个统治王朝,把持埃及王位达三百年之久(1250—1517 年)。(这些人被称为"马穆鲁克"素丹,该词源自阿拉伯文"mamluk",意为"拥有"。)土耳其冒险家还勉力获得新的地区并移植伊斯兰教。11 世纪时他们入侵印度,在印度斯坦建立了穆斯林王朝。其他人掉头西进,深入到拜占庭帝国的边界地区,在安纳托利亚建立了根据地,这里后来成为土耳其民族令人尊敬的故土。

朝廷对兵营

与土耳其人在安纳托利亚各公国发展相伴出现的是两股敌对力量的较量。为了使其自战场上赢得的权威合法化,土耳其统治者欢迎波斯、伊拉克和阿拉伯半岛等"一流"伊斯兰社会的法学专家和宗教专家前来佐助。但扩展疆土主要是伊斯兰战士(gazis)、看重战斗中同志情谊的吃苦耐劳的边远地区居民的功劳。在安纳托利亚的国家建设过程中,威严的、等级制的宫廷模式与民主的、具有平等主义传统的兵营模式之间关系紧张。

塞尔柱人王朝与鲁米素丹国

在拜占庭帝国分崩离析的过程中,先后有两个土耳其人王朝,即塞尔柱人王朝和奥斯曼人王朝,跻身于显赫地位。塞尔柱人源自一个自称是一同名祖先后裔的战士家族。1055 年他们进入巴格达城,把哈里发变为其傀儡。16 年过后,1071 年,塞尔柱人的素丹阿尔普·阿尔斯兰在曼齐卡特战役中击败拜占庭军队,予拜占庭皇帝以毁灭性打击。塞尔柱人建立的一个松散的帝国势力抵达中亚;帝国以科尼亚为首都,在安纳托利亚实行的是中央集权的君主统治。土耳其人早就把拜占庭的安纳托利亚称为“鲁米”(Rum,即 Rome,“罗马”),他们的统治者的头衔为“鲁米素丹”。鲁米素丹的权力在 13 世纪中叶为蒙古人粉碎,后者在征服波斯和伊拉克后,一直进军到安纳托利亚腹地进行抢劫。此后,塞 519
尔柱素丹国瓦解了。

十字军运动的失败

塞尔柱素丹国的解体只不过使在亚洲和欧洲争夺拜占庭领土的活动更趋激烈。实际上,征服与其说是塞尔柱人或奥斯曼人素丹进行的,倒不如说是独立的 gazis 团伙,尤其是靠游牧为生的土耳其人完成的,后者先于蒙古人而逃窜,在安纳托利亚西部建立了权力基地。由于当地穆斯林统治者之间不团结和纷争不已,欧洲十字军战士于 12 世纪得以在地中海沿岸获得一个朝不保夕的立足点。著名的萨拉丁素丹曾赢得与他作战的欧洲人的尊敬和羡慕。萨拉丁的血统是库尔德人而非土耳其人。他先是充当埃及军队的统帅,后于 1170 年在埃及建立了一个新王朝。正如上一章所述,欧洲的十字军不仅没有赶走穆斯林,反而进一步削弱了君士坦丁堡中焦头烂额的拜占庭皇帝的地位。

奥斯曼王朝的兴起

第二个注定要在历史上产生远比塞尔柱要大的影响的土耳其王朝,在一开始时并不引人注目。与塞尔柱人一样,奥斯曼统治者也出自一个单一的家族。“奥斯玛里”(Osmali)——欧洲人误为“奥斯曼”(Ottoman)——一衔源自“奥斯曼”(Osman)一名。奥斯曼在 14 世纪初期在安纳托利亚的最西北角建立了一个据点,它比其对手的

520 许多据点要小，但战略位置有利：离拜占庭的首都不远。从这一根据地出发，奥斯曼人设法并吞了安纳托利亚各分散的公国并予以巩固。士气低落的拜占庭政府没有进行什么抵抗，有时促进了这一进程。1345 年，一位皇帝征召奥斯曼人帮助他对抗一位觊觎帝位的对手，允许奥斯曼军队占领达达尼尔海峡对面的加利波利半岛，这样他们就据有一个在巴尔干半岛进行征服活动的有利地点。在该世纪结束之前，其统治者重新采用塞尔柱人的称号“鲁米素丹”。

土耳其人征服君士坦丁堡

1402 年，塔莫尔兰侵入安纳托利亚东部，粉碎了一支土耳其军队，俘获了素丹，奥斯曼势力虽受到重创，但只是短期受到震荡。在渡过至关重要的反叛和兄弟相残的十年之后，居统治地位的家族重新树立了权威，并开始发动新的战役。素丹穆罕默德二世看到拜占庭疆土已缩减成其层层设防的首都周围一小片地区，决定拿下这一在一千年间经受住了种种风雨袭击的城市。虽然他为此集结了数倍于城市守军的庞大的陆军和海军，围城仍持续七周之久。最后在 1453 年 5 月 29 日，土耳其军队在城墙上打开了缺口，“征服者”穆罕默德骑着大马以胜利者的身份进入君士坦丁堡。

奥斯曼人的进一步扩张

除该城本身的价值外，奥斯曼统治者把君士坦丁堡立为首都，就可以更好地治理其整个疆土。这一具有战略意义的大都市充当了奥斯曼帝国亚洲部分和非洲部分的连接线。到这一时期，安纳托利亚不仅为土耳其人掌有，而且完全融入了伊斯兰文化之中。另一方面，巴尔干半岛代表着伊斯兰世界的边界，这里居住的主要是基督徒。这两个地区之间的区别从未完全消失，但逐渐有所减弱。在 15 世纪自君士坦丁堡陷落之后所余的年代里，奥斯曼帝国的版图继续有所扩展。他们通过与塞尔维亚人、波兰人、威尼斯人、教皇国和匈牙利人进行的战争进一步在欧洲扩展领土，一直扩张到了多瑙河。1529 年，土耳其军队包围了维也纳，但一直未能夺下该城。奥斯曼人在欧洲进行扩张的同时，进一步征服了阿拉伯文化地区，包括叙利亚、伊拉克、埃及、阿拉伯半岛西部以及远至摩洛哥边界的北非沿岸。

与波斯的不和及其后果

在 16 世纪最初几年，土耳其人与波斯的关系发生了重大变化，其起因是萨非王朝在波斯的出现。萨非王朝是什叶派穆斯林（自称是先知的女婿阿里的后裔）；土耳其人则恪守伊斯兰世界居主导地位的正统派别逊尼派，因而他们把萨非王朝视为异端。这两大伊斯兰帝国间的不和致使两者均在其领土内迫害居少数地位的派别；1514 年，不和发展到了顶点，两国刀兵相向，结果土耳其军队击败了波斯国王（shah）的军队，占领了其首都大不列士。
虽然奥斯曼人没有继续控制波斯，但他们不再把波斯视为其文化 521
和宗教导师。此外，与波斯的决裂还使西方的土耳其人无法与他们承认有着血缘关联的中亚各伊斯兰教社会建立联系。因而他们被迫更彻底地走上自己的发展历程并与西方各族人民建立更密切的联系。

奥斯曼政府的理论与实际的根基

在征服君士坦丁堡之后一百多年的时间里，奥斯曼帝国不仅是世界上最庞大、最强大的国家之一，而且是治理得最有成效的国家之一。奥斯曼政府是东方因素和西方因素、传统因素和创新因素、宗教因素和世俗因素奇特的结合。在理论上它以伊斯兰教的神圣律法为依托，研究和解释这一律法的人——乌力玛——在社会和私人事务中都起着显要

作用，尤其是在教育、慈善事业和司法领域。但在实际上素丹享
有绝对的统治权，这种统治略微受到宗教的约束和一个平等的
522 游牧社会的古老传统的制约。奥斯曼国家不像萨非王朝统治下
的波斯帝国那样是一神权制国家。素丹自认为是伊斯兰世界的
领袖，“虔信者的统帅”，但他在宗教信仰方面尊重以穆夫提
(mufti，伊斯兰教教法说明官)为首的乌力玛。奥斯曼帝国早期
的素丹对哈里发称号并不怎么感兴趣，尽管他们在1517年征服
埃及后完全可以这样做。(在蒙古人结束阿拔斯王朝在巴格达
的统治之后，马穆鲁克在开罗设立了一个傀儡哈里发。)直到
19世纪晚期，在帝国早就处于衰落过程之后，奥斯曼素丹才正式
采用哈里发称号。

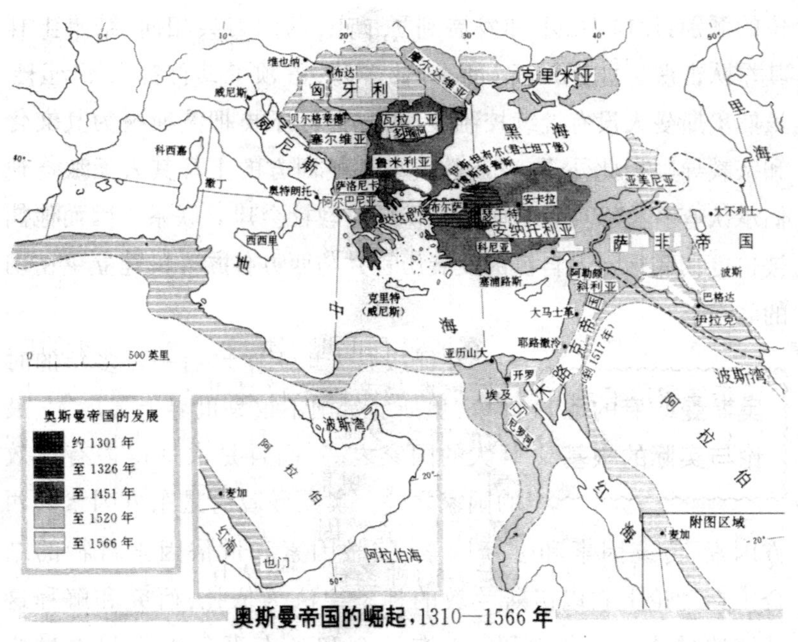

奥斯曼帝国的崛起，1310—1566年

“奴隶政府”的制度：devshirme（“征募”）

要治理如此众多、庞杂的人口，奥斯曼人就必须建立一套复杂的官僚制度。众多部门主持着民政和军事事务，它们臣属于素丹的最高权威，但他越来越把权力委托给其首要大臣，即大维齐尔。一些因素协力促使这一复杂的机构产生有效的作用。土耳其人虽然认为统治权归属于一个特定的家族，但并不认为王权必然要由长子承袭。为了确保王位继承井然有序，奥斯曼的各个王子都被委以地方行政管理职位，以此检验他们的能力。经考验最有能力者将被立为继承人，其兄弟一般被处死（用丝绳勒死）。16 世纪临近结束时这种“残杀兄弟法”被废除了；该法虽然残酷无情，但它使手足相争不至于引发内战。奥斯曼国家的另一个与众不同的特征是它仰赖“奴隶政府”，这一做法虽非他们首创，但奥斯曼人把此发展到了极致。几百年来土耳其人奴隶一直被迫为伊斯兰统治者服役。现在土耳其人反其道而行之。土耳其素丹有系统地着手征募奴隶（在开始时是战俘），主要是基督徒；这种措施叫作 devshirme（“征募”），一直延续到 17 世纪。他们精心挑选信奉基督教的男孩，令他们皈依伊斯兰教，教给他们在政府任职的技能。首先使用奴隶的是军队。一支突击步兵队被称为 Janissaries，它在国际上赫赫有名并最终成为一个很危险的有势力世袭阶层；该队在开始时就是由奴隶构成的。devshirme 制度被用以在王宫和朝廷中服役，其中有才能者还被征召去充当除宗教领域之外政府各部的官员，有的人甚至出任大维齐尔。虽然这是一种骇人听闻的合法的绑架措施，同时根据伊斯兰法其正当性令人怀疑，但它在受害最重的巴尔干半岛信奉基督教的居民中基本上没有引起反抗。毋庸置疑，人们之所以容忍这一点，是因为它为卑贱家庭的成员提供了聚敛财富、出任高职的机会。而且，通过把那些拥有职位只对素丹有利的奴仆纳入官僚机构，素丹就可确保自己免受叛乱之苦。

奥斯曼社会的结构及millet制度

与同时代其他国家一样，奥斯曼社会分成各个阶层。居于上层是世袭的贵
523 族——在伊斯兰历史上是第一次——他们出自获得采邑（采地或行政职位）的军事领导人。种族甚或宗教不是成为世袭贵族的基础条件，其中有一些基督徒贵族。伊斯兰教和奥斯曼人的正义观念是在现存各阶层间保持一种稳定的关系。比如商人要在行会会规的制约中进行活动；士兵要受到特别的军事法庭的司法审理。奥斯曼统治的一个特征是对各少数派宗教持开明政策，这无疑是它取得成功的一个因素。信奉非伊斯兰教的一神教信仰不仅为国家所容忍，而且受到了国家的保护，虽然信奉这些宗教的人无法享有穆斯林臣民的种种特权。各不同的宗教社团被称为millet，其中包括希腊正教徒、亚美尼亚基督徒和犹太人；他们要按照自己的宗教法规、在其精神领袖的监督下处理其种种事务，后者反过来要对素丹的官员负责。

文化延续性

1453年君士坦丁堡的失陷并不意味着一场蛮族征服。安纳托利亚的土耳其人为伊斯兰文化所同化，并通过长期的联合自拜占庭人中汲取了许多营养。他们既反对基督徒，也与他们作战；他们也与基督徒通婚。当他们继承了这一地理条件优越的地区时，他们没有毁灭其文明，而且在其编年史中增添了卓有建树的一章。

君士坦丁堡的复苏与奥斯曼建筑的兴盛

在遭到征服之际，君士坦丁堡（土耳其人称之为伊斯坦布尔，但正式改名要到20世纪土耳其共和国时期）年久失修，只有大约5万名居民。这些残余居民的多数被卖作奴隶，但穆罕默德当即着手往首都移民，奖励移居此地的穆

斯林和非穆斯林,同时以强制手段安置一些居民。犹太人为了逃避迫害自西班牙和其他欧洲国家大批涌来。不久君士坦丁堡再次成为一个重要的商业中心,其贸易在很大程度上掌握在非穆斯林臣民和有特权的外国侨民手中。在16世纪结束之前,城市的居民增长到100万人以上。素丹们制订了一个雄心勃勃的计划,着手在首都及帝国的其他城市进行整修重建工作,以提供公共服务设施和慈善机构,尤其是宗教设施。一些基督教堂被改成了清真寺;其中引人注目的有圣索菲亚大教堂,新修了扶壁对它予以加固,并在四周兴建了四个光塔(见前文第370页)。(教堂内部弥足珍贵的镶嵌画上刷了一层石灰,以与伊斯兰教不得表现偶像的规定相合。)皇宫和政府建筑群——位于一个俯瞰三条水道交汇的地点——主要用木料建成;由于火灾和地震,它们不得不一再重建。在建筑学上,奥斯曼人最伟大的贡献是在其清真寺上,其中土耳其因素和拜占庭因素融合在一起形成了一种气势雄伟而优雅得体的风格。洋葱头状穹顶是波斯和印度的伊斯兰教建筑的特征;与此 524
不同,奥斯曼—土耳其清真寺上方覆盖的是一宽阔的半球形圆顶,这是由圣索菲亚教堂的大穹顶获得的灵感。在主要建筑周围往往是一批用作学校的较小的房屋。在16世纪这一奥斯曼帝国的黄金时代,活跃着一位世界著名的建筑师科雅·米马·锡南(1490—1578年)。锡南的父母均是基督徒,他被征募为王室服役,经由军阶而上升到帝国总建筑师的高位。在据认为由他兴建的300多座建筑中,最精美的一座当属苏里曼清真寺,它专为苏里曼一世素丹兴建,建于1550至1556年。这一宏伟的建筑屹立在伊斯坦布尔最高的山丘上,俯瞰着黄金海角,按其设计宗旨是提供比圣索菲亚教堂内部更开阔的空间;它似乎没有费力就给人留下一种高耸入云的印象。

苏里曼一世“大帝”

苏里曼一世的统治时期(1520—1566年)是奥斯曼帝国及其文明的极盛时期。帝国的疆界扩展到了最大限度,帝国高度繁荣,文学艺术丰富多彩,建树良多。同时,虽然教皇和各种各样的欧洲冒险家仍喋喋不休地谈论赶走“异教徒”,但奥斯曼帝国赢得了世人的尊敬。苏里曼一世与英格兰的亨利八世、法国的弗朗西斯一世和神圣罗马帝国皇帝查理五世同时,是16世纪最引人注目的君王之一,而且他是其中到那时最为富裕的。在自己的臣民中他获得了“立法者”的称号,但同时代的欧洲人称之为“大帝”。

525 **帝国的衰落**

在这一辉煌的时期之后不久就出现了缓慢但致命的衰退。苏里曼本人预先看到了这一衰落,他停止了参加朝廷工作会议的做法,把一应事务交由其代理人大维齐尔负责。素丹们逐渐放弃了富有活力的领导作用,而这对一个广袤的、信仰各异的帝国来讲是必不可少的。他们生活在后宫与世隔绝的环境中,耽于酒色之中,变得萎靡不振。宫廷生活花天酒地,再加上官僚制度的营私舞弊和贪污腐败,逐渐侵蚀了帝国力量的基础。到了19世纪,奥斯曼帝国被称为“欧洲病夫”,这并非完全没有道理。但在五百年间它一直是个不可小视的力量,并把其许多美德传给了后人。

七、思想、文学和艺术

人们或许会这样猜测,中世纪后期西欧面临的极度困难应当使思想文化和艺术事业陷入衰退或停滞状态。实际情况不然。这一时期在思想、文学和艺术领域取得了累累硕果。本节将暂不论述与意大利文艺复兴早期历史关系十分密切的某些发展,而集中探讨中世纪后期西欧的其他某些重要的思想文化和艺术成就。

神学和哲学危机

在1300年左右之后，神学和哲学方面出现了
信仰危机。这种怀疑并不涉及上帝及其超自然力 526
量的存在问题，而是对人类是否有能力领会这种超自然力量产生了怀疑。如果说圣托马斯·阿奎那和中世纪盛期的其他哲学家明确地界定了“信仰奥秘”的数目，并认为除此之外天上人间的一切事物都可为人彻底地了解，那么14世纪的洪水泛滥、霜冻、战争和瘟疫则消除了人们对人类理解力的这种信心。一旦人类经过亲身体验发现宇宙随心所欲、难以预测，14世纪的思想家们就开始怀疑天上人间还有远非其学说所能解释的东西。就这样，人们开始对从前的神学和哲学观念进行彻底的重估。

奥卡姆的威廉；唯名论

中世纪后期最重要的抽象思想家是英国方济各会修士、奥卡姆的威廉，他生于1285年前后，死于1349年，显然是因黑死病而亡故。从传统上讲，方济各会修士一直比圣托马斯这样的多明我会修士更怀疑人类理性理解超自然力量的能力；奥卡姆为他所在时代所发生事件说服，他最令人称羡地表述了这些看法。除经文的启示外，他否认上帝的存在和其他众多神学问题是可以论证的，同时他强调上帝有随心所欲做任何事情的自由和绝对权力。在人类知识领域自身，奥卡姆敏锐的洞察力促使他寻求绝对的肯定性而不是纯粹的理论。在探究世间事务时，他形成了一种被称为“唯名论”(nominalism)的立场，认为只有单个的事物而不是集合的事物才是实在的，因而不能通过一个事物来理解另一个事物；要了解椅子，就必须看到并触摸它，而不是知道其他一些椅子为何物。此外，奥卡姆推定，词只表示自身而不是实在之物，据此他提出了一条逻辑。这种逻辑可能无法很好地说明实在世界，但至少不能遭

到拒斥，因为就像欧几里得的几何学那样，它靠自己的术语本质上就是有根据的。

奥卡姆思想的重要意义

奥卡姆的观点在中世纪后期的大学中风行一时，广为传播；在今天人们往往认为它过于重视方法论，几近枯燥无味，但它对西方思想的发展产生了一些重要影响。奥卡姆对上帝**可能**做什么一问题的关注致使他的追随者提出了一些看上去荒谬的使中世纪神学受到嘲笑的问题，比如上帝是否可以消除过去，不计其数的纯粹的精灵能否同时居住在同一地点（最近似的中世纪思想家实际上进而问道在一个尖顶上能有多少个天使跳舞）。但不管怎样，奥卡姆强调保存上帝的自主，这就致使人们强调上帝的无所不能，后者成为 16 世纪新教教条的一个基本前提。另外，奥卡姆决心在人类知识领域找到确定性的东西，这最终使不借助于超自然
527 的解释来探讨人类事务和自然科学成为可能——这是现代科学方法的最重要基础之一。最后，奥卡姆反对研究集合性的东西以及拒绝把逻辑运用于现实事物，这促进了**经验主义**，即世界上的知识靠感觉经验而不是抽象推理而来。这一点也是科学进步的一个前提；因而，14 世纪奥卡姆的一些追随者在物理学研究方面取得了重大进展，或许并非巧合。

中世纪后期文学中的自然主义

虽然奥卡姆在文学方面并未产生直接影响，但在中世纪后期的文学中也出现了与奥卡姆相似的寻求可靠真理的倾向。中世纪后期文学主体的主要特征是**自然主义**，即按照事物本来的样子如实地描绘。这是由中世纪盛期的先例——比如克雷蒂安·德·特鲁瓦、沃尔夫拉姆·冯·埃申巴赫以及但丁对人类行为的探索——的发展，而不是对它们作出的反应。具有识字能力的俗人公众人数的稳步增加进一步促使作家们免作哲学和神

学抽象,而是更加如实地描绘人类的所有力量以及缺陷,试图以此取悦他们。中世纪晚期文学的另一大特征,即主要用欧洲各地方言而不是拉丁文进行创作,同样发端于中世纪盛期的先例,但由于两个不同的原因在中世纪后期势头更猛。一个原因在于,各国间的紧张关系与敌对情绪,包括这一时代频繁的战争和影响全体的教皇制受到的种种考验,致使人们渴望安定,需要一种自我认同的荣誉感,后者反映在方言文学上。更重要的一点或许是,俗人教育继续得到普及大大增加了能够阅读某一方言的作品而非拉丁文作品的公众的人数。因而,虽然在中世纪盛期不少诗是用各地方言写成的,但在中世纪后期在散文领域也普遍使用方言。进而言之,在 1300 年前后刚刚开始培育自己的方言文学的意大利和英国这些国家,随后开始用本土方言创作出最为引人的文学作品。

薄 伽 丘

中世纪后期用本地方言进行散文创作的最伟大的作家是意大利人乔瓦尼·薄伽丘(1313—1375年)。虽然薄伽丘靠他的一些次要的作品(包括典雅的浪漫小说、牧歌和学术论文)在文学史上也会占有重要的位置,但他迄今最引人注目的作品是他 1348 至 1351 年间写成的《十日谈》。《十日谈》汇集 100 个故事而成,这些故事大都是关于爱情、性、冒险和巧妙的骗局的;讲述故事的被认为是一个不落俗套的小团体,包括七位少妇,三位男子,他们为了躲避黑死病浩劫而躲到了佛罗伦萨郊外一乡间别墅里。这 100 个故事的情节虽然不是完全由薄伽丘构想出来的,但即便他从更早的作品中借用了故事的梗概,但他用自己独特的富于生气、技巧娴熟和极其诙谐的风格重新叙述这些故事。从历史的观点看,说《十日谈》是一部划时代的 528
作品是有许多理由的。首先,它是西欧第一部用方言创作、用散文写成的有着强烈抱负的成功之作,富于创造性。说薄伽丘的散文是“现代”的,是指它轻快活泼,因为,与中世纪创作文辞华丽的浪漫故事的作家不同，薄伽丘有意地用一种单纯自然、口语体的方格写作。简单说来，在《十日谈》中，他更感兴趣的是质朴的趣味性而不是“庄严”或优雅。从书的内容看，薄伽丘希望按照人本来的面目而不是理想的面目加以描绘。因而，当他描写教士时，他把他们描绘成与凡人一样有着七情六欲和缺点的人。在他的笔下，女人不是毫无生气的玩物、与人疏远的女神或坚贞的处女，而是实际存在的具有智慧的活生生的人；与西方文学中过去出现的任何女性形象不同，这些女性怡然自得、自然大方地与男人交往。薄伽丘对性关系的描述往往是生动的、诙谐的，但决不是低级趣味的。在他看来，不应压制男人和女人的自然欲望。由于以上种种原因，我们说《十日谈》是一部激赏人的各个方面、健康的、给人带来乐趣的作品。

乔叟

在许多方面与薄伽丘相似，创作了一种健康的、自然主义的方言文学的作家，是英国人杰弗里·乔叟（约 1340—1400 年）。乔叟是第一位迄今尚可为人不怎么费力就可读懂的英国重要作家。值得注意的是，他既是伟大的英国文学传统的缔造者，又是对这种传统作出最伟大贡献的四、五位作家之一：文学评论家大都把他排在第二位，仅次于莎士比亚，与弥尔顿、华兹华斯和狄更斯齐名。乔叟撰写了一些极其引人的作品，但他的经典之作无疑当推《坎特伯雷故事集》，该书撰写于他的晚年。与《十日谈》相似，它也是一部按照一个框架汇集而成的故事集，不过在这里乔叟是让一群由伦敦到坎特伯雷朝圣的人讲故事。不过《坎特伯雷故事集》和《十日谈》也有区别。乔叟的故事用才华横溢的韵文而不是散文撰写的；讲故事的人来自各个不同的阶层——自骑士团的骑士，到虔诚的大学生，再到鼻子上长有肉疣的偷别人东西的磨坊主。书中还描绘了生动的妇女形象，最令人难忘的是那位知道“爱情的所有灵丹妙药”的牙齿不齐、结过多次婚的“巴恩之妻”。每一个人物讲述一个尤其能说明他（或她）自己的职业和世界观的故事。通过这种办法，乔叟得以创造出一个成分极杂的“人间喜剧”。因而，他的面比薄伽丘要广；虽然他和这位意大利人一样诙谐、直率和令人愉悦，但他有

《坎特伯雷故事集》中的一页

时更为深刻。

恰如自然主义是中世纪后期文学中主要的特征,那么中世纪
529 后期的艺术也是如此。到了13世纪,哥特风格的雕刻家业已比其罗马风格的前辈更为注意按照植物、动物和人类实际的形象如实描绘。如果说过去中世纪艺术强调的抽象设计,那么现在越来越强调现实主义:13世纪的艺术家雕刻的叶子和花朵如不经过直接的观察就可能做到,而且第一次可以清楚地辨认出所属具体类属。人物雕像逐渐变得更合乎自然比例,面部的表情也更加如实。到1290年左右,人们对现实主义的关心已达到了如痴的地步:据说,一位雕刻家在雕刻德意志皇帝、哈布斯堡家族的鲁道夫的墓碑像时,因为听说皇帝脸上新出现了一道皱纹,就匆匆赶回去看看鲁道夫本人。

绘画

在此后二百年间,自然主义趋向不仅在雕刻领域继续存在,而且扩展到了手稿彩饰和绘画领域。后者在某些基本方面上是一门全新的艺术。自远古的洞穴居民以来,绘画一直是绘在墙上的,而墙自然是难于移动的。在中世纪和此后很长一段时间里,壁画艺术仍有所发展,尤其是出现了湿壁画技巧(fresco),即在湿灰泥墙壁上作画。但除湿壁画外,13世纪时意大利艺术家首先开始在木块或帆布上绘画。这些画起初用蛋彩画法(用颜料与水、天然树胶或蛋白调合而成的水胶颜料画法)完成,但在1400年前后欧洲北部引入了用油彩作画的方法。这些新技法的发展为艺术提供了新的机会。现在艺术家们既可以为教堂在祭坛上描绘宗教场景,也可以绘制这种画供富有的俗人在家做祈祷。此外,艺术家们绘制出了西方第一批肖像画,意在满足君王和贵族的自负感。现存最早的一幅自然主义风格的肖像画是法国国王好人约翰的一幅画像,作于1360年前后。其他人迅速效仿,这样在很短的时间内人物写生画艺术就有了高度发展。参

观艺术博物馆的人会注意到自15世纪以来各个时期的一些最具现实主义特点、最敏感的肖像画。

《哀悼基督之死》,乔托作,出自帕多瓦的阿里纳教堂。

乔托的自然主义风格

中世纪晚期最具开拓之功、最为重要的画家当推佛罗伦萨人乔托(约1267—1337年)。他虽没有从事人物肖像创作,但他赋予他在墙上和可移动的画板上刻画的宗教人物以深刻的人性。乔托是位卓越的自然主义者,即师法自然。不仅他描绘的人物和动物比其前辈更接近自然,而且他们看来行为举止更合乎自然。当耶稣在棕榈主日[①]进入耶路撒冷时,男孩为了看得更清楚爬上了树;圣弗兰西斯的尸骸陈列在那里时,一位旁观者瞅机会看看这位圣徒是否真的受到了耶稣那样的创伤;当圣母玛利亚的父母约阿希姆和安娜在长期分离后相见时,他们真的拥抱在一起亲吻——这可能是西方艺术第一个温柔的吻。一位想象力丰富的说书人后来讲到,乔托在画上画了一个苍蝇,一位观众竟以为这是只
530 活苍蝇,伸手想把它赶走;这一说法虽肯定不足凭信,但乔托确实取得了更大的成就。具体说来,他是第一位认识到用纯粹的三维空间构图的人:一位艺术史家曾用这样的话评论此事,即乔托的湿壁画首先"在墙上打开了一个洞"。乔托死后,意大利绘画趋向有所逆转。这或许是因为瘟疫的恐怖致使人们对可惧超自然力产生了新的尊重。不论原因何在,14 世纪中叶的艺术家一度偏离了自然主义画风,而转而绘制似乎漂浮在空间的板着面孔、令人生畏的宗教人物形象。但到了 1400 年,艺术家们重归现实主义倾向,开始在乔托影响的基础上有所建树,最终导致伟大的意大利绘画的复兴。

佛兰德画家

在欧洲北部,除手稿彩饰外在绘画领域在 15 世纪初之前未有大的进展,但在 15 世纪初它突然形成了自己独具特色的进步。北欧主要的画家是佛兰德人,其中最重要的有凡·爱克兄弟(Hubert van Eyck,约 1362—1426 年;Jan van Eyck,约 1380—1441 年)、罗杰·凡·德·韦登(约 1400—1464 年)和汉斯·梅姆灵(约 1430—1494 年)。凡·爱克兄弟过去一直被认为是油画的发明者;虽然现在对此有所争论,但他们肯定是早期用油画创作的最伟大的画家。油料的使用使他

① 基督教节日,即复活节前的星期日,纪念耶稣受难前胜利进入耶路撒冷;因当时民众曾用棕榈树枝欢迎耶稣,故名。——译者

扬·凡·爱克:《末日审判》,约1420年作。中世纪人关心的主要是灵魂的得救。在末日审判中,善者将被遴选出来进入天堂,受到惩罚者则被打入地狱。该佛兰德艺术家形象描绘了这一情景。

们和15世纪佛兰德的其他画家得以用绚丽的色彩和强烈的现实主义风格进行创作。凡·爱克兄弟和凡·德·韦登在两个方面尤为出色:传达一种深刻的宗教虔诚感,描绘人们熟知的日常经历最细微的细节。这两者初看上去是不相容的,但我们应当记住,那一
531 时代讲究实际的神秘主义手册,诸如《效法基督》等,同样试图把深刻的虔诚与日常现实结合起来。因而,一位佛兰德画家在描绘仁慈的圣母和圣子时,以那一时代日常生活为远景,描写人们做着各自的事儿,甚至包括一个人对着墙撒尿,这决非亵渎神灵。这种把神圣的与世俗的东西糅合在一起的情况在梅姆灵的作品中有相互分开的倾向,他擅长描绘纯粹的宗教图景或世俗肖像,但这种结合后来又在低地国家最伟大的画家勃鲁盖尔和伦勃朗的画中重新出现。

八、技术方面的种种进步

中世纪晚期的技术成就:(1)战争武器

不提到中世纪后期某些具有划时代意义的技术进步,那么对这一时期长久成就的叙述就算不上完整。令人悲哀但或许并非出人意料的是,在叙述这一主题时首先要提到火炮和火器的发明。战端频繁刺激了新式武器的发展。火药本身是由中国人发明的,但在中世纪后期的西方首次用于特别具有毁灭性的目的。重炮在1330年左右首次得
532 到使用,它们发出可怕的声响,“似乎地狱中的所有死鬼都跑了出来”。最早的大炮极为原始,以致站在炮的后面比站在炮的前面还要有生命之忧;但到了15世纪中叶,大炮的性能有了很大改善,战争的性质开始发生了革命性的变化。在那一年,1453年,重炮在决定两场至关紧要的冲突的结果方面起了主要作用:奥

斯曼土耳其人利用德意志和匈牙利的大炮突破了君士坦丁堡的防线,而君士坦丁堡是此前最难攻破的欧洲城池;法国人利用重炮拿下了波尔多,藉此结束了百年战争。此后,大炮使反叛的贵族难以据守其石结构城堡,从而促进了民族君主制的巩固。把它们安装在船只

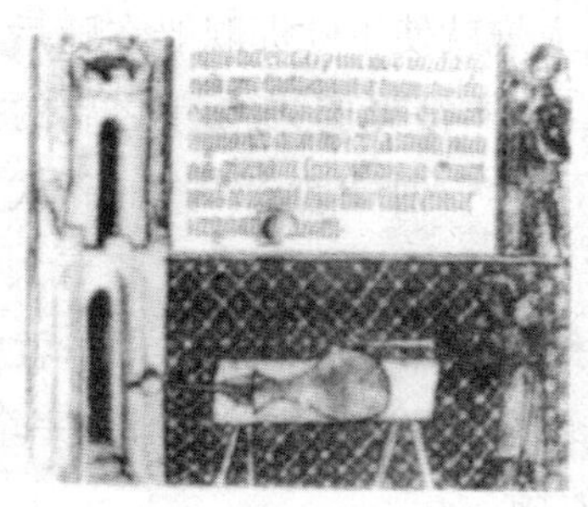

有关大炮的现知最早的描述。14 世纪的一份手稿表明,大炮发射出的是箭而不是炮弹。

围城,约 1470 年。火炮的使用使传统的设防城池轻易就可攻破。

上,大炮就使得欧洲舰船在随后的海外大扩张年代里主宰外国水域。同样发明于1500年之后的火枪在此后逐步完善。1500年之后不久,一种最具杀伤力的新式火枪即滑膛枪致使步兵一劳永逸地结束了从前身着重甲、骑着大马的骑士所具有的军事优势。一旦手持长矛的骑兵过时,战争就可更容易地进行,那些能够召集最大规模的军队的君主制国家完全压服了国内的反抗,主宰了欧洲的战场。

(2)眼镜和航海设施

中世纪后期的其他技术发展更能改善人的生活。眼镜最早发明于13世纪80年代,在14世纪臻于完善。这些东西使老年人能够继续看书,不然老眼昏花就会妨碍他们这样做。比如,14世纪的伟大学者彼得拉克年轻时以视力奇佳自诩,但在60岁后戴上了眼镜,从而得以完成他的一些最重要的作品。在1300年左右,由于使用了磁罗盘,船只得以驶到远离陆地的地方,冒险进入大西洋腹地。这方面的一个直接后果就是开通了意大利和北方之间的直接海上贸易。随后,在造船、地图绘制和航海设施等方面出现的诸多改善增强了欧洲人进行海外扩张的能力。14世纪初叶,欧洲人抵达亚速尔群岛和佛得角群岛;此后,在经过由瘟疫和战争而出现的长期停顿后,1487年欧洲人绕过非洲的好望角,1492年发现西印度群岛,1499年由海路抵达印度,1500年发现巴西。

戴眼镜的恶魔。眼镜普及后,地狱中的魔鬼也离不开它。

部分上由于技术的进步，世界突然变得小多了。

（3）机械钟

中世纪的欧洲人还发明了一些我们现代日常生活中十分熟悉的东西，包括钟和印刷书本。机械钟发明于1300年前不久，此后迅速传播开来。最早的钟表太过昂贵，非私人所能购买，但城镇很快竞相在其重要公共建筑上安装精巧的钟。这些钟不仅显示时间，而且显示太阳、月亮、星辰的运行轨迹，还起着机械报时的作用。这一新发明最终产生了两个深远的影响。一是进一步刺激了欧洲人对各种复杂机械的兴趣。这种兴趣早就随着中世纪盛期磨坊的激增而产生，但钟最终变得比磨坊还要普遍，因为约
1650年后钟价十分低廉，实际上欧洲每一家庭中都有了钟。 533
家用钟是奇妙机器的模型。如果说不是更为重要，但至少具有同等意义的是，钟开始使欧洲的日常事务的进程更为合理。在中世纪晚期钟出现之前，时间是可以变通的。男男女女们对天有多晚只有大概的概念，多多少少地按照太阳的升降作息。生活在农村中的人尤其随着季节变换以不同的进度从事不同的劳作。即便是可以计时，那也是按照一年中不同季节光的长度进行计算。然而在14世纪，钟首先开始不论昼夜每隔相等时间就无情地报时。因而人们开始可以准确地安排工作。人们要“按时”上班和下班，许多人进而相信“时间就是金钱”。这种强调守时的行为既带来了新的效率，但也引起了新的紧张状况：刘易斯·卡罗尔①作品中的白兔就是一幅为时间困扰的西方人的生动的讽刺画；这个白兔总是盯着他的怀表，自言自语：“太晚了，太晚了。”

---

① 卡罗尔（1832—1898年），英国儿童文学作家、数学家，本名C.L.道奇森，主要作品有《艾丽丝漫游奇境记》、《镜中世界》等。——译者

(4)印刷术的发明

活字印刷术的发明同样具有重要意义。促成这种发明的主要动力是在 1200 至 1400 年间用纸取代羊皮纸作为欧洲主要的书写材料。羊皮纸用珍贵的农畜的皮革做成,极其昂贵:由于从一个农畜身上只能取到四张优质羊皮纸,因而抄写一部《圣经》
534 就要宰杀 200 到 300 只绵羊或小牛!纸用磨成浆的破布制成,成本和价格都比羊皮纸便宜得多。中世纪晚期的档案表明,纸的价格仅为羊皮纸价的六分之一。与此相应,学习读、写的费用也降低了。随着越来越会能够识文断字,对价格更为低廉的纸张的需求越来越大,而 1450 年前后活字印刷的发明完全满足了这一要求。通过大大节省劳力,这种发明在约 20 年间就使印刷书本的价格降为手抄书的五分之一。

一旦书本不再是奇货,识字的人就更多了,书本文化成为欧洲生活方式的一个基本方面。大约 1500 年后,欧洲人有能力阅读和购买各种各样的书籍——不仅有宗教小册子,还有指导手册、消遣性读物;到了 18 世纪,又有了报纸。印刷术使思想的传播变得迅速和可靠;此外,革命性的思想一旦印刷成几百册,不再能轻而易举地被扑灭。因而,16 世纪最伟大的宗教改革家马丁·路德之所以能够在全德意志各地当即拥有一批追随者,是因为他利用图书印刷出版机构广为散发他的小册子:如果不是得益于印刷术,马丁·路德或许会像胡斯那样被处死。书籍的传播还促进了文化上

造纸工人。木刻画,J. 安曼作。

16 世纪的印刷作坊。如果没有 15 世纪 50 年代在纽伦堡发扬光大的印刷术,文艺复兴和宗教改革都不可能产生如此广泛的影响。

民族主义的发展。在印刷术发明之前,欧洲多数国家中都有林林总总的方言,这些方言差别很大,往往就连据认为操同一种语言的人也几乎不能互相交谈。这种情况阻碍了政治的中央集权,因为一位王室仆从可能完全无法与各省居民进行交谈。然而,印刷术发明之后不久,欧洲各国都开始形成自己的语言标准,这种标准通过图书整齐划一地传

一个印刷厂。选自一巴黎出版物扉页,1520 年

15 世纪中期约翰·谷登堡印制的第一部活字印刷重要著作。
它被称为 42 行圣经，因为每一栏共有 42 行。

播开来。“规范英语”是伦敦印刷物中使用的语言,它传到了约克郡或威尔士。因而,人们之间的交往更为便利了,政府工作也比过去更有效率。

在结束本章时我们可以这么说,钟和书籍与大炮、远洋船只一样对 1500 年后欧洲在全球居主导地位起了促进作用。时钟培育出的习惯促使欧洲人高效率地工作并准确地制定计划;书籍的普及大大增强了进步思想的交流和传播。一旦习惯于阅读图书,欧洲人在世界各民族中独一无二地进行思想的交流和尝试。因而,1500 年后,欧洲人得以把整个世界掌握在自己手里,就毫不令人奇怪了。

精选书目

Breisach, E., *Renaissance Europe*, 1300—1517, New York, 1973. 有关这一时期最佳大学水平教科书。

Bridbury, A. R., *Economic Growth: England in the Later Middle Ages*, 2nd ed, New York, 1975. 提出了与经济衰退这一主导学说相左的有争议的论点。

Brucker, G., *Renaissance Florence*, New York, 1969. 美国最著名的专家之一撰写的一部杰出的入门著作。

Cipolla, C. M., *Clocks and Culture, 1300—1700*, London, 1967. 既重视技术发展,又重视作为贸易项目的钟表的重要性。

Cole, Bruce, *Giotto and Florentine Painting, 1280—1375*, New York, 1976. 一部入门书,清晰而有刺激作用。

Dollinger, P., *The German Hansa*, Stanford, 1970.

Florinsky, M. T., *Russia: A History and Interpretation*, Vol. I, New York, 1961. 有关俄罗斯早期发展情况的最佳英文叙述性著作。

Hanawalt, B., *The Ties That Bound: Peasant Families in medieval England*, New York, 1986. 了解中世纪晚期英国农业社会的必读著作。

Herlihy, David, *Medieval and Renaissance Pistoia: The Social History of an Italian Town*, New Haven, 1967. 其重要性在于利用了统计学证据。

Hilton, R. H., and T. H. Aston, *The English Rising of 1381*, Cambridge, 1984. 论文集,包括对雅克雷起义和梳毛工起义的论述。传达了许多最新研究成果,未作任何综合尝试。

Huizinga, J., *The Waning of the Middle Ages*, London, 1924. 有关低地国家思想和艺术形式的引人经典之作。

Kaminsky, H., *Simon de Cramand and the Great Schism*, New Brunswick, N. J., 1983.

Kaminsky, H., *A History of the Hussite Revolution*, Berkeley, 1967. 翔实、艰难，但无疑是有关这一主题的最佳论著。

Lerner, R. E., *The Age of Adversity: The Fourteenth Century*, Ithaca, N. Y., 1968.

Lerner, R. E., *The Heresy of the Free Spirit in the Later Middle Ages*, Berkeley, 1972.

Lewis, Bernard, *Istanbul and the Civilization of the Ottoman Empire*, Norman, Okla., 1963. 简洁、清晰而资料丰富。

——, *The Emergence of Modern Turkey*, 2nd ed, New York, 1968.

Lewis, P. S., *Later Medieval France: The Polity*, London, 1968.

McFarlane, K. B., *The Nobility of Later Medieval England*, Oxford, 1973. 本领域中一位已故大师杰出的论文选集。

McKisack, M., *The Fourteenth Century, 1307—1399*, Oxford, 1959. 较古老的《牛津英格兰史》丛书中的一卷；有些方面已过时，但仍为现有最佳综合论著。

Meiss, M., *Painting in Florence and Siena After the Black Death*, Princeton, 1951. 把艺术史与时代精神联系起来的有益尝试。

Miskimin, H. A., *The Economy of Early Renaissance Europe, 1300—1460*, Englewood Cliffs, N. J., 1969. 有关这一主题的最佳短著。

Mollat, G., *The Popes at Aviguon, 1305—1378*, London, 1963.

Mollat, M., and P. Wolff, *The Popular Revolts of the Late Middle Ages*, London, 1973.

Oakley, F., *The Western Church in the Later Middle Ages*, Ithaca, W. Y., 1979.

Panofsky, E., *Early Netherlandish Painting*, 2 vols., Cambridge, Mass., 1953. 一位杰出的艺术史学家撰写的一部杰出专史。

Pernoud, R., *Joan of Arc*, New York, 1966. 通过其同代人的眼睛来看贞德。

Perroy, E., *The Hundred Years War*, Bloomington, Ind., 1959. 权威著作。

Smart, Alastair, *The Dawn of Italian Painting*, 1250—1400, Ithaca, N. Y, 1978. 比 Cole 的著作更详尽。

Vaughan, Richard, *Valois Burgundy*, London, 1975.

原始资料

Allmand, C. T., ed., *Society at War: The Experience of England and France During the Hundred Years War*, Edinburgh, 1973. 一本出色的文献选集。

Boccaccio, G., *The Decameron*, tr. M Musa and P. E. Bond anella, New York, 1977.

Chancer, G., The Canterbury Tales.（许多版本。）

Colledge, E., ed., *The Medieval mystics of England*, New York, 1961.

Froissart, J., *Chronicles*, tr. G. Brereton, Baltimore, 1968. 有关百年战争的同时代最著名的记述选。

The Imitation of Christ, tr. L. Sherley—Price, Baltimore, 1952.

John Hus at the Council of Constance, tr. M. Spinka, New York, 1965. 一部捷克年代记的英译本，有一很内行的介绍，附有文献选录。

Meister Eckhart, eds. E. Colledge and B. Mc Ginn, 2 vols, New York, 1981—1986. Eckhart 主要著作的珍贵选集，由专家作"导言"和注释。

Memoirs of a Renaissance Pope: The Commentaries of Pius Ⅱ（缩略版），tr. F. A. Gragg, New York, 1959. 有关文艺复兴时期教皇制的引人之作。

A Parisian Journal, 1405—1449, tr. J. Shirley, Oxford, 1968. 一位见证人记述的卓绝的巴黎生活全景。

Pitti, B., and G. Dati, *Two Memoirs of Renaissance Florence*, tr. J. Martines, New York, 1967.

第十六章　亚洲骚乱和辉煌的几百年

537 伊斯兰教文明和印度教文明是世界上两个范围广大、高度发展而又迥然不同的文明,它们〔相会并结合在〕一起在历史上是不多见的。两个文明之间的巨大反差,两者在文化和宗教上的广泛区别,致使两者碰撞的历史尤具启发性,同时,它们汇双方才智创造的艺术尤其是建筑别具情趣。

——约翰·马歇尔爵士,《剑桥印度史》,第三卷

西罗马帝国衰亡之后,在蛮族入侵的影响下,西欧各国在半黑暗的时代里艰难行进。而在同时,印度和中国的文明却发展到了很高水平。然而,当中世纪后期有着相对稳定和繁荣的社会的西欧出现引人注目的文化繁荣局面时,印度和中国都受到新的外族入侵,这些入侵规模巨大,是两国有史以来最为严重的。它们经受住了这些入侵的冲击,完整无损地保住了自己文化的本质特点,取得了新的成就,但入侵也对其社会产生了一些长久的影响。日本没有臣属于外族征服,在亚洲各大国中是独一无二的。不过,日本社会内部也出现了尖锐、激烈的矛盾冲突,这些冲突致使日本逐渐形成一种与西欧封建制度十分相似的社会和政治组织模式。

538 一、印度穆斯林王国的建立（约 1000—1500 年）

当中世纪后期和文艺复兴时期西欧各国出现重大的经济和思

穆斯林入侵印度

想文化发展之际,印度遭到了一当中世纪后期和文艺复兴时期西欧各国出现重大的经济和思想文化发展之际,印度遭到了一系列外族入侵,这些入侵对印度社会和文化造成了长远影响,并把伊斯兰教移植到了南亚次大陆。在此之前,印度与阿拉伯人的接触主要是商业性的和和平方式的,虽然对船运业的海盗袭击活动致使阿拉伯人在 8 世纪初征服了信德省。伊斯兰教对印度的影响不是来自阿拉伯半岛,而是来自中亚,这种影响因新近皈依该教的人而进一步加剧。穆罕默德是阿富汗东部一突厥王朝的首领(根据地在甘济),他在 997 年至 1030 年他去世这些年间 17 次经山口到印度西北部进行劫掠活动。穆罕默德被称颂为"伊斯兰教之剑",他毁掉了几百所印度教庙宇,其中包括整个印度最重要的崇奉湿婆的中心之一、位于古吉拉特沿海地区的索姆纳特寺庙。虽然穆罕默德把旁遮普并入其阿富汗王国,但他在印度真正感兴趣的,印度是一可以提供丰厚战利品的地方,他把占领该地视为消除偶像崇拜的一场圣战。中心在阿富汗的古尔城的一个王朝进一步征服了印度。1193 年,古尔的穆罕默德占领了德里,并在几年的时间里就控制了孟加拉,这样整个印度斯坦都处在以阿富汗为根基的突厥人的控制之下。

对征服者有利的各因素

人数相对较少的劫掠团伙之所以能够夺取如此广袤的地区,部分上是因为入侵者武器和战术先进。突厥骑手在游牧传统中长大,拥有世界上最快的战马,可以在全速奔驰中张弓射箭,因而在与战象队交锋时,他们的袭击尤其令人胆寒。对征服得以成功来说更具有决定意义的是,7 世纪戒日王的帝国衰落之后,印度一直处在政治分裂状态之中,无法团结起来抵御外敌。一个被称为拉杰普特人的军事贵族阶层曾进行了顽强抵抗。拉杰普特人大致是匈奴人与被融入印度社会的亚洲其他入侵者的后嗣,他们被认为属于刹帝利种姓(“拉杰普特”rajput 意为“国王之子”),自成一个等级,组建过四个主要王朝。他们是些技艺高超的剑客,以其军事传统为荣,具有一种可杀而不可辱的精神。拉杰普特人是印度最凶残、最勇敢的战士,他们对穆斯林入侵者进行了殊死抵抗,但以失败告终。他们不愿承认失败,一些人最终与其侍从一起迁入印度沙漠(拉贾斯坦),重建其支离破碎的社会。

伊斯兰教和印度教间的对比

土耳其(突厥)—阿富汗人的入侵虽很刺
539 耳,但并未像人们可能以为的两种显然无法调和的文化碰撞时会发生的那样深刻瓦解了印度社会。伊斯兰教处在与印度的种种宗教相对的一极。伊斯兰教是严格的一神教,它有着一种清楚、简单而教条化的教义,把雕刻的神像视为偶像崇拜而加以禁止,并强调教徒一律平等。印度教在哲学解释上虽倾向于一神教,但它是一种多神崇拜,缺乏任何内在的教义,喜爱各种象征性标记、图案和多样化建筑,并使人类不平等观念合法化。多数印度人认为不得伤害牛;穆斯林则宰杀牛并食牛肉。印度教的主要部分是具有宽容性质的,认为有许多同样有效的了解神祇的途径。穆斯林则把传播安拉及其先知唯一真正的宗教视为自己神圣的使命。虽然如此,印度教徒和穆斯林感到双方是有可能生活在同一社会中的,同时未必要视对方为仇敌。洗劫和亵渎印度教寺庙对附属于这些机构的婆罗
540 门来说是一个令人难以承受的打击,广大群众不然,他们的宗教未被消灭,其祭坛一直位于家庭或村落的中心。拉杰普特王国的下层耕作者不得充当战士,他们没有什么动机去帮助剥削他们的贵族寡头。对北印度的居民来说,改朝换代,甚至由蛮族出任最高统治者,不是什么新鲜的事。实际上,加兹尼人及其突厥—阿富汗后继者并不真的是蛮族。他们学会了对文明作去芜存精的改进。穆

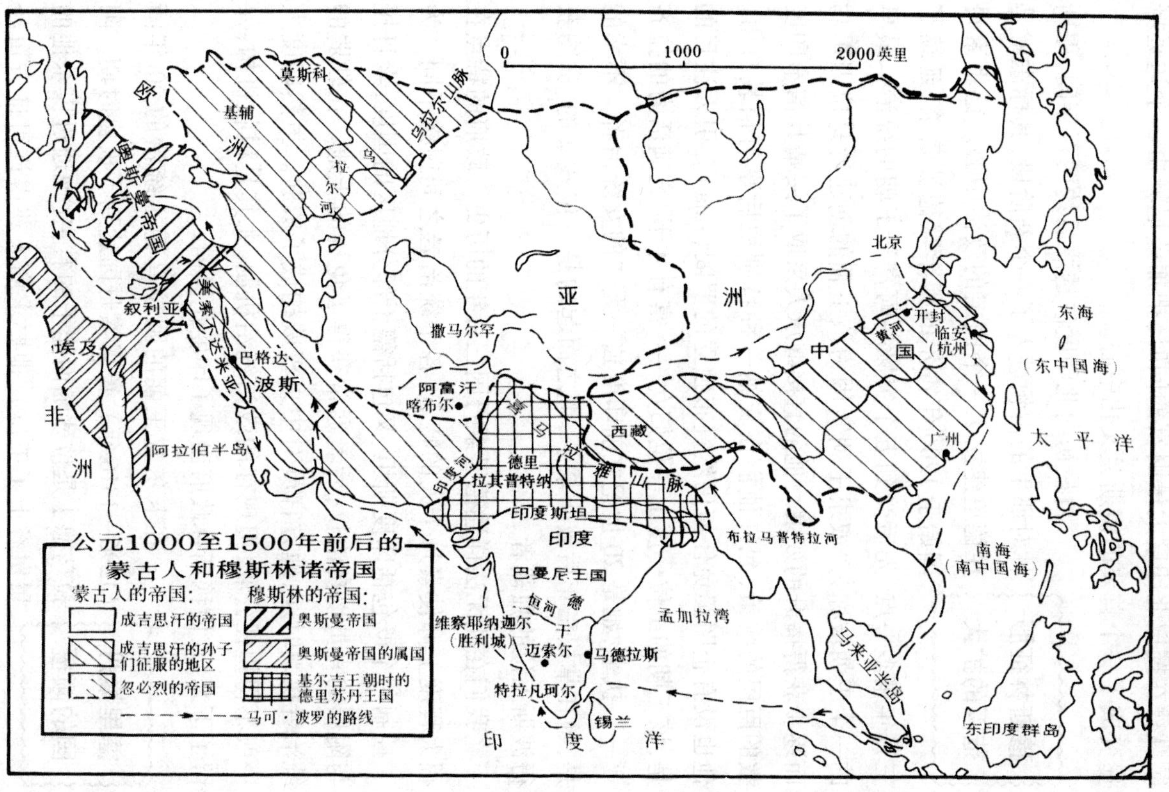

公元1000至1500年前后的
蒙古人和穆斯林诸帝国
蒙古人的帝国:
成吉思汗的帝国
成吉思汗的孙子们征服的地区
忽必烈的帝国
穆斯林的帝国:
奥斯曼帝国
奥斯曼帝国的属国
基尔吉王朝时的德里苏丹王国
马可·波罗的路线
0
1000
2000英里
欧
洲
莫斯科
基辅
乌拉尔山脉
乌拉尔河
奥斯曼帝国
叙利亚
美索不达米亚
巴格达
波斯
埃及
非
洲
阿拉伯半岛
撒马尔罕
亚
洲
阿富汗
喀布尔
印度河
旁遮普
德里
拉其普特纳
印度斯坦
喜马拉雅山脉
西藏
印度
巴曼尼王国
恒河
德干
维察耶纳迦尔
(胜利城)
迈索尔
马德拉斯
特拉凡柯尔
锡兰
印度洋
孟加拉湾
布拉马普特拉河
北京
开封
黄河
临安
(杭州)
中国
广州
东海
(东中国海)
太平洋
南海
(南中国海)
马来亚半岛
东印度群岛

罕默德在攫取北印度大量财富的同时，把加兹尼城由一个边远城堡变成了一个首要的伊斯兰文化中心。

穆斯林征服范围的扩大

自最初向北印度渗透之后约两百年间，穆斯林对那里的占领进入了一个新阶段，其标志就是在德里建立了一个固定的政治中心。德里素丹国始于1206年古尔的穆罕默德被暗杀，延续了三百年稍多一点，先后受到五个突厥—阿富汗王朝的统治。最早的一个王朝被称为“奴隶王朝”，因为该王朝的创建者是位因军功而逐步获得擢升的奴隶。他的直接继承人采取了绥靖其信奉印度教的臣民的政策，允许他们在交纳一种特别税后享有信教自由。他也没有企图罢免任何仍然宣布独立的罗阇（raja）。引人注目的是，该王朝的王位一度由一位妇女——富有才干、充满活力的拉齐亚——执掌，她是20世纪之前印度独一无二的女统治者。不幸的是，她在掌权三年后被暗杀了，继之而起的是一位残暴的、贪图获得波斯王位的独裁者。

我们在此无法详述德里素丹国三百年的历史。政府的特点在很大程度上仰仗素丹个人的特点，各个统治者之间迥然不同。为了控制一个既包括印度斯坦、又包括德干部分地区的国度，素丹授与附属的官员以自治权，后者通常获得了免税的土地。在软弱的统治者执政时期，地方官员对中央权威构成了威胁。虽然印度人一般不得担任公职，但现存的政治统治机制，尤其是税收机构，保留了下来，致使穆斯林政府出现了印度化倾向。

德里素丹国的倾覆

在卡尔吉王朝的阿拉乌德丁统治的20年间（1296—1316年），德里素丹国达到了极盛时期。阿拉乌德丁是位残酷而能干的君主（他通过谋杀他的舅舅登上了王位），他要求商人获得许可证方可经商，对工资和物价作出强制规定，并对作物征收高达百分之五十的税收。他把疆域扩展到了德干高原顶端,但这一征服未能持久;他强征大量人员服兵役,以应对来自中亚这一游牧民族取之不尽的水库的新的入侵的威胁。在这一时期,动乱的主要根源是蒙古人的扩张,后者的武装力量在亚洲大地乃至欧洲驰骋。13 世纪初,著名的蒙古酋长和帝国缔造者成吉思汗曾短期蹂躏印度河流域。他的劫掠只是一个偶发事件, 541
但蒙古人袭击印度的危险依然存在。蒙古人部落逐渐在印度北部定居下来,以农业或手工业为生,他们中的多数人皈依伊斯兰教。13 世纪后期他们在德里城中人数众多,以致城市的一部分被称为“蒙古城”。蒙古人受素丹雇佣充当雇佣军;由于素丹对他们的忠诚程度有所猜疑,他们时常成为受害者,同时数万名蒙古人遭到屠杀。

蒙古伟大征服者成吉思汗

蒙古人对卡尔吉王朝的威胁

14 世纪初期,卡尔吉王朝被图格鲁克王朝取代。虔诚、具有学识而偏激的穆罕默德·图格鲁克(1325—1351 年在位),用以铜币取代金币和银币的办法使货币贬值——这一尝试破坏了商业,削弱了经济活力。他怀有征服印度和中国的勃勃雄心,试图以强迫德里居民南移至 500 英里外的新都的方式加强自己对德干的控制。1335 至 1342 年印度出现了严重的、旷日持久的灾荒,穆罕默德·图格鲁克未能提供救济,从而使臣民的离心倾向进一步加强。虽然穆罕默德的继承人菲鲁斯素丹 37 年和平而公正的统治有助于恢复繁荣局面，但在印度其他国家的敌对、素丹的总督领导的反叛以及信奉印度教的臣民越来越高涨的骚动不宁等作用下，德里王国的稳定受到了破坏。1338 年，孟加拉省自德里分离出去，并在其后二个世纪中一直保持独立。

蒙古入侵者：帖木儿

14 世纪临近结束时，北印度遭到了有史以来破坏性最大的一次侵袭，此即跛子帖木儿的入侵。帖木儿（1366—1405 年）是突厥人后裔，最初是突厥斯坦一个小的部落国家的首领。他克服了种种不幸，采取了惊人的冒险行动，终于聚集起一支强大的骑兵部队，并开始进行震惊世界的征讨。虽然他从未采用"汗"的称号，但他获得了从前追随成吉思汗的多数蒙古人的承认，被他们尊为最高统治者。他横扫阿富汗、波斯和美索不达米亚，随后入侵印度，公开表示其目的是使异教徒皈依伊斯兰教并掠夺财物。帖木儿及其部队在印度呆了不到一年的时间（1398—1399 年），所留下的是一片废墟。德里城遭到了三天大肆抢劫，结果变成了一座鬼城，用当时一个人的说法，该城变成了一片焦土，"在整整两个月的时间里，城里鸟类绝迹"。进行抵抗的地区一概被毁灭，居民被杀或被卖作奴隶。帖木儿满载黄金和珍宝而归，手下士兵也个个领有奴隶。同时，他把几千名能工巧匠，包括石匠（用他们在其突厥斯坦的首都撒马尔罕建造一座大清真寺），一并带走。帖木儿被无助的印度教臣民称为"震动大地者"，德里素丹国在这次打击后再也未能完全恢复过来。

印度半岛各国；注辇王国与毗阇耶那伽帝国

印度半岛地区虽然受到了北部发展的影响，但因距离遥远得以免遭袭击印度斯坦的蛮族入侵的打击。由于一些大的、有影响的国

帖木儿座前的突厥俘虏。阿克巴时期(1556—1605年)一印度绘画。
在印度绘画中,以阿拉伯文字作为装饰反映了穆斯林的影响。

542 家的兴起,德干复杂而不断变化的政治模式进一步突出。占有
科罗曼德尔(东南部)海岸的注辇王国在维持一支有能力控制印
度洋的海军的同时,提倡一种兴盛的文化,这表现在兴修印度教
寺庙和种种极为精美的金属制品上。铸造于 11 世纪的舞神湿
婆像是有史以来最精美的塑像之一。注辇王国后来被信奉印度
教的毗阇耶那伽王国并吞,后者在 14 世纪发展成为一个帝国,
包括半岛的整个南端,向北一直延伸到基斯纳河。王国的首都
是一座坚固的设防城市,也叫作毗阇耶那伽,意为“胜利之城”。
该城拥有居民 50 万以上,据意大利、葡萄牙和阿富汗游客证实,
543 是 15 世纪世界上最大的城市之一。帝国的寡头制统治者以出
口宝石致富,拥有一个奢华的朝廷,并慷慨地资助艺术,向寺庙
捐纳,并鼓励出版评注梵文经典的著作。这一气势雄伟的印度
教帝国的居民显然倾向于不太严肃的印度教形式。据记载,他
们以动物献祭,食鱼而非牛肉,在某些寺庙中保有作为“神的奴
隶”的妓女。

最终令毗阇耶那伽黯然失色并有能力向德里的统治者进行挑战的是一支穆斯林势力,它控制了自阿拉伯海到孟加拉湾的整个德干北部地区。当其五个省之一比杰伊布尔宣布成立一个独立王国、由一个新王朝统辖并逐渐吞并毗邻地区时,这一巴曼尼王国(1347—1489 年)走到了尽头。比杰伊布尔王国拥有一个稳固的农业基地,富产铁和钻石,商业兴盛且赢利甚丰。它得到了德里统治者以及波斯和拜占庭帝国的外交承认,作为一个强国一直存在到 17 世纪中叶以后。比杰伊布尔由一个有效的官僚机构治理,有一支包括 8 万匹马和 735 头大象的武装力量,此外,正如毗阇耶那伽是印度教文明的中心那样,比杰伊布尔是伊斯兰教文明一个兴旺发达的中心。与邻国信奉印度教的君主相比,比杰伊布尔的素丹更欢迎多样化,允许兼容并蓄的文化的发展。16 世纪

后期和17世纪初期王国发展到了最辉煌的时期,此时它因实行宗教宽容政策而得益。素丹一方面兴建光彩夺目的清真寺,包括令人叹为观止的杰米清真寺(1578年),另一方面也资助印度教寺庙。不幸的是,毗阇耶那伽和比杰伊布尔之间发生了激烈的军事冲突,两败俱伤,前者于1565年被后者消灭,后者实力也受到削弱。

印度教机构模式的僵化:不可接触性

印度的印度教公社内部发生的变化与前文列举的类型并无多少偏离。种姓制度比前几个世纪更加根深蒂固。现在印度教一个独特的因素是不可接触,这赋予人类的渣滓一种比最低种姓还要低的地位。虽然不可接触者(贱民)承担诸如清除脏物、埋葬尸体和衣着兽皮等基本义务,但他们无权参加祭祀活动,被迫居住在与人隔绝的地区,并应发出信号警告人们他们来了。就连他们的影子也具有污染作用。在印度的某些地区,贱民人数众多,以致形成了自己的种姓。一个悲惨的下层社会显示出与印度各王国的财富和辉煌相悖的倾向。

妇女从属地位进一步加剧

妇女的地位本就低下,此时进一步衰落。深闺习俗(purdah,指妇女头戴面纱和不得与外人接触)是由穆斯林引入的,但印度社会业已朝着女性越来越处于从属地位方向迈进。童婚——即,女童被指定的婚姻——习俗得到了认可,其理论根据是:
由于女人受自己丈夫以外的任何人都是罪过,因而,在她达到青春 544
期之前就必须为她确定忠贞对象。守寡是童养媳十分可能的命运,这并未解除女性的束缚。寡妇在某种程度上因丈夫之死而受到指责,不得再嫁。对一位寡妇来说,投入焚烧丈夫的柴堆自焚身亡以示忠贞是一件荣耀的事。一位拥有许多妻妾嫔妃的国王去世时,必须有许多妇女集体殉葬,因而要燃起许多柴堆。寡妇自焚的仪式被称为“撒提”(sati,在英语中变体为suttee),字面意思是“贞女”。幸运的是,这些不人道的极端例子并非印度各地普遍实行的措施。

对妇女的矛盾态度

虽然就连有识人士也支持男权观点,但正如各地都可能出现的那样,印度人对妇女的态度很矛盾。印度最古老的崇拜是地母祭,同时对母神的崇拜一直持续到了现代。另外,每一位印度教男神都有一位女性配偶,后者与男神共享神性,她们不仅起被动作用,而且起主动作用。她是神的富有活力的力量。湿婆的配偶是其邪恶的化身时母或女恶魔难近母,后二者激起的是敬畏和恐惧。与此同时,一位妇女应当听命于甚至崇拜自己的丈夫。我们不妨引用中世纪的一首诗:

虽然他出言不逊,耽于享乐,
虽然他一无优点,
贞洁的妻子应一如既往
像神那样崇拜他。

然而,其他作家则对妇女所起的帮助和抚慰丈夫的作用给予了大量颂扬。

巴克提运动

发端于德干高原达罗毗荼人的改革运动正把印度教塑造成本质上恒久的形式。正如在第十一章提到的那样,在古典笈多王朝时期,巴克提运动造成了对一个具有救赎力量的个性化神的令人激动的崇拜。在致力于湿婆和毗湿奴传统的各个神祇的同时,巴克提崇拜把神性理解为无处不在,认为就连最低贱的等级也有可能得到救赎。在德干高原西北部的马拉塔地区,那里的居民大都属于首陀罗,改革运动迅即为人接受。在穆斯林统治的地区,包括不断扩张中的比杰伊普尔王国,运动同样取得了进展。在那里一个受到巴克提教条影响的湿婆教派拒绝接受婆罗门教,否认种姓区别,不过它仍固守着古代的男性生殖器崇拜,把阴茎象征视为崇拜的对象。巴克提运动的鼓吹者用各种地方方言进行宣传活动,从而使运动直接进入人民生活之中;这些方言——马拉塔语,尤其是在半岛东南部盛行的泰米尔语——成了创作炽热的虔诚颂诗等大量文学作品所用的媒介。

印度教思想文化之发展:商羯罗

印度教在深化它对大众的感召力的同 545
时在思想文化上也决非停滞不前。印度最伟大的学者和神学家之一商羯罗大师活跃于9世纪前20年。商羯罗是南印度的一个湿婆教派信徒,他创建了一个印度教修会,据说曾遍游印度与佛教僧侣进行辩论。他的主要贡献是对吠檀多(Vedanta)教义——这一思想体系出自吠陀梵文的《奥义书》(“吠檀多”一词意为“吠陀经之精华”)——作了界定和解释。在他对《奥义书》及其他圣典所作出的卷帙浩繁的注疏中,他巧妙地运用辩证法,试图完成把所有不同协调起来并把各个思想流派融汇贯通为一个内在的统一体这一十分艰巨的任务。商羯罗的注疏在印度教哲学中所占据的地位可以与圣托马斯·阿奎那的《神学大全》在基督教经院哲学中的地位相媲美。

佛教在印度消失

佛教对印度文化的形成曾起过难以估量的作用。在这一时期,它虽然在亚洲其他地区仍很活跃,但在印度次大陆消失了。佛教在印度早就处于衰落过程中,这不仅是由于婆罗门的反对,也由于它与它所由以产生的母体印度教间的界限模糊不清。古典时代建筑和雕刻艺术的繁荣是印度教、佛教和耆那教的天才协力促成的。佛教徒经常参加印度教的宗教列队行进仪式,各敌对信仰的神祇混合在一起。毗湿奴教派信徒把佛陀视为毗湿奴神的化身之一。与印度教徒相比,佛教徒更易受到突厥—阿富汗人劫掠的伤害,因为他们的力量集结在佛教寺院,这些寺院轻而易举受到夷毁,寺院僧众也被遣散。当古尔的穆罕默德的大军在12世纪末横扫孟加拉时,他们拆毁了那烂陀宏伟的佛教大学,该大学是印度最著名的学术中心之一。毋庸置疑,佛教的消亡是一个损失,但该教派在印度文明身上留下了难以磨灭的烙印。在某种程度上,佛教在消失之前又重新并入印度教之中。

印度教:通过适应新形势而生存

印度教在穆斯林统治者的统治下也受到了伤害。他们毁掉了旧的寺庙或不准修建新的寺庙;虽然他们对印度教臣民或者进行迫害,或者采取宽容态度,但一无例外地征收歧视性税收。但印度教根基过于宽广,难以完全根除。印度教残存下去,与一个在许多方面相敌对的宗教比邻共存;它无法不受到伊斯兰教的影响,并反过来对对方施加影响。虽然双方都对不同教派间的通婚心存顾忌,但印度教徒和穆斯林之间的通婚还是发生了,这一现象促进了双方的和解。毫不奇怪,许多印度教徒要么出于信念,要么希望获得个人好处,转而皈依伊斯兰教。不论出于什么原因,具有重大意义的是,皈依过程一直持续到了近代,致使穆斯林成为印度次大陆的少数民族,和其他民族一样成了真正的印度人。

546

伊斯兰教:苏非运动

把伊斯兰教移植到印度在开始时是靠剑完成的,这一过程在某种程度上被来自伊斯兰教世界各个地区的热心而不那么好战的苏非派的努力而变得缓和起来。早期苏非运动于穆罕默德时代之后不久产生于阿拉伯人之中,它强调神是无处不在的,人们是可以通过沉思苦行实现灵魂与神的合一的。这一观念与基督教的神秘派别有相通之处,但殊难与伊斯兰教正统的安拉的超凡性教义相合。虽然它看上去大逆不道,但苏非派在逊尼派和什叶派中都扎下根来,并在 9 至 12 世纪间蔓延到各个伊斯兰教国家。苏非派一些不同的宗派以印度为中心,随着时间的推移这一运动的性质有所改变。与协助建立萨非王朝(波斯)和奥斯曼帝国的土耳其热衷于消灭异教徒的伊斯兰教徒一样,印度最早的苏非派是圣战战士。他们帮助了方兴未艾的穆斯林王国的缔造者,时常获得赏赐的土地并成为国家权力机构的一部分,变得保守起来。该运动由追求神秘狂喜的隐居的个人逐步演变为有着严格戒律的教派,随后变成了致力于怀念受人尊敬的缔造者的团体。

苏非派在印度社会中广受欢迎

虽然其外在形式各种各样,苏非派吸引了印度普通民众(既包括穆斯林,也包括印度教徒)的注意力,得到了他们的赞赏。苏非派文人学士用地方方言进行写作,读者甚众。由瑜伽培育的神秘主义成为印度宗教和哲学中常见的主题。同时,随着苏非教派把其着重点转而放在虔诚崇拜上,他们就具有了印度教巴克提崇拜的特性。为苏非派圣人所筑立的被认为具有超自然力量的坟墓有时高达 20 英尺,雄伟壮观,结果证明具有神奇般的吸引力。与禁止外人入内的清真寺不同,这些坟墓允许印度教徒近瞻,某些人因此改皈伊斯兰教。苏非派在发挥作用吸引皈依者的同时,减少印度教和伊斯兰教之间的区别方面也起了重大作用,致使两种宗教更接近于和谐相处。

二、宋、元和明朝统治下的中国（960—1644年）

宋朝的建立

10世纪初盛极一时的唐朝崩溃之后，在大约50年的时间里，中国陷入分裂状态，大权由一些军事独裁者执掌。这一混乱的时间不算太长的过渡期在中国史称“五代”。此后，一位雄才大略的将军（赵匡胤）称帝，建立了宋朝，重新建立了一个强大的中央政府，实现了国家的统一。宋朝延续的时间与前代唐朝相当，共约三百年（960—1279年）。宋朝皇帝们恢复了旧日中央集权的官僚制行政体系，
547 同时，他们控制着州郡土地贵族的服役，以加强对他们的控制。为了在地方上推行法律并征收税赋，皇帝征召富裕的地主，交托他们沉重的有时是毁灭性的职司。

王安石（1021—1086年）的改革

11世纪晚期，一位名叫王安石的文官（1021—1086年）发起了一个有争议的改革运动。王安石是位出类拔萃的人士，既是政治家，又是诗人和哲学家。他提出了大胆的建议，以消除政治弊端，减轻普通民众的负担。虽然王安石是位具有怀旧心理、向往古代所谓黄金时代的在性情上属于神秘论者的人，但他提出了切实可行的具体措施，旨在对官僚制度进行合理化改革、发展经济并纠正不公现象（“民不加赋而国用饶”）。王安石提倡建立公学，授予公学国有土地，并主张修改科举考试制度，鼓励考生掌握实用知识而不是精通经典著作。他最坚决的改革措施是一项通过政府直接帮助、修改不平等的税收制度、禁止强迫劳动和重分土地解救贫苦农民的计划。他希望政府控制商业活动，固定物价，购买剩余农产品，低息向农民借贷以田中青苗为担保（“青

苗法”)。王安石的利农主张是近来各国政府推行的某些措施的先声,他的一揽子计划近乎某种国家社会主义。虽然他坚称自己只是使真正的儒家教条适应时代的需要,但那些反对他的人攻击他是危险的革新者。变法派(王安石的门徒)与守旧派之间的斗争一直持续到了下一个世纪,皇帝有时支持这一派,有时支持另一派。但保守派最终占了上风。然而,现代的中外改革家,都注重研究王安石的激进主张。

丧失国土

大宋帝国的疆域不像唐朝那样辽阔。部分上由于防卫工事未能得到足够的维持,北部和西北部的地区沦于半游牧民族之手,后者建立了一些独立的王国,同时在许多方面吸引了中国文化。在这些北方部落中,契丹人在满洲南部建立了一个王国,吞并了长城以南北京周围的地区(燕云十八州),并迫使宋朝皇帝纳贡。虽然契丹人(Khitan)在起源上与汉人完全不同,后来西方人却用他们名字的变体——“Cathay”——称呼中国,这一情况表明,契丹人在与中国成熟的文明密切接触后,未能长期保持自己独特的特性。

南宋时期

12世纪初期,契丹人的国家(辽)被一个血统与他们相近的种族即女真人推翻。女真人不仅占领了满洲和蒙古,而且征服了华北大片地区。因而,自
1141年左右开始,宋朝实际上只控制了长江流域及长江以南地区。548
宋朝皇帝迁都临安(今杭州),这是一个富丽堂皇的港口,但远离帝国传统的行政中心。中国南方比以前更充分地感受到中国文化的影响,这一事实抵销了南宋孤处一隅的不利之处。南方和西南各民族开始参与国政。人口中心正向南迁移,另有证据表明这一地区的居民富有独创性和进取精神。在南宋时期(1141—1279年),华北仍处于由黄河之滨宋朝的故都开封发号施令的女真人的统治之下。对宋朝皇帝而言,如此多的国土沦丧于异族征服者之

手,是一件奇耻大辱,但北方并未因此发生明显的恒久变化。女真人和契丹人一样迅速汉化。佛教和儒教都对他们产生了强大影响,其统治者沿袭定制用一个汉字定国号为“金”(意为“黄金”)。

作为一个社会机构的家族

549 在宋朝统治下,家族充当社会的一个单位这一独特的特征继续存在。家族是一个组织严密的单位,旨在维持家族成员的福祉,以抵御官方的和非官方的各种外部力量;同时,它可能是使下层阶级免受无限制的剥削的唯一保障。中国典型的家族是大家族,因为它包容了好几代人。儿子结婚后,他通常把新娘领进门来,与父家长在同一座房屋里生活,或者住在离得很近的房屋中。在理论上家族还包括祖先的亡灵,因而就像在横向上扩展到同时代亲戚之上那样纵向追溯,源远流长。家族大权由父亲(或祖父)执掌,最为看重的是敬老,因而就连成年男子也要听从父母之命。这样一种习俗导致极端的保守性,时常给年轻人带来磨难,但它也具有养成忍耐、效忠和照顾年老无助者等品质的好处。

妇女的从属地位

虽然妇女的地位并非完全无法忍受,但她们在父家长制家庭和中国社会整体中完全从属于男子。
550 婚姻要听从双方家长的安排,通常要借助于媒妁之言。新娘进入丈夫家门后有三个月的考验期,此后,如果她表现得令人满意,她就可以参加祭祖仪式,并成为家庭中的正式一员。至于破例的行为不检点和离婚权利,妇女也处于不利地位。只有丈夫才能休妻,而且他基于一点点理由就可以这么做(包括妻子讲话太多)。不过,实际上,离婚现象很罕见,尤其是在处境低下的人中间。毋庸置疑,使一个男人拥有不止一个配偶的一夫多妻制和纳妾制,使妇女处境更加艰难、低下。但这些情况只限于富人之中,同时在他们中间也不是惯例。虽然妇女在中国社会中地位低下,但她们享有特定的权利和特权,总的说来比印度种姓制社会中的女性处境好得多。奇怪的是,在中国这样一个以农业经济为主的社会中,参加田间劳动不被视为妇女的正常工作,不过在穷人家庭中她们往往不得不帮着承担一些劳动。虽然俗称嫁鸡随鸡,嫁狗随狗,女儿一嫁出去就是婆家的人了,但娘家并非对女儿完全不管不问,在她受到虐待时可能就要干预。孩子受到的教育是热爱并尊敬父母;随着妇女年龄见长,她也因年长而获得尊敬。一位祖母或婆母在家庭中有时享有的专横地位在中国是众所周知的事。

作为一个宗教和政治机构的家庭

中国的家庭不仅是一个经济和社会学单位,而且是一个宗教和政治单位。在中国 551
历史的大部分时期中,普通人信奉的宗教中大都包含光宗耀祖、奉祀祖灵的内容。作为一个政治单位,家庭有着种种严格的戒律,并把家庭一位成员的行为不端视为家门的不幸。对于轻微的犯罪,由族长而不是国家官吏施加惩戒,这在中国司空见惯。家庭的强大凝聚力和集体责任感既有好处,也有坏处。由于家庭对其成员的行为负责,如果真正的罪犯未被当局抓获,那么一个成员可以因另一位成员的不端行为而受到惩罚,或者一个人犯了罪,结果满门灭斩。不过,总的说来,家庭使个人具有一种较大的安全感,使个人感到有了靠山,这种感觉比世界上多数社会都更典型。

物质进步和商业发展

尽管宋朝面临重重困难,它仍被普遍视为中国历代王朝中治理最好的王朝之一。事后看来,宋朝似乎是中国文明演进过程中的一个分水岭。这一时期发生了许多渐进的而非突然的变化,这些变化被称为一场"中世纪经济革命"。它的本质特征是农业得到了改善,从而促进了人口增长;科学、技术和机械制造有了进步;商业发展;以及随之而来的向较为都市化的社会的转变。南宋农民

《清明上河图》,北宋张择端作。它描绘了当年宋都汴京(开封)在清明时节社会各阶层的生活情景,是一件具有较高艺术价值和历史价值的城市风俗画。

利用长江下游流域的自然资源,发展了更先进的水土保持、选种、作物轮作和灌溉技术。国内外商业贸易都有了大幅度发展,比以往任何时候都更广泛地影响了社会的各个环节。城市数量增多了;一些城市居民数在 10 万以上。为了便利内陆交通运输,尤其是水运,北宋和南宋都在把长江流域与黄河连接起来的大运河上设置水闸,以便于大型船舶的通行。部分上由于商路不再由中国人控制,中国与中亚的陆路贸易衰落了。但在东南沿海一带各港口城市,商业兴隆。外国商人,其中主要是阿拉伯人,获得了在商业中心居住下来的权利,听从于专门负责对外贸易的督察官的管辖。与此同时,中国人本身开始更大规模地参与远洋贸易。由于人们对远洋船舶的需求量过大，造船业兴盛一时，乃至有伐尽中国东南部森林的危险。

科学和技术的进步

与商业发展和城市繁荣相比毫不逊色的是人们强烈的科学好奇心和发明创造才能。数学、天文学和医学的进步仰赖少数有学识的人的贡献；但人们对科学的某些领域普遍产生了兴趣，其证据就是出版了有关论文和手册，其中一部题为“日用数学”(1262 年)。技术的进步包括生产了精美的半透明的薄胎瓷，把火药用于爆炸性 552
武器(炸弹和大炮)，新的冶炼工艺，以及发明了纺织机器以生产麻线。总而言之，宋朝时代科学和技术的进步表明，正如约五百年后西方出现的情况那样，由于有了坚实的经济基础，中国正处于工业革命的边缘。如果这种革命真正开花结果的话，中国后来的历史无疑会与实际情况大相径庭。中国崭露头角的工业革命何以会夭折在襁褓之中，其原因并不容易解释清楚。部分答案在于 13 和 14 世纪蒙古人占领的震荡，以及在驱逐蒙古人后所出现的守旧倾向。

蒙古人入侵中国：成吉思汗与忽必烈

蒙古人的入侵最终消灭了宋朝；整个中国都处在蒙古人的铁蹄之下，这在历史上尚属首次。蒙古人通过一系列军事战役以令人难以置信的速度建立了一个亚洲帝国，其规模在短时期内是现知最为庞大的一个。13 世纪初期，伟大的蒙古征服者成吉思汗倾覆了中国北方的各邻国，随后向西进军，横扫整个亚洲。他在短时间劫掠印度之后，征服了波斯和美 553
索不达米亚，占领了里海以北和以西的俄罗斯大片地区。虽然蒙古人入侵中国在所难免，但宋朝皇帝对蒙古人要两面手腕是自己灭亡的一个原因。他急于消灭统治中国北方的女真人，因而出兵协助蒙古人征讨他们；此后他贸然袭击蒙古军队，致使他自己的江山受到生性残暴、纵横驰骋的蒙古骑兵的蹂躏。经过多年鏖战,成吉思汗的孙子忽必烈大汗完成了征服中国南方的大业;在此过程中,蒙古人不仅必须占领沿海城市,而且必须习于水战。1279 年,中国最后一支军队被击败(据说其领兵将领背负宋幼帝蹈海而死),忽必烈成为中国的统治者。

忽必烈帝国的解体

蒙古人依靠征服建立的广袤的亚洲帝国东起中国海,西至欧洲东部,因幅员过大,无法作为一个单位进行卓有成效的统治,同时也未能长期保持领土完整。宗教分歧加速了帝国分化的过程。13 世纪结束之前,帝国西部的各王公(汗)大都皈依伊斯兰教,不再承认崇尚藏传宗教即喇嘛教的忽必烈家族的权威。然而,忽必烈的后代以北京为帝都,统治中国近一个世纪(1279—1368 年)。

蒙古皇帝的统治

蒙古王朝(即元朝)的建立有严重打断中国文明正常进程的危险。蒙古人的统治基本上保留军事占领性质,以武力强加在中国传统机构之上。中国人受到了种种屈辱性的限制。他们不得携带武器;如果受到蒙古人的伤害,也不得进行报复。蒙古人是臭名昭著的残酷征服者,把途经城市夷为平地,尸横遍野,以儆胆敢进行抵抗者。他们在苦战征服中国南方的过程中,把某些地区的居民屠戮殆尽。尽管如此,蒙古统治者很明智地认识到,保留中国这样一个大国是可取的,与其把中国人杀掉,倒不如向他们征税以获得收益。游牧战士无法抵御中国文化的影响,传统的中国行政制度并未被完全根除。科举制度一度停止,汉人不得担任大多数政府职务,不过蒙古皇帝起用了蒙古以外的其他各族人出任朝廷要职。在 14 世纪,当元朝出现衰落的迹象、汉人显然要造反时,皇帝下令恢复科举制度,并录用汉人为官,主要是低级官职。核心官职仍由蒙古人和中亚人执掌,他们只占总人口的百分之三。

宗教与经济政策

蒙古皇帝崇奉佛教,但未对中国本土的其他信 554
仰多加干预,并允许西方宗教传入中国,不过其中只有伊斯兰教在中国扎下根来。他们极为慷慨地捐资佛庙和寺院,赐给它们大量免税田地,结果令经济吃紧,令农民陷入贫困境地,因为他们的田地被没收充公了。许多农民直被抽调去修建宫殿、水利工程和修整水路、陆路交通体系时失去了田地。元代的一项宏伟工程是重修并扩展京杭大运河,通过内陆航道把京城大都(北京)和长江流域连接起来。

对外交往的扩大

在蒙古人统治时期,自北宋灭亡以来一直处于分裂状态的中国北方和南方现在重新统一起来,大都朝廷所管辖的地区比宋帝国版图广袤得多。元朝皇帝们试图通过价值值得怀疑的征服计划进一步扩大疆土范围。1274 和 1281 年,忽必烈征发中国和朝鲜舰船两度试图侵入日本,但因遇台风,船只损失太半,登陆军队也被日本人消灭。幸运的是,中国与远近各国间的和平交往并未中断。蒙古

丝绸之路。14 世纪加泰罗尼亚图。它生动地描绘了阿拉伯和欧洲商人和冒险家(诸如马可·波罗)得以由地中海到黄河流域的这条通往西方的中亚商道盛景。

人兴修了一直通往中亚腹地甚而远届波斯的御道，促进了陆路贸易的发展。在这一时期，大批外国游客到了中国，证明当时旅行是比较安全的。虽然汉人受到歧视，不得经商，外国商人却在蒙古帝国享有特权。俄罗斯人、阿拉伯人、犹太人以及热那亚人和威尼斯人纷纷到中国经商。这种大规模的贸易活动与其说增强了国家的经济实力，倒不如说对国家经济造成了不利影响，因为它令贵金属
555 逐渐自中国外流，从而造成通货膨胀。马可·波罗是众多欧洲来客中最著名的一位，他在中国生活了 17 年（1275—1292 年），游历甚广。他在回国后对他的游历作了栩栩如生的描述〔把南宋的都城临安（杭州）称为“世界上最美好、最高贵的城市”〕，令意大利人为之震惊。不过马可·波罗活动的范围限于特权阶层，对普通大众的生活状况未予注意。到了 14 世纪，饥馑四起，有史以来空前多的汉人沦为奴隶。

推翻元朝 建立明朝

在 14 世纪，由于统治朝廷的腐败和汉族人民日益强烈的不满，蒙古势力逐渐受到侵蚀。汉族人民从未忘记他们是处在蛮族征服者的铁蹄之下的。在一位洪福齐天、充满活力而形象有些丑陋的军人（朱元璋）的领导下，起义取得了成功。1368 年，朱元璋率兵攻占大都（北京），把元朝末代皇帝赶到了蒙古荒原。这位农民起义领袖出身低微，幼时父母双亡，先落发为僧，后落草为寇。虽然如此，他被尊奉为真命天才，成了明朝（“明”意为“明亮”或“辉煌”）的开国之君。明朝始于 1368 年，止于 1644 年，虽然它未有多少创新之处，但它再次显示出中国种种制度的潜在活力。该王朝沿袭宋制，但在某些方面更近于唐，尤其是在注重以武力扩展疆土方面。明代的中国是一个泱泱大国，其统治范围扩展到了满洲、蒙古、印度支那、缅甸以及面对西藏的西南部地区。此时 13 世纪盛极一时的蒙古大帝国已经土崩瓦解，但突厥斯坦的统治者、给印度带来深重灾

难的帖木儿仍有可能复辟。尽管明代朝廷把帖木儿的使节视为前来纳贡称臣的人,但这位“震大地者”实际上是起兵征讨中国途中于1405年突然去世的。虽然明朝这次交了好运,明朝历代皇帝均未怎么着力去收复突厥斯坦或新疆。

明朝的航海成就及衰落

明朝建立之际适值中国航海业迅猛发展之时。航海罗盘可能自11世纪时就得到使用,一些艨艟巨舰建造起来。中国远洋航船高四层,舱室舒适怡人,远航东印度群岛、马来半岛、锡兰、印度和阿拉伯半岛,载着商品、贡物和珍贵的地理知识返航。它们本是可以冒险向西航行绕过非洲的好望角的。在其盛期,明朝海军虽然部署在长江下游地区水域以对待日本海盗的骚扰,但它强于同时代欧洲任何国家的海军。中国在海洋贸易中的有利地位后来发生了逆转,这是明代诸帝厉行限制航海活动政策的不幸结果。与宋朝相反,明朝统治者并不认为,对外贸易是一件互惠的事儿, 556
而把它视为征收贡赋的一个手段。同时他们只准与承认中国的宗主国地位的国家通商。1371年,政府禁止中国人出国旅行;15世纪初,它又禁止中国人在沿海水域航行。这一目光短浅的反动政策部分上根源于担心在沿海城市形成敌对的权力中心。它使国家的税收减少,这反过来导致发行不能自由兑换的纸币,进而导致损害整个经济的通货膨胀。更为糟糕的是,就在西方人开始摆脱偏狭的乡土观念时,这一政策迫使中国与世隔绝。明代后期的统治者不仅未能继续在公海上保持进取精神,而且证明无力保卫本国的沿海地区。

官僚制度的僵化与科举制度

科举考试制度的变化显示出——并加剧 557
了——国家官僚机构渐渐陷入僵化。明代诸帝是最早的完全由通过科举考试的候选人中遴选官员的帝王。他们还允许各个阶层的人参与竞

举子等待揭榜。该帝国的官僚制度靠各级这类学者来支撑。

争,但这一看似民主的改革效果却未必佳。为了准备考试,要花费许多时间和金钱;及第候选人的人数大大超过空缺的职位;最后,科举考试的目的是检验应试者是否熟练地掌握了经史子集和正统思想,而不是以实用知识或理政天资为标准。到了 16 世纪初,这一制度的影响降低了。除宫廷宦官、负责大片地区的军事统领和皇族成员外,拥有学位是当官的唯一通行证。它还使举人们(甚至包括那些未出任官职的人)得以形成一个享有特权的文人—绅士阶层,其成员自认为高于普通百姓一等,并把地方事务的管理权控制在自己手中。

早在明朝灭亡之前,行政管理的活力显然就已衰落了。百官懈怠腐败;大权旁落到朝廷宠幸和宦官手中;苛捐杂税使农民濒临破产。当政府的开支扶摇直上——1639年的军费开支一项就比明朝开国之君的全部岁入多十倍——时，由于政府无能和人民起义，国土不断沦丧。虽然明朝最后亡于另一次外族入侵，但它覆亡的真正原因是内乱。

宋版书。《法苑珠林》一页。该书由唐代和尚道世编撰。图中出版物印刷于1124年，比谷登堡圣经整个早了三个世纪。

谈到宋、元、明朝时期中国文化发展情况，这一时期突出的特征是人们再次对哲学推理感兴趣，至12世纪后半期达到了顶点。这一复兴集中体现的是复归中国思想的源头——古代圣贤，尤其是孔子——但它不仅仅是重复古老的教条，而且引入了一些新的思想。这一时期中国最著名的思想家是朱熹（1130—1200年），他曾在朝廷任职，反对所谓的变革派（王安石的门徒）。虽然朱熹自称按照原本的没有讹误的含义解释孔子的说教，但他及其同道实际上吸引佛、道的许多思想内容创建了一个新儒学派别——理学。他们强调“太极”或“天理”概念，认为“理”产生于天地万物之先，是万物的根本，先于一切理性或伦理原则。与此同时，他坚持反映在家庭之上、体现在由文官官僚机构管理的父家长制国家之上的传统的纲常学说，把三纲五常当作当时社会的最高道德标准，认为纲常伦理是永远存在、“不可磨灭”的。朱熹的学说在他生前虽然遭到持不同见解的学者的激烈反对，但在最后逐渐被视为对至圣先师学说所作的权威性评注，并被列入科举考试科目。

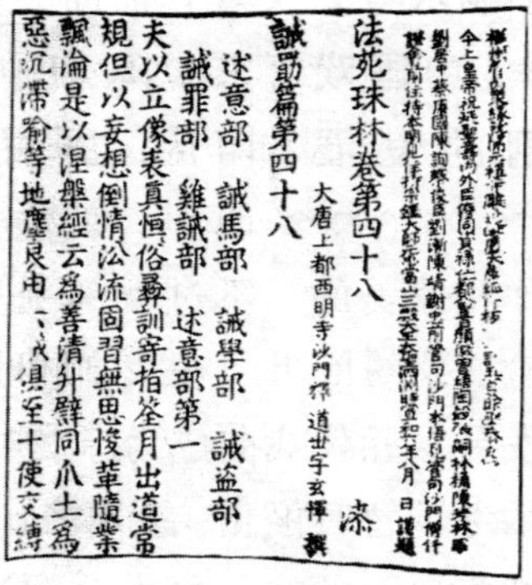

印刷术与文学:中国戏剧的发展

除上古外,在中国历史的几乎各个时期,文学作品的大量涌现一直是中国文明的特征。自宋以降,印刷术十分普及。书籍用木版、金属板印成,也采用用胶泥、锡和木头做成的活字进行印刷。就优美、自然而言,诗歌很少有能同唐代佳作相媲美的。不过大部头史书、百科全书、词典、地理志和科学论文纷纷问世。在戏剧和小说领域出现了最有独创意义的文学发展。元代戏曲成为一种主要的艺术形式,这部分上是因为科举考试暂时停止,有识之士无法藉此博取功名,转而注意从前他们不屑一顾的一种大众消遣形式即戏曲。现存元曲共有100
558 多部,它们把形象的动作与对人物性格的生动描写结合起来,用普通百姓的习惯用语即白话而不是文言文写成。与莎士比亚时代英国的剧场一样,中国的剧场大都不用布景和道具,不过演员身着精心制作的戏装,脸上涂有重彩。各种角色通常都由男性扮演。戏词用的是韵文,但与伊丽莎白时代和西方现代戏剧不同,对白是吟唱而不是朗诵出来的;乐队(直接位于戏台上)是演出的一个基本要素。

中国小说的发展

中国的小说显然发源于说书人所讲的故事,它与戏剧同时有所发展,但成熟时间略晚。明代宫廷和官僚机构中缺乏学术气氛,间接促进了小说的发展。15世纪时,对儒家正统尤其是以朱子学说为代表的新儒学即理学的尊崇在御用文人圈子里已到了狂热的地步,以致其中一位人士竟说:“道已明。……无须再论。”某些文人试图用普通使用的白话创作叙事故事,以在别的方面发挥其创造力。在他们的笔下,小说成了一种极其成熟的文学形式;他们在技巧上精雕细琢,但展示给读者的是喧闹的冒险经历、幽默、强烈的情感和妙趣横生的现实主义。小说的主题往往选用历史题材,但故事情节也往往对现实社会和政府作出有时是冷嘲热讽的评论。

宋代绘画

存留至今的中国艺术品中不少是本章所述时期的创作。自唐以后,雕塑的质量下降了,但绘画在宋代达到了登峰造极的地步。宋代最美、最典型的绘画是山水画,它们虽是用墨勾画成的单色作品,却传神地表现出自然风光的各种意境。艺术家们用简约的线条,舍去末节,而对 559
具有重要意义的细部精雕细琢,以求写出外部表象背后隐含的形神。他们梦幻般的创作显然受到了佛教和道教神秘教条的影响。山水画在南宋时期发展到了最成熟阶段,当时首要的画家充分利用了杭州地区绮丽的天然景色。他们有时在长幅丝绢上描绘全景场面。这些画幅两端装有画轴,用手持轴,把画卷由一个轴上卷到另一个轴上,就可以从容观赏。

明代建筑

建筑艺术在明代达到了尤其高的水平。该朝代乐于美化、装饰中国文化有形的方面。明代皇帝重修长城,今日所见长城主要就是明长城。明代建筑在观念上并无创新之处,但数量众多,有许多辉煌的宏伟建筑留存后世。贵族阶层喜爱精巧的园林、避暑别墅、豢养猎兽的苑囿和狩猎小舍,这就为设计典雅的亭台楼阁和拱桥提供了机会。这一时期得到充分发展的是塔庙,它们以往往用彩色琉璃瓦砌成的飞檐著称。

建筑和应用科学方面的成就

中国真正与世界其他地区隔绝的时候非常少,她的许多文化变迁都是对外交流的结果。虽然中国人自己积累了数量可观的医学资料, 560
但他们在数学领域,可能还有医学领域,受益于阿拉伯人。早在宋朝灭亡之前,中国看来就已种牛痘预防天花。在明代,眼镜(由意大利传入)开始为人使用。由西方传来的一些新作物开始在中国种植。13世纪传入的高粱和16世纪传入的玉米在华北得到空前广泛的种植。棉花种植也始于13世纪，在明代大大推广。中国本土而非由国外引进的一项创造可能是战争技术方面的革新。火药的爆炸性能早就为中国人知晓，但直到11世纪火药才用于制作杀伤性武器。13、14世纪时蒙古人使用了或许用原始大炮发射的炮弹，明代的兵工制造者作了进一步改善。虽然这些早期的大炮尚很简陋，但它们预示着现代战争日益严重的破坏性。

三、日本封建制度的兴起和武家统治（约900—1600年）

中国与日本之间的不同

尽管中国文化融入日本文明的根基之中并产生了长远的影响，但中世纪时期日本的社会和政治趋势与中国这一亚洲大陆大国迥然不同。中国一而再地遭受游牧部落的入侵，间或受到异族王朝的统治，但其社会和文化并未怎么脱离古老的模式。与此不同，日本因是一个岛国而受到地理屏障的保护，并未受到外部骚
561 乱的严重影响；不过，由于其社会内部的冲突，日本的种种制度发生了深刻变化。7世纪中叶的大化革新企图全盘照搬中国的帝国制度，把一种理论上的统一和一种专断的、人为的政治方案强加在日本之上。此后一千年间日本的历史表明，这一改革完全失败了。只是在历经非决定性的、耗损元气的纷争之后，日本才迟迟找到了社会安定、国家统一的基础。但是，日本后来虽然实现了安定，这却是通过临时性的制度实现的，因而不足以解决经济和文化变化之后必然产生的各种问题。

日本政治史的特点

这一时期日本政治史的主要特点有二:其一,继续实行间接统治的方法。虽然实际权力由一个家族转入另一个家族之手,但都以神圣不可侵犯的天皇的名义进行统治。天皇虚有其名,其有效统治范围很少超出京都郊区;其二,社会的封建化和凌驾于法律之上的武士集团的发展壮大,后者在自己统辖的领地内为所欲为。到16世纪末叶,虽然由文人统治向武家统治发展的趋势是明白无误的,但理政的方式多种多样,没有定规。17世纪初,中央集权制政府最终在日本建立,旷日持久的内战终于结束,在全国强制实施了统一的政策;这一政治体系长久存在,几乎原封不动地延续到19世纪中叶。即使在它被推翻之后,它在日本人民心灵上所打下的深深烙印仍不是轻而易举就可以根除的。

权力分散

9世纪时,藤原氏通过与皇族联姻及把持摄政职位,控制了朝政,天皇则沦为傀儡。藤原氏一直把持朝政至12世纪,但随着因开荒种地和征服土著居民而来的耕地不断增多,同时随着活跃有为的地主成功地把其地产置于帝国征税官员的管辖之外,他们对边远地区的统治越来越徒有其名。这些在边远地区拥有地产的人不受繁文缛节的束缚,也不像京都朝臣那样把其能量都消耗在研究中国经典的热潮上。在很大程度上出于保持并扩充自己的地产的愿望,他们制定了自己的行为准则,并为了争夺土地彼此争斗。自然而然,许多小农把其地产交给有权势的邻人以换得他们的保护,从而沦为农奴。庄园经济逐渐产生了,这些田园与中世纪后期西欧的庄园制度有某些相似之处。

日本社会具有封建制特征时适值西欧封建制度逐渐形成之 562
际,这是一个引人注目的历史巧合。在日本和西欧,领导权同样转由骑士执掌,他们拥有土地,控制着农民,视行政权力如同私人权利。地主阶层的成员对其拥有的土地确定了世袭权利,彼此之间达成具有约束力的协议,建立了一套相当于领主与附庸体系的依附关系。就像欧洲的封建制度,日本的封建制的形成部分上是由于小土地所有者自愿交出自己的田产以求得贵族的荫护,部分上是由于大领主把采邑或封地授与中小地主,以让他们作为附庸为自己效劳。另一个与欧洲封建制度的发展相似的地方是,宗教机构所属地产往往转化成了采地。一些佛教寺庙变成了令人畏惧的习武堂,但日本的宗教阶层从未像中世纪欧洲的高级教士那样享有独立地位。一般说来,他们仍依附于贵族阶层。

日本的武士被称为 samurai(侍)或 bushi(武士),其地位和职业相当于欧洲中世纪的骑士。武士形成了一种友爱精神,拥有一套他们引以为自己的特权的行为准则,即“弓马之道”。(“武士道”bushido 一词在 18 世纪才开始为人使用,是旧的封建礼法的一种浪漫的和矫揉造作的说法。)与欧洲的骑士准则一样,它强调勇猛、效忠和重名轻身。武士的首要职责是保卫自己的领主并为他报仇雪恨,为此不惜献出自己的性命,如有必要,不惜献出全家人的性命——在把家庭关系看得神圣无比的日本,这是一个引人注目的理想。武士容不得自己的名誉受到任何伤害,如果没有别的途径洗刷罪名,他就应剖腹自杀(即切腹)。

欧洲与日本封建制的不同

尽管日本的封建制和同时代西欧的封建制有着诸多相似之处,两者之间也有种种重要区别。欧洲的封建制是在中央政府瓦解、城市衰微和出现普遍经济衰落的时期产生的。与此不同,在日本,封建制度是在经济正在发展、人们正在作艰苦努力统一国家并创建一个强大的中央政权的时候产生的。另外,高效率的政府建立后,它并未废除封建制,而是包容了它的某些显著的特征。

幕府的兴起

12 世纪日本国内的纷争以两个强大的家族即平氏和源氏间的斗争告终。斗争的结果是源氏胜利,该族首领直率地承认拥有土地的武士贵族的至高地位,据此改组了政府。为避篡位之嫌,源氏首领只采用了一个军衔,号称"将军",表面上是充当天皇的代理人。实际上, 563
在此后六个半世纪中(1192—1867 年),日本一直存在着双重政府:一个是京都的文官政府,以天皇为首,包括各级朝廷贵族,他们只有虚名而无实权;另一个是以将军为首的幕府,下辖有权势的武头首领,他们据有全国大部分土地。

北条氏当权时的幕府;内战

虽然幕府制后来证明成了一个长久存在的机构,但执掌幕府大权的并非始终只是源氏一家。第一代将军一死,幕府大权就在其遗孀的纵容下由源氏外戚北条氏控制。这个女人非常能干,被称为"尼姑将军",因为她在名义上退隐到寺院之后依然施加政治影响,并协助北条氏入掌大权。由于北条氏在传承上不比其他封建大家族高贵,因而它的得势招致嫉妒和不满,结果不可避免地进一步引起纷争。1333 年发生了一件引人注目的事件:后醍醐天皇试图消除幕府这一僭越的机构而亲理朝政。他集结了足够的军事力量攻入幕府的总部镰仓,结束了北条氏的摄政统治。然而,这一大胆行动所带来的只是长达半个世纪的内战,形成了南北两个天皇对立的局面。随着另一个大的武士家族足利氏的胜利,皇室的大分裂得到消弭,秩序暂时又得到了恢复,但天皇再次降到名存实亡的地位。

建立一个中央集权化官僚机构的企图落空

1338年①足利氏立了一个傀儡皇帝，自称将军，在京都这一帝都和主要的商业中心建立其军事根据地。但他直到半个世纪后才结束了两个朝廷对立的局面——足利幕府的正式起止年代是1392—1573年(将军的幕府设在京都的一个区室町，因而这一时期被称为室町幕府时期)。室町幕府试图建立一个由听命于它的官僚机构管理的专断的君主制统治，以抑制分裂性的封建趋势。由于足利氏本身控制的地区不大，因而他们授权由其封臣中遴选的武士首领在全国各地进行统治。事实证明他们不可能如愿维持这一制度。地方大地主与将军的代理人之间不可避免地发生冲突，后者反过来把其职位世袭化，从而有向将军的宗主权挑战的危险。许多农业村落形成了一种坚固的公社机构，这些村社结成联盟彼此互保，并反对任何对它们进行严格控制的企图。在室町幕府统治的二百年间，地方领主、农民领袖和幕府
564 官员三方之间的扭斗继续存在。这一斗争明显的输家是幕府官员，他们作为一个阶层消失了，虽然单个人并入了大土地主贵族这一正成为全国各地最有势力的因素的阶层。成功的业主通过允许或迫使较小的土地所有者成为其附庸而获得大块地区。他们就像独立的王公那样管理其辖地；为了建立坚实的税收基础，他们对其辖区内的资源状况和居民情况进行了详细的调查。但是，为了抵御中央政府的干预或抗拒当地对手，大业主得到了农民联盟的支持，但反过来允许农民村落在管理其内政事务方面享有相当大的自治。更为重要的是，虽然在法律上对土地没有所有权，农民对土地的占有根深蒂固，无异于拥有所有权。因而，欧洲和日本封建制的另外一个重要区别反映在农业劳动者这一庞大阶层的处境上：

① 一般说是1336年。——译者

在欧洲他们开始时是农奴,逐渐逐渐才获得解放;在日本,封建制度完全形成之际农奴制就几乎完全消失了。

战国时代

室町幕府的衰微带来的是被称为战国时代的
百年内战。偷盗抢劫蜂起;中央政府的几乎所有遗 565
存都消失殆尽;就连天皇在全国各地拥有的私人产业也被并入贵族的领地。京都朝臣和皇族都受到了飞扬跋扈的士兵的羞辱。天皇陷于贫困境地,一位天皇甚至靠出卖手迹勉以度日。1500 年,由于国库无钱,一位天皇死后竟陈尸六周之久。室町幕府的将军几乎与天皇一样无能;根本无力制止封建家臣和僧匪肆无忌惮的杀人越货行为。日本的局势几近无政府状态,但就在这时,在 16 世纪末,德川氏大刀阔斧地对幕府进行了卓有成效的改组。

大名的兴起

虽然国内动荡混乱不堪,建设性的因素仍在发挥作用。日本封建制发生了变化,这一变化促进了国家在个人权威的领导下重新统一起来。领导权由武士阶层整体转到了被称为大名的大地产所有人手中。
大名兼并了许多小的地产,在其领地内建立相当有效的行政管理 566
制度,并雇佣武士管理它们。大名的得势虽然根本没有消除封建纷争,但大大减少了敌对领地的数目,同时在各个领地内实现了相当程度的稳定。

封建时期的经济进步

这一时期日本经济的演变最为形象地显示出动荡的 16 世纪所具有的积极的方面。农业生产力有了前所未有的提高,这得益于大名所从事大规模水利灌溉和土地开垦工程,得益于耕作方法的改善,还得益于新的稻子品种的引进。随着农业生产力增长而来的是人口增长,这一趋势在整个 17 世纪都有所发展。人口的激增反过来促进了城市的发展,并使全国范围的交换体系得以取代地方市场。12世纪以来一直稳步增长的对外贸易致使货币取代稻米或布匹成了交换媒介,促进了经济活动的多样化。到了15世纪,日本不仅输出木材、黄金、珍宝等原材料,而且出口制成品。日本的折扇和屏风在中国非常畅销,同时钢剑成千上万地出口到远东大型集市上去。13世纪日本艺匠制作的弯刀据说与著名的托莱多和大马士革刀相比也毫不逊色。

社会阶层与社会状况

567 在封建时代,日本社会是贵族制社会,但并非界限森严。城市的商人虽然与欧洲商人一样出身低贱,但通过经商致富而获得了影响力。除专业商人外,寺院僧众、武士、大贵族,偶或还有将军本人都投资商业。至于农民的状况,人们意见不一。15、16世纪期间农民反对贵族的起义一再发生,无疑反映了农村的不满。尽管如此,有证据表明,农民的命运正在改善而不是恶化。应向领主负担的劳役大都转化成了租税,耕田者正日趋成为自由佃农。无疑,他们既促进了经济生产力的增长,又从这种增长中获益。

武士与禅宗

伴随着一种生产性的多样化的经济的发展,在对外贸易而偶带产生的交往的促进下,发生了许多文化变化。如同过去一样,佛教各个派别对文化的发展作出了贡献,这主要是因为它们是由中国的思想文化及审美倾向传入日本的渠道。最重要的佛教派别之一是禅宗,它在12世纪临近结束时由中国传入日本,在武士中间迅速传播开来。禅宗认为,个人得道的途径不是学习或任何知识过程,而是在与自然相通时突然有所感悟即顿悟。由于它强调身体磨练、自律和冥思苦想以取代拘泥形式的勤修学识,因而禅宗对武士阶层很有吸引力,后者认为禅宗教义是超自然力量对他们业已认为对于自己的地位至关紧要的种种观念的认可。虽然禅宗教义本质上是反文化的,但禅宗僧人提倡学问和艺术,赋予日本上层社会一些精华。其中包括傲视天下的园林建筑、插花艺术和一种叫作茶道的雅致的社会礼仪——这些都是由中国传入的,但在日本鉴赏性大增,发展到了极致。

文学与艺术

这一时期文学很繁荣,手印图书大量生产,用于商业目的。一方面寺院在收集和翻译经书,朝臣仍以华而不实的古典风格进行写作,但另一方面,供武士消遣和陶冶情操而撰写的大胆、高尚的冒险故事出现了,从而丰富了文学传统。这些描写武士勇敢善战的故事用流畅的韵文写成,有时在琵琶的伴奏下进行演唱,可与中世纪欧洲骑士文学的英雄史诗相媲美。然而,欧洲诗歌中屡见不鲜的浪漫爱情故事,在妇女根本处于从属男性地位的封建日本丝毫没有出现。
日本的所有艺术都受到了中国模式的影响,但日本人早就在使各 568
种风格适合自己的口味方面显示出其独创性。给人留下尤其深刻印象的是 15、16 世纪禅宗僧侣的绘画作品。这些画主要是山水

能　剧

画，在风格上近于中国明代画家的作品，但具有独特的个性和清新韵味。

能剧戏装（17世纪）

禅宗的贵族施主所具有的较高审美标准还反映在这一时期产生的一个特殊的戏剧艺术能剧上。能“歌剧”或“舞剧”并非舶来品，基本上是土生土长的一个剧种。它的源流可追溯到古时的民间舞蹈以及与神道教和佛教祈祷仪式相关的礼仪性舞蹈。形式臻于完美的能剧成为一个不寻常的艺术表现和娱乐工具，它把旋律与优雅的舞姿与戏剧性联系起来，从而加强了该剧的吸引力。舞剧的主题是传统的叙事故事，但它们不是原封不动地搬到舞台上的，而是多少以一系列舞台造型的方式，非常含蓄地用令人联想的象征手法表现出来。演员身穿华丽的服饰，头戴面具，在鼓、笛的伴奏下进行演唱。能剧在武士阶层中深得喜爱，14到16世纪时发展到了极盛。尽管它具有极其程式化的特征，但它从未完全从日本艺术传承中消失。

精选书目

印度——参见第5、第11章书目

Cambridge History of India, Vol. Ⅲ, Cambridge, 1937.

Eaton, R. M., *Sufis of Bijapur, 1300—1700: The Social Role of Sufis in Medieval India*, Princeton, 1978. 阐明了政治、社会和宗教发展。

Ikram, Mohamad, *Muslim Civilization in India*, ed. A. T. Embree, New York, 1964. 有学术价值，可读性强。

Sharma, S. R., *The Crescent in India*, Bombay, 1954.

中国——参见第6、第11章书目

Bruce, J. P., *Chu Hsi and His Masters*, London, 1923.

Cahill, James, *The Art of Southern Sung China*, Salem, N. H., 1962.

Chan, Albert, *The Glory and Fall of the Ming Dynasty*, Norman, Okla, 1982. 一部综合性著作。

Crump, James, *Chinese Theater in the Days of Kublai Khan*, Tucson, 1980.

——, *The Distant Mountains: Chinese Painting of the Late Ming Dynasty, 1570—1644*, New York, 1982.

Gernet, Jacques, *Daily Life in China* (*On the Eve of the Mongol Invasion 1250—1276*), Stanford, 1970.

Hucker, C. O., *The Traditional Chinese State in Ming Times* (*1368—1644*), Tucson, 1961. 叙述政治结构和运转，篇幅小而增人见闻。

——, *The Ming Dynasty: Its Origins and Evolving Institutions*, Ann Arbor, 1978. 可读性强，可靠。

Hudson, G. F., *Europe and China: A Survey of Their Relations from the Earliest Times to 1800*, London, 1930. 述事有趣。

Langlois, John, ed., *China under Mongol Rule*, Princeton, 1981. 一部出色的论文集。

Liu, James T. C., *Reform in Sung China: Wang An-shih* (*1021—1086*) *and His New Policies*, Cambridge, Mass., 1959. 一部解释性佳作，部头不大。

Parson, J. B., *The Peasant Rebellions of the Late Ming Dynasty*, Tucson, 1970.

Shih Chung-wen, *The Golden Age of Chinese Drama: Yüan Tsa-chü*, Princeton, 1976.

Waley, Arthur, *An Introduction to the Study of Chinese Painting*, New York, 1958.

Wright, Arthur F., ed., *Studies in Chinese Thought*, Chicago, 1953.

——, ed., *The Confucian Persuasion*, Stanford, 1960.

日本——参见第11章书目

Duus, Peter, *Feudalism in Japan*, 2d ed., New York, 1975. 简要叙述了6至19世纪日本的政治发展。

Grossberg, K. A., *Japan's Renaissance: The Policies of the Muromachi Bakufu*, Cambridge, Mass., 1981. 对足利幕府作了谨慎而不落俗套的分析。

Hall, J. W., *et al.*, *Japan before Tokugawa: Political Consolidation and Economic Growth, 1500 to 1650*, Princeton, 1981.

——, and T. Takeshi *Japan in the Muromachi Age*, Berkeley, 1977.

Sansom, George B., *A History of Japan, 1334—1615*, Stanford, 1961. 一部重要著作。

——, *The Western World and Japan*, New York, 1950.

Suzuki, D. T., *Zen and Japanese Culture*, New York, 1959.

Totman, Conrad, *Japan before Perry: A Short History*, Berkeley, 1981. Brief, clear, interpretive.

Waley, Arthur, *No Plays of Japan*, New York, 1922.

原始资料

Boxer, C. R., ed., *South China in the Sixteenth Century* (narratives of Portuguese and Spanish visitors, 1550—1575).

Chinese Novels and Short Stores: Buck, Pearl, tr., *All Men Are Brothers*; Howell, E. B., tr., *Inconstancy of Madam Chuang and Other Stories*; Waley, Arthur, tr., *The Monkey*.

de Bary, W. T., ed., *Sources of Chinese Tradition*, "The Confucian Revival," New York, 1960.

——, ed., *Sources of Indian Tradition*, "Islam in Medieval India," New York, 1950.

——, ed., *Sources of Japanese Tradition*, "Medieval Japan," New York, 1958.

Hall, J. W., and T. Toyoda, eds., *Japan in the Muromachi Age*, New Haven, Conn., 1974.

Hsiung, S. I., tr., *The Romance of the Western Chamber*, London, 1935.

Keene, Donald, ed., *Twenty Plays of the No Theatre*, New York, 1970.

Reischauer, E. O., and Y. K. Yamagiwa, *Translations from Early Japanese Literature* (eleventh to thirteenth centuries), Cambridge, Mass., 1951.

Waley, Arthur, tr., *The Travels of an Alchemist, the Journeys of the Taoist Ch'ang Ch'un*, London, 1931.

Yule, Henry, tr., *The Book of Ser Marco Polo*, London, 1903.

第十七章　欧洲海外扩张时代之前的美洲和非洲

伟大的军事首领由大地隆起的腹部冒了出来,降生在
　其盾牌上。571
他胜利地越过,
金字塔之间的蛇丘,
脸上涂有油彩,盾牌金碧辉煌。
世间他最强大
大地颤动不已。

——阿兹特克人赞美诗(布拉泽顿,《新大陆的象征》)

美洲的重大考古发现

近年的考古发现向人们证明,大致与尼罗河、底格里斯河—幼发拉底河和印度河等大河流域文明同时,在南北美洲也开始了文明创建的历程。显然,在这一方面最早的成功的尝试出现在太平洋沿岸和安第斯山脉西麓(在今秘鲁境内)。虽然这一文明以渔猎和农业经济为基础,缺少文字体系,但它所具有的建筑和艺术力量显现在大金字塔、寺庙和仓库遗存上。在时间上比安第斯文化略晚、于墨西哥中央谷地、中美洲以及墨西哥湾沿岸兴起的一些文化中,玛雅人文化在思想文化方面取得了一些最卓著的进展,包括文字的发明和制定了一部引人注目的历法。如果说美索不达米亚、埃及和中国等文明在这些领域为其后人奠定了基础,那么美洲人的早期文明随着16、17世纪欧洲人的征服都遭受到了
绝灭的命运。尽管如此,他们仍在当代拉美社会上留下了一 572

些痕迹。

非洲文明的扩展和成熟

在这几百年间,非洲各文明在贸易扩张和伊斯兰教传播的影响下已有所改变,范围有所大大扩展。包容不同的文化、语言和宗教体系的大王国和帝国产生了;反映出伊斯兰文化和非洲文化交相融合的堂皇的城市中心兴盛起来。与此同时,奴隶制和奴隶贸易成为北非社会中一个主要特征。除非洲各国所拥有的奴隶外,奴隶还被输出到埃及、非洲和印度。

一、美洲早期文明

亚洲移民至美洲

通过对骨骼遗存的研究可以证明,在 1.5 万或 2 万年前,一些亚洲民族经由现在的白令海峡(当时是干燥的陆地)东行,到了北美。随着人口的增多,这些新来者分布在北美大陆各地,并向南进入中美和南美。这些移民主要属于蒙古人种,他们后来被称为"印第安人"(Indians),尽管他们与印度的居民毫无关联,同时一些人可能乘船由波利尼西亚前来。

美洲文化丰富多彩

573 在整个美洲大陆的诸多印第安社会中产生了形形色色的文化。许多北美社会建立在渔猎和采集经济之上。迄今在新大陆发现的最早的人工制品是制作精致的石刀和石族——以其发现地、新墨西哥州的克洛维斯而被命名为克洛维斯文化——年代在公元前 9000 年。这些武器显然是用来猎捕猛犸象、骆驼、马和美洲野牛的,在北美遗存分布很广。农业对维持定居的文明社会至关紧要,它首先产生于墨西哥高原:到公元前 5000 年,玉米已完全驯化成功。玉米较易栽种,营养丰富,很快成为南、北美洲的主要作物。到公元前

1500 年,农业活动已抵达现今美国的西南部的平原。那一地区的印第安人制作出具有高超技艺、在图案上具有独创性和鲜明特征的陶器(这是墨西哥的另一贡献)。在新墨西哥的查科峡谷(现为一国家公园),一个崖洞居民社会在公元 900 至 1200 年间文化兴盛。它们富有成效地组织在一起的劳动者利用堤坝、运河建立了一套复杂的灌溉体系,展现出高超的工程和建筑技巧。尽管由于不太为人所知的原因这一文化在三百年后衰落了,但其庞大的公共建筑的遗存仍令人赞叹不已。“普韦布洛”[①]用原木混合沙岩建成,高达五层,内有数百间房屋。

美国新墨西哥州查科峡谷的普韦布洛公共建筑废墟。这一复杂的多层建筑包括 32 个公共房间,民众在此聚会举行种种典仪。

① 原文为 pueblo,指普韦布洛人居住的房屋,由梯形多层平顶的城堡式结构组成。普韦布洛人是印第安人一支,生活在美国西南部和墨西哥北部。——译者

新的考古发现

在墨西哥中央谷地、危地马拉高原和安第斯山
574 区——那里土地肥沃,气候宜人——一些印第安社会
文化高度发达,发展到了足以称之为真正的文明的程
度。如果不是受到征服,它们本可以有一种可与其他
任何大陆相媲美的文化发展。16 世纪欧洲人征服之前美洲的历史
文献极其残缺不全。文字资料留存下来的很少,许多考古发掘工作
有待进行。20 世纪 80 年代的鼓舞人心的发现迫使人们对长期以
的来毫无疑问的学说作出重大修改:新大陆文明产生的年代比中
东和亚洲的文明要晚得多;在西半球最大的进步首先出现在墨西
哥和中美洲。现在在由安第斯山脉西侧流入太平洋的大约 50 个
河流谷地正在进行的发掘生动地表明,大致与距今四五千年前的
美索不达米亚和尼罗河流域文明同时,那里也出现了一个成熟的
文明。这一文明的遗存包括各个庞大的 U 形神庙和拥有多个房
间、底部有一个足球场那么大的库房的遗存。墙上装饰着色彩明
艳的绘有豹子、蛇和蜘蛛图案的土砖壁缘。关于这一文字产生之
前的安第斯文明的社会或政治结构情况,我们确切了解的很少。
它的纪念性建筑表明是由具有专门技艺、高效率的劳动力兴建的,
但无法肯定河谷地区不同的共同体是否统一于一个中央权威之
575 下。一个显著的特征是,与古代美索不达米亚、埃及和印度文明相
反,安第斯文明并非以河流三角洲为摇篮,而是主要仰赖大海维持
生存。安第斯人也进行农业活动,种植的主要作物有番薯、花生和
豆类,但捕鱼是其主要职业,直到公元前第二千纪他们把其根据地
内迁在山坡地带,把其渔猎经济转变成灌溉农业经济。这一迁移
不仅需要改变技术,而且要适应崎岖的土地和高达 1 万英尺的海
拔。这一过渡是成功的,下一事实可以作证:在内陆农业阶段,建
立了更大的宗教和社会机构。新近发掘的两个遗址位于利马以
北,靠近泛美公路。在一个遗址发掘到一个金字塔,在另一个遗址

发掘到一个U形神庙，两者都高达10层，兴建于三千年前。一位考古学家推测，安第斯文明与墨西哥—中美文明都发源于早在八千年前在亚马孙谷地土生土长的一个石器时代的部落文化。不论

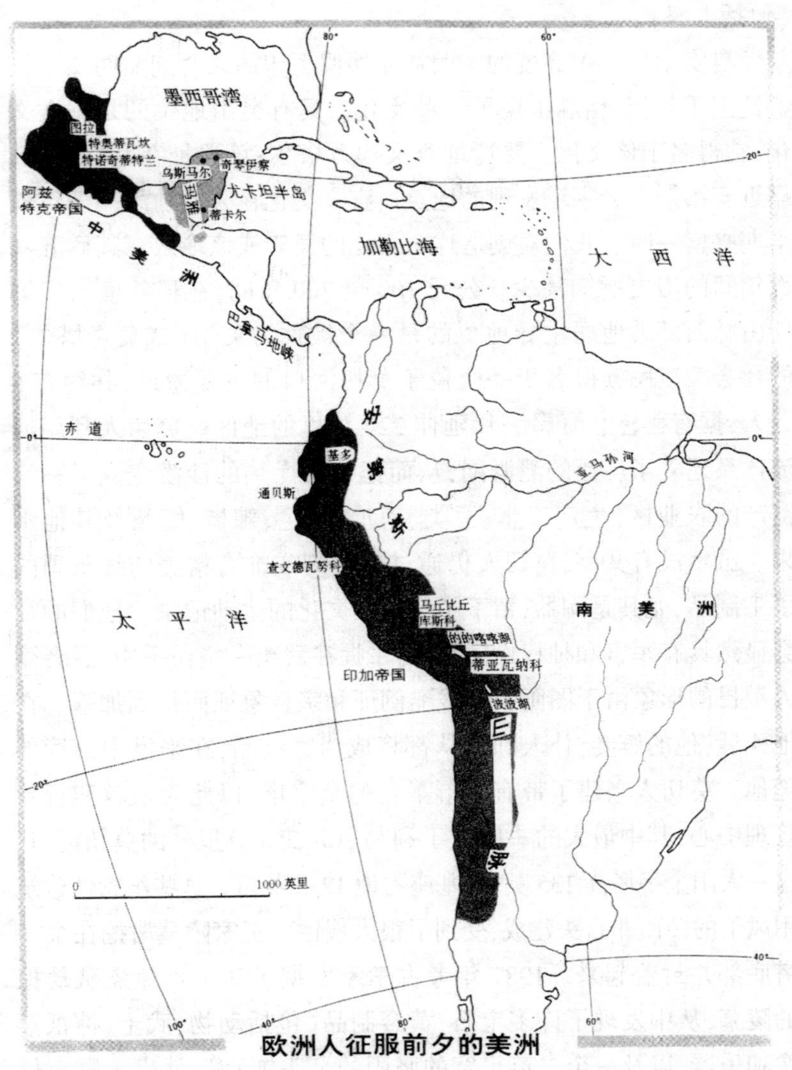

欧洲人征服前夕的美洲

具体情况如何，我们看来可以肯定地得出这样的结论，即安第斯文化为其南美西北部的后继文化（包括印加文化）提供了基础。安第斯人作出的贡献有农业、建筑风格、艺术图案和宗教信仰及习俗（包括人祭）。

自安第斯人中高度的文明初显端倪至印加人时期文明臻于极盛这三千年间，相继出现了一些文化。具有突出地位的是查文文化，它得名于该文化主要遗址查文德万塔尔；该遗址在利马以北，靠近安第斯大金字塔发现的地点。查文文化在公元前第一千纪前半期兴盛一时。我们对创造这一文化的民族或该地区在其后五六百年间的历史所知甚少。公元 100 至 700 年间，在秘鲁境内安第斯山脉西部坡地居主导地位的是一个被称为莫切（或莫奇塔尔）的社会。该民族得名于一个位于莫切河口的主要遗址，共约有 5 万人，据有秘鲁北海岸一片延伸 220 英里的地区。莫切人利用河流体系建立了广泛的灌溉网，从而把一块燥热的沙漠变成了一片富产的农业区，生产玉米、豆类、南瓜、花生、辣椒、鳄梨及其他水果。虽然没有文字，莫切人仍通过其雕刻或饰有精美的线条画的手工制品，尤其是陶器，留下了有关其文化的生动记录。他们的社会显然具有军事和神权性质，权力掌握在武士—祭司手中，后者令人敬畏的形象由于图画中的残酷例证和宗教象征而得到加强。在他死后，他的嫔妾、仆人和侍从都将成为牺牲品，在来世中继续伴
576 随他。莫切人兴建了带有方形平台的金字塔，以此为宗教和行政管理中心，其中最大的一座位于利马以北 350 英里处的莫切河口。这一太阳金字塔高 135 英尺，基座占地 12.5 英亩。这些纪念性建筑用风干的砖而非石头建成，受到了很大侵蚀。王家陵墓凿挖在金字塔底部并封盖起来。1987 年考古学家发掘了一个幸免盗贼劫掠的陵墓，从中发现了许多宝石、黄金制品（包括动物、武士、神祇塑像和乐器，以及一个二英尺宽的坚固的金头饰）等；就出土财宝价

值而言，它可与埃及法老图坦哈蒙墓相媲美。

蒂亚瓦纳科文化

在莫切时期之后出现的是蒂亚瓦纳科文化，它扩展到整个安第斯地区北部。该文化的中心位于玛利维亚西部的的的喀喀湖沿岸，蒂亚瓦纳科人由此统治四周地区达四百年（公元600—1000年）之久。他们兴建了西半球规模最庞大的建筑，用巨石建造神庙和设防工事，完成了推土机所能完成的工作，还在不借助起重机或滑车的情况下令巨石各归其位。古代首都蒂亚瓦纳科的一座沉入水中的神庙已由玻利维亚政府复原。蒂亚瓦纳科人组织才能出众，是把其文化强加给整个安第斯高原中部的最早的民族。

南美的印加人

在古代美洲文明中，地域最辽阔、社会组织最紧密的一个文明是由南美印加人缔造的。它包容南美大陆多山的心脏地带即安第斯山地和安第斯高原，在其盛期包括现今秘鲁、厄瓜多尔、玻利维亚等国大部分地区以及阿根廷、智利的北部。把这一多岩石的地区转变成高产农田，把这一地理上四分五裂的地区转变成一个统一的整体，是一项十分艰巨的任务，但印加人却成功地做到了这一点。显然，印加人受益于先于他们的一长列民族，最直接地受益于蒂亚瓦纳科人，他们从蒂亚瓦纳科人那里借来了建筑技术和社会组织模式。印加文明代表了发展的顶点；虽然它注定要遭到毁灭，但它在其统治的地区打下了长久性烙印。

强大的集权控制下的联邦

印加人的霸权开始于约公元1100年，在15世纪晚期达到巅峰。虽然包容了广袤的地区，但印加人的辖区从未像西班牙征服者认为的那样构成一个“帝国”。这一国家基本上是一部落联盟，各个部落反过来由氏族组成。每一部落都受制于一个长老会议。虽然这一结构似乎具有民主性质，但整个社会实际上处在一个王族的集权控制之下。统治者的衔号是“印加”,它后来被用来指述整个民族及其文化。他被视为太阳神的后代,备受尊敬。为了维持他的神圣血统的纯洁无瑕,印加时常以自己的姐妹
577 为妻,这一习惯与古埃及法老相同。此外,他通常拥有许多嫔妾,其子孙被列入王族之列。这样“太阳神的孩子”逐渐包括一大批人,指一个有特权的贵族阶层。统治者广泛的权威建立在其军事和宗教属性之上。

印加人的农业

印加人的农业活动显示出意志和能量战胜了自然。他们劈开坚硬的岩石,平整了陡峭的斜坡以在山的两侧筑建梯田,所耕作的面积比现今还要大。除玉米外,他们种植的作物有当地土生的作物马铃薯及其他各种作物。驯化的山间动物——羊驼和美洲驼——提供食、皮和毛,同时美洲驼还是一种可以依赖的驮畜。

印加人之间的联络。各地的管理人员通过健步者与首都保持联系。健步者随身携带着一个装有管理人员文信的“基普”和一个通知他的行程的海螺。

印加人的成就

印加人在展示他们在华丽的陶器、纺织图案和金属制品方面的艺术才能的同时,保持了蒂亚瓦科人的传统,兴建了尤其引人注目的大型建筑。他们是印第安人中出类拔萃的工程师,在这一方面与古罗马人具有类似的天资。他们位于秘鲁库斯科的首都四周环绕着巨大的石堡。他们

播种季节。请注意,前面的一位掘地者穿着一件紧身短上衣,脚上有鞋;他是当地的农业监督,与其邻人并肩劳动。

用石板建高墙,各块石块之间没有加任何灰浆,但严丝合缝。他们在山间兴建公路(由于他们没有轮车,因而这是些窄路),建造桥梁、涵渠和引水管,并设立了邮政网络。邮政网络靠人跑步维持,每隔不远就设立一个驿站,以使快速的通信成为可能。与其同代人相比,印加人最先进的是医学,尤其是外科。他们的外科医师可以切开颅骨顶部作脑 578
手术。尽管他们显然富有天资,但他们没有发明任何文字体系。他们没有书籍,也没有一个铭文,但通过打不同色彩的绳结作统计记录。这些结绳记事的绳子(“基普”,quipu)虽然看上去很原始,但正如在玛雅人的二十进制中那样,它包含了位值原则,同时不仅可用于商业活动,而且可以起保存档案的作用。

宗教包括人体轮回信念和天堂、地狱观念。印加人承认有一些神,但只修建太阳神神庙,后者被认为是王族的先祖。太阳神神庙中用煅打的金叶装饰起来,里面安葬着经过防腐处理的已故印加们的尸骸。国王的侍从和嫔妾有时遭到杀戮,伴随印加下葬到其墓中。在神庙中还屠宰动物、偶或杀人作为祭品。

印加社会是人类共同体中结构最森严的社会之一。最高权力由位于金字塔塔顶的统治者执掌,以下依次是部落和氏族首领,直至普通人民；在社会的底层，每十人组成一个小队，每一小队有一队长。由此形成的社会秩序在结构上几乎是极权性质的，但在理论上，同时很大程度在实际上都以推进全民福祉为宗旨。印加人具体实现了合作的理想，尤其是在其农业制度方面，其程度在世上罕有与它匹敌者；况且，印加一直被描述为一个农业共产主义社会。土地理论上由印加拥有，定期进行平均分配；田间工作由大家共同承担，另有监工起监督作用。剩余的农作品和手工制品储存在公共仓库中，美洲驼和羊驼的驼毛也是这样，它们也是由众人协力剪下的。在荒歉时期，就开放库房拿出余粮。私人财产和意志自由都很有限。职业一般都是世袭性的，所有体格健全的人都从事国家分配的工作，不然就要受到严厉处罚。这一强制性的社会体系带来了很多好处：生产率高，充分就业，年老体弱者得到照料，犯罪率极高，这是一个安全但没有什么自由的天堂。它趋向于整齐划一和墨守成规，对个人的独创性不怎么关心。社会整体也过于依赖一个单一的不可侵犯的权威的决断。这就部分上说明了为什么一小群西班牙人在掳获印加统治者后就可以推翻印加政治制度。

579 只是在最近几年人们才了解到，墨西哥和中美洲培育的文明并不是新大陆最古老的。墨西哥湾或加勒比海周边地区出现的最早的可以辨明的先进文化是奥尔梅克文化，创造该文化的奥尔梅克人在公元前 1250 至 1150 年间定居在墨西哥的海湾沿岸热带地区。近来考古学家在墨西哥太平洋一侧靠近阿卡普尔科的地方发现了年代在公元前 1200 年的奥尔梅克文化遗址。奥尔梅克文明最惹人注目的遗存是 14 个庞大无比的石首，每一个高 6 到 9 英尺，重 10 到 40 吨，面部形象具有亚非利加特征，而与美洲印第安人迥然不同。这一显著特征长期以来被视为一个令人费解的巧合而受到忽视，但 20 世纪 30 年代后期以来考古研究趋向于这样的结论:奥尔梅克人实际上来自非洲大陆。[1]现已得到证实:在大西洋盛行季风的作用下,青铜时代航海家使用的这种木制小船可以由亚欧或非洲沿岸抵达南美北岸或进入墨西哥湾。除巨型石首外,在奥尔梅克人生活的沿海地区还发现了几十个具有同样的面部特征和尼格罗人发式的陶制偶像。奥尔梅克的装饰和礼仪性基本图案看来与埃及类型和相继的美洲早期文化类型都有关联。奥尔梅克人建造以南北为准线的金字塔,用木制纸浆造纸,使用的是在西半球其他地区均未发现的象形文字。其他与同时代人或稍后的社会共有的图案可能是一些独创性的贡献:以紫色为圣色,礼仪式的羽毛扇,一个人豹合体的神,或许还有对有羽的蛇的崇拜。对一个带有计数符号的豹首石柱的考查表明,玛雅人精密的历法

奥尔梅克文明以其巨石雕塑闻名,
图中所示为一巨石人首。

① 这一学说得到了一位美国人类学家和语言学家的大力支持:Ivan Sertima, *They Come Before Columbus: The African Presence in Ancient America*, New York, 1977。

可能正发源于此。虽然奥尔梅克人只保有其独特特征区区数百年,但他们不仅对后来的文化作出了持久的贡献,而且把非洲特质注入到美洲最早的文明之中。

特奥蒂瓦坎文明

自公元100年前后开始,在六百年间,在墨西哥中央谷地兴起了一种灿烂的文明。这一文化根据其圣城的名字被称为特奥蒂瓦坎文明;该圣城位于今墨西哥城附近,在其盛期公元4—6世纪拥有20万居民。与同时代的美索不达米亚文明一样,特奥蒂瓦坎文明建立在宗教基础上,受制于一个刻板的神权政府。作为几百年间印第安世界的文化中心,特奥蒂瓦坎对印第安人的宗教遗产作出了很大贡献。它的艺匠建造了庞大的石制金字塔,规模比埃及金字塔还要大,只是用较小的石料垒成,外表抹有灰泥,并作了粉饰。另
580 外,与尼罗河流域的金字塔不同,特奥蒂瓦坎的金字塔是神庙而非陵墓。神庙和其他石制建筑中饰有雕刻和五彩缤纷的壁画——其中一些已得到发掘和复原——这些艺术华丽动人。特奥蒂瓦坎人崇拜有羽毛的蛇神魁扎尔科亚特尔,这种崇拜在中美洲到处都是。

托尔特克人的贡献

公元700年左右特奥蒂瓦坎被来自北方的入侵者征服之后,这一文化走向衰落。两百年后,另一个好战的民族控制了墨西哥谷地。这些人是托尔特克人,他们到950年在图拉(位于墨西哥城以北50英里)建立了一个中心,还向南、向东扩展,占领了危地马拉和墨西哥的尤卡坦半岛。托尔特克人所取得的成就不如特奥蒂瓦坎人,但他们的重要性在于向邻近的民族传播了文化。甚至在其势力四分五裂后,在12世纪后半期,他们在很长时间里仍作为军事贵族受到尊敬。托尔特克人吸取了特奥蒂瓦坎文明的因素,但其艺术更粗鄙,其社会具有军事性质而非神权政治。他们也举行人祭。他们独创性的贡献很少,其中一项就是一种在一个宽敞的庭院里打

橡皮球的游戏，这种游戏在美洲各地盛行一时。更具重要意义的是魁扎尔科亚特尔崇拜的润饰。一种建立在托尔特克人的传统之上的复杂的神话最终围绕着有翼蛇神发展起来。这位蛇神被视为文化的培育者和导师，他被一个敌对的战神赶出了首都图拉。在 581
多处游荡之后，据说他自焚身亡，其冒着火焰的心脏变成了金星。其他一些传说讲述了魁扎尔科亚特尔如何用取自死亡之城主宰的骨头创造了人类。

墨西哥与危地马拉的玛雅人

在玛雅人时期，墨西哥及中美洲文明达到了思想文化发展的顶点。玛雅人在创建其文化时可能受益于奥尔梅克人最多。玛雅人在向南迁移时穿越了奥尔梅克人据有的地区，定居在墨西哥湾沿岸平原。基督教纪元开元之际，他们抵达了危地马拉高原，在此其文化达到成熟阶段。现今的许多危地马拉人是玛雅

玛雅–托尔特克文化的圣城奇琴伊察武士庙壁画（11 到 14 世纪）。该壁画描绘了一伙托尔特克战士由海路前来征服了沿海一个玛雅人城镇。

人的后代,至今仍讲玛雅方言。玛雅文明在公元300至900年间达到顶点,此时它还扩展到了墨西哥的尤卡坦半岛。经过一个世纪的倒退或湮没无闻之后,在11和12世纪,玛雅文明与托尔特克文化成分交融在一起,再次达到了发展的高潮。约950年,业已在墨西哥内地定居下来的托尔特克战士进入了尤卡坦,占领了玛雅人的一个主要祭祀场所奇琴伊察。因而,玛雅文明的最后阶段被称为玛雅—托尔特克文明。在几百年间,尤卡坦的奇琴伊察一直是祭祀、举行各种仪式和艺术生产的中心,但当西班牙人抵达这里时,它已失去了活力。

玛雅文明的特征

虽然其文明以农业为基础,但与世界各地的其他文明一样,玛雅人的耕作方法很原始。他们没有耕畜,除狗和鸟外没有别的家畜。各个印第安种族都没有轮车。无论玛雅人还是其同时代人,多数人居住在简陋的茅草屋顶的泥屋或芦苇屋中。巍峨的石头建筑显现出高超的建筑技巧,但它们一无例外地是统治者的宫殿或公共建筑,尤其是宗教建筑。昔日星罗棋布于墨西哥和中美洲大地的大型阶梯形金字塔,就其遗存来看,是世界的一大奇迹。但是玛雅人的天才在技术领域不像在知识和艺术领域那样明显。他们的艺术才华表现在壁画、石雕和木刻、彩绘陶器以及精美的染色织物上。作为科学家,他们精于数学和天文学。他们通过铭刻在历法石柱上的文字保存了精确的年代记录。

玛雅人的历法

玛雅人的历法确实是一些引人注目的发明。无论是北半球的印第安人还是南半球的印第安人,他们大都有自己灵巧的记录时间运行的方法。托尔特克人使用的是太阳历,一年365天,每四年增加一天。玛雅人的历法在复杂、精密和数学对称方面都超过了太阳历。玛雅人对时间现象十分着迷,并试图把天上的时间——天体的运行

危地马拉蒂卡尔的一号庙是玛雅文化区最大的遗址。这一阶梯状金字塔庙位于奇琴伊察西南250英里处，出土了大量考古资料。

——与地上的时间——人类历史事件——联结起来。在其天文学 582
家的勤奋努力下，他们在很大程度上做到了这一点。玛雅人的历法比1582年教皇格列高利十三世改革儒略历之前欧洲使用的任何历法都要准确；不仅如此，它还是一个资料图书馆，把传统的礼仪、神话和历史叙述与季节的和天文的资料结合起来。玛雅测算人员从一个人为确定的日期出发（相当于公元前3113年8月10日），就可以根据不变的基本时间向前向后计算，从而确定每一年的每一日。此外，一份单一的历法铭文在提到事件发生的准确日子的同时,把它与星球轨迹、月亮的年代、日(月)食的时期及其他现象联系起来。通过一种时间段标志体系,玛雅人得以在有限的空间中记录大量的准确数据。玛雅人使用了"零"这一概念(数字以20个为一组,而非十字制中的10),赋与纪念柱上的每一段空间的特定的价值。因而,与自简单的算盘到电子计算机的各种机械计算机器相似,他们在一份表上标出一些平列的排就可以表达数量、持续或系列的准确概念,不必使用各种各样的大量符号。

583 在印第安人中,并非只有玛雅人了解位置算术知识,但他们是唯一一个发明了记数体系,这样就可藉以记录和阅读运算的印第安人。正是由其历法和记数体系中玛雅人逐步形成了文字,这是他们至高无上的成就。通过逐步扩展历法说明,他们学会了描述言语的主要部分乃至辅助部分。玛雅人的文字最初是象形文字,与埃及的象形文字相像,使用了大约600个符号,其中约百分之十表示发音而非字词或物体。玛雅人掌握了语音原则,可以想象,其文化如果延续下去,他们有可能形成真正的字母表。除石刻铭文外,他们制作出了带有插图的、书写在鹿皮或用龙舌兰植物纤维制成的纸上的图书。玛雅文字尚未被完全破译出来;令人遗憾的是,玛雅人的手稿除残断外在西班牙人征服后都被毁掉了。

玛雅人的宗教

对玛雅人而言,宗教必定看来具有极端的重要性。他们人口密集的中心不是城市,而是神庙位居顶端的金字塔所在的地址,神圣仪式在此举行。玛雅人的主要神祇是森林和天空中的神灵(金星被称为"大眼之主")以及对确保作物收成至关紧要的雨神。有时要举行人祭献给雨神,具有代表性的是把一个处女扔进井里(如果神对她满意而未把她淹没,她就可以得救)。非常受人尊敬的是有翼的或带有羽毛

的蛇神,他是天和雷神,在托尔特克和阿兹特克人中被称为魁扎尔
科亚特尔,但在玛雅人中被称为库库尔坎,他们认为这位神祇是仁 584
慈的。根据玛雅人的传说,库库尔坎曾作为一个人在世上生活,传授给其先祖文明的技艺,将来某一天会再次降临人间,拯救他的子民。

中美洲的阿兹特克人:特诺奇蒂特兰

最后一位决非最伟大的在美洲土生土长的文化综合体是阿兹特克人文明;在玛雅人处于衰落时的一个半世纪中他们在墨西哥中央谷地起了主导作用。与他们之前来过这里并与他们有亲缘关系的托尔特克人一样,阿兹特克人向南移入墨西哥,征服并融合了他们遇到的各个部落。约1325年,他们在今墨西哥城所在地建立了其大本营。他们在此创建了特诺奇蒂特兰。特诺奇蒂特兰成为由20个部落联合而成的联盟的中心,而非像西班牙征服者所认为的那样是一个王国的首都。该地海拔较高(海拔在7,000英尺以上),气候温和,靠近丰饶的农业产地,是一个理想的要地。该城地处沼泽之中,但这在兴建堤坝、大路和运河之后反而转化成了有利条件。城市的街道用石头铺砌而成,由能干的公共工程部门负责打扫得一尘不染;引水管把新鲜的用水引到城市之中。在阿兹特克人统治时期,特诺奇蒂特兰拥有居民20万人左右。

阿兹特克文化的缺乏独创性特征

阿兹特克文化主要靠综合其他民族文化的成分而成,在某些方面更具粗犷特性。阿兹特克人使用的是一种原始的图画文字形式,有一些文字著作,但留存下来的微乎其微。他们采用了托尔特克人的太阳历,这一历法虽比玛雅历
逊色,但也使他们得以准确地记时。名闻遐迩的阿兹特克历石
(现存墨西哥国家博物馆)重达20吨,最初立在太阳庙前,可能 585

用作人祭的祭坛。应当指出,虽然印第安人各民族在文字发展方面都未达到玛雅人那样的高度,但多数印第安民族,包括阿兹特克人,都赋予其历法以复杂的象征性装饰,这些装饰描述了其礼仪和传统的种种方面。阿兹特克历石描绘了神话中世界的历史,其中具有四个创世和毁灭循环。阿兹特克艺匠精于铜、金、银工艺,用石头和动物壳料创作出精致的镶嵌画。他们的陶器、织物和装翎的饰物可与玛雅人比美。阿兹特克人还保存了金字塔建筑的流行的传统,倾斜的侧面各阶之间十分机巧,看上去直入云霄。特诺奇蒂特兰的大金字塔神庙周围高墙环绕,墙上饰有雕刻的蛇。所有这些都消失了,同时消失的还有统治者和酋

阿兹特克历石。特诺奇蒂特兰的祭司们在该盘上奉献牲祭和人祭。
这些牺牲据认为是用以维系太阳运行的。

长们的住所(“蒙特祖马厅”),但该金字塔的基底成了墨西哥城的主要广场。

武士社会

虽然他们具有艺术才干和工程技巧,但阿兹特克人基本上是一武士社会。每个人不是战士就是祭司。他们不断地进行战斗,对被征服者残酷无情,并对其社会内部的违法者施加严厉的惩罚。阿兹特克人的宗
教也显示出对暴力的重视。在其万神殿中,仁慈的蛇神魁扎尔科 586
亚特尔从属于太阳神和战神。许多印第安部落都有人祭习俗,但阿兹特克人把这一做法几乎变成了其宗教的基础。他们经常性地进行战争的一个目的就是俘获用于牺牲的人员;虽然被用作人祭的具体人数无法肯定,但数目必定非常大。

早期美洲文明的共同特征

早期美洲文明彼此之间在具体方面虽各有不同,但它们具有一些共同特征,在宗教信仰、技术和装饰风格方面有鲜明的共同性。各个文明都没有形成任何程度的国家概念。它们都建立在血亲集团——氏族、部落和部落联盟——原则之上。更为重要的是这样一个根深蒂固、普遍存在的信念:土地由共同体全体所有,因而应为了全体人的福祉进行耕作。虽然土地所有的形式各异,但任何印第安社会中都没有土地买卖现象,也没有种植作物用于出售的。西班牙和葡萄牙征服者发现很难根除这一与个人所有权相对的公有制传统,他们的措施从未取得完全成功。总的说来,美洲本土的文明在臻于盛期的时间上虽比尼罗河、底格里斯河—幼发拉底河和印度河流域文明略晚,但在发展水平上并不比它们逊色太多,至少在未来发展的潜力上是如此。美洲文明在一个完全异于它们的文化的影响下消亡,无疑是世界的一个重大损失。

死亡之神与生命之神羽蛇神背对背图。它描绘了生存的双重性

二、非洲文明的扩展和成熟

新型的政治经济学与社会组织

铁器技术、动植物的驯化以及新的食物作物的种植,在撒哈拉以南的非洲大大促进了人口的增长和流动。手持金属锄和砍刀的铁器时代的人组成了密集的村庄,形成了集体组织农业的模式。在资源和良田有限的地方,社会仍维持在小

型水平上,相对说来没有分化。在土地肥沃或富产铁、铜或黄金的地方,社会则分化成不同的阶层。新的政治经济学虽然根源于铁器时代之前平等的信念之中,但建立在资源和财富分配不均之上。确实,如何处理不平等现象,成为这一时期(1000—1500年)的中心问题。

持续和社会控制的机构

秘密的社团和宗教崇拜成了控制新的社会秩序和维持一种持续感的主要工具。它们是些排他性的组织,对其成员及其家人是一个有着强大的同化作用的机构。这些组织超越了宗族,逐渐扩展到毗邻的公社之中。它们还倾向于成为排除女性、按年龄分层的机构,老人掌有较大的权力。

文化交流和经济相互依附的增大

这是一个史无前例的文化交换和交化综合的时代。铁器时代的人口由大河流域向四周扩 587
散,耕种沿河地区地势较高、较为干燥的土地。在经济上互相依赖的模式起初产生于人口密集的湖畔、河畔和沿海靠捕鱼为生的公社与从事陆地耕作和狩猎的公社之间的交往。但在许多地区,流动性较大的游牧民族逐渐在政治上占据优势。很有趣的是,他们编造了很大程度上是神话传奇的故事解释这一过程并以此证明这是正当的。这些迷人的有关起源的神话往往全盘或部分地取自被征服民族,它们成了不成文的理政宪章。

文化持续性因种族和地区变异而不时被打断

在自西非经由中非南部的大片开阔的草原和林地,一种引人注目的文化和农业基本传统的相似性和持续性最终占了上风。不同的文化享有共同的主题,但展现出似乎数不清的种族和地区差异;它们都通过一整套的画像、谚语、传说和起源或创世的神话表现自己的力量、智慧和价值。不可理喻的是，一个共同体发生了天翻地覆的变化，它的邻居却似乎在时间上冻结住了。一些石器时代和铁器时代早期的共同体一直残存到20世纪。但大多数都被同化或完全消失了，只在其后人的词汇或体质特征中保留了一些暗淡的痕迹。

非洲语言的发展

到1300年，多数非洲语言已具有其现代形式。比如，共有400多个语群和几千种方言可能都是由同一个班图语母语发展而来的。其中的许多语言变得相互根本不能交流，但它们至少享有共同的根源，在结构和词汇上也有隐隐约约的相似之处。

宗教的发展

正是在这一时期现代非洲的传统宗教体系的基础形成了。万灵论或自然物崇拜依然普遍存在。然而，许多文化开始采用更为复杂的祖先崇拜和超自然力崇拜的观念；他们认为超自然力是一种创造性的、赋予生命的力量。在与世隔绝的共同体中，当地祭司和女祭司发展了一种极其复杂的宇宙论，这一宇宙论在部分上建立在对星体异常精确的了解之上。

性别和专业劳动分工

在世俗领域，农业和工业生产的基本模式到公元1100年已完全确立了；自然，由于气候、土壤、地形和可令牛、马死亡的可怕的采采蝇的作用，各地区之间有很大不同。但劳动的社会和性别分工变得更明显了。男人继续打猎、捕鱼、清理土地和提供安全保证。但妇女现在开始承担自播种到收割的大部分农业劳动，在某些文化中，她们还承担了销售工作。一些妇女控制了地方集市，不过构成公元400年后非洲许多地区一个特征的远距离贸易仍是男人的事。男人还控制了采矿、冶炼业，在多数地区也控制了养牛业。在公元第二千纪，这三个因素是执掌权力的

关键所在。拥有牛,男人就可拥有更多的妻子并扩大其家庭劳动 588
力的规模。拥有重金属,他们就可获得进口的奢侈品。因而,除个别例外(农业最为显赫),男人一般在取得权力和财富方面占有优势。职业的分工使许多技术工种享有更重要的地位,尤其是铁制品制造和陶器。在赤道以南,艺匠首次开始以全部精力、时间从事特定的行业并把其手艺秘诀只传给自己的孩子。在那里出现了同族结婚的冶金匠、乐师、说书人、制盐匠、木雕匠、珠宝匠和纺织匠家族。

采矿业和商业的发展

采矿和集市活动在人口较密集的地区有了重要发展。在13世纪,随着由开采冲积矿床转而开采矿脉,矿产量大大增加。到14世纪,在苏丹西部、安哥拉北部、扎伊尔南部和赞比亚等重要的矿区;铁、铜和黄金的开采和加工都已完全确立下来和更为熟练。牛还增加了积聚财富的可能性,对移民和创新提供了强有力的刺激。这一产物促成了由孤立的以市场为取向的生产者共同体向外辐射的远距离贸易网。物物交换以外的物品交换方式慢慢形成了。这些交换手段包括铜锭、铁块、金粉以及优质宝贝贝壳和恩济马贝壳。确实,通货概念远远越出了穆斯林和基督教世界的范围。尤其是铜,它成了一种其他一切都可据以衡量的标准——不仅是一种物物交换的物品,而且是一种交换货币。在非洲中部,铜在商业经济和艺术中都具有中心地位,同时被用于制作金属手镯和结婚用的耳环、可以提高权力和威严的物品以及陪葬品。直到19世纪之前,只有少数非洲人直接受到这些转变的影响,因为多数社会不以市场为取向,主要在紧闭的物物交换的体系内存在。

商业的发展促进了种种自愿的或不自愿的依附形式的发展和强化。虽然在18世纪晚期之前在多数社会中人身依附仍是一个不太重要的特征,但家内奴隶制在个别社会中非常常见。家内奴隶可以变得很富裕、有权势,甚而自己也可拥有奴隶。不过,多数奴隶是动产或财产,没有什么人身权利或活动自由。此外,他们没有父系或血亲集团,不可能通过什么法律寻求保护和帮助。实际上,他们是化外之人,通常不得参加自由社会的礼仪和葬礼。幸运的是,许多社会作出规定,逐步把他们融入主人社会的机构之中。这一过程可能在几代人间发生,同时奴隶出身的社会烙印往往依然存在。农业奴隶、战争俘虏和被绑架的受害者命运却不那么好。
589 他们往往被出售进入国际奴隶贸易之中。在 1450 年之前,伊斯兰教世界实际上是对非洲产生影响的唯一外部力量;穆斯林深深卷入了自 12 世纪以来大大加剧的奴隶贸易。

奴隶贸易的扩展

在 1300 至 1500 年间,掠夺奴隶和奴隶贸易成为北非、埃塞俄比亚、东非沿岸和西非草原的一个基本特征。某些北非人自诩同时拥有 5,000 名以上的奴隶。在大西洋奴隶贸易时代之前,奴隶继续主要由尼罗河流域和埃塞俄比亚高原输出到埃及、阿拉伯半岛和印度。自公元 650 年左右至 1500 年,大致有 700 万人——主要是女性——被出卖,并穿过撒哈拉沙漠被运到北非,在闺房中服役和充当家仆。据估计,另有 200 人被带离东非,卖到了阿拉伯和印度市场。

政治权力的转移

到公元 1000 年,许多权威职位已变成制度化和世袭性质;在其后半个世纪中,在某些地区,世系由母系转成了父系,尤其是在受到伊斯兰教影响的社会中。围绕着土地和水资源权利展开了争夺和竞争。到 1500 年,在撒哈拉以南非洲的许多地区,真正的政治权力已由血亲为基础的博学的祭司和女祭司转到由地区为基础的首领之手。旧的崇拜残存下来,但随着首领和国王与昔

也门宰比德的奴隶市场(13世纪)。这一自非洲合恩角到阿拉伯半岛的奴隶贸易由来已久,参与者既有阿拉伯商人,也有非洲商人。

日的领袖结成联盟,它们被嫁接到新的权威体系之上或为之同化。590
除了某些重要例外,妇女在社会中的政治和经济地位现在可能更不明显,在某些方面权力更小,她们作为王太后,集市上的“保姆”、地位较高的妻子和重要崇拜中的女祭司起着某些更模糊不清的作用。

西非苏丹的形成

贸易的发展和世俗首领权力的增加大大促进了黑非洲地区国家形成的快速进程。在许多地区,在神王的统治下,酋长制得到了巩固。许多王国逐渐发展成为扩展性的地域帝国,把各种各样的文化、语言和宗教体系包括在内。帝国建设的过程在热带草原或西非的苏丹地区表现得最为明显。

加纳的财富主要建立在黄金出口上

8 世纪后,很大程度上由于信奉伊斯兰教的阿拉伯人和柏柏尔人的首创之功,穿越撒哈拉沙漠的贸易迅速发展。在 11 和 12 世纪间,西非在把中世纪地中海的经济货币化及维持与南亚及以远地区的贸易方面起了关键作用。1252 年后,黄金输出大大增加,当时金矿砂取代白银成为欧洲的主要通货。欧洲和北非商人对黄金的越来越大的需求促使西非人在更大、更有效的规模上组织起来,以适应这些情况。在黑肤色的索宁克人王朝时期,加纳军队在 10 世纪占领了柏柏尔人兴隆的商业中心奥多伽斯特。其后的各位加纳君王通过加强对穿越该地区的黄金流动的控制而富甲天下。他们对黄金出口征收了生产税,并把一定数量的金块窖存起来,以使黄金稀缺。加纳的霸权扩展到了尼罗河上游和塞内加尔河流域,到了廷巴克图、杰内和加奥等欣欣向荣的贸易中心。

穆拉比特教派推翻加纳

加纳不是一个穆斯林帝国,但其主要顾客和那些控制了具有战略意义的沙漠绿洲的人到 10 世纪时都成为穆斯林。公元 1000 年左右,邻近的塔克鲁尔的统治者接受了伊斯兰教,因而成为西非第一个皈依伊斯兰教的王国。加纳本身严重依赖穆斯林财政顾问和商人。它们信奉异教的国王最终不得不把其都城库姆比沙莱赫一分为二,一半信奉伊斯兰教,一半信奉异教。

穆拉比特运动

伊斯兰教是西非贸易的侍女，它是阻遏不住的。到 1054 年，大帮的游牧的穆斯林柏柏尔人宣布举行圣战，成功地收回了至关紧要的奥多伽斯特集市。处于撒哈拉边缘的加纳早已因过度放牧和无力实行作物轮种所造成的环境恶化而受到了削弱。它屈从于清教徒式的被称为穆拉比特教派的柏柏尔穆斯林，看来几乎是不可避免的。但穆拉比特王朝给加纳集市带来了不安定，在大型商队所经道路两侧造成了恐慌。这一情况破坏了森林开采黄金者、加纳中
间人和北非商队经营者之间微妙的贸易平衡。确实，加纳战胜穆 591
拉比特运动时国内受到很大衰弱，边缘地区的各酋长国乘机分离出去。1224 年，其中的一个附庸酋长国洗劫了加纳首都，把统治家族变为了奴隶。十年以后，胜利者本人屈从于加纳王族的一位名叫松雅塔的人质的高超魔力。

加纳灭亡了，但一个新的称为马里的地域帝国在魔术师松雅 592
塔的领导下形成了；松雅塔在西苏丹地区的民间传说中至今仍被视为一位神—英雄和缔造者。他在控制生产黄金的地区后，就可以吸引从前由加纳垄断的商队交通。口头相传的记录还说，松雅塔通过引起棉花种植和纺棉技术发展了农业。

曼萨穆萨

在曼萨穆萨的统治下(1312—1337 年)，马里的权威抵达了尼日河中游的城市国家廷巴克图、杰内和加奥。他率人携带着多得令人目瞪口呆的黄金前往伊斯兰教在中东的精神首都麦加朝圣，从而把马里置于欧洲人的世界地图上。在返回故土后，曼萨穆萨在主要的都市中心兴建宏伟的清真寺，从而促进了伊斯兰教的发展。他利用其看上去没有穷尽的黄金供应聘请西班牙和中东的学者和建筑师把马里各城市改变成了伊斯兰世界大的学术中心。主要的知识分子被派往摩洛哥和埃及进行更高水平的学习，并在廷巴克图在著名的桑库拉

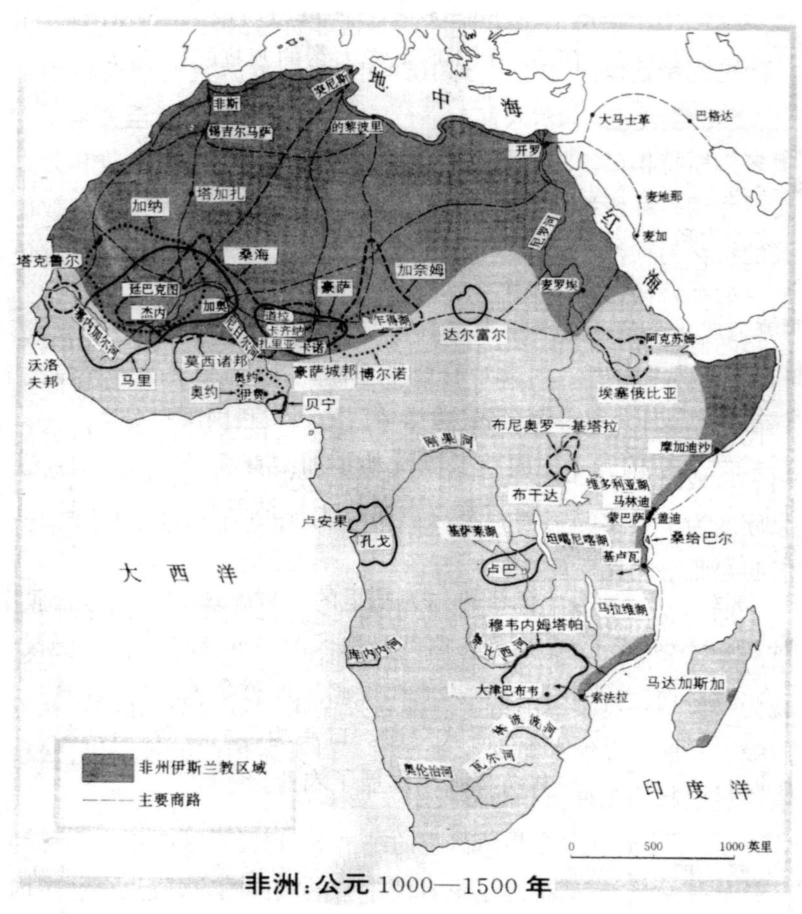

非洲:公元1000—1500年

清真寺为一所大学奠定了基础。曼萨穆萨去世后几十年间,马里仍以其法律、秩序和安全以及高水平的社会道德和学术活动在穆斯林世界享有盛誉。人们和货物自由流动,廷巴克图、杰内和加奥等大城市得以发展成为重要的集市中心。在松雅塔和曼萨穆萨的领导下,伊斯兰教在贵族心中更深地扎下根来,并在各重要城镇广泛传播。

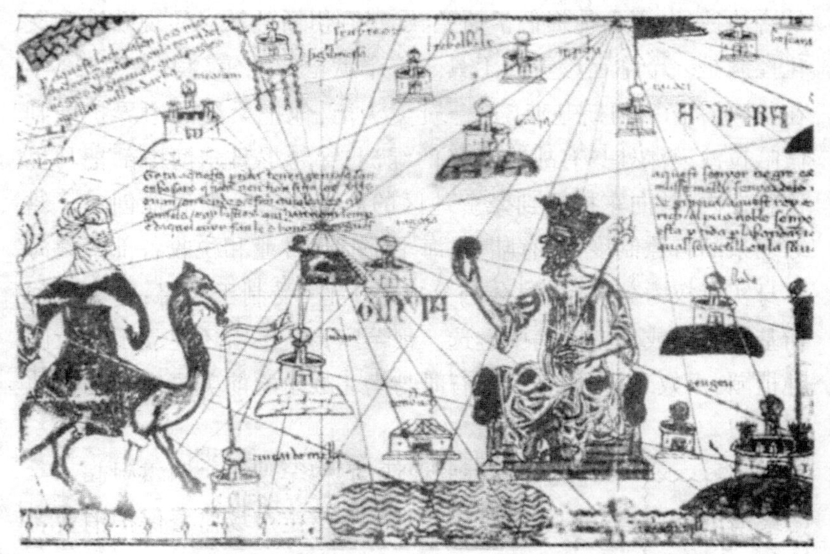

马里的曼萨穆萨等待接见一位穆斯林商人。此为 1375 年
在马略卡岛绘制的一份地图的局部

松尼·阿里与桑海的形成

曼萨穆萨在建立高效率的行政官僚体系方面取得了很大进展。但他没有确定继承原则。每一个曼萨死后,宫廷密谋和派别之争就随之出现。中央权威不可避免地受到了削弱。1375 年,加奥分离出去;在松尼·阿里(1464—1492 年在位)的统治下,它发展成为一个扩张性的地域帝国,叫桑海。

“阿斯基亚”穆罕默德·图雷与伊斯兰教机构的发展

如同在伊斯兰教的印度,在
非洲一个奴隶承担了重大的行政 593
和军事责任并在时机来临时僭夺统治权并不罕见。1493 年这在桑海发生了:一位地位较高的穆斯林奴隶(名叫穆罕默德·图雷),

他筹划了一次出色的宫廷政变。图雷缺乏植根于异教过去的传统的合法地位，因而他提倡伊斯兰教，感到伊斯兰教对实现政治和文化控制是一个弥足珍贵的工具。穆罕默德·图雷（1493—1528 年在位）使用了“阿斯基亚”这一赞美头衔，他把桑海的边界扩展到撒哈拉沙漠深处具有战略意义的绿洲，穿越尼日尔河中部把马里包容在内，并向东扩展到豪萨地区的商业中心。随后他创建了错综复杂的官僚制度，设有陆军、海军、渔业、林业和税收各部。桑海本身实行权力分散制度，全国分成若干省，受制于省督；省督由阿斯基亚家族或王室亲信中遴选。穆罕默德·图雷还建立了庞大的种植园，由奴隶耕种，其情况有时与南北战争之前美国南部的种植园相似。

桑海的文化优势

为了便利商业活动，穆罕默德·图雷引起了一套统一的度量衡制度，并指定市场监督保护消费者利益。廷巴克图的桑克雷清真寺被改造成了一个堪与中世纪后期欧洲任何著名大学媲美的机构，下设神学、法学、数学和医学学院。1497 年他在去麦加朝圣时结交了世界著名的穆斯林学者。其中一些人随他来到了桑海，充当行政和宗教顾问。就像更早的马里帝国一样，桑海与其主要的贸易伙伴摩洛哥和埃及建立了外交关系。

伊斯兰教是一虚饰

到 1528 年“阿斯基亚”穆罕默德的统治结束之际，伊斯兰教的法律、教育和宗教机构已在桑海主要的都市中心根深蒂固。然而，在其他方面，伊斯兰教只是一个薄薄的表面一层。全国百分之九十五的人口，包括农民和小的首领，依然遵循传统的泛灵论信念和生活方式。不过，虽然在伊斯兰教和传统方式之间存在着严重的内部分歧，但桑海继续保持繁荣，并在“阿斯基亚”达乌德统治时期（1549—1582 年）达到了顶点。桑海由积雪覆盖的北非的阿特拉斯山脉一直延伸到热带的喀麦隆森林,包容了几千个不同的文化,显然是世界上最广袤的帝国之一。

摩洛哥人的入侵与桑海的灭亡

桑海势力扩展得太大了,反而削弱了自己。它的陆军人数虽在35,000以上,但它无法使边远地区保持臣服关系。一些豪萨城市国家重新宣布独立后,桑海失去了东部至关紧要的市场。在西北部,摩洛哥人在击败葡萄牙人后试图直接控制桑海的矿山。桑海精锐的骑兵和弓箭手无法与摩洛哥的大炮和自欧洲进口的火绳枪抗衡。1591年桑海被摩洛哥人击败之后,帝国——实际上整个西苏丹文明——迅速瓦解。摩洛哥人及其葡萄牙雇佣军无法确立金矿的地点或维持道路和市场的安全, 594
就在1612年完全放弃了桑海。填补真空的是政治无政府状态,大型城市衰落,商业和穆斯林学术活动东移至位于今尼日利亚北部和尼日尔共和国的豪萨城市国家。

豪萨王国的产生

到12世纪,豪萨地区不协调的自治村落合并成由半神半人的王朝统治下的中央集权的王国。这些王国虽然在政治上自治,但使用的是同一种豪萨语,拥有共同的文化遗产。道拉是最早建立的一个王国,它对其他王国隐隐约约具有一种精神上的宗主权。

伊斯兰教的渗入与商业扩张

14世纪时,伊斯兰教开始进入豪萨贵族和商业圈子。1452年后,几个世纪来一直由塞内加尔河东移的红肤色的富拉尼人逐步涌入豪萨农业地区。富拉尼人是些狂热的穆斯林,他们带来了宗教著作,建立了新的伊斯兰教学术中心。与此同时,随着与南部森林地区农民的可可贸易的开辟,豪萨正在经历一场商业革命。在卡诺、卡齐纳和扎里亚,随着商人把其活动迁移到豪萨地区较为安全的有城墙的城市,大的集市纷纷涌现。

加奈姆—博尔努

由于位于东部、靠近乍得湖的加奈姆—博尔努这一富裕、强大的王国所提供的军事保护，豪萨地区极为安全。加奈姆—博尔努恰好处在通往西非苏丹的门户上。该地稳定的王朝公元846年掌有权力，1087年皈依伊斯兰教。在迈·伊德里斯·阿鲁玛（1580—1617年在位）的统治下，加奈姆—博尔努达到了顶点。阿鲁玛与新近由西班牙手中夺走北非的突尼斯的土耳其建立了外交关系。在土耳其顾问的帮助下，阿鲁马把其政府进行官僚机构化，使之牢牢建立在伊斯兰教基础之上。一个高级法庭建立起来并配备了法官，他们只实行穆斯林法。军队中装备了土耳其火枪。13世纪时设在开罗的专供博尔努朝圣者和学者的客栈大大增加。处在桑海和博尔努之间的豪萨在商业上受到两个邻居的剥削，但它从经由这里前往麦加的朝圣者那里获得了可观的文化营养。

1591年桑海崩溃后，贸易不仅移到了豪萨，而且移到了南部森林。公元1000到1500年间，来自苏丹地区的草原居民给今尼日利亚的林地居民注入了新鲜血液。居主要地位的家族变成了统治王朝。它们反过来合并祭老和长老统治下的分散的村落而组成城市国家。正如北方的道拉在豪萨所起的作用那样，伊莱伊费在约鲁巴拓殖民中具有同样的精神宗主权。来自伊莱伊费的约鲁巴战士四处扩张，在奥约、贝宁及其他地方建立了附属王朝。在伟大的埃瓦尔（1440—1473年在位）的统治下，贝宁城扩展成了一个地域性的森林帝国。贝宁和伊费成了兴盛的文明中心。他们的手工业行会生产出了自然主义风格的青铜头像和饰板，它们用失蜡铸
595 造法做成。埃瓦尔鼓励象牙雕刻和木雕活动，创建了一支国家管弦乐团。所有这些世俗的创新都旨在为统治家族增添光彩。艺术不再仅仅是生活的装饰品。现在它维护权威，装饰约鲁巴无规则扩展的王宫的大厅。

阿坎人的森林国家

在今加纳的腹地,1400 年前不久出现了类似的但并无关联的政治发展过程。来自原来的马里和桑海的曼德商人向南推进,以寻求更多的黄金。北非和欧洲对黄金更强有力的需求促使他们在森林的边缘建立小型交换中心。这些方兴未艾的共同体代表了异教与伊斯兰教文化、森林文化与苏丹文化奇异的融合。被称为阿坎人的林地居民对这一商业挑战作出了反应,在商业活动的交汇处建立了微型王国。因而,商业的南进运动刺激了以森林为根基的国家的发展;随着欧洲人出现在沿海地区所引发的新的商业机会,这些国家在 16 世纪达到了顶点。

认为欧洲人来到沿海地区和大西洋贸易的兴起结束了跨越撒哈拉的奴隶和手工制品贸易,是不正确的。相反,苏丹经济因处在从南和北发端的两大交通网之间而大大受益。苏丹商人利用了新的商业机会,许多人变成了富有的、显赫的见多识广的四海为家者。豪萨城市(诸如卡约)兴起了大型集市,出售种类繁多的商品,包括本地生产的织品和皮货。

斯瓦希里文明的产生

到公元 9 世纪,讲斯瓦希里语(根源于班图语)的非洲—阿拉伯人出现在东非肯尼亚和索马里的北部沿海。"斯瓦希里"一词源自阿拉伯文"斯瓦希拉",意为"沿海地区居民"。这些人因与波斯和阿拉伯半岛有着频繁的贸易而兴盛起来。他们逐步把其商业活动向南扩展到讲班图语、靠捕鱼为生的公社中。随后,如前文第十一章所示,自索马里以南的东非沿海地区又来了新的民族。一些人是自内地而来的班图人,一些人是来自索马里沿岸和波斯湾设拉子内阿拉伯人,少数来自印度西北部。非洲人以外的移民是些靠海为生、寻求非洲矿产、象牙和奴隶的商人。班图人与内地相连,最能满足他们的要求。到 12 世纪,设拉子人建立了一系列沿海穆斯林城邦,向南一直延伸到今莫桑比克。他们与当地班图人统治家族联姻,开创了伊斯兰教王朝。索法拉和基卢瓦建于9世纪之前,是起主导作用的非洲—亚洲人城镇,它们成了内地津巴布韦和加丹加高原所产黄金和铜的主要输出口。10至11世纪间,一种独特的斯瓦希里沿海文明产生了。斯瓦希里文明混合班图、阿拉伯和印度文化和语言而成。斯瓦希里清真寺虽让人想起阿拉伯半岛南部沿岸的那些光彩四溢的清真寺,但在形式和建筑
596 上有独到之处。这些清真寺是具有鲜明的非洲沿海地区特征的建筑,以长方形线条为基础,运用了当地的珊瑚、红树和棕榈材料。斯瓦希里语言用阿拉伯文符号书写,柔软而音调优美。

斯瓦希里城邦的中间人地位

与豪萨城邦相同,斯瓦希里城邦信奉伊斯兰教,具有世界主义、社会分层、文化相同但在城邦上各自独立的特征。他们因其所处生产者和消费者之间的中间人地位而兴盛起来。虽然基卢瓦在1131至1133年断断续续地支配了索法拉的商业,但它未显示出任何扩张主义趋势。反过来,各个城镇,比如摩加迪沙和巴拉瓦(在今索马里)、杰迪、马林迪、蒙巴萨和帕特(今肯尼亚),桑给巴尔和基卢维(坦桑尼亚),以及索法拉(莫桑比克)等,彼此之间展开了激烈竞争。一些城镇甚至自铸货币并保持庞大的宝库。

姆韦内穆塔帕帝国与大津巴布韦

到公元1000年,黄金和铜致使中南非洲受到了印度洋的商业和文化影响。起自亚洲的印度洋商路把波斯陶器、中国瓷器和印度玻璃器皿带到了津巴布韦贵族手中。一些商品到了扎伊尔东部基萨尔湖畔富裕的渔猎公社那里。与跨越撒哈拉的贸易一样,印度洋贸易促使非洲统治者对其社会进行集中管理,以更好地满足外国的要求。确实,沿海地区对加丹加的铜和津巴布韦的黄金的要求致使领导权由负责礼仪的祭司手中转到掌有

大量军事力量和经济力量的世俗国王手中。13 世纪的大津巴布韦是第一个得到巩固的国家。在两百年的时间里，大津巴布韦达到了繁荣的顶点。它的力量建立在对牛和黄金市场的控制上。大津巴布韦的神王观念逐渐传到了赞比西河流域和北部高原的其他社会之中。与其他较小的“津巴布韦”(意为“石头圈栏”)一样，大津巴布韦筑有庞大的椭圆形石墙，这些石头经过精心雕刻，不用灰浆，就叠合得严丝合缝。 597

东北非的基督教王国

公元 4 世纪中叶，阿克苏姆国王伊扎纳皈依基督教，在这片后来被称为埃塞俄比亚的地区立基督教为国教。埃塞俄比亚教士建立教堂和隐修院，并从贵族和相继继位的君主那里收受了作为赠礼的大片土地。科普特基督教，再加上君主制机构，成为强大的统一力量。隐修院成了学术中心，重要文献被翻译成了教会僧侣们所使用的语言吉兹语。

埃塞俄比亚的扩张

基督教成为国教后不久，埃塞俄比亚就征服了邻近的库什帝国，后者被一批总称为努比亚的小王国所取代。公元 7 世纪，伊斯兰教在北非的扩张导致信奉基督教的埃及崩溃及阿拉伯人占领波斯和红海港口。在同一世纪，贝扎游牧部落横扫厄立特利亚高原，致使埃塞俄比亚断绝了与地中海和中东贸易和文明的联系。现在埃塞 598
俄比亚向内地扩张。约公元 1100 年，其政治中心由阿克苏姆向南移到了几乎无法接近的高原西北部的拉利贝拉。13 世纪晚期和 14 世纪初努比亚王国被埃及的阿拉伯统治者征服后，埃塞俄比亚更加脱离希腊罗马世界。埃塞俄比亚早期王国在 14、15 世纪达到了顶峰，征服了西部不信基督教、不信伊斯兰教的国家。教会劝说这些被征服地区改变信仰并同化了它们，从而成为君主制的一个传教代理人。

穆斯林的威胁

来自内部和外部的伊斯兰教徒继续对基督教统治地区构成压力。15 世纪初期,地方贵族中间出现了离心倾向。邻国阿达尔利用这一点于 1529 年宣布举行圣战。它在与埃塞俄比亚皇帝的战斗中取得了决定性的胜利,把其许多地区置于自己的控制之下。1541 年,皇帝莱布纳·邓盖尔在葡萄牙雇佣军的帮助下击败了穆斯林,从而使基督教的埃塞俄比亚免遭被完全吞并的命运。同时,他们还阻挡住了讲库什语的游牧的加拉人的入侵,但在其后几百年间不得不与加拉人分享土地。在此后三百年间,埃塞俄比亚蜕变成一个停滞的恐外国家,以内战、军阀、经济停滞、最终是中央权威瓦解为特征。

与这些发展无关的是尼洛特人游牧民族迁入今乌干达的维多利亚湖西北肥沃地区。在 14 到 16 世纪间,这些深受神王观念影响的移民与班图农民通婚,建立了强大的王国。这些高度中央集权化的政治实体,比如布尼奥罗、布干达和安科莱等,都是非伊斯兰教的、纯粹由非洲人创建的。

精选书目

美洲

Coe, Michael D. , *The Maga*, 4th, ed. , New York, 1987.

Crow, John, *The Epic of Latin America*, 3d ed. , Berkeley, 1980. 资料翔实。

Fagg, J. E. , *Latin America, a General History*, 3d ed. , New York, 1977.

Farris, Nancy, *Maya Society under Colonial Rule: The Collective Enterprise of Survival*, Princeton, 1984.

Miller, Mary Ellen, *The Art of Mesoamerica from Olmec to Aztec*, New York, 1986.

Morley, S. G. , and G. W. Brainerd, *The Ancient Mayas*, 4th ed. , Stanford, 1985.

van Sertima, Ivan. *They Came Before Columbus*, New York, 1977.

Weaver, Muriel, *The Aztecs, Maya, and Their Predecessors: Archaeology of Mesoamerica*, New, York, 1972.

AFRICA

Ade Ajayi, J. F., and I. Espie, eds., *A Thousand Years of West African History*, Ibadan, 1967.

Bravmann, Rene A., *Islam and Tribal Art in West Africa*, Cambridge, 1979.

Connah, Graham, *African Civilizations. Precolonial Cities and States in Tropical Africa: An Archeological Perspective*, Cambridge, 1987.

Curtin, Philip, Steven Feierman, L. Thompson, and J. Vansina, *African History*, Madison, 1978.

Davidson, Basil, *et al.*, *The Growth of African Civilization: A History of West Africa 1000—1800*, London, 1966.

Denyer, Susan, *African Traditional Architecture*, New York, 1978.

Gillon, Werner, *A Short History of African Art*, New York, 1984.

Gray, Richard, and David Birmingham, eds., *Pre-Colonial African Trade*, New York, 1970.

Hountondji, Paulin J., *African Philosophy: Myth and Reality*, Bloomington, 1984.

Hull, Richard W., *African Cities and Towns before the European Conquest*, New York, 1976.

——, *Munyakare: African Civilization before the Batuuree*, New York, 1972.

Kilson, Martin, and Robert I. Rotberg, eds., *The African Diaspora*, Cambridge, 1977.

Lewicki, Tadeusz, *West African Food in the Middle Ages*, Cambridge, 1974.

Mair, Lucy, *African Kingdoms*, Oxford, 1977.

Maquet, Jacques, *Civilizations of Black Africa*, New York, 1972.

Mbiti, John S., *Introduction to African Religion*, London, 1975.

Niane, D. T., ed., *UNESCO General History of Africa*, Ⅳ: *Africa from the Twelfth to the Nineteenth Century*, London, 1984.

Nketia, J. H. Kwabena, *The Music of Africa*, New York, 1974.

Ogot, B. A., and J. A. Kieran, eds., *Zamani: A Survey of East African History*, Nairobi, 1968.

Pouwels, Randall, *Horn and Crescent: Cultural Change and Traditional Islam on the East African Coast, 800—1900*, London, 1986.

Ranger, T. O., ed., *Aspects of Central African History*, London, 1969.

Smith, Robert S., *Warfare and Diplomacy in Pre-Colonial West Africa*, London, 1976.

Swartz, B. K., ed., *West African Culture Dynamics: Archaeological and Historical*

Perspectives, The Hague, 1978.

SOURCE MATERIALS

Brotherston, Gordon, *Image of the New World: The American Continent Portrayed in Native Texts*, London, 1979. Difficult but rewarding.

Oliver, R., and G. Mathew, eds., *History of East Africa*, Vol. I, Oxford, 1968.

第四编　近代早期的世界

历史学家们倾向于同意,中世纪时期大致结束于 1500 年前 601
后,此后欧洲历史便进入了“近代早期”阶段,这一阶段一直延续到 18 世纪末叶法国大革命和工业革命爆发之际。早在 1350 年前后的意大利,一些代表着一次新的文化运动——通常被称为“文艺复兴”——的代表人物就开始向中世纪的某些基本假说提出挑战,并提出了取代中世纪的文学和艺术表现模式的新的东西。到了 1500 年左右,文艺复兴的理想不仅在意大利取得了完全胜利,而且传播到了欧洲北部,在那里引发了一场极有影响的基督教人文主义运动。与此同时,在 16 世纪初,西欧通过扩张和分化而失去了其中世纪的许多外部特征。坚韧不拔的水手和征服者(conquistadores)冒险闯入大西洋和印度洋公海,把欧洲的旗帜插遍了全世界,从而结束了欧洲上千年的在地理上自给自足、不受外界影响的状态。然而在此同时,由于出现了宗教改革,整个欧陆分裂成为各互相敌对的宗教营垒,欧洲的宗教统一因而告终。此后,在约 1560 至约 1660 年这一百年间,西欧步入了一个经济、政治和精神危机严重的时期;但它经受住了这些考验,获得了新的能量和信心。一场商业革命爆发了,它促进了海外殖民活动和海外贸易的发展,并刺激了工业和农业的发展。虽然君王们依然面临辖区内

各个领地的反抗，但他们维护了自己作为专制统治者的权力，通过
602 不断扩展国家官僚机构而平息了内部的动乱。战争依然是其外交政策的主要工具；不过，到这一时期结束时，那些政策的得到相互认同的目标更经常地变为维持总的权力平衡而不是进行无限制的扩张。最后，在17世纪晚期，更早时由哥白尼发起的科学革命由艾萨克·牛顿爵士完成了；随后在18世纪期间出现了“启蒙运动”，这是一场推崇一种新的世俗信念即人类有能力驾驭自然并通过自己的努力使自身更加完善的运动。

在亚洲就像在欧洲那样，伴随着文明水平的上升而出现的也是专断的中央集权政府的建立。印度的莫卧儿统治者和中国的满清皇帝给这二个国家带来了很大程度的稳定和繁荣，但奢华无度和一系列灾难性战争致使莫卧儿王朝早早出现了衰落。在日本，虽然封建制度原封不动地保存下去，但1603年德川幕府的出现提供了一种如果说不是形式上至少是实质上的专制政治。与西欧的多样性不同，中国和日本的专制制度都残存到了20世纪。与此同时，西欧人利用其海上的优势和商业优势剥削非洲的财富。范围广泛的非洲奴隶贸易在为欧洲商人带来大量财富的同时，不仅激化了非洲国家内部和各国之间的冲突，而且加速了非洲大陆各灿烂文明的衰落。在美洲，在西班牙和葡萄牙征服者的影响下，玛雅、阿兹特克和印加文明罹受了与非洲各文明同样的命运。

大事年表（四）近代早期的世界（西方）

	政　治	哲学和科学	经　济	宗　教	文学艺术
1400	文艺复兴时期的教皇，1447—1521 法国人入侵意大利，1494	意大利的市民人文主义，约1400—约1450 洛伦佐·瓦拉，1407—1457 佛罗伦萨新柏拉图主义，约1450—约1600 伊拉斯谟，约1467—1536 马基雅弗利，1469—1527	葡萄牙控制了东印度香料贸易，1498—1511 欧洲“价格革命”，约1560—约1600	马丁·路德，1483—1546 乌尔利希·茨温利，1484—1531 伊格纳修斯·罗耀拉，1491—1556	弗朗西斯科·彼特拉克，1304—1374 意大利文艺复兴，约1350—约1550 马萨乔，1401—1428 波提切利，1444—1510 列奥纳多·达·芬奇，1452—1519 伊拉斯谟，约1467—1536
1500	英格兰亨利八世，1509—1547 神圣罗马帝国皇帝查理五世，1519—1546 查理五世军队洗劫罗马，1527 西班牙在意大利获得优势，1529 西班牙菲利普二世，1556—1598 英格兰伊丽莎白一世，1558—1603 尼德兰暴动，1566—1609 西班牙无敌舰队失败，1588 法国亨利四世，1589—1610 南特敕令，1598	尼古拉·哥白尼，1473—1543 维萨里·安德列斯，1514—1564 莫尔的《乌托邦》，1516 让·博丹，1530—1596 米歇尔·德·蒙田，1533—1592 弗兰西斯·培根，1561—1626 伽利略，1564—1642 约翰内斯·开普勒，1571—1630 威廉·哈维，1578—1657 托马斯·霍布斯，1588—1679 勒内·笛卡儿，1596—1650	意大利经济衰落，1580—约1700	约翰·加尔文，1509—1564 《愚昧者书简》，1515 伊拉斯谟的希腊文《新约》，1516 路德抨击赎罪券，1517	阿尔布莱希特·丢勒，1471—1528 阿廖斯托，1474—1533 拉斐尔，1483—1520

续表

	政治	哲学和科学	经济	宗教	文学艺术	
1600	三十年战争，1618—1648		英属东印度公司获准成立,1600	英格兰亨利八世与罗马决裂,1527—1534	米开朗琪罗，1485—1564	
	黎世留在法国得势，1624—1642		英国济贫法,1601	再浸礼派占领明斯特,1534	拉伯雷,约1494—1553	1500
	英国内战,1642—1649		荷属东印度公司获准成立,1602	罗耀拉的耶稣会得到教皇保罗三世的认可,1540	米开朗琪罗在西斯廷教堂主要创作时期，1508—1512	
	法国投石党暴动，1648—1653		詹姆斯敦拓殖,1607	加尔文接管日内瓦,1541	彼得·勃鲁盖尔，约1525—1569	
	英国共和与护国公制，1649—1660		欧洲重商主义盛期，1650—1750	特兰托会议，1545—1563	帕莱斯特里那，约1525—1594	
	勃兰登堡选帝侯弗里德里希·威廉,1640—1688		法国科尔培尔经济改革,1664—1683	奥格斯堡和约把德意志分成路德宗和天主教两部分,1555	埃尔·格雷科，约1541—1614	
	法国路易十四,1643—1715		英格兰银行成立,1694	英格兰伊丽莎白宗教和解,约1558—1570	塞万提斯,1547—1616	
	哈布斯堡皇帝利奥波德一世,1658—1705				莎士比亚,1564—1616	
	英国斯图亚特王朝复辟,1660	培根的《新工具》,1620			克劳迪·蒙特维尔第，1567—1643	
	英国查理二世,1660—1685	布莱斯·帕斯卡尔，1623—1662			鲁本斯,1577—1640	
	俄国彼得大帝,1682—1725	约翰·洛克，1632—1704			贝尔尼尼,1598—1680	
	南特敕令取消,1685	笛卡尔，《方法论》，1637			贝拉斯克斯，1599—1660	1600
	英国詹姆斯二世，1685—1688	伊萨克·牛顿,1642—1727			伦勃朗,1606—1669	
	英国“光荣”革命,1688	牛顿的《自然哲学的数学原理》,1687			约翰·弥尔顿,1608—1674	
	奥格斯堡同盟战争，1688—1697	孟德斯鸠,1689—1755			莫里哀,1622—1673	
					克里斯托弗·雷恩，1623—1723	
					华托,1684—1721	
					J. S. 巴赫,1685—1750	

续表

	政治	哲学和科学	经济	宗教	文学艺术	
	约翰·洛克《政治论》,1690	伏尔泰,1694—1778 林奈,1707—1778			G. H. 韩德尔,1685—1759	
1700	西班牙王位继承战争,1702—1714 雅克·博絮埃,1708 乌特勒支和约,1713 普鲁士的弗雷德里希·威廉一世,1713—1740 法国路易十五,1715—1774 罗伯特·沃波尔成为英国“第一大臣”,1720—1743 普鲁士腓特烈大帝,1740—1786 奥地利的玛丽亚·特蕾西娅,1740—1780 七年战争,1756—1763 英国乔治三世,1760—1820 俄国叶卡捷琳娜大帝,1762—1796 法国路易十六,1774—1792 美国独立战争,1776—1783 奥地利约瑟夫二世,1780—1790 法国大革命开始,1789	大卫·休姆,1711—1776 狄德罗,1713—1784 孔多塞,1743—1794 安托万·拉瓦锡,1743—1794 法国《百科全书》,1751—1772 爱德华·詹纳引入牛痘接种,1796	玉米和土豆引入欧洲,约1700 密西西比泡沫,1715 南海泡沫,1720 淋巴腺鼠疫最后一次在西欧出现,1720 英国圈地运动,1730—1810 1750年始欧洲人口普遍增长 亚当·斯密,《国富论》,1776	约翰·卫斯理,1703—1789	伏尔泰,1694—1778 启蒙运动,约1700—约1790 亨利·菲尔丁,1707—1754 约瑟夫·海顿,1732—1809 爱德华·吉本,1737—1794 W. A. 莫扎特,1756—1791 简·奥斯汀,1775—1817	1700

近代早期的世界(非西方地区)

	非洲和美洲	印度和东亚	
1400	西非森林文明的盛期,1400—1472		1400
	地理探险和大发现,1450—1600		
		巴布尔,莫卧儿王朝创立者,1483—1530	
1500	欧洲人在非洲沿岸的航海活动,1500—1800		1500
	非洲奴隶贸易的发展,1500—1800		
	葡萄牙人主宰东非沿海城邦,1505—1650		
	征服墨西哥,1522		
	征服秘鲁,1537		
		葡萄牙商人抵达中国和日本,1537—1542	
		耶稣会士在中国和日本进行传教活动,1550—1650	
		阿克巴大帝,1556—1605	
		室町幕府覆亡,1573	
		英属东印度公司获准成立,1600	
1600	建立詹姆斯敦,1607	德川幕府,1603—1867	
	清教徒先驱在美洲登陆,1620	沙杰罕,1627—1658	
		泰姬陵,1632—1647	
	刚果和恩古拉王国衰亡,1665—1671	日本奉行与世隔绝政策,1637—1854	
		中国满清王朝,1644—1912	
		印度马拉塔同盟,1650—1760	
		奥朗则布,1658—1707	
		康熙,1661—1722	
		英国皇家非洲公司获准成立,1672	
1700	建立在黄金海岸贸易之上的阿散蒂帝国崛起,1700—1750	印度莫卧儿帝国衰落,1700—1800	1700
		乾隆,1736—1796	

第十八章　文艺复兴时期的文明

（约1350—约1550年）

现在，每一位有思考能力的人都要感谢上帝挑选他们生活在这一新 607
的时代，一个充满希望和前途的时代，它业已为过去上千年间世上无可比拟的众多拥有高贵心灵的人而欢欣鼓舞。

——马泰奥·帕尔米耶里，《论市民生活》，约1435年

人类把有才有德之人所创造的一切几乎都视为天赐。

——L. B. 阿尔贝蒂，《自画像》，约1460年

“一次艺术的复兴”

在西欧中世纪之后出现的是“文艺复兴时期”，现代这一流行观点是由生活在1350至1550年间的许多意大利作家首先表述出来的。在他们看来，在罗马时代和他们自己的时代之间横亘着上千年始终黑暗不堪的时代。在这些“黑暗年代”里，主司文学和艺术的九位缪斯在野蛮无知袭劫之前就逃离了欧洲。然而，在14世纪，犹如奇迹一般，缪斯女神突然重新降临欧洲，意大利人兴高采烈地与他们携手合作，创造了一次辉煌的“艺术的复兴”。

“文艺复兴”一词的局限性

自这一分期法问世以来，史学家一直想当然地认为在中世纪和近代之间存在着某种“文艺复兴”。确实，在19世纪晚期和20世纪初期，许多学者走得更远，甚而认为文艺复兴不只是学术和文化史上的一个时代，而且一种无与伦比的“文艺复兴精

神”改变了生活的各个方面——既包括思想和艺术，也包括政治、608 经济和宗教。然而在今天，多数专家不再认同这一特性描述，因为他们发现不可能找到任何真正独特的“复兴”的政治、宗教或经济。反过来，学者们倾向于认为，应把“文艺复兴”一词专门用来描述大致于1350年至1550年形成于意大利、随后在16世纪前半期传播到北欧的在思想、文学和艺术领域某些令人振奋的趋势。我们在此将遵循这一看法论述这段历史：与此相应，每当本章提到“文艺复兴时期”，我们均限于描述思想和文化史上的一个时代。

进一步的限制

在作出这种限定之后，我们仍须对“文艺复兴”作出进一步的限制。由于“文艺复兴”（Renaissance）一词的字面含义是“再生”，因而人们时常认为在约1350年之后某些意大利人重新认识到希腊和罗马文化的成就，在它们长期“死亡”之后掀起了复兴古典文化的运动。然而，在中世纪盛期古典学术实际上并未曾“死亡”。比如，圣托马斯·阿奎那把亚里士多德尊为“哲学家”，但丁则对维吉尔推崇备至。同样，把一个想象中的“文艺复兴异教信仰”与中世纪“信仰的时代”对立起来是完全错误的，因为不论多数文艺复兴时期的杰出人物多么喜爱古典文化，但没有人发展到崇拜古典神祇的地步。最后，任何有关中世纪之后文艺复兴的讨论都必须加以这样一个界定，即在任一特定领域都没有单一的文艺复兴的地位。

古典学问的继续再发现和传播

不管怎样，在思想、文学和艺术领域，肯定可以找到一些极为引人注目的特征，这些特征使“文艺复兴”概念在思想和文化史上有了重要意义。首先，就古典文化知识而言，在中世纪的学问和文艺复兴时期的学问之间毋庸置疑有着重要的量的区别。中世纪学者了解许多古罗马作家，诸如维吉尔、奥维德和西塞罗，但在文艺复兴时期，其他人诸如李维、塔西陀和卢克莱修等的著作重新为人发现和熟知。如果说不是更重要但至少同样重要的是文艺复兴时期对古典希腊文学的发现。在 12、13 世纪,西方人已能读到译成拉丁文的希腊科学和哲学论文,但对希腊文学经典之作,实际上还有柏拉图的重要著作,完全不知晓。中世纪西方人中懂希腊文者寥寥无几。不过在文艺复兴时期,为数很多的西方学者学会了希腊文,并掌握了我们现知的几乎所有希腊文学遗产。

古典学术的新用途

其次,文艺复兴时期的思想家不仅比中世纪的思想家掌握了更多的古典文献,而且他们以新的方式使用它们。如果说中世纪作家倾向于利用古代资料来充实和证明预先形成的基督教的假说,那么文艺复兴时期的作家习惯上引用古典文献来重新考虑其预先形成的 609
观念并改变其表述方式。此外,人们坚定地学习古典古代的成就,这在建筑和艺术领域表现得尤其明显;在这些领域,古典模式对完全独特的“文艺复兴”艺术风格的形成有着极为引人注目的贡献。

一种世俗的文艺复兴文化

再次,虽然文艺复兴时期的文化决非异教文化,但它与中世纪文化相比无疑具有更多的世俗取向。14、15 世纪意大利城市国家的演变创造了一种有利的环境,这种环境促成了下述认识:强调在城市的政治舞台上出人头地以及在现世生活充裕。这些世俗的理想不可避免地促进了一种越来越非教会化的文化的形成。确实,教会仍保有大量资财并具有某些影响,但它随着社会的日益世俗化而相应地使自身更加世俗化。

人文主义

有一个词几乎可以概括文艺复兴之最普遍、最基本的思想文化理想,这就是人文主义。人文主义一词有两个不同的含义,一个是专门性的,一个是普遍性的,但两者都与文艺复兴时期大批思想家的文化目标和理想相合。就专门含义而言，人文主义是一个研究纲领，旨在以对语言、文学、历史和伦理学的研究取代中世纪经院哲学对逻辑和形而上学的重视。古代文学一直更受推崇：研读拉丁经典著作是课程表的核心，而且，一旦可能，学生就要进一步学习希腊文。人文主义教师辩称，经院哲学的逻辑过于枯燥和与实际生活无关；反过来，他们更喜欢"语言文学"（"人文学科"，humanities），意在使学生成为有德之人，并为他们最有成效地履行国家的社会职能作好准备。（一如既往，女性普遍未受到重视，但贵族妇女时常可以受到人文主义教育，以使她们行为举止更加斯文。）就更普遍的含义而言，人文主义强调人的"尊贵"，认为人在上帝的所有创造物中是仅次于天使的卓越之辈。文艺复兴时期的一些思想家辩称，人之所以卓著，是因为世间各创造物中唯有他们可以得到上帝的意旨；另一些思想家则强调人具有支配自己的命运并在尘世过上幸福生活的能力。不论持何种见解，文艺复兴时期的人文主义者都对人类的高贵和发展前途持坚定的信念。

一、意大利的历史背景

意大利贵族与上层资产阶级的界限受到侵蚀

文艺复兴起源于意大利是有一些原因的。最重要的原因在于，中世纪晚期时意大利包容了欧洲各地最先进的城市社会。与阿尔卑斯山脉以北的贵族不同，意大利的贵族通常生活在城市中心，而不是在乡
610 间城堡之中，因而完全参与城市的公共事务。此外，由于意大利贵族在城市中修建府邸，因而在这里贵族阶层与富裕商人阶层之间的界限不像北方那么鲜明。是故，如果说在法国或德意志存在着一条基本上一成不变的定规，即贵族们靠其地产的收入过活，富有

的城市居民（bourgeois）则靠其商业谋生，那么在意大利许许多多居住在城市中的贵族从事银行业或商业活动，同时许许多多的富有商人家庭行为举止仿效贵族，以致到了14世纪和15世纪贵族与上级资产阶级之间实际上已没有什么明显界限了。举例来说，赫赫有名的佛罗伦萨的梅迪奇家族以一个医师家族（如其名字所示[①]）起家，靠银行业发家，在15世纪时极其平缓地上升为贵族。这些发展在教育史方面的影响是显而易见的：不仅十分需要传授经商必备的读、写和计算的能力，而且最富裕、最显赫的家族首先寻求的是能够传授其子嗣在公共场合能言善辩的知识和本领的教师。结果，意大利出现了众多世俗教育人员，他们中的许多人不仅教授学生，而且撰写政治论文、伦理论文以及文学作品，以显示自己学有所成。此外，这些教育人员开设的学校造就了全欧洲受到最良好教育的上层公众，同时也不可避免地造就了一批为数不少的富有的赞助人，后者乐意在培育新思想、扶植新的文学和艺术表现形式方面出资。

对古典过去的特别兴趣

中世纪晚期的意大利之所以成为思想文化和艺术的文艺复兴的诞生地，第二个原因在于，与西欧任何其他地区相比，该地区对古典过去有着强烈得多的感情联系。如果说意大利贵族对强调在城市政治中出人头地的教育课程负有责任，那么最优秀的教师们从古代拉丁和希腊文献中寻求灵感就是可以理解的了，因为政治学和雄辩术是古希腊罗马而非中世纪的产物。在其他地方，诉诸古典知识和古典文风看上去或许极度陈腐过时和矫揉造作，但在意大利古典过去显得最“有意义”，因为古罗马的大型纪念性建筑在半岛各地随处可见，同时古代拉丁文学提到了文艺复兴时期的

① “梅迪奇”（Medici）一词意为“医生”。——译者

意大利人视为自己的故土的城市和遗址。此外，在14和15世纪意大利人尤为热衷于重新利用他们的古代遗产，因为此时意大利正想方设法建立一种独立的文化特性，以与和法国关系十分密切的经院哲学相对立。不仅教皇机构在14世纪大部分时间里迁到了阿维尼翁，随后自1378到1415年旷日持久的大分裂加剧了意
611 大利和法国之间的敌对情绪，而且在14世纪在各个领域都出现了反经院哲学的思想文化潮流，这使得意大利人自然而然地偏爱古典文献资料提供的另一种文化选择。同样自然而然的是，一旦罗马文学和学问在意大利尤其受到青睐，罗马艺术和建筑也备受欢迎，因为，正如罗马学说提供了一种取代法国经院哲学的思想文化选择，罗马模式有助于意大利人创造一个取代法国的哥特建筑艺

中世纪时期，织布在欧洲经济发展中起了很大作用。在这一1470年博洛尼亚织布商街画中，一位裁缝正为一位可能成为客户的人量身体。

术风格的艺术选择。

赞助艺术行为植根于城市的荣誉和个人财富

最后,假如没有意大利财富这一基础。非常奇怪的是,总的说来意大利经济在13世纪比在14、15世纪还要繁荣。但是与欧洲其余地区相比,中世纪晚期的意大利比过去还要富裕,这一事实意味着意大利作家和艺术家更愿意呆在家里而不是到国外求职。进而言之,在中世纪晚期的意大利,人们之所以异乎寻常地大量投资于文化事业,是因为城市荣誉感的增强和人均财富的集中。虽然这两种倾向有些重叠,但多数学者趋于同意,普遍性的城市为了公众利益资助文化事业的阶段首先于约1250年出现于意大利,因地区不同而结束于大约1400或1450年,此后资助的主体变成了私人因素。在第一个阶段,最富有的一些城市竞相兴建辉煌的公共纪念性建筑并资助作家,这些作家的任务就是尽可能地用文辞夸张的西塞罗风格的

洛伦佐·德·梅迪奇像。作者为意大利文艺复兴时期一不知名艺术家。洛伦佐(1449—1492),佛罗伦萨统治者(1469—1492),教皇利奥十世之父,诗人和艺术保护人。

散文在文学作品和讲演中颂扬城市共和国。但在 15 世纪一百年间，随着多数意大利城市国家屈从于王公家族的世袭统治，资助文化事业便为王公贵族所专擅。正是在那时，大的王公——米兰的维斯孔蒂家族和斯福扎家族；佛罗伦萨的梅迪奇家族；费拉拉的埃斯特家族；以及曼图亚的贡萨加家族——在其宫廷中资助艺术和文学创作，以为自己贴金；稍小的贵族家族则在较低程度上模仿那些王公。在约 1450 到约 1550 年间在这方面毫不逊色于意大利大王公的是罗马教皇，他们极力推行一种把其力量建立在对教皇国实行世俗统治的基础之上的政策。因而文艺复兴时期这些最世俗的教皇——亚历山大六世（1492—1503 年）；尤利乌斯二世（1503—1513 年）；以及利奥十世（1513—1521 年），他是佛罗伦萨统治者洛伦佐·德·梅迪奇的儿子——招揽了当时最伟大的艺术家为他们服务，在短短几十年间就使罗马成为西方世界无与伦比的艺术之都。

二、意大利思想和文学的复兴

彼特拉克，第一位人文主义者

纵览意大利文艺复兴时期学者和作家的种种最伟大的成就，自然而然地要由弗朗西斯科·彼特拉克的著作入手。彼特拉克
612 （1304—1374 年）是严格意义上最早的人文主义者。他是位极为虔诚的基督徒，认为经院哲学完全误入歧途，因为它主要关心的是抽象推理而不是教人们如何举止合乎礼仪并得到救赎。彼特拉克认为基督教作家首先必须培养自己优美流畅的文字表现能力，这样他就能鼓励人们行善。在它眼中，文字流畅的最佳范例见于古代文学经典著作中，这些著作中充满着伦理智慧，学习它们可起着事半功倍的效用。因而彼特拉克致力于寻求

尚未被发现的古代拉丁文献,并模仿古典文献、引用古典警句撰写自己的道德论文。就这样他提出了“人文主义者”的研究纲领,影响波及其后数百年。此外,由于他的诗歌,彼特拉克在纯文学史上也占有一席之地。虽然他自己认为他用拉丁文创作的诗歌优于用意大利方言创作的诗歌并因而珍视前者,但传之久远的结果只有后者。尤其重要的是,他用吟游诗人的侠义风格为他钟爱的劳拉撰写的意大利十四行诗(sonnet,商籁体)——后被称为彼特拉克式十四行诗——其形式和内容在整个文艺复兴时期都广为人们模仿。

“我就像一位置身于两个世界之间的人:既向前看,又向后看”。彼特拉克这样看待自己所处的两个时代之交的地位。

市民人文主义

由于他是位恪守传统的基督徒,因而彼特拉克对人类行为的最高理想是过忏悔和禁欲的独居生活。但在其后几代人间,自约1400到1450年,许多主要居住在佛罗伦萨的意大利思想家和学者形成了另一种习惯上被称为“市民人文主义”的选择。像佛罗伦萨人列奥纳多·布鲁尼(约1370—1444年)和莱昂·巴蒂斯塔·阿尔贝蒂(1404—1472年)这样的市民人文主义者持有与彼特拉克同样的见解,认为需要雄辩术和研读古典文学,不过他们还教导说,人的本性赋予他采取行动、做对家庭和社会有用以及服务于国家——理想的国家是按古典时代或当代佛罗伦萨模式建立的共和制的城市国家——的能

阿尔贝蒂

力。在他们看来,雄心和对荣誉的追求是些高尚的动机,应当受到鼓励。他们拒绝谴责追求物质财富的行为,因为他们认为人类进步的历史与人类成功地主宰地球及其资源是密不可分的。市民人文主义者的最为生动的一部作品或许是阿尔贝蒂的《论家族》(1443 年),在这部书中他辩称核心家庭是由自然为了人类的福祉而设立的。然而毫不奇怪,阿尔贝蒂委以妇女在这一框架中起纯粹照顾家务作用的角色,因为他认为“男人天生比妇女要有精力和勤劳”,造物主创造妇女的目的是“繁衍后代,养育那些已经出世的孩子”。

市民人文主义者与古希腊研究

除了偏爱积极的而非彼特拉克倡导独居苦修的或敛心默祷的生活之外,市民人文主义者在研究古代文学遗产方面走得更远。他们中的许多人发现了具有重要意义的新
613 的拉丁文献,但远为重要的是他们开辟了古希腊研究的新领域。在这一方面他们大大得益于 15 世纪前半期移居意大利的一些拜占庭学者的合作。这些人指导他们学习希腊文,并让他们了解了其古代先辈的成就。凡此种种促使意大利学者到君士坦丁堡和近东其他城市旅行,以寻找希腊文手抄本。1423 年,一位意大利人文主义者乔瓦尼·奥里斯帕一个人就带回了 238 册手抄本著作,其中包括索福克勒斯、欧里庇得斯和修昔底德的著作。就这样,多数希腊经典之作,尤其是柏拉图、戏剧作家和历史学家的著作,首次为西

欧所利用。

洛伦佐·瓦拉与语言分析

洛伦佐·瓦拉(1407—1457年)是文艺复兴时期一位不具典型意义但极有影响的思想家,他对文献的兴趣虽与市民人文主义者有关,但决非完全追随这一运动。瓦拉出生于罗马,最初作为一位书记官服务于那不勒斯国王而活跃一时,他不像佛罗伦萨的市民人文主义者那样信奉共和制政治活动的思想。反过来,他更愿意通过显示精深的语言分析何以能推翻旧的真理,宣扬自己作为一位精通语法、修辞和对希腊文和拉丁文献悉心的分析的专家的技巧。在这一方面最具决定性意义的是瓦拉令人信服地证明所谓的"君士坦丁的赠礼"是中世纪的一个伪造品。自13世纪初期以来,一些为教皇摇旗呐喊的人就辩称,根据一份据认为由君士坦丁大帝在4世纪时赐赠的一个特许权,教皇有权在西欧实行世俗统治;瓦拉却不容争辩地证明,这份文献所使用的拉丁文完全不是古拉丁文,到处都是与时代不符的术语。由此他得出结论,"赠礼"一文是中世纪人伪造的,"其语言之愚笨"显示出"极度的不谨慎"。这一论证不仅证明"中世纪愚昧"的一个了不起的样本是假的,而且把时代错误之概念引入到其后所有文献研究和历史思想之中。此外,瓦拉运用其语言分析和修辞论证技能向各种各样的哲学观点提出挑战,但他的最终目标决非纯粹破坏性的,因为他尊崇保罗书信(Pauline Epistles,指使徒保罗写给各地教会或个人的书信)字面教导。与此相应,在一《新约集注》一书中他运用其丰富的希腊文知识阐释圣保罗话语的真正含义;他认为它们已被拉丁文圣经定本的译文弄得含混不清。这一著作将被证明是意大利文艺复兴时期的学术成就与后来北方的基督教人文主义之间的一个重要桥梁。

文艺复兴时期的新柏拉图主义：菲奇诺与比科

自约1450年到约1600年，在意大利思想界居主导地位是新柏拉图学派，该学派试图把柏拉图、普罗提诺以及古代神秘主义的各个流派的思想同基督教融合起来。最为重要的二位新柏拉图主义者是马尔西利奥·菲奇诺(1433—1499年)和乔瓦尼·比科·德
614 拉·米兰多拉(1463—1494年)，他们均为科西莫·德·梅迪奇在佛罗伦萨建立的柏拉图学园的成员。这个学园是学者们前来听取报告和朗读的一个组织松散的团体。他们心目中的英雄毋庸置疑是柏拉图：有时他们以柏拉图的名义设宴庆祝柏拉图的生日，宴会之后人人发表演讲，似乎他们是柏拉图对话中的角色。菲奇诺的最大成就是把柏拉图的著作译成了拉丁文，这样西欧人首次了解到这些著作。菲奇诺本人的学说是否可以称为人文主义尚有值得争议之处，因为他由伦理学进到了形而上学，认为个人首先应当期望来世。在菲奇诺眼中，“不朽的灵魂在其终有一死的肉体中一直处境悲惨”。菲奇诺的学生乔瓦尼·比科·德拉·米兰多拉注意到了同样问题。比科最有名的著作是《有关人的尊严的演说》。他肯定不是一位市民人文主义者，因为他认为世俗的公共事务没有什么价值。不过他确实相信，“再没有比人更奇妙的了”，因为他认为，只有人愿意，他就有能力实现与上帝的交融。

乔瓦尼·比科·德拉·米兰多拉。这位年轻贵族在19岁时到达佛罗伦萨时，据说“貌美体健”。该肖像画系同代人所作，作者可能是大画家波提切利。

在彼特拉克和比科之间，实

际上几乎没有一位意大利思想家真正具有独到见解:他们的伟大主要在其表述方式上,在于他们在专门学术领域所取得的成就上,以及他们传播古代思想的不同主题上。然而,文艺复兴时期意大利最伟大的政治哲学家尼科洛·马基雅弗利(1469—1527年)决不可这样看待,他不属于任何派别,自成一家。在推翻从前的有关政治学的道德伦理基础的观点方面,或在倡导冷静的直接观察政治生活方面,无人可与马基雅弗利相媲美。马基雅弗利的著作反映了他那时代意大利的悲惨状况。在15世纪末叶,意大利成为国际斗争的战场。法国和西班牙都曾侵入意大利半岛,为了获得意大利各邦的臣民互相争斗。后者在许多情况下备受国内纠纷的折磨,轻易就成为外国征服者的猎物。1498年,马基雅弗利任职于新近成立的佛罗伦萨共和国,为第二首相和掌管军事外交的“十人委员会”秘书。他的职司在很大程度与出使别国的外交使团相关。在出使罗马时,他对教皇亚历山大六世之子切萨雷·博尔吉亚所取得的把各分散的力量凝聚成一个团结统一的国家的成就非常着迷。他不无赞许地注意到切萨雷把残酷无情与精明狡黠结合在一起,并且使道德完全从属于政治目的。1512年,梅迪奇家族卷土重来,推翻了佛罗伦萨共和国,马基雅弗利则被革职。马基雅弗利百般失望,郁闷不平,在流亡中度过了余生,其间主要从事写作。在《论李维》一书中,他称颂古罗马共和国为各个时代的楷模。他赞美宪政主义、平等、自由,出发点是免受外国干

尼科洛·马基雅弗利

涉，使宗教利益从属于国家利益。不过马基雅弗利还撰写了《君主
615 论》一书。在该书中，他不是按照什么高尚的理想，而是按照客观实际描述了政府的政策和措施。他公开宣称，统治者的最高职责是维护他所治理的国家的权力和安全。为了达到这一目的，他不必考虑正义、仁慈或条约的神圣不可侵犯性："一位君主要想确保其统治就必须学会不义，并且根据需要对义与不义进行取舍。"马基雅弗利在人性问题上愤世嫉俗，坚持认为所有人都一无例外地受到自私动机，尤其是受到个人权力和物质财富欲望的驱使。因而国家的首脑不应认为自己理所当然获得了臣民的忠诚和爱戴。他在晚年时一直念念不忘的一个理想就是意大利的统一。但他认为意大利的统一只有通过残忍无情才能实现。

卡斯蒂廖内之理想朝臣与理想宫廷女性

比马基雅弗利令人震惊的政治学说更合乎当代人口味的是外交官巴尔达萨雷·卡斯蒂廖内伯爵（1478—1529年）在《侍臣论》（1516年）一书中提出的有关贵族得体行为的准则。这一用流畅的文字写成的著作是现代礼仪手册的先导，它与更早时候布鲁尼和阿尔贝蒂等市民人文主义者撰写的论文形成了鲜明的对比；如果说市民人文主义者传授的是一种竭诚为城市国家和家族服务所必备的适度的"共和"美德，那么卡斯蒂廖内在意大利处于高贵的王公朝廷统治之下时进行写作，教导的是如何养成成为一位"真正的绅士"所必备的优雅的和看似不费劲的品质。在普及"文艺复兴时期的人"（Renaissance man）这一理想方面，无人堪与卡斯蒂廖内相匹：这个人不仅在许多不同的领域有所成就，而且勇敢、聪慧和"谦恭有礼"，也就是说文明、有学识。与阿尔贝蒂迥然不同，卡斯蒂廖内没有忽略女性；他对妇女在"家庭"中的作用只字不提，反过来强调宫廷女子成为"优雅的侍者"的途径。因而，卡斯蒂廖内是欧洲为妇女提供了

一个家庭之外独立角色的最早的男性作家之一；虽然他只把这种角色赋予豪门首富，虽然他所看重的“悦人的和蔼谦恭”在今日看来令女性蒙羞，但此举的意义并不因此稍损。《侍臣论》一书出版之后，在一百余年间成为欧洲各地广为人阅读的著作；它把意大利人的“礼仪”传播到了阿尔卑斯山脉以北的王公宫廷，致使欧洲贵族以更大的热情资助艺术和文学，同时传布了迄至那时全新的观点，即除修女外所有妇女并不注定要成为繁衍、抚育后代的消极工具。

16世纪意大利的其他文学成就

假如卡斯蒂廖内理想的侍臣有意炫耀他对当代意大利文学的知识，那么可供选择的著作很多，因为16世纪的意大利人在创作富有想象力的散文和诗歌方面成就卓著。在诸多值得提及的令人钦佩的作家中，马基雅弗利本人就撰写过一部讨人喜欢的短篇小说《贝尔法加》，还写过一部引人的、有些下流的喜剧《曼陀罗花》；伟大的艺术家米开朗琪罗撰写过多篇感人的十四行诗；16世纪意大利最著名的史诗作家当推卢多维科·
阿廖斯托（1474—1533年），他撰写过一部长篇叙事诗《疯狂的罗 616
兰》、（《疯狂的奥兰多》，Orlando Furioso）。该诗虽然主要取材于中世纪的查理大帝时代，但它与中世纪的史诗迥然不同，因为它引入了抒情幻想作品的成分，尤其是它完全摒弃了英雄理想主义。阿廖斯托创作的目的是让读者捧腹大笑，并通过对静谧、壮丽的大自然和浓烈的爱情的描述取悦他们。他的作品反映了文艺复兴后期理想的幻灭、希望与信仰的失落以及通过对快乐和美感乐趣的追求求得慰藉的趋势。

三、意大利艺术的复兴

虽然意大利在文艺复兴时期在思想和文学方面取得了许多进展,但其最为绵长的成就体现在艺术领域。在各种艺术中,最为辉煌的无疑当推绘画。前面我们已经提到,在 1300 年左右意大利绘画史由于有了乔托这一艺术天才而有了极为引人注目的开端;但是,直到 15 世纪,意大利绘画才开始步入人才辈出的阶段。出现这种情况的一个原因是,在 15 世纪初期人们发现了直线透视法并首次利用这种方法显示出最完备的三维空间感。15 世纪的艺术家还试着运用光和光影(chiaroscuro)效果,并首次仔细研究了人体解剖学和人体比例。到了 15 世纪,私人财富的增长和世俗精神的部分胜利也使艺术在很大程度上不再为宗教服务。如前文所述,教

《逐出乐园》,马萨乔作

会不再是艺术家的唯一赞助者。虽然源于圣经故事的题材仍被普遍采用,但其中往往掺杂进去非宗教的主题。现在盛行的是显示灵魂内心奥秘的肖像画。有些画的主旨是显现智慧,与此并行的是一些色彩鲜艳、构图优美的主旨在于让人获得感官享受的绘画。此外,15 世纪还以引入油画(可能自佛兰德引入)为特征。这种新的绘画技术的使用无疑是这一时期艺术进步的一个重要因素。由于油彩不像壁画颜料那样迅速风干,因而画家现在可以更为悠闲地作画,对画面上难度较大的部分精雕细琢,仍有必要,还可以一边画,一边修改。

15 世纪的画家大都是佛罗伦萨人。他们中间最早的一位是早慧的马萨乔(1401—1428 年)。虽然他在 27 岁时就死去了,但他影响意大利画家达百年之久。作为一位画家,马萨乔的伟大之
处在于他在"效法自然"方面取得的成功,这成为文艺复兴时期绘 617
画中一个要旨。为了取得这种效果,他运用了透视法,这在其湿壁画《圣三位一体》中效果最为明显;他还独创性地利用了光影,产生了一种激动人心和动人的效果。在《逐出乐园》一画中,他描绘了圣经故事中亚当和夏娃被逐出伊甸园时所拥有的羞辱和负罪感。此外,马萨乔还作有《纳税钱》等。

波提切利

直接承继马萨乔所开创的传统的画家中最著名的是佛罗伦萨人桑德罗·波提切利(1444—1510 年),他既描绘宗教主题,又描绘古典主题。波提切利长于准确、优美地描绘自然的细节;比如,他精于描绘女性裸体之美。但他对文艺复兴时期绘画的主要贡献肇源于他的许多作品的哲学基础,因为他与佛罗伦萨的新柏拉图主义者交往甚密。他最为著名的两部作品《春》与《维纳斯的诞生》,反映出新柏拉图主义对古希腊罗马爱神维纳斯或阿芙洛狄特的概念。到了晚年,波提切利成为福音派传教士萨沃纳罗拉的追随者,后者自费拉拉来

《维纳斯的诞生》,波提切利作。作者属于佛罗伦萨新柏拉图主义者团体中的一员,试图把希腊罗马理想与基督教观念协调起来。画中裸体女神为维纳斯,但头部微侧是圣母玛利亚传奇的姿态。在作者眼中,维纳斯的美丽与玛利亚的纯洁是相通的。

《最后的晚餐》，列奥纳多·达·芬奇作。该壁画描绘了耶稣的门徒听耶稣说其中有人出卖他时的各种反应。

到佛罗伦萨作了反对世俗特性的情绪炽热的布道。波提切利所作的《基督神秘的降生》或许是在萨沃纳罗拉影响下绘成的;这是一幅感人至深的宗教画,作者在画中预示了世界的末日。这位大画家晚景凄惨;他的声望衰落了,而他本人据认为死于贫寒。

列奥纳多·达·芬奇

佛罗伦萨最伟大的艺术家或许当推列奥纳多·达·芬奇(1452—1519 年),他是有史以来最多才多艺的天才之一。列奥纳多·达·芬奇实际上是“文艺复兴时期的人”的化身:他是位画家、建筑师、音乐家、数学家、工程师和发明家。他是一位律师与一位农家女非婚生的儿子,25 岁时在佛罗伦萨开了一家艺术店铺,获得了该城统治者、梅迪奇家族的高贵的洛伦佐的庇护。但是,如果说达·芬奇有什么缺点,那就是他工作速度缓慢,很难做完任何事。[①] 这自然招致洛伦佐和佛罗伦萨其他庇护人的不快,后者认为一位艺术家与一位艺匠无异,他们应当按照要求在一定时间内以一定价格完成一件一定尺寸的作品。然而列奥纳多对这种看法极为反感,因为他认为自己不是一位卑下的匠人,而是一位富有灵感的创造家。因而,1482 年,他离开佛罗伦萨,到了米兰城斯福扎的宫廷,后者允许他自由支配时间,自由地进行创作。他在米兰一直呆到 1499 年法国入侵那里之时;此后他在意大利各地游荡,最终接受了法国国王弗朗西斯一世的庇护,在后者的保护下在法国生活和工作,最终死在那里。

列奥纳多·达·芬奇的绘画开创了人们所说的意大利文艺复兴的盛期。在他看来,绘画就是要尽可能准确地模仿自然。他就像
618 一位直接观察动植物的博物学家,根据他自己对一片草叶、一个鸟

① 达·芬奇一生中画过非常多的草稿,真正成画的甚少。他的画流传至今的不超过 15 幅,而他对风景、自然现象所作的素描却不计其数。——译者

《蒙娜丽莎》,列奥纳多·达·芬奇作。达·芬奇的绘画创作为数甚少,但难以解释。《蒙娜丽莎》的特征在于心理上的神秘性。诗人、散文作家和艺术史家均未能完全破解画中人物神秘的微笑。与其多数画作一样,此画尚未完工。

翼、一个水滴的细致观察进行创作。他找到人体遗骸进行解剖——这样他就触犯了法规——并绘出最细微的解剖特征，复原人物形象；他把这种知识运用到画作中。列奥纳多尊崇自然，认识到所有生灵都具有基本的神性。因而，毫不令人奇怪，他是一位素食主义者，到市场上购买笼中的鸟儿放回大自然。

人们普遍认为，列奥纳多的经典之作包括《岩间圣母》(现有两个版本存世)、《最后的晚餐》和《蒙娜丽莎》。《岩间圣母》不仅显示出他出神入化的绘画技巧，而且表现出他对科学的热爱及其视宇宙为一井然有序的整体的信念。画中的人物按几何方式与绘制得惟妙惟肖的岩石和植物组合在一起。《最后的晚餐》绘在米兰的格拉齐圣玛利亚修道院餐厅的墙壁上，是对人类心理反应的研究之作。安详的基督默默认从自己可怕的命运，刚刚向其十三位门徒宣布他们中的一个人将出卖他。艺术家的目的是表现门徒们在逐渐领悟主的声明的含义后

《岩间圣母》。此图表明，列奥纳多·达·芬奇不仅对人物感兴趣，而且对自然现象很着迷。

所显现出来的惊愕、恐惧和内疚等不同的面部表情。列奥纳多的第三幅非凡之作是《蒙娜丽莎》,它同样反映出作者对人类心灵不同情感的兴趣。虽然《蒙娜丽莎》是一位实有其人的女性——那不勒斯人弗朗切斯科·德尔·焦孔达之妻——的画像,但它并不仅仅是一幅逼真的肖像画。

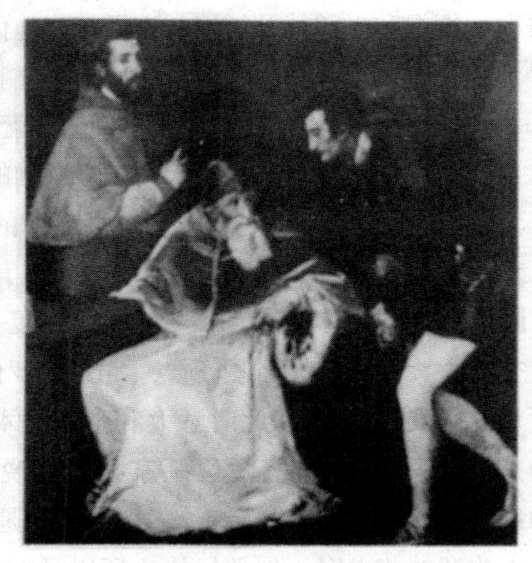

《教皇保罗三世与其侄子》,提香作。该画强调行动

著名的艺术评论家伯纳德·贝伦森曾这样评说《蒙娜丽莎》:"哪一位艺术家能够像列奥纳多那样描绘出……一位成熟女性所具有的无尽的魅力呢?……列奥纳多可以说是完美无缺的艺术家:'他用笔墨描绘的一切都成为具有永恒的美的杰作。'"

威尼斯派画家

1490年左右文艺复兴盛期的开始也标志着所谓威尼斯画派的兴起。威尼斯画派的主要代表人物为乔瓦尼·贝利尼(约1426—1516年)、乔尔乔涅(1478—1510年)和提香(约1477—1576年)。这些画家的作品都反映出兴盛的商业城市威尼斯之奢华的生活和寻欢作乐的情趣。威尼斯派画家大都对构成佛罗伦萨画派特征的哲学和心理主题不怎么关心。他们的意图主要是让人们获得感官享受,而非反映深刻的思想。他们乐于描绘田园风景并运用绚丽和谐的色彩。他们选择的主题不仅包括威尼斯的落日与月光下礁湖闪烁不宁的银光等自然美景，而且包括人为光彩，诸如闪闪发光的珠宝、色彩斑驳的绸缎和天鹅绒及辉煌的宫殿等。他们所画的肖像画一无例外地都是有钱有势者的画像。他们把形式和意义置于从属于色彩和雅致的地位，这不仅反映出富有商人的奢华情趣，而且反映出中世纪期间以拜占庭为中介渗入的东方影响的种种明显的痕迹。

文艺复兴晚期的画家：拉斐尔

619 文艺复兴盛期的其余伟大画家都是在16世纪前半期完成其最重要的作品的。正是在这一时期文艺复兴时期意大利的艺术达到了顶点。虽然佛罗伦萨画派的传统仍然起着重要影响，但罗马在此时意大利半岛艺术的中心。在这一时期的杰出画家中，至少有两位画家必须多说几句。一位是拉斐尔（1483—1520年），他生于乌尔宾诺，可能是整个文艺复兴时期最受人欢迎的艺术家。他的风格之所以具有经久不衰的魅力，主要

《雅典学园》，拉斐尔作。

应归功于他高尚的人文主义思想,因为他笔下的人物都是温和、聪慧和高贵的生灵。虽然他受到了列奥纳多·达·芬奇的影响并临摹了达·芬奇画作中的许多人物形象,但他开创了一种更为象征性或讽喻性的画风。他的壁画《圣礼的辩论》(绘于梵蒂冈宫中)象征着天上的基督教会与地上的基督教会之间的辩证关系。在阳光灿烂的人间,神学家们围绕着圣餐的意义展开了争论,而在云端上方,掌握着神圣奥秘的圣徒和三位一体则安详地休息着。《雅典学园》则以讽喻手段表现了柏拉图学派与亚里士多德派哲学之间的冲突。画上柏拉图(按列奥纳多的肖像绘制)手指天空,强调理念是世界的精神基础;亚里士多德则手指大地,形象地说明他的下述信念,即观念和思想与其物质体现密不可分。拉斐尔还以其肖像画和圣母画像著称。在圣母画方面他尤为出色:他所画的圣母像柔顺而带有暖色效果,看上去赋予它们一种清新、虔诚之感,与列奥纳多·达·芬奇笔下神秘莫测、与现实人物有些距离的圣母迥然不同。

米开朗琪罗

米开朗琪罗胸像

文艺复兴盛期最后一位艺术巨擘是佛罗伦萨人米开朗琪罗(1475—1564年)。如果说列奥纳多是位自然主义画家,那么米开朗琪罗是位理想主义者;如
果说前者试图再现和阐 620
释转瞬即逝的自然现象。米开朗琪罗信奉新

柏拉图主义学说，他更关心的是表现永恒的抽象真理。米开朗琪罗是位画家、雕塑家、建筑师和诗人——而且他在所有这些领域以类似的方式、类似的力度表现自我。处于他的画作中心的一直是人类形象，这些形象总是身体强健、奇大无比、高贵庄严。如果说人以及个人的潜能在意大利文艺复兴时期的文化中占有核心位置，那么毫不停顿地表现人物尤其是男性形象的米开朗琪罗是文艺复兴时期最杰出的艺术家。

西斯廷教堂

米开朗琪罗在绘画方面取得的种种最大成就是集中在同一个场所——罗马的西斯廷教堂——不过它们是在艺术家一生中两个不同的时期完成的，因而体现了两种不同的艺术风格和世界观。其中最为著名的是米开朗琪罗于1508至1512年在西斯廷天顶上创作的壁画，描绘《圣经·创世记》中的场景。该系列中的所有画面，包括《神由黑暗中分出光》、《亚当的创造》和《洪水》，都体现了这位年轻艺术家所信奉的和谐、稳健和谨严克制等古希腊美学原则。与此相连，所有这些作品也都流露出一种对上帝创世和人类的英勇品质的极端

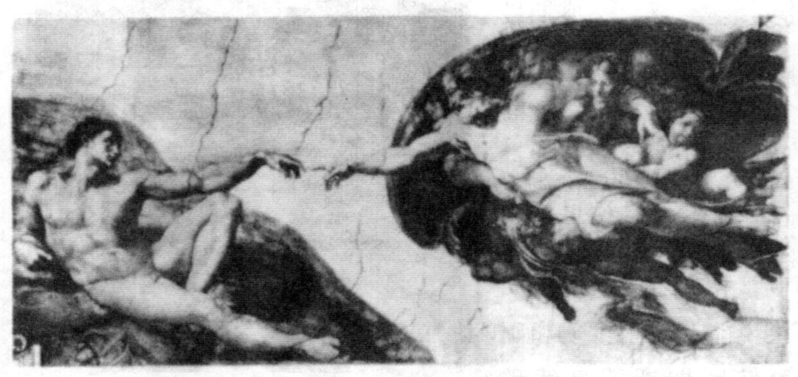

《亚当的创造》，米开朗琪罗作（1511年），罗马西斯廷教堂天顶壁画。
它描写上帝（其左臂下为夏娃）赋予亚当以生命。

赞同的态度。(考虑到米开朗琪罗站在脚手架上仰着脸绘制这些恢宏场面所付出的艰辛劳动,人们可以想象得到他心中蕴藏着一种多么高的创作激情。)但四分之一个世纪之后米开朗琪罗重回西斯廷教堂进行创作时,他的艺术风格和思想倾向都发生了重大变化。在其巨幅湿壁画《最后的审判》(1536 年绘于西斯廷教堂的圣 621
坛)中,米开朗琪罗扬弃了古典的拘谨风格,而以一种强调精神的局促不安和扭曲的风格取而代之,这种风格切合这位老人对人性因恐惧而痛苦不堪、因内疚而低头顺从的悲观主义看法。

在雕塑领域,意大利文艺复兴时期向前前进了一大步:此时的雕像不再是建筑的附属品,诸如教会建筑的柱廊或门道上雕刻的饰品,或者坟墓上的肖像。反过来,意大利雕塑家自古典古代以来首次雕刻了独立式“立体”雕像。这些雕塑不再依附于建筑,而成为一门往往为世俗目的服务的独立的艺术。

文艺复兴时期第一位雕塑大师当推多那太罗(约 1386—1466 年)。他突破了哥特艺术的风格主义[①],而引入了一种新的富有活力的个人主义印记。他创作的大卫以胜利者的姿态站在被杀死的歌利亚人身上的青铜雕像是古典古代以来第一尊独立式雕体像,开创了颂扬真人般大小裸体的先例。进而言之,多那太罗的《大卫》雕像不仅在刻划裸体方面,而且在雕塑主体单足支撑身体重心的姿势方面,都朝着模仿古典雕塑方向迈出了第一步。不过,这个大卫与其说是位肌肉发达的希腊运动健将,显然不如说是位轻巧自如的少年。在其创作生涯的后期,多那太罗在创作自豪的战士加塔梅拉塔威武的雕像时,更充分地模仿了古代雕像。《加塔梅拉塔》是古罗马人以来西方第一尊不朽的骑马者雕像。在这里,雕塑

① 原文为 mannerism,亦称“矫饰主义”或“体裁主义”,这种艺术风格强调形式的奇巧、风格上的个人癖好或对别人独特风格、技法的模仿。——译者

《大卫》,多那太罗作。此为古典古代以来西方第一尊独立式裸体雕像

家除严重依赖古典古代的遗产外,最清楚不过地表现出他致力于使同时代世俗英雄的尘世成就永垂不朽的决心。

622 自然,意大利文艺复兴时期最伟大的雕塑家——实际上,或许是有史以来各个时代最伟大的雕塑家——是米开朗琪罗。米开朗琪罗与列奥纳多一样认为艺术家是有灵感创作者,他基于这种信念得出结论,雕塑是最为高尚的一门艺术,因为雕塑家可以像上帝造人那样最充分地再现人体形象。此外他还认为,最与上帝相像的雕塑家鄙视依样画葫芦的自然主义风格,因为任何人都可做出人体的石膏模型,但只有有灵感、有创见的天才才能赋予雕刻的人物形象以生命感。因此,米开朗琪罗把自然主义置于他的想象力之下,不知疲倦地试图用空前醒目的形式表现他的理想。

如同在绘画中那样,米开朗琪罗的雕塑也经历了一个由古典主义到反古典主义,也就是由和谐的造型到充满激情的扭曲的发展过程。这位雕塑家早期最著名的作品是《大卫》,它创作于1501年,当时米开朗琪罗只有26岁。就风格和灵感而论,这一雕像无疑都是米开朗琪罗最完美的古典风格作品。米开朗琪罗像多那太罗那样选择描绘一
个真人大小的男性裸体,不过他 623
决定赋予他自己的《大卫》雕塑一种英雄气质,而不仅仅是优美动人,因而他按照纯粹的、各方面比例得当的希腊方式设计这一裸体形象。由此产生的大理石雕像在许多方面体现了文艺复兴时期的意大利人利用古典风格表现人类对其成就的最为安详的自信的技能。然而,在米开朗琪罗中期的作品中,深度的安宁已不再是突出特征;倒不如说,在诸如《摩西》(创作于1515年前后)这样的作品中,雕塑家开始尝试通过解剖学上的扭曲手法来造成情感迸发的效果——在本例中是表现《圣经》中这位先知的雷霆之怒。如果说这些雕像尚保留着令人敬畏的英雄气概,那么随着米开朗琪罗一步步走向生命的末年,他更

《加塔梅拉塔》,多那太罗作

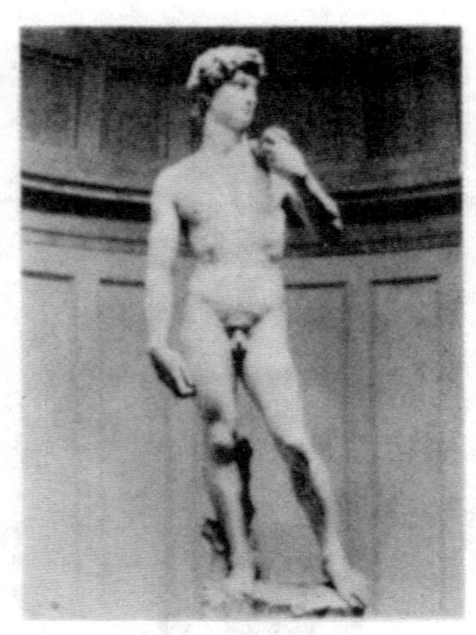

《大卫》,米开朗琪罗作。这尊雕像高13英尺以上,展现出人物的安详、自信和高贵神态,表现出人体之美。

多地尝试使用夸张的、讲究风格的风格主义来达到表现沉重压抑的忧伤或无保留的悲伤之情。这一趋势在其感人的雕像《耶稣被解下十字架》中臻于顶点。这一雕像本是为艺术家本人的坟墓而创作的,它刻划出圣母玛利亚面对基督尸骸时的悲伤之情。

无论与绘画还是与雕塑相比,文艺复兴时期的建筑都在大得多的程度上植根于过去。新的建筑风格是中世纪因素与

左:《摩西》,米开朗琪罗作。与《大卫》相比,它在风格上较少具有古典韵味,而强调一种戏剧效果。(由于误释《出埃及记》中的一段话,在中世纪和文艺复兴时期的艺术中,摩西都被表现为一位头上长着犄角的预言者。)右:《耶稣被解下十字架》。

帕拉迪奥设计的别墅

古典古代因素交融的产物,具有折衷特征。但是,构成文艺复兴时期建筑的灵感之源泉的不是希腊或哥特式建筑,而是罗马建筑与罗马式建筑。无论希腊风格还是哥特式风格都未曾在意大利找到适宜的土壤。与此相比,罗马式风格却可以在那儿兴盛,因为它与意大利传统更加合拍,同时当时对拉丁文化一直存有的强烈仰慕之情就使得复兴罗马风格成为可能。与此相连,文艺复兴时期的大建筑师普遍依据罗马式教堂和隐修院进行设计,并沿袭古罗马
废墟的装饰技巧。这样一来,文艺复兴时期的建筑就以耳堂和中 624
殿组成的十字交叉状平面建成,体现了柱子与拱门或柱子与过梁、柱廊、往往还有圆顶的装饰特点。水平线占主导地位;同时,虽然这些建筑物有不少是教堂,但它们所表示的理想却是现世世俗生活的欢乐和对人类成就的骄傲。此外,文艺复兴时期的建筑强调和谐、对称,因为意大利建筑师在新柏拉图主义的影响下断定,人

体的完美的比例关系是宇宙和谐的反映,因而建筑物的各个部分应彼此相关并与整体相合,恰像人体的各个部分那样。文艺复兴时期建筑的一个精美例证是罗马的圣彼得大教堂,它由教皇米利乌斯二世和利奥十世资助兴建,由当时最著名的建筑师多纳托·布拉曼特(约 1444—1514 年)和米开朗琪罗等设计。与此同样引人瞩目的是意大利北部建筑家安德烈亚·帕拉迪奥(1518—1580 年)设计的比例非常得当的贵族乡间居所,它们据古代庙宇(诸如罗马万神殿)重新设计,创造一种世俗的缩微建筑,以此为居住在其间的贵族增添光彩。

四、意大利文艺复兴的衰微

意大利文艺复兴衰落的政治因素：1494 年的法国入侵

1550 年前后,意大利的文艺复兴在度过大约二百年的辉煌岁月后开始衰落。这一衰落的原因多种多样。首要的原因也许是 1494 年法国入侵意大利以及随之而来战端不止的局面。法国国王查理八世统辖着欧洲最富裕、最强大的国家;为了实现其好大喜功的雄心,他把意大利视为一个引人的猎物。与此相连,1494 年,他率领一支由 30,000 名训练有素的士兵组成的大军越过阿尔卑斯
625 山南下。佛罗伦萨的梅迪奇家族闻风而逃,法军不费吹灰之力就占领了该城。法军在此稍作停留,在与一个卑躬屈膝的新的共和制政府签订和约之后,继续前进,占领了那不勒斯。然而,这一举动引起了西班牙统治者的猜忌,他们担心法国会进而攻击他们据有的西西里。西班牙与教皇国、神圣罗马帝国、米兰和威尼斯结盟,最终迫使查理八世撤出意大利。不过在他去世之年,他的继承者路易十二世再次起兵侵略意大利;自 1499 年到 1529 年,意大利

半岛实际上战火不断。联盟与反联盟以令人眼花缭乱的速度交替出现,但这一切不过使敌对状态更加长久。1515 年,法军在马里尼亚诺大获全胜,但十年后在帕维亚惨败于西班牙军队手下。1527 年发生了最严重的灾难:名义上由西班牙统治者和神圣罗马帝国皇帝查理五世统帅、实际上完全失去控制的桀骜不驯的西班牙和德意志军队洗劫了罗马城,造成了无法弥补的破坏。只是在 1529 年,查理五世才设法控制了意大利半岛大部,暂时平息了战火。一旦成为胜利者,查理五世便为西班牙保留了意大利最大的两个地区——米兰公国和那不勒斯王国——并在除威尼斯和教皇国之外几乎意大利其他所有政治实体中安插自己宠信的王公为统治者。西班牙王室的这些被保护国继续主持朝政,资助艺术,并兴建奢华的建筑装点城市,但实际上它们是外来势力的傀儡,无法以一种充满活力的文化独立来激励自己的随从。

意大利繁荣日趋衰微

除政治灾难外,意大利的繁荣局面也日趋衰 626
微。如果说意大利在 15 世纪时实际上垄断与亚洲的贸易是培育意大利文艺复兴时期文化的主要经济支柱之一,那么 1500 年左右地理大发现之后贸易路线由地中海逐步转移到大西洋地区,虽然缓慢但确确实实地使意大利失去了其作为世界贸易中心的优势地位。由于连绵不绝的战争也是意大利陷入经济困境的一个原因(比如,为了支付战争费用,西班牙在米兰和那不勒斯征收重税),因而可供资助艺术活动的剩余资财越来越少。

意大利文艺复兴衰落的最后一个原因是反宗教改革运动。在 16 世纪期间,罗马教会对思想和艺术实行越来越强有力的控制,以此为反对世俗化和宗教改革运动的一个组成部分。1542 年,罗马宗教法庭成立;1564 年,特兰托宗教会议公布了第一批"禁书目录"。教会对文化生活的干预非常之大。举例来说,米开朗琪罗绘

在西斯廷教堂中的伟大壁画《最后的审判》由于表现了过多的裸体而被某些刻板的狂热宗教信徒指斥为有伤风化，看起来像座妓
627 院。因此，教皇保罗四世命令一位二流艺术家尽可能地为壁画中的人物添上衣服。（这位不幸的艺术家后来被称为“内衣裁缝匠”。）如果说这一事件可能看上去仅仅是件荒唐滑稽的闹剧，那么教会检查官强制推行教义一律的决心却能让人丧生，不幸的新柏拉图派哲学家焦尔达诺·布鲁诺案就是一个例子。这位哲学家坚持认为世界不是只有一个，结果因与《创世记》的说法不合而于1600年被罗马宗教法庭处以火刑。

宗教法庭所推行的对自由的思想推理进行审查政策的最臭名昭著的例子，就是对大科学家伽利略的惩罚；关于伽利略的成就，我们将在下文详加叙述。1616年，罗马异端裁判所指斥地球绕太阳旋转这一新的天文学说为“愚蠢、荒谬、哲学上不成立、形式上异端”的邪说。因而，1632年伽利略著文为日心说进行出色的辩护之后，宗教法庭当即起诉伽利略。它毫不迟疑地迫使伽利略承认并公正放弃自己的“错误”，判处他终身监禁。伽利略不愿为自己的信仰丧生，但在公开收回自己的地球绕着太阳旋转的观点后，他居然自言自语：“不论发生了什么事，地球仍在旋转。”毫不令人奇怪，伽利略是现代之前意大利最后一位对天文学和物理学的发展作出了重大贡献的科学家。

意大利艺术和音乐继续繁荣

在结束本节时我们应着重指出，16世纪中叶之后意大利的文化艺术成就决非消亡。与此相反，在约1550至1600年间，一种被称为风格主义的新的引人注意的艺术风格由那些吸取了米开朗琪罗后期作品中的特征的画家创造出来；17世纪时，风格主义被令人眼花缭乱的巴洛克风格取而代之，后者是在教会庇护下于罗马诞生的。与此类似，自16世纪到20世纪，意大利的音乐

实际上不间断地取得了巨大成就。但是那些看上去对教会构成威胁的一切东西都得不到容忍，文艺复兴时期文化的自由精神已不复存在。

五、北方的文艺复兴

文艺复兴传播到意大利以外地区

大约1500年后，发源于意大利的文艺
复兴运动不可避免传播到欧洲其他国家。
在整个15世纪，北欧的学子们络绎不绝地
南下意大利，在诸如博洛尼亚或帕多瓦等意
大利大学求学；另外，一些意大利作家或艺术家也偶或短期地到阿
尔卑斯山脉以北地区旅行。这些交流无疑促进了思想的传播，但
只是约1500年之后，北欧多数国家才变得足够繁荣，政治局面足
够稳定，足以为文学、艺术的广泛发育提供真正适宜的环境。另 628
外，随着1494年法国和西班牙开始的意大利为战场刀兵相向，思
想文化的交流范围更为广泛。这一发展的结果是越来越多的北欧
人开始了解到意大利人在一二百年间所取得的各种成就（西班牙
的军队不仅来自西班牙，而且来自意大利和低地国家）。随后，意
大利一些最重要的思想家和艺术家，比如列奥纳多·达·芬奇，也
开始成为北方国王或贵族的随从。这样一来，文艺复兴就变成了
一场国际运动；甚至当它在故土开始衰微之际，文艺复兴在北方仍
然富有活力。

北方文艺复兴的宗教根源

然而，意大利以外的文艺复兴与意大利境内的文艺复兴决非一模一样。尤其是，北欧的文艺复兴普遍不像意大利那样如此具有世俗特征。形成这一区别的主要原因，在于意大利与北欧承袭的中世纪社会、文化传统不同。如前文所示，中世纪晚期

意大利富有活力的城市社会孕育了一种世俗的教育体系，它与古典主义结合在一起，引发了种种新的、更为世俗的表现形式。北方不然；与意大利相比，那里的商业和城市取向的经济远非那么发达，同时北方城市从未像佛罗伦萨、威尼斯和米兰那样对其邻近乡村拥有统辖权。反过来，政治权力围绕着民族国家（在德意志是各公国）凝聚起来，这些国家的统治者在 1500 年左右之前一直甘于承认教士在教育和文化上的主导地位。因而，北欧的大学倾向于专门从事神学研究，同时北方所有重要城镇的最重要的建筑几乎无一例外地是大教堂。

北方的基督教人文主义

总而言之，北方的文艺复兴是把意大利文艺复兴的某些成果嫁接到北方原有的传统之上的产物。这一点在北方最重要的思想文化运动**基督教人文主义**上面表现得十分明显。北方的基督教人文主义者同意意大利人文主义者的下述观点，即中世纪的经院哲学过于纠缠于繁琐的逻辑分析，对人生的实际作为没有什么价值；不过他们从纯粹的圣经经典之宗教箴言中寻找切实可行的人生指导。与意大利的人文主义者一样，他们从古典古代寻求智慧，但他们心目中的古典古代是基督教的——即《新约圣经》和早期基督教创始人的——而非任何异教的古典古代。同样，北方文艺复兴时期的艺术家深受意大利文艺复兴大师所取得的成就的感染，抛弃了中世纪的哥特式艺术风格，转而下决心掌握运用古典的技术。不过这些艺术家不像意大利艺术家那样频频描绘古典主题，同时，由于比意大利人更多地受到基督教禁欲学说的影响，实际上没有一个人胆敢创作完全不穿衣服的裸体形象。

伊拉斯谟

629 在讨论北方文艺复兴在思想和文学表现领域所取得的成就时，不管出于何种角度，都必须从叙述德西德利乌斯·伊拉斯谟（约 1467—1536 年）的生平事迹入手。伊拉斯谟被誉为“基督教人文主义者中的宗匠”，他是一位教士非婚生的儿子，出生在荷兰的鹿特丹附近，但后来由于他游历甚广，他实际上成为全北欧的公民。伊拉斯谟在十来岁时心有不甘地被强迫送到了一座隐修院，但在那里未受到多少宗教或正规的教育，却有很大自由阅读自己感兴趣的书籍。他如饥似渴地阅读了所能找到的任何古典作品以及基督教早期创始人的许多著作。大约 30 岁时，他获准离开了修道院，成为巴黎大学的一名学生，在那里读完了所读的各门课程，获神学学士学位。但是伊拉斯谟后来对他认为枯燥乏味的巴黎经院哲学学问心存反感。在其后期的一部作品中他记录了这样一组问答：“问：你在什么地方求学？答：蒙泰古学院。问：啊，那你必定埋头攻读。答：不，我埋头捉虱子。”此外，伊拉斯谟从未真正履行过教士的职司，而宁愿选择教书著文为谋生手段。为了寻找新的资助人，他每过一段时期就要搬家，经常去英格兰旅行，曾在意大利呆过三年，在尼德兰不同的城市中寄居，最后在风烛残年它居在瑞士的巴塞尔。每到一地，伊拉斯谟总要结交一些有学识的朋友，并通过大量通信与他们保持联系，这样他就成为北方人文主义者小圈子中的领袖人物。此外，伊拉斯谟撰写了大量著作，每一部著作都不胫而走；通过这种声望，他成为 16 世纪前四分之一的时间中北欧“先进的”文化品位的仲裁者。

伊拉斯谟的文学成就

伊拉斯谟的思想文化活动涉及许多方面，对此我们最好的方法是从两个角度进行评价，即文学和教义。伊拉斯谟可能是西塞罗时期以来无人可与之匹敌的具有独特风格的拉丁散文作家。他学识超凡，才思敏捷，善于根据不同的主题使用不同的谈话方式；在适当的场合善于创造非凡的语言效果；同时他精于杜撰双关语，读者如果既懂拉丁文又懂希腊文，往往可以感受到弦外之音。尤

伊拉斯谟像,(小)汉斯·霍尔拜因(约 1497—1543 年)作。

为突出的是,伊拉斯谟极善于娴熟地使用反语,拿所有人包括他自己取笑。比如,他在《对话录》(Colloquies)一书中杜撰了一个人物,哀叹这一时代邪恶的征兆:“国王发动战争,教士忙着填满钱袋,神学家发明三段论,修士在修院外游荡,平民起事,伊拉斯谟则撰写谈话录。”

伊拉斯谟的“基督哲学”

然而,虽然伊拉斯谟单靠他在文学方面的成就即其优美、机智的拉丁文风就为自己赢得了大量读者,但他从不自认是纯粹的给人提供娱乐的人。反过来,他试图通过他撰写的所有著作以这种或那种方式宣传他所说的“基督哲学”。伊拉斯谟基督教人文 630
主义信念的核心在于,他认为他所处时代的整个社会由于忽视了《福音书》中简单的教义而陷入腐败和不道德之中。因而,他向同时代人贡献了三种不同的作品:一种是机敏的讽刺作品,意在昭示世人他们行为的谬误;一种是严肃的道德论文,意在指导人们做人们举止得体的基督徒;另一种是基督教基本文献的校注版。

讽刺作品与道德论文

在第一类作品中,包括伊拉斯谟至今仍广为人们阅读的作品《愚人颂》(1509 年)。在该书中,他既嘲讽普通大众的愚昧和由迷信引起的轻信,又嘲笑了经院哲学家的迂腐和教条主义。《谈话录》(1518 年)也属于此类。在该书中,作者以一种更为严肃但仍充满冷嘲热讽的语调对当代的种种宗教习俗进行审查。在这类作品中,伊拉斯谟让虚构的人物进行交谈,而他自己的观点只能由此推论出来。但在其第二类作品中,伊拉斯谟毫不迟疑地直抒胸臆。这类作品中最重要的论文是不事喧哗而具有说服力的《基督教骑士手册》(1501 年),它要求俗人去过宁静的内心虔诚的生活;此外还有《和平的抱怨》(1517 年),它以感人的笔触鼓吹实现基督教和平主义。

伊拉斯谟的新版《新约圣经》

不过,虽然他创作了极其引人的文学作
品,但伊拉斯谟可能把其文献研究视为自己 631
最大的单项成就。他尊重用拉丁文写作的早期基督教著作家奥古斯丁、哲罗姆和安布罗西的权威，出版了他们所有著作的可靠的版本；同时他尤为敬服《圣约》的权威，运用他作为一个精通拉丁文和希腊文的学者的超凡技能出版了《新约》信本。在阅读洛伦佐·瓦拉的《新约集注》(1505年)一书之后，伊拉斯谟认识到，当前最迫切的任务是抛弃中世纪汇集而成、誊抄和翻译过程中错误不计其数的整个新约文献，因为不确切了解基督预言的真正含义，就无从做一位好的基督徒。因而他用了十年的时间研究、对比他所能找到的所有最好的《新约圣经》希腊文抄本，以确定一个权威版本。1516年，伊拉斯谟的希腊文《新约圣经》终于问世，书中附有释注和他自己的新的拉丁文译文，是有史以来圣经研究中最重要的界标之一。

托马斯·莫尔爵士与《乌托邦》

伊拉斯谟最亲密的朋友之一、在成就上仅次于他的一位基督教人文主义者是英国人托马斯·莫尔爵士(1478—1535年)。莫尔曾当过律师和下院议长，均很有建树。1529年，他被任命为英国大法官。然而，莫尔出任大法官不久即惹恼了其王室主子亨利八世国王，因为他笃信天主教的认为所有人终将得救的普救论，反对国王建立一个隶属于国家的国家教会的设想。最后，1534年，由于他拒绝宣誓承认亨利八世为英格兰国教会的首领，莫尔被投进了伦敦塔；一年之后，他被处以绞刑，成为天主教的一位殉道者。但是，远在此之前，他于1516年撰写了一部为他带来永久英名的著作《乌托邦》。莫尔的《乌托邦》开后来广为人知的"乌托邦小说"之先河，他表述了伊拉斯谟式的对当代社会的批判。本书表面上描写一个虚构的岛屿上的一个理想社会，实际上控诉了现实社会中种种引人注目的弊端——无辜的人生活贫穷，不劳动者却获得大量财富；量刑严酷；宗教迫害；以及战争中毫无意义的杀戮。乌托邦的居民共同拥有所有财产，每天工

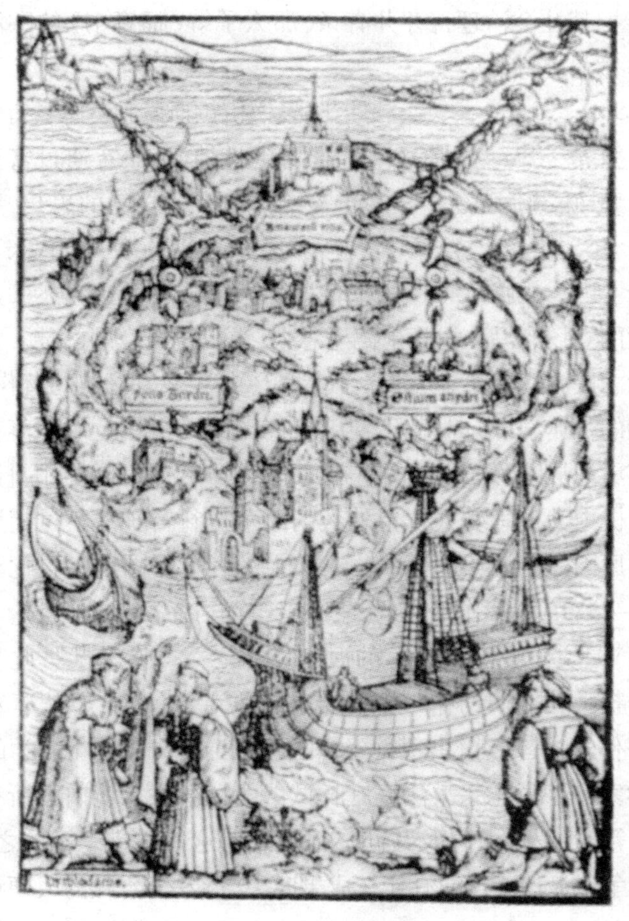

托马斯·莫尔想象中的乌托邦岛图

作六小时,这样就有闲暇从事思想文化活动,养成聪慧、节制、坚忍和正义的天然美德。铁之所以是贵金属,是"因为它有用处";战争和隐修制度应当废除;任何承认上帝存在和灵魂不灭的人都得到宽容。虽然莫尔在《乌托邦》中没有进而为基督教进行明确辩护,

632 但他的隐含意图显然在于，如果“乌托邦国民”未受到基督教的启示就能把其社会治理得井井有条，那么了解《福音书》的欧洲人应能比这做得更好。

乌尔里希·冯·胡滕与《蒙昧者书简》

如果说伊拉斯谟和莫尔具有一种主要是和解的性情，更愿意通过富于幽默感的冷嘲热讽表述自己的思想，那么基督教人文主义运动的第三位代表人物乌尔里希·冯·胡滕(1488—1523 年)则采取一种远比上述二人具有战斗性的立场。冯·胡滕是德意志人，为伊拉斯谟的门徒。他致力于德意志民族文化事业，翻译了古罗马史学家塔尼佗的著作，通过他掌握的古典学识向人显示“自豪而自由的”日耳曼人部落曾经是如何英勇地战胜罗马兵团的。在其他著作中，冯·胡滕用自己的尖刻语言极力为日耳曼人抗拒外敌的斗争进行辩护。不过胡滕成名的主要原因是与德意志另一位人文主义者克罗图斯·鲁比亚努斯(1480—1539 年)合作撰写了《蒙昧者书简》一书(1515 年)。《蒙昧者书简》是文学史上最辛辣的讽刺作品之一。作者撰写此书的目的是声援一位名叫约翰·罗伊希林的学者，后者希望从事对希伯来文著作，尤其是对《塔木德经》的研究工作。当科隆大学的经院
633 派神学家和德意志宗教法庭庭长试图毁掉德意志境内的所有希伯来文书籍时，罗伊希林及其同仁强烈反对这一举措。不久之后，当直接的争论显然不可能有什么成果时，支持罗伊希林的人便诉诸嘲弄的手段。冯·胡滕和鲁比亚努斯发表了一系列信件，故意用糟糕的拉丁文写成，伪称是科隆大学反对罗伊希林的经院哲学家所撰。信件的作者被署以滑稽可笑的名字，如挤山羊奶者、秃子和装大粪者等，故意显示是些以荒谬的宗教教条或奇形怪状的学识炫示的有学问的蠢材。比如，一封信的作者据称是海因里希·羊嘴，他声称自己因在礼拜五吃了一枚含有小鸡蛋黄的鸡蛋而不幸地犯了罪并

为此焦虑不安。另一位信作者炫耀他的"天才发现",即尤利乌斯·恺撒不可能用拉丁文撰写历史著作,因为他军务繁忙,不可能抽出时间学习拉丁文。这些信件虽然当即就为教会查禁,但它们仍流传开来并广为人们阅读,并空前传播了伊拉斯谟的主张,即:为了至为虔诚地投身于十二门徒的基督教,必须把经院派神学和天主教的宗教礼仪抛在一边。

基督教人文主义的衰落

除伊拉斯谟、莫尔和冯·胡滕之外,决非没有别的精力充沛、雄辩的基督教人文主义者,因为英国人约翰·科利特(约1407—1519年)、法国人雅克·勒菲弗尔·德塔普尔(约1455—1529年)、西班牙人弗朗西斯科·希门尼斯·德·西斯内罗斯红衣主教(1436—1517年)和胡安·路易斯·德·比维斯(1492—1540年)以及其他许多人,都在编辑圣经文献和早期基督教文本、阐述《福音书》道德等共同事业方面作出了非凡贡献。然而,虽然基督教人文主义这一在约1500至1525年间具有异乎寻常的国际协作精神和活力的运动取得了众多成就,但它在新教产生时陷入了混乱,随后丧失了发展势头。这实在是个莫大的讽刺,因为基督教人文主义者对《福音书》准确含义的重视以及对教士腐败行为和过分拘泥于宗教礼仪的做法的犀利的批判,无疑为1517年马丁·路德发起的宗教改革铺平了道路。但是,下一章我们将要看到,愿意与路德站在一起摒弃天主教所依据的根本原则的基督教人文主义者寥寥无几,同时那些真正成为虔诚的新教徒的个别基督教人文主义者也丢弃了早先的不事张扬的冷嘲热讽特性,而此本是基督教人文主义者表达方式的一个标志。多数基督教人文主义者在信守自己不拘礼仪的内在虔诚理想的同时仍想留在天主教营垒之内,但随着时间的推移,天主教领袖们越来越无法容忍他们,因为在与新教的斗争中界限日益分明:要么是天主教徒,要么信奉新教,天主教内部对该教宗教

习俗所作的任何批评看上去都像是以隐秘方式帮助“敌人”。伊拉斯谟本人一直是位天主教徒,多亏他去世得早,不然难逃受辱的
634 命运;他的一些追随者却不那么幸运,他们成为西班牙宗教法庭的牺牲品。

北方文艺复兴时期的诗歌

不过,如果说基督教人文主义在大约1525年之后迅速衰微,那么北方的文艺复兴在整个16世纪继续保持繁荣,此时主要体现在文学和艺术方面。比如,在法国,才华横溢的诗人皮埃尔·德·龙萨(约1524—1585年)和若阿基姆·迪·贝莱(约1525—1560年)仿彼特拉克风格撰写了优美的十四行诗;在英格兰,诗人菲利普·西德尼爵士(1554—1586年)和埃德蒙·斯宾塞(约1552—1599年)同样也引人注目地吸取了意大利人的种种文学创新。实际上,斯宾塞按阿廖斯托《愤怒的奥兰多》的方式创作的长篇骑士传奇《神仙女王》,就像任何意大利作品一样体现了构成意大利文艺复兴时期文化典型特征的怡人的感官享受。

弗朗索瓦·拉伯雷

比前述任何一位诗人都具有内在创造性的是法国散文体讽刺作家弗朗索瓦·拉伯雷(约1494—1553年)。拉伯雷可能是16世纪欧洲所有具有创造性的伟大作家中最受人欢迎的一位。与他佩服得五体投地的伊拉斯谟一样,拉伯雷受到的是修士教育,但他在就任圣职后不久就离开了隐修院到蒙彼利埃大学学习医学。此后他在里昂成了一名开业医师,但他从一开始就在行医的同时穿插进行这种或那种文学活动。他为平民写过历书,撰写讽刺庸医和星占家的作品,并以大众迷信为题材写过滑稽讽刺作品。但是迄今他最为不朽的文学遗产是以总书名《卡冈都亚与庞大固埃》出版的五卷本“巨人传”。

拉伯雷的乐观态度

“卡冈都亚”与“庞大固埃”本是中世纪传说中身高力大、饕餮好食的巨人的名字。拉伯雷描写他们的冒险经历，是想藉此表现他的自然主义哲学以及自己浓郁的幽默色彩和才智横溢的叙述。他在某种程度上借鉴了基督教人文主义的先例。因而，就像伊拉斯谟那样，他对宗教礼仪冷嘲热讽，取笑经院哲学，嘲弄迷信，公开讥讽各种偏见。但与伊拉斯谟迥然不同的是，伊拉斯谟用一种富有修养的古典拉丁文风进行写作，只有那些最有学识的读者才能完全弄清他的含义；拉伯雷则选用极其朴实无华的法文进行创作，其中往往夹杂着难登大雅之堂的粗鲁话语，面向的是范围更广的读者。同样，拉伯雷希望避免任何形式的“说教”，因而力避任何隐含道德主义的主题，似乎他只想让读者获得某种有益的快乐。不过，除其批评性的讽刺之外，贯穿《卡冈都亚与庞大固埃》煌煌五卷始终的一个共同主题就是颂扬人类和大自然。在拉伯雷眼中，身强力壮的巨人实际上是大大夸张了的热爱生活的人类；人的一切本能都是健康，只要这种本能不是导向于欺压他人的暴政。因而，在他理想的公
社即乌托邦式的“德廉美修道院”中，这里没有任何约束，到处洋 635
溢着一种令人愉快的气氛，人们可以自由地从事维护生灵、追求天然的人类成就的活动，而只遵守一个准则：“做你愿做的事。”

北方文艺复兴时期的建筑

如果想象一下拉伯雷虚构的德廉美修道院具有什么模样，那么我们最好把它描绘成近似于16世纪沿卢瓦河兴建的文艺复兴时期的诸多城堡中的一个，因为北欧文艺复兴拥有自己别具一格的建筑，它们在某些根本点上往往与文学相通。因而，恰如拉伯雷借描写中世纪的巨人故事来表达对文艺复兴价值的肯定，那么法国那些在卢瓦河畔兴建了诸如昂布瓦斯、舍农瑟和尚博尔这样壮观的城堡的建筑师，也把中世纪后期法国的火焰式哥特

风格与时兴的对古典的水平性的强调结合起来,建造了法国有史以来一些最引人的、具有独特风格的建筑里程碑。不过也出现了非常近似于意大利模式的建筑,因为,正如龙萨和迪·贝莱非常逼真地模仿彼特拉克的风格进行诗歌创作,1546 年开始在巴黎主持兴建新的卢浮宫的法国建筑师皮埃尔·莱斯科也严格遵守文艺复兴时期意大利巨匠的古典风格,兴建了一个突出古典式壁柱和山墙的建筑正面。

阿尔布莱希特·丢勒

现在我们要谈的只剩下文艺复兴时期北方在绘画领域取得的成就了,在这一领域也可分辨出思想与艺术之家的联系。北方文艺复兴艺术家中首屈一指的当推德意志画家阿尔布莱希特·丢勒(1471—1528 年),他的作品无疑最生动形象地体现出基督教人文主义的理想。从纯
636 粹技巧和艺术风格的角度看,丢勒最为伟大之处在于下述事实:他在 1494 年旅居威尼斯后返回了出生地纽伦堡,成为第一位掌握了文艺复兴时期意大利人的比例、透视和立体感技术的北方人。此外,丢勒与同时代的意大利人一样醉心于细致入

《书房中的圣哲罗姆》,丢勒作

微、惟妙惟肖地再现各种各样的自然景物，嗜好表现形态不一的裸体人物形象。但是，米开朗琪罗不加任何遮挡地刻划大卫或亚当裸体形象，丢勒画中的裸体人物大都少不了用无花果树叶进行遮掩，以顺应北方较为保守的传统。此外，丢勒始终如一地坚持不沉溺于意大利文艺复兴时期许多艺术崇奉的纯粹古典主义和奢华风格，因为他灵感之源主要是伊拉斯谟较为传统的基督教理想。因而，丢勒的《圣哲罗姆》这幅安详、明媚的画作表现出伊拉斯谟或当代其他基督教人文主义者在书房中静静地工作时可能具有的成就感；他的铜版画《骑士、死神与魔鬼》生动形象地描绘了伊拉斯谟理想中的基督教骑士形象；油画《四圣图》则是一首圣诗，歌颂了丢勒喜爱的《新约圣经》的作者圣保罗、圣彼得、圣约翰与圣马可的尊贵和洞察力。

如果能够绘出伊拉斯谟的大幅肖像并以这种方式使他永为后人记住，丢勒本会把其他一切都抛开的。但是种种条件使他难以遂愿，因为这两个人在一生中只见过一次，而当丢勒利用这个机会为他心目中的英雄画素描时，后者因有急务而不得不离去，此后丢勒永远失去了这种机会。用油画描绘伊拉斯谟沉思神情，丢勒的这一未竟心愿后来由北方文艺复兴时 637
期诸艺术家中仅次于他的伟大画家小汉斯·霍尔拜因实现了。霍尔拜因生于 1497 年，死于 1543 年，也是德意志人。老天助他，霍尔拜因除为伊拉斯谟绘过肖像画外，还在逗留英国期间为伊拉斯谟的朋友、具有类似气质的托马斯·

托马斯·莫尔爵士，小汉斯·霍尔拜因作。

莫尔爵士作了一幅异常敏锐的画像,正是这幅画使我们清楚地看到为何一位与莫尔同时代的人称他是位“异常严肃……的人;他一年到头一直如此”。这两幅画像的内涵与画面本身均显示出中世纪文化与文艺复兴时期文化的最重要区别,因为,如果说中世纪没有产生任何令人信服的描绘当时任何主要的思想文化巨匠的惟妙惟肖的画像,那么文化复兴时期文化以更大的力量捕捉人类个性的实质,就造就了霍尔拜因得以栩栩如生地再现伊拉斯谟和莫尔的环境。

六、文艺复兴时期音乐的发展

638 **作为一门独立艺术的音乐的演进**

15、16 世纪西欧的音乐发展到了相当高的程度,它和绘画、雕塑一起构成了文艺复兴时期各项活动中最灿烂夺目的领域之一。如果说视觉艺术的发展通过学习古代模式而受到了促进,那么音乐在中世纪基督教世界里业已有所独立的发展,在文艺复兴时期则有了自然而然的发展。同过去一样,起主导作用的是由那些为教会服务、受过训练的人创作的音乐,但世俗音乐现在也得到了重视,同时世俗音乐的原理与圣乐的原理结合在一起,在音色和感染力方面取得了重大进展。圣乐和世俗音乐之间不再像过去那样分明了;多数作曲家既创作圣曲,又创作世俗音乐。音乐不再仅仅被视为一种消遣或礼拜的附属品,而发展成为一门独立的严肃音乐。

意大利和法国居于领导地位

欧洲各个地区在音乐发展方面互相争先。就像其他艺术那样,音乐的发展与意大利各繁荣的城市及北欧的王公宫廷的慷慨资助密切相关。在 14 世纪期间,一个被称为“新艺术”(Ars

Nova)的前文艺复兴或文艺复兴早期的音乐运动在意大利和法国蓬勃开展起来。运动的杰出作曲家是弗朗切斯科·兰迪尼(约1325—1397年)与纪尧姆·德·马肖(1300—1377年)。新艺术运动的音乐家谱写的牧歌、民谣和其他歌曲表明世俗艺术是丰富多彩的,但这一时期最伟大的音乐成就却是适于演唱经文歌①的一种十分复杂而精巧的对位风格。另外,马肖是现知第一位为弥撒曲谱写多声部配乐的作曲家。

各民族因素的综合

在15世纪,在勃艮第公国宫廷中出现了一种把法国、佛兰德和意大利等地的音乐成分综合起来 639
的音乐。这种音乐旋律优美、声音和谐;但到了该世纪下半期,随着北方佛兰德音乐的成分占据重要地位,它变得有些强劲有力。步入16世纪后,法国—佛兰德的作曲家出现在欧洲各地所有重要宫廷和大教堂,逐步建立起地区性的民族流派,通常是把佛兰德音乐文化与德意志、西班牙和意大利音乐文化以高超的技巧糅合在一起。这样产生的不同风格与文艺复兴时期的艺术和诗歌具有十分相似的特征。16世纪下半叶民族化的法国—佛兰德音乐风格的领袖人物是佛兰德人罗兰·德·拉索(1532—1594年),他是那一时代最多才多艺的作曲家;以及意大利作曲家乔瓦尼·皮耶路易吉·达·帕莱斯特里那(约1525—1594年),他在罗马教皇的资助下,专门为天主教会礼拜仪式创作非常深奥的多声部合唱音乐。16世纪时音乐在英国也很繁荣,都铎王朝的亨利八世国王和伊丽莎白一世女王都热心赞助种种艺术活动。不仅16世纪末传入英国的意大利牧歌再次呈现出非凡的生命力,而且这里出现的歌曲和原始的器乐预示着欧洲大陆未来的发展。英国还出现了一位完全可以与文艺复兴时期佛兰德和意大

① 指天主教等教堂中唱的无伴奏多声部圣歌,以《圣经》经文为歌词。——译者

利的伟大作曲家相媲美的作曲家,这就是威廉·伯德(1543—1623年)。伊丽莎白时代人们对音乐熟悉的程度从总体上看似乎比我们现在还高:演唱无伴奏四声部合唱曲是当时家庭和非正式社交场合中常见的娱乐方式,同时即席识读一段乐章是有教养的上层人士必备的才能。

文艺复兴时期音乐成就的伟大之处

综上所述,可以看到,虽然文艺复兴时期对位法已发展很高的水平,但现代的和声体系尚处于襁褓之中,因而尚待磨砺发展之处依然不少。与此同时我们应认识到,文艺复兴时期的音乐不仅仅构成音乐发展过程中的一个阶段,而且其本身就是一项了不起的成就,那一时代出现的音乐大师在有史以来各个时代的音乐大师中占有一席之地。作曲家拉索、帕莱斯特里那和伯德与画家列奥纳多·达·芬奇、拉斐尔和米开朗琪罗一样,都是文艺复兴时期艺术成就的真正成表。他们的遗产长期受到忽略,但近年来开始受到重视;随着一些对他们感兴趣的音乐家团体致力于复兴这些音乐,它们正日渐为大众熟知。

七、文艺复兴时期的科学成就

文艺复兴时期人文主义的非科学倾向

在16世纪和17世纪初期,出现了科学史上一些极其重要的成就,但这些成就普遍不是文艺复兴时期的人文主义的业绩。在人文主义者的教育纲要中科学地位
640 甚低,因为它看上去与他们使人民更为雄辩、更有道德的宗旨没有关联。在彼特拉克、列奥纳多、布鲁尼或伊拉斯谟等人文主义者眼中,科学是他们抨击、嘲讽的经院哲学家"徒劳无益的推理"的主要部分。因而,文艺复兴时期的任何一位大科学家都不属于人文主

义运动。

文艺复兴为现代科学奠定的基础:(1)新柏拉图主义

不管怎样,这一时期至少有两个思想倾向为新的科学大发展铺平了道路。首先是新柏拉图主义的流行。这一哲学体系对科学的重要性在于,它提出了某些对导向关键性的哲学突破具有促进作用的观点,诸如日心说和某些几何形状具有所谓神力说。具有讽刺意味的是,从现代观点看新柏拉图主义似乎很“不科学”,因为它看重的是神秘主义和直觉而不是经验主义或严格的理性思维。不过它促使科学思想家重新思考旧有的阻碍中世纪科学进步的观念;换句话讲,它有助于他们戴上一顶新的“思想帽子”即进入新的思考状态。在受到新柏拉图主义影响的科学家中,最重要的是哥白尼和开普勒。

(2)机械论宇宙观

对科学进步起了促进作用的第二个倾向与第一种迥然不同:对宇宙所作机械论的解释日益为人们熟知。文艺复兴时期机械论发展的最重要的促进因素当属1543年出版了古希腊数学家和物理学家阿基米德的著作。不仅阿基米德具体的观察和发现是整个希腊科学体系中最先进、最可靠的观察和发现之一,而且他传授这样的观点:宇宙就像一架大型机器,在机械力的作用运行。由于阿基米德的观点与新柏拉图主义的超自然观截然对立(后者认为世界由精神占据并由超自然力量驱动),因而它在过了很长一段时间后才为人们接受。不过,在文艺复兴后期机械论吸引了某些重要的拥护者,其中最重要的当推意大利科学家伽利略。由于它坚持在自然界中找出可以观察、可以量度的因果关系,因而机械论最终在现代科学的发展中起了巨大作用。

(3)理论与实践的结合

文艺复兴时期另一促成现代科学产生的发展是打破了中世纪那种理论与实践彼此分离的局面。在中世纪,受过经院哲学熏陶的教士对自然界作了理论推定,但一时一刻都未考虑过操作机器或解剖尸体,因为这种经验主义的科学观是为经院主义框架所不容的。另一方面,许多没有受过多少正规教育、对抽象理论基本不知的技术人员在机械制造的各个方面都具有许多实际技能。15 世纪时,理论与实践开始结合起来。出现这种情况的一个原因在于备受尊敬的文艺复兴艺术家们贯通了这两个领域:他们
641 不仅是出类拔萃、出神入化的匠人,而且探究透视和光学法则,分明了几何方法以支撑庞大的建筑圆顶的重量,研究人体的特征和具体情况,从而促进了数学和科学的发展。总的说来,他们使科学比过去更重视经验和实践。促成理论与实践结合的其他原因还有:过分偏重神学的大学威望下降,有闲阶层对炼丹术和占星术兴趣越来越大。在此我们又一次看到一个具有讽刺意义的现象:炼丹术和占星术在今天被完全有道理地视为非科学的迷信而加以摒弃,但在 16、17 世纪,由于它们盛行一时,一些有钱的业余爱好者开始兴建实验室并观测星球运行的轨迹。科学实践藉此变得非常受人尊重了。这样一来,近代科学便步入取得某些最重要成就的旅程。

文艺复兴时期实际的科学成就是在国际范围内取得的,天文学方面最重要的成就——提出并证明地球绕太阳旋转的学说即日心说——主要是由波兰人哥白尼、德意志人开普勒、意大利人伽利略取得的。在 16 世纪之前,托勒密氏地球是宇宙的中心、静止不动的学说在西欧实际上未受到任何挑战。尼古拉·哥白尼(1473—1543 年)是位波兰牧师,在求学意大利期间曾着迷新柏拉图主义,他首先提出了一种替代地心说的体系。虽然哥白尼未作多少新的

观测，但对旧有的天文学证据彻底地进行了新的解释。新柏拉图主义推定，圆体是最完美的形状，运动比静止更近于神性，太阳居于宇宙的中心，“制约着绕着他运转的他的孩子即各个行星”。受这一理论的启发，哥白尼提出了一个新的日心说。具体说来，他在《天体运行论》——完成于 1530 年左右，但直到

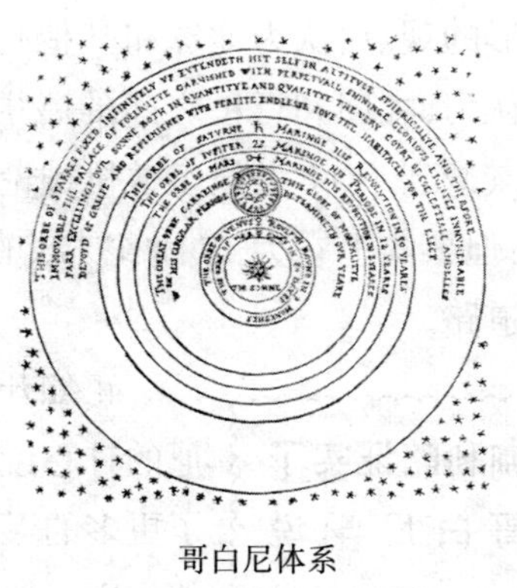

哥白尼体系

1543 年才出版——一书中认为，地球和行星绕着太阳以同心圆方式旋转。哥白尼的体系本身尚很不完善：它决非可以轻而易举地解释现知有关行星运转的一切事实。此外，它要求人们放弃自己习以为常的看法：太阳在运动，因为肉眼可看到太阳在太空中移动；地球静止不动，因为人们感觉不到它在动。更为严重的是，哥白尼违反了圣经有关章节的记载，诸如耶和华命令太阳静止不动这一节。由于面临这样一些问题，直到 17 世纪初信奉哥白尼的日心说的人依然寥寥无几。

哥白尼在天文学上的革命得以取得胜利，应归功于开普勒和伽利略。约翰·开普勒（1571—1630 年）是位神秘主义思想家，他在许多方面都更像是位魔术师而非一位近代科学家。他研究天文学的目的是要探究上帝的隐秘。他的基本看法是，上帝是按照数学法则创建宇宙的。基于丹麦人布拉赫·蒂科（1546—1601 年） 642
所作的新的异常精确的天文观测，开普勒得以认识到，哥白尼视为理所当然的两个有关行星运行的两个假说是与观测结果完全不符的。具体说来，开普勒用他自己的“第一定律”取代了哥白尼的行星匀速运行的观点，认为行星运行的速度随着与太阳距离的变化

而发生变化;他用自己的“第二定律”取代了哥白尼的行星轨道是圆形的观点,认为地球和其他行星沿椭圆形轨道绕太阳旋转。他还认为,太阳和行星之间的磁引力致使行星沿其轨道运转。这一观点遭到了17世纪多数机械论科学家的反对,他们认为它过于神秘;但事实上它为17世纪末艾萨克·牛顿提出万有引力定律铺平了道路。

伽利略证实了哥白尼学说

正如开普勒从数学理论的角度完善了哥白尼的日心说体系,伽利略(1564—1642年)收集了更多的天文学证据促使该学说为人们接受。他利用一架自制的可放大30倍的天文望远镜,发现了木星的卫星、土星的光环及太阳黑子。他还能够确定银河系是独立于我们的太阳系之外一组天体,并形成了各恒星之间相距遥远的某种看法。虽然仍有许多人不承认伽利略这些发现,但它们逐渐说服多数科学家相信,哥白尼的主要结论是正确的。这一思想的胜利通常被称为“哥白尼革命”。在世界思想文化史上,比它意义深远的事件寥寥无几,因为它推翻了中世纪的世界观,为近代机械主义、怀疑主义和时空等观念铺平了道路。一些思想家认为,哥白尼革命还对贬低人的地位起了促进作用,因为它把人赶出了宇宙中心的尊贵位置,把人贬为无穷无尽的宇宙机器中的一粒微不足道的尘埃。

伽利略,奥塔维奥·利奥尼作。

作为物理学家的列奥纳多·达·芬奇与伽利略

文艺复兴时期的物理学家中,名列前茅的是列奥纳多·达·芬奇和伽利略。即便达·芬奇在绘画领域毫无所成,他在科学方面的贡献仍足以让他享有殊荣。他在物理学领域的成就丝毫不逊于绘画。虽然他实际上没有作出什么完整的发现,但他的“一切重量都以最短距离落至地心”的结论包含着万有引力定律的核心内涵。此外,他提出了一些与数目惊人的发明相关的原理,包括潜水板、蒸汽发动机、坦克和直升机等。作为一名物理学家,伽利略尤其以其自由落体定律著称。他对物体下落的速度与其重量成正比这一传统说法表示怀疑,认为物体从不同高度下落的速度随着耗时的平方而增加。643
伽利略反对经院哲学家绝对重量与绝对轻的观念,认为这些都是完全相对的术语;所有物体都有重量,包括像空气那样人们肉体看不到的物体;在真空中所有物体都等速下落。伽利略似乎对万有引力比达·芬奇有更宽广的概念,因为他认识到把月亮吸引到地球附近并致使木星卫星绕木星运转的力量在本质上是与地球吸附到地表的力量是一样的。然而,他从未把这一原则作为一个定律提出来,也未能像五十年左右之后的牛顿那样认识到其全部含义。

文艺复兴时期在医学和解剖学方面也取得了十分引人瞩目的成就。在这些领域贡献最大的德意志人泰奥法拉都斯·冯·霍恩海姆,他自称是帕拉塞尔苏斯(1493—1541年),西班牙人米歇尔·塞维图斯(1511—1553年),以及比利时人安德列斯·维萨里(1514—1564年)。内科医师帕拉塞尔苏斯和哥白尼、开普勒一样认为精神力量而非物质力量制约着宇宙的运转。因而他对炼丹术和占星术笃信不疑。不过,他依靠自己的观察对疾病及治愈方法有所了解。他不是拘泥于古代权威的说教,而是游历甚广,研究不同环境下疾病的例证,并对许多药物进行了实验。尤为突出的是,他坚持认为化学和医学关系密切,这就预示并有时直接影响了药理学和疾病康复方面的重要成就。米歇尔·塞维图斯主要对神学感兴趣,但他终生从事医学活动,发现了血液的小循环或肺循环,企图以此证明圣灵感孕说是正确的。他描述了血液是如何离开右心房、被引到肺部进行净化、随后回到心脏、再由心脏输送到身体各个部位的。但塞维图斯不了解血液是经由静脉流回到心脏的,后一种发现是在17世纪初期由英国人威廉·哈维做出的。

米歇尔·塞维图斯

安德列斯·维萨里

纯属巧合,在重要性与哥白尼的天文学著作相近的16世纪一篇科学论文,即维萨里的《人体结构论》,在哥白尼的《天体运行论》问世的同一年即1543年问世。维萨里是位世界公民,他生于布鲁塞尔,在巴黎求学,后来移居意大利,在帕多瓦大学教授解剖学和外科学,并基于古代解剖学原理中存在着许多错误这一正确的观点进行研究。在他看来,盖伦(可以说这是医学中的托勒密)的古代解剖学只能根据实际观察才能匡正。因而,他经常自己动手解剖尸体,以观察剥去皮肤后人体的各个部分具体形态如何。他
644 不满足于仅仅用语言描述他的发现,随后与艺术家——简·凡·卡尔卡,他也是位比利时人,曾赴意大利师从文艺复兴艺术大师提香——合作,用细致入微的雕版画描述他观察的结果。艺术家们无

法肯定凡·卡尔卡在为维萨里作插图时从先于他的列奥纳多·达·芬奇的解剖素描中直接获得了灵感,但即便他没有受益于达·芬奇,他肯定依据了意大利文艺复兴艺术遗赠给他的专精的解剖绘图这一积淀已久的传统的影响。正当哥白尼绘制一幅新的天体图时,凡·卡尔卡的雕版提供了一幅新的人体解剖图,该图收入1543年出版的维萨里《人体结构论》一书。在这同一部著作中,由于维萨里在讨论他观察到的人体结构情况并用图画加以描绘的同时对人体各个部分运动和相互作用的原因作出了基础性解释,因而他往往被誉为现代解剖学之父和现代生理学之父。在谈完维萨里的《人体结构论》这一划时代的著作之后,我们也可以满意地结束对文艺复兴成就的概览了,因为这部书最大程度地代表了理论和实践、艺术和科学的完美结合,代表了富有成果的国际性思想交流。

精选书目

Baker, Herschel, *The Image of Man: A Study of the Idea of Human Dignity in Classical Antiquity, the Middle Ages, and the Renaissance*, Cambridge, Mass., 1947. 该书从现代自由主义观点对该时期作了出色的概览,行文流畅引人。

Baxandall, Michael, *Painting and Experience in Fifteerith Century Italy*, Oxford, 1972.

Benesch, O., *The Art of the Renaissance in Northern Europe*, rev. ed., New York, 1965.

Boas, Marie, *The Scientific Renaissance: 1450 – 1630*, New, York, 1962. 一部出色的、直接了当的综合性著作。

Burckhardt, J., *The Civilization of the Renaissance in Italy*, many eds. 这一19世纪的著作系统阐述了现代人对文艺复兴的看法。

Burke, Peter, *Culture and Society in Renaissance Italy, 1420 – 1540*, New York, 1972.

Bush, D., *The Renaissance and English Humanism*, Toronto, 1939.

Butterfield, H., *The Origins of Modern Science*, London, 1949. 清晰而范围广泛。显示出科学如何在知识取向发生重大变化的情况下向前发展的。

Chambers, R. W., *Thomas More*, London, 1936. 情绪激昂地为下述观点辩护,

即莫尔终生都虔信天主教。

Clark, Kenneth M., *Leonardo da Vinci*, 2nd ed., Cambridge, 1952.

De Tolnay, C., *Michelangelo: Sculptor, Painter, Architect*, Princeton, 1975.

Ferguson, W., ed., *The Renaissance: Six Essays*, rev. ed., New York, 1962.

Fox, Alistair, *Thomas More: History and Providence*, Oxford, 1982. 在论断上比 Chambers 著作更可靠。

Gilmore, M., *The World of Humanism, 1453 - 1517*, New York, 1952. 综合性著作,行文生动。

Gould, Cecil, *An Introduction to Italian Renaissance Painting*, London, 1957.

Hale, J. R., *Machiavelli and Renaissance Italy*, New York, 1960.

——, *Renaissance Europe: The Individual and Society, 1480 - 1520*, London, 1971. 另一种类型的概述,着眼点不在事件,而在于人生的质量。

Hay, D., ed., *The Renaissance Debate*, New York, 1965. 论文集,着眼于如何界定文艺复兴。

Herlihy, D., and C. Klapisch-Zuber, *Tuscans and Their Families*, New Haven 1985. 有关佛罗伦萨文化的社会背景的佳作。

Kearney, H., *Science and Change, 1500 - 1700*, New York, 1971. 补充 Butterfield 的观点,认为科学是在三个不同的“学派”的促进下向前发展的。

Kristeller, P. O., *Eight Philosophers of the Italian Renaissance*, Stanford, 1964. 极其清楚。

——, *Renaissance Thought: The Classic, Scholastic, and Humanistic Strains*, New York, 1961. 在界定文艺复兴思想的主要趋势方面非常有益。

Kuhn, Thomas S., *The Copernican Revolution: Planetary Astronomy in the Development of Western Thought*, Cambridge, Mass., 1957. 极其清晰。

Larner, John, *Culture and Society in Italy, 1290 - 1420*, New York, 1971.

Levey, M., *Early Renaissance (Style and Civilization)*, Baltimore, 1967. 艺术史。

Martines, L., *Power and Imagination: City-States in Renaissance Italy*, New York, 1979. 对政治与物质环境与文化表现间的关系作了精湛的叙述。

Panofsky, E., *The Life and Art of Albrecht Dürer*, 4th ed, Princeton, 1955.

——, *Renaissance and Renascences in Western Art*, Stockholm, 1960. 作者意在把意大利文艺复兴与其中世纪先驱区分开来,任务艰巨,但很有益。

Phillips, Margaret M., *Erasmus and the Northern Renaissance*, London, 1949.

Pope-Hennessy, J., *The Portrait in the Renaissance*, Princeton, 1966.

Ralph, Philip L., *The Renaissance in Perspective*, New York, 1973. 既是一个有益的总结,又对思想有启迪作用。

Reese, Gustave, *Music in the Renaissance*, rev. ed., New York, 1959. 这一主题的代表作。

Rice, E. F., Jr., *The Foundations of Early Modern Europe, 1460 – 1559*, New York, 1970.

——, *Saint Jerome in the Renaissance*, Baltimore, 1985. 利用迷人的方法对文艺复兴的价值作出评估。

Seigel, J., *Rhetoric and Philosophy in Renaissance Humanism*, Princeton, 1968. 论述文艺复兴早期思想家的主要的紧张状况。

Stechow, W., *Northern Renaissance Art: 1400 – 1600*, Englewood Cliffs, N. J., 1966.

Tracy, James, *Erasmus: The Growth of a Mind*, Geneva, 1972. 思想文化传统方面的佳作。

Whitfield, J. H., *A Short History of Italian Literature*, Baltimore, 1960.

Wittkower, R., *Architectural Principles in the Age of Humanism*, rev. ed., New York, 1965. 艺术史方面的经典之作。

原始资料

Alberti, Leon Battista, *The Family in Renaissance Florence*, tr. R. N. Watkins, Columbia, S. C., 1969.

Cassirer, E., et al., eds., *The Renaissance Philosophy of Man*, Chicago, 1948.

Castiglione, B., *The Book of the Courtier*, tr. C. S. Singleton, New York, 1959.

Erasmus, D., *The Praise of Folly*, tr. J. Wilson, Ann Arbor, Mich., 1958.

——, *Ten Colloquies*, tr. C. R. Thompson, Indianapolis, 1957.

Kohl, B. G., and R. G. Witt, eds., *The Earthly Republic: Italian Humanists on Government and Society*, Philadelphia, 1978. 新译本，附有精彩的介绍。

Machiavelli, N., *The Prince*, tr. R. M. Adams, New York, 1976. 除马基雅弗利的著作外，本版提供了相关的文献，并在学术解释方面精心挑选。

Montaigne, M. de, *Essays*, tr. J. M. Cohen, Baltimore, 1958.

More, Sir Thomas, *Utopia*, tr. R. M. Adams, New York, 1975. 与 Adams 翻译的马基雅弗利的 Prince 属于同一套丛书，提供了基本材料，在文献选择和学术阐释方面下了功夫。

Rabelais, F., *Gargantua and Pantagruel*, tr. J. M. Cohen, Baltimore, 1955. 一部粗俗的现代译本。

第十九章　欧洲的扩张和分裂：地理大发现与新教改革

647 从前我们处在世界的末端，现在则处在世界的中心，命运也发生了空前的变化。

——埃尔南·佩雷斯·德·奥利瓦，致西班牙科尔多瓦城议员，1524 年

既然尊贵的陛下和爵爷希望听到一个简单的答复，我将遵命直截了当地这样应对：除非《圣经》证实或明确的推理说服我……我听从我所引用的《圣经》经文，我的良知受制于福音。我不能也不愿收回任何意见，因为违背自己的良知既不安全也不正确。我只能这么做，愿上天作证。阿门。

——马丁·路德，致沃姆斯议会，1521 年。

西班牙与葡萄牙的海外扩张

虽然文艺复兴时期的文明对塑造现代世界作出了许多具有重要意义的贡献，但在西欧历史上由中世纪向近代早期过渡时两个最引人注意的发现是西班牙和葡萄牙的海外冒险活动以及新教改革。多多少少是在一夜之间，这两个进展彻底改变了欧洲历史的进程。如果说欧洲基督教文明在其产生之后的前一千年间一直在地理上处于自我封闭状态（只有时间不算太长的十字军东征这一插曲属于例外），那么在几十年间，自约 1490 年至约 1520 年，欧洲人在公海上扬帆远航，在东南亚取得了支配地位，并对整个西半球提出了权力要求。自此之后，欧洲历史的进程不可避免地受到了欧洲大陆发生的重大事件与欧洲人插足世界其他地

区的活动的相互作用的影响。

新教改革

然而,值此欧洲向外扩张之际,它也开始四分 648
五裂。在16世纪初期之前,虽然各民族间的区别日益增大,但在教皇的领导下,欧洲依然存在着一种独特的“基督教世界共同体”。所到之处,都可听到同样的拉丁文弥撒,见到婴儿受洗礼、男男女女按照同样的教仪举行婚礼,受到由同一教皇任命的牧师的祝福。但是,就像欧洲人迅速掌握世界的统治权那样,他们迅速丧失了精神统一。马丁·路德发起的新教改革以及天主教会所作出的种种回应,无疑都产生了众多积极影响,但它们引发的最明显和直接的后果,却是欧洲迅速分裂成几个不同的宗教信仰体系,同时欧洲人彼此之间打着信仰的旗号迅速开战。

英雄主义的共同主题

虽然海外大发现和新教改革大致同时发生,但二者的源起没有任何直接联系,认识到这一点是非常重要的。欧洲早期的冒险家们是在新教改革发生之前或无视新教改革的情况下扬帆出航的,同样,早期的新教徒也没怎么想到开辟新的商路或发现大陆。不过,我们之所以在同一章里讨论地理大发现、新教改革以及天主教会的反改革,是有充足理由的,因为这些事件的后果很快就互相关联起来,还因为所有这些运动都充满着伟大英雄主义插曲。正如哥伦布无畏地驶入未知之境以及巴尔沃亚看到了一个新的“太平静寂”的海洋,那么路德毫无畏惧地为求得对“神之正义”的新的理解而斗争,伊格纳修·罗耀拉这位跛足军人则通过内在的“精神修炼”而获得了灵感,他们由此开拓了自己新的界域。

一、海外大发现与葡萄牙、西班牙的征服

西欧初看上去处于守势

初看起来,1500 年前的数年欧洲人开始横渡公海的速度显得令人困惑,几乎难以理喻。那一时代的人大都不无充分理由地认为基督教文明在 15 世纪后半期处于守势而非攻势。1453 年,此前一直构成抵御穆斯林文明的难以攻克的屏障的君士坦丁堡沦于“征服者”穆罕默德二世素丹统率的土耳其人之手;1459 年,塞尔维亚沦陷;随后,1470 年,阿尔巴尼亚失守。最令欧洲人魂飞胆丧的莫过于 1480 年土耳其人在意大利半岛本身登陆,占领了奥特朗托城,屠杀了该城半数居民。只是由于 1481 年穆罕默德二世去世土耳其人才放弃了他们在意大利的立足点,
649 但许多欧洲人仍心有余悸,担心这些“异教徒”不久就会卷土重来。教皇庇护二世(1458—1464 年在位)曾试图把整个欧洲组织起来抵御土耳其人但未获成功,其间他曾这样说:“在我看来前景黯淡。”

不过庇护二世的看法彻底错了,因为正当欧洲人直到 16 世纪后期在东欧面对土耳其人的扩张一直处于守势之际,葡萄牙和西班牙帆船在大西洋水域劈波斩浪,不久就使基督徒在世界许多地区成为主宰。仅举几个实例就可雄辩地说明这一切:1482 年,葡萄牙人在今加纳境内的埃尔米纳建造了一个要塞,很早就控制了西非“黄金海岸”的贸易;1492 年,哥伦布看到了西印度群岛;1500 年,葡萄牙人在印度西海岸建立了自己的第一个商业据点;1519—1521 年这两年间,西班牙冒险家科尔特斯控制了蒙特祖马的墨西哥帝国。

这一切何以会如此迅速地发生呢？对此两个不同的学派对比作出了本质上不同的解释。一个可以叫作“文艺复兴派”，持该派观点的人指出，葡萄牙人和西班牙人启帆远航进行地理大发现之时即为文艺复兴文明向外传播之时（哥伦布与列奥纳多·达·芬奇完全是同代人），他们认为，欧洲的海外扩张活动只能这样解释，即它们是所谓新的文艺复兴的好奇与自立原则在现实领域中的表现。这样解释就是认定中世纪人缺乏好奇心、没有自立精神，但事实并非如此。此外，文艺复兴学派的鼓吹者提请人们注意下述事实：为葡萄牙和西班牙出航的水手有不少是在意大利出生的，但在这里他们回避了一个实际情况，即一些意大利水手就像哥伦布本人那样是在热那亚出生的，而该城几乎没有汇入意大利文艺复兴文明之中。更为重要的是，用文艺复兴解释地理大发现似乎苍白无力，因为意大利文艺复兴时期各主要国家都丝毫没有资助航海探险。无可否认，文艺复兴时期人文主义者在意大利获得的不多的古希腊罗马的地理知识，加强了某些探险家进行海上探险的决心；然而，对地理大发现的原因所作的另一种解释，即海外扩张运动是在中世纪打下的种种基础上产生的，看来比文艺复兴说更有根据。

对远航的解释：“文艺复兴派”

简而言之，促成地理大发现的动机、知识和必要的财力主要都是中世纪的。自然，远洋航行的最主要的单一目的是获得经济利益——寻求亚洲的香料和其他奢侈品。胡椒、肉桂、肉豆蔻、姜和丁香都只能在东南亚热带气候下才能生长，由于它们的防腐性质，它们在整个中世纪盛期和后期都弥足珍贵。（设想一下一个文化中没有冷冻设备会是什么样子，很容易就可了解为什么欧洲的富人梦寐以求有独特强烈气味的香料以使食物免

远航的中世纪背景：经济动机

于腐坏并改变仅仅使用食盐作调味品的单调状况。）在中世纪后
650 期，亚洲的香料与奢华的布料和宝石一起经伊斯兰教徒、威尼斯和热那亚中介人之手进入欧洲家庭，但这些东西费用不赀，任何由海路到达原产地的人都会发财，（由于中亚动荡不宁，陆上交通很不安全，无法利用；此外，在铁路问世之前，经陆路运输货物通常要比走水路贵得多。）除经济动机外，促成海外冒险的原因还有宗教因素——希望皈化未受洗礼的异教徒，在东方寻找想象中"失踪中的基督徒"，以与他们联合起来对付伊斯兰势力。毋庸赘言，就像渴求香料那样，这类希望在中世纪流行一时，与意大利的文艺复兴没有关联。

航行的中世纪背景：技术

与促成大发现的各个因素一样，地理大发现所依据的最重要的知识和技术手段也是中世纪的。在哥伦布之前欧洲人认为地球是平的，这一观点流行一时，但完全是不正确的：12世纪之后，几乎所有受过教育的人或水手都认为地球是圆的，同时这一知识并不仅仅限于理论领域。早在 1291 年，两位热那亚人维瓦尔迪兄弟就驶向大西洋，希望通过"向西航行"抵达东印度群岛。虽然维瓦尔迪兄弟一去不复返，但到了 14 世纪中叶葡萄牙水手便定期往返大西洋，向西最远到了亚速尔群岛。这些葡萄牙人
651 的航海活动证明到 1350 年左右时欧洲造船技术和航海技术都已完全胜任远航新的大陆的任务。亚速尔群岛位于由欧洲到美洲约三分之一距离处，因而从严格的技术角度讲，任何可以由葡萄牙航抵亚速尔群岛的船只都有能力走完到新大陆的全程。

发现美洲的航行的时间问题

那么美洲为何未在真正被发现一个世纪之前为人发现呢？历史学家最不擅长的是解释未发生之事，但我们不妨提供两个假说。一个假说是，这与 14、15 世纪整个西欧处于经济萧条、

政治动乱状态有关。由于大西洋沿岸各重要国家——法国、英国
和卡斯蒂尔(西班牙半岛上居主导地位的王国)——都因经济萎
缩而国力受损且都陷入看上去没有穷尽的战争之中,因而毫不奇
怪,它们都没有从事费用高昂、风险很大的向西航行活动。第二个
不那么依靠推理的假说是航行路线改变了,这是由早已深深卷入
海外冒险活动的葡萄牙这一大西洋国家促成的。14 世纪后半期,
葡萄牙人在大西洋上的亚速尔群岛和马德拉群岛建立了殖民地,
进行了有利可图的糖、酒贸易;此后,在 15 世纪初,转而在西非沿
海地区进行冒险,这是完全可以理解的,因为非洲可望在黄金和奴
隶方面提供更多的财富。此后,葡萄牙人在非洲的发现一个接一 652
个出现,直至 1487 年绕过了好望角,引发了针对亚洲香料的竞争,
这一竞争致使欧洲人最引人注目的海外扩张开始了。因而,从中
世纪后期葡萄牙的航海和贸易史看,地理大发现很不像初看上去那样具有惊人的革命性。

“航海家”亨利亲王。15 世纪葡萄牙一画家作。

15 世纪葡萄牙人的航海活动构成了 1500 年左右之后诸年最重大的成果的主要连接环节,这种航海活动在 1418 年至 1460 年亨利亲王去世之间是由这位被称为“航海家”的亲王领导下进行的。葡萄牙船只由其在北非最早的据点休达出发,沿西非海岸线逐步向前扩展;他们顶着越来越烈的太阳,沿途修建口岸和贸易点。这些水手具有一种异乎寻常的英雄主

义精神,15 世纪中叶的一份记录对此有明确的记述,它提到四只大帆船"备齐了可供几年使用的必需品,在海上航行了三年,但只有一只船返回,而且该船的水手也大都丧生了。那些幸免于难者几乎完全没了人形。他们骨瘦如柴,头发掉得精光,手足上的指甲也脱落了。他们的眼睛深陷,皮肤黝黑,与摩尔人无异。他们提到难以置信的酷热,船只和水手没有被烧成灰烬可谓奇迹。他们还说他们看不到房屋和土地,不能再向前航行了。他们越向前航行,海水就越汹涌澎湃,空气越是酷热。他们以为其他船只向前走得太远了,大概再也回不来了"。但是他们回到了故土;虽然这些水手讲了这样令人丧胆的故事,新的远征船队仍奉命启航,航行到越来越远的地方。

发现好望角

1460 年航海家亨利去世后,葡萄牙人的海上探险事业曾有所放松,但约翰二世国王(1481—1495 年在位)登基后,他们重又焕发出活力。既然葡萄牙人业已完全控制了非洲的黄金海岸和奴隶贸易,他们自然而然地把目光转向亚洲,梦想着获得亚洲的财富。1487 年,葡萄牙船长巴托罗缪·迪亚士纯属偶然地绕过了非洲最南端的岬角,这无论在实际上还是象征意义上都是这种努力的一个转折点。由于是在暴风的作用上无奈地完成这一壮举的,因而他不无悲欢地把这个海角称为"风暴之角";约翰二世则对此持较乐观的态度,他把它改名为"好望角"。此外,约翰决定组建一支庞大的远征船队,旨在绕过好望角直航印度。

瓦斯科·达·伽马航抵印度

几经拖延,约翰的继承人曼努埃尔一世(1495—1521 年在位)终于派出了一支由瓦斯科·达·伽马率领的舰队,它完成了预定的一切计划。达·伽马的探险船队英勇无比,以致这些冒险活动成为葡萄牙民族史诗《卢西塔尼亚人》的依据。这位无畏

的船长率领船队在看不见陆地的茫茫大海上航行了四个月，终于
绕过了好望角，溯非洲东海岸北上航抵肯尼亚，随后横渡印度洋到
达印度西部，在此他的船只装满了香料。在驶离葡萄牙两年之后，653
达·伽马回归故国，损失了一半的船只和三分之一的人员。但是
与他带回的珍贵的胡椒和肉桂相比，这些损失看来是完全值得的。
现在曼努埃尔国王成了通往世界上富裕之地的最便捷途径的主
宰，他迅速利用了达·伽马的成就。1500 年后，葡萄牙商船定期
航行印度；到 1510 年，葡萄牙武装完全控制了印度西部沿海；1511
年，葡萄牙人占领了马来半岛上的香料贸易中心马六甲。就这样，
好望角没有辜负约翰二世预言性的命名，欧洲人也已抵达远东，在
那里驻足下来。

哥伦布向西航行的原因

西班牙决心出资资助哥伦布进行赫赫有名的
航行，是与葡萄牙人海上冒险事业所取得的成功
密切相关的。尤其是，鉴于葡萄牙自 1488 年迪亚
士成功地返航之后十之八九将主宰向东航行通往
亚洲的海上通道，那么对葡萄牙的竞争对手西班牙而言，唯一的替
代办法就是资助某位胆大之辈冒险向西航行以抵达亚洲。有这么
一个家喻户晓的说法，即克里斯托弗·哥伦布（1451—1506 年）是
位冒险家，他力图让那些顽固的浑噩无知之辈相信地球是圆的，这
种说法经不起推敲。实际上人们对地球是球形这一点从未产生过
疑问。倒不如说这位迁居西班牙的执拗的热那亚水手犯了一个错
误，大大低估了向西航行到达亚洲的路程。假如哥伦布知道地球 654
的直径具体是多少，就连他可能也不敢启航，因为他会认识到，即
使航途中没有任何阻碍，驾驶当时的船只横渡重洋到达亚洲也是
一个太过艰巨的任务。因而，美洲的发现是计算方面天大的错误
的结果。不过，哥伦布本人对此并不清楚；1492 年，在卡斯蒂尔女

克里斯托弗·哥伦布四次远航新世界。他至死都认为他到达的是印度。
这一雕刻画表现的是哥伦布在伊斯帕尼奥拉岛登陆情景。

王伊莎贝拉的资助下,哥伦布仅仅经过一个月的航行就到了我们现今所说的巴哈马群岛和伊斯帕尼奥拉岛,他怡然自得,认为自己是完全正确的。

美洲的“发现”

严格说来,由于两个原因,我们不能说哥伦布“发现美洲”。专家们现在同意,最先抵达西半球的欧洲人是维金人,他们在公元1000年左右就航抵现在的纽芬兰、拉布拉多,可能还到了新英格兰。其次,哥伦布并未“发现美洲”,因为他并不知道他到了什么地方,至死都认为他所遇到的整个新大陆都仅仅是亚洲的外缘。[①] 不过,这两个论点都不能减弱哥伦布的成就,因为维金人登陆美洲之事几百年来在欧洲各地都被人遗忘了或忽略了;如果说哥伦布不知道自己到了什么地方,那么步其后尘前来的其他人很快就认识到这一点。虽然哥伦布在1492年的航行中没有带回亚洲的香料,但他带回了一些小的黄金样品和个别美洲土著居民,后者向人提供了奴役整个部落的希望。(哥伦布和同时代其他人都看不出在皈化异教徒为基督徒与奴役他们之间有什么矛盾之处。)这为西班牙君主斐迪南和伊莎贝拉提供了足够的刺激,他们又出资资助哥伦布进行了三次航行,并资助其他人进行了更多的航海活动。不仅岛屿,而且整个大陆都被人发现了;虽然哥伦布至死都不接受事实真相,但到1500年左右人们很快就不可避免地得出结论:确实发现了一个新大陆。由于哥伦布确实偶然发现了一个新大陆这一说法是由于意大利地理学家亚美利戈·韦斯普奇才广为人知的〔韦斯普奇1504年的一部著作的题目就是 Mundus novus(新世界,即新大陆)〕,因此不久之后西半球就以韦斯普奇的教名 Amerigo 命名为 America(亚美利加)。

寻找通往亚洲的“西南通道”

人们很可能认为1500年左右新大陆的发现必然会令投资航海事业的西班牙统治者大喜过望,但实际上他们非常失望,因为在欧洲和亚洲之间横亘着一个大陆,就使西班牙无望在香料竞争中击败葡萄牙人。1513年,华斯科·努涅斯·德·巴尔沃亚从巴哈马地峡上望见了太平洋,从而消除了人们对是否两个辽阔的海洋把欧洲与东亚分开的所余的疑问。斐迪南和伊莎

① 在此我们还可以加上一个理由,即美洲并不是一片无人居住的处女地。早在欧洲人到达之前许多年,印第安人就在那里繁衍生息,创造了灿烂的印第安文明。——译者

贝拉的孙子查理国王并未完全承认失败,1519年,他认同了斐迪南·麦哲伦的请求,同意由他率船队启航,看看是否可以找到一条
655 绕过南美洲到达亚洲的航路。但是麦哲伦的航行仅仅表明,绕行阿根廷南部危险过大,并不切实可行:在驶离西班牙的五艘船中,由于它们被迫环航全球,三年后只有一条返回西班牙。麦哲伦本人也未能生还,只能由最初的280名水手中幸存的18位水手转述他们的惊险历程:他们的同伴大都由坏血病和饥饿而死,麦哲伦在与东印度土著居民的小型冲突中被杀。这次航行以惨败告终,此后,寻找一条便利的"西南通道"的一切希望都破灭了。

征服者掠夺新大陆的黄金

但是,如果说美洲赫然成为通往东方的障碍而令人失望,那么逐渐变得很清楚:新大陆自身拥有许多财富。哥伦布在首次航行后带回的黄金样品本身虽微不足道,但它们却让人们产生了一种希望,即美洲的某个地方必定堆满了黄金,同时谣

在作战中,阿兹特克战士手执长矛,西班牙征服者使用的是火枪和弩。虽然阿兹特克人作战勇敢,但技术的劣势决定了他们失败的命运。

言此起彼伏,直到一些西班牙冒险家真正发现了远比他们贪得无厌的想象还要丰富的黄金。起初,这些财富是凭借武装人员惊人的业绩取得的。1519 至 1521 年这两年间,征服者(conquistador,西班牙语,意为“征服者”)埃尔南多·科尔特斯率领 600 人降服了拥有 100 万人口的墨西哥阿兹特克帝国,把其惊人的财富洗劫一空。随后,1533 年,另一位征服者弗兰西斯科·皮萨罗仅率 180 人就征服了秘鲁,劫掠了印加人传说中的黄金。

埃尔南多·科尔特斯(1485—1547)

固然,科尔特斯和皮萨罗具有兵器优势,拥有一些大炮和不多的马匹,但他们取得胜利,完全是由于他们的勇气、狡诈和残酷。在他们之前或之后,从来没有如此少的人面对如此多的人赢得如此广袤的疆土,但也很少有人像他们那样行事如此残酷无情和令人 656
作呕。

征服活动神速无比

西班牙和葡萄牙对美洲的征服在很大程度上是个人冒险的功劳,这些人中有些来自社会的低层,他们从那里得到了几乎没有任何限制的特许状,可以以自己的名义随意行事。在成熟老练的军人或无法无天的暴徒进行个人冒险赢得一块又一块土地后,母国政府便宣布它们是自己的领地。西班牙在中、南美洲征服活动的神速与稍后英国建立殖民地时的稳步扩张形成了鲜明对比。到了1540年，墨西哥、中美洲以及南美洲北部都已处在西班牙的控制之下。在征服智利和阿根廷时，他们不得不经历一番苦战，因为该地土著居民与秘鲁的印加人和墨西哥的阿兹特克人不同，他们从未受制于一个中央集权的强有力统治，进行了殊死反抗。直到1580年，布宜诺斯艾利斯城才真正由西班牙人牢牢控制住。虽然葡萄牙在人口数量和海上力量上均远逊于西班牙，同时受到英国、法国、荷兰在大陆上寻找立足点尝试的烦扰，但它到1540年仍在巴西建立了一个相当稳定的殖民政府。因而，在不到一百年的时间内，伊比利亚半岛上的两个强国就在美洲建立了总面积在美利坚合众国两倍以上的大帝国。

657

西班牙的殖民政策

西班牙和葡萄牙对所征服的地区采取的殖民方法和殖民地管理方法，深深影响了拉丁美洲整个历史的进程。在西班牙方面情况尤其如此，它也为其邻国葡萄牙树立了榜样，因为两国在1580至1640年间曾处于同一个君王统治之下。西班牙殖民政策的核心要素是专制和父家长制。帝国的最高权威是总督，他作为西班牙国王的私人代表进行统治。起初有两个总督，一个在新西班牙，包括墨西哥和中美洲，另一个在秘鲁。在18世纪，又设立了两个总督辖区：一个是新格拉纳达（巴拿马、哥伦比亚、委内瑞拉、厄瓜多尔），一个是拉普拉塔，或布宜诺斯艾利斯。总督们可以领取极高的薪俸，有时达每年20万美元。高薪的目的是养廉，防止腐败，但这一目的总的说来未能实现。同时，他们的王家主子采取种种预防措施，防止总督权力过于膨胀。他们行使的是西班牙王国政府的权力，而非其个人的权力。为此他们不得不容忍存在着一个咨询委员会（andiencia），后者还充当针对他们的决议的上诉法庭。咨询委员会的成员有权在不告诉总督的情况下把总督的行为上报国王。在任期满后，有时在任职期间，总督必须接受审查或调查，此时王家法官听取每一位人对官吏不法行为的抱怨。

教会的作用

天主教会曾促成了西班牙专制主义的建立，它在美洲也产生了同样的作用。国王保有任命高级教士的权利，分享所征收的什一税，同时未经允许不得建立教堂或女修道院。牧师告诫人们听从国王及其代理人的命令，并反对新思想和不满的陈述。几乎在所有紧急时刻，僧侣统治集团都可以算作是忠实支持政府的因素。印第安人无法继续使用他们原有的辉煌的神庙；他们接受了征服者的宗教，而且，虽然教会人士对印第安人是否真的具有灵魂意见不一，这一皈化过程非常迅速。天主教的象征体系和偶像在很大程度上吸引了印第安人的注意力，同时天主教的教诲提供了最终由难以忍受的生活中解脱出来的希望。

父家长制与重商主义

殖民地经济管理的主导原则是父家长制。其他一切都无法指望，因为从理论上讲，美洲的土地都由国王个人拥有。对这些私人地产，他可以随意处置。但是西班牙殖民地的经济管理在很大程度上也是由重商主义学说塑造而成的，这种理论正开始主导西方所有民族的思想。重商主义要求殖民地为母国的利益而存在；它们应把向母国的国库上交亿元资财，并以种种可能的方式让 658
母国富强起来。殖民地应提供原材料——墨西哥和玻利维亚的矿石；西印度群岛和西属美洲大陆各殖民地以及巴西的蔗糖；森林产品，尤其是巴西所由以得名的红色的巴西苏木（brazilwood）。根据这一原则，母国政府有权规划并控制殖民地的经济活动，以为自己谋利。实际上这意味着由母国商人垄断殖民地的贸易并禁止殖民地有手工制造业。

监护制 人们逐渐认识到，国家的真正财富在于征服者所控制的土地及其劳动力供应。为了促进农业生产，西班牙人引进了监护制（Encomienda System），目的是把印第安人作为生产力编入农业单位固定下来，由指定的监护人进行监督。在理论上，这一制度是要保护正在皈依基督教和"开化"的印第安人免遭剥削。实际上，它把印第安人束缚在土地上，向监护人（encomendero）提供劳动并交纳赋税，后者把地产视为自己的私人财产。

一个高度分层的社会 征服者来自欧洲依然处于半封建状态下的国家，他们把一种高度分层的贵族社会引入了新大陆。国王任命的军事指挥官和民事官员以及高级教士构成社会的最高层。处于第二等级的是克里奥尔人（Creoles），即出生在美洲的伊比利亚人后代。这一拥有土地的贵族集团获得了大部分农业和商业财富。他们通过城镇议事会控制了地方政府，但被排除在教会和国家高级职位之外。克里奥尔人对他们臣属于国王代理人的地位痛心疾首，最终率领殖民地掀起了争取独立的革命，并成为这些革命的主要受益者。第

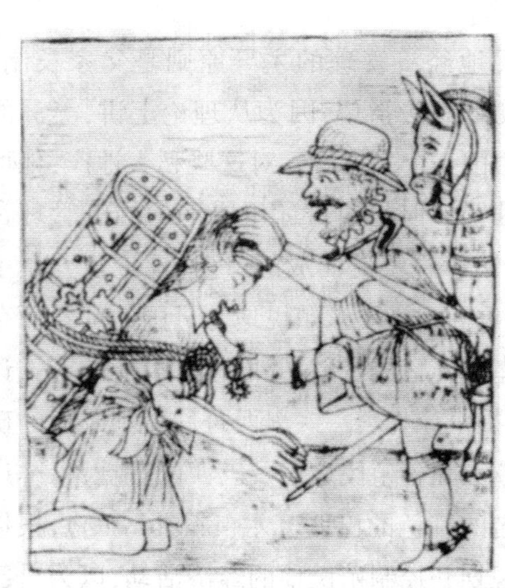

一位西班牙人踢打一位印第安人。
16 世纪一幅绘画。

三个阶层是欧洲人与印第安人之间婚姻结合的产物。这些混血儿在西班牙的殖民地中被称为“梅斯蒂索人”(mestizos),在巴西被称为“马麦卢可人”(mamelucos),他们受人歧视,被看成低人一等;他们在热切地加入剥削比他们地位还要低的那些人的行列的同时,为了获得认可和享有最低程度的公正进行了殊死斗争。处于社会最低层的是印第安人,他们首先被视为一种商品,是进行征服活动时最有利可图的战利品。除个别例外,印第安人的处境实际上或实质上与奴隶无异。比印第安人的命运还要悲惨的是非洲奴隶。除在巴西和西印度群岛外,他们的人数相对说来不多。

高昂的人力损失

自征服伊始至拉美独立国家产生这三百年间,出现了种种耀目的重大事件,同时还伴随着人力的难以计量的损失。不仅玛雅人、阿兹特克人和印加人创造的富庶的文明遭到了毁灭,而且在各个地区土著文化都被连根拔除。随着印第安人被迫接受一套外来的价值体系,他们强大的、维持社会存在下去的共同的本能遭到了压制。殖民统治灌输的是一种以种族主义信条为根据的剥削和等级制传统,它按照所谓白人血统的纯洁无瑕把人分成三六九等。殖民时 659
代并非没有招致批评,这些批评者勇敢地抨击社会和经济的不公。随着时间的推移,王家政府试图进行改革,但尽管在 18 世纪初登基的波旁王朝诸王的统治下西属殖民地的行政管理效率有了显著的改善,但改革实际效果甚微。虽然教会作为一个机构是权威的一大支柱,但最顽强地维护印第安人权益的是神职人员。随着传教工作的开展,教会掌握了大片地产,此时教会人员在经营地产时比典型的监护者更关心劳动者。16 世纪初,墨西哥的一群修士开始按照托马斯·莫尔《乌托邦》中合作理想组建传教团,其目的不仅在于保护印第安人,而且在于为欧洲社会树立一个道德榜样。这些公社中的一个为 3 万名印第安人提供了家园,拥有自己的医院和学校。17 世纪和 18 世纪，耶稣会传教士在阿根廷与巴西间边界地区付出了极大努力，取得了不小成果。这些坚忍不拔的教士清理丛林，建立了生产性的、在很大程度上自治自足的公社，在这里印第安人不仅可以分享劳动成果，而且免于遭受来自巴西的奴隶贩子的追捕。1767 年颁布敕令把耶稣会士逐出西班牙及其殖民地后，这些曾经起过至关紧要的人道主义和经济作用的聚居地很快就衰落了。

新世界地图。帆船和炮舰技术的发展使西班牙和葡萄牙得以在海洋上安然无恙地漫游。西班牙希望新世界能提供大量的价格高昂的香料，但事与愿违。

欧洲海外扩张的后果

660 在其后几章我们将探讨欧洲海外扩张和殖民活动的进一步发展情况；在此我们可以说，至少由于三个原因，殖民扩张的初级成就的总的结果具有十分深远的意义。首先，16 世纪葡萄牙和西班牙作为欧洲主要的远距离贸易商脱颖而出，就把欧洲经济力量的重心由意大利和地中海永远移到了大西洋。由于被剥夺了作为东方贸易主渠道的地位，热那亚成为西班牙的银行家，威尼斯逐渐成为旅游城市，大西洋诸港口则船只往来不断，以其财富声名远扬。应当承认，葡萄牙和西班牙的繁荣昙花一现，未能持久，但大西洋沿岸的其他国家英国、荷兰和法国很快承袭了它们的衣钵，崛起为世界名列前茅的经济强国。其次，在欧洲各地，进口物品流通数量的增加以及亿万资财迅速涌入刺激了企业家的雄心。简而言之，1500 年左右海洋的开通为有胆有识之辈提供了获得新财富的绝妙良机，促发了一种成功只会导致进一步的成功的意识。因而，不仅许多经商的个人一夜之间暴富起来，而且整个 16 世纪都是西欧在经济上有了总的大增长的时期。

人的损失

然而令人遗憾的是，美洲巨量财富的获得完全是大量人力的丧失为代价的。虽然我们无法得出精确的数字，但 1492 年伊斯帕尼奥拉岛据估计有土著居民 25 万，到 1548 年只剩下了 500 人。在 50 年的时间里，佛罗里达印第安的人数由估计上百万下降到 5 万人。在人口更多的墨西哥，在西班牙统治的前一百年间，人口下降了约百分之九十。印第安人并非都是由于欧洲人的蓄意摧残而丧生的；与此相反，大批土著人因染上欧洲人无意中带来的传染病而死去，因为他们对天花、麻疹等疾病缺乏抵抗力。不过，不计其数的人确实是因为罹受残酷无情的剥削死去的，也就是说他们受到了征服者过于繁重的奴役，因精疲力尽和得不到照料而死。因而，不论欧洲人从他们在新大陆的殖民活动中获得了多大的好处，就原有居民而言，白人的出现是一场十足的灾难。

二、路德的激变

路德改革

就在葡萄牙人和西班牙人在海上开辟新的航道之际，一位名叫马丁·路德(1483—1546年)的德意志修士正寻找一个新的了解人类得到救赎的途径；虽然他的发现是在隐修院密室寂静的环境而不是在异域热带地区取得的，但这些发现的影响丝毫不亚于地理大发现。实际
661 上，与地理大发现相比，许多欧洲人更为直接、更为迅速地感受到路德活动的影响，因为一旦这位德意志修士开始抨击当时罗马教会的制度，他就引发一连串的反应，致使北欧许多地区当即摒弃了天主教信仰，从而迅速影响了千百万人的宗教习惯。

在探究路德在德意志进行反叛的原因时，我们就要回答三个主要问题：(1)为什么马丁·路德挑动与罗马决裂；(2)为什么大批德意志人闻风而声，集结在他的麾下；以及(3)为什么德意志一些居统治地位的王公决定把路德改革付诸实施。经过一番梳理，我们可以对上述问题作出如下纲领性的回答：路德由于他的因信得救学说而与罗马决裂；德意志群众之所以追随他，主要是因为他们卷入了宗教民族主义的浪潮；王公们之所以立路德教为其辖区官方教会，主要是因为他们希望得到绝对的政治主权。恕我们直言，在十年之内，传教士、民众和王公们将在同一座教堂中一起唱着同一首激动人心的路德的赞美诗，“上帝是我们强大的堡垒”，但他们是经由十分不同的途径到达那里的。

路德反叛的背景：迷信

许多人认为路德之所以反叛罗马，是因为他对当时的宗教弊端——迷信、欺诈和因钱而让人得救的做法——深恶痛绝，但这只是问题的一个方面。确实，在路德时代，这些弊端达到了十分严

耶稣的神圣心脏：15 世纪 80 年代作为赎罪符在纽伦堡出售的木刻画。

重的程度，令宗教理想主义者痛心疾首。在一个疾病流行、灾难肆虐的世界中，意志薄弱的众生抓住超自然的稻草，寻求在今世身体康健、在来世得到救赎。比如，一些受迷信思想左右的男男女女认为，在早晨观看在弥撒中经过祝圣的面饼就可保佑自己在全天中免于死亡;另一些人则没有吃掉圣饼,这样就可把它用作驱除恶魔的符咒、用它医治病人或把它碾成粉末为庄稼施肥。与此类似,相信圣徒具有神奇的治愈病人的力量与相信魔力殊难区分开来。每位圣徒都有自己的特殊技能:"科西姆和达米安善治溃疡和胆汁失调,圣克莱尔能治眼疾;圣阿波利尼、圣约伯则分别善治牙疾和天花。至于胸痛,则应找圣阿加沙。"由于所谓的基督和圣徒的遗物据认为有神奇的治愈效果,因而这些遗物的交易兴盛一时。就连路德的保护人、别名智者的萨克森选帝侯弗里德里希也在其位于维滕贝格的城堡教堂中收集了 17,000 件圣物,包括所谓摩西焚毁的毛须的残烬、基督用过的摇篮的残片、基督襁褓的碎片以及圣十字架的 33 个断片。马克·吐温曾不无嘲讽地说道,欧洲各地圣十字架的残块加在一起实际上完全可以"盖一座谷仓"了。

路德反叛的背景:出售特许状与赎罪符

迷信和极端轻信在路德这样的宗教理想主义者眼中本就够让人厌烦的了,但比这更为糟糕的是用钱就可买到特许状和精神得救的诺言。比如,如果一个
662 人想要他的嫡表妹,他往往可以花上一点钱获得正式的承认这桩婚事的宗教特许状;至于取消一桩婚姻——天主教禁止离婚——同样可以用钱买到。然而,对许多人来说最令人反感的是出售赎罪符。根据天主教的神学理论,赎罪是在罪过本身经过神圣的忏悔而免除之后再由教皇当局赦免全部或部分应得的现世惩罚——即在今世和炼狱受到惩处——的一种行为。如前文所示,为了鼓励人们踊跃参加十字军东征,在 11 世纪末教会就开始赐予赎罪符。一旦下述论点在整个中世纪盛期过程中为人接受,即教皇可以从"功德宝库"(即由基督和圣徒积累起来的剩余的善功的仓库)中赐予恩典,那么不久人们就理所当然地认为教皇也可以允诺不让进入炼狱。但是最初由于异乎寻常的善行而赏赐的赎罪逐渐变

得可以用钱购买了;到了 14 世纪,教皇开始为了任何有意义的事业,诸如兴建大教堂或医院等,出售赎罪符来筹集款项;最后,在 1476 年,教皇西克塔斯四世(西斯廷教堂的资助人)迈出了最极端的一步,宣称赎罪符不仅适用于活人,而且适用于业已身处炼狱的死者。这样一来,钱不仅使单个人免于进行赎罪苦行,而且可以使其至亲在死后免受永久痛苦的折磨。

路德对中世纪天主教神学的反对

路德自然对圣物交易和出售赎罪符行为深感震惊;实际上,赎罪符是他反叛罗马的直接原因。但是,他逐渐感到完全无法接受的决非中世纪晚期教会的弊端,而是中世纪天主教神学本身。就此而言“路德改革”一词易于让人产生误解,因为路德不只是一位试图涤除现行宗教体系中不纯洁行为的“改革家”。路德时代的许多基督教人文主义者才是这一意义上的改革家,但他们不愿与罗马决裂,因为他们对中世纪天主教教义的基本原则并无异议。路德与他们不同;他决不满足于仅仅废除教会的陋习,因为令他惊惧的是整个天主教的“因行称义宗教”。

奥古斯丁的神学体系与托马斯·阿奎那的神学体系

概括起来说,路德钟爱的是苛严的奥古斯丁神学体系,而非中世纪托马斯·阿奎那的宗教体系。如前文所述,在公元 400 年左右,希波的奥古斯丁提出了一种毫不妥协的前定论学说,坚称只有上帝才能决定人类能否得救,同时上帝在确定救赎哪些人、惩罚哪些人时依据的不是人们在世上短暂停留时是否因行善而积了功德,而是永恒作出的决定。不过,这种极端的观点为人类的自由和责任留下的空间太小,以致在中世纪进程中被大大修正了。尤
其是,在 12、13 世纪期间,彼得·隆巴尔德和圣托马斯·阿奎那 663
(“托马斯主义”一词由此得名)等神学家提出了另一个替代的神

学体系，它建立在下述两个假定上：其一，由于上帝的救赎恩典不是不可抗拒的，因而人们可以自由地拒绝上帝的主动姿态，并改变自己的厄运；其二，由于教会举行的圣餐仪式传递的是不断的恩典，因而它们有助于犯有罪过的人类增进得到救赎的机会。除非迫不得已，圣餐仪式必须由牧师主持。牧师们从使徒彼得那里承袭了这种权力，只有他们具有与上帝配合赦免罪愆、实现圣餐奇迹即面包和酒变成救世主的身体和血的权力。在路德看来，所有这一切就是说人类多积“善功”、苦行便可获得上帝的恩赦，而成为符合上帝意愿的“义人”。他准备进行殊死反对的正是这种因信称义的神学。

路德的早年

马丁·路德最终也许是成百上千万人灵感的源泉，但起初他令他的父亲失望至极。马丁·路德的父亲汉斯出身于德意志中部图林根一个农民家族，靠出租一些矿山而成为富裕的业主，他希望他的儿子马丁能光大他的事业。因而汉斯把年轻的马丁送入爱尔福特大学学习法律，但在那儿，在1505年，可能出于对家长压力的一种无意识的心理反叛，马丁离开了“父母、朋友和亲戚，并完全违反他们的愿望，进入修道院出家修道了”。此后，马丁·路德终其一生从不“摆架子”。即便在他声誉最隆之时，他也生活简朴，总是用一种有力的，有时粗俗的为德意志农民使用的方言表述自己的观点。

路德寻求宗教安慰的经过

与宗教史上许多伟大人物一样，路德经过一次戏剧性的改变信仰经历，抵达了他所认为的真理的彼岸。作为一名隐修士，年轻的路德热切地尝试一切实现个人救赎的传统的中世纪手段。他不仅不断地斋戒和祈祷，而且他经常忏悔；由于他忏悔的次数太多，被他弄得疲惫不堪的告解神父有时开玩笑地说，他的罪愆实际上无足轻重，没有必要一再忏悔；如果他真的想作一次惊人的忏悔，他就去做些引人注目的事，比如与人通奸。不过，虽然他尽了最大努力，路德仍不能获得精神的安宁，因为他担心自己永远也不可能积到足够的善行来平息上帝的雷霆之怒。但那时，在1513年，他突然茅塞顿开，心际豁然，有一种使他得以解脱的领悟，这种领悟改变了他生命的航向。

路德的“钟楼得道”

路德的主要领悟涉及上帝是否公正这一问题。若干年来，他一直受到上帝看似不公正这一问题的困扰，因为上帝颁布戒律，说他深知人们不会服从他，因而永世惩罚那些不服从他的人。但是，在出任威滕贝格大学圣经神学教授后（后来他的修会中的许多人将在该大学任教），他在《圣经》的引导下对这一问题有了新的理解。具体说来，他在思考《诗篇》中“凭你的公义搭救我”这句
话的含义时，他突然醒悟到上帝的公正与他惩戒的力量毫无关连， 664
而与他通过信仰救赎有罪的凡人的怜悯之心相关。正如路德后来写到的那样：“最后，上帝慈悲，我开始认识到，上帝的公正正在于通过信仰上帝会以怜爱之心用正义来辩护我们……此时我感到我全然获得了新生，举步跨过洞开的天门进入天堂。”由于路德是在隐修院的钟楼里突然领悟到真理的，因而人们习惯上把它称为路德的“钟楼得道”。

因信称义

在那以后，一切看来都井然有序。紧接着1513年的几年，路德在威滕贝格大学讲授使徒保罗写给各地教会与个人的保罗书信，其间他一直思考着保罗致罗马人书中“义人必因信得生”（《新约·罗马人书》1：17）一语的含义，进而得出了他的中心信条“因信称义”：一个人的得救，全在于信仰。他这样讲的含义是说上帝的公正不要求无休止地行善功，不需要宗教仪式，因为任何人都无望靠自己的善功得到救赎。

马丁·路德肖像，(大)卢卡斯·卡拉纳赫作。

倒不如说，人类得到“称义”——即得到救赎——完全是上帝的恩典，是上帝赐予那些预定得救的人的一份实际上不配享有的礼品。由于这一恩典以完全被动的信仰方式显现在人类身上，因而男男女女能否获得上帝的恩赦与惠赐，全在于信仰。在路德看来，有信仰者不论以何种方式都会行善功，但居先的是信仰。尽管因信称义信条肇源于圣奥古斯丁的前定论学说，从本质上看没有独创意义，但就路德及16世纪初期而言这是全新的；如果严格尊奉这种信条，那就只能意味着在很大程度上粉碎现行天主教的宗教结构。

令人反感的出售赎罪符运动

起初路德依然仅仅是大学的讲师，在理论范畴内传授他的学说，但到了1517年，他对教会的某些实际措施憎恶到了难以容忍的程度，公开表示反对。1517年在德意志发起的一场出售赎罪符的运动很有声势，但令人不快。市侩气十足的霍亨索伦的阿尔贝特是美因兹大主教和勃兰登堡选帝侯最小的弟弟，由

马丁·路德(左)和威滕堡改革家(中)为萨克森的弗雷德里克和茨温利。
(小)卢卡斯·卡拉纳赫作。

于一些难于启齿的原因,他负债累累。1513 年,为了获得教皇的特许同时担任马格德堡和哈尔伯施塔特二地的主教,同时为了能在年仅 23 岁这一根本不足主教法定年龄的时候出任上述职位,他不得不付出大笔钱款。在如愿以偿后,他仍不满足,当次年美因兹主教教座空缺时,他又设法当上美因兹主教,尽管他深知这意味着要向罗马交纳更多的款项。在从德意志的富格银行贷到必需的款项后,他与教皇利奥十世(1513—1521 年在位)讨价还价,达成了交易。根据这一交易,利奥十世宣布在阿尔贝特所辖几个教区中发行赎罪符,但所得收入的一半应上交罗马用于兴建圣彼得大教堂①,另一半则留归阿尔贝特,以偿付所欠富格银行贷款。路德并不了解阿尔贝特交易的肮脏细节,但他确实知道一位名叫特策尔的多明我会托钵僧不久就在德意志北部许多地区到处兜售
665 赎罪符,身后跟着富格银行的代理人,同时特策尔蓄意在民众中制造这种印象,即不必进行苦修,只要买赎罪符的钱一敲响钱箱,人们及其身处炼狱的已故近亲的罪愆顷刻就会化为乌有,天堂的大门当即向他们敞开。在路德看来,这实在难以忍受,因为特策尔对赎罪符功效的大肆宣传明目张胆地触犯了路德本人的信念,即一个人的得救全在于信仰而不在于善功。因而,这位严肃认真的神学家于 1517 年 10 月 31 日向其大学同事公布了他亲笔起草的九十五条论纲,题为《关于赎罪符的功效》,反对天主教的赦罪信条。传统上人们把这一举动认为是新教改革的开端。

路德的学说及与罗马决裂

路德在威滕贝格大学范围内传播他的观点时,根本无意于把他对特策尔的批评公之于众。与此完全相反,他是用拉丁文而非德文撰写论纲的,其意是仅仅进行神学辩论。但是某位不知名的人把路德的论点译成德文并散布开来,这就使这位迄今没有什么名气的修士迅速名声远扬。由于特策尔及其威滕贝格大学以外的支持者无意于息事宁人,因而路德当即受到传唤,要求他收回自己的学说或为自己辩解。在这一时刻,马丁·路德远没有退缩食言,而是更为大胆地抨击教会的行政管理。1519 年,路德与教会方在莱比锡当众进行辩论;在辩论中路德勇敢地坚称教皇和所

① 圣彼得大教堂是世界上最大的基督教教堂,1501 年开始建造,1626 年建成。请参阅上一章有关部分。——译者

有教士都是一些难免会出现谬误的凡人，单个人良知的最高权威是《圣经》真理。教皇利奥十世对此的回应是指控该修士为异端，这样一来，路德除了与天主教信仰完全决裂，再无别的路可走了。

1520年是路德最富创造力的一年。在这一年，虽身处因向教会挑战而造成的危机之中，他创作了三本具有重大影响的小册子①，阐述了种种不久就成为新兴的路德派宗教的纲领。在这些论著中，他提出了他的三个神学假说：因信称义，《圣经》具有至高无上地位，以及“信教者均为牧师”。我们在前面已考察过因信称义的含义。关于第二点，路德的寓意只是《圣经》的字面含义总是比传统的添加物更有价值，同时所有没有明确见于圣经中的信仰（比如炼狱）或礼仪（比如向圣徒祈祷）都是多余的，应加以拒斥。至于“信教者均为牧师”，意思是说真正的精神阶层是所有信教者会众而不是出任圣职的牧师特殊集团。

路德信仰的实际寓意

从这些前提中产生了许多实际后果。由于善行本身对于救赎并无内在价值，因而路德抛弃了诸如斋戒、朝圣及尊崇圣物等拘泥形式的宗教礼仪和宗教律法。比这远为重要的是，他只承认洗礼和圣餐为圣礼（1520年时他还把忏悔包括在内，但后来改变了
主意），同时认为就连这些也没有任何能带来天恩的超自然作用。 666
在路德看来，基督确实存在于圣餐的祝圣面包和酒之中，但这种圣礼中并没有恩典，反过来，信仰是使圣餐作为一种帮助信教者沿着通往永生道路前进的手段具有效用的本质因素。为了使所有人都能清楚地了解礼仪的含义，路德建议在举行礼拜时用德语取代拉

① 指《致德意志贵族书》、《教会的巴比伦之囚》和《论基督徒的自由》。这三本小册子被视为德国宗教改革的三大论著。——译者

丁语;同时,为了强调在教堂中主持礼拜仪式的人没有超自然的权威,路德坚持仅仅称呼他们为牧师或精神上的指导者(pastor),而非教士(priest)。基于同样的理由,不应有教阶制度,因为无论教皇还是别的什么人都没有掌管通往天国的钥匙;隐修制度应当废除,因为它起不了任何作用。最后,路德坚信僧俗两者之间并无礼仪之分,认为牧师可以结婚,并于 1525 年带头结了婚。

大大得益于印刷机构,1520 年路德的三本小册子迅速传播到德意志许多地区,使路德获得民众广泛而热情的支持。由于这一反应对于路德改革运动未来的成功起了关键性作用——使路德敢于坚持反叛罗马,不久促使一些居统治地位的王公皈依路德教——因而在继续叙述改革情况之前探讨一下路德获得广泛支持的原因是很有必要的。当然,人们聚集在路德麾下的动机迥然相异,但在德意志,以路德名义举行的骚动首先是一场民族性的从宗教上反叛罗马的运动。

德意志易于爆发宗教反叛

667 自中世纪盛期以来,欧洲各地的许多人就一直憎恨教会政府的中央集权化,因为这意味着一个外来的教皇干预本地教会事务,并致使大笔教会费用和任命教职的权力流入教廷之手。但德意志在 16 世纪初举行宗教反叛的条件尤为成熟,这是由一些具体的原因造成的。其中最重要的或许在于下述事实:这一时期的教皇显然完全失去了基督门徒时代的号召力,但在德意志却和从前一样(如果说不是更多的话)征收资金。路德时代相继当政的几位教皇虽都大力奖掖艺术,但无一不是世俗性的恶棍或奢靡逸乐之人。在路德的青少年时代,博尔贾教皇亚历山大六世(1492—1503 年在位)靠贿赂红衣主教登上教皇宝座,他利用 1500 年大赦年之机筹集钱款资助他儿子塞萨尔的军事战役,同时淫荡无度,人们甚至怀疑他与其女儿卢克莱齐亚有染。亚历山大六世的丑行可以说达到了无以复加的地步,但其继承人尤利乌斯二世(1503—1515 年在位)所感兴趣的只是通过军事手段扩大教皇国的疆土(同时代一位人评论说,如果他是一位世俗王公,他本会取得最大的荣誉);利奥十世这位被迫应对路德的挑战的教皇,则是一位放纵自己的唯美主义者,用现代一位天主教史学家的话,“假如他生活在使徒的时代,他连替主守门都不配”。在这种情况下,对德意志人来说,知道出售赎罪券的费用要送到罗马为教皇政治提供资金、供教廷维持奢华的生活就够糟糕的了,但更令人恼火的是,他们认识到德意志在意大利教皇事务中毫无影响力却仍要交钱,因为德意志人与法国人或西班牙人不同,他们在红衣主教团中很少有代表,实际上从未能在教皇官僚机构中占据一席之地。

在这种过激的气氛中,传统的教会道德主义者和新型的基督教人文主义者所表述的改良主义的批评都加剧了人们对教会的憎恶情绪。自约 1400 年以来,德意志批评教皇制的著名人士就一直在说,整个教会“从上到下”都要进行改革,同时在 15 世纪期间,到处流传着种种不知出自何人之口的预言,比如说未来一位勇敢的
帝王将挺身而出改革教会,把教廷由罗马迁到莱茵兰。随后在 16 669
世纪初年,基督教人文主义者开始用自己独特的嘲讽性宣传汇入这股批评教会的浪潮。这些人文主义者中最善辩的一位自然是伊拉斯谟,他毫不留情地嘲讽罗马教会方面的种种弊端。因而,在 1511 年首次出版、其后一再重印的《愚人颂》中,伊拉斯谟声称,如果教皇被迫去像基督那样生活,那么最不感到快慰的莫过于他们自己了。1517 年伊拉斯谟在巴塞尔匿名发表了《被逐的尤利乌斯》;在这一更为大胆的小册子中,这位聪明的讽刺作家编造了在天国之门门前进行的一场对话,教皇尤利乌斯二世由于他犯的种种罪愆而被圣彼得关在天堂之外。

德意志大学的作用

除罗马腐败不堪这一客观现实和反罗马宣传的广为传播外,致使德意志在路德时代随时准备反叛的一个最终因素是大学在德意志姗姗来迟的发展。所有反叛都需要有某种总司令部;在中世纪后期的宗教反叛中大学是最自然不过的中心,因为在那里聚集着成群的热心、受过教育、习惯于在一起工作的年轻人,他们可以确定无疑地系统阐述原则性观点,并能一听到消息就写出富有战斗性的宣言。在1450年之前德意志大地上几乎没有一所大学,但在1450至1517年间许多大学如雨后春笋般产生,它们为文化民族主义和反对罗马的宗教运动提供了许多最初的根据地。路德本人所在的威滕贝格大学晚至1502年才建立,但并不算太迟,足以成为路德改革的摇篮,向其介入论战的英雄提供直接的支持。

教皇利奥十世绝罚诏封面

自然,没有路德本人仍不会有路德改革,这位胆大的修士尽其可能在他于1520年创作了三本小册子,尤其是题为《致德意志贵族书》(《致德意志民族中信奉基督教的贵族书》)的小册子中,点燃了德意志愤恨的干材。在这里路德用极无节制的口语体德语声称,“如果教廷缩减了百分之九十九,它仍然足够大了,可以就信仰问题作出决定”;“红衣主教们吸干了意大利的膏血,现在把目标转向了德意志”；同时，鉴于罗马的腐败，“反基督者的统治可谓糟到了极点”。毋庸置言，这样具有发聋振聩作用的檄文一旦问世，人人争相阅读。在1520年之前，一本书一般只能销1,000册左右，但《致德意志贵族书》在三天之内就销售了4,000册，随即加印了更多的册数。

路德出现在沃尔姆斯会议上

与此同时，虽然路德的小册子极为畅销，但他个人的戏剧性事件吸引了所有旁观者的注意力。1520年末，这位德意志反叛者对利奥十世教皇迫使他公开认错的绝罚诏所作出的反应，是不仅把教皇的诏书而且把教会的所有法令当着众多人的面投入熊熊火焰。由于双方界限截然分明，因而事态发展得很快。在教会眼里，路德现在成了一个冥顽不化的异教徒，因此他被 670
正式“移交”给其世俗的领主、绰号智者的选帝侯弗里德里希以作适应惩罚。这通常意味着以火刑处死，但在路德一事上弗里德里希不愿不让路德讲话就惩办这位教皇的敌人。反过来，他认为路德尚未得到公正的为自己辩护的机会，就在1521年初把路德召到沃尔姆斯城，交由由各邦王公组成的神圣罗马帝国会议(diet，即正式议会)审查。

路德与查理五世皇帝

在沃尔姆斯，主动权掌握在会议主持人、新近当选的神圣罗马帝国皇帝查理五世手中。查理五世不是德意志人；反过来，作为其父系哈布斯堡家族的一个成员，他在其祖上持有的土地尼德兰出生长大。由于他此外还拥有奥地利，同时作为斐迪南和伊莎贝拉的外孙占有整个西班牙，包括西班牙在意大利和美洲的广袤的属地，因而这位皇帝关心的主要是国际事务而非民族利益，肯定无疑地把天主教视为把其分散在各处的领地粘结在一起的必要工具。因而，查理从一开始就对路德不表同情；同时，由于路德当着这位

沃尔特堡。该城堡位于德国中部，路德在沃尔姆斯国务会议后在此隐身

皇帝的面无畏地拒绝表示悔改，而是宣布“我立于此地，誓不移志，坚持己见”，因而不久就变得很清楚路德既会受到教会的惩罚，也会受到国家力量的惩处。但正在那时智者弗里德里希再一次进行干预，这一次采取的方式是“绑架”，派人把路德秘密地带到这位选帝侯在瓦尔特堡的城堡，在那里平安度过了一年。

路德学说获胜

671 此后路德再也没有遇到过生命之虞。虽然沃尔姆斯会议在他失踪后不久即宣布他是逃犯，但沃尔姆斯敕令从未真正得到实施，因为路德躲藏起来时，查理五世不久就离开德意志前去主持对法战争。1522 年，路德由瓦尔特堡胜利地回到威滕贝格，发现他所号召的变革教会政府和礼仪的要求已由他在威滕贝格大学的追随者自发地加以实施。随后,德意志一些邦的王公相继正式皈依路德教,其领地上的所有臣民也同时改变信仰。因而,到 1530 年前后,德意志相当多的地区皈依这一新的信仰。

德意志王公支持的重要性

讲到这里,有关路德教早期史的三个主要问题中最后一个问题就产生了:为什么权力很牢固的德意志王公听从路德的召唤在自己的辖区内具体实施路德的教义呢?这一问题的重要性决不可低估,因为无论路德在德意志民众中赢得多么强烈的崇拜之情,如果没有得到合法的政治当局决定性的干预和支持,他的事业肯定不会成功。在路德之前欧洲有过许许多多的异端分子,但他们大都死在火刑柱上,如果没有智者弗里德里希的干预,路德本也会落到这种结局。而且,即使路德能活下去,仅靠民众自发的支持也不足以成功地确立路德教,因为国家权力可以轻而易举地扑灭这种支持。实际上,虽然路德在其反叛的前几年在德意志各地多多少少同样受到欢迎,但只是在其统治者立路德教为其统辖区正式宗教的地区(大多在德意志北部),新教才占了上风,而在其他地区,同情路德的人不得不背井离乡、面临死亡威胁或皈依天主教。简而言之,王公在宗教事务上的言语就是法律。

采纳路德教的经济动机

然而,注意到民众与王公之间的区别,不应忽略下述事实,即他们转向路德教的动机是相似的,同时王公方看重的是寻求主权。正如普通人对自己的膏血被榨取送到罗马深恶痛绝,王公们对此也义愤填膺:比如,1500 年德意志王公在奥格斯堡帝国会议上聚会时,甚而要求教会把送交罗马的款项退还一部分,理由是德意志的金钱被榨干了。由于教皇对此充耳不闻,许多王公很快就认识到,如果接纳路德教,那么教会的收入就不会送交罗马资助讨厌的外国人,由此节省下来的许多钱款将直接或间接地流入他们自己的财库。

政治动机

不过,税收问题只是更大的寻求绝对政治主权问题的一部分。在1500年左右,欧洲各地的主要政治趋势都是朝着国家在生活的各个领域(无论是
672 在世俗领域还是在宗教领域)都有无限权力方向发展。因此,统治者试图掌有在自己统治范围内任命高级教士的权力,并限制或削弱教会法庭独立的司法权。由于教皇制度在这一时期不得不打退教会内批评他们的教士的攻击,后者要求认可“教会会议至上论者”的原则,主张教会的最高权威应归由高级教士组成的教会会议,而不是教皇(见第十五章),因而许多教皇感到与西方最有权势的统治者——主要是法国和西班牙国王——达成宗教协定,授与这些统治者他们想要得到的许多主权,以此换得他们对其反对教会会议至上论行动的支持。就这样,1482年,西克斯图斯六世教皇把提出所有重要教职候选人的权力交给了西班牙君王斐迪南和伊莎贝拉;1487年,英诺森八世同意建立一个由君王控制的西班牙宗教法庭,授予他们异乎寻常的决定宗教政策的权力。1516年,通过博洛尼亚宗教协定,利奥十世把遴选法国主教和隐修院院长的权力授予法国国王弗朗西斯一世。然而在德国,主要由于没有实现政治统一,王公们不够强大,无力赢得这些让步。因而,既然他们无法通过协定得到这些东西,一些人决定强行获得。

王公们抓住机会

他们下这种决心,完全得到了路德的鼓舞。当然,早在1520年,这位激烈的改革家就认识到,如果没有得到王公强大力量的支持,就决不可能确立新的宗教习俗,因而他含蓄地鼓励他们剥夺天主教会的财产,以此刺激建立新的教会。王公们在一开始时等待时机,一旦他们认识到路德得到群众的巨大支持,同时查理五世不会迅速

采取行动捍卫天主教信仰,一些人就采取措施把路德教引入他们的领地。从个别事例看,个人的虔诚不容忽视,但通过任命高级教士、停止向罗马交税、削弱教会法庭的司法审判权等共同的目的,最终必定成为最具决定意义的考虑。另外,皈依路德教后,就可以关闭隐修院,其财富就可落入王公的私囊;不论有无任何发自内心深处的宗教信念,皈依新信仰的这种诱惑必定压倒了一切。

路德日趋强烈的政治与社会保守主义

一旦受到王公们的保护而安全地隐匿在威滕贝格,路德就开始更强烈地表现出他在政治和社会事务上极度的保守主义。在1523年撰写的《论世俗权威》论文中,他坚持认为人们在一切事情上都要服从"神圣的"统治者,就连对那些邪恶的统治者,人们也不应进行积极的反抗,因为对暴政"只能忍受,不能反抗"。随后,在1525年,当德意志各地农民揭竿而起从经济上反抗地主——在某些地方起义是在宗教激进分子托马斯·闵采尔(约1490—1525年)鼓动下发起的;闵采尔号召用火和剑反对"邪恶的"势力——时,路德对此极端仇视。在其1525年撰写的辱骂性的小册子《反对杀人越货的农民贼寇》中,他竟然这 673
样写道,"无论谁只要力所能及,无论是暗地里也好,公开地也好,都应该把这些叛逆戳碎、扼死、刺杀,就像对待疯子那样,并记住再没有比反叛者更具有危害性的了"。一俟王公们残酷地镇压了1525年德意志农民起义,路德教与国家权力的紧密联盟就有助于确保社会的安宁。实际上,在对参加起义的农民进行血腥惩处之后,在德意志再也没有出现过下层人民的群众性起义。

路德的晚年

至于路德本人,他把晚年岁月主要用在与更年轻、更激进的宗教改革家进行辩论以及向所有有需要的人提供精神忠告上。他不知疲倦地进行着著述活动,成就卓著,到了惊人的地步:在整整25年的时间里,他平均每两周写一篇论文。对他的信念他至死不渝：1546 年弥留之际，在回答“你是否坚信主及你宣讲的信条？”这一回答时他毅然决

马丁·路德在避难期间做的一项主要工作就是用德文翻译《圣经》。他的译本对统一德语语言起了很大作用。图为 1546 年出版的《新约》末版封面。

然地答道："是。"

三、新教的传播

新教的其他形式

"新教徒"(protestant)一词本来是指在1529年德意志帝国的一次会议上采取"抗议"(protested)行动的路德宗教徒，后来逐渐指任何既非天主教、也非东正教的基督教信徒。实际上这个词不久在1529年后用来指非路德宗信徒，因为路德创建的特殊形式的新教在德意志本土环境以外地区并没有太多信徒。确实，在16世纪20年代丹麦、挪威、瑞典等国的统治者颁布法令把路德教立为该地的国教，时至今日，斯堪的纳维亚多数地区仍信奉这一宗教。但在其他地区，早期新教以不同的形式传播开来。如同在德意志和斯堪的纳维亚，在英格兰与罗马的决裂是由上而下进行的，但由于在在位的英格兰君主看来路德教过于激进，这样一种妥协的宗教信仰和习俗的变种便产生了，这种变种后来被称为圣公会〔英国国教；在美洲被称为主教派(Episcopalianism)〕。而在另一些地区，新教更为自发地在瑞士的一些城市传播开来；由于路德教显得过于保守，在那里新教呈现出一种更为激进的形式。

虽然在英格兰最先向罗马教会发起攻击的政府的首脑亨利八世国王(1509—1547年在位)，但在与罗马决裂时他得到了多数臣民的支持。至少有三个原因促成这一情况。首先，如同在德意志，在英格兰，16世纪初期的许多人开始对罗马的腐败和榨取英格兰的财富供外国教皇追求世俗享受之用心存愤恨。其次，英格兰早已是约翰·威克里夫的异端追随者(被称为罗拉德派)发起的抗议教会弊端的场所。在15世纪期间，罗拉德派确实已被迫转入地

675 下，但该派的许多成员在英格兰各地偏僻地区幸存下来，并利用一切机会散布其反教权主义思想；他们对亨利八世与罗马决裂表示热烈欢迎。最后，在德意志宗教改革开始后不久，路德的思想便被旅行者和到处流传的印刷成文的小册子带到了英格兰。早在1520年，一群信奉路德思想的人便在剑桥大学聚会；在此后十年间，路德教开始秘密获得越来越大的力量。

亨利八世。汉斯·霍尔拜因作

亨利八世国王离婚案

尽管如此，如果不是亨利八世由于其婚姻上面临的阻力而颁布命令，英格兰决不会与罗马决裂。1527年，专横的亨利已与斐迪南和伊莎贝拉之女、阿拉贡的凯瑟琳结婚18年，但他们结合而生的孩子，除玛丽公主外，都死于襁褓之中。由于亨利需要有一位男性继承人承袭都铎王朝垂统，又由于凯瑟琳现在已过了生育的年龄，因而亨利为了国事有充分的理由摆脱她；1527年，他迷恋上黑眼睛的侍女安妮·博林，后者却不愿与他接近，除非正式结婚。这样一来，亨利就有了与凯瑟琳离婚的直接动机。因此，他请求罗马教皇宣布他与凯瑟琳的婚姻无效，这样他就可以立安妮·博林为王后。虽然教会法不允许离婚，但教会确实提出，如果能够证明这桩婚事在初立之际即不合法，那么便可宣布它无效。于是国王的代表们便提出一件旧事：凯瑟琳王后在与亨利成婚之前曾与亨利的兄长结婚，婚礼举行后不久后者就去世了。据此他们援引《圣经》上的一段话认为婚姻无效，因为《圣经》上说，一个人与其兄长

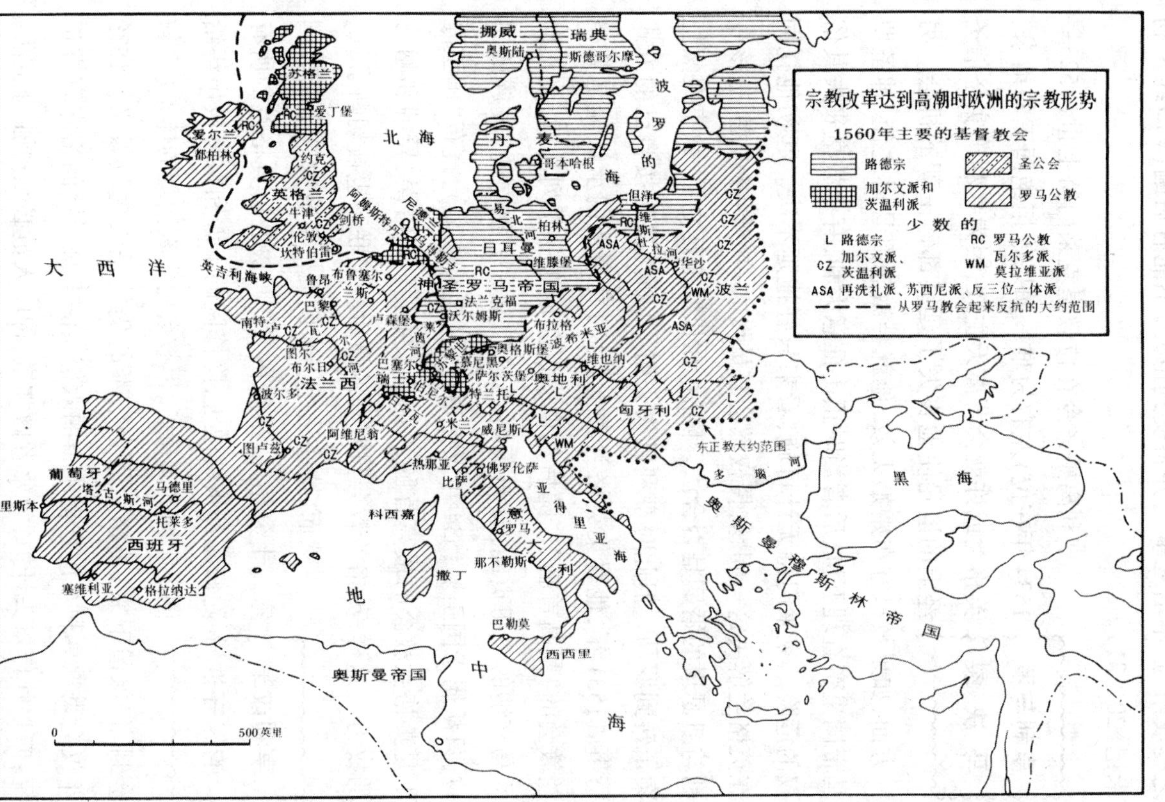
宗教改革达到高潮时欧洲的宗教形势
1560年主要的基督教会
路德宗
圣公会
加尔文派和茨温利派
罗马公教
少数的
L 路德宗
RC 罗马公教
CZ 加尔文派、茨温利派
WM 瓦尔多派、莫拉维亚派
ASA 再洗礼派、苏西尼派、反三位一体派
从罗马教会起来反抗的大约范围
东正教大约范围
挪威
瑞典
奥斯陆
斯德哥尔摩
苏格兰
爱丁堡
爱尔兰
都柏林
英格兰
约克
牛津
剑桥
伦敦
坎特伯雷
北海
丹麦
哥本哈根
波罗的海
但泽
维斯杜拉河
华沙
波兰
柏林
易北河
日耳曼
维滕堡
神圣罗马帝国
法兰克福
沃尔姆斯
布拉格
波希米亚
奥格斯堡
慕尼黑
萨尔茨堡
维也纳
奥地利
匈牙利
特兰托
威尼斯
米兰
大西洋
英吉利海峡
阿姆斯特丹
尼德兰
鲁昂
布鲁塞尔
兰斯
巴黎
卢森堡
莱茵河
南特
卢瓦尔河
图尔
布尔日
巴塞尔
瑞士
日内瓦
法兰西
波尔多
阿维尼翁
图卢兹
热那亚
佛罗伦萨
比萨
葡萄牙
塔古斯河
马德里
里斯本
托莱多
西班牙
塞维利亚
格拉纳达
科西嘉
撒丁
意大利
罗马
那不勒斯
亚得里亚海
巴勒莫
西西里
地中海
奥斯曼帝国
奥斯曼穆斯林帝国
多瑙河
黑海
0
500英里

之妻成婚为“不洁之事”，并将受到诅咒，不能有后嗣（《旧约·利未记》20：31）。

亨利与罗马决裂

亨利离婚案令在位教皇克莱门特七世（1523—1534年在位）左右为难。如果他拒绝国王的请求，英格兰或许就会背离天主教，因为亨利确实坚信圣经上的诅咒使他丧失了延续都铎王朝的机会。另一方面，如果教皇宣布婚姻无效，他就会激怒凯瑟琳之侄、神圣罗马帝国皇帝查理五世，后者当时正出征意大利，有令教皇丧失其俗权的危险。克莱门特无计可施，看来只好拖延不决。起初他托词在英格兰解决这一问题，授权教会官员设立一个调查法庭，查核亨利与凯瑟琳的婚姻是否合法。随后，在长期拖延之后，教皇突然把案子转到罗马。但此时亨利已失去耐心，断然决定按自己的方式行事。1531年，他召集英格兰教士会议，勒令他们承认他是英格兰
676 兰教会的“最高首脑”。随后他说服议会颁布一系列法律，终止向罗马交纳的一切贡纳，宣布英格兰教会是一个独立的、民族的单位，只从属于国王。1534年议会通过了《至尊法案》，宣布“国王陛下是英格兰教会的最高首脑，[拥有]纠正一切错误、异端和陋习的权力”，这样，英格兰教会与罗马的最后一点联系也被切断了。

亨利改革的保守性

然而，这些法令仍未使英格兰成为一个新教国家。十分相反，虽然在与罗马决裂后英格兰的所有隐修院都被解散了，隐修院的土地和财富被出售给国王忠诚的支持者，但教会由主教治理的体系（主教会制）仍保留下来，英格兰教会信奉的仍然是天主教教义。1539年议会秉承亨利八世意旨颁布的六信条法案毫无疑问恪守官方正统：向牧师作口头忏悔，为死者做弥撒，神职人员必须过独身生活；此外，天主教的圣餐信条不仅得到确认，而且对否认圣餐者处以死

刑。

英格兰新教的巩固

尽管如此,新教在英格兰的影响在这一时期大大增大;在亨利八世之子爱德华六世统治时期(1547—1553年),新教占据优势。由于这位新国王(他是亨利的第三位妻子简·西摩所生)登基时年仅九岁,这一时期政府的政策不可避免地要由王位背后的势力所操纵。在这方面最活跃的人物有托马斯·克兰默(坎特伯雷大主教)以及萨默塞特公爵和诺森伯兰公爵,他们成功地把持了摄政权。677
由于这三人都有强烈的新教倾向,因而英格兰教会的信条和礼仪不久便发生了戏剧性改变。教士可以结婚;在举行礼拜时用英文

英格兰国教1539年颁发其第一部《圣经》情景。亨利八世把抄本交给克伦威尔和克兰默大主教向公众分发。

取代了拉丁文；不准崇拜偶像；起草了新的信仰条款，废止除洗礼和圣餐以外的一切圣礼，同时重申路德的因信生义的信条。因而，当年纪尚轻的爱德华于 1553 年去世时，英格兰似乎已确定无疑地成为新教阵营中的一员。

民众反对玛丽女王恢复天主教

但继爱德华之后登上王位的玛丽（1553—1558 年在位）却不这么想。玛丽是亨利八世和阿拉贡的凯瑟琳之女，虔信天主教。她把反叛罗马与她母亲受辱及她自己被剥夺直接继承权联系在一起，因而从一登基就试图让时钟倒转。她不仅恢复了弥撒仪式和教士独身的规定，而且劝说国会投票赞成英格兰无条件地重新效忠教皇。不过，由于一些原因，她的政策以失败告终。首先，此时新教不仅已经深入英格兰大众之心，而且许多曾受益于亨利八世解散隐修院之举的显贵家族尤其尊奉新教，因为恢复天主教隐修制就意味着丧失新近得到的财富。其次，虽然玛丽下令烧死克兰默及数百名新教
678 极端分子，但这些迫害不足以彻底消灭宗教反抗——确实，新教徒散发的有关“血腥玛丽”和“史密斯广场之火”的宣传不久便真的加强了人们对玛丽统治的反抗，致使她显得是位报复成性的迫害狂。但玛丽失败的最重要的原因或许在于她与查理五世之子及西班牙王位继承人菲利普的婚事。虽然婚约规定玛丽死后菲利普不得继承她的王位，但爱国的英格兰人从不信任他。因而，当玛丽女王听任自己被菲利普拖入为了西班牙利益而与法国交战——在这次战争中英格兰丧失了加来，这是英格兰在欧洲大陆的最后一个立足点——时，国民极其不满。无人知道下一步将会出现什么事，因为不久之后玛丽去世了，她那动荡不安的统治随之结束。

伊丽莎白的宗教和解

因而,英格兰究竟信奉天主教还是信奉新教,这一问题就留待伊丽莎白一世(1558—1603年在位)来解决,其结果是英格兰确定无疑地归属新教阵营。伊丽莎白是安妮·博林之女,是英格兰有史以来最能干、最得人心的君主之一。就其出身和生长的环境而言,她天生就倾向于新教。但伊丽莎白并不是位狂热的信徒,她明智地认识到,支持激进的新教在英格兰有导致激烈的教派斗争的危险,因为一些人仍然信奉天主教,还有一些人反对极端主义。与此相应,她主持达成了习惯上所说的"伊丽莎白妥协"。通过一个新的至尊法案(1559年),伊丽莎白废除了玛丽的所有天主教立法,禁止外国宗教势力行使职权,自立为英格兰教会"最高教长"——这一头衔比亨利八世的"最高首脑"称号更具有新教性质,因为多数新教徒认为只有基督才是教会的首脑。与此同时,她认可了她的异母弟弟爱德华六世统治时期实行的多数新教礼仪改革。不过,她保留了由主教治理教会的制度,对一些有争论的条款,尤其是有关圣餐意义的条款,尽量作模棱两可的解释,这样除最极端的天主教徒和新教徒外所有人都能接受。在伊丽莎白死后很长一段时期,这一和解依然有效。确实,正是由于伊丽莎白的妥协方案,英格兰教会能够同时包容许多迥然相异的教派,诸如与罗马天主教徒只在反对教皇最高权威这一点有区别的"高教会派",以及与现代其他多数新教派别的成员同样彻底地遵守新教习俗的"低教会派"。

瑞士新教

如果说英格兰的宗教和解是通过王家的决策实现的,那么在瑞士出现的更自发性的建立新教的运动致使更激进的新教取得胜利。在16世纪初期,瑞士既未受到国王的统治,也未受到全权的地区性王公的主宰;反过来,那里兴盛的城市要么独立存在,要么处于独立的边缘。因而, 679

1524 年,第一位荷兰再浸礼派殉难者被处死。本图为 1685 年版画

当一个瑞士自治市的有影响的公民决定进行新教改革时,没有一个人能阻挡他们,而且瑞士的新教运动通常按自己的道路前进。虽然各个城市的宗教调停方法在一开始时在细节上不尽相同,但自约 1520 到 1550 年间在瑞士出现了三个主要的新教形式,即茨温利派、再浸礼派和加尔文派,后者对欧洲未来的命运最为攸关。

茨温利派

茨温利派由乌尔利希·茨温利(1484—1531 年)在苏黎世创建,是三个教派中最为温和的。茨温利在开始时是位不怎么热心的天主教教士,在 1516 年左右他像路德那样由于钻研《圣经》而得出结论:这一时代的天主教神学和宗教仪式与福音书相悖。但他直到路德首开先例后才公开表述自己的观点。随后,在 1522 年,茨温利开始抨击苏黎世天主教会当局,不久整个苏黎世和瑞士北部许多地区都承认他的领导地位,进行与路德派在德意志进行的改革十分相似的宗教改革。不过茨温利在圣餐礼神学上确实与路德不同:路德相信基督的肉体真的化作了圣饼,而在茨温利看来基督只存在于精神之中。因而在他看来圣餐礼根本不具神恩性质,只应作为一个纪念性的礼拜仪式保留下来。在今天的许多人看来,这种分歧似乎微不足道,但在当时这足以阻止茨温利派与路德派结成统一新教阵线。茨温利孤军奋战,1531 年在与天主教力量的战斗中丧生,他在苏黎世的继承人丧失了对瑞士新教运动的领导权,同时茨温利发起的运动不久之后即被约翰·加尔文的远为激进的新教所融合。

再浸礼派

然而,在加尔文派大行其道之前,再浸礼派曾在瑞士和德意志兴盛一时。最初的再浸礼派成员是茨温利在苏黎世圈内的成员,但在 1525 年左右他们与他在婴儿受礼和建立由真正信徒组成的排他性教会问题上发生争论,随后迅速分裂出去。再浸礼(Arapaptism)一词的含义是“再次进行洗礼”,其由来是再浸礼派成员认为婴儿受洗无效,因为婴儿不了解这种礼仪的意义,成年人应再次受洗。不过这并非再浸礼派的主要信仰本身——男男女女并非生来就属于教会的——只是它的一个表现形式。虽然路德和茨温利同样传授“信徒均为自己的牧师”,但他们仍坚持认为每一个人,无论信徒还是不信者,都应去做礼拜并成为同样一个正式建立的宗教共同体的一员。但再浸礼派是些宗派主义者或分离主义者,他们笃信加入真正的教会应是个人在神灵启示下慎重作出的决定。在他们看来,一个人必须遵循自己“灵光”(inner light)的指引作出成为教会一员的选择,世上的其他人则可以按自己的方式行事。在那一几乎所有人都认定
教会与国家密不可分的时代,这种学说具有一种强烈的非政治性 680
质;因而,再浸礼派注定受到既定权力(无论新教还是天主教权力)的诅咒。不过在最早几年这一运动在瑞士和德意志确实吸引了众

多追随者，这主要是因为它号召尽可能地简化祭仪，提倡和平主义和严格按圣经规定行事的道德，以其发自内心的宗教虔诚吸引了人们。

再浸礼派的囚笼：昔与今。1535 年三位曾在明斯特得势的再浸礼派领袖被处死后，其尸骸被装进笼子，挂在市场教堂的塔楼上示众（左）。如右图所示，而今尸体不复存在，铁笼仍在空中悬挂，向人昭示 16 世纪宗教斗争的残酷性。

转折点：明斯特城

对再浸礼派的发展十分不幸的是，一个由不具有代表意义的由再浸礼派极端分子组成的集团在 1534 年设法控制了德意志的明斯特城。这些狂热分子把宗派主义与千禧年学说结合起来；千禧年学说认为，上帝希望在末日来临之前在世界各地建立一个全新的公正、崇高纯洁的教会。这些极端分子决心帮助上帝实现这一目标，试图把明斯特转变成一个新的耶路撒冷。一位名叫莱顿的约翰的从前的裁缝采用了“新圣殿之王”的衔号，自称是大卫的继承人。

在他的领导下,再浸礼派的宗教仪式得到强制实施,私人财产被废止,实行财产共享,甚至根据《旧约》中的先例实行一夫多妻制。但在再浸礼派接管明斯特一年稍过,该城就在天主教力量的围攻
下失陷,这位新的大卫和他的两位副手死于严刑拷打之中。如果 681
说再浸礼派此前已遭到许多政府的禁止,那么这一插曲令这一运动名声扫地,同时该派信徒在德意志、瑞士各地以及其他所有有该派信徒活动的地区都受到残酷迫害。极少数再浸礼派成员幸免于难,其中一些组成了门诺派,它得名于该派创始人、荷兰人门诺·西蒙斯(1492—1559 年)。该派致力于原始再浸礼社会的和平主义和简单"心灵宗教",一再存在到现在。后来各种浸礼派信条还被诸如贵格会和不同的浸礼派和五旬节教派[①]等复苏了。

约翰·加尔文

在确定了再浸礼派终结的明斯特事件之后一年,一位名叫约翰·加尔文(1509—1564 年)的年方 26 岁的法国新教徒(他为了逃避宗教迫害逃到了瑞士的巴塞尔城),出版了《基督教原理》[②]第一版,该书不久就将被证明是一部空前的系统阐述新教神学的最有影响的一部著作。加尔文出生于法国北部的努瓦永,最初学习的是法律,在 1533 年前后靠圣俸学习了希腊和拉丁经典著作。但那时,如他后来所述,当他"执著地献身于教皇制的种种迷信"时,他突然感到上帝正把他由"一个肮脏的泥淖"中解脱出来,从此他走上了成为新教鼓吹家的道路。虽然这些细节中的某些方面与路德的早期经历相像,但两者之间有一个根本不同:即,如果说路德一直是位性格极其暴躁的人,那么加尔文则从头到尾都是一位冷静的法国墨守

① 或译圣灵降临节派,是基督教新教派别之一,19 世纪发源于美国,强调直接灵感,信奉信仰治疗。——译者

② 《基督教原理》自 1536 年初版到 1559 年修订定版共再版七次,篇幅扩大了 5 倍。——译者

约翰·加尔文像。一不知名画家作

法规者。因而,如果说路德从未撰写过系统的神学著作而只对所产生的具体问题或心之所至作出回应,那么加尔文决心在其《原理》一书中全面地、连贯地从逻辑上阐述新教的所有原则。因而,经过几次再版和扩大篇幅(1559年出版定本)后,加尔文的《基督教原理》成为有关新教基本信条的最具权威的神学著作,是新教方面最近于圣托马斯·阿奎那的《神学大全》的一部著作。

加尔文的神学

加尔文在《原理》中阐述的严格的神学学说的特征在于它由万能的上帝入手,逐步向下展开。在加尔文看来,整个宇宙实际上都仰赖全知全能的主的意志,他为了显示其更大的荣耀创造了万物。由于丧失了原始天赋的恩典,所有人生来就是罪人,从头到脚都被其先祖犯下的、他们无法逃脱的罪所束缚。尽管如此,出于他自己的理由主预先确定某一些人永远得救,其他所有人则被打入地狱受到折磨。人们没有任何办法改变自己的命运;他们的灵魂在出生之前就被打上了赐福或受到诅咒的印记。但在加尔文看来,这并不意味着基督徒可以对自己在世间的行为持冷漠的态度。如果他们是选民,
682 上帝就将在他们身上播下正直地生活的愿望。诚实公正是一个征兆,虽然这不是一个绝对可靠的征兆,但这样生活的人将被遴选坐在荣耀的宝座上。公开承认自己的信仰并参加圣餐仪式也是被选

上而得救的一个预定的征兆。但最为重要的是，加尔文把过一种虔诚、有道德的积极的生活视为基督教团体所有成员必须遵守的一项庄严的义务。在他看来，好的基督徒应把自己设想为上帝选定的工具，其使命是帮助上帝完成他在世间的目标，他们这样做不是为了自己灵魂的得救，而是为了上帝的荣耀。换言之，加尔文显然并不赞成他的读者在知道自己命运已定时消极等待。

加尔文教与路德教相比较

虽然加尔文一直承认他的神学受益于路德良多，但他的宗教教义与那位威滕贝格改革家的教导在一些基本点上不同。首先，路德对基督徒在世间行为得体的态度与加尔文相比要消极得多：在前者看来，好的基督徒只应痛苦地忍受现世的考磨，后者则认为应为了上帝通过无休止的劳动主宰世界。其次，与路德教相比，加尔文教更重视律法，更近于《旧约》中的信仰。这体现在两人对安息日规定的态度上。路德对星期日的看法与现今在多数基督徒中流行的观点相似。当然，他坚持说他的信徒应去教堂，但他并不要求他们在该日所余的时间内不去从事娱乐活动或劳动。加尔文不然，他恢复了犹太人的安息日规定，严禁人们从事任何迹近世俗事务的行为。最后，两人在教会政府和礼仪的基本事务上也迥然不同。虽然路德与分层的教阶制的天主教体系决裂了，但路德的地区督导员与主教并无不同，同时他还保留着罗马礼拜艺术的许多特点，诸如祭坛和祭服(指教士穿的特别服装)。加尔文不然，他断然反对任何带有“罗马天主教”气味的东西。因而他号召消除教阶制度的一切痕迹，代之以由教会会众选举牧师和牧师大会以及“长老”(指负责在信徒中维持得体行为的俗人)治理整个教会。另外，他坚持认为教会礼拜仪式应尽可能地简化，禁止所有仪式、祭服、器乐、偶像，连镶有彩色玻璃的窗户也不得使用。一旦这些教条付诸实施，加尔文的礼拜仪式差不多只剩下了“四面空壁和一次布道”。

加尔文在日内瓦的神权政治

加尔文并不满足于纯粹的理论上，而考虑把他的教条付诸实施。日内瓦当时正处在政治及宗教剧变的阵痛中，加尔文感到在这一讲法语的瑞士城市有机会影响事件的进程，就在
683 1536年末移居那里，马上开始进行传道和组织活动。1538年，加尔文由于他的种种活动而遭到放逐，但1541年他再次回到日内瓦，把该城的政府和宗教都完全置于他的控制之下。在加尔文的引导下，日内瓦变成了一个神权国家。城市的最高权力由“长老会”执掌，它由12位平信徒长老和5位牧师组成。(虽然加尔文本人很少主持长老会，但在他于1564年去世之前长老会的决策通常都由他控制。)长老会除通过由牧师团上呈的立法外，其主要职能就是监督人们的道德。这一活动不仅对有害社会的行为加以惩处，而且持续不断地窥探每个人的私生活。日内瓦分成若干区，长老会委员会事先不加通知就造访各个家庭，以检查家庭成员的习惯。就连最温和的自娱形式也被严格禁止。跳舞、打牌、上剧场、在安息日工作或游玩，所有这些都被视为恶魔的行为，受到法律的禁止。如果不先作感恩祈祷，饭客主人不得允许任何人吃饭、喝酒，同时不得任何顾客在店里呆到晚9点以后。毋庸置言，处罚非常严厉。不仅谋杀犯和叛国者被处以极刑，通奸、“巫术”、亵渎上帝和异端也被同等看待。在加尔文在日内瓦当政的前四年，在总人口仅仅16,000人中就有不少于58人被处死。

在今人看来这种干预私人事务的做法可能应受到指摘，但在16世纪中叶，在欧洲各地许许多多人眼中，加尔文的日内瓦是彻底的新教的灯塔。比如，加尔文的学生、把加尔文教引入苏格兰的约翰·诺克斯就宣称加尔文统治下的日内瓦是“使徒时代以来世上出现的基督最完美的学校”。与此相连，许多外国人蜂拥到这一

"完美的学校"避难或寻求指导。此外,由于加尔文认为日内瓦仅仅是他的学说传播到法国和世界其他地点的一个中转站,因而他鼓励传教团到敌对地区进行宣教活动,结果大约自 16 世纪中叶起日内瓦成为向各地广泛传播这一新的信仰的一个同心协力、大力尝试的中心。不久加尔文教信徒在苏格兰占居人口多数,在那里被称作长老会;在荷兰也居主导地位,他们在那里建立了荷兰改革教会;在法国虽居人口少数,但人数甚众,被称为胡格诺教派;在英格兰情况与法国类似,在那里被称为清教徒。此外,加尔文教传教士热切地在欧洲其他大部分地区寻求皈依者。但是正当加尔文教信徒在欧洲各地进行活动之际,天主教势力决心不惜一切手段阻 684
止新教的进一步发展。正如我们在下章将要谈到的那样,结果在其后几十年间,迄今统一的基督教世界的许多地区陷入血腥的宗教战争之中。

四、新教的遗产

如果说路德反叛罗马和新教的传播发生在文艺复兴文明盛期结束之后,在现代欧洲政治、经济和社会发展中出现某些特别重要的进展之前,那么人们易于认为历史事件是以一种不可避免的累积的方式展开的:文艺复兴,宗教改革,"现代世界的胜利"。但历史这么整齐划一的时候很少。虽然学者们对具体细节似将有意见分歧,但多数人同意新教改革从文艺复兴文明中承袭下来的东西微乎其微,实际上在某些基本方面新教原则与文艺复兴时期人文主义者的主要看法完全不一样。至于"新教与进步"之间的关系,最恰当的当属德国伟大的宗教史家厄恩斯特·特勒尔奇在《新教与进步》一书中的阐述,书中这样写道:"新教促进了现代世界的产生……〔但在任何地方〕都看不出它是现代世界的实际缔造者。"

文艺复兴与宗教改革

在考虑文艺复兴与新教改革源起之间的关系时，应当承认，认为两者之间毫无关连是不正确的。基督教人文主义者对宗教弊端的批评肯定为路德的反叛在德意志作了准备。进而言之，人文主义者对《圣经》所作的缜密考证致使出版了新的、可靠的圣经版本，新教改革家使用的就是这种版本。在这一点上自意大利人文主义者洛伦佐·瓦拉到伊拉斯谟再到路德之间有一条线贯穿始终：如果说瓦拉的《〈新约〉集注》激发伊拉斯谟于1516年出版了他自己的带有拉丁译文的希腊文版《新约》，那么伊拉斯谟的《新约》版本反过来使路德得以于1518年就圣经有关苦行的真正含义问题得出某些至关紧要的结论。由于上述及其他相关理由，路德在1519年称伊拉斯谟是“为我们争光的人和我们的希望”。

基督教人文主义者反对新教运动

但实际上伊拉斯谟很快就表明他对路德最初的原则不予任何同情，而且其他基督教人文主义者一旦对路德和其他新教改革家的所作所行有了真正了解，他们大都对新教采取回避态度。出现这种情况的原因是人文主义者大都相信自由意志，新教徒则相信命定论；人文主义者倾向于认为人性基本上是善良的，新教徒则认为人性堕落到难以言表的程度；多数人文主义者赞成文雅的礼仪和宽容，路德和加尔文的追随者则强调信仰和整齐划一。因而，举例来说，当伊拉斯谟在1524年一篇论文中
685 捍卫《意志的自由》时，路德则在次年发表《意志的束缚》一文，对伊拉斯谟予以无情的抨击，坚称原罪使得所有人“受到束缚、变得邪恶、受到迷惑、生病和死亡”。而当亨利八世在英格兰推行宗教改革时，英格兰最著名的基督教人文主义者托马斯·莫尔爵士反对与罗马决裂，甚至不惜以身殉教，在走上断头台时仍说着个人良知高于一切等鼓舞人心的言论。

那么,如果说新教改革决不是文艺复兴文明自然而然发展的结果,那么它极为肯定地促成了现代欧洲历史发展中某些最典型的特征的形成。这些特征中最为重要的当属主权国家不受限制的权力的产生。如前文所述,那些皈依新教的德意志王公之所以采用这一步骤主要是为了寻求主权,丹麦、瑞典和英格兰国王出于同样的理由进行效仿。英格兰议会宣布亨利八世与罗马决裂的第一个法令,即 1533 年的限制上诉法案,提出了英格兰是一完全独立的国家的最早的官方声明,认为英格兰"由一位最高首脑和国王治理",拥有"对各色人等提供和给予公正的……绝对的、完整的和全部的权力",这并非偶然。由于新教领袖——无论路德还是加尔文——都鼓吹绝对服从"神圣的"统治者,由于在新教国家中国家直接控制了教会,因而新教的传播不可避免地导致国家权力的发展。但是,同样如前文所示,国家的权力从任何角度看都在发展,在天主教国家(比如法国和西班牙)中也在继续发展,在那些国家,国王也获得了信奉路德教的德意志王公或亨利八世强行获得的大部分同样的权利。

新教与现代国家的兴起

至于民族主义的发展,一种民族自豪感在 16 世纪的德意志业已存在,路德在其 1520 年的呼吁书中曾加以利用。但路德本人随后尽其所能培育德意志的文化民族主义,用充满活力的德意志方言翻译了《圣经》全文。在那之前,德意志各地语言迥异,彼此之间难以交流,但随着路德所译《圣经》的流行,它所用的德语不久就成为整个德意志民族标准语言。宗教对在政治上实现德意志国家的统一并未起到促进作用,因为非德意志人的查理五世反对路德教,结果德意志不久就在政治上分裂成新教和天主教两个阵营。但在其他地区,比如在苏格兰和荷兰等新教徒成功地击败信奉天主教的统治者的地区,新教加强了民族认同感。最为人们熟知的一个例子或许是英格兰，早在新教传入之前，那里就有一种远比德意志、苏格兰或荷兰要强的民族意识，但在下文我们将看到，新的信仰促成了伊丽莎白时代最伟大成就的出现。

新教与现代经济发展

686 新教与现代商业和工业经济发展的关系问题更是众说纷纭。在 1900 年左右，伟大的德国社会学家马克斯·韦伯注意到英国、荷兰和北美等经济发达地区都信奉新教，从而得出结论，即新教，尤其是加尔文宗，对于迫切进取的经济事业特别具有促进作用。在韦伯看来，这是因为加尔文的神学与天主教教义相反，为追逐利润的商人和放债者的冒险活动正了名，在其伦理体系中赋与节俭、勤勉等商业美德以很大的地位。但历史学家发现韦伯的学说不无缺陷。虽然加尔文确实称颂勤勉并承认商人“行当是正当的”，但他对牟取高额利润并不比天主教徒更为支持。此外，加尔文情绪激昂地辩称，人们应把其剩余财富用在为穷人服务上，而不是积累起来获得利益或作进一步投资。由此看来，商业冒险中经济获得成功必不可少的“工作美德”确实在某些方面根源于加尔文教，但加尔文心目中的商人决不是大的投机商或发财致富者。我们应当记住，在中世纪盛期欧洲经济业已取得重大进展；它在近代初期再度腾飞，一个并非微不足道的原因就在于葡萄牙和西班牙这两个天主教国家开始进行海外冒险活动；因而，加尔文教至多算是现代资本主义和工业革命取得胜利的许多促进因素中的一个。

新教对两性关系的影响

最后是新教对社会关系尤其是对两性关系的影响问题。与新教与经济发展这一问题相对，这一主题相对说来迄今仍未得到深入研究。可以肯定的是，就个人而言，信奉新教的男人像天主教徒、异教徒或土耳其人那样对妇女持一种矛盾态度。比如，约翰·诺克斯在一篇题为《反对丑陋的娘子军的第一声号角》的论文中猛烈抨击苏格兰信奉天主教的摄政者玛丽·斯图尔特,不过他对与他信奉同一信仰的女性怀有深深的敬重之情。但是,如果有人问新教作为一种超出个人奇异行径的信仰体系对妇女的命运产生了何种影响,看来应当这样回答:它使妇女成为一个与男子更平等的暗影,虽然她们显然仍处于从属地位。尤为重要的是,新教强调《圣经》至高无上和信者均为自己的教士,号召男人以及女子都认真学习《圣经》,因而它赞成对两性都进行初级教育,因而提高了男子以及女子的识字人数。但新教的男性领导人一直毫不迟延地坚持认为,妇女天生比男子低上一等,因而在争论中永远应服从男子。正如加尔文自己所说:"妇女应安于自己的从属地位,不要因为自己天生低于比她们高贵的异性而心存芥蒂。"路德和加尔文看来都有 687
着幸福的婚姻,但这显然意味着他们自己心目中的幸福婚姻。

五、天主教改革

路德之前与之后的天主教会改革

16世纪新教这一新生事物不可避免地会使路德和加尔文这样的宗教改革家成为众人瞩目的中心。但我们必须着重指出,天主教会内部的强大的改革运动对欧洲历史的影响产生了与新教同样深远的影响。历史学家对把这一运动称为"天主教改革"还是"反改革"意见不一。一些人偏爱用前者,因为他们希望藉此表明,在路德提出自己的学说之前天主教会内部就作出了重大努力改革教会,因而16世纪天主教的改革并不是一种纯粹意在抑制新教发展的反击。然而其他人振振有词地坚持认为,就其主体而言,16世纪天主教改革家之所以进行改革,确实主要是因为他们迫切感到需要他们视之为异端和分裂的运动。幸运的是这两种解释决非不可调和,因为它们提到了两个互相补充的阶段:路德之前的天主教改革,以及路德之后的反改革。

天主教改革

开始于1490年前后的天主教改革主要是一场道德和制度改革运动,它的灵感之源是基督教人文主义者的原则,同时实际上是在没有得到文艺复兴时期生活放荡的教皇支持的情况下进行的。在15与16世纪之交的西班牙,红衣主教弗朗西斯科·希门内斯·德·西斯内罗斯(1436—1517年)在君主制的合作下进行了改革活动,强制推行方洛各会修士的严格的行为准则,废除了教区牧师间到处可见的陋习。虽然西斯内罗斯改革的主要目的是加强教会在与犹太人和穆斯林竞争时的活力,但他的举动在复兴国家的精神生活方面产生了很大影响。在意大利没有出现类似的中央集权的改革运动,但许多热切的教士在16世纪初作了种种努力以使教会更与其职业相称。鉴于弊端根深蒂固和教廷的骄奢淫逸的榜样;这一任务殊为不易;但是,虽然面临重重障碍,意大利改革家确实设法建立了某些致力于虔诚为社会服务事业的高尚理想的教团。最后,不应忘记,伊拉斯谟和托马斯·莫尔这些主要的基督教人文主义者是有自己特色的天主教改革家,因为通过批评教会陋习和编修宗教文献,这些人确实有助于道德水平的提高。

反改革的教皇

然而,一旦新教呈现出横扫欧洲之势,从前各种形式的天主教改革显然都已不适于捍卫天主教会,更不必说扭转反叛的潮流了。这样,在16世纪中后期,改革逐渐进入了更有进取精神的第二阶段:这一次是
688 在新式的、强有力的教皇的领导下进行的。领导反改革运动的主要教皇有保罗三世(1534—1549年在位)、保罗四世(1555—1559年在位)、圣庇护五世(1566—1572年在位)以及西克塔斯五世(1585—1590年在位),他们从总的说来是中世纪盛期以来推行改革事业最为热心的教皇。他们都过着一种诚实的生活。确实,某

些教皇是极其严格的苦行主义者，以致同时代人无法确定他们是不是太过神圣了：正如一位西班牙督导在1567年写到的那样："不论他们在圣洁程度上多么伟大、难以言表、无可比拟和非同寻常，如果这些罗马教皇不再和我们在一起，我们会感到更快活些。"但是，面临新教势头猛烈的进攻，教皇以过分苦行出名比以骄奢淫逸著名要好得多。不仅如此，反改革的教皇全身心地投入积极的复兴教会的行动，整顿了自己的财政状况，任用那些和他们一样以严正著称的人担任主教和修院院长等教会职务，这些被委以重任的人反过来为其教士和隐修士确定了高尚的标准。

特兰托宗教会议：教义问题

除教皇的这些活动外，特兰托宗教会议还起了辅助作用；这次1545年由保罗三世召集，此后不时召开，一直持续到1563年。这次大型会议是教会史上最重要的会议之一。特兰托宗教会议探讨的是教义的基本问题，它一无例外地重申所有遭到新教改革家挑战的信条。善行与信仰一样被视为得救的必要条件。再次确认圣礼是取得上帝恩典必不可少的手段的学说。同样，圣餐变 689
体论、使徒统系说、相信炼狱、对圣徒的祈求和教士守身规定都被视为天主教体系的要素而得到确认。至于天主教信仰的真正源泉这一问题，《圣经》与使徒教导的传说被认为是具有同等重要性的权威。不仅教皇高于所有主教和教士的说法得到明确支持，而且教皇被认为理所当然地高于教会会议本身，这样教会的君主制政府就未受到任何触及。特兰托宗教会议还重申了触发路德反叛的赎罪信条，不过它确实谴责了与出售赎罪符相关联的最恶劣的丑闻。

特兰托宗教会议：具体改革与纪律

特兰托宗教会议所颁布的法规并不限于教义问题，而且包括有关消除陋习和加强教会对其成员的纪律约束的条款。主教和教士只准担任一项神职，这样任何人不可能因为兼领多项圣职而发财。为了消除教士愚昧无知的罪恶，规定每一个教区必须建立一所神学院。在审议临近结束时，宗教会议决定对图书实行检查，以防异端思想腐败那些依然信教的人。会议指定成立一个委员会起草禁书书单。1564 年，这一书单的公布致使正式建立禁书书单成为教会机构的部分职责。后来成立了一个叫作禁书委员会的常设机构，不时修订禁书书单。这种修订工作共进行了 40 多次。遭到谴责的书大都是神学论文，在阻碍学术进步方面可能未起太大作用。不过，必须把建立禁书书单视为后来对天主教徒和新教徒都起了毒害作用的不宽容的一个征兆。

圣伊格纳修斯·罗耀拉

除教皇的独立活动和特兰托宗教会议的法规外，推进反改革运动的第三股重要力量是圣伊格纳修斯·罗耀拉（1491—1556 年）创建的耶稣会。罗耀拉是位西班牙贵族，青年时代曾充当一名世俗的士兵，1521 年（也就是路德在沃尔姆斯向查理五世挑战那一年）他在战斗中负了伤，在养病期间决心改变人生道路，成为基督的一名精神斗士。此后不久他在西班牙曼雷萨镇附近一个洞穴中隐居了 10 个月，在此期间，他不像路德或加尔文可能做的那样去读《圣经》，而是体验到了令

耶稣会创建人罗耀拉像，据彼得·保罗·鲁本斯的一幅画刻绘。

人心醉神迷的幻象,构想出他后来的沉思指南《心灵的操练》的原则。这一手册完成于 1535 年,1541 年首次出版,它向人提供了一些实际忠告,告诉人如何掌握自己的意志并经由一个系统的默念 690
罪愆和基督生平的纲领服侍上帝。罗耀拉的《心灵的操练》一书不久就成为所有耶稣会士的基本手册,也为众多天主教平信徒广泛阅读;在 16 世纪的所有宗教著作中,它在影响上仅次于加尔文的《基督教原理》。

耶稣会的战斗性;教育成就

不管怎样,创建耶稣会一事肯定是圣伊格纳修斯·罗耀拉个人最大的一项成就。耶稣会最初是在 1534 年在巴黎由聚集在罗耀拉周围的六位门徒组成的一个小团体,决心以甘于贫困、纯洁的精神进行传教工作以服事上帝。1540 年,教皇保罗三世批准该修会为教会中的一个正式组织。此后耶稣会迅速发展,到罗耀拉去世时会众已达到 1500 人。耶稣会是迄至那时由 16 世纪天主教改革运动培育的一个最具战斗性的一个宗教修会。它不仅是一隐修会,而且是由一群发誓捍卫信仰的战士组成的团体。他们的武器不是枪弹和长矛,而是雄辩才能、劝说和用正确的教义教导人们,同时,如有必要,就采用更世俗的办法施加影响。耶稣会的组织仿照军事团队方式组成,有一个将军作为其总司令,对其所有成员实行铁的纪律。个性受到压制,普通成员应像士兵那样服从将军。耶稣会的将军有时被称为“黑教皇”(得名于修会服饰的颜色),由选举产生,任职终身,没有听取修会其他 691
成员意见的必要。但他确实有一个明显的上司,即罗马教皇本人,因为除修会三个誓言贫困、纯洁和服从外,所有高级耶稣会士都发了“第四个誓言”,即严格服从基督的代理人即教皇,随时听从他的召唤。

耶稣会充当信仰的捍卫者

耶稣会士的活动主要包括改变异教徒和基督徒的宗教信仰以及建立学校。该会创建的主要目的最初在海外从事传教工作，早期的耶稣会士丝毫没有放弃这一目标，他们在地理大发现后抵达印度、中国和西属美洲等异教地区进行传教。比如，圣伊格纳修斯早期最亲密的伙伴之一圣弗朗西斯·哈维尔（沙勿略，1506—1552 年）在东印度群岛为数千名土著人洗礼，在那里传教行程达数千英里。不过，虽然罗耀拉起初并未设想把他的修会变成反对新教的突击队，但随着反改革运动的深入发展，它主要起了这种作用。通过传教和外交手腕，有时冒着生命危险，耶稣会士在 16 世纪后半期在欧洲各地进行活动，与加尔文派信徒发生了直接冲突。在许多地区，耶稣会士成功地使统治者及臣民继续效忠天主教；在其他地区，他们成为殉教的烈士；而在其他一些地区——尤其是波兰及德意志和法国部分地区——他们实际上收复了一度归属新教信仰的地区。在所有得以安居下来的地方，耶稣会士都创办学校和学院，因为他们坚信强有力的天主教只能建立在人们普遍识字和受到教育基础上。实际上，他们的学校往往办得卓有成效，以致在宗教仇恨之火开始熄灭之后，上层新教徒有时把自己的孩子送到耶稣会士办的学校接受教育。

反改革的成果

从上面的叙述中应能不言自明地看到这一点：与有着一种新教遗产完全一样，也有一种“反改革遗产”。毋庸置言，对忠诚的天主教徒而言，16 世纪天主教改革的最大成就就是守住并恢复了天主教信仰的活力。毫无疑问，如果没有 16 世纪改革家们英勇的努力，天主教就不会横扫全球并在欧洲像现今这样作为一种强有力的精神力量重现。但反改革也有一些更为实际的后果。其一，由于耶稣会士的教育活动，天主教国家的识字率上升了；其二，人们更为关心慈善行为。

由于反改革的天主教既强调信仰也强调善行,因而慈善行为在这一复苏的宗教中起了极其重要的作用:因此反改革的精神领袖诸如圣弗朗西斯·德·撒肋爵(1567—1622年)和圣文森特·德·保罗(1576—1660年)等在其布道和著作中都敦促布施,同时在欧洲信奉天主教的地区到处掀起了兴建孤儿院和济贫院的浪潮。

反改革对妇女的影响

在其他两个领域反改革运动也产生了虽不那么引人注目但仍值得注意的影响,即在妇女史 692
和思想文化发展领域。如果说新教鼓励妇女识字以使妇女在能阅读《圣经》方面与男人更接近一些,那么恢复元气的天主教则采取了不同的方法。多数信奉天主教的妇女在信仰方面处于比信奉新教的妇女更从属性的地位,但天主教鼓励女性宗教精英发挥一种独特的作用——支持阿维拉的圣特雷萨[①]的神秘主义,或允许建立一个新的女修会,诸如厄尔苏拉女修会[②]和仁爱姐妹会。在新教和天主教中妇女都处于从属地位,但在后者中她们可以更自主地从事宗教活动。

反改革与理性

最后,令人遗憾的是,反改革未能保存伊拉斯谟的宽容的基督教,因为基督教人文主义者不得反改革的教皇的宠爱,伊拉斯谟的所有作品当即都被列入禁书书单。但16世纪的新教与16世纪的天主教一样不宽容,对理性主义事业比天主教更持敌视态度。确实,由于反对改革的神学家重新向圣托马斯·阿奎那的经院哲学寻求指导,因而,与强调纯粹的圣经权威和盲目信仰的新教神学家相比,他们更愿意

---

① 圣特雷萨(1515—1582年),又译德肋撒,西班牙天主教修女,神秘主义者,倡导加尔默罗会改革运动,1562年在阿维拉建立圣约瑟女修院,著有《到达完美之路》和灵修自传《生活》等。——译者

② 厄尔苏拉教团1535(或1537)年由圣安杰拉·梅里奇创建于意大利布雷西亚,是一专门从事妇女教育的一个天主教女修会。——译者

承认人类理性的尊严。因此,虽然后来17世纪的科学革命的界标是各种各样的精神性活动与严格的科学工作的分离,但说过"我思故我在"这样名句的科学革命奠基人之一勒内·笛卡尔在年轻时受到的是如何成为耶稣会士的教育,这看上去完全不是偶然。

精选书目

Boxer, C. R., *The Portuguese Seaborne Empire, 1415—1825*, New York, 1969. 有关这一主题的典范之作。

Elliott, J. H., *The Old World and the New, 1492—1650*, Cambridge, 1970. 篇幅不长,但精湛地分析了发现新世界对旧世界生活影响的方方面面。

Hale, J. R., *Renaissance Exploration*, New York, 1968. 简短介绍,但不乏真知灼见。被视为研究这一问题的起点,为人看重。

Morison, S. E., *Christopher Columbus, Mariner*, New York, 1955. 这是该讲故事大家所撰权威哥伦布传 *Admiral of the Ocean Sea*(1942)的缩编本。

Newitt, M., ed., *The First Portuguese Colonial Empire*, Exeter, 1986.

Parry, J. H., *The Age of Reconnaissance*, London, 1963. 本书可能算是有关近代早期欧洲扩张的整个主题中最佳的单卷本综述。它在造船和航海细节方面尤其具有特点。

——, *The Spanish Seaborne Empire*, London, 1966. 与 Boxer 著作同类,论述近代早期西班牙的殖民经历。

Penrose, B., *Travel and Discovery in the Renaissance, 1420—1620*, Cambridge, Mass., 1960. 有关主要航海活动的范围广泛的叙述性著作。

新教改革

Bainton, R. H., *Here I Stand: A Life of Martin Luther*, Nashville, Tenn., 1950. 用英语写成的最佳介绍性传记:引人而具有权威性,不过显然具有歌颂路德特征。

——, *Women of the Reformation*, 3 vols., Minneapolis, 1970—1977. 有趣的叙述比比皆是,但分析甚少。

Brandi, K., *The Emperor Charles V*, New York, 1939. 有关这位皇帝的标准叙述性传记。

Davis, Natalie Z., *Society and Culture in Early Modern France*, Stanford, 1975. 各具有拓荒精神的论文集,着眼于历史人类学,包括一部分对16世纪宗教运动中妇女地位的精彩论述。

Dickens, A. G., *The English Reformation*, New York, 1964. 介绍性佳作。

——, *Reformation and Society in Sixteenth-Century Europe*, London, 1966. 极富启发性的介绍性概览，另一优点是插图丰富。

Erikson, E. H., *Young Man Luther*, New York, 1958. 一部经典性心理传记，分析年轻路德的"本性危机"。

Grimm, Harold J., *The Reformation Era: 1500—1650*, 2nd ed., New York, 1973. 最佳大学水平课本。

Harbison, E. H., *The Age of Reformation*, Ithaca, N. Y., 1955. 本领域大师撰写的精彩的入门性著作。

——, *The Christian Scholar in the Age of the Reformation*, New York, 1956. 讨论基督教人文主义和早期新教的关系。

Hillerbrand, H., *The World of the Reformation*, London, 1975. 概述性著作，有新意。

Hurstfield, Joel, ed., *The Reformation Crisis*, London, 1965. 有关宗教改革史各个方面的论文集。

McNeill, John T., *The History and Character of Calvinism*, New York, 1945. 基础性著作，略老，但可靠。

Monter, E., William, *Calvin's Geneva*, New York, 1967. 有关加尔文的日内瓦的典范之作。

Mullett, M., *Radical Religious Movements in Early Modern Europe*, London, 1980. 对新教的某些重要影响作了理论分析，对16世纪和17世纪同样看重。内含一个极有价值的相关人物传。

Oberman, H. A., *Masters of the Reformation*, Cambridge, 1981. 由图林根大学的活动入手，对新教的产生作了挑战性研究。供较高层次读者阅读。

Samuelsson, K., *Religion and Economic Action*, New York, 1961. 对Max Weber之加尔文促进了"资本主义精神"兴起的学说提出了权威性评论。

Skinner, Q., *The Foundations of Modern Political Thought*: 2. *The Age of Reformation*, Cambridge, 1978. 对政治史上的新教改革和反改革作了最优秀的分析。

Smith, Lacey B., *Henry Ⅷ: The Mask of Royulty*, Boston, 1971. 对亨利八世末年及其时代作了引人的解释。

Spitz, Lewis W., ed. *The Reformation: Basic Interpretations*, 2nd ed., Lexington, Mass., 1972. 论文集，论及有争论观点。

Tawney, R. H., *Religion and the Rise of Capitalism*, New York, 1926. 对韦伯说作了最精致的书面辩护。

Troeltsch, E., *Protestantism and Progress*, New York, 1931. 具有长久生命力的

经典之作。

Wendel, F., *Calvin*, London, 1963. 有关加尔文的传记典范。

Williams, George H., *The Radical Reformation*, Philadelphia, 1962. 对浸礼会和新教改革的“左翼”作了详细叙述。

天主教改革

Broderick, James, *The Origin of the Jesuits*, London, 1940. 成书虽早，但仍未被超越。

Delumeau, J., *Catholicism between Luther and Voltaire: A New View of the Counter-Reformation*, Philadelphia, 1977. 综合性著作，强调天主教改革的正面影响。

Dickens, A. G, *The Counter-Reformation*, London, 1968.

Janelle, P., *The Catholic Reformation*, Milwaukee, 1949. 可靠的简介。

Jedin, H., *A History of the Council of Trent*, 2 vols., London, 1957—1961. 卷帙浩繁，权威性强。

Knowles, D., *From Pachomius to Ignatius: A Study in the Constitutional History of the Religious Orders*, Oxford, 1966. 全书不足百页，但真知灼见到处皆是。从历史角度论述耶稣会的组织原则。

原始资料

Dillenberger, J., ed., *John Calvin: Selections from His Writings*, Garden City, N. Y., 1971.

——, *Martin Luther: Selections from His Writings*, Garden City, N. Y., 1961.

Hillerbrand, H. J., ed., *The Protestant Reformation*, New York, 1967.

St. Ignatius Loyola, *The Spiritual Exercises*, tr. R. W. Gleason, Garden City, N. Y., 1964.

Ziegler, D. J., *Great Debates of the Reformation*, New York, 1969.

第二十章　欧洲近代早期危机四伏的一个世纪

（约1560—约1660年）

我不想多谈我们生活的这一时代的习俗。我所能说的只是：这一时 695
代不是一个最美好的时代，而是一个邪恶的世纪。

——R.门泰·德·萨尔莫内，《大不列颠动乱史》（1649年）

我心中蒙昧，愿得您独照光明，

我意趣平平，愿得您提携契引。①

——约翰·弥尔顿，《失乐园》

巴黎大屠杀

1572年8月圣巴托罗缪节前夜，信奉天主教的法国王太后梅迪奇的凯瑟琳授权伏击前来巴黎参加婚礼的法国新教领袖。就这样，在午夜过后数小时内，毫无戒心的人们从梦中被惊醒，或者被杀死在床上，或者被扔出窗外。不久，所有被列入名单的新教徒都被消灭了，但杀戮仍在进行，因为巴黎天主教徒成帮结队地游荡，利用这一获得授权的机会随意杀戮他们碰上的任何敌人，不管他们是新教徒还是别的什么人。到了上午，塞纳河里尸骸遍地，几十具尸体悬挂在绞刑架上，表明发生了一场自此被称为圣巴托罗缪节大屠杀的事件。

① 译文据傅东华译本，《失乐园》，人民文学出版社1958年版。——译者

圣巴托罗缪节惨案(木刻画)

696 如果这一惨剧仅仅是个孤立的事件,那它也就不怎么值得一提了。但事实上,在大致自 1560 年至 1660 年这一百年间,在欧洲许多地区无时不在发生这种宗教暴行,有时是新教徒扮演残酷无情的刽子手的角色,有时是天主教徒屠杀新教徒。此外,经济陷于困境,战争旷日持久,再加上宗教叛乱,局势进一步恶化,终致使欧洲文明陷入巨大危机达一百年之久。

危机不断的一百年

欧洲近代早期的危机在许多方面与中世纪后期可怕的岁月相类似;但就性质和程度而言,欧洲近代早期的危机不像前者那样始终如一。从经济观点看,这时出现了两种不同的重大困

危机的原因和影响不一样

难——首先出现了戏剧性的物价上涨，自约1500年一直持续到1600年，此时穷人相对于富人而言受害尤其严重；随后是经济普遍停滞的阶段，不过由于地区不同，各地情况迥然相异。与此类似，尽管在这一整个时期政治史的主题是激烈的战争，但战争的原因由于时间、地点的不同而大相径庭，个别地区偶或甚而享受到时断时续的和平之光的照耀。但不管怎样，从最宽广的角度看，1560到1660年这段时期是西欧历史上的一个“堕落的世纪”，是一个产生了严重动荡、面临严重考验的时代。

一、经济、宗教和政治的考验

危机突然降临

欧洲的动乱时代是在当时人毫无准备的情况下突然降临的。因为在1560年之前近一百年的时间里，西方大部分地区都因经济的稳步发展而受惠，新大陆的发现似乎昭示着未来会出现更大的繁荣。697
政治趋势看上去也吉祥顺遂，因为西欧多数政府都变得空前有效率，为其臣民提供了空前多的内部和平。不过，1560年左右，天空突然布满了乌云，一场可怕的暴风雨马上就要降临了。

物价飞涨

虽然这些风暴产生的原因盘根错节，但我们可以首先从物价飞速上涨入手，逐个考察这些原因。在西欧历史上，从未出现过像16世纪后下半期这样的物价飞涨现象。比如：自1550到1600年，佛兰德一个单位的小麦，价格涨了三倍，巴黎的谷价涨了四倍；在同一时期，英格兰总的生活费用的增幅在一倍以上。自然，在20世纪出现过比这还要剧烈的通货膨胀，但16世纪后期这种价格的猛涨是破天荒的事儿，正因为此，多数史学家同意称之为“价格革命”。

通货膨胀产生的原因:(1)人口增加

不过,如果说专家们同意使用这一术语,那么到底哪些因素合在一起促成了价格革命,他们之间却意见不一,因为近代早期的统计数字残缺不全,同时人们对经济理论的许多领域还有争论。尽管如此,为方便起见,我们可以肯定地罗列两个大家公认的促成这次大危机的重要原因。其一是人口方面的原因。自15世纪晚期开始,欧洲的人口在因黑死病蔓延而锐减之后再次处于增长高峰:据粗略估计,1450年前后欧洲有约5000万人口;1600年则达到了9000万左右。由于在农业技术方面缺乏任何值得注意的突破,欧洲的食物供应多多少少没有变化,这样一来,随着需求的更大增长,食物价格不可避免也要飞涨。与此相对,由于手工业供需之间存在着较大差距,因而手工制品的价格未出现像食物那样的急剧上涨。不过,手工业制品的价格确实有所上涨,尤其是在那些对手工业十分重要的农业原材料相对缺乏伸缩性的地方。

(2)白银的流入

因而,虽然人口趋势在很大程度上是物价上涨的原因,但由于欧洲的人口在16世纪下半期不像物价上涨那样相应迅猛,故而仍需要寻找促成通货大膨胀的其他原因予以补充,其中最重要的当属美洲白银的大量流入。1560年左右,由于使用了一种新的由银矿石中提炼白银的技术,因此开采新近发现的墨西哥和玻利维亚银矿就变得十分可行了;不久,白银就由原先的细流转变成洪流流入欧洲。如果说在1556至1560年这五年间大致有价值1,000万杜卡托的白银流经西班牙的输入港塞维利亚,那么在1576至1580年间这一数字翻了一倍,1591至1595年间则翻了两番有余。这些
698 白银大都被西班牙国王支付给外国债权人和军队,或由私人用在购买外国输入品上了。西班牙银条很快在欧洲各地流通开来,它

们多被铸成了硬币。流通领域货币量的剧增可谓火上浇油,促使物价更迅猛地上升。1603 年一位法国人在旅居西班牙时说:“我在这里听到一个谚语:本地除白银外,所有东西都价格高昂。”

通货膨胀对劳苦大众的影响

富于进取精神的企业主和地产主在这种变动的经济形势中受益最大,从事劳动的大众则受害最深。拥有紧俏商品的商人显然可以漫天要价;地产主可以从农产品价格的上涨中直接获益,如果他们把田地交由别人佃种,也总是可以提高租金。但是,由于劳动力供大于求,工资上涨的幅度远远跟不上物价上涨的速度,因而城乡劳动者处境艰难。另外,由于食物价格上涨的幅度相对说来比其他大多数消费品都要大,因而穷人不得不从其微薄的收入中拿出更多的钱购买生活必需品。在正常年景他们费尽心血才能勉以度日,一旦由于战争或歉收等灾祸谷物价格腾涨,一些穷人实际上因饥饿而死。这样一来就出现了下述景况:富者愈来愈富,穷者愈来愈穷——穷者坐以待毙,富者却欢宴不断。

政治后果

除这些直接的经济后果之外,16 世纪后期的通货膨胀也产生了重要政治后果,因为物价的上涨对欧洲各主权国家形成了新的压力。造成这种情况的原因很简单。由于通货膨胀,货币的实际价值下降了,国家得到的赋税收入实际上也越来越少。因而,仅仅为了确保收入始终如一,政府就不得不增加税收。由于国家陷于更多的战争之中,而战争费用通常越来越高昂,多数国家在这一时期需要获得空前多的实际收入,这就使局势更为严重。要做到这一点,唯一的途径是大幅度增税,但这种苛酷措施致使臣民怨声载道,尤其是那些业已由通货膨胀而一贫如洗的赤贫。这样,政府就面临着反抗乃至潜在的武装抵抗的持续威胁。

1600年后的经济停滞

价格革命之后出现就是经济停滞,对此我们无需多言,因为它与我们刚刚讨论的多数趋势并不相悖。1600年前后,当人口增长速度开始放慢、北美白银涌入的势头减弱时,物价不久就稳定下来。不过,由于对新大陆最盈利的经济开发活动在17世纪后期才开始,欧洲工业的发展微乎其微,因而自约1600至1660年这段时期至多算是一个总的经济增长十分有限的时期,尽
699 管个别地区——尤其是荷兰——逆潮流而动。就此而论,富者通常能够守住自己的财富,穷者作为一个整体没有获得任何好处,因为物价对工资的关系依然保持着对他们不利的情况。如果说有什么变化的话,那么在许多地区穷人的处境实际上恶化了,因为在17世纪中叶爆发了某些代价高昂的毁灭性战争,它们致使孤立无助的平民要么受到贪婪的征税人员的盘剥,要么受到劫掠成性的士兵的掠夺,要么同时受到这两种灾祸的损害。

宗教战争

毋庸置言,在欧洲堕落的世纪,如果战争更少一些,多数人的生活就会比实际上要好得多。但由当时居主导地位的看法看,新近滋生的宗教冲突致使战争不可避免。简单说来,直到本时期末宗教激情开始平静下来之前,多数天主教徒和新教徒都把对方视为绝对应当消灭的撒旦的仆从。主权国家基于“王冠与圣坛”互相扶掖的认识以及不同信仰大行其道必将导致政府衰弱的信念,强制实行宗教一体化,这就使局势进一步恶化。信奉天主教与信奉新教的统治者都认定,如果在其统治地区内容许人员居少数的宗教派别存在,他们不可避免地就要煽动叛乱;他们持这样见解并非过于离谱,因为好斗的加尔文宗和耶稣会士实际上都致力于在他们尚未取胜的地区进行颠覆当地合法政权的活动。因而各国都试图消除种种潜在的宗教反抗活动,但在此过程中有时激起内战,内战中的双方都认为除非根

除对方,否则无胜利可言。自然,当一个或更多的外部势力决定帮助交战中与自己结盟的一方时,内战就会扩展成一场国际性冲突。

政府危机

从较严格的角度看,解决前述问题属于政治范畴:即,在罹受价格趋势的束缚和宗教战争的折磨的同时,各国政府本身也招致地方上和宪政上的不满。关于地方问题,近代早期欧洲的大国大都是通过征服或王族联姻方式建立起来的,其结果是许多较小的地区受到了缺席统治(absentee rule)。在一开始时尚保留某种程度的地方自治,因而这些地区的居民对遭到兼并并未过于反抗。但在堕落的世纪,随着政府对所有臣民提出越来越多的财政要求,或者试图强制实行宗教一体化,统治者为了推行其财政或宗教政策,惯常的做法是进而消灭各地外表上的自治。地方居民自然不乐于束手就擒,同意完全臣属国家,这样他们就会出于爱国、经济或宗教等交织在一起,各种因素举行反叛。不过情况并未都是如此,因为多数寻求金钱以及(或)宗教统一的政府都试图对其臣民实行更强有力的统治,因而有时就会激起人们打着维护传统的宪政自由的旗号进行武装 700
反抗。鉴于人们出于各种令人眼花缭乱的原因进行反叛,因而毫不奇怪,自1560到1660年这一百年是整个欧洲历史上最动荡不宁的时代之一。

二、长达半个世纪的宗教战争

德意志直到哈布斯堡和约签订之前的宗教战争

尽管造成社会不稳定的互相重叠的原因多种多样,但引发堕落的世纪前50年战争的最大的单一原因就是宗教冲突。实际上,天主教徒和新教徒之间的战争早在16世纪40年代就已开始了,当时信奉天主教的神圣罗马帝国皇帝查理五世试图以军事手段讨伐那些在其公国内立路德教为国教的德意志王公,从而再现天主教一统天下的局面。在此后一段时间,查理一度看上去成功地迫使其德意志新教徒对手完全归顺,但由于在同时卷入了对法战争,因而很少能集中精力处理德意志内部事务。与此相连,宗教战争此起彼伏,直到 1555 年双方达到妥协性的《奥格斯堡宗教和约》。该条约所依据的原则是“信奉什么宗教,视统治者而定”(“cuius regio, eius religio”),意即在信奉路德教的王公统辖的公国,路德教就是唯一的国教,在那些信奉天主教的王公统辖的地区,情况同样如此。虽然奥格斯堡和约由于是天主教统治者首次承认新教享有合法地位而构成一个历史里程碑,但它由于确定任何比自由市(自由市是个例外)大的主权国家都不能容许不同的宗教存在,从而埋下了纷争的种子。此外,由于它把加尔文宗排除在外,加尔文宗信徒就将成为反对现状的一个活跃的势力。

法国宗教战争的背景

虽然在 1560 年之前在欧洲就有了以宗教名义进行的战争,但 1560 年蹂躏欧洲大地的宗教战争比过去残酷得多,这部分上是因为参加战斗的双方更为狂热(毫不妥协的加尔文宗信徒和耶稣会士通常是敌对营垒的领导势力),部分上是因为后来的宗教战争由于政治、经济的敌对情绪而进一步升级。由于日内瓦与法国接壤,由于加尔文本人是法国人,而他一直谋求改变自己祖国的信仰,又由于加尔文宗信徒无意进军德意志取代路德宗,因而欧洲赎罪战争悲剧的下一幕就在法兰西大地上上演了。在 1541 年加尔文在日内瓦执掌大权和 1562 年宗教战争爆发之间,加尔文宗传教士已经在法国取得了很大进展。对加尔文宗(胡格诺教徒)事业帮助最大的是许多出身贵族的妇女的皈依,因为她们往往把其丈夫
701 争取过来,后者反过来拥有大批私人军队。最为突出的一个例子

是比利牛斯山区蕞尔小国纳瓦尔的王后让娜·达尔布雷(1528—1572年),在她的活动下,她的丈夫、名声显赫的法国贵族安托万·德·波旁及其姐夫孔代亲王都皈依加尔文宗。孔代亲王在1562年内战爆发时是法国胡格诺团伙的首领,而且他的职位后来由让娜的儿子、纳瓦尔的亨利承袭,后者在该世纪末成为全法国的统治者,即亨利四世国王。除贵族外,各个阶层、行业的许多人士出于形形色色的动机也成为胡格诺信徒,他们在早就对来自巴黎的北方统治心怀不满的南方地区势力最强。总之,到1562年,加尔文宗信徒在法国总共约1600万人口中占有一到二成,同时人数与世俱增。

让娜·达尔布雷

法国内战:圣巴托罗缪节大屠杀

由于天主教徒和新教徒都认为法国只能拥有一个国王(roi)、一个信仰(foi)和一 702
个法律(loi),因而内战在所难免;同时人们毫不奇怪,为了争夺国王年弱无法亲政时对政府的控制权,信仰加尔文宗的孔代亲王和极端的天主教徒吉斯公爵竟在1562年兵戎相见。不久,法国各地都燃起了战火。往往在双方神职人员的挑唆下,暴徒聚众闹事,洗劫教堂,清算地方怨仇。一段时间过后局势明朗起来,胡格诺教徒力量不够强大,人数尚不够多,无法取得胜利,但他们的力量又足以抵抗下去,不致失败。因而,战争期间虽间或出现休战,但战事一直延续到1572年,大批人丧生。随后，在和平的间歇期，颇有教养的王太后、梅迪奇的凯瑟琳——这位妇女通常倾向于妥协——与天主教吉斯派成员一起，密谋利用胡格诺教派首领汇集巴黎参加纳瓦尔的亨利的婚礼之际把他们一网打尽。在圣巴托罗缪节凌晨（8 月 24 日），胡格诺派首领大都在睡梦中被杀死，另外二三千名其他新教徒被天主教暴徒杀死在大街上或投入塞讷河淹死。巴黎大屠杀的消息传到各省后，又有上万名胡格诺教徒在横扫全法国嗜血狂潮中被杀死。

亨利四世在法国实现宗教和平

圣巴托罗缪节插曲实际上粉碎了胡格诺派的抵抗，但尽管如此，战争仍未停息，因为神经质的亨利三世国王（1574—1589 年在位）试图唆使胡格诺派与居主导地位的天主教吉斯家族进行斗争，也因为誓死不屈的胡格诺派有时得以与天主教徒联合起来，反对苛重的赋税或税收中不公的待遇。只是在深谙政治权术的亨利四世（1589—1610 年在位）成功地登上法国王位之后——他创立的波旁王朝一直延续到 1792 年——内战才最终结束。1593 年，亨利放弃了新教信仰，以安抚在法国人口中占多数的天主教徒（"巴黎是值得做弥撒的"）；随后，1598 年，他颁布南特敕令，授予胡格诺派有限的宗教自由。据敕令的条文，天主教被认定为官方宗教，但胡格诺贵族可以在自己的城堡中以私人身份举行新教仪式，其他胡格诺派信徒也可以在特定的地点（不包括巴黎以及有主教、大主教驻节的所有城市）举行祈祷；此外，敕令允许胡格诺派在某些城镇，尤其是南方的一些城镇，构筑防御工事，以便在需要时进行军事防御。因而，虽然南特敕令肯定没有确定绝对的信仰自由，但它无论如何朝着宗教宽容迈出了一大步。随着宗教和平的建立，法国很快就开始治愈几十年的创伤，但亨利四世本人在 1610 年被一位狂热的天主教徒刺死了。

哈布斯堡王朝在尼德兰的统治

与法国宗教战争同时，在邻国尼德兰在 703
天主教徒和新教徒之间也出现了同样激烈的冲突，而这种宗教敌对状态由于民族间的仇恨而大大加剧。尼德兰(或低地国家)包括今日的荷兰(在北部)和比利时(在南部)；近乎一百年来，它一直受到哈布斯堡家族的统治。尤其是尼德兰南部，由于其商业和手工业都很发达，这里呈现出一派繁荣景象：南尼德兰人人均享有的财富在整个欧洲无人匹敌，其大都市安特卫普是欧洲北部主要的贸易和金融中心。此外，哈布斯堡家族的查理五世(1506—1556年在位)长达半个世纪的统治深得人心，因为查理五世出生于比利时的根特城，与其臣民有一种亲近感，允许他们享有很大程度的地方自治。

菲利普二世与迫在眉睫的危机

但到了1560年左右，尼德兰的好运开始逆转。当1556年查理五世退隐到一个修道院(两年后死去)之后，他把他统辖下的广袤地区，除神圣罗马帝国和匈牙利外，都交给了他的儿子菲利普二世(1556—1598年在位)，其中不仅包括尼德兰，而且包括西班牙、西属美洲以及近乎一半的意大利。与查理五世不同，菲利普出生在西班牙，认为自己是个西班牙人，居住在西班牙，并围绕着西班牙制定政策。因而，在他眼里，尼德兰主要是可以为他处理西班牙事务提供潜在的财源的地区。(1560年前后，美洲白银才开始经由塞维利亚流入。)但为了攫取尼德兰的财富，菲利普就不得不比其父亲推行更直接的统治，这些尝试自然而然地招致此前一直控制政府的当地权贵的反对。令事态进一步恶
化的是，宗教风暴也在酝酿过程中，因为1559年协定结束了法国 704
和西班牙之间长期的战争状态后，法国的加尔文教徒开始迅速穿越尼德兰边界，所到之处都劝人皈依加尔文教。不久安特卫普的

加尔文教徒比在日内瓦还多,对此菲利普无法容忍,因为他是一位虔诚的天主教徒,全身心地致力于反改革目标。确实,就像他在冲突前夜致罗马教皇的信中所说:“与其让真正的宗教及服事上帝受到最轻微的伤害,我宁愿失去我的所有国家乃至一百次地献出自己的生命,因为我不是也不愿做异教徒的统治者”。

尼德兰局势的复杂化表现在下述事实上:领导反抗菲利普运动的人物沉默者威廉起初并不是加尔文派教徒,最终成功地摆脱西班牙统治的地区最初是低地国家中天主教徒人数占大多数的地区。“沉默者”威廉是尼德兰一个拥有大片地产的显要贵族,这位实际上非常健谈的人之所以获得那么一个绰号,是因为他在必要时善于隐瞒自己真正的宗教和政治立场。1566 年,当时在名义上仍是天主教徒的威廉与其他并未正式皈依新教的当地贵族吁请菲利普对加尔文教徒予以宽容。但当菲利普一时迟疑之际,激进的新教暴民证明是自己最大的敌人——他们在全国各地洗劫天主教堂,有步骤地亵渎圣物,捣毁塑像,打碎镶有彩花玻璃的窗户。虽然当地军队不久就控制了局势,菲利普二世仍决定派遣一支一万
705 人的军队,由冷酷的阿尔瓦公爵统领,前去彻底消灭低地国家的新教运动。阿尔瓦的特别法庭“血腥会议”不久就以异端或叛逆的罪名审讯了大约 12,000 人,其中 9,000 人被判有罪,1,000 人被处死。“沉默者”威廉流至国外,建立一个自由的尼德兰的一切希望看来都破灭了。

由于两个互相关联的原因,形势迅速发生了逆转。首先,沉默者威廉不仅没有屈服,而且反过来皈依新教,并寻求法国、德意志和英格兰新教徒的支持,组织一批批的海盗船骚扰尼德兰沿海的西班牙船只。其次,阿尔瓦公爵的暴政帮了威廉的忙,尤其是当他试图征收高达百分之十的高昂销售税时。1572 年,随着尼德兰内部对西班牙不满情绪的日趋高涨,由于战术上的原因,威廉已经可

以夺取尼德兰北部，虽然在这里天主教徒仍居主导地位。此后，地理条件在决定冲突的命运方面起了主要作用。西班牙军队屡屡企图夺回北方，但面对随时可以开闸淹没入侵者的堤坝和难以逾越的道道河流，徒唤奈何。虽然沉默者威廉在 1584 年被一天主教徒暗杀，但他的儿子继续领导反西班牙事业，直到 1609 年西班牙王室最终同意达成停战协定，从而明确承认北方荷兰共和国的独立地位。与此同时，在战争和迫害的压力下，整个北方都信奉加尔文教，依然处于西班牙统治之下的南方则重新回到天主教一统天下的局面。

英格兰与西班牙的冲突

宗教冲突以各种形式表现出来，在法国是内战，在尼德兰是民族解放战争；可以预料，冲突也可以以两个主权国家交战的形式表现出来，比如 706
16 世纪后期英格兰和荷兰之间的斗争。在侥幸逃脱信奉天主教的女王玛丽及其西班牙丈夫菲利普二世的统治之后，英格兰的新教徒在伊丽莎白一世女王（1558—1603 年）的统治下欢欣鼓舞，他们自然而然地对菲利普二世和反改革运动存有敌意。此外，英格兰的经济利益与西班牙的经济利益直接对立。作为一个航海和从事商业的民族，英格兰人在 16 世纪后半期逐步侵入西班牙在海上和贸易上的势力范围，同时还决心反对西班牙的封锁英格兰与低地国家之间有利可图的贸易的企图。但是双方冲突的最大根源是他们在大西洋的海上竞争。在伊丽莎白女王的默许下，英格兰的私掠船不断袭劫西班牙装满白银的运宝船。自 1570 年前后开始，英格兰海军将领或海盗（这两个词实际上是可以互换的），诸如弗朗西斯·德雷克爵士和约翰·霍金斯爵士等，借口西班牙在尼德兰压迫新教徒，开始在公海上劫掠西班牙船只。在自 1577 至 1580 年一次尤为戏剧性的航海行动中，德雷克在追求战利品的欲望和盛行风的驱使下，绕世界环行一周，满载财宝回

左:西班牙无敌舰队失败。右:女王伊丽莎白一世。
这一大海战同时代人创作的油画只能使人对混战情形有简略了解。请注意前景中一艘船上带有的明显的教皇徽记。英国人认为,如果西班牙人获胜,教皇旗帜将在英国大地上飘扬。右图中伊丽莎白脚下为英国地图。

归英格兰,其财宝价值等于伊丽莎白女王岁入的两倍。

707 **西班牙无敌舰队的失败**

所有这些本应足以促使菲利普二世报复英格兰,但由于他忙于尼德兰事务无暇他顾,因而只是在1585年英格兰公开与荷兰反叛者结盟之后才决定侵入该岛。甚至到那时他仍未采取行动,因为他没有作好周密的计划,没有把握万事俱备。最后,1588年,他一支庞大的舰队,自信地称之为“无敌舰队”,前去惩罚无礼的不列颠。然后,在英吉利海峡避开西班牙舰队最初的锋芒后,英格兰火船智胜西班牙舰队,引燃了一些西班牙大帆船,打乱了整个舰队的阵型。“新教狂风”完成了其余的事,西班牙舰队损失惨重,近半舰只丧失,不久就艰难缓慢地回到西班牙。

西班牙无敌舰队的失败是西方史上最具决定意义的战斗之一。假如西班牙征服了英格兰,那么西班牙人极可能进而蹂躏荷兰,甚或消灭其他北方的新教。然而,实际结果是新教得救了;不久之后,西班牙势力开始衰落,英格兰和荷兰船只取得了更大的制海权。此外,在英格兰本身爱国激情高涨起来。甚至在海战之前,“贤德的女王贝丝”就深得人心,此后在她于 1603 年去世之前,实际上一直受到臣民的尊崇,英格兰也进入了文学创作的黄金时代“伊丽莎白时代”。英格兰与西班牙的战争一直持续到 1603 年,没有分出胜负,但战争未给英格兰造成任何真正伤害,反而给英格兰人民带来足够的活力,引导他们深深致力于他们的女王、祖国和新教的事业之中。

三、震颤的年代

骚乱的新阶段

随着 1598 年南特敕令的颁布、1604 年英西和约的签订、1609 年西班牙与荷兰停战协定的达成,宗教战争的火焰逐渐减弱并于 17 世纪初燃灭。但在 1618 年一场新的大战爆发了,这一次是在德意志。这场战争多多少少不间断地持续到 1648 年,因而被称为三十年战争。西班牙和法国远非实现持久的和平,而是参加了三十年战争,彼此交战;西班牙、法国和英格兰内部的不满情绪在 17 世纪 40 年代这十年间喷发出来,起义和内乱同时爆发。正如英格兰一位传教士在 1643 年所说:“这是震颤的年代,这种震颤是普遍性的。”他或许应当加上一句:虽然在某些冲突中宗教依然是引起争端的原因之一,但围绕着统治权展开的世俗争执在这一时期占居主导地位。

三十年战争

这方面最明显的例子是三十年战争。它在开始时与宗教狂热交织在一起,是天主教徒与新教徒之间的战争,但迅速引起根本性的德意志宪政 708
之争,最后发展成一场国际性争斗,最初的宗教之争几乎完全被人忘记了。自1555年奥格斯堡和约签订到1618年三十年战争爆发,加尔文教徒在德意志一些地区取代了路德教徒,但神圣罗马帝国范围内天主教与新教的总的格局仍未受到触动。然而,1618年,当新教徒在波希米亚举行起义反对哈布斯堡王朝的天主教起义(波希米亚不属于德意志,但为神圣罗马帝国的一部分)威胁到这一平衡时,德意志天主教势力先是在波希米亚,随后在德意志本土进行了无情的反击。在查理五世的哈布斯堡家族的后代斐迪南二世(他是奥地利大公、匈牙利国王,自1619年至1637年去世时为神圣罗马帝国皇帝)的率领下,德意志天主教联盟获得了军事主动权,在十年之内看上去几乎肃清德意志境内的新教势力。但斐迪南也想实现其政治目的,就在波希米亚推行严格的直接统治,以培植他自己的奥匈帝国的力量,并试图尽其所能恢复已经衰微的神圣罗马帝国的权威。

瑞典和法国的插足

因而,当信奉路德教的瑞典国王古斯塔夫·阿道尔夫在1630年进军德意志以捍卫几近失败的新教事业时,他受到了一些信奉天主教的德意志王公的欢迎,后者宁愿看到从前的宗教格局重新出现,也不愿面临把其主权交给斐迪南二世的危险。更具有嘲讽意义的是,古斯塔夫的新教军队得到了信奉天主教、当时正处于一个红衣主
709 教治理之下的法国的秘密支持,因为在德意志战争中,哈布斯堡家族统治下的西班牙在德意志与哈布斯堡家族的奥地利携手战斗,法国的这位红衣主教黎世留决心消除任何使法国在北面、东面和南面受到哈布斯堡家族强大的联盟包围的危险。结果,军事天才古斯塔夫·阿道尔夫开始时大败哈布斯堡势力,但当他在1632年战役中失败后,黎世留红衣主教除向置身德意志的瑞典残军提供更大的支持外,别无什么选择;后来,1639年,法国军队直接参战,站在瑞典一方。自该年直至1648年,战争实际上是在法国、瑞典

一方和奥地利、西班牙一方之间进行，德意志大部分地区成为孤立无助的战场。

德意志受到的战争损害

结果，在1618至1648年这30年可怕的岁月中，德意志比过去任何时候以及其后直至20世纪之前的任何时候受到的战争损害都要大。一些德意志城市九次、十次乃至更多次地遭到围困和劫掠，来自各个国家的士兵往往不得不靠抢劫维持自己的生活，对手无寸铁的平民一点也不放过。除杀戮造成的直接损失外，瘟疫和疾病起了推波助澜的作用，以致德意志一些地区丧失了半数以上的人口，虽然相对说来个别地区确实没受到什么损失。最令人毛骨悚然的是战争最后四年间人员的伤亡；甚至在双方谈判人员在大的方面已达成协议而为附属条款讨价还价时，残酷的屠杀仍在进行，丝毫没有收敛。

威斯特伐利亚和约

1648年的威斯特伐利亚和约最终结束了三十年战争；虽然它在欧洲历史上树立了某些持久不变的里程碑，但它未能证明任何死者是死得其所的。尤其是，从国际的观点看，威斯特伐利亚和约标志着法国再次崛起，成为欧洲大陆舞台上主要角色，取代了西班牙的 710
地位——法国在其后两个多世纪中一直保有这种地位。特别是，法国获得了阿尔萨斯大部分地区，把其东部边界直接推进到德意志地区境内。至于严格意义上德意志内部的事务，最大的输家是奥地利的哈布斯堡王朝，它被迫交出它所据有的所有德意志地区，不得不放弃利用神圣罗马帝国皇帝头衔统治中欧的企图。在其他方面，1618年战争爆发前的德意志格局重新恢复了，北方的新教公国与南方的天主教公国呈对峙状态，德意志毫无希望地陷于四分五裂之中，在19世纪之前在欧洲历史上一直未能作为一个统一体发挥作用。

西班牙的衰落

三十年战争中比哈布斯堡的奥地利还要大的输家是其西班牙姻亲,因为西班牙在战争中投入了它无力承受的巨大资金,从此之后再也未能成为一个大国。西班牙由荣耀的顶点迅速衰落的经过几乎就是一个惨酷地铺开的希腊悲剧。在"无敌舰队"被击败之后,在1600年左右西班牙帝国仍据有整个伊比利亚半岛(包括葡萄牙,它于1580年被菲利普二世兼并)、半个意大利、半个尼德兰、整个中南美洲,甚至还有菲律宾群岛,是欧洲乃至全世界最为强大的国家。但仅仅在半个世纪之后,这一太阳从不降落的帝国就几近崩溃。

西班牙衰落的经济原因

西班牙最至关紧要的弱点在经济上。鉴于在1600年,如同在以前三四十年一样,大量美洲白银在塞维利亚港卸货,那么这样说初看下去十分离奇。不过,就像同时代人所认识到的那样,"西班牙征服了美洲,反过来又为美洲所征服"。西班牙既缺少丰富的农业资源,也缺少丰富的矿产资源,它迫切需要像其对手英格兰和法国正在做的那样发展工业和均衡的贸易模式。但是,由于居主导地位的西班牙贵族自中世纪从穆斯林手中勉力收复西班牙领土之来一直把骑士理想看得高于实用职业,因而西班牙统治阶级所乐意做的只是用美洲白银购买欧洲其他地区的手工制品,自己过着奢华的生活,致力于建立军事业绩。因而,白银刚一流入,又从这个国家流了出去,实际上任何工业都未兴建起来;而当1600年后白银的流入开始衰减后,西班牙的经济除债务增多后别无任何增长。

西班牙继续采取进攻姿态

尽管如此,王室仍致力于支持反改革运动并维持西班牙在国际上的主导地位,对外战争不断。确实,整个西班牙的财政预算仍完全以战争为根基,就连在相对和平的1608年,总共

700 万杜卡托的国家收入中仍有 400 万用作军费开支。因而，当西班牙卷入三十年战争与法国交战时，它就因战线过长而无力支撑了。这方面最明显的一个标志就是 1643 年在人数上占优的法国军队在罗克鲁瓦大败著名的西班牙步兵，这是斐迪南和 711
伊萨贝拉统治以来西班牙军队首次在战场上失利。不过令局势更为恶化的是，两个原属于西班牙的欧洲帝国的领地举行了公开反叛。

西班牙内部反对卡斯提尔政府的起义

要弄清这些反叛发生的原因，就必须认识到，17 世纪时真正的“西班牙民族”是卡斯提尔——其他所有地区都是后来得到的。1469 年卡斯蒂尔的伊萨贝拉与阿拉贡的斐迪南结婚后，在地理上位于中部的卡斯提尔脱颖而出，成为西班牙联合体中居主导地位的一方；1492 年卡斯提尔征服西班牙南部的穆斯林王国格拉纳达、1580 年兼并葡萄牙后，它的地位进一步上升。在没有任何大的财政困难的时候，半自治的加泰罗尼亚这一阿拉贡境内独立性最强的地区对卡斯提尔人的霸权尚能忍受。但在 1640 年，当卡斯提尔为了应付战争的重负而不得不限制加泰罗尼亚人的种种自由以征募更多的钱和人用于战争时，加泰罗尼亚人举行了起义。葡萄牙人获悉加泰罗尼亚人起义的消息后，当即响应，随后南意大利人于 1647 年举行起义，反对卡斯提尔人在那不勒斯和西西里的总督。在那一紧急时刻，仅仅由于西班牙两个最大的外部敌人英格兰和法国暂时无力利用它的困境，西班牙帝国才免遭彻底崩溃的命运。卡斯提尔政府异常坚定，很快就平定了意大利的反叛，到 1652 年令加泰罗尼亚就范。但葡萄牙从此永远获得了独立；在 1659 年与法国达成的比利牛斯和约中，西班牙实际上承认，它将完全放弃统治欧洲的野心。

西班牙与法国相比

把17世纪上半期西班牙和法国的命运作一对
712 比是很有启发意义的,因为这两个国家间存在着非常明显的相似之处,但最后差异起了决定性作用。西班牙与法国的版图几乎相当,同时两国都是通过同样的自然增长而形成。正如卡斯提尔王室获得北方的阿拉贡、南方的格拉纳达、随后是葡萄牙,法国通过兼并朗格多克、多菲内、普罗旺斯、勃艮第和布列塔尼等各不相同的地区发展起来。由于所有这些地区的居民都像加泰罗尼亚人或葡萄牙人那样珍视地方独立的传统,又由于法国的统治者像西班牙统治者那样决心以空前坚决的态度治理这些省份——尤其是当三十年战争所引起的财政紧张状况致使征收高昂税收成为当务之急时——法国中央政府和外省之间不可避免地发生了直接冲突,这与西班牙没有什么两样。但法国经受住了考验,西班牙却未能如此,这在很大程度上是因为法国王室拥有更多的财富、享有更高的威信。

亨利四世的统治

在正常时候,多数法国人,包括边远省份的居民,都倾向于尊重自己的国王。当然,在亨利四世统治时期,他们有充分的理由这样做。1598年的南特敕令实现了宗教和解之后,谦恭有礼的亨利四世着手恢复受到40年内战蹂躏的法国的繁荣,他曾宣称每个星期日所有法国家庭的锅里都将有一只鸡。幸运的是,主要由于它拥有极其丰富和多种多样的农业资源,法国具有强大的经济复原力。与西班牙(它不得不进口食品),法国通常有能力出口食品,同时亨利四世的财政大臣絮利公爵很快看到法国再次成为食品出口国。絮利采取了种种促进经济发展的措施,其中之一是在全国各地免费散发推广农作技术的指导材料,出资重建或新修公路、桥梁和运河,以利于货品的流通。此外,亨利四世并不满足于把法国的经济发展完全建立在农业财富之上;反过来他下令兴办王家工厂来生产水晶玻璃和花毯等奢侈品,同时还在全国许多不同地区扶持丝绸、亚麻和羊毛纺织业的发展。进而言之,正是在亨利的资助下,法国探险家尚普兰到达新大陆,宣布加拿大部分地区是法国在那里最早的立足点。因而,亨利四世统治时期肯定应当算作法国历史上最仁慈、最上进的时期之一。

红衣主教黎世留

亨利四世实际上的继承人和法国统治者黎世留红衣主教(1585—1642 年)远不如亨利那么仁慈,但他完全保住了法国的上升势头。当然,这位红衣主教从不是法国真正的国王——1610 到
1643 年领有法国王衔的是亨利四世无能的儿子路易十三世。但 713
黎世留自 1624 年到 1642 年去世前充当首席大臣期间随心所欲地进行统治,而他最大的愿望是在国内加强中央集权化王权,在欧洲这一更大的舞台上扩大法国的影响。与此相应,当胡格诺教徒举行起义反对南特敕令强加在他们身上的种种限制时,黎世留以强有力的手段平息了起义,并于 1629 年修改南特敕令,剥夺了胡格诺教徒的所有军事权利。在以武力镇压胡格诺教徒时,黎世留花费不赀,为此他在后来采取措施废除勃艮第、多菲内和普罗旺斯的半独立地位,这样他就可以在这三个地区征收直接的王家税收,从而获得更多的收入。后来,为了确保税款能够得

红衣主教黎世留。同代人作,强调这位红衣主教的令人敬畏的风度。

到有效的征收，黎世留建立了一种新的地方政府体系，任命一些被称为总监(intendant)的王家官员主持地方事务；这样做的目的显然是要以强硬手段粉碎外省的蓄意阻挠。通过这些及相关的其他措施，黎世留使法国政府比以往任何时候都更为中央集权化，并在其统治时期使王室的收入增加了一倍。但是，由于他在同时推行针对奥地利和西班牙的哈布斯堡家族的野心勃勃的外交政策，致使法国卷入了代价高昂的三十年战争，因而黎世留死后，法国内部的压力进一步加剧。

福隆德运动

人们对法国行政中央集权化的反应就是1648至1653年间发生的被总称为"投石党人骚乱"或用法语为"福隆德"运动的一系列暴动。到这一时期，路易十三已由其子路易十四承袭，但由于后者尚是个孩子，治理法国的是由路易十四的母亲奥地利的安娜与其情夫、马扎然红衣主教组成的摄政。考虑到两者均为外国人(安娜来自哈布斯堡家族，马扎然原是位意大利冒险家，本名基约·马扎里尼)，他们的许多臣属，包括一些极有权势的贵族对他们心存愤恨，就毫不令人奇怪了。此外，由于战争费用和连续几年的歉收致使法国一时陷入严重的经济困境，全国性的不满情绪更为高涨。因而，当贵族集团出于一些主要是微不足道和自私的理由公开表述对马扎然的不满时，他们在全国各地都得到了很大支持，同时针对摄政的互不关联的暴动此起彼伏，持续了好几年。

然而，法国不是西班牙，因而没有像西班牙那样濒临分崩离析。首先，法国王室本身由于其根深蒂固的民族传统，再加上亨利四世和黎世留所取得的无可争议的成就，依然享有崇高的威望，因而在运动中根本没有受到攻击。与此相反，福隆德运动的贵族领导人和加入起义队伍的来自各个阶层的平民都宣布不反对年幼的国王，只是反对马扎然所谓的腐败和治国无方。确实，某些反叛者坚持认为马扎然的部分过失在于他继续推行黎世留的中央集权化的、反对外省的政策。但由于领导福隆德运动的贵族大都是些处在统治圈子之外而希望跻身进来的人,因而他们内部往往争吵不休,有时甚至与摄政达成互相利用的协议或与法国的敌人西班牙 714
结成令人瞩目的同盟以换取暂时的好处——并表现得完全不能在共同的纲领下拧成一股绳。因而,当 1651 年路易十四开始以自己的名义进行统治、反对"腐败的大臣"的借口不复存在时,所有反抗活动不久都沉寂下来。正如往往发生的那样,理想主义者和穷人为起义付出的代价最高:1653 年,波尔多一位领导民众起事的人被车裂,此后不久,新的一轮大规模的赋税又开始征收了。路易十四在其所余岁月中对福隆德骚乱一直铭刻在心,他决心再也不让贵族或外省脱离他的控制,并作为整个法国历史上最有效率的专制君王进行了统治。

英格兰的情况

与 17 世纪 40 年代西班牙和法国的内部骚乱相比,就其对有限政府历史所产生的影响而论,英格兰的动乱证明是最重大的。如果说反对卡斯提尔的所有暴动所取得的成就是实现了葡萄牙的独立、严重削弱了一个业已处于衰落过程中的帝国,在法国发生的事端不过是暂时打断了王权稳步上升的进程,那么在英格兰一位国王被处死了,同时永远树立了防止绝对王权的屏障。

亨利八世与伊丽莎白一世增强了王权

在 1600 年左右,英格兰也呈现出构成西欧所有地区特征的中央集权的王权增长的趋向。亨利八世和伊丽莎白一世不仅把英格兰教会完全置于国王控制之下,而且这两位君主也都利用了所谓的特权法庭,因为他们可以藉此无视英格兰传统法律对被起诉者权利的保护对臣民提出起诉。进而言之,虽然在这两个国王统治时期议会定期召开会议,但与 15 世纪相比此时议员的独立性要小得多:任何胆敢与亨利八世对抗的议会代表都会掉脑袋;几乎所有议员在与伊丽莎白交往时都感到十分融洽,从而心甘情愿地推行她的政策。因而,当斯图亚特王朝承袭都铎王朝末代君主伊丽莎白的王位后,该朝各君王非常自然地试图进一步扩大王权。实际上,如果不是由于他们无能,再加上各种反对势力异乎寻常地团结起来,他们本是可以取得成功的。

1603年,伊丽莎白一世去世。由于她没有后嗣,承继王位的是她最近的亲戚、表兄弟、苏格兰国王詹姆斯六世。在登上英格兰王位后,詹姆斯六世被称为詹姆斯一世,他在同时仍保有苏格兰王位。斗争自詹姆斯一世刚继位就开始了。詹姆斯一世朴实而又自负,糊涂而又博学,法国国王曾形象地称他是"基督教一世最聪明的傻瓜",他与其前任国王形成了明显的反差。如果说伊丽莎白知道如何在不娇纵议会的情况下得到她需要的一切,那么这位教师爷式的外国人在向议会作报告时说,他是一位半神之
715 人,不容许任何人反抗他:"既然对上帝做事的能力表示怀疑是无神论和亵渎行为,那么臣民对国王能做什么表示怀疑就是胆大妄为和大不敬。"1609年他在议会演说时进一步阐发了这些思想,宣称:"国王不仅是上帝在世间的代理,……而且甚至被上帝本人称为神。"

对詹姆斯一世怀有敌意的原因

这种要求拥有神权的极端看法会引起强烈反抗,对此就连詹姆斯本人也应能预见到,因为英格兰人仍恪守议会对王室有控制力的理论。不过,成问题的不仅是理论,因为这位新国王的具体政策引起了大批臣民的敌对情绪。其一,詹姆斯坚持征收赋税来补充他的收入,而这是议会从未授权批准的;当议会领袖提出抗议时,他大发雷霆,撕碎了抗议书,解散了议会。更糟

糕的是,他把专卖权和生利的特权授予他所钟爱的公司,从而干预了商业自由。在多数英格兰爱国者眼中最为恶劣的是,詹姆斯迅速结束了与西班牙的旷日持久的战争,此后拒绝卷入任何外国军事冲突。在今天许多人会认为詹姆斯献身于和平是其最大的美德;他的和平主义在财政上自然也是经过考虑的,因为这使王室免负巨债。但在那一时代,詹姆斯由于执行和平政策尤其引起公愤,因为这使得他显得对英国的宿敌西班牙过于友善,同时“绥靖”意味着置荷兰和德意志貌似英勇的新教徒于困境。

清教徒

尽管几乎所有英格兰人(除少数秘密的天主教徒外)都反对詹姆斯一世的和平的外交政策,但对该政策最为憎恨一群注定在推翻斯图亚特王朝中起最大作用的人,即清教徒。清教徒是极端主义的加尔文宗新教徒,他们认为伊丽莎白一世的宗教和解未能完全彻底地与罗马天主教的礼仪和教义断绝关系。他们称为“清教徒”(Puritan),是因为他们希望“涤除”(purify)英格兰教会中一切天主教仪式和教规的痕迹。清教徒最激烈地反对的是由主教治理教会的“主教制”。但是,就像清教徒强烈要求废除主教制那样,詹姆斯一世同样致力于维护主教制,因为他把国王任命的主教视为强大的君主制的支柱之一:“没有主教,就没有国王。”由于清教徒是下院中居主导地位的派别,许多清教徒还是些反对詹姆斯垄断政策和临时征税的富商巨贾,故而在其整个统治时期,由于宗教、宪政和宗教等交织在一起原因,詹姆斯一世一直与其臣民中一个极其强大的集团不和。

查理一世

尽管如此,詹姆斯仍得以于 1625 年寿终正寝;如果不是由于他的儿子查理一世(1625—1649 年在位)犯了错误,英格兰本会走上专制主义法国那样的道路。查理对王权持有与其父亲一样的言过其实的观念,因而迅速与议会中的清教徒领袖产生摩擦。在他登基后不久,查理就卷 716

入了与法国的战争,迫切需要征税。当议会拒绝在惯常的税款外加征新税时,他采取向臣民强行借贷的方法,惩罚那些不同意把士兵留宿在自己家中的人,或者不经审判就把他们投入监狱。为反对这一行为,议会于1628年向国王提交了《权利请愿书》。这一文件宣称,任何未经议会投票决定的税收均为非法,谴责把士兵安置在私人住宅的行为,并禁止任意监禁和在和平时期实行军事管制。

查理一世未因《权力请愿书》而有所克制,而是怒火中烧,不久就决定完全抛开议会进行个人统治——同时差一点就取得成功。自1629至1640年间,一次议会也未召开。在此"11年的暴政时期",查理政府靠征收五花八门的临时性捐税过活。比如,国王以高价出售专卖权,恢复了早已过时的中世纪的财政要求,告诫法官征收苛严的罚金。虽然严格说来这些权宜之计并非不合法,但它们招致强烈不满。最引起争议的是征收"船税",该税依据的是中世纪的惯例,即沿海城镇有义务向皇家海军提供船只(或相当于船价的金钱)。查理把交纳船税的范围由沿海城镇扩展到全国各地,并威胁要把它变成一项常税;这与《权利请愿书》相抵触。虽然1637年清教徒殉道者约翰·汉普顿在法律上向他提出挑战,该税仍得到确认。

苏格兰起义

查理一世国王通过这些措施在没有议会授权征收的税纲的情况下勉以维持。但他更遭到其臣民尤其是清教徒更大的愤恨,这不仅因为他采取的宪政和财政政策,而且因为他看来在宗教上推行的是一种更近于天主教而非加尔文教的政策。英格兰清教徒单靠自身的原因是否会揭竿而起是一个悬而未决的问题,但他们最终由于由苏格兰起义为开端的一系列事件的鼓舞而走上了这条路。1640年爆发的苏格兰反对一位英格兰国王的政策的起义,与同年加泰罗尼亚和葡萄牙反对西班牙国王的暴动并无不同,只不过苏格兰起义不仅是一场民族起义,而且具有鲜明的宗教性质。与其父亲一样,查理笃信“没有主教,就没有国王”的信条,并因而鲁莽地决定把英格兰主教制引入笃信长老会宗的苏格兰。结果查理遭到其北部臣属的武装反抗,并向英格兰内战迈出了第一步。

召开议会

为了获得必要的资金来惩罚苏格兰人,查理除召开议会外别无其他选择,但不久就发现自己成为被压抑的不满情绪发泄的对象。下院的清教徒领袖们深知国王没有钱将无能为力,决心乘机把英格兰政府掌握在 717
自己手中。因而,他们不仅处决了国王的首席大臣斯特拉福伯爵,而且废除了船税和自亨利八世以来一直充当专制统治工具的特权法庭。最为重要的是,他们制定了禁止国王解散议会的法律,规定议会至少每三年召开一次。查理在开始时犹疑不决,但在 1642 年以武力回应这些法令。他率领卫队冲进下院,企图逮捕下院的五位领袖。他们全都逃脱了,但国王与议会间的冲突在所难免。双方都招募军队,准备一决高低。

内战:骑士党对圆颅党

这些事件引发了英国内战。内战始于 1642 年,终于 1649 年,在一开始就既有政治性质,又具有宗教性质。站在国王一边的有英格兰最显要的贵族和最大的地主中的大多数,他们几乎都是“高教会”的英格兰国教徒。站在议会一方的有较小的土地持有人、商人、手工业主,他们大都是清教徒。王党成员通常被加以一个贵族的称号“骑士党”(Cavalier,意为“骑士”)。他们的对手蔑视当时时兴的留卷发的做法而把头发留得很短,因而被讥讽地称为“圆颅党”(Roundheads)。保王分子由于在军事经验上占有明显的优势在一开始时赢得多数战斗的胜利。然而,1644 年,议会军进行了整编,不久以后战争形势就发生了逆转。骑士党遭到惨败;1646

年，国王被迫投降。

奥利弗·克伦威尔

假如议会方内部没有出现争执，斗争本会到此为止。与长老会派的苏格兰人结盟的议会多数成员都愿意让查理作为有限君主重登王位，条件是他同意把整齐划一的加尔文宗长老会信仰作为国教，在英格兰和苏格兰都推行这一信仰。但清教徒中居少数地位的激进分子，通常被称为独立派，对查理持不信任态度，并坚持对他们自己和其他所有非长老会派新教徒实行宗教宽容。他们的领袖是奥利弗·克伦威尔（1599—1658 年），他是圆颅党军队的统帅。查理利用其对手内部不和的时机于 1648 年再次掀起战争，但经过短期的战斗被迫投降。克伦威尔此时决心结束这位“血腥的人”的生命，就在用武力把长老会派议员赶出议会后，迫使所余的所谓“残阙议会”投票赞成结束君主政治。1649 年 1 月 30 日，查理一世被斩首；不久之后，世袭的上议院被解散，英国成了一个共和国。

由共和到专制

但是建立共和比维持共和要容易得多了；这一新的政治体制（正式称呼是 Commonwealth）未能延续太
718 久。残阙议会在名义上仍是立法机构，但拥兵自重的克伦威尔拥有实际权力；不久，他对议会成员把持职位并通过没收其敌人的财富中饱私囊的企图十分恼火，就带领一队士兵来到残阙议会说：“喂，各位的空谈到此结束了，”命令议员散去。就这样共和国不再存在了,不久之后随之出现的是"护国政治",也就是根据军队军官起草的一部宪法建立的实际上的独裁统治。这一文献被称为《政府约法》,是迄至那时为止英国最接近成文宪法的文件。克伦威尔被授予终身护国公头衔,拥有广泛的权力,同时可以把其职位传给后代。此后,政府变成了在一层薄薄的外衣掩盖下的专制统治,此时克伦威尔实行的专制统治是斯图加特王朝任何一位君主不敢企求的。

斯图亚特王朝的复辟

假如可以在清教徒专制与旧的王朝统治之间作出选择,那么一旦机会来临英国毫不迟疑地选择了后者。尤其是,加尔文教的禁欲规定,诸如在礼拜日不得进行任何娱乐活动——当时礼拜日是劳动者唯一的节日——败坏了清教徒的名声,以致多数人希望恢复最初伊丽莎白和解时期的较温和的国教教义。因而,1658 年克伦威尔死后不久,已故护国公的一位将军攫取了权力,他号召选出新的议会。议会于 1660 年春开会,宣布查理一世国王流亡在外的儿子为国王,是为查理二世。查理二世(1660—1685 年 719
在位)登基后,英格兰教会当即得以恢复,但不受限制的王权决非如此。反过来,他以典型的幽默态度说他并不想"重新开始旅行",同意尊重议会并遵守《权利请愿书》。在宪政方面最为重要的一点是,议会在内战爆发前夜通过的所有立法,包括议会至少每三年召开一次的请求,都作为法律保留下来。因而,与专制主义的法国截然不同,英国成为一个有限制的君主制国家。在经过 17 世纪后期又一次短暂的考验后,英国抛弃了宪政斗争,不久就实现了弥尔顿的预言:"就像一位强者从睡梦中醒来,一个高贵而强大的民族在奋起。"

四、在黑暗中寻找光明

巫术与哲学

1560 至 1660 年这一百年间，许多欧洲人身受经济动荡不宁、宗教对立行为和政治动乱之苦；他们希望从理智上和情感上解决他们面临的最紧迫的问题，这是可以理解的。就像巫术带来的强烈幻觉那样，这一探求时常仅仅导致歇斯底里情绪进一步加剧。但是，就较为理智的反思而言，寻求解决欧洲危机的办法的活动引发了有史以来伦理和政治哲学方面最意义深远的陈述。

巫术幻觉的起源

1580 至 1660 年间，西欧最为可怕的巫术癔症在 1580 至 1660 年间达到登峰造极的地步。虽然我们无法对这一现象作出任何一种单一的解释，但有一点是肯定的，在灾难最为深重的岁月巫术受到的迫害最为严重，同时那些焚烧女巫的人真诚地相信他们是在与黑暗势力作斗争。历史学家在近代早期强烈的巫术幻觉产生的渊源时认识到，欧洲各地的农民文化包含着对巫术潜在价值的信念。换言之，最单纯的乡村居民认为，某些非同小可的人能够施展有益的或“白色的”魔法，治愈病人，预卜到失物，卜算人的命数；也可以施展邪恶的或“黑色的”魔法，召来暴风雨，损毁庄稼，诸如此类。不过，只是在中世纪后期有学问的权威人士才开始基于神学理由坚称，只是在与魔鬼达成协议后才可以施展黑色魔法。自然而然，这一信念一旦为人接受，司法官员很快就感到迫害所有施展魔法的“女妇”实属当务之急，因为与恶魔作斗争是基督教社会至高无上的使命，决不能允许“恶魔邪道”起支配作用。因而，早在 1484 年教皇英诺森八世就命令教皇宗教法庭运用他们拥有的一切手段
720 根除所谓的巫术，同时追捕女巫的行动在其后几十年间势头甚猛。

在那些与罗马决裂的地区，对女巫的审判也丝毫没有减少，因为新教改革家们像天主教徒一样坚信撒旦具有暗中为害的力量。确实，路德本人曾向所谓的恶魔幻影投掷墨水瓶，加尔文举目所见尽是撒旦的恶行。因而两人都敦促更紧迫地审判所谓的巫师，对她们的判决也要比一般的罪犯严厉些。这样一来，无论在天主教地区还是在新教地区，对无辜民众的迫害都在进行。

所谓的女巫崇拜一个化身公山羊的魔鬼。图中后景中其他“女巫”骑在无鞍的飞魔上。这是 1460 年左右问世的有关巫术的最早的视觉观念。

巫术歇斯底里与欧洲的危机

不过，追捕并杀死“女巫”的狂热行动直到 1580 年左右才真正开始。因而，我们只能推定巫术歇斯底里在某种程度上与欧洲的普遍危机相关联——这尤其是因为巫术歇斯底里持续的时间与危机时代本身大致相当，同时巫术活动最盛的地方恰恰是那些罹受战争或经济混乱之苦最为严重的地区。这些地区，一旦作物歉收或牲畜生病，人们便认为一位“女巫”——通常是一位没有自卫能力的老妇人——对此负有责任，并涌上去把她处死。即便说受害者未必是老妇人，那么遭受灭顶之灾的绝大多数是妇女。

焚死女巫,1555年于德恩贝格。

这无疑部分上是因为传教士劝导教民相信邪恶最早是随着夏娃来到世上的,部分上是因为掌权的男人对异性成员在心理上态度最为矛盾。纯粹的性施虐狂肯定不是这种行为产生的原动力,但一旦审判开始,可怕的性施虐狂往往被激发出来。因而,老妇人、年轻姑娘,有时甚至是纯粹的孩子,都可能受到严刑拷打,诸如用针
721 刺进指甲,在其脚下点起火,用重物压她们的腿,直至骨髓由腿骨中溅出,以迫使她们承认与魔鬼有着邪恶的勾当。具体多少人丧生根本无法统计出来,但在17世纪20年代在德意志的维尔茨堡(符茨堡)和班贝格城,每年平均有100人被焚死。在同一时期,据说沃尔芬比特尔镇广场“布满了火刑柱,看上去就像一片小树林”。

捕杀女巫活动停止

紧接着1660年后几年后迫害活动迅速停止了;对这一现象出现的原因人们仍只能作些学术推测。在那一时期美好的时光再次降临欧洲大部分地区;除这一事实外,最好的解释或许是1660年不久受过

教育的执法官开始坚持机械宇宙论观点。换言之，一旦社会的领导人开始相信风暴和时疫是自然因素而非超自然因素造成的，他们就不再坚持追捕女巫的政策。

幸运的是，1560 至 1660 年间欧洲人作出的其他主宰黑暗的尝试其本身并非如此黑暗、蒙昧。实际上，欧洲有史以来最“开明”的道德伦理学家是法国人米歇尔·德·蒙田(1533—1592 年)，他正是在法国宗教战争鏖战正酣之际从事写作的。蒙田的父亲是位天主教徒，母亲是位具有犹太血统的胡格诺教徒。生活富裕的蒙田在 38 岁时辞掉了律师职业，全身心地投入一种悠闲的深思生活。这样做的结果是他创作出《随笔》。“随笔”(essay)一词源自法文(essai)，本义为“试验”，是一种新的文学形式。蒙田的《随笔》既具有一种敏锐的洞察力，又行文异常优美，因而自问世以来就稳稳地跻身于法国文学和思想史上最不朽的经典著作之列。

虽然《随笔》的主题各种各样，自“论父子的相似之处”到“谈话的艺术”涉列广泛，但居主导地位的有两个主题。其一是遍布各处 722
的怀疑论。蒙田本人的座右铭是“Que sais-je?”(我知道什么?)，他认定自己真正掌握的东西寥寥无几。在他看来，“靠我们自己的能力去权衡真理与谬误是十分愚蠢的”，因为我们的能力十分有限。因而，正如他在其最著名的随笔之一“论同类相残”中所坚持的那样，一个国家看来无可争辩地正确、适宜的事儿在另一个国家看来可能是绝对错误的，因为“每个人都把与他的习惯不合的一切事物冠以野蛮的头衔”。从这一点出发蒙田

米歇尔·德·蒙田

提出了他的第二个主要原则——应当宽容。既然所有人都认为他们了解完美无缺的宗教和完美无缺的政府,那么任何宗教或政府实际上都不是完美的,因而没有一个信仰值得人们进行殊死战斗。

如果说上述文字使蒙田看上去具有异乎寻常的现代特征,那么必须强调指出,蒙田决非一位理性主义者。相反,他认为"理性一无是处,只会把人引入歧途";求知欲"促使我们干预一切事端",这是"灵魂受难的根源"。此外,在现实事务方面,蒙田是位宿命主义者,他认为,在一个受到无法预测的"命运"主宰的世界上,人类所能采取的最好策略是以坚定不移和不失尊严的态度面对好运与厄运。蒙田担心人们对自己的能力过于看重,就提醒他们说:"即便我们坐在世上最高的宝座上,我们仍坐在自己的屁股上。"不过,虽然蒙田具有"制约着人类生活的是命运而非智慧"这样消极的看法,但其《随笔》的广为流传在当时及其后的时代里促进了与狂热和宗教偏执的斗争。

让·博丹

如果说蒙田试图以怀疑论、宽容和与世无争的尊严躲过他所处时代的考验的话,那么与他同时代的法国律师让·博丹(1530—1596年)则在黑暗中由国家权力那里探求更多的光明。像蒙田那样,博丹尤其受到法国宗教战争所引起的动荡不宁的困扰——他甚至目睹了1572年巴黎的圣巴托罗缪节大屠杀。但是,他没有对杀戮场面置所罔闻,而是决心提出一种能确保动乱停息的政治计划。他在其不朽之作《共和六书》中提出了他的计划;该书是西方政治思想史上对政治专制所作的最早的详尽的阐述。在博丹看来,国家产生于对家族征税的需要,但一旦建立起来,就不容许有任何反抗,因为维持秩序是至高无上的。如果说在他之前的法律和政治学作家提出了政府主权的理论,那么博丹最先对主权国家下了一个简明扼要的定义;对他而言,主权是“凌驾于所有臣民之上的最高的、绝对的和永恒的权力”,主要包括“未经臣民同意就为他们制定法律”的权力。虽然博丹承认在理论上存在实行贵族政治或民主政治的可能性,但他认为他所处时代的民族国家应由君主来治理,并坚持认为这 723
些不应受到立法机构或司法机构的任何限制,甚至不应受到其前任或他们自己制定的法律的限制。与他同时代的胡格诺教徒认为臣民有权反对“邪恶的王公”(这与路德和加尔文最初的教导相悖),对此博丹表示最强烈的反对。他坚持认为臣民必须信任其统治者“纯粹的、坦直的善良意愿”。即使统治者被证明是位暴君,博丹仍坚称臣民无权进行反抗,因为任何反抗都会向“无法无天的无政府状态”敞开大门,而“无政府比世上最残酷的暴政还要恶劣”。由于博丹对他那时代“无法无天的无政府状态”有着太多的感受,对“最残酷的暴政”会残酷到什么程度却没有什么体会,因而他的这一看法是可以理解的。不过在下一个世纪中,他的《共和六书》将成为日益令人难以忍受的法国君主专制进行辩护的根据。

弥尔顿与平等派

非常可以理解的是,正如16世纪法国的内战引起了各种各样的反响,17世纪英国的内战也是如此。英国伟大的清教徒诗人约翰·弥尔顿吸取了法国胡格诺教徒和更早的英格兰议员及清教徒所表述的反对不受限制的国家权力的传统,在其《论出版自由》(1644年)中情绪激昂地为出版自由进行了辩护。同样大胆地坚持自由意志论的是与弥尔顿同时代的一个被称为“平等派”的一个清教徒团体。“平等派”(Levellers)一名源于他们鼓吹各个阶层享有同等的政治权利,它是古希腊时代以来第一个倡导民主制的派别。平等派组建于17世纪40年代后期查理一世的君主政治命数已定的时期,是作为克伦威尔军队内部一个压力集团出现的。它鼓吹建立

约翰·弥尔顿。选自其诗集第一版,1645 年

以近乎男子普选权为基础的议会制共和国。在他们看来,奴仆和其他工资劳动者没有选举权,因为他们构成其雇主"家庭"的一部分,并据此由家长代表。此外,平等派甚至不屑讨论妇女的权利问题。不过,在其他方面,用他们的一位代言人所说的不朽的话语来讲,他们认为"英格兰最贫穷的居民有权像最高贵的人那样生活下去,因而……每一位人首先应在自己同意处在政府统治之下的情况下才能受到那一政府的管辖"。但由于认为只有拥有足够数量的财产才可拥有选举权的奥利弗·克伦威尔完全不同意平等派的观点,因而一俟克伦威尔实际上掌有专制权力,平等派就分崩离析了。比平等派更为激进的是共产主义性质的掘地派,他们得名于 1649 年他们开垦公有土地的企图。掘地派自称是"真正的平等派",认为真正的自由不在于选举权,而在于"一个人能够有所食",从而要求重新分配财产。然而克伦威尔迅速驱散了他们,因此掘地派的历史意义只在于他们是未来运动的先驱。

724 与信奉意志自由的清教徒相对、处在另一极端的是政治哲学家托马斯·霍布斯(1588—1679 年),他对英国内战作出的反应致使他成为各个时代不受限制的国家权力的最强有力的鼓吹者。与因圣巴托罗缪节事件触动而提出政治专制信条的让·博丹一样,霍布斯有感于英国内战的动荡不宁,在其题为《利维坦》(1651 年出版)的政治学说经典之作中提出了与博丹相同的看法。不过,霍布斯在一些方面与博丹不同。首先,博丹认为绝对的最高权力属于君主;较为激进的霍布斯则对国王被斩首后克伦威尔时期英国的传统置之不理,认为最高君主可以是任何残酷无情的独裁者。其次,博丹把国家定义为"家庭合法的统治",认为没有财产家庭就无法存在下去,因而国家不能减免私有财产权利;霍布斯则认为国家存在的目的是统治各个个人,因而有权践踏人们的自由和财产。

霍布斯《利维坦》扉页。

霍布斯的悲观主义

但博丹与霍布斯之间最根本的不同在于后者对人性持有毫不妥协的悲观看法。如果说博丹只是含蓄地对人类持悲观态度,那么霍布斯认为在公民政府产生之前存在着一种尚无公共权力压服一切、人们完全按照自己的本性而生活的"自然状态"。在这种状态中,每个人都力图实现占有一切的自然权利,于是彼此争夺不已,陷入"一切人反对一切人的战争"之中。霍布斯认为,由于人天生就像"一只狼"那样对待同类,因而,人愈来愈担心自己会在自然状态中横死,这种本能就使得人生"孤独、贫穷、下贱、野蛮和短促";为了自己的利益,到了某一纯粹理论性的时刻,人们就把自己的种种自由交给某一最高统治者,以换得他同意维持和平。臣民在交出自己的自由后，没有任何权利要求收回，君主则可以随意进行专横统治——他可以以各种方式强制推行他的意志，只是不能杀死他们，后者将否定他的统治的终极目的。正是由于霍布斯的抽象阐述具有极端的逻辑性，极其清晰明澈，他的《利维坦》才被视为有史以来最伟大的四、五部政治论著之一，因为实际上没有什么人真的喜欢他的言论。确实，即便在他本人所处时代，他的观点也非常不受欢迎——自由意志论者出于种种明显的原因憎恶他的观点，保王主义者同样对他愤心疾首，因为他鄙视建立在血统上的王朝统治要求，而且他不像多数保王主义者那样以王权神授为根据为专制统治进行辩解，而是以社会交出权力为根据。不过，虽然许多重要思想家认为必须反驳霍布斯，但如果仅就激起其他人的反响而言，他产生了巨大影响。

或许可以这么说，把光明带进无边的黑暗之最动人、在某些方面最现代的尝试是由 17 世纪法国伦理和宗教哲学家布莱斯·帕斯卡尔(1623—1662 年)作出的。从外表上看，帕斯卡尔最不
725 朽的遗产即《思想录》(Pensée)与蒙田的《随笔》有些相像，因为两者都是具有高超的文学水平的不拘形式的短文集，具有高度的内省性。但帕斯卡尔曾有过一次转变的经历，由信奉科学理性转而成为法国天主教中最拘谨的派别詹森派的一个忠实信徒；就像蒙田是位冷静的怀疑论者那样，帕斯卡尔是虔诚的信

布莱斯·帕斯卡尔。

徒。因而,虽然帕斯卡尔同意蒙田的说法,认为世间人生中充满着恶——他把人定义为"有思想的芦苇"——他对一个公正的神祇统辖着世界毫不怀疑,同时像路德或加尔文那样坚信唯有信仰才能导向得救之路。不过,帕斯卡尔认识到怀疑论者或世俗的理性主义者决不可由教条的权威引导向真正的信仰,希望通过诉诸理智和情感使不信教者皈依基督教真理。不幸的是,由于早逝,他未能实现自己的宏愿,但其研究简介《思想录》留存下来。在该书中他承认在面对邪恶和永恒时有一种恐惧和痛苦感,但把敬畏本身当作上帝存在的一个表征。今天的读者在阅读《思想录》时由于个人觉悟的不同而不同程度地受到感染,但不论具有什么信念,几乎没有人能反驳帕斯卡尔的著名的命题:"人知道自己很不幸;正因如此他才是不幸的;但正因他了解这一点他才是十分伟大的。"

五、文学和艺术

有关人类状况的主要表述

人类兼具的不幸与伟大可能是 1560 至 1660 年西欧危机时期异乎寻常地大量涌现的文学和艺术杰作的主题。当然,并非这一时期的所有著作或绘画都表述了同样的思想。在这有着异乎寻常的文学和艺术创造力的一百年间,各种形式、各种观点的作品纷纷涌现,自最浅薄的闹剧到最沉闷的悲剧,自最静谧的静物画到最奇形怪状的宗教殉难场面,应有尽有。尽管如此,这一时期最伟大的作家和画家无不受到人类存在含糊不清和具有讽刺意味这种认识的感染,这种认识与蒙田和帕斯卡尔以不同方式表露出来的看法并无不同。他们都充分认识到,战争的恐怖及人类的痛苦在他们的时代里是无处不在的,同时他们直接或间接地认识到新教所说的"人邪恶不端"的信念;不过他们也在很大程度上继承了文艺复兴时期积极乐观的思想，因而他们大都更倾向于把世间生活视为一大挑战。

米盖尔·德·塞万提斯

米盖尔·德·塞万提斯

1560至1660年或许是整个西欧诗歌和戏剧史上最
726 光辉灿烂的一百年。在活跃于这一时期的众多著名作家中，我们可以举出其中最伟大的几位：塞万提斯，伊丽莎白时代的剧作家——莎士比亚是其中的翘楚——以及约翰·弥尔顿。虽然严格说来米盖尔·德·塞万提斯(1547—1616年)既不是诗人，也不是戏剧家，但他的经典之作、讽刺性的浪漫传奇《堂吉诃德》流露出抒情风格和戏剧效果。小说叙述的是一位因长期阅读骑士传奇而有些精神错乱的西班牙绅士、拉曼查的堂吉诃德冒险经历。他满脑子都是各种各样荒诞不经的冒险故事，因而在50岁时踏上了行侠仗义的崎岖旅程，把风车想象成咄咄逼人的巨人，把羊群想象成魔鬼的军队，认为自己的使命就是用长矛把他们打败。他奇想迭发，错把酒馆当成城堡，把店中的侍女当成与他热恋的贵夫人。与这位“游侠骑士”形成鲜明对比的是他忠实的侍从桑丘·潘沙。后者代表着讲究实际的典型，脚踏实地，满足于适中而实实在在的饮食和睡眠之乐。不过塞万提斯显然并不想断言桑丘·潘沙的现实主义比其主人“堂吉诃德式的”理想主义更为可取。反过来，这两个人代表着人性的不同的方面。毋庸置疑，《堂吉诃德》是对不久就将加速西班牙的衰落过程的落伍的骑士精神的辛辣讽刺。但尽管如此，读者寄予同情的仍然是全书的主人公,即那位“敢于做不可能实现的梦”的拉曼查人堂吉诃德。

伊丽莎白时代的戏剧

与塞万提斯完全同时的是英国伊丽莎白时代的剧作家,他们共同开创了西方世界戏剧史上最灿烂的时代。这些剧作家进行创作的年代是在英国战胜西班牙“无敌舰队”之后,民族自豪感臻于顶峰的时代;他们都展现出昂扬的生气,但没有一个人是信口开河的乐观主义者。实际上,他们的代表作无不具有一种思想的严肃性,其中一些人,比如那位“具有一针见血观察力”的悲剧作家约翰·韦伯斯特(约1573—约1637年),甚而是病态的悲观主义者。文艺批评家倾向于同意,在群星闪耀的伊丽莎白时代的伟大剧作家,最出类拔萃的是克里斯托弗·马洛(1564—1593年),本·琼森(约1573—1673年),当然还少不了威廉·莎士比亚(1564—1616年)。在三位大师中,性情暴烈的马洛是最充满朝气、富有活力的一位,他尚不足30岁就在酒馆中的一场争吵中被人杀死。在诸如《帖木儿》和《浮士德博士》等剧作中,马洛塑造了带有传奇色彩的英雄人物,他们试图消除前进道路上所有的障碍并体验一切可能的强烈情感,同时差一点就取得成功。不过他们的结局都很不幸,因为马洛虽然极具活力,但他知道人类的努力是有限度的,人类的命数中既有伟大,也有不幸。因而,虽然浮士德请求撒旦用魔法召来的再生的特洛伊的海伦“用吻”使他“不朽”,但他最后还是死了并受到谴责,因为不朽不是由恶魔赐予的,也不见于尘世之吻之中。与英勇的悲剧作家马洛相反,本·琼森撰写针砭性的喜剧,揭露人类的邪恶及瑕疵。在尤为凄凉的《伏尔蓬涅》[①]一剧中,琼森把人描绘成欺诈成性、贪得无厌的动物;但在后来的《炼金术士》一剧中,他对那些聪明地利用其想象中的打赌对手的足智多谋的下

① 意大利语,意为“狐狸”。——译者

727 层人物不无钦佩，同时同等地抨击了招摇撞骗与轻信受骗。

伊丽莎白时代剧作家中无人可以比拟的最伟大的戏剧天才是威廉·莎士比亚。莎士比亚出生在地方小镇埃文河畔斯特拉特福一个商人家庭。与同时代其他多数大师相比，他的一生扑朔迷离，笼罩在迷雾之中。人们所知的只是，在 20 岁左右时离开了故乡，没有受过什么正规教育，飘泊到了伦敦，在剧院找到了一份差事。他是如何最终当上演员而后又成为剧作家的不为人所知，但有证据表明他到 28 岁时已经成为一位令同行们妒忌的著名作家了。约 1610 年，他退隐到故乡斯特拉特福安居晚年。在此之前他共撰写或与人合写了近 40 部剧作，另外还有 150 多首十四行诗和二首

《莎士比亚戏剧集》第一版扉页中。此处莎士比亚像是两个最接近原型的画像之一。该集初版于 1623 年。

长篇叙事诗。

莎士比亚的三个时期：(1)自信

众所周知，莎士比亚的剧本在讲英语的地区无异于世俗的《圣经》。造成这种情况的原因完全在于作者具有一种无人可以匹敌的文字表达才华，在于他超群的领悟力，尤其是在于他对受到情感支配和命运摆布的人物性格所作的深刻的分析。莎士比亚的戏剧非常自然地分为三大类。他早年撰写的那些剧作的特点在于具有一种自信感。它们包括许多历史剧，叙述了导致都铎王朝取胜的英格兰的斗争和荣耀；抒情浪漫悲剧《罗密欧与朱丽叶》；以及种类广泛的喜剧，包括奇妙的《仲夏夜之梦》以及莎士比亚最伟大的喜剧作品《第十二夜》、《皆大欢喜》、《无中生有》。后一部作品虽取名“无中生有”，但莎士比亚的作品，甚至包括它早期最轻松时期的剧作，很少是“无中生有”的。反过来，它们大都睿智而风趣地探究了人的心理特征、荣誉与野心、爱情与友谊等根本性问题。个别时候，它们也触及了深刻的严肃性主题，比如在《皆大欢喜》中，莎士比亚就让一位角色停下来反思“整个世界是个舞台，所有男女都只不过是些演员”，这些男男女女都要经历七“幕”或人生的七个阶段。

(2)危机

然而，这种触及丝毫没有掩盖莎士比亚在第一阶段中所持的有限的乐观主义；但从第二阶段开始他的剧作比前一时期在风格上低沉得多了。1601年前后，莎士比亚显然经受了一次危机，此时他开始极其不信任人性并对整个宇宙体系提出控诉。由此产生了一组以苦痛、经常性的伤感以及对事物的奥秘进行苦苦探索为特征的剧作。这一组戏剧由《哈姆雷特》所代表的优柔寡断的理想主义的悲剧为开端，进而是《一报还一报》和《终成眷属》的愤世嫉俗态度，最后以无比巨大的悲剧《麦克白》和《李尔王》为顶点。《麦克白》剧中的主角曾断

言:“人生不过是一个行走的影子,一个在舞台上指手划脚的伶人,
728 登场片刻,就在无声无息中悄然退下;它是一个愚人所讲的故事,充满着喧哗和骚动,却找不到一点意义;”同时,如《李尔王》中葛罗斯特所言,“天神掌握着我们的命运,正像顽童捉到飞虫一样,为了戏弄的缘故而把我们杀害”。[①] 然而,莎士比亚第二阶段的剧作虽然风格阴沉,但它们普遍构成这位剧作家最具诗歌才华的巨作。

(3)和解

虽然《麦克白》和《李尔王》表明作者处于深深的抑郁之中,但莎士比亚设法解决了个人危机,步入了他戏剧创作生涯的第三个阶段。这一阶段以一种深刻的和解精神为特征。在这一阶段所撰写的三部剧作(均为田园式的传奇)中,最后一部即《暴风雨》最为出色。在这里由来已久的仇恨被埋葬起来,谬误则为自然手段和超自然手段协力匡正,单纯的年轻女主角一见到男人就发出这样的欢呼:“噢,美妙的世界上竟有如此出色的人物!”在此莎士比亚似乎在说,虽然人类仍受到种种磨难,人生并非完全都是苦痛,上帝对宇宙的安排毕竟是仁慈公正的。

清教徒诗人约翰·弥尔顿(1608—1674年)虽然不像莎士比亚那样多才多艺,但在善于表述方面并不逊于前者。弥尔顿是奥利弗·克伦威尔统治时期首要的共和主义者,他既撰写过许多论文,阐述清教徒在当代事务上的看法,又曾撰文就斩首查理一世之事为官方进行辩护。但他也是一个充满矛盾的人,对希腊文和拉丁文经典著作的热爱至少不亚于对《圣经》的热爱。由于这个缘故,他可以写出这样完美的田园哀歌《利西达斯》,用纯正的古典词句哀悼一位去世的好友。查理二世登基后弥尔顿被迫离职;此时他

① 这两段文字分见《麦克白》第五幕第五场与《李尔王》第四幕第一场。译文据朱生豪译文,见《莎士比亚全集》(五)第272—273页和第509页,人民文学出版社1994年11月版。——译者

虽然已双目失明，仍以《圣经·创世记》中上帝造人和人的堕落为题材着手撰写一部典范之作《失乐园》。《失乐园》这一宏篇巨作比古往今来任何别的文学作品都要成功地把古典传统与基督教连接起来，实属有史以来最伟大的诗作之一。弥尔顿"证明上帝对待人的行为正当"入手，塑造了撒旦这一具有权威、勇气、领袖才能和政治家风度而又大胆、诡诈地公然反抗上帝的叛逆形象。但在最后撒旦不只是为《失乐园》中真正的"主角"亚当所抵消；后者知悉要容忍人类的伦理责任和受难的命运，因食那禁食的智树之果最后与夏娃一起被逐出伊甸园，世界"都呈现在他们面前"。

意大利和西班牙的风格主义

另外，人类存在所内含的嘲讽和紧张也为活跃于 1560 至 1660 年间的一些不朽的视觉艺术大师极其雄辩和深刻地表现出来。16 世纪下半期意大利和西班牙居主导地位的绘画风格是风格主义。"风格主义"[①](Mannerism)最初是一含轻辱意味的术语，指所谓的模仿者——意即那些模仿米开朗琪罗晚期的"风格"进行绘画创作的人。在这一时期该词的含义广得多了；确实，艺术史家现在把某些风格主义画家视为西方最伟大的大师。729
毫无疑问，风格主义画派确实把米开朗琪罗的反古典主义和自然扭曲以产生情感效果的趋势视为自己的出发点，但风格主义画家走得更远，远比米开朗琪罗要强调骚动不宁、不平衡和扭曲。应当承认，他们中的许多人缺乏技巧和深刻的想象力，满足于描绘人体而不是表现肌肉，描绘传奇性场面而不是戏剧性情景。但其他一些人完全成功地把伟大的艺术鉴赏力与四射的内在之光的联络平衡起来。

在后一类画家中，最出类拔萃的是威尼斯人丁托列托(1518—

① 或译"样式主义"。——译者

《基督受难图》，丁托列托作。

1594年）和西班牙人埃尔格雷科（1541—1594年）。丁托列托把风格主义的扭曲、骚动与威尼斯画派传统上喜用华丽色彩的特点结合起来，创作了大量以宗教为主题的不朽作品，包括《圣母参拜神庙》、《基督受难图》、《最后的晚餐》等，这些作品至今仍以弥漫的微光和扣人心弦的戏剧性场面令人油然生畏，敬佩不已。丁托列托的学生埃尔格雷科的作品更富于激情。这位超凡的画家生于希腊克里特岛，本名多梅尼科斯·提奥托科普洛斯。他吸取了希腊-拜占庭圣像画的某些风格化的拉长特点，而后去了意大利，就学于同时代伟大的风格主义画家诸如丁托列托门下，最后定居西班牙，在那里得到了“埃尔格雷科”（El Greco，西班牙语，意为“希腊人”）的绰号。埃尔格雷科的绘画过于希奇古怪，在那一时代难以得到很大赏识，即使在今天看来它们也过于不平衡和扭曲变形，似乎是一位几近精神错乱的人的作品。然而，这种观点既低估了埃尔格雷科的技法成就，也低视了他的极度神秘的天主热狂热。今天他最

《拉奥孔》,埃尔格雷科作。这是风格主义流派强调躁动不安和扭曲之典型。请注意,画家从希腊化时代的《拉奥孔群像》中汲取了灵感。

著名的作品是扭曲变形的风景画《托莱多风景》,画中幽暗而令人 730
生畏的光线正破穿乌云照在没有光线的地方;不过埃尔格雷科同样激动人心的作品是其令人头晕目眩的宗教寓意画《奥尔加斯伯爵的葬礼》(画家认为它是自由的代表作),以及众多惊人的肖像画,画中瘦削而威严的西班牙人具有一种难得的兼备严峻与洞察力的气质。

继风格主义之后出现的南欧最重要的艺术流派是巴洛克风格,该流派始于1600年左右,止于18世纪初叶,不只是一个画派,而且是雕塑和建筑流派。“巴洛克”(Baroque)一词源自葡萄牙语,

《托莱多风景》,埃尔格雷科作。

意为一个畸形的未经琢磨的珍珠,这在很大程度上反映出该派的特点。巴洛克风格秉承了风格主义的遗风,和风格主义一样注重激情和扭曲变形,但特点是不像风格主义绘画那样多地笼罩着一种低沉的神秘特性,比前者更多地具有一种向上的精神。出现这

 731

ce处补一图

左:《大卫》,贝尔尼尼作。文艺复兴时期雕塑家多纳太罗和米开朗琪罗塑造的大卫是宁静,贝尔尼尼塑造这位年轻英雄身体扭曲到顶点的一瞬。

右:《狂喜的圣特雷莎》,贝尔尼尼作。正如大卫身体极度扭曲,此处圣特雷莎处于精神极度激动之中。

种情况的主要原因是多种类型的巴洛克艺术通常都是半宣传性的。巴洛克建筑发源于罗马,意在表现反宗教改革的教皇制和耶稣会的理想,它尤其以坚持一种特殊的世界观为主旨。同样,巴洛克绘画往往是应反宗教改革的教会的要求而作的,这一教派在1620年前后处于极盛时期时似乎到处都采取进攻姿态;当巴洛克画家不颂扬反宗教改革的理想时,他们大都应聘为那些试图自我美化的君主服务。

毋庸置疑,罗马巴洛克初期最有想象力、最有影响的人物是建筑师和雕塑家贾洛伦佐·贝尔尼尼(1598—1680年),他经常受雇于教皇,曾设计了通往圣彼得大教堂的一长列大柱廊,这是对教皇荣耀最宏伟辉煌的颂扬方式之一。贝尔尼尼的建筑打破了意大利建筑师帕拉迪奥的安宁的文艺复兴古典主义风格，虽继续使用了诸如圆柱、圆顶等古典因素，但把它们与意在表现过度的焦虑不安及巨大力量的因素结合起来。此外，贝尔尼尼是尝试把教堂正面建成“纵深形式”——建筑正面，即不是设计成连续的层面，而是以奇特的角度向外突出，看上去让人产生侵入了前面开阔的空间的感觉——最早的人物之一。如果说这些创新的目的是打动观众并从情感上把他引入艺术作品的范围，那么可以说贝尔尼尼所创作的雕塑寓意也在于此。贝尔尼尼的雕塑作品诉诸于希腊化时代雕塑的无休止的动感——尤其是拉奥孔群像——并以米开朗琪罗后期雕塑中已有的趋向为基础，强调戏剧性效果，激发观众作出回应而不是静静地观赏。

由于意大利巴洛克画家大都缺少贝尔尼尼的艺术天才，因而，要想观赏南欧巴洛克绘画最伟大的杰作，就必须把目光转向西班牙，转向迭戈·贝拉斯克斯（1599—1660 年）。贝拉斯克斯是马德
732 里一位宫廷画家，适值西班牙濒临崩溃之际。与贝尔尼尼不同，贝拉斯克斯并不是一位完全典型的巴洛克风格的倡导者。固然，他的许多油画显示出典型的巴洛克趣味的动感、戏剧效果和力度，但贝拉斯克斯最好的作品具有一种通常所见的巴洛克绘画所少有的较有节制的思想性。因而，他的《布雷达守军投降》这一名作，一方面表现了健壮的战马、光彩照人的西班牙大公，另一方面也表现了对战败的、阵容不整的军队的人道的和深深的同情，后面这一点是非巴洛克风格的。此外，贝拉斯克斯最出色的单幅作品《宫娥图》作于 1656 年前后西班牙崩溃之后，流露出的是思想内容而不是戏剧效果，是有史以来对幻象与现实进行了最具探索性的艺术考察的作品之一。

在“邪恶的世纪”与南欧争夺艺术柱冠的北方艺术家是尼德兰人，其中三位迥然相异的画家都最全面地探究了人的伟大与邪恶

这一主题。最早的一位是彼得·勃鲁盖尔(“俭省的韵律”)(约1525—1569年),他作画的风格与早先尼德兰的现实主义相关联。但与其偏爱描绘静谧的都市景象的前辈不同,勃鲁盖尔喜爱描绘农民繁忙而质朴的生活。这方面最著名的有欢闹的《农民的婚礼》和《农民婚礼舞》,以及无拘无束的《收获者》,在后一幅画中,一群农民在繁重的劳动之后在正午的阳光下进行理所当然的休息,有的大吃大喝,有的酣然入睡。这些景象向人表现了未被打断的生活节奏;但在其创作生涯晚期对他所亲历的发生在尼德兰加尔文

《布雷达守军投降》,贝拉斯科斯作。它是为了庆祝西班牙在三十年战争初期战胜荷兰人而作的。图中西班牙人长矛林立,孤寂的荷兰人方则升起狼烟。然而西班牙统帅对战败的敌人宽厚对待。

《宫娥图》,迭戈·贝拉斯克斯作。画家本人正在为西班牙国王和王后作画(他们的图像在后景镜中可以见到),但着重点在前景中的宫娥和一位侏儒。毕加索曾从该画中获得很大灵感。

教徒暴动和西班牙镇压期间的宗教偏执和血腥杀戮场面深感震惊,并以一种轻描淡写而又刺痛人心的方式表示批评。比如,在

《收获者》，彼得·勃鲁盖尔作。在该画中，作者既表现了农民的艰苦劳作，也表现了他们的消遣休息。

《盲人的寓言》中，我们看到了无知的狂热之徒互相指路时出现的情景。勃鲁盖尔更震撼人心的作品是《屠杀无辜》，从远处望去，它描绘的似乎是白雪覆盖下一个佛兰德乡村的安适的景象，但事实上残忍的士兵正在有条不紊地破门入室并屠杀婴儿，纯朴的农民处于完全被人宰割的状态下；在此艺术家——暗指一位被交战 733
双方天主教徒和新教徒都遗忘的天使——似乎在说：“基督时代出现的情景，现在又出现了。”

与勃鲁盖尔迥然相异的是尼德兰巴洛克画家彼得·保罗·鲁本斯（1577—1640年）。与风格主义不同，巴洛克是一场与反宗教运动的扩展密切相关的国际运动，因而，巴洛克在尼德兰那一罹受长

《屠杀无辜》，勃鲁盖尔作。该画表明，深刻有力的艺术是可以对社会作出评论的。许多艺术史家相信，作者暗地里描绘的是他那时代尼德兰人在西班牙人手下受到的磨难。

期战争之苦、最后仍由西班牙保有的地区得到极其完美的表现，是毫不令人奇怪的。实际上，安特卫普的鲁本斯是一位远比马德里的贝拉斯克斯要典型的巴洛克艺术家，他确确实实创作了数千幅粗犷的油画，美化再生的天主教，或者拔高二流的贵族，把他们画成身着熊毛皮衣的传奇英雄。就连在其本意不是过分进行宣传时，他仍习惯于滥用

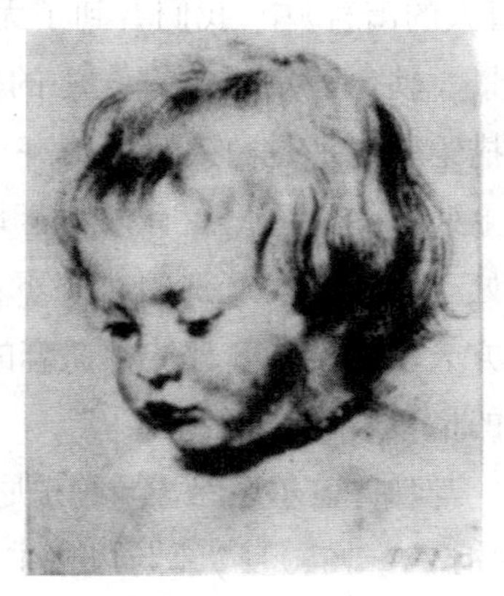

鲁本斯为其子尼古拉斯绘制的肖像

巴洛克风格的奢华夸张，以致在今天他可能以描绘保养良好的裸女的完美的肉体最为出名。但与众多次要的巴洛克艺术家不同，鲁本斯并不完全缺乏精妙技巧，且是一位具有多种风格的画家。他创作的他儿子尼古拉斯的柔和的肖像抓住了孩子在安静一瞬间那种纤尘无染的童趣。虽然他在其创作生涯的大部分时间里都颂扬勇武精神，但他晚年的《战争的恐怖》动人地描绘了他自己所说的"不幸欧洲的悲哀，这里现在在如此漫长的岁月中一直受到劫掠、暴行和痛苦的煎熬"。

所有尼德兰画家中最为伟大的一位当推伦勃朗·凡·里吉（1606—1669年），他在某些方面融合了勃鲁盖尔和鲁本斯的特点，令所有进行轻率的性格描写的企图都失去光泽。伦勃朗生活在西属尼德兰边界对面恪守加尔文教的荷兰，归属于一个因过于 734
苛严而既无法容忍勃鲁盖尔无拘无束的现实主义、又无法容忍鲁本斯巴洛克风格的浮华肉感的社会。不过伦勃朗设法把现实主义与巴洛克风格融会贯通起来。在早年他靠描绘圣经图景而名利双

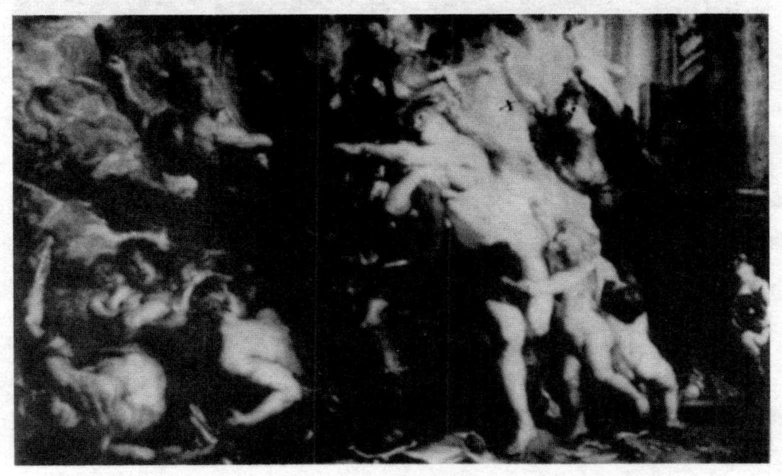

《战争的恐怖》，鲁本斯作。战神马尔斯把其情妇维纳斯抛在一边，以死亡和毁灭威胁人类。

收，这些圣经题材的画摒弃了巴洛克风格的肉感，而在扭曲变形和大胆地尝试用光方面保留了巴洛克风格的壮丽。另外，伦勃朗在创作生涯的早期还作为一位现实主义的肖像画家活跃一时，他知道如何通过突出他们加尔文式的刚毅来满足那些自我陶醉的顾客的虚荣心，从而获得大量钱财。但是他的兴隆局面逐渐衰落了，这部分是因为他对奉承之举感到厌倦，同时肯定是因为他进行了一些糟糕的投资。由于个人悲剧在画家的中年和晚年还在加剧，因

《凝视荷马胸像的亚里士多德》，伦勃朗作。

而他的艺术不可避免地变得比过去忧郁和阴沉得多了，但它具有了庄严、精巧的抒情和令人叹为观止的神秘等新的特点。因而，他晚年的肖像画，包括他的自画像，渗透着内省的特性，暗示有一半没有表现出来。同样感人的是其具有明晰的哲理性的绘画，诸如《凝视荷马胸像的亚里士多德》，在该画中那一所谓的尘世哲学家似乎被另世中史诗诗人散发出的荣光震住了；以及《波兰骑手》，该画把现实主义成分与巴洛克成分高度综合起来，描绘一位冥想的年轻人无畏地向危险重重的世界进发。就像莎士比亚那样，伦勃朗知道人生之旅充满了危险，但其最成熟的绘画表明这一切都可以用诗艺和勇气征服。

《波兰骑手》，伦勃朗作。与提香所作查理五世骑马图不同，伦勃朗笔下的骑手具有内省精神，因而更具人情味。

精选书目

Aston, T. , ed. , *Crisis in Europe: 1560—1660*, London, 1965. 由极有价值的论文组成的一个集子。

Braudel, F. , *The Mediterranean and the Mediterranean World in the Age of Philip II*, 2 vols. , New York, 1972. 当代最杰出的史著之一。谈论 16 世纪下半叶地中海地区的生活,重点在于地理因素如何决定人类历史的进程。

Chute, M. , *Shakespeare of London*, New York, 1949. 最受人欢迎的传记。

Dean, Leonard F. , ed. , *Shakespeare: Modern Essays in Criticism*, New York, 1958. 汇集了各种学术评价。

Dunn, Richard S. , *The Age of Religious Wars, 1559—1715*, 2nd ed. , New York, 1979. 本时期大学水平最佳教科书。行文异常出色。

Elliott, J. H. , *Imperial Spain, 1469—1716*, London, 1963. 综合分析之杰作。

——, *Europe Divided: 1559—1598*, London, 1968. 对复杂的事件作极为清晰的叙述。

Elton, G. R. , *England under the Tudors*, 2nd ed. , London, 1977. 行文引人,具有权威性。

Ford, Boris, ed. , *The Age of Shakespeare*, Baltimore, 1955. 一部优秀的较短篇幅的手册。

Frame, D. , *Montaigne: A Biography*, New York, 1965. 迄今最佳英文传述。

Fraser, Lady Antonia, *Cromwell: The Lord Protector*, London, 1973. 一部受人欢迎的传记。

Held, J. S. , and D. Posner, *17th and 18th Century Art: Baroque Painting, Sculpture, Architecture*, New York, 1979. 英文著作中有关这一主题最全面的介绍性概述。

Hibbard, Howard, *Bernini*, Baltimore, 1965. 有关这一巴洛克艺术活动中心人物的基础性英文著作。

Hill, Christopher, *A Century of Revolution: 1603—1714*, 2nd ed. , New York, 1982. 一部有关英国进程的有价值的概论,强调经济和社会趋势。

Hirst, Derek, *Authority and Conflict: England, 1603—1658*, London, 1986. 融纳入了新近解释。现行几部概述著作中最好的一部。

Kahr, M. M. , *Velázquez: The Art of Painting*, New York, 1976.

Kamen, Henry, *The Iron Century: Social Change in Europe, 1559—1660*, New York, 1971. 认为欧洲生活的许多不同方面都出现了"重大危机",这一方面最详尽、最有说服力的著作之一。

Le Roy Ladurie, Emmanuel, *Carnival in Romans*, New York, 1979. 详细描述了1580 年法国的社会动乱。

Mattingly, Garrett, *The Armada*, Boston, 1959. 叙述迷人,非常可靠,但读来像一部小说。

Monter, E. W., ed., *European Witchcraft*, New York, 1969. 论文选,由当代世界顶尖学者作精彩介绍。

Parker, Geoffrey, *The Dutch Revolt*, Ithaca, N. Y., 1977. 而今是英文方面有关荷兰革命的典范之作。

——, *Europe in Crisis: 1598—1648*, Brighton, Sussex, 1980. 对英格兰以外欧洲的战争和革命作了着重于政治方面的叙述。

Pennington, D. H., *Seventeenth-Century Europe*, London, 1970. 依据传统的分期方法对这一世纪作了极为透彻和可靠的考察。

Pierson, Peter, *Philip II of Spain*, London, 1975. 根据菲利普二世时代居主导地位的假定研究菲利普二世的个性和举止,一个很引人的尝试。

Rabb, T. K., *The Struggle for Stability in Early Modern Europe*, New York, 1975. 探讨 1660 年前后由危机向稳定的转变,具有启发性。

Roots, Ivan, ed., *Cromwell, A Profile*, New York, 1973. 有关解释问题的读物集;为 Fraser 书作补充。

Rosenberg, Jakob, *Rembrandt: Life and Work*, London, 1964.

Russell, Conrad, *The Crisis of Parliaments: English History, 1509—1660*, New York, 1971. 有关这一时期的最佳综论性著作。

Shearman, John, *Mannerism*, Baltimore, 1967. 叙述 16 世纪晚期建筑、雕塑和风格主义绘画的趋势。

Steinberg, S. H., *The Thirty Years' War and the Conflict for European Hegemony, 1600—1660*, New York, 1966. 最佳学术叙述。

Stone, Lawrence, *The Causes of the English Revolution, 1529—1642*, New York, 1972. 当代杰出社会史家之一对革命作了司法分析。

Thomas, Keith, *Religion and the Decline of Magic*, London, 1971. 研究英国民众信仰,洞察入微。

Trevor-Roper, H. R., *The European Witch-Craze of the Sixteenth and Seventeenth Centuries and Other Essays*, New York, 1968. 开创性论文选集。

Walzer, Michael, *The Revolution of the Saints: A Study in the Origins of Radical Politics*, Cambridge, Mass., 1965. 作者是位政治学家,试图证明英国清教是现代政治激进主义的最早行为。

Wedgwood, C. V., *William the Silent*, London, 1944. 颂扬性传记,行文温和。

原始资料

Cervantes, Miguel de, *Don Quixote*, tr. Walter Starkie, New York, 1957.

Hobbes, Thomas, *Leviathan*, abridged by F. B. Randall, New York, 1964.

Montaigne, Michel de, *Essays*, tr. J. M. Cohen, Baltimore, 1958.

Pascal, Blaise, *Pensées*, French-English ed., H. F. Stewart, London, 1950.

Sprenger, Jakob, and H. Kramer, *The Malleus Maleficarum*, tr. M. Summers, 2nd ed., London, 1948. 一部令人恐惧而又令人着迷的著作。Malleus 意为“女巫的锤子”,是中世纪迫害巫术的人最常用的手册。

第二十一章　近代初期的印度、东亚和非洲

（约1500—1800年）

富士伊智聪明过人，在其一生中积聚了大笔财富。……他把铜和金的市场比价记录下来；他打听稻米掮客新近的报价；他向药店店主和服饰用品商的伙计打听长崎市场的情况；为了获得皮棉、盐和清酒的最新价格，他记下了京都商人每次从江户分店收到快信的具体日期。每天他都把罗罗总总一应事儿记在本子上，人们一有问题，就来求询他。富士伊智成了京都市民的一样珍宝。 737

——井原西鹤，《日本永代藏》（1688年）①

西方对东方的影响

16世纪至19世纪之间，随着一个新王朝的出现，重又充满活力的印度帝国取得了大国的地位。中国正处于清王朝的统治之下，该王朝是其一长串王朝中的最后一个；此时中国变得更为强大，成为世界上幅员最广、人口最众的国家。日本对其封建机构作了调整，以适应专制政府的需要。在印度和中国，在较小程度上还有日本，到处都是一派富丽堂皇的景象。这种风尚，正如同一时期欧洲许多国家的情况那样，反映了各富裕阶层和强大的统治者的情趣。不

① 井原西鹤（1642—1693），17世纪日本文学创作活跃时期（"元禄文学"）代表作家，早年在创作俳句和连歌方面显示出才华，但以小说著称，代表作有《好色一代男》（1682年）、《好色五人女》（1686年）、《日本永代藏》（1688年）和《世间胸算用》（1692年）等。他的作品以现实为题材，几部描写町人阶级爱欲生活和经济生活的作品成就最高。——译者

过从长远看来，由于它们在商业革命起着消极的而非积极的作用，这些亚洲强国日渐处于不利地位。随着西欧各国转而进行帝国扩张及扩建海军，它们就与亚洲沿海地区建立了直接的联系，左右了东西方之间的大部分贸易，同时对欧洲以外各民族的独立构成经常性的威胁。在几百年间，东方各大国仍很强大，在西方入侵的威胁面前足以自卫。中国对贸易施加了严格限制，日本则几乎把自
738 己完全锁闭起来，无奈之下，从事航海事业的欧洲人只好另谋出路。16 世纪 70 年代，西班牙人占领了菲律宾群岛，征服了群岛上各本土部落及中国拓殖者的社团。几年以后，荷兰人借助于荷属东印度公司，在印度尼西亚为一个富庶帝国奠定了基础，把先于他们统治此地近百年的葡萄牙人赶了出去。英国人和法国人虽然有些行动迟缓，但都把注意力转向印度大陆，在 17 世纪期间陆续取得一些具有重要意义的贸易口岸。与此同时，葡萄牙人、英国人和荷兰人在非洲沿岸建立了孤立的商业据点。

一、莫卧儿王朝统治下的印度

莫卧儿王朝的兴起

到了 15 世纪末，三百年间相继处于土耳其人—阿富汗人所建一个又一个王朝统治下的德里素丹国，国力已经大大衰落，日薄西山。16 世纪初，北印度沦于一个新的外来王朝的统治之下；这一王朝在印度建立了 7 世纪戒日王统治时期以来最有效率的统治，同时开启了印度文明中最有成效的时期之一。该王朝在 17 世纪时达到极盛，被称为“莫卧儿”王朝。“莫卧儿”（Mughal）一词原为波斯文，意为“蒙古”（Mongol；在英语中讹为 Mogul），不过这一王朝并非起源于蒙古。王朝的创立者巴布尔（1483—1530 年）是世界上两个最著名的征服者的后代：他的父亲是土耳其血统的帖木耳的

后代,他的母亲则是蒙古人成吉思汗的后人。他自己的儿子和继承人是一位波斯女子所生,更靠后的后嗣则具有印度皇族的部分血脉。

“老虎”巴布尔

从他与众不同的自传来看,巴布尔是位具有非凡的精力、智慧且极其敏感的人,但他因其光彩夺目的武功而获得了“老虎”的绰号。巴布尔起初只是土耳其斯坦一个小邦的统治者,他翻山越岭进入阿富汗,夺取了喀布尔。他曾尝试在中亚扩张自己的疆土,受挫后就把目光投向南方人心涣散、四分五裂的德里素丹国。恰在此时巴布尔有了一个方便的借口:旁遮普的总督邀请他出兵把他从其领主素丹手中“解救”出来。1526年4月,巴布尔在德里附近击败素丹军队,此后他决心把印度斯坦都置于自己的控制之下。与他面对的敌人相比,他的军队在人数上一直处于劣势;不过,他们对他十分忠诚,同时他们拥有欧洲制造的虽然十分原始但具有毁灭性的大炮和用火柴点燃的火枪,这就弥补了相对劣势。1527年,这位征服者差一点就遭到灭顶之灾,那时他与在人数上远远多于自己、由一位从不屈从于穆斯林统治的王公领导的拉杰普特人联邦的军队相对垒。但

巴布尔像

巴布尔“老虎”的宫廷

是，由于战略对头、士兵们忘我拼杀，再加上敌人不够齐心协力，阿克巴占了上风。他号召部下勇敢战斗，并发誓说如果安拉赐给他胜利此后他将戒酒，最终取得了胜利。1529 年，孟加拉也沦于他
739 的统治之下，这样阿克巴就成了北印度大部分地区的主人。

胡马云和摄政

1530年巴布尔去世之后的25年是该王朝命运攸关的年份。他的儿子胡马云虽有才干但过于疏于政务，懒散成性，结果被阿富汗将军赶出了印度，逃到了他母亲的故土波斯的宫廷避难。在波斯军队的帮助下，胡马云于1555年恢复了德里王位，但次年他即在一次事故中丧生，其脆弱的王国交由他13岁的儿子阿克巴掌管。对莫卧儿人来说幸运的是，这位少年得到了一位能干、忠诚的将军的保护。这位将军名叫贝冉可汗，他出任摄政，为年轻的王子加冕，击退了其他争夺王位的对手，最后由于宫廷密谋他被驱逐，1561年在去麦加朝圣途中遇刺身亡。次年，20岁的阿克巴出乎宫廷和后宫密谋者的意料独自执掌了政权。

阿克巴被当之无愧地称为“莫卧儿大帝”，他是这一出了一些“伟大君王”的世纪中一位出类拔萃的世界伟人。他在位的时间很长（1556—1605年），其统治的年代与英国女王伊丽莎白一世在位的年代几乎完全一样，后者出众的治国才干与他旗鼓相当。借助于军事力量，他巩固了自己在北印度和中印度的地位，西北方控制着喀布尔，同时据有卡提阿瓦半岛上的古吉拉特，这二个地方对 740
经由阿拉伯海进行的贸易输出活动至关紧要。1592年他占领了孟加拉湾的奥里萨，三年后占领印度河以西的俾路支，从而扩大了自己的统治区域。他曾数次突袭德干高原并取得胜利，但永久征服的地区极少。

阿克巴的行政管理

虽然阿克巴在其统治时期一直忙于战争，间或穿插着一些残酷的举措，但他建立了一种有效率且总的说来明断审慎的行政管理。为了消除拉杰普特各氏族的敌对态度，他劝说其中一个氏族与他联姻，同时对危及他的任何人严惩不贷，有一次一次就屠杀了守卫某一

阿克巴肖像

堡垒的士兵30,000人。他把整个帝国划分为许多省,并指派一位军事长官出任省的首脑;他赋予这些军事总督很大的权力,但与其先辈不同,他支付给他们薪俸,而不是分封给他们地产或者放任他们随意向人民征税。税赋由非军事长官征收,收入上交到首都,然后再由中央政府分配。各省总督要定期调换治所,以防他们在地方培养追随者从而威胁帝国权威。阿克巴对部属严加看管,给他们规定严格的职权范围,对行为不端者予以惩罚。正如在古往今来印度大部分体制下那样,莫卧儿王朝统治时期收入的主要来源是土地税。阿克巴所估定的赋税率相对说来较轻,它以十年期间作物的平均年产量为准,税额约占实际耕种的土地年产量的三分之一。他让人测量土地以断定田产的价值,对遭受饥荒的地区减收或免收赋税。这位皇帝的年收入据估计相当于2亿美元,高级官员们享有优渥的薪俸。正如在亚洲那样,在欧洲这是一个独裁统治的时代,上、下层之间相差极为悬殊。一方面印度城市在不断发展,众多中等阶层的商人和艺匠兴旺发达,但一方面,普通劳动者远远谈不上繁荣,有一些人甚至是奴隶。在整个社会中农民占绝大多数,他们只能过着低水平的生活水准——不过与近代时期相比要好得多。阿克巴的税收制度使统治阶层富裕起来,但它实施起来很公正,从而使一种充满活力的经济的发展成为可能。

阿克巴以一位印度君主的身份进行统治

阿克巴种种政策中最富革新精神且对他的成功至为关键的一项，就是他决心作为一位印度君主而不是作为一位外国征服者治理国家。他的刑法典虽以严厉著称，但与同时代许多欧洲国家的法典相比算不上残暴。针对穆斯林臣民的民法以伊斯兰传统和可兰经为基础，但与此同时他允许印度教徒按照自己的法律，以村落议事会或有学问者的看法解决他们自己间的争执。他比他之前的任何先辈都更致力于安抚信奉印度教的臣民，为此他废除了只向非穆斯林征收的特别 741
税，授予他们信仰自由，同时鼓励兴建印度教寺庙。部分上出于政治考虑，他把不同民族的许多妇女选入后宫（后宫人数据说达5000人）。他最宠幸的一位妻子是位拉杰普特人公主，她所生的儿子后来继承了阿克巴的王位。他还任命印度教徒担任各种文武官职，曾让一位罗阇出任财政大臣这样的要职。

阿克巴的个性和文化爱好

阿克巴具有复杂的个性和罕见的多方面爱好，这就在他统治时期的各个方面都打上了印记。他明显深受癫痫发作和偶或出现的抑郁症之苦，但通常显得轻松愉快，精神状态很好。他天生一副魁伟的体格，酷爱武艺和冒险行为，有时会冒着生命危险，不顾一切地徒手与雄狮格斗或骑御野象。在发火时他可 742
以变得残酷无情，但一般说来判断准确，对已被击败的对手往往表现得宽宏大量。这位易于冲动的皇帝有着强烈的求知欲和开阔的思想。记在他名下的发明有好几项，主要与火炮改良有关。虽然他执拗地拒不学习读书写字，但他喜好文学，藏书甚众。他还是位天才的音乐家，不仅精于演奏乐器（尤其善于敲定音鼓），而且通晓十分繁复的印度声乐理论。

阿克巴新颖的敢作敢为精神导致他不仅容忍印度教，而且最致放弃了本民族的宗教。他天生具有一种神秘主义气质，这致使他倾向于苏非派禁欲神秘主义，然而他永不安宁的思维能力使他无法从任何现成的信条中获得满足。由于他喜爱哲学论争，因而他延请印度内外各种宗教门派的代言人举行一系列辩论，他自己则向与会者提出尖锐的问题以使场面活跃起来。在他统治的中期，1581 年，他推出了他自己独创的一种宗教，他称之为“神授信仰”。这种宗教吸取了印度教的禁止宰牛、帕西人的拜火仪式和基督教的浸礼，是一种综合性的一神教，矢志维护智慧、勇敢、禁欲和公正。信奉该教的人应当屈膝跪在先知即阿克巴本人之前，行穆斯林传统的俯伏礼。神授信仰传播的范围仅限于宫廷，在阿克巴死后不久即消失了。与此同时，许多正统的穆斯林认为皇帝是伊斯兰教的叛徒，对神授信仰持敌视态度。

浪漫爱情：浪漫故事是莫卧儿诗歌和绘画中居主导地位的主题。该彩饰中，莫卧儿王朝第四代皇帝查罕杰拥抱其皇后。

沙杰罕

这一王朝中最辉煌的时

期当属四代“伟大的莫卧儿”统治的一个半世纪。这些统治者并不缺乏继承人，但每一代统治总是以王子反叛父皇或兄弟互相争夺继承权而告终。阿克巴可能是被他的儿子、继位者查罕杰（1605—1627年）毒杀的。查罕杰虽不乏天赋，但工于心计，自我放荡，淫荡成性，结果任由其大权旁落到其波斯妻子手中。她的儿子沙杰罕在位的30年是辉煌灿烂的30年（1627—1658年），但为此付出了巨大代价。把大量的钱财不加约束地用于美化其两个都城——德里和阿格拉——上，再加上在德干高原进行的持续不断的战争，以及对中亚的军事征讨和对波斯的战争，凡此种种均耗干了国库，以致地租不得不提高到作物年产值的二分之一，给贫苦农民戴上了一副难以忍受的枷锁。他的儿子奥朗则布举兵反叛，沙杰罕成为阶下囚，郁郁地死于狱中。奥朗则布在其漫长的统治时期失去了治愈沉疴、恢复国家机体健康的一个机会。

奥朗则布的统治：重回伊斯兰正统

奥朗则布可能天生是阿克巴后代中最 743
能干的一位，他在位的时间与其曾祖父一样长（1658—1707年）。他野心勃勃，精力旺盛，早在登基（或策划登基）之前就显示出才干并获得了治国经验。作为尚未征服的德干地区的总督，他以高超手段劝诱比哈普尔的一些苏非派信徒和贵族不再效忠与莫卧儿帝国敌对的穆斯林王国的素丹。在统治的前半期，他坚持阿克巴确立的模式，以审慎的态度治理国家。在其统治的后半期，他试图消灭印度各地所有独立邦国（不论它们信奉伊斯兰教还是印度教），耗尽了国家的力量；同时他重新采取宗教迫害政策，招致了印度教臣民的敌视。从外表上看奥朗则布一门心思地要强制推行伊斯兰教正统学说，因而他重新向非穆斯林征收特别税，禁止兴建庙宇，同时拆除了一些庙宇。作为一个诚实的、狂热的虔诚的人，他把艺术视为盲目崇拜、有损名声的文学作品，认为它夸大了人类的空虚,对它大表不满。皇家“祈祷者—商人”禁止在奥朗则布的宫廷中演奏音乐,并用较不方便的太阴历取代了波斯的太阳历,因为穆罕默德用的就是太阴历。

奥朗则布同时向王国内部的“偶像崇拜者”和外部的政治对手开战;他重新采取短视的削弱行政管理、危及国家经济的种种政策。他不再像过去阿克巴那样付给地方总督薪俸,而是授予他们田地,从而为肆无忌惮的官员逃避对国家的责任、敲诈勒索属下的农民开了方便之门。奥朗则布(他的帝号是阿拉杰尔,意为“世界征服者”)把其一生的最后 26 年都花费于在德干地区指挥军事战役上。1686 年,他的军队推翻了长期以来一直与之斗争的比贾普尔王国,次年把毗邻小邦戈尔孔达并入帝国版图。这些胜利没有带来什么好处,因为它们打破了德干地区不尽可靠的权力平衡,引发了新的敌对现象。虽然奥朗则布通过征服把其势力扩张到半岛深处(在这一方面他的那些先辈均要稍逊一筹),但成果难以牢牢控制住,结果在他的统治末期莫卧儿面临的敌人比他即位伊始还要多。

马拉塔人

这位皇帝遇到的最难对付的敌国是马拉塔邦,这是居住在德干高原西北部山区信奉印度教的各部落同盟。一些部落首领曾为莫卧儿王朝或比哈普尔王国服务(他们正处在这两个敌对的穆斯林强国之间),但到了 1662 年马拉塔人建立了自己的独立王国,控制了比哈普尔的西北地区,定都浦那。在精通游击战术的无畏国王西瓦吉的率领下,他们一次又一次粉碎了消灭他们的企图;虽然他们的要塞曾经失守,“山鼠”西瓦吉本人一度被俘,他们从未屈服过。马拉塔邦作为一个实际存在的邦国控制了德干高原大片地区,一直存在到 18
744 世纪晚期,这时同盟分化成了一些独立的公国。

如果说阿克巴力图抚慰拉杰普特人,奥朗则布则把他们激上了公开反叛之路。同样,他还与旁遮普的锡克人交恶,从而在其统治区域的中心制造了一个心腹之患。锡克人本是一个具有进步思想、富于同情心的宗教团体。该教派是于15世纪由那纳克创建的,后者是位乐善好施、对超自然存在感兴趣的布道者,对其教导和影响人们至今仍众说纷纭。一些崇拜者说他试图把印度教和伊斯兰教两种教义中最好的要素结合起来在这两种信仰间建立起一种共同的纽带,对此近来一些学者提出了质疑。毋庸置疑,他的许多灵感启源于同时代印度教信仰和传统,但他是一位真正具有独创性的思想家。他的教义的主旨是四海皆兄弟、神是唯一的以及行善的义务:

教清真寺成为爱的象征;
教祷告跪毯成为诚实的象征;
教《可兰经》成为正义的象征;
教割礼成为谦恭的象征;
教天房成为礼节的象征;
教古鲁[①]成为真理的象征;
教教义和祷告成为仁爱的象征;
教念珠成为神意的象征,
上帝将保全你的荣誉,噢,那纳克。

锡克教派的演化

那纳克厌弃拘泥于形式的经文和机械的仪礼:由于他批判种姓制度,印度教徒中身份低下的阶层中有许多人成了他的信徒。虽然他的宗教中包括着伊斯兰教、印度教(以及基督教)共有的一些信条,但锡克教("门徒")成为一个独具特色的团体,而不是印度教的一个分支。继那纳克之后是一系列精神领袖或古鲁,阿克巴曾在阿姆

① 古鲁,指印度教、锡克教的宗教教师或领袖。——译者

利则授予第四个古鲁一片场所。他们在此立了一座黄金寺庙,这是锡克人最神圣的地方,是存放经文的宝库。与友善对待锡克人的阿克巴相反,他的继承人查罕杰以支持其反叛的儿子为由处死了第五位古鲁,奥朗则布行事更过:由于未能迫使锡克教首领改皈伊斯兰教,他就让人把他杀死了。毫不奇怪,后世莫卧儿人对锡克人所持的敌对态度,促使锡克人与他们反目。这一起初是一种和平的改良运动的教派,逐渐演变为一种军事会社。信徒加入该教必须先举行一种叫作"给剑洗礼"的仪式,同时许多人改姓"辛格"(意思是"狮子")。虽然他们依然对种姓制度表示反感,赞同一套严格的个人行为准则,但他们把其早期领袖的那种宽宏大量的理想主义大都遗弃了。他们的所作所为有时看上去与土匪没有什么两样,屠杀穆斯林似乎成了他们的嗜好。因此,在 18 世纪初期,莫卧儿王朝的权力不仅受到司空见惯的宫廷密谋的威胁,同时遭到了强大的印度教部族——拉杰普特人、马拉塔人和锡克人——的猛烈反抗。

在奥朗则布耗竭国力的统治结束 32 年之后,莫卧儿王国还罹受来自外部的灾难的打击。1739 年,一位僭夺了波斯王位的名叫
745 纳迪尔沙(1736—1747 年在位)的人侵入印度,令人发指地洗劫了德里,把该城大片地区化为废墟。自此以后,虽然它仍然是一支值得认真对付的力量,虽然在英国人在此牢牢立足很长时间之后在形式上莫卧儿人仍被看成印度的统治者,但帝国再也未能完全恢复元气。

莫卧儿人在印度的三百年统治在许多方面都具有建设意义。当英国人把其管辖范围扩展至整个南亚次大陆时,莫卧儿人的行政管理制度对他们不无裨益。更为重要的是文化类型的不断演化,波斯特质和其他伊斯兰特质的到来使印度这一混合体更为丰富多彩。一般说来,历代皇帝都有一种超越民族和地域的广阔眼

界,欢迎与外国进行商业文化交流。印度、土耳其、阿拉伯和波斯各种成分间的融合突出显现在文学、艺术和社会风尚方面。由于皇家的资助,再加上当时通用好几种语言,文学有所发展。在宫廷圈子里,土耳其语和波斯语都可使用;通晓《可兰经》所用的语言阿拉伯语,是受过教育的穆斯林必不可少的一项本领,同时了解北印度的方言对行政管理人员而言是绝对必要的。土耳其—波斯文化与印度文化交融的一个恒久的后果,是产生了一种叫作"乌尔都语"("兵营语言")的语言。乌尔都语的许多词汇出自波斯语和阿拉伯语,用阿拉伯字母来书写,不过其语法结构与北印度使用最普遍的雅利安方言印地语基本相同。在整个北印度地区,乌尔都语和印地语逐渐都成为人们进行交流的通用工具。(今天乌尔都语主要在巴基斯坦使用。)

虽然许多波斯学者和诗人为莫卧儿王朝超越民族和地域的气氛所吸引到了印度,但最具不朽价值的文学作品是由印度教徒,尤其是在宽容的阿克巴统治时期写成的。阿克巴大帝不但对印度的艺术和音乐,而且对其文学宝库有着浓厚的兴趣,他任命了一位印地语桂冠诗人。他让人把《吠陀》和《史诗》译成波斯文。印度最伟大的诗人之一——杜尔西达斯(1532—1623 年)就生活在阿克巴统治时期。他的主要作品是根据古代史诗《罗摩衍那》创作的一首理想化的、十分超凡脱俗的诗歌。诗作者虽然是位婆罗门,但该诗是用印地语而非梵文写成的;它把高超的写作技巧与炽热奔放的道德真诚完美地结合在一起。

莫卧儿建筑

建筑最为完满地展现了印度教基调与伊斯兰基调的交互影响。穆斯林建筑师引起了光塔或尖塔、尖拱以及球茎状圆屋顶;印度教和耆那教建筑传统强调的是横线和精美的装饰。由于穆斯林甚至在兴建清真寺时也常常聘用印度石匠和建筑师,因而必然会产生富有成果的思

想交流，这种交流在16、17世纪达到了顶点，形成了一种独具特色
746 的印度—穆斯林建筑风格。阿克巴在亚格拉用坚硬耐久的赤沙岩兴建的一些建筑物至今依然存在；在亚格拉以西几英里处，阿克巴曾亲自构思兴建了一座城市，这座城市刚刚建成五年就被他舍弃了，但整座城市时至今日大都存在。不过，与半个世纪后沙杰罕兴建的建筑物相比，阿克巴的城堡用料不够讲究，建得不够精致，在美感方面也稍逊一筹。代之以沙岩，沙杰罕使用的建筑材料是最优质的大理石、玛瑙、绿松石及其他半宝石，同时往往镶金嵌银以装饰建筑物外表。沙杰罕的光彩夺目的建筑与阿克巴坚固粗犷的建筑形成了鲜明对比，它们显得过于精美雅致，风格几近颓废。

沙杰罕把其主要皇宫都建在德里，在该地设计了一座新城，以

泰姬陵，位于亚格拉。沙杰罕为纪念其宠爱的妻子修建。
它被认为是印度穆斯林建筑的最佳范例之一。

自己的名字为他命名。在17世纪,德里和亚格拉就居民人数和公共建筑的宏伟程度而言都可跻身于当时世界上最大城市之列。亚格拉拥有60万居民,它按照商人和手工艺匠类型的不同划分成不同的区域,城内有70座大清真寺和800个公共浴池。新修的德里建起了高出河面达60英尺的城墙。城内建有一座难以用笔墨形容的皇宫。皇宫内安放着著名的孔雀宝座,宝座上镶嵌着据估计价值在500万美元以上的贵金属和宝石。(宝座在1739年纳迪尔 747
沙洗劫德里时被抢走并被带到了波斯。)沙杰罕最为著名的建筑杰作是泰姬陵,它位于亚格拉,是他为其宠爱的妻子(她在为皇上怀第14胎时去世,死时德干地区正饱受饥馑之苦)设计的陵墓和纪念堂。泰姬陵用了2万名工匠、用了大约20年才建成。它把波斯建筑风格与印度建筑风格完美地结合在一起,技艺高超,细致入微。陵墓四周环绕着林荫道、湖泊和花园,这种布局平添了泰姬陵的魅力。

莫卧儿王朝的统治者几乎完全无视伊斯兰教有关画像的禁忌,他们热衷于收藏绘画作品,而且精于绘画鉴赏。同一时代波斯艺术的影响很大,这方面最典型的例子是袖珍画,包括风景画尤其是肖像画。书法也被看作一门美艺术;许多手写本都像中世纪的欧洲那样配有图画。按照穆斯林国家的一般做法,《可兰经》上的文句也被刻写在屏风或建筑物的正面上作为装饰。在很大程度上与穆斯林入侵之前相同,苛严的手工技艺和艺术标准在印度许多地区继续存在。尤其值得注意的是拉杰普塔纳当地王宫宫廷培植的拉杰普特画派;与莫卧儿画派相比,这一画派更富有生气,但不那么悦目。

正像在北印度那样,在南印度,穆斯林成份与印度教成份的交互影响同样激发了创造性活动。比哈普尔的易卜拉欣二世素丹统治时期(1580—1627年)类似于其同时代更著名的阿克巴的统治

时期，不但在宗教方面，而且在艺术方面也都鼓励自由表现和折衷主义。易卜拉欣二世被其崇拜者称为“全世界的导师”；他在位的
748 这一时期的建筑杰作是用莲花梗和嫩芽来装饰美化的，这反映了印度典型的表现行为，而不是阿拉伯或波斯的表现形式。

欧洲人的到来

在莫卧儿王朝时期对后世注定会产生巨大后果的一个方面，就是欧洲商人和冒险家的影响。虽然他们在沿海各地获得的立足点不大且看上去微不足道，它们却表明欧洲人已经开始认识到在南亚和东南亚进行贸易的可能性。从前印度各邦曾经进行过的海上冒险活动此时已经衰微；就以莫卧儿帝国而论，虽然它盛极一时，有一支可怕的陆军，但没有维持一支海军。在16世纪大部分时间里，葡萄牙人一直主宰着印度洋，他们不仅可以据此获得商业利润，而且充当了运送每年一次到麦加朝圣的穆斯林香客的人。荷兰人和英国人刚刚开始成为天主教强国西班牙和葡萄牙的竞争对手，他们起初曾协力把葡萄牙人排挤出东印度香料群岛，但当荷兰人用武力显示他们不愿与英国人分享十分赢利的香料贸易后，英国人只好把注意力转向印度大陆。葡萄牙人在印度沿岸和锡兰拥有一些设防据点，他们在此对英国人构成障碍。葡萄牙在莫卧儿朝廷的耶稣会传教团也反对热情款待这些信奉新教的插足者。英属东印度公司

16世纪后期的一位欧洲旅游者。莫卧儿人绘画。

于1600年由女王伊丽莎白一世特许成立,但它在成立后的前20年间未能获得任何贸易特权。威廉·霍金斯船长是位虚张声势、恃强凌弱的军人,他曾代表公司受到喜爱宴饮交际的查罕杰皇帝的款待;但经过两年令人沮丧的活动,霍金斯一无所闻,离开亚格拉时未能签订任何协议。英国人击败一支葡萄牙海军并开始控制阿拉伯海和波斯湾之后,公司讨价还价的资本增多了。奉詹姆士一世国王之命出使亚格拉的托马斯·罗伊爵士,终于于1619年获准在莫卧儿帝国的主要港口苏拉特成立一家代办商行。尽管英国在印度的势力日渐增大,葡萄牙仍保住了西海岸的果阿、达曼和第乌,这几个地方直到1961年才被独立后的印度政府用武力强行收回。

托马斯·罗伊爵士:"战争和贸易是不相容的。"

托马斯·罗伊爵士警告他的同胞不要采取葡萄牙人在印度攫取领土、试图建立殖民地的政策。反过来他劝他们"在海上和平静的贸易"中获取利润,要记住"战争和贸易是不相容的"。在一段时间里费尽心血才使商业渠道畅通,根本谈不上建立什么殖民地。在斯图亚特王朝前几位国王统治时期,尤其是在查理一世国王允许另一家敌对的公司经营同东方的贸易之后,英属东印度公司遭到冷落,衰弱无力。但在护国公奥利弗·克伦威尔统治时期——克伦威尔打败了荷兰人并与葡萄牙人达成了一项对英国有利的协约,为英国贸易注入了活力——该公司恢复了对东方贸易的垄断;光荣革命之后,查理二世国王颁发新的特许状,授予东印度公司铸造货币、749
对居住在其代理商行的英国人行使管辖权、向"非基督教国家"宣战或媾和的权力。在其后几十年间,该公司获得了平均每年达25%的利润。17世纪结束之前,它在印度获得了三个不仅在商业上而且在战略上具有重要价值的据点,这三个据点相隔遥远,一个是西海岸附近水域的孟买岛(这是1661年英国国王查理二世与一位葡萄牙公主成婚时葡萄牙人送的嫁妆),一个是东南沿海的马德拉斯,另一个是位于恒河入海口的威廉堡(加尔各答)。1664年法国人组建了自己的东印度公司,他们获得的据点与英国的旗鼓相当,可与英国抗衡,到了18世纪中叶,能干的弗朗索瓦·迪普莱克斯在法国舰队的支持下占领了马德拉斯,把自己变成整个半岛东南部的实际统治者,这样一来,法国在帝国竞赛似乎要超过英国。但是,1756—1763年在欧洲、美洲、印度和公海进行的七年战争以英国获胜告终;虽然英国人没有乘胜当即把法国人赶出印度次大陆,但他们的欧洲主要强国的地位在此得到了确保。

750

二、满族(清朝)统治下的中国

清朝的起源

明王朝灭亡以后,中国再一次沦于异族入侵者的统治之下。这些征服中国的人是居住在中国北部边陲满洲的满族(“满族”一词即来自“满洲”这一地名),他们与五百年前同宋朝皇帝瓜分中国的女真族基本上属于同一民族。虽然满族最初是一游牧民族,与汉人语言不同,文化也不同,但长期以来一直羡慕并采纳明帝国的许多制度,受益匪浅而持久。虽然满洲北部地广人稀,仍以狩猎和游牧为主,但到了16世纪,定居的农业公社在满洲南部辽河沿岸已经建立起来。早在17世纪初,一位名叫努尔哈赤(1636年去世)[①]的小部落首领就把
751 一些部落置于自己的控制之下,定都盛京(今辽宁沈阳),定国号

① 努尔哈赤是大金(后金)开国君主,清朝奠基人,满族,姓爱新觉罗,庙号太祖,史称清太祖。他出生于1559年,1626年病故。本书中称努尔哈赤死于1636年,明显有误。——译者

为“清”（意为“清澈”、“纯净”）。[①] 在开始征服中国活动之前，满人不仅宣告东亚一个新的王朝统治出现了，而且仿照明朝的模式建立和完善了国家机构，设内三院，负责草拟诏书敕谕，颁布制度政策，参与国家机务，使之具有内阁的功能；又以吏、户、礼、兵、刑、工六部及都察院、理藩院为八衙门，形成一套完整的中央集权制国家机构，从而完成了由一个部落社会向地域国家的过渡。为了征服中国，满人在很大程度上汉化了其政治机构。

清朝靠军事征服成了中国的主人，它存在了近 300 年，直至 1911 年被辛亥革命推翻。虽然该王朝始于 1644 年清军进入北京，但由于中国效奉明朝的势力进行的反抗，他们的统治在近 40 年后才巩固下来。清朝得以完成征服大业，在很大程度上归功于转而效忠它的汉族将领。它对这些将领采取安抚政策，把南方和东南的地区交由他们治理，授予他们各种大权，结果他们竟各拥重兵，久据数省，势成割据。一位将领自立新朝，反叛朝廷，但北京政权于 1681 年平定了“三藩之乱”，维护了中央权威。最后，它的疆域扩展到空前辽阔的地步。满洲自然是清帝国的根基，朝鲜、缅甸、尼泊尔等中国边缘地区和印度支那部分地区则成了纳贡的藩属。1696 年，清军打败了蒙古的游牧部落；1720 年，清军入藏，稳定了西藏局势，在拉萨拥立了一位对清朝友好的达赖喇嘛。台湾岛曾为荷兰商人据有，后为中国一经商世家藉舰队之力收复；1683 年，清军击败该家族所建立的短命王朝，台湾遂统一于清朝中央政权之下，被并入福建省。

清朝统治者在抚慰汉族人民的同时，小心谨慎地维护本民族

---

① 此处原书不太准确。1616 年努尔哈赤称汗立国（大金，史称后金）之时，以赫图阿拉（今辽宁新宾）为都，后来，约十年后，他迁都盛京。另外，努尔哈赤未尝以“清”为国号。1636 年，努尔哈赤去世 10 年后，他的儿子皇太极（清太宗）方改国号为“大清”。——译者

的种族特点。他们不准汉人移民满洲,严立满汉界限,不许满汉通婚,同时强迫汉族按照满俗薙发易服,以表示对新朝的忠顺。为了防止造反,他们派遣满族军队驻守在各主要城市,而以汉人组成的军队为辅助部队或充当警察力量。虽然采取了这些镇压措施,清朝皇帝决心让人接受他们为合法的统治者而不是作为篡权者遭人憎恨。面临国内的动荡、旷日持久的武装反抗以及汉族人民发自内心的对“蛮族”入侵者的憎恶之情,他们不仅非常成功地维持了自己的权威,而且使国家重新有了生机。清朝之所以能做到这一点,部分原因是它很幸运地拥有两位具有雄才大略、富有活力而又长寿的皇帝,他们二人统治的时间占了整个清朝300年统治的将近一半。一个是康熙,他在位六十一年(1661—1722年),与法国
752 国王路易十四同时代,在位年数也大致相当。与这位享有盛名的“太阳王”相比,康熙帝在西方编年史上虽不那么有名,但是一位更为高明的政治家。他14岁亲政,年龄尚轻时就平定了中国西南部的“三藩之乱”。他不仅及时恢复了科举制,而且勤于学习科举所依据的经籍,“乐此不疲”。他一再声称“满汉皆朕之臣子”,“满汉一体”,谕令“满汉官员职掌相同,品级有异,应行画一”。随着大清行政机构的发展,虽然汉人在高级官职中所占的比例仍很小,但是百分之八十的低级职位是由他们充任的。这种通过科举考试择优录用文职官吏之举,与英属东印度公司创立的

勤于学习的康熙帝。康熙勤于学习儒家经籍,从事科学研究,被视为明君。

印度文官制相似，后者于18、19世纪录用当地才俊为其外国主子服务。由于发现某些依然效忠明朝的学者拒不参加三年一次的科举考试应仕，康熙下令举办一种特别的考试，开"博学鸿词科"，以网罗负有盛名的硕彦鸿儒。不过，康熙的统治虽然富有活力，总的说来明断审慎，他却未能赢得一些富裕的地主家庭，尤其是富甲天下的长江下游地区的地主家庭的无条件效忠。例行的地方事务，诸如市场监督、赈济活动及水利工程的管理等，交由地方士绅负责；他们这一精英集团在各县县官的领导下，向中央政府提供了一支有能力、在地方上受人尊敬的管理者队伍。由于这位皇帝不情愿激怒这一有影响的阶层，因而他未能进行一项总的土地调查并据此建立合乎实际的税收结构。贫苦农民和佃农深受地主和地方官员强取豪夺和腐败堕落之苦，国家的税收也因此受到损失。科举制度实际上强化了持有土地的绅士在中国社会中的主导地位。虽然这种制度在理论上以功劳而不是出身为基础，但只有受过教育的人才有可能金榜题名，而贫苦家庭是不可能供养儿子接受这种教育的。

在康熙的孙子乾隆皇帝长达63年的统治时期（1736—1799年）[①]——乾隆是中国历史上掌权时间最长的皇帝——中，大清帝国的版图进一步扩大，威望也进一步提高。它把中国西北的广袤的游牧地区，即明朝以来长期割据的新疆牢牢置于中央政府直接控制之下，使国家的疆域扩大了一倍。虽然乾隆不像其父亲那样敏锐，倾向于接受纯粹理论上的解决问题的办法；虽然他晚年时宠信佞臣和珅等，使吏治更趋败坏，但他勤劳尽责，同时与同时代世界各地的君主相比，他的长期统治毫不逊色。在18世纪期间，中

① 准确地说，乾隆在位60年（1736—1796年）而非63年（64年）。不过，乾隆传命嘉庆帝（1796年）后，自为太上皇帝，仍掌军国大政，直至1799年去世。——译者

乾隆画像。19 世纪一位艺术家的绢画。

国不仅是世界上疆域最为辽阔、人口最众的国家，而且是治国最为有道的国家之一。虽然清朝之前时期的不均和苦难依然存在，但全国普遍呈现出一派繁荣景象，人口增长极为迅速。据估计，1390 年中国人口不到 8,000 万，18 世纪时则增到 3 亿人以上。人口分布很不平均，长江下游流域和东南沿海这些最为富庶的地区人口最密集，那些忠顺满族朝

753 廷的地区人口分布最疏散。农业依然是个人财富和国家岁入的主要来源，但南方一些口岸成了兴隆的海上贸易的中心，给中国商人带来了好处，但由于缺乏一个中央部门管理商贸并征收关税，国家岁收方面并未得到什么好处。与明朝一样，满清政府对海外航行心存偏见，禁止建造可以出海的大船。不幸的是，时值欧洲商人在武装舰队的支持下虎视眈眈地寻找机会进入中国之际，清政府的这一政策就使中国处于越来越不利的地位。

人口进一步增长(到 19 世纪中叶已上升到 4.5 亿)，带来了严重的内政问题。由于缺乏充足的耕地生产粮食以供养如此众多的人口，人们便垦殖河流上游的荒地，扩大耕地面积。水土的流失使旱涝灾害的危险性加大，从而使近代时期中国的农业问题加剧恶化。中国在男性继承人中平均分配地产的习俗致使地块减少到不足以养活一家人的程度。与此同时，处境较为舒适的有地士绅感

到国家提供的机会变小了，因为政府没有扩大科举制度或设立新职以与人口增长相适应。在为清朝奠定基础的时候，为了消除人们对私有财产会被充公的担忧，康熙大帝宣布把各地应承担的税额按现有水平固定下来，“滋生人丁，永不加赋”。结果，随着人口的增加和全国繁荣的产生，中央政府无缘分得足够份额的全国收入，地方权势家族的收益却在增加。因此，未能创立一个可靠的税收结构，是大清王朝最终衰亡的一个重要原因。

中国社会植根于和睦团聚的父家长制家庭之中，在满人统治下并未发生重大变化。妇女的地位依然远远低于男子，同时她们所受的压迫实际上可能更重了。寡妇不应再嫁，一些人甚至以自杀方式表达对亡夫的忠贞。残酷的损害人的健康的缠足风俗始于宋朝，据说可以使女人在男人眼里更加引人，实际上确保女子依从男子；到了清代，虽然历代皇帝力图禁绝，这种风俗却变得更加普遍。一直到了20世纪，这一陋习才完全绝迹。

满清皇帝统治下的宗教

满清皇帝自己最初信奉的是一种萨满教，但他们鼓励并强化全国祭孔活动，要求各个地区都要维修好孔庙，把孔子这一古代圣人尊崇为最高等级的官方神祇。清初诸帝在宗教上持宽容态度，对基督教传教士，尤其是法国耶稣会教士，普遍非常友好；他们聘请这些法国教士在宫廷中充当科学、数学和制图学教师。乾隆 754
皇帝资助耶稣会画家并雇佣耶稣会建筑师为清帝一家兴建了欧洲风格的美轮美奂的夏宫。

满清时期中华文化的特点在于高雅和完美——在某种程度上衰颓无活力——而不是创新。虽然构成科举考试基础的经籍课程变得严格刻板、枯燥乏味，但学者和未受过正规教育的个人都展现出一种文化活力。他们对儒家经典所作的彻底的重新审查引发了一种有限的、打破传统信仰的文献批评。为了匡补明朝时期所谓儒家教条遭到曲解的现象,他们重又搬出了宋朝哲学家朱熹的新儒学即理学或道学。“汉学”(或称“朴学”、“考据学派”)学者试图复原更遥远古代中未受后世玷污的智慧。其他一些思想家不再沉溺于新儒学的格物致知的理想,反对抽象推理而赞成研究数学、天文、地理和语言学等实用学科。他们还反对科学考试,认为它没有实用、不合时务。

德国来华传教士汤若望(1591—1666年)及其天文仪器。他身着满清文官的“补服”。

如果说哲学推理有些缺乏自然,那么在文学领域这却是一个极为多产的时代。不愿参加科举考试入仕的学者被网罗进宫廷,纂修字典和百科全书,编纂散文文选和诗集。乾隆时期曾开馆编纂中国历史上卷帙最大的一部丛书《四库全书》,全书按照西汉以来历代沿用的经史子集四部分类法编纂,共收书36,000余册。与此同时,乾隆皇帝还强制进行文字审查,搜寻各大图书馆和私人藏书,稍涉清先祖之事或认为于其统治不利或反清者,多加禁毁。文学创造力最突出地反映在小说上,它们所取得的卓越成就比明代小说有过之而无不及。这一时期最杰出的中国小说实足以和东西
755 方任何一个国家的白话小说相媲美。讽刺手法屡屡使用,以揭露社会愚行和政治的腐败,一些作家大胆地抨击奴役妇女现象。《红楼梦》通常被视为中国最伟大的小说,它是由一位叫曹雪芹的人于乾隆统治时期中叶写成的。小说的中心情节是一个爱情悲剧,它形象地再现了富人的生活,同时也探究现实本性和人生意义问题。

一些生活于明清之际、受到明朝传统薰陶而反对朝代更迭的画家，描绘了一幅黯淡的、不和谐的世界图景。一位著名艺术家在其画室紧闭的门上泼洒上“哀痛”一词。不管怎样，观赏艺术在清代继续存在并活跃一时。一位具有洞察力的审美家认为，真正的画家是那些能够“参与宇宙之变”并通过其艺术再现愉悦之情的人。

满清统治时期，中华文化对西方国家的影响比以往任何时候都更不寻常。18 世纪时，中国风格的花园、宝塔和长廊成了西欧富裕阶层中的时尚。自中国传入那里的还有轿子、漆器和熏香等，同时西方人狂热地求购中国瓷器，以致瓷器供不应求，盲目生产，造成了产品质量下降的恶果。此外，在很大程度上借助于耶稣会士的迻译和评注，欧洲思想家得以了解中国的思想和文学。自然，欧洲人对这些领域的了解是有限的和蜻蜓点水似的，但仅这些就足以引起一片赞叹了。启蒙运动的代言人引用儒家经典中的段落为其自然神论服务，并以此证明人类社会可以按照理智行事。伏尔泰对乾隆皇帝赞叹不已，把他视为其理想的哲学国王的实例。

“洋鬼子”的涌入

随着西方航海冒险家开通对华贸易的企图一再受挫，西方不再那么慷慨地称颂满清统治了。贸易革命时期西欧诸国的海外扩张不但影响到印度和其他东方国家，而且影响到中国。到了 16 世纪初叶，葡萄牙人占领了马六甲，他们的一条商船于 1516 年抵达广州。中国当局长期以来一直习惯于与阿拉伯人及其他外国人进行和平的商业交往，起初愿意授予这些新来者通常的特权。然而葡萄牙人抢劫了从事对南洋群岛贸易的中国商船，袭击沿海城市，劫掠并屠杀居民。这些举止使中国人认识到欧洲人与海盗无二；稍后荷兰人和英国人的到来也未能使他们的上述观点有任何好的改变。西方这些早期航海者在中国的肆意抢劫使他们留下了不好的名声，中国人后来逐渐称欧洲人为“洋鬼子”。清政府最终决心

把欧洲人逐出沿海城市,但允许葡萄牙人在南端的澳门保留一个
756 商贸中心和拓殖地。这一口岸建于1557年,至今仍为葡萄牙人据
有。① 出于安全起见,地方官员修建了一堵墙封锁住澳门岛上的
葡萄牙居留地,并对外国人的一举一动加以苛严的限制。由于贸
易对中国人十分有利可图,因而无法完全禁绝;不久葡萄牙人进一
步获得了在指定时间且受到严格监督的条件下停船广州的特权。

对于任何使中国与异于自己传统的社会和文化建立密切关系的企图,帝国政府都倾向于拒绝。1759年,一位奉英属东印度公司之命出航的英国船长,因违反禁令驶入中国北方港口而被逮捕和囚禁起来。政府对外国插手中国事务的任何行动所持敌视态度反映在下述事例上:对上述违反禁令的英国船长的一项指控是:他竟然会讲中国话!在欧洲海外扩张初期,天朝帝国在与西方人抗争中在军事上尚处优势,这从其与一以陆地为基础的敌手的关系中可见一斑。当葡萄牙人、西班牙人、法国人和英国人敲打东亚诸港的大门之际,沙皇俄国正从陆地上往东向太平洋扩展其疆土,并
于17世纪晚期侵犯满洲边界。满清军队击败了来犯之敌,双方于
757 1689年签订尼布楚条约,俄国承认中国的主权,议定的边界大致
就是今日两国的边界。中国在与帝国主义势力的斗争中蒙受耻辱
的日子还有很长时间才会到来。

乾隆长期当政时期是清朝的极盛时期,但同时也是清朝衰落的开端。18世纪后半叶,烦乱成倍地增加,政府对此不无责任。朝廷内部敌对派别之间的密谋策划削弱了行政管理的效率;官僚机构变得腐败和贪婪。在缅甸和越南进行的拙劣的战争耗费了大量资财,加剧了民众的不满,反清的秘密会社开始出现。白莲教这

① 根据中国政府与葡萄牙政府达成的协议,澳门将于1999年12月31日归还中国。——译者

一可追溯到宋代的地下组织在中原和西南大省四川活跃起来。西北回民举行起义,西南苗族也举起了反清大旗。就在国家最需要强大力量抵御贪婪成性的西方人的入侵之际,中国人民心中潜存的对满族统治的不满威胁着国家的活力。

三、德川幕府统治下的日本

16世纪临近结束时,日本封建社会中最为动荡不安的一个时期即战国时期突然结束;当时经过一系列军事战役之后大名(大领主)们不得不承认一位单一的统治者的权威。大名刚刚兴起之际①曾在自己的领地内建立了相当有效的统治,其中一些大的大名领国甚至把旧日的好几个道都包括在内。因此,一旦大名听命一个共同的中央权威,全国真正统一的道路就铺平了,日本从此也进入了一个相对和平稳定的时期,这一时期一直持续到了近代。

长达百年的群雄割据时代结束之后,日本在一代人的时间里就由三位武将完成了建立一个稳定的中央政府之大业;这三位武将都以杀戮、背叛和无情的残酷为特征,但他们的业绩长存下来。织田信长(1534—1582年)是一小国的大名,他敢于向大国大名挑战,经过多番拼杀得以控制皇城京都,重修皇宫,假天皇之威,号令群雄,并置幕府将军于其保护之下。当该将军变得不那么驯服时,他就把他放逐,从而结束了室町幕府的统治。他迅速采取行动粉碎了大寺院势力,强攻寺院堡垒,屠杀了成千上万名僧侣、妇女和儿童。在1582年他遭部将袭击而自杀之前,他已征服了大约半数日本县份。

织田信长最为得力的部将丰臣秀吉完成了织长的未竟之业。758

① 见前文第565—566页。

丰臣通常被视为日本历史上最伟大的人物。他是一位出色的将军,富于才思,善于决断;不过他之所以出名同样还在于这样一个事实,即他是日本历史上唯一一位由最低阶层(他是农民之子)上升到国家统治者的人。到 1590 年,他已粉碎了日本各地的所有反对,完成了国家统一大业。不过他的野心并没有完全得到满足。1592 年,他第一次出兵朝鲜,在此羞辱了中国明帝国朝廷的使节;1597 年,他再次出兵,妄图先征服朝鲜再征服中国,但都以失败告终。

德川家康

三位获胜的武将中的最后一位是德川家康(1543—1616 年)。他一度为织田信长的陪臣,1598 年丰臣秀吉去世时已上升为最有势力的一位大名。他在与各反叛的敌对大名的战斗中取得了决定性的胜利,1603 年出任将军(这一头衔已经空缺了 30 年);同时他还采取了各种措施以确保这一职位此后永远留在自己家族——德川家族——手中。德川家康安享其两位前辈的成果,把将军职位变成了比以前任何时候都更有效的统治工具。

中央集权

在德川幕府统治时期(1603—1867 年),日本各种封建机构未受到任何触动,但形成为一个统一的体系,以为强大的中央政府的利益服务。德川家康立幕府于江户(今东京),在此建造一座庞大的城堡,四周环以城壕和一系列复杂的外围工事。日本东部和中部的大片封地交由德川家族的成员或在征战中助了家康一臂之力的人据有。这些忠诚地支持现政权的人被称为“世袭大名”(谱代),而那些在迫不得已的情况下才承认家康的主子地位的人被称为“外样大名”(外样)。这两种大名都是将军的世袭封臣,他们都受到了严密监视,以防止他们背叛将军闹独立。幕府将军雇用了一批秘密警察在各地活动,命他们向他随时报告对政府不忠的任何迹象。作为一种特别的预防措施，他实行了一种名为“参觐交代”的重要措施，要求全国大名平时须部分留住江户，部分在自己领地主持藩国政务，以一年为期，期满轮换；大名回自己领地期间，其妻子孩子应继续留在江户，充当人质。德川家康创立的这套制度组织完善，周密彻底，乃至不靠幕府的个人能力就可正常运转。日本有史以来首次有了一个持久的政治框架，它在两个半世纪中一直掌握在德川家族手中，未受到任何触动。虽然幕府本质上是一个封建制权力机构，但它为了行政目的建立了一个由精心遴选的有才干的官员组成的庞大的官僚机构。

双重政府继续存在

应当指出，日本政府仍具有双重形式。皇族和装饰性的宫廷贵族依然住在京都，实权却掌握在江户幕府手中；幕府是一个以将军为首的军事等级组织。德川将军们制造一个假象，让人以为他们是在 759
按天皇的意旨行事。他们强调天皇是神圣不可侵犯的，这也就给自己涂上了一层不可侵犯的油彩；同时，他们设法把天皇与世隔绝，使之对他们构不成伤害。京都的影子政府甚至连财政也完全靠幕府维持，但它被小心谨慎、备受尊敬地保留下来，以充当与日本神圣过去的一种联系。

与欧洲人的关系

德川幕府时期最为严格的问题在于对欧洲人的关系。16 世纪结束之前，葡萄牙人和西班牙人都在日本进行了非常可观的贸易，而在下一世纪初叶，荷兰人和英国人也都在日本建立了贸易据点。日本人起初看来急于从他们那里学到一些东西，因而对他们款待有加。自葡萄牙人那里得到的火器首次出现于日本列岛，并在 16 世纪晚期的群雄相争中发挥了作用。从短时期看，火药的传入产生了影响，促使大名兴建巨石城堡；对这种举动，德川家族在执掌将军大权后曾予以严格规定。

基督教的传播和遭到镇压

760 西方传教士也伴随着西方商人前来，他们起初并未怎么受到敌视。葡萄牙耶稣会士和西班牙方济各会修士在日本进行了积极的传教活动，成绩卓著，日本各阶层人士中均有人皈依天主教，一些封建贵族也改皈这一宗教。到了17世纪初，日本共约有30万人改信基督教，这些人主要是欧洲人贸易中心所在的南部和西部。然而，最终幕府将军之所以决定取缔基督教，不是因为他们反对基督教本身，而是因为担心日本因此遭到分裂，他们的权威受到削弱。他们对欧洲人各对立集团之间的争吵感到厌倦，同时也担心自己的臣民在别人的诱惑下转而效忠一位异国君主即教皇。最早的迫害基督教徒的行动相当温和，同时矛头主要指向日本的基督教徒而不是欧洲人。不过，一旦传教士们拒绝停止传教活动，他们也开始受到严厉处置，许多人被处死。最后，1637年，一场反对苛捐杂税的农民起义演变成一场基督教反叛，当此之时，幕府军队向日本西南部的各基督教大本营发起了一场真正的战争；他

这一版画描绘了1623年日本迫害基督教徒情景。幕府官员杀害皈依基督教的日本人和耶稣会传教士。

们虽然遇到殊死抵抗，但依然消灭了这些基督徒团体，几乎把这一宗教连根拔除。

驱逐欧洲人与采取锁国政策

继这次血洗之后，幕府将军实行了一种把所有欧洲人从其在日本的据点赶出去的政策。他们得以强制推行这一政策，其本身就显示出幕府是何等地强大。不过他们并不愿完全断绝与欧洲人的贸易，因而就对在政治上看来最不具危险性的荷兰人网罗一面，允许他们继续留在日本，恩准他们在受到最严密监视 761
的情况下在位于日本最西端的长崎港每年卸下一船货物。后来他们沿着这条路越走越远，禁止日本臣民跨出国门，不然将受到剥夺一切权利的惩罚。此外，他们还下令禁止建造任何可以驶出这一岛屿帝国沿海小城扬帆远航的大船。然而，虽然欧洲人大都被拒之于国门之外，但德川时代并非一个完全与世隔绝的国家。幕府将军把对外政策当作强化自己国内统治的一个手段。他们继续保持着与中国、朝鲜和琉球群岛（当时为一独立王国）的贸易和外交往来。

德川时代给日本带来了长治久安，但同时促成了等级社会恒久不变的观念。从理论上讲，日本的社会结构是按照中国各阶层的顺序排列的，按重要性之顺序分别是：(1)士大夫（士），(2)农民（农），(3)工匠（工），(4)商人（商），以及(5)，士兵，盗匪和乞丐。然而，这种理想的排列在中国本就有些虚妄，到了日本，该国封建化社会的现实使之产生了特别的变异。几百年来武士一直属于社会的中心，享有领导地位，他们由最低等级上升到了最高等级。反过来，为了使其享有的职位名副其实，他们在人们的心目中也应能显示出士的特点，这一点武士在很大程度上做到了。大名和武士不再是封建时代早期没有教养、不守法律的暴徒，而变成了举止高雅的贵族；他们受到了文学、艺术的陶冶，并以严格遵守纪律自豪，不过，他们一开始仍是靠武力取得这种显赫地位的，其职位被视为一种世袭权力，不应受到出身于较低阶层的才能出众之人的任何挑战。只是到了德川幕府统治下封建制的晚期，武士才彻底与劳动阶级完全分离开来。在动荡不安的足利幕府时期，农民往往参加征战；现在，他们不得拥有武器，只有武士才有权力持有刀剑。但是，当农民被局限于其田地和稻田之际，其从前的主人武士却被排除于土地之外。在封建制早期，典型的武士居住在其采邑上，监督田地的耕作。现在他变成了家臣，通常与大名住在一起，靠其大名领主分配给他的收入过活。

繁荣与稳定

德川政权的矫揉造作和严格的整齐划一政策并未窒息经济的发展。到了 18 世纪初叶，日本的总人口达到了 3,000 万；此后一个半世纪中，人口仍有增长，但增长幅度不大。虽然饥馑间或仍有发生，但日本人口增长缓慢的原因，显然在于家庭的自愿节育，而不在于资源的匮乏。国家总的说来繁荣昌盛；虽然对外贸易有所减少，但工
762 业和国内贸易继续发展。无论是通过水路还是通过得到改善的公
路，日本全国各地之间的交通往来非常便利。农产品和手工制品之间活跃的交换，促进了资本主义经济的发展。稻米商人在财政领域具有举足轻重的地位，他们开办的商号提供商业贷款和每日物价行情，在某些方面与现代证券交易所相似。城市规模扩大了，中部地区的城市更是如此。到了 18 世纪后期，江户拥有 100 万人口，可能是当时世界上最大的城市。

社会压力：武士和商人

经济的发展与苛严的、天生具有集权性质的政治统治相结合，在社会内部引发了严重的张力。武士的地位越来越反常。虽然他们是唯一可以持有武器的阶层，但是由于幕府禁止封建格斗，再加上对外没有战争，他们无用武之地。因而，虽然他们中间不少人既

有才干又有精力，但一般说来武士变成一批受人尊敬的寄生虫。大名往往雇佣他们担任行政职务，有时甚至把整个大片领地的管理工作都托付给他们，大名本人却沦落成有名无实的首脑。另一方面，处于社会最低层的商人，却逐渐积聚了不少财富，组成了自己的同业公会以取代旧有的更受限制的行会，并对整个国家经济发挥着潜在的影响。他们不可避免地要在方兴未艾的城市中把资产阶级情调传达给社会。

对日本农民状况的看法有所改变

直到最近之前，历史学家一直认定德川幕府统治时期日本农民处境悲惨，但是对日本原始资料的分析研究推翻了上述推断。确实，农业的劳动既供养着幕府及其官僚机构.也供养着大名、武士等上层阶级。另外，农民确实摧受生活匮乏之苦，时常会受到社会上层人士的虐待，被当作任人压榨的种子或任人驱使的牛儿受到凌辱。在一个像德川时代这样有着苛严的规章制度的社会中，农民聚众闹事乃至举行地方性的起义，证明了上述事实，反映出农民的不满达到何种程度。然而，无可争辩的事实表明，日本农民和佃农也从国家的日趋繁荣中获得了好处。由于幕府禁止他们携带武器，他们得以免除军役负担，并从德川家康当政之后两个半世纪的近乎毫不间断的和平中获益匪浅。

农业生产力的提高

日本农业继续有所发展。耕地面积增加了一倍，新的作物引入生产，集约施肥法和更优良的工具（包括机械脱粒机在内）得到使用，同时，由于各个乡村的协同努力，灌溉面积也得到扩大。生产能力的
稳步增大，再加上对满足市场需求至关紧要的地区专门化，使大多 763
数农民的生活水平在 18 世纪期间税收加重的情况下依然有所提高。但是，虽然农业呈现出一派欣欣向荣的景象，所得到的收益并不均等。当时社会上出现了一种由大家庭组合体和更小的单位过

渡以更有效地进行管理的趋势，这种趋势加大了富裕农民与贫困农民之间的分野；另外，与单个农户所有制相对，租佃制有所发展。与此同时，一个靠挣工资为生的流动阶层的出现一方面促进了乡村工业部门——加工蚕丝、棉花、盐、烟草、清酒和甘蔗——的发展，另一方面提供了一支后备劳动大军，这最终为德川幕府以后时期日本迅速实现工业化起了一臂之力。

对中国哲学的兴趣提高

在德川幕府时代，由于与外界的种种联系大都切断了，因而日本文化获得了一种独特的民族特性。日本知识界对中国哲学表现出浓厚的兴趣，这一事实并不能否认上述现象。明朝被满清推翻以后，许多中国学者逃到了日本；更为重要的是，幕府将军们鼓励研究，尤其是鼓励贵族研究儒家经典，他们认为这样有助于培养其臣民遵纪守法的习惯。当然，日本人长期以来一直尊崇儒家经典，不过现在他们勤奋钻研的目的是培养本国的哲学家，并通过他们以身作则和充当行政官员的地位向各阶层人民灌输种种德行，尤其是服从的原则。

大城市里的生活与习俗

社会文化方面最重要的一些变化同诸如江户、大阪和京都等大城市的发展密切相关；在这些大城市中，富人正在创造一种与封建贵族的谨守礼节相对的舒适、享乐气氛。在这些人口众多的工商业中心，艺术和文学领域，尤其是娱乐领域，整个趋势是朝向一种与众不同的中产阶级文化发展，这种文化有时虽很俗气，但呈现出生机勃勃和自然的特征。城市的娱乐场所中，一个重要人物就是艺妓，她们集美女比赛皇后和夜总会招待员的优点于一身。她们不仅受到歌舞训练，还受到交际技巧训练；与她们交往，男人可以获得在家中不会得到的乐趣，因为在自己妻女身上培养的是温驯、谦让的习惯。此外，虽然当局一再设法取缔，但卖淫在城里依然非常普遍。在富人的庇护下，这种与生俱来的肮脏勾当，竟然变成了一种高雅情事；在这种放荡而又十分世故的社会中，一些高级妓女获得了令人羡慕的地位，这真是对既有社会风俗的一种嘲弄。不仅商人和企业家，就连武士和大名也沉溺于这种纸醉金迷的城市生活中，暗自抛弃了自己枯燥乏味的刻板生活，转而到这种 764
“浮世”中寻求欢乐，求得不受拘束的自我表现。

德川时代城市中上流社会的生活虽然放荡，但绝非完全堕落。恰如意大利文艺复兴时期的情况那样，日本的一些最有创作天才的作家迎合资产阶级的情趣。讽刺当代人物，以闲言碎语、含沙射影和社会丑闻等内容引人入胜的下流小说风行一时。从前，除了各种手工艺制作的精美的日常家庭用品之外，艺术主要是贵族风格和宗教性质的。现在，一种真实地反映社会、以其幽默和漫画夸张手法吸引人的民间艺术应运而生。这种艺术的主要表现形式是木版彩印；由于生产成本低廉，普通群众均有能力购买，这种木版彩印自此成为人们喜闻乐见的一种艺术形式。城市情趣在审美方面产生影响的另一个证明，是歌舞伎的发展。歌舞伎是对城市中下层阶级颇具吸引力的一种娱乐形式，这与前几个世纪在贵族的庇护下发展到极致的能乐不同；能乐是一种高度程式化的古典舞剧，由神道教仪式演化而来，演员戴上面具又唱又跳。虽然歌舞伎自传统的舞蹈形式中汲取了营养，但它更直接地来源于傀儡剧，而且，与能乐不同，它具有一种近乎完全世俗的性质。歌舞伎创始于
17、18 世纪，因而具有高度的现实主义特征，情节动人，动作活泼， 765
具有很高的舞台效果。在一些戏剧专家的眼中，歌舞伎可以说是人类各个文明所产生的最优秀的剧种之一。

德川幕府的各种机构虽然看似经久不衰，但日本内部的诸多力量所产生的作用看来趋于瓦解德川体制。日本经济由以农业为基础向以商业为基础的部分转变，致使从事制造业、商业和运输业

的人地位有所提高。结果封建制度变得过时了，各封建阶级开始感受到窘困之苦。虽然货币已经流通了好几百年，但大名及其武士家臣仍然用日本主要的农作物稻米为单位计算其收入。为诸如江户、大阪等大城市供应粮食的商人控制了很大部分稻米的价格；因而他们可以预知价格的涨落，有时甚至故意使粮价上涨或跌落以牟取利润。价格不稳定自然对大名和武士不利，因为他们的收入来自地租，同时他们的生活必需品越来越必须从城里购买而来。米价往往大大低于总的物价水平；即使米价高昂，大部分好处也被中间人捞去。持有土地的贵族发现自己的实际收入日渐减少，而那些出身卑贱的商人和经纪人却变得越来越富。

阶级界限分裂

766 正如在商业革命时期在类似的情况下西欧所发生的那样，在日本阶级界限不可避免地分崩离析。富有的商人用金钱购得武士官阶和头衔，贵族则为了重新聚集其财富收养资产阶级家庭的子女或者与他们联姻。为了维持昔日的生活方式（至少在表面上如此）以保住自己的颜面，贵族们不顾后果地胡乱借贷。早在1700年，大名阶级负债的总债业已比日本全国的货币总额还要高一百倍。穷困潦倒的武士典当其礼服，甚至把其身份的象征刀剑也典当出去。一方面城镇中有许多人晋身低级武士之列，另一方面，武士和农民纷纷涌入城镇，其中获得成功者汇入资产阶级行列。

文化潮流加剧社会动荡

在德川时代晚期，由于经济混乱而出现的社会动荡在文化潮流的影响下进一步加剧。伴随着一种新产生的民族精神而出现的，是人们的怀古情绪。传统上由皇族主持的一种古老崇拜神道教曾经由于佛教的传入而在很大程度上黯淡无光。后来神道教逐渐又流行开来，其中一些新的教派拥有一批狂热信徒。对古代文献（历史文献和神话传说）的研究促使人们对日本的独特性——“由自天而降的先祖创建，是神祇之国”——以及帝位问题进行反思。由此人们注意到，幕府制是相对说来不太久之前创建的，或者说实际上是一种僭权，而不是古代政治结构的一个合法组成部分。与此同时，随着人们熟知中国的政治传统——由于幕府将军们的提倡，儒家学说兴盛一时，进而导致人们了解了中国的政治传统——日本知识界对双重政治制度和封建制度有无价值产生了怀疑。此外，由于荷兰人仍得以在长崎进行非常有限的贸易，西方书籍和西方思想就经由这个小港渐渐渗入日本。早在19世纪日本“开国”之前，西洋火炮、船只、钟表、玻璃器具和科学仪器就已引起人们极大的兴趣。因而，就在国内人民的不满情绪达到危险程度的同时，日本的与世隔绝状态开始出现裂缝。到了19世纪初，幕府的处境岌岌可危，似乎已可能经受得住严重危机的打击，更何况此时其他权势家族正急切地盼望着德川家族显示出虚弱的迹象，以便取而代之呢。

德川时期的贡献

自1867年幕府被废除以来所发生的全面的、革命性的变化，使得人们难以以公正态度如实地看待德川时代。固然，德川统治闭关自守、致力于维护等阶制，但它大大推进了日本民族的团结，逐渐灌输给人们遵守纪律的习惯，并给日本带来一段时期长治久安的局面。虽然社会上有等级之分，但阶级结构并未严格到妨碍实现
一个在很大程度上整齐划一的社会的地步，在都市中心成长起来、 767
交通条件有所改善的情况下尤其如此；到了德川幕府统治时代末期，大约45%的男性人口（女性只有15%）识文断字，这一记录非亚洲其他任何国家所能匹敌，就连现今的许多国家也自叹弗如。虽然日本仍然是个以农业为主导的社会，但资本技术已经产生，并且不仅应用到商业和制造业领域，而且应用于农业领域。仅就表面而言，虽然不是有意如此，德川将军们却为日本演变成为一个近

代国家奠定了基础。

一种独特的解释

最近一批历史学家因对现代化的后果非常失望并倡导所谓“人民的历史”而把德川时代描绘为一个黄金时代。他们声称这一时代孕育了产生一个更自由的社会乃至民主社会的种子，其证据就是促进了农民之间的社会进取心和积极参与的乡村合作社的发展。他们指斥帝国的恢复是一种“失败的版本”，是朝向国家崇拜的令人遗憾的一步；同时他们辩称，德川时代本可以为一种与完全照搬西方工业化社会模式不同且更为优异的结构打下基础。①

四、神王和祭司统治下的非洲

非洲成为欧洲的经济附庸

1500至1800年这段时期标志着非洲被纳入资本主义世界经济的开端。自1500年左右起，西欧把非洲变成了自己迅速发展的资本主义体系的附庸。进入16世纪以来，欧洲人夺取并扩大了13世纪时由阿拉伯人建立的世界贸易网。这一海上接触结束了非洲与欧洲相隔离的局面，并把该大陆的所有沿海地区都引入欧洲商业圈之中。

欧洲人来到沿海地区，迫使贸易改变传统的方向

就在这一时期，欧洲商人和冒险家进入了非洲撒哈拉沙漠以南沿海地区。航海和军事技术的进步使欧洲人得以在望不到陆地的外洋航行，并依靠装备良好、行动迅速的武装船只进行有效的远洋贸易。对西非人而言，

① 卡罗尔·格卢克，“历史上的人民：日本历史编纂学的新趋势”，《亚洲研究杂志》，1978年第11期，第25—50页。

这为他们提供了机会,可以扩展其由来已久的穿越撒哈拉同北非各集市的贸易,越过大西洋同南北美洲和西欧建立起贸易联系。规模庞大并可获得丰厚利润的大西洋交通急剧发展起来,并要求由少数统治者集中掌有管辖领土的权力。由于武器贩运和劫掠奴隶等的流入,局势动荡不宁,较弱小的公社不得不要么联合起来进行自卫,要么寻求邻近地区地域更广、组织程度更高的社会的保 768
护。第一批沿海王国,随后是帝国,随着火炮、火药和舶来奢侈品贸易的机会的不断增多,在 17 世纪 50 年代以后在高高的丛林里出现了。

远距离贸易网

早在与欧洲人进行接触之前,穿越撒哈拉、沿着沿海地区和穿越大河谷地的远距离贸易网就已很兴盛。乘坐独木舟的人往来于尼日尔三角洲和象牙海岸、黄金海岸与中非的刚果河(扎伊尔河)河口之
间。至少自 1300 年以来,小型的靠渔猎为生的独立公社就已散 769
布在棕榈成荫的西非沿岸和中非沿岸,而在东非这种情况出现得更早。渔民们用海盐、鱼干交换森林地区农民的薯蓣、山羊和牛。几百年来,生活在刚果河河口与加蓬森林地带之间的罗安果沿海的各民族一直生产优质酒椰织物、盐和铜供出口。到了 12 世纪,西非豪萨城邦卡诺生产的棉织品成为意大利集市上的紧俏货。

欧洲人进入贸易网的影响

1500 年后,随着公社转而购买较便宜的欧洲同类货物,捕鱼、酿酒等当地工业部分开始衰落。最后,欧洲商人唆使西非各个团体在经济上互相竞争,意在防止当地商人和首领团结起来。这种团结会使价格上涨,减小欧洲人的商业优势。不管怎样,就单个而论,非洲商人讨价还价的本领比欧洲人还要高超。

17 世纪初，今尼日利亚西岸的一个贸易口岸。欧洲人和非洲统治者都积极参与奴隶贸易和其他商业活动。非洲统治者通常试图对欧洲人的商业活动加以限制以缩小欧洲的影响和垄断商业交往。由左到右，请注意葡萄牙人、法国人和英国人的活动区域与当地王宫连在一起。

欧洲商人限于在沿海地区活动

1730 至 1800 年间，为了直接与欧洲人经商，较难进入的内地国家试图把其统治区域扩展到海边。然而，外国商人却很难得到允许到沿海以里的地区经商。在贝宁、达荷美和奥约，外国商人都被限制在指定的口岸活动，而且只能租借土地兴建货栈、要塞和奴隶市场。一些国家，比如伦达、卢巴、奥约、
770 贝宁和阿散蒂，繁荣起来，成了领土辽阔的帝国。其他国家，尤其是刚果、恩戈拉和姆韦内穆塔帕(莫诺莫塔帕)，未能与欧洲人保持一定距离而不受他们控制，或者没有完全认清欧洲人的真正动机。在它们的历史上，外国的阴谋活动不断出现，政局动荡不宁，终致亡国。许多非洲国家的政府严重依赖对欧贸易，以致贸易格局的

任何变动都会招致它们经济崩溃。

神王和领土扩张

就在这一时期，自称具有神性的国王们通过武力扩展了自己的统治区域，邻居地区经常沦落到附庸地位。国王的臣僚被派遣到新征服的地区，一方面防止该地居民谋反，另一方面同化被征服者。当地的社会风俗和政权形式如果根深蒂固，通常就不受触动；战争俘虏和异己分子则被卖作奴隶，所得款项用以补充火药并换得进口奢侈品，这些举动可以提高朝廷的威望和权势。大批非洲人被贩卖到了美洲；这种罪恶勾当是由鲜廉寡耻的白人奴隶贩子发起、自私自利的黑人协助、多种族互相勾结进行的。

神王的典仪

与日本的天皇相类，贝宁的奥巴、阿散蒂的阿散蒂赫内、刚果的曼尼刚果、奥约的艾拉芬以及非洲的其他君王都把自己笼罩在神秘中，只在正式场合才露面。他们把许多时间用在举行国家典仪和向祖辈英雄献祭上。他们制定了十分严格的宫廷礼仪规范，平民只有通过中介人才能与他们交流。一些神王脚穿制作考究的特大型浅帮鞋，以避免自己的脚与神圣的大地直接接触。他们都倡导圣书艺术，意在赞美国家的神圣。为了实现这一目的，行会艺术家悉由王室供养，同时必须呆在禁宫之中，以免其才干外传。

这些国王，其至高无上的首领，再加上职衔较低的世袭官员，形成了十分精巧的制衡体系，以防止权力集中于任一职位之手。在(今尼日利亚西部的)奥约帝国，艾拉芬是其世袭的世俗领袖。不过他必须同国王指定的贵族分享权力，后者组成一种叫作“奥约梅西”(Oyo Mesi)的选举团和行政监督机构。奥约梅西的首要成员是“巴肖龙”(Bashorun)，他相当于首相，同时又是大多数有影响的国家崇拜或宗教祭仪的代言人。为了与奥约梅西相抗衡，阿拉芬安置心腹奴隶为“艾拉里”(Ilari)。艾拉里负责征收贡纳并监督地方政策。与此同时,每一个重要城镇都设有世袭的市长或“奥巴”(Oba)。虽然奥巴的权力源自祖传授任令,但他们受到了奥格伯尼会社的制约。该组织由有权有势的富裕市民组成,是广大农民、商人和艺匠与王权之间的桥梁。奥约帝国的每一位居民,上自艾拉芬,下至一贫如洗的农民,都要宣誓效忠“伊费的奥尼”。伊
771 费是创建奥约帝国的城邦,是约鲁巴文明的发源地;奥尼则是一个由来已久的职位,是精神事务方面的最高权威。因此,权力分散于整个社会之中。至少自15世纪开始到18世纪晚期,奥约的约鲁巴各个民族一直听从其不成文宪法的制约。

中央权威被削弱

18世纪90年代,由于担任艾拉芬的人向伊费的奥尼在精神上所处的最高地位提出挑战,致使对维护国家团结至关紧要的艾拉芬一职的权威和威信都受到严重削弱。后来,由于巴肖龙即首相又同艾拉芬一竞高下,这种由来已久的统治格局进一步遭到侵蚀。统治阶级忙于权利之争,致使中央权威受到削弱,各属国乘机分离出去。内战战火在奥约帝国境内燃起,一直没有扑灭。到了19世纪,这一摇摇欲坠的帝国一方面深受自南而来的欧洲人种种阴谋诡计之苦,一方面又受到自北而来的信奉伊斯兰教的富拉尼人的挑战。

虽然奥约帝国土崩瓦解了,但其艺术和音乐仍繁荣一时。无论在奥约还是在毗邻的贝宁,约鲁巴艺匠的各个行会用黄铜、青铜、象牙和木料制作了丰富多彩的雕塑作品。用金属做成的半身纪念像和纪念饰板,用于世俗目的,制作精美,具有突出的自然主义风格;它们中的一些完成于同欧洲人接触几百年之前。专业的杂技团、舞蹈团和音乐团在农村巡回演出,他们表演的节目时常批评政府的做法、王室作风和社会风尚,在许多方面与现代报纸的社论专栏内容相仿。

都城

许多森林国家都有值得自豪的宏伟的都城，城内有往四周扩展的宫殿庙宇，圆柱环绕四周，并有低于地面的门廊。贝宁城是世界上为数不多的呈棋盘状格局的都市中心之一，林荫大道与市街几乎垂直相交。阿散蒂的首都库马西院落清洁，鲜花盛开于城市各个角落，还有五彩缤纷的格式化的临街正面，因而被身临其地的外国人描绘为非洲的花园城市。奴隶人口往往集中于各国都城周围。到1800年，靠奴隶耕种的大庄园出现于许多都城的四周，它们为军队和城市居民提供了廉价口粮。这是一种种族和社会隔离制，其中一些从事劳动的人受到不同程度的奴役。

伊斯兰教复兴

1725年后，伊斯兰教在西非开阔、肥沃的草原复兴起来。穆斯林有识人士喊出了圣战的口号，许多国家，主要是富拉尼人领导的神权国家随之产生。伊斯兰一方面继续是宗教和社会区分的一个因素，同时是政治、文化变迁的发动机。1804—1810年，复兴臻于极盛，当时富拉尼人征服并巩固了对尼日利亚北部设防的豪萨城邦的统治，进而扩展为疆域辽阔的索科托和关杜哈里发国家。豪萨文化继续存在，豪萨语言也成了西非内地各大商业城市的商业通用语言。

意味深长的是，西非森林文明大都产生于欧洲人插足此地之
前，有的在此前就已发展到了顶峰。在1472年葡萄牙探险者抵达 772
贝宁主要港口格瓦特之前，贝宁的奥巴制度就已确立了。同样，在葡萄牙人与刚果发生接触十年之前，刚果的曼尼刚果就统治着一片辽阔的地区，其权威几乎未受到任何挑战。伊费则被约鲁巴人公认为其宗教、文化的主要中心。

许多非洲统治者一开始时盛情迎接葡萄牙人，希望能从他们那里得到农业、工业和战事方面的新技术。1505年前，贝宁和刚

果就派遣使节和年轻知识分子去了里斯本和梵蒂冈。然而，当欧洲探险家发现美洲的巨大资源之后，显而易见只有通过大批廉价劳动力才能开发这一资源。只有附近的非洲看来拥有这种必不可少的商品。因此，约1505年后，欧洲商人、传教士和其他访客去非洲的目的就与其前辈迥然有别了。他们不是作为熟练的技师，而是作为"顾问"前来，逐渐渗透到非洲政府中，以便更好地组织它们从事奴隶贸易。就这样，尽管1580年葡萄牙和西班牙的合并牺牲了在非洲进行的其他活动，但大西洋黑奴贸易一点也没有停止。

葡萄牙人在航海科学方面曾居主导地位，现在已为英国人、荷兰人和法国人取而代之。在此之前这些国家都已开始在新世界建立殖民地进行开发和拓殖。1637年至1642年间，葡萄牙人在西非的全部飞地几乎完全落入荷兰人手中。荷兰人在西非沿海购买不到足够的奴隶，不久就盯上更靠南的恩戈拉王国。唯有在这里葡萄牙人进行了成功的抵抗。

奴隶贸易与武器贸易的恶劣影响

在整个17世纪，欧洲许多国家的王家特许公司都组成了垄断企业，并沿西非沿岸地区兴建库房和成排的石砌堡垒。1672年，英王特许成立王家非洲公司，该公司不久就成为西非黄金和奴隶的最活跃的买主。不过，英国人和荷兰人围绕着向非洲人出售武器弹药，展开了激烈的竞争，这种竞争迅速导致致命的武器在某些森林国家扩散开来。对许多非洲首领而言，捕获奴隶和进行奴隶贸易成了一种令人痛苦而又不得不为之的事。如果他们不从事这种勾当，欧洲人就会把武器提供给其敌手，他们反过来就会藉此把他们的子民卖作奴隶。达荷美和刚果起初反对奴隶贸易，但不久就发现要么打欧洲牌，要么在经济上和政治上或许就有灭顶之灾。贝宁是为数不多的成功地控制了奴隶贸易的非

常国家之一。它作为一个独立的政治实体一直存在到 1897 年英国入侵。 773

阿散蒂文明

17 世纪时，众多小国在黄金海岸内地阿肯森林中产生。据称它们向欧洲提供的黄金占当时欧洲黄金储备的百分之二十。在王家非洲公司的推动下，黄金贸易扩大了，导致在 17 世纪晚期产生了阿散蒂帝国。阿散蒂帝国境内的阿肯人通过向经由其地区到沿海地带的商品征税而变得极其强大、富有。1721 年至 1750 年间，阿散蒂文明达到了极盛时期。这里的手工工匠用黄金和青铜加工耳饰、脚镯、坠饰和臂环。他们用卧式织布机织出了图案缤纷的彩色袍褂。每一式样都有一个名字，表示一种象征性含义。

奴隶贸易的规模

奴隶贸易规模大得惊人。如果说由于完备的船只记录相对较少致使历史学家无法确切知道到底有多少非洲人被卖作奴隶并被运到海外，那么有关证据允许作出一些有根据的估计。多数学者同意，1500 至 1800 年间共有近 1100 万非洲人被强迫运到非洲以外：其中 780 万经大西洋运到美洲，这些人主要被运到巴西和加勒比地区。其他 300 万人经跨越撒哈拉、红海和印度洋等路线离开非洲。不过这些人只是整个被奴役人口的一部分。许多人在非洲各国服役，其他人则在保卫自己或在运往集市的途中丧生。

达荷美：极度中央集权的一个实例

1713 年英国获得西班牙的特许(Asiento)，可以向西属新大陆各领地供应奴隶，此后，大西洋奴隶贸易有了巨大发展。与此相应，约鲁巴人的奥约国扩张成为一个幅员辽阔的帝国；该国一直在充当豪萨内地和沿海地区之间奴隶贸易的中间人。其他国家也呈现出类似的发展模式。在奥约之西，与奥约疆界相接，出现了一个极度中央集权的王国达荷美。1724 至 1729 年之间，达荷美占领了沿海阿贾族各国并同化了他们。达荷美人无力与欧洲人进行别种贸易，就在奴隶贸易中既充当供应者，又充当掮客。奥约生怕这种竞争影响到自己的地位，就在 1750 年把这种贸易转到自己的港口经营。达荷美的经济状况因此陷入混乱。为了挺过难关，达荷美政府建立了一种在 18 世纪独一无二的、由国家控制的极权主义政治制度和经济制度。国王实行独裁统治，所有国家官员均由他任命，同时他还建立了一支秘密警察来强行贯彻他的意志。国内没有任何制衡制度；他所据以治国的唯有先例和祖训。国王是高级祭司，重大祭祀活动均由他主持。此外，他还控制着各种手工行会，这些行会制作花毯和造型优美的塑像以为王权增添光彩。国家实行全民兵役制，并专设人口统计局负责此事。由奴隶耕作的种植园建立起来，由农业大臣予以严密监督。国
774 家对经济进行严格管理，税收和通货均由中央控制。不过，物价和工资由生产者组织确定。在文化方面，西方化受到积极的遏制，具体办法是国家采取对外征服和强行同化的侵略政策来维护传统的生活方式，达荷美经受住了奴隶贸易的种种毁灭性影响，得以捍卫自己具有活力的文化习俗，直到 1894 年为法国人的枪炮所扰乱。

刚果和恩戈拉成为奴隶的主要来源地且在欧洲人的入侵下灭亡

位于中部非洲西部热带草原地区的刚果和恩戈拉运气不那么好。1482 年以后，刚果君主由于急于掌握欧洲技术的秘密，因而给自己取了教名并皈依基督教。贵族对此大不以为然，他们希望恪守本国悠久的文化传统。天主教传教士乘机活动，在不到 20 年的时间里在国王与贵族之间挑起了不和。1556 年，刚果和恩戈拉两国葡萄牙顾问之间的对抗结果把这两个国家

拖入一场毁灭性战争的泥潭中。战争以恩戈拉获胜告终,但真正的受益者是贩卖奴隶的欧洲人和穆拉托人①,他们靠出售战俘和难民发了大财。葡属巴西所需矿工愈来愈多,最终导致刚果和恩戈拉(葡萄牙人称之为安哥拉)分别于1665年和1671年彻底毁灭。虽然刚果纺织酒椰叶纤维布的精美工艺依然具有活力,但两国政府瓦解了。

位于中部非洲中心的几个新王国

前安哥拉君主恩辛加女王在更靠内地的地区创建了一个新王国,叫作马塔姆巴。自17世纪60年代起,马塔姆巴成了中部非洲一个重要的商业国家和日益发展的国际奴隶贸易的主要经纪人。奴隶贸易继续存在,并导致当地居民某些阶层的伦理道德进一步败坏。在内地更深处,在葡萄牙人无法直接插足的地方,隆达和卢巴诸非洲人建立的王国出现了。这些高度中央集权的王国有一些一直存在到20世纪,但最终还是在欧洲人再次拥来的新浪潮中丧失了独立;这次欧洲人前来的目的是为了寻找铜矿,而不再是为了贩卖奴隶。

葡萄牙人对斯瓦希里文明的看法

葡萄牙人自己虽然没怎么进行奴隶贸易,但他们卷入东非沿海地区同样具有灾难性后果。1498年,瓦斯科·达·伽马绕过好望角后沿斯瓦希里沿海向北航行去寻找东印度群岛。他不无惊奇地发现一连串繁荣昌盛、具有高度文明并与阿拉伯半岛、波斯湾和印度有着密切的商业和文化联系的城市国家。不过达·伽马深感不快的是这些国家的素丹都十分虔诚地信奉伊斯兰教。毫不奇怪,达·伽马与他所到达的四个城市国家中的三个

---

① 原文为mulatto,指黑人与白人的第一代混血儿或有黑白两种血统的人。——译者

都交过手。只是由于达·伽马洗劫了马林迪的商业对手蒙巴萨，他才在马林迪受到了盛情款待。

斯瓦希里城市国家成为葡萄牙的附庸

中非开采的黄金和铜矿石大量外流，经由四通八达的印度洋贸易网到达遥远的港口，这些给葡萄牙人留下了深刻印象。他们希望以斯瓦希里城市国家为前往印度的跳板，并靠当地的黄金为在印度和香料群岛的商业活动提供资金。到了1505年，葡萄牙人经过几次劫掠和炮轰，把这些城市国家变为了自己的附庸。

葡萄牙统治的脆弱

775 葡萄牙人并无意于治理这些斯瓦希里城市国家。倒不如说，他们企图通过其驻印度西海岸果阿的总督垄断印度洋贸易，但只取得有限的成功。在土耳其海盗和靠劫掠为生的津巴部落成员不断制造麻烦之后，葡萄牙人在1593年在蒙巴萨兴建了规模庞大的石头城堡，叫作耶稣堡，并任命听从他们的马林迪素丹代他们进行统治。1622年，葡萄牙人被强大的波斯舰队自其位于波斯湾的战略据点霍尔木兹赶了出去。在其他人眼中，葡萄牙人统治的脆弱很快就很明显了。自17世纪30年代起，他们不得不镇压斯瓦希里众多城镇的暴动，代价高昂。1650年葡萄牙人拥有的通向波斯湾的门户马斯喀特沦陷之后，阿曼阿拉伯人脱颖而出，成为一个可怕的海上强国。1698年，他们把葡萄牙人从其通往印度航线的主要停靠港蒙巴萨赶走，葡萄牙人在莫桑比克以北的霸权地位像用纸牌搭的房子那样崩溃了。在他们身后留下的是曾盛极一时的斯瓦希里文明的废墟。阿曼人以解放者的身份来到东非，但留在那里当上了征服者；他们实行的是一种温和的弃之不顾的政策，导致东非文化和经济进一步恶化。

葡萄牙人被赶走

葡萄牙人曾试图控制津巴布韦和加丹加高原的金矿和铜矿,结果也失败了。在对姆韦内穆塔帕帝国的政治机构和宗教机构进行了长达180年的干涉之后,他们被迫退到了莫桑比克沿海。葡萄牙商人和士兵完全无法与更为坚定、组织更好的肖纳诸部族军队相抗衡。葡萄牙虽有征服扩张之心,但非洲人的反抗对他们来说显然太过强大。1798年,葡萄牙人企图通过把其安哥拉殖民地与莫桑比克连接起来建立一个横跨非洲大陆的帝国,但由于疟疾流行,再加上葡萄牙国王无意管理如此巨大的地区,终致失败。

种族隔离与开普殖民地的统治

在非洲的最西南角,历史上走上了另外 776
一条更悲惨的道路。1652年,荷兰东印度公司在开普的台布尔湾修建了一个加油站,以为往返于西欧和东方之间的船只补充燃料。这一加油站迅速发展为一个由公司治理的白人拓殖殖民地,其中心在开普敦港的堡垒中。出于避免种族冲突的急切目的,该公司几乎从一开始就颁布法令把白人与当地的科伊科伊牧民隔离开来。在其后半个世纪中,欧洲拓殖者取代并征服了科伊科伊人和桑人,后者是生活于石器时代的土著采集狩猎者。科伊科伊人逐渐由独立的牧牛者下降为不断扩大的白人农场主贫苦的被保护人。这一廉价劳动力资源缓解了长期存在的人力缺乏现象。到1715年,自豪一时的科伊科伊人失去了近乎所有的牛和土地,同时由于染上了欧洲人带来的诸如天花之类的他们没有天然免疫力的疾病而大量死亡。更为原始的桑人像野兽似地遭到白人的追杀,被赶到了贫瘠的北方,但他们为了自己的利益曾以游击战方式进行了顽强抵抗。到1750年,桑人被驱散到各处,科伊科伊人(字面意思为“人之人”)及其文明解体了。残存的科伊科伊人与自非洲其他地区输入的讲班图语的奴隶以及贫穷白人融合为一个新的混血民族，叫作开普科勒德人[①]。虽然他们模仿欧洲生活方式并使用正在形成中的南非荷兰语（Afrikaans），但他们受到了难以忍
777 受的歧视。与此同时，他们拒绝成为土著黑人社会的一部分，认为后者过于原始。

开普社会中的奴隶制

从一开始，奴隶占有就成为开普社会一个普遍的、根深蒂固的特征。到1800年，奴隶的人数比大致2万名白人拓殖者还要多；这些白人试图通过限制奴隶移动、雇佣和组织能力的法律给他们套上枷锁。

布尔人的扩张和说班图语的民族

荷兰东印度公司未能控制住白人大移居，开普殖民地的边界稳步东移。大约1770年，严守加尔文宗教规的布尔人集体移民刚刚摆脱欧洲启蒙运动的自由和人文主义传统，在这里意外地碰到一个空前强大的竞争者——铁器时代讲班图语的人。这些人也重视牛并在寻找新的牧场。但是与科伊人和桑人不同，班图人作为社会的一员更为团结，在政治上更有组织，同时在人数上也大大超过白人。

班图人—布尔人关系

班图人和布尔人之间的关系几乎从一接触就以互相猜疑和互不信任为特征；很快，这种关系就转变为苦痛、恐惧和仇恨，双方为了争夺土地和牛而进行的暴力行为不断升级。正如在过去那样，荷兰东印度公司试图用种族隔离的办法控制代价高昂的边界战争，但未能如愿。虽然出现了建立在双方共同利益之上的某些形式的边界跨种族合作，但冲突更为常见和

---

① 原文为Cape Coloreds。colored（coloured）一词意为“彩色的”，表述人种时意为“有色人种”或“混血”。此处指南非的混血人种。

普遍。

英国人占领开普敦

具有很强的世界性的开普敦成为南大西洋一个具有战略意义的国际港口;1795 年,出于对正进行拿破仑战争的法国人的担心,英国人占领了该港。荷兰东印度公司受到桀骜不驯和具有独立念头的殖民者的削弱,对此未作抵抗。1806 至 1833 年间,英国人试图按盎格鲁撒克逊人传统建立一种不承认种族差役的法律和社会制度,并把它强加给居支配地位的荷兰开普社会(他们视种族为社 778
会地位和政治地位的关键性标识),但只获得有限的成功。

与欧洲人贸易的遗产

就撒哈拉以南地区总的经历看,非洲人与欧洲人进行贸易有好处也有坏处。用黄金、象牙、胡椒和棕榈油换取枪炮、火药、廉价纺织品以及诸如含酒精的饮料之类非耐用消费品,在某些地区加速了中央集权化的进程和地域国家的形成。某些家族垄断了这种贸易并以牺牲广大群众为代价肥了自己。在遭受劫掠奴隶之苦的地区,宗族结构在社会、经济和物质上都受到严重削弱。不过南大西洋奴隶贸易也导致一些新的农作物品种引入非洲,其中包括来自亚洲的大蕉,来自巴西的木薯,来自美洲其他地区的白薯、凤梨、花生和番石榴,以及经由西班牙和埃及自巴西传来的玉米。远距离贸易的不断扩大还导致非洲现有的作物更广泛地传播开来,比如东非的可可树传入西非。因而,非洲人的日常饮食有所改善,同时使拥有肥田沃土并有可靠的水源供应的社会可以养活更为密集的人口。这反过来促进了建立国家和扩张领土的趋势。然而,这也加剧了滥伐森林行为和水土流失。1738 至 1756 年的大旱致使食物产量剧减,在某些地区为了求得活命人们被迫自卖为奴。

与欧洲贸易的性质

与日本不同,非洲经济实际增长速度由于对欧洲人贸易的剥削性和非生产性而减缓。欧洲人运到这里的是些不能用于生产其他物品的商品。在西非,到了18世纪,枪炮火药成了最重要的对外贸易商品。在1600年以后的两个世纪中,运到撒哈拉以南非洲的枪支至少有2,000万。1796和1805年间,仅从英国运到西非的枪支就有1600万。火器和奴隶贸易之间形成了密切联系。这些武器主要用于跨种族的劫掠,战争则与掠夺人口送到奴隶市场相关。非洲人之间围绕着控制通往沿海的商路所展开的竞争尤其刺激了战争的爆发,这些战争为大西洋市场带来了许多奴隶。一些非洲种族集团用奴隶换取枪炮,藉此确保自己在与内部敌手的政治斗争中获得胜利。换句话说,有时奴隶输出是由出于政治目的进行的战争造成的,而不是由纯粹的经济动机造成的。

政治和社会变化

非洲人与欧美资本主义制度的接触对国家的形成起了促进作用。然后,就长时段来看,这种接触造成旧贵族和正在产生的军事和商业承包者之间的权力和地位之争,从而引起政治不稳定。政治和社会分层的现有基础受到挑战。普通平民越来越多地参与战争
779 以及黄金、奴隶和森林农产品贸易,致使一些比较聪明、较有抱负的平民获得足以获温饱生活的财富。一个新的由经纪人、商人、翻译和商队经营者组成的“资产阶级”随之产生。在阿散蒂、奥约、达荷美以及其他地方,传统的皇家世系不得不由原来的世袭政治结构改为把能力和精英管理综合考虑进去。那些未能根据变化中的秩序予以调整的统治者面临的是毁灭性的内战和长期的政治不稳定,凡此种种都使他们在19世纪后半期更易遭到欧洲帝国主义分子的征服。

艺术活动的发展 不过，尽管有这些毁坏性影响，在这三个世纪中非洲的艺术活动和成果仍有惊人的进步。在受到国际贸易影响的社会中出现了更成熟的审美标准。艺术风格更为丰富，技巧也得到了改善。与欧洲人和伊斯兰教徒的贸易除为非洲带来种类更为繁多的原料（尤其是用于浇铸的金属和用于编织的纱线）之外，还带来了新的图案和基调。社会宗教崇拜以及行会联合体在数量和会员数上都有所增长，它们成为维持传统、适应社会和艺术变化并予以制度化的强有力的机构。掠夺奴隶行动和战争导致人口大批迁移。这种迁移致使难民和土著人之间有了更多的跨文化联系，并促使产生了一种人们更易受到变化和创新影响的社会环境。

工匠的专业化 这一时期中工匠变成了职业化的工匠。在过去，多数艺术是通过岩石和人体绘画、石制工艺和陶器制作表现出来的。但自 1500 年起，在纺织花纹和制作、金属浇铸、面具和人像木雕方面出现了重大进步。几乎每一个大的村落都有织工、染色工、纺纱工和裁缝的行会可资夸耀。各个社会中越来越多的人由用草或树皮布护住腰带转而穿上护住全身大部分的精制外套。另外化妆和纹饰也越来越为人们所使用。服装成了交往的一种形式，成了地位和财富的象征。

艺术中的性别角色 在这一时期，男性通过其秘密社团开始在社会和政治方面具有更大的支配作用。在雕塑艺术方面他们起着压倒性的作用，虽然男女两性在其假面节日时都从事这种艺术。妇女往往规定形式，实际雕刻和浇铸工作大都由男人承担。在多数文化中，虽然纺织男性和女性都可承担，但陶器仍由妇女手工制作。不过，一些种类的织布机是专门留给男人使用的。

艺术进步

在中央集权化的国家中，王室家族非常富有，他们委托艺匠用黄金、铜和自国外进口的木料制作戒指、垂饰、手镯和发夹。他们命工匠用泥或芦苇建成宏伟壮观、带有长廊和庭院的宫殿，里面用编织而成、蜡染或
780 扎染而成的彩饰挂毯加以装饰。美的基本典范通过印在布料上、塑在建筑物表面高浮雕上或用优质木料塑造而成亦或金属雕塑的与众不同的符号表现出来。圆、长方形、椭圆和正方形等图形被巧妙地转换成艺术符号并被赋予深刻的哲学和宗教含义。上帝和宇宙的复杂概念则用谚语和史诗之文字符号，或者用御座、权杖、宝剑和工匠所用工具等复杂的图案，表现出来。在这三个世纪的过程中，拥有取之不竭的木材的森林文明把各种各样的木料作为主要雕刻材料。他们技艺高超地把超现实主义和表现主义、抽象因素和自然主义因素综合在一起。立体画派传统本身并不是启源于西欧，而是发源于好几百年前的西非森林国家中的艺术圈子。虽然欧洲人掠夺了非洲大量物质和人力资源，但他们未能削弱非洲艺术的活力。确实，与欧洲人接触造成的创伤看来迫使非洲人去取得更大的文化成就。

非洲传统宗教和思想的模式结果证明也是长久不衰的。虽然非洲人笃信宗教、富有思想，但没有一种“非洲”宗教或哲学逐步发展成整个非洲大陆的宗教或思想，就像我们所见到的“中国”哲学或印度次大陆的印度宗教的情况那样。除了信奉科普特基督教会的埃塞俄比亚，非洲没有任何有关思辨的和/或概念的思想的文献或论文。虽然如此，每一种文化都拥有一种集体的智慧，一套原则或信仰，并有程度不一的条理性，以此指导人类行为。非洲人对善与恶的观念、对形体和自然之美的认识，有着非常大的差别。在
781 其自身的社会特质中，不同的社会持有各具特色的道德伦理体系。比如，一个文化可能把生双胞胎视为凶兆，婴儿要被扔掉。几百里

之外,另一个文化却会把生双胞胎视为上天垂幸、值得庆祝的大事。

天帝在非洲宗教中的主导作用

近乎所有的非洲文化在其信仰体系方面都共同拥有一个根本的基础。在其全身披挂的幽灵和神祇之上起主导作用的是一个天帝,这个神不是被视为超然离群,而是作为社会上一个有机的成员发挥作用。在非洲人眼中,宇宙是一有着上下等级的由互相关联的各种力量组成的辩证体系。天帝是万能的创造力量,是最早的艺术家。他无处不在、无所不能、无所不知,是最终裁判者和伟大的供应者。不同的文化对天帝有不同的叫法:达荷美人称之为“玛乌”,阿散蒂人称之为“尼雅姆”。伊格博人把他叫作“楚库”。非洲人大多相信,人生来没有罪过,身体内部有一个温和的神灵。非洲各社会,尤其是约鲁巴人,极为看重达到与天帝和神灵的强有力的和谐。为此他们不断地举行献祭、祈祷和占卜活动。占卜师是与道德秩序相关、并与人神关系相关的媒介。此外,占卜师还主管神谕,各个家庭在孩子出生时就婴孩未来的命数求教他们。

相信个人直接与天帝相通

每位非洲人据认为都有一位精神监护人;如果善加服侍,他就会保全并延长人的生命。到了16世纪,许多非洲社会都指定名字给个人。这些名字具有意义和象征作用。比如,约鲁巴人常给男孩取名奥卢古纳,意为“天帝理直道路”。约鲁巴人
和阿散蒂人都相信每一个人都可直接与天帝相通,表现在阿散蒂 782
的格言中就是:“各人之路互不相交”。

尊崇祖先

许多非洲文化都尊崇祖先,把他们视为哲学和精神向导。祖先们“拥有”土地,塑造其后人的行为模式,并提供一种至关紧要的连续感。与祖先断绝

关系，在本质上就是割断生命本身。一些人类学家认为，祖先崇拜阻碍了创新和改革，因为它把不能归结到社会主要祖先身上的一切思想或行动都列为禁忌。

生命力

许多讲班图语的文化都有“本体”或“生命力”概念。它认定有一套不同等级的力的体系，自“蒙图”（人，祖先，天帝）往下排列：“金图”（植物、动物、岩石之类的东西），“罕图”（时间，空间），以及“空图”（方式或形态）。人们相信，每一种物体都有一定数量的生命力。关键在于把它释放出来，随后控制它为人造福。在班图人和其他民族看来，大地是尤其神圣的。它一般与女性特点相关，世俗权威机构不能触摸它。因而，在许多社会中，神王脚穿特大型矮帮鞋，这样就可避免与大地直接接触。

783 **基督教、伊斯兰教和印度教的感染力有限**

显然，在 1500 年至 1800 年之间，伊斯兰教和基督教在非洲大陆上取得了很大进展。但是它们只在极个别文化中才成功地消灭了传统信仰和典仪的基本信条。到 1550 年，由于内部神学争执和伊斯兰教在商业上的挑战，北非、努比亚和埃及原有的古典基督教实际上已经消失。在埃塞俄比亚它仍然是王族和隐修院修士几乎完全封闭的禁区。在欧洲人支配下传入的基督教（主要是天主教）与 15 世纪以后的奴隶贸易和武器而不是教育和技术联系在一起，因而未能在刚果、安哥拉、贝宁和姆韦内穆塔帕深深扎下根来或者具有非洲特征。另一方面，伊斯兰教也不能吸引广大群众。它在本质上仍然是一个以城市为基地、以市场为导向的宗教，身体力行的有可兰经学者（玛拉姆）、商人和王公。印度教进展更小，它传播的范围基本上未超出东非沿岸的斯瓦希里城市国家。

选读书目

Binyon, Laurence, *The Spirit of Man in Asian Art*, New York, 1935.

Nakamura, Hajime, *Ways of Thinking of Eastern Peoples: India, China, Tibet, Japan*, Honolulu, 1964.

印度:参见第5、11和16章书目

Archer, J. C., *The Sikhs*, Princeton, 1946.

Cole, W. O., and P. S. Sambhi, *The Sihks: Their Religious Beliefs and Practices*, Boston, 1978. 据最新的学术成就写成。

Garratt, G. T., ed., *The Legacy of India*, Oxford, 1937.

Ikram, Mohamad, *Muslim Civilization in India, ed.* A. T. Embree, New York, 1964.

Kabir, Humayun, *The Indian Heritage*, New York, 1955.

Kulke, H., and D. Rothermund, *A History of India*, Totowa, N. J., 1986.

Moreland, W. H., and A. C. Chatterjee, *A Short History of India*, 4th ed., New York, 1957.

Prawdin, Michael, *The Builders of the Mogul Empire*, New York, 1965.

Rawlinson, H. G., *A Concise History of the Indian People*, 2d ed., New York, 1950.

——, *India, a Short Cultural History*, New York, 1952. 一本出色的解释性著作。

Smith, V. A., *Akbar the Great Mogul*, Oxford, 1917.

Spear, Percival, *India: A Modern History*, 2d ed., Ann Arbor, 1972. 一本出色的概述性著作。

——, *The Oxford History of India, 1740—1975*, 2d ed., New York, 1979.

Wolpert, Stanley, *A New History of India*, New York, 1977. 这是令人称羡的著作,考察全面,资料性强,文字优美。

中国:参见第6、11和16章书目

Blunden, C., and M. Elvin, *Cultural Atlas of China*, New York, 1983. 有关中国的最有价值的著作之一。

Eberhard, Wolfram, *A History of China*, 4th ed., Berkeley, 1977.

Elvin, Mark, *The Pattern of the Chinese Past*, Stanford, 1975.

Fairbank, J. K., *The United States and China*, 4th ed., Cambridge. Mass., 1983. (此书有中译本)。

Fairbank, J. K., E. O. Reischauer, and A. M. Craig, *East Asia: Tradition and Transformation*, rev. ed., Boston, 1978. 此乃一套大型著作的缩写本(有中译本)。

Fitzgerald, C. P., *China, a Short Cultural History*, 3d ed., New York, 1961. 观点不落俗套。

Hucker, C. O., *China's Imperial Past: An Introduction to Chinese History and Culture*, Stanford, 1975. 非常清楚,面面俱到,可读性强。

Hudson, G. F., *Europe and China: A Survey of Their Relations from the Earliest Times to 1800*, London, 1930.

Moore, C. A., ed., *The Chinese Mina: Essentials of Chinese Philosophy and Culture*, Honolulu, 1967.

Ronan, C. A., ed., *The Shorter Science and Civilization in China*, Ⅰ, New York, 1978. Ⅱ, 1981. 此乃李约瑟皇皇巨著(有中译本)前4卷的缩写。

Rowbotham, A. H., *Missionary and Mandarin: The Jesuits at the Court of China*, Berkeley, 1942.

Scott, A. C, *The Classical Theater of China*, New York, 1957.

Shryock, J. K., *The Origin and Development of the State Cult of Confucius*, New York, 1932.

Sickman, L., and A. Soper, *The Art and Architecture of China*, Baltimore, 1956. 可靠,插图丰富。

Spence, Jonathan D., *Emperor of China: Self-Portrait of K'ang Hsi*, New York, 1975.

——, *The Memory Palace of Matteo Ricci*, New York, 1984. 对16世纪晚期和17世纪初的情况作了描述,简洁而引人遐想。

——, *The Search for Modern China*, New York, 1990.

Sullivan, Michael. *A Short History of Chinese Art*, rev. ed., Berkeley, 1970.

Tuan Yi-fu, *China*, Chicago, 1970. 一部出色的文化地理学著作。

日本:参见第11、16章书目

Berry, Mary, *Hideyoshi*, Cambridge, Mass., 1982. 叙述生动,读后使人增长知识。

Brandon, J. R., W. P. Malm, and D. H. Shively, *Studies in Kabuki: Its Acting, Music, and Historical Context*, Honolulu, 1978.

Cole, Wendell, *Kyoto in the Momoyama Period*, Norman, Okla., 1967.

Dore, R. P., *Education in Tokugawa, Japan*, Berkeley, 1965.

Duus, Peter, *Feudalism in Japan*, 2d ed. New York, 1975. 对整个19世纪期间的政治发展作了简要叙述。

Eliot, Charles, *Japanese Buddhism*, New York, 1959. 一部权威性文献。

Embree, J. F., *The Japanese Nation*, New York, 1945. 一位人类学家撰写的不同凡响、思想稳健的著作。

Hall, J. W., *Japan: From Prehistory to Modern Times*, New York, 1971.（中译本即出。）

——, et al., *Japan before Tokugawa: Political Consolidation and Economic Growth, 1500—1650*, Princeton, 1981.

Keene, Donald, *Japanese Literature: An Introduction for Western Readers*, New York, 1955.

Moore, C. A., ed., *The Japanese Mind: Essentials of Japanese Philosophy and Culture*, Honolulu, 1967.

Munsterberg, Hugo, *The Arts of Japan: An Illustrated History*, Rutland, Vt., 1957.

Reischauer, E. O., *Japan: The Story of a Nation*, 5th ed., New York, 1974. 清晰，井然有序。

Sadler, A. L., *The Maker of Modern Japan: The Life of Tokugawa Ieyasu*, London, 1937.

Sansom, G. B., *Japan, a Short Cultural History*, rev. ed., New York, 1952. 英国著名学者撰写的一部具有份量而又有可读性的著作。

——, *The Western World and Japan*, New York, 1950.

Smith, T. C., *The Agrarian Origins of Modern Japan*, Stanford, 1959.

Toby, Ronald, *State and Diplomacy in Early Modern Japan: Asia in the Development of Tokugawa Bakufu*, Princeton, 1984.

Warner, Langdon, *The Enduring Art of Japan*, Cambridge, Mass., 1952.

Yukio, Y., *Two Thousand Years of Japanese Art*, New York, 1958.

非洲：参见第 11、16 章书目

Beach, David N., *The Shona and Zimbabwe, 900—1850*, London, 1980.

Birmingham, David, and Phyllis M. Martin, eds., *History of Central Africa*, vol. 1, New York, 1983.

Blusse, L., and F. Gaastra. eds., *Companies and Trade: Essays on Overseas Trading Companies During the Ancien Régime*, Leiden, 1981. 考察了 17、18 世纪大型商业公司在开辟亚洲和大西洋世界新市场和充当欧洲扩张之工具中的作用。

Curtin, Philip D., ed., *Horizon History of Africa*, New York, 1972.

Davidson, Basil, *The African Genius*, Boston, 1969.

Egharevba, Jacob, *A Short History of Benin*, Ibadan, 1960.

Eltis, David, and James Walvin, eds., *The Abolition of the Atlantic Slave Trade: Origins and Effects in Europe, Africa and the Americas*, Madison, 1981.

Gailey, H. A., *History of Africa: From Earliest Times to 1800*, New York, 1970.

Gray, Richard ed., *The Cambridge History of Africa*, Vol. 4: *c*. 1600 to *c* 1790, Cambridge, 1975.

Hallett, Robin, *Africa to 1875*, Ann Arbor, 1970.

Hilton, Anne, *The Kingdom of Kongo*, Oxford, 1985.

Hull, Richard W., *Munyakare: African Civilization before the Batuuree*, New York, 1972.

Lovejoy, Paul E., *Transformations in Slavery*, Cambridge, 1983.

McLeod, M. D., *The Asante*, London, 1981.

Oliver, Roland, and Anthony Atmore, *The Middle Age in African History: 1400—1800*, New York, 1981.

Rawley, James A., *The Transatlantic Slave Trade*, New York, 1981.

Roberts, A., ed., *Tanzania before 1900*, Nairobi, 1968.

Smith, Robert S., *Kingdoms of the Yoruba*, London, 1969.

Vansina, Jan, *Kingdoms of the Savanna*, Madison, Wis., 1968.

原始资料

Ade Ajayi, J. F., and Michael Crowder, eds., *Historical Atlas of Africa*, Cambridge, 1985.

Davenport, T. R. H., and K. S. Hunt, eds., *The Right to the Land: Documents on Southern African History*, Capetown, 1974.

de Bary, W. T., ed., *Sources of Chinese Tradition*, Chaps. XXII, XXIII, New York, 1960.

——, ed., *Sources of Indian Tradition*, "Islam in Medieval India"; "Sikhism," New York, 1958.

——, ed., *Sources of Japanese Tradition*, "The Tokugawa Period," New York, 1958.

Freeman-Grenville, G. S. P., ed, *The East African Coast: Select Documents from the First to the Early Nineteenth Century*, 2nd ed., London, 1975.

Gallagher, L. J. tr., *China in the Sixteenth Century. The Journals of Matthew Ricci: 1583—1610*, Milwaukee, 1942.

Hibbett, Howard, *The Floating World in Japanese Fiction*, New York, 1959.
Keene, Donald ed., *Anthology of Japanese Literature*, New York, 1960.
Lu, David, ed., *Sources of Japanese History*, Vol. 1, New York, 1973.
Markham, C. R., ed, *The Hawkins' Voyages*, London, 1978.
Oliver, Roland, ed., *The Middle Age of African History*, New York, 1967.
Smith, V. A., ed., *F. Bernier: Travels in the Mogul Empire* A. D. *1656—1668*. London, 1914.
Vansina, Jan, *Kingdoms of the Savanna*, Madison, Wis., 1966.
Wang, C. C., tr., *Dream of the Red Chamber*, New York, 1929.
Whiteley, W. H., compiler, *A Selection of African Prose: Traditional Oral Texts*, Oxford, 1964.

索　　引

（下文页码系原书页码，印在中译本切口一边）

图书在版编目(CIP)数据

世界文明史 上卷/(美)拉尔夫等著;赵丰等译.—北京:商务印书馆,1998(2022.8重印)

ISBN 978-7-100-02252-1

Ⅰ.①世… Ⅱ.①拉… ②赵… Ⅲ.①文化史—世界 Ⅳ.①K103

中国版本图书馆 CIP 数据核字(96)第 18686 号

SHIJIE WENMING SHI

世界文明史

(上 卷)

〔美〕菲利普·李·拉尔夫 罗伯特·E.勒纳 斯坦迪什·米查姆 爱德华·伯恩斯 著

赵 丰 等译

商 务 印 书 馆 出 版

(北京王府井大街 36 号 邮政编码 100710)

商 务 印 书 馆 发 行

北京中科印刷有限公司印刷

ISBN 978-7-100-02252-1

1998 年 5 月第 1 版 开本 850×1168 1/32

2022 年 8 月北京第 7 次印刷 印张 34½ 插页 1

定价:176.00 元